2025

法律法规全书系列

中华人民共和国

文化和旅游

法律法规全书

（含规章及相关政策）

中国法治出版社

CHINA LEGAL PUBLISHING HOUSE

出 版 说 明

随着中国特色社会主义法律体系的建成，中国的立法进入了"修法时代"。在这一时期，为了使法律体系进一步保持内部的科学、和谐、统一，会频繁出现对法律各层级文件的适时清理。目前，清理工作已经全面展开且取得了阶段性的成果，但这一清理过程在未来几年仍将持续。这对于读者如何了解最新法律修改信息、如何准确适用法律带来了使用上的不便。基于这一考虑，我们精心编辑出版了本书，一方面重在向读者展示我国立法的成果与现状，另一方面旨在帮助读者在法律文件修改频率较高的时代准确适用法律。

本书独具以下四重价值：

1. **文本权威，内容全面**。本书涵盖文化和旅游领域相关的常用法律、行政法规、国务院文件、部门规章、规范性文件、司法解释，及最高人民法院公布的典型案例、示范文本，独家梳理和收录人大代表建议、政协委员提案的重要答复；书中收录文件均为经过清理修改的现行有效文本，方便读者及时掌握最新法律文件。

2. **查找方便，附录实用**。全书法律文件按照紧密程度排列，方便读者对某一类问题的集中查找；重点法律附加条旨，指引读者快速找到目标条文；附录相关典型案例、文书范本，其中案例具有指引"同案同判"的作用。同时，本书采用可平摊使用的独特开本，避免因书籍太厚难以摊开使用的弊端。

3. **免费增补，动态更新**。为保持本书与新法的同步更新，避免读者因部分法律的修改而反复购买同类图书，我们为读者专门设置了以下服务：(1) 扫码添加书后"法规编辑部"公众号→点击菜单栏→进入资料下载栏→选择法律法规全书资料项→点击网址或扫码下载，即可获取本书下次改版修订内容的电子版文件；(2) 通过"法规编辑部"公众号，及时了解最新立法信息，并可线上留言，编辑团队会就图书相关疑问动态解答。

4. **目录赠送，配套使用**。赠送本书目录的电子版，与纸书配套，立体化、电子化使用，便于检索、快速定位；同时实现将本书装进电脑，随时随地查。

总 目 录

目　录*

一、文　化

---

* 编者按：本目录中的时间为法律文件的公布时间或最后一次修正、修订公布时间。

二、旅　游

三、人大代表、政协委员建议提案答复

一、文　化

（一）综合

中华人民共和国公共文化服务保障法

·2016 年 12 月 25 日第十二届全国人民代表大会常务委员会第二十五次会议通过
·2016 年 12 月 25 日中华人民共和国主席令第 60 号公布
·自 2017 年 3 月 1 日起施行

第一章　总　则

第一条　为了加强公共文化服务体系建设，丰富人民群众精神文化生活，传承中华优秀传统文化，弘扬社会主义核心价值观，增强文化自信，促进中国特色社会主义文化繁荣发展，提高全民族文明素质，制定本法。

第二条　本法所称公共文化服务，是指由政府主导、社会力量参与，以满足公民基本文化需求为主要目的而提供的公共文化设施、文化产品、文化活动以及其他相关服务。

第三条　公共文化服务应当坚持社会主义先进文化前进方向，坚持以人民为中心，坚持以社会主义核心价值观为引领；应当按照"百花齐放、百家争鸣"的方针，支持优秀公共文化产品的创作生产，丰富公共文化服务内容。

第四条　县级以上人民政府应当将公共文化服务纳入本级国民经济和社会发展规划，按照公益性、基本性、均等性、便利性的要求，加强公共文化设施建设，完善公共文化服务体系，提高公共文化服务效能。

第五条　国务院根据公民基本文化需求和经济社会发展水平，制定并调整国家基本公共文化服务指导标准。

省、自治区、直辖市人民政府根据国家基本公共文化服务指导标准，结合当地实际需求、财政能力和文化特色，制定并调整本行政区域的基本公共文化服务实施标准。

第六条　国务院建立公共文化服务综合协调机制，指导、协调、推动全国公共文化服务工作。国务院文化主管部门承担综合协调具体职责。

地方各级人民政府应当加强对公共文化服务的统筹协调，推动实现共建共享。

第七条　国务院文化主管部门、新闻出版广电主管部门依照本法和国务院规定的职责负责全国的公共文化服务工作；国务院其他有关部门在各自职责范围内负责相关公共文化服务工作。

县级以上地方人民政府文化、新闻出版广电主管部门根据其职责负责本行政区域内的公共文化服务工作；县级以上地方人民政府其他有关部门在各自职责范围内负责相关公共文化服务工作。

第八条　国家扶助革命老区、民族地区、边疆地区、贫困地区的公共文化服务，促进公共文化服务均衡协调发展。

第九条　各级人民政府应当根据未成年人、老年人、残疾人和流动人口等群体的特点与需求，提供相应的公共文化服务。

第十条　国家鼓励和支持公共文化服务与学校教育相结合，充分发挥公共文化服务的社会教育功能，提高青少年思想道德和科学文化素质。

第十一条　国家鼓励和支持发挥科技在公共文化服务中的作用，推动运用现代信息技术和传播技术，提高公众的科学素养和公共文化服务水平。

第十二条　国家鼓励和支持在公共文化服务领域开展国际合作与交流。

第十三条　国家鼓励和支持公民、法人和其他组织参与公共文化服务。

对在公共文化服务中作出突出贡献的公民、法人和其他组织，依法给予表彰和奖励。

第二章　公共文化设施建设与管理

第十四条　本法所称公共文化设施是指用于提供公共文化服务的建筑物、场地和设备，主要包括图书馆、博物馆、文化馆（站）、美术馆、科技馆、纪念馆、体育场馆、工人文化宫、青少年宫、妇女儿童活动中心、老年人活动中心、乡镇（街道）和村（社区）基层综合性文化服务中心、农家（职工）书屋、公共阅报栏（屏）、广播电视播出传输覆盖设施、公共数字文化服务点等。

县级以上地方人民政府应当将本行政区域内的公共文化设施目录及有关信息予以公布。

第十五条　县级以上地方人民政府应当将公共文化设施建设纳入本级城乡规划，根据国家基本公共文化服务指导标准、省级基本公共文化服务实施标准,结合当地经济社会发展水平、人口状况、环境条件、文化特色,合理确定公共文化设施的种类、数量、规模以及布局,形成场馆服务、流动服务和数字服务相结合的公共文化设施网络。

公共文化设施的选址,应当征求公众意见,符合公共文化设施的功能和特点,有利于发挥其作用。

第十六条　公共文化设施的建设用地,应当符合土地利用总体规划和城乡规划,并依照法定程序审批。

任何单位和个人不得侵占公共文化设施建设用地或者擅自改变其用途。因特殊情况需要调整公共文化设施建设用地的,应当重新确定建设用地。调整后的公共文化设施建设用地不得少于原有面积。

新建、改建、扩建居民住宅区,应当按照有关规定、标准,规划和建设配套的公共文化设施。

第十七条　公共文化设施的设计和建设,应当符合实用、安全、科学、美观、环保、节约的要求和国家规定的标准,并配置无障碍设施设备。

第十八条　地方各级人民政府可以采取新建、改建、扩建、合建、租赁、利用现有公共设施等多种方式,加强乡镇(街道)、村(社区)基层综合性文化服务中心建设,推动基层有关公共设施的统一管理、综合利用,并保障其正常运行。

第十九条　任何单位和个人不得擅自拆除公共文化设施,不得擅自改变公共文化设施的功能、用途或者妨碍其正常运行,不得侵占、挪用公共文化设施,不得将公共文化设施用于与公共文化服务无关的商业经营活动。

因城乡建设确需拆除公共文化设施,或者改变其功能、用途的,应当依照有关法律、行政法规的规定重建、改建,并坚持先建设后拆除或者建设拆除同时进行的原则。重建、改建的公共文化设施的设施配置标准、建筑面积等不得降低。

第二十条　公共文化设施管理单位应当按照国家规定的标准,配置和更新必需的服务内容和设备,加强公共文化设施经常性维护管理工作,保障公共文化设施的正常使用和运转。

第二十一条　公共文化设施管理单位应当建立健全管理制度和服务规范,建立公共文化设施资产统计报告制度和公共文化服务开展情况的年报制度。

第二十二条　公共文化设施管理单位应当建立健全安全管理制度,开展公共文化设施及公众活动的安全评价,依法配备安全保护设备和人员,保障公共文化设施和公众活动安全。

第二十三条　各级人民政府应当建立有公众参与的公共文化设施使用效能考核评价制度,公共文化设施管理单位应当根据评价结果改进工作,提高服务质量。

第二十四条　国家推动公共图书馆、博物馆、文化馆等公共文化设施管理单位根据其功能定位建立健全法人治理结构,吸收有关方面代表、专业人士和公众参与管理。

第二十五条　国家鼓励和支持公民、法人和其他组织兴建、捐建或者与政府部门合作建设公共文化设施,鼓励公民、法人和其他组织依法参与公共文化设施的运营和管理。

第二十六条　公众在使用公共文化设施时,应当遵守公共秩序,爱护公共设施,不得损坏公共设施设备和物品。

第三章　公共文化服务提供

第二十七条　各级人民政府应当充分利用公共文化设施,促进优秀公共文化产品的提供和传播,支持开展全民阅读、全民普法、全民健身、全民科普和艺术普及、优秀传统文化传承活动。

第二十八条　设区的市级、县级地方人民政府应当根据国家基本公共文化服务指导标准和省、自治区、直辖市基本公共文化服务实施标准,结合当地实际,制定公布本行政区域公共文化服务目录并组织实施。

第二十九条　公益性文化单位应当完善服务项目、丰富服务内容,创造条件向公众提供免费或者优惠的文艺演出、陈列展览、电影放映、广播电视节目收听收看、阅读服务、艺术培训等,并为公众开展文化活动提供支持和帮助。

国家鼓励经营性文化单位提供免费或者优惠的公共文化产品和文化活动。

第三十条　基层综合性文化服务中心应当加强资源整合,建立完善公共文化服务网络,充分发挥统筹服务功能,为公众提供书报阅读、影视观赏、戏曲表演、普法教育、艺术普及、科学普及、广播播送、互联网上网和群众性文化体育活动等公共文化服务,并根据其功能特点,因地制宜提供其他公共服务。

第三十一条　公共文化设施应当根据其功能、特点,按照国家有关规定,向公众免费或者优惠开放。

公共文化设施开放收取费用的,应当每月定期向中小学生免费开放。

公共文化设施开放或者提供培训服务等收取费用的,应当报经县级以上人民政府有关部门批准;收取的费用,应当用于公共文化设施的维护、管理和事业发展,不得挪作他用。

公共文化设施管理单位应当公示服务项目和开放时间;临时停止开放的,应当及时公告。

第三十二条　国家鼓励和支持机关、学校、企业事业单位的文化体育设施向公众开放。

第三十三条　国家统筹规划公共数字文化建设，构建标准统一、互联互通的公共数字文化服务网络，建设公共文化信息资源库，实现基层网络服务共建共享。

国家支持开发数字文化产品，推动利用宽带互联网、移动互联网、广播电视网和卫星网络提供公共文化服务。

地方各级人民政府应当加强基层公共文化设施的数字化和网络建设，提高数字化和网络服务能力。

第三十四条　地方各级人民政府应当采取多种方式，因地制宜提供流动文化服务。

第三十五条　国家重点增加农村地区图书、报刊、戏曲、电影、广播电视节目、网络信息内容、节庆活动、体育健身活动等公共文化产品供给，促进城乡公共文化服务均等化。

面向农村提供的图书、报刊、电影等公共文化产品应当符合农村特点和需求，提高针对性和时效性。

第三十六条　地方各级人民政府应当根据当地实际情况，在人员流动量较大的公共场所、务工人员较为集中的区域以及留守妇女儿童较为集中的农村地区，配备必要的设施，采取多种形式，提供便利可及的公共文化服务。

第三十七条　国家鼓励公民主动参与公共文化服务，自主开展健康文明的群众性文化体育活动；地方各级人民政府应当给予必要的指导、支持和帮助。

居民委员会、村民委员会应当根据居民的需求开展群众性文化体育活动，并协助当地人民政府有关部门开展公共文化服务相关工作。

国家机关、社会组织、企业事业单位应当结合自身特点和需要，组织开展群众性文化体育活动，丰富职工文化生活。

第三十八条　地方各级人民政府应当加强面向在校学生的公共文化服务，支持学校开展适合在校学生特点的文化体育活动，促进德智体美教育。

第三十九条　地方各级人民政府应当支持军队基层文化建设，丰富军营文化体育活动，加强军民文化融合。

第四十条　国家加强民族语言文字文化产品的供给，加强优秀公共文化产品的民族语言文字译制及其在民族地区的传播，鼓励和扶助民族文化产品的创作生产，支持开展具有民族特色的群众性文化体育活动。

第四十一条　国务院和省、自治区、直辖市人民政府制定政府购买公共文化服务的指导性意见和目录。国务院有关部门和县级以上地方人民政府应当根据指导性意见和目录，结合实际情况，确定购买的具体项目和内容，及时向社会公布。

第四十二条　国家鼓励和支持公民、法人和其他组织通过兴办实体、资助项目、赞助活动、提供设施、捐赠产品等方式，参与提供公共文化服务。

第四十三条　国家倡导和鼓励公民、法人和其他组织参与文化志愿服务。

公共文化设施管理单位应当建立文化志愿服务机制，组织开展文化志愿服务活动。

县级以上地方人民政府有关部门应当对文化志愿活动给予必要的指导和支持，并建立管理评价、教育培训和激励保障机制。

第四十四条　任何组织和个人不得利用公共文化设施、文化产品、文化活动以及其他相关服务，从事危害国家安全、损害社会公共利益和其他违反法律法规的活动。

第四章　保障措施

第四十五条　国务院和地方各级人民政府应当根据公共文化服务的事权和支出责任，将公共文化服务经费纳入本级预算，安排公共文化服务所需资金。

第四十六条　国务院和省、自治区、直辖市人民政府应当增加投入，通过转移支付等方式，重点扶助革命老区、民族地区、边疆地区、贫困地区开展公共文化服务。

国家鼓励和支持经济发达地区对革命老区、民族地区、边疆地区、贫困地区的公共文化服务提供援助。

第四十七条　免费或者优惠开放的公共文化设施，按照国家规定享受补助。

第四十八条　国家鼓励社会资本依法投入公共文化服务，拓宽公共文化服务资金来源渠道。

第四十九条　国家采取政府购买服务等措施，支持公民、法人和其他组织参与提供公共文化服务。

第五十条　公民、法人和其他组织通过公益性社会团体或者县级以上人民政府及其部门，捐赠财产用于公共文化服务的，依法享受税收优惠。

国家鼓励通过捐赠等方式设立公共文化服务基金，专门用于公共文化服务。

第五十一条　地方各级人民政府应当按照公共文化设施的功能、任务和服务人口规模，合理设置公共文化服务岗位，配备相应专业人员。

第五十二条　国家鼓励和支持文化专业人员、高校毕业生和志愿者到基层从事公共文化服务工作。

第五十三条　国家鼓励和支持公民、法人和其他组织依法成立公共文化服务领域的社会组织，推动公共文化服务社会化、专业化发展。

第五十四条　国家支持公共文化服务理论研究,加强多层次专业人才教育和培训。

第五十五条　县级以上人民政府应当建立健全公共文化服务资金使用的监督和统计公告制度,加强绩效考评,确保资金用于公共文化服务。任何单位和个人不得侵占、挪用公共文化服务资金。

审计机关应当依法加强对公共文化服务资金的审计监督。

第五十六条　各级人民政府应当加强对公共文化服务工作的监督检查,建立反映公众文化需求的征询反馈制度和有公众参与的公共文化服务考核评价制度,并将考核评价结果作为确定补贴或者奖励的依据。

第五十七条　各级人民政府及有关部门应当及时公开公共文化服务信息,主动接受社会监督。

新闻媒体应当积极开展公共文化服务的宣传报道,并加强舆论监督。

第五章　法律责任

第五十八条　违反本法规定,地方各级人民政府和县级以上人民政府有关部门未履行公共文化服务保障职责的,由其上级机关或者监察机关责令限期改正;情节严重的,对直接负责的主管人员和其他直接责任人员依法给予处分。

第五十九条　违反本法规定,地方各级人民政府和县级以上人民政府有关部门,有下列行为之一的,由其上级机关或者监察机关责令限期改正;情节严重的,对直接负责的主管人员和其他直接责任人员依法给予处分:

(一)侵占、挪用公共文化服务资金的;

(二)擅自拆除、侵占、挪用公共文化设施,或者改变其功能、用途,或者妨碍其正常运行的;

(三)未依照本法规定重建公共文化设施的;

(四)滥用职权、玩忽职守、徇私舞弊的。

第六十条　违反本法规定,侵占公共文化设施的建设用地或者擅自改变其用途的,由县级以上地方人民政府土地主管部门、城乡规划主管部门依据各自职责责令限期改正;逾期不改正的,由作出决定的机关依法强制执行,或者依法申请人民法院强制执行。

第六十一条　违反本法规定,公共文化设施管理单位有下列情形之一的,由其主管部门责令限期改正;造成严重后果的,对直接负责的主管人员和其他直接责任人

员,依法给予处分:

(一)未按照规定对公众开放的;

(二)未公示服务项目、开放时间等事项的;

(三)未建立安全管理制度的;

(四)因管理不善造成损失的。

第六十二条　违反本法规定,公共文化设施管理单位有下列行为之一的,由其主管部门或者价格主管部门责令限期改正,没收违法所得,违法所得五千元以上的,并处违法所得两倍以上五倍以下罚款;没有违法所得或者违法所得五千元以下的,可以处一万元以下的罚款;对直接负责的主管人员和其他直接责任人员,依法给予处分:

(一)开展与公共文化设施功能、用途不符的服务活动的;

(二)对应当免费开放的公共文化设施收费或者变相收费的;

(三)收取费用未用于公共文化设施的维护、管理和事业发展,挪作他用的。

第六十三条　违反本法规定,损害他人民事权益的,依法承担民事责任;构成违反治安管理行为的,由公安机关依法给予治安管理处罚;构成犯罪的,依法追究刑事责任。

第六章　附　则

第六十四条　境外自然人、法人和其他组织在中国境内从事公共文化服务的,应当符合相关法律、行政法规的规定。

第六十五条　本法自2017年3月1日起施行。

中华人民共和国民法典(节录)

· 2020年5月28日第十三届全国人民代表大会第三次会议通过
· 2020年5月28日中华人民共和国主席令第45号公布
· 自2021年1月1日起施行

......

第三编　合　同
第一分编　通　则
第一章　一般规定

第四百六十三条　【合同编的调整范围】*本编调整因合同产生的民事关系。

＊ 条文主旨为编者所加,下同。

第四百六十四条　【合同的定义及身份关系协议的法律适用】合同是民事主体之间设立、变更、终止民事法律关系的协议。

婚姻、收养、监护等有关身份关系的协议,适用有关该身份关系的法律规定;没有规定的,可以根据其性质参照适用本编规定。

第四百六十五条　【依法成立的合同受法律保护及合同相对性原则】依法成立的合同,受法律保护。

依法成立的合同,仅对当事人具有法律约束力,但是法律另有规定的除外。

第四百六十六条　【合同的解释规则】当事人对合同条款的理解有争议的,应当依据本法第一百四十二条第一款的规定,确定争议条款的含义。

合同文本采用两种以上文字订立并约定具有同等效力的,对各文本使用的词句推定具有相同含义。各文本使用的词句不一致的,应当根据合同的相关条款、性质、目的以及诚信原则等予以解释。

第四百六十七条　【非典型合同及特定涉外合同的法律适用】本法或者其他法律没有明文规定的合同,适用本编通则的规定,并可以参照适用本编或者其他法律最相类似合同的规定。

在中华人民共和国境内履行的中外合资经营企业合同、中外合作经营企业合同、中外合作勘探开发自然资源合同,适用中华人民共和国法律。

第四百六十八条　【非合同之债的法律适用】非因合同产生的债权债务关系,适用有关该债权债务关系的法律规定;没有规定的,适用本编通则的有关规定,但是根据其性质不能适用的除外。

第二章　合同的订立

第四百六十九条　【合同形式】当事人订立合同,可以采用书面形式、口头形式或者其他形式。

书面形式是合同书、信件、电报、电传、传真等可以有形地表现所载内容的形式。

以电子数据交换、电子邮件等方式能够有形地表现所载内容,并可以随时调取查用的数据电文,视为书面形式。

第四百七十条　【合同主要条款及示范文本】合同的内容由当事人约定,一般包括下列条款:

(一)当事人的姓名或者名称和住所;

(二)标的;

(三)数量;

(四)质量;

(五)价款或者报酬;

(六)履行期限、地点和方式;

(七)违约责任;

(八)解决争议的方法。

当事人可以参照各类合同的示范文本订立合同。

第四百七十一条　【订立合同的方式】当事人订立合同,可以采取要约、承诺方式或者其他方式。

第四百七十二条　【要约的定义及其构成】要约是希望与他人订立合同的意思表示,该意思表示应当符合下列条件:

(一)内容具体确定;

(二)表明经受要约人承诺,要约人即受该意思表示约束。

第四百七十三条　【要约邀请】要约邀请是希望他人向自己发出要约的表示。拍卖公告、招标公告、招股说明书、债券募集办法、基金招募说明书、商业广告和宣传、寄送的价目表等为要约邀请。

商业广告和宣传的内容符合要约条件的,构成要约。

第四百七十四条　【要约的生效时间】要约生效的时间适用本法第一百三十七条的规定。

第四百七十五条　【要约的撤回】要约可以撤回。要约的撤回适用本法第一百四十一条的规定。

第四百七十六条　【要约不得撤销情形】要约可以撤销,但是有下列情形之一的除外:

(一)要约人以确定承诺期限或者其他形式明示要约不可撤销;

(二)受要约人有理由认为要约是不可撤销的,并已经为履行合同做了合理准备工作。

第四百七十七条　【要约撤销条件】撤销要约的意思表示以对话方式作出的,该意思表示的内容应当在受要约人作出承诺之前为受要约人所知道;撤销要约的意思表示以非对话方式作出的,应当在受要约人作出承诺之前到达受要约人。

第四百七十八条　【要约失效】有下列情形之一的,要约失效:

(一)要约被拒绝;

(二)要约被依法撤销;

(三)承诺期限届满,受要约人未作出承诺;

(四)受要约人对要约的内容作出实质性变更。

第四百七十九条　【承诺的定义】承诺是受要约人同意要约的意思表示。

第四百八十条　【承诺的方式】承诺应当以通知的

方式作出;但是,根据交易习惯或者要约表明可以通过行为作出承诺的除外。

第四百八十一条　【承诺的期限】承诺应当在要约确定的期限内到达要约人。

要约没有确定承诺期限的,承诺应当依照下列规定到达:

(一)要约以对话方式作出的,应当即时作出承诺;

(二)要约以非对话方式作出的,承诺应当在合理期限内到达。

第四百八十二条　【承诺期限的起算】要约以信件或者电报作出的,承诺期限自信件载明的日期或者电报交发之日开始计算。信件未载明日期的,自投寄该信件的邮戳日期开始计算。要约以电话、传真、电子邮件等快速通讯方式作出的,承诺期限自要约到达受要约人时开始计算。

第四百八十三条　【合同成立时间】承诺生效时合同成立,但是法律另有规定或者当事人另有约定的除外。

第四百八十四条　【承诺生效时间】以通知方式作出的承诺,生效的时间适用本法第一百三十七条的规定。

承诺不需要通知的,根据交易习惯或者要约的要求作出承诺的行为时生效。

第四百八十五条　【承诺的撤回】承诺可以撤回。承诺的撤回适用本法第一百四十一条的规定。

第四百八十六条　【逾期承诺及效果】受要约人超过承诺期限发出承诺,或者在承诺期限内发出承诺,按照通常情形不能及时到达要约人的,为新要约;但是,要约人及时通知受要约人该承诺有效的除外。

第四百八十七条　【迟到的承诺】受要约人在承诺期限内发出承诺,按照通常情形能够及时到达要约人,但是因其他原因致使承诺到达要约人时超过承诺期限的,除要约人及时通知受要约人因承诺超过期限不接受该承诺外,该承诺有效。

第四百八十八条　【承诺对要约内容的实质性变更】承诺的内容应当与要约的内容一致。受要约人对要约的内容作出实质性变更的,为新要约。有关合同标的、数量、质量、价款或者报酬、履行期限、履行地点和方式、违约责任和解决争议方法等的变更,是对要约内容的实质性变更。

第四百八十九条　【承诺对要约内容的非实质性变更】承诺对要约的内容作出非实质性变更的,除受要约人及时表示反对或者要约表明承诺不得对要约的内容作出任何变更外,该承诺有效,合同的内容以承诺的内容为准。

第四百九十条　【采用书面形式订立合同的成立时间】当事人采用合同书形式订立合同的,自当事人均签名、盖章或者按指印时合同成立。在签名、盖章或者按指印之前,当事人一方已经履行主要义务,对方接受时,该合同成立。

法律、行政法规规定或者当事人约定合同应当采用书面形式订立,当事人未采用书面形式但是一方已经履行主要义务,对方接受时,该合同成立。

第四百九十一条　【签订确认书的合同及电子合同成立时间】当事人采用信件、数据电文等形式订立合同要求签订确认书的,签订确认书时合同成立。

当事人一方通过互联网等信息网络发布的商品或者服务信息符合要约条件的,对方选择该商品或者服务并提交订单成功时合同成立,但是当事人另有约定的除外。

第四百九十二条　【合同成立的地点】承诺生效的地点为合同成立的地点。

采用数据电文形式订立合同的,收件人的主营业地为合同成立的地点;没有主营业地的,其住所地为合同成立的地点。当事人另有约定的,按照其约定。

第四百九十三条　【采用合同书订立合同的成立地点】当事人采用合同书形式订立合同的,最后签名、盖章或者按指印的地点为合同成立的地点,但是当事人另有约定的除外。

第四百九十四条　【强制缔约义务】国家根据抢险救灾、疫情防控或者其他需要下达国家订货任务、指令性任务的,有关民事主体之间应当依照有关法律、行政法规规定的权利和义务订立合同。

依照法律、行政法规的规定负有发出要约义务的当事人,应当及时发出合理的要约。

依照法律、行政法规的规定负有作出承诺义务的当事人,不得拒绝对方合理的订立合同要求。

第四百九十五条　【预约合同】当事人约定在将来一定期限内订立合同的认购书、订购书、预订书等,构成预约合同。

当事人一方不履行预约合同约定的订立合同义务的,对方可以请求其承担预约合同的违约责任。

第四百九十六条　【格式条款】格式条款是当事人为了重复使用而预先拟定,并在订立合同时未与对方协商的条款。

采用格式条款订立合同的,提供格式条款的一方应当遵循公平原则确定当事人之间的权利和义务,并采取合理的方式提示对方注意免除或者减轻其责任等与对方有重大利害关系的条款,按照对方的要求,对该条款予以说明。提供格式条款的一方未履行提示或者说明义务,致使对方没有注意或者理解与其有重大利害关系的条款的,对方可以主张该条款不成为合同的内容。

第四百九十七条　【格式条款无效的情形】有下列情形之一的,该格式条款无效:

(一)具有本法第一编第六章第三节和本法第五百零六条规定的无效情形;

(二)提供格式条款一方不合理地免除或者减轻其责任、加重对方责任、限制对方主要权利;

(三)提供格式条款一方排除对方主要权利。

第四百九十八条　【格式条款的解释方法】对格式条款的理解发生争议的,应当按照通常理解予以解释。对格式条款有两种以上解释的,应当作出不利于提供格式条款一方的解释。格式条款和非格式条款不一致的,应当采用非格式条款。

第四百九十九条　【悬赏广告】悬赏人以公开方式声明对完成特定行为的人支付报酬的,完成该行为的人可以请求其支付。

第五百条　【缔约过失责任】当事人在订立合同过程中有下列情形之一,造成对方损失的,应当承担赔偿责任:

(一)假借订立合同,恶意进行磋商;

(二)故意隐瞒与订立合同有关的重要事实或者提供虚假情况;

(三)有其他违背诚信原则的行为。

第五百零一条　【合同缔结人的保密义务】当事人在订立合同过程中知悉的商业秘密或者其他应当保密的信息,无论合同是否成立,不得泄露或者不正当地使用;泄露、不正当地使用该商业秘密或者信息,造成对方损失的,应当承担赔偿责任。

第三章　合同的效力

第五百零二条　【合同生效时间及未办理批准手续的处理规则】依法成立的合同,自成立时生效,但是法律另有规定或者当事人另有约定的除外。

依照法律、行政法规的规定,合同应当办理批准等手续的,依照其规定。未办理批准等手续影响合同生效的,不影响合同中履行报批等义务条款以及相关条款的效力。应当办理申请批准等手续的当事人未履行义务的,对方可以请求其承担违反该义务的责任。

依照法律、行政法规的规定,合同的变更、转让、解除等情形应当办理批准等手续的,适用前款规定。

第五百零三条　【被代理人以默示方式追认无权代理】无权代理人以被代理人的名义订立合同,被代理人已经开始履行合同义务或者接受相对人履行的,视为对合同的追认。

第五百零四条　【超越权限订立合同的效力】法人的法定代表人或者非法人组织的负责人超越权限订立的合同,除相对人知道或者应当知道其超越权限外,该代表行为有效,订立的合同对法人或者非法人组织发生效力。

第五百零五条　【超越经营范围订立的合同效力】当事人超越经营范围订立的合同的效力,应当依照本法第一编第六章第三节和本编的有关规定确定,不得仅以超越经营范围确认合同无效。

第五百零六条　【免责条款无效情形】合同中的下列免责条款无效:

(一)造成对方人身损害的;

(二)因故意或者重大过失造成对方财产损失的。

第五百零七条　【争议解决条款的独立性】合同不生效、无效、被撤销或者终止的,不影响合同中有关解决争议方法的条款的效力。

第五百零八条　【合同效力适用指引】本编对合同的效力没有规定的,适用本法第一编第六章的有关规定。

第四章　合同的履行

第五百零九条　【合同履行的原则】当事人应当按照约定全面履行自己的义务。

当事人应当遵循诚信原则,根据合同的性质、目的和交易习惯履行通知、协助、保密等义务。

当事人在履行合同过程中,应当避免浪费资源、污染环境和破坏生态。

第五百一十条　【约定不明时合同内容的确定】合同生效后,当事人就质量、价款或者报酬、履行地点等内容没有约定或者约定不明确的,可以协议补充;不能达成补充协议的,按照合同相关条款或者交易习惯确定。

第五百一十一条　【质量、价款、履行地点等内容的确定】当事人就有关合同内容约定不明确,依据前条规定仍不能确定的,适用下列规定:

(一)质量要求不明确的,按照强制性国家标准履行;没有强制性国家标准的,按照推荐性国家标准履行;没有推荐性国家标准的,按照行业标准履行;没有国家标准、行业标准的,按照通常标准或者符合合同目的的特定标准履行。

(二)价款或者报酬不明确的,按照订立合同时履行地的市场价格履行;依法应当执行政府定价或者政府指导价的,依照规定履行。

(三)履行地点不明确,给付货币的,在接受货币一方所在地履行;交付不动产的,在不动产所在地履行;其他标的,在履行义务一方所在地履行。

(四)履行期限不明确的,债务人可以随时履行,债权人也可以随时请求履行,但是应当给对方必要的准备时间。

(五)履行方式不明确的,按照有利于实现合同目的的方式履行。

(六)履行费用的负担不明确的,由履行义务一方负担;因债权人原因增加的履行费用,由债权人负担。

第五百一十二条　【电子合同交付时间的认定】通过互联网等信息网络订立的电子合同的标的为交付商品并采用快递物流方式交付的,收货人的签收时间为交付时间。电子合同的标的为提供服务的,生成的电子凭证或者实物凭证中载明的时间为提供服务时间;前述凭证没有载明时间或者载明时间与实际提供服务时间不一致的,以实际提供服务的时间为准。

电子合同的标的物为采用在线传输方式交付的,合同标的物进入对方当事人指定的特定系统且能够检索识别的时间为交付时间。

电子合同当事人对交付商品或者提供服务的方式、时间另有约定的,按照其约定。

第五百一十三条　【执行政府定价或指导价的合同价格确定】执行政府定价或者政府指导价的,在合同约定的交付期限内政府价格调整时,按照交付时的价格计价。逾期交付标的物的,遇价格上涨时,按照原价格执行;价格下降时,按照新价格执行。逾期提取标的物或者逾期付款的,遇价格上涨时,按照新价格执行;价格下降时,按照原价格执行。

第五百一十四条　【金钱之债给付货币的确定规则】以支付金钱为内容的债,除法律另有规定或者当事人另有约定外,债权人可以请求债务人以实际履行地的法定货币履行。

第五百一十五条　【选择之债中债务人的选择权】标的有多项而债务人只需履行其中一项的,债务人享有选择权;但是,法律另有规定、当事人另有约定或者另有交易习惯的除外。

享有选择权的当事人在约定期限内或者履行期限届满未作选择,经催告后在合理期限内仍未选择的,选择权转移至对方。

第五百一十六条　【选择权的行使】当事人行使选择权应当及时通知对方,通知到达对方时,标的确定。标的确定后不得变更,但是经对方同意的除外。

可选择的标的发生不能履行情形的,享有选择权的当事人不得选择不能履行的标的,但是该不能履行的情形是由对方造成的除外。

第五百一十七条　【按份债权与按份债务】债权人为二人以上,标的可分,按照份额各自享有债权的,为按份债权;债务人为二人以上,标的可分,按照份额各自负担债务的,为按份债务。

按份债权人或者按份债务人的份额难以确定的,视为份额相同。

第五百一十八条　【连带债权与连带债务】债权人为二人以上,部分或者全部债权人均可以请求债务人履行债务的,为连带债权;债务人为二人以上,债权人可以请求部分或者全部债务人履行全部债务的,为连带债务。

连带债权或者连带债务,由法律规定或者当事人约定。

第五百一十九条　【连带债务份额的确定及追偿】连带债务人之间的份额难以确定的,视为份额相同。

实际承担债务超过自己份额的连带债务人,有权就超出部分在其他连带债务人未履行的份额范围内向其追偿,并相应地享有债权人的权利,但是不得损害债权人的利益。其他连带债务人对债权人的抗辩,可以向该债务人主张。

被追偿的连带债务人不能履行其应分担份额的,其他连带债务人应当在相应范围内按比例分担。

第五百二十条　【连带债务人之一所生事项涉他效力】部分连带债务人履行、抵销债务或者提存标的物的,其他债务人对债权人的债务在相应范围内消灭;该债务人可以依据前条规定向其他债务人追偿。

部分连带债务人的债务被债权人免除的,在该连带债务人应当承担的份额范围内,其他债务人对债权人的债务消灭。

部分连带债务人的债务与债权人的债权同归于一人的,在扣除该债务人应当承担的份额后,债权人对其他债务人的债权继续存在。

债权人对部分连带债务人的给付受领迟延的,对其他连带债务人发生效力。

第五百二十一条　【连带债权内外部关系】连带债权人之间的份额难以确定的,视为份额相同。

实际受领债权的连带债权人,应当按比例向其他连带债权人返还。

连带债权参照适用本章连带债务的有关规定。

第五百二十二条　【向第三人履行】当事人约定由债务人向第三人履行债务,债务人未向第三人履行债务或者履行债务不符合约定的,应当向债权人承担违约责任。

法律规定或者当事人约定第三人可以直接请求债务人向其履行债务,第三人未在合理期限内明确拒绝,债务人未向第三人履行债务或者履行债务不符合约定的,第三人可以请求债务人承担违约责任;债务人对债权人的抗辩,可以向第三人主张。

第五百二十三条　【第三人履行】当事人约定由第三人向债权人履行债务,第三人不履行债务或者履行债务不符合约定的,债务人应当向债权人承担违约责任。

第五百二十四条　【第三人代为履行】债务人不履行债务,第三人对履行该债务具有合法利益的,第三人有权向债权人代为履行;但是,根据债务性质、按照当事人约定或者依照法律规定只能由债务人履行的除外。

债权人接受第三人履行后,其对债务人的债权转让给第三人,但是债务人和第三人另有约定的除外。

第五百二十五条　【同时履行抗辩权】当事人互负债务,没有先后履行顺序的,应当同时履行。一方在对方履行之前有权拒绝其履行请求。一方在对方履行债务不符合约定时,有权拒绝其相应的履行请求。

第五百二十六条　【先履行抗辩权】当事人互负债务,有先后履行顺序,应当先履行债务一方未履行的,后履行一方有权拒绝其履行请求。先履行一方履行债务不符合约定的,后履行一方有权拒绝其相应的履行请求。

第五百二十七条　【不安抗辩权】应当先履行债务的当事人,有确切证据证明对方有下列情形之一的,可以中止履行:

(一)经营状况严重恶化;

(二)转移财产、抽逃资金,以逃避债务;

(三)丧失商业信誉;

(四)有丧失或者可能丧失履行债务能力的其他情形。

当事人没有确切证据中止履行的,应当承担违约责任。

第五百二十八条　【不安抗辩权的行使】当事人依据前条规定中止履行的,应当及时通知对方。对方提供适当担保的,应当恢复履行。中止履行后,对方在合理期限内未恢复履行能力且未提供适当担保的,视为以自己的行为表明不履行主要债务,中止履行的一方可以解除合同并可以请求对方承担违约责任。

第五百二十九条　【因债权人原因致债务履行困难的处理】债权人分立、合并或者变更住所没有通知债务人,致使履行债务发生困难的,债务人可以中止履行或者将标的物提存。

第五百三十条　【债务人提前履行债务】债权人可以拒绝债务人提前履行债务,但是提前履行不损害债权人利益的除外。

债务人提前履行债务给债权人增加的费用,由债务人负担。

第五百三十一条　【债务人部分履行债务】债权人可以拒绝债务人部分履行债务,但是部分履行不损害债权人利益的除外。

债务人部分履行债务给债权人增加的费用,由债务人负担。

第五百三十二条　【当事人变化不影响合同效力】合同生效后,当事人不得因姓名、名称的变更或者法定代表人、负责人、承办人的变动而不履行合同义务。

第五百三十三条　【情势变更】合同成立后,合同的基础条件发生了当事人在订立合同时无法预见的、不属于商业风险的重大变化,继续履行合同对于当事人一方明显不公平的,受不利影响的当事人可以与对方重新协商;在合理期限内协商不成的,当事人可以请求人民法院或者仲裁机构变更或者解除合同。

人民法院或者仲裁机构应当结合案件的实际情况,根据公平原则变更或者解除合同。

第五百三十四条　【合同监督】对当事人利用合同实施危害国家利益、社会公共利益行为的,市场监督管理和其他有关行政主管部门依照法律、行政法规的规定负责监督处理。

第五章　合同的保全

第五百三十五条　【债权人代位权】因债务人怠于行使其债权或者与该债权有关的从权利,影响债权人的到期债权实现的,债权人可以向人民法院请求以自己的名义代位行使债务人对相对人的权利,但是该权利专属于债务人自身的除外。

代位权的行使范围以债权人的到期债权为限。债权人行使代位权的必要费用,由债务人负担。

相对人对债务人的抗辩,可以向债权人主张。

第五百三十六条　【保存行为】债权人的债权到期前,债务人的债权或者与该债权有关的从权利存在诉讼时效期间即将届满或者未及时申报破产债权等情形,影响债权人的债权实现的,债权人可以代位向债务人的相对人请求其向债务人履行、向破产管理人申报或者作出其他必要的行为。

第五百三十七条　【代位权行使后的法律效果】人民法院认定代位权成立的,由债务人的相对人向债权人履行义务,债权人接受履行后,债权人与债务人、债务人与相对人之间相应的权利义务终止。债务人对相对人的债权或者与该债权有关的从权利被采取保全、执行措施,或者债务人破产的,依照相关法律的规定处理。

第五百三十八条　【撤销债务人无偿行为】债务人以放弃其债权、放弃债权担保、无偿转让财产等方式无偿处分财产权益,或者恶意延长其到期债权的履行期限,影响债权人的债权实现的,债权人可以请求人民法院撤销债务人的行为。

第五百三十九条　【撤销债务人有偿行为】债务人以明显不合理的低价转让财产、以明显不合理的高价受让他人财产或者为他人的债务提供担保,影响债权人的债权实现,债务人的相对人知道或者应当知道该情形的,债权人可以请求人民法院撤销债务人的行为。

第五百四十条　【撤销权的行使范围】撤销权的行使范围以债权人的债权为限。债权人行使撤销权的必要费用,由债务人负担。

第五百四十一条　【撤销权的行使期间】撤销权自债权人知道或者应当知道撤销事由之日起一年内行使。自债务人的行为发生之日起五年内没有行使撤销权的,该撤销权消灭。

第五百四十二条　【债务人行为被撤销的法律效果】债务人影响债权人的债权实现的行为被撤销的,自始没有法律约束力。

第六章　合同的变更和转让

第五百四十三条　【协议变更合同】当事人协商一致,可以变更合同。

第五百四十四条　【合同变更不明确推定为未变更】当事人对合同变更的内容约定不明确的,推定为未变更。

第五百四十五条　【债权转让】债权人可以将债权的全部或者部分转让给第三人,但是有下列情形之一的除外:

(一)根据债权性质不得转让;

(二)按照当事人约定不得转让;

(三)依照法律规定不得转让。

当事人约定非金钱债权不得转让的,不得对抗善意第三人。当事人约定金钱债权不得转让的,不得对抗第三人。

第五百四十六条　【债权转让的通知义务】债权人转让债权,未通知债务人的,该转让对债务人不发生效力。

债权转让的通知不得撤销,但是经受让人同意的除外。

第五百四十七条　【债权转让从权利一并转让】债权人转让债权的,受让人取得与债权有关的从权利,但是该从权利专属于债权人自身的除外。

受让人取得从权利不因该从权利未办理转移登记手续或者未转移占有而受到影响。

第五百四十八条　【债权转让中债务人抗辩】债务人接到债权转让通知后,债务人对让与人的抗辩,可以向受让人主张。

第五百四十九条　【债权转让中债务人的抵销权】有下列情形之一的,债务人可以向受让人主张抵销:

(一)债务人接到债权转让通知时,债务人对让与人享有债权,且债务人的债权先于转让的债权到期或者同时到期;

(二)债务人的债权与转让的债权是基于同一合同产生。

第五百五十条　【债权转让费用的承担】因债权转让增加的履行费用,由让与人负担。

第五百五十一条　【债务转移】债务人将债务的全部或者部分转移给第三人的,应当经债权人同意。

债务人或者第三人可以催告债权人在合理期限内予以同意,债权人未作表示的,视为不同意。

第五百五十二条　【债务加入】第三人与债务人约定加入债务并通知债权人,或者第三人向债权人表示愿意加入债务,债权人未在合理期限内明确拒绝的,债权人可以请求第三人在其愿意承担的债务范围内和债务人承担连带债务。

第五百五十三条　【债务转移时新债务人抗辩】债务人转移债务的,新债务人可以主张原债务人对债权人的抗辩;原债务人对债权人享有债权的,新债务人不得向债权人主张抵销。

第五百五十四条　【从债务随主债务转移】债务人转移债务的,新债务人应当承担与主债务有关的从债务,但是该从债务专属于原债务人自身的除外。

第五百五十五条　【合同权利义务的一并转让】当事人一方经对方同意,可以将自己在合同中的权利和义务一并转让给第三人。

第五百五十六条　【一并转让的法律适用】合同的权利和义务一并转让的，适用债权转让、债务转移的有关规定。

第七章　合同的权利义务终止

第五百五十七条　【债权债务终止的法定情形】有下列情形之一的，债权债务终止：

（一）债务已经履行；

（二）债务相互抵销；

（三）债务人依法将标的物提存；

（四）债权人免除债务；

（五）债权债务同归于一人；

（六）法律规定或者当事人约定终止的其他情形。

合同解除的，该合同的权利义务关系终止。

第五百五十八条　【后合同义务】债权债务终止后，当事人应当遵循诚信等原则，根据交易习惯履行通知、协助、保密、旧物回收等义务。

第五百五十九条　【从权利消灭】债权债务终止时，债权的从权利同时消灭，但是法律另有规定或者当事人另有约定的除外。

第五百六十条　【数项债务的清偿抵充顺序】债务人对同一债权人负担的数项债务种类相同，债务人的给付不足以清偿全部债务的，除当事人另有约定外，由债务人在清偿时指定其履行的债务。

债务人未作指定的，应当优先履行已经到期的债务；数项债务均到期的，优先履行对债权人缺乏担保或者担保最少的债务；均无担保或者担保相等的，优先履行债务人负担较重的债务；负担相同的，按照债务到期的先后顺序履行；到期时间相同的，按照债务比例履行。

第五百六十一条　【费用、利息和主债务的清偿抵充顺序】债务人在履行主债务外还应当支付利息和实现债权的有关费用，其给付不足以清偿全部债务的，除当事人另有约定外，应当按照下列顺序履行：

（一）实现债权的有关费用；

（二）利息；

（三）主债务。

第五百六十二条　【合同的约定解除】当事人协商一致，可以解除合同。

当事人可以约定一方解除合同的事由。解除合同的事由发生时，解除权人可以解除合同。

第五百六十三条　【合同的法定解除】有下列情形之一的，当事人可以解除合同：

（一）因不可抗力致使不能实现合同目的的；

（二）在履行期限届满前，当事人一方明确表示或者以自己的行为表明不履行主要债务；

（三）当事人一方迟延履行主要债务，经催告后在合理期限内仍未履行；

（四）当事人一方迟延履行债务或者有其他违约行为致使不能实现合同目的的；

（五）法律规定的其他情形。

以持续履行的债务为内容的不定期合同，当事人可以随时解除合同，但是应当在合理期限之前通知对方。

第五百六十四条　【解除权行使期限】法律规定或者当事人约定解除权行使期限，期限届满当事人不行使的，该权利消灭。

法律没有规定或者当事人没有约定解除权行使期限，自解除权人知道或者应当知道解除事由之日起一年内不行使，或者经对方催告后在合理期限内不行使的，该权利消灭。

第五百六十五条　【合同解除权的行使规则】当事人一方依法主张解除合同的，应当通知对方。合同自通知到达对方时解除；通知载明债务人在一定期限内不履行债务则合同自动解除，债务人在该期限内未履行债务的，合同自通知载明的期限届满时解除。对方对解除合同有异议的，任何一方当事人均可以请求人民法院或者仲裁机构确认解除行为的效力。

当事人一方未通知对方，直接以提起诉讼或者申请仲裁的方式依法主张解除合同，人民法院或者仲裁机构确认该主张的，合同自起诉状副本或者仲裁申请书副本送达对方时解除。

第五百六十六条　【合同解除的法律后果】合同解除后，尚未履行的，终止履行；已经履行的，根据履行情况和合同性质，当事人可以请求恢复原状或者采取其他补救措施，并有权请求赔偿损失。

合同因违约解除的，解除权人可以请求违约方承担违约责任，但是当事人另有约定的除外。

主合同解除后，担保人对债务人应当承担的民事责任仍应当承担担保责任，但是担保合同另有约定的除外。

第五百六十七条　【结算、清理条款效力的独立性】合同的权利义务关系终止，不影响合同中结算和清理条款的效力。

第五百六十八条　【法定抵销】当事人互负债务，该债务的标的物种类、品质相同的，任何一方可以将自己的债务与对方的到期债务抵销；但是，根据债务性质、按照当事人约定或者依照法律规定不得抵销的除外。

当事人主张抵销的,应当通知对方。通知自到达对方时生效。抵销不得附条件或者附期限。

第五百六十九条 【约定抵销】当事人互负债务,标的物种类、品质不相同的,经协商一致,也可以抵销。

第五百七十条 【提存的条件】有下列情形之一,难以履行债务的,债务人可以将标的物提存:

(一)债权人无正当理由拒绝受领;

(二)债权人下落不明;

(三)债权人死亡未确定继承人、遗产管理人,或者丧失民事行为能力未确定监护人;

(四)法律规定的其他情形。

标的物不适于提存或者提存费用过高的,债务人依法可以拍卖或者变卖标的物,提存所得的价款。

第五百七十一条 【提存的成立】债务人将标的物或者将标的物依法拍卖、变卖所得价款交付提存部门时,提存成立。

提存成立的,视为债务人在其提存范围内已经交付标的物。

第五百七十二条 【提存的通知】标的物提存后,债务人应当及时通知债权人或者债权人的继承人、遗产管理人、监护人、财产代管人。

第五百七十三条 【提存期间风险、孳息和提存费用负担】标的物提存后,毁损、灭失的风险由债权人承担。提存期间,标的物的孳息归债权人所有。提存费用由债权人负担。

第五百七十四条 【提存物的领取与取回】债权人可以随时领取提存物。但是,债权人对债务人负有到期债务的,在债权人未履行债务或者提供担保之前,提存部门根据债务人的要求应当拒绝其领取提存物。

债权人领取提存物的权利,自提存之日起五年内不行使而消灭,提存物扣除提存费用后归国家所有。但是,债权人未履行对债务人的到期债务,或者债权人向提存部门书面表示放弃领取提存物权利的,债务人负担提存费用后有权取回提存物。

第五百七十五条 【债的免除】债权人免除债务人部分或者全部债务的,债权债务部分或者全部终止,但是债务人在合理期限内拒绝的除外。

第五百七十六条 【债权债务混同的处理】债权和债务同归于一人的,债权债务终止,但是损害第三人利益的除外。

第八章　违约责任

第五百七十七条 【违约责任的种类】当事人一方不履行合同义务或者履行合同义务不符合约定的,应当承担继续履行、采取补救措施或者赔偿损失等违约责任。

第五百七十八条 【预期违约责任】当事人一方明确表示或者以自己的行为表明不履行合同义务的,对方可以在履行期限届满前请求其承担违约责任。

第五百七十九条 【金钱债务的继续履行】当事人一方未支付价款、报酬、租金、利息,或者不履行其他金钱债务的,对方可以请求其支付。

第五百八十条 【非金钱债务的继续履行】当事人一方不履行非金钱债务或者履行非金钱债务不符合约定的,对方可以请求履行,但是有下列情形之一的除外:

(一)法律上或者事实上不能履行;

(二)债务的标的不适于强制履行或者履行费用过高;

(三)债权人在合理期限内未请求履行。

有前款规定的除外情形之一,致使不能实现合同目的的,人民法院或者仲裁机构可以根据当事人的请求终止合同权利义务关系,但是不影响违约责任的承担。

第五百八十一条 【替代履行】当事人一方不履行债务或者履行债务不符合约定,根据债务的性质不得强制履行的,对方可以请求其负担由第三人替代履行的费用。

第五百八十二条 【瑕疵履行违约责任】履行不符合约定的,应当按照当事人的约定承担违约责任。对违约责任没有约定或者约定不明确,依据本法第五百一十条的规定仍不能确定的,受损害方根据标的的性质以及损失的大小,可以合理选择请求对方承担修理、重作、更换、退货、减少价款或者报酬等违约责任。

第五百八十三条 【违约损害赔偿责任】当事人一方不履行合同义务或者履行合同义务不符合约定的,在履行义务或者采取补救措施后,对方还有其他损失的,应当赔偿损失。

第五百八十四条 【法定的违约赔偿损失】当事人一方不履行合同义务或履行合同义务不符合约定,造成对方损失的,损失赔偿额应当相当于因违约所造成的损失,包括合同履行后可以获得的利益;但是,不得超过违约一方订立合同时预见到或者应当预见到的因违约可能造成的损失。

第五百八十五条 【违约金的约定】当事人可以约定一方违约时应当根据违约情况向对方支付一定数额的违约金,也可以约定因违约产生的损失赔偿额的计算方法。

约定的违约金低于造成的损失的，人民法院或者仲裁机构可以根据当事人的请求予以增加；约定的违约金过分高于造成的损失的，人民法院或者仲裁机构可以根据当事人的请求予以适当减少。

当事人就迟延履行约定违约金的，违约方支付违约金后，还应当履行债务。

第五百八十六条　【定金】当事人可以约定一方向对方给付定金作为债权的担保。定金合同自实际交付定金时成立。

定金的数额由当事人约定；但是，不得超过主合同标的额的百分之二十，超过部分不产生定金的效力。实际交付的定金数额多于或者少于约定数额的，视为变更约定的定金数额。

第五百八十七条　【定金罚则】债务人履行债务的，定金应当抵作价款或者收回。给付定金的一方不履行债务或者履行债务不符合约定，致使不能实现合同目的的，无权请求返还定金；收受定金的一方不履行债务或者履行债务不符合约定，致使不能实现合同目的的，应当双倍返还定金。

第五百八十八条　【违约金与定金竞合选择权】当事人既约定违约金，又约定定金的，一方违约时，对方可以选择适用违约金或者定金条款。

定金不足以弥补一方违约造成的损失的，对方可以请求赔偿超过定金数额的损失。

第五百八十九条　【债权人受领迟延】债务人按照约定履行债务，债权人无正当理由拒绝受领的，债务人可以请求债权人赔偿增加的费用。

在债权人受领迟延期间，债务人无须支付利息。

第五百九十条　【因不可抗力不能履行合同】当事人一方因不可抗力不能履行合同的，根据不可抗力的影响，部分或者全部免除责任，但是法律另有规定的除外。因不可抗力不能履行合同的，应当及时通知对方，以减轻可能给对方造成的损失，并应当在合理期限内提供证明。

当事人迟延履行后发生不可抗力的，不免除其违约责任。

第五百九十一条　【非违约方防止损失扩大义务】当事人一方违约后，对方应当采取适当措施防止损失的扩大；没有采取适当措施致使损失扩大的，不得就扩大的损失请求赔偿。

当事人因防止损失扩大而支出的合理费用，由违约方负担。

第五百九十二条　【双方违约和与有过错规则】当事人都违反合同的，应当各自承担相应的责任。

当事人一方违约造成对方损失，对方对损失的发生有过错的，可以减少相应的损失赔偿额。

第五百九十三条　【因第三人原因造成违约情况下的责任承担】当事人一方因第三人的原因造成违约的，应当依法向对方承担违约责任。当事人一方和第三人之间的纠纷，依照法律规定或者按照约定处理。

第五百九十四条　【国际贸易合同诉讼时效和仲裁时效】因国际货物买卖合同和技术进出口合同争议提起诉讼或者申请仲裁的时效期间为四年。

……

第四编　人格权

……

第六章　隐私权和个人信息保护

第一千零三十二条　【隐私权及隐私】自然人享有隐私权。任何组织或者个人不得以刺探、侵扰、泄露、公开等方式侵害他人的隐私权。

隐私是自然人的私人生活安宁和不愿为他人知晓的私密空间、私密活动、私密信息。

第一千零三十三条　【侵害隐私权的行为】除法律另有规定或者权利人明确同意外，任何组织或者个人不得实施下列行为：

（一）以电话、短信、即时通讯工具、电子邮件、传单等方式侵扰他人的私人生活安宁；

（二）进入、拍摄、窥视他人的住宅、宾馆房间等私密空间；

（三）拍摄、窥视、窃听、公开他人的私密活动；

（四）拍摄、窥视他人身体的私密部位；

（五）处理他人的私密信息；

（六）以其他方式侵害他人的隐私权。

第一千零三十四条　【个人信息保护】自然人的个人信息受法律保护。

个人信息是以电子或者其他方式记录的能够单独或者与其他信息结合识别特定自然人的各种信息，包括自然人的姓名、出生日期、身份证件号码、生物识别信息、住址、电话号码、电子邮箱、健康信息、行踪信息等。

个人信息中的私密信息，适用有关隐私权的规定；没有规定的，适用有关个人信息保护的规定。

第一千零三十五条　【个人信息处理的原则】处理个人信息的，应当遵循合法、正当、必要原则，不得过度处

理,并符合下列条件:

(一)征得该自然人或者其监护人同意,但是法律、行政法规另有规定的除外;

(二)公开处理信息的规则;

(三)明示处理信息的目的、方式和范围;

(四)不违反法律、行政法规的规定和双方的约定。

个人信息的处理包括个人信息的收集、存储、使用、加工、传输、提供、公开等。

第一千零三十六条 【处理个人信息的免责事由】处理个人信息,有下列情形之一的,行为人不承担民事责任:

(一)在该自然人或者其监护人同意的范围内合理实施的行为;

(二)合理处理该自然人自行公开的或者其他已经合法公开的信息,但是该自然人明确拒绝或者处理该信息侵害其重大利益的除外;

(三)为维护公共利益或者该自然人合法权益,合理实施的其他行为。

第一千零三十七条 【个人信息主体的权利】自然人可以依法向信息处理者查阅或者复制其个人信息;发现信息有错误的,有权提出异议并请求及时采取更正等必要措施。

自然人发现信息处理者违反法律、行政法规的规定或者双方的约定处理其个人信息的,有权请求信息处理者及时删除。

第一千零三十八条 【个人信息安全】信息处理者不得泄露或者篡改其收集、存储的个人信息;未经自然人同意,不得向他人非法提供其个人信息,但是经过加工无法识别特定个人且不能复原的除外。

信息处理者应当采取技术措施和其他必要措施,确保其收集、存储的个人信息安全,防止信息泄露、篡改、丢失;发生或者可能发生个人信息泄露、篡改、丢失的,应当及时采取补救措施,按照规定告知自然人并向有关主管部门报告。

第一千零三十九条 【国家机关及其工作人员对个人信息的保密义务】国家机关、承担行政职能的法定机构及其工作人员对于履行职责过程中知悉的自然人的隐私和个人信息,应当予以保密,不得泄露或者向他人非法提供。

......

中华人民共和国广告法

· 1994 年 10 月 27 日第八届全国人民代表大会常务委员会第十次会议通过

· 2015 年 4 月 24 日第十二届全国人民代表大会常务委员会第十四次会议修订

· 根据 2018 年 10 月 26 日第十三届全国人民代表大会常务委员会第六次会议《关于修改〈中华人民共和国野生动物保护法〉等十五部法律的决定》第一次修正

· 根据 2021 年 4 月 29 日第十三届全国人民代表大会常务委员会第二十八次会议《关于修改〈中华人民共和国道路交通安全法〉等八部法律的决定》第二次修正

第一章 总 则

第一条 为了规范广告活动,保护消费者的合法权益,促进广告业的健康发展,维护社会经济秩序,制定本法。

第二条 在中华人民共和国境内,商品经营者或者服务提供者通过一定媒介和形式直接或者间接地介绍自己所推销的商品或者服务的商业广告活动,适用本法。

本法所称广告主,是指为推销商品或者服务,自行或者委托他人设计、制作、发布广告的自然人、法人或者其他组织。

本法所称广告经营者,是指接受委托提供广告设计、制作、代理服务的自然人、法人或者其他组织。

本法所称广告发布者,是指为广告主或者广告主委托的广告经营者发布广告的自然人、法人或者其他组织。

本法所称广告代言人,是指广告主以外的,在广告中以自己的名义或者形象对商品、服务作推荐、证明的自然人、法人或者其他组织。

第三条 广告应当真实、合法,以健康的表现形式表达广告内容,符合社会主义精神文明建设和弘扬中华民族优秀传统文化的要求。

第四条 广告不得含有虚假或者引人误解的内容,不得欺骗、误导消费者。

广告主应当对广告内容的真实性负责。

第五条 广告主、广告经营者、广告发布者从事广告活动,应当遵守法律、法规,诚实信用,公平竞争。

第六条 国务院市场监督管理部门主管全国的广告监督管理工作,国务院有关部门在各自的职责范围内负责广告管理相关工作。

县级以上地方市场监督管理部门主管本行政区域的广告监督管理工作,县级以上地方人民政府有关部门在各自的职责范围内负责广告管理相关工作。

第七条　广告行业组织依照法律、法规和章程的规定,制定行业规范,加强行业自律,促进行业发展,引导会员依法从事广告活动,推动广告行业诚信建设。

第二章　广告内容准则

第八条　广告中对商品的性能、功能、产地、用途、质量、成分、价格、生产者、有效期限、允诺等或者对服务的内容、提供者、形式、质量、价格、允诺等有表示的,应当准确、清楚、明白。

广告中表明推销的商品或者服务附带赠送的,应当明示所附带赠送商品或者服务的品种、规格、数量、期限和方式。

法律、行政法规规定广告中应当明示的内容,应当显著、清晰表示。

第九条　广告不得有下列情形:

(一)使用或者变相使用中华人民共和国的国旗、国歌、国徽,军旗、军歌、军徽;

(二)使用或者变相使用国家机关、国家机关工作人员的名义或者形象;

(三)使用"国家级"、"最高级"、"最佳"等用语;

(四)损害国家的尊严或者利益,泄露国家秘密;

(五)妨碍社会安定,损害社会公共利益;

(六)危害人身、财产安全,泄露个人隐私;

(七)妨碍社会公共秩序或者违背社会良好风尚;

(八)含有淫秽、色情、赌博、迷信、恐怖、暴力的内容;

(九)含有民族、种族、宗教、性别歧视的内容;

(十)妨碍环境、自然资源或者文化遗产保护;

(十一)法律、行政法规规定禁止的其他情形。

第十条　广告不得损害未成年人和残疾人的身心健康。

第十一条　广告内容涉及的事项需要取得行政许可的,应当与许可的内容相符合。

广告使用数据、统计资料、调查结果、文摘、引用语等引证内容的,应当真实、准确,并表明出处。引证内容有适用范围和有效期限的,应当明确表示。

第十二条　广告中涉及专利产品或者专利方法的,应当标明专利号和专利种类。

未取得专利权的,不得在广告中谎称取得专利权。

禁止使用未授予专利权的专利申请和已经终止、撤销、无效的专利作广告。

第十三条　广告不得贬低其他生产经营者的商品或者服务。

第十四条　广告应当具有可识别性,能够使消费者辨明其为广告。

大众传播媒介不得以新闻报道形式变相发布广告。通过大众传播媒介发布的广告应当显著标明"广告",与其他非广告信息相区别,不得使消费者产生误解。

广播电台、电视台发布广告,应当遵守国务院有关部门关于时长、方式的规定,并应当对广告时长作出明显提示。

第十五条　麻醉药品、精神药品、医疗用毒性药品、放射性药品等特殊药品,药品类易制毒化学品,以及戒毒治疗的药品、医疗器械和治疗方法,不得作广告。

前款规定以外的处方药,只能在国务院卫生行政部门和国务院药品监督管理部门共同指定的医学、药学专业刊物上作广告。

第十六条　医疗、药品、医疗器械广告不得含有下列内容:

(一)表示功效、安全性的断言或者保证;

(二)说明治愈率或者有效率;

(三)与其他药品、医疗器械的功效和安全性或者其他医疗机构比较;

(四)利用广告代言人作推荐、证明;

(五)法律、行政法规规定禁止的其他内容。

药品广告的内容不得与国务院药品监督管理部门批准的说明书不一致,并应当显著标明禁忌、不良反应。处方药广告应当显著标明"本广告仅供医学药学专业人士阅读",非处方药广告应当显著标明"请按药品说明书或者在药师指导下购买和使用"。

推荐给个人自用的医疗器械的广告,应当显著标明"请仔细阅读产品说明书或者在医务人员的指导下购买和使用"。医疗器械产品注册证明文件中有禁忌内容、注意事项的,广告中应当显著标明"禁忌内容或者注意事项详见说明书"。

第十七条　除医疗、药品、医疗器械广告外,禁止其他任何广告涉及疾病治疗功能,并不得使用医疗用语或者易使推销的商品与药品、医疗器械相混淆的用语。

第十八条　保健食品广告不得含有下列内容:

(一)表示功效、安全性的断言或者保证;

(二)涉及疾病预防、治疗功能;

(三)声称或者暗示广告商品为保障健康所必需;

(四)与药品、其他保健食品进行比较;

(五)利用广告代言人作推荐、证明;

(六)法律、行政法规规定禁止的其他内容。

保健食品广告应当显著标明"本品不能代替药物"。

第十九条　广播电台、电视台、报刊音像出版单位、互联网信息服务提供者不得以介绍健康、养生知识等形式变相发布医疗、药品、医疗器械、保健食品广告。

第二十条　禁止在大众传播媒介或者公共场所发布声称全部或者部分替代母乳的婴儿乳制品、饮料和其他食品广告。

第二十一条　农药、兽药、饲料和饲料添加剂广告不得含有下列内容：

（一）表示功效、安全性的断言或者保证；

（二）利用科研单位、学术机构、技术推广机构、行业协会或者专业人士、用户的名义或者形象作推荐、证明；

（三）说明有效率；

（四）违反安全使用规程的文字、语言或者画面；

（五）法律、行政法规规定禁止的其他内容。

第二十二条　禁止在大众传播媒介或者公共场所、公共交通工具、户外发布烟草广告。禁止向未成年人发送任何形式的烟草广告。

禁止利用其他商品或者服务的广告、公益广告，宣传烟草制品名称、商标、包装、装潢以及类似内容。

烟草制品生产者或者销售者发布的迁址、更名、招聘等启事中，不得含有烟草制品名称、商标、包装、装潢以及类似内容。

第二十三条　酒类广告不得含有下列内容：

（一）诱导、怂恿饮酒或者宣传无节制饮酒；

（二）出现饮酒的动作；

（三）表现驾驶车、船、飞机等活动；

（四）明示或者暗示饮酒有消除紧张和焦虑、增加体力等功效。

第二十四条　教育、培训广告不得含有下列内容：

（一）对升学、通过考试、获得学位学历或者合格证书，或者对教育、培训的效果作出明示或者暗示的保证性承诺；

（二）明示或者暗示有相关考试机构或者其工作人员、考试命题人员参与教育、培训；

（三）利用科研单位、学术机构、教育机构、行业协会、专业人士、受益者的名义或者形象作推荐、证明。

第二十五条　招商等有投资回报预期的商品或者服务广告，应当对可能存在的风险以及风险责任承担有合理提示或者警示，并不得含有下列内容：

（一）对未来效果、收益或者与其相关的情况作出保证性承诺，明示或者暗示保本、无风险或者保收益等，国家另有规定的除外；

（二）利用学术机构、行业协会、专业人士、受益者的名义或者形象作推荐、证明。

第二十六条　房地产广告，房源信息应当真实，面积应当表明为建筑面积或者套内建筑面积，并不得含有下列内容：

（一）升值或者投资回报的承诺；

（二）以项目到达某一具体参照物的所需时间表示项目位置；

（三）违反国家有关价格管理的规定；

（四）对规划或者建设中的交通、商业、文化教育设施以及其他市政条件作误导宣传。

第二十七条　农作物种子、林木种子、草种子、种畜禽、水产苗种和种养殖广告关于品种名称、生产性能、生长量或者产量、品质、抗性、特殊使用价值、经济价值、适宜种植或者养殖的范围和条件等方面的表述应当真实、清楚、明白，并不得含有下列内容：

（一）作科学上无法验证的断言；

（二）表示功效的断言或者保证；

（三）对经济效益进行分析、预测或者作保证性承诺；

（四）利用科研单位、学术机构、技术推广机构、行业协会或者专业人士、用户的名义或者形象作推荐、证明。

第二十八条　广告以虚假或者引人误解的内容欺骗、误导消费者的，构成虚假广告。

广告有下列情形之一的，为虚假广告：

（一）商品或者服务不存在的；

（二）商品的性能、功能、产地、用途、质量、规格、成分、价格、生产者、有效期限、销售状况、曾获荣誉等信息，或者服务的内容、提供者、形式、质量、价格、销售状况、曾获荣誉等信息，以及与商品或者服务有关的允诺等信息与实际情况不符，对购买行为有实质性影响的；

（三）使用虚构、伪造或者无法验证的科研成果、统计资料、调查结果、文摘、引用语等信息作证明材料的；

（四）虚构使用商品或者接受服务的效果的；

（五）以虚假或者引人误解的内容欺骗、误导消费者的其他情形。

第三章　广告行为规范

第二十九条　广播电台、电视台、报刊出版单位从事广告发布业务的，应当设有专门从事广告业务的机构，配备必要的人员，具有与发布广告相适应的场所、设备。

第三十条　广告主、广告经营者、广告发布者之间在广告活动中应当依法订立书面合同。

第三十一条　广告主、广告经营者、广告发布者不得在广告活动中进行任何形式的不正当竞争。

第三十二条　广告主委托设计、制作、发布广告,应当委托具有合法经营资格的广告经营者、广告发布者。

第三十三条　广告主或者广告经营者在广告中使用他人名义或者形象的,应当事先取得其书面同意;使用无民事行为能力人、限制民事行为能力人的名义或者形象的,应当事先取得其监护人的书面同意。

第三十四条　广告经营者、广告发布者应当按照国家有关规定,建立、健全广告业务的承接登记、审核、档案管理制度。

广告经营者、广告发布者依据法律、行政法规查验有关证明文件,核对广告内容。对内容不符或者证明文件不全的广告,广告经营者不得提供设计、制作、代理服务,广告发布者不得发布。

第三十五条　广告经营者、广告发布者应当公布其收费标准和收费办法。

第三十六条　广告发布者向广告主、广告经营者提供的覆盖率、收视率、点击率、发行量等资料应当真实。

第三十七条　法律、行政法规规定禁止生产、销售的产品或者提供的服务,以及禁止发布广告的商品或者服务,任何单位或者个人不得设计、制作、代理、发布广告。

第三十八条　广告代言人在广告中对商品、服务作推荐、证明,应当依据事实,符合本法和有关法律、行政法规规定,并不得为其未使用过的商品或者未接受过的服务作推荐、证明。

不得利用不满十周岁的未成年人作为广告代言人。

对在虚假广告中作推荐、证明受到行政处罚未满三年的自然人、法人或者其他组织,不得利用其作为广告代言人。

第三十九条　不得在中小学校、幼儿园内开展广告活动,不得利用中小学生和幼儿的教材、教辅材料、练习册、文具、教具、校服、校车等发布或者变相发布广告,但公益广告除外。

第四十条　在针对未成年人的大众传播媒介上不得发布医疗、药品、保健食品、医疗器械、化妆品、酒类、美容广告,以及不利于未成年人身心健康的网络游戏广告。

针对不满十四周岁的未成年人的商品或者服务的广告不得含有下列内容:

(一)劝诱其要求家长购买广告商品或者服务;

(二)可能引发其模仿不安全行为。

第四十一条　县级以上地方人民政府应当组织有关部门加强对利用户外场所、空间、设施等发布户外广告的监督管理,制定户外广告设置规划和安全要求。

户外广告的管理办法,由地方性法规、地方政府规章规定。

第四十二条　有下列情形之一的,不得设置户外广告:

(一)利用交通安全设施、交通标志的;

(二)影响市政公共设施、交通安全设施、交通标志、消防设施、消防安全标志使用的;

(三)妨碍生产或者人民生活,损害市容市貌的;

(四)在国家机关、文物保护单位、风景名胜区等的建筑控制地带,或者县级以上地方人民政府禁止设置户外广告的区域设置的。

第四十三条　任何单位或者个人未经当事人同意或者请求,不得向其住宅、交通工具等发送广告,也不得以电子信息方式向其发送广告。

以电子信息方式发送广告的,应当明示发送者的真实身份和联系方式,并向接收者提供拒绝继续接收的方式。

第四十四条　利用互联网从事广告活动,适用本法的各项规定。

利用互联网发布、发送广告,不得影响用户正常使用网络。在互联网页面以弹出等形式发布的广告,应当显著标明关闭标志,确保一键关闭。

第四十五条　公共场所的管理者或者电信业务经营者、互联网信息服务提供者对其明知或者应知的利用其场所或者信息传输、发布平台发送、发布违法广告的,应当予以制止。

第四章　监督管理

第四十六条　发布医疗、药品、医疗器械、农药、兽药和保健食品广告,以及法律、行政法规规定应当进行审查的其他广告,应当在发布前由有关部门(以下称广告审查机关)对广告内容进行审查;未经审查,不得发布。

第四十七条　广告主申请广告审查,应当依照法律、行政法规向广告审查机关提交有关证明文件。

广告审查机关应当依照法律、行政法规规定作出审查决定,并应当将审查批准文件抄送同级市场监督管理部门。广告审查机关应当及时向社会公布批准的广告。

第四十八条　任何单位或者个人不得伪造、变造或者转让广告审查批准文件。

第四十九条　市场监督管理部门履行广告监督管理

职责,可以行使下列职权:

(一)对涉嫌从事违法广告活动的场所实施现场检查;

(二)询问涉嫌违法当事人或者其法定代表人、主要负责人和其他有关人员,对有关单位或者个人进行调查;

(三)要求涉嫌违法当事人限期提供有关证明文件;

(四)查阅、复制与涉嫌违法广告有关的合同、票据、账簿、广告作品和其他有关资料;

(五)查封、扣押与涉嫌违法广告直接相关的广告物品、经营工具、设备等财物;

(六)责令暂停发布可能造成严重后果的涉嫌违法广告;

(七)法律、行政法规规定的其他职权。

市场监督管理部门应当建立健全广告监测制度,完善监测措施,及时发现和依法查处违法广告行为。

第五十条　国务院市场监督管理部门会同国务院有关部门,制定大众传播媒介广告发布行为规范。

第五十一条　市场监督管理部门依照本法规定行使职权,当事人应当协助、配合,不得拒绝、阻挠。

第五十二条　市场监督管理部门和有关部门及其工作人员对其在广告监督管理活动中知悉的商业秘密负有保密义务。

第五十三条　任何单位或者个人有权向市场监督管理部门和有关部门投诉、举报违反本法的行为。市场监督管理部门和有关部门应当向社会公开受理投诉、举报的电话、信箱或者电子邮件地址,接到投诉、举报的部门应当自收到投诉之日起七个工作日内,予以处理并告知投诉、举报人。

市场监督管理部门和有关部门不依法履行职责的,任何单位或者个人有权向其上级机关或者监察机关举报。接到举报的机关应当依法作出处理,并将处理结果及时告知举报人。

有关部门应当为投诉、举报人保密。

第五十四条　消费者协会和其他消费者组织对违反本法规定,发布虚假广告侵害消费者合法权益,以及其他损害社会公共利益的行为,依法进行社会监督。

第五章　法律责任

第五十五条　违反本法规定,发布虚假广告的,由市场监督管理部门责令停止发布广告,责令广告主在相应范围内消除影响,处广告费用三倍以上五倍以下的罚款,广告费用无法计算或者明显偏低的,处二十万元以上一百万元以下的罚款;两年内有三次以上违法行为或者有

其他严重情节的,处广告费用五倍以上十倍以下的罚款,广告费用无法计算或者明显偏低的,处一百万元以上二百万元以下的罚款,可以吊销营业执照,并由广告审查机关撤销广告审查批准文件、一年内不受理其广告审查申请。

医疗机构有前款规定违法行为,情节严重的,除由市场监督管理部门依照本法处罚外,卫生行政部门可以吊销诊疗科目或者吊销医疗机构执业许可证。

广告经营者、广告发布者明知或者应知广告虚假仍设计、制作、代理、发布的,由市场监督管理部门没收广告费用,并处广告费用三倍以上五倍以下的罚款,广告费用无法计算或者明显偏低的,处二十万元以上一百万元以下的罚款;两年内有三次以上违法行为或者有其他严重情节的,处广告费用五倍以上十倍以下的罚款,广告费用无法计算或者明显偏低的,处一百万元以上二百万元以下的罚款,并可以由有关部门暂停广告发布业务、吊销营业执照。

广告主、广告经营者、广告发布者有本条第一款、第三款规定行为,构成犯罪的,依法追究刑事责任。

第五十六条　违反本法规定,发布虚假广告,欺骗、误导消费者,使购买商品或者接受服务的消费者的合法权益受到损害的,由广告主依法承担民事责任。广告经营者、广告发布者不能提供广告主的真实名称、地址和有效联系方式的,消费者可以要求广告经营者、广告发布者先行赔偿。

关系消费者生命健康的商品或者服务的虚假广告,造成消费者损害的,其广告经营者、广告发布者、广告代言人应当与广告主承担连带责任。

前款规定以外的商品或者服务的虚假广告,造成消费者损害的,其广告经营者、广告发布者、广告代言人,明知或者应知广告虚假仍设计、制作、代理、发布或者作推荐、证明的,应当与广告主承担连带责任。

第五十七条　有下列行为之一的,由市场监督管理部门责令停止发布广告,对广告主处二十万元以上一百万元以下的罚款,情节严重的,并可以吊销营业执照,由广告审查机关撤销广告审查批准文件、一年内不受理其广告审查申请;对广告经营者、广告发布者,由市场监督管理部门没收广告费用,处二十万元以上一百万元以下的罚款,情节严重的,并可以吊销营业执照:

(一)发布有本法第九条、第十条规定的禁止情形的广告的;

(二)违反本法第十五条规定发布处方药广告、药品

类易制毒化学品广告、戒毒治疗的医疗器械和治疗方法广告的；

（三）违反本法第二十条规定，发布声称全部或者部分替代母乳的婴儿乳制品、饮料和其他食品广告的；

（四）违反本法第二十二条规定发布烟草广告的；

（五）违反本法第三十七条规定，利用广告推销禁止生产、销售的产品或者提供的服务，或者禁止发布广告的商品或者服务的；

（六）违反本法第四十条第一款规定，在针对未成年人的大众传播媒介上发布医疗、药品、保健食品、医疗器械、化妆品、酒类、美容广告，以及不利于未成年人身心健康的网络游戏广告的。

第五十八条　有下列行为之一的，由市场监督管理部门责令停止发布广告，责令广告主在相应范围内消除影响，处广告费用一倍以上三倍以下的罚款，广告费用无法计算或者明显偏低的，处十万元以上二十万元以下的罚款；情节严重的，处广告费用三倍以上五倍以下的罚款，广告费用无法计算或者明显偏低的，处二十万元以上一百万元以下的罚款，可以吊销营业执照，并由广告审查机关撤销广告审查批准文件、一年内不受理其广告审查申请：

（一）违反本法第十六条规定发布医疗、药品、医疗器械广告的；

（二）违反本法第十七条规定，在广告中涉及疾病治疗功能，以及使用医疗用语或者易使推销的商品与药品、医疗器械相混淆的用语的；

（三）违反本法第十八条规定发布保健食品广告的；

（四）违反本法第二十一条规定发布农药、兽药、饲料和饲料添加剂广告的；

（五）违反本法第二十三条规定发布酒类广告的；

（六）违反本法第二十四条规定发布教育、培训广告的；

（七）违反本法第二十五条规定发布招商等有投资回报预期的商品或者服务广告的；

（八）违反本法第二十六条规定发布房地产广告的；

（九）违反本法第二十七条规定发布农作物种子、林木种子、草种子、种畜禽、水产苗种和种养殖广告的；

（十）违反本法第三十八条第二款规定，利用不满十周岁的未成年人作为广告代言人的；

（十一）违反本法第三十八条第三款规定，利用自然人、法人或者其他组织作为广告代言人的；

（十二）违反本法第三十九条规定，在中小学校、幼儿园内或者利用与中小学生、幼儿有关的物品发布广告的；

（十三）违反本法第四十条第二款规定，发布针对不满十四周岁的未成年人的商品或者服务的广告的；

（十四）违反本法第四十六条规定，未经审查发布广告的。

医疗机构有前款规定违法行为，情节严重的，除由市场监督管理部门依照本法处罚外，卫生行政部门可以吊销诊疗科目或者吊销医疗机构执业许可证。

广告经营者、广告发布者明知或者应知有本条第一款规定违法行为仍设计、制作、代理、发布的，由市场监督管理部门没收广告费用，并处广告费用一倍以上三倍以下的罚款，广告费用无法计算或者明显偏低的，处十万元以上二十万元以下的罚款；情节严重的，处广告费用三倍以上五倍以下的罚款，广告费用无法计算或者明显偏低的，处二十万元以上一百万元以下的罚款，并可以由有关部门暂停广告发布业务、吊销营业执照。

第五十九条　有下列行为之一的，由市场监督管理部门责令停止发布广告，对广告主处十万元以下的罚款：

（一）广告内容违反本法第八条规定的；

（二）广告引证内容违反本法第十一条规定的；

（三）涉及专利的广告违反本法第十二条规定的；

（四）违反本法第十三条规定，广告贬低其他生产经营者的商品或者服务的。

广告经营者、广告发布者明知或者应知有前款规定违法行为仍设计、制作、代理、发布的，由市场监督管理部门处十万元以下的罚款。

广告违反本法第十四条规定，不具有可识别性的，或者违反本法第十九条规定，变相发布医疗、药品、医疗器械、保健食品广告的，由市场监督管理部门责令改正，对广告发布者处十万元以下的罚款。

第六十条　违反本法第三十四条规定，广告经营者、广告发布者未按照国家有关规定建立、健全广告业务管理制度的，或者未对广告内容进行核对的，由市场监督管理部门责令改正，可以处五万元以下的罚款。

违反本法第三十五条规定，广告经营者、广告发布者未公布其收费标准和收费办法的，由价格主管部门责令改正，可以处五万元以下的罚款。

第六十一条　广告代言人有下列情形之一的，由市场监督管理部门没收违法所得，并处违法所得一倍以上二倍以下的罚款：

（一）违反本法第十六条第一款第四项规定，在医疗、药品、医疗器械广告中作推荐、证明的；

（二）违反本法第十八条第一款第五项规定，在保健食品广告中作推荐、证明的；

（三）违反本法第三十八条第一款规定，为其未使用过的商品或者未接受过的服务作推荐、证明的；

（四）明知或者应知广告虚假仍在广告中对商品、服务作推荐、证明的。

第六十二条 违反本法第四十三条规定发送广告的，由有关部门责令停止违法行为，对广告主处五千元以上三万元以下的罚款。

违反本法第四十四条第二款规定，利用互联网发布广告，未显著标明关闭标志，确保一键关闭的，由市场监督管理部门责令改正，对广告主处五千元以上三万元以下的罚款。

第六十三条 违反本法第四十五条规定，公共场所的管理者和电信业务经营者、互联网信息服务提供者，明知或者应知广告活动违法不予制止的，由市场监督管理部门没收违法所得，违法所得五万元以上的，并处违法所得一倍以上三倍以下的罚款；违法所得不足五万元的，并处一万元以上五万元以下的罚款；情节严重的，由有关部门依法停止相关业务。

第六十四条 违反本法规定，隐瞒真实情况或者提供虚假材料申请广告审查的，广告审查机关不予受理或者不予批准，予以警告，一年内不受理该申请人的广告审查申请；以欺骗、贿赂等不正当手段取得广告审查批准的，广告审查机关予以撤销，处十万元以上二十万元以下的罚款，三年内不受理该申请人的广告审查申请。

第六十五条 违反本法规定，伪造、变造或者转让广告审查批准文件的，由市场监督管理部门没收违法所得，并处一万元以上十万元以下的罚款。

第六十六条 有本法规定的违法行为的，由市场监督管理部门记入信用档案，并依照有关法律、行政法规定予以公示。

第六十七条 广播电台、电视台、报刊音像出版单位发布违法广告，或者以新闻报道形式变相发布广告，或者以介绍健康、养生知识等形式变相发布医疗、药品、医疗器械、保健食品广告，市场监督管理部门依照本法给予处罚的，应当通报新闻出版、广播电视主管部门以及其他有关部门。新闻出版、广播电视主管部门以及其他有关部门应当依法对负有责任的主管人员和直接责任人员给予处分；情节严重的，并可以暂停媒体的广告发布业务。

新闻出版、广播电视主管部门以及其他有关部门未依照前款规定对广播电台、电视台、报刊音像出版单位进行处理的，对负有责任的主管人员和直接责任人员，依法给予处分。

第六十八条 广告主、广告经营者、广告发布者违反本法规定，有下列侵权行为之一的，依法承担民事责任：

（一）在广告中损害未成年人或者残疾人的身心健康的；

（二）假冒他人专利的；

（三）贬低其他生产经营者的商品、服务的；

（四）在广告中未经同意使用他人名义或者形象的；

（五）其他侵犯他人合法民事权益的。

第六十九条 因发布虚假广告，或者有其他本法规定的违法行为，被吊销营业执照的公司、企业的法定代表人，对违法行为负有个人责任的，自该公司、企业被吊销营业执照之日起三年内不得担任公司、企业的董事、监事、高级管理人员。

第七十条 违反本法规定，拒绝、阻挠市场监督管理部门监督检查，或者有其他构成违反治安管理行为的，依法给予治安管理处罚；构成犯罪的，依法追究刑事责任。

第七十一条 广告审查机关对违法的广告内容作出审查批准决定的，对负有责任的主管人员和直接责任人员，由任免机关或者监察机关依法给予处分；构成犯罪的，依法追究刑事责任。

第七十二条 市场监督管理部门对在履行广告监测职责中发现的违法广告行为或者对经投诉、举报的违法广告行为，不依法予以查处的，对负有责任的主管人员和直接责任人员，依法给予处分。

市场监督管理部门和负责广告管理相关工作的有关部门的工作人员玩忽职守、滥用职权、徇私舞弊的，依法给予处分。

有前两款行为，构成犯罪的，依法追究刑事责任。

第六章　附　则

第七十三条 国家鼓励、支持开展公益广告宣传活动，传播社会主义核心价值观，倡导文明风尚。

大众传播媒介有义务发布公益广告。广播电台、电视台、报刊出版单位应当按照规定的版面、时段、时长发布公益广告。公益广告的管理办法，由国务院市场监督管理部门会同有关部门制定。

第七十四条 本法自 2015 年 9 月 1 日起施行。

中华人民共和国未成年人保护法（节录）

· 1991 年 9 月 4 日第七届全国人民代表大会常务委员会第二十一次会议通过
· 2006 年 12 月 29 日第十届全国人民代表大会常务委员会第二十五次会议第一次修订
· 根据 2012 年 10 月 26 日第十一届全国人民代表大会常务委员会第二十九次会议《关于修改〈中华人民共和国未成年人保护法〉的决定》第一次修正
· 2020 年 10 月 17 日第十三届全国人民代表大会常务委员会第二十二次会议第二次修订
· 根据 2024 年 4 月 26 日第十四届全国人民代表大会常务委员会第九次会议《关于修改〈中华人民共和国农业技术推广法〉、〈中华人民共和国未成年人保护法〉、〈中华人民共和国生物安全法〉的决定》第二次修正
· 2024 年 4 月 26 日中华人民共和国主席令第 24 号公布
· 自公布之日起施行

......

第四条　【未成年人保护的基本原则和要求】保护未成年人，应当坚持最有利于未成年人的原则。处理涉及未成年人事项，应当符合下列要求：

（一）给予未成年人特殊、优先保护；

（二）尊重未成年人人格尊严；

（三）保护未成年人隐私权和个人信息；

（四）适应未成年人身心健康发展的规律和特点；

（五）听取未成年人的意见；

（六）保护与教育相结合。

第五条　【对未成年人进行教育】国家、社会、学校和家庭应当对未成年人进行理想教育、道德教育、科学教育、文化教育、法治教育、国家安全教育、健康教育、劳动教育，加强爱国主义、集体主义和中国特色社会主义的教育，培养爱祖国、爱人民、爱劳动、爱科学、爱社会主义的公德，抵制资本主义、封建主义和其他腐朽思想的侵蚀，引导未成年人树立和践行社会主义核心价值观。

......

第十七条　【监护禁止行为】未成年人的父母或者其他监护人不得实施下列行为：

（一）虐待、遗弃、非法送养未成年人或者对未成年人实施家庭暴力；

（二）放任、教唆或者利用未成年人实施违法犯罪行为；

（三）放任、唆使未成年人参与邪教、迷信活动或者接受恐怖主义、分裂主义、极端主义等侵害；

（四）放任、唆使未成年人吸烟（含电子烟，下同）、饮酒、赌博、流浪乞讨或者欺凌他人；

（五）放任或者迫使应当接受义务教育的未成年人失学、辍学；

（六）放任未成年人沉迷网络，接触危害或者可能影响其身心健康的图书、报刊、电影、广播电视节目、音像制品、电子出版物和网络信息等；

（七）放任未成年人进入营业性娱乐场所、酒吧、互联网上网服务营业场所等不适宜未成年人活动的场所；

（八）允许或者迫使未成年人从事国家规定以外的劳动；

（九）允许、迫使未成年人结婚或者为未成年人订立婚约；

（十）违法处分、侵吞未成年人的财产或者利用未成年人牟取不正当利益；

（十一）其他侵犯未成年人身心健康、财产权益或者不依法履行未成年人保护义务的行为。

......

第四十四条　【公用场馆的优惠政策】爱国主义教育基地、图书馆、青少年宫、儿童活动中心、儿童之家应当对未成年人免费开放；博物馆、纪念馆、科技馆、展览馆、美术馆、文化馆、社区公益性互联网上网服务场所以及影剧院、体育场馆、动物园、植物园、公园等场所，应当按照有关规定对未成年人免费或者优惠开放。

国家鼓励爱国主义教育基地、博物馆、科技馆、美术馆等公共场馆开设未成年人专场，为未成年人提供有针对性的服务。

国家鼓励国家机关、企业事业单位、部队等开发自身教育资源，设立未成年人开放日，为未成年人主题教育、社会实践、职业体验等提供支持。

国家鼓励科研机构和科技类社会组织对未成年人开展科学普及活动。

......

第四十八条　【鼓励有利于未成年人健康成长的创作】国家鼓励创作、出版、制作和传播有利于未成年人健康成长的图书、报刊、电影、广播电视节目、舞台艺术作品、音像制品、电子出版物和网络信息等。

第四十九条　【新闻媒体的责任】新闻媒体应当加强未成年人保护方面的宣传，对侵犯未成年人合法权益的行为进行舆论监督。新闻媒体采访报道涉及未成年人事件应当客观、审慎和适度，不得侵犯未成年人的名誉、隐私和其他合法权益。

第五十条　【禁止危害未成年人身心健康的内容】禁止制作、复制、出版、发布、传播含有宣扬淫秽、色情、暴力、邪教、迷信、赌博、引诱自杀、恐怖主义、分裂主义、极端主义等危害未成年人身心健康内容的图书、报刊、电影、广播电视节目、舞台艺术作品、音像制品、电子出版物和网络信息等。

第五十一条　【提示可能影响未成年人身心健康的内容】任何组织或者个人出版、发布、传播的图书、报刊、电影、广播电视节目、舞台艺术作品、音像制品、电子出版物或者网络信息，包含可能影响未成年人身心健康内容的，应当以显著方式作出提示。

第五十二条　【禁止儿童色情制品】禁止制作、复制、发布、传播或者持有关未成年人的淫秽色情物品和网络信息。

第五十三条　【与未成年人有关的广告管理】任何组织或者个人不得刊登、播放、张贴或者散发含有危害未成年人身心健康内容的广告；不得在学校、幼儿园播放、张贴或者散发商业广告；不得利用校服、教材等发布或者变相发布商业广告。

……

第五十五条　【对生产、销售用于未成年人产品的要求】生产、销售用于未成年人的食品、药品、玩具、用具和游戏游艺设备、游乐设施等，应当符合国家或者行业标准，不得危害未成年人的人身安全和身心健康。上述产品的生产者应当在显著位置标明注意事项，未标明注意事项的不得销售。

第五十六条　【公共场所的安全保障义务】未成年人集中活动的公共场所应当符合国家或者行业安全标准，并采取相应安全保护措施。对可能存在安全风险的设施，应当定期进行维护，在显著位置设置安全警示标志并标明适龄范围和注意事项；必要时应当安排专门人员看管。

大型的商场、超市、医院、图书馆、博物馆、科技馆、游乐场、车站、码头、机场、旅游景区景点等场所运营单位应当设置搜寻走失未成年人的安全警报系统。场所运营单位接到求助后，应当立即启动安全警报系统，组织人员进行搜寻并向公安机关报告。

公共场所发生突发事件时，应当优先救护未成年人。

……

第五十八条　【不适宜未成年人活动场所设置与服务的限制】学校、幼儿园周边不得设置营业性娱乐场所、酒吧、互联网上网服务营业场所等不适宜未成年人活动

的场所。营业性歌舞娱乐场所、酒吧、互联网上网服务营业场所等不适宜未成年人活动场所的经营者，不得允许未成年人进入；游艺娱乐场所设置的电子游戏设备，除国家法定节假日外，不得向未成年人提供。经营者应当在显著位置设置未成年人禁入、限入标志；对难以判明是否是未成年人的，应当要求其出示身份证件。

……

第六十一条　【劳动保护】任何组织或者个人不得招用未满十六周岁未成年人，国家另有规定的除外。

营业性娱乐场所、酒吧、互联网上网服务营业场所等不适宜未成年人活动的场所不得招用已满十六周岁的未成年人。

招用已满十六周岁未成年人的单位和个人应当执行国家在工种、劳动时间、劳动强度和保护措施等方面的规定，不得安排其从事过重、有毒、有害等危害未成年人身心健康的劳动或者危险作业。

任何组织或者个人不得组织未成年人进行危害其身心健康的表演等活动。经未成年人的父母或者其他监护人同意，未成年人参与演出、节目制作等活动，活动组织方应当根据国家有关规定，保障未成年人合法权益。

……

第五章　网络保护

第六十四条　【网络素养】国家、社会、学校和家庭应当加强未成年人网络素养宣传教育，培养和提高未成年人的网络素养，增强未成年人科学、文明、安全、合理使用网络的意识和能力，保障未成年人在网络空间的合法权益。

第六十五条　【健康网络内容创作与传播】国家鼓励和支持有利于未成年人健康成长的网络内容的创作与传播，鼓励和支持专门以未成年人为服务对象、适合未成年人身心健康特点的网络技术、产品、服务的研发、生产和使用。

第六十六条　【监督检查和执法】网信部门及其他有关部门应当加强对未成年人网络保护工作的监督检查，依法惩处利用网络从事危害未成年人身心健康的活动，为未成年人提供安全、健康的网络环境。

第六十七条　【可能影响健康的网络信息】网信部门会同公安、文化和旅游、新闻出版、电影、广播电视等部门根据保护不同年龄阶段未成年人的需要，确定可能影响未成年人身心健康网络信息的种类、范围和判断标准。

第六十八条　【沉迷网络的预防和干预】新闻出版、教育、卫生健康、文化和旅游、网信等部门应当定期开展

预防未成年人沉迷网络的宣传教育，监督网络产品和服务提供者履行预防未成年人沉迷网络的义务，指导家庭、学校、社会组织互相配合，采取科学、合理的方式对未成年人沉迷网络进行预防和干预。

任何组织或者个人不得以侵害未成年人身心健康的方式对未成年人沉迷网络进行干预。

第六十九条 【网络保护软件】学校、社区、图书馆、文化馆、青少年宫等场所为未成年人提供的互联网上网服务设施，应当安装未成年人网络保护软件或者采取其他安全保护技术措施。

智能终端产品的制造者、销售者应当在产品上安装未成年人网络保护软件，或者以显著方式告知用户未成年人网络保护软件的安装渠道和方法。

第七十条 【学校对未成年学生沉迷网络的预防和处理】学校应当合理使用网络开展教学活动。未经学校允许，未成年学生不得将手机等智能终端产品带入课堂，带入学校的应当统一管理。

学校发现未成年学生沉迷网络的，应当及时告知其父母或者其他监护人，共同对未成年学生进行教育和引导，帮助其恢复正常的学习生活。

第七十一条 【监护人的网络保护义务】未成年人的父母或者其他监护人应当提高网络素养，规范自身使用网络的行为，加强对未成年人使用网络行为的引导和监督。

未成年人的父母或者其他监护人应当通过在智能终端产品上安装未成年人网络保护软件、选择适合未成年人的服务模式和管理功能等方式，避免未成年人接触危害或者可能影响其身心健康的网络信息，合理安排未成年人使用网络的时间，有效预防未成年人沉迷网络。

第七十二条 【个人信息处理规定以及更正权、删除权】信息处理者通过网络处理未成年人个人信息的，应当遵循合法、正当和必要的原则。处理不满十四周岁未成年人个人信息的，应当征得未成年人的父母或者其他监护人同意，但法律、行政法规另有规定的除外。

未成年人、父母或者其他监护人要求信息处理者更正、删除未成年人个人信息的，信息处理者应当及时采取措施予以更正、删除，但法律、行政法规另有规定的除外。

第七十三条 【私密信息的提示和保护义务】网络服务提供者发现未成年人通过网络发布私密信息的，应当及时提示，并采取必要的保护措施。

第七十四条 【预防网络沉迷的一般性规定】网络产品和服务提供者不得向未成年人提供诱导其沉迷的产品和服务。

网络游戏、网络直播、网络音视频、网络社交等网络服务提供者应当针对未成年人使用其服务设置相应的时间管理、权限管理、消费管理等功能。

以未成年人为服务对象的在线教育网络产品和服务，不得插入网络游戏链接，不得推送广告等与教学无关的信息。

第七十五条 【网络游戏服务提供者的义务】网络游戏经依法审批后方可运营。

国家建立统一的未成年人网络游戏电子身份认证系统。网络游戏服务提供者应当要求未成年人以真实身份信息注册并登录网络游戏。

网络游戏服务提供者应当按照国家有关规定和标准，对游戏产品进行分类，作出适龄提示，并采取技术措施，不得让未成年人接触不适宜的游戏或者游戏功能。

网络游戏服务提供者不得在每日二十二时至次日八时向未成年人提供网络游戏服务。

第七十六条 【网络直播服务提供者的义务】网络直播服务提供者不得为未满十六周岁的未成年人提供网络直播发布者账号注册服务；为年满十六周岁的未成年人提供网络直播发布者账号注册服务时，应当对其身份信息进行认证，并征得其父母或者其他监护人同意。

第七十七条 【禁止实施网络欺凌】任何组织或者个人不得通过网络以文字、图片、音视频等形式，对未成年人实施侮辱、诽谤、威胁或者恶意损害形象等网络欺凌行为。

遭受网络欺凌的未成年人及其父母或者其他监护人有权通知网络服务提供者采取删除、屏蔽、断开链接等措施。网络服务提供者接到通知后，应当及时采取必要的措施制止网络欺凌行为，防止信息扩散。

第七十八条 【接受投诉、举报】网络产品和服务提供者应当建立便捷、合理、有效的投诉和举报渠道，公开投诉、举报方式等信息，及时受理并处理涉及未成年人的投诉、举报。

第七十九条 【投诉、举报权】任何组织或者个人发现网络产品、服务含有危害未成年人身心健康的信息，有权向网络产品和服务提供者或者网信、公安等部门投诉、举报。

第八十条 【对用户行为的安全管理义务】网络服务提供者发现用户发布、传播可能影响未成年人身心健康的信息且未作显著提示的，应当作出提示或者通知用户予以提示；未作出提示的，不得传输相关信息。

网络服务提供者发现用户发布、传播含有危害未成年人身心健康内容的信息的,应当立即停止传输相关信息,采取删除、屏蔽、断开链接等处置措施,保存有关记录,并向网信、公安等部门报告。

网络服务提供者发现用户利用其网络服务对未成年人实施违法犯罪行为的,应当立即停止向该用户提供网络服务,保存有关记录,向公安机关报告。

第八十九条 【**未成年人活动场所建设和维护、学校文化体育设施的免费或者优惠开放**】地方人民政府应当建立和改善适合未成年人的活动场所和设施,支持公益性未成年人活动场所和设施的建设和运行,鼓励社会力量兴办适合未成年人的活动场所和设施,并加强管理。

地方人民政府应当采取措施,鼓励和支持学校在国家法定节假日、休息日及寒暑假期将文化体育设施对未成年人免费或者优惠开放。

地方人民政府应当采取措施,防止任何组织或者个人侵占、破坏学校、幼儿园、婴幼儿照护服务机构等未成年人活动场所的场地、房屋和设施。

......

第一百二十条 【**未给予免费或者优惠待遇的法律责任**】违反本法第四十四条、第四十五条、第四十七条规定,未给予未成年人免费或者优惠待遇的,由市场监督管理、文化和旅游、交通运输等部门按照职责分工责令限期改正,给予警告;拒不改正的,处一万元以上十万元以下罚款。

第一百二十一条 【**制作、复制、出版、发布、传播危害未成年人出版物的法律责任**】违反本法第五十条、第五十一条规定的,由新闻出版、广播电视、电影、网信等部门按照职责分工责令限期改正,给予警告,没收违法所得,可以并处十万元以下罚款;拒不改正或者情节严重的,责令暂停相关业务、停产停业或者吊销营业执照、吊销相关许可证,违法所得一百万元以上的,并处违法所得一倍以上十倍以下的罚款,没有违法所得或者违法所得不足一百万元的,并处十万元以上一百万元以下罚款。

第一百二十二条 【**场所运营单位和住宿经营者的法律责任**】场所运营单位违反本法第五十六条第二款规定、住宿经营者违反本法第五十七条规定的,由市场监督管理、应急管理、公安等部门按照职责分工责令限期改正,给予警告;拒不改正或者造成严重后果的,责令停业整顿或者吊销营业执照、吊销相关许可证,并处一万元以上十万元以下罚款。

第一百二十三条 【**营业性娱乐场所等经营者的法律责任**】相关经营者违反本法第五十八条、第五十九条第一款、第六十条规定的,由文化和旅游、市场监督管理、烟草专卖、公安等部门按照职责分工责令限期改正,给予警告,没收违法所得,可以并处五万元以下罚款;拒不改正或者情节严重的,责令停业整顿或者吊销营业执照、吊销相关许可证,可以并处五万元以上五十万元以下罚款。

......

第一百二十五条 【**未按规定招用、使用未成年人的法律责任**】违反本法第六十一条规定的,由文化和旅游、人力资源和社会保障、市场监督管理等部门按照职责分工责令限期改正,给予警告,没收违法所得,可以并处十万元以下罚款;拒不改正或者情节严重的,责令停产停业或者吊销营业执照、吊销相关许可证,并处十万元以上一百万元以下罚款。

......

第一百二十七条 【**网络产品和服务提供者等的法律责任**】信息处理者违反本法第七十二条规定,或者网络产品和服务提供者违反本法第七十三条、第七十四条、第七十五条、第七十六条、第七十七条、第八十条规定的,由公安、网信、电信、新闻出版、广播电视、文化和旅游等有关部门按照职责分工责令改正,给予警告,没收违法所得,违法所得一百万元以上的,并处违法所得一倍以上十倍以下罚款,没有违法所得或者违法所得不足一百万元的,并处十万元以上一百万元以下罚款,对直接负责的主管人员和其他责任人员处一万元以上十万元以下罚款;拒不改正或者情节严重的,并可以责令暂停相关业务、停业整顿、关闭网站、吊销营业执照或者吊销相关许可证。

......

公共文化体育设施条例

·2003年6月18日国务院第12次常务会议通过
·2003年6月26日中华人民共和国国务院令第382号公布
·自2003年8月1日起施行

第一章　总　则

第一条 为了促进公共文化体育设施的建设,加强对公共文化体育设施的管理和保护,充分发挥公共文化体育设施的功能,繁荣文化体育事业,满足人民群众开展文化体育活动的基本需求,制定本条例。

第二条 本条例所称公共文化体育设施,是指由各级人民政府举办或者社会力量举办的,向公众开放用于开展文化体育活动的公益性的图书馆、博物馆、纪念馆、美术馆、文化馆（站）、体育场（馆）、青少年宫、工人文化宫等的建筑物、场地和设备。

本条例所称公共文化体育设施管理单位，是指负责公共文化体育设施的维护，为公众开展文化体育活动提供服务的社会公共文化体育机构。

第三条　公共文化体育设施管理单位必须坚持为人民服务、为社会主义服务的方向，充分利用公共文化体育设施，传播有益于提高民族素质、有益于经济发展和社会进步的科学技术和文化知识，开展文明、健康的文化体育活动。

任何单位和个人不得利用公共文化体育设施从事危害公共利益的活动。

第四条　国家有计划地建设公共文化体育设施。对少数民族地区、边远贫困地区和农村地区的公共文化体育设施的建设予以扶持。

第五条　各级人民政府举办的公共文化体育设施的建设、维修、管理资金，应当列入本级人民政府基本建设投资计划和财政预算。

第六条　国家鼓励企业、事业单位、社会团体和个人等社会力量举办公共文化体育设施。

国家鼓励通过自愿捐赠等方式建立公共文化体育设施社会基金，并鼓励依法向人民政府、社会公益性机构或者公共文化体育设施管理单位捐赠财产。捐赠人可以按照税法的有关规定享受优惠。

国家鼓励机关、学校等单位内部的文化体育设施向公众开放。

第七条　国务院文化行政主管部门、体育行政主管部门依据国务院规定的职责负责全国的公共文化体育设施的监督管理。

县级以上地方人民政府文化行政主管部门、体育行政主管部门依据本级人民政府规定的职责，负责本行政区域内的公共文化体育设施的监督管理。

第八条　对在公共文化体育设施的建设、管理和保护工作中做出突出贡献的单位和个人，由县级以上地方人民政府或者有关部门给予奖励。

第二章　规划和建设

第九条　国务院发展和改革行政主管部门应当会同国务院文化行政主管部门、体育行政主管部门，将全国公共文化体育设施的建设纳入国民经济和社会发展计划。

县级以上地方人民政府应当将本行政区域内的公共文化体育设施的建设纳入当地国民经济和社会发展计划。

第十条　公共文化体育设施的数量、种类、规模以及布局，应当根据国民经济和社会发展水平、人口结构、环境条件以及文化体育事业发展的需要，统筹兼顾，优化配置，并符合国家关于城乡公共文化体育设施用地定额指标的规定。

公共文化体育设施用地定额指标，由国务院土地行政主管部门、建设行政主管部门分别会同国务院文化行政主管部门、体育行政主管部门制定。

第十一条　公共文化体育设施的建设选址，应当符合人口集中、交通便利的原则。

第十二条　公共文化体育设施的设计，应当符合实用、安全、科学、美观等要求，并采取无障碍措施，方便残疾人使用。具体设计规范由国务院建设行政主管部门会同国务院文化行政主管部门、体育行政主管部门制定。

第十三条　建设公共文化体育设施使用国有土地的，经依法批准可以以划拨方式取得。

第十四条　公共文化体育设施的建设预留地，由县级以上地方人民政府土地行政主管部门、城乡规划行政主管部门按照国家有关用地定额指标，纳入土地利用总体规划和城乡规划，并依照法定程序审批。任何单位或者个人不得侵占公共文化体育设施建设预留地或者改变其用途。

因特殊情况需要调整公共文化体育设施建设预留地的，应当依法调整城乡规划，并依照前款规定重新确定建设预留地。重新确定的公共文化体育设施建设预留地不得少于原有面积。

第十五条　新建、改建、扩建居民住宅区，应当按照国家有关规定规划和建设相应的文化体育设施。

居民住宅区配套建设的文化体育设施，应当与居民住宅区的主体工程同时设计、同时施工、同时投入使用。任何单位或者个人不得擅自改变文化体育设施的建设项目和功能，不得缩小其建设规模和降低其用地指标。

第三章　使用和服务

第十六条　公共文化体育设施管理单位应当完善服务条件，建立、健全服务规范，开展与公共文化体育设施功能、特点相适应的服务，保障公共文化体育设施用于开展文明、健康的文化体育活动。

第十七条　公共文化体育设施应当根据其功能、特点向公众开放，开放时间应当与当地公众的工作时间、学习时间适当错开。

公共文化体育设施的开放时间，不得少于省、自治区、直辖市规定的最低时限。国家法定节假日和学校寒暑假期间,应当适当延长开放时间。

学校寒暑假期间,公共文化体育设施管理单位应当增设适合学生特点的文化体育活动。

第十八条　公共文化体育设施管理单位应当向公众公示其服务内容和开放时间。公共文化体育设施因维修等原因需要暂时停止开放的,应当提前7日向公众公示。

第十九条　公共文化体育设施管理单位应当在醒目位置标明设施的使用方法和注意事项。

第二十条　公共文化体育设施管理单位提供服务可以适当收取费用,收费项目和标准应当经县级以上人民政府有关部门批准。

第二十一条　需要收取费用的公共文化体育设施管理单位,应当根据设施的功能、特点对学生、老年人、残疾人等免费或者优惠开放,具体办法由省、自治区、直辖市制定。

第二十二条　公共文化设施管理单位可以将设施出租用于举办文物展览、美术展览、艺术培训等文化活动。

公共体育设施管理单位不得将设施的主体部分用于非体育活动。但是,因举办公益性活动或者大型文化活动等特殊情况临时出租的除外。临时出租时间一般不得超过10日;租用期满,租用者应当恢复原状,不得影响该设施的功能、用途。

第二十三条　公众在使用公共文化体育设施时,应当遵守公共秩序,爱护公共文化体育设施。任何单位或者个人不得损坏公共文化体育设施。

第四章　管理和保护

第二十四条　公共文化体育设施管理单位应当将公共文化体育设施的名称、地址、服务项目等内容报所在地县级人民政府文化行政主管部门、体育行政主管部门备案。

县级人民政府文化行政主管部门、体育行政主管部门应当向公众公布公共文化体育设施名录。

第二十五条　公共文化体育设施管理单位应当建立、健全安全管理制度,依法配备安全保护设施、人员,保证公共文化体育设施的完好,确保公众安全。

公共体育设施内设置的专业性强、技术要求高的体育项目,应当符合国家规定的安全服务技术要求。

第二十六条　公共文化体育设施管理单位的各项收入,应当用于公共文化体育设施的维护、管理和事业发展,不得挪作他用。

文化行政主管部门、体育行政主管部门、财政部门和其他有关部门,应当依法加强对公共文化体育设施管理

单位收支的监督管理。

第二十七条　因城乡建设确需拆除公共文化体育设施或者改变其功能、用途的,有关地方人民政府在作出决定前,应当组织专家论证,并征得上一级人民政府文化行政主管部门、体育行政主管部门同意,报上一级人民政府批准。

涉及大型公共文化体育设施的,上一级人民政府在批准前,应当举行听证会,听取公众意见。

经批准拆除公共文化体育设施或者改变其功能、用途的,应当依照国家有关法律、行政法规的规定择地重建。重新建设的公共文化体育设施,应当符合规划要求,一般不得小于原有规模。迁建工作应当坚持先建设后拆除或者建设拆除同时进行的原则。迁建所需费用由造成迁建的单位承担。

第五章　法律责任

第二十八条　文化、体育、城乡规划、建设、土地等有关行政主管部门及其工作人员,不依法履行职责或者发现违法行为不予依法查处的,对负有责任的主管人员和其他直接责任人员,依法给予行政处分;构成犯罪的,依法追究刑事责任。

第二十九条　侵占公共文化体育设施建设预留地或者改变其用途的,由土地行政主管部门、城乡规划行政主管部门依据各自职责责令限期改正;逾期不改正的,由作出决定的机关依法申请人民法院强制执行。

第三十条　公共文化体育设施管理单位有下列行为之一的,由文化行政主管部门、体育行政主管部门依据各自职责责令限期改正;造成严重后果的,对负有责任的主管人员和其他直接责任人员,依法给予行政处分:

(一)未按照规定的最低时限对公众开放的;

(二)未公示其服务项目、开放时间等事项的;

(三)未在醒目位置标明设施的使用方法或者注意事项的;

(四)未建立、健全公共文化体育设施的安全管理制度的;

(五)未将公共文化体育设施的名称、地址、服务项目等内容报文化行政主管部门、体育行政主管部门备案的。

第三十一条　公共文化体育设施管理单位,有下列行为之一的,由文化行政主管部门、体育行政主管部门依据各自职责责令限期改正,没收违法所得,违法所得5000元以上的,并处违法所得2倍以上5倍以下的罚款;没有违法所得或者违法所得5000元以下的,可以处1万元以

下的罚款;对负有责任的主管人员和其他直接责任人员,依法给予行政处分:

(一)开展与公共文化体育设施功能、用途不相适应的服务活动的;

(二)违反本条例规定出租公共文化体育设施的。

第三十二条　公共文化体育设施管理单位及其工作人员违反本条例规定,挪用公共文化体育设施管理单位的各项收入或者有条件维护而不履行维护义务的,由文化行政主管部门、体育行政主管部门依据各自职责责令限期改正;对负有责任的主管人员和其他直接责任人员,依法给予行政处分;构成犯罪的,依法追究刑事责任。

第六章　附　则

第三十三条　国家机关、学校等单位内部的文化体育设施向公众开放的,由国务院文化行政主管部门、体育行政主管部门会同有关部门依据本条例的原则另行制定管理办法。

第三十四条　本条例自2003年8月1日起施行。

国务院办公厅关于推进基层综合性文化服务中心建设的指导意见

·2015年10月2日
·国办发〔2015〕74号

为贯彻落实《中共中央办公厅　国务院办公厅关于加快构建现代公共文化服务体系的意见》精神,推进基层公共文化资源有效整合和统筹利用,提升基层公共文化设施建设、管理和服务水平,经国务院同意,现就推进基层综合性文化服务中心建设提出如下意见。

一、推进基层综合性文化服务中心建设的重要性和紧迫性

基层是公共文化服务的重点和薄弱环节。近年来,我国公共文化服务体系建设加快推进,公共文化设施网络建设成效明显,基层公共文化设施条件得到较大改善。但随着我国新型工业化、信息化、城镇化和农业现代化进程加快,城市流动人口大幅增加,基层群众的精神文化需求呈现出多层次、多元化特点,现有的基层文化设施和服务已难以满足广大人民群众的实际需要。一是基层特别是农村公共文化设施总量不足、布局不合理。尤其在西部地区和老少边穷地区,基层文化设施不足的问题突出。二是面向基层的优秀公共文化产品供给不足,特别是内容健康向上、形式丰富多彩、群众喜闻乐见的文化产品种类和数量少,服务质量参差不齐。三是由于缺少统筹协调和统一规划,公共文化资源难以有效整合,条块分割、重复建设、多头管理等问题普遍存在,基层公共文化设施功能不健全、管理不规范、服务效能低等问题仍较突出,总量不足与资源浪费问题并存,难以发挥出整体效益。

党的十八届三中全会明确提出"建设综合性文化服务中心"的改革任务。推进基层综合性文化服务中心建设,有利于完善基层公共文化设施网络,补齐短板,打通公共文化服务的"最后一公里";有利于增加基层公共文化产品和服务供给,丰富群众精神文化生活,充分发挥文化凝聚人心、增进认同、化解矛盾、促进和谐的积极作用;有利于统筹利用资源,促进共建共享,提升基层公共文化服务效能。要从战略和全局的高度,充分认识加强基层综合性文化服务中心建设的重要性和紧迫性,增强责任感和使命感,为巩固基层文化阵地、全面建成小康社会奠定坚实基础。

二、指导思想、基本原则和工作目标

(一)指导思想。全面贯彻党的十八大和十八届二中、三中、四中全会精神,按照党中央、国务院决策部署,以保障群众基本文化权益为根本,以强化资源整合、创新管理机制、提升服务效能为重点,因地制宜推进基层综合性文化服务中心建设,把服务群众同教育引导群众结合起来,把满足需求同提高素养结合起来,促进基本公共文化服务标准化均等化,使基层公共文化服务得到全面加强和提升,为实现"两个一百年"奋斗目标和中华民族伟大复兴中国梦提供精神动力和文化条件。

(二)基本原则。

坚持导向,服务大局。发挥基层综合性文化服务中心在宣传党的理论和路线方针政策、培育社会主义核心价值观、弘扬中华优秀传统文化等方面的重要作用,推动人们形成向上向善的精神追求和健康文明的生活方式,用先进文化占领基层文化阵地。

以人为本,对接需求。把保障人民群众基本文化权益作为工作的出发点和落脚点,把群众满意度作为检验工作的首要标准,建立健全群众需求反馈机制,促进供需有效对接,真正把综合性文化服务中心建成服务基层、惠及百姓的民心工程。

统筹规划,共建共享。以中西部地区和老少边穷地区为重点,从城乡基层实际出发,发挥基层政府的主导作用,加强规划指导,科学合理布局,整合各级各类面向基层的公共文化资源和服务,促进优化配置、高效利用,形成合力。

因地制宜,分类指导。综合考虑不同地区的经济发展水平、人口变化、文化特点和自然条件等因素,坚持试点先行,及时总结不同地区建设经验,发挥典型示范作用,推动各地形成既有共性又有特色的建设发展模式。

改革创新,提升效能。围绕建设、管理、使用等关键环节,改革管理体制和运行机制,创新基层公共文化服务的内容和形式,鼓励社会参与和群众自我服务,提高综合服务效益。

(三)工作目标。到 2020 年,全国范围的乡镇(街道)和村(社区)普遍建成集宣传文化、党员教育、科学普及、普法教育、体育健身等功能于一体,资源充足、设备齐全、服务规范、保障有力、群众满意度较高的基层综合性公共文化设施和场所,形成一套符合实际、运行良好的管理体制和运行机制,建立一支扎根基层、专兼职结合、综合素质高的基层文化队伍,使基层综合性文化服务中心成为我国文化建设的重要阵地和提供公共服务的综合平台,成为党和政府联系群众的桥梁和纽带,成为基层党组织凝聚、服务群众的重要载体。

三、加强基层综合性文化服务中心建设

(四)科学规划,合理布局。在全面掌握基层公共文化设施存量和使用状况的基础上,衔接国家和地方经济社会发展总体规划、土地利用总体规划、城乡规划以及其他相关专项规划,根据城乡人口发展和分布,按照均衡配置、规模适当、经济适用、节能环保等要求,合理规划布局公共文化设施。

(五)加强基层综合性文化设施建设。落实《国家基本公共文化服务指导标准(2015—2020 年)》,进一步完善基层综合性文化设施建设标准,加大建设力度。基层综合性文化服务中心主要采取盘活存量、调整置换、集中利用等方式进行建设,不搞大拆大建,凡现有设施能够满足基本公共文化需求的,一律不再进行改扩建和新建。乡镇(街道)综合性文化设施重在完善和补缺,对个别尚未建成的进行集中建设。村(社区)综合性文化服务中心主要依托村(社区)党组织活动场所、城乡社区综合服务设施、文化活动室、闲置中小学校、新建住宅小区公共服务配套设施以及其他城乡综合公共服务设施,在明确产权归属、保证服务接续的基础上进行集合建设,并配备相应器材设备。

(六)加强文体广场建设。与乡镇(街道)和村(社区)综合性文化设施相配套,按照人口规模和服务半径,建设选址适中、与地域条件相协调的文体广场,偏远山区不具备建设条件的,可酌情安置。文体广场要建设阅报栏、电子阅报屏和公益广告牌,并加强日常维护,及时更新内容。配备体育健身设施和灯光音响设备等,有条件的可搭建戏台舞台。

四、明确功能定位

(七)向城乡群众提供基本公共文化服务。着眼于保障群众的基本文化权益,按照《国家基本公共文化服务指导标准(2015—2020 年)》和各地实施标准,由县级人民政府结合自身财力和群众文化需求,制定本地基层综合性文化服务中心基本服务项目目录(以下简称服务目录),重点围绕文艺演出、读书看报、广播电视、电影放映、文体活动、展览展示、教育培训等方面,设置具体服务项目,明确服务种类、数量、规模和质量要求,实现“软件”与“硬件”相适应、服务与设施相配套,为城乡居民提供大致均等的基本公共文化服务。

(八)整合各级各类面向基层的公共文化资源。发挥基层综合性文化服务中心的终端平台优势,整合分布在不同部门、分散孤立、用途单一的基层公共文化资源,实现人、财、物统筹使用。以基层综合性文化服务中心为依托,推动文化信息资源共建共享,提供数字图书馆、数字文化馆和数字博物馆等公共数字文化服务;推进广播电视户户通,提供应急广播、广播电视器材设备维修、农村数字电影放映等服务;推进县域内公共图书资源共建共享和一体化服务,加强村(社区)及薄弱区域的公共图书借阅服务,整合农家书屋资源,设立公共图书馆服务体系基层服务点,纳入基层综合性文化服务中心管理和使用;建设基层体育健身工程,组织群众开展体育健身活动等。同时,加强文化体育设施的综合管理和利用,提高使用效益。

(九)开展基层党员教育工作。结合推进基层组织建设,把基层综合性文化服务中心作为加强思想政治工作、开展党员教育的重要阵地,发挥党员干部现代远程教育网络以及文化信息资源共享工程基层服务点、社区公共服务综合信息平台等基层信息平台的作用,广泛开展政策宣讲、理论研讨、学习交流等党员教育活动。

(十)配合做好其他公共服务。按照功能综合设置的要求,积极开展农民科学素质行动、社区居民科学素质行动、法治宣传教育和群众性法治文化活动,提高基层群众的科学素养和法律意识。要结合当地党委和政府赋予的职责任务,与居民自治、村民自治等基层社会治理体系相结合,根据实际条件,开展就业社保、养老助残、妇儿关爱、人口管理等其他公共服务和社会管理工作,推广一站式、窗口式、网络式综合服务,简化办事流程,集中为群众

提供便捷高效的服务。

五、丰富服务内容和方式

（十一）广泛开展宣传教育活动。围绕新时期党和国家的重大改革措施及惠民政策，采取政策解读、专题报告、百姓论坛等多种方式，开展基层宣传教育，使群众更好地理解、支持党委和政府工作；开展社会主义核心价值观学习教育和中国梦主题教育实践，推进文明村镇、文明社区创建和乡贤文化建设，利用宣传栏、展示墙、文化课堂、道德讲堂以及网络平台等方式开展宣传，举办道德模范展览展示、巡讲巡演活动，通过以身边人讲身边事、身边事教身边人的方式，培养群众健康的生活方式和高尚的道德情操，引领社会文明风尚；弘扬中华优秀传统文化，利用当地特色历史文化资源，加强非物质文化遗产传承保护和民间文化艺术之乡创建，开展非物质文化遗产展示、民族歌舞、传统体育比赛等民族民俗活动，打造基层特色文化品牌；积极开展艺术普及、全民阅读、法治文化教育、科学普及、防灾减灾知识技能和就业技能培训等，传播科学文化知识，提高群众综合素质。

（十二）组织引导群众文体活动。支持群众自办文化，依托基层综合性文化服务中心，兴办读书社、书画社、乡村文艺俱乐部，组建演出团体、民间文艺社团、健身团队以及个体放映队等。结合中华传统节日、重要节假日和重大节庆活动等，通过组织开展读书征文、文艺演出、经典诵读、书画摄影比赛、体育健身竞赛等文体活动，吸引更多群众参与。加强对广场舞等群众文体活动的引导，推进广场文化健康、规范、有序发展。工会、共青团、妇联等群团组织保持和增强群众性，以基层综合性文化服务中心为载体开展职工文化交流、青少年课外实践和妇女文艺健身培训等丰富多彩的文体活动，引导所联系群众继承和弘扬中华优秀传统文化，自觉培育和践行社会主义核心价值观。

（十三）创新服务方式和手段。畅通群众文化需求反馈渠道，根据服务目录科学设置"菜单"，采取"订单"服务方式，实现供需有效对接。实行错时开放，提高利用效率。为老年人、未成年人、残疾人、农民工和农村留守妇女儿童等群体提供有针对性的文化服务，推出一批特色服务项目。广泛开展流动文化服务，把基层综合性文化服务中心建成流动服务点，积极开展文化进社区、进农村和区域文化互动交流等活动。充分发挥互联网等现代信息技术优势，利用公共数字文化项目和资源，为基层群众提供数字阅读、文化娱乐、公共信息和技能培训等服务。推广文化体育志愿服务，吸纳更多有奉献精神和文体技能的普通群众成为志愿者，在城乡社区就近就便开展志愿服务活动。探索国家和省级文化体育等相关机构与基层综合性文化服务中心的对口帮扶机制，推动国家及省级骨干文艺团体与基层综合性文化服务中心"结对子"。

六、创新基层公共文化运行管理机制

（十四）强化政府的主导作用。县（市、区）人民政府在推进基层综合性文化服务中心建设中承担主体责任，要实事求是确定存量改造和增量建设任务，把各级各类面向基层的公共文化资源纳入到支持基层综合性文化服务中心建设发展上来；宣传文化部门要发挥牵头作用，加强协调指导，及时研究解决建设中存在的问题；各相关部门要立足职责、分工合作；公共文化体育机构要加强业务指导，共同推动工作落实。

（十五）建立健全管理制度。加强对乡镇（街道）综合文化站的管理，制定乡镇（街道）综合文化站服务规范。建立村（社区）综合性文化服务中心由市、县统筹规划，乡镇（街道）组织推进，村（社区）自我管理的工作机制。结合基本公共文化服务标准化建设，重点围绕基层综合性文化服务中心的功能定位、运行方式、服务规范、人员管理、经费投入、绩效考核、奖惩措施等重点环节，建立健全标准体系和内部管理制度，形成长效机制，实现设施良性运转、长期使用和可持续发展。严格安全管理制度，制定突发事件应急预案，及时消除各类安全隐患。

（十六）鼓励群众参与建设管理。在村（社区）党组织的领导下，发挥村委会和社区居委会的群众自治组织作用，引导城乡居民积极参与村（社区）综合性文化服务中心的建设使用，加强群众自主管理和自我服务。健全民意表达机制，依托社区居民代表会议、村民代表会议和村民小组会议等，开展形式多样的民主协商，对基层综合性文化服务中心建设发展的重要事项，充分听取群众意见建议，保证过程公开透明，接受群众监督。

（十七）探索社会化建设管理模式。加大政府向社会力量购买公共文化服务力度，拓宽社会供给渠道，丰富基层公共文化服务内容。鼓励支持企业、社会组织和其他社会力量，通过直接投资、赞助活动、捐助设备、资助项目、提供产品和服务，以及采取公益创投、公益众筹等方式，参与基层综合性文化服务中心建设管理。率先在城市探索开展社会化运营试点，通过委托或招投标等方式吸引有实力的社会组织和企业参与基层文化设施的运营。

七、加强组织实施

（十八）制定实施方案。各省（区、市）政府要把加强基层综合性文化服务中心建设发展作为构建现代公共文化服务体系的重要内容，对接相关规划，结合本地实际，尽快制定实施方案，明确总体思路、具体举措和时间安排。市、县两级政府要结合农村社区建设、扶贫开发、美丽乡村建设等工作，抓紧制定落实方案。

（十九）坚持试点先行。要稳步推进，先期确定一批基础条件较好的地方和部分中西部贫困地区进行试点，并逐步在全国范围推广实施。支持试点地区因地制宜探索符合本地实际、具有推广价值的基层综合性文化服务中心建设发展模式，创新服务内容和提供方式，拓宽优秀公共文化产品和服务供给渠道。

（二十）加大资金保障。地方各级政府要根据实际需要和相关标准，将基层综合性文化服务中心建设所需资金纳入财政预算。中央和省级财政统筹安排一般公共预算和政府性基金预算，通过转移支付对革命老区、民族地区、边疆地区、贫困地区基层综合性文化服务中心设备购置和提供基本公共文化服务所需资金予以补助，同时对绩效评价结果优良的地区予以奖励。发挥政府投入的带动作用，落实对社会力量参与公共文化服务的各项优惠政策，鼓励和引导社会资金支持基层综合性文化服务中心建设。

（二十一）加强队伍建设。乡镇（街道）综合文化站按照中央有关规定配备工作人员，村（社区）综合性文化服务中心由"两委"确定1名兼职工作人员，同时通过县、乡两级统筹和购买服务等方式解决人员不足问题。推广部分地方基层文化体育设施设立文化管理员、社会体育指导员等经验。鼓励"三支一扶"大学毕业生、大学生村官、志愿者等专兼职从事基层综合性文化服务中心管理服务工作。加强业务培训，乡镇（街道）和村（社区）文化专兼职人员每年参加集中培训时间不少于5天。

（二十二）开展督促检查。把基层综合性文化服务中心建设纳入政府公共文化服务考核指标。由各级文化行政部门会同有关部门建立动态监测和绩效评价机制，对基层综合性文化服务中心建设使用情况进行督促检查，及时协调解决工作中的各种问题。同时，引入第三方开展公众满意度测评。对基层综合性文化服务中心建设、管理和使用中群众满意度较差的地方要进行通报批评，对好的做法和经验及时总结、推广。

国务院关于进一步繁荣发展少数民族文化事业的若干意见

· 2009 年 7 月 5 日
· 国发〔2009〕29 号

为全面贯彻党的十七大精神，深入贯彻落实科学发展观，进一步繁荣发展少数民族文化事业，推动社会主义文化大发展大繁荣，促进各民族共同团结奋斗、共同繁荣发展，现提出如下意见。

一、繁荣发展少数民族文化事业具有重要意义

（一）文化是民族的重要特征，是民族生命力、凝聚力和创造力的重要源泉。少数民族文化是中华文化的重要组成部分，是中华民族的共有精神财富。在长期的历史发展过程中，我国各民族创造了各具特色、丰富多彩的民族文化。各民族文化相互影响、相互交融，增强了中华文化的生命力和创造力，不断丰富和发展着中华文化的内涵，提高了中华民族的文化认同感和向心力。各民族都为中华文化的发展进步做出了自己的贡献。

（二）党和国家历来高度重视和关心少数民族文化事业。新中国成立以来特别是改革开放以来，少数民族文化事业取得了历史性的重大成就。少数民族文化工作体系不断完善，少数民族语言文字得到保护和发展，少数民族优秀传统文化得到传承和弘扬，少数民族文学艺术日益繁荣，少数民族和民族地区文化产业初具规模，文化体制改革不断深化，对外交流不断加强。少数民族文化事业的发展在提高各族群众文明素质，促进民族地区经济社会发展，推动民族团结进步事业，繁荣社会主义先进文化方面，发挥了重要作用。

（三）繁荣发展少数民族文化事业，是一项长期而重大的战略任务。在少数民族文化事业取得巨大进步的同时，也必须充分认识存在的一些亟待解决的突出困难和特殊问题。文化基础设施条件相对落后，公共文化服务体系比较薄弱，文化机构不够健全，人才相对缺乏，文化产品和服务供给能力不强，文化遗产损毁、流失、失传等现象比较突出，境外敌对势力加紧进行文化渗透等。因此，必须从贯彻落实科学发展观、巩固民族团结、兴起社会主义文化建设新高潮、推动社会主义文化大发展大繁荣的高度，深刻认识繁荣发展少数民族文化事业的特殊重要性和紧迫性，把繁荣发展少数民族文化事业作为一项重大的战略任务，采取更加切实、更加有效的政策措施，着力加以推进。

二、繁荣发展少数民族文化事业的指导思想、基本原则和目标任务

（四）指导思想。全面贯彻党的十七大精神，高举中国特色社会主义伟大旗帜，以邓小平理论和"三个代表"重要思想为指导，深入贯彻落实科学发展观，牢牢把握社会主义先进文化的前进方向，紧紧围绕共同团结奋斗、共同繁荣发展的民族工作主题，以建设社会主义核心价值体系为主线，以完善公共文化服务体系为重点，以加强基础设施建设为手段，以推动文化创新为动力，以改革体制机制为保障，以满足各族群众日益增长的精神文化需求为出发点和落脚点，促进少数民族文化建设与全国文化建设、与民族地区经济社会建设、与民族地区教育事业协调发展，促进民族团结、实现共同进步，更加自觉、更加主动地为推动社会主义文化大发展大繁荣做贡献。

（五）基本原则。坚持为人民服务、为社会主义服务的方向和百花齐放、百家争鸣的方针，尊重差异、包容多样，既要继承、保护、弘扬少数民族文化，又要推动各民族文化相互借鉴、加强交流、和谐发展。坚持面向现代化、面向世界、面向未来，把握规律性，保持民族性，体现时代性，推动少数民族文化的改革创新，不断解放和发展少数民族文化生产力。坚持贴近实际、贴近生活、贴近群众，生产更多各族群众喜闻乐见的优秀精神文化产品。坚持社会效益和经济效益相统一，把社会效益放在首位，充分发挥政府和市场的作用，促进少数民族文化事业和文化产业协调发展。坚持基本公共服务均等化，优先发展少数民族和民族地区文化事业，保障少数民族和民族地区各族群众的基本文化权益。坚持因地制宜、分类指导，不断完善扶持少数民族文化事业发展的政策措施。

（六）目标任务。到2020年，民族地区文化基础设施相对完备，覆盖少数民族和民族地区的公共文化服务体系基本建立，主要指标接近或达到全国平均水平，少数民族群众读书看报难、收听收看广播影视难、开展文化活动难等问题得到较好解决，少数民族优秀传统文化得到有效保护、传承和弘扬。实施一批重大文化项目和工程，推出一批体现民族特色、反映时代精神、具有很高艺术水准的文化艺术精品，创作生产更多更好适应各族群众需求的优秀文化产品。文化工作体制机制创新取得重大突破，科学有效的宏观管理体制和微观服务运行机制基本形成，政策法规更臻完备，政府文化管理和服务职能显著增强。文化市场体系更加健全，以公有制为主体、多种所有制共同发展的少数民族文化产业格局更加合理。少数民族文化对外交流迈出重大步伐，国际影响力和竞争力进一步提高。

三、繁荣发展少数民族文化事业的政策措施

（七）加快少数民族和民族地区公共文化基础设施建设。大力推进民族地区县级图书馆文化馆、乡镇综合文化站和村文化室、广播电视村村通工程、农村电影放映工程、农家书屋工程、文化信息资源共享工程等建设，保障民族地区基层文化设施有效运转。地广人稀的民族地区配备流动文化服务车和相关设备，建设和完善流动服务网络。大力推进数字和网络技术等现代科技手段的应用和普及，形成实用、便捷、高效的公共文化服务体系。国家实施各项重大文化工程时，切实加大对少数民族和民族地区的倾斜力度。

（八）繁荣发展少数民族新闻出版事业。加大对民族类新闻媒体的扶持力度，加快设备和技术的更新改造，提高信息化水平和传播能力，扩大覆盖面和受益面。对涉及少数民族事务的重大宣传报道活动、少数民族文字重大出版项目，给予重点扶持。逐步实现向少数民族群众和民族地区基层单位免费赠阅宣传党和国家大政方针、传播社会主义核心价值体系、普及科学文化技术知识的图书、报刊和音像制品等出版物，继续做好新疆东风工程相关工作。加强少数民族语文翻译出版工作，逐步提高优秀汉文、外文出版物和优秀少数民族文字出版物双向翻译出版的数量和质量。扶持民族类重点新闻网站建设，支持少数民族文字网站和新兴传播载体有序发展，加强管理和引导。少数民族出版事业属公益性文化事业，中央和地方财政要加大对纳入公益性出版单位的少数民族出版社的资金投入力度，逐步增加对少数民族文字出版的财政补贴。

（九）大力发展少数民族广播影视事业。巩固西新工程、广播电视村村通工程、农村电影放映工程建设成果，扩大民族地区广播影视覆盖面，对设施维护进行适当补助，确保长期通、安全通。提高少数民族语言广播影视节目制作能力，加强优秀广播影视作品少数民族语言译制工作。提高民族地区电台、电视台少数民族语言节目自办率，改善民族地区尤其是边远农牧区电影放映条件，增加播放内容和时间。推出内容更加新颖、形式更加多样、数量更加丰富的少数民族广播影视作品，更好地满足各族群众多层次、多方面、多样化精神文化需求。

（十）加大对少数民族文艺院团和博物馆建设扶持力度。重点扶持体现民族特色和国家水准的少数民族文艺院团建设，积极鼓励少数民族文艺院团发展。扶持民族自治地方重点民族博物馆或民俗博物馆建设，鼓励社

会力量兴办各类民族博物馆。民族自治地方的综合博物馆要突出少数民族特色，适当设立少数民族文物展览室、陈列室。加强少数民族文物征集工作，改善馆藏少数民族文物保存条件，做好少数民族文物鉴定、定级工作，提升管理、研究和展示服务水平。

（十一）大力开展群众性少数民族文化活动。鼓励举办具有民族特色的文化展演和体育活动，支持基层开展丰富多彩的群众性少数民族传统节庆、文化活动，加强指导和管理。尊重群众首创精神，发挥各族群众在文化建设中的主体作用，努力探索保护和传承少数民族优秀传统文化的有效途径。进一步办好全国少数民族文艺会演和全国少数民族传统体育运动会。

（十二）加强对少数民族文化遗产的挖掘和保护。结合第三次全国文物普查和非物质文化遗产普查，开展少数民族文化遗产调查登记工作，对濒危少数民族重要文化遗产进行抢救性保护。加大现代科技手段运用力度，加快少数民族文化资源数字化建设进程。进一步加强人口较少民族文化遗产保护。扶持少数民族古籍抢救、搜集、保管、整理、翻译、出版和研究工作，逐步实现少数民族古籍的科学管理和有效保护。加强少数民族非物质文化遗产发掘和保护工作，对少数民族和民族地区非物质文化遗产保护予以重点倾斜，推进少数民族非物质文化遗产申报联合国教科文组织"人类非物质文化遗产代表作名录"和国家级非物质文化遗产名录，加大对列入名录的非物质文化遗产项目保护力度。积极开展少数民族文化生态保护工作，有计划地进行整体性动态保护。加强保护具有浓郁传统文化特色的少数民族建筑、村寨。

（十三）尊重、继承和弘扬少数民族优秀传统文化。加强宣传引导，营造尊重和弘扬少数民族优秀传统文化的社会氛围。国家保障各民族使用和发展本民族语言文字的自由，鼓励各民族公民互相尊重、互相学习语言文字。尊重语言文字发展规律，推进少数民族语言文字的规范化、标准化和信息处理工作。在有利于社会发展和民族进步前提下，使各民族饮食习惯、衣着服饰、建筑风格、生产方式、技术技艺、文学艺术、宗教信仰、节日风俗等，得到切实尊重、保护和传承。加强对工业化、信息化、城镇化、市场化、国际化深入发展形势下少数民族文化发展特点和规律研究，不断开辟传承和弘扬少数民族优秀传统文化的有效途径，推进和谐文化和中华民族共有精神家园建设。

（十四）大力推动少数民族文化创新。促进现代技术和手段在少数民族文化发展中的应用，鼓励具有民族

特色和时代气息的优秀文化作品创作，提高少数民族文化产品数量和质量。加大对少数民族艺术精品创作扶持力度，打造一批有影响的少数民族文学、戏曲、影视、音乐等文化艺术品牌。国家舞台艺术精品工程要进一步向少数民族和民族地区倾斜。国家各级各类文化奖项，少数民族文化作品获奖应占合理比重，对优秀少数民族文化作品及有突出贡献的文化工作者给予奖励和表彰，进一步激发少数民族文化创作的积极性、主动性和创造性。

（十五）积极促进少数民族文化产业发展。把握少数民族文化发展特点和规律，建设统一、开放、竞争、有序的文化市场体系，培育文化产品市场和要素市场，形成富有效率的文化生产和服务运行机制。充分发挥少数民族文化资源优势，鼓励少数民族文化产业多样化发展，促进文化产业与教育、科技、信息、体育、旅游、休闲等领域联动发展。确定重点发展的文化产业门类，推出一批具有战略性、引导性和带动性的重大文化产业项目，建设一批少数民族文化产业园区和基地，在重点领域取得跨越式发展。

（十六）加强边疆民族地区文化建设。支持边疆地区少数民族语言文字新闻出版业发展，增加公共文化产品特别是少数民族语言文字文化产品有效供给。进一步提高边疆民族地区广播电视覆盖率和影响力。发挥边疆少数民族人文优势，加强与周边国家文化交流，促进和谐周边环境建设。加强边疆民族地区文化产品进出口市场监管，清除各类非法印刷品，加强卫星接收设施监督管理工作，防止非法盗版、接收、传播境外广播电视节目，有效防范境外敌对势力文化渗透活动，维护边疆地区文化安全。

（十七）努力推进少数民族文化对外交流。切实增加少数民族文化在国家对外文化交流中的比重。每年安排一定数量的少数民族文化活动参与中外互办文化年和在国外举办的中国文化节、文化周、艺术周、电影周、电视周、文物展、博览会以及各类演出、展览等，促进形成全方位、多层次、宽领域的对外文化交流格局。打造一批少数民族文化对外交流精品，巩固少数民族文化对外交流已有品牌，进一步提升少数民族文化国际影响力。大力推动少数民族文化与海外华人华侨、台湾同胞、港澳同胞的交流，增强中华文化的认同感，为促进国家和平统一服务。

四、完善少数民族文化事业发展的体制机制

（十八）完善少数民族文化事业发展政策法规。加强少数民族文化立法工作，适时研究制订有关少数民族

文化保护和发展的法律法规和政策措施。加快制定和完善从事少数民族文化工作的专业（技术）人员职称评定政策和资质认证、机构和团体建设等方面的相关标准和办法。研究、制定或修订有关文化事业和文化产业政策法规时，要充分考虑少数民族文化的特殊性，增加专条专款加以明确。推动国家扶持与市场运作相结合，从制度上更好发挥市场在少数民族文化资源配置中的基础性作用，引导社会力量参与少数民族文化建设，形成有利于科学发展的宏观调控体系。

（十九）深化少数民族和民族地区文化事业单位体制机制改革。实行公益性事业与经营性业务分类管理，对公益性事业单位实行聘用制度、岗位管理制度和岗位绩效工资制度。引入竞争机制，采取政府招标、项目补贴、定向资助等形式，对重要少数民族文化产品、重大公共文化项目和公益性文化活动给予扶持。支持少数民族文化单位按照有关规定转企改制，在一定期限内给予财政、税收等方面的优惠政策，做好劳动人事、社会保障的政策衔接，按照新人新办法、老人老办法的原则制定相关政策。

（二十）加强少数民族文化事业发展经费保障，加大政府对少数民族文化事业的投入。中央和省级财政在安排促进民族地区发展和宣传文化发展相关经费时，逐步加大对少数民族文化事业的支持力度。继续实行相关税收优惠政策，鼓励和扶持少数民族和民族地区文化事业和文化产业发展。

（二十一）加大少数民族文化人才队伍建设力度。努力造就一支数量充足、素质较高的少数民族文化工作者队伍，营造有利于优秀人才脱颖而出的体制机制和社会环境，着力培养一大批艺术拔尖人才、经营管理人才、专业技术人才。积极保护和扶持少数民族优秀民间艺人和濒危文化项目传承人，对为传承非物质文化遗产做出突出贡献的传承人，按照国家有关规定给予表彰。支持高等院校和科研机构参与抢救濒危文化，推动相关学科建设，培养濒危文化传承人。

五、加强对少数民族文化工作的领导

（二十二）切实把少数民族文化工作摆上更加重要的位置。各地区、各部门要进一步提高对少数民族文化工作重要性的认识，增强责任感和紧迫感，切实把少数民族文化工作纳入重要议事日程，纳入当地经济社会发展总体规划，纳入科学发展考评体系。加强对少数民族文化工作的调查研究，定期听取工作汇报，做出部署，狠抓落实。关心支持少数民族和民族地区文化工作部门和单位的建设，及时研究解决存在的突出困难和特殊问题，充分调动和有效保护少数民族文化工作者的积极性、主动性、创造性。

（二十三）推动形成分工协作、齐抓共管的良好局面。在党委统一领导下，建立健全政府统筹协调、业务部门主管、有关部门密切配合、社会各界广泛参与的少数民族文化工作格局。各有关部门编制规划、部署工作，要把少数民族文化工作作为重要内容，加大支持力度，确保目标任务完成。加强舆论宣传，营造有利于少数民族文化事业发展的社会氛围。充分发挥各方面的积极作用，不断开创少数民族文化工作的新局面。

各地区、各部门要按照本意见的精神，结合实际，制定贯彻实施的具体措施和办法。有关部门要加强对本意见贯彻执行情况的督促检查。

国务院关于推进文化创意和设计服务与相关产业融合发展的若干意见

· 2014 年 2 月 26 日
· 国发〔2014〕10 号

近年来，随着我国新型工业化、信息化、城镇化和农业现代化进程的加快，文化创意和设计服务已贯穿在经济社会各领域各行业，呈现出多向交互融合态势。文化创意和设计服务具有高知识性、高增值性和低能耗、低污染等特征。推进文化创意和设计服务等新型、高端服务业发展，促进与实体经济深度融合，是培育国民经济新的增长点、提升国家文化软实力和产业竞争力的重大举措，是发展创新型经济、促进经济结构调整和发展方式转变、加快实现由"中国制造"向"中国创造"转变的内在要求，是促进产品和服务创新、催生新兴业态、带动就业、满足多样化消费需求、提高人民生活质量的重要途径。为推进文化创意和设计服务与相关产业融合发展，现提出以下意见。

一、总体要求

（一）指导思想。以邓小平理论、"三个代表"重要思想、科学发展观为指导，按照加快转变经济发展方式和全面建成小康社会的总体要求，以改革创新和科技进步为动力，以知识产权保护利用和创新型人力资源开发为核心，牢固树立绿色节能环保理念，充分发挥市场作用，促进资源合理配置，强化创新驱动，增强创新动力，优化发展环境，切实提高我国文化创意和设计服务整体质量水平和核心竞争力，大力推进与相关产业融合发展，更好地为经济结构调整、产业转型升级服务,为扩大国内需求、满足人民群众日益增长的物质文化需要服务。

(二)基本原则。

统筹协调,重点突破。统筹各类资源,加强协调配合,着力推进文化软件服务、建筑设计服务、专业设计服务、广告服务等文化创意和设计服务与装备制造业、消费品工业、建筑业、信息业、旅游业、农业和体育产业等重点领域融合发展。根据不同地区实际、不同产业特点,鼓励先行先试,发挥特色优势,促进多样化、差异化发展。

市场主导,创新驱动。以市场为导向、企业为主体,产学研用协同,转变政府职能,加强扶持引导,实施支持企业创新政策,打破行业和地区壁垒,充分调动社会各方面积极性,促进技术创新、业态创新、内容创新、模式创新和管理创新,推进文化创意和设计服务产业化、专业化、集约化、品牌化发展,促进与相关产业深度融合,催生新技术、新工艺、新产品,满足新需求。

文化传承,科技支撑。依托丰厚文化资源,丰富创意和设计内涵,拓展物质和非物质文化遗产传承利用途径,促进文化遗产资源在与产业和市场的结合中实现传承和可持续发展。加强科技与文化的结合,促进创意和设计产品服务的生产、交易和成果转化,创造具有中国特色的现代新产品,实现文化价值与实用价值的有机统一。

(三)发展目标。到2020年,文化创意和设计服务的先导产业作用更加强化,与相关产业全方位、深层次、宽领域的融合发展格局基本建立,相关产业文化含量显著提升,培养一批高素质人才,培育一批具有核心竞争力的企业,形成一批拥有自主知识产权的产品,打造一批具有国际影响力的品牌,建设一批特色鲜明的融合发展城市、集聚区和新型城镇。文化创意和设计服务增加值占文化产业增加值的比重明显提高,相关产业产品和服务的附加值明显提高,为推动文化产业成为国民经济支柱性产业和促进经济持续健康发展发挥重要作用。

二、重点任务

(一)塑造制造业新优势。支持基于新技术、新工艺、新装备、新材料、新需求的设计应用研究,促进工业设计向高端综合设计服务转变,推动工业设计服务领域延伸和服务模式升级。汽车、飞机、船舶、轨道交通等装备制造业要加强产品的外观、结构、功能等设计能力建设。以打造品牌、提高质量为重点,推动生活日用品、礼仪休闲用品、家用电器、服装服饰、家居用品、数字产品、食品、文化体育用品等消费品工业向创新创造转变,增加多样化供给,引导消费升级。支持消费类产品提升新产品设

计和研发能力,加强传统文化与现代时尚的融合,创新管理经营模式,以创意和设计引领商贸流通业创新,加强广告营销策划,增加消费品的文化内涵和附加值,健全品牌价值体系,形成一批综合实力强的自主品牌,提高整体效益和国际竞争力。

(二)加快数字内容产业发展。推动文化产品和服务的生产、传播、消费的数字化、网络化进程,强化文化对信息产业的内容支撑、创意和设计提升,加快培育双向深度融合的新型业态。深入实施国家文化科技创新工程,支持利用数字技术、互联网、软件等高新技术支撑文化内容、装备、材料、工艺、系统的开发和利用,加快文化企业技术改造步伐。大力推动传统文化单位发展互联网新媒体,推动传统媒体和新兴媒体融合发展,提升先进文化互联网传播吸引力。深入挖掘优秀文化资源,推动动漫游戏等产业优化升级,打造民族品牌。推动动漫游戏与虚拟仿真技术在设计、制造等产业领域中的集成应用。全面推进三网融合,推动下一代广播电视网和交互式网络电视等服务平台建设,推动智慧社区、智慧家庭建设。加强通讯设备制造、网络运营、集成播控、内容服务单位间的互动合作。提高数字版权集约水平,健全智能终端产业服务体系,推动产品设计制造与内容服务、应用商店模式整合发展。推进数字电视终端制造业和数字家庭产业与内容服务业融合发展,提升全产业链竞争力。推进数字绿色印刷发展,引导印刷复制加工向综合创意和设计服务转变,推动新闻出版数字化转型和经营模式创新。

(三)提升人居环境质量。坚持以人为本、安全集约、生态环保、传承创新的理念,进一步提高城乡规划、建筑设计、园林设计和装饰设计水平,完善优化功能,提升文化品位。注重对文物保护单位、历史文化名城名镇名村和传统村落的保护。加强城市建设设计和景观风貌规划,突出地域特色,有效保护历史文化街区和历史建筑,提高园林绿化、城市公共艺术的设计质量,建设功能完善、布局合理、形象鲜明的特色文化城市。加强村镇建设规划,培育村镇建筑设计市场,建设环境优美、设施完备、幸福文明的社会主义新农村。贯彻节能、节地、节水、节材的建筑设计理念,推进技术传承创新,积极发展绿色建筑。因地制宜融入文化元素,加快相关建筑标准规范的更新或修订。完善建筑、园林、城市设计、城乡规划等设计方案竞选制度,重视对文化内涵的审查。鼓励装饰设计创新,引领装饰产品和材料升级。

(四)提升旅游发展文化内涵。坚持健康、文明、安全、环保的旅游休闲理念,以文化提升旅游的内涵质量,

以旅游扩大文化的传播消费。支持开发康体、养生、运动、娱乐、体验等多样化、综合性旅游休闲产品，建设一批休闲街区、特色村镇、旅游度假区，打造便捷、舒适、健康的休闲空间，提升旅游产品开发和旅游服务设计的人性化、科学化水平，满足广大群众个性化旅游需求。加强自然、文化遗产地和非物质文化遗产的保护利用，大力发展红色旅游和特色文化旅游，推进文化资源向旅游产品转化，建设文化旅游精品。加快智慧旅游发展，促进旅游与互联网融合创新，支持开发具有地域特色和民族风情的旅游演艺精品和旅游商品，鼓励发展积极健康的特色旅游餐饮和主题酒店。

（五）挖掘特色农业发展潜力。提高农业领域的创意和设计水平，推进农业与文化、科技、生态、旅游的融合。强化休闲农业与乡村旅游经营场所的创意和设计，建设集农耕体验、田园观光、教育展示、文化传承于一体的休闲农业园。注重农村文化资源挖掘，不断丰富农业产品、农事景观、环保包装、乡土文化等创意和设计，着力培育一批休闲农业知名品牌，提升农产品附加值，促进创意和设计产品产业化。发展楼宇农业、阳台农艺，进一步拓展休闲农业发展空间。支持专业农产品市场建设特色农产品展览展示馆（园），推进特色农产品文化宣传交流。建立健全地理标志的技术标准体系、质量保证体系与检测体系，扶持地理标志产品，加强地理标志和农产品商标的注册和保护。支持农业企业申报和推行绿色环保产品和原产地标记，鼓励利用信息技术创新具有地域文化特色的农产品营销模式。

（六）拓展体育产业发展空间。积极培育体育健身市场，引导大众体育消费。丰富传统节庆活动内容，支持地方根据当地自然人文资源特色举办体育活动，策划打造影响力大、参与度高的精品赛事，推动体育竞赛表演业全面发展。鼓励发展体育服务组织，以赛事组织、场馆运营、技术培训、信息咨询、中介服务、体育保险等为重点，逐步扩大体育服务规模。推动与体育赛事相关版权的开发与保护，进一步放宽国内赛事转播权的市场竞争范围，探索建立与体育赛事相关的版权交易平台。加强体育产品品牌建设，开发科技含量高、拥有自主知识产权的体育产品，提升市场竞争力。促进体育衍生品创意和设计开发，推进相关产业发展。

（七）提升文化产业整体实力。坚持正确的文化产品创作生产方向，着力提升文化产业各门类创意和设计水平及文化内涵，加快构建结构合理、门类齐全、科技含量高、富有创意、竞争力强的现代文化产业体系，推动文化产业快速发展。鼓励各地结合当地文化特色不断推出原创文化产品和服务，积极发展新的艺术样式，推动特色文化产业发展。强化与规范新兴网络文化业态，创新新兴网络文化服务模式，繁荣文学、艺术、影视、音乐创作与传播。加强舞美设计、舞台布景创意和舞台技术装备创新。坚持保护传承和创新发展相结合，促进艺术衍生品、艺术授权产品的开发生产，加快工艺美术产品、传统手工艺品与现代科技和时代元素融合。完善博物馆、美术馆等公共文化设施功能，提高展陈水平。

三、政策措施

（一）增强创新动力。深入实施知识产权战略，加强知识产权运用和保护，健全创新、创意和设计激励机制。加强商标法、专利法、著作权法、反不正当竞争法等知识产权保护法律法规宣传普及，完善有利于创意和设计发展的产权制度。完善网络环境下著作权保护等法律法规，加强数据保护等问题研究。加强知识产权监督执法，加大对侵权行为的惩处力度，完善维权援助机制。优化知识产权申请与审查制度，建立和完善专利优先审查通道和软件著作权快速登记通道，健全便捷高效的商标注册审查体系。完善知识产权入股、分红等形式的激励机制和管理制度。活跃知识产权交易，促进知识产权的合理有效流通。提升企业知识产权综合能力，培育一批知识产权优势企业。鼓励企业、院校、科研机构成立战略联盟，引导创意和设计、科技创新要素向企业聚集，加大联盟知识产权管理能力建设，推行知识产权集群式管理。

（二）强化人才培养。推动实施文化创意和设计服务人才扶持计划，打破体制壁垒，扫除身份障碍，营造有利于创新型人才健康成长、脱颖而出的制度环境。优化专业设置，鼓励普通本科高校和科研院所加强专业（学科）建设和理论研究。鼓励将非物质文化遗产传承人才培养纳入职业教育体系，发挥职业教育在文化传承创新中的重要作用，重点建设一批民族文化传承创新专业点。推动民间传统手工艺传承模式改革，培养一批具有文化创新能力的技术技能人才。积极推进产学研用合作培养人才，发展专业学位研究生教育，扶持和鼓励相关行业和产业园区、龙头企业与普通本科高校、职业院校及科研机构共同建立人才培养基地，支持符合条件的设立博士后科研工作站，探索学历教育与职业培训并举、创意和设计与经营管理结合的人才培养新模式，加快培养高层次、复合型人才。加大核心人才、重点领域专门人才、高技能人才和国际化人才的培养和扶持力度，造就一批领军人物。完善政府奖励、用人单位奖励和社会奖励互为补充的多层次创意和设计人才奖励体系,对各类创意和设计人才的创作活动、学习深造、国际交流等进行奖励和资助。加强创业孵化,加大对创意和设计人才创业创新的扶持力度。规范和鼓励举办国际化、专业化的创意和设计竞赛活动,促进创意和设计人才的创新成果展示交易。积极利用各类引才引智计划,引进海外高端人才。健全符合创意和设计人才特点的使用、流动、评价和激励体系,按照国家有关规定,进一步落实国有企业、院所转制企业、职业院校、普通本科高校和科研院所创办企业的股权激励政策,推进职业技能鉴定和职称评定工作,加强人才科学管理。

(三)壮大市场主体。实施中小企业成长工程,支持专业化的创意和设计企业向专、精、特、新方向发展,打造中小企业集群。鼓励挖掘、保护、发展中华老字号等民间特色传统技艺和服务理念,培育具有地方特色的创意和设计企业,支持设计、广告、文化软件工作室等各种形式小微企业发展。推动创意和设计优势企业根据产业联系,实施跨地区、跨行业、跨所有制业务合作,打造跨界融合的产业集团和产业联盟。鼓励有条件的大型企业设立工业设计中心,建设一批国家级工业设计中心。积极推进相关事业单位分类改革,鼓励国有文化企业引进战略资本,实行股份制改造,积极引导民间资本投资文化创意和设计服务领域。支持有条件的企业"走出去",扩大产品和服务出口,通过海外并购、联合经营、设立分支机构等方式积极开拓国际市场。推进文化等服务业领域有序开放,放开建筑设计领域外资准入限制。围绕提升产业竞争力,建立健全文化创意和设计服务与相关产业融合发展的技术标准体系,加快制定修订一批相关领域的重要国家标准。鼓励行业组织、中介组织和企业参与制定国际标准,支持自主标准国际化。

(四)培育市场需求。加强全民文化艺术教育,提高人文素养,推动转变消费观念,激发创意和设计产品服务消费,鼓励有条件的地区补贴居民文化消费,扩大文化消费规模。鼓励企业应用各类设计技术和设计成果,开展设计服务外包,扩大设计服务市场。创新公共文化服务提供方式,加大政府对创意和设计产品服务的采购力度。消除部门限制和地区分割,促进形成统一开放、竞争有序的国内市场。充分利用上海、深圳文化产权交易所等市场及文化产业、广告、设计等展会,规范交易秩序,提升交易平台的信息化和网络化水平,促进产品和服务交易。鼓励电子商务平台针对创意和设计提供专项服务,帮助小微企业、创意和设计创业人才拓展市场。鼓励有条件

的地区在国家许可范围内,根据自身特点建设区域性和行业性交易市场。在商贸流通业改造升级中,运用创意和设计促进专业市场和特色商业街等发展。鼓励批发、零售、住宿、餐饮等生活服务企业在店面装饰、产品陈列、商品包装和市场营销上突出创意和设计,更加注重节能环保,顺应消费者需求。

(五)引导集约发展。依托现有各类文化、创意和设计园区基地,加强规范引导、政策扶持,加强公共技术、资源信息、投资融资、交易展示、人才培养、交流合作等服务能力建设,完善创新创业服务体系,促进各类园区基地提高效益、发挥产业集聚优势。鼓励各地根据资源条件和产业优势,明确发展重点,科学规划建设融合发展集聚区,打造区域性创新中心和成果转化中心。建立区域协调机制与合作平台,加强产业集群内部的有机联系,形成合理分工与协作,构建优势互补、相互促进的区域发展格局。充分发挥各部门职能,组织实施基础性、引导性重大工程和重点项目,提升产业整体素质,增强发展后劲。

(六)加大财税支持。增加文化产业发展专项资金规模,加大对文化创意和设计服务企业支持力度。在体现绿色节能环保导向、增强可操作性的基础上,完善相关税收扶持政策。在文化创意和设计服务领域开展高新技术企业认定管理办法试点,将文化创意和设计服务内容纳入文化产业支撑技术等领域,对经认定为高新技术企业的文化创意和设计服务企业,减按15%的税率征收企业所得税。文化创意和设计服务企业发生的职工教育经费支出,不超过工资薪金总额8%的部分,准予在计算应纳税所得额时扣除。企业发生的符合条件的创意和设计费用,执行税前加计扣除政策。对国家重点鼓励的文化创意和设计服务出口实行营业税免税。落实营业税改增值税试点有关政策,对纳入增值税征收范围的国家重点鼓励的文化创意和设计服务出口实行增值税零税率或免税,对国家重点鼓励的创意和设计产品出口实行增值税零税率。

(七)加强金融服务。建立完善文化创意和设计服务企业无形资产评估体系。支持符合条件的企业上市,鼓励企业发行公司债、企业债、集合信托和集合债、中小企业私募债等非金融企业债务融资工具。支持金融机构选择文化创意和设计服务项目贷款开展信贷资产证券化试点。鼓励银行业金融机构支持文化创意和设计服务小微企业发展。鼓励金融机构创新金融产品和服务,增加适合文化创意和设计服务企业的融资品种,拓展贷款抵(质)押物的范围,完善无形资产和收益权抵(质)押权登

记公示制度,探索开展无形资产质押和收益权抵(质)押贷款等业务。建立社会资本投资的风险补偿机制,鼓励各类担保机构提供融资担保和再担保服务。鼓励保险公司加大创新型文化保险产品开发力度,提升保险服务水平,探索设立专业文化产业保险组织机构,促进文化产业保险发展。政府引导,推动设立文化创意和设计服务与相关产业融合发展投资基金。积极引导私募股权投资基金、创业投资基金及各类投资机构投资文化创意和设计服务领域。

(八)优化发展环境。评估清理现有行政审批事项,确需保留的,要精简审批流程,严控审批时限,公开审批标准,提高审批效率。支持以划拨方式取得土地的单位利用存量房产、原有土地兴办文化创意和设计服务,在符合城乡规划前提下土地用途和使用权人可暂不变更,连续经营一年以上,符合划拨用地目录的,可按划拨土地办理用地手续;不符合划拨用地目录的,可采取协议出让方式办理用地手续。广告领域文化事业建设费征收范围严格限定在广告媒介单位和户外广告经营单位,清理其他不合理收费,推动落实文化创意和设计服务企业用水、用电、用气、用热与工业同价。完善城乡规划、建筑设计收费制度,鼓励和推行优质优价。创新政府支持方式,发挥社会组织作用,加强人才队伍建设,资助创业孵化,开展研讨交流等。

四、组织实施

各地区、各部门要按照本意见的要求,根据本地区、本部门、本行业实际情况,切实加强对推进文化创意和设计服务与相关产业融合发展工作的组织领导,编制专项规划或行动计划,制定相关配套文件。要建立工作机制,加强地区间、部门间、行业间的协同联动,确保各项任务措施落到实处。要加强宣传,积极营造全社会支持创新、鼓励创意和设计的良好氛围。加强文化产业振兴方面的立法工作,不断健全相关法律法规和制度。重视完善文化产业统计制度,加强文化创意和设计服务类产业统计、核算和分析。加快发展和规范相关行业协(商、学)会、中介组织,充分发挥行业组织在行业研究、标准制定等方面的作用。发展改革委要会同相关部门对本意见的落实情况进行跟踪分析和监督检查,重大事项及时向国务院报告。

(此件有删减)

国务院关于加快发展对外文化贸易的意见

· 2014 年 3 月 3 日
· 国发〔2014〕13 号

近年来,随着改革开放的推进,我国对外文化贸易的规模不断扩大、结构逐步优化,但核心文化产品和服务贸易逆差仍然存在,对外文化贸易占对外贸易总额的比重还较低,有待进一步加强。加快发展对外文化贸易,对于拓展我国文化发展空间、提高对外贸易发展质量,对于继续扩大改革开放、转变经济发展方式,对于稳增长促就业惠民生、提升国家软实力、全面建成小康社会具有重要意义。为进一步做好有关工作,现提出以下意见:

一、总体要求

(一)指导思想。

立足当前,着眼长远,改革创新,完善机制,统筹国际国内两个市场、两种资源,加强政策引导,优化市场环境,壮大市场主体,改善贸易结构,加快发展对外文化贸易,在更大范围、更广领域和更高层次上参与国际文化合作和竞争,把更多具有中国特色的优秀文化产品推向世界。

(二)基本原则。

坚持统筹发展。将发展文化产业、推动对外文化贸易与促进经济结构调整、产业结构优化升级相结合,与扩大国内需求、改善人民群众生活相结合,促进服务业发展、拉动消费和投资增长。

坚持政策引导。切实转变政府职能,依法监管,减少行政干预,加大政策支持力度,营造对外文化贸易发展的良好环境。

坚持企业主体。着力培育外向型文化企业,鼓励各类文化企业从事对外文化贸易业务,到境外开拓市场,形成各种所有制文化企业积极参与的文化出口格局。

坚持市场运作。进一步发挥市场在文化资源配置中的积极作用,激发社会活力,创新文化内容和文化走出去模式,努力打造我国文化出口竞争新优势。

(三)发展目标。

加快发展传统文化产业和新兴文化产业,扩大文化产品和服务出口,加大文化领域对外投资,力争到 2020 年,培育一批具有国际竞争力的外向型文化企业,形成一批具有核心竞争力的文化产品,打造一批具有国际影响力的文化品牌,搭建若干具有较强辐射力的国际文化交易平台,使核心文化产品和服务贸易逆差状况得以扭转,对外文化贸易额在对外贸易总额中的比重大幅提高,我国文化产品和服务在国际市场的份额进一步扩大,我国文化整体实力和竞争力显著提升。

二、政策措施

（一）明确支持重点。

1. 鼓励和支持国有、民营、外资等各种所有制文化企业从事国家法律法规允许经营的对外文化贸易业务，并享有同等待遇。进一步完善《文化产品和服务出口指导目录》，定期发布《国家文化出口重点企业目录》和《国家文化出口重点项目目录》，加大对入选企业和项目的扶持力度。

2. 鼓励和引导文化企业加大内容创新力度，创作开发体现中华优秀文化、展示当代中国形象、面向国际市场的文化产品和服务，在编创、设计、翻译、配音、市场推广等方面予以重点支持。

3. 支持文化企业拓展文化出口平台和渠道，鼓励各类企业通过新设、收购、合作等方式，在境外开展文化领域投资合作，建设国际营销网络，扩大境外优质文化资产规模。推动文化产品和服务出口交易平台建设，支持文化企业参加境内外重要国际性文化展会。鼓励文化企业借助电子商务等新型交易模式拓展国际业务。

4. 支持文化和科技融合发展，鼓励企业开展技术创新，增加对文化出口产品和服务的研发投入，开发具有自主知识产权的关键技术和核心技术。支持文化企业积极利用国际先进技术，提升消化、吸收和再创新能力。

（二）加大财税支持。

1. 充分发挥财政资金的杠杆作用，加大文化产业发展专项资金等支持力度，综合运用多种政策手段，对文化服务出口、境外投资、营销渠道建设、市场开拓、公共服务平台建设、文化贸易人才培养等方面给予支持。中央和地方有关文化发展的财政专项资金和基金，要加大对文化出口的支持力度。

2. 对国家重点鼓励的文化产品出口实行增值税零税率。对国家重点鼓励的文化服务出口实行营业税免税。结合营业税改征增值税改革试点，逐步将文化服务行业纳入"营改增"试点范围，对纳入增值税征收范围的文化服务出口实行增值税零税率或免税。享受税收优惠政策的国家重点鼓励的文化产品和服务的具体范围由财政部、税务总局会同有关部门确定。

3. 在国务院批准的服务外包示范城市从事服务外包业务的文化企业，符合现行税收优惠政策规定的技术先进型服务企业相关条件的，经认定可享受减按15%的税率征收企业所得税和职工教育经费不超过工资薪金总额8%的部分税前扣除政策。

（三）强化金融服务。

1. 鼓励金融机构按照风险可控、商业可持续原则探索适合对外文化贸易特点的信贷产品和贷款模式，开展供应链融资、海外并购融资、应收账款质押贷款、仓单质押贷款、融资租赁、银团贷款、联保联贷等业务。积极探索扩大文化企业收益权质押贷款的适用范围。鼓励金融机构对符合信贷条件的国家文化出口重点企业和项目提供优质金融服务。

2. 支持符合条件的国家文化出口重点企业通过发行企业债券、公司债券、非金融企业债务融资工具等方式融资。积极发挥专业增信机构作用，为中小文化企业发行中期票据、短期融资券、中小企业集合票据、中小企业私募债券等债务融资工具提供便利。支持符合条件的文化出口项目发行非金融企业资产支持票据和证券公司资产证券化产品。鼓励有跨境投资需求的文化企业在境内发行外币债券。支持文化出口企业在国务院批准的额度内，赴香港等境外人民币市场发行债券。

3. 鼓励保险机构创新保险品种和保险业务，开展知识产权侵权险、演艺、会展、动漫游戏、出版物印刷复制发行和广播影视产品完工险和损失险，团体意外伤害保险、特定演职人员人身意外伤害保险等新型险种和业务。对国家文化出口重点企业和项目，鼓励保险机构提供出口信用保险服务，在风险可控的前提下可采取灵活承保政策，优化投保手续。

4. 鼓励融资性担保机构和其他各类信用中介机构开发符合文化企业特点的信用评级和信用评价方法，通过直接担保、再担保、联合担保、担保与保险相结合等方式为文化企业提供融资担保服务，多渠道分散风险。利用中小企业发展专项资金等对符合条件的融资性担保机构和担保业务予以支持。

5. 推进文化贸易投资的外汇管理便利化，确保文化出口相关跨境收付与汇兑顺畅，满足文化企业跨境投资的用汇需求。支持文化企业采用出口收入存放境外等方式提高外汇资金使用效率。简化跨境人民币结算手续和审核流程，提升结算便利，降低汇率风险。鼓励境内金融机构开展境外项目人民币贷款业务，支持文化企业从事境外投资。

（四）完善服务保障。

1. 尽快培育国家文化出口重点企业成为海关高信用企业，享受海关便捷通关措施。对图书、报纸、期刊等品种多、时效性强、出口次数频繁的文化产品，经海关批准，实行集中申报管理。为文化产品出口提供24小时预约通关服务等便利措施。对文化企业出境演出、展览、进行影视节目摄制和后期加工等所需暂时进出境货物,按照规定加速通关验放。对暂时出境货物使用暂准免税进口单证册(ATA单证册)向海关申报的,免于向海关提供其他担保。

2. 减少对文化出口的行政审批事项,简化手续,缩短时限。对国有文化企业从事文化出口业务的编创、演职、营销人员等,不设出国(境)指标,简化因公出国(境)审批手续,出国一次审批、全年有效。对面向境外市场生产销售外语出版物的民营文化企业,经批准可以配置专项出版权。

3. 加强相关知识产权保护,研究开展文化知识产权价值评估,及时提供海外知识产权、法律体系及适用等方面咨询,支持文化企业开展涉外知识产权维权工作。加强对外文化贸易公共信息服务,及时发布国际文化市场动态和国际文化产业政策信息。着力培养对外文化贸易复合型人才,积极引进各类优秀人才。建立健全行业中介组织,发挥其在出口促进、行业自律、国际交流等方面的作用。

三、组织领导

建立健全由商务、宣传文化、外交、财税、金融、海关、统计等部门组成的对外文化贸易工作联系机制,加强统筹协调,整合资源,推动相关政策措施的落实,依法规范对外文化贸易工作。加强对外文化贸易统计工作,完善文化领域对外投资统计,统一发布对外文化贸易和对外投资统计数据。结合《文化及相关产业分类(2012)》,修订完善文化产品和服务进出口统计目录。

各地区、各有关部门要按照本意见的要求,切实加强对外文化贸易工作的组织领导,明确任务落实责任,尽快制定具体实施方案,完善和细化相关政策措施,扎实做好相关工作,确保取得实效。

(此件有删减)

国务院办公厅关于进一步激发文化和旅游消费潜力的意见

·2019年8月12日
·国办发〔2019〕41号

为贯彻落实《中共中央　国务院关于完善促进消费体制机制进一步激发居民消费潜力的若干意见》,提升文化和旅游消费质量水平,增强居民消费意愿,以高质量文化和旅游供给增强人民群众的获得感、幸福感,经国务院同意,现提出以下意见:

一、总体目标

以习近平新时代中国特色社会主义思想为指导,顺应文化和旅游消费提质转型升级新趋势,深化文化和旅游领域供给侧结构性改革,从供需两端发力,不断激发文化和旅游消费潜力。努力使我国文化和旅游消费设施更加完善,消费结构更加合理,消费环境更加优化,文化和旅游产品、服务供给更加丰富。推动全国居民文化和旅游消费规模保持快速增长态势,对经济增长的带动作用持续增强。

二、主要任务

(一)推出消费惠民措施。继续推动国有景区门票降价。各地可结合实际情况,制定实施景区门票减免、景区淡季免费开放、演出门票打折等政策,举办文化和旅游消费季、消费月,举办数字文旅消费体验等活动。在依法合规的前提下鼓励发行文化和旅游消费联名银行卡并给予特惠商户折扣、消费分期等用户权益。拓展文化和旅游消费信贷业务,以规范发展为前提创新消费信贷抵质押模式,开发不同首付比例、期限和还款方式的信贷产品。(文化和旅游部、发展改革委、财政部、人民银行、银保监会和地方各级人民政府负责。以下均需地方各级人民政府负责,不再列出)

(二)提高消费便捷程度。推动实施移动支付便民示范工程,提高文化和旅游消费场所银行卡使用便捷度,推广移动互联网新兴支付方式。鼓励把文化消费嵌入各类消费场所,依托社区生活综合服务中心、城乡便民消费服务中心等打造群众身边的文化消费网点。鼓励依法依规对传统演出场所和博物馆进行设施改造提升,合理配套餐饮区、观众休息区、文创产品展示售卖区、书店等,营造更优质的消费环境。引导演出、文化娱乐、景区景点等场所广泛应用互联网售票、二维码验票。提升文化和旅游消费场所宽带移动通信网络覆盖水平,在具备条件且用户需求较强的地方,优先部署第五代移动通信(5G)网络。优化旅游交通服务,科学规划线路、站点设置,提供智能化出行信息服务。到2022年,实现全国文化和旅游消费场所除现金支付外,都能支持银行卡或移动支付,互联网售票和4G/5G网络覆盖率超过90%,文化和旅游消费便捷程度明显提高。(文化和旅游部、工业和信息化部、交通运输部、商务部、人民银行、文物局负责)

(三)提升入境旅游环境。整合已有资源,提升入境旅游统一宣介平台(含APP、小程序等移动端)水平。鼓励各地开发一批适应外国游客需求的旅游线路、目的地、旅游演艺及特色商品并在宣介平台上推荐。提升景区景点、餐饮住宿、购物娱乐、机场车站等场所多语种服务水平。鼓励银行业金融机构依法依规在文化和旅游消费集中区域设立分支机构。完善入境游客移动支付解决方案,提高游客消费便利性。研究出台以北京2022年冬奥会、冬残奥会为契机促进入境旅游的政策措施。确保入境旅游环境得到明显改善,入境消费规模保持持续扩大态势。(文化和旅游部、人民银行、银保监会、北京冬奥组委负责)

(四)推进消费试点示范。总结推广引导城乡居民扩大文化消费试点工作的经验模式,新确定一批国家文化和旅游消费试点城市(以下简称试点城市)。在试点城市基础上,择优确定国家文化和旅游消费示范城市(以下简称示范城市)并动态考核。推动试点城市、示范城市建设国际消费中心城市。鼓励建设集合文创商店、特色书店、小剧场、文化娱乐场所等多种业态的消费集聚地。到2022年,建设30个示范城市、100个试点城市,示范城市居民人均文化娱乐支出占消费支出比例超过6%,旅游收入增速保持两位数以上增长,进一步发挥示范引领作用。(文化和旅游部、发展改革委、财政部负责)

(五)着力丰富产品供给。鼓励打造中小型、主题性、特色类的文化旅游演艺产品。促进演艺、娱乐、动漫、创意设计、网络文化、工艺美术等行业创新发展,引导文化和旅游场所增加参与式、体验式消费项目,鼓励发展与自驾游、休闲度假相适应的租赁式公寓、汽车租赁等服务。积极拓展文化消费广度和深度,注重利用新技术发掘中华文化宝贵资源,为广大人民群众提供更加丰富多样的广播电视消费产品。规范旅游民宿市场,推动星级旅游民宿品牌化发展。提升国家级文化产业示范园区和国家文化产业示范基地的供给能力。鼓励文创产品开发与经营,拓宽文创产品展示和销售渠道。积极发展休闲农业,大力发展乡村旅游,实施休闲农业和乡村旅游精品工程,培育一批美丽休闲乡村,推出一批休闲农业示范县和乡村旅游重点村。推进国家全域旅游示范区建设,着力开发商务会展旅游、海洋海岛旅游、自驾车旅居车旅游、体育旅游、森林旅游、康养旅游等产品。支持红色旅游创新、融合发展。打造一批具有文旅特色的高品位休闲街区和度假产品。到2022年,培育30个以上旅游演艺精品项目,扩大文化和旅游有效供给。(文化和旅游部、发展改革委、农业农村部、广电总局、林草局负责)

(六)推动旅游景区提质扩容。支持各地加大对旅游景区的公共服务设施资金投入,保障景区游览安全,推动景区设施设备更新换代、产品创新和项目升级,加大对管理服务人员的培训力度。打造一批高品质旅游景区、重点线路和特色旅游目的地,为人民群众提供更多出游选择。合理调整景区布局,优化游览线路和方式,扩展游览空间。推进"互联网+旅游",强化智慧景区建设,实现实时监测、科学引导、智慧服务。推广景区门票预约制度,合理确定并严格执行最高日接待游客人数规模。到2022年,5A级国有景区全面实行门票预约制度。(文化和旅游部、发展改革委负责)

(七)发展假日和夜间经济。落实带薪休假制度,鼓励单位与职工结合工作安排和个人需要分段灵活安排带薪年休假,错峰休假。把握节假日及高峰期旅游消费集中的规律特征,优化景区与周边高速公路的衔接,督促各地在节假日期间加强高速公路和景区道路交通管理、增加公共交通运力、及时发布景区拥堵预警信息。大力发展夜间文旅经济。鼓励有条件的旅游景区在保证安全、避免扰民的情况下开展夜间游览服务。丰富夜间文化演出市场,优化文化和旅游场所的夜间餐饮、购物、演艺等服务,鼓励建设24小时书店。到2022年,建设200个以上国家级夜间文旅消费集聚区,夜间文旅消费规模持续扩大。(文化和旅游部、发展改革委、公安部、交通运输部、商务部负责)

(八)促进产业融合发展。支持邮轮游艇旅游、非物质文化遗产主题旅游等业态发展。促进文化、旅游与现代技术相互融合,发展基于5G、超高清、增强现实、虚拟现实、人工智能等技术的新一代沉浸式体验型文化和旅游消费内容。丰富网络音乐、网络动漫、网络表演、数字艺术展示等数字内容及可穿戴设备、智能家居等产品,提升文化、旅游产品开发和服务设计的数字化水平。发挥展会拉动文化和旅游消费的作用,支持文化企业和旅游企业通过展会进行产品展示、信息推广。引导文化企业和旅游企业创新商业模式和营销方式。到2022年,建设30个国家文化产业和旅游产业融合发展示范区,产业融合水平进一步提升,新型文化和旅游消费业态不断丰富。(文化和旅游部、发展改革委、交通运输部、商务部、广电总局负责)

(九)严格市场监管执法。加大文化和旅游市场监管力度,严厉打击违法违规经营行为,加强对文化和旅游市场的安全管理,强化对文化娱乐和旅游设施的质量安全监管。进一步完善市场主体和从业人员信用记录并逐步纳入全国信用信息共享平台和国家企业信用信息公示系统,对列入文化市场黑名单和旅游市场黑名单的市场主体和从业人员实施联合惩戒。到2022年,文化和旅游市场秩序得到进一步规范,产品和服务质量进一步提高,消费者权益得到更好保护。(文化和旅游部、应急部、市场监管总局负责)

三、保障措施

(十)强化政策保障。用好各类资金支持各地文化和旅游基础设施建设,并重点对试点城市、示范城市予以支持。充分发挥财政资金引导作用,鼓励地方开展文化和旅游消费试点示范,增加优质消费供给。支持有条件的地区发展支线航空、通用航空服务。鼓励各地利用老旧厂房开设文化和旅游消费场所,落实土地支持政策,完善用水用电用气等方面的优惠政策。探索开展旅游景区经营权、门票收入权质押以及旅游企业建设用地使用权抵押、林权抵押等贷款业务。促进交通一卡通互联互通。引导保险业金融机构根据文化和旅游行业特点开发种类丰富的保险产品。(文化和旅游部、发展改革委、财政部、自然资源部、住房城乡建设部、交通运输部、银保监会、民航局负责)

(十一)加强组织领导。发挥完善促进消费体制机制部际联席会议作用,加强对促进文化和旅游消费工作的统筹协调和督促落实。文化和旅游部负责对本意见落实情况进行跟踪分析评估,指导各地建立文化和旅游消费数据监测体系,加强大数据技术应用,整合共享数据资源,加强趋势分析研判,为促进文化和旅游消费提供决策依据。各地要根据本意见的要求,将促进文化和旅游消费作为重要工作任务,结合本地区实际,开展文化和旅游消费数据监测分析,不断完善促进文化和旅游消费政策。(文化和旅游部负责)

国务院办公厅印发《关于释放旅游消费潜力推动旅游业高质量发展的若干措施》的通知

· 2023 年 9 月 27 日
· 国办发〔2023〕36 号

《关于释放旅游消费潜力推动旅游业高质量发展的若干措施》已经国务院同意,现印发给你们,请认真贯彻执行。

(本文有删减)

关于释放旅游消费潜力推动旅游业高质量发展的若干措施

为深入贯彻落实习近平总书记关于文化和旅游工作的重要论述和中央政治局会议精神,丰富优质旅游供给,释放旅游消费潜力,推动旅游业高质量发展,进一步满足人民群众美好生活需要,发挥旅游业对推动经济社会发展的重要作用,提出以下措施。

一、加大优质旅游产品和服务供给

(一)推进文化和旅游深度融合发展。引导戏剧节、音乐节、艺术节、动漫节、演唱会、艺术展览、文旅展会等业态健康发展,丰富"音乐+旅游"、"演出+旅游"、"展览+旅游"、"赛事+旅游"等业态。开展中国文物主题游径建设和"读万卷书行万里路"文化主题旅游推广活动。有序发展红色旅游,保护好、管理好、运用好红色资源。推进文化和旅游产业融合发展典型示范。

(二)实施美好生活度假休闲工程。开展文旅产业赋能城市更新行动,打造一批文化特色鲜明的国家级旅游休闲城市和街区,推动旅游度假区高质量发展。加强绿道、骑行道、郊野公园、停车设施等微循环休闲设施建设,合理布局自驾车旅居车停车场等服务设施。

(三)实施体育旅游精品示范工程。推动体育赛事和旅游活动一体谋划、一体开展,结合重大、特色赛事,培育"跟着赛事去旅行"品牌项目,打造一批具有影响力的体育旅游精品线路、赛事和基地。发展冰雪经济,推动冰雪运动、冰雪装备、冰雪旅游全产业链发展,指导加强滑雪旅游度假地建设。

(四)开展乡村旅游提质增效行动。开展文化产业赋能乡村振兴试点,推动提升乡村旅游运营水平。建设一批富有地域文化特色的乡村旅游重点村镇,推动实施旅游民宿国家标准,打造"乡村四时好风光"线路产品,开展"游购乡村"系列活动。因地制宜打造美丽田园、景观农业、农耕体验、休闲渔业、户外运动等新业态。

(五)发展生态旅游产品。在严格保护的基础上,依法依规合理利用国家公园、自然保护区、风景名胜区、森林公园、湿地公园、沙漠公园、地质公园等自然生态资源,积极开发森林康养、生态观光、自然教育等生态旅游产品。推出一批特色生态旅游线路。推进森林步道、休闲健康步道建设。

(六)拓展海洋旅游产品。深入挖掘海洋海岛旅游资源,提升海岸海岛风貌。完善邮轮、游艇旅游政策,加强邮轮、游艇码头、滨海度假营地,运动船艇码头等旅游

配套服务设施建设。优化邮轮航线和邮轮旅游产品设计，推进国际邮轮运输全面复航。

（七）优化旅游基础设施投入。支持各地根据旅游业发展需求，合理规划、有序建设旅游咨询中心、旅游集散中心、旅游厕所、旅游风景道、旅游交通标识标牌、智慧旅游公共服务平台等旅游公共设施。加快推进中西部支线机场建设，推动打造一批旅游公路、国内水路客运旅游精品航线，完善旅游航线网络、旅游列车线路、自驾车旅游服务体系。

（八）盘活闲置旅游项目。优化完善盘活方式，根据项目情况分类采取盘活措施，用好各类财政、金融、投资政策，支持旅游企业盘活存量旅游项目与存量旅游资产。

二、激发旅游消费需求

（九）改善旅游消费环境。支持文化体育场所增强旅游休闲功能，合理设置旅游咨询区、餐饮区、文创产品销售区等旅游接待设施。推动利用数字技术改造提升传统旅游消费场所，打造智慧旅游、沉浸式体验新空间。利用城市公园、草坪广场等开放空间打造创意市集、露营休闲区。创新开展"旅游中国·美好生活"国内旅游宣传推广。

（十）完善消费惠民政策。开展全国文化和旅游消费促进活动，鼓励各地围绕节假日、暑期等时间节点，联动文化和旅游企业、金融机构、电商平台、新媒体平台等举办形式多样的消费促进活动。

（十一）调整优化景区管理。完善预约措施，简化预约程序，尽可能减少采集游客个人信息，科学设置线上、线下购票预约渠道，最大限度满足游客参观游览需求。景区应保留人工窗口，在游客量未达到景区最大承载量之前，为运用智能技术困难人群提供购票预约服务。在旅游旺季，通过延长景区开放时间、增加弹性供给等措施，提升景区接待能力。

（十二）完善旅游交通服务。提高旅游目的地通达性，构建"快进"交通网络，结合节假日等因素优化配置重点旅游城市班车班列，推动将旅游城市纳入"干支通、全网联"航空运输服务网络，加快干线公路与景区公路连接线以及相邻区域景区间公路建设。优化旅游客运服务，积极拓展定制客运服务，普及推广电子客票服务，大力发展联程运输。

（十三）有序发展夜间经济。引导夜间文化和旅游消费集聚区规范创新发展。完善夜间照明、停车场、公共交通、餐饮购物等配套服务设施。鼓励有条件的公共文化场所、文博单位等延长开放时间。

（十四）促进区域合作联动。紧密围绕区域重大战略以及重点城市群、文化旅游带建设等，实施区域一体化文化和旅游消费惠民措施和便利服务，举办区域性消费促进活动。推进东中西部跨区域旅游协作，探索互为旅游客源地和目的地的合作路径。

三、加强入境旅游工作

（十五）实施入境旅游促进计划。优化入境旅游产品和线路，推出更多广受入境游客欢迎的旅游产品和服务。加强海外市场宣传推广和精准营销，持续开展"你好！中国"国家旅游形象系列推广活动。开展入境游旅行商伙伴行动，为国外从事来华旅游业务人员提供课程培训和旅游信息服务。

（十六）优化签证和通关政策。进一步提高签证办理效率，提升签证审发信息化水平。有序恢复各类免签政策，积极研究增加免签国家数量。充分发挥口岸签证、过境免签及区域性入境免签等政策对旅游业发展的积极作用，加大政策推介力度。为邮轮旅游、自驾车旅游及其他涉及入出境的旅游活动提供通关保障。

（十七）恢复和增加国际航班。增加与入境旅游主要客源国、周边国家的航线，加密航班频次，提高航空出行便利性。

（十八）完善入境旅游服务。提升外籍游客和港澳台居民持有效证件预订景区门票、购买车（船）票、在旅馆办理住宿登记的便利化水平。加强导游以及景区、酒店等服务人员外语培训，完善景区、机场、车站、酒店、购物商店等场所的多语种标识及导览设施。提高入境游客使用境外银行卡及各类电子支付方式便捷程度以及外币兑换便利性。

（十九）优化离境退税服务。提升离境退税服务质效，推动扩大境外游客离境退税政策覆盖地域范围，鼓励引导更多商户成为退税商店，进一步丰富退税商店商品种类。

（二十）发挥旅游贸易载体作用。支持国内文化和旅游企业、机构参加各类国际文化和旅游展会。鼓励举办市场化旅游展会，吸引外国文化和旅游企业来华参展、参会。高质量建设一批对外文化贸易基地，为外国文化和旅游企业来华投资合作提供服务保障。

四、提升行业综合能力

（二十一）支持旅游企业发展。适当放宽旅行社补足旅游服务质量保证金期限，旅行社可申请全额暂退或暂缓交纳旅游服务质量保证金。坚持同等质量标准，依法支持旅游企业参与政府采购和服务外包，不得以星级、所有制等为门槛限制相关企业参与政府采购的住宿、会议、餐饮等项目。

（二十二）加强导游队伍建设。优化导游职业资格准入管理，严格规范导游执业行为，净化导游执业环境，依法保障导游劳动报酬。加强导游人才供给和业务培训，举办全国导游大赛。

（二十三）提升旅游服务质量。完善旅游服务质量评价体系，开展监测评估和品牌建设，健全有关标准。建立完善以信用监管为基础的新型监管机制，依法认定失信主体并实施信用惩戒。建设文化和旅游领域诚信体系，健全信用承诺制度，推进信用品牌建设，优化信用消费环境。

（二十四）规范旅游市场秩序。加强旅游市场执法，深入开展旅游市场整治。建立健全跨部门旅游市场举报投诉和执法协作机制，加强数据信息共享和线索移交，开展联合执法，坚决维护游客合法权益。

五、保障措施

（二十五）健全旅游工作协调机制。完善工作机制，及时开展工作调度和研究会商，加强跨部门统筹协调和综合监管，推动解决旅游业发展中的重点难点堵点问题。

（二十六）强化政策保障。用好各有关渠道财政资金，加强政策协调配合。通过中央预算内投资等既有专项资金渠道，支持旅游基础设施建设。通过旅游发展基金、中央支持地方公共文化服务体系建设补助等渠道，支持地方提升旅游公共服务水平、加强旅游宣传推广以及推进国家文化和旅游消费试点城市、示范城市建设。将旅游领域符合条件的项目纳入地方政府专项债券支持范围。

（二十七）拓宽融资渠道。引导金融机构结合自身业务和旅游企业生产经营特点，优化信贷管理，丰富信贷产品，支持旅游设施建设运营。探索在部分地区开展旅游项目收益权、旅游项目（景区）特许经营权入市交易、备案登记试点工作。鼓励在依法界定各类景区资源资产产权主体权利和义务的基础上，依托景区项目发行基础设施领域不动产投资信托基金（REITs）。

（二十八）加强用地、人才保障。进一步优化旅游产业用地政策，依法依规保障旅游项目合理用地需求。鼓励地方结合城镇低效用地再开发，推动盘活存量土地支持旅游设施建设。研究做好旅游人才培养、使用、评价工作，加强职称评定、职业技能评价、人才返岗等支持，落实好各项就业、社会保障政策。

（二十九）做好旅游安全监管。联合开展行业安全检查，督促经营主体落实安全生产、消防安全、特种设备安全、食品安全主体责任，抓好重点场所单位、重要时间时段的安全管理，强化事故灾害防范应对措施，进一步提高旅游突发事件应急处置能力。

（三十）完善旅游统计制度。优化旅游统计调查方法，拓展数据来源，加强工作力量。推动文化和旅游、统计、出入境等部门间数据互联互通。

文化和旅游部关于印发《"十四五"公共文化服务体系建设规划》的通知

· 2021 年 6 月 10 日
· 文旅公共发〔2021〕64 号

各省、自治区、直辖市文化和旅游厅（局），新疆生产建设兵团文化体育广电和旅游局，本部各司局、各直属单位，国家文物局：

为进一步推进公共文化服务体系建设，根据《中华人民共和国国民经济和社会发展第十四个五年规划和2035年远景目标纲要》和《"十四五"文化和旅游发展规划》，我部编制了《"十四五"公共文化服务体系建设规划》，现印发给你们，请各地区、各单位高度重视规划实施，结合实际认真贯彻落实。

特此通知。

"十四五"公共文化服务体系建设规划

为贯彻落实《中华人民共和国国民经济和社会发展第十四个五年规划和2035年远景目标纲要》、国家"十四五"文化改革发展规划和《"十四五"文化和旅游发展规划》，加快推进公共文化服务体系建设，编制本规划。

序 言

"十三五"以来，在党中央、国务院的高度重视下，在各级党委、政府的大力支持下，在文化和旅游行政部门及广大文化工作者的不懈努力下，我国公共文化服务体系建设取得了重要成就。现代公共文化服务体系"四梁八柱"的制度框架基本建立，公共文化服务法治建设取得突破性进展，体制机制改革不断深化，基本公共文化服务标准化均等化建设全面推进，覆盖城乡的公共文化设施网络更加健全，优质公共文化产品和服务日趋丰富，服务能力和水平明显提高，公共文化事业经费保障能力稳步提升，高素质专业化人才队伍不断壮大，公共文化服务在推动文化治理体系和治理能力现代化，保障人民基本文化权益,满足人民日益增长的美好生活需要,促进城乡经济社会协调发展等方面发挥了重要作用。

"十四五"时期是我国全面建成小康社会、实现第一个百年奋斗目标之后,乘势而上开启全面建设社会主义现代化国家新征程、向第二个百年奋斗目标进军的第一个五年,我国进入新发展阶段。在新的历史起点上,公共文化服务面临着新的发展形势。党中央、国务院将文化建设作为"五位一体"总体布局和"四个全面"战略布局的重要内容,推动公共文化服务体系向更广空间和更深层次发展的任务更加明确;随着我国社会主要矛盾发生变化,人民群众的多样化多层次需求对提升公共文化产品和服务供给水平的要求更加迫切;经济发展方式转变、产业结构调整优化,对公共文化服务培育促进文化消费、拉动内需等方面提出了新的要求;现代科技发展催生新产业新业态新模式不断涌现,为公共文化服务发展提供的动能更加强劲;文化和旅游的融合发展,大众旅游的深入推进,为公共文化服务提供了新的发展契机。但同时必须看到,公共文化服务还存在着不少短板和问题。由于经济社会发展水平的制约,城乡之间、区域之间的公共文化服务发展水平还存在较大差距;公共文化产品和服务品质还有待提升;改革创新力度有待加强;社会力量的作用还没有充分发挥;数字化、网络化、智能化建设与其他领域相比仍显滞后。"十四五"时期,必须立足社会主义初级阶段基本国情,深刻认识公共文化服务的新特征、新要求、新规律,抓住机遇,应对挑战,不断提升公共文化服务水平。

一、总体要求

(一)指导思想

高举中国特色社会主义伟大旗帜,深入贯彻党的十九大和十九届二中、三中、四中、五中全会精神,坚持以马克思列宁主义、毛泽东思想、邓小平理论、"三个代表"重要思想、科学发展观、习近平新时代中国特色社会主义思想为指导,深刻认识和把握公共文化服务体系建设在"五位一体"总体布局和"四个全面"战略布局中的地位和作用,立足新发展阶段、贯彻新发展理念、构建新发展格局,以推动高质量发展为主题,以深化供给侧结构性改革为主线,进一步完善制度建设,提升治理能力,激发创新活力,努力提供更高质量、更有效率、更加公平、更可持续的公共文化服务,切实保障人民群众基本文化权益,提升文化获得感、幸福感,为建设社会主义文化强国奠定基础。

(二)基本原则

1. 坚持正确导向。坚持党对公共文化工作的领导,牢牢把握社会主义先进文化前进方向,紧紧围绕举旗帜、聚民心、育新人、兴文化、展形象的使命任务,以社会主义核心价值观为引领,促进满足人民文化需求和增强人民精神力量相统一,让人民享有更加充实、更为丰富、更高质量的精神文化生活。

2. 坚持以人民为中心。坚持文化发展为了人民,更好顺应人民群众对美好生活的新期待,推动公共文化服务向高品质和多样化升级。坚持文化发展依靠人民,充分尊重人民群众主体地位和首创精神,着力提高文化参与度和创造力。坚持文化发展成果由人民共享,切实保障文化民生,促进社会公平。

3. 坚持改革创新。进一步加强文化治理体系和治理能力建设,持续增强发展动力和活力。坚持向改革要效益,进一步探索现代公共文化服务体系建设体制机制改革路径,着力解决制约公共文化服务高质量发展的突出矛盾和问题。坚持以创新谋发展,打破体制界限,整合社会资源,提高配置效率,形成开放多元的公共文化服务供给体系。

4. 坚持系统推进。加强前瞻性思考、全局性谋划、战略性布局、整体性推进,统筹发展与安全,统筹城乡、区域协调发展,既要坚持保障基本,普惠均等,稳固发展根基,又要尊重差异,鼓励地方善用优势,率先拓展提升,充分发挥引领、示范、带动作用,形成布局科学均衡,质量梯次提升的公共文化服务发展格局。

(三)发展目标

"十四五"末,公共文化服务体系将力争达到以下目标:

——公共文化服务布局更加均衡。城乡公共文化服务体系一体建设取得重大突破,城乡协同发展机制逐步健全,城乡公共文化服务差距进一步缩小。公共文化服务在保障人民基本文化权益,促进城乡经济社会发展中的重要作用更加凸显。

——公共文化服务水平显著提高。城乡公共文化服务供给能力进一步增强,基本公共文化服务水平与经济社会发展水平同步提升。公共文化服务质量明显改善。公共文化服务知晓度、参与度、满意度不断提高。

——公共文化服务供给方式更加多元。政府主导、社会力量广泛参与的公共文化服务供给机制更加成熟,来自基层群众的文化创造更加活跃,政府、市场、社会共同参与公共文化服务体系建设的格局更加健全。

——公共文化数字化网络化智能化发展取得新突破。公共数字文化资源更加丰富,国家公共文化云等平台互联互通体系更加完善,智慧图书馆体系建设取得明显进展,公共文化数字服务更加便捷、应用场景更加丰富。

专栏 1　主要发展指标				
序号	发展指标	2019 年	2025 年	属性
1	全国公共图书馆年流通人次(万人次)	90135	100000-110000	预期性
2	全国公共图书馆为读者举办各类活动次数(万次)[1]	19.57	25-35	预期性
3	全国群众文化机构组织文化活动次数(万次)[2]	245.11	275-300	预期性
4	全国群众文化机构年服务人次(万人次)[3]	78715.66	88500-100000	预期性
5	每万人群众业余文化团队数量(个)	3.16	3.3-3.7	预期性

注:

1. 公共图书馆为读者举办各类活动次数为组织各类讲座、举办展览和举办培训班次数之和。

2. 群众文化机构组织的各项文化活动包括展览、文艺活动、公益性讲座、训练班等。

3. 群众文化机构年服务人次为全国参与群众文化机构服务提供的展览、文艺活动、公益性讲座、训练班等活动的总人次。

展望 2035 年,在基本实现社会主义现代化之际,建成与社会主义文化强国相适应的现代公共文化服务体系,人民基本文化权益保障制度更加健全,基本公共文化服务均等化水平持续提升,城乡间、区域间公共文化发展差距明显缩小,人人参与、全民共享的公共文化服务发展局面基本形成,人民群众对美好精神文化生活的新期待得到更好满足,公共文化服务在促进人的全面发展、凝聚人民精神力量、增强国家文化软实力方面发挥更大作用。

二、主要任务

(一)推进城乡公共文化服务体系一体建设

1. 深入推进城乡公共文化服务标准化建设。全面落实国家基本公共服务标准,进一步明确现阶段基本公共文化服务范围和标准,强化保障能力。适应高质量发展的要求,坚持尽力而为,量力而行,推动进一步完善和提升省、市、县三级公共文化服务实施标准(服务目录),确保内容无缺项、人群全覆盖、标准不攀高、财力有保障、服务可持续。发挥标准引领作用,进一步完善公共图书馆、文化馆(站)和基层综合性文化服务中心等公共文化机构建设、管理、服务和评价标准规范,健全城乡公共文化服务标准体系。强化标准实施,开展标准实施情况监督检查和评估,提升公共文化服务质量。建立标准动态调整机制,根据标准实施效果、经济社会发展状况和人民群众精神文化需求等因素,适时调整相关标准。

2. 完善城乡公共文化服务协同发展机制。推进图书馆、文化馆总分馆制建设,提升县级公共图书馆、文化馆统筹协调、组织指导、服务援助能力,依托具备条件的乡镇综合文化站、村级综合性文化服务中心和社会性文化机构等,设立分馆或基层服务点。鼓励以市为单位,增加社保卡文化功能,积极推动公共图书馆实现免注册借阅,面向全民开展服务。推进城乡"结对子、种文化",加强城市对农村文化建设的对口帮扶,形成常态化工作机制。创新实施文化惠民工程,引导优质文化资源和文化服务更多地向农村倾斜。积极开展流动文化服务,通过流动舞台车、流动图书车、文艺小分队等形式,把慰问演出、文艺辅导、展览讲座等文化活动内容送到百姓身边。持续实施"戏曲进乡村"活动。实施城乡示范性文化和旅游志愿服务活动,促进城乡志愿服务人员的交流互动和共同提升。

3. 以文化繁荣助力乡村振兴。全面落实乡村振兴战略,按照有标准、有网络、有内容、有人才的要求,健全乡村公共文化服务体系。充分发挥县乡村公共文化设施、资源、组织体系等方面的优势,强化文明实践功能,推动与新时代文明实践中心融合发展。深入开展乡镇综合文化站专项治理,完善效能建设长效机制。提升基层综合性文化服务中心功能。因地制宜建设文化礼堂、文化广场、乡村戏台、非遗传习所等主题功能空间。保护利用乡村传统文化,盘活乡村文化资源,重塑乡村文化生态。加强"中国民间文化艺术之乡"建设管理,开展"艺术乡村"建设试点,使艺术融入乡土,提升乡村文化建设品质。鼓励开展乡村节日民俗活动,举办"村晚"等群众广泛参与的文化活动。紧密结合美丽乡村建设,培育乡村网红,开展民族民俗文化旅游示范区建设试点,规划打造一批兼具教育性、艺术性、体验性的乡村旅游线路,推进乡村文化和旅游融合发展。

4. 创新培育城市公共文化空间。坚持"人民城市"建设理念，提升城市文化治理能力，努力形成优质均衡、便捷高效的公共文化设施网络，创新拓展公共空间，营造良好的城市人文环境。推动将公共文化设施建设纳入城市建设总体规划，围绕城市发展战略定位，根据人口分布等因素，科学规划空间格局，提升覆盖能力。新建公共文化设施要在征求公众意见的基础上，根据实际适当向城乡结合部和远郊区县倾斜，补齐薄弱地区建设短板。落实新建改建扩建居民住宅区配套建设公共文化设施要求，编实织密基层公共文化设施网络。加快推动社区文化"嵌入式"服务，将文化创意融入社区生活场景。推动将社区文化设施建设纳入城市更新计划，鼓励社会力量参与，结合老旧小区、老旧厂区、城中村等改造，创新打造一批具有鲜明特色和人文品质的新型公共文化空间。

专栏2　城乡文化惠民工程

项目1：中国民间文化艺术之乡项目。组织开展"中国民间文化艺术之乡"评审命名，加强建设管理。将中国民间文化艺术之乡建设作为新时期乡村公共文化服务创新发展和乡村优秀传统文化保护与传承的重要抓手，打造"一乡""一品""一艺""一店""一景"的乡村文化事业产业融合发展的新模式。

项目2：戏曲进乡村项目。通过政府购买服务的方式，为脱贫县所辖乡镇每两个月配送一场以地方戏为主的演出，满足当地人民群众的看戏需求，同时带动地方戏曲传承发展。

项目3：民族民俗文化旅游示范区项目。修订、实施《民族民俗文化旅游示范区认定》国家标准，开展民族民俗文化旅游示范区建设试点，总结经验，逐步打造一批民族民俗文化旅游资源丰富、特色鲜明、旅游功能强的示范区域，助力乡村振兴。

项目4：乡村网红培育计划。以"我的家乡我代言"为主题，依托各级文化馆（站），采用微综艺新媒体节目形式，广泛发掘、培育一批优秀"乡村网红"，推介乡村文化和旅游资源，引领乡风文明建设。

（二）建设以人为中心的图书馆

1. 推进公共图书馆功能转型升级。适应高质量发展要求，推动公共图书馆向"以人为中心"转型，建设开放、智慧、包容、共享的现代图书馆，将公共图书馆建设成为滋养民族心灵、培育文化自信的重要场所。围绕当地经济社会发展战略任务，积极配合各级党委政府中心工作和社会领域发展重点，充分发挥文献保障和智库作用，建设区域创新文献支持中心。持续优化资源建设方式，完善文献保障体系，提升服务能力，创新服务方式，建设区域性知识、信息和学习中心。优化公共图书馆环境和功能，营造融入人民群众日常生活的高品质文化空间，建设有温度的文化社交中心。拓展与深化公共图书馆服务创新，鼓励支持各级公共图书馆推出一批示范引领作用强的创新项目。探索创新基层图书馆运营模式，结合总分馆制建设，试点推进建设一批管理先进、特色鲜明、与社区融合共生的主题性阅读场所。

2. 广泛开展全民阅读活动。将推动、引导、服务全民阅读作为公共图书馆的重要任务，不断丰富以阅读为核心的综合性文化服务，建设书香社会。围绕世界读书日、图书馆服务宣传周、全民读书月以及重大节庆活动，深入开展系列阅读推广活动。加大党史、新中国史、改革开放史、社会主义发展史等重点出版物的阅读内容引领。树立"大阅读""悦读"等现代理念，创新活动方式，培育一批具有时代感的城乡阅读品牌。高度重视未成年人阅读习惯培养。进一步丰富亲子阅读活动。实施青少年阅读素养提升计划，推荐一批高质量少年儿童图书。主动适应公众阅读习惯和媒介传播方式变化，通过新媒体广泛开展在线阅读推广活动，吸引更多群众特别是年轻人参与。加强与出版社、品牌书店、上网服务场所和互联网平台等合作，联合开展阅读推广活动。依托公共图书馆汇聚、培育一批领读者、阅读推广人、阅读社群。推广读者积分激励机制。

3. 加强古籍整理保护和传承利用。结合实施中华文化资源普查工程，深入开展古籍普查，全面掌握海内外古籍存藏情况。加强古籍分级分类保护，完善国家、省级珍贵古籍名录和古籍重点保护单位评选制度。组织实施中华古籍保护计划、革命文献与民国时期文献保护计划、《中华传统文化百部经典》编纂、珍贵濒危古籍抢救保护等项目。会同有关部门做好《永乐大典》、敦煌文献、藏文古籍以及黄河流域、大运河沿线相关古籍的保护修复工作。推进国家文献储备库建设。加强古籍保护数字化建设，实施中华古籍影像数据库、全文数据库、大数据平台等建设项目，促进古籍数字资源便捷使用和开放共享。促进古籍保护成果整理出版，加强古籍再生性保护和揭示利用。加强古籍在公共文化服务中的应用。组织开展古籍知识讲座、展览、互动体验、数字化体验等推广活动，实施中华经典诵读工程和中华经典传习计划，加强古籍创意产品开发，让书写在古籍里的文字活起来。加强古籍保护、传承、利用人才培养。

专栏3　公共图书馆发展

项目5:全民阅读项目。将推进全民阅读作为各级公共图书馆的重要任务,充分利用资源、设施、空间、人才等方面优势,广泛开展主题阅读活动,创新服务方式,打造阅读品牌。

项目6:国家文献储备库建设项目。完成国家文献储备库基础设施建设,调整完善国家图书馆国家文献信息资源总库的总体规划和业务布局,充分利用数字化、缩微复制、影印出版等手段,以同城灾备和异地灾备相结合的方式,实现国家文献信息的永久、安全战略保存。

项目7:《永乐大典》保护传承项目。配合有关部门做好国内外各收藏机构存藏《永乐大典》收集整理工作,对国内存藏《永乐大典》开展全文数字化建设,推进海外存藏《永乐大典》的数字化回归,做好《永乐大典》研究和整理出版工作,筹建《永乐大典》研究中心,推动《永乐大典》申报《世界记忆遗产名录》。

项目8:中华古籍全文数据库建设项目。结合推进古籍影像数字化工作,借助文字识别等先进技术,将古籍影像转化为编码文字,建立海量文字的中华古籍全文数据库。

(三)繁荣群众文艺

1. 广泛开展群众文艺创作和活动。充分发挥文化馆在繁荣群众文艺工作中的重要作用,加强现代文化馆建设。坚持深入生活、扎根人民,以社会主义核心价值观为引领,把提高质量作为群众文艺作品的生命线,推动各门类群众文艺精品创作。精准把握群众文艺的特点和规律,组织开展重要主题创作,展现百姓生活,表达人民心声,抒写伟大时代。深入开展中国文化艺术政府奖——群星奖评奖工作,充分发挥示范引领作用。积极开展群众文艺创作展演展示活动。健全群众性文化活动机制。在建党100周年等重大节点和"七一"、国庆等重要节日开展主题文艺活动,旗帜鲜明唱响主旋律,弘扬正能量。围绕春节、元宵节、端午节、中秋节等传统节日,注入时代精神和人文内涵,创新开展传统民俗文化活动。引导群众文化活动与时俱进,推动内容和形式深度创新。开展百姓大舞台、市民文化节、民歌大会、大众合唱节、广场舞示范展示等群众喜闻乐见的文化活动,形成一批有影响力的城乡群众文化品牌。

2. 实施全民艺术普及工程。扎根时代生活,遵循美育特点,深入开展全民艺术普及工作。将全民艺术普及作为公共文化服务的重要品牌,推动各地设立全民艺术普及周、举办全民艺术节,增强社会影响力。坚持以群众基本文化艺术需求为导向,推进全民艺术知识普及、欣赏普及、技能普及和活动普及,把文化馆打造成为城乡居民的终身美育学校。各级文化馆(站)要将全民艺术普及作为免费开放的重要内容,常年举办公益性文化艺术讲座、展演、展览、展示和培训活动。培育全民艺术普及推广人。搭建艺术普及推广平台,统筹组织艺术考级等社会培训机构开展艺术公益培训和展演展示活动,加强社会艺术普及服务。依托国家公共文化云平台,建立全民艺术普及云,实现全民艺术普及的线上线下有效联动。推动乡村艺术普及,结合民情、民风、民俗,策划实施民间艺术普及活动,激发乡村文化活力。组织全民艺术普及成果展示活动。

3. 培育一批扎根基层的群众文艺团队和文艺骨干。尊重人民主体地位,使广大人民群众真正成为文化建设的参与者、展示者、欣赏者、分享者。挖掘选拔一批有热情、有才华的优秀文艺人才,通过加强艺术培训,建立作品研讨提升机制,搭建演出展示平台等措施,造就一大批本土化的群众文化创作和活动"带头人",引导、带动城乡群众在文化生活中当主角、唱大戏。积极培育、发展群众文艺团队。以县为单位建立群众文艺团队、文化骨干信息库。进一步壮大文化馆馆办文艺团队,吸纳、培养优秀群众文艺人才,打造一批在当地城乡群众中有广泛影响的品牌团队。加大对广场舞、合唱等群众自发性文艺团队的扶持引导,在歌舞编排、骨干培训、器材配备上提供服务保障。建立优秀群众文化团队展示平台,在全国各地培育一批示范性群众文艺团队。鼓励各地对优秀群众文艺团队予以表彰奖励。

专栏4　群众文艺

项目9:群星奖。创新开展"群星奖"评奖工作,评选出一批全国群众文艺的代表性作品,充分发挥示范作用,带动优秀群众文艺作品创作。通过巡演、网上展播等方式,加强"群星奖"获奖作品展示推广。

项目10:全民艺术普及项目。以群众基本文化艺术需求为导向,推进全民艺术知识普及、艺术欣赏普及、艺术技能普及和艺术活动普及,提高群众审美品位,使艺术融入日常生活。培育一批长期活跃在基层、深受群众喜爱的群众文艺骨干和优秀团队,带动群众性文化活动的广泛开展。搭建全民艺术普及云平台,建设全国艺术普及师资库、艺术普及课程库,通过线上线下有效联动,实现全民艺术普及导航服务。

续表

项目11:"大家唱"群众歌咏活动。推动中国少年儿童合唱节、中国老年合唱节向"大家唱"群众歌咏活动转变,利用线上线下结合的方式,面向全国征集、展示一批有特色、有影响力的歌曲作品及优秀歌唱团队、歌手,展示群众歌唱风采。在合唱节参赛、评选方面降低门槛,突出群众性和普惠化,带动更多群众参与。

项目12:"村晚"项目。引导"村晚"由春节期间集中开展向节日期间常态化开展延伸,由侧重文艺演出活动向群众文艺展示、特色文化传承、好物美景推介等内容相结合的综合性节庆活动转变。通过"村晚",展示农村群众精神风貌、传承优秀乡土文化、助力乡村振兴。

项目13:广场舞活动。每年围绕群众性主题宣传教育活动主题,举办全国广场舞活动,带动各地广泛开展主题性广场舞活动。依托行业组织和社会力量,征集推出一批"广场舞带头人""优秀广场舞团队""群众最喜爱的广场舞""最受欢迎的广场舞曲",健全支持广场舞活动开展的长效机制。

项目14:"百姓大舞台"网络群众文化品牌活动。采取线上线下相结合,通过网络直录播等方式,挖掘、展示各地优秀群众文化活动,培育、提升各地群众文化活动品牌,打造群众文化活动的大集成、大展台。

(四)增强公共文化服务实效性

1. 提高公共文化服务供给能力。全面落实公共图书馆、文化馆(站)、美术馆免费开放政策,进一步完善免费开放信息公开、监督评价、绩效管理等机制,确保"三馆一站"高质量开展基本公共文化服务。积极做好延时、错时和流动服务,完善保障机制。提升公共文化机构的公共安全应急管理能力,保障公共文化设施和公众活动安全。在做好基本公共文化服务的基础上,经上级行政主管部门批准,公共文化机构可根据实际,优惠提供特色化、多元化、个性化非基本公共文化服务,实现优惠有标准、质量有保障、内容有监管。坚持把社会效益放在首位,推动有条件的公共文化机构盘活文化资源,开发文创产品。鼓励公共文化机构与社会力量围绕文化授权、创意设计、生产加工、营销管理等产业链深度合作。搭建文创产品展示和营销平台,支持优秀文创产品开发、交流、展示与合作。支持文化艺术和旅游院校参与公共文化服务供给。做好公共文化服务宣传推广,提高群众知晓率、参与率和满意度。

2. 精准对接人民群众文化需求。聚焦供需矛盾,深入开展供给侧结构性改革,注重需求侧管理。推动建立集需求采集、采购配送、监督管理、反馈互动等于一体的公共文化产品与服务平台。完善"订单式""菜单式""预约式"服务机制,加快实现文化资源网上配送、场馆网上预订、活动网上预约等功能。针对不同地域不同群体文化需求,统筹做好特殊群体公共文化服务供给。积极适应老龄化发展趋势,让更多老人享有更优质的晚年文化生活,面向老年人群体开展数字技能和文化艺术培训,切实解决老年群体运用智能技术困难等问题。面向残障群体,打造无障碍服务体系,支持盲人图书馆等特殊文化服务。激发人民群众参与热情,鼓励各级各类公共文化机构通过互联网新媒体等方式,组建以兴趣爱好和特长为纽带的高粘性"粉丝"文化社群,构建新型服务提供与反馈模式。

3. 积极推动公共文化服务融合发展。落实开放共享理念,统筹各领域资源,找准关键节点,推动融合创新,进一步优化公共文化服务发展生态。结合实际推动公共图书馆、文化馆、博物馆、美术馆等公共文化机构发挥各自优势,通过联合开展文化活动、展览品牌建设等措施,形成发展合力。推动文化和旅游融合发展,抓好文化和旅游公共服务机构功能融合试点工作,树立一批有代表性和推广价值的典型案例。探索公共文化服务和教育融合路径。完善公共文化服务进校园的常态化机制,推动高校图书馆等文化设施向社会开放,通过设立课外教育基地、"四点半课堂"等形式,完善与中小学的双向融合机制。加强公共文化服务与农业、卫生、科普、民政等领域惠民项目融合发展。深入推进公共文化服务领域军民融合工作,加快军民公共文化设施和资源的共建共享进程。

专栏5　公共文化服务供给

项目15:公共文化服务"点单平台"建设项目。依托各级公共文化云,以县级为重点,从群众文化需求出发,运用信息技术,搭建汇聚整合文化活动、文化设施、文化遗产、文艺演出、图书期刊等公共文化资源的"点单平台",开设活动报名、场馆预约、活动直播、文化地图、文化日历、资讯订阅、个性推送等多种功能,为群众提供菜单式、订单式、一站式的公共文化服务。

续表

项目 16:特殊群体服务项目。加大对特殊群体公共文化保障力度,进一步丰富特殊群体精神文化生活,推进基本公共文化服务均等化。结合"全国助残日""国际残疾人日"等重要节点,联合中国残联广泛开展助残文化活动。在全国评选、推广一批具有特色、效果明显的面向老年人、未成年人、农村留守儿童等特殊群体开展的示范性志愿服务项目。加强制度设计,开展面向特殊群体的志愿服务课题研究,切实保障特殊群体文化权益,多途径丰富面向特殊群体的公共文化产品供给和服务。

项目 17:文化和旅游公共服务机构功能融合试点。坚持试点先行,推动有条件的文化和旅游公共服务机构因地制宜探索文化和旅游融合发展路径。找准切入点,通过增加旅游宣传项目,合作开展研学活动等方式,实现公共文化机构与旅游公共服务设施资源共建、优势互补。

(五)推动公共文化服务社会化发展

1. 深入推进政府购买公共文化服务。举办全国或区域性公共文化产品和服务采购大会,搭建购买公共文化服务供需对接平台。加强购买公共文化服务的监督管理,完善事前、事中和事后监管体系,健全由购买主体、公共文化服务对象以及第三方共同参与的评价约束机制,提升购买服务质量。将推进购买公共文化服务与培育公共文化服务社会化力量结合,建立健全承接主体资质评价机制,提升社会化承接组织服务能力。

2. 创新社会力量参与公共文化服务方式。稳妥推进县以下基层公共文化设施社会化管理运营,对存在人员缺乏等困难的公共文化设施,鼓励通过服务外包、项目授权、财政补贴等方式,引入符合条件的企业和社会组织进行运行或连锁运行。上级文化和旅游行政部门对推行社会化管理运营的公共文化设施加强政治导向审核和质量监管。进一步完善公共文化机构法人治理结构。培育一批具有较高服务水平、管理规范的文化类社会组织。充分发挥图书馆、文化馆等行业协会、学会在行业自律、行业管理、行业研究、行业交流中的作用。

3. 提升文化志愿服务水平。构建参与广泛、形式多样、机制健全、灵活高效的文化志愿服务体系,完善文化志愿者注册招募、服务记录、管理评价和激励保障机制,加强文化志愿服务统计,提高志愿服务管理规范化水平。依托文化馆(站)、图书馆等公共文化机构,开展

常态化、多样化的文化志愿服务。持续推进"春雨工程"——全国文化和旅游志愿服务行动计划、"阳光工程"——中西部农村文化志愿服务行动计划、"圆梦工程"——农村未成年人文化志愿服务计划。积极探索线上线下相结合、具有地方和行业特色的文化志愿服务工作模式和服务方式,利用数字化手段提升文化志愿服务水平。开展全国文化和旅游志愿服务项目大赛,组织文化和旅游领域学雷锋志愿服务"四个 100"先进典型宣传推选活动,形成一批文化志愿服务品牌。壮大文化志愿者队伍,建立各级文化志愿服务组织,鼓励退休人员、专业文化艺术工作者、文化艺术爱好者、学生等群体参与志愿服务。

专栏 6　公共文化服务社会化

项目 18:公共文化产品和服务采购大会项目。通过线上线下相结合的方式,打造集推荐、展示、交流、交易为一体的"互联网+展会"服务模式,为社会力量参与公共文化服务供给搭建平台,开辟渠道,促进社会力量全链条参与公共文化服务,为公共文化机构搭建供需精准对接的桥梁纽带,不断推动公共文化服务资源从体制内循环转变为面向全社会的大循环,促进公共文化资源优化配置。

项目 19:文化志愿服务建设项目。进一步建立健全文化志愿服务工作机制、活动运行长效机制、嘉许激励促进机制,建设全国文化和旅游志愿服务中心,完善各级志愿服务组织网络。实施"春雨工程"——全国文化和旅游志愿服务行动计划、"阳光工程"——中西部农村文化志愿服务行动计划、"圆梦工程"——农村未成年人文化志愿服务计划。推进文化志愿服务实践和理论研究,完善文化志愿服务数字平台,提升文化志愿服务专业化水平,全面推动文化志愿服务健康可持续发展。

(六)推动公共文化服务数字化、网络化、智能化建设

1. 加强数字文化内容资源和管理服务大数据资源建设。持续推动公共文化机构数字资源建设。以全民阅读和全民艺术普及为建设方向,不断丰富数字资源总量,创新数字资源样态,提升数字资源建设质量,打造全民阅读和全民艺术普及资源库群。加强地方特色数字资源建设,以数字化、影像化等现代信息技术,以移动互联网和新媒体思维,建设具有鲜明地方特色和较高历史、人文、

科学价值,展示中国文化,讲述中国故事的数字资源,弘扬中华优秀传统文化,促进其创造性转化、创新性发展。加强数字文化资源版权保护。推动公共文化大数据管理系统建设。通过数据采集、存储、处理、分析、可视化和系统运维技术,将公共文化大数据资源转化为更强的研判力、决策力和流程优化能力,对文化需求预测和内容供给提供有效的技术支持。推动将相关文化大数据资源纳入国家文化大数据体系建设。

2. 加快公共文化网络平台建设。推动实施智慧图书馆统一平台建设,提升国家公共文化云平台,鼓励各地按照统一标准和规范,因地制宜建设本地文化云平台,加强文化云平台之间的互联互通,构建统筹协调发展的公共文化云平台体系。积极布局公共文化领域"新基建",努力建设基于"城市大脑""城市数据湖"上的智慧文化服务。加强公共文化网络平台与政务服务平台、城市民生服务平台的互联互通,实现数据共享、统一认证,为群众提供"一体化"集成式平台服务。引导公共文化云平台与社会网络平台的合作共享,推动端口对接、资源共享、服务嵌入,利用社会化网络平台优势,提升公共文化网络平台的覆盖范围和传播效率。

3. 拓展公共文化服务智慧应用场景。依托云计算、大数据、人工智能、区块链等新一代信息技术,加强云端数据挖掘和分析能力,推动公共图书馆、文化馆(站)实现包括智慧服务、智慧分析、智慧评估和辅助决策等功能在内的智慧化运营,优化数据反馈模式。构建公共文化服务用户画像和知识图谱,为差异化服务提供数据支持。利用现代信息技术加强基层公共文化机构的智慧化服务与管理,强化服务数据采集,提升基层公共文化服务供需对接水平。完善优化包括需求征集、预约预定、点赞分享、在线互动等功能的移动端公共数字服务。探索依托微信、微博、短视频等社会化平台开展公共数字文化服务的工作机制,鼓励公共文化机构打造有影响力的新媒体矩阵。推广群众文化活动高清网络直播。运用人机交互、虚拟现实、全息影像等信息技术,加强公共文化"沉浸式""互动式"体验服务。推进"互联网+群众文化活动",培育"云上群星奖""云上乡村村晚"等数字文化服务品牌。鼓励公共文化机构与数字文化企业对接合作,拓宽数字文化服务应用场景。开展公共文化数字化服务创新案例评选、推广活动。

专栏7　公共文化服务数字化建设

项目20:全国智慧图书馆体系建设项目。以全国智慧图书馆体系建设为核心,搭建一套支撑智慧图书馆运行的云基础设施,搭载全网知识内容集成仓储,运行下一代智慧图书馆管理系统,建立智慧化知识服务运营环境,在全国部分图书馆及其基层服务网点试点建立实体智慧服务空间,打造面向未来的图书馆智慧服务体系和自有知识产权的智慧图书馆管理系统,助力全国公共图书馆智慧化升级和服务效能提升。

项目21:公共文化云项目。以各级文化馆(站)为主要阵地,运用5G、云计算、大数据、人工智能、区块链等信息技术,以国家公共文化云为依托,联合地方文化云(地方数字文化馆平台),以移动互联网为主要渠道,打造覆盖全国的安全、便捷、权威、丰富、开放的全民艺术普及公共服务总平台、全民艺术普及资源总库、全民艺术普及文创中心、公共文化和旅游产品交易中心,打造群众文化活动的大集成、大展台。

(七)推进公共文化服务区域均衡发展

1. 积极发挥国家重大发展战略引领作用。推动将公共文化服务体系建设纳入京津冀协同发展、长江经济带、粤港澳大湾区、长三角一体化、黄河流域生态保护和高质量发展、成渝地区双城经济圈等国家发展战略。鼓励相关地区充分发挥国家文化创新引擎作用,建立常态化工作机制,在推动公共文化服务高质量一体化等方面先行先试,率先突破。根据区域发展实际,探索通过组建公共文化机构联盟、共同举办品牌文化活动、共同推出以居民身份证、社保卡等为载体的"惠民一卡通"等方式,在公共文化资源、活动、服务、管理等多个方面实现共建共享,完善区域公共文化资源配置格局,实现供给能力和供给质量全面提升。加强对雄安新区文化改革创新的支持力度,推动国家图书馆在新区设立分馆。

2. 多措并举推动区域协调发展。健全区域协调发展体制机制,在形成西部大开发新格局、东北振兴、中部崛起和东部地区加快现代化过程中,确保公共文化服务体系建设同步推进。坚持和完善东西部协作和对口支援机制,常态化开展文化帮扶工作,更好促进发达地区和欠发达地区、东中西部地区协同发展。在基础设施建设、运营管理、专项资金、人才技术等方面,支持革命老区、民族地区、边疆地区、脱贫地区公共文化服务体系建设。坚持"一县一策",推动中西部欠发达地区公共文化设施查漏补缺,进一步完善设施网络,鼓励和支持有条件的地方推动公共文化设施提档升级。以铸牢中华民族共同体意识为宗旨，以培育"五个认同"为目标，着眼于少数民族文化的创新发展，在民族地区加强国家通用语言文字和民族语言文字"双语"文化产品和服务供给，鼓励和扶持民族文化产品创作生产。

3. 注重调动激发基层内生动力。进一步完善示范和试点机制，调动和激励基层的首创精神，引导形成基层公共文化服务创新的新格局新风尚。加强国家公共文化服务体系示范区(项目)后续建设和管理工作，推动示范区(项目)创新发展，率先建成为全国公共文化服务高质量发展先行区、样板区。支持地方政府结合实际开展示范县区、镇街创建等活动，打造具有地方特色的公共文化服务示范机制。对重要的改革和制度设计，坚持试点先行，灵活设置试点范围和试点层级，完善试点成果评估反馈机制，有序将基层创新成果和经验向专项政策和行业标准转化。鼓励以县区为重点，集成整合全域公共文化服务资源，打造多样化的区域公共文化服务体系创新模式。遴选和表彰基层公共文化服务创新案例，搭建公共文化服务合作交流平台，建立优秀案例发布和推广机制，逐步放大基层公共文化服务的创新价值。

专栏8　公共文化服务示范

项目22：基层公共文化服务高质量发展示范行动。在"十四五"期间每年支持各地县级党委、政府充分发挥积极性主动性，探索新时代公共文化服务高质量发展的路径，打造公共文化服务创新发展的高地，与时俱进推出具有典型示范价值的创新经验，发挥创新经验对全国公共文化服务高质量发展的引领作用。

三、保障措施

(一)加强组织领导

各级文化和旅游行政部门要从全局和战略高度，充分认识"十四五"时期公共文化发展对实现社会主义文化强国远景目标的重要意义，切实加强对公共文化服务建设的组织领导，将公共文化服务纳入地方"十四五"经济社会发展规划，纳入重要民生实事工程，纳入繁荣发展文化事业和文化产业总体安排，统筹建设，协调推进。要牢牢树立依法治理意识，进一步完善公共文化法律法规体系，全面落实公共文化服务保障法、公共图书馆法、公共文化体育设施条例等法律法规，推动地方公共文化服务立法进程，把法律规定的各项制度落细落实。加强公共文化服务法律执法检查，督促各级政府明确保障责任，严格依法履行职责。

(二)完善经费保障

建立健全权责明晰、保障有力的公共文化服务财政保障机制，落实国务院办公厅印发的《公共文化领域中央与地方财政事权和支出责任划分改革方案》，明确各级政府公共文化服务财政支出责任划分，依法将公共文化服务经费纳入本级预算，保障公共文化服务体系建设。通过中央和省级财政转移支付积极支持革命老区、民族地区、边疆地区、脱贫地区及农村基层公共文化服务体系建设。鼓励社会力量建立公共文化发展基金，多渠道拓展资金来源。建立健全公共文化服务资金绩效评价机制，发挥绩效评价的激励约束作用，提高资金使用效益。

(三)加强队伍建设

健全公共文化人才队伍培养、激励和评价机制。培养一批长期扎根基层，有责任心、有能力、具有深厚实践经验的专家型干部和实干型专家。实施基层文化队伍培训项目，加强公共图书馆、文化馆(站)干部的专业化建设，提升基层队伍职业素质。鼓励文化艺术职业院校参与实施基层文化队伍培训项目。加大中西部人才支持力度。吸纳村干部、社团文化骨干、退休教师和文化干部等参与基层文化设施的日常运行管理。支持建设公共文化一流专业智库，形成专业过硬、结构合理的公共文化政策研究和咨询专家梯队。推动将公共文化管理纳入学科体系，依托国内重点高校、科研院所，培养高水平公共文化服务管理人才。

(四)健全监督管理

鼓励以省级为单位，加强基层公共文化服务的监督管理，探索建立健全基本公共文化服务绩效动态评价体系。持续推行第三方绩效评估，建立以公众参与为基础、群众需求为导向的公共文化服务机构绩效考核和反馈机制。完善公共图书馆、文化馆评估定级制度，动态调整评估定级指标体系。全面加强对重大文化项目资金使用和服务效能等方面的监测评估。探索利用大数据和数据挖掘技术补充完善公共文化服务统计监测。加强规划实施的组织、协调和督导，做好规划监测评估工作，强化规划实施的公众监督。

公共文化服务领域基层政务公开标准指引

· 2019 年 10 月 30 日
· 办办发〔2019〕139 号

一、目的依据。为进一步提高公共文化服务领域基层政务公开工作标准化规范化水平，保障人民群众知情权、参与权、表达权、监督权,根据《中共中央办公厅 国务院办公厅印发〈关于全面推进政务公开工作的意见〉的通知》《国务院办公厅关于印发开展基层政务公开标准化规范化试点工作方案的通知》(国办发〔2017〕42 号)有关要求,结合前期试点地区对公共文化服务领域基层政务公开探索实践情况,制定本指引。

二、指导思想。以习近平新时代中国特色社会主义思想为指导,坚持以人民为中心的发展思想,牢固树立新发展理念,认真落实党中央、国务院关于全面推进政务公开和优化政务服务的决策部署,围绕权力运行全流程、政务服务全过程,积极推进公共文化服务领域基层政务公开标准化规范化,用政府更加公开透明赢得人民群众对文化、文物工作更多理解、信任和支持。

三、适用范围。本指引适用于县(市辖区、县级市)及以下文化和旅游、文物行政部门,法律法规授权的具有管理公共文化服务领域公共事务职能的组织或公共企事业单位组织开展政务公开工作。

四、编制原则。编制本指引主要遵循以下原则:

(一)坚持依法依规。根据公共文化服务领域法律法规、行政规章、规范性文件,全面梳理与群众关系密切的行政行为和服务事项(具体见附件《公共文化服务领域基层政务公开标准目录》,简称《标准目录》),明确公开工作机制、流程、方式等规范及要求,维护群众合法权益。

(二)促进利民便民。立足基层文化和旅游、文物行政部门直接联系服务群众和企业的实际,结合部门工作特点,积极探索高效、便捷的公开方式,及时、准确公开需要大众广泛知晓的行政行为和服务事项信息,让群众看得到、听得懂、易获取、能监督、好参与。

(三)鼓励创新发展。支持各地结合区域、领域特点,将提升公共文化服务领域政务公开标准化规范化水平与推动政府职能转变、行政审批制度改革、“放管服”改革等对接融合,细化拓展政务公开内容,探索创新工作机制和方式方法。

(四)实施动态调整。根据法律法规规章的颁布、修改、废止、解释情况,机构、职能调整情况,基层具体实践情况及群众反馈意见建议,对政务公开标准目录进行动态调整和更新,不断适应文化、文物事业发展和人民群众需要。

五、公开事项。《标准目录》明确了公共文化服务领域行政许可、行政处罚、行政强制、公共服务 4 个方面 45 项基层政务公开事项,规范了每一事项的公开内容、公开

依据、公开时限、公开主体、公开渠道和载体、公开对象、公开方式和公开层级。各级相关部门单位应在《标准目录》基础上,结合本地区具体工作进行细化和补充完善。

六、公开工作规范。

(一)推动重点信息公开。基层政务公开主体应按照决策、执行、管理、服务、结果“五公开”工作要求,主动公开公共文化服务领域重大决策、重要政策落实情况及重点工作、重要工程项目执行措施、实施步骤、责任分工、进展成效等信息。根据部门事权和职能,公开职责权限、执法依据、裁量基准、执法流程、执法结果、救济途径等,规范行政裁量,促进执法公平公正。

(二)选择具有针对性的公开渠道。发挥文化馆(站)、图书馆、美术馆、博物馆等基层阵地优势,加大政策宣传力度,通过图表图解、音视频、动漫等形式作形象化、通俗化解读。重要行政行为和服务事项信息应通过基层政务服务中心、公开查阅点、便民服务站、社区/企事业单位/村公示栏等实体平台及政府网站予以公开。需要公众广泛知晓的信息应积极通过新闻发布会、报刊广电媒体、微博微信客户端等新媒体对外发布。对于针对特定群体的行政行为和服务事项,应探索实施精准推送。

(三)积极扩大公众参与。对直接影响群众利益、社会关注度高的重要改革方案、重大政策措施、重点建设项目等应公开征求意见,并认真研究吸纳、回应公众提出的相关建议。各级相关部门单位应建立健全政务舆情收集、会商、研判、回应、评估机制,明确舆情回应职责,围绕公众关切及时解疑释惑,发布权威信息。

七、组织实施。公共文化服务领域基层政务公开工作实行四级联动、协同推进的工作机制。文化和旅游部、国家文物局负责统筹协调、业务指导;省级文化和旅游、文物行政部门根据各地工作实际,负责指导监督、考核评估工作;市级文化和旅游、文物行政部门负责组织落实本辖区公共文化服务领域基层政务公开工作;县级及以下文化和旅游、文物行政部门,法律法规授权的具有管理公共文化服务领域公共事务职能的组织或公共企事业单位负责具体实施。

八、监督评价。市级文化和旅游、文物行政部门应广泛收集公众对公共文化服务领域基层政务公开工作成效的评价意见,持续改进,不断提升公众满意度和获得感。省级文化和旅游、文物行政部门负责督促检查和考核评估工作,可根据需要委托第三方机构组织实施评估。文化和旅游部、国家文物局将跟踪了解各地区工作开展情况,适时组织经验做法交流及培训,并对工作成效突出的

地方给予通报表扬。

附件：公共文化服务领域基层政务公开标准目录（略）

文化部关于推动数字文化产业创新发展的指导意见

· 2017 年 4 月 11 日
· 文产发〔2017〕8 号

各省、自治区、直辖市文化厅（局），新疆生产建设兵团文化广播电视局，各计划单列市文化局，本部各司局、各直属单位，国家文物局：

数字文化产业以文化创意内容为核心，依托数字技术进行创作、生产、传播和服务，呈现技术更迭快、生产数字化、传播网络化、消费个性化等特点，有利于培育新供给、促进新消费。当前，数字文化产业已成为文化产业发展的重点领域和数字经济的重要组成部分。为贯彻落实《"十三五"国家战略性新兴产业发展规划》《文化部"十三五"时期文化发展改革规划》，深入推进文化领域供给侧结构性改革，培育文化产业发展新动能，现就推动数字文化产业创新发展提出以下意见。

一、总体要求

（一）指导思想

全面贯彻党的十八大和十八届三中、四中、五中、六中全会精神，深入贯彻习近平总书记系列重要讲话精神和治国理政新理念新思想新战略，认真落实党中央、国务院决策部署，牢固树立和贯彻落实创新、协调、绿色、开放、共享的发展理念，适应把握引领经济发展新常态，以供给侧结构性改革为主线，加强原创能力建设，推进文化创业创新，促进产业融合发展，培育新型文化业态，满足人民群众高品质、多样化、个性化的数字文化消费需求，提升人民群众幸福感和获得感，增强中华文化在数字化、信息化、网络化时代的国际竞争力、影响力。

（二）基本原则

坚持导向，提升内涵。坚持以人民为中心的发展思想，坚持社会主义先进文化前进方向，弘扬社会主义核心价值观，把社会效益放在首位，实现社会效益与经济效益相统一，充分发掘优秀文化资源，提高数字文化产业品质内涵，讲好中国故事，弘扬中国精神。

创新驱动，优化供给。坚持自主创新，加强内容原创和技术研发，培育发展新动力，构建产业新体系，推动数字文化产业内容、技术、模式和业态创新，提供有效优质供给，促进文化消费。

开放发展，跨界融合。立足国际国内两个市场，加强国际交流合作，加快与相关产业的多向深度融合，走开放式创新和国际化发展道路，不断提高我国数字文化产业发展的整体实力和国际竞争力。

政策引导，激发活力。针对薄弱环节、制约瓶颈和重点领域，完善政策措施，优化发展环境，改善行业规制，充分发挥各级政府部门规划引导、政策扶持和组织协调作用，激发数字文化产业创新活力与投资活力。

（三）发展目标

数字文化产品和服务供给质量不断提升、供给结构不断优化、供给效率不断提高，数字文化消费更加活跃，成为扩大文化消费的主力军。培育若干社会效益和经济效益突出、具有较强创新能力和核心竞争力的数字文化领军企业，一批各具特色的创新型中小微数字文化企业。动漫、游戏、网络文化、数字文化装备、数字艺术展示等重点领域实力明显增强。数字文化产业生态体系更加完善，产业支撑平台更加成熟，市场秩序更加有序，政策保障体系更加完备。到 2020 年，形成导向正确、技术先进、消费活跃、效益良好的数字文化产业发展格局，在数字文化产业领域处于国际领先地位。

二、引导数字文化产业发展方向

（四）优化数字文化产业供给结构。以供给侧结构性改革为主线，提升数字文化产业文化内涵、技术水平和产品质量。加强数字文化产业原创能力建设，鼓励全民创意、创作联动等新方式。发挥高新技术对内容创作、产品开发、模式创新的支撑作用，提高产品品质、丰富表现形式。深化"互联网+"，深度应用大数据、云计算、人工智能等科技创新成果，促进创新链和产业链有效对接。提高不同内容形式之间的融合程度和转换效率，适应互联网和各种智能终端传播特点，创作生产优质、多样、个性的数字文化内容产品。探索基于互联网的个性化定制、精准化营销、协作化创新、网络化共享等新型商业模式和文化业态。大力推动演艺娱乐、艺术品、文化旅游、文化会展等传统文化产业的数字化转型升级，推进文化产业结构调整和优化。

（五）促进优秀文化资源数字化。实施数字内容创新发展工程，鼓励对艺术品、文物、非物质文化遗产等文化资源进行数字化转化和开发，实现优秀传统文化资源的创造性转化和创新性发展。依托地方特色文化，开发具有鲜明区域特点和民族特色的数字文化产品。加强现代设计与传统工艺对接，促进融合创新。依托文化文物单位馆藏文化资源开发数字文化产品，提高博物馆、图书馆、美术馆、文化馆等文化场馆的数字化智能化水平,创新交互体验应用,带动公共文化资源和数字技术融合发展。

(六)推进数字文化产业与相关产业融合发展。推进数字文化产业与先进制造业、消费品工业融合发展,与信息业、旅游业、广告业、商贸流通业等现代服务业融合发展,与实体经济深度融合。强化文化对信息产业的内容支撑、创意提升和价值挖掘作用,提升用户体验。推动数字文化在电子商务、社交网络的应用,与虚拟现实购物、社交电商、"粉丝"经济等营销新模式相结合。提升旅游产品开发和旅游服务设计的文化内涵和数字化水平,促进虚拟旅游展示等新模式创新发展。推动数字文化在农业、教育、健康、地理信息、航空航天、公共事业等其他领域的集成应用和融合发展,通过"文化+"提高相关产业的文化内涵、创意水平和附加价值。推动数字文化产业纳入军民融合创新体系。

(七)扩大和引导数字文化消费需求。顺应群众期盼和市场需求,结合引导城乡居民扩大文化消费试点工作,增加数字文化产业有效供给,补齐内容短板、丰富服务模式、提升消费体验,引领时尚消费潮流,满足现代生活方式需求。把握知识产权环境改善、用户付费习惯养成、网络支付手段普及的有利机遇,充分挖掘消费潜力和市场价值。创新网络视频、网络音乐、网络文学等数字文化内容产品付费模式,将广泛用户基础转化为有效消费需求。支持可穿戴设备、智能家居、数字媒体等新兴数字文化消费品发展,加强质量与品牌建设。

三、着力发展数字文化产业重点领域

(八)推动动漫产业提质升级。发挥好动漫独特的艺术魅力和传播优势,创作生产优质动漫产品。坚持品牌化发展战略,促进动漫"全产业链"和"全年龄段"发展。运用信息技术手段和各种新兴媒体,创新表现形式、拓展传播渠道,发展基于互联网和移动智能终端的动漫传播运营,积极开拓动漫表情等动漫新业态。引导促进动漫会展发展,活跃动漫及衍生产品消费。促进动漫与文学、游戏、影视、音乐等内容形式交叉融合,发展动漫品牌授权和形象营销,与相关产业融合发展,延伸动漫产业链和价值链。

(九)推动游戏产业健康发展。加强游戏内容价值导向管理,建立评价奖惩体系,扶持传递正能量、宣传优秀传统文化、弘扬社会主义核心价值观的游戏品牌。改善游戏产品同质化、低俗化现象,培育国产原创游戏品牌产品、团队和企业。大力推动应用游戏、功能性游戏的开发和产业化推广,引导和鼓励开发具有教育、益智功能,适合多年龄段参加的网络游戏、电子游戏、家庭主机游戏,协调发展游戏产业各个门类。促进电竞赛事、电竞直播等新模式健康有序发展。

(十)丰富网络文化产业内容和形式。实施网络内容建设工程,大力发展网络文艺,丰富网络文化内涵,推动优秀文化产品网络传播。鼓励生产传播健康向上的优秀网络原创作品,提高网络音乐、网络文学、网络表演、网络剧(节)目等网络文化产品的原创能力和文化品位。利用社交平台与用户开展线上线下交流,提升消费体验。保护激励原创,促进网络文化产业链相关环节的融合与沟通,研究建立规范合理的分成模式。深入推进互联网上网服务行业转型升级,开拓线下体验服务新领域。

(十一)增强数字文化装备产业实力。适应沉浸体验、智能交互、软硬件结合等发展趋势,推动数字文化装备产业发展,加强标准、内容和技术装备的协同创新。研发具有自主知识产权、引领新型文化消费的可穿戴设备、智能硬件、沉浸式体验平台、应用软件及辅助工具,加强以产品为基础的商业模式创新。研发智能化舞台演艺设备和高端音视频产品,提升艺术展演效果,满足高端消费需求。支持文物和艺术品展陈、保护、修复设备产业化及应用示范。

(十二)发展数字艺术展示产业。积极发展以数字技术为手段,以光学、电子等新兴媒介为表现形式,贴近群众生活和市场需求的数字艺术展示产业,以数字艺术手段传承中华美学精神。发挥数字艺术高互动性、高应用性、高融合性的特点,拓展数字艺术展示应用范围和市场空间。推动数字艺术展示与公共空间、公共设施、公共艺术相结合,与智慧旅游、城市综合体、特色小(城)镇相结合,打造数字艺术展示品牌活动,发挥数字艺术展示在拉动地方消费、提升地区形象、提高文化品位等方面的作用。鼓励文化文物单位运用馆藏文化资源,开发数字艺术展示项目。

(十三)超前布局前沿领域。顺应新一轮科技革命和产业变革趋势,高度重视颠覆性技术创新与应用,以技术创新推动产品创新、模式创新和业态创新,更好满足智能化、个性化、时尚化消费需求,引领、创造和拓展消费新需求。促进虚拟现实产业健康有序发展,开拓混合现实娱乐、智能家庭娱乐等消费新领域,推动智能制造、智能语音、三维(3D)打印、无人机、机器人等技术和装备在数字文化产业领域的应用,不断丰富产品形态和服务模式,拓展产业边界。

四、建设数字文化产业创新生态体系

（十四）培育数字文化产业市场主体。培育一批具有较强核心竞争力的大型数字文化企业，引导互联网及其他领域龙头企业布局数字文化产业。支持企业实现垂直、细分、专业发展，鼓励数字文化企业的收购、兼并和创办，鼓励和支持各类高新技术企业与文化企业开展技术、项目等方面的合作。有序引导各类投资进入数字文化产业，大力扶持中小微数字文化企业，鼓励向"专精特新"方向发展，强化特色经营、特色产品和特色服务。充分发挥大企业龙头带动作用，通过生产协作、开放平台、共享资源等方式，支持上下游中小微企业发展。

（十五）推进数字文化产业创新创业。强化创新驱动，引导领军企业联合中小企业和科研单位布局创新链，加强关键技术研发、产业融合探索、商业模式创新。支持在数字文化产业领域开展众创、众包、众扶、众筹。促进产业协同创新，推动建设文化内容数字资源平台，建设以企业为主体、产学研用联合的数字文化产业创新中心，建设创新与创业结合、孵化与投资结合、线上与线下结合的数字文化双创服务平台。加强对数字文化产业发展趋势、消费行为、用户需求的研究，加强对数字文化企业的培训辅导和政策宣传，为数字文化新产品、新业态、新模式成长提供支撑。

（十六）引导数字文化产业集聚发展。充分发挥国家级文化产业示范园区、国家文化产业创新实验区、国家文化与科技融合示范基地等创意创新资源密集区域作用，培育若干各具特色、各有侧重的数字文化产业优势产业集群和产业链。依托创新资源富集、产业基础深厚的城市，建设富有创意内容、创新模式和强大文化创意能力的数字文化产业发展策源地。结合"一带一路"建设、京津冀协同发展、长江经济带发展等区域发展战略，以要素禀赋、产业配套为基础，加强创新创意资源联动，形成若干数字文化产业发展集聚区。将数字文化产业发展与国家级新区、国家自主创新示范区、自由贸易试验区、经济技术开发区、高新技术产业园区发展相衔接，以市场化方式促进产业集聚。

（十七）参与数字文化产业国际分工与合作。充分利用国内外两个市场、两种资源，鼓励企业参与国际分工与合作，培育具有国际竞争力的数字文化企业和产品，为全球数字文化产业发展提供中国模式。鼓励优势企业到境外设立研发机构，通过境外投资并购、联合经营、设立分支机构等方式不断开拓海外市场。鼓励数字文化企业积极参与国际交流、会展，深化人才、创意、技术、管理等方面的国际交流与合作。推动产业链全球布局，针对重点国别地区确定不同的推进方式和实施路径，实现产业链资源优化整合。积极面向"一带一路"沿线国家开展国际合作。

（十八）构建数字文化领域标准体系。加强手机（移动终端）动漫标准应用推广，推动虚拟现实、交互娱乐等领域相关产品、技术和服务标准的研究制定，积极参与数字文化领域国际标准建设。健全技术创新、知识产权与标准化互动支撑机制，及时将先进技术转化为标准。推动建立数字文化标准行业组织，促进资源整合共享，建设数字内容生产流程、产品和服务的质量管理体系并加强推广应用。

（十九）优化数字文化产业市场环境。积极建立司法、行政、技术和标准相结合的数字文化知识产权保护体系，完善知识产权快速维权机制，加大管理和执法力度，打击数字文化领域盗版侵权行为。规范数字文化产品版权交易市场，发挥版权交易激励原创、活跃市场、价值发现的作用。积极促进数字文化会展发展，搭建展示交易平台，推广数字文化技术、产品及服务。积极发挥行业组织在平台搭建、信息交流、行业自律、信用体系建设等方面的作用。

五、加大数字文化产业政策保障力度

（二十）落实相关财税金融政策。积极发挥财政资金的杠杆作用，用好文化产业发展专项资金等各类财政资金、中央预算内投资、国家专项建设基金等投资政策，政府与社会资本合作等模式，支持一批数字文化内容创作、技术研发、平台建设、产业融合项目，带动社会资本投入。支持符合条件的数字文化企业申报高新技术企业认定，享受减按15%的税率征收企业所得税等政策。对企业发生的符合条件的创意和设计费用执行税前加计扣除政策。加大直接融资力度，鼓励符合条件的数字文化企业通过各类资本市场融资，积极运用债券融资，支持设立数字文化产业创业投资引导基金和各类型相关股权投资基金。建立投融资风险补偿和分担机制，鼓励开发性、政策性、商业性金融机构支持数字文化产业发展，推进投贷联动，实现财政政策、金融政策、产业政策的有机衔接。做好数字文化产品和服务纳入《战略性新兴产业重点产品和服务目录》的落实工作，支持享受有关优惠政策。

（二十一）强化创新服务和人才支撑。引导数字文化产业创新中心建设，对技术创新能力较强、创新业绩显著、具有重要示范作用的数字文化产业创新中心予以扶持，鼓励和引导企业不断提高自主创新能力。评定一批

数字文化方向的文化部重点实验室。依托数字文化产业创新中心、重点实验室、重点高校、科研机构和龙头企业，系统性开展数字文化产业理论研究和创新实践，通过国家社科基金、国家文化科技创新工程等支持一批数字文化领域重大课题和创新项目。支持数字文化产业智库建设。加强数字文化产业统计，及时准确反映行业发展动态。加大人才培养力度，创新人才培养模式，开展人才实训和交流，培养兼具文化内涵、技术水准和创新思维的数字文化产业人才。

（二十二）持续推动"放管服"改革。对数字文化产业发展过程中出现的新技术、新产品、新业态、新模式，区分不同情况，积极探索和创新适合其特点的监管方式，既要有利于营造公平竞争环境，激发创新创造活力，又要进行审慎有效监管，防范可能引发的风险。建立适应互联网传播和用户创造内容趋势的内容监管机制。建立健全文化市场警示名单、黑名单制度，构建以信用监管为核心的事中事后监管体系。改善行业管理规则，建设企业信用监管体系。进一步放宽准入条件、简化审批程序，保障和促进创业创新。

（二十三）加强组织领导。各级文化部门要充分认识发展数字文化产业的战略意义，争取地方政府重视，把推进数字文化产业创新发展作为推进文化产业和战略性新兴产业发展的重要工作内容。主动加强与发展改革、财政、工业和信息化、科技等相关部门的沟通合作，建立工作协调机制，加强部门协作，为数字文化产业创新发展创造良好条件。结合本地实际，研究制定促进本地区数字文化产业发展的政策措施，落实国家有关产业支持政策，推动数字文化产业创新发展。

文化志愿服务管理办法

· 2016 年 7 月 14 日
· 文公共发〔2016〕15 号

第一章　总　则

第一条　为发挥文化志愿服务在构建现代公共文化服务体系中的积极作用，鼓励和引导文化志愿服务活动广泛深入开展，推动文化志愿服务常态化、规范化、制度化，根据文化志愿服务特点，制定本办法。

第二条　本办法所称文化志愿者，是指利用自己的时间、知识、技能等，自愿、无偿为社会或他人提供公益性文化服务的个人。

本办法所称文化志愿服务组织单位，是指组织开展文化志愿服务的文化行政部门、文化单位。

本办法所称文化志愿服务组织，是指以开展文化志愿服务为宗旨的非营利性社会组织。

第三条　文化志愿服务应弘扬奉献、友爱、互助、进步的志愿精神，遵循自愿、无偿、利他、平等的原则。

第二章　文化志愿者

第四条　文化志愿者应热心文化事业，具有一定的文化艺术才能和相应的民事行为能力。

鼓励有意愿、有能力的人成为文化志愿者。

鼓励老年人在自愿和量力的情况下参加文化志愿服务活动。

未成年人经其监护人同意或由其监护人陪同，可参加与其年龄、身心状况相适应的文化志愿服务活动。

第五条　文化志愿者可向文化志愿服务组织单位申请实名注册。注册时，应提供真实身份信息、服务技能、服务时间、联系方式等个人基本信息。

第六条　文化志愿者享有下列权利：

（一）根据自己的意愿、时间和能力提供文化志愿服务；

（二）获得文化志愿服务活动真实、准确、完整的信息；

（三）参加文化志愿服务培训；

（四）获得开展文化志愿服务必要的工作条件；

（五）要求文化志愿服务组织单位如实记录参与文化志愿服务的有关信息；

（六）请求文化志愿服务组织单位帮助解决在文化志愿服务过程中遇到的实际困难；

（七）对文化志愿服务工作提出意见和建议；

（八）相关法律、法规及规章制度规定的其他权利。

第七条　文化志愿者履行下列义务：

（一）自觉维护文化志愿者的形象与声誉；

（二）遵守文化志愿服务管理制度；

（三）履行文化志愿服务承诺或协议，完成文化志愿服务组织单位安排的志愿服务任务；

（四）尊重服务对象的意愿、人格和隐私，不得向其收取或者变相收取报酬；

（五）因故不能参加或完成预先约定的文化志愿服务活动时，履行合理告知的义务；

（六）相关法律、法规及规章制度规定的其他义务。

第三章　文化志愿服务组织单位

第八条　文化志愿服务组织单位履行下列职责：

（一）制定文化志愿服务计划；

（二）依法筹集、管理和使用文化志愿服务经费、物资；

（三）组织开展文化志愿服务活动；

（四）负责文化志愿者的招募、注册、培训、服务记录、绩效考核等工作；

（五）为文化志愿者开展文化志愿服务提供必要的工作条件，帮助解决文化志愿服务过程中遇到的实际困难；

（六）根据文化志愿者的要求和相关管理规定，出具文化志愿服务相关证明；

（七）开展文化志愿服务宣传、交流与合作；

（八）履行相关法律、法规规定的其他职责。

第九条　文化志愿服务组织单位可根据实际需求制定招募计划，定向招募或面向社会公开招募文化志愿者。

招募文化志愿者，应当明确公告文化志愿服务项目和文化志愿者的条件、数量、服务内容、保障条件以及可能发生的风险等信息。

第十条　文化志愿服务组织单位应依据文化志愿者本人申请，对于符合条件的予以注册并发放注册服务证，如实记录文化志愿者个人基本信息和服务开展情况。

未经文化志愿者本人同意，文化志愿服务组织单位不得公开或泄露其有关信息。

第十一条　文化志愿服务组织单位应按照专业技能、服务对象等对文化志愿者进行分类管理。

第十二条　文化志愿服务组织单位应定期对文化志愿者开展业务知识、技能培训和安全教育。

第十三条　文化志愿服务组织单位应定期对文化志愿者服务情况进行绩效考核。对未遵守相关规定、不履行本办法第七条规定义务的文化志愿者，建立退出机制。

第四章　文化志愿服务

第十四条　文化志愿服务的范围主要包括：

（一）在公共图书馆、文化馆（站）、博物馆、美术馆等公共文化设施和场所开展公益性文化服务；

（二）深入城乡基层开展文艺演出、辅导培训、展览展示、阅读推广等公益性文化服务；

（三）为老年人、未成年人、残疾人、农民工和生活困难群众等提供公益性文化服务；

（四）参与基层文化设施的管理和群众文化活动的组织等工作；

（五）参与文化行政部门和文化单位开展的文化遗产保护、文化市场监督等工作；

（六）开展其他公益性文化服务。

第十五条　文化志愿服务组织单位应根据工作需要和自身职责开展文化志愿服务，也可根据有文化志愿服务需要的单位或个人的申请提供文化志愿服务。

第十六条　开展文化志愿服务，文化志愿服务组织单位、文化志愿者、文化志愿服务需求方应就文化志愿服务内容、权利义务和法律责任等协商一致，必要时应签订书面协议。

第十七条　有下列情形之一的，文化志愿服务组织单位与文化志愿者、文化志愿服务组织单位与文化志愿服务需求方之间应签订书面协议：

（一）任何一方要求签订书面协议的；

（二）对人身安全、身心健康有较高风险的；

（三）为大型公益文化活动提供文化志愿服务的；

（四）法律、法规规定应签订书面协议的。

第十八条　文化志愿服务协议应包括以下内容：

（一）文化志愿服务的内容、时间、地点；

（二）当事人的权利、义务；

（三）风险保障措施；

（四）协议的变更和解除；

（五）法律责任及争议解决方式；

（六）需要明确的其他事项。

第十九条　开展文化志愿服务，文化志愿服务组织单位应根据实际情况为文化志愿者办理人身意外伤害保险。

第二十条　开展文化志愿服务应使用统一的标识。

第五章　激励和保障

第二十一条　文化志愿服务组织单位应结合实际建立文化志愿服务激励回馈制度。

有良好服务记录的文化志愿者可获得艺术观摩与培训、文化艺术消费、公益性文化服务等方面的优惠待遇。

文化行政部门应推动文化志愿者在用工、教育、社会保障等方面享受本地区关于志愿者的优惠奖励政策。

第二十二条　文化志愿服务组织单位应建立文化志愿服务嘉许制度。对服务时间较长、业绩突出、社会影响较大的文化志愿者、文化志愿服务团队和文化志愿服务项目给予褒扬。

第二十三条　文化志愿服务组织单位应为文化志愿服务开展提供必要的经费支持。

文化志愿服务经费应主要用于文化志愿服务开展过程中涉及的场地租用、物品制作、人员培训、后勤保障、宣传推广等方面。

文化志愿服务经费使用应严格遵守有关财务制度,接受有关部门的监督。

第二十四条　鼓励和支持社会力量通过捐助设施设备、赞助等方式参与文化志愿服务。

第二十五条　鼓励以政府购买公共文化服务的方式吸引符合条件的文化志愿服务组织参与公共文化服务项目或活动。

第二十六条　文化志愿服务组织单位、文化志愿者开展文化志愿服务,造成对文化志愿服务对象或其他相关人员合法权益损害的,按照法律法规及有关规定承担相应责任。

第六章　附　则

第二十七条　各地文化行政部门可根据本办法制定具体的实施办法。

第二十八条　本办法自公布之日起施行。

文化产业发展专项资金管理办法

· 2021 年 4 月 9 日
· 财教〔2021〕64 号

第一章　总　则

第一条　为进一步规范和加强文化产业发展专项资金(以下称文产专项)管理与使用,提高资金使用效益,根据《中华人民共和国预算法》及其实施条例等法律法规和党中央、国务院关于文化产业发展的相关要求,结合文化产业发展实际,制定本办法。

第二条　文产专项由中央财政预算安排,用于支持文化产业发展,健全现代文化产业体系和市场体系,创新生产经营机制,维护国家文化安全,提高文化产业整体实力,推动文化产业高质量发展。根据预算管理规定,文产专项分别列入中央本级支出和对地方转移支付。

第三条　文产专项由财政部会同中央宣传、商务部等中央业务主管部门管理。

第四条　文产专项实施期限至 2023 年。到期前根据法律、行政法规有关规定和党中央、国务院决策部署及文化产业发展工作需要,由财政部牵头组织评估确定是否继续实施和延续期限,并按程序报批。

第二章　中央本级安排的文产专项

第五条　中央本级安排的文产专项用于以下几个方面:

(一)中央业务主管部门按照国家文化发展改革规划要求组织实施的文化产业重点项目,采用项目法分配,具体分为三类:一是中央宣传部负责的推动影视产业发展项目,对有关重点影视项目予以补助,突出支持的政治性、思想性和引领性;二是商务部负责的推动对外文化贸易发展项目,对具有较好文化服务出口业绩的企业按照一定标准予以奖励;三是党中央、国务院确定的项目。

财政部负责编制年度预算,按预算管理程序审核下达资金,组织实施绩效管理并对资金使用情况进行监督。中央业务主管部门负责遴选、评审、公示项目,拟定预算资金分配方案,会同财政部对资金使用情况进行监督管理,对所负责项目组织开展全过程绩效管理工作。

(二)设立中国文化产业投资基金(以下称中文投基金)二期,主要以母基金方式运作,参股地方政府、企业发起设立的区域性、行业性文化产业投资基金。

第六条　中央业务主管部门组织实施的文化产业重点项目,按照以下程序办理申报、分配及预算下达:

(一)根据文化产业发展需要,财政部会同中央业务主管部门印发年度文产专项申报通知。

(二)中央部门(单位)应加强项目管理,按申报通知要求组织本部门(单位)申报工作,对申报项目进行初审后,按申报通知要求报送文产专项预算申请文件。

(三)中央业务主管部门应加强项目管理,规范组织项目遴选、评审,在中央本级文产专项当年预算规模内提出预算资金分配方案报送财政部。已获中央财政相关资金支持的项目不予支持。中央业务主管部门将预算资金分配方案报送财政部前,应当将拟支持项目通过互联网等媒介向社会公示,涉及国家秘密或敏感内容的情况除外。

(四)财政部根据中央业务主管部门预算资金分配方案,综合考虑年度文产专项预算规模和预算管理要求,按预算管理程序审核列入中央部门(单位)年初预算。

(五)中央部门(单位)接到预算资金后,应当及时列入资金使用单位年初预算。

第七条　中央宣传部指导中文投基金二期依据《中国文化产业投资基金二期(有限合伙)有限合伙协议》,按照预算管理程序向财政部提出基金年度出资需求。财政部根据预算管理程序出资。

第三章　转移支付安排的文产专项

第八条　转移支付安排的文产专项用于支持地方文化产业重点项目,包括推动影视产业发展项目、推动对外文化贸易发展项目,以及党中央、国务院确定的项目等。

第九条　转移支付安排的文产专项按照以下程序办理申报、分配及预算下达:

（一）根据文化产业发展需要,财政部会同中央业务主管部门向地方印发年度文产专项申报通知。

（二）省级财政部门和同级业务主管部门应加强项目管理,按要求组织本地区申报工作,对申报项目进行初审后,按申报通知要求报送文产专项预算申请文件。

（三）中央业务主管部门应加强项目管理,规范组织项目遴选、评审,按照当年文产专项转移支付资金规模提出预算资金分配方案报送财政部。已获中央财政相关资金支持的项目不予支持。中央业务主管部门将预算资金分配方案报送财政部前,应当将拟支持项目通过互联网等媒介向社会公示,涉及国家秘密或敏感内容的情况除外。

（四）财政部根据中央业务主管部门预算资金分配方案,综合考虑年度文产专项预算规模和预算管理要求,按预算管理程序审核下达预算,并抄送财政部有关监管局。中央本级支出预算和转移支付预算在年度预算执行中不能相互调剂或补充。

（五）省级财政部门接到预算资金后,应当按规定及时分解下达至资金使用单位,省级财政部门应将专项资金预算下达文件抄送财政部当地监管局。

第四章　资金使用和管理

第十条　资金使用单位应当规范文产专项管理,做到手续完备、账目清楚、核算准确。

第十一条　任何部门和单位不得滞留、截留、挤占、挪用文产专项。

第十二条　文产专项结转和结余资金管理按照财政部门有关规定执行。

第十三条　文产专项支付按照国库集中支付制度有关规定执行。资金使用过程中,涉及政府采购的,应当按照政府采购有关法律法规及制度执行。

第五章　绩效管理

第十四条　中央业务主管部门、省级财政部门和同级业务主管部门应当按照中央财政加强预算绩效管理有关制度规定,加强对文产专项的绩效管理,建立健全全过程预算绩效管理机制,不断提高资金使用效益。

加强项目事前论证评估,严格绩效目标管理,将审核确定后的绩效目标与预算资金同步分解下达,执行中对照绩效目标做好执行监控,以充分发挥绩效目标的引导约束作用。

第十五条　中央本级安排的中央业务主管部门组织实施的文化产业重点项目,由中央部门（单位）按要求组织本部门（单位）的项目单位开展自评,并将自评结果报送中央业务主管部门;中央业务主管部门按照预算绩效管理规定和资金管理需要,按年度对项目单位资金使用情况开展绩效评价。

中央宣传部按照预算绩效管理等有关规定和资金管理需要,对中文投基金二期资金使用情况开展绩效评价。

转移支付安排的文产专项,由省级业务主管部门按照预算绩效管理规定和资金管理需要,审核汇总形成本区域绩效自评报告,经省级财政部门审核后,报送中央业务主管部门;中央业务主管部门按照预算绩效管理规定和资金管理需要,按年度对地方资金使用情况开展绩效评价。

财政部根据工作需要,对相关资金管理使用情况组织开展绩效评价。

第十六条　有关绩效评价结果作为调整完善政策、安排预算、分配资金的重要依据。

第六章　监督管理

第十七条　财政部和中央业务主管部门应根据文产专项使用管理情况,适时开展监督检查,强化流程控制,确保资金专款专用。省级财政部门和同级业务主管部门应加强对本地区文产专项使用管理情况的监督检查和绩效执行监控,及时发现和纠正问题,并按财政部和中央业务主管部门要求,汇总上报文产专项使用和绩效情况。资金使用单位应当建立健全内部监督约束机制,确保规范使用文产专项。财政部各地监管局按照工作职责和财政部要求,对文产专项进行监管。

第十八条　文产专项实行"谁使用、谁负责"的责任机制,对于挤占、挪用、虚列、套取文产专项等违法违规行为,按照《中华人民共和国预算法》及其实施条例、《财政违法行为处罚处分条例》等国家有关规定追究相应责任;涉嫌犯罪的,依法移送有关机关处理。

第十九条　各级财政部门、业务主管部门及相关单位、相关工作人员在文产专项分配、使用、管理等工作中,存在违反规定分配资金,向不符合条件的单位（或项目）分配资金,擅自超过规定范围分配或使用资金,以及其他滥用职权、玩忽职守、徇私舞弊等违法违纪行为的,依法责令改正,对负有责任的领导人员和直接责任人员依法给予处分;涉嫌犯罪的,依法移送有关机关处理。

第七章　附　则

第二十条　省级财政部门可根据本办法规定,结合本地实际,制定具体管理办法,抄送财政部当地监管局。

第二十一条　本办法自印发之日起施行。《财政部关于重新修订印发〈文化产业发展专项资金管理暂行办法〉的通知》(财文资〔2012〕4号)同时废止。

文化和旅游市场信用管理规定

· 2021年11月11日文化和旅游部令第7号公布
· 自2022年1月1日起施行

第一章　总　则

第一条　为规范和加强文化和旅游市场信用管理,保护各类市场主体、从业人员和消费者合法权益,维护文化和旅游市场秩序,促进文化和旅游市场高质量发展,根据《中华人民共和国旅游法》《中华人民共和国未成年人保护法》《营业性演出管理条例》《娱乐场所管理条例》《互联网上网服务营业场所管理条例》《旅行社条例》等相关法律法规,制定本规定。

第二条　文化和旅游主管部门实施信用管理,应当坚持依法行政、合理关联、保护权益、审慎适度原则,确保奖惩措施与守信失信行为相当。

第三条　本规定适用于文化和旅游市场主体和从业人员的信用信息的采集、归集、公开和共享,守信激励和失信惩戒,信用修复,信用承诺和信用评价等活动。

文化市场主体包括从事营业性演出、娱乐场所、艺术品、互联网上网服务、网络文化、社会艺术水平考级等经营活动的法人或者其他组织;从业人员包括上述市场主体的法定代表人、主要负责人、实际控制人等有关人员。

旅游市场主体包括从事旅行社经营服务、A级旅游景区经营服务、旅游住宿经营服务、在线旅游经营服务的法人或者其他组织;从业人员包括上述市场主体的法定代表人、主要负责人、实际控制人以及导游等有关人员。

第四条　文化和旅游部信用管理部门负责指导协调和监督管理全国文化和旅游市场信用管理工作。具体职责包括:

(一)承担文化和旅游行业信用体系建设工作,拟定行业信用体系建设规划并组织实施,实施行业信用监管,统筹推进信用联合奖惩;

(二)组织起草文化和旅游市场信用管理规章制度、标准规范等,开展信用监督检查;

(三)承担社会信用体系建设部际联席会议相关工作,开展文化和旅游市场失信主体认定工作;

(四)负责管理文化和旅游市场信用信息采集、归集、公开和共享工作;

(五)负责管理信用承诺、信用评价、守信激励和失信惩戒、信用修复等工作;

(六)负责建设管理全国文化和旅游市场信用管理系统,负责信用信息安全管理,组织开展信用信息分析与监测工作;

(七)开展诚信文化建设,指导组织信用培训和宣传等工作。

第五条　县级以上地方人民政府文化和旅游主管部门负责本行政区域内文化和旅游市场信用管理工作。具体职责包括:

(一)负责本行政区域文化和旅游市场信用管理制度规范的组织实施,开展本行政区域文化和旅游市场失信主体认定工作;

(二)开展本行政区域内信用信息采集、归集、公开和共享工作,组织开展信用承诺、信用评价、守信激励和失信惩戒、信用修复等工作;

(三)组织开展本行政区域诚信文化建设、信用信息分析与监测、信用培训和宣传等工作。

第六条　鼓励行业协会商会、第三方信用服务机构、金融机构、新闻媒体等各类单位和个人依法参与信用管理。鼓励各类市场主体在生产经营活动中广泛、主动地应用信用报告。

支持行业协会商会开展行业信用建设。支持行业协会商会对认定为失信主体的会员采取公开谴责、取消评优评先资格等行业自律措施,加强诚信宣传教育。

第二章　信用信息采集与归集

第七条　文化和旅游部建立全国文化和旅游市场主体和从业人员信用信息记录。

地方各级文化和旅游主管部门负责补充完善信用信息记录,管理本行政区域内信用信息有关工作。

第八条　文化和旅游市场信用信息包括下列信息:

(一)注册登记、备案等用以识别、记载市场主体和从业人员基本情况的信息;

(二)司法裁判仲裁执行信息;

(三)行政许可、行政处罚信息;

(四)与其他部门实施联合奖惩的信息;

(五)信用评价结果信息、信用承诺履行情况信息;

(六)其他反映市场主体和从业人员信用状况的相关信息。

第九条　文化和旅游主管部门应当按照"谁管理、谁采集"的要求,依法依职责采集相关信用信息,任何单位和个人不得违法违规采集。

第十条　文化和旅游主管部门应当通过全国文化和旅游市场信用管理系统归集职责范围内的相关信用信息。

第三章　失信主体认定

第十一条　文化和旅游市场失信主体分为严重失信主体和轻微失信主体。

第十二条　文化市场主体和从业人员有下列情形之一的，应当将其认定为严重失信主体：

（一）因欺骗、故意隐匿、伪造、变造材料等不正当手段取得许可证、批准文件的，或者伪造、变造许可证、批准文件的；

（二）提供含有法律、行政法规、规章禁止的内容，造成严重后果的；

（三）受到文化和旅游主管部门吊销许可证行政处罚的；

（四）擅自从事营业性演出、娱乐场所、互联网上网服务等文化市场经营活动，特别是造成重大事故或者恶劣社会影响的；

（五）其他应当认定为严重失信主体的情形。

第十三条　旅游市场主体和从业人员有下列情形之一的，应当将其认定为严重失信主体：

（一）因欺骗、故意隐匿、伪造、变造材料等不正当手段取得许可证、批准文件的，或者伪造、变造许可证、批准文件的；

（二）发生重大安全事故，属于旅游市场主体主要责任的；

（三）因侵害旅游者合法权益，造成游客滞留或者严重社会不良影响的；

（四）受到文化和旅游主管部门吊销旅行社业务经营许可证、导游证行政处罚的；

（五）未经许可从事旅游市场经营活动，特别是造成重大事故或者恶劣社会影响的；

（六）其他应当认定为严重失信主体的情形。

第十四条　文化和旅游主管部门将市场主体和从业人员认定为严重失信主体，应当遵守以下程序规定：

（一）告知。经查证符合严重失信主体认定标准的，应当向文化和旅游市场主体和从业人员送达《严重失信主体认定告知书》，载明认定理由、依据、惩戒措施和当事人享有的陈述、申辩权利。

（二）陈述与申辩。当事人在被告知的 10 个工作日内有权向认定部门提交书面陈述、申辩及相关证明材料，逾期不提交的，视为放弃。认定部门应当在 15 个工作日内给予答复。陈述、申辩理由被采纳的，不认定为严重失信主体。

（三）认定。符合严重失信主体认定标准的，经专家评估、法制审核、集体讨论等程序，依法在 15 个工作日内作出决定。

（四）决定与送达。认定部门应当向当事人出具《严重失信主体认定决定书》并送达。

第十五条　文化和旅游市场主体和从业人员有下列情形之一的，应当认定为轻微失信主体：

（一）存在"捂票炒票"、虚假宣传、未履行相关义务、违反公序良俗等行为，造成不良社会影响的；

（二）因故意或者重大过失严重损害旅游者合法权益，但尚不符合严重失信主体认定情形的；

（三）在旅游经营活动中存在安全隐患，未在指定期限内整改完毕的；

（四）拒不配合投诉处置、执法检查，拒不履行行政处罚决定，造成不良社会影响的；

（五）12 个月内受到文化和旅游主管部门两次较大数额罚款行政处罚，造成不良社会影响的；

（六）其他应当认定为轻微失信主体的情形。

12 个月内第 3 次认定为轻微失信主体的，应当认定为严重失信主体。

第十六条　符合轻微失信主体认定标准的，由县级以上地方人民政府文化和旅游主管部门依法作出决定。认定部门应当向行政相对人出具《轻微失信主体认定决定书》并送达。

符合轻微失信主体认定标准的，在作出决定前，经文化和旅游主管部门约谈督促，改正违法行为、履行赔偿补偿义务、挽回社会不良影响的，可以不认定为轻微失信主体。

第四章　信用管理措施

第十七条　文化和旅游主管部门对守信情况良好的市场主体和从业人员，可以采取加强宣传、公开鼓励、提供便利服务等激励措施。

第十八条　文化和旅游主管部门对文化市场严重失信主体实施下列管理措施：

（一）适当提高抽查比例和频次，纳入重点监管对象；

（二）将失信信息提供给有关部门查询，供其在相关行政管理、公共服务、评优评先等活动中参考使用；

（三）将失信信息提供给各类市场主体查询，供其在市场活动中参考使用；

（四）因擅自从事娱乐场所经营活动而被认定为严

重失信主体的,其投资人和负责人终身不得投资开办娱乐场所或者担任娱乐场所的法定代表人、负责人;

(五)因擅自设立互联网上网服务营业场所经营单位而被认定为严重失信主体的,其法定代表人或者主要负责人5年内不得担任互联网上网服务营业场所经营单位的法定代表人或者主要负责人;

(六)因被吊销营业性演出许可证而被认定为严重失信主体的,当事人为单位的,其法定代表人、主要负责人5年内不得担任文艺表演团体、演出经纪机构或者演出场所经营单位的法定代表人、主要负责人;

(七)因营业性演出含有禁止内容被吊销营业性演出许可证而被认定为严重失信主体的,不得再次从事营业性演出或者营业性演出的居间、代理、行纪活动;

(八)因被吊销或者撤销娱乐经营许可证而被认定为严重失信主体的,其法定代表人、主要负责人5年内不得担任娱乐场所的法定代表人、负责人;

(九)因被吊销《网络文化经营许可证》而被认定为严重失信主体的,其法定代表人或者主要负责人5年内不得担任互联网上网服务营业场所经营单位的法定代表人或者主要负责人;

(十)法律、行政法规和党中央、国务院政策文件规定的其他管理措施。

第十九条　文化和旅游主管部门对旅游市场严重失信主体实施下列管理措施:

(一)适当提高抽查比例和频次,纳入重点监管对象;

(二)将失信信息提供给有关部门查询,供其在相关行政管理、公共服务、评优评先等活动中参考使用;

(三)将失信信息提供给各类市场主体查询,供其在市场活动中参考使用;

(四)旅行社因被吊销旅行社业务经营许可证而被认定为严重失信主体的,其主要负责人5年内不得担任任何旅行社的主要负责人;

(五)导游、领队因被吊销导游证而被认定为严重失信主体的,旅行社有关管理人员因旅行社被吊销旅行社业务经营许可证而被认定为严重失信主体的,自处罚之日起3年内不得重新申请导游证或者从事旅行社业务;

(六)旅行社因侵犯旅游者合法权益受到罚款以上行政处罚而被认定为严重失信主体的,自处罚之日起2年内不得申请出境旅游业务;

(七)法律、行政法规和党中央、国务院政策文件规定的其他管理措施。

第二十条　文化和旅游主管部门对轻微失信主体实施下列管理措施:

(一)依据法律、行政法规和党中央、国务院政策文件,在审查行政许可、资质资格等时作为参考因素;

(二)加大日常监管力度,提高随机抽查的比例和频次;

(三)将失信信息提供给有关部门查询,供其在相关行政管理、公共服务等活动中参考使用;

(四)在行政奖励、授予称号等方面予以重点审查;

(五)法律、行政法规和党中央、国务院政策文件规定的其他管理措施。

第二十一条　对严重失信主体实施信用管理措施的期限为3年,对轻微失信主体实施信用管理措施的期限为1年。

法律法规另有规定的,从其规定。

第五章　信用信息公开与共享

第二十二条　文化和旅游市场信用信息的公开与共享坚持合法、必要、安全原则,防止信息泄露,不得侵犯商业秘密和个人隐私。

第二十三条　失信主体信息应当按照"谁认定、谁公开"原则通过全国文化和旅游市场信用管理系统等渠道公开。

法律法规另有规定的,从其规定。

第二十四条　文化和旅游部信用管理部门应当建立健全信用信息查询、应用和反馈机制,推进信用信息与其他有关部门共享,实施信用联合奖惩。

各级文化和旅游主管部门有关职能部门、文化市场综合执法机构,应当将执法信息等相关信用信息及时与同级文化和旅游信用管理部门共享。

第二十五条　公民、法人和其他组织有权查询与自身相关的信用信息。文化和旅游主管部门应当依法依规为查询提供便利。

认定部门或者信用信息归集管理部门发现信用信息有误的,应当及时主动更正。

公民、法人和其他组织认为自己的信用信息有误时,有权向认定部门申请更正相关信息。认定部门应当在收到实名提交的书面更正申请之日起5个工作日内作出是否更正的决定。

第六章　信用修复

第二十六条　符合以下条件的,认定部门应当主动进行信用修复:

(一)实施信用管理措施期限届满;

（二）认定为失信主体的依据被撤销或者变更，不符合认定为失信主体标准的；

（三）因为政策变化或者法律法规修订，已经不适宜认定为失信主体的；

（四）其他应当主动修复的情形。

信用修复应当通过全国文化和旅游市场信用管理系统进行。

第二十七条　文化和旅游市场失信主体积极进行合规整改、纠正失信行为、消除不良影响、接受信用修复培训、作出信用承诺的，可以向认定部门提出信用修复申请并遵循以下程序：

（一）申请。有关市场主体和从业人员可以向认定部门提出信用修复申请，说明事实和理由，提交信用修复申请书、培训记录、纠正失信行为等有关材料。

（二）受理。认定部门收到申请后，应当于 10 个工作日内予以受理。不符合条件的不予受理并说明理由。

（三）核查。认定部门应当自受理之日起 10 个工作日内，采取线上、书面、实地等方式检查核实。必要时，可以组织开展约谈或者指导。

（四）决定。认定部门应当自核查完成之日起 5 个工作日内作出准予信用修复或者不予信用修复的决定，不予信用修复的应当说明理由。

（五）修复。认定部门应当自作出准予信用修复决定之日起 5 个工作日内，解除对失信主体的相关管理措施。

第二十八条　具有下列情形之一的，不予信用修复：

（一）认定为严重失信主体不满 6 个月的、认定为轻微失信主体不满 3 个月的；

（二）因违反相关法律法规规定，依法被限制或者禁止行业准入期限尚未届满的；

（三）距离上一次信用修复时间不到 1 年的；

（四）申请信用修复过程中存在弄虚作假、故意隐瞒事实等欺诈行为的；

（五）申请信用修复过程中又因同一原因受到行政处罚，造成不良社会影响的；

（六）法律法规和党中央、国务院政策文件明确规定不可修复的。

第七章　信用评价与信用承诺

第二十九条　文化和旅游部根据工作需要，制定行业信用评价制度和规范，组织开展信用评价，实施分级分类管理。各级文化和旅游主管部门在职责范围内开展信用评价工作。

鼓励行业协会商会、第三方信用服务机构等具备条件的机构依法依规参与信用评价。

第三十条　鼓励各部门在评优评先、人员招聘、试点示范等方面优先选择信用评价较好的市场主体和从业人员。

鼓励和支持有关机构积极利用信用评价结果，拓展信用应用场景。

第三十一条　文化和旅游主管部门在行政管理、政务服务等工作中应当规范应用信用承诺，将文化和旅游市场主体和从业人员的承诺履约情况记入信用信息记录，作为监督管理的重要依据。

文化和旅游市场主体和从业人员被认定为严重失信主体或者曾经作出虚假承诺的，不适用信用承诺的有关规定。

第八章　监督责任与权利保障

第三十二条　文化和旅游主管部门应当对信用管理工作进行检查和评估，并采取通报表扬、通报批评、责令改正等措施。

第三十三条　文化和旅游主管部门及其工作人员未依照本规定履行职责的，依法予以处理。

第三十四条　文化和旅游主管部门应当依法保障市场主体和从业人员的合法权益。

第九章　附　则

第三十五条　《严重失信主体认定告知书》《严重失信主体认定决定书》《轻微失信主体认定决定书》等文书格式由文化和旅游部另行制定。

第三十六条　文化和旅游主管部门对收到的人民法院生效法律文书，根据法律、行政法规和党中央、国务院政策文件需要实施严重失信管理措施的，参照本规定执行。

第三十七条　本规定自 2022 年 1 月 1 日起施行。《文化和旅游部关于印发〈全国文化市场黑名单管理办法〉的通知》（文旅市发〔2018〕30 号）、《文化和旅游部关于印发〈旅游市场黑名单管理办法（试行）〉的通知》（文旅市场发〔2018〕119 号）同时废止。

文化和旅游规划管理办法

·2019 年 5 月 7 日
·文旅政法发〔2019〕60 号

第一章　总　则

第一条　为推进文化和旅游规划工作科学化、规范化、制度化，充分发挥规划在文化和旅游发展中的重要作用,依据《中共中央 国务院关于统一规划体系更好发挥国家发展规划战略导向作用的意见》《国家级专项规划管理暂行办法》,结合文化和旅游工作实际,制定本办法。

第二条 本办法所称文化和旅游规划,是指文化和旅游行政部门编制的中长期规划,主要包括:文化和旅游部相关司局或单位编制的以文化和旅游部名义发布的总体规划、专项规划、区域规划,地方文化和旅游行政部门编制的地方文化和旅游发展规划。

总体规划是指导全国文化和旅游工作的中长期发展规划,是其他各类规划的重要依据,规划期与国家发展规划相一致,落实国家发展规划提出的战略安排;专项规划是以文化和旅游发展的特定领域为对象编制的规划;区域规划是以特定区域的文化和旅游发展为对象编制的规划;地方文化和旅游发展规划是指导本地区文化和旅游工作的中长期发展规划;总体规划、专项规划、区域规划以及地方文化和旅游发展规划构成统一的规划体系,专项规划、区域规划、地方文化和旅游发展规划须依据总体规划编制。

第三条 规划编制要坚持以下原则:

(一)围绕中心,服务大局,以习近平新时代中国特色社会主义思想为指导,体现关于文化和旅游发展的总体要求;

(二)突出功能,找准定位,明确政府职责的边界和范围;

(三)实事求是,改革创新,适应时代要求和符合发展规律;

(四)远近结合,务实管用,突出约束力、可操作,使规划可检查、易评估。

第四条 规划文本一般包括指导思想、基本原则、发展目标、重点任务、工程项目、保障措施等以及法律法规规定的其他内容。具体要求如下:

(一)符合国家发展规划;

(二)发展目标尽可能量化;

(三)发展任务具体明确、重点突出;

(四)工程项目和政策举措具有必要性、可行性;

(五)对需要国家安排投资的规划,应事先征求发展改革、财政等相关部门意见。

第五条 文化和旅游部规划工作由政策法规司归口管理。政策法规司负责组织编制和实施总体规划,统筹协调专项规划、区域规划的编制和实施工作。文化和旅游部各司局和单位根据职责分工,配合政策法规司做好总体规划的编制和实施工作,依据相关法律法规组织开展本业务领域的专项规划、区域规划的编制和实施工作。

第六条 地方文化和旅游行政部门依据相关法律法规的规定或本地人民政府赋予的职责和要求,开展规划编制和实施工作。文化和旅游部应加强对地方文化和旅游行政部门规划工作的指导。

第二章 立项和编制

第七条 规划编制单位应对规划立项的必要性进行充分论证。属日常工作或任务实施期限少于3年的,原则上不编制规划。

第八条 规划编制单位应制定相应工作方案,对规划期、论证情况、编制方式、进度安排、人员保障、经费需求等进行必要说明。

第九条 规划编制单位应深化重大问题研究论证,深入研究前瞻性、关键性、深层次重大问题,充分考虑要素支撑条件、资源环境约束和重大风险防范。

第十条 文化和旅游部规划立项须报经部长和分管部领导批准。文化和旅游部建立五年规划编制目录清单管理制度,政策法规司会同各司局研究规划编制需求后制定五年规划编制目录清单,报部批准后实施。未列入目录清单的规划,如因工作需要确需编制的,立项须报部长和分管部领导批准,报批时应会签政策法规司。

第十一条 拟报请国务院批准的国家级专项规划,由文化和旅游部政策法规司会同相关司局,与国家发展改革部门进行立项衔接。

第十二条 规划立项后,规划编制单位要认真做好基础调查、资料搜集、课题研究等前期工作,科学测算目标指标,对需要纳入规划的工程和项目进行充分论证。坚持开门编制规划,提高规划编制的透明度和社会参与度。

第十三条 编制规划应当符合国家相关标准和技术规范要求,保证规划的科学性、规范性和可操作性。

第三章 衔接和论证

第十四条 各级文化和旅游行政部门应当建立健全规划衔接协调机制。总体规划要与国家发展规划进行统筹衔接,落实国家发展规划的要求。地方文化和旅游发展规划要与上级文化和旅游发展规划、本地区经济社会发展规划相衔接。专项规划、区域规划、地方文化和旅游发展规划的目标、任务、布局等要与总体规划保持一致,各类规划的重要目标指标及工程、项目、政策要相互衔接。

第十五条 文化和旅游规划应当与土地利用总体规

划、城乡规划、环境保护规划以及其他相关规划相衔接。

第十六条　以文化和旅游部名义发布的规划应充分征求相关单位意见。总体规划草案由政策法规司征求各司局和单位意见。各业务领域的专项规划和区域规划草案应征求政策法规司意见。涉及其他司局和单位职能的，规划编制单位应将规划草案征求相关司局和单位意见，相关司局和单位应及时反馈意见。

第十七条　规划编制单位应当采取多种形式广泛听取基层群众、基层文化和旅游单位、相关部门、专家学者的意见，必要时公开征询社会公众意见。

第十八条　规划编制单位应在规划报批前，委托研究机构或组织专家组对规划进行论证，形成论证报告。参与论证的机构和专家，应严格遵守相关保密规定。

第四章　报批和发布

第十九条　文化和旅游行政部门应严格履行规划报批程序。以文化和旅游部名义发布的规划原则上须经部党组会议审定，规划报批前应充分征求文化和旅游部各相关司局和单位意见并达成一致，各业务领域的专项规划和区域规划报批时须会签政策法规司。

第二十条　需报国务院审批的国家级专项规划，经文化和旅游部党组会议审定后，由规划编制单位送国家发展改革部门会签后上报。

第二十一条　规划报批时，除规划文本外还应附下列材料：

（一）编制说明，包括编制依据、编制程序、未采纳相关意见的理由等；

（二）论证报告；

（三）法律法规规定需要报送的其他相关材料。

第二十二条　除法律法规另有规定以及涉及国家秘密的内容外，各类规划应在批准后一个月内向社会公开发布相关内容。

第二十三条　文化和旅游部建立规划信息库。省级文化和旅游行政部门应在省级文化和旅游发展规划印发一个月内，将规划纸质文件和电子文档报送文化和旅游部备案。文化和旅游部各司局和单位在专项规划、区域规划印发后，应及时将规划纸质文件和电子文档送政策法规司入库。

第五章　实施和责任

第二十四条　文化和旅游行政部门要健全规划实施机制，加强规划实施评估，提升规划实施效能。

第二十五条　按照谁牵头编制谁组织实施的基本原则，规划编制单位应及时对规划确定的任务进行分解，制定任务分工方案，落实规划实施责任。

第二十六条　规划编制单位应制定年度执行计划，组织开展规划实施年度监测分析，强化监测评估结果应用。文化和旅游行政部门在制定政策、安排项目时，要优先对规划确定的发展重点予以支持。

第二十七条　上级文化和旅游行政部门应加强对下级文化和旅游行政部门规划实施工作的指导和监督。

第二十八条　规划编制单位应组织开展规划实施中期评估和总结评估，积极引入第三方评估。

第二十九条　规划经评估或因其他原因确需要修订的，规划编制单位应按照新形势新要求调整完善规划内容，将修订后的规划履行原编制审批程序。

第三十条　文化和旅游行政部门要把规划工作列入重要日程，纳入领导班子、领导干部考核评价体系，切实加强组织领导、监督检查和队伍建设。

第三十一条　规划工作所需经费应在本单位预算中予以保障。

第六章　附　则

第三十二条　本办法由文化和旅游部政策法规司负责解释。

第三十三条　本办法自 2019 年 6 月 1 日起施行。

文化和旅游标准化工作管理办法

· 2023 年 2 月 21 日
· 文旅科教发〔2023〕28 号

第一章　总　则

第一条　为规范文化和旅游标准化工作，推进文化和旅游标准化建设，发挥标准对文化和旅游高质量发展的引领和支撑作用，根据《中华人民共和国标准化法》及相关规定，结合文化和旅游行业的实际情况，制定本办法。

第二条　本办法所称标准是指文化和旅游领域需要统一的技术要求，包括国家标准、行业标准、地方标准、团体标准和企业标准，国家标准分为强制性标准、推荐性标准。

文化和旅游标准的制定、实施和监督，适用本办法。

第三条　文化和旅游标准化工作应当遵循下列原则：

（一）符合法律法规和国家有关规定；

（二）践行社会主义核心价值观，坚持正确导向；

（三）适应文化和旅游发展规律和行业需求，坚持社会效益、经济效益和生态效益相统一，坚守行业安全生产底线；

（四）标准制定过程公开、透明，充分体现利益相关方的诉求；

（五）充分体现科学性、规范性、协调性和时效性。

第四条　文化和旅游部管理本部门、本行业的标准化工作。地方文化和旅游行政部门依据职责开展本行政区域内的文化和旅游标准化工作。

第五条　各级文化和旅游行政部门应当加强标准相关研究，以科技创新提升标准水平，推动文化和旅游标准与科技创新互动发展。

各级文化和旅游行政部门可以在协商一致、协同推进的基础上推动区域性标准相关工作，在制定法规和政策文件时积极应用标准。

第六条　各级文化和旅游行政部门应当将标准化工作纳入发展规划和工作计划，将标准化工作经费纳入部门预算。鼓励社会资金投入文化和旅游标准化工作。

第七条　鼓励企事业单位、社会团体和教育、科研机构等开展或者参与文化和旅游标准化工作。

第八条　各级文化和旅游行政部门应当强化标准人才队伍建设，加强标准业务交流，充分发挥标准专家的作用，推动科研人员标准化能力提升。

第九条　文化和旅游标准化工作应当根据实际需要研究和采用国际标准，推进中国标准外文版翻译工作，参与国际标准制定，开展标准化对外交流与合作，推进中国文化和旅游标准国际化。

第二章　机构与职责

第十条　文化和旅游部科技教育司（以下简称"科技教育司"）归口管理文化和旅游标准化工作，主要承担下列工作职责：

（一）组织编制和实施文化和旅游标准化工作相关规划，拟定文化和旅游标准化工作规章制度，推动文化和旅游标准体系建设；

（二）对文化和旅游部管理的全国专业标准化技术委员会（以下简称"技术委员会"）业务进行指导、协调和管理；

（三）依据职责指导技术委员会开展推荐性国家标准申请立项、报批等工作，组织强制性国家标准的项目提出、起草、征求意见、技术审查和国家标准复审；

（四）组织开展文化和旅游行业标准的立项、审查、报批、编号、发布、备案、出版、公开和复审等工作；

（五）组织开展文化和旅游标准的宣传和实施情况的监督检查；

（六）参与、协调文化和旅游标准国际化工作；

（七）统筹协调本行业标准化试点示范和跨区域标准化工作；

（八）依据职责推进文化和旅游团体标准工作；

（九）组织开展文化和旅游标准研究、培训等；

（十）归口管理其他文化和旅游标准相关工作。

第十一条　文化和旅游部相关业务司局主要承担下列工作职责：

（一）对涉及本司局业务的标准工作提出意见和建议；

（二）提出本司局业务范围内的标准需求和计划项目建议，推动相关标准起草；

（三）开展本司局制修订相关标准的宣传、组织实施和监督检查；

（四）协同科技教育司对相关技术委员会开展工作进行业务指导；

（五）配合做好本司局业务相关国家标准、行业标准的咨询答复。

第十二条　文化和旅游部管理的技术委员会按照《全国专业标准化技术委员会管理办法》的规定，主要承担下列工作职责：

（一）研究分析本专业领域标准需求，对文化和旅游标准化工作提出建议；

（二）研究和编制本专业领域标准体系，提出标准计划项目建议；

（三）组织开展国家标准、行业标准的起草、征求意见、技术审查、复审及标准外文版的翻译、审查等工作；

（四）受标准发布部门委托，承担归口标准的协调沟通及咨询答复；

（五）开展本专业领域的标准宣传、培训和标准研究、学术交流活动；

（六）根据工作需要参与本专业领域国际标准工作；

（七）履行技术委员会业务相关重要事项报告程序；

（八）承担国务院标准化行政主管部门、文化和旅游部交办的其他标准工作。

第三章　标准的制定

第十三条　文化和旅游国家标准的管理按照《国家标准管理办法》《强制性国家标准管理办法》执行。

对文化和旅游行业范围内保障人身健康和生命财产安全、国家安全、生态环境安全以及满足经济社会管理基本需要的技术要求,应当制定强制性国家标准,按照程序报国务院批准发布或者授权批准发布。

对满足基础通用、与强制性国家标准配套、对文化和旅游行业起引领作用等需要的技术要求,可以按照程序报国务院标准化行政主管部门制定推荐性国家标准。

第十四条　文化和旅游行业标准的管理按照《行业标准管理办法》和本办法执行。对没有推荐性国家标准、需要在文化和旅游行业范围内统一的技术要求,可以制定文化和旅游行业标准。文化和旅游行业标准是文化和旅游部依据行政管理职责,围绕重要产品、工程技术、服务和行业管理需求组织制定的公益类标准。

文化和旅游行业标准的技术要求不得低于强制性国家标准的相关技术要求,应当与现行相关国家标准和行业标准相协调。跨部门、跨行业的技术要求不应当制定文化和旅游行业标准。禁止利用行业标准实施妨碍商品、服务自由流通等排除、限制市场竞争的行为。文化和旅游行业标准原则上应当有明确的组织实施的责任主体。

(一)科技教育司每年公开征集文化和旅游行业标准计划项目建议,经立项评审、征求相关单位意见后,下达行业标准计划。计划下达后应当按照确定的项目名称、期限等执行,原则上不做调整;确须调整的,按规定程序审批或者备案后执行。

(二)文化和旅游行业标准起草单位应当按照规范的格式、体例和相关要求起草标准文本,起草单位和技术委员会应当广泛征求意见。

(三)文化和旅游行业标准征求意见完成后,经技术委员会审查形成报批材料。未通过审查的项目,起草单位应当在规定期限内修改完善并再次提交审查;或者根据审查结论,通过技术委员会提出调整或者终止项目计划的建议,报科技教育司审核。

(四)文化和旅游行业标准报批材料经审核后,由科技教育司征求相关单位意见,报文化和旅游部批准发布,按程序编号、出版。行业标准的编号由行业标准代号、标准发布的顺序号及年份号组成。文化行业标准代号为WH,旅游行业标准代号为LB。

(五)文化和旅游行业标准发布后按照要求报送国务院标准化行政主管部门备案。

第十五条　文化和旅游地方标准的管理按照《地方标准管理办法》等相关规定执行。为满足地方自然条件、风俗习惯等涉及文化和旅游行业的特殊技术要求,地方文化和旅游行政部门可以提出或参与制定文化和旅游地方标准。

第十六条　文化和旅游团体标准的管理按照《团体标准管理规定》执行。学会、协会、商会、联合会、产业技术联盟等依法成立的社会团体,可以协调相关市场主体共同制定满足市场和创新需要、符合国家有关产业政策、高于推荐性标准技术要求的文化和旅游团体标准。各级文化和旅游行政部门会同有关部门对团体标准进行规范和引导,促进团体标准优质发展。

第十七条　文化和旅游企业标准的管理按照《企业标准化管理办法》执行。文化和旅游相关企业可以制定高于推荐性标准技术要求的文化和旅游企业标准。

第十八条　在文化和旅游国家标准、行业标准实施过程中,需要调整个别技术要求的,可以按照国家标准、行业标准修改单管理的有关程序进行修改。

第十九条　行业标准计划下达后,文化和旅游部根据工作需要和实际情况给予起草单位适当经费支持。起草单位经费使用应当符合财政部、文化和旅游部相关经费管理规定,实行专款专用。

地方文化和旅游行政部门的制定经费管理可以参照上款规定执行。

第四章　标准的实施和监督

第二十条　文化和旅游标准制定单位可以委托出版机构出版发行,并依法向社会公开。鼓励团体标准、企业标准通过标准信息公共服务平台向社会公开。

第二十一条　文化和旅游国家标准、行业标准、地方标准发布后,各级文化和旅游行政部门、相关技术委员会应当开展标准宣传,做好标准解读。鼓励企事业单位和相关社会组织开展文化和旅游标准的宣传和业务交流。

第二十二条　企事业单位和相关社会组织是标准实施的主体,应当严格执行强制性标准,积极采用推荐性标准。各级文化和旅游行政部门依据职责组织标准实施,符合条件的可以通过开展评定、评价等方式推动标准应用。

第二十三条　各级文化和旅游行政部门会同有关行政主管部门对标准实施进行监督检查,并在法定职责范围内落实标准相关的安全生产工作责任。

第二十四条　文化和旅游部建立文化和旅游标准实施信息反馈和评估机制,组织技术委员会适时对国家标准、行业标准进行复审,复审周期一般不超过 5 年。经过复审,对不适应经济社会发展需要和技术进步的标准及时修订或者废止。

第二十五条　文化和旅游部组织开展本行业标准化

试点示范工作。鼓励县级以上地方文化和旅游行政部门在本级人民政府支持下推动本行政区域内的相关标准化试点示范工作。鼓励文化和旅游企事业单位、各类组织积极参与国家各类标准化试点示范建设。

第二十六条　任何单位和个人有权向标准化行政主管部门、有关行政主管部门举报、投诉文化和旅游标准化工作中存在的违法违规行为，根据法律法规或者国家有关规定追究相应责任。

第二十七条　各级文化和旅游行政部门对在标准化工作中做出显著成绩的单位和个人，按照国家有关规定开展表彰奖励，对技术水平高、创新性强、效益明显的标准，积极向有关部门推荐申报标准化或者科技成果等方面的奖励。

第五章　附　则

第二十八条　本办法自 2023 年 3 月 1 日起施行。《全国旅游标准化工作管理办法》(旅办发〔2009〕149号)、《文化行业标准化工作管理办法(暂行)》(科技函〔2011〕38 号)和《旅游业国家标准和行业标准制订修订工作管理办法》(旅办发〔2016〕274 号)同时废止。

中华老字号示范创建管理办法

· 2023 年 1 月 6 日
· 商流通规发〔2023〕6 号

第一章　总　则

第一条　为立足新发展阶段，完整、准确、全面贯彻新发展理念，贯彻《中共中央办公厅、国务院办公厅关于实施中华优秀传统文化传承发展工程的意见》，落实《商务部等 8 部门关于促进老字号创新发展的意见》，促进老字号创新发展，充分发挥老字号在商贸流通、消费促进、质量管理、技术创新、品牌建设、文化传承等方面的示范引领作用，服务构建以国内大循环为主体、国内国际双循环相互促进的新发展格局，制定本办法。

第二条　本办法所称中华老字号，是指历史底蕴深厚、文化特色鲜明、工艺技术独特、设计制造精良、产品服务优质、营销渠道高效、社会广泛认同的品牌(字号、商标等)。

第三条　商务部负责全国中华老字号示范创建工作，会同文化和旅游部、市场监管总局、文物局、知识产权局(以下称相关部门)将符合本办法第二条、第六条、第七条规定，在全国范围内具有较强示范引领性的品牌认定为中华老字号，将其所属企业认定为中华老字号企业，建立中华老字号名录。

各省、自治区、直辖市和计划单列市商务主管部门(以下称省级商务主管部门)会同同级相关部门负责本行政区域内中华老字号示范创建相关工作。

第四条　中华老字号示范创建遵循"自愿申报、自主创建、优中择优、动态管理"的原则。

第五条　中华老字号示范创建以企业为主体，创建企业应当体现品牌示范性、企业代表性、行业引领性，注重理念、设计、研发、工艺、技术、制造、产品、服务、经营、营销、管理等各方面创新，与时俱进、守正创新，彰显经济价值和文化价值。

第二章　示范条件

第六条　中华老字号应当具备以下基本条件：

(一)品牌创立时间在 50 年(含)以上；

(二)具有中华民族特色和鲜明的地域文化特征；

(三)面向居民生活提供经济价值、文化价值较高的产品、技艺或服务；

(四)在所属行业或领域内具有代表性、引领性和示范性，得到广泛的社会认同和赞誉。

第七条　中华老字号企业应当具备以下基本条件：

(一)在中华人民共和国境内依法设立；

(二)依法拥有与中华老字号相一致的字号，或与中华老字号相一致的注册商标的所有权或使用权且未侵犯他人注册商标专用权，传承关系明确且无争议；

(三)主营业务连续经营 30 年(含)以上，且主要面向居民生活提供商品或服务；

(四)经营状况良好，且具有较强的可持续发展能力；

(五)具有符合现代要求的企业治理模式，在设计、研发、工艺、技术、制造、产品、服务和经营理念、营销渠道、管理模式等方面具备较强的创新能力；

(六)在所属行业或领域内具有较强影响力；

(七)未在经营异常名录或严重违法失信名单中。

第三章　申报与认定

第八条　商务部会同相关部门原则上每 3 年认定并公布新一批次中华老字号名录。

中华老字号申报和认定工作主要通过商务部中华老字号信息管理系统(网址：https://zhlzh.mofcom.gov.cn)进行，具体时间安排由商务部会同相关部门发布通知。

第九条　符合本办法第六条、第七条规定条件的企业应在规定日期内通过商务部中华老字号信息管理系统上传申报材料，具体包括：

（一）企业基本信息、股权结构及近5年经营情况；

（二）品牌创立时间的证明材料；

（三）老字号注册商标的权属证明文件；

（四）主营业务传承脉络清晰的证明材料；

（五）品牌历史价值和文化价值的介绍材料；

（六）企业在设计研发、工艺技术、产品服务和经营理念、营销渠道、管理模式等方面创新发展的介绍材料；

（七）企业文化的介绍材料和获得荣誉的证明材料；

（八）针对上述材料并经法定代表人或负责人签字的真实性承诺；

（九）商务主管部门和相关部门认为应当提交的其他相关材料。

上述申报材料应当真实、有效、完整，其中能够通过政府信息系统获取的，相关部门可不再要求企业提供。

中央企业可通过其一级集团（总公司）并经主管单位同意后向商务部申报。

第十条　省级商务主管部门会同同级相关部门组织有关机构和专家对申报材料进行研究论证后向商务部提出推荐名单，并优先推荐已被认定为省级老字号3年（含）以上的企业。

商务部将根据各地中华老字号和省级老字号数量，结合各地历史文化、经济发展等综合情况，采用因素法确定每一批次各地可推荐的数量上限。

省级商务主管部门可根据需要委托市级相关部门对本地区企业申报材料的真实性、有效性、完整性进行审核。

推荐名单应当对外公示，且公示期不少于15个工作日。公示期满无异议或异议不成立的，由省级商务主管部门向商务部提出推荐意见并上报申报材料。

第十一条　商务部会同相关部门组织专家按照科学、公平、公正的原则，对各地推荐的企业进行评议，按照不超过全国推荐总量80%的比例提出拟认定的中华老字号及其所属企业。

参与评议的专家可根据需要或委托有关机构采取材料审查、现场调查、查阅档案等形式进行审查。

第十二条　商务部在商务部网站对拟认定的中华老字号及其所属企业相关信息进行公示，公示期不少于15个工作日。任何单位或个人对名单有不同意见的，均可向商务部提出异议，并提供详实的书面举证材料。

商务部在接到异议后会同相关部门组织专家对异议情况进行复核。如存在较大争议，商务部可召开听证会。

第十三条　在公示期间无异议或异议不成立的，由商务部会同相关部门列入中华老字号名录并向社会公布，由商务部依据本办法授予中华老字号标识使用权、颁发中华老字号牌匾。

第十四条　中华老字号标识属商务部标志，中华老字号企业可依据《中华老字号标识和牌匾使用规定》（附件），使用中华老字号标识和牌匾。

第四章　动态管理

第十五条　中华老字号企业的企业名称或其商标发生以下变化的，应当自发生变化之日起30个工作日之内通过商务部中华老字号信息管理系统向住所地省级商务主管部门提出申请，并详细说明发生变化的理由：

（一）企业名称发生变化的；

（二）在不丧失老字号注册商标使用权的前提下，该注册商标发生转让的。

省级商务主管部门在接到企业申请后，应按照中华老字号认定条件进行审核，并提出审核意见报商务部。审核过程中可根据需要现场核实相关情况或要求企业补充提供相关材料，必要时向社会公示。

商务部收到省级商务主管部门审核意见后进行复核，必要时商相关部门联合审核，并通过商务部中华老字号信息管理系统公布复核通过的企业变更信息。

第十六条　中华老字号企业应当于每季度首月10日前通过商务部中华老字号信息管理系统填报上一季度经营情况，并于每年1月31日前填报上一年度经营情况（上市公司可在季报年报公布后的5个工作日内进行上报）。

第十七条　商务部组织有关机构开展中华老字号日常监测，建立"红绿灯"机制，对出现本办法第十八条、第十九条、第二十条所列有关情形的中华老字号企业，分别采取相应管理措施。商务部组织有关机构建立创新发展评估模型，原则上每年对中华老字号企业进行评估，发布评估报告，并依据评估结果分别采取通报表扬、约谈警示等措施。

第十八条　中华老字号企业出现下列情形之一的，由住所地省级商务主管部门责令3个月内予以整改，必要时可约谈企业负责人：

（一）企业信息发生变化后未按本办法第十五条规定及时提交申请的；

（二）未按本办法第十六条规定按时在商务部中华老字号信息管理系统填报相关信息的；

（三）中华老字号标识、牌匾使用不符合《中华老字号标识和牌匾使用规定》的；

（四）因经营问题被相关部门作出行政处罚，或引起社会不良影响的；

（五）因违反《文物保护法》相关规定，对涉及不可移动文物的生产经营场所违法进行修缮、转让、抵押、改变用途等活动被相关部门作出行政处罚的；

（六）被相关部门列入经营异常名录的。

第十九条　中华老字号企业出现下列情形之一的，住所地省级商务主管部门可以建议商务部暂停其中华老字号标识及牌匾使用权：

（一）被省级商务主管部门约谈，未按时整改或整改措施不力的；

（二）被相关部门列入严重违法失信名单的。

商务部认为确有必要的，应当作出暂停其中华老字号标识及牌匾使用权的决定，并责令其于3个月内完成整改。

中华老字号企业整改完成后，由住所地省级商务主管部门对整改情况进行审核，并提出审核意见报商务部。商务部认为整改到位的，应当作出撤销暂停其中华老字号标识及牌匾使用权的决定。

第二十条　中华老字号企业出现下列情形之一的，住所地省级商务主管部门可以建议商务部将其移出中华老字号名录并收回中华老字号标识使用权及牌匾：

（一）企业破产清算、解散、注销、被吊销营业执照或三年以上不开展经营活动的；

（二）丧失老字号注册商标所有权及使用权的；

（三）发生严重损害消费者权益、出现重大质量问题或安全事故、重复侵犯他人知识产权、严重扰乱市场秩序或其他严重违法行为的；

（四）以欺骗或其他不正当手段骗取中华老字号示范称号的；

（五）被暂停中华老字号标识及牌匾使用权，到期后仍未有效整改的；

（六）其他不符合中华老字号和中华老字号企业基本条件的。

商务部认为确有必要的，商相关部门作出移出中华老字号名录并收回中华老字号标识使用权及牌匾的决定。

第二十一条　商务部会同相关部门原则上每3年对中华老字号开展复核。对复核中发现已经不符合中华老字号条件的，商相关部门作出移出中华老字号名录、收回中华老字号标识使用权及牌匾的决定。

第二十二条　商务部作出暂停或收回中华老字号标识使用权、移出中华老字号名录决定的，在商务部中华老字号信息管理系统中通报并在商务部网站向社会公布。

被移出中华老字号名录的，自决定作出之日起两个申报周期内不得再次申报中华老字号。

第五章　其　他

第二十三条　省级各相关部门加强对本行政区域内老字号知识产权、历史网点、文化遗产的保护，为老字号文化传承、技艺改造、改革创新提供必要的政策支持，组织开展老字号宣传推广活动。

第二十四条　中华老字号企业违反《中华老字号标识和牌匾使用规定》的，商务部和省级商务主管部门可依据本办法采取相关措施。

中华老字号企业因违反本办法第十九条，被暂停中华老字号标识、牌匾使用权期间，应撤回其含有中华老字号标识的相关产品、服务，移除并妥善保存中华老字号牌匾，且不得以中华老字号名义开展宣传。

任何单位或个人冒用或滥用中华老字号标识或牌匾，违反《商标法》、《反不正当竞争法》、《广告法》等法律法规的，由市场监管部门依法依规进行查处。

第二十五条　本办法实施前已经商务部认定的中华老字号，按照本办法管理，无需重新申报，但应当按照本办法规定进行定期复核。

第二十六条　本办法由商务部负责解释。

第二十七条　本办法自公布之日起30日后施行。《商务部关于实施"振兴老字号工程"的通知》（商改发〔2006〕171号）、《商务部关于印发〈"中华老字号"标识使用规定〉的通知》（商改发〔2007〕137号）同时废止。

附件：中华老字号标识和牌匾使用规定（略，详情请登录商务部网站）

国务院办公厅印发关于支持戏曲传承发展若干政策的通知

·2015年7月11日
·国办发〔2015〕52号

《关于支持戏曲传承发展的若干政策》已经国务院同意，现印发给你们，请结合实际认真贯彻执行。

关于支持戏曲传承发展的若干政策

戏曲具有悠久的历史、独特的魅力和深厚的群众基础，是表现和传承中华优秀传统文化的重要载体。为促进戏曲繁荣发展，弘扬中华优秀传统文化，丰富人民群众精神文化生活，现制定以下政策。

一、总体要求

（一）指导思想。全面贯彻落实党的十八大和十八届二中、三中、四中全会精神，按照党中央、国务院决策部署，坚持"二为"（为人民服务、为社会主义服务）方向、"双百"（百花齐放、百家争鸣）方针，坚持以人民为中心的创作导向，坚持以社会主义核心价值观为引领，坚持扬弃继承、转化创新，保护、传承与发展并重，更好地发挥戏曲艺术在建设中华民族精神家园中的独特作用。

（二）总体目标。力争在"十三五"期间，健全戏曲艺术保护传承工作体系、学校教育与戏曲艺术表演团体传习相结合的人才培养体系，完善戏曲艺术表演团体体制机制、戏曲工作者扎根基层潜心事业的保障激励机制，大幅提升戏曲艺术服务群众的综合能力和水平，培育有利于戏曲活起来、传下去、出精品、出名家的良好环境，形成全社会重视戏曲、关心支持戏曲艺术发展的生动局面。

二、加强戏曲保护与传承

（三）开展地方戏曲剧种普查。2015年7月至2017年6月，在全国范围内开展地方戏曲剧种普查。建立地方戏曲剧种数据库和信息共享交流网络平台。

（四）实施地方戏曲振兴工程。加强地方戏曲保护与传承，振兴戏曲艺术，并将其纳入国民经济和社会发展"十三五"规划。鼓励地方设立戏曲发展专项资金或基金，扶持本地戏曲艺术发展。鼓励将符合条件的地方戏曲列入非物质文化遗产名录，实施抢救性记录和保存。中央财政对老少边穷地区地方戏曲保护与传承工作予以支持。

（五）传承保护京剧、昆曲。继续安排资金支持京剧、昆曲保护与传承。实施中国京剧像音像集萃计划。实施当代昆曲名家收徒传艺工程，做好优秀昆曲传统折子戏录制工作。

三、支持戏曲剧本创作

（六）加大剧本创作扶持力度。实施戏曲剧本孵化计划，文化产业发展专项资金对戏曲企业的优秀戏曲剧本创作项目予以支持。中央财政支持开展"三个一批"优秀戏曲剧本创作扶持，通过"征集新创一批、整理改编一批、买断移植一批"，调动全社会戏曲剧本创作积极性、主动性，推出一批优秀戏曲剧本。国家艺术基金加大对优秀戏曲剧本创作的扶持力度。

四、支持戏曲演出

（七）加大政府购买力度。根据当地群众实际需求，将地方戏曲演出纳入基本公共文化服务目录，通过政府购买服务等方式，组织地方戏曲艺术表演团体到农村为群众演出。把下基层演出场次列为地方戏曲艺术表演团体考核指标内容。

五、改善戏曲生产条件

（八）改善戏曲创作生产场地条件。把简易戏台纳入村级公共服务平台建设范围。在城镇建设和旧城改造中，合理布局文化特别是戏曲演出空间，注重保护利用古戏台，鼓励有条件的历史建筑、工业遗址等，在符合城乡规划、土地利用总体规划和相关保护法律规定的前提下，通过合理利用成为特色鲜明的戏曲演出聚集区。县级以上（含县级）的群艺馆、文化馆建设按照国家颁布的用地标准和建设标准，综合设置戏曲排练演出场所。鼓励群艺馆、文化馆（站）等，通过资源共享、项目合作等方式，为戏曲艺术表演团体免费或低价提供排练演出场所。继续安排资金支持国家级非物质文化遗产保护利用设施建设，增加戏曲类保护利用项目的比重。鼓励采取灵活的产权形式，或以政府购买演出场所的演出时段、提供场租补贴等形式，帮助戏曲艺术表演团体解决演出场所问题。

（九）实行差别化的戏曲教学排练演出设施用地政策。进一步完善有关用地标准和建设标准，提出戏曲教学排练演出场所建设要求。戏曲教学排练演出设施独立用地，符合《划拨用地目录》的，可以划拨方式提供。支持现有戏曲教学排练演出设施改造建设，在符合城乡规划、土地利用总体规划的前提下，现有戏曲教学排练演出设施改造可兼容一定规模的商业、服务、办公等其他用途，并按协议方式补充办理用地手续。严格戏曲教学排练演出设施用地供后监管，需改变合同约定的土地用途的，必须取得出让方和市、县人民政府城市规划行政主管部门同意，其中单独建设戏曲教学排练演出设施用地应在用地合同和划拨决定书中明确，改变用途应由政府依法收回后重新供应。

六、支持戏曲艺术表演团体发展

（十）重点资助基层和民营戏曲艺术表演团体。文化产业发展专项资金对符合条件的县级以下（含县级）转企改制国有戏曲艺术表演团体和民营戏曲艺术表演团体，在购置和更新服装、乐器、灯光、音响等方面给予资金支持。根据基层实际，在为转企改制戏曲艺术表演团体配备流动舞台车的基础上，中央财政出资为县级划转为研究类或传承保护类机构且未配备过流动舞台车的戏曲艺术表演团体配备流动舞台车。

（十一）实行财政配比政策。鼓励地方财政参照中央财政的做法,对地方国有戏曲艺术表演团体捐赠收入实行财政配比政策。

(十二)落实税费优惠政策。落实转企改制戏曲艺术表演团体有关优惠政策。落实暂免征收部分小微企业增值税和营业税、小型微利企业所得税优惠,以及免征部分小微企业教育费附加、残疾人就业保障金等各项已出台的税费优惠政策,支持符合条件的小型微型戏曲艺术表演团体发展。

(十三)鼓励和引导社会力量支持戏曲表演团体。鼓励和引导企业、社会团体或个人通过兴办实体、资助项目、赞助活动、提供设施、建立专项基金等形式参与扶持地方戏曲的传承发展,营造有利于社会力量支持戏曲艺术表演团体的良好环境,发挥好政府引导和社会参与的综合效益。

七、完善戏曲人才培养和保障机制

(十四)加强学校戏曲专业人才培养。研究制定新形势下加强戏曲教育工作的意见。对中等职业教育戏曲表演专业学生实行免学费。地方各级财政部门应切实落实大中专戏曲职业教育生均拨款制度。鼓励戏曲表演类民间艺人、非物质文化遗产传承人参与戏曲职业教育教学,建立非物质文化遗产传承人"双向进入"机制,设立技艺指导大师特设岗位,鼓励有条件的戏曲职业院校成立大师工作室。支持戏曲艺术表演团体与戏曲职业院校合作,建立学生学习(实践)基地及人才培养基地。国家艺术基金加大对优秀戏曲创作表演人才培养项目的支持力度。

(十五)完善戏曲艺术表演团体青年表演人才培养机制。实施"名家传戏——戏曲名家收徒传艺"计划,支持各级各类戏曲艺术表演团体、学校、研究机构采取"一带一、一带二"等方式传授戏曲表演艺术精粹。建立戏曲院校青年教师与戏曲艺术表演团体青年骨干"双向交流"机制,为培养新一代青年拔尖人才创造良好条件。

(十六)畅通引进优秀戏曲专业人员的通道。保留事业性质或划转为研究类、传承保护类机构的戏曲艺术表演团体,在公开招聘戏曲专业技术人员时,可按照国家关于事业单位公开招聘有关要求,结合本地区本单位实际和戏曲专业人员特点,注重人才的思想政治素质、专业素养和艺术成就,合理确定招聘方式,按照特人特招、特事特办原则引进优秀专业人员。

(十七)扩大职称评审范围。将转制为企业的戏曲艺术表演团体和民营戏曲艺术表演团体中的专业技术人员纳入职称评审范围。

(十八)切实保障戏曲从业人员社会保障权益。戏曲艺术表演团体应按国家有关规定为职工办理社会保险,有条件的可购买商业保险,切实维护戏曲从业人员合法权益。鼓励社会团体、社会资本等对戏曲武功伤残、患职业病等特殊人员进行救助,有条件的可以发起设立戏曲从业人员保障公益基金会。

八、加大戏曲普及和宣传

(十九)加强学校戏曲通识教育。结合学校教育实际,强化中华优秀传统文化特别是戏曲内容的教育教学。大力推动戏曲进校园,支持戏曲艺术表演团体到各级各类学校演出,鼓励大中小学生走进剧场。大中小学应采取多种形式,争取每年让学生免费欣赏到1场优秀的戏曲演出。向中小学生推荐优秀戏曲。严把到学校演出和向学生推荐的戏曲剧目的内容质量关。鼓励学校建设戏曲社团和兴趣小组,鼓励中小学与本地戏曲艺术表演团体合作开展校园戏曲普及活动。鼓励中小学特聘校外戏曲专家和非物质文化遗产传承人担任学校兼职艺术教师。

(二十)扩大戏曲社会影响力。实施优秀经典戏曲剧目影视创作计划,鼓励开设、制作宣传推广戏曲作品、传播普及戏曲知识的栏目节目。鼓励电影发行放映机构为戏曲电影的发行放映提供便利。发挥互联网在戏曲传承发展中的重要作用,鼓励通过新媒体普及和宣传戏曲。各级新闻媒体要加大戏曲宣传力度,报道戏曲创作演出优秀剧目,报道传承发展戏曲的好经验、好做法,报道戏曲界树立新风、弘扬美德、服务人民的精神风貌。

九、加强组织领导

(二十一)抓好贯彻落实。各省(区、市)人民政府要高度重视,加强指导,精心部署,做好政策落地和督查工作。国务院有关部门要认真落实关于支持戏曲传承发展的各项政策,积极推进相关配套政策措施。各级文化部门要切实强化责任意识,认真抓好具体实施工作,确保取得实效。各级文联协助做好实施工作。

曲艺传承发展计划

· 2019年7月12日
· 文旅非遗发〔2019〕92号

为深入贯彻习近平新时代中国特色社会主义思想以及党的十九大和十九届二中、三中全会精神,落实中共中央办公厅、国务院办公厅《关于实施中华优秀传统文化传承发展工程的意见》和中宣部、文化和旅游部、财政部

《非物质文化遗产传承发展工程实施方案》有关要求,进一步推动曲艺传承发展工作,根据《中华人民共和国非物质文化遗产法》等法律法规,特制定本计划。

一、重要意义

曲艺历史悠久、魅力独特,具有深厚的群众基础,是我国宝贵的非物质文化遗产(下称"非遗")。推动曲艺传承发展,对于弘扬中华优秀传统文化,传承中华文脉,增强文化自信,繁荣文艺事业,推动文化建设,满足人民群众日益增长的美好生活需要都具有重要意义。

二、总体要求

(一)指导思想

以习近平新时代中国特色社会主义思想为指导,全面贯彻党的十九大和十九届二中、三中全会精神,坚持以人民为中心的工作导向,坚持以社会主义核心价值观为引领,坚持创造性转化、创新性发展,不断提高曲艺的传承发展能力,充分发挥曲艺在文化建设中的积极作用,推动曲艺为建设社会主义文化强国做出更大贡献。

(二)工作原则

坚持以融入现代生活、弘扬时代价值为导向,加强曲艺的赓续传承,不断赋予曲艺新的时代内涵,更好地满足人民群众对美好生活的需求。

坚持以说唱表演作为基本实践形式,不断提高曲艺的表现力和感染力,有效保持曲种的独特性、多样性和丰富性。

坚持以传承人群为核心,充分尊重传承人群的主体地位,着力提高传承人群的传承能力,保障传承人群的合法权益。

坚持整体性保护的理念,维护曲艺生态,培育曲艺受众,不断增强曲艺的生命力,促进曲艺的可持续发展。

(三)工作目标

到2025年,曲艺类国家级非遗代表性项目档案建设和国家级代表性传承人记录工作基本完成;曲艺类非遗传承人群研修研习培训覆盖范围进一步扩大,曲艺类非遗传承人群文化自信和可持续发展能力进一步提高;曲艺演出场所数量和演出实践频次持续增长,形成一批驻场演出场所和专题品牌活动。通过本计划的实施,曲艺的整体活力显著增强,存续状态持续好转,曲种特色更加鲜明,传承队伍有效扩大,受众群体明显增加,曲艺在社会主义文化建设中的积极作用进一步得到充分发挥。

三、主要任务

(一)开展调查评估,完善档案信息。以国家级非遗代表性项目为重点,以省(区、市)(包括新疆生产建设兵团)为单位,组织开展曲艺类非遗代表性项目的集中调查,全面掌握其主要传承队伍、代表性节目、演出场所和演出频次等基本情况。在调查基础上,开展曲艺类非遗代表性项目存续状况评估。对存续状况不佳的项目,作为急需保护的项目,研究制定有针对性的保护措施,加大扶持力度。加强对集中调查和存续状况评估所取得信息、资料的保存、管理和利用,全面建立曲艺类非遗代表性项目的完整档案。

(二)加强项目管理,夯实保护责任。以国家级非遗代表性项目为重点,定期开展保护单位履责情况检查,对履责不力的保护单位进行及时调整和重新认定。鼓励将专门从事曲艺演出实践、具有履责能力、能够直接开展传承的演出团体认定为保护单位。进一步加强对保护单位的管理,指导保护单位制定并实施年度工作计划,并定期报告工作进展情况。鼓励采用签订协议或责任书的方式,进一步明确保护单位责任,加强日常监管。鼓励以适当方式向社会公布项目保护传承工作开展情况,接受社会监督。

(三)做好项目记录,加强成果利用。以非遗记录工程为依托,以国家级非遗代表性项目为重点,组织开展曲艺记录工作,利用现代技术手段,全面、真实、准确地记录项目信息。加强曲艺传统脚本(脚本)和音像资料的搜集整理,保留珍贵历史信息。加强对全社会曲艺记录的收集和整理,定期汇总形成记录成果目录,有条件的地方及时向社会公布。加强记录成果出版和传播,以资保护传承和后续转化、利用。

(四)扩大传承队伍,提高传承能力。指导曲艺类非遗代表性项目保护单位制定年度传承人才培养计划,定期招收学员,组织授徒传艺,不断壮大青年传承队伍。鼓励中青年传承人重视并加强曲艺基本功锻炼,扎实掌握表演技巧,全面领会曲种特点,切实传承曲种精髓。支持各级代表性传承人切实履行传承义务,培养后继人才。建立学徒名单备案更新制度。鼓励技艺精湛、符合条件的曲艺类非遗中青年传承人,申报并进入各级非遗代表性传承人队伍。以中国非遗传承人群研修研习培训计划为依托,面向曲艺基层表演团体和从业艺人,开展传承人群研修研习培训,帮助提高文化素养、演出水平和创作能力,更好适应现代演出市场需求。鼓励民间曲艺工作者积极开展授徒传艺。鼓励曲艺类非遗代表性项目保护单位、相关机构与专业艺术院校或艺术职业院校开展"订单式"人才培养,建立长期合作机制。

(五)推出优秀作品,满足人民需求。支持曲艺类非遗代表性项目保护单位、代表性传承人和各类表演团体挖掘、整理优秀传统节目,尤其是经典长篇节目,逐步恢复演出。鼓励根据现实生活需要,对传统节目进行改编或再创作,增强其表现力和吸引力。鼓励根据曲种特点,创作体现时代精神、植根人民日常生活、反映当代人民喜怒哀乐、满足人民群众精神文化需要的现代曲艺作品。鼓励开展不同曲种之间的相互交流和借鉴。

(六)扶持曲艺演出,增加实践频次。以国家级非遗代表性项目为重点,扶持曲艺开展驻场演出。指导各地积极协调本地区各类公共文化设施或演出场地,尤其是非遗中心、非遗(博物)馆等,为曲艺类非遗代表性项目保护单位、代表性传人和各类表演团体开展驻场演出提供免费或优惠场所。鼓励将已在剧场、书场、茶楼(茶馆)等固定演出场所常年开展驻场演出的表演团体纳入扶持范围。鼓励在曲艺项目丰富、观众氛围浓厚的地方探索挂牌设立"非遗曲艺书场",开展专门驻场演出。鼓励曲艺类非遗代表性项目保护单位、代表性传承人和各类表演团体与电视台、广播电台、互联网直播平台等开展合作,探索设立曲艺电视书场、广播书场和网络书场,开展多种形式的演播活动,拓展发展空间。

(七)组织展演活动,繁荣曲艺市场。组织举办"全国非遗曲艺周"活动,展示曲艺传承发展成果,推出曲艺优秀传承人和优秀作品。鼓励各地组织区域性曲艺会演,逐步形成曲艺专题品牌活动。扶持马街书会、胡集书会等民间曲艺展示交易集市的发展。鼓励各地在各种曲艺相关展会演中增设交易环节,推动曲艺演出交易。鼓励和引导曲艺项目进入城市和乡村旅游演艺市场,与当地旅游发展相结合,拓展更大发展空间。

(八)开展曲艺普及,扩大曲艺受众。定期组织开展曲艺进校园、进社区、进乡村等活动,普及曲艺知识,推广曲艺项目,培养曲艺受众。鼓励对曲艺及其相关环境开展整体性保护,维护和培育曲艺传承发展的文化生态环境,有条件的地方鼓励设立文化生态保护区。鼓励各地积极借助各种媒体资源,创新传播渠道,搭建传播平台,加强对曲艺的宣传报道,扩大曲艺的社会影响,为曲艺传承发展营造良好的社会氛围。

(九)支持学术研究,加强专业指导。鼓励相关院校、研究机构、非遗保护机构等积极开展曲艺项目调查研究,深入研究曲艺项目的传承发展规律,重点挖掘整理曲艺所蕴含的当代价值、人文精神和文化内涵,为曲艺项目的传承发展实践提供坚实的学术支持。鼓励有条件的院校和科研院所开展曲艺论研究,推动完善曲艺相关学科建设。

四、保障措施

(一)明确职责,加强部署。各级文化和旅游行政部门要高度重视曲艺传承发展工作,认真落实本计划各项任务措施。文化和旅游部负责本计划的统筹部署,定期对计划实施情况开展评估和检查。省级文化和旅游行政部门负责本计划在本区域范围内的组织实施,根据各项任务措施,制定工作方案,推动各项任务有效落实。市、县级文化和旅游行政部门要按照省级文化和旅游行政部门指定的责任分工,加大执行力度,确保各项工作有序实施。

(二)统筹力量,加强管理。各地文化和旅游行政部门要加强工作统筹,指导曲艺类非遗代表性项目所在地区非遗保护中心发挥进一步管理职责,加强与项目保护单位、代表性传承人和各类表演团体的业务联系,并引导区域内各方力量参与项目保护传承,壮大工作队伍。

(三)落实资金,加强保障。文化和旅游部将通过国家非遗保护专项资金为本计划提供资金保障。鼓励各地积极协调本级财政,为本地区曲艺项目传承发展提供相应资金扶持,或纳入相关政府购买服务范围。同时,鼓励各地采取多种方式动员和吸纳社会资金,支持曲艺传承发展。

(二)出版发行

1. 综合

中华人民共和国国家通用语言文字法

· 2000 年 10 月 31 日第九届全国人民代表大会常务委员会第十八次会议通过
· 2000 年 10 月 31 日中华人民共和国主席令第 37 号公布
· 自 2001 年 1 月 1 日起施行

第一章　总　则

第一条　为推动国家通用语言文字的规范化、标准化及其健康发展,使国家通用语言文字在社会生活中更好地发挥作用,促进各民族、各地区经济文化交流,根据宪法,制定本法。

第二条　本法所称的国家通用语言文字是普通话和规范汉字。

第三条　国家推广普通话,推行规范汉字。

第四条　公民有学习和使用国家通用语言文字的权利。

国家为公民学习和使用国家通用语言文字提供条件。

地方各级人民政府及其有关部门应当采取措施,推广普通话和推行规范汉字。

第五条　国家通用语言文字的使用应当有利于维护国家主权和民族尊严,有利于国家统一和民族团结,有利于社会主义物质文明建设和精神文明建设。

第六条　国家颁布国家通用语言文字的规范和标准,管理国家通用语言文字的社会应用,支持国家通用语言文字的教学和科学研究,促进国家通用语言文字的规范、丰富和发展。

第七条　国家奖励为国家通用语言文字事业做出突出贡献的组织和个人。

第八条　各民族都有使用和发展自己的语言文字的自由。

少数民族语言文字的使用依据宪法、民族区域自治法及其他法律的有关规定。

第二章　国家通用语言文字的使用

第九条　国家机关以普通话和规范汉字为公务用语用字。法律另有规定的除外。

第十条　学校及其他教育机构以普通话和规范汉字为基本的教育教学用语用字。法律另有规定的除外。

学校及其他教育机构通过汉语文课程教授普通话和规范汉字。使用的汉语文教材,应当符合国家通用语言文字的规范和标准。

第十一条　汉语文出版物应当符合国家通用语言文字的规范和标准。

汉语文出版物中需要使用外国语言文字的,应当用国家通用语言文字作必要的注释。

第十二条　广播电台、电视台以普通话为基本的播音用语。

需要使用外国语言为播音用语的,须经国务院广播电视部门批准。

第十三条　公共服务行业以规范汉字为基本的服务用字。因公共服务需要,招牌、广告、告示、标志牌等使用外国文字并同时使用中文的,应当使用规范汉字。

提倡公共服务行业以普通话为服务用语。

第十四条　下列情形,应当以国家通用语言文字为基本的用语用字:

(一)广播、电影、电视用语用字;

(二)公共场所的设施用字;

(三)招牌、广告用字;

(四)企业事业组织名称;

(五)在境内销售的商品的包装、说明。

第十五条　信息处理和信息技术产品中使用的国家通用语言文字应当符合国家的规范和标准。

第十六条　本章有关规定中,有下列情形的,可以使用方言:

(一)国家机关的工作人员执行公务时确需使用的;

(二)经国务院广播电视部门或省级广播电视部门批准的播音用语;

(三)戏曲、影视等艺术形式中需要使用的;

(四)出版、教学、研究中确需使用的。

第十七条　本章有关规定中,有下列情形的,可以保留或使用繁体字、异体字:

(一)文物古迹;

(二)姓氏中的异体字;

(三)书法、篆刻等艺术作品;

(四)题词和招牌的手书字;

(五)出版、教学、研究中需要使用的;

(六)经国务院有关部门批准的特殊情况。

第十八条　国家通用语言文字以《汉语拼音方案》作为拼写和注音工具。

《汉语拼音方案》是中国人名、地名和中文文献罗马字母拼写法的统一规范,并用于汉字不便或不能使用的领域。

初等教育应当进行汉语拼音教学。

第十九条　凡以普通话作为工作语言的岗位,其工作人员应当具备说普通话的能力。

以普通话作为工作语言的播音员、节目主持人和影视话剧演员、教师、国家机关工作人员的普通话水平,应当分别达到国家规定的等级标准;对尚未达到国家规定的普通话等级标准的,分别情况进行培训。

第二十条　对外汉语教学应当教授普通话和规范汉字。

第三章　管理和监督

第二十一条　国家通用语言文字工作由国务院语言文字工作部门负责规划指导、管理监督。

国务院有关部门管理本系统的国家通用语言文字的使用。

第二十二条　地方语言文字工作部门和其他有关部门,管理和监督本行政区域内的国家通用语言文字的使用。

第二十三条　县级以上各级人民政府工商行政管理部门依法对企业名称、商品名称以及广告的用语用字进行管理和监督。

第二十四条　国务院语言文字工作部门颁布普通话水平测试等级标准。

第二十五条　外国人名、地名等专有名词和科学技术术语译成国家通用语言文字,由国务院语言文字工作部门或者其他有关部门组织审定。

第二十六条　违反本法第二章有关规定,不按照国家通用语言文字的规范和标准使用语言文字的,公民可以提出批评和建议。

本法第十九条第二款规定的人员用语违反本法第二章有关规定的,有关单位应当对直接责任人员进行批评教育;拒不改正的,由有关单位作出处理。

城市公共场所的设施和招牌、广告用字违反本法第二章有关规定的,由有关行政管理部门责令改正;拒不改正的,予以警告,并督促其限期改正。

第二十七条　违反本法规定,干涉他人学习和使用国家通用语言文字的,由有关行政管理部门责令限期改正,并予以警告。

第四章　附　则

第二十八条　本法自 2001 年 1 月 1 日起施行。

中华人民共和国著作权法

· 1990 年 9 月 7 日第七届全国人民代表大会常务委员会第十五次会议通过
· 根据 2001 年 10 月 27 日第九届全国人民代表大会常务委员会第二十四次会议《关于修改〈中华人民共和国著作权法〉的决定》第一次修正
· 根据 2010 年 2 月 26 日第十一届全国人民代表大会常务委员会第十三次会议《关于修改〈中华人民共和国著作权法〉的决定》第二次修正
· 根据 2020 年 11 月 11 日第十三届全国人民代表大会常务委员会第二十三次会议《关于修改〈中华人民共和国著作权法〉的决定》第三次修正

第一章　总　则

第一条　为保护文学、艺术和科学作品作者的著作权,以及与著作权有关的权益,鼓励有益于社会主义精神文明、物质文明建设的作品的创作和传播,促进社会主义文化和科学事业的发展与繁荣,根据宪法制定本法。

第二条　中国公民、法人或者非法人组织的作品,不论是否发表,依照本法享有著作权。

外国人、无国籍人的作品根据其作者所属国或者经常居住地国同中国签订的协议或者共同参加的国际条约享有的著作权,受本法保护。

外国人、无国籍人的作品首先在中国境内出版的,依照本法享有著作权。

未与中国签订协议或者共同参加国际条约的国家的作者以及无国籍人的作品首次在中国参加的国际条约的成员国出版的,或者在成员国和非成员国同时出版的,受本法保护。

第三条　本法所称的作品,是指文学、艺术和科学领域内具有独创性并能以一定形式表现的智力成果,包括:

（一）文字作品;

（二）口述作品;

（三）音乐、戏剧、曲艺、舞蹈、杂技艺术作品;

（四）美术、建筑作品;

（五）摄影作品;

（六）视听作品;

（七）工程设计图、产品设计图、地图、示意图等图形作品和模型作品;

（八）计算机软件;

（九）符合作品特征的其他智力成果。

第四条　著作权人和与著作权有关的权利人行使权利,不得违反宪法和法律,不得损害公共利益。国家对作品的出版、传播依法进行监督管理。

第五条　本法不适用于:

（一）法律、法规,国家机关的决议、决定、命令和其他具有立法、行政、司法性质的文件,及其官方正式译文;

（二）单纯事实消息;

（三）历法、通用数表、通用表格和公式。

第六条　民间文学艺术作品的著作权保护办法由国务院另行规定。

第七条　国家著作权主管部门负责全国的著作权管理工作;县级以上地方主管著作权的部门负责本行政区域的著作权管理工作。

第八条　著作权人和与著作权有关的权利人可以授权著作权集体管理组织行使著作权或者与著作权有关的权利。依法设立的著作权集体管理组织是非营利法人,被授权后可以以自己的名义为著作权人和与著作权有关的权利人主张权利,并可以作为当事人进行涉及著作权或者与著作权有关的权利的诉讼、仲裁、调解活动。

著作权集体管理组织根据授权向使用者收取使用费。使用费的收取标准由著作权集体管理组织和使用者代表协商确定,协商不成的,可以向国家著作权主管部门申请裁决,对裁决不服的,可以向人民法院提起诉讼;当事人也可以直接向人民法院提起诉讼。

著作权集体管理组织应当将使用费的收取和转付、管理费的提取和使用、使用费的未分配部分等总体情况定期向社会公布，并应当建立权利信息查询系统，供权利人和使用者查询。国家著作权主管部门应当依法对著作权集体管理组织进行监督、管理。

著作权集体管理组织的设立方式、权利义务、使用费的收取和分配，以及对其监督和管理等由国务院另行规定。

第二章　著作权

第一节　著作权人及其权利

第九条　著作权人包括：

（一）作者；

（二）其他依照本法享有著作权的自然人、法人或者非法人组织。

第十条　著作权包括下列人身权和财产权：

（一）发表权，即决定作品是否公之于众的权利；

（二）署名权，即表明作者身份，在作品上署名的权利；

（三）修改权，即修改或者授权他人修改作品的权利；

（四）保护作品完整权，即保护作品不受歪曲、篡改的权利；

（五）复制权，即以印刷、复印、拓印、录音、录像、翻录、翻拍、数字化等方式将作品制作一份或者多份的权利；

（六）发行权，即以出售或者赠与方式向公众提供作品的原件或者复制件的权利；

（七）出租权，即有偿许可他人临时使用视听作品、计算机软件的原件或者复制件的权利，计算机软件不是出租的主要标的的除外；

（八）展览权，即公开陈列美术作品、摄影作品的原件或者复制件的权利；

（九）表演权，即公开表演作品，以及用各种手段公开播送作品的表演的权利；

（十）放映权，即通过放映机、幻灯机等技术设备公开再现美术、摄影、视听作品等的权利；

（十一）广播权，即以有线或者无线方式公开传播或者转播作品，以及通过扩音器或者其他传送符号、声音、图像的类似工具向公众传播广播的作品的权利，但不包括本款第十二项规定的权利；

（十二）信息网络传播权，即以有线或者无线方式向公众提供，使公众可以在其选定的时间和地点获得作品的权利；

（十三）摄制权，即以摄制视听作品的方法将作品固定在载体上的权利；

（十四）改编权，即改变作品，创作出具有独创性的新作品的权利；

（十五）翻译权，即将作品从一种语言文字转换成另一种语言文字的权利；

（十六）汇编权，即将作品或者作品的片段通过选择或者编排，汇集成新作品的权利；

（十七）应当由著作权人享有的其他权利。

著作权人可以许可他人行使前款第五项至第十七项规定的权利，并依照约定或者本法有关规定获得报酬。

著作权人可以全部或者部分转让本条第一款第五项至第十七项规定的权利，并依照约定或者本法有关规定获得报酬。

第二节　著作权归属

第十一条　著作权属于作者，本法另有规定的除外。

创作作品的自然人是作者。

由法人或者非法人组织主持，代表法人或者非法人组织意志创作，并由法人或者非法人组织承担责任的作品，法人或者非法人组织视为作者。

第十二条　在作品上署名的自然人、法人或者非法人组织为作者，且该作品上存在相应权利，但有相反证明的除外。

作者等著作权人可以向国家著作权主管部门认定的登记机构办理作品登记。

与著作权有关的权利参照适用前两款规定。

第十三条　改编、翻译、注释、整理已有作品而产生的作品，其著作权由改编、翻译、注释、整理人享有，但行使著作权时不得侵犯原作品的著作权。

第十四条　两人以上合作创作的作品，著作权由合作作者共同享有。没有参加创作的人，不能成为合作作者。

合作作品的著作权由合作作者通过协商一致行使；不能协商一致，又无正当理由的，任何一方不得阻止他方行使除转让、许可他人专有使用、出质以外的其他权利，但是所得收益应当合理分配给所有合作作者。

合作作品可以分割使用的，作者对各自创作的部分可以单独享有著作权，但行使著作权时不得侵犯合作作品整体的著作权。

第十五条　汇编若干作品、作品的片段或者不构成作品的数据或者其他材料,对其内容的选择或者编排体现独创性的作品,为汇编作品,其著作权由汇编人享有,但行使著作权时,不得侵犯原作品的著作权。

第十六条　使用改编、翻译、注释、整理、汇编已有作品而产生的作品进行出版、演出和制作录音录像制品,应当取得该作品的著作权人和原作品的著作权人许可,并支付报酬。

第十七条　视听作品中的电影作品、电视剧作品的著作权由制作者享有,但编剧、导演、摄影、作词、作曲等作者享有署名权,并有权按照与制作者签订的合同获得报酬。

前款规定以外的视听作品的著作权归属由当事人约定;没有约定或者约定不明确的,由制作者享有,但作者享有署名权和获得报酬的权利。

视听作品中的剧本、音乐等可以单独使用的作品的作者有权单独行使其著作权。

第十八条　自然人为完成法人或者非法人组织工作任务所创作的作品是职务作品,除本条第二款的规定以外,著作权由作者享有,但法人或者非法人组织有权在其业务范围内优先使用。作品完成两年内,未经单位同意,作者不得许可第三人以与单位使用的相同方式使用该作品。

有下列情形之一的职务作品,作者享有署名权,著作权的其他权利由法人或者非法人组织享有,法人或者非法人组织可以给予作者奖励:

(一)主要是利用法人或者非法人组织的物质技术条件创作,并由法人或者非法人组织承担责任的工程设计图、产品设计图、地图、示意图、计算机软件等职务作品;

(二)报社、期刊社、通讯社、广播电台、电视台的工作人员创作的职务作品;

(三)法律、行政法规规定或者合同约定著作权由法人或者非法人组织享有的职务作品。

第十九条　受委托创作的作品,著作权的归属由委托人和受托人通过合同约定。合同未作明确约定或者没有订立合同的,著作权属于受托人。

第二十条　作品原件所有权的转移,不改变作品著作权的归属,但美术、摄影作品原件的展览权由原件所有人享有。

作者将未发表的美术、摄影作品的原件所有权转让给他人,受让人展览该原件不构成对作者发表权的侵犯。

第二十一条　著作权属于自然人的,自然人死亡后,

其本法第十条第一款第五项至第十七项规定的权利在本法规定的保护期内,依法转移。

著作权属于法人或者非法人组织的,法人或者非法人组织变更、终止后,其本法第十条第一款第五项至第十七项规定的权利在本法规定的保护期内,由承受其权利义务的法人或者非法人组织享有;没有承受其权利义务的法人或者非法人组织的,由国家享有。

第三节　权利的保护期

第二十二条　作者的署名权、修改权、保护作品完整权的保护期不受限制。

第二十三条　自然人的作品,其发表权、本法第十条第一款第五项至第十七项规定的权利的保护期为作者终生及其死亡后五十年,截止于作者死亡后第五十年的12月31日;如果是合作作品,截止于最后死亡的作者死亡后第五十年的12月31日。

法人或者非法人组织的作品、著作权(署名权除外)由法人或者非法人组织享有的职务作品,其发表权的保护期为五十年,截止于作品创作完成后第五十年的12月31日;本法第十条第一款第五项至第十七项规定的权利的保护期为五十年,截止于作品首次发表后第五十年的12月31日,但作品自创作完成后五十年内未发表的,本法不再保护。

视听作品,其发表权的保护期为五十年,截止于作品创作完成后第五十年的12月31日;本法第十条第一款第五项至第十七项规定的权利的保护期为五十年,截止于作品首次发表后第五十年的12月31日,但作品自创作完成后五十年内未发表的,本法不再保护。

第四节　权利的限制

第二十四条　在下列情况下使用作品,可以不经著作权人许可,不向其支付报酬,但应当指明作者姓名或者名称、作品名称,并且不得影响该作品的正常使用,也不得不合理地损害著作权人的合法权益:

(一)为个人学习、研究或者欣赏,使用他人已经发表的作品;

(二)为介绍、评论某一作品或者说明某一问题,在作品中适当引用他人已经发表的作品;

(三)为报道新闻,在报纸、期刊、广播电台、电视台等媒体中不可避免地再现或者引用已经发表的作品;

(四)报纸、期刊、广播电台、电视台等媒体刊登或者播放其他报纸、期刊、广播电台、电视台等媒体已经发表的关于政治、经济、宗教问题的时事性文章,但著作权人

声明不许刊登、播放的除外；

（五）报纸、期刊、广播电台、电视台等媒体刊登或者播放在公众集会上发表的讲话，但作者声明不许刊登、播放的除外；

（六）为学校课堂教学或者科学研究，翻译、改编、汇编、播放或者少量复制已经发表的作品，供教学或者科研人员使用，但不得出版发行；

（七）国家机关为执行公务在合理范围内使用已经发表的作品；

（八）图书馆、档案馆、纪念馆、博物馆、美术馆、文化馆等为陈列或者保存版本的需要，复制本馆收藏的作品；

（九）免费表演已经发表的作品，该表演未向公众收取费用，也未向表演者支付报酬，且不以营利为目的；

（十）对设置或者陈列在公共场所的艺术作品进行临摹、绘画、摄影、录像；

（十一）将中国公民、法人或者非法人组织已经发表的以国家通用语言文字创作的作品翻译成少数民族语言文字作品在国内出版发行；

（十二）以阅读障碍者能够感知的无障碍方式向其提供已经发表的作品；

（十三）法律、行政法规规定的其他情形。

前款规定适用于对与著作权有关的权利的限制。

第二十五条　为实施义务教育和国家教育规划而编写出版教科书，可以不经著作权人许可，在教科书中汇编已经发表的作品片段或者短小的文字作品、音乐作品或者单幅的美术作品、摄影作品、图形作品，但应当按照规定向著作权人支付报酬，指明作者姓名或者名称、作品名称，并且不得侵犯著作权人依照本法享有的其他权利。

前款规定适用于对与著作权有关的权利的限制。

第三章　著作权许可使用和转让合同

第二十六条　使用他人作品应当同著作权人订立许可使用合同，本法规定可以不经许可的除外。

许可使用合同包括下列主要内容：

（一）许可使用的权利种类；

（二）许可使用的权利是专有使用权或者非专有使用权；

（三）许可使用的地域范围、期间；

（四）付酬标准和办法；

（五）违约责任；

（六）双方认为需要约定的其他内容。

第二十七条　转让本法第十条第一款第五至第十七项规定的权利，应当订立书面合同。

权利转让合同包括下列主要内容：

（一）作品的名称；

（二）转让的权利种类、地域范围；

（三）转让价金；

（四）交付转让价金的日期和方式；

（五）违约责任；

（六）双方认为需要约定的其他内容。

第二十八条　以著作权中的财产权出质的，由出质人和质权人依法办理出质登记。

第二十九条　许可使用合同和转让合同中著作权人未明确许可、转让的权利，未经著作权人同意，另一方当事人不得行使。

第三十条　使用作品的付酬标准可以由当事人约定，也可以按照国家著作权主管部门会同有关部门制定的付酬标准支付报酬。当事人约定不明确的，按照国家著作权主管部门会同有关部门制定的付酬标准支付报酬。

第三十一条　出版者、表演者、录音录像制作者、广播电台、电视台等依照本法有关规定使用他人作品的，不得侵犯作者的署名权、修改权、保护作品完整权和获得报酬的权利。

第四章　与著作权有关的权利
第一节　图书、报刊的出版

第三十二条　图书出版者出版图书应当和著作权人订立出版合同，并支付报酬。

第三十三条　图书出版者对著作权人交付出版的作品，按照合同约定享有的专有出版权受法律保护，他人不得出版该作品。

第三十四条　著作权人应当按照合同约定期限交付作品。图书出版者应当按照合同约定的出版质量、期限出版图书。

图书出版者不按照合同约定期限出版，应当依照本法第六十一条的规定承担民事责任。

图书出版者重印、再版作品的，应当通知著作权人，并支付报酬。图书脱销后，图书出版者拒绝重印、再版的，著作权人有权终止合同。

第三十五条　著作权人向报社、期刊社投稿的，自稿件发出之日起十五日内未收到报社通知决定刊登的，或者自稿件发出之日起三十日内未收到期刊社通知决定刊登的，可以将同一作品向其他报社、期刊社投稿。双方另有约定的除外。

作品刊登后，除著作权人声明不得转载、摘编的外，其他报刊可以转载或者作为文摘、资料刊登，但应当按照规定向著作权人支付报酬。

第三十六条　图书出版者经作者许可，可以对作品修改、删节。

报社、期刊社可以对作品作文字性修改、删节。对内容的修改，应当经作者许可。

第三十七条　出版者有权许可或者禁止他人使用其出版的图书、期刊的版式设计。

前款规定的权利的保护期为十年，截止于使用该版式设计的图书、期刊首次出版后第十年的12月31日。

第二节　表　演

第三十八条　使用他人作品演出，表演者应当取得著作权人许可，并支付报酬。演出组织者组织演出，由该组织者取得著作权人许可，并支付报酬。

第三十九条　表演者对其表演享有下列权利：

（一）表明表演者身份；

（二）保护表演形象不受歪曲；

（三）许可他人从现场直播和公开传送其现场表演，并获得报酬；

（四）许可他人录音录像，并获得报酬；

（五）许可他人复制、发行、出租录有其表演的录音录像制品，并获得报酬；

（六）许可他人通过信息网络向公众传播其表演，并获得报酬。

被许可人以前款第三项至第六项规定的方式使用作品，还应当取得著作权人许可，并支付报酬。

第四十条　演员为完成本演出单位的演出任务进行的表演为职务表演，演员享有表明身份和保护表演形象不受歪曲的权利，其他权利归属由当事人约定。当事人没有约定或者约定不明确的，职务表演的权利由演出单位享有。

职务表演的权利由演员享有的，演出单位可以在其业务范围内免费使用该表演。

第四十一条　本法第三十九条第一款第一项、第二项规定的权利的保护期不受限制。

本法第三十九条第一款第三项至第六项规定的权利的保护期为五十年，截止于该表演发生后第五十年的12月31日。

第三节　录音录像

第四十二条　录音录像制作者使用他人作品制作录音录像制品，应当取得著作权人许可，并支付报酬。

录音制作者使用他人已经合法录制为录音制品的音乐作品制作录音制品，可以不经著作权人许可，但应当按照规定支付报酬；著作权人声明不许使用的不得使用。

第四十三条　录音录像制作者制作录音录像制品，应当同表演者订立合同，并支付报酬。

第四十四条　录音录像制作者对其制作的录音录像制品，享有许可他人复制、发行、出租、通过信息网络向公众传播并获得报酬的权利；权利的保护期为五十年，截止于该制品首次制作完成后第五十年的12月31日。

被许可人复制、发行、通过信息网络向公众传播录音录像制品，应当同时取得著作权人、表演者许可，并支付报酬；被许可人出租录音录像制品，还应当取得表演者许可，并支付报酬。

第四十五条　将录音制品用于有线或者无线公开传播，或者通过传送声音的技术设备向公众公开播送的，应当向录音制作者支付报酬。

第四节　广播电台、电视台播放

第四十六条　广播电台、电视台播放他人未发表的作品，应当取得著作权人许可，并支付报酬。

广播电台、电视台播放他人已发表的作品，可以不经著作权人许可，但应当按照规定支付报酬。

第四十七条　广播电台、电视台有权禁止未经其许可的下列行为：

（一）将其播放的广播、电视以有线或者无线方式转播；

（二）将其播放的广播、电视录制以及复制；

（三）将其播放的广播、电视通过信息网络向公众传播。

广播电台、电视台行使前款规定的权利，不得影响、限制或者侵害他人行使著作权或者与著作权有关的权利。

本条第一款规定的权利的保护期为五十年，截止于该广播、电视首次播放后第五十年的12月31日。

第四十八条　电视台播放他人的视听作品、录像制品，应当取得视听作品著作权人或者录像制作者许可，并支付报酬；播放他人的录像制品，还应当取得著作权人许可，并支付报酬。

第五章　著作权和与著作权有关的权利的保护

第四十九条　为保护著作权和与著作权有关的权利，权利人可以采取技术措施。

未经权利人许可,任何组织或者个人不得故意避开或者破坏技术措施,不得以避开或者破坏技术措施为目的制造、进口或者向公众提供有关装置或者部件,不得故意为他人避开或者破坏技术措施提供技术服务。但是,法律、行政法规规定可以避开的情形除外。

本法所称的技术措施,是指用于防止、限制未经权利人许可浏览、欣赏作品、表演、录音录像制品或者通过信息网络向公众提供作品、表演、录音录像制品的有效技术、装置或者部件。

第五十条　下列情形可以避开技术措施,但不得向他人提供避开技术措施的技术、装置或者部件,不得侵犯权利人依法享有的其他权利:

(一)为学校课堂教学或者科学研究,提供少量已经发表的作品,供教学或者科研人员使用,而该作品无法通过正常途径获取;

(二)不以营利为目的,以阅读障碍者能够感知的无障碍方式向其提供已经发表的作品,而该作品无法通过正常途径获取;

(三)国家机关依照行政、监察、司法程序执行公务;

(四)对计算机及其系统或者网络的安全性能进行测试;

(五)进行加密研究或者计算机软件反向工程研究。

前款规定适用于对与著作权有关的权利的限制。

第五十一条　未经权利人许可,不得进行下列行为:

(一)故意删除或者改变作品、版式设计、表演、录音录像制品或者广播、电视上的权利管理信息,但由于技术上的原因无法避免的除外;

(二)知道或者应当知道作品、版式设计、表演、录音录像制品或者广播、电视上的权利管理信息未经许可被删除或者改变,仍然向公众提供。

第五十二条　有下列侵权行为的,应当根据情况,承担停止侵害、消除影响、赔礼道歉、赔偿损失等民事责任:

(一)未经著作权人许可,发表其作品的;

(二)未经合作作者许可,将与他人合作创作的作品当作自己单独创作的作品发表的;

(三)没有参加创作,为谋取个人名利,在他人作品上署名的;

(四)歪曲、篡改他人作品的;

(五)剽窃他人作品的;

(六)未经著作权人许可,以展览、摄制视听作品的方法使用作品,或者以改编、翻译、注释等方式使用作品的,本法另有规定的除外;

(七)使用他人作品,应当支付报酬而未支付的;

(八)未经视听作品、计算机软件、录音录像制品的著作权人、表演者或者录音录像制作者许可,出租其作品或者录音录像制品的原件或者复制件的,本法另有规定的除外;

(九)未经出版者许可,使用其出版的图书、期刊的版式设计的;

(十)未经表演者许可,从现场直播或者公开传送其现场表演,或者录制其表演的;

(十一)其他侵犯著作权以及与著作权有关的权利的行为。

第五十三条　有下列侵权行为的,应当根据情况,承担本法第五十二条规定的民事责任;侵权行为同时损害公共利益的,由主管著作权的部门责令停止侵权行为,予以警告,没收违法所得,没收、无害化销毁处理侵权复制品以及主要用于制作侵权复制品的材料、工具、设备等,违法经营额五万元以上的,可以并处违法经营额一倍以上五倍以下的罚款;没有违法经营额、违法经营额难以计算或者不足五万元的,可以并处二十五万元以下的罚款;构成犯罪的,依法追究刑事责任:

(一)未经著作权人许可,复制、发行、表演、放映、广播、汇编、通过信息网络向公众传播其作品的,本法另有规定的除外;

(二)出版他人享有专有出版权的图书的;

(三)未经表演者许可,复制、发行录有其表演的录音录像制品,或者通过信息网络向公众传播其表演的,本法另有规定的除外;

(四)未经录音录像制作者许可,复制、发行、通过信息网络向公众传播其制作的录音录像制品的,本法另有规定的除外;

(五)未经许可,播放、复制或者通过信息网络向公众传播广播、电视的,本法另有规定的除外;

(六)未经著作权人或者与著作权有关的权利人许可,故意避开或者破坏技术措施的,故意制造、进口或者向他人提供主要用于避开、破坏技术措施的装置或者部件的,或者故意为他人避开或者破坏技术措施提供技术服务的,法律、行政法规另有规定的除外;

(七)未经著作权人或者与著作权有关的权利人许可,故意删除或者改变作品、版式设计、表演、录音录像制品或者广播、电视上的权利管理信息的,知道或者应当知道作品、版式设计、表演、录音录像制品或者广播、电视上的权利管理信息未经许可被删除或者改变,仍然向公众

提供的,法律、行政法规另有规定的除外;

(八)制作、出售假冒他人署名的作品的。

第五十四条　侵犯著作权或者与著作权有关的权利的,侵权人应当按照权利人因此受到的实际损失或者侵权人的违法所得给予赔偿;权利人的实际损失或者侵权人的违法所得难以计算的,可以参照该权利使用费给予赔偿。对故意侵犯著作权或者与著作权有关的权利,情节严重的,可以在按照上述方法确定数额的一倍以上五倍以下给予赔偿。

权利人的实际损失、侵权人的违法所得、权利使用费难以计算的,由人民法院根据侵权行为的情节,判决给予五百元以上五百万元以下的赔偿。

赔偿数额还应当包括权利人为制止侵权行为所支付的合理开支。

人民法院为确定赔偿数额,在权利人已经尽了必要举证责任,而与侵权行为相关的账簿、资料等主要由侵权人掌握的,可以责令侵权人提供与侵权行为相关的账簿、资料等;侵权人不提供,或者提供虚假的账簿、资料等的,人民法院可以参考权利人的主张和提供的证据确定赔偿数额。

人民法院审理著作权纠纷案件,应权利人请求,对侵权复制品,除特殊情况外,责令销毁;对主要用于制造侵权复制品的材料、工具、设备等,责令销毁,且不予补偿;或者在特殊情况下,责令禁止前述材料、工具、设备等进入商业渠道,且不予补偿。

第五十五条　主管著作权的部门对涉嫌侵犯著作权和与著作权有关的权利的行为进行查处时,可以询问有关当事人,调查与涉嫌违法行为有关的情况;对当事人涉嫌违法行为的场所和物品实施现场检查;查阅、复制与涉嫌违法行为有关的合同、发票、账簿以及其他有关资料;对于涉嫌违法行为的场所和物品,可以查封或者扣押。

主管著作权的部门依法行使前款规定的职权时,当事人应当予以协助、配合,不得拒绝、阻挠。

第五十六条　著作权人或者与著作权有关的权利人有证据证明他人正在实施或者即将实施侵犯其权利、妨碍其实现权利的行为,如不及时制止将会使其合法权益受到难以弥补的损害的,可以在起诉前依法向人民法院申请采取财产保全、责令作出一定行为或者禁止作出一定行为等措施。

第五十七条　为制止侵权行为,在证据可能灭失或者以后难以取得的情况下,著作权人或者与著作权有关的权利人可以在起诉前依法向人民法院申请保全证据。

第五十八条　人民法院审理案件,对于侵犯著作权或者与著作权有关的权利的,可以没收违法所得、侵权复制品以及进行违法活动的财物。

第五十九条　复制品的出版者、制作者不能证明其出版、制作有合法授权的,复制品的发行者或者视听作品、计算机软件、录音录像制品的复制品的出租者不能证明其发行、出租的复制品有合法来源的,应当承担法律责任。

在诉讼程序中,被诉侵权人主张其不承担侵权责任的,应当提供证据证明已经取得权利人的许可,或者具有本法规定的不经权利人许可而可以使用的情形。

第六十条　著作权纠纷可以调解,也可以根据当事人达成的书面仲裁协议或者著作权合同中的仲裁条款,向仲裁机构申请仲裁。

当事人没有书面仲裁协议,也没有在著作权合同中订立仲裁条款的,可以直接向人民法院起诉。

第六十一条　当事人因不履行合同义务或者履行合同义务不符合约定而承担民事责任,以及当事人行使诉讼权利、申请保全等,适用有关法律的规定。

第六章　附　则

第六十二条　本法所称的著作权即版权。

第六十三条　本法第二条所称的出版,指作品的复制、发行。

第六十四条　计算机软件、信息网络传播权的保护办法由国务院另行规定。

第六十五条　摄影作品,其发表权、本法第十条第一款第五项至第十七项规定的权利的保护期在2021年6月1日前已经届满,但依据本法第二十三条第一款的规定仍在保护期内的,不再保护。

第六十六条　本法规定的著作权人和出版者、表演者、录音录像制作者、广播电台、电视台的权利,在本法施行之日尚未超过本法规定的保护期的,依照本法予以保护。

本法施行前发生的侵权或者违约行为,依照侵权或者违约行为发生时的有关规定处理。

第六十七条　本法自1991年6月1日起施行。

中华人民共和国著作权法实施条例

· 2002 年 8 月 2 日中华人民共和国国务院令第 359 号公布
· 根据 2011 年 1 月 8 日《国务院关于废止和修改部分行政法规的决定》第一次修订
· 根据 2013 年 1 月 30 日《国务院关于修改〈中华人民共和国著作权法实施条例〉的决定》第二次修订

第一条　根据《中华人民共和国著作权法》(以下简称著作权法),制定本条例。

第二条　著作权法所称作品,是指文学、艺术和科学领域内具有独创性并能以某种有形形式复制的智力成果。

第三条　著作权法所称创作,是指直接产生文学、艺术和科学作品的智力活动。

为他人创作进行组织工作,提供咨询意见、物质条件,或者进行其他辅助工作,均不视为创作。

第四条　著作权法和本条例中下列作品的含义:

(一)文字作品,是指小说、诗词、散文、论文等以文字形式表现的作品;

(二)口述作品,是指即兴的演说、授课、法庭辩论等以口头语言形式表现的作品;

(三)音乐作品,是指歌曲、交响乐等能够演唱或者演奏的带词或者不带词的作品;

(四)戏剧作品,是指话剧、歌剧、地方戏等供舞台演出的作品;

(五)曲艺作品,是指相声、快书、大鼓、评书等以说唱为主要形式表演的作品;

(六)舞蹈作品,是指通过连续的动作、姿势、表情等表现思想情感的作品;

(七)杂技艺术作品,是指杂技、魔术、马戏等通过形体动作和技巧表现的作品;

(八)美术作品,是指绘画、书法、雕塑等以线条、色彩或者其他方式构成的有审美意义的平面或者立体的造型艺术作品;

(九)建筑作品,是指以建筑物或者构筑物形式表现的有审美意义的作品;

(十)摄影作品,是指借助器械在感光材料或者其他介质上记录客观物体形象的艺术作品;

(十一)电影作品和以类似摄制电影的方法创作的作品,是指摄制在一定介质上,由一系列有伴音或者无伴音的画面组成,并且借助适当装置放映或者以其他方式传播的作品;

(十二)图形作品,是指为施工、生产绘制的工程设计图、产品设计图,以及反映地理现象、说明事物原理或者结构的地图、示意图等作品;

(十三)模型作品,是指为展示、试验或者观测等用途,根据物体的形状和结构,按照一定比例制成的立体作品。

第五条　著作权法和本条例中下列用语的含义:

(一)时事新闻,是指通过报纸、期刊、广播电台、电视台等媒体报道的单纯事实消息;

(二)录音制品,是指任何对表演的声音和其他声音的录制品;

(三)录像制品,是指电影作品和以类似摄制电影的方法创作的作品以外的任何有伴音或者无伴音的连续相关形象、图像的录制品;

(四)录音制作者,是指录音制品的首次制作人;

(五)录像制作者,是指录像制品的首次制作人;

(六)表演者,是指演员、演出单位或者其他表演文学、艺术作品的人。

第六条　著作权自作品创作完成之日起产生。

第七条　著作权法第二条第三款规定的首先在中国境内出版的外国人、无国籍人的作品,其著作权自首次出版之日起受保护。

第八条　外国人、无国籍人的作品在中国境外首先出版后,30 日内在中国境内出版的,视为该作品同时在中国境内出版。

第九条　合作作品不可以分割使用的,其著作权由各合作作者共同享有,通过协商一致行使;不能协商一致,又无正当理由的,任何一方不得阻止他方行使除转让以外的其他权利,但是所得收益应当合理分配给所有合作作者。

第十条　著作权人许可他人将其作品摄制成电影作品和以类似摄制电影的方法创作的作品的,视为已同意对其作品进行必要的改动,但是这种改动不得歪曲篡改原作品。

第十一条　著作权法第十六条第一款关于职务作品的规定中的"工作任务",是指公民在该法人或者该组织中应当履行的职责。

著作权法第十六条第二款关于职务作品的规定中的"物质技术条件",是指该法人或者该组织为公民完成创作专门提供的资金、设备或者资料。

第十二条　职务作品完成两年内,经单位同意,作者许可第三人以与单位使用的相同方式使用作品所获报酬,由作者与单位按约定的比例分配。

作品完成两年的期限,自作者向单位交付作品之日起计算。

第十三条　作者身份不明的作品,由作品原件的所有人行使除署名权以外的著作权。作者身份确定后,由作者或者其继承人行使著作权。

第十四条　合作作者之一死亡后,其对合作作品享有的著作权法第十条第一款第五项至第十七项规定的权利无人继承又无人受遗赠的,由其他合作作者享有。

第十五条　作者死亡后,其著作权中的署名权、修改权和保护作品完整权由作者的继承人或者受遗赠人保护。

著作权无人继承又无人受遗赠的,其署名权、修改权和保护作品完整权由著作权行政管理部门保护。

第十六条　国家享有著作权的作品的使用,由国务院著作权行政管理部门管理。

第十七条　作者生前未发表的作品,如果作者未明确表示不发表,作者死亡后50年内,其发表权可由继承人或者受遗赠人行使;没有继承人又无人受遗赠的,由作品原件的所有人行使。

第十八条　作者身份不明的作品,其著作权法第十条第一款第五项至第十七项规定的权利的保护期截止于作品首次发表后第50年的12月31日。作者身份确定后,适用著作权法第二十一条的规定。

第十九条　使用他人作品的,应当指明作者姓名、作品名称;但是,当事人另有约定或者由于作品使用方式的特性无法指明的除外。

第二十条　著作权法所称已经发表的作品,是指著作权人自行或者许可他人公之于众的作品。

第二十一条　依照著作权法有关规定,使用可以不经著作权人许可的已经发表的作品的,不得影响该作品的正常使用,也不得不合理地损害著作权人的合法利益。

第二十二条　依照著作权法第二十三条、第三十三条第二款、第四十条第三款的规定使用作品的付酬标准,由国务院著作权行政管理部门会同国务院价格主管部门制定、公布。

第二十三条　使用他人作品应当同著作权人订立许可使用合同,许可使用的权利是专有使用权的,应当采取书面形式,但是报社、期刊社刊登作品除外。

第二十四条　著作权法第二十四条规定的专有使用权的内容由合同约定,合同没有约定或者约定不明的,视

为被许可人有权排除包括著作权人在内的任何人以同样的方式使用作品;除合同另有约定外,被许可人许可第三人行使同一权利,必须取得著作权人的许可。

第二十五条　与著作权人订立专有许可使用合同、转让合同的,可以向著作权行政管理部门备案。

第二十六条　著作权法和本条例所称与著作权有关的权益,是指出版者对其出版的图书和期刊的版式设计享有的权利,表演者对其表演享有的权利,录音录像制作者对其制作的录音录像制品享有的权利,广播电台、电视台对其播放的广播、电视节目享有的权利。

第二十七条　出版者、表演者、录音录像制作者、广播电台、电视台行使权利,不得损害被使用作品和原作品著作权人的权利。

第二十八条　图书出版合同中约定图书出版者享有专有出版权但没有明确其具体内容的,视为图书出版者享有在合同有效期限内和在合同约定的地域范围内以同种文字的原版、修订版出版图书的专有权利。

第二十九条　著作权人寄给图书出版者的两份订单在6个月内未能得到履行,视为著作权法第三十二条所称图书脱销。

第三十条　著作权人依照著作权法第三十三条第二款声明不得转载、摘编其作品的,应当在报纸、期刊刊登该作品时附带声明。

第三十一条　著作权人依照著作权法第四十条第三款声明不得对其作品制作录音制品的,应当在该作品合法录制为录音制品时声明。

第三十二条　依照著作权法第二十三条、第三十三条第二款、第四十条第三款的规定,使用他人作品的,应当自使用该作品之日起2个月内向著作权人支付报酬。

第三十三条　外国人、无国籍人在中国境内的表演,受著作权法保护。

外国人、无国籍人根据中国参加的国际条约对其表演享有的权利,受著作权法保护。

第三十四条　外国人、无国籍人在中国境内制作、发行的录音制品,受著作权法保护。

外国人、无国籍人根据中国参加的国际条约对其制作、发行的录音制品享有的权利,受著作权法保护。

第三十五条　外国的广播电台、电视台根据中国参加的国际条约对其播放的广播、电视节目享有的权利,受著作权法保护。

第三十六条　有著作权法第四十八条所列侵权行

为,同时损害社会公共利益,非法经营额 5 万元以上的,著作权行政管理部门可处非法经营额 1 倍以上 5 倍以下的罚款;没有非法经营额或者非法经营额 5 万元以下的,著作权行政管理部门根据情节轻重,可处 25 万元以下的罚款。

第三十七条　有著作权法第四十八条所列侵权行为,同时损害社会公共利益的,由地方人民政府著作权行政管理部门负责查处。

国务院著作权行政管理部门可以查处在全国有重大影响的侵权行为。

第三十八条　本条例自 2002 年 9 月 15 日起施行。1991 年 5 月 24 日国务院批准、1991 年 5 月 30 日国家版权局发布的《中华人民共和国著作权法实施条例》同时废止。

出版管理条例

· 2001 年 12 月 25 日中华人民共和国国务院令第 343 号公布根据 2011 年 3 月 19 日《国务院关于修改〈出版管理条例〉的决定》第一次修订

· 根据 2013 年 7 月 18 日《国务院关于废止和修改部分行政法规的决定》第二次修订

· 根据 2014 年 7 月 29 日《国务院关于修改部分行政法规的决定》第三次修订

· 根据 2016 年 2 月 6 日《国务院关于修改部分行政法规的决定》第四次修订

· 根据 2020 年 11 月 29 日《国务院关于修改和废止部分行政法规的决定》第五次修订

· 根据 2024 年 12 月 6 日《国务院关于修改和废止部分行政法规的决定》第六次修订

第一章　总　则

第一条　为了加强对出版活动的管理,发展和繁荣有中国特色社会主义出版产业和出版事业,保障公民依法行使出版自由的权利,促进社会主义精神文明和物质文明建设,根据宪法,制定本条例。

第二条　在中华人民共和国境内从事出版活动,适用本条例。

本条例所称出版活动,包括出版物的出版、印刷或者复制、进口、发行。

本条例所称出版物,是指报纸、期刊、图书、音像制品、电子出版物等。

第三条　出版活动必须坚持为人民服务、为社会主义服务的方向,坚持以马克思列宁主义、毛泽东思想、邓

小平理论和"三个代表"重要思想为指导,贯彻落实科学发展观,传播和积累有益于提高民族素质、有益于经济发展和社会进步的科学技术和文化知识,弘扬民族优秀文化,促进国际文化交流,丰富和提高人民的精神生活。

第四条　从事出版活动,应当将社会效益放在首位,实现社会效益与经济效益相结合。

第五条　公民依法行使出版自由的权利,各级人民政府应当予以保障。

公民在行使出版自由的权利的时候,必须遵守宪法和法律,不得反对宪法确定的基本原则,不得损害国家的、社会的、集体的利益和其他公民的合法的自由和权利。

第六条　国务院出版行政主管部门负责全国的出版活动的监督管理工作。国务院其他有关部门按照国务院规定的职责分工,负责有关的出版活动的监督管理工作。

县级以上地方各级人民政府负责出版管理的部门(以下简称出版行政主管部门)负责本行政区域内出版活动的监督管理工作。县级以上地方各级人民政府其他有关部门在各自的职责范围内,负责有关的出版活动的监督管理工作。

第七条　出版行政主管部门根据已经取得的违法嫌疑证据或者举报,对涉嫌违法从事出版物出版、印刷或者复制、进口、发行等活动的行为进行查处时,可以检查与涉嫌违法活动有关的物品和经营场所;对有证据证明是与违法活动有关的物品,可以查封或者扣押。

第八条　出版行业的社会团体按照其章程,在出版行政主管部门的指导下,实行自律管理。

第二章　出版单位的设立与管理

第九条　报纸、期刊、图书、音像制品和电子出版物等应当由出版单位出版。

本条例所称出版单位,包括报社、期刊社、图书出版社、音像出版社和电子出版物出版社等。

法人出版报纸、期刊,不设立报社、期刊社的,其设立的报纸编辑部、期刊编辑部视为出版单位。

第十条　国务院出版行政主管部门制定全国出版单位总量、结构、布局的规划,指导、协调出版产业和出版事业发展。

第十一条　设立出版单位,应当具备下列条件:

(一)有出版单位的名称、章程;

(二)有符合国务院出版行政主管部门认定的主办

单位及其主管机关;

（三）有确定的业务范围;

（四）有 30 万元以上的注册资本和固定的工作场所;

（五）有适应业务范围需要的组织机构和符合国家规定的资格条件的编辑出版专业人员;

（六）法律、行政法规规定的其他条件。

审批设立出版单位,除依照前款所列条件外,还应当符合国家关于出版单位总量、结构、布局的规划。

第十二条　设立出版单位,由其主办单位向所在地省、自治区、直辖市人民政府出版行政主管部门提出申请;省、自治区、直辖市人民政府出版行政主管部门审核同意后,报国务院出版行政主管部门审批。设立的出版单位为事业单位的,还应当办理机构编制审批手续。

第十三条　设立出版单位的申请书应当载明下列事项:

（一）出版单位的名称、地址;

（二）出版单位的主办单位及其主管机关的名称、地址;

（三）出版单位的法定代表人或者主要负责人的姓名、住址、资格证明文件;

（四）出版单位的资金来源及数额。

设立报社、期刊社或者报纸编辑部、期刊编辑部的,申请书还应当载明报纸或者期刊的名称、刊期、开版或者开本、印刷场所。

申请书应当附具出版单位的章程和设立出版单位的主办单位及其主管机关的有关证明材料。

第十四条　国务院出版行政主管部门应当自受理设立出版单位的申请之日起 60 日内,作出批准或者不批准的决定,并由省、自治区、直辖市人民政府出版行政主管部门书面通知主办单位;不批准的,应当说明理由。

第十五条　设立出版单位的主办单位应当自收到批准决定之日起 60 日内,向所在地省、自治区、直辖市人民政府出版行政主管部门登记,领取出版许可证。登记事项由国务院出版行政主管部门规定。

出版单位领取出版许可证后,属于事业单位法人的,持出版许可证向事业单位登记管理机关登记,依法领取事业单位法人证书;属于企业法人的,持出版许可证向工商行政管理部门登记,依法领取营业执照。

第十六条　报社、期刊社、图书出版社、音像出版社和电子出版物出版社等应当具备法人条件,经核准登记

后,取得法人资格,以其全部法人财产独立承担民事责任。

依照本条例第九条第三款的规定,视为出版单位的报纸编辑部、期刊编辑部不具有法人资格,其民事责任由其主办单位承担。

第十七条　出版单位变更名称、主办单位或者其主管机关、业务范围、资本结构,合并或者分立,设立分支机构,出版新的报纸、期刊,或者报纸、期刊变更名称的,应当依照本条例第十二条、第十三条的规定办理审批手续。出版单位属于事业单位法人的,还应当持批准文件到事业单位登记管理机关办理相应的登记手续;属于企业法人的,还应当持批准文件到工商行政管理部门办理相应的登记手续。

出版单位除前款所列变更事项外的其他事项的变更,应当经主办单位及其主管机关审查同意,向所在地省、自治区、直辖市人民政府出版行政主管部门申请变更登记,并报国务院出版行政主管部门备案。出版单位属于事业单位法人的,还应当持批准文件到事业单位登记管理机关办理变更登记;属于企业法人的,还应当持批准文件到工商行政管理部门办理变更登记。

第十八条　出版单位中止出版活动的,应当向所在地省、自治区、直辖市人民政府出版行政主管部门备案并说明理由和期限;出版单位中止出版活动不得超过 180 日。

出版单位终止出版活动的,由主办单位提出申请并经主管机关同意后,由主办单位向所在地省、自治区、直辖市人民政府出版行政主管部门办理注销登记,并报国务院出版行政主管部门备案。出版单位属于事业单位法人的,还应当持批准文件到事业单位登记管理机关办理注销登记;属于企业法人的,还应当持批准文件到工商行政管理部门办理注销登记。

第十九条　图书出版社、音像出版社和电子出版物出版社自登记之日起满 180 日未从事出版活动的,报社、期刊社自登记之日起满 90 日未出版报纸、期刊的,由原登记的出版行政主管部门注销登记,并报国务院出版行政主管部门备案。

因不可抗力或者其他正当理由发生前款所列情形的,出版单位可以向原登记的出版行政主管部门申请延期。

第二十条　图书出版社、音像出版社和电子出版物出版社的年度出版计划及涉及国家安全、社会安定等方面的重大选题,应当经所在地省、自治区、直辖市人民政

府出版行政主管部门审核后报国务院出版行政主管部门备案;涉及重大选题,未在出版前报备案的出版物,不得出版。具体办法由国务院出版行政主管部门制定。

期刊社的重大选题,应当依照前款规定办理备案手续。

第二十一条　出版单位不得向任何单位或者个人出售或者以其他形式转让本单位的名称、书号、刊号或者版号、版面,并不得出租本单位的名称、刊号。

出版单位及其从业人员不得利用出版活动谋取其他不正当利益。

第二十二条　出版单位应当按照国家有关规定向国家图书馆、中国版本图书馆和国务院出版行政主管部门免费送交样本。

第三章　出版物的出版

第二十三条　公民可以依照本条例规定,在出版物上自由表达自己对国家事务、经济和文化事业、社会事务的见解和意愿,自由发表自己从事科学研究、文学艺术创作和其他文化活动的成果。

合法出版物受法律保护,任何组织和个人不得非法干扰、阻止、破坏出版物的出版。

第二十四条　出版单位实行编辑责任制度,保障出版物刊载的内容符合本条例的规定。

第二十五条　任何出版物不得含有下列内容:

(一)反对宪法确定的基本原则的;

(二)危害国家统一、主权和领土完整的;

(三)泄露国家秘密、危害国家安全或者损害国家荣誉和利益的;

(四)煽动民族仇恨、民族歧视,破坏民族团结,或者侵害民族风俗、习惯的;

(五)宣扬邪教、迷信的;

(六)扰乱社会秩序,破坏社会稳定的;

(七)宣扬淫秽、赌博、暴力或者教唆犯罪的;

(八)侮辱或者诽谤他人,侵害他人合法权益的;

(九)危害社会公德或者民族优秀文化传统的;

(十)有法律、行政法规和国家规定禁止的其他内容的。

第二十六条　以未成年人为对象的出版物不得含有诱发未成年人模仿违反社会公德的行为和违法犯罪的行为的内容,不得含有恐怖、残酷等妨害未成年人身心健康的内容。

第二十七条　出版物的内容不真实或者不公正,致使公民、法人或者其他组织的合法权益受到侵害的,其出版单位应当公开更正,消除影响,并依法承担其他民事责任。

报纸、期刊发表的作品内容不真实或者不公正,致使公民、法人或者其他组织的合法权益受到侵害的,当事人有权要求有关出版单位更正或者答辩,有关出版单位应当在其近期出版的报纸、期刊上予以发表;拒绝发表的,当事人可以向人民法院提起诉讼。

第二十八条　出版物必须按照国家的有关规定载明作者、出版者、印刷者或者复制者、发行者的名称、地址,书号、刊号或者版号,在版编目数据,出版日期、刊期以及其他有关事项。

出版物的规格、开本、版式、装帧、校对等必须符合国家标准和规范要求,保证出版物的质量。

出版物使用语言文字必须符合国家法律规定和有关标准、规范。

第二十九条　任何单位和个人不得伪造、假冒出版单位名称或者报纸、期刊名称出版出版物。

第三十条　中学小学教科书由国务院教育行政主管部门审定;其出版、发行单位应当具有适应教科书出版、发行业务需要的资金、组织机构和人员等条件,并取得国务院出版行政主管部门批准的教科书出版、发行资质。纳入政府采购范围的中学小学教科书,其发行单位按照《中华人民共和国政府采购法》的有关规定确定。其他任何单位或者个人不得从事中学小学教科书的出版、发行业务。

第四章　出版物的印刷或者复制和发行

第三十一条　从事出版物印刷或者复制业务的单位,应当向所在地省、自治区、直辖市人民政府出版行政主管部门提出申请,经审核许可,并依照国家有关规定到工商行政管理部门办理相关手续后,方可从事出版物的印刷或者复制。

未经许可并办理相关手续的,不得印刷报纸、期刊、图书,不得复制音像制品、电子出版物。

第三十二条　出版单位不得委托未取得出版物印刷或者复制许可的单位印刷或者复制出版物。

出版单位委托印刷或者复制单位印刷或者复制出版物的,必须提供符合国家规定的印刷或者复制出版物的有关证明,并依法与印刷或者复制单位签订合同。

印刷或者复制单位不得接受非出版单位和个人的委托印刷报纸、期刊、图书或者复制音像制品、电子出版物,不得擅自印刷、发行报纸、期刊、图书或者复制、发行音像制品、电子出版物。

第三十三条　印刷或者复制单位经所在地省、自治区、直辖市人民政府出版行政主管部门批准,可以承接境外出版物的印刷或者复制业务;但是,印刷或者复制的境外出版物必须全部运输出境,不得在境内发行。

境外委托印刷或者复制的出版物的内容,应当经省、自治区、直辖市人民政府出版行政主管部门审核。委托人应当持有著作权人授权书,并向著作权行政管理部门登记。

第三十四条　印刷或者复制单位应当自完成出版物的印刷或者复制之日起 2 年内,留存一份承接的出版物样本备查。

第三十五条　单位从事出版物批发业务的,须经省、自治区、直辖市人民政府出版行政主管部门审核许可,取得《出版物经营许可证》。

单位和个体工商户从事出版物零售业务的,须经县级人民政府出版行政主管部门审核许可,取得《出版物经营许可证》。

第三十六条　通过互联网等信息网络从事出版物发行业务的单位或者个体工商户,应当依照本条例规定取得《出版物经营许可证》。

提供网络交易平台服务的经营者应当对申请通过网络交易平台从事出版物发行业务的单位或者个体工商户的经营主体身份进行审查,验证其《出版物经营许可证》。

第三十七条　从事出版物发行业务的单位和个体工商户变更《出版物经营许可证》登记事项,或者兼并、合并、分立的,应当依照本条例第三十五条的规定办理审批手续。

从事出版物发行业务的单位和个体工商户终止经营活动的,应当向原批准的出版行政主管部门备案。

第三十八条　出版单位可以发行本出版单位出版的出版物,不得发行其他出版单位出版的出版物。

第三十九条　国家允许设立从事图书、报纸、期刊、电子出版物发行业务的外商投资企业。

第四十条　印刷或者复制单位、发行单位或者个体工商户不得印刷或者复制、发行有下列情形之一的出版物:

(一)含有本条例第二十五条、第二十六条禁止内容的;

(二)非法进口的;

(三)伪造、假冒出版单位名称或者报纸、期刊名称的;

(四)未署出版单位名称的;

(五)中学小学教科书未经依法审定的;

(六)侵犯他人著作权的。

第五章　出版物的进口

第四十一条　出版物进口业务,由依照本条例设立的出版物进口经营单位经营;其他单位和个人不得从事出版物进口业务。

第四十二条　设立出版物进口经营单位,应当具备下列条件:

(一)有出版物进口经营单位的名称、章程;

(二)有符合国务院出版行政主管部门认定的主办单位及其主管机关;

(三)有确定的业务范围;

(四)具有进口出版物内容审查能力;

(五)有与出版物进口业务相适应的资金;

(六)有固定的经营场所;

(七)法律、行政法规和国家规定的其他条件。

第四十三条　设立出版物进口经营单位,应当向国务院出版行政主管部门提出申请,经审查批准,取得国务院出版行政主管部门核发的出版物进口经营许可证后,持证到工商行政管理部门依法领取营业执照。

设立出版物进口经营单位,还应当依照对外贸易法律、行政法规的规定办理相应手续。

第四十四条　出版物进口经营单位变更名称、业务范围、资本结构、主办单位或者其主管机关,合并或者分立,设立分支机构,应当依照本条例第四十二条、第四十三条的规定办理审批手续,并持批准文件到工商行政管理部门办理相应的登记手续。

第四十五条　出版物进口经营单位进口的出版物,不得含有本条例第二十五条、第二十六条禁止的内容。

出版物进口经营单位负责对其进口的出版物进行内容审查。省级以上人民政府出版行政主管部门可以对出版物进口经营单位进口的出版物直接进行内容审查。出版物进口经营单位无法判断其进口的出版物是否含有本条例第二十五条、第二十六条禁止内容的,可以请求省级以上人民政府出版行政主管部门进行内容审查。省级以上人民政府出版行政主管部门应出版物进口经营单位的请求,对其进口的出版物进行内容审查的,可以按照国务院价格主管部门批准的标准收取费用。

国务院出版行政主管部门可以禁止特定出版物的进口。

第四十六条　出版物进口经营单位应当在进口出版

物前将拟进口的出版物目录报省级以上人民政府出版行政主管部门备案;省级以上人民政府出版行政主管部门发现有禁止进口的或者暂缓进口的出版物的,应当及时通知出版物进口经营单位并通报海关。对通报禁止进口或者暂缓进口的出版物,出版物进口经营单位不得进口,海关不得放行。

出版物进口备案的具体办法由国务院出版行政主管部门制定。

第四十七条　发行进口出版物的,必须从依法设立的出版物进口经营单位进货。

第四十八条　出版物进口经营单位在境内举办境外出版物展览,必须报经国务院出版行政主管部门批准。未经批准,任何单位和个人不得举办境外出版物展览。

依照前款规定展览的境外出版物需要销售的,应当按照国家有关规定办理相关手续。

第六章　监督与管理

第四十九条　出版行政主管部门应当加强对本行政区域内出版单位出版活动的日常监督管理;出版单位的主办单位及其主管机关对所属出版单位出版活动负有直接管理责任,并应当配合出版行政主管部门督促所属出版单位执行各项管理规定。

出版单位和出版物进口经营单位应当按照国务院出版行政主管部门的规定,将从事出版活动和出版物进口活动的情况向出版行政主管部门提出书面报告。

第五十条　出版行政主管部门履行下列职责:

(一)对出版物的出版、印刷、复制、发行、进口单位进行行业监管,实施准入和退出管理;

(二)对出版活动进行监管,对违反本条例的行为进行查处;

(三)对出版物内容和质量进行监管;

(四)根据国家有关规定对出版从业人员进行管理。

第五十一条　出版行政主管部门根据有关规定和标准,对出版物的内容、编校、印刷或者复制、装帧设计等方面质量实施监督检查。

第五十二条　国务院出版行政主管部门制定出版单位综合评估办法,对出版单位分类实施综合评估。

出版物的出版、印刷或者复制、发行和进口经营单位不再具备行政许可的法定条件的,由出版行政主管部门责令限期改正;逾期仍未改正的,由原发证机关撤销行政许可。

第五十三条　国家对在出版单位从事出版专业技术工作的人员实行职业资格制度;出版专业技术人员通过国家专业技术人员资格考试取得专业技术资格。具体办法由国务院人力资源社会保障主管部门、国务院出版行政主管部门共同制定。

第七章　保障与奖励

第五十四条　国家制定有关政策,保障、促进出版产业和出版事业的发展与繁荣。

第五十五条　国家支持、鼓励下列优秀的、重点的出版物的出版:

(一)对阐述、传播宪法确定的基本原则有重大作用的;

(二)对弘扬社会主义核心价值体系,在人民中进行爱国主义、集体主义、社会主义和民族团结教育以及弘扬社会公德、职业道德、家庭美德有重要意义的;

(三)对弘扬民族优秀文化,促进国际文化交流有重大作用的;

(四)对推进文化创新,及时反映国内外新的科学文化成果有重大贡献的;

(五)对服务农业、农村和农民,促进公共文化服务有重大作用的;

(六)其他具有重要思想价值、科学价值或者文化艺术价值的。

第五十六条　国家对教科书的出版发行,予以保障。

国家扶持少数民族语言文字出版物和盲文出版物的出版发行。

国家对在少数民族地区、边疆地区、经济不发达地区和在农村发行出版物,实行优惠政策。

第五十七条　报纸、期刊交由邮政企业发行的,邮政企业应当保证按照合同约定及时、准确发行。

承运出版物的运输企业,应当对出版物的运输提供方便。

第五十八条　对为发展、繁荣出版产业和出版事业作出重要贡献的单位和个人,按照国家有关规定给予奖励。

第五十九条　对非法干扰、阻止和破坏出版物出版、印刷或者复制、进口、发行的行为,县级以上各级人民政府出版行政主管部门及其他有关部门,应当及时采取措施,予以制止。

第八章　法律责任

第六十条　出版行政主管部门或者其他有关部门的工作人员,利用职务上的便利收受他人财物或者其他好处,批准不符合法定条件的申请人取得许可证、批准文件,或者不履行监督职责,或者发现违法行为不予查处,造成严重后果的,依法给予降级直至开除的处分;构成犯罪的,依照刑法关于受贿罪、滥用职权罪、玩忽职守罪或者其他罪的规定,依法追究刑事责任。

第六十一条　未经批准,擅自设立出版物的出版、印刷或者复制、进口单位,或者擅自从事出版物的出版、印刷或者复制、进口、发行业务,假冒出版单位名称或者伪造、假冒报纸、期刊名称出版出版物的,由出版行政主管部门、工商行政管理部门依法定职权予以取缔;依照刑法关于非法经营罪的规定,依法追究刑事责任;尚不够刑事处罚的,没收出版物、违法所得和从事违法活动的专用工具、设备,违法所得 5 万元以上的,并处违法所得 5 倍以上 10 倍以下的罚款,没有违法所得或者违法所得不足 5 万元的,并处 25 万元以下的罚款;侵犯他人合法权益的,依法承担民事责任。

第六十二条　有下列行为之一,触犯刑律的,依照刑法有关规定,依法追究刑事责任;尚不够刑事处罚的,由出版行政主管部门责令限期停业整顿,没收出版物、违法所得,违法经营额 1 万元以上的,并处违法经营额 5 倍以上 10 倍以下的罚款;违法经营额不足 1 万元的,可以处 5 万元以下的罚款;情节严重的,由原发证机关吊销许可证:

（一）出版、进口含有本条例第二十五条、第二十六条禁止内容的出版物的;

（二）明知或者应知出版物含有本条例第二十五条、第二十六条禁止内容而印刷或者复制、发行的;

（三）明知或者应知他人出版含有本条例第二十五条、第二十六条禁止内容的出版物而向其出售或者以其他形式转让本出版单位的名称、书号、刊号、版号、版面,或者出租本单位的名称、刊号的。

第六十三条　有下列行为之一的,由出版行政主管部门责令停止违法行为,没收出版物、违法所得,违法经营额 1 万元以上的,并处违法经营额 5 倍以上 10 倍以下的罚款,违法经营额不足 1 万元的,并处 5 万元以下的罚款;情节严重的,视情形限制开展相关生产经营活动、责令限期停业整顿,或者由原发证机关降低相关资质等级直至吊销许可证:

（一）进口、印刷或者复制、发行国务院出版行政主管部门禁止进口的出版物的;

（二）印刷或者复制走私的境外出版物的。

发行进口出版物未从本条例规定的出版物进口经营单位进货的,由出版行政主管部门责令停止违法行为,没

收出版物、违法所得,违法所得 5 万元以上的,并处违法所得 5 倍以上 10 倍以下的罚款,没有违法所得或者违法所得不足 5 万元的,并处 25 万元以下的罚款;情节严重的,视情形限制开展相关生产经营活动、责令限期停业整顿,或者由原发证机关降低相关资质等级直至吊销许可证。

第六十四条　走私出版物的,依照刑法关于走私罪的规定,依法追究刑事责任;尚不够刑事处罚的,由海关依照海关法的规定给予行政处罚。

第六十五条　有下列行为之一的,由出版行政主管部门没收出版物、违法所得,违法所得 5 万元以上的,并处违法所得 5 倍以上 10 倍以下的罚款,没有违法所得或者违法所得不足 5 万元的,并处 25 万元以下的罚款;情节严重的,视情形限制开展相关生产经营活动、责令限期停业整顿,或者由原发证机关降低相关资质等级直至吊销许可证:

（一）出版单位委托未取得出版物印刷或者复制许可的单位印刷或者复制出版物的;

（二）印刷或者复制单位未取得印刷或者复制许可而印刷或者复制出版物的;

（三）印刷或者复制单位接受非出版单位和个人的委托印刷或者复制出版物的;

（四）印刷或者复制单位未履行法定手续印刷或者复制境外出版物的,印刷或者复制的境外出版物没有全部运输出境的;

（五）印刷或者复制单位、发行单位或者个体工商户印刷或者复制、发行未署出版单位名称的出版物的。

有下列行为之一的,由出版行政主管部门没收出版物、违法所得,违法经营额 1 万元以上的,并处违法经营额 5 倍以上 10 倍以下的罚款,违法经营额不足 1 万元的,并处 5 万元以下的罚款;情节严重的,视情形限制开展相关生产经营活动、责令限期停业整顿,或者由原发证机关降低相关资质等级直至吊销许可证:

（一）印刷或者复制单位、发行单位或者个体工商户印刷或者复制、发行伪造、假冒出版单位名称或者报纸、期刊名称的出版物的;

（二）出版、印刷、发行单位出版、印刷、发行未经依法审定的中学小学教科书,或者非依照本条例规定确定的单位从事中学小学教科书的出版、发行业务的。

第六十六条　出版单位有下列行为之一的,由出版行政主管部门责令停止违法行为,给予警告,没收违法经营的出版物、违法所得,违法所得 5 万元以上的,并处违

法所得 5 倍以上 10 倍以下的罚款，没有违法所得或者违法所得不足 5 万元的，并处 25 万元以下的罚款；情节严重的，视情形限制开展相关生产经营活动、责令限期停业整顿，或者由原发证机关降低相关资质等级直至吊销许可证：

（一）出售或者以其他形式转让本出版单位的名称、书号、刊号、版号、版面，或者出租本单位的名称、刊号的；

（二）利用出版活动谋取其他不正当利益的。

第六十七条　有下列行为之一的，由出版行政主管部门责令改正，给予警告；情节严重的，责令限期停业整顿或者由原发证机关吊销许可证：

（一）出版单位变更名称、主办单位或者其主管机关、业务范围，合并或者分立，出版新的报纸、期刊，或者报纸、期刊改变名称，以及出版单位变更其他事项，未依照本条例的规定到出版行政主管部门办理审批、变更登记手续的；

（二）出版单位未将其年度出版计划和涉及国家安全、社会安定等方面的重大选题备案的；

（三）出版单位未依照本条例的规定送交出版物的样本的；

（四）印刷或者复制单位未依照本条例的规定留存备查的材料的；

（五）出版进口经营单位未将其进口的出版物目录报送备案的；

（六）出版单位擅自中止出版活动超过 180 日的；

（七）出版物发行单位、出版物进口经营单位未依照本条例的规定办理变更审批手续的；

（八）出版物质量不符合有关规定和标准的。

第六十八条　未经批准，举办境外出版物展览的，由出版行政主管部门责令停止违法行为，没收出版物、违法所得；情节严重的，责令限期停业整顿或者由原发证机关吊销许可证。

第六十九条　印刷或者复制、批发、零售、出租、散发含有本条例第二十五条、第二十六条禁止内容的出版物或者其他非法出版物的，当事人对非法出版物的来源作出说明、指认，经查证属实的，没收出版物、违法所得，可以减轻或者免除其他行政处罚。

第七十条　单位违反本条例被处以吊销许可证行政处罚的，其法定代表人或者主要负责人自许可证被吊销之日起 10 年内不得担任出版、印刷或者复制、进口、发行单位的法定代表人或者主要负责人。

出版从业人员违反本条例规定，情节严重的，由原发证机关吊销其资格证书。

第七十一条　依照本条例的规定实施罚款的行政处罚，应当依照有关法律、行政法规的规定，实行罚款决定与罚款收缴分离；收缴的罚款必须全部上缴国库。

本条例所称违法所得，是指实施违法行为扣除成本后的获利数额，没有成本或者成本难以计算的，实施违法行为所取得的款项即为违法所得。

第九章　附　则

第七十二条　行政法规对音像制品和电子出版物的出版、复制、进口、发行另有规定的，适用其规定。

接受境外机构或者个人赠送出版物的管理办法、订户订购境外出版物的管理办法、网络出版审批和管理办法，由国务院出版行政主管部门根据本条例的原则另行制定。

第七十三条　本条例自 2002 年 2 月 1 日起施行。1997 年 1 月 2 日国务院发布的《出版管理条例》同时废止。

出版管理行政处罚实施办法

·1997 年 12 月 30 日新闻出版署署长令第 12 号公布
·自 1998 年 1 月 1 日起施行

第一章　总　则

第一条　为了规范出版管理行政处罚，保障和监督新闻出版行政机关有效实施行政管理，保护公民、法人或者其他组织的合法权益，根据《中华人民共和国行政处罚法》和《出版管理条例》等有关法律、法规，制定本办法。

第二条　公民、法人或者其他组织违反出版管理法规，应当给予行政处罚的，由新闻出版行政机关依照《中华人民共和国行政处罚法》和本办法的规定实施。

第三条　新闻出版行政机关实施行政处罚应当遵循下列原则：

（一）必须有法定依据，遵守法定程序，否则行政处罚无效；

（二）必须以事实为依据，与违法行为的事实、性质、情节以及社会危害程度相当，违法事实不清的，不得给予行政处罚；

（三）对违法行为给予行政处罚的规定必须公布，未经公布的不得作为行政处罚的依据；

（四）应当坚持处罚与教育相结合，教育公民、法人或者其他组织自觉守法；

（五）在作出行政处罚决定之前，应当向当事人告知给予行政处罚的事实、理由和依据，听取当事人的陈述、申辩，否则行政处罚决定不能成立。

第四条　新闻出版行政机关在法定职权范围内负责对下列违法行为实施行政处罚：

（一）《出版管理条例》规定的违法行为；

（二）《音像制品管理条例》规定的违法行为；

（三）《印刷业管理条例》规定的违法行为；

（四）其他有关法律、法规和规章规定的应当由新闻出版行政机关给予行政处罚的违法行为。

第五条　本办法所称新闻出版行政机关是指新闻出版署，省、自治区、直辖市新闻出版局，计划单列市新闻出版局，地市级和县级新闻出版局，或者省、自治区、直辖市人民政府规定的行使新闻出版行政管理职能的行政机关。

法律、法规授权的具有新闻出版管理职能的组织实施出版管理行政处罚，适用本办法。

第二章　管　辖

第六条　新闻出版署负责对下列违法行为实施行政处罚：

（一）在全国有重大影响的；

（二）法律、法规规定由新闻出版署管辖的；

（三）其他应当由自己管辖的。

第七条　省、自治区、直辖市新闻出版局负责对下列违法行为实施行政处罚：

（一）在本行政区有重大影响的；

（二）涉及外国的；

（三）其他依法应当由自己管辖的。

其他地方新闻出版行政机关负责对本行政区域发生的违法行为实施行政处罚。省、自治区、直辖市制定的地方性法规、规章有具体规定的，从其规定。

第八条　行政处罚由主要违法行为发生地的新闻出版行政机关管辖。两个以上地方新闻出版行政机关对同一违法行为都有管辖权的，由先立案的新闻出版行政机关管辖。

第九条　地方新闻出版行政机关就行政处罚管辖发生争议或者管辖不明的，报请共同的上一级新闻出版行政机关指定管辖。该上一级新闻出版行政机关应当指定其中一个地方新闻出版行政机关管辖，或者指定适宜的其他地方新闻出版行政机关管辖。

第十条　上级新闻出版行政机关在必要的时候可以处理下级新闻出版行政机关管辖的行政处罚案件，也可以把自己管辖的行政处罚案件交下级新闻出版行政机关处理。

下级新闻出版行政机关认为其管辖的行政处罚案件重大、复杂，需要由上级新闻出版行政机关处理的，可以报请上一级新闻出版行政机关决定。

第十一条　对出版单位的行政处罚，由新闻出版署或者省级新闻出版行政机关管辖；新闻出版署、省级新闻出版行政机关认为由出版单位所在地的新闻出版行政机关管辖更适宜的，可以指定该地的新闻出版行政机关管辖。

第十二条　吊销许可证的处罚，由原发证机关决定。

第十三条　新闻出版行政机关认为违法行为构成犯罪的，必须将案件移送司法机关。

第十四条　有关著作权的违法行为，由著作权行政管理部门依照有关规定处理。

第三章　立　案

第十五条　除依照《中华人民共和国行政处罚法》可以当场作出行政处罚决定的以外，新闻出版行政机关发现公民、法人或者其他组织有依法应当给予行政处罚的违法行为的，应当立案查处。

第十六条　新闻出版行政机关应当严格履行职责，对有关公民、法人或者其他组织遵守出版法律、法规和规章的情况进行监督检查。对在检查中发现的违法行为，新闻出版行政机关应当及时立案。

新闻出版行政机关在进行执法检查时，执法人员不得少于两人，并应当向当事人或者有关人员出示新闻出版行政执法证。

第十七条　新闻出版行政机关在执法检查中，发现正在印刷、复制、批发、零售、出租违禁出版物或者非法出版物，情况紧急来不及立案的，执法人员可以采取以下措施：

（一）对违法行为予以制止或者纠正；

（二）对违禁出版物或者非法出版物、专用于违法行为的工具、设备依法查封或扣押；

（三）收集、提取有关证据。

第十八条　新闻出版行政机关应当建立健全违法行为举报制度，接受公民、法人或者其他组织对违法行为的控告、检举。对控告、检举的违法行为经审核基本属实的，应当及时立案。不予立案的，应当及时告知控告人或检举人。

第十九条　新闻出版行政机关对其他行政机关移送的、上级新闻出版行政机关指定或者交办的、当事人主动交待的和通过其他方式发现的违法行为,应当及时立案。

第二十条　行政处罚案件的具体立案工作由新闻出版行政机关的相关职能部门负责。

立案应当制作出版管理行政处罚案件立案审批表,报本机关负责人审查,决定立案或者不予立案。

立案应当自发现或者受理案件之日起7日内完成。情况紧急来不及立案的,应当在调查取证或者依法采取有关行政措施后及时立案。

第四章　调查取证

第二十一条　行政处罚案件立案后,新闻出版行政机关应当及时进行调查取证。

调查取证必须全面、客观、公正,以收集确凿证据,查明违法事实。

第二十二条　调查取证由新闻出版行政机关立案的职能部门或者新闻出版行政机关所属的稽查部门负责。

调查取证时执法人员不得少于两人,并向当事人或有关人员出示有效证件。执法人员与当事人有直接利害关系的,应当回避。

第二十三条　进行调查取证可以采取以下手段:

(一)询问当事人、证人、利害关系人等有关人员;

(二)查阅、复制与违法行为有关的文件、档案、账簿和其他书面材料;

(三)对违法出版物或者其他违法物品抽样取证;

(四)对证据先行登记保存;

(五)自行或委托其他组织对证据进行鉴定;

(六)对与违法行为有关的场所、设备进行勘验、检查。

第二十四条　执法人员进行调查取证应制作询问笔录、勘验或检查等调查笔录,笔录由当事人或有关人员签名或盖章,当事人拒绝签名或盖章的,由执法人员在笔录上注明情况。

第二十五条　进行抽样取证、先行登记保存和勘验、检查,应当有当事人在场,当事人拒绝到场的,执法人员应当邀请有关人员参加见证。执法人员应当在调查笔录上注明情况,并由参加见证的有关人员签名或者盖章。

第二十六条　执法人员对抽样取证、先行登记保存的物品应当开列清单,一式两份,写明物品的名称、数量、规格等项目,由执法人员、当事人签字或者盖章,一份清单交付当事人。当事人拒绝签名或者盖章和接收清单的,由执法人员在清单上注明情况。

第二十七条　在证据可能灭失或者以后难以取得的情况下采取先行登记保存,应当经过本机关负责人批准,并向当事人出具证据先行登记保存通知书,责令当事人或者有关人员在证据保存期间不得转移、毁坏。认为先行登记保存的证据确需移至他处的,可以移至适当的场所保存。

情况紧急来不及办理上款规定程序的,执法人员可以先行采取措施,事后及时补办手续。

第二十八条　新闻出版行政机关对先行登记保存的证据,应当在7日内作出以下处理决定:

(一)需要进行检验或者鉴定的,予以检验或者鉴定;

(二)对依法应予没收的,予以没收,对依法不予没收的,退还当事人;

(三)对依法应当移送有关机关处理的,移交有关机关。

在7日内未作出处理决定的,应当解除保存,并将先行登记保存的证据退还当事人。

第二十九条　非法出版物的鉴定由省级以上新闻出版行政机关指定的鉴定机关和鉴定人员作出,违禁出版物的鉴定由省级以上新闻出版行政机关作出。鉴定书由两名以上鉴定人签名,经机关负责人审核后签发,加盖新闻出版行政机关出版物鉴定专用章。

鉴定中遇有复杂、疑难问题或者鉴定结论有分歧,或者应当事人申请要求重新鉴定的,可以报请上级新闻出版行政机关鉴定。

第三十条　新闻出版行政机关在调查取证有困难的情况下,可以委托其他新闻出版行政机关就某些事项代为调查取证,受委托的新闻出版行政机关应当积极办理,及时将调查取证结果回复委托的机关。

上级新闻出版行政机关对已经立案的案件可以指示下级新闻出版行政机关调查取证。

第五章　听　证

第三十一条　新闻出版行政机关作出责令停产停业、责令停业整顿、吊销许可证和较大数额罚款等行政处罚决定之前,调查取证部门应当告知当事人有要求听证的权利。

本条所称"较大数额罚款",由新闻出版署作出处理决定的,是指对公民2万元以上、对法人或者其他组织10万元以上的罚款;由地方新闻出版行政机关作出处罚决定的,按照地方性法规、规章的规定办理,地方性法规、规章未作规定的,是指对公民1万元以上、对法人或者其他组织5万元以上的罚款。

第三十二条　当事人要求举行听证的，应当在被告知后3日内提出书面申请，说明听证要求和理由。当事人提出书面申请有困难的，可以口头提出申请，调查取证部门应当制作笔录，并由当事人签名或盖章。

当事人在被告知后3日内未提出听证申请的，视为放弃听证要求，由调查取证部门记录在案。

第三十三条　新闻出版行政机关应当从本机关法制工作部门或者其他比较超脱的相关职能部门中指定一名听证主持人、一名书记员。调查取证部门的人员不得作为听证主持人和书记员。

第三十四条　新闻出版行政机关决定举行听证的，应当制作听证通知书，并在听证7日前，将举行听证的时间、地点通知当事人和本案调查人员。

第三十五条　当事人可以亲自参加听证，也可以委托一至二人代理。委托代理人申请和参加听证的，应当提交委托书，委托书应当载明委托权限。

第三十六条　当事人接到听证通知书后，无正当理由不按期参加听证的，视为放弃听证要求。

有下列情况之一的，听证可以延期举行：

（一）当事人有正当理由未到场的；

（二）当事人提出回避申请理由成立，需要重新确定主持人的；

（三）发现有新的重要事实需要重新调查核实的；

（四）其他需要延期的情形。

第三十七条　在听证举行过程中，当事人放弃申辩或者退出听证的，终止听证，并记入听证笔录。

第三十八条　听证主持人履行以下职责：

（一）决定举行听证的时间和地点；

（二）主持进行听证程序；

（三）维持听证秩序；

（四）决定终止听证；

（五）决定听证延期举行；

（六）根据听证情况向机关负责人写出报告并就案件的处理提出意见。

听证书记员如实记录听证情况，制作听证笔录，协助听证主持人工作。

第三十九条　当事人认为主持人、书记员与本案有利害关系的，有权申请回避。书记员的回避，由主持人决定；主持人的回避，由其所在部门负责人决定。

第四十条　听证应当按照以下程序进行：

（一）听证会开始，介绍主持人、书记员，宣布听证纪律；

（二）告知当事人听证中的权利和义务，询问是否有回避申请；

（三）核对参加听证的当事人及代理人、本案调查人员、本案直接利害关系人、证人的身份；

（四）本案调查人员说明案件事实、证据、适用的法律、法规或者规章，以及拟作出的行政处罚决定的理由；

（五）询问当事人或者代理人、本案调查人员、证人和其他有关人员，并要求出示有关证据材料；

（六）当事人或者代理人从事实和法律上进行申辩，并对证据材料进行质证；

（七）当事人或者其代理人和本案调查人员就本案的事实和法律问题进行辩论；

（八）当事人或者其代理人作最后陈述；

（九）听证主持人宣布听证会结束。

第四十一条　听证结束，当事人或者其代理人应当将申辩材料及有关证据提交听证主持人。

第四十二条　听证笔录应当在听证后交双方人员审核，经确认无误后，由双方人员在听证笔录上签名。双方人员拒绝签名的，由书记员在笔录上记明。

第四十三条　听证主持人应当根据听证确定的事实、证据，依照本办法第四十五条的规定对原拟作出的处罚决定及其事实、理由和依据加以复核，向本机关负责人提出意见。

第六章　决　定

第四十四条　违法行为经调查事实清楚、证据确凿的，调查人员应当制作出版管理行政处罚意见书，载明违法事实、理由、法律依据、处罚意见及立案、调查取证情况。

调查人员应当依照《中华人民共和国行政处罚法》第三十一、三十二条的规定，听取当事人的陈述和申辩。

调查人员应当将出版管理行政处罚意见书和当事人的陈述、申辩材料，连同立案审批表和其他有关证据材料，经本部门负责人同意，送本机关法制工作部门复核。

经过听证的案件，按照本办法第四十三条的规定办理。

第四十五条　法制工作部门对出版管理行政处罚意见书等书面材料就以下事项进行复核，签署意见后报本机关负责人审批：

（一）认定事实是否清楚；

（二）适用法律是否正确；

（三）处罚意见是否合法、适当；

（四）是否符合法定程序；

（五）其他有关事项。

第四十六条 新闻出版行政机关负责人对报送的出版管理行政处罚意见书等材料进行审查，根据不同情况分别作出以下决定：

（一）确有应受行政处罚的违法行为，根据情节轻重及具体情况，作出行政处罚决定；

（二）违法事实不能成立的和违法行为轻微依法可以不予行政处罚的，不予行政处罚；

（三）认为违法行为构成犯罪的，移送司法机关；

（四）认为应当吊销营业执照或者其他许可证的，向工商行政管理机关或者公安机关提出建议；

（五）认为应当给予当事人或受处罚单位主要负责人行政处分的，向其所在单位或其主管部门提出建议。

经过听证的和其他较重大的行政处罚，由新闻出版行政机关负责人集体讨论决定。

第四十七条 新闻出版行政机关决定给予行政处罚的，应当制作出版管理行政处罚决定书，载明《中华人民共和国行政处罚法》第三十九条和国务院《罚款决定与罚款收缴分离实施办法》第七条规定的事项。

新闻出版行政机关决定不给予行政处罚的，应当制作不予行政处罚通知书，说明不予行政处罚的理由，送达当事人。

新闻出版行政机关决定移送司法机关处理的案件，应当制作建议追究刑事责任意见书，连同有关材料和证据及时移送有管辖权的司法机关。

新闻出版行政机关向工商行政管理机关或者公安机关建议吊销当事人营业执照或者其他许可证的，应当制作建议吊销营业执照或者其他许可证意见书。

新闻出版行政机关建议给予当事人或者其他有关人员行政处分的，应当制作建议给予行政处分意见书，送达当事人或者其他人员所在单位或其主管机关。

本条各款所列法律文书，由调查部门负责制作并送达。

第四十八条 对同一违法行为，其他行政机关已经给予罚款处罚的，新闻出版行政机关不得再予罚款，但仍可以依法给予其他种类的行政处罚。

第四十九条 给予停业整顿行政处罚的，应当明确停业的时限和整顿的事项。

第五十条 新闻出版行政机关对违法行为的行政处罚决定，应当自立案之日起两个月内作出；案件重大、复杂的，经本机关负责人决定，可以延长，但延长的时间最多不得超过两个月。

作出行政处罚决定的日期以行政处罚决定书上的日期为准。

第七章 执 行

第五十一条 行政处罚决定书应当在宣告后当场交付当事人；当事人不在场的，新闻出版行政机关应当在作出行政处罚决定的 7 日内依照民事诉讼法的有关规定，将行政处罚决定书送达当事人。

第五十二条 新闻出版行政机关作出的行政处罚决定，可以在有关范围内予以通报或者在报纸、期刊等媒介上公布。

第五十三条 罚款的收缴依照国务院《罚款决定与罚款收缴分离实施办法》执行。

第五十四条 没收的出版物需要销毁的，纸质出版物应当化浆，其他出版物应当以适宜的方式销毁。新闻出版行政机关应当指派专人负责销毁事宜，监督销毁过程，核查销毁结果，防止应当销毁的出版物流失。

没收的出版物不需要销毁的，新闻出版行政机关应当报请上一级新闻出版行政机关决定处理的方式。

第五十五条 对没收的从事非法活动的主要专用工具和设备，新闻出版行政机关依照有关规定处理。

第五十六条 对于给予停业整顿行政处罚的，新闻出版行政机关应当对当事人停业期间的整顿情况进行监督，并在停业期满前进行检查验收，对整顿符合要求的，根据当事人的申请，恢复其业务。

第五十七条 上一级新闻出版行政机关作出的行政处罚决定，可以指示下一级新闻出版行政机关执行。

第五十八条 新闻出版行政机关实施行政处罚时，可以采取下列措施纠正违法行为：

（一）对未经批准擅自设立的出版、印刷、复制、发行单位予以公告取缔；

（二）责令停止出版、印刷、复制、发行出版物；

（三）其他责令当事人纠正违法行为的措施。

第五十九条 当事人逾期不履行行政处罚决定的，新闻出版行政机关可以依照《中华人民共和国行政处罚法》规定的措施处理。

新闻出版行政机关申请人民法院强制执行行政处罚决定，应当自当事人起诉期限届满之日起 3 个月内提出。

第六十条 当事人申请行政复议或提起行政诉讼期间，行政处罚决定不停止执行，法律、法规另有规定的除外。

第六十一条 出版管理行政处罚案件终结后，调查人员应当将案件材料立卷归档。

第八章　附　则

第六十二条　新闻出版行政机关应当建立行政处罚统计制度和重大行政处罚备案制度,每半年向上一级新闻出版行政机关提交一次行政处罚统计报告,重大行政处罚报上一级新闻出版行政机关备案。

第六十三条　新闻出版行政机关的法制工作部门负责对本机关实施行政处罚进行监督,负责办理本办法第六十二条规定的事项。

第六十四条　新闻出版行政执法证由新闻出版署统一制作,具体管理办法另行制定。

新闻出版行政执法证未颁发之前,适用当地人民政府颁发的执法证或者其他有效证件。

第六十五条　本办法所称非法出版物,是指违反《出版管理条例》未经批准擅自出版的出版物,伪造、假冒出版单位或者报纸、期刊名称出版的出版物,擅自印刷或者复制的境外出版物,非法进口的出版物。

本办法所称违禁出版物,是指内容违反《出版管理条例》第二十五条、第二十六条规定的出版物。

第六十六条　本办法自 1998 年 1 月 1 日起施行。

音像制品管理条例

· 2001 年 12 月 25 日中华人民共和国国务院令第 341 号公布
· 根据 2011 年 3 月 19 日《国务院关于修改〈音像制品管理条例〉的决定》第一次修订
· 根据 2013 年 12 月 7 日《国务院关于修改部分行政法规的决定》第二次修订
· 根据 2016 年 2 月 6 日《国务院关于修改部分行政法规的决定》第三次修订
· 根据 2020 年 11 月 29 日《国务院关于修改和废止部分行政法规的决定》第四次修订
· 根据 2024 年 12 月 6 日《国务院关于修改和废止部分行政法规的决定》第五次修订

第一章　总　则

第一条　为了加强音像制品的管理,促进音像业的健康发展和繁荣,丰富人民群众的文化生活,促进社会主义物质文明和精神文明建设,制定本条例。

第二条　本条例适用于录有内容的录音带、录像带、唱片、激光唱盘和激光视盘等音像制品的出版、制作、复制、进口、批发、零售、出租等活动。

音像制品用于广播电视播放的,适用广播电视法律、行政法规。

第三条　出版、制作、复制、进口、批发、零售、出租音像制品,应当遵守宪法和有关法律、法规,坚持为人民服务和为社会主义服务的方向,传播有益于经济发展和社会进步的思想、道德、科学技术和文化知识。

音像制品禁止载有下列内容:

(一)反对宪法确定的基本原则的;

(二)危害国家统一、主权和领土完整的;

(三)泄露国家秘密、危害国家安全或者损害国家荣誉和利益的;

(四)煽动民族仇恨、民族歧视,破坏民族团结,或者侵害民族风俗、习惯的;

(五)宣扬邪教、迷信的;

(六)扰乱社会秩序,破坏社会稳定的;

(七)宣扬淫秽、赌博、暴力或者教唆犯罪的;

(八)侮辱或者诽谤他人,侵害他人合法权益的;

(九)危害社会公德或者民族优秀文化传统的;

(十)有法律、行政法规和国家规定禁止的其他内容的。

第四条　国务院出版行政主管部门负责全国音像制品的出版、制作、复制、进口、批发、零售和出租的监督管理工作;国务院其他有关行政部门按照国务院规定的职责分工,负责有关的音像制品经营活动的监督管理工作。

县级以上地方人民政府负责出版管理的行政主管部门(以下简称出版行政主管部门)负责本行政区域内音像制品的出版、制作、复制、进口、批发、零售和出租的监督管理工作;县级以上地方人民政府其他有关行政部门在各自的职责范围内负责有关的音像制品经营活动的监督管理工作。

第五条　国家对出版、制作、复制、进口、批发、零售音像制品,实行许可制度;未经许可,任何单位和个人不得从事音像制品的出版、制作、复制、进口、批发、零售等活动。

依照本条例发放的许可证和批准文件,不得出租、出借、出售或者以其他任何形式转让。

第六条　国务院出版行政主管部门负责制定音像业的发展规划,确定全国音像出版单位、音像复制单位的总量、布局和结构。

第七条　音像制品经营活动的监督管理部门及其工作人员不得从事或者变相从事音像制品经营活动,并不得参与或者变相参与音像制品经营单位的经营活动。

第二章 出 版

第八条 设立音像出版单位,应当具备下列条件:

(一)有音像出版单位的名称、章程;

(二)有符合国务院出版行政主管部门认定的主办单位及其主管机关;

(三)有确定的业务范围;

(四)有适应业务范围需要的组织机构和符合国家规定的资格条件的音像出版专业人员;

(五)有适应业务范围需要的资金、设备和工作场所;

(六)法律、行政法规规定的其他条件。

审批设立音像出版单位,除依照前款所列条件外,还应当符合音像出版单位总量、布局和结构的规划。

第九条 申请设立音像出版单位,由所在地省、自治区、直辖市人民政府出版行政主管部门审核同意后,报国务院出版行政主管部门审批。国务院出版行政主管部门应当自受理申请之日起 60 日内作出批准或者不批准的决定,并通知申请人。批准的,发给《音像制品出版许可证》,由申请人持《音像制品出版许可证》到工商行政管理部门登记,依法领取营业执照;不批准的,应当说明理由。

申请书应当载明下列内容:

(一)音像出版单位的名称、地址;

(二)音像出版单位的主办单位及其主管机关的名称、地址;

(三)音像出版单位的法定代表人或者主要负责人的姓名、住址、资格证明文件;

(四)音像出版单位的资金来源和数额。

第十条 音像出版单位变更名称、主办单位或者其主管机关、业务范围,或者兼并其他音像出版单位,或者因合并、分立而设立新的音像出版单位的,应当依照本条例第九条的规定办理审批手续,并到原登记的工商行政管理部门办理相应的登记手续。

音像出版单位变更地址、法定代表人或者主要负责人,或者终止出版经营活动的,应当到原登记的工商行政管理部门办理变更登记或者注销登记,并向国务院出版行政主管部门备案。

第十一条 音像出版单位的年度出版计划和涉及国家安全、社会安定等方面的重大选题,应当经所在地省、自治区、直辖市人民政府出版行政主管部门审核后报国务院出版行政主管部门备案;重大选题音像制品未在出版前报备案的,不得出版。

第十二条 音像出版单位应当在其出版的音像制品及其包装的明显位置,标明出版单位的名称、地址和音像制品的版号、出版时间、著作权人等事项;出版进口的音像制品,还应当标明进口批准文号。

音像出版单位应当按照国家有关规定向国家图书馆、中国版本图书馆和国务院出版行政主管部门免费送交样本。

第十三条 音像出版单位不得向任何单位或者个人出租、出借、出售或者以其他任何形式转让本单位的名称,不得向任何单位或者个人出售或者以其他形式转让本单位的版号。

第十四条 任何单位和个人不得以购买、租用、借用、擅自使用音像出版单位的名称或者购买、伪造版号等形式从事音像制品出版活动。

图书出版社、报社、期刊社、电子出版物出版社,不得出版非配合本版出版物的音像制品;但是,可以按照国务院出版行政主管部门的规定,出版配合本版出版物的音像制品,并参照音像出版单位享有权利、承担义务。

第十五条 音像出版单位可以与香港特别行政区、澳门特别行政区、台湾地区或者外国的组织、个人合作制作音像制品。具体办法由国务院出版行政主管部门制定。

第十六条 音像出版单位实行编辑责任制度,保证音像制品的内容符合本条例的规定。

第十七条 音像出版单位以外的单位设立的独立从事音像制品制作业务的单位(以下简称音像制作单位)申请从事音像制品制作业务,由所在地省、自治区、直辖市人民政府出版行政主管部门审批。省、自治区、直辖市人民政府出版行政主管部门应当自受理申请之日起 60 日内作出批准或者不批准的决定,并通知申请人。批准的,发给《音像制品制作许可证》;不批准的,应当说明理由。广播、电视节目制作经营单位的设立,依照有关法律、行政法规的规定办理。

申请书应当载明下列内容:

(一)音像制作单位的名称、地址;

(二)音像制作单位的法定代表人或者主要负责人的姓名、住址、资格证明文件;

(三)音像制作单位的资金来源和数额。

审批从事音像制品制作业务申请,除依照前款所列条件外,还应当兼顾音像制作单位总量、布局和结构。

第十八条 音像制作单位变更名称、业务范围,或者兼并其他音像制作单位,或者因合并、分立而设立新的音像制作单位的,应当依照本条例第十七条的规定办理审批手续。

音像制作单位变更地址、法定代表人或者主要负责人,或者终止制作经营活动的,应当向所在地省、自治区、直辖市人民政府出版行政主管部门备案。

第十九条 音像出版单位不得委托未取得《音像制品制作许可证》的单位制作音像制品。

音像制作单位接受委托制作音像制品的,应当按照国家有关规定,与委托的出版单位订立制作委托合同;验证委托的出版单位的《音像制品出版许可证》或者本版出版物的证明及由委托的出版单位盖章的音像制品制作委托书。

音像制作单位不得出版、复制、批发、零售音像制品。

第三章　复　制

第二十条 申请从事音像制品复制业务应当具备下列条件:

(一)有音像复制单位的名称、章程;

(二)有确定的业务范围;

(三)有适应业务范围需要的组织机构和人员;

(四)有适应业务范围需要的资金、设备和复制场所;

(五)法律、行政法规规定的其他条件。

审批从事音像制品复制业务申请,除依照前款所列条件外,还应当符合音像复制单位总量、布局和结构的规划。

第二十一条 申请从事音像制品复制业务,由所在地省、自治区、直辖市人民政府出版行政主管部门审批。省、自治区、直辖市人民政府出版行政主管部门应当自受理申请之日起20日内作出批准或者不批准的决定,并通知申请人。批准的,发给《复制经营许可证》;不批准的,应当说明理由。

申请书应当载明下列内容:

(一)音像复制单位的名称、地址;

(二)音像复制单位的法定代表人或者主要负责人的姓名、住址;

(三)音像复制单位的资金来源和数额。

第二十二条 音像复制单位变更业务范围,或者兼并其他音像复制单位,或者因合并、分立而设立新的音像复制单位的,应当依照本条例第二十一条的规定办理审批手续。

音像复制单位变更名称、地址、法定代表人或者主要负责人,或者终止复制经营活动的,应当向所在地省、自治区、直辖市人民政府出版行政主管部门备案。

第二十三条 音像复制单位接受委托复制音像制品的,应当按照国家有关规定,与委托的出版单位订立复制委托合同;验证委托的出版单位的《音像制品出版许可证》、营业执照副本、盖章的音像制品复制委托书以及出版单位取得的授权书;接受委托复制的音像制品属于非卖品的,应当验证委托单位的身份证明和委托单位出具的音像制品非卖品复制委托书。

音像复制单位应当自完成音像制品复制之日起2年内,保存委托合同和所复制的音像制品的样本以及验证的有关证明文件的副本,以备查验。

第二十四条 音像复制单位不得接受非音像出版单位或者个人的委托复制经营性的音像制品;不得自行复制音像制品;不得批发、零售音像制品。

第二十五条 从事光盘复制的音像复制单位复制光盘,必须使用蚀刻有国务院出版行政主管部门核发的激光数码储存片来源识别码的注塑模具。

第二十六条 音像复制单位接受委托复制境外音像制品的,应当经省、自治区、直辖市人民政府出版行政主管部门批准,并持著作权人的授权书依法到著作权行政管理部门登记;复制的音像制品应当全部运输出境,不得在境内发行。

第四章　进　口

第二十七条 音像制品成品进口业务由国务院出版行政主管部门批准的音像制品成品进口经营单位经营;未经批准,任何单位或者个人不得经营音像制品成品进口业务。

第二十八条 进口用于出版的音像制品,以及进口用于批发、零售、出租等的音像制品成品,应当报国务院出版行政主管部门进行内容审查。

国务院出版行政主管部门应当自收到音像制品内容审查申请书之日起30日内作出批准或者不批准的决定,并通知申请人。批准的,发给批准文件;不批准的,应当说明理由。

进口用于出版的音像制品的单位、音像制品成品进口经营单位应当持国务院出版行政主管部门的批准文件到海关办理进口手续。

第二十九条 进口用于出版的音像制品,其著作权事项应当向国务院著作权行政管理部门登记。

第三十条 进口供研究、教学参考的音像制品,应当委托音像制品成品进口经营单位依照本条例第二十八条的规定办理。

进口用于展览、展示的音像制品，经国务院出版行政主管部门批准后，到海关办理临时进口手续。

依照本条规定进口的音像制品，不得进行经营性复制、批发、零售、出租和放映。

第五章　批发、零售和出租

第三十一条　申请从事音像制品批发、零售业务，应当具备下列条件：

（一）有音像制品批发、零售单位的名称、章程；

（二）有确定的业务范围；

（三）有适应业务范围需要的组织机构和人员；

（四）有适应业务范围需要的资金和场所；

（五）法律、行政法规规定的其他条件。

第三十二条　申请从事音像制品批发业务，应当报所在地省、自治区、直辖市人民政府出版行政主管部门审批。申请从事音像制品零售业务，应当报县级地方人民政府出版行政主管部门审批。出版行政主管部门应当自受理申请书之日起30日内作出批准或者不批准的决定，并通知申请人。批准的，应当发给《出版物经营许可证》；不批准的，应当说明理由。

《出版物经营许可证》应当注明音像制品经营活动的种类。

第三十三条　音像制品批发、零售单位变更名称、业务范围，或者兼并其他音像制品批发、零售单位，或者因合并、分立而设立新的音像制品批发、零售单位的，应当依照本条例第三十二条的规定办理审批手续。

音像制品批发、零售单位变更地址、法定代表人或者主要负责人或者终止经营活动，从事音像制品零售经营活动的个体工商户变更业务范围、地址或者终止经营活动的，应当向原批准的出版行政主管部门备案。

第三十四条　音像出版单位可以按照国家有关规定，批发、零售本单位出版的音像制品。从事非本单位出版的音像制品的批发、零售业务的，应当依照本条例第三十二条的规定办理审批手续。

第三十五条　国家允许设立从事音像制品发行业务的外商投资企业。

第三十六条　音像制品批发单位和从事音像制品零售、出租等业务的单位或者个体工商户，不得经营非音像出版单位出版的音像制品或者非音像复制单位复制的音像制品，不得经营未经国务院出版行政主管部门批准进口的音像制品，不得经营侵犯他人著作权的音像制品。

第六章　罚　则

第三十七条　出版行政主管部门或者其他有关行政部门及其工作人员，利用职务上的便利收受他人财物或者其他好处，批准不符合法定条件的申请人取得许可证、批准文件，或者不履行监督职责，或者发现违法行为不予查处，造成严重后果的，对负有责任的主管人员和其他直接责任人员依法给予降级直至开除的处分；构成犯罪的，依照刑法关于受贿罪、滥用职权罪、玩忽职守罪或者其他罪的规定，依法追究刑事责任。

第三十八条　音像制品经营活动的监督管理部门的工作人员从事或者变相从事音像制品经营活动的，参与或者变相参与音像制品经营单位的经营活动的，依法给予撤职或者开除的处分。

音像制品经营活动的监督管理部门有前款所列行为的，对负有责任的主管人员和其他直接责任人员依照前款规定处罚。

第三十九条　未经批准，擅自设立音像制品出版、进口单位，擅自从事音像制品出版、制作、复制业务或者进口、批发、零售经营活动的，由出版行政主管部门、工商行政管理部门依照法定职权予以取缔；依照刑法关于非法经营罪的规定，依法追究刑事责任；尚不够刑事处罚的，没收违法经营的音像制品和违法所得以及进行违法活动的专用工具、设备，违法所得5万元以上的，并处违法所得5倍以上10倍以下的罚款，没有违法所得或者违法所得不足5万元的，并处25万元以下的罚款。

第四十条　出版含有本条例第三条第二款禁止内容的音像制品，或者制作、复制、批发、零售、出租、放映明知或者应知含有本条例第三条第二款禁止内容的音像制品的，依照刑法有关规定，依法追究刑事责任；尚不够刑事处罚的，由出版行政主管部门、公安部门依据各自职权责令停业整顿，没收违法经营的音像制品和违法所得；违法经营额1万元以上的，并处违法经营额5倍以上10倍以下的罚款；违法经营额不足1万元的，可以处5万元以下的罚款；情节严重的，并由原发证机关吊销许可证。

第四十一条　走私音像制品的，依照刑法关于走私罪的规定，依法追究刑事责任；尚不够刑事处罚的，由海关依法给予行政处罚。

第四十二条　有下列行为之一的，由出版行政主管部门责令停止违法行为，给予警告，没收违法经营的音像制品和违法所得，违法所得5万元以上的，并处违法所得5倍以上10倍以下的罚款，没有违法所得或者违法所得不足 5 万元的,并处 25 万元以下的罚款;情节严重的,视情形限制开展相关生产经营活动、责令停业整顿,或者由原发证机关降低相关资质等级直至吊销许可证:

(一)音像出版单位向其他单位、个人出租、出借、出售或者以其他任何形式转让本单位的名称,出售或者以其他形式转让本单位的版号的;

(二)音像出版单位委托未取得《音像制品制作许可证》的单位制作音像制品,或者委托未取得《复制经营许可证》的单位复制音像制品的;

(三)音像出版单位出版未经国务院出版行政主管部门批准擅自进口的音像制品的;

(四)音像制作单位、音像复制单位未依照本条例的规定验证音像出版单位的委托书、有关证明的;

(五)音像复制单位擅自复制他人的音像制品,或者接受非音像出版单位、个人的委托复制经营性的音像制品,或者自行复制音像制品的。

第四十三条　音像出版单位违反国家有关规定与香港特别行政区、澳门特别行政区、台湾地区或者外国的组织、个人合作制作音像制品,音像复制单位违反国家有关规定接受委托复制境外音像制品,未经省、自治区、直辖市人民政府出版行政主管部门审核同意,或者未将复制的境外音像制品全部运输出境的,由省、自治区、直辖市人民政府出版行政主管部门责令改正,没收违法经营的音像制品和违法所得,违法所得 5 万元以上的,并处违法所得 5 倍以上 10 倍以下的罚款,没有违法所得或者违法所得不足 5 万元的,并处 25 万元以下的罚款;情节严重的,视情形限制开展相关生产经营活动、责令停业整顿,或者由原发证机关降低相关资质等级直至吊销许可证。

第四十四条　有下列行为之一的,由出版行政主管部门责令改正,给予警告;情节严重的,并责令停业整顿或者由原发证机关吊销许可证:

(一)音像出版单位未将其年度出版计划和涉及国家安全、社会安定等方面的重大选题报国务院出版行政主管部门备案的;

(二)音像制品出版、制作、复制、批发、零售单位变更名称、地址、法定代表人或者主要负责人、业务范围等,未依照本条例规定办理审批、备案手续的;

(三)音像出版单位未在其出版的音像制品及其包装的明显位置标明本条例规定的内容的;

(四)音像出版单位未依照本条例的规定送交样本的;

(五)音像复制单位未依照本条例的规定留存备查的材料的;

(六)从事光盘复制的音像复制单位复制光盘,使用未蚀刻国务院出版行政主管部门核发的激光数码储存片来源识别码的注塑模具的。

第四十五条　有下列行为之一的,由出版行政主管部门责令停止违法行为,给予警告,没收违法经营的音像制品和违法所得,违法所得 5 万元以上的,并处违法所得 5 倍以上 10 倍以下的罚款,没有违法所得或者违法所得不足 5 万元的,并处 25 万元以下的罚款;情节严重的,视情形限制开展相关生产经营活动、责令停业整顿,或者由原发证机关降低相关资质等级直至吊销许可证:

(一)批发、零售、出租、放映非音像出版单位出版的音像制品或者非音像复制单位复制的音像制品的;

(二)批发、零售、出租或者放映未经国务院出版行政主管部门批准进口的音像制品的;

(三)批发、零售、出租、放映供研究、教学参考或者用于展览、展示的进口音像制品的。

第四十六条　单位违反本条例的规定,被处以吊销许可证行政处罚的,其法定代表人或者主要负责人自许可证被吊销之日起 10 年内不得担任音像制品出版、制作、复制、进口、批发、零售单位的法定代表人或者主要负责人。

从事音像制品零售业务的个体工商户违反本条例的规定,被处以吊销许可证行政处罚的,自许可证被吊销之日起 10 年内不得从事音像制品零售业务。

第四十七条　依照本条例的规定实施罚款的行政处罚,应当依照有关法律、行政法规的规定,实行罚款决定与罚款收缴分离;收缴的罚款必须全部上缴国库。

本条例所称违法所得,是指实施违法行为扣除成本后的获利数额,没有成本或者成本难以计算的,实施违法行为所取得的款项即为违法所得。

第七章　附　则

第四十八条　除本条例第三十五条外,电子出版物的出版、制作、复制、进口、批发、零售等活动适用本条例。

第四十九条　依照本条例发放许可证,除按照法定标准收取成本费外,不得收取其他任何费用。

第五十条　本条例自 2002 年 2 月 1 日起施行。1994 年 8 月 25 日国务院发布的《音像制品管理条例》同时废止。

印刷业管理条例

· 2001 年 8 月 2 日中华人民共和国国务院令第 315 号公布根据 2016 年 2 月 6 日《国务院关于修改部分行政法规的决定》第一次修订
· 根据 2017 年 3 月 1 日《国务院关于修改和废止部分行政法规的决定》第二次修订
· 根据 2020 年 11 月 29 日《国务院关于修改和废止部分行政法规的决定》第三次修订
· 根据 2024 年 12 月 6 日《国务院关于修改和废止部分行政法规的决定》第四次修订

第一章　总　则

第一条　为了加强印刷业管理,维护印刷业经营者的合法权益和社会公共利益,促进社会主义精神文明和物质文明建设,制定本条例。

第二条　本条例适用于出版物、包装装潢印刷品和其他印刷品的印刷经营活动。

本条例所称出版物,包括报纸、期刊、书籍、地图、年画、图片、挂历、画册及音像制品、电子出版物的装帧封面等。

本条例所称包装装潢印刷品,包括商标标识、广告宣传品及作为产品包装装潢的纸、金属、塑料等的印刷品。

本条例所称其他印刷品,包括文件、资料、图表、票证、证件、名片等。

本条例所称印刷经营活动,包括经营性的排版、制版、印刷、装订、复印、影印、打印等活动。

第三条　印刷业经营者必须遵守有关法律、法规和规章,讲求社会效益。

禁止印刷含有反动、淫秽、迷信内容和国家明令禁止印刷的其他内容的出版物、包装装潢印刷品和其他印刷品。

第四条　国务院出版行政部门主管全国的印刷业监督管理工作。县级以上地方各级人民政府负责出版管理的行政部门(以下简称出版行政部门)负责本行政区域内的印刷业监督管理工作。

县级以上各级人民政府公安部门、工商行政管理部门及其他有关部门在各自的职责范围内,负责有关的印刷业监督管理工作。

第五条　印刷业经营者应当建立、健全承印验证制度、承印登记制度、印刷品保管制度、印刷品交付制度、印刷活动残次品销毁制度等。具体办法由国务院出版行政部门制定。

印刷业经营者在印刷经营活动中发现违法犯罪行为,应当及时向公安部门或者出版行政部门报告。

第六条　印刷行业的社会团体按照其章程,在出版行政部门的指导下,实行自律管理。

第七条　印刷企业应当定期向出版行政部门报送年度报告。出版行政部门应当依法及时将年度报告中的有关内容向社会公示。

第二章　印刷企业的设立

第八条　国家实行印刷经营许可制度。未依照本条例规定取得印刷经营许可证的,任何单位和个人不得从事印刷经营活动。

第九条　企业从事印刷经营活动,应当具备下列条件:

(一)有企业的名称、章程;

(二)有确定的业务范围;

(三)有适应业务范围需要的生产经营场所和必要的资金、设备等生产经营条件;

(四)有适应业务范围需要的组织机构和人员;

(五)有关法律、行政法规规定的其他条件。

审批从事印刷经营活动申请,除依照前款规定外,还应当符合国家有关印刷企业总量、结构和布局的规划。

第十条　企业申请从事出版物印刷经营活动,应当持营业执照向所在地省、自治区、直辖市人民政府出版行政部门提出申请,经审核批准的,发给印刷经营许可证。

企业申请从事包装装潢印刷品和其他印刷品印刷经营活动,应当持营业执照向所在地设区的市级人民政府出版行政部门提出申请,经审核批准的,发给印刷经营许可证。

个人不得从事出版物、包装装潢印刷品印刷经营活动;个人从事其他印刷品印刷经营活动的,依照本条第二款的规定办理审批手续。

第十一条　出版行政部门应当自收到依据本条例第十条提出的申请之日起 60 日内作出批准或者不批准的决定。批准申请的,应当发给印刷经营许可证;不批准申请的,应当通知申请人并说明理由。

印刷经营许可证应当注明印刷企业所从事的印刷经营活动的种类。

印刷经营许可证不得出售、出租、出借或者以其他形式转让。

第十二条　印刷业经营者申请兼营或者变更从事出版物、包装装潢印刷品或者其他印刷品印刷经营活动,或者兼并其他印刷业经营者,或者因合并、分立而设立新的印刷业经营者,应当依照本条例第九条的规定办理手续。

印刷业经营者变更名称、法定代表人或者负责人、住所或者经营场所等主要登记事项,或者终止印刷经营活动,应当报原批准设立的出版行政部门备案。

第十三条　出版行政部门应当按照国家社会信用信息平台建设的总体要求,与公安部门、工商行政管理部门或者其他有关部门实现对印刷企业信息的互联共享。

第十四条　国家允许外国投资者与中国投资者共同投资设立从事出版物印刷经营活动的企业,允许设立从事包装装潢印刷品和其他印刷品印刷经营活动的外商投资企业。

第十五条　单位内部设立印刷厂(所),必须向所在地县级以上地方人民政府出版行政部门办理登记手续;单位内部设立的印刷厂(所)印刷涉及国家秘密的印件的,还应当向保密工作部门办理登记手续。

单位内部设立的印刷厂(所)不得从事印刷经营活动;从事印刷经营活动的,必须依照本章的规定办理手续。

第三章　出版物的印刷

第十六条　国家鼓励从事出版物印刷经营活动的企业及时印刷体现国内外新的优秀文化成果的出版物,重视印刷传统文化精品和有价值的学术著作。

第十七条　从事出版物印刷经营活动的企业不得印刷国家明令禁止出版的出版物和非出版单位出版的出版物。

第十八条　印刷出版物的,委托印刷单位和印刷企业应当按照国家有关规定签订印刷合同。

第十九条　印刷企业接受出版单位委托印刷图书、期刊的,必须验证并收存出版单位盖章的印刷委托书,并在印刷前报出版单位所在地省、自治区、直辖市人民政府出版行政部门备案;印刷企业接受所在地省、自治区、直辖市以外的出版单位的委托印刷图书、期刊的,印刷委托书还必须事先报印刷企业所在地省、自治区、直辖市人民政府出版行政部门备案。印刷委托书由国务院出版行政部门规定统一格式,由省、自治区、直辖市人民政府出版行政部门统一印制。

印刷企业接受出版单位委托印刷报纸的,必须验证报纸出版许可证;接受出版单位的委托印刷报纸、期刊的增版、增刊的,还必须验证主管的出版行政部门批准出版增版、增刊的文件。

第二十条　印刷企业接受委托印刷内部资料性出版物的,必须验证县级以上地方人民政府出版行政部门核发的准印证。

印刷企业接受委托印刷宗教内容的内部资料性出版物的,必须验证省、自治区、直辖市人民政府宗教事务管理部门的批准文件和省、自治区、直辖市人民政府出版行政部门核发的准印证。

出版行政部门应当自收到印刷内部资料性出版物或者印刷宗教内容的内部资料性出版物的申请之日起30日内作出是否核发准印证的决定,并通知申请人;逾期不作出决定的,视为同意印刷。

第二十一条　印刷企业接受委托印刷境外的出版物的,必须持有关著作权的合法证明文件,经省、自治区、直辖市人民政府出版行政部门批准;印刷的境外出版物必须全部运输出境,不得在境内发行、散发。

第二十二条　委托印刷单位必须按照国家有关规定在委托印刷的出版物上刊载出版单位的名称、地址,书号、刊号或者版号,出版日期或者刊期,接受委托印刷出版物的企业的真实名称和地址,以及其他有关事项。

印刷企业应当自完成出版物的印刷之日起2年内,留存一份接受委托印刷的出版物样本备查。

第二十三条　印刷企业不得盗印出版物,不得销售、擅自加印或者接受第三人委托加印受委托印刷的出版物,不得将接受委托印刷的出版物纸型及印刷底片等出售、出租、出借或者以其他形式转让给其他单位或者个人。

第二十四条　印刷企业不得征订、销售出版物,不得假冒或者盗用他人名义印刷、销售出版物。

第四章　包装装潢印刷品的印刷

第二十五条　从事包装装潢印刷品印刷的企业不得印刷假冒、伪造的注册商标标识,不得印刷容易对消费者产生误导的广告宣传品和作为产品包装装潢的印刷品。

第二十六条　印刷企业接受委托印刷注册商标标识的,应当验证商标注册人所在地县级工商行政管理部门签章的《商标注册证》复印件,并核查委托人提供的注册商标图样;接受注册商标被许可使用人委托,印刷注册商标标识的,印刷企业还应当验证注册商标使用许可合同。印刷企业应当保存其验证、核查的工商行政管理部门签章的《商标注册证》复印件、注册商标图样、注册商标使用许可合同复印件2年,以备查验。

国家对注册商标标识的印刷另有规定的,印刷企业还应当遵守其规定。

第二十七条　印刷企业接受委托印刷广告宣传品、作为产品包装装潢的印刷品的,应当验证委托印刷单位的营业执照或者个人的居民身份证;接受广告经营者的委托印刷广告宣传品的,还应当验证广告经营资格证明。

第二十八条　印刷企业接受委托印刷包装装潢印刷品的,应当将印刷品的成品、半成品、废品和印版、纸型、底片、原稿等全部交付委托印刷单位或者个人,不得擅自留存。

第二十九条　印刷企业接受委托印刷境外包装装潢印刷品的,必须事先向所在地省、自治区、直辖市人民政府出版行政部门备案;印刷的包装装潢印刷品必须全部运输出境,不得在境内销售。

第五章　其他印刷品的印刷

第三十条　印刷标有密级的文件、资料、图表等,按照国家有关法律、法规或者规章的规定办理。

第三十一条　印刷布告、通告、重大活动工作证、通行证、在社会上流通使用的票证的,委托印刷单位必须向印刷企业出具主管部门的证明。印刷企业必须验证主管部门的证明,并保存主管部门的证明副本2年,以备查验;并且不得再委托他人印刷上述印刷品。

印刷机关、团体、部队、企业事业单位内部使用的有价票证或者无价票证,或者印有单位名称的介绍信、工作证、会员证、出入证、学位证书、学历证书或者其他学业证书等专用证件的,委托印刷单位必须出具委托印刷证明。印刷企业必须验证委托印刷证明。

印刷企业对前两款印件不得保留样本、样张;确因业务参考需要保留样本、样张的,应当征得委托印刷单位同意,在所保留印件上加盖"样本"、"样张"戳记,并妥善保管,不得丢失。

第三十二条　印刷企业接受委托印刷宗教用品的,必须验证省、自治区、直辖市人民政府宗教事务管理部门的批准文件和省、自治区、直辖市人民政府出版行政部门核发的准印证;省、自治区、直辖市人民政府出版行政部门应当自收到印刷宗教用品的申请之日起10日内作出是否核发准印证的决定,并通知申请人;逾期不作出决定的,视为同意印刷。

第三十三条　从事其他印刷品印刷经营活动的个人不得印刷标有密级的文件、资料、图表等,不得印刷布告、通告、重大活动工作证、通行证、在社会上流通使用的票证,不得印刷机关、团体、部队、企业事业单位内部使用的有价或者无价票证,不得印刷有单位名称的介绍信、工作证、会员证、出入证、学位证书、学历证书或者其他学业证书等专用证件,不得印刷宗教用品。

第三十四条　接受委托印刷境外其他印刷品的,必须事先向所在地省、自治区、直辖市人民政府出版行政部门备案;印刷的其他印刷品必须全部运输出境,不得在境内销售。

第三十五条　印刷企业和从事其他印刷品印刷经营活动的个人不得盗印他人的其他印刷品,不得销售、擅自加印或者接受第三人委托加印委托印刷的其他印刷品,不得将委托印刷的其他印刷品的纸型及印刷底片等出售、出租、出借或者以其他形式转让给其他单位或者个人。

第六章　罚　则

第三十六条　违反本条例规定,擅自设立从事出版物印刷经营活动的企业或者擅自从事印刷经营活动的,由出版行政部门、工商行政管理部门依据法定职权予以取缔,没收印刷品和违法所得以及进行违法活动的专用工具、设备,违法所得5万元以上的,并处违法所得5倍以上10倍以下的罚款,没有违法所得或者违法所得不足5万元的,并处25万元以下的罚款;构成犯罪的,依法追究刑事责任。

单位内部设立的印刷厂(所)未依照本条例第二章的规定办理手续,从事印刷经营活动的,依照前款的规定处罚。

第三十七条　印刷业经营者违反本条例规定,有下列行为之一的,由县级以上地方人民政府出版行政部门责令停止违法行为,限制开展相关生产经营活动或者责令停业整顿,没收印刷品和违法所得,违法所得5万元以上的,并处违法所得5倍以上10倍以下的罚款,没有违法所得或者违法所得不足5万元的,并处25万元以下的罚款;情节严重的,由原发证机关降低相关资质等级直至吊销许可证;构成犯罪的,依法追究刑事责任:

(一)未取得出版行政部门的许可,擅自兼营或者变更从事出版物、包装装潢印刷品或者其他印刷品印刷经营活动,或者擅自兼并其他印刷业经营者的;

(二)因合并、分立而设立新的印刷业经营者,未依照本条例的规定办理手续的;

(三)出售、出租、出借或者以其他形式转让印刷经营许可证的。

第三十八条　印刷业经营者印刷明知或者应知含有

本条例第三条规定禁止印刷内容的出版物、包装装潢印刷品或者其他印刷品的，或者印刷国家明令禁止出版的出版物或者非出版单位出版的出版物的，由县级以上地方人民政府出版行政部门、公安部门依据法定职权责令停业整顿，没收印刷品和违法所得，违法经营额1万元以上的，并处违法经营额5倍以上10倍以下的罚款；违法经营额不足1万元的，并处1万元以上5万元以下的罚款；情节严重的，由原发证机关吊销许可证；构成犯罪的，依法追究刑事责任。

第三十九条　印刷业经营者有下列行为之一的，由县级以上地方人民政府出版行政部门、公安部门依据法定职权责令改正，给予警告；情节严重的，责令停业整顿或者由原发证机关吊销许可证：

（一）没有建立承印验证制度、承印登记制度、印刷品保管制度、印刷品交付制度、印刷活动残次品销毁制度等的；

（二）在印刷经营活动中发现违法犯罪行为没有及时向公安部门或者出版行政部门报告的；

（三）变更名称、法定代表人或者负责人、住所或者经营场所等主要登记事项，或者终止印刷经营活动，不向原批准设立的出版行政部门备案的；

（四）未依照本条例的规定留存备查的材料的。

单位内部设立印刷厂（所）违反本条例的规定，没有向所在地县级以上地方人民政府出版行政部门、保密工作部门办理登记手续的，由县级以上地方人民政府出版行政部门、保密工作部门依据法定职权责令改正，给予警告；情节严重的，责令停业整顿。

第四十条　从事出版物印刷经营活动的企业有下列行为之一的，由县级以上地方人民政府出版行政部门给予警告，没收违法所得，违法所得5万元以上的，并处违法所得5倍以上10倍以下的罚款，没有违法所得或者违法所得不足5万元的，并处25万元以下的罚款；情节严重的，视情形限制开展相关生产经营活动、责令停业整顿，或者由原发证机关降低相关资质等级直至吊销许可证；构成犯罪的，依法追究刑事责任：

（一）接受他人委托印刷出版物，未依照本条例的规定验证印刷委托书、有关证明或者准印证，或者未将印刷委托书报出版行政部门备案的；

（二）征订、销售出版物的；

（三）未经批准，接受委托印刷境外出版物的，或者未将印刷的境外出版物全部运输出境的。

从事出版物印刷经营活动的企业有下列行为之一

的，由县级以上地方人民政府出版行政部门给予警告，没收违法所得，违法经营额1万元以上的，并处违法经营额5倍以上10倍以下的罚款，违法经营额不足1万元的，并处1万元以上5万元以下的罚款；情节严重的，视情形限制开展相关生产经营活动、责令停业整顿，或者由原发证机关降低相关资质等级直至吊销许可证；构成犯罪的，依法追究刑事责任：

（一）假冒或者盗用他人名义，印刷出版物的；

（二）盗印他人出版物的；

（三）非法加印或者销售受委托印刷的出版物的；

（四）擅自将出版单位委托印刷的出版物纸型及印刷底片等出售、出租、出借或者以其他形式转让的。

第四十一条　从事包装装潢印刷品印刷经营活动的企业有下列行为之一的，由县级以上地方人民政府出版行政部门给予警告，没收违法所得，违法所得5万元以上的，并处违法所得5倍以上10倍以下的罚款，没有违法所得或者违法所得不足5万元的，并处25万元以下的罚款；情节严重的，视情形限制开展相关生产经营活动、责令停业整顿，或者由原发证机关降低相关资质等级直至吊销许可证；构成犯罪的，依法追究刑事责任：

（一）接受委托印刷注册商标标识，未依照本条例的规定验证、核查工商行政管理部门签章的《商标注册证》复印件、注册商标图样或者注册商标使用许可合同复印件的；

（二）接受委托印刷广告宣传品、作为产品包装装潢的印刷品，未依照本条例的规定验证委托印刷单位的营业执照或者个人的居民身份证的，或者接受广告经营者的委托印刷广告宣传品，未验证广告经营资格证明的；

（三）盗印他人包装装潢印刷品的；

（四）接受委托印刷境外包装装潢印刷品未依照本条例的规定向出版行政部门备案的，或者未将印刷的境外包装装潢印刷品全部运输出境的。

印刷企业接受委托印刷注册商标标识、广告宣传品，违反国家有关注册商标、广告印刷管理规定的，由工商行政管理部门给予警告，没收印刷品和违法所得，违法所得5万元以上的，并处违法所得5倍以上10倍以下的罚款，没有违法所得或者违法所得不足5万元的，并处25万元以下的罚款。

第四十二条　从事其他印刷品印刷经营活动的企业和个人有下列行为之一的，由县级以上地方人民政府出版行政部门给予警告，没收印刷品和违法所得，违法所得 5 万元以上的,并处违法所得 5 倍以上 10 倍以下的罚款,没有违法所得或者违法所得不足 5 万元的,并处 25 万元以下的罚款;情节严重的,视情形限制开展相关生产经营活动、责令停业整顿,或者由原发证机关降低相关资质等级直至吊销许可证;构成犯罪的,依法追究刑事责任:

(一)接受委托印刷其他印刷品,未依照本条例的规定验证有关证明的;

(二)擅自将接受委托印刷的其他印刷品再委托他人印刷的;

(三)将委托印刷的其他印刷品的纸型及印刷底片出售、出租、出借或者以其他形式转让的;

(四)非法加印或者销售委托印刷的其他印刷品的;

(五)接受委托印刷境外其他印刷品未依照本条例的规定向出版行政部门备案的,或者未将印刷的境外其他印刷品全部运输出境的;

(六)从事其他印刷品印刷经营活动的个人超范围经营的。

伪造、变造学位证书、学历证书等国家机关公文、证件或者企业事业单位、人民团体公文、证件的,或者盗印他人的其他印刷品的,由县级以上地方人民政府出版行政部门给予警告,没收印刷品和违法所得,违法经营额 1 万元以上的,并处违法经营额 5 倍以上 10 倍以下的罚款,违法经营额不足 1 万元的,并处 1 万元以上 5 万元以下的罚款;情节严重的,视情形限制开展相关生产经营活动、责令停业整顿,或者由原发证机关降低相关资质等级直至吊销许可证;构成犯罪的,依法追究刑事责任。

第四十三条　有下列行为之一的,由出版行政部门给予警告,没收印刷品和违法所得,违法经营额 1 万元以上的,并处违法经营额 5 倍以上 10 倍以下的罚款;违法经营额不足 1 万元的,并处 1 万元以上 5 万元以下的罚款;情节严重的,责令停业整顿或者吊销印刷经营许可证;构成犯罪的,依法追究刑事责任:

(一)印刷布告、通告、重大活动工作证、通行证、在社会上流通使用的票证,印刷企业没有验证主管部门的证明的,或者再委托他人印刷上述印刷品的;

(二)印刷业经营者伪造、变造学位证书、学历证书等国家机关公文、证件或者企业事业单位、人民团体公文、证件的。

印刷布告、通告、重大活动工作证、通行证、在社会上流通使用的票证,委托印刷单位没有取得主管部门证明

的,由县级以上人民政府出版行政部门处以 500 元以上 5000 元以下的罚款。

第四十四条　印刷业经营者违反本条例规定,有下列行为之一的,由县级以上地方人民政府出版行政部门责令改正,给予警告;情节严重的,责令停业整顿或者由原发证机关吊销许可证:

(一)从事包装装潢印刷品印刷经营活动的企业擅自留存委托印刷的包装装潢印刷品的成品、半成品、废品和印板、纸型、印刷底片、原稿等的;

(二)从事其他印刷品印刷经营活动的企业和个人擅自保留其他印刷品的样本、样张的,或者在所保留的样本、样张上未加盖"样本"、"样张"戳记的。

第四十五条　印刷企业被处以吊销许可证行政处罚的,其法定代表人或者负责人自许可证被吊销之日起 10 年内不得担任印刷企业的法定代表人或者负责人。

从事其他印刷品印刷经营活动的个人被处以吊销许可证行政处罚的,自许可证被吊销之日起 10 年内不得从事印刷经营活动。

第四十六条　依照本条例的规定实施罚款的行政处罚,应当依照有关法律、行政法规的规定,实行罚款决定与罚款收缴分离;收缴的罚款必须全部上缴国库。

本条例所称违法所得,是指实施违法行为扣除成本后的获利数额,没有成本或者成本难以计算的,实施违法行为所取得的款项即为违法所得。

第四十七条　出版行政部门、工商行政管理部门或者其他有关部门违反本条例规定,擅自批准不符合法定条件的申请人取得许可证、批准文件,或者不履行监督职责,或者发现违法行为不予查处,造成严重后果的,对负责的主管人员和其他直接责任人员给予降级或者撤职的处分;构成犯罪的,依法追究刑事责任。

第七章　附　则

第四十八条　本条例施行前已经依法设立的印刷企业,应当自本条例施行之日起 180 日内,到出版行政部门换领《印刷经营许可证》。

依据本条例发放许可证,除按照法定标准收取成本费外,不得收取其他任何费用。

第四十九条　本条例自公布之日起施行。1997 年 3 月 8 日国务院发布的《印刷业管理条例》同时废止。

印刷业经营者资格条件暂行规定

· 2001 年 11 月 9 日新闻出版总署令第 15 号公布
· 根据 2015 年 8 月 28 日国家新闻出版广电总局令第 3 号《关于修订部分规章和规范性文件的决定》第一次修订
· 根据 2017 年 12 月 11 日国家新闻出版广电总局令第 13 号《关于废止、修改和宣布失效部分规章、规范性文件的决定》第二次修订

第一条　为了进一步规范印刷业经营者的设立和审批，促进印刷业经营者提高经营素质和技术水平，根据《印刷业管理条例》的规定和国务院有关整顿和规范印刷市场秩序的精神，制定本规定。

第二条　本规定所称印刷业经营者，包括从事出版物、包装装潢印刷品印刷经营活动的企业，从事其他印刷品印刷经营活动的企业、单位或者个人，以及专项排版、制版、装订企业或者单位。

第三条　印刷业经营者资格的审批，除应符合本规定外，还应当符合国家有关印刷业总量、结构、布局规划和法律、法规规定的其他条件。

第四条　经营出版物印刷业务的企业，应当具备以下条件：

（一）有企业的名称、章程；

（二）有确定的业务范围；

（三）有适应业务需要的固定生产经营场所；

（四）有能够维持正常生产经营的资金；

（五）有必要的出版物印刷设备，具备 2 台以上最近十年生产的且未列入《淘汰落后生产能力、工艺和产品的目录》的自动对开胶印印刷设备；

（六）有适应业务范围需要的组织机构和人员，法定代表人及主要生产、经营负责人必须取得省级新闻出版行政部门颁发的《印刷法规培训合格证书》；

（七）有健全的承印验证、登记、保管、交付、销毁等经营管理、财务管理制度和质量保证体系。

第五条　经营包装装潢印刷品印刷业务的企业，应当具备以下条件：

（一）有企业的名称、章程；

（二）有确定的业务范围；

（三）有适应业务需要的固定生产经营场所；

（四）有能够维持正常生产经营的资金；

（五）有必要的包装装潢印刷设备，具备 2 台以上最近十年生产的且未列入《淘汰落后生产能力、工艺和产品的目录》的胶印、凹印、柔印、丝印等及后序加工设备；

（六）有适应业务范围需要的组织机构和人员，企业法定代表人及主要生产、经营负责人必须取得地市级以上人民政府负责出版管理的行政部门（以下简称出版行政部门）颁发的《印刷法规培训合格证书》；

（七）有健全的承印验证、登记、保管、交付、销毁等经营管理、财务管理制度和质量保证体系。

第六条　经营其他印刷品印刷业务的企业、单位，应当具备以下条件：

（一）有企业或单位的名称、章程；

（二）有确定的业务范围；

（三）有适应业务需要的固定生产经营场所，且不在有居住用途的场所内；

（四）有适应业务需要的生产设备和资金；

（五）有适应业务需要的组织机构和人员，企业法定代表人或单位负责人必须取得县级以上出版行政部门颁发的《印刷法规培训合格证书》；

（六）有健全的承印验证、登记、保管、交付、销毁等经营管理、财务管理制度和质量保证体系。

第七条　经营专项排版、制版、装订业务的企业、单位，应当具备以下条件：

（一）有企业或单位的名称、章程；

（二）有确定的业务范围；

（三）有适应业务需要的固定生产经营场所；

（四）有能够维持正常生产经营的资金；

（五）有必要的排版、制版、装订设备，具备 2 台以上最近十年生产的且未列入《淘汰落后生产能力、工艺和产品的目录》的印前或印后加工设备；

（六）有适应业务范围需要的组织机构和人员，企业法定代表人及主要生产、经营负责人和单位负责人必须取得地市级以上出版行政部门颁发的《印刷法规培训合格证书》；

（七）有健全的承印验证、登记、保管、交付、销毁等经营管理、财务管理制度和质量保证体系。

第八条　个人从事其他印刷品印刷经营活动的，应当符合本规定第六条的规定。

第九条　印刷业经营者从事其他种类印刷经营活动的，应当同时具备设立该印刷企业或者单位的资格条件。

第十条　出版行政部门必须按照本规定审批印刷业经营者资格，不符合本规定条件的不得批准设立。

第十一条　对印刷业经营者的年度核验，除适用本规定规定的条件外，还要求印刷业经营者无违反印刷管理规定的记录。

第十二条　本规定施行前已设立的印刷业经营者于2002年3月1日前未达到本规定规定条件的，暂不予换发《印刷经营许可证》。

第十三条　本规定自发布之日起施行。

出版物市场管理规定

·2016年5月31日国家新闻出版广电总局、商务部令第10号公布

·自2016年6月1日起施行

第一章　总　则

第一条　为规范出版物发行活动及其监督管理，建立全国统一开放、竞争有序的出版物市场体系，满足人民群众精神文化需求，推进社会主义文化强国建设，根据《出版管理条例》和有关法律、行政法规，制定本规定。

第二条　本规定适用于出版物发行活动及其监督管理。

本规定所称出版物，是指图书、报纸、期刊、音像制品、电子出版物。

本规定所称发行，包括批发、零售以及出租、展销等活动。

批发是指供货商向其他出版物经营者销售出版物。

零售是指经营者直接向消费者销售出版物。

出租是指经营者以收取租金的形式向消费者提供出版物。

展销是指主办者在一定场所、时间内组织出版物经营者集中展览、销售、订购出版物。

第三条　国家对出版物批发、零售依法实行许可制度。从事出版物批发、零售活动的单位和个人凭出版物经营许可证开展出版物批发、零售活动；未经许可，任何单位和个人不得从事出版物批发、零售活动。

任何单位和个人不得委托非出版物批发、零售单位或者个人销售出版物或者代理出版物销售业务。

第四条　国家新闻出版广电总局负责全国出版物发行活动的监督管理，负责制定全国出版物发行业发展规划。

省、自治区、直辖市人民政府出版行政主管部门负责本行政区域内出版物发行活动的监督管理，制定本省、自治区、直辖市出版物发行业发展规划。省级以下各级人民政府出版行政主管部门负责本行政区域内出版物发行活动的监督管理。

制定出版物发行业发展规划须经科学论证，遵循合法公正、符合实际、促进发展的原则。

第五条　国家保障、促进发行业的发展与转型升级，扶持实体书店、农村发行网点、发行物流体系、发行业信息化建设等，推动网络发行等新兴业态发展，推动发行业与其他相关产业融合发展。对为发行业发展作出重要贡献的单位和个人，按照国家有关规定给予奖励。

第六条　发行行业的社会团体按照其章程，在出版行政主管部门的指导下，实行自律管理。

第二章　申请从事出版物发行业务

第七条　单位从事出版物批发业务，应当具备下列条件：

（一）已完成工商注册登记，具有法人资格；

（二）工商登记经营范围含出版物批发业务；

（三）有与出版物批发业务相适应的设备和固定的经营场所，经营场所面积合计不少于50平方米；

（四）具备健全的管理制度并具有符合行业标准的信息管理系统。

本规定所称经营场所，是指企业在工商行政主管部门注册登记的住所。

第八条　单位申请从事出版物批发业务，可向所在地地市级人民政府出版行政主管部门提交申请材料，地市级人民政府出版行政主管部门在接受申请材料之日起10个工作日内完成审核，审核后报省、自治区、直辖市人民政府出版行政主管部门审批；申请单位也可直接报所在地省、自治区、直辖市人民政府出版行政主管部门审批。

省、自治区、直辖市人民政府出版行政主管部门自受理申请之日起20个工作日内作出批准或者不予批准的决定。批准的，由省、自治区、直辖市人民政府出版行政主管部门颁发出版物经营许可证，并报国家新闻出版广电总局备案。不予批准的，应当向申请人书面说明理由。

申请材料包括下列书面材料：

（一）营业执照正副本复印件；

（二）申请书，载明单位基本情况及申请事项；

（三）企业章程；

（四）注册资本数额、来源及性质证明；

（五）经营场所情况及使用权证明；

（六）法定代表人及主要负责人的身份证明；

（七）企业信息管理系统情况的证明材料。

第九条　单位、个人从事出版物零售业务，应当具备下列条件：

（一）已完成工商注册登记；

（二）工商登记经营范围含出版物零售业务；

（三）有固定的经营场所。

第十条　单位、个人申请从事出版物零售业务，须报所在地县级人民政府出版行政主管部门审批。

县级人民政府出版行政主管部门应当自受理申请之日起 20 个工作日内作出批准或者不予批准的决定。批准的，由县级人民政府出版行政主管部门颁发出版物经营许可证，并报上一级出版行政主管部门备案；其中门店营业面积在 5000 平方米以上的应同时报省级人民政府出版行政主管部门备案。不予批准的，应当向申请单位、个人书面说明理由。

申请材料包括下列书面材料：

（一）营业执照正副本复印件；

（二）申请书，载明单位或者个人基本情况及申请事项；

（三）经营场所的使用权证明。

第十一条　单位从事中小学教科书发行业务，应取得国家新闻出版广电总局批准的中小学教科书发行资质，并在批准的区域范围内开展中小学教科书发行活动。单位从事中小学教科书发行业务，应当具备下列条件：

（一）以出版物发行为主营业务的公司制法人；

（二）有与中小学教科书发行业务相适应的组织机构和发行人员；

（三）有能够保证中小学教科书储存质量要求的、与其经营品种和规模相适应的储运能力，在拟申请从事中小学教科书发行业务的省、自治区、直辖市、计划单列市的仓储场所面积在 5000 平方米以上，并有与中小学教科书发行相适应的自有物流配送体系；

（四）有与中小学教科书发行业务相适应的发行网络。在拟申请从事中小学教科书发行业务的省、自治区、直辖市、计划单列市的企业所属出版物发行网点覆盖不少于当地 70% 的县（市、区），且以出版物零售为主营业务，具备相应的中小学教科书储备、调剂、添货、零售及售后服务能力；

（五）具备符合行业标准的信息管理系统；

（六）具有健全的管理制度及风险防控机制和突发事件处置能力；

（七）从事出版物批发业务五年以上。最近三年内未受到出版行政主管部门行政处罚，无其他严重违法违规记录。

审批中小学教科书发行资质，除依照前款所列条件外，还应当符合国家关于中小学教科书发行单位的结构、布局宏观调控和规划。

第十二条　单位申请从事中小学教科书发行业务，须报国家新闻出版广电总局审批。

国家新闻出版广电总局应当自受理之日起 20 个工作日内作出批准或者不予批准的决定。批准的，由国家新闻出版广电总局作出书面批复并颁发中小学教科书发行资质证。不予批准的，应当向申请单位书面说明理由。

申请材料包括下列书面材料：

（一）申请书，载明单位基本情况及申请事项；

（二）企业章程；

（三）出版物经营许可证和企业法人营业执照正副本复印件；

（四）法定代表人及主要负责人的身份证明，有关发行人员的资质证明；

（五）最近三年的企业法人年度财务会计报告及证明企业信誉的有关材料；

（六）经营场所、发行网点和储运场所的情况及使用权证明；

（七）企业信息管理系统情况的证明材料；

（八）企业发行中小学教科书过程中能够提供的服务和相关保障措施；

（九）企业法定代表人签署的企业依法经营中小学教科书发行业务的承诺书；

（十）拟申请从事中小学教科书发行业务的省、自治区、直辖市、计划单列市人民政府出版行政主管部门对企业基本信息、经营状况、储运能力、发行网点等的核实意见；

（十一）其他需要的证明材料。

第十三条　单位、个人从事出版物出租业务，应当于取得营业执照后 15 日内到当地县级人民政府出版行政主管部门备案。

备案材料包括下列书面材料：

（一）营业执照正副本复印件；

（二）经营场所情况；

（三）法定代表人或者主要负责人情况。

相关出版行政主管部门应在 10 个工作日内向申请备案单位、个人出具备案回执。

第十四条　国家允许外商投资企业从事出版物发行业务。

设立外商投资出版物发行企业或者外商投资企业从事出版物发行业务，申请人应向地方商务主管部门报送拟设立外商投资出版物发行企业的合同、章程，办理外商投资审批手续。地方商务主管部门在征得出版行政主管部门同意后,按照有关法律、法规的规定,作出批准或者不予批准的决定。予以批准的,颁发外商投资企业批准证书,并在经营范围后加注"凭行业经营许可开展";不予批准的,书面通知申请人并说明理由。

申请人持外商投资企业批准证书到所在地工商行政主管部门办理营业执照或者在营业执照企业经营范围后加注相关内容,并按照本规定第七条至第十条及第十三条的有关规定到所在地出版行政主管部门履行审批或备案手续。

第十五条　单位、个人通过互联网等信息网络从事出版物发行业务的,应当依照本规定第七条至第十条的规定取得出版物经营许可证。

已经取得出版物经营许可证的单位、个人在批准的经营范围内通过互联网等信息网络从事出版物发行业务的,应自开展网络发行业务后 15 日内到原批准的出版行政主管部门备案。

备案材料包括下列书面材料:

(一)出版物经营许可证和营业执照正副本复印件;

(二)单位或者个人基本情况;

(三)从事出版物网络发行所依托的信息网络的情况。

相关出版行政主管部门应在 10 个工作日内向备案单位、个人出具备案回执。

第十六条　书友会、读者俱乐部或者其他类似组织申请从事出版物零售业务,按照本规定第九条、第十条的有关规定到所在地出版行政主管部门履行审批手续。

第十七条　从事出版物发行业务的单位、个人可在原发证机关所辖行政区域一定地点设立临时零售点开展其业务范围内的出版物销售活动。设立临时零售点时间不得超过 10 日,应提前到设点所在地县级人民政府出版行政主管部门备案并取得备案回执,并应遵守所在地其他有关管理规定。

备案材料包括下列书面材料:

(一)出版物经营许可证和营业执照正副本复印件;

(二)单位、个人基本情况;

(三)设立临时零售点的地点、时间、销售出版物品种;

(四)其他相关部门批准设立临时零售点的材料。

第十八条　出版物批发单位可以从事出版物零售业务。

出版物批发、零售单位设立不具备法人资格的发行分支机构,或者出版单位设立发行本版出版物的不具备法人资格的发行分支机构,不需单独办理出版物经营许可证,但应依法办理分支机构工商登记,并于领取营业执照后 15 日内到原发证机关和分支机构所在地出版行政主管部门备案。

备案材料包括下列书面材料:

(一)出版物经营许可证或者出版单位的出版许可证及分支机构营业执照正副本复印件;

(二)单位基本情况;

(三)单位设立不具备法人资格的发行分支机构的经营场所、经营范围等情况。

相关出版行政主管部门应在 10 个工作日内向备案单位、个人出具备案回执。

第十九条　从事出版物发行业务的单位、个人变更出版物经营许可证登记事项,或者兼并、合并、分立的,应当依照本规定到原批准的出版行政主管部门办理审批手续。出版行政主管部门自受理申请之日起 20 个工作日内作出批准或者不予批准的决定。批准的,由出版行政主管部门换发出版物经营许可证;不予批准的,应当向申请单位、个人书面说明理由。

申请材料包括下列书面材料:

(一)出版物经营许可证和营业执照正副本复印件;

(二)申请书,载明单位或者个人基本情况及申请变更事项;

(三)其他需要的证明材料。

从事出版物发行业务的单位、个人终止经营活动的,应当于 15 日内持出版物经营许可证和营业执照向原批准的出版行政主管部门备案,由原批准的出版行政主管部门注销出版物经营许可证。

第三章　出版物发行活动管理

第二十条　任何单位和个人不得发行下列出版物:

(一)含有《出版管理条例》禁止内容的违禁出版物;

(二)各种非法出版物,包括:未经批准擅自出版、印刷或者复制的出版物,伪造、假冒出版单位或者报刊名称出版的出版物,非法进口的出版物;

(三)侵犯他人著作权或者专有出版权的出版物;

(四)出版行政主管部门明令禁止出版、印刷或者复制、发行的出版物。

第二十一条　内部发行的出版物不得公开宣传、陈列、展示、征订、销售或面向社会公众发送。

第二十二条　从事出版物发行业务的单位和个人在发行活动中应当遵循公平、守法、诚实、守信的原则,依法订立供销合同,不得损害消费者的合法权益。

从事出版物发行业务的单位、个人,必须遵守下列规定:

(一)从依法取得出版物批发、零售资质的出版发行单位进货;发行进口出版物的,须从依法设立的出版物进口经营单位进货;

(二)不得超出出版行政主管部门核准的经营范围经营;

(三)不得张贴、散发、登载有法律、法规禁止内容的或者有欺诈性文字、与事实不符的征订单、广告和宣传画;

(四)不得擅自更改出版物版权页;

(五)出版物经营许可证应在经营场所明显处张挂;利用信息网络从事出版物发行业务的,应在其网站主页面或者从事经营活动的网页醒目位置公开出版物经营许可证和营业执照登载的有关信息或链接标识;

(六)不得涂改、变造、出租、出借、出售或者以其他任何形式转让出版物经营许可证和批准文件。

第二十三条　从事出版物发行业务的单位、个人,应查验供货单位的出版物经营许可证并留存复印件或电子文件,并将出版物发行进销货清单等有关非财务票据至少保存两年,以备查验。

进销货清单应包括进销出版物的名称、数量、折扣、金额以及发货方和进货方单位公章(签章)。

第二十四条　出版物发行从业人员应接受出版行政主管部门组织的业务培训。出版物发行单位应建立职业培训制度,积极组织本单位从业人员参加依法批准的职业技能鉴定机构实施的发行员职业技能鉴定。

第二十五条　出版单位可以发行本出版单位出版的出版物。发行非本出版单位出版的出版物的,须按照从事出版物发行业务的有关规定办理审批手续。

第二十六条　为出版物发行业务提供服务的网络交易平台应向注册地省、自治区、直辖市人民政府出版行政主管部门备案,接受出版行政主管部门的指导与监督管理。

备案材料包括下列书面材料:

(一)营业执照正副本复印件;

(二)单位基本情况;

(三)网络交易平台的基本情况。

省、自治区、直辖市人民政府出版行政主管部门应于10个工作日内向备案的网络交易平台出具备案回执。

提供出版物发行网络交易平台服务的经营者,应当对申请通过网络交易平台从事出版物发行业务的经营主体身份进行审查,核实经营主体的营业执照、出版物经营许可证,并留存证照复印件或电子文档备查。不得向无证无照、证照不齐的经营者提供网络交易平台服务。

为出版物发行业务提供服务的网络交易平台经营者应建立交易风险防控机制,保留平台内从事出版物发行业务经营主体的交易记录两年以备查验。对在网络交易平台内从事各类违法出版物发行活动的,应当采取有效措施予以制止,并及时向所在地出版行政主管部门报告。

第二十七条　省、自治区、直辖市出版行政主管部门和全国性出版、发行行业协会,可以主办全国性的出版物展销活动和跨省专业性出版物展销活动。主办单位应提前2个月报国家新闻出版广电总局备案。

市、县级出版行政主管部门和省级出版、发行协会可以主办地方性的出版物展销活动。主办单位应提前2个月报上一级出版行政主管部门备案。

备案材料包括下列书面材料:

(一)展销活动主办单位;

(二)展销活动时间、地点;

(三)展销活动的场地、参展单位、展销出版物品种、活动筹备等情况。

第二十八条　从事中小学教科书发行业务,必须遵守下列规定:

(一)从事中小学教科书发行业务的单位必须具备中小学教科书发行资质;

(二)纳入政府采购范围的中小学教科书,其发行单位须按照《中华人民共和国政府采购法》的有关规定确定;

(三)按照教育行政主管部门和学校选定的中小学教科书,在规定时间内完成发行任务,确保“课前到书,人手一册”。因自然灾害等不可抗力导致中小学教科书发行受到影响的,应及时采取补救措施,并报告所在地出版行政和教育行政主管部门;

(四)不得在中小学教科书发行过程中擅自征订、搭售教学用书目录以外的出版物;

(五)不得将中小学教科书发行任务向他人转让和分包;

(六)不得涂改、倒卖、出租、出借中小学教科书发行资质证书;

(七)中小学教科书发行费率按照国家有关规定执行,不得违反规定收取发行费用;

(八)做好中小学教科书的调剂、添货、零售和售后服务等相关工作；

（九）应于发行任务完成后30个工作日内向国家新闻出版广电总局和所在地省级出版行政主管部门书面报告中小学教科书发行情况。

中小学教科书出版单位应在规定时间内向依法确定的中小学教科书发行单位足量供货，不得向不具备中小学教科书发行资质的单位供应中小学教科书。

第二十九条 任何单位、个人不得从事本规定第二十条所列出版物的征订、储存、运输、邮寄、投递、散发、附送等活动。

从事出版物储存、运输、投递等活动，应当接受出版行政主管部门的监督检查。

第三十条 从事出版物发行业务的单位、个人应当按照出版行政主管部门的规定接受年度核验，并按照《中华人民共和国统计法》《新闻出版统计管理办法》及有关规定如实报送统计资料，不得以任何借口拒报、迟报、虚报、瞒报以及伪造和篡改统计资料。

出版物发行单位、个人不再具备行政许可的法定条件的，由出版行政主管部门责令限期改正；逾期仍未改正的，由原发证机关撤销出版物经营许可证。

中小学教科书发行单位不再具备中小学教科书发行资质的法定条件的，由出版行政主管部门责令限期改正；逾期仍未改正的，由原发证机关撤销中小学教科书发行资质证。

第四章　法律责任

第三十一条 未经批准，擅自从事出版物发行业务的，依照《出版管理条例》第六十一条处罚。

第三十二条 发行违禁出版物的，依照《出版管理条例》第六十二条处罚。

发行国家新闻出版广电总局禁止进口的出版物，或者发行未从依法批准的出版物进口经营单位进货的进口出版物，依照《出版管理条例》第六十三条处罚。

发行其他非法出版物和出版行政主管部门明令禁止出版、印刷或者复制、发行的出版物的，依照《出版管理条例》第六十五条处罚。

发行违禁出版物或者非法出版物的，当事人对其来源作出说明、指认，经查证属实的，没收出版物和非法所得，可以减轻或免除其他行政处罚。

第三十三条 违反本规定发行侵犯他人著作权或者专有出版权的出版物的，依照《中华人民共和国著作权法》和《中华人民共和国著作权法实施条例》的规定处罚。

第三十四条 在中小学教科书发行过程中违反本规定，有下列行为之一的，依照《出版管理条例》第六十五条处罚：

（一）发行未经依法审定的中小学教科书的；

（二）不具备中小学教科书发行资质的单位从事中小学教科书发行活动的；

（三）未按照《中华人民共和国政府采购法》有关规定确定的单位从事纳入政府采购范围的中小学教科书发行活动的。

第三十五条 出版物发行单位未依照规定办理变更审批手续的，依照《出版管理条例》第六十七条处罚。

第三十六条 单位、个人违反本规定被吊销出版物经营许可证的，其法定代表人或者主要负责人自许可证被吊销之日起10年内不得担任发行单位的法定代表人或者主要负责人。

第三十七条 违反本规定，有下列行为之一的，由出版行政主管部门责令停止违法行为，予以警告，并处3万元以下罚款：

（一）未能提供近两年的出版物发行进销货清单等有关非财务票据或者清单、票据未按规定载明有关内容的；

（二）超出出版行政主管部门核准的经营范围经营的；

（三）张贴、散发、登载有法律、法规禁止内容的或者有欺诈性文字、与事实不符的征订单、广告和宣传画的；

（四）擅自更改出版物版权页的；

（五）出版物经营许可证未在经营场所明显处张挂或者未在网页醒目位置公开出版物经营许可证和营业执照登载的有关信息或者链接标识的；

（六）出售、出借、出租、转让或者擅自涂改、变造出版物经营许可证的；

（七）公开宣传、陈列、展示、征订、销售或者面向社会公众发送规定应由内部发行的出版物的；

（八）委托无出版物批发、零售资质的单位或者个人销售出版物或者代理出版物销售业务的；

（九）未从依法取得出版物批发、零售资质的出版发行单位进货的；

（十）提供出版物网络交易平台服务的经营者未按本规定履行有关审查及管理责任的；

（十一）应按本规定进行备案而未备案的；

（十二）不按规定接受年度核验的。

第三十八条 在中小学教科书发行过程中违反本规

定,有下列行为之一的,由出版行政主管部门责令停止违法行为,予以警告,并处 3 万元以下罚款:

（一）擅自调换已选定的中小学教科书的;

（二）擅自征订、搭售教学用书目录以外的出版物的;

（三）擅自将中小学教科书发行任务向他人转让和分包的;

（四）涂改、倒卖、出租、出借中小学教科书发行资质证书的;

（五）未在规定时间内完成中小学教科书发行任务的;

（六）违反国家有关规定收取中小学教科书发行费用的;

（七）未按规定做好中小学教科书的调剂、添货、零售和售后服务的;

（八）未按规定报告中小学教科书发行情况的;

（九）出版单位向不具备中小学教科书发行资质的单位供应中小学教科书的;

（十）出版单位未在规定时间内向依法确定的中小学教科书发行企业足量供货的;

（十一）在中小学教科书发行过程中出现重大失误,或者存在其他干扰中小学教科书发行活动行为的。

第三十九条 征订、储存、运输、邮寄、投递、散发、附送本规定第二十条所列出版物的,按照本规定第三十二条进行处罚。

第四十条 未按本规定第三十条报送统计资料的,按照《新闻出版统计管理办法》有关规定处理。

第五章 附 则

第四十一条 允许香港、澳门永久性居民中的中国公民依照内地有关法律、法规和行政规章,在内地各省、自治区、直辖市设立从事出版物零售业务的个体工商户,无需经过外资审批。

第四十二条 本规定所称中小学教科书,是指经国务院教育行政主管部门审定和经授权审定的义务教育教学用书(含配套教学图册、音像材料等)。

中小学教科书发行包括中小学教科书的征订、储备、配送、分发、调剂、添货、零售、结算及售后服务等。

第四十三条 出版经营许可证和中小学教科书发行资质证的设计、印刷、制作与发放等,按照《新闻出版许可证管理办法》有关规定执行。

第四十四条 本规定由国家新闻出版广电总局会同商务部负责解释。

第四十五条 本规定自 2016 年 6 月 1 日起施行,原新闻出版总署、商务部 2011 年 3 月 25 日发布的《出版物市场管理规定》同时废止。本规定施行前与本规定不一致的其他规定不再执行。

出版物鉴定管理办法

·2020 年 12 月 14 日
·国新出发〔2020〕22 号

第一章 总 则

第一条 为加强出版物鉴定活动管理,规范出版物鉴定工作,保障出版物鉴定质量,根据《出版管理条例》和国家有关规定,制定本办法。

第二条 本办法所称出版物鉴定,是指出版物鉴定机构运用专业知识或者技术手段,对出版物鉴定样本是否属于非法出版物或者违禁出版物进行分析审鉴,并提出鉴定意见的活动。

第三条 出版物鉴定主要针对以下出版物:

（一）非法出版物,包括未经批准擅自出版、印刷或者复制的出版物,伪造、假冒出版单位或者报刊名称出版的出版物,非法进口的出版物等;

（二）违禁出版物,是指含有《出版管理条例》和国家有关规定禁止内容的出版物。

第四条 本办法所称出版物鉴定机构,是指承担出版物鉴定职责的出版主管部门和出版主管部门所属的承担出版物鉴定职责的机构。

第五条 出版物鉴定机构接受"扫黄打非"工作机构、文化综合执法机构、公安机关、检察机关、审判机关等具有行政和司法职能的国家机关和单位的委托,开展出版物鉴定活动。

第六条 出版物鉴定实行鉴定机构负责制。出版物鉴定机构应当严格依据国家法律法规和有关规定,独立、客观、公正、规范地开展出版物鉴定活动。

第七条 出版物鉴定机构和鉴定相关人员应当对在出版物鉴定活动中知悉的国家秘密、工作秘密、商业秘密和个人隐私予以保密。

第八条 国家新闻出版署负责全国出版物鉴定活动的监督管理。省级以下出版主管部门负责本行政区域内出版物鉴定活动的监督管理。

第二章 出版物鉴定机构

第九条 出版物鉴定机构应当具有健全的工作制度和专业的鉴定人员队伍,能够独立开展出版物鉴定活动,承担相应的管理责任和法律责任。

第十条 出版物鉴定机构应当规范鉴定委托受理、委托手续办理等工作程序，建立完善鉴定材料审核、接收、保管、使用、退还、存档等工作制度。

接到涉及重大社会影响案件的鉴定委托后，出版物鉴定机构应当在受理委托24小时内向同级出版主管部门报告相关信息。

第十一条 出版物鉴定人员应当具备以下基本条件：

（一）拥护中华人民共和国宪法，遵守国家法律和社会公德；

（二）熟悉国家有关新闻出版的法律法规和政策规范；

（三）具备出版物鉴定业务知识和专业技能；

（四）具有新闻出版相关工作经验。

第十二条 出版物鉴定机构应当成立出版物鉴定委员会，研究决定本机构受理的复杂、疑难或者有重大争议的鉴定事项等。出版物鉴定委员会应当由本机构负责人、鉴定人员以及与鉴定业务相关的人员组成，组成人数应当为单数。

出版物鉴定机构可以聘请其他相关专业领域的专家，为出版物鉴定事项提供咨询意见。

第十三条 出版物鉴定人员、鉴定委员会成员存在以下情形的，应当回避：

（一）是鉴定事项当事人或者当事人近亲属的；

（二）与鉴定事项有利害关系的；

（三）与鉴定事项有其他关系可能影响公正鉴定的。

委托单位、鉴定相关人员提出回避申请的，应当说明理由，并经出版物鉴定机构负责人批准。

第十四条 出版物鉴定机构应当加强鉴定文书管理，严格鉴定文书的制作、复核、审核及签发、发送等工作流程，确保鉴定过程规范高效、鉴定结果准确客观。

第十五条 出版物鉴定机构应当建立鉴定人员上岗培训、继续教育、业务考评制度，支持鉴定人员参加教育培训和业务交流活动，确保鉴定人员具备较高的政治素养和较强的专业技能。

第三章 出版物鉴定程序

第十六条 委托单位应当委托所在行政区域内同级出版物鉴定机构进行鉴定；同级无具备相应鉴定职责的出版物鉴定机构的，应当委托上一级出版物鉴定机构进行鉴定。

有关少数民族语言文字类出版物的鉴定，委托单位所在省级行政区域内无具备相应鉴定能力的出版物鉴定机构的，经省级出版主管部门同意，委托单位可以委托具有鉴定能力的其他省级出版物鉴定机构进行鉴定。

省级以上出版主管部门根据工作需要，可以指定本行政区域内具备相应鉴定职责的出版物鉴定机构受理鉴定委托。

违禁出版物的鉴定应当由省级以上出版物鉴定机构作出。

第十七条 委托单位向出版物鉴定机构提供的鉴定材料应当真实、客观、完整、充分，对鉴定材料及其来源的真实性、合法性负责。

第十八条 出版物鉴定机构收到鉴定委托后，应当与委托单位办理接收手续，核对并记录鉴定材料的名称、种类、数量、送鉴时间等。鉴定材料包括：

（一）鉴定委托函件；

（二）鉴定事项说明；

（三）鉴定样本及清单；

（四）鉴定所需的其他材料。

第十九条 出版物鉴定机构应当自收到鉴定委托之日起5个工作日内作出是否受理的决定。对于复杂、疑难或者特殊鉴定事项，经本机构负责人批准，可以延长至10个工作日。

第二十条 出版物鉴定机构应当对委托鉴定事项、鉴定材料等进行审查。对属于本机构鉴定职责、鉴定材料能够满足鉴定需要的，应当受理。

对于鉴定材料不完整、不充分、不能满足鉴定需要的，出版物鉴定机构可以要求委托单位补充，经补充后能够满足鉴定需要的，应当受理。

第二十一条 具有下列情形之一的鉴定委托，出版物鉴定机构不予受理：

（一）鉴定事项超出本机构鉴定职责范围的；

（二）鉴定材料不完整、不充分，经补充后仍无法满足鉴定需要的；

（三）委托单位就同一鉴定事项同时委托其他鉴定机构鉴定的；

（四）法律法规规定的其他情形。

第二十二条 出版物鉴定机构决定受理鉴定委托的，应当与委托单位办理委托手续，明确鉴定事项、鉴定用途、鉴定时限，以及需要约定的其他事项等。

出版物鉴定机构决定不予受理的，应当向委托单位书面说明理由，并退还鉴定材料。

第二十三条 出版物鉴定机构应当自受理委托生效

之日起 20 个工作日内完成鉴定。情况复杂确需延长的，经本机构负责人批准，延长时限不得超过 20 个工作日。鉴定时限延长的，应当及时告知委托单位。

鉴定过程中补充或者重新提取鉴定材料所需的时间，以及与相关单位进行信息核实所需的时间，不计入鉴定时限。

第二十四条 出版物鉴定机构受理鉴定委托后，应当指定不少于 2 名鉴定人员进行鉴定。鉴定人员应当对鉴定方法和鉴定过程等进行记录，记录内容应当真实、客观、规范、完整。

第二十五条 出版物鉴定机构在鉴定过程中，需要就所鉴定样本的出版、印刷或者复制、进口等情况，与相关部门和单位进行核实时，应当出具书面文件，并加盖公章。相关部门和单位应当就出版物鉴定机构提出的核实事项及时提供真实、明确的书面说明及相关证据材料，并加盖公章。

第二十六条 出版物鉴定机构在鉴定过程中有下列情形之一的，应当终止鉴定：

（一）有本办法第二十一条规定情形的；

（二）鉴定材料发生损毁或者灭失，影响作出鉴定意见且委托单位不能补充提供的；

（三）委托单位撤回鉴定委托的；

（四）因不可抗力致使鉴定无法继续进行的；

（五）对复杂、疑难或者有重大争议的鉴定事项难以作出鉴定意见的；

（六）其他需要终止鉴定的情形。

出版物鉴定机构终止鉴定的，应当向委托单位书面说明理由，并退还鉴定材料。

第二十七条 有下列情形之一的，委托单位可以委托出版物鉴定机构进行补充鉴定：

（一）委托单位因故导致鉴定事项有遗漏的；

（二）委托单位就原鉴定事项补充新的鉴定材料的；

（三）其他需要补充鉴定的情形。

补充鉴定应当委托原鉴定机构进行，超出原鉴定机构鉴定职责范围的除外。

第二十八条 有下列情形之一的，委托单位可以委托出版物鉴定机构进行重新鉴定：

（一）原鉴定机构超出鉴定职责范围组织鉴定的；

（二）原鉴定相关人员应当回避没有回避的；

（三）委托单位确有合理理由，需要重新鉴定的；

（四）其他需要重新鉴定的情形。

第二十九条 对于出版物鉴定机构难以作出鉴定意见而终止鉴定的，以及需要重新鉴定的，委托单位可以委托上一级出版物鉴定机构进行鉴定。

第三十条 出版物鉴定机构完成鉴定后，应当将与鉴定事项相关的鉴定样本、核实的信息材料、其他鉴定材料、鉴定记录、鉴定委员会决定、鉴定专家意见、鉴定文书等整理立卷，存档保管。鉴定样本数量较大的，可以存档保管其主要信息页的扫描件、复印件或者照片。

委托单位需要取回鉴定材料的，应当提交书面说明。出版物鉴定机构应当将鉴定样本主要信息以及其他鉴定材料进行扫描、复印或者拍照留存。

出版物鉴定档案保管期限不少于 30 年，重要鉴定事项档案应当永久保存。

第四章 出版物鉴定文书

第三十一条 出版物鉴定机构完成鉴定后，鉴定人员应当及时规范地制作鉴定文书。

鉴定文书制作完成后，出版物鉴定机构应当指定其他鉴定人员进行复核，并提出复核意见。

出版物鉴定机构负责人对复核后的鉴定文书进行审核与签发。

第三十二条 出版物鉴定文书一般应当包括标题、编号、基本情况、鉴定情况、鉴定意见、署名、日期等内容，并符合下列要求：

（一）标题，写明出版物鉴定机构全称和鉴定文书名称；

（二）编号，写明出版物鉴定机构缩略名、文书性质缩略语、年份及序号；

（三）基本情况，写明委托单位、委托事项、样本信息等内容；

（四）鉴定情况，写明对鉴定样本及相关鉴定材料的核查与分析情况；

（五）鉴定意见，应当依法、规范、明确，有针对性和适用性；

（六）附件，对鉴定文书中需要解释或者列明的内容加以说明；

（七）署名，注明出版物鉴定机构全称，同时加盖出版物鉴定机构鉴定专用章；

（八）日期，注明鉴定文书的制作日期。

第三十三条 出版物鉴定机构应当按照规定或者与委托单位约定的方式，向委托单位发送鉴定文书。

第三十四条 鉴定文书发送后，因补充鉴定、重新鉴定或其他原因需要对鉴定文书进行更改时，出版物鉴定机构应当重新制作鉴定文书，并作出声明："本鉴定文书为××号鉴定文书的更改文书,原鉴定文书作废。"更改后的鉴定文书应当在原鉴定文书收回后发送。原鉴定文书作为更改文书的原始凭据存档保管。

第五章 法律责任

第三十五条 出版物鉴定机构有下列情形之一的,由出版主管部门责令改正;造成严重后果的,对其主要负责人及直接责任人作出相应处理:

(一)超出鉴定职责范围开展出版物鉴定活动的;

(二)无正当理由拒绝受理鉴定委托的;

(三)拒绝接受出版主管部门监督、检查或者向其提供虚假材料的;

(四)因故意或者重大过失造成鉴定材料损毁、灭失的。

第三十六条 出版物的出版、印刷或者复制、进口单位等就出版物鉴定机构要求核实的事项提供虚假信息的,出版物鉴定机构应当将有关情况反馈同级出版主管部门,由出版主管部门依法核查处理。

第六章 附 则

第三十七条 本办法自 2021 年 7 月 1 日起施行。新闻出版署 1993 年 3 月 16 日发布的《新闻出版署出版物鉴定规则》同时废止。

出版物进口备案管理办法

· 2017 年 1 月 22 日国家新闻出版广电总局、海关总署令第 12 号公布
· 自 2017 年 3 月 1 日起施行

第一条 为规范出版物进口备案行为,加强出版物进口管理,根据《出版管理条例》《音像制品管理条例》等法规,制定本办法。

第二条 在中华人民共和国境内从事出版物进口活动,适用本办法。

本办法所称出版物,是指进口的图书、报纸、期刊、音像制品(成品)及电子出版物(成品)、数字文献数据库等。

本办法所称出版物进口经营单位,是指依照《出版管理条例》设立的从事出版物进口业务的单位。

第三条 出版物进口经营单位应当按照许可的业务范围从事出版物进口经营活动。

第四条 出版物进口经营单位应当按照《出版管理条例》及本办法的要求,向省级以上出版行政主管部门办理进口出版物备案手续。出版物进口经营单位提供备案材料不齐备或不真实的,不予备案。

负责备案的省、自治区、直辖市出版行政主管部门应将相关备案信息报国家新闻出版广电总局。国家新闻出版广电总局对省、自治区、直辖市出版行政主管部门的备案工作进行检查指导。

第五条 进口图书的,出版物进口经营单位应当于进口前向省级以上出版行政主管部门申请办理进口备案手续。申请备案时,需提交备案申请和出版物进口经营单位出具的审查意见,备案申请包括以下信息:

(一)图书名称;

(二)出版机构;

(三)进口来源国家(地区);

(四)作者;

(五)国际标准出版代码(ISBN);

(六)语种;

(七)数量;

(八)类别;

(九)进口口岸;

(十)订购方;

(十一)需要提交的其他材料。

第六条 省级以上出版行政主管部门在受理出版物进口经营单位进口图书备案申请材料之日起 20 个工作日内完成图书目录的备案手续。准予备案的,负责备案的出版行政主管部门为出版物进口经营单位出具通关函。出版物进口经营单位应当向海关交验通关函,海关按规定办理报关验放手续,没有通关函海关不予放行。

第七条 进口音像制品(成品)及电子出版物(成品)的,出版物进口经营单位应当按照《音像制品进口管理办法》《电子出版物出版管理规定》的要求,履行相应进口审批手续。出版物进口经营单位应当向海关交验批准文件,海关按规定办理报关验放手续,没有批准文件海关不予放行。

第八条 出版物进口经营单位进口音像制品(成品)及电子出版物(成品)后 15 个工作日内报国家新闻出版广电总局备案。报送备案时,需按音像制品(成品)及电子出版物(成品)的实际进口情况提交以下信息:

(一)名称;

(二)出版机构;

(三)进口来源国家(地区);

(四)国际标准音像制品编码(ISRC)或电子出版物编码等;

（五）语种；

（六）数量；

（七）类别；

（八）进口口岸；

（九）载体形式；

（十）进口通关放行日期；

（十一）进口批准文号；

（十二）订购方；

（十三）需要提交的其他材料。

第九条　进口后的音像制品（成品）及电子出版物（成品）的使用，应当符合其他法律法规等相关规定。

第十条　进口报纸、期刊的，出版物进口经营单位应当按照《订户订购进口出版物管理办法》的要求，履行相应进口审批手续。出版物进口经营单位应当向海关交验批准文件，海关按规定办理报关验放手续，没有批准文件海关不予放行。

第十一条　出版物进口经营单位进口报纸、期刊后，每季度报国家新闻出版广电总局备案，同时抄送所在地省、自治区、直辖市出版行政主管部门。报送备案时，需按照实际进口情况提交以下信息：

（一）报刊名称；

（二）出版机构；

（三）进口来源国家（地区）；

（四）国际标准连续出版物号（ISSN）；

（五）语种；

（六）数量；

（七）类别；

（八）进口口岸；

（九）刊期；

（十）进口通关放行日期；

（十一）订户；

（十二）需要提交的其他材料。

第十二条　通过信息网络进口到境内的境外数字文献数据库，必须由国务院出版行政主管部门批准的有境外数字文献数据库网络进口资质的出版物进口经营单位进口。出版物进口经营单位办理境外数字文献数据库进口时，应当严格按照《出版管理条例》《音像制品管理条例》《订户订购进口出版物管理办法》等法规规章及相关规定，对其进口的境外数字文献数据库进行内容审查（含进口前内容审查和进口后更新内容审查），分类办理数字文献数据库进口备案、审批手续。

第十三条　出版物进口经营单位进口境外数字文献数据库后，于每个自然年年末报国家新闻出版广电总局备案。报送备案时，需按境外数字文献数据库实际进口信息提供以下材料：

（一）名称；

（二）境外供应商；

（三）进口来源国家（地区）；

（四）语种；

（五）用户数量；

（六）类别；

（七）开通时间；

（八）当前合同起止年月；

（九）进口金额；

（十）国内订购单位；

（十一）动态监管人员；

（十二）监管设施的IP地址；

（十三）监管方式；

（十四）需要提交的其他材料。

第十四条　出版物进口经营单位应当对实际进口出版物进行内容审查并每月定期向国家新闻出版广电总局提交审读报告。

第十五条　出版物进口经营单位未按本办法要求履行备案手续的，根据《出版管理条例》第六十七条的规定，由省级以上出版行政主管部门责令改正，给予警告；情节严重的，责令限期停业整顿或者由原发证机关吊销许可证。

第十六条　出版物进口经营单位未履行审读责任，进口含有《出版管理条例》第二十五条、第二十六条禁止内容的，根据《出版管理条例》第六十二条的规定，由省级以上出版行政主管部门责令停止违法行为，没收出版物、违法所得，违法经营额1万元以上的，并处违法经营额5倍以上10倍以下的罚款；违法经营额不足1万元的，可以处5万元以下的罚款；情节严重的，责令限期停业整顿或者由原发证机关吊销许可证。

第十七条　出版物进口经营单位备案时提交的材料不齐备、不真实或违反本办法其他规定的，由省级以上出版行政主管部门责令停止进口行为，并给予警告；情节严重的，处3万元以下罚款。

第十八条　本办法由国家新闻出版广电总局会同海关总署负责解释。

第十九条　本办法自2017年3月1日起施行。

订户订购进口出版物管理办法

· 2011 年 3 月 25 日新闻出版总署令第 51 号公布
· 自 2011 年 3 月 25 日起施行

第一条　为了满足国内单位和个人、在华外国机构、外商投资企业外籍人士和港、澳、台人士对进口出版物的阅读需求，加强对进口出版物的管理，根据《出版管理条例》和有关法律、法规，制定本办法。

第二条　在中国境内订户订购进口出版物适用本办法。

本办法所称进口出版物，是指由出版物进口经营单位进口的，在外国以及在中国香港特别行政区、澳门特别行政区和台湾地区出版的图书、报纸（含过期报纸）、期刊（含过期期刊）、电子出版物等。

本办法所称出版物进口经营单位，是指依照《出版管理条例》设立的从事出版物进口业务的单位。

本办法所称订户，是指通过出版物进口经营单位订购进口出版物的国内单位和个人、在华外国机构、外商投资企业和在华长期工作、学习、生活的外籍人士以及港、澳、台人士。

本办法所称订购，是指订户为满足本单位或者本人的阅读需求，向出版物进口经营单位预订购买进口出版物。

第三条　进口出版物分为限定发行范围的和非限定发行范围的两类，国家对其发行实行分类管理。

进口限定发行范围的报纸、期刊、图书、电子出版物等实行订户订购、分类供应的发行方式；非限定发行范围的进口报纸、期刊实行自愿订户订购和市场销售相结合的发行方式；非限定发行范围的进口图书、电子出版物等实行市场销售的发行方式。

限定发行范围的进口报纸、期刊、图书、电子出版物的种类由新闻出版总署确定。

第四条　订户订购进口出版物由出版物进口经营单位经营。其中，订户订购限定发行范围的进口报纸、期刊、图书、电子出版物的业务，须由新闻出版总署指定的出版物进口经营单位经营。

未经新闻出版总署批准，任何单位和个人不得从事订户订购进口出版物的经营活动。

出版物进口经营单位委托非出版物进口经营单位代理征订或者代理配送进口出版物，须事先报新闻出版总署同意。

第五条　国内单位订户订购非限定发行范围的进口报纸、期刊，持单位订购申请书，直接到新闻出版总署批准的报纸、期刊进口经营单位办理订购手续。国内个人订户应通过所在单位办理订购手续。

第六条　可以订购限定发行范围的进口报纸、期刊、图书和电子出版物的国内单位订户由新闻出版总署确定。

第七条　国内单位订户订购限定发行范围的进口报纸、期刊、图书、电子出版物等，中央单位订户由所属中央各部委审批；地方单位订户经所在地省、自治区、直辖市新闻出版行政部门审核后报送同级党委宣传部审批。获得批准的订户持单位订购申请书和有关批准文件，到新闻出版总署指定的出版物进口经营单位办理订购手续。

国内单位订户订购限定发行范围的进口报纸、期刊、图书、电子出版物等，应制定相应的使用管理办法。

第八条　在华外国机构、外商投资企业和在华长期工作、学习、生活的外籍人士和港、澳、台人士订购进口报纸、期刊，应持单位订购申请书或者本人身份证明，到新闻出版总署批准或者指定的报纸、期刊进口经营单位办理订购手续。

第九条　出版物进口经营单位负责对订购限定发行范围的进口报纸、期刊、图书、电子出版物的订户进行审核，并将审核后的订户名单、拟订购进口报纸、期刊、图书、电子出版物的品种和数量报送新闻出版总署批准。出版物进口经营单位依照批准后的订户名单及进口报纸、期刊、图书、电子出版物的品种和数量供应订户。

第十条　未经批准，擅自从事进口出版物的订户订购业务，按照《出版管理条例》第六十一条处罚。

违反本办法其他规定的，由新闻出版行政部门责令改正，给予警告；情节严重的，并处 3 万元以下的罚款。

第十一条　本办法自公布之日起施行。新闻出版总署 2004 年 12 月 31 日颁布的《订户订购进口出版物管理办法》同时废止。

内部资料性出版物管理办法

· 2015 年 2 月 10 日国家新闻出版广电总局令第 2 号公布
· 自 2015 年 4 月 1 日起施行

第一章　总　则

第一条　为了规范内部资料性出版物的管理，根据《印刷业管理条例》和有关法律法规，制定本办法。

第二条　凡从事内部资料性出版物编印和发送活动，必须遵守本办法。

本办法所称内部资料性出版物(以下简称内部资料),是指在本行业、本系统、本单位内部,用于指导工作、交流信息的非卖性单本成册或连续性折页、散页印刷品,不包括机关公文性的简报等信息资料。

内部资料分为一次性内部资料和连续性内部资料。

第三条　对内部资料的编印,实行核发《内部资料性出版物准印证》(以下简称《准印证》)管理。未经批准取得《准印证》,任何单位和个人不得从事内部资料的编印活动。

第四条　编印内部资料,应当向所在地省、自治区、直辖市新闻出版行政部门提出申请,经审核批准,领取《准印证》后,方可从事编印活动。

第二章　准印证的核发

第五条　申请编印一次性内部资料,须符合以下条件:

(一)申请方应为党政机关、企事业、社会团体等单位;

(二)编印目的及发送范围符合本办法第二条的规定,编印内容与编印单位的性质和能力相一致;

(三)稿件内容符合本办法第十三条的规定;

(四)拟委托印刷的单位为出版物印刷企业。

第六条　申请编印一次性内部资料,应当提交申请书和稿件清样。

申请书应当载明一次性内部资料的名称、申请单位、编印目的、内容简介、印数、印张数、开本、发送对象、印刷单位等项目。

第七条　申请编印连续性内部资料,须符合以下条件:

(一)申请方应为党政机关、企事业、社会团体等单位;

(二)有确定的名称,名称应充分体现编印宗旨及地域、行业或单位特征;

(三)有确定的编印目的和固定的发送对象,编印目的应限于与编印单位业务相一致的工作指导、信息交流;编印内容应与编印单位的性质和能力相一致;企业编印散页连续性内部资料,应主要用于指导本企业的生产经营、企业文化和精神文明建设;

(四)有适应编印活动需要的人员;

(五)有稳定的资金来源和固定的办公场所;

(六)拟委托印刷的单位为出版物印刷企业。

第八条　编印连续性内部资料,应当提交下列材料:

(一)编印连续性内部资料的申请书,内容包括:连续性内部资料的名称、编印目的、栏目设置、印数、印制周期、开本、发送对象和经费来源等项目;

(二)编印单位资质证明材料;

(三)编印人员的基本情况及身份证明;

(四)拟承印单位的《印刷经营许可证》复印件。

第九条　具有下列情形之一的,不予核发内部资料《准印证》:

(一)不符合本办法第二条、第五条或第七条规定的审批条件的;

(二)广告印刷品、介绍推广本单位基本情况的宣传资料,或者仅含有历法信息及广告内容的挂历、台历、年历等无需申领《准印证》的一般印刷品;

(三)中小学教科书及教辅材料、地图、个人画册、个人文集等应由出版单位出版的作品。

第十条　省、自治区、直辖市新闻出版行政部门自受理申请之日起20日内作出审批决定。决定批准的,核发一次性内部资料或者连续性内部资料《准印证》;不予批准的,应当书面说明理由。

第十一条　《准印证》按一种内部资料一证的原则核发,其中对一次性内部资料,一次性使用有效;连续性内部资料的《准印证》有效期为1年,期满须重新核发。

《准印证》不得转让和出租出借,内部资料停办后《准印证》应及时交回发证部门。

第三章　监督管理

第十二条　内部资料的编印单位应当对所编印的内容和质量负责,并承担法律责任。

第十三条　内部资料不得含有下列内容:

(一)反对宪法确定的基本原则的;

(二)危害国家统一、主权和领土完整的;

(三)泄露国家秘密、危害国家安全或者损害国家荣誉和利益的;

(四)煽动民族仇恨、民族歧视,破坏民族团结,或者侵害少数民族风俗、习惯的;

(五)宣扬邪教、迷信的;

(六)扰乱社会秩序,破坏社会稳定的;

(七)宣扬淫秽、赌博、暴力或者教唆犯罪的;

(八)侮辱或者诽谤他人,侵害他人合法权益的;

(九)危害社会公德或者民族优秀文化传统的;

(十)法律、行政法规和国家规定禁止的其他内容的。

第十四条　内部资料必须在封面完整印刷标注《准印证》编号和"内部资料,免费交流"字样,并在明显位置

（封面、封底或版权页）标明编印单位、发送对象、印刷单位、印刷日期、印数等，连续性内部资料还须标明期号。

连续性内部资料不得使用"××报"、"××刊"或"××杂志"、"记者××"、"期刊社"、"杂志社"、"刊号"等字样，不得在内文中以"本报"、"本刊"自称。

第十五条　编印内部资料，应严格遵守以下规定：

（一）按照批准的名称、开本（开版）、周期印制，不得用《准印证》印制其他内容，一次性内部资料不得一证多期，连续性内部资料不得一期多版；

（二）严格限定在本行业、本系统、本单位内部交流，不得标价、销售或征订发行，不得在公共场所摆放，不得向境外传播；不得将服务对象及社会公众作为发送对象，也不得以提供信息为名，将无隶属关系和指导关系的行业、企事业单位作为发送对象；

（三）不得以工本费、会员费、版面费、服务费等任何形式收取任何费用，不得刊登广告，不得搞经营性活动；编印单位不得利用登记、年检、办证、办照、评奖、验收、论证等工作之便向服务和管理对象摊派或变相摊派；

（四）不得将内部资料承包给其他组织和个人，不得与外单位以"协办"等其他形式进行编印和发送。

第十六条　内部资料必须在编印单位所在地省、自治区、直辖市内的出版物印刷企业印刷。

印刷企业接受委托印刷内部资料，须验证所在地新闻出版行政部门核发的《准印证》原件并收存《准印证》复印件；接受委托印刷宗教内容的内部资料，还须验证省、自治区、直辖市人民政府宗教事务管理部门的批准文件。

编印和承印单位必须严格按照《准印证》核准的项目印制，严禁擅自更改《准印证》核准项目。

《准印证》复印件须保存两年，以备查验。

第十七条　内部资料的印刷质量应符合印刷质量标准。

第十八条　内部资料的编印单位须在印刷完成后10日内向核发《准印证》的新闻出版行政部门送交样本。

第十九条　各级新闻出版行政部门负责本行政区域内部资料的日常监督管理工作。

内部资料实行审读制度和质量检查制度，新闻出版行政部门要配备必要的人员和经费对内部资料进行内容审读和质量监管。

第二十条　连续性内部资料编印单位的有关人员应按照省、自治区、直辖市新闻出版行政部门的要求，参加有关法规、业务培训。

第二十一条　连续性内部资料编印单位需要延续《准印证》有效期的，应当在《准印证》有效期届满30日前向省、自治区、直辖市新闻出版行政部门提出申请。

省、自治区、直辖市新闻出版行政部门负责审核连续性内部资料的内容、质量、是否符合许可条件以及遵守本办法各项规定情况等。审核通过的，重新核发《准印证》；审核未通过或者逾期一个月不办理延期申请的，原《准印证》自动失效，予以注销。

省、自治区、直辖市新闻出版行政部门应于每年3月底前，将本地区上一年度内部资料监督管理情况报告国家新闻出版广电总局。

第四章　法律责任

第二十二条　有下列行为之一的，由县级以上地方人民政府新闻出版行政部门责令改正、停止违法行为，根据情节轻重，给予警告，并处1千元以下的罚款；以营利为目的从事下列行为的，并处3万元以下罚款：

（一）未经批准擅自编印内部资料的；

（二）编印本办法第十三条规定禁止内容的内部资料的；

（三）违反本办法第十四条、第十五条规定，编印、发送内部资料的；

（四）委托非出版物印刷企业印刷内部资料或者未按照《准印证》核准的项目印制的；

（五）未按照本办法第十八条送交样本的；

（六）违反本办法其他规定的。

其中，有前款第（一）项至第（三）项违法行为的，对非法编印的内部资料予以没收，超越发送范围的责令收回。

未取得《准印证》，编印具有内部资料形式，但不符合内部资料内容或发送要求的印刷品，经鉴定为非法出版物的，按照《出版管理条例》第六十一条或第六十二条的规定处罚。

第二十三条　有下列情形的，由县级以上新闻出版行政部门依照《印刷业管理条例》的有关规定，责令停业整顿，没收内部资料和违法所得，违法经营额1万元以上的，并处违法经营额5倍以上10倍以下的罚款；违法经营额不足1万元的，并处1万元以上5万元以下的罚款；情节严重的，由原发证机关吊销许可证：

（一）印刷业经营者印刷明知或者应知含有本办法第十三条规定禁止内容的内部资料的；

（二）非出版物印刷企业印刷内部资料的。

第二十四条　出版物印刷企业未按本规定承印内部

资料的,由县级以上新闻出版行政部门依照《印刷业管理条例》的有关规定,给予警告,没收违法所得,违法经营额1万元以上的,并处违法经营额5倍以上10倍以下的罚款;违法经营额不足1万元的,并处1万元以上5万元以下的罚款;情节严重的,责令停业整顿或者由原发证机关吊销许可证。

第五章　附　则

第二十五条　省、自治区、直辖市新闻出版行政部门可根据本地区内部资料管理的情况,对本办法规定的内部资料的审批条件和审批程序作出具体规定,也可以规定由副省级以下新闻出版行政部门承担部分审批职责。

第二十六条　各级各类学校学生自行编印仅面向本校发送的内部资料由该校校内有关主管部门负责审批和管理。

第二十七条　《准印证》由省、自治区、直辖市新闻出版行政部门按照新闻出版广电总局统一确定的格式制作。

第二十八条　本办法自2015年4月1日起施行。新闻出版署于1997年12月30日发布施行的《内部资料性出版物管理办法》同时废止,本办法施行前与本办法不一致的其他规定不再执行。

最高人民法院关于审理非法出版物刑事案件具体应用法律若干问题的解释

· 1998年12月11日最高人民法院审判委员会第1032次会议通过
· 1998年12月17日最高人民法院公告公布
· 自1998年12月23日起施行
· 法释〔1998〕30号

为依法惩治非法出版物犯罪活动,根据刑法的有关规定,现对审理非法出版物刑事案件具体应用法律的若干问题解释如下:

第一条　明知出版物中载有煽动分裂国家、破坏国家统一或者煽动颠覆国家政权、推翻社会主义制度的内容,而予以出版、印刷、复制、发行、传播的,依照刑法第一百零三条第二款或者第一百零五条第二款的规定,以煽动分裂国家罪或者煽动颠覆国家政权罪定罪处罚。

第二条　以营利为目的,实施刑法第二百一十七条所列侵犯著作权行为之一,个人违法所得数额在5万元以上,单位违法所得数额在20万元以上的,属于"违法所得数额较大";具有下列情形之一的,属于"有其他严重情节":

(一)因侵犯著作权曾经两次以上被追究行政责任或者民事责任,两年内又实施刑法第二百一十七条所列侵犯著作权行为之一的;

(二)个人非法经营数额在20万元以上,单位非法经营数额在100万元以上的;

(三)造成其他严重后果的。

以营利为目的,实施刑法第二百一十七条所列侵犯著作权行为之一,个人违法所得数额在20万元以上,单位违法所得数额在100万元以上的,属于"违法所得数额巨大";具有下列情形之一的,属于"有其他特别严重情节":

(一)个人非法经营数额在100万元以上,单位非法经营数额在500万元以上的;

(二)造成其他特别严重后果的。

第三条　刑法第二百一十七条第(一)项中规定的"复制发行",是指行为人以营利为目的,未经著作权人许可而实施的复制、发行或者既复制又发行其文字作品、音乐、电影、电视、录像作品、计算机软件及其他作品的行为。

第四条　以营利为目的,实施刑法第二百一十八条规定的行为,个人违法所得数额在10万元以上,单位违法所得数额在50万元以上的,依照刑法第二百一十八条的规定,以销售侵权复制品罪定罪处罚。

第五条　实施刑法第二百一十七条规定的侵犯著作权行为,又销售该侵权复制品,违法所得数额巨大的,只定侵犯著作权罪,不实行数罪并罚。

实施刑法第二百一十七条规定的侵犯著作权的犯罪行为,又明知是他人的侵权复制品而予以销售,构成犯罪的,应当实行数罪并罚。

第六条　在出版物中公然侮辱他人或者捏造事实诽谤他人,情节严重的,依照刑法第二百四十六条的规定,分别以侮辱罪或者诽谤罪定罪处罚。

第七条　出版刊载歧视、侮辱少数民族内容的作品,情节恶劣,造成严重后果的,依照刑法第二百五十条的规定,以出版歧视、侮辱少数民族作品罪定罪处罚。

第八条　以牟利为目的,实施刑法第三百六十三条第一款规定的行为,具有下列情形之一的,以制作、复制、出版、贩卖、传播淫秽物品牟利罪定罪处罚:

(一)制作、复制、出版淫秽影碟、软件、录像带50至100张(盒)以上,淫秽音碟、录音带100至200张(盒)以

上、淫秽扑克、书刊、画册 100 至 200 副(册)以上、淫秽照片、画片 500 至 1000 张以上的;

(二)贩卖淫秽影碟、软件、录像带 100 至 200 张(盒)以上,淫秽音碟、录音带 200 至 400 张(盒)以上,淫秽扑克、书刊、画册 200 至 400 副(册)以上,淫秽照片、画片 1000 至 2000 张以上的;

(三)向他人传播淫秽物品达 200 至 500 人次以上,或者组织播放淫秽影、像达 10 至 20 场次以上的;

(四)制作、复制、出版、贩卖、传播淫秽物品,获利 5000 至 1 万元以上的。

以牟利为目的,实施刑法第三百六十三条第一款规定的行为,具有下列情形之一的,应当认定为制作、复制、出版、贩卖、传播淫秽物品牟利罪"情节严重":

(一)制作、复制、出版淫秽影碟、软件、录像带 250 至 500 张(盒)以上,淫秽音碟、录音带 500 至 1000 张(盒)以上,淫秽扑克、书刊、画册 500 至 1000 副(册)以上,淫秽照片、画片 2500 至 5000 张以上的;

(二)贩卖淫秽影碟、软件、录像带 500 至 1000 张(盒)以上,淫秽音碟、录音带 1000 至 2000 张(盒)以上,淫秽扑克、书刊、画册 1000 至 2000 副(册)以上,淫秽照片、画片 5000 至 1 万张以上的;

(三)向他人传播淫秽物品达 1000 至 2000 人次以上,或者组织播放淫秽影、像达 50 至 100 场次以上的;

(四)制作、复制、出版、贩卖、传播淫秽物品,获利 3 万至 5 万元以上的。

以牟利为目的,实施刑法第三百六十三条第一款规定的行为,其数量(数额)达到前款规定的数量(数额)5 倍以上的,应当认定为制作、复制、出版、贩卖、传播淫秽物品牟利罪"情节特别严重"。

第九条 为他人提供书号、刊号,出版淫秽书刊的,依照刑法第三百六十三条第二款的规定,以为他人提供书号出版淫秽书刊罪定罪处罚。

为他人提供版号,出版淫秽音像制品的,依照前款规定定罪处罚。

明知他人用于出版淫秽书刊而提供书号、刊号的,依照刑法第三百六十三条第一款的规定,以出版淫秽物品牟利罪定罪处罚。

第十条 向他人传播淫秽的书刊、影片、音像、图片等出版物达 300 至 600 人次以上或者造成恶劣社会影响的,属于"情节严重",依照刑法第三百六十四条第一款的规定,以传播淫秽物品罪定罪处罚。

组织播放淫秽的电影、录像等音像制品达 15 至 30 场次以上或者造成恶劣社会影响的,依照刑法第三百六十四条第二款的规定,以组织播放淫秽音像制品罪定罪处罚。

第十一条 违反国家规定,出版、印刷、复制、发行本解释第一条至第十条规定以外的其他严重危害社会秩序和扰乱市场秩序的非法出版物,情节严重的,依照刑法第二百二十五条第(三)项的规定,以非法经营罪定罪处罚。

第十二条 个人实施本解释第十一条规定的行为,具有下列情形之一的,属于非法经营行为"情节严重":

(一)经营数额在 5 万元至 10 万元以上的;

(二)违法所得数额在 2 万元至 3 万元以上的;

(三)经营报纸 5000 份或者期刊 5000 本或者图书 2000 册或者音像制品、电子出版物 500 张(盒)以上的。

具有下列情形之一的,属于非法经营行为"情节特别严重":

(一)经营数额在 15 万元至 30 万元以上的;

(二)违法所得数额在 5 万元至 10 万元以上的;

(三)经营报纸 1.5 万份或者期刊 1.5 万本或者图书 5000 册或者音像制品、电子出版物 1500 张(盒)以上的。

第十三条 单位实施本解释第十一条规定的行为,具有下列情形之一的,属于非法经营行为"情节严重":

(一)经营数额在 15 万元至 30 万元以上的;

(二)违法所得数额在 5 万元至 10 万元以上的;

(三)经营报纸 1.5 万份或者期刊 1.5 万本或者图书 5000 册或者音像制品、电子出版物 1500 张(盒)以上的。

具有下列情形之一的,属于非法经营行为"情节特别严重":

(一)经营数额在 50 万元至 100 万元以上的;

(二)违法所得数额在 15 万元至 30 万元以上的;

(三)经营报纸 5 万份或者期刊 5 万本或者图书 1.5 万册或者音像制品、电子出版物 5000 张(盒)以上的。

第十四条 实施本解释第十一条规定的行为,经营数额、违法所得数额或者经营数量接近非法经营行为"情节严重"、"情节特别严重"的数额、数量起点标准,并具有下列情形之一的,可以认定为非法经营行为"情节严重"、"情节特别严重":

(一)两年内因出版、印刷、复制、发行非法出版物受过行政处罚两次以上的;

(二)因出版、印刷、复制、发行非法出版物造成恶劣社会影响或者其他严重后果的。

第十五条 非法从事出版物的出版、印刷、复制、发行业务,严重扰乱市场秩序,情节特别严重,构成犯罪的,可以依照刑法第二百二十五条第(三)项的规定,以非法经营罪定罪处罚。

第十六条　出版单位与他人事前通谋,向其出售、出租或者以其他形式转让该出版单位的名称、书号、刊号、版号,他人实施本解释第二条、第四条、第八条、第九条、第十条、第十一条规定的行为,构成犯罪的,对该出版单位应当以共犯论处。

第十七条　本解释所称"经营数额",是指以非法出版物的定价数额乘以行为人经营的非法出版物数量所得的数额。

本解释所称"违法所得数额",是指获利数额。

非法出版物没有定价或者以境外货币定价的,其单价数额应当按照行为人实际出售的价格认定。

第十八条　各省、自治区、直辖市高级人民法院可以根据本地的情况和社会治安状况,在本解释第八条、第十条、第十二条、第十三条规定的有关数额、数量标准的幅度内,确定本地执行的具体标准,并报最高人民法院备案。

最高人民法院、最高人民检察院关于办理侵犯知识产权刑事案件具体应用法律若干问题的解释

·2004 年 11 月 2 日最高人民法院审判委员会第 1331 次会议、2004 年 11 月 11 日最高人民检察院第十届检察委员会第 28 次会议通过
·2004 年 12 月 8 日最高人民法院、最高人民检察院公告公布
·自 2004 年 12 月 22 日起施行
·法释〔2004〕19 号

为依法惩治侵犯知识产权犯罪活动,维护社会主义市场经济秩序,根据刑法有关规定现就办理侵犯知识产权刑事案件具体应用法律的若干问题解释如下:

第一条　未经注册商标所有人许可,在同一种商品上使用与其注册商标相同的商标,具有下列情形之一的,属于刑法第二百一十三条规定的"情节严重",应当以假冒注册商标罪判处三年以下有期徒刑或者拘役,并处或者单处罚金:

(一)非法经营数额在五万元以上或者违法所得数额在三万元以上的;

(二)假冒两种以上注册商标,非法经营数额在三万元以上或者违法所得数额在二万元以上的;

(三)其他情节严重的情形。

具有下列情形之一的,属于刑法第二百一十三条规定的"情节特别严重",应当以假冒注册商标罪判处三年以上七年以下有期徒刑,并处罚金:

(一)非法经营数额在二十五万元以上或者违法所得数额在十五万元以上的;

(二)假冒两种以上注册商标,非法经营数额在十五万元以上或者违法所得数额在十万元以上的;

(三)其他情节特别严重的情形。

第二条　销售明知是假冒注册商标的商品,销售金额在五万元以上的,属于刑法第二百一十四条规定的"数额较大",应当以销售假冒注册商标的商品罪判处三年以下有期徒刑或者拘役,并处或者单处罚金。

销售金额在二十五万元以上的,属于刑法第二百一十四条规定的"数额巨大",应当以销售假冒注册商标的商品罪判处三年以上七年以下有期徒刑,并处罚金。

第三条　伪造、擅自制造他人注册商标标识或者销售伪造、擅自制造的注册商标标识,具有下列情形之一的,属于刑法第二百一十五条规定的"情节严重",应当以非法制造、销售非法制造的注册商标标识罪判处三年以下有期徒刑、拘役或者管制,并处或者单处罚金:

(一)伪造、擅自制造或者销售伪造、擅自制造的注册商标标识数量在二万件以上,或者非法经营数额在五万元以上,或者违法所得数额在三万元以上的;

(二)伪造、擅自制造或者销售伪造、擅自制造两种以上注册商标标识数量在一万件以上,或者非法经营数额在三万元以上,或者违法所得数额在二万元以上的;

(三)其他情节严重的情形。

具有下列情形之一的,属于刑法第二百一十五条规定的"情节特别严重",应当以非法制造、销售非法制造的注册商标标识罪判处三年以上七年以下有期徒刑,并处罚金:

(一)伪造、擅自制造或者销售伪造、擅自制造的注册商标标识数量在十万件以上,或者非法经营数额在二十五万元以上,或者违法所得数额在十五万元以上的;

(二)伪造、擅自制造或者销售伪造、擅自制造两种以上注册商标标识数量在五万件以上,或者非法经营数额在十五万元以上,或者违法所得数额在十万元以上的;

(三)其他情节特别严重的情形。

第四条　假冒他人专利,具有下列情形之一的,属于刑法第二百一十六条规定的"情节严重",应当以假冒专利罪判处三年以下有期徒刑或者拘役,并处或者单处罚金:

（一）非法经营数额在二十万元以上或者违法所得数额在十万元以上的；

（二）给专利权人造成直接经济损失五十万元以上的；

（三）假冒两项以上他人专利，非法经营数额在十万元以上或者违法所得数额在五万元以上的；

（四）其他情节严重的情形。

第五条　以营利为目的，实施刑法第二百一十七条所列侵犯著作权行为之一，违法所得数额在三万元以上的，属于"违法所得数额较大"；具有下列情形之一的，属于"有其他严重情节"，应当以侵犯著作权罪判处三年以下有期徒刑或者拘役，并处或者单处罚金：

（一）非法经营数额在五万元以上的；

（二）未经著作权人许可，复制发行其文字作品、音乐、电影、电视、录像作品、计算机软件及其他作品，复制品数量合计在一千张（份）以上的；

（三）其他严重情节的情形。

以营利为目的，实施刑法第二百一十七条所列侵犯著作权行为之一，违法所得数额在十五万元以上的，属于"违法所得数额巨大"；具有下列情形之一的，属于"有其他特别严重情节"，应当以侵犯著作权罪判处三年以上七年以下有期徒刑，并处罚金：

（一）非法经营数额在二十五万元以上的；

（二）未经著作权人许可，复制发行其文字作品、音乐、电影、电视、录像作品、计算机软件及其他作品，复制品数量合计在五千张（份）以上的；

（三）其他特别严重情节的情形。

第六条　以营利为目的，实施刑法第二百一十八条规定的行为，违法所得数额在十万元以上的，属于"违法所得数额巨大"，应当以销售侵权复制品罪判处三年以下有期徒刑或者拘役，并处或者单处罚金。

第七条　实施刑法第二百一十九条规定的行为之一，给商业秘密的权利人造成损失数额在五十万元以上的，属于"给商业秘密的权利人造成重大损失"，应当以侵犯商业秘密罪判处三年以下有期徒刑或者拘役，并处或者单处罚金。

给商业秘密的权利人造成损失数额在二百五十万元以上的，属于刑法第二百一十九条规定的"造成特别严重后果"，应当以侵犯商业秘密罪判处三年以上七年以下有期徒刑，并处罚金。

第八条　刑法第二百一十三条规定的"相同的商标"，是指与被假冒的注册商标完全相同，或者与被假冒的注册商标在视觉上基本无差别、足以对公众产生误导

的商标。

刑法第二百一十三条规定的"使用"，是指将注册商标或者假冒的注册商标用于商品、商品包装或者容器以及产品说明书、商品交易文书，或者将注册商标或者假冒的注册商标用于广告宣传、展览以及其他商业活动等行为。

第九条　刑法第二百一十四条规定的"销售金额"，是指销售假冒注册商标的商品后所得和应得的全部违法收入。

具有下列情形之一的，应当认定为属于刑法第二百一十四条规定的"明知"：

（一）知道自己销售的商品上的注册商标被涂改、调换或者覆盖的；

（二）因销售假冒注册商标的商品受到过行政处罚或者承担过民事责任、又销售同一种假冒注册商标的商品的；

（三）伪造、涂改商标注册人授权文件或者知道该文件被伪造、涂改的；

（四）其他知道或者应当知道是假冒注册商标的商品的情形。

第十条　实施下列行为之一的，属于刑法第二百一十六条规定的"假冒他人专利"的行为：

（一）未经许可，在其制造或者销售的产品、产品的包装上标注他人专利号的；

（二）未经许可，在广告或者其他宣传材料中使用他人的专利号，使人将所涉及的技术误认为是他人专利技术的；

（三）未经许可，在合同中使用他人的专利号，使人将合同涉及的技术误认为是他人专利技术的；

（四）伪造或者变造他人的专利证书、专利文件或者专利申请文件的。

第十一条　以刊登收费广告等方式直接或者间接收取费用的情形，属于刑法第二百一十七条规定的"以营利为目的"。

刑法第二百一十七条规定的"未经著作权人许可"，是指没有得到著作权人授权或者伪造、涂改著作权人授权许可文件或者超出授权许可范围的情形。

通过信息网络向公众传播他人文字作品、音乐、电影、电视、录像作品、计算机软件及其他作品的行为，应当视为刑法第二百一十七条规定的"复制发行"。

第十二条　本解释所称"非法经营数额"，是指行为人在实施侵犯知识产权行为过程中，制造、储存、运输、销售侵权产品的价值。已销售的侵权产品的价值，按照实

际销售的价格计算。制造、储存、运输和未销售的侵权产品的价值，按照标价或者已经查清的侵权产品的实际销售平均价格计算。侵权产品没有标价或者无法查清其实际销售价格的，按照被侵权产品的市场中间价格计算。

多次实施侵犯知识产权行为，未经行政处理或者刑事处罚的，非法经营数额、违法所得数额或者销售金额累计计算。

本解释第三条所规定的"件"，是指标有完整商标图样的一份标识。

第十三条　实施刑法第二百一十三条规定的假冒注册商标犯罪，又销售该假冒注册商标的商品，构成犯罪的，应当依照刑法第二百一十三条的规定，以假冒注册商标罪定罪处罚。

实施刑法第二百一十三条规定的假冒注册商标犯罪，又销售明知是他人的假冒注册商标的商品，构成犯罪的，应当实行数罪并罚。

第十四条　实施刑法第二百一十七条规定的侵犯著作权犯罪，又销售该侵权复制品，构成犯罪的，应当依照刑法第二百一十七条的规定，以侵犯著作权罪定罪处罚。

实施刑法第二百一十七条规定的侵犯著作权犯罪，又销售明知是他人的侵权复制品，构成犯罪的，应当实行数罪并罚。

第十五条　单位实施刑法第二百一十三条至第二百一十九条规定的行为，按照本解释规定的相应个人犯罪的定罪量刑标准的三倍定罪量刑。

第十六条　明知他人实施侵犯知识产权犯罪，而为其提供贷款、资金、账号、发票、证明、许可证件，或者提供生产、经营场所或者运输、储存、代理进出口等便利条件、帮助的，以侵犯知识产权犯罪的共犯论处。

第十七条　以前发布的有关侵犯知识产权犯罪的司法解释，与本解释相抵触的，自本解释施行后不再适用。

最高人民法院、最高人民检察院关于办理侵犯知识产权刑事案件具体应用法律若干问题的解释（二）

· 2007 年 4 月 4 日最高人民法院审判委员会第 1422 次会议、最高人民检察院第十届检察委员会第 75 次会议通过
· 2007 年 4 月 5 日最高人民法院、最高人民检察院公告公布
· 自 2007 年 4 月 5 日起施行
· 法释〔2007〕6 号

为维护社会主义市场经济秩序，依法惩治侵犯知识产权犯罪活动，根据刑法、刑事诉讼法有关规定，现就办理侵犯知识产权刑事案件具体应用法律的若干问题解释如下：

第一条　以营利为目的，未经著作权人许可，复制发行其文字作品、音乐、电影、电视、录像作品、计算机软件及其他作品，复制品数量合计在五百张（份）以上的，属于刑法第二百一十七条规定的"有其他严重情节"；复制品数量在二千五百张（份）以上的，属于刑法第二百一十七条规定的"有其他特别严重情节"。

第二条　刑法第二百一十七条侵犯著作权罪中的"复制发行"，包括复制、发行或者既复制又发行的行为。

侵权产品的持有人通过广告、征订等方式推销侵权产品的，属于刑法第二百一十七条规定的"发行"。

非法出版、复制、发行他人作品，侵犯著作权构成犯罪的，按照侵犯著作权罪定罪处罚。

第三条　侵犯知识产权犯罪，符合刑法规定的缓刑条件的，依法适用缓刑。有下列情形之一的，一般不适用缓刑：

（一）因侵犯知识产权被刑事处罚或者行政处罚后，再次侵犯知识产权构成犯罪的；

（二）不具有悔罪表现的；

（三）拒不交出违法所得的；

（四）其他不宜适用缓刑的情形。

第四条　对于侵犯知识产权犯罪的，人民法院应当综合考虑犯罪的违法所得、非法经营数额、给权利人造成的损失、社会危害性等情节，依法判处罚金。罚金数额一般在违法所得的一倍以上五倍以下，或者按照非法经营数额的 50% 以上一倍以下确定。

第五条　被害人有证据证明的侵犯知识产权刑事案件，直接向人民法院起诉的，人民法院应当依法受理；严重危害社会秩序和国家利益的侵犯知识产权刑事案件，由人民检察院依法提起公诉。

第六条　单位实施刑法第二百一十三条至第二百一十九条规定的行为，按照《最高人民法院、最高人民检察院关于办理侵犯知识产权刑事案件具体应用法律若干问题的解释》和本解释规定的相应个人犯罪的定罪量刑标准定罪处罚。

第七条　以前发布的司法解释与本解释不一致的，以本解释为准。

最高人民法院、最高人民检察院关于办理侵犯知识产权刑事案件具体应用法律若干问题的解释(三)

· 2020 年 8 月 31 日最高人民法院审判委员会第 1811 次会议、2020 年 8 月 21 日最高人民检察院第十三届检察委员会第四十八次会议通过
· 2020 年 9 月 12 日最高人民法院、最高人民检察院公告公布
· 自 2020 年 9 月 14 日起施行
· 法释〔2020〕10 号

为依法惩治侵犯知识产权犯罪,维护社会主义市场经济秩序,根据《中华人民共和国刑法》《中华人民共和国刑事诉讼法》等有关规定,现就办理侵犯知识产权刑事案件具体应用法律的若干问题解释如下:

第一条 具有下列情形之一的,可以认定为刑法第二百一十三条规定的"与其注册商标相同的商标":

(一)改变注册商标的字体、字母大小写或者文字横竖排列,与注册商标之间基本无差别的;

(二)改变注册商标的文字、字母、数字等之间的间距,与注册商标之间基本无差别的;

(三)改变注册商标颜色,不影响体现注册商标显著特征的;

(四)在注册商标上仅增加商品通用名称、型号等缺乏显著特征要素,不影响体现注册商标显著特征的;

(五)与立体注册商标的三维标志及平面要素基本无差别的;

(六)其他与注册商标基本无差别、足以对公众产生误导的商标。

第二条 在刑法第二百一十七条规定的作品、录音制品上以通常方式署名的自然人、法人或者非法人组织,应当推定为著作权人或者录音制作者,且该作品、录音制品上存在着相应权利,但有相反证明的除外。

在涉案作品、录音制品种类众多且权利人分散的案件中,有证据证明涉案复制品系非法出版、复制发行,且出版者、复制发行者不能提供获得著作权人、录音制作者许可的相关证据材料的,可以认定为刑法第二百一十七条规定的"未经著作权人许可""未经录音制作者许可"。但是,有证据证明权利人放弃权利、涉案作品的著作权或者录音制品的有关权利不受我国著作权法保护、权利保护期限已经届满的除外。

第三条 采取非法复制、未经授权或者超越授权使用计算机信息系统等方式窃取商业秘密的,应当认定为刑法第二百一十九条第一款第一项规定的"盗窃"。

以贿赂、欺诈、电子侵入等方式获取权利人的商业秘密的,应当认定为刑法第二百一十九条第一款第一项规定的"其他不正当手段"。

第四条 实施刑法第二百一十九条规定的行为,具有下列情形之一的,应当认定为"给商业秘密的权利人造成重大损失":

(一)给商业秘密的权利人造成损失数额或者因侵犯商业秘密违法所得数额在三十万元以上的;

(二)直接导致商业秘密的权利人因重大经营困难而破产、倒闭的;

(三)造成商业秘密的权利人其他重大损失的。

给商业秘密的权利人造成损失数额或者因侵犯商业秘密违法所得数额在二百五十万元以上的,应当认定为刑法第二百一十九条规定的"造成特别严重后果"。

第五条 实施刑法第二百一十九条规定的行为造成的损失数额或者违法所得数额,可以按照下列方式认定:

(一)以不正当手段获取权利人的商业秘密,尚未披露、使用或者允许他人使用的,损失数额可以根据该项商业秘密的合理许可使用费确定;

(二)以不正当手段获取权利人的商业秘密后,披露、使用或者允许他人使用的,损失数额可以根据权利人因被侵权造成销售利润的损失确定,但该损失数额低于商业秘密合理许可使用费的,根据合理许可使用费确定;

(三)违反约定、权利人有关保守商业秘密的要求,披露、使用或者允许他人使用其所掌握的商业秘密的,损失数额可以根据权利人因被侵权造成销售利润的损失确定;

(四)明知商业秘密是不正当手段获取或者是违反约定、权利人有关保守商业秘密的要求披露、使用、允许使用,仍获取、使用或者披露的,损失数额可以根据权利人因被侵权造成销售利润的损失确定;

(五)因侵犯商业秘密行为导致商业秘密已为公众所知悉或者灭失的,损失数额可以根据该项商业秘密的商业价值确定。商业秘密的商业价值,可以根据该项商业秘密的研究开发成本、实施该项商业秘密的收益综合确定;

(六)因披露或者允许他人使用商业秘密而获得的财物或者其他财产性利益,应当认定为违法所得。

前款第二项、第三项、第四项规定的权利人因被侵权造成销售利润的损失,可以根据权利人因被侵权造成销售量减少的总数乘以权利人每件产品的合理利润确定;销售量减少的总数无法确定的,可以根据侵权产品销售

量乘以权利人每件产品的合理利润确定;权利人因被侵权造成销售量减少的总数和每件产品的合理利润均无法确定的,可以根据侵权产品销售量乘以每件侵权产品的合理利润确定。商业秘密系用于服务等其他经营活动的,损失数额可以根据权利人因被侵权而减少的合理利润确定。

商业秘密的权利人为减轻对商业运营、商业计划的损失或者重新恢复计算机信息系统安全、其他系统安全而支出的补救费用,应当计入给商业秘密的权利人造成的损失。

第六条　在刑事诉讼程序中,当事人、辩护人、诉讼代理人或者案外人书面申请对有关商业秘密或者其他需要保密的商业信息的证据、材料采取保密措施的,应当根据案件情况采取组织诉讼参与人签署保密承诺书等必要的保密措施。

违反前款有关保密措施的要求或者法律法规规定的保密义务的,依法承担相应责任。擅自披露、使用或者允许他人使用在刑事诉讼程序中接触、获取的商业秘密,符合刑法第二百一十九条规定的,依法追究刑事责任。

第七条　除特殊情况外,假冒注册商标的商品、非法制造的注册商标标识、侵犯著作权的复制品、主要用于制造假冒注册商标的商品、注册商标标识或者侵权复制品的材料和工具,应当依法予以没收和销毁。

上述物品需要作为民事、行政案件的证据使用的,经权利人申请,可以在民事、行政案件终结后或者采取取样、拍照等方式对证据固定后予以销毁。

第八条　具有下列情形之一的,可以酌情从重处罚,一般不适用缓刑:

(一)主要以侵犯知识产权为业的;

(二)因侵犯知识产权被行政处罚后再次侵犯知识产权构成犯罪的;

(三)在重大自然灾害、事故灾难、公共卫生事件期间,假冒抢险救灾、防疫物资等商品的注册商标的;

(四)拒不交出违法所得的。

第九条　具有下列情形之一的,可以酌情从轻处罚:

(一)认罪认罚的;

(二)取得权利人谅解的;

(三)具有悔罪表现的;

(四)以不正当手段获取权利人的商业秘密后尚未披露、使用或者允许他人使用的。

第十条　对于侵犯知识产权犯罪的,应当综合考虑犯罪违法所得数额、非法经营数额、给权利人造成的损失数额、侵权假冒物品数量及社会危害性等情节,依法判处罚金。

罚金数额一般在违法所得数额的一倍以上五倍以下确定。违法所得数额无法查清的,罚金数额一般按照非法经营数额的百分之五十以上一倍以下确定。违法所得数额和非法经营数额均无法查清,判处三年以下有期徒刑、拘役、管制或者单处罚金的,一般在三万元以上一百万元以下确定罚金数额;判处三年以上有期徒刑的,一般在十五万元以上五百万元以下确定罚金数额。

第十一条　本解释发布施行后,之前发布的司法解释和规范性文件与本解释不一致的,以本解释为准。

第十二条　本解释自 2020 年 9 月 14 日起施行。

2. 出版单位和从业人员

中华人民共和国外国常驻新闻机构和外国记者采访条例

· 2008 年 10 月 17 日国务院第 31 次常务会议通过
· 2008 年 10 月 17 日中华人民共和国国务院令第 537 号公布
· 自 2008 年 10 月 17 日起施行

第一条　为了便于外国常驻新闻机构和外国记者在中华人民共和国境内依法采访报道,促进国际交往和信息传播,制定本条例。

第二条　本条例所称外国常驻新闻机构,是指外国新闻机构在中国境内设立、从事新闻采访报道业务的分支机构。

本条例所称外国记者包括外国常驻记者和外国短期采访记者。外国常驻记者是指由外国新闻机构派遣,在中国境内常驻 6 个月以上、从事新闻采访报道业务的职业记者;外国短期采访记者是指在中国境内停留期不超过 6 个月、从事新闻采访报道业务的职业记者。

第三条　中国实行对外开放的基本国策,依法保障外国常驻新闻机构和外国记者的合法权益,并为其依法从事新闻采访报道业务提供便利。

第四条　外国常驻新闻机构和外国记者应当遵守中国法律、法规和规章,遵守新闻职业道德,客观、公正地进行采访报道,不得进行与其机构性质或者记者身份不符的活动。

第五条　中华人民共和国外交部(以下简称外交部)主管外国常驻新闻机构和外国记者事务。国务院新闻办公室和其他部门在各自职责范围内负责外国常驻新闻机构和外国记者有关事务。

地方人民政府外事部门受外交部委托,办理本行政区域内外国常驻新闻机构和外国记者事务。地方人民政府新闻办公室和其他部门在各自职责范围内负责本行政区域内外国常驻新闻机构和外国记者有关事务。

第六条　外国新闻机构在中国境内设立常驻新闻机构、向中国派遣常驻记者,应当经外交部批准。

第七条　外国新闻机构申请在中国境内设立常驻新闻机构,应当直接或者通过中国驻外使领馆向外交部提交以下材料:

(一)由该新闻机构总部主要负责人签署的书面申请;

(二)该新闻机构情况介绍;

(三)拟设立机构的负责人、拟派遣的常驻记者以及工作人员情况介绍;

(四)该新闻机构在所在国设立的证明文件副本。

第八条　在中国境内设立常驻新闻机构的申请经批准后,该常驻新闻机构负责人应当自抵达中国之日起7个工作日内,持本人护照到外交部办理外国常驻新闻机构证;其中,驻北京市以外地区的常驻新闻机构,其负责人应当自抵达中国之日起7个工作日内,持本人护照到外交部委托的地方人民政府外事部门办理外国常驻新闻机构证。

第九条　外国新闻机构申请向中国派遣常驻记者,应当直接或者通过中国驻外使领馆向外交部提交以下材料:

(一)由该新闻机构总部负责人签署的书面申请;

(二)拟派遣记者情况介绍;

(三)拟派遣记者在所在国从事职业活动的证明文件副本。

两个以上外国新闻机构派遣同一名常驻记者的,应当依照前款规定分别办理申请手续,并在各自的书面申请中注明该记者所兼职的外国新闻机构。

第十条　向中国派遣常驻记者的申请经批准后,被派遣的外国记者应当自抵达中国之日起7个工作日内,持本人护照到外交部办理外国常驻记者证;其中,驻北京市以外地区的常驻记者,应当自抵达中国之日起7个工作日内,持本人护照到外交部委托的地方人民政府外事部门办理外国常驻记者证。

外国记者办理外国常驻记者证后,应当到居住地公安机关办理居留证。

第十一条　外国常驻新闻机构变更机构名称、常驻地区等事项,应当向外交部提交书面申请,经批准后办理变更手续。

外国常驻新闻机构变更负责人、办公地址等事项,应当在变更后7个工作日内书面告知外交部;其中,驻北京市以外地区的常驻新闻机构变更负责人、办公地址等事项,应当在变更后7个工作日内书面告知外交部委托的地方人民政府外事部门。

第十二条　外国常驻记者证有效期届满需要延期的,外国常驻记者应当提前向外交部或者外交部委托的地方人民政府外事部门提出申请,办理延期手续;逾期不办理的,视为自动放弃外国常驻记者资格,其外国常驻记者证将被注销。

第十三条　外国常驻新闻机构拟终止业务的,应当在终止业务30日前告知外交部,并自终止业务之日起7个工作日内到外交部或者外交部委托的地方人民政府外事部门办理外国常驻新闻机构证及其常驻记者的外国常驻记者证注销手续。

外国常驻新闻机构连续10个月以上无常驻记者,视为该机构已经自动终止业务,其外国常驻新闻机构证将被注销。

外国常驻记者在中国境内居留时间每年累计少于6个月的,其外国常驻记者证将被注销。

外国常驻新闻机构应当在其常驻记者离任前到外交部或者外交部委托的地方人民政府外事部门办理该记者外国常驻记者证注销手续。

第十四条　外国常驻新闻机构证、外国常驻记者证被注销后,应当向社会公布。

外国常驻记者证被注销的记者,其记者签证自注销之日起10日后自动失效。

外国常驻记者证被注销的记者,应当自外国常驻记者证被注销之日起10日内持相关证明,到居住地公安机关申请办理签证或者居留证变更登记。

第十五条　外国记者常驻或者短期采访,应当向中国驻外使领馆或者外交部授权的签证机构申请办理记者签证。

第十六条　外国记者随国家元首、政府首脑、议长、王室成员或者高级政府官员来中国访问,应当由该国外交部或者相关部门向中国驻外使领馆或者外交部授权的签证机构统一申请办理记者签证。

第十七条　外国记者在中国境内采访,需征得被采访单位和个人的同意。

外国记者采访时应当携带并出示外国常驻记者证或

者短期采访记者签证。

第十八条　外国常驻新闻机构和外国记者可以通过外事服务单位聘用中国公民从事辅助工作。外事服务单位由外交部或者外交部委托的地方人民政府外事部门指定。

第十九条　外国常驻新闻机构和外国记者因采访报道需要，在依法履行报批手续后，可以临时进口、设置和使用无线电通信设备。

第二十条　外国人未取得或者未持有有效的外国常驻记者证或者短期采访记者签证，在中国境内从事新闻采访报道活动的，由公安机关责令其停止新闻采访报道活动，并依照有关法律予以处理。

第二十一条　外国常驻新闻机构和外国记者违反本条例规定的，由外交部予以警告，责令暂停或者终止其业务活动；情节严重的，吊销其外国常驻新闻机构证、外国常驻记者证或者记者签证。

第二十二条　外国常驻新闻机构和外国记者违反中国其他法律、法规和规章规定的，依法处理；情节严重的，由外交部吊销其外国常驻新闻机构证、外国常驻记者证或者记者签证。

第二十三条　本条例自 2008 年 10 月 17 日起施行。1990 年 1 月 19 日国务院公布的《外国记者和外国常驻新闻机构管理条例》同时废止。

出版单位变更资本结构审批管理办法

·2016 年 6 月 19 日
·新广出办发〔2016〕54 号

第一条　根据《出版管理条例》等有关法规规定，为规范出版单位变更资本结构审批，制定本办法。

第二条　出版单位变更资本结构审批，是指国家新闻出版广电总局对出版单位变更资本结构依法实施的前置性行政许可。

出版单位变更资本结构包括投资人变更、投资人资本性质变更、投资人出资比例变更等。

第三条　具有下列情形之一的，无须报批：

（一）国有资本投资出版单位；

（二）出版单位经批准上市融资。

第四条　中央和地方出版单位变更资本结构，经出版单位主管机关同意，由主办单位向所在地省级新闻出版广电行政主管部门提出申请，省级新闻出版广电行政主管部门提出审核意见后，报国家新闻出版广电总局审批。

中国人民解放军和中国人民武装警察部队系统出版单位变更资本结构，经出版单位主管机关同意，由主办单位向中央军委政治工作部宣传局提出申请，中央军委政治工作部宣传局提出审核意见后，报国家新闻出版广电总局审批。

网络出版服务单位变更资本结构，直接向所在地省级新闻出版广电行政主管部门提出申请，省级新闻出版广电行政主管部门提出审核意见后，报国家新闻出版广电总局审批。

第五条　出版单位变更资本结构，应当提交下列材料：

（一）申请单位的请示文件；

（二）出版单位主管机关同意文件；

（三）《出版单位变更资本结构申请表》；

（四）出版单位出版许可证、企业法人营业执照、公司章程等证明文件；

（五）出版单位变更资本结构有关决定或协议；

（六）投资人资质证明文件。

第六条　国家新闻出版广电总局应当自受理出版单位变更资本结构申请之日起 60 个工作日内，作出批准或不批准的决定。不批准的，应当说明理由。

第七条　出版单位收到批准决定后，持批准文件到工商行政管理部门办理相应登记手续，之后到省级新闻出版广电行政主管部门办理登记。

第八条　出版单位未经审批变更资本结构的，根据《出版管理条例》第六十七条规定，由出版行政主管部门责令改正，给予警告；情节严重的，责令限期停业整顿或者由原发证机关吊销出版许可证。

第九条　出版单位为主办单位内设非法人编辑部的，主办单位资本结构变更视同出版单位资本结构变更，参照本办法执行。

第十条　以特殊管理股方式设立的出版单位，其资本结构变更还应符合国家关于特殊管理股的相关规定。

第十一条　本办法自发布之日起施行，《出版单位变更资本结构审批办法（试行）》同时废止。

高等学校出版社管理办法

·2002 年 2 月 21 日
·教社政〔2002〕4 号

第一章　总　则

第一条　为加强对高等学校出版社的宏观指导和管理，推动高等学校出版社的改革与发展，促进高等学校出版事业的繁荣,根据国家有关法律、法规,制定本办法。

第二条　本办法所称高等学校出版社,是指经国务院出版行政部门审核批准并履行登记注册手续,主办单位为高等学校的出版社。

第三条　高等学校出版社是我国社会主义出版事业和教育事业的重要组成部分,是社会主义精神文明建设的重要阵地,是科学文化知识积累与传播的重要基地。

第四条　高等学校出版社要以马列主义、毛泽东思想、邓小平理论为指导,贯彻江泽民同志"三个代表"重要思想,坚持党在社会主义初级阶段的基本路线,坚持为人民服务、为社会主义服务的办社方向,坚持为教学、科研和学科建设服务的办社宗旨,坚持以科学的理论武装人、以正确的思想引导人、以高尚的精神塑造人、以优秀的作品鼓舞人。

第五条　高等学校出版社是事业单位,实行企业化管理。

第六条　高等学校出版社的主要任务是根据我国教育事业发展的需要,结合教育改革和发展的实际,出版高等学校教学需要的教材、教学参考书、教学工具书及其他教学用书,推动高等学校的教学工作和学科建设。

高等学校出版社的重要任务是出版学术著作。高等学校出版社应出版反映不同学派、学术观点和风格的学术著作,推动学术水平和教师队伍素质的提高,促进我国哲学社会科学及自然科学研究的繁荣和发展。

高等学校出版社要立足本校,面向全国,主动为经济和社会发展、文化教育进步服务,积极出版学校教育和社会教育需要的出版物,为提高全民族思想道德素质和科学文化素质提供更多的精神产品。

第七条　高等学校出版社从事出版活动,应将社会效益放在首位,实现社会效益和经济效益的最佳结合。

第二章　管理体制

第八条　国务院教育行政部门依据有关政策、法规和全国新闻出版整体规划,对全国高等学校出版社进行宏观指导和管理,制定高等学校出版社的发展方针、规划和管理办法。

第九条　国务院有关部门及省(自治区、直辖市)教育行政部门是所属出版社的主管部门。高等学校是所属出版社的主办单位。

第十条　高等学校出版社主管部门的职责是:

1. 监督主办单位按照国家规定落实对所属出版社的管理职责;指导、检查和评估主办单位对所属出版社领导及管理工作;

2. 依法审核、审批出版物选题;

3. 奖励优秀出版物、表彰优秀高等学校出版社;

4. 国家规定的其他职责。

第十一条　高等学校出版社主办单位的职责是:

1. 监督出版社贯彻执行党的路线、方针和政策,遵守国家的法律和有关规定,坚持正确的办社方向和宗旨;

2. 任免社长,并报主管部门备案;负责考核所属出版社的其他社级负责人;

3. 提供所属出版社建设和发展的必要条件;对新建所属出版社,拨给必要的开办经费及流动资金;

4. 审批所属出版社的发展规划及重要规章制度,审核所属出版社的选题计划,并负责组织对重大选题及书稿内容的审查监督;

5. 监督所属出版社的财务收支情况。

第十二条　高等学校出版社实行社长负责制。高等学校出版社应设专职社长。社长可实行任期制,任期一般应为 5 年,可连任。社长的主要职责是:

1. 坚持正确的办社方向和宗旨;

2. 制定本社的中长期发展规划、选题计划和出版计划,审定书稿的出版;

3. 制定、修改和废除出版社的规章制度,并报主办单位批准;

4. 根据本社的发展规划和实际需要,调整社内机构的设置,招聘工作人员;

5. 聘任由社长推荐、经主办单位考核合格的社级负责人;解聘社级负责人应报主办单位备案;聘任、解聘社级以下干部;

6. 决定本社的分配方案;

7. 保证国有资产的保值增值;

8. 向职工代表大会报告年度工作,听取职工的意见。

第十三条　设有总编辑岗位的高等学校出版社,总编辑在社长领导下开展工作。

总编辑的主要职责是:

1. 负责编辑部门的管理工作;

2. 协助社长制定并组织落实选题计划和出版计划;

3. 主管出版物的质量工作;

4. 主管编辑队伍的业务培训和考核工作;

5. 社长授权的其他有关工作。

第十四条　高等学校出版社设立社务委员会。社务委员会是议事机构,社长为主任委员。出版社的重大决策和重要项目的实施应该经社务委员会集体讨论,社长决定,报主办单位备案。

第三章　出版物管理

第十五条　高等学校出版社必须严格遵守国家有关政策和法规,健全和完善各项规章制度,依法从事出版活动。

第十六条　高等学校出版社的出版物不得含有法律、法规等规定禁止的内容。

第十七条　高等学校出版社必须坚持出版物的高品位和高质量。

第十八条　高等学校出版社须严格执行《图书质量保障体系》,切实落实选题论证、重大选题备案、书稿"三审"、出版物审读、年度选题出版计划报批以及出版物档案管理等制度。

第十九条　高等学校出版社应该加强版权管理工作,依法维护著作权人和出版社的合法权益。

第四章　经营管理

第二十条　高等学校出版社要建立适应社会主义市场经济体制及社会主义精神文明建设需要,符合高等学校出版社发展规律的运行机制。

第二十一条　高等学校出版社应提高经营管理的科技含量,充分利用现代管理手段,采用计算机和网络化管理,提高工作效率和管理水平。

第二十二条　高等学校出版社要确立以质量效益为中心的管理责任制。

第二十三条　高等学校出版社应实行独立核算,并接受主办单位及有关部门的财务审计和监督。高等学校出版社应不断完善内部财务管理制度,完善财务核算体系;加强成本管理,合理控制成本;不断提高高等学校出版社的企业化管理水平。

第二十四条　高等学校出版社的经济收益主要用于本社的建设和发展及教材、学术著作的出版补贴。出版社在保证正常经营和发展的情况下,应将部分收益上交主办单位。

第二十五条　高等学校出版社应该建立学术著作和教材出版基金,支持高等学校教材和学术著作的出版。基金主要来源于出版社上缴的部分收益、院系(所)的专项科研或项目经费、社会捐助资金等。

第五章　人员管理

第二十六条　高等学校出版社实行全员聘用(聘任)制度,按需设岗,公开招聘,择优聘用,严格考核。出版社应该与受聘人员签定聘任合同。

第二十七条　高等学校出版社实行多种形式的用人机制,按照相对稳定、合理流动、专兼结合、资源共享的原则,促进人员的有序流动。

第二十八条　高等学校出版社可结合主办单位管理体制改革及本社经济效益,确定分配方式和工资制度,按照效率优先、兼顾公平和生产要素参与分配的原则,确定以岗位工资为主要内容的社内分配办法,以岗定薪,按劳取酬,优劳优酬,收入的分配要向优秀人才和关键岗位倾斜。

第二十九条　高等学校出版社社长的任职条件:

1. 有较高的思想政治水平和政策水平,有较强的法制观念,有较强的事业心和责任感;善于团结,作风民主;

2. 具备较宽的专业知识面,有高级专业技术职称;

3. 熟悉国家出版方面的法律、法规;

4. 具有较为全面的出版业务知识、较为丰富的经营管理经验以及较强的综合管理能力;有较强的市场意识,了解市场规则。

第三十条　高等学校出版社可以根据实际需要,设置相应的专业技术岗位。

第三十一条　高等学校出版社要建立一支政治强、业务精、素质好的编辑、出版、营销和管理队伍。各工作岗位须有相应的学历、专业技术职务及能力要求。

高等学校出版社的业务人员一般应具有本科或相当于本科以上学历的文化水平。

高等学校出版社要有计划地加强本社队伍的思想政治、职业道德建设和业务培训工作,专业人员按照规定经过专门培训后,持证上岗。

第六章　奖励与处罚

第三十二条　对执行本办法有显著成绩和突出贡献的高等学校出版社和有关人员,由主办单位或者主管部门给予表彰和奖励。

第三十三条　高等学校出版社违法从事出版活动的,由出版行政部门依法予以查处。

第三十四条　违反本办法第十一条规定的,有关主管部门对负有领导责任的主办单位的领导给予行政处分。

第三十五条　违反本办法第十二条规定的,除依法处理外,主办单位对负有责任的所属出版社领导及直接责任人给予行政处分。

第七章　附　则

第三十六条　本办法自发布之日起实施。

外国通讯社在中国境内发布新闻信息管理办法

· 2006 年 9 月 10 日新华通讯社公布
· 自公布之日起施行

第一条　为了规范外国通讯社在中国境内发布新闻信息和国内用户订用外国通讯社新闻信息，促进新闻信息健康、有序传播，根据国家法律、行政法规和国务院的有关规定，制定本办法。

第二条　外国通讯社在中国境内发布文字、图片、图表等新闻信息，适用本办法。

本办法所称外国通讯社包括具有通讯社性质的外国新闻信息发布机构。

第三条　新华通讯社对外国通讯社在中国境内发布新闻信息实行统一管理。

第四条　根据《国务院对确需保留的行政审批项目设定行政许可的决定》，外国通讯社在中国境内发布新闻信息，应当经新华通讯社批准，并由新华通讯社指定的机构（以下简称指定机构）代理。外国通讯社不得在中国境内直接发展新闻信息用户。

除指定机构外，任何单位和个人不得经营、代理外国通讯社的新闻信息。

第五条　外国通讯社申请在中国境内发布新闻信息，应当具备以下条件：

（一）在所在国家（地区）有相应的合法资质；

（二）在新闻信息发布业务领域有良好信誉；

（三）有确定的业务范围；

（四）有与其开展业务相适应的技术传播手段；

（五）中国法律、行政法规规定的其他条件。

第六条　外国通讯社在中国境内发布新闻信息，应当向新华通讯社提交书面申请，并提供下列材料：

（一）所在国家（地区）主管当局出具的相应的合法资质证明；

（二）所在国家（地区）有关机构出具的良好信誉记录证明；

（三）所发布新闻信息的细目、说明和样品；

（四）传播手段说明；

（五）新华通讯社规定的其他材料。

第七条　指定机构代理外国通讯社在中国境内发布新闻信息，应当具备以下条件，并向新华通讯社提交书面申请：

（一）有合法资质；

（二）在新闻信息代理发布业务领域有良好信誉；

（三）有开展与其代理业务相适应的服务网络和技术传播手段；

（四）中国法律、行政法规和部门规章规定的其他条件。

第八条　新华通讯社应当自收到外国通讯社和指定机构提交申请材料之日起 20 日内作出批准或者不批准决定。批准的，发给批准文件；不批准的，书面通知申请人并说明理由。

第九条　外国通讯社依据批准文件核定的业务范围在中国境内发布新闻信息，应当与指定机构签订代理协议，并自协议签订之日起 15 日内报新华通讯社备案。

第十条　外国通讯社变更业务范围、传播手段等事项的，应当在变更前向新华通讯社重新申请核发批准文件。

第十一条　外国通讯社在中国境内发布的新闻信息不得含有下列内容：

（一）违反《中华人民共和国宪法》确定的基本原则的；

（二）破坏中国国家统一、主权和领土完整的；

（三）危害中国国家安全和国家荣誉、利益的；

（四）违反中国的宗教政策，宣扬邪教、迷信的；

（五）煽动民族仇恨、民族歧视，破坏民族团结，侵害民族风俗习惯，伤害民族感情的；

（六）散布虚假信息，扰乱中国经济、社会秩序，破坏中国社会稳定的；

（七）宣扬淫秽、暴力或者教唆犯罪的；

（八）侮辱、诽谤他人，侵害他人合法权益的；

（九）危害社会公德或者中华民族优秀文化传统的；

（十）中国法律、行政法规禁止的其他内容。

第十二条　新华通讯社对外国通讯社在中国境内发布的新闻信息有选择权，发现含有本办法第十一条所列内容的，应当予以删除。

第十三条　国内用户订用外国通讯社新闻信息，应当与指定机构签订订用协议，不得以任何方式直接订用、编译和刊用外国通讯社的新闻信息。

国内用户使用外国通讯社新闻信息时，应当注明来源，并不得以任何形式转让。

第十四条　外国通讯社和指定机构应当每年在规定期限内分别就其发布、代理新闻信息的情况向新华通讯社提交报告。

新华通讯社可以根据报告情况进行核查；经核查合格的，方可继续从事新闻信息的发布或者代理业务。

第十五条 任何单位和个人发现有违反本办法行为的,有权向新华通讯社举报,新华通讯社应当依法调查、处理。

第十六条 外国通讯社违反本办法规定,有下列情形之一的,由新华通讯社视情节给予警告、限期改正、暂停特定内容发布、暂停或取消发布资格:

(一)超出批准文件核定的业务范围发布新闻信息的;

(二)直接或者变相发展新闻信息用户的;

(三)发布的新闻信息含有本办法第十一条所列内容的。

第十七条 国内用户违反本办法规定,有下列情形之一的,由新华通讯社视情节给予警告、限期改正、责令指定机构中止或者解除订用协议:

(一)超出订用协议范围使用外国通讯社新闻信息的;

(二)转让所订用的外国通讯社新闻信息的;

(三)使用外国通讯社新闻信息不注明来源的。

第十八条 违反本办法规定,有下列情形之一的,由新华通讯社提请国务院有关部门依法给予行政处罚:

(一)未经新华通讯社批准发布新闻信息的,未经新华通讯社指定机构订用外国通讯社新闻信息的;

(二)擅自经营、代理外国通讯社新闻信息的;

(三)擅自直接编译、刊用外国通讯社新闻信息的。

第十九条 指定机构违反本办法规定,代理未经批准的外国通讯社新闻信息的,由新华通讯社责令改正,对直接负责的主管人员和其他直接责任人员给予纪律处分。

第二十条 新华通讯社工作人员有下列行为之一的,由新华通讯社给予纪律处分:

(一)向不符合本办法规定条件的申请人颁发批准文件的;

(二)不依法履行监督管理职责的;

(三)接到对违法行为的举报后不依法调查处理的;

(四)有滥用职权、玩忽职守、徇私舞弊等行为的。

第二十一条 香港特别行政区、澳门特别行政区、台湾地区的通讯社及其他具有通讯社性质的新闻信息发布机构,在内地发布新闻信息,参照本办法执行。

第二十二条 本办法自发布之日起施行。1996年4月15日新华通讯社发布的《外国通讯社及其所属信息机构在中国境内发布经济信息的管理办法》同时废止。

出版专业技术人员职业资格管理规定

· 2008 年 2 月 21 日新闻出版总署令第 37 号公布
· 自 2008 年 6 月 1 日起施行

第一章 总 则

第一条 为了规范出版专业职业资格管理,提高出版从业人员的整体素质,加强出版专业技术队伍建设,根据国务院《出版管理条例》、《音像制品管理条例》、《国务院对确需保留的行政审批项目设定行政许可的决定》和国家对职业资格管理的有关制度,制定本规定。

第二条 国家对在报纸、期刊、图书、音像、电子、网络出版单位从事出版专业技术工作的人员实行职业资格制度,对职业资格实行登记注册管理。

本规定所称出版专业技术人员包括在图书、非新闻性期刊、音像、电子、网络出版单位内承担内容加工整理、装帧和版式设计等工作的编辑人员和校对人员,以及在报纸、新闻性期刊出版单位从事校对工作的专业技术人员。

第三条 出版专业技术人员职业资格分为初级、中级和高级。初级、中级职业资格通过全国出版专业技术人员职业资格考试取得,高级职业资格通过考试、按规定评审取得。

第四条 凡在出版单位从事出版专业技术工作的人员,必须在到岗 2 年内取得出版专业职业资格证书,并按本规定办理登记手续;否则,不得继续从事出版专业技术工作。

在出版单位担任责任编辑的人员必须在到岗前取得中级以上出版专业职业资格,并办理注册手续,领取责任编辑证书。

本规定所称责任编辑是指在出版单位为保证出版物的质量符合出版要求,专门负责对拟出版的作品内容进行全面审核和加工整理并在出版物上署名的编辑人员。

第五条 在出版单位担任社长、总编辑、主编、编辑室主任(均含副职)职务的人员,除应具备国家规定的任职条件外,还必须具有中级以上出版专业职业资格并履行登记、注册手续。

第六条 新闻出版总署负责全国出版单位出版专业技术人员职业资格的监督管理工作和中央在京出版单位出版专业技术人员职业资格登记注册工作。省、自治区、直辖市新闻出版行政部门负责本行政区域内的出版专业技术人员职业资格登记注册及管理工作。

第七条 出版专业技术人员应按照规定参加继续教育。

继续教育的具体内容,由新闻出版总署另行规定。

第二章 职业资格登记

第八条 已取得出版专业技术人员职业资格证书的人员应当在取得证书后 3 个月内申请职业资格登记；未能及时登记的，在按规定参加继续教育的情况下，可以保留其 5 年内申请职业资格登记的资格。

第九条 职业资格首次登记，应提供以下材料：

（一）出版专业职业资格证书原件；

（二）身份证复印件；

（三）职业资格登记申请表。

第十条 职业资格登记材料由申请人所在出版单位统一报送。中央在京出版单位申报材料由新闻出版总署受理，其他出版单位申报材料由所在地省、自治区、直辖市新闻出版行政部门受理。登记部门应在受理后 20 日内办理职业资格登记手续。

第十一条 职业资格登记有效期 3 年，每 3 年续展登记一次。续展登记时，由申请人所在出版单位于有效期满前 30 日内申请办理续展登记手续；如有特殊情况，登记有效期可适当延长，但最长不超过 3 个月，逾期仍不办理续展登记手续的，原登记自动失效。

职业资格登记失效后，按规定参加继续教育的，可以保留其 5 年内申请职业资格续展登记的资格。

已按规定办理责任编辑注册手续并取得责任编辑证书的人员，无需办理续展登记。

第十二条 职业资格续展登记，需提供以下材料：

（一）出版专业职业资格证书原件；

（二）职业资格续展登记申请表；

（三）近 3 年继续教育证明。

第十三条 已登记的出版专业技术人员变更出版单位或取得高一级职业资格的，应在 3 个月内按本规定第九条、第十条申请变更登记。

第三章 责任编辑注册

第十四条 在出版单位拟担任责任编辑的人员，应首先进行职业资格登记，然后申请责任编辑注册，取得责任编辑证书后，方可从事责任编辑工作。

责任编辑注册申请可与职业资格登记申请同时提出。

第十五条 申请责任编辑注册的人员应具备与责任编辑岗位相适应的政治素质、业务能力和职业道德；出版单位应对拟申请责任编辑注册人员的上述情况进行审核。

第十六条 责任编辑首次注册应当提交以下材料：

（一）中级以上出版专业职业资格证书原件；

（二）身份证复印件；

（三）责任编辑注册申请表；

（四）继续教育证明材料。

第十七条 责任编辑注册材料由申请人所在出版单位统一报送。中央在京出版单位注册材料由新闻出版总署受理，其他出版单位注册材料由所在地省、自治区、直辖市新闻出版行政部门受理。注册部门应在受理后 20 日内办理责任编辑注册手续，为同意注册者颁发责任编辑证书。

第十八条 责任编辑注册有效期 3 年，每 3 年续展注册一次。续展注册时，由申请人所在出版单位于有效期满前 30 日内申请办理续展注册手续；如有特殊情况，注册有效期可适当延长，但最长不超过 3 个月，逾期仍不办理续展注册手续的，原注册自动失效。

责任编辑注册失效后，按规定参加继续教育的，可以保留其 5 年内申请责任编辑续展注册的资格。

第十九条 申请责任编辑续展注册，应提交以下材料：

（一）责任编辑证书原件；

（二）责任编辑续展注册申请表；

（三）近 3 年继续教育证明材料。

第二十条 有下列情况之一者，不予续展注册，注销责任编辑证书：

（一）有本规定第二十五条所列情形之一，情节严重的；

（二）连续 2 次年度考核达不到岗位职责要求的；

（三）新闻出版总署认定不予续展注册的其他情形的。

第二十一条 被注销责任编辑证书的人员，3 年内不得申请责任编辑注册。

第二十二条 已注册的责任编辑变更出版单位或取得高一级职业资格的，应在 3 个月内按本规定第十六条、第十七条申请变更注册。

第二十三条 责任编辑调离出版单位并不再从事责任编辑工作的，由原所在的出版单位收回《责任编辑证书》，并交原注册机构统一销毁。

第二十四条 新闻出版总署定期向社会公布取得责任编辑证书的人员姓名、所在单位、证书编号等信息，接受社会监督。

第四章 法律责任

第二十五条 责任编辑有下列情形之一的，由新闻

出版总署或者省、自治区、直辖市新闻出版行政部门给予警告;情节严重的,注销其责任编辑证书:

(一)有参与买卖书号、刊号、版号等违反出版法规行为的;

(二)担任责任编辑的出版物出现内容质量、编校质量等违法问题的。

第二十六条　出版专业技术人员因违反出版法规被追究刑事责任的,由新闻出版总署或者省、自治区、直辖市新闻出版行政部门取消其出版专业职业资格,注销其出版专业职业资格登记和责任编辑注册,不得继续从事出版专业技术工作,并不得申请参加出版专业职业资格考试。

第二十七条　出版单位有下列情形之一的,由新闻出版总署或者省、自治区、直辖市新闻出版行政部门给予警告、可以根据情节并处 3 万元以下罚款:

(一)聘用未取得责任编辑证书的人员从事责任编辑工作的;

(二)未按本规定履行出版专业技术人员登记注册手续的。

第二十八条　对出版单位作出行政处罚,新闻出版总署或者省、自治区、直辖市新闻出版行政部门可以告知其主办单位和主管单位,可以向社会公布。

第五章　附　则

第二十九条　责任编辑证书由新闻出版总署统一印制。

第三十条　中国人民解放军和中国人民武装警察部队系统出版单位出版专业技术人员的职业资格管理工作,由中国人民解放军总政治部宣传部新闻出版局参照本规定执行,并将登记注册信息报新闻出版总署备案。

第三十一条　已取得其他行业高级职称并在出版单位从事出版专业技术工作的人员,可以按照规定申请《专业技术职务资格证书》(编辑专业高级职称证书)的职称转评。

第三十二条　在报纸、新闻性期刊出版单位从事采编工作人员的职业资格管理办法另行制定。

在出版单位从事少数民族语言文字编辑、校对工作的出版专业技术人员职业资格管理办法另行制定。

第三十三条　本规定自 2008 年 6 月 1 日起施行,新闻出版总署 2002 年 6 月 3 日颁布的《出版专业技术人员职业资格管理暂行规定》同时废止。

出版专业技术人员继续教育规定

·2020 年 9 月 24 日
·国新出发〔2020〕18 号

第一章　总　则

第一条　为规范出版专业技术人员继续教育工作,保障出版专业技术人员继续教育权益,不断提高出版专业技术人员素质能力,根据《出版管理条例》《干部教育培训工作条例》《专业技术人员继续教育规定》等,结合出版工作实际,制定本规定。

第二条　在出版单位从事出版专业技术工作,包括出版物选题策划、内容编辑加工和校对、装帧和版式设计、信息资源集成开发、编务印制和质量管理、版权运营、出版物营销等专业技术人员继续教育,适用本规定。

第三条　出版专业技术人员继续教育是建设高素质专业化出版专业人才队伍的基础性战略性工作,必须坚持以习近平新时代中国特色社会主义思想为指导,紧紧围绕新时代宣传思想工作举旗帜、聚民心、育新人、兴文化、展形象的使命任务,不断增强脚力、眼力、脑力、笔力,打造政治过硬、本领高强、求实创新、能打胜仗的出版专业技术人员队伍,为推动出版业持续繁荣发展提供人才保证和智力支持。

第四条　出版专业技术人员继续教育工作应当遵循下列原则:

(一)服务大局,按需施教。紧紧围绕出版事业发展需要和出版专业技术人员从业要求,深入开展马克思主义出版观教育,把政治能力建设贯穿继续教育全过程,引导出版专业技术人员不断提高政治本领,不断增强政治敏锐性和政治鉴别力,增强"四个意识",坚定"四个自信",做到"两个维护"。

(二)提高能力,注重质量。遵循人才成长发展规律,不断深化专业能力建设,把继续教育的普遍性要求与出版专业人才的特殊需要结合起来,提高继续教育质量,增强教育培训针对性,引导出版专业技术人员更新知识、拓展技能,加强职业道德建设,全面提升专业胜任能力。

(三)改革创新,注重实效。统筹继续教育资源,创新方式方法,建立兼容、开放、共享、规范的继续教育培训体系,坚持分级分类组织,形成政府部门规划指导、社会力量积极参与、出版单位支持配合的出版专业技术人员继续教育新局。

第五条　出版专业技术人员享有参加继续教育的权利和接受继续教育的义务。出版单位应当依照法律、行政法规和国家有关规定提取和使用职工教育经费,为本单位出版专业技术人员参加继续教育提供保障和支持。出版专业技术人员经所在单位同意,脱产或半脱产参加继续教育活动的,所在单位应当按照国家有关规定,保障工资、福利等待遇。

第六条　出版专业技术人员应当自从事出版工作的下一年度开始参加继续教育。

第二章　管理体制

第七条　出版专业技术人员继续教育实行统筹规划、分级负责、分类指导的管理体制。

第八条　国家新闻出版署和人力资源社会保障部负责对全国出版专业技术人员继续教育工作进行综合管理和统筹协调,制定全国出版专业技术人员继续教育政策,监督指导全国出版专业技术人员继续教育工作的组织实施。

第九条　各省级新闻出版主管部门、人力资源社会保障部门,共同负责本地区出版专业技术人员继续教育工作的综合管理和组织实施。

其他机关、企业、事业单位以及社会团体等在各自职责范围内依法做好出版专业技术人员继续教育的规划、管理和实施工作。

第三章　内容与形式

第十条　出版专业技术人员继续教育内容包括公需科目和专业科目。

公需科目包括出版专业技术人员应当普遍掌握的政治理论、法律法规、职业道德等基本知识。要把学习贯彻习近平新时代中国特色社会主义思想作为首要任务,坚持及时学、系统学、深入学,引导出版专业技术人员系统掌握科学体系、精髓要义和实践要求,真正做到学懂弄通做实。

专业科目包括出版专业技术人员必须具备并应当掌握的出版政策法规、编辑业务知识、编校技能和质量要求,装帧和版式设计、信息资源集成开发、版权运营管理等专业知识,以及与行业发展相关的新知识、新技术、新技能。

国家新闻出版署会同人力资源社会保障部根据出版专业技术人员不同岗位、类别和层次,统筹规划继续教育课程和教材体系建设,定期发布继续教育公需科目指南、专业科目指南,对继续教育内容进行指导。

第十一条　出版专业技术人员可以选择参加继续教育的形式。具体形式有:

(一)参加省级及以上新闻出版主管部门、人力资源社会保障部门及其公布的继续教育机构组织的面授、网络远程等继续教育活动;

(二)参加国家教育行政主管部门承认的本科及以上相关专业学历(学位)教育;

(三)承担省级及以上新闻出版主管部门或相关行业协会的出版类研究课题,或承担国家级科研基金项目;

(四)在拥有国内统一连续出版物号、经国家新闻出版主管部门认定的学术期刊上发表出版类或与工作相关的学术论文,公开出版与工作职责相关的学术著作、译著和整理的古籍图书;

(五)担任省级及以上新闻出版主管部门或相关行业协会举办的培训班、学术会议、专题讲座等授课(报告)人;

(六)参加全国出版专业技术人员职业资格考试及命题、审题、阅卷工作;

(七)参加所在单位或相关专业机构组织的与本单位出版范围相关的专业类培训;

(八)参加省级及以上新闻出版主管部门组织的出版物质量审读、评审工作;

(九)参加省级及以上新闻出版主管部门组织举办的编校大赛获得优秀以上等次;

(十)省级及以上新闻出版主管部门、人力资源社会保障部门认可的其他继续教育方式。

第十二条　出版专业技术人员继续教育要根据出版工作特点,综合运用讲授式、研讨式、案例式等教学方法,积极探索适应信息化发展趋势的网络培训有效方式,统筹推进线上线下相结合的培训模式,充分运用"学习强国"学习平台优质资源,不断深化新知识、新技术、新技能等的培训。

第四章　学时管理

第十三条　出版专业技术人员参加继续教育的时间每年累计不少于90学时。其中,专业科目学时一般不少于总学时的三分之二。

出版专业技术人员参加继续教育取得的学时,在全国范围内当年度有效,不得结转或顺延至下一年度。

第十四条　出版专业技术人员参加本规定第十一条规定形式的继续教育,其学时计算标准如下:

(一)参加省级及以上新闻出版主管部门、人力资源社会保障部门及其公布的继续教育机构组织的面授培训,每天按8学时计算;参加网络远程培训,按实际学时计算,每年最多不超过40学时。

（二）参加国家教育行政主管部门承认的本科及以上相关专业学历（学位）教育，获得学历（学位）当年度折算为40学时。

（三）独立承担省级及以上新闻出版主管部门或相关行业协会的出版类研究课题，或独立承担国家级科研基金项目，课题结项的，当年度每项折算为40学时；与他人合作完成的，主持人每项折算为30学时，参与人每人每项折算为10学时。

（四）独立公开发表出版类或与工作相关的学术论文，每篇折算为10学时；与他人合作发表的，每人每篇折算为5学时。每年最多折算为20学时。

（五）独立公开出版与工作职责相关的学术著作、译著和整理的古籍图书，每本折算为30学时；与他人合作出版的，第一作者每本折算为20学时，其他作者每人每本折算为10学时。每年最多折算为40学时。

（六）担任省级及以上新闻出版主管部门或相关行业协会举办的培训班、学术会议、专题讲座等授课（报告）人，按实际授课（报告）时间的6倍计算学时。

（七）参加全国出版专业技术人员职业资格考试，每通过一科，下一年度折算为30学时。

（八）参加全国出版专业技术人员职业资格考试命题、审题、阅卷，省级及以上新闻出版主管部门组织的出版物质量审读、评审工作，或在编校大赛中获得优秀以上等次，折算为30学时。

（九）参加所在单位或相关专业机构组织的与本单位出版范围相关的专业类培训，每年最多折算为30学时。

第十五条　出版专业技术人员参加继续教育情况实行学时登记管理。

出版单位应当对本单位出版专业技术人员参加继续教育的种类、内容、时间和考试考核结果等情况进行记录，及时登录有关网站提交继续教育情况，完成学时审核登记的初审。

省级新闻出版主管部门负责本地区出版专业技术人员继续教育学时审核登记的复审。

国家新闻出版署负责全国出版专业技术人员继续教育学时审核登记的终审，以及中央在京出版单位出版专业技术人员继续教育学时审核登记的复审。

省级新闻出版主管部门每年将本地区出版专业技术人员继续教育审核情况送同级人力资源社会保障部门备案。

第十六条　出版专业技术人员继续教育学时登记采用以下方式：

（一）参加全国出版专业技术人员职业资格考试，或参加省级及以上新闻出版主管部门、人力资源社会保障部门及其公布的继续教育机构组织的培训，由省级及以上新闻出版主管部门根据继续教育机构或所在单位报送的继续教育信息，办理继续教育事项登记；

（二）参加除第一项以外其他形式的继续教育，应当在当年度登录国家新闻出版主管部门指定网站，按要求上传相关证明材料，申请办理继续教育事项登记。

第十七条　出版专业技术人员由于伤、病、孕等特殊原因无法在当年度完成继续教育学时的，可由所在单位提供证明，经省级及以上新闻出版主管部门审核确认后，应参加继续教育的学时顺延至下一年度合并完成。省级及以上新闻出版主管部门应当在下一年度的继续教育合格证书中予以注明。

第五章　继续教育机构

第十八条　国家新闻出版署、人力资源社会保障部指导加强出版专业技术人员继续教育机构建设，推动构建分工明确、优势互补、布局合理、开放有序的继续教育培训体系。鼓励并引导行业协会、高等院校、科研院所等具备培训条件的社会办学单位参与出版专业技术人员继续教育工作。

第十九条　国家新闻出版署以适当方式向社会公布承办出版专业技术人员继续教育的机构及其培训范围、教学内容、收费项目和标准等。继续教育机构应当认真组织实施出版专业技术人员继续教育教学计划，根据考核结果如实出具出版专业技术人员参加继续教育证明。

第二十条　继续教育机构要突出政治引领，以提升思想政治素质和职业素养、创新创造能力为重点，建立健全继续教育培训内容更新机制。

第二十一条　继续教育机构要建立健全符合出版工作特点和出版专业技术人员成长成才规律的师资准入和退出机制。建立完备的继续教育师资库，严把政治关、质量关、纪律关，建设高素质高水平专业化的出版专业技术人员继续教育师资队伍。

第二十二条　继续教育机构要把旗帜鲜明讲政治贯穿教学管理全过程，严格执行有关学员、师资管理规定，严肃讲坛纪律，加强学风建设。

第二十三条　各级新闻出版主管部门、人力资源社会保障部门直接举办的继续教育活动，应当突出公益性，不得收取费用。鼓励和支持出版企事业单位、高等院校和社会团体等举办公益性继续教育活动。

第二十四条　继续教育机构不得采取虚假、欺诈等不正当手段招揽生源，不得以继续教育名义组织旅游或与培训无关的高消费活动，不得以继续教育名义乱收费或只收费不培训，以及从事其他有关政策法规明令禁止的行为。

第六章　考核与监督

第二十五条　出版单位应当建立本单位出版专业技术人员继续教育与使用、晋升相衔接的激励机制，把出版专业技术人员参加继续教育情况作为出版专业技术人员考核评价、岗位聘用的重要依据。

第二十六条　出版专业技术人员参加继续教育情况，应当作为聘任专业技术职务或者申报评定上一级职称的重要条件，作为出版专业技术人员职业资格登记注册(续展)的必要条件。

第二十七条　省级及以上新闻出版主管部门、人力资源社会保障部门应当依法对出版专业技术人员继续教育机构、出版单位执行本规定的情况进行监督。

第二十八条　省级及以上新闻出版主管部门、人力资源社会保障部门应当定期组织或委托第三方评估机构对本地区出版专业技术人员继续教育机构进行教学质量评估，评估结果作为评价继续教育机构办学质量的重要标准和承担下一年度继续教育任务的重要依据。

第二十九条　出版专业技术人员未按本规定第十一条、十三条规定参加继续教育，无正当理由不参加继续教育或者在学习培训期间违反学习纪律和管理制度的，出版单位可视情给予批评教育、不予报销或者要求退还培训费用等。

第三十条　出版单位违反本规定的，由省级及以上新闻出版主管部门或人力资源社会保障部门责令改正。

第三十一条　出版专业技术人员存在继续教育学时造假等情形的，由省级及以上新闻出版主管部门或人力资源社会保障部门通报所在单位，暂停或暂缓职业资格登记注册(续展)。

第三十二条　继续教育机构违反本规定的，由省级及以上新闻出版主管部门或人力资源社会保障部门责令改正，并依法依规进行处理。

第七章　附　则

第三十三条　各省级新闻出版主管部门要加强对民营书业从业人员继续教育的政策指导，统筹协调优质培训资源共建共享，组织开展多层次、有针对性的专业学习和技能培训，健全完善民营书业从业人员继续教育培训机制，探索推进民营书业从业人员继续教育学时登记等工作。各民营书业企业要积极为所属从业人员参加继续教育创造便利条件。

第三十四条　中国人民解放军和中国人民武装警察部队所属出版单位出版专业技术人员继续教育工作，参照本规定执行。

第三十五条　本规定自2021年1月1日起施行，由国家新闻出版署、人力资源社会保障部负责解释。原新闻出版总署印发的《出版专业技术人员继续教育暂行规定》(新出政发〔2010〕10号)同时废止，其他出版专业技术人员继续教育相关规定与本规定不一致的，以本规定为准。

新闻出版行业领导岗位持证上岗实施办法

·2000年6月3日
·新出办〔2002〕717号

第一条　为了贯彻落实中共中央办公厅、国务院办公厅转发的《中共中央宣传部、国家广电总局、新闻出版总署关于深化新闻出版广播电视业改革的若干意见》和新闻出版署、中共中央宣传部、国家教委、人事部《关于在出版行业开展岗位培训实施持证上岗制度的规定》，加强新闻出版单位领导岗位持证上岗工作的管理，制定本实施办法(以下简称办法)。

第二条　按本办法规定实施持证上岗的领导岗位是：

1、出版社(含图书、音像、电子出版单位，下同)社长、总编辑。

2、期刊社主编。

3、新华书店省、地(市)、县市店经理(含外文书店、古旧书店以及一级书刊批发单位经理，下同)。

4、国家级、省级书刊印刷定点企业厂长(经理)。

5、音像复制单位的法定代表人或主要负责人。

6、报社社长、总编辑。

(上述岗位均包括副职，下同)。

第三条　本办法所称持证上岗，是指第二条所列岗位人员在经主管机关(部门或单位)批准任职时，须持新闻出版总署统一印制的《岗位培训合格证书》上岗。

第四条　新闻出版总署主管全国新闻出版行业的持证上岗工作，负责对全国新闻出版行业需要持证上岗的岗位及持证上岗要求和时间等作出规定。

省、自治区、直辖市新闻出版局根据新闻出版总署的要求,负责本省(区、市)新闻出版单位领导岗位持证上岗实施工作,并主管本省(区、市)新闻出版单位其它岗位持证上岗工作。

中央和国家机关有关部委、人民团体新闻出版主管部门协助新闻出版总署做好本系统新闻出版单位领导岗位持证上岗管理工作。

第五条 《岗位培训合格证书》由新闻出版总署统一印制并用印,分别由新闻出版总署和各省、自治区、直辖市新闻出版局指定的培训机构颁发,在全国新闻出版行业有效。

第六条 《岗位培训合格证书》通过岗位培训取得。本办法第二条规定岗位的在职或拟任职人员,要在当年内(或任职后半年内)按规定参加由新闻出版总署或各省、自治区、直辖市新闻出版局组织或指定培训机构举办的相应岗位的岗位培训班,学完规定的全部课程,并经考试、考核合格者,即可获得《岗位培训合格证书》。

岗位培训班由新闻出版总署或各省、自治区、直辖市新闻出版局指定的培训机构按年度定期举办。

第七条 《岗位培训合格证书》有效期为五年,持有《岗位培训合格证书》的人员,要在有效期满后的第一年内,按本办法第六条要求参加岗位培训,并重新取得《岗位培训合格证书》。

第八条 持有《岗位培训合格证书》的人员,调离原单位,但不改变任职岗位性质的,其《岗位培训合格证书》继续有效。脱离原岗位工作,并改变岗位性质三年以下,又回原岗位工作的,其《岗位培训合格证书》要经新闻出版管理机关核验,方可有效。脱离原岗位工作并改变岗位性质三年以上的,其《岗位培训合格证书》自行失效。

第九条 新闻出版单位要根据新闻出版总署或各省、自治区、直辖市新闻出版局的规定,定期向上述新闻出版管理机关书面报告本单位领导持证上岗情况。

第十条 从2002年起,新闻出版管理机关要将本办法第二条所列人员持证上岗情况列入新闻出版单位年检内容。年检内容包括:

1、单位领导持证上岗率达不到80%的(非本单位原因除外),新闻出版单位年检主管机关将视不同情况给予警告;

2、单位领导持证上岗率达不到50%的,暂缓年检。对受到警告、暂缓年检的出版单位,要在新闻出版单位年检主管机关规定的时间内,达到持证上岗要求。

第十一条 任何单位和个人不得伪造、涂改、出借、

转让《岗位培训合格证书》。《岗位培训合格证书》如有遗失,须由本人提出书面申请,经本单位确认,方可由新闻出版总署或省、自治区、直辖市新闻出版局指定的培训机构按本办法第六条规定审核补发。

第十二条 本办法第二条规定之外的其它岗位的持证上岗工作,在条件具备时,各省、自治区、直辖市新闻出版局可参照本办法作出具体规定。

第十三条 本办法发布之前,已取得《岗位培训合格证书》的人员,其持证上岗按本办法执行。

第十四条 中国人民解放军所属出版单位持证上岗实施办法,由解放军总政治部另行规定。

第十五条 本办法由新闻出版总署负责解释。

新闻从业人员职务行为信息管理办法

·2014年6月30日
·新广出发〔2014〕75号

第一条 为加强新闻从业人员职务行为信息的管理,规范新闻传播秩序,根据《保守国家秘密法》、《劳动合同法》、《著作权法》等有关法律法规,制定本办法。

第二条 本办法所称新闻从业人员职务行为信息,是指新闻单位的记者、编辑、播音员、主持人等新闻采编人员及提供技术支持等辅助活动的其他新闻从业人员,在从事采访、参加会议、听取传达、阅读文件等职务活动中,获取的各类信息、素材以及所采制的新闻作品,其中包含国家秘密、商业秘密、未公开披露的信息等。

第三条 新闻单位要坚持依法依规、趋利避害、善管善用、可管可控的原则,加强职务行为信息管理,确保新闻从业人员职务行为信息使用科学合理、规范有序。

第四条 新闻单位应健全保密制度,对新闻从业人员在职务行为中接触的国家秘密信息,应明确知悉范围和保密期限,健全国家秘密载体的收发、传递、使用、复制、保存和销毁制度,禁止非法复制、记录、存储国家秘密,禁止在任何媒体以任何形式传递国家秘密,禁止在私人交往和通信中涉及国家秘密。

新闻从业人员上岗应当经过保密教育培训,并签订保密承诺书。

第五条 新闻单位应按照《劳动合同法》的有关规定,与新闻从业人员就职务行为信息中的商业秘密、未公开披露的信息、职务作品等与知识产权相关的保密事项,签订职务行为信息保密协议,建立职务行为信息统一管理制度。

保密协议须分类明确新闻从业人员职务行为信息的权利归属、使用规范、离岗离职后的义务和违约责任。

新闻从业人员不得违反保密协议的约定，向其他境内外媒体、网站提供职务行为信息，或者担任境外媒体的"特约记者"、"特约通讯员"、"特约撰稿人"或专栏作者等。

第六条 新闻从业人员不得利用职务行为信息谋取不正当利益。

第七条 新闻从业人员以职务身份开设博客、微博、微信等，须经所在新闻单位批准备案，所在单位负有日常监管职责。

新闻从业人员不得违反保密协议的约定，通过博客、微博、微信公众账号或个人账号等任何渠道，以及论坛、讲座等任何场所，透露、发布职务行为信息。

第八条 新闻从业人员离岗离职要交回所有涉密材料、文件，在法律规定或协议约定的保密期限内履行保密义务。

第九条 新闻单位须将签署保密承诺书和职务行为信息保密协议，作为新闻从业人员劳动聘用和职务任用的必要条件，未签订的不得聘用和任用。

第十条 新闻采编人员申领、换领新闻记者证，须按照《新闻记者证管理办法》的规定提交有关申报材料，申报材料中未包含保密承诺书和职务行为信息保密协议的，不予核发新闻记者证。

第十一条 新闻单位应在参加新闻记者证年度核验时，向新闻出版广电行政部门报告新闻从业人员保密承诺书和保密协议签订、执行情况。

第十二条 新闻从业人员违反保密承诺和保密协议、擅自使用职务行为信息的，新闻单位应依照合同追究违约责任，视情节作出行政处理或纪律处分，并追究其民事责任。

第十三条 新闻单位的主管主办单位应督促所属新闻单位健全保密承诺和保密协议制度，履行管理责任；新闻出版广电行政部门应加强本行政区域内新闻单位职务行为信息管理情况的日常监督检查。

第十四条 新闻从业人员擅自发布职务行为信息造成严重后果的，由新闻出版广电行政部门依法吊销新闻记者证，列入不良从业行为记录，做出禁业或限业处理。

第十五条 新闻单位对新闻从业人员职务行为信息管理混乱，造成失密泄密、敲诈勒索、侵权等严重问题的，由新闻出版广电行政部门等依法查处，责令整改，对拒不改正或整改不到位的不予通过年度核验，情节严重的撤

销许可证，并依法追究新闻单位负责人和直接责任人的责任。

第十六条 新闻从业人员违反规定使用职务行为信息造成失密泄密的，依法追究相关人员责任，涉嫌违法犯罪的移送司法机关处理。

第十七条 本办法自发布之日起施行。

3. 出版种类

(1) 图书出版

图书出版管理规定

· 2008 年 2 月 21 日新闻出版总署令第 36 号公布
· 根据 2015 年 8 月 28 日《关于修订部分规章和规范性文件的决定》修订

第一章 总 则

第一条 为了规范图书出版，加强对图书出版的监督管理，促进图书出版的发展和繁荣，根据国务院《出版管理条例》及相关法律法规，制定本规定。

第二条 在中华人民共和国境内从事图书出版，适用本规定。

本规定所称图书，是指书籍、地图、年画、图片、画册，以及含有文字、图画内容的年历、月历、日历，以及由新闻出版总署认定的其他内容载体形式。

第三条 图书出版必须坚持为人民服务、为社会主义服务的方向，坚持马克思列宁主义、毛泽东思想、邓小平理论和"三个代表"重要思想，坚持科学发展观，坚持正确的舆论导向和出版方向，坚持把社会效益放在首位、社会效益和经济效益相统一的原则，传播和积累有益于提高民族素质、推动经济发展、促进社会和谐与进步的科学技术和文化知识，弘扬民族优秀文化，促进国际文化交流，丰富人民群众的精神文化生活。

第四条 新闻出版总署负责全国图书出版的监督管理工作，建立健全监督管理制度，制定并实施全国图书出版总量、结构、布局的规划。

省、自治区、直辖市新闻出版行政部门负责本行政区域内图书出版的监督管理工作。

第五条 图书出版单位依法从事图书的编辑、出版等活动。

图书出版单位合法的出版活动受法律保护，任何组织和个人不得非法干扰、阻止、破坏。

第六条 新闻出版总署对为发展、繁荣我国图书出版事业作出重要贡献的图书出版单位及个人给予奖励，

并评选奖励优秀图书。

第七条 图书出版行业的社会团体按照其章程,在新闻出版行政部门的指导下,实行自律管理。

第二章　图书出版单位的设立

第八条 图书由依法设立的图书出版单位出版。设立图书出版单位须经新闻出版总署批准,取得图书出版许可证。

本规定所称图书出版单位,是指依照国家有关法规设立,经新闻出版总署批准并履行登记注册手续的图书出版法人实体。

第九条 设立图书出版单位,应当具备下列条件:

(一)有图书出版单位的名称、章程;

(二)有符合新闻出版总署认定条件的主办单位、主管单位;

(三)有确定的图书出版业务范围;

(四)有30万元以上的注册资本;

(五)有适应图书出版需要的组织机构和符合国家规定资格条件的编辑出版专业人员;

(六)有确定的法定代表人或者主要负责人,该法定代表人或者主要负责人必须是在境内长久居住的具有完全行为能力的中国公民;

(七)有与主办单位在同一省级行政区域的固定工作场所;

(八)法律、行政法规规定的其他条件。

设立图书出版单位,除前款所列条件外,还应当符合国家关于图书出版单位总量、结构、布局的规划。

第十条 中央在京单位设立图书出版单位,由主办单位提出申请,经主管单位审核同意后,由主办单位报新闻出版总署审批。

中国人民解放军和中国人民武装警察部队系统设立图书出版单位,由主办单位提出申请,经中国人民解放军总政治部宣传部新闻出版局审核同意后,报新闻出版总署审批。

其他单位设立图书出版单位,经主管单位审核同意后,由主办单位向所在地省、自治区、直辖市新闻出版行政部门提出申请,省、自治区、直辖市新闻出版行政部门审核同意后,报新闻出版总署审批。

第十一条 申请设立图书出版单位,须提交以下材料:

(一)按要求填写的设立图书出版单位申请表;

(二)主管单位、主办单位的有关资质证明材料;

(三)拟任图书出版单位法定代表人或者主要负责人简历、身份证明文件;

(四)编辑出版人员的出版专业职业资格证书;

(五)注册资本数额、来源及性质证明;

(六)图书出版单位的章程;

(七)工作场所使用证明;

(八)设立图书出版单位的可行性论证报告。

第十二条 新闻出版总署应当自收到设立图书出版单位申请之日起90日内,作出批准或者不批准的决定,并直接或者由省、自治区、直辖市新闻出版行政部门书面通知主办单位;不批准的,应当说明理由。

第十三条 申请设立图书出版单位的主办单位应当自收到新闻出版总署批准文件之日起60日内办理如下注册登记手续:

(一)持批准文件到所在地省、自治区、直辖市新闻出版行政部门领取图书出版单位登记表,经主管单位审核签章后,报所在地省、自治区、直辖市新闻出版行政部门;

(二)图书出版单位登记表一式五份,图书出版单位、主办单位、主管单位及省、自治区、直辖市新闻出版行政部门各存一份,另一份由省、自治区、直辖市新闻出版行政部门在收到之日起15日内,报送新闻出版总署备案;

(三)新闻出版总署对图书出版单位登记表审核后,在10日内通过中国标准书号中心分配其出版者号并通知省、自治区、直辖市新闻出版行政部门;

(四)省、自治区、直辖市新闻出版行政部门对图书出版单位登记表审核后,在10日内向主办单位发放图书出版许可证;

(五)图书出版单位持图书出版许可证到工商行政管理部门办理登记手续,依法领取营业执照。

第十四条 图书出版单位的主办单位自收到新闻出版总署批准文件之日起60日内未办理注册登记手续,批准文件自行失效,登记机关不再受理登记,图书出版单位的主办单位须将有关批准文件缴回新闻出版总署。

图书出版单位自登记之日起满180日未从事图书出版的,由原登记的新闻出版行政部门注销登记,收回图书出版许可证,并报新闻出版总署备案。

因不可抗力或者其他正当理由发生前款所列情形的,图书出版单位可以向原登记的新闻出版行政部门申请延期。

第十五条 图书出版单位应当具备法人条件,经核准登记后,取得法人资格,以其全部法人财产独立承担民事责任。

第十六条 图书出版单位变更名称、主办单位或者主管单位、业务范围,合并或者分立,改变资本结构,依照本规定第九条至第十三条的规定办理审批、登记手续。

图书出版单位除前款所列变更事项外的其他事项的变更,应当经其主办单位和主管单位审查同意后,向所在地省、自治区、直辖市新闻出版行政部门申请变更登记,由省、自治区、直辖市新闻出版行政部门报新闻出版总署备案。

第十七条　图书出版单位终止图书出版的,由主办单位提出申请并经主管单位同意后,由主办单位向所在地省、自治区、直辖市新闻出版行政部门办理注销登记,并由省、自治区、直辖市新闻出版行政部门报新闻出版总署备案。

第十八条　组建图书出版集团,参照本规定第十条办理。

第三章　图书的出版

第十九条　任何图书不得含有《出版管理条例》和其他有关法律、法规以及国家规定禁止的内容。

第二十条　图书出版实行编辑责任制度,保障图书内容符合国家法律规定。

第二十一条　出版辞书、地图、中小学教科书等类别的图书,实行资格准入制度,出版单位须按照新闻出版总署批准的业务范围出版。具体办法由新闻出版总署另行规定。

第二十二条　图书出版实行重大选题备案制度。涉及国家安全、社会安定等方面的重大选题,涉及重大革命题材和重大历史题材的选题,应当按照新闻出版总署有关选题备案管理的规定办理备案手续。未经备案的重大选题,不得出版。

第二十三条　图书出版实行年度出版计划备案制度。图书出版单位的年度出版计划,须经省、自治区、直辖市新闻出版行政部门审核后报新闻出版总署备案。

第二十四条　图书出版单位实行选题论证制度、图书稿件三审责任制度、责任编辑制度、责任校对制度、图书重版前审读制度、稿件及图书资料归档制度等管理制度,保障图书出版质量。

第二十五条　图书使用语言文字须符合国家语言文字法律规定。

图书出版质量须符合国家标准、行业标准和新闻出版总署关于图书出版质量的管理规定。

第二十六条　图书使用中国标准书号或者全国统一书号、图书条码以及图书在版编目数据须符合有关标准和规定。

第二十七条　图书出版单位不得向任何单位或者个人出售或者以其他形式转让本单位的名称、中国标准书号或者全国统一书号。

第二十八条　图书出版单位不得以一个中国标准书号或者全国统一书号出版多种图书,不得以中国标准书号或者全国统一书号出版期刊。中国标准书号使用管理办法由新闻出版总署另行规定。

第二十九条　图书出版单位租型出版图书、合作出版图书、出版自费图书须按照新闻出版总署的有关规定执行。

第三十条　图书出版单位与境外出版机构在境内开展合作出版,在合作出版的图书上双方共同署名,须经新闻出版总署批准。

第三十一条　图书出版单位须按照国家有关规定在其出版的图书上载明图书版本记录事项。

第三十二条　图书出版单位应当委托依法设立的出版物印刷单位印刷图书,并按照国家规定使用印刷委托书。

第三十三条　图书出版单位须遵守国家统计规定,依法向新闻出版行政部门报送统计资料。

第三十四条　图书出版单位在图书出版30日内,应当按照国家有关规定向国家图书馆、中国版本图书馆、新闻出版总署免费送交样书。

第四章　监督管理

第三十五条　图书出版的监督管理实行属地原则。

省、自治区、直辖市新闻出版行政部门依法对本行政区域内的图书出版进行监督管理,负责本行政区域内图书出版单位的审核登记、年度核验及其出版图书的审读、质量评估等管理工作。

第三十六条　图书出版管理实行审读制度、质量保障管理制度、出版单位分级管理制度、出版单位年度核验制度和出版从业人员职业资格管理制度。

第三十七条　新闻出版总署负责全国图书审读工作。省、自治区、直辖市新闻出版行政部门负责对本行政区域内出版的图书进行审读,并定期向新闻出版总署提交审读报告。

第三十八条　新闻出版行政部门可以根据新闻出版总署《图书质量管理规定》等规定,对图书质量进行检查,并予以奖惩。

第三十九条　新闻出版总署制定图书出版单位等级评估办法,对图书出版单位进行评估,并实行分级管理。

第四十条　图书出版单位实行年度核验制度,年度核验每两年进行一次。

年度核验按照以下程序进行：

（一）图书出版单位提出年度自查报告，填写由新闻出版总署统一印制的图书出版年度核验表，经图书出版单位的主办单位、主管单位审核盖章后，在规定时间内报所在地省、自治区、直辖市新闻出版行政部门；

（二）省、自治区、直辖市新闻出版行政部门在收到图书出版单位自查报告、图书出版年度核验表等年度核验材料30日内予以审核查验、出具审核意见，报送新闻出版总署；

（三）新闻出版总署在收到省、自治区、直辖市新闻出版行政部门报送的图书出版单位年度核验材料和审核意见60日内作出是否予以通过年度核验的批复；

（四）图书出版单位持新闻出版总署予以通过年度核验的批复文件、图书出版许可证副本等相关材料，到所在地省、自治区、直辖市新闻出版行政部门办理登记手续。

第四十一条　图书出版单位有下列情形之一的，暂缓年度核验：

（一）正在限期停业整顿的；

（二）经审核发现有违法情况应予处罚的；

（三）主管单位、主办单位未认真履行管理责任，导致图书出版管理混乱的；

（四）所报年度核验自查报告内容严重失实的；

（五）存在其他违法嫌疑需要进一步核查的。

暂缓年度核验的期限为6个月。在暂缓年度核验期间，图书出版单位除教科书、在印图书可继续出版外，其他图书出版一律停止。缓验期满，按照本规定重新办理年度核验手续。

第四十二条　图书出版单位有下列情形之一的，不予通过年度核验：

（一）出版导向严重违反管理规定并未及时纠正的；

（二）违法行为被查处后拒不改正或者在整改期满后没有明显效果的；

（三）图书出版质量长期达不到规定标准的；

（四）经营恶化已经资不抵债的；

（五）已经不具备本规定第九条规定条件的；

（六）暂缓登记期满，仍未符合年度核验基本条件的；

（七）不按规定参加年度核验，经催告仍未参加的；

（八）存在其他严重违法行为的。

对不予通过年度核验的图书出版单位，由新闻出版总署撤销图书出版许可证，所在地省、自治区、直辖市新闻出版行政部门注销登记。

第四十三条　年度核验结果，新闻出版总署和省、自治区、直辖市新闻出版行政部门可以向社会公布。

第四十四条　图书出版从业人员，应具备国家规定的出版职业资格条件。

第四十五条　图书出版单位的社长、总编辑须符合国家规定的任职资格和条件。

图书出版单位的社长、总编辑须参加新闻出版行政部门组织的岗位培训，取得岗位培训合格证书后才能上岗。

第五章　法律责任

第四十六条　图书出版单位违反本规定的，新闻出版总署或者省、自治区、直辖市新闻出版行政部门可以采取下列行政措施：

（一）下达警示通知书；

（二）通报批评；

（三）责令公开检讨；

（四）责令改正；

（五）核减中国标准书号数量；

（六）责令停止印制、发行图书；

（七）责令收回图书；

（八）责成主办单位、主管单位监督图书出版单位整改。

警示通知书由新闻出版总署制定统一格式，由新闻出版总署或者省、自治区、直辖市新闻出版行政部门下达给违法的图书出版单位，并抄送违法图书出版单位的主办单位及其主管单位。

本条所列行政措施可以并用。

第四十七条　未经批准，擅自设立图书出版单位，或者擅自从事图书出版业务，假冒、伪造图书出版单位名称出版图书的，依照《出版管理条例》第五十五条处罚。

第四十八条　图书出版单位出版含有《出版管理条例》和其他有关法律、法规以及国家规定禁止内容图书的，由新闻出版总署或者省、自治区、直辖市新闻出版行政部门依照《出版管理条例》第五十六条处罚。

第四十九条　图书出版单位违反本规定第二十七条的，由新闻出版总署或者省、自治区、直辖市新闻出版行政部门依照《出版管理条例》第六十条处罚。

第五十条　图书出版单位有下列行为之一的，由新闻出版总署或者省、自治区、直辖市新闻出版行政部门依照《出版管理条例》第六十一条处罚：

（一）变更名称、主办单位或者其主管单位、业务范围、合并或分立、改变资本结构，未依法办理审批手续的；

（二）未按规定将其年度出版计划备案的；

（三）未按规定履行重大选题备案的；

（四）未按规定送交样书的。

第五十一条　图书出版单位有下列行为之一的，由新闻出版总署或者省、自治区、直辖市新闻出版行政部门给予警告，并处 3 万元以下罚款：

（一）未按规定使用中国标准书号或者全国统一书号、图书条码、图书在版编目数据的；

（二）图书出版单位违反本规定第二十八条的；

（三）图书出版单位擅自在境内与境外出版机构开展合作出版，在合作出版的图书上双方共同署名的；

（四）未按规定载明图书版本记录事项的；

（五）图书出版单位委托非依法设立的出版物印刷单位印刷图书的，或者未按照国家规定使用印刷委托书的。

第五十二条　图书出版单位租型出版图书、合作出版图书、出版自费图书，违反新闻出版总署有关规定的，由新闻出版总署或者省、自治区、直辖市新闻出版行政部门给予警告，并处 3 万元以下罚款。

第五十三条　图书出版单位出版质量不合格的图书，依据新闻出版总署《图书质量管理规定》处罚。

第五十四条　图书出版单位未依法向新闻出版行政部门报送统计资料的，依据新闻出版总署、国家统计局联合颁布的《新闻出版统计管理办法》处罚。

第五十五条　对图书出版单位作出行政处罚，新闻出版行政部门应告知其主办单位和主管单位，可以通过媒体向社会公布。

对图书出版单位作出行政处罚，新闻出版行政部门可以建议其主办单位或者主管单位对直接责任人和主要负责人予以行政处分或者调离岗位。

第六章　附　则

第五十六条　本规定自 2008 年 5 月 1 日起施行。

自本规定施行起，此前新闻出版行政部门对图书出版的其他规定，凡与本规定不一致的，以本规定为准。

图书质量管理规定

· 2004 年 12 月 24 日新闻出版总署令第 26 号公布

· 自 2005 年 3 月 1 日起施行

第一条　为建立健全图书质量管理机制，规范图书出版秩序，促进图书出版业的繁荣和发展，保护消费者的合法权益，根据《中华人民共和国产品质量法》和国务院《出版管理条例》，制定本规定。

第二条　本规定适用于依法设立的图书出版单位出版的图书的质量管理。

出版时间超过十年且无再版或者重印的图书，不适用本规定。

第三条　图书质量包括内容、编校、设计、印制四项，分为合格、不合格两个等级。

内容、编校、设计、印制四项均合格的图书，其质量属合格。内容、编校、设计、印制四项中有一项不合格的图书，其质量属不合格。

第四条　符合《出版管理条例》第二十六、二十七条规定的图书，其内容质量属合格。

不符合《出版管理条例》第二十六、二十七条规定的图书，其内容质量属不合格。

第五条　差错率不超过万分之一的图书，其编校质量属合格。

差错率超过万分之一的图书，其编校质量属不合格。

图书编校质量差错的判定以国家正式颁布的法律法规、国家标准和相关行业制定的行业标准为依据。图书编校质量差错率的计算按照本规定附件《图书编校质量差错率计算方法》执行。

第六条　图书的整体设计和封面（包括封一、封二、封三、封底、勒口、护封、封套、书脊）、扉页、插图等设计均符合国家有关技术标准和规定，其设计质量属合格。

图书的整体设计和封面（包括封一、封二、封三、封底、勒口、护封、封套、书脊）、扉页、插图等设计中有一项不符合国家有关技术标准和规定的，其设计质量属不合格。

第七条　符合中华人民共和国出版行业标准《印刷产品质量评价和分等导则》（CY/T　2—1999）规定的图书，其印制质量属合格。

不符合中华人民共和国出版行业标准《印刷产品质量评价和分等导则》（CY/T　2—1999）规定的图书，其印制质量属不合格。

第八条　新闻出版总署负责全国图书质量管理工作，依照本规定实施图书质量检查，并向社会及时公布检查结果。

第九条　各省、自治区、直辖市新闻出版行政部门负责本行政区域内的图书质量管理工作，依照本规定实施图书质量检查，并向社会及时公布检查结果。

第十条　图书出版单位的主办单位和主管机关应当

履行其主办、主管职能,尽其责任,协助新闻出版行政部门实施图书质量管理,对不合格图书提出处理意见。

第十一条　图书出版单位应当设立图书质量管理机构,制定图书质量管理制度,保证图书质量合格。

第十二条　新闻出版行政部门对图书质量实施的检查包括:图书的正文、封面(包括封一、封二、封三、封底、勒口、护封、封套、书脊)、扉页、版权页、前言(或序)、后记(或跋)、目录、插图及其文字说明等。正文部分的抽查必须内容(或页码)连续且不少于 10 万字,全书字数不足 10 万字的必须检查全书。

第十三条　新闻出版行政部门实施图书质量检查,须将审读记录和检查结果书面通知出版单位。出版单位如有异议,可以在接到通知后 15 日内提出申辩意见,请求复检。对复检结论仍有异议的,可以向上一级新闻出版行政部门请求裁定。

第十四条　对在图书质量检查中被认定为成绩突出的出版单位和个人,新闻出版行政部门给予表扬或者奖励。

第十五条　对图书内容违反《出版管理条例》第二十六、二十七条规定的,根据《出版管理条例》第五十六条实施处罚。

第十六条　对出版编校质量不合格图书的出版单位,由省级以上新闻出版行政部门予以警告,可以根据情节并处 3 万元以下罚款。

第十七条　经检查属编校质量不合格的图书,差错率在万分之一以上万分之五以下的,出版单位必须自检查结果公布之日起 30 天内全部收回,改正重印后可以继续发行;差错率在万分之五以上的,出版单位必须自检查结果公布之日起 30 天内全部收回。

出版单位违反本规定继续发行编校质量不合格图书的,由省级以上新闻出版行政部门按照《中华人民共和国产品质量法》第五十条的规定处理。

第十八条　对于印制质量不合格的图书,出版单位必须及时予以收回、调换。

出版单位违反本规定继续发行印制质量不合格图书的,由省级以上新闻出版行政部门按照《中华人民共和国产品质量法》第五十条的规定处理。

第十九条　一年内造成三种以上图书不合格或者连续两年造成图书不合格的直接责任者,由省、自治区、直辖市新闻出版行政部门注销其出版专业技术人员职业资格,三年之内不得从事出版编辑工作。

第二十条　本规定自 2005 年 3 月 1 日起实施。新闻出版署于 1997 年 3 月 3 日公布的《图书质量管理规定》同时停止执行。

附件:

图书编校质量差错率计算方法

一、图书编校差错率

图书编校差错率,是指一本图书的编校差错数占全书总字数的比率,用万分比表示。实际鉴定时,可以依据抽查结果对全书进行认定。如检查的总字数为 10 万,检查后发现两个差错,则其差错率为 0.2/10000。

二、图书总字数的计算方法

图书总字数的计算方法,一律以该书的版面字数为准,即:总字数=每行字数×每面行数×总面数。

1. 除环衬等空白面不计字数外,凡连续编排页码的正文、目录、辅文等,不论是否排字,均按一面满版计算字数。分栏排版的图书,各栏之间的空白也计算版面字数。

2. 书眉(或中缝)和单排的页码、边码作为行数或每行字数计入正文,一并计算字数。

3. 索引、附录等字号有变化时,分别按实际版面计算字数。

4. 用小号字排版的脚注文字超过 5 行不足 10 行的,该面按正文满版字数加 15%计算;超过 10 行的,该面按注文满版字数计算字数。对小号字排版的夹注文字,可采用折合行数的方法,比照脚注文字进行计算。

5. 封一、封二、封三、封底、护封、封套、扉页,除空白面不计以外,每面按正文满版字数的 50%计算;版权页、书脊、有文字的勒口,各按正文的一面满版计算。

6. 正文中的插图、表格,按正文的版面字数计算;插图占一面的,按正文满版字数的 20%计算字数。

7. 以图片为主的图书,有文字说明的版面,按满版字数的 50%计算;没有文字说明的版面,按满版字数的 20%计算。

8. 乐谱类图书、地图类图书,按满版字数全额计算。

9. 外文图书、少数民族文字图书,拼音图书的拼音部分,以对应字号的中文满版字数加 30%计算。

三、图书编校差错的计算方法

1. 文字差错的计算标准

(1)封底、勒口、版权页、正文、目录、出版说明(或凡例)、前言(或序)、后记(或跋)、注释、索引、图表、附录、参考文献等中的一般性错字、别字、多字、漏字、倒字,每处计 1 个差错。前后颠倒字,可以用一个校对符号改正的,每处计 1 个差错。书眉(或中缝)中的差错,每处计 1 个差错;同样性质的差错重复出现,全书按一面差错基数加 1 倍计算。阿拉伯数字、罗马数字差错,无论几位数,都计 1 个差错。

(2)同一错字重复出现,每面计 1 个差错,全书最多计 4 个差错。每处多、漏 2~5 个字,计 2 个差错,5 个字以上计 4 个差错。

(3)封一、扉页上的文字差错,每处计 2 个差错;相关文字不一致,有一项计 1 个差错。

(4)知识性、逻辑性、语法性差错,每处计 2 个差错。

(5)外文、少数民族文字、国际音标,以一个单词为单位,无论其几处有错,计 1 个差错。汉语拼音不符合《汉语拼音方案》和《汉语拼音正词法基本规则》(GB/T 16159—1996)规定的,以一个对应的汉字或词组为单位,计 1 个差错。

(6)字母大小写和正斜体、黑白体误用,不同文种字母混用的(如把英文字母 N 错为俄文字母 И),字母与其他符号混用的(如把汉字的〇错为英文字母 O),每处计 0.5 个差错;同一差错在全书超过 3 处,计 1.5 个差错。

(7)简化字、繁体字混用,每处计 0.5 个差错;同一差错在全书超过 3 处,计 1.5 个差错。

(8)工具书的科技条目、科技类教材、学习辅导书和其他科技图书,使用计量单位不符合国家标准《量和单位》(GB　3100—3102—1993)的中文名称的、使用科技术语不符合全国科学技术名词审定委员会公布的规范词的,每处计 1 个差错;同一差错多次出现,每面只计 1 个差错,同一错误全书最多计 3 个差错。

(9)阿拉伯数字与汉语数字用法不符合《出版物上数字用法的规定》(GB/T　15835—1995)的,每处计 0.1 个差错。全书最多计 1 个差错。

2. 标点符号和其他符号差错的计算标准

(1)标点符号的一般错用、漏用、多用,每处计 0.1 个差错。

(2)小数点误为中圆点,或中圆点误为小数点的,以及冒号误为比号,或比号误为冒号的,每处计 0.1 个差错。专名线、着重点的错位、多、漏,每处计 0.1 个差错。

(3)破折号误为一字线、半字线,每处计 0.1 个差错。标点符号误在行首、行末的,每处计 0.1 个差错。

(4)外文复合词、外文单词按音节转行,漏排连接号的,每处计 0.1 个差错;同样差错在每面超过 3 个,计 0.3 个差错,全书最多计 1 个差错。

(5)法定计量单位符号、科学技术各学科中的科学符号、乐谱符号等差错,每处计 0.5 个差错;同样差错同一面内不重复计算,全书最多计 1.5 个差错。

(6)图序、表序、公式序等标注差错,每处计 0.1 个差错;全书超过 3 处,计 1 个差错。

3. 格式差错的计算标准

(1)影响文意,不合版式要求的另页、另面、另段、另行、接排、空行,需要空行、空格而未空的,每处计 0.1 个差错。

(2)字体错、字号错或字体、字号同时错,每处计 0.1 个差错;同一面内不重复计算,全书最多计 1 个差错。

(3)同一面上几个同级标题的位置、转行格式不统一且影响理解的,计 0.1 个差错;需要空格而未空格的,每处计 0.1 个差错。

(4)阿拉伯数字、外文缩写词转行的,外文单词未按音节转行的,每处计 0.1 个差错。

(5)图、表的位置错,每处计 1 个差错。图、表的内容与说明文字不符,每处计 2 个差错。

(6)书眉单双页位置互错,每处计 0.1 个差错,全书最多计 1 个差错。

(7)正文注码与注文注码不符,每处计 0.1 个差错。

图书质量保障体系

·1997 年 6 月 26 日新闻出版署令第 8 号公布
·自公布之日起施行

第一章　总　则

第一条　依据国务院颁布的《出版管理条例》,建立和实施严格、有效、可操作的图书质量保障体系,是实现图书出版从扩大规模数量为主向提高质量效益为主的转变,提高图书出版整体水平,繁荣社会主义出版事业的重要措施。

第二条　建立和实施图书质量保障体系的指导思想:以马克思列宁主义、毛泽东思想和邓小平建设有中国特色社会主义理论为指导,坚持党的基本路线和基本方针,以建立适应社会主义市场经济体制,符合社会主义精神文明建设要求,体现出版工作自身规律的出版体制为目的,坚持为人民服务、为社会主义服务的方向,坚持百花齐放、百家争鸣的方针,坚持精神文明重在建设,繁荣出版重在质量的思想,把能否提高图书质量当作衡量出版工作是否健康发展、检验出版改革成功与否的重要标志。提高认识,强化管理,使出版事业朝着健康、有序、优质、高效的方向发展。

第三条　实施图书质量保障体系的基本原则：图书质量保障体系是一项系统工程，要有严密的组织，需要各出版社、出版社的主管部门、各级出版行政部门以及社会各界的共同参与，形成网络；要有科学、严格、有效的机制，根据图书生产、销售和管理的规律，分部门、分阶段、分层次组织实施，分清任务，明确责任，提高管理和运行水平；要有称职的队伍，各单位要制定计划，对各级、各类的出版从业人员，特别是从事编辑工作和出版行政管理工作人员，进行考核和培训，提高思想、政策、职业道德、专业技术水平。

第四条　加强图书出版法制建设。加强图书出版的法制建设，是图书质量保障体系正常、有效实施的根本保证。国务院颁布的《出版管理条例》是出版行业的重要法规，也是图书质量保障体系依法实施的保证。各级出版行政部门要依据《出版管理条例》，做到依法管理，对违反《出版管理条例》和《图书质量保障体系》的行为，要依据相应的法规和规定，坚决予以查处，以维护社会主义出版法规和规定的权威性和严肃性。各省、自治区、直辖市新闻出版局、出版社主管部门和出版社在认真执行《出版管理条例》和《图书质量保障体系》的同时，还可根据这些法规和规定，制定本地区、本部门和出版社内部的管理规定、制度，提高图书出版管理水平。

第二章　编辑出版责任机制
第一节　前期保障机制

第五条　坚持按专业分工出书制度。按专业分工出书对于发挥出版社的专业人才，资源优势和特点，为本行业、本部门、本地区服务，提高图书质量，形成出版特色，具有重要作用。各出版社必须严格按照新闻出版署核定的出书范围和有关规定执行。

第六条　加强选题策划工作。

（一）图书质量的提高，首先取决于选题的优化，优化的第一步要搞好选题的策划工作。

（二）策划是出版工作的重要环节，出版社的全体编辑人员应认真履行编辑职责，积极参与选题的策划工作。

（三）出版社编辑人员在策划选题时，要注意广泛收集、积累、研究与本社出书范围有关的信息，注意加强与有关学术、科研、教学、创作等部门和专家、学者的联系，倾听他们的意见，提高策划水平。

第七条　坚持选题论证制度。选题质量的优劣，直接影响图书质量，也影响出版社的整体出版水平。出版社要对选题进行多方面的考察，既要从微观上论证选题的可行性，又要从宏观上考虑各类选题的合理结构，为此要注意以下三点：

（一）选题论证应当坚持以马克思列宁主义、毛泽东思想、邓小平同志建设有中国特色社会主义理论为指导，坚持党的基本路线，贯彻"为人民服务、为社会主义服务、为全党全国工作大局服务"和"百花齐放、百家争鸣"的方针，始终以社会效益为最高准则，在此前提下，注意经济效益，力争做到"两个效益"的最佳结合。使选题论证结果符合质量第一的原则，符合控制总量、优化结构、提高质量、增进效益的总体要求。

（二）要加强调研工作，充分运用各方面的信息资源和群体的知识资源，进行深入的调查研究，研究有关的学术、学科发展状况，了解读者的需求，掌握图书市场的供求情况，使选题的确定建立在准确、可靠、科学的基础上。

（三）坚持民主和集中相结合的论证方法。召开选题论证会议，论证时，人人平等，各抒己见，重科学分析，有理有据，力求取得一致意见。在意见不一致的情况下，由社长或总编辑决定。

第二节　中期保障机制

第八条　坚持稿件三审责任制度。审稿是编辑工作的中心环节，是一种从出版专业角度，对书稿进行科学分析判断的理性活动。因此，在选题获得批准后，要做好编前准备工作，加强与作者的联系。稿件交来后，要切实做好初审、复审和终审工作，三个环节缺一不可。三审环节中，任何两个环节的审稿工作不能同时由一人担任。在三审过程中，始终要注意政治性和政策性问题，同时切实检查稿件的科学性、艺术性和知识性问题。

（一）初审，应由具有编辑职称或具备一定条件的助理编辑人员担任（一般为责任编辑），在审读全部稿件的基础上，主要负责从专业的角度对稿件的社会价值和文化学术价值进行审查，把好政治关、知识关、文字关。要写出初审报告，并对稿件提出取舍意见和修改建议。

（二）复审，应由具有正、副审职称的编辑室主任一级的人员担任。复审应审读全部稿件，并对稿件质量及初审报告提出复审意见，作出总的评价，并解决初审中提出的问题。

（三）终审，应由具有正、副编审职称的社长、总编辑（副社长、副总编辑）或由社长、总编辑指定的具有正、副编审职称的人员担任（非社长、总编辑终审的书稿意见，要经过社长、总编辑审核），根据初、复审意见，主要负责对稿件的内容，包括思想政治倾向、学术质量、社会效果、是否符合党和国家的政策规定等方面做出评价。如果选题涉及国家安全、社会安定等方面内容,属于应当由主管部门转报国务院出版行政部门备案的重大选题、或初审和复审意见不一致的,终审者应通读稿件,在此基础上,对稿件能否采用作出决定。

第九条　坚持责任编辑制度。图书的责任编辑由出版社指定,一般由初审者担任。除负责初审工作外,还要负责稿件的编辑加工整理和付印样的通读工作,使稿件的内容更完善,体例更严谨,材料更准确,语言文字更通达,逻辑更严密,消除一般技术性差错,防止出现原则性错误;并负责对编辑、设计、排版、校对、印刷等出版环节的质量进行监督。为保证图书质量,也可根据稿件情况,适当增加责任编辑人数。

第十条　坚持责任设计编辑制度和设计方案三级审核制度。图书的整体设计,包括图书外部装帧设计和内文版式设计。设计质量是图书整体质量的重要组成部分。提高图书的整体设计质量,是提高图书质量的重要方面。出版社每出一种书,都要指定一名具有相应专业职称的编辑为责任设计编辑,主要负责提出图书的整体设计方案、具体设计或对委托他人设计的方案和设计的成品质量进行把关。图书的整体设计也要严格执行责任设计编辑、编辑室主任、社长或总编辑(副社长或副总编辑)三级审核制度。

第十一条　坚持责任校对制度和"三校一读"制度。专业校对是出版流程中不可缺少的环节,直接影响图书的质量。出版社应配备足够的具有专业技术职称的专职校对人员,负责专业校对工作。出版社每出一种书,都要指定一名具有专业技术职称的专职校对人员为责任校对,负责校样的文字技术整理工作,监督检查各校次的质量,并负责付印样的通读工作。一般图书的专业校对应不低于三个校次,重点图书、工具书等,应相应增加校次。终校必须由本社有中级以上专业技术职称的专职校对人员担任。聘请的社外校对人员,必须具有相应的专业技术职称和丰富的校对经验。对采用现代排版技术的图书,还要通读付印软片或软片样。

第十二条　坚持印刷质量标准和《委托书》制度。出版社印制图书必须到有"书报刊印刷许可证"的印装厂印制。印装厂承接图书印制业务时,必须查验出版社开具的全国统一的由新闻出版署监制的《委托书》,否则,不得承印。印制时必须严格按照国家技术监督部门和出版行政部门制定的有关书刊印刷标准和书刊印刷产品质量监督管理规定执行。

第十三条　坚持图书书名页使用标准。图书书名页是图书正文之前载有完整书名信息的书页,包括主书名页和附书名页。主书名页应载有完整的书名、著作责任说明、版权说明、图书在版编目数据、版本记录等内容;附书名页应载有多卷书、丛书、翻译书等有关书名信息。图书书名页是图书不可缺少的部分,具有重要信息价值。出版社出版的图书必须严格按照国家的有关标准执行。

第十四条　坚持中国标准书号和图书条码使用标准。中国标准书号是目前国际通用的一种科学合理的图书编码系统。条码技术是国际上通行的一种主要的信息标识技术,图书使用条码技术,有利于图书信息在销售中的广泛、快捷地传播、使用。出版社必须严格按照国家标准和有关规定,正确使用中国标准书号和条码技术。

第三节　后期保障机制

第十五条　坚持图书成批装订前的样书检查制度。印装厂在每种书封面和内文印刷完毕、未成批装订前,必须先装订10本样书,送出版社查验。出版社负责联系印制的业务人员、责任编辑、责任校对及主管社领导,应从总体上对装订样书的质量进行审核,如发现问题,立即通知印装厂,封存待装订的印成品并进行处理;如无问题,要正式具文通知印装厂开始装订。出版社应在接到样书后3日内通知印装厂。印装厂在未接到出版社的通知前,不得擅自将待装订的印成品装订出厂。

第十六条　坚持出书后的评审制度。出版社要成立图书质量评审委员会。评审委员会由具有高级职称的在职或离职的编辑以及社会上的专家学者组成,定期对本社新出版的图书的质量进行认真的审读、评议。出版社根据评议结果,奖优罚劣,并对质量有问题的图书,根据有关规定,进行相应处理。

第十七条　坚持图书征订广告审核制度。出版社法人代表应对本版图书的广告质量负全部责任。出版、发行单位为推销图书印制的征订单和广告,必须事先报出版社审核,经出版社法人指定的部门负责人和责任编辑审核同意并出具书面意见后,才可印制、散发。

第十八条　坚持图书样本缴送制度。出版社每新出一种图书,应在出书后一个月内,按规定分别向新闻出版署、中宣部出版局、中国版本图书馆、北京图书馆缴送样书一册(套)备查。

第十九条　坚持图书重版前审读制度。图书重版有利于扩大图书的社会效益和经济效益,因此,更需要对图书内容质量严格把关。出版社出版的新书首次重版前,必须组织具有高级职称的编辑人员(含具有高级职称的离退休者)对图书内容和质量重新进行审读,写出书面审读意见,由社长或总编辑核定。

第二十条　坚持稿件及图书质量资料归档制度。出版社应将稿件连同图书出版合同、稿件审读意见、稿费通知单、印刷委托书、排印单、样书等一起归档。同时,还必须把图书出版过程中每一环节的质量情况以及读者和学术界对图书质量的意见,书评和各种奖励或处罚情况,采取表格形式记录在案并归档,便于对图书质量整体情况进行分析研究,提高图书出版质量的管理水平。

第二十一条　坚持出版社与作者和读者联系制度。出版社要保持同作者和读者长期、紧密的联系,依靠作者,并在可能的条件下为作者的创作、研究提供必要条件;同时,倾听作者和读者对图书质量的意见,及时改进工作。

第三章　出版管理宏观调控机制
第一节　预报机制
第二十二条　坚持年度选题计划审批和备案制度。各省、自治区、直辖市新闻出版局和出版社的主管部门负有对所辖、所属出版社选题计划的审批责任,必须按有关法律、规定严格把关;同时要送交本省(自治区、直辖市)党委宣传部门备案。经省(自治区、直辖市)新闻出版局和出版社主管部门批准的各出版社的选题计划,必须报新闻出版署备案。新闻出版署可对导向、总量、结构和趋势等问题提出指导性意见,对不符合国家法规、规定的选题进行调整或通知撤销。

第二十三条　坚持重大选题备案制度。对涉及政治、军事、安全、外交、宗教、民族等敏感问题的重大选题和其他需宏观调控的重大选题,必须按照国务院《出版管理条例》和国务院出版行政部门的有关规定履行备案手续。凡列入备案范围内的重大选题,出版社在出版之前,必须报新闻出版署备案,未申报备案或报来后未得到备案答复的,一律不得出版。重大选题备案的一般程序是:先由出版社写出申请报告和对稿件的审读意见(写明没有把握要请示的问题),连同稿件一并报主管部门;主管部门经审读稿件后如认为有出版价值,再正式向新闻出版署申报备案,申报时,应当填写备案登记登记表并提交下列材料:

(一)备案的报告;

(二)稿件;

(三)出版社的上级主管部门的具体审读意见。

上述备案材料不齐备时,新闻出版署负责备案的部门不予受理。新闻出版署受理备案之后,按照有关规定予以答复。

第二十四条　坚持对全国发排新书目的审核制度。《全国发排新书半月报》是国家出版行政部门及时了解出版信息,掌握出版动态的重要资料。各出版社要按时、认真报送发排新书目,以便于国家出版行政部门审核研究,对倾向性问题,及时发现,及时解决。

第二节　引导机制
第二十五条　坚持出版通气会制度。由中宣部和新闻出版署主持的出版通气会,定期召开,由有关部委、省委宣传部、省(自治区、直辖市)新闻出版局负责同志参加,主要贯彻中央和国务院的新精神,通报出版工作的新情况、新问题,及时对全国的出版工作提出指导意见。

第二十六条　坚持出版法规强化培训制度。针对出版工作中发生的值得注意的新问题,中宣部、新闻出版署召集有关出版社及其党政主管部门的负责人,举办强化培训班,学习出版法规,分析研究问题,制定整改措施。

第二十七条　坚持舆论引导制度。出版行政部门应充分发挥各种新闻传播媒体的宣传引导作用,围绕提高图书质量,通报政策、沟通信息、交流经验、评荐好书、批评坏书。

第二十八条　坚持制定和实施中长期出版规划制度,加强对制定年度选题计划的指导。制订规划的目的是抓导向、抓质量,促进图书出版整体质量的提高,推动出版事业长期、稳定地发展。新闻出版署主要做好国家五年重点图书出版规划,重要门类的选题出版规划以及国家重点出版工程的制定工作。各省、自治区、直辖市新闻出版局和出版社的主管部门也要根据地区、部门的特点和需要,制订好地方和部门出版规划。规划务求精当、突出重点、体现导向。搞好年度选题计划对于提高图书质量十分关键。新闻出版署一般于本年度末对下一年度制定选题计划的指导思想和重点内容提出原则意见。各省、自治区、直辖市新闻出版局和出版社主管部门可结合本地区、本部门实际提出具体实施意见。

第二十九条　坚持出版基金保障制度。在社会主义市场经济条件下,各省、自治区、直辖市新闻出版局和出版社的主管部门以及各出版社要创造条件,面向社会,多渠道筹集资金,建立多层次、多形式的出版基金,发挥经济政策的引导和调控作用,扶持优秀图书的出版。同时要制定科学、可行的基金管理和使用办法。

第三节　约束机制

第三十条　坚持出版社年检登记制度。出版社年检实行"一年一自检,两年一统检",即每年出版社结合总结工作,自我检查;每两年由新闻出版署组织全国出版社统一检查。统一年检是在学习和总结的基础上,先由出版社进行自查,提出改进工作的措施,写出总结报告,经主管部门审核并提出意见后,报新闻出版署核验批准。经新闻出版署批准合格者,可以办理换证登记手续。不合格者,给予暂缓登记处分,停止其出版业务。暂缓登记期自发文之日起六个月。六个月内,经整改仍达不到年检登记基本条件者,取消其出版社登记资格及出版者前缀号。

第三十一条　坚持书号使用总量宏观调控制度。合理控制书号使用总量,有利于优化选题、调整结构、提高质量,保证重点图书、学术著作的出版,也有利于出版资源的合理配置。各省、自治区、直辖市新闻出版局、出版社主管部门和出版社必须严格执行新闻出版署制定的有关对书号使用总量进行宏观调控的规定。

第三十二条　坚持图书跨省印制审批制度。凡跨省印制的图书,由出版社持印制《委托书》到所在地省、自治区、直辖市新闻出版局办理出省印制手续,再到承印厂所在省(自治区、直辖市)新闻出版局办理进省印制手续。《委托书》必须由两省(自治区、直辖市)新闻出版局分别审核批准,否则承印厂不得承接。

第三十三条　坚持图书售前送审制度。加强对批发、零售样书的售前审核,是有效控制图书负面影响的重要手段之一。图书市场管理部门要严格按照有关规定加强对批发、零售样书的售前审核,不论是批发市场还是零售市场(摊点),凡进场(摊点)销售的图书必须报经当地图书市场管理部门审核,未经报审批准,不得批发、零售;擅自批发、进货销售者,应根据有关规定,给予行政处罚。同时,图书市场管理部门,要严格依法办事,提高工作效率。

第四节　监督机制

第三十四条　坚持随机抽样审读制度。各级出版行政部门要有重点、有目的、有针对性地组织有经验、有水平的审读人员,对所辖地区出版社出版的和市场上销售的图书内容进行随机抽样审读,对优秀图书要向读者大力推荐;对有问题的图书要及时处理并向上报告;对倾向性问题要及时向上汇报,向下打招呼。

第三十五条　坚持图书出版定期综合分析制度。各省、自治区、直辖市新闻出版局要对本地区各出版社出版的图书进行跟踪了解,每半年对已出版的图书做一次综合性分析(包括重点书审读情况,出书结构、特点、趋势、问题等),写出书面报告,报新闻出版署。

第三十六条　坚持图书编校、印装质量检查制度。编校、印装质量是图书整体质量的重要组成部分,对图书的社会效益和经济效益产生重要影响。坚持经常性地对图书编校、印装质量进行检查,有利于提高图书的整体质量。各出版社和主管部门要根据国家制定的图书质量管理规定,每年至少分别进行两次图书编校、印装质量检查。新闻出版署也将每年不定期对部分图书进行抽样检查。对不合格的图书或不合格图书的比例超过规定标准的出版社,按有关规定进行处罚。

第三十七条　坚持图书市场的动态监测制度。巩固和完善图书市场动态监测网络,有利于图书市场朝着健康、有序的方向发展,各地图书市场管理部门要密切配合,做到信息准确,反应灵敏,措施有力。

第五节　奖惩机制

第三十八条　坚持优秀图书奖励制度。奖励优秀图书,有利于调动广大出版工作者的积极性,有利于向广大读者推荐优秀图书,从而促进图书质量的提高。各级出版行政部门和出版社,应严格执行中央和国务院有关图书评奖的规定,并认真做好优秀图书评奖工作。特别是中央宣传部精神文明建设"五个一工程"的"一本好书奖"和新闻出版署主办的国家级政府奖"国家图书奖"及中国出版工作者协会组织的"中国图书奖"的评选工作。同时,各省、自治区、直辖市新闻出版局和有关部门也可根据有关规定开展地区和部门内的优秀图书评奖活动,并使之制度化。

第三十九条　坚持优秀编辑出版人员表彰制度。编辑队伍是提高图书质量的主力军。新闻出版署、人事部每五年评选一次"出版系统先进集体、先进工作者(劳动模范)";中国出版工作者协会每两年评选一次"百佳出版工作者"、每两年评选一次"韬奋奖"。各级出版行政部门要分层次、分门类定期做好编辑出版人员的表彰工作,充分调动编辑出版人员的积极性,鼓励他们不断提高自身的思想和业务水平。

第四十条　坚持优秀和良好出版社表彰制度。在全国出版社年检的基础上,评选出优秀出版社和良好出版社,予以表彰,对鼓励出版社坚持正确出版方向,提高图书质量,办出特色具有重要意义。每次全国统一年检结束后,评选出良好出版社,然后在良好出版社中,评选出优秀出版社。对受到表彰后出现问题的出版社,一经查实,立即取消其荣誉称号。

第四十一条　坚持对违规出版社和责任人的处罚制度。本着依法管理,有法必依,违法必究的原则,对出版违反国家法律、法规和出版行政管理规定的图书的出版社和责任人要严肃处理。各级出版行政部门要切实负起责任,除对违规图书根据定性作出处理外,对出版社则根据所犯错误的性质,依据有关法规和规定作出行政处罚,处罚包括:批评、警告、没收利润、罚款、停止某一编辑室业务、停止某一类图书出版权、全社停业整顿、吊销社号;对因渎职导致出版坏书、出版社被停业整顿或被吊销社号的,出版社有关责任人必须调离出版业务岗位,有关领导者不得再担任出版社领导职务。对构成犯罪的,要依法追究刑事责任。

第六节　责任机制

第四十二条　坚持分级管理责任制度。各级出版行政部门,肩负着党和政府赋予的重要管理职责,应尽职尽责,做好管理工作。一旦出现问题,涉及哪一级,就追究哪一级部门的领导责任。坚决杜绝那种日常管理不负责任,出了问题推卸责任的现象。

第四十三条　坚持主管、主办单位负责制。主管、主办单位对所属出版社负有直接领导责任,必须切实承担起管理的职责。要指定部门,并配备合格的管理人员,既要指导、监督所属出版社自觉按照党和国家的方针、政策,多出好书,同时也要为出版社出好书提供必要的条件。

第四十四条　坚持出版社业务人员持证上岗制度。出版行政部门应根据国家制定的有关出版从业人员(包括出版社负责人、编辑、校对等)资格认定标准和业绩考核办法,定期、分层次、分类别对出版社的业务人员进行资格认定和业绩考核,考核前先培训,合格者,持证上岗;不合格者,要下岗再培训,经再培训考核仍不合格者,调离业务岗位。

第四章　社会监督机制

第四十五条　坚持出版行业协会监督制度。出版行业协会是出版行政部门的有力补充。中国出版工作者协会、中国编辑学会、中国书刊业发行协会、中国印刷技术协会以及其他专业协会和各地相应的团体,都应根据各自的特点建立和完善行规行约,从保护会员合法权益和履行应尽义务的角度,在图书质量保障方面,做好自我约束和调研、咨询、协调、监督工作,形成网络。

第四十六条　坚持社会团体监督制度。各种群众团体,学术组织集中了社会各方面的人才,代表着社会上广大群众的利益,反映各阶层群众的呼声。出版行政部门、出版社主管部门和出版社要紧紧依靠他们,同他们建立固定的联系渠道,主动征求、随时听取他们对提高图书质量的意见、建议,不断改进工作。

第四十七条　坚持读者投诉反馈制度。广大读者既是对图书质量进行社会监督的主要力量,也是出版行政部门搞好宏观调控的社会基础。出版行政部门要充分重视和发挥读者的监督作用,认真对待读者对图书质量问题的投诉,本着实事求是、真诚负责的态度,对质量不合格的图书,要按有关规定坚决处理。出版社有义务解决读者投诉提出的问题并予以回复,使读者满意。

第四十八条　坚持社会舆论监督制度。出版行政部门和出版社对社会各界人士通过各种媒介对图书质量发表的意见要予以高度重视,充分发挥社会舆论的监督作用,对维护良好的出版秩序,依法进行出版行政管理具有重要意义。特别是在社会主义市场经济条件下,有利于抵制部门和地方保护主义对图书质量保障体系的干扰,防止出版行政部门在行使管理职权时,有法不依、滥用职权、甚至执法犯法。

第五章　附　则

第四十九条　本《体系》由新闻出版署制定并负责解释。各省、自治区、直辖市新闻出版局、出版社的主管部门和出版社可根据本《体系》的有关原则,制定本地区、本部门和本社的具体实施细则,并报新闻出版署备案。

第五十条　本《体系》自发布之日起生效。

新闻出版署关于不得擅自出版政府白皮书的通知

· 1998 年 9 月 10 日
· 新出图(1998)第 1069 号

最近一个时期,图书市场上出现了一些所谓的"白皮书",如经济白皮书《1997–1998 中国经济形势与展望》,1998 中国白皮书《中国面临的紧要问题》,虎年白皮书《跨世纪公民生活读本》等等。这些图书在书名中冠以"白皮书"字样,而其内容并不是政府白皮书,也没有经政府有关部门批准。白皮书是代表政府观点的重要文件,出版有关白皮书的图书是一项十分严肃的工作,为加强对这类图书的管理,特通知如下:

一、未经国家有关部门批准,任何出版单位不得擅自出版政府白皮书,也不得擅自以"白皮书"作为图书书名。

二、对未经国家有关部门批准已出版的、书名中有"白皮书"字样的图书,其出版单位的主管部门要对其加以清理,并停止发行。

三、对冠名"白皮书"的已出版图书,经审核内容无问题的,再版时要更改书名。

法规汇编编辑出版管理规定

· 1990 年 7 月 29 日中华人民共和国国务院令第 63 号发布
· 根据 2019 年 3 月 2 日《国务院关于修改部分行政法规的决定》修订

第一条　为了加强对法规汇编编辑出版工作的管理,提高法规汇编编辑出版质量,维护社会主义法制的统一和尊严,制定本规定。

第二条　本规定所称法规汇编,是指将依照法定程序发布的法律、行政法规、国务院部门规章(下称部门规章)、地方性法规和地方政府规章,按照一定的顺序或者分类汇编成册的公开出版物。

第三条　除法律、行政法规另有规定外,编辑出版法规汇编(包括法规选编、类编、大全等)应当遵守本规定。

依照本规定第四条编辑出版的法规汇编,是国家出版的法规汇编正式版本。

第四条　编辑法规汇编,遵守下列分工:

(一)法律汇编由全国人民代表大会常务委员会法制工作委员会编辑;

(二)行政法规汇编由司法部编辑;

(三)军事法规汇编由中央军事委员会法制局编辑;

(四)部门规章汇编由国务院各部门依照该部门职责范围编辑;

(五)地方性法规和地方政府规章汇编,由具有地方性法规和地方政府规章制定权的地方各级人民代表大会常务委员会和地方各级人民政府指定的机构编辑。

全国人民代表大会常务委员会法制工作委员会和司法部可以编辑法律、行政法规、部门规章、地方性法规和地方政府规章的综合性法规汇编;中央军事委员会法制局可以编辑有关军事方面的法律、法规、条令汇编;国务院各部门可以依照本部门职责范围编辑专业性的法律、行政法规和部门规章汇编;具有地方性法规和地方政府规章制定权的地方各级人民代表大会常务委员会和地方各级人民政府可以编辑本地区制定的地方性法规和地方政府规章汇编。

第五条　根据工作、学习、教学、研究需要,有关机关、团体、企业事业组织可以自行或者委托精通法律的专业人员编印供内部使用的法规汇集;需要正式出版的,应当经出版行政管理部门核准。

除前款规定外,个人不得编辑法规汇编。

第六条　编辑法规汇编,应当做到:

(一)选材准确。收入法规汇编的法规必须准确无误,如果收入废止或者失效的法规,必须注明;现行法规汇编不得收入废止或者失效的法规。

(二)内容完整。收入法规汇编的法规名称、批准或者发布机关、批准或者发布日期、施行日期、章节条款等内容应当全部编入,不得随意删减或者改动。

(三)编排科学。法规汇编应当按照一定的分类或者顺序排列,有利于各项工作的开展。

第七条　出版法规汇编,国家出版行政管理部门根据出版专业分工规定的原则,依照下列分工予以审核批准:

(一)法律汇编由全国人民代表大会常务委员会法制工作委员会选择的中央一级出版社出版;

(二)行政法规汇编由司法部选择的中央一级出版社出版;

(三)军事法规汇编由中央军事委员会法制局选择的中央一级出版社出版;

(四)部门规章汇编由国务院各部门选择的中央一级出版社出版;

(五)地方性法规和地方政府规章汇编由具有地方性法规和地方政府规章制定权的地方各级人民代表大会常务委员会和地方各级人民政府选择的中央一级出版社或者地方出版社出版。

第八条　国家出版的民族文版和外文版的法律汇编,由全国人民代表大会常务委员会法制工作委员会组织或者协助审定。

国家出版的民族文版和外文版的行政法规汇编,由司法部组织或者协助审定。

第九条　符合第七条规定的出版社应当制定法规汇编的出版选题计划,分别报有权编辑法规汇编的机关和出版行政管理部门备案。

第十条　按照本规定第四条编辑的法规汇编,可以在汇编封面上加印国徽;按照本规定第五条第一款编印的法规汇集,不得在汇集封面上加印国徽。

第十一条　出版法规汇编,必须保证印制质量。质量标准要符合国家有关规定。

第十二条　法规汇编的发行,由新华书店负责,各地新华书店应当认真做好征订工作。

有条件的出版社也可以代办部分征订工作。

第十三条　违反本规定,擅自出版法规汇编的,根据不同情况出版行政管理部门或者工商行政管理部门依照职权划分可以给予当事人下列行政处罚:

(一)警告;

(二)停止出售;

(三)没收或者销毁;

(四)没收非法收入;

(五)罚款;

(六)停业整顿;

(七)撤销出版社登记;

(八)吊销营业执照。

第十四条　当事人对出版行政管理部门或者工商行政管理部门的处罚决定不服的,可以在收到处罚通知书之日起15日内,向上一级出版行政管理部门或者工商行政管理部门申请复议。对复议决定仍然不服的,可以自收到复议决定通知书之日起15日内向人民法院提起诉讼。当事人也可以自收到处罚通知书之日起15日内,直接向人民法院提起诉讼。逾期不申请复议也不提起诉讼又不履行处罚决定的,作出处罚决定的机关可以申请人民法院强制执行。

第十五条　与境外出版机构合作出版法规汇编事宜,参照本规定办理。

第十六条　法规文件信息化处理的开发、应用,参照本规定管理。

第十七条　本规定自发布之日起施行。

地图管理条例

· 2015年11月11日国务院第111次常务会议通过
· 2015年11月26日中华人民共和国国务院令第664号公布
· 自2016年1月1日起施行

第一章　总　则

第一条　为了加强地图管理,维护国家主权、安全和利益,促进地理信息产业健康发展,为经济建设、社会发展和人民生活服务,根据《中华人民共和国测绘法》,制定本条例。

第二条　在中华人民共和国境内从事向社会公开的地图的编制、审核、出版和互联网地图服务以及监督检查活动,应当遵守本条例。

第三条　地图工作应当遵循维护国家主权、保障地理信息安全、方便群众生活的原则。

地图的编制、审核、出版和互联网地图服务应当遵守有关保密法律、法规的规定。

第四条　国务院测绘地理信息行政主管部门负责全国地图工作的统一监督管理。国务院其他有关部门按照国务院规定的职责分工,负责有关的地图工作。

县级以上地方人民政府负责管理测绘地理信息工作的行政部门(以下称测绘地理信息行政主管部门)负责本行政区域地图工作的统一监督管理。县级以上地方人民政府其他有关部门按照本级人民政府规定的职责分工,负责有关的地图工作。

第五条　各级人民政府及其有关部门、新闻媒体应当加强国家版图宣传教育,增强公民的国家版图意识。

国家版图意识教育应当纳入中小学教学内容。

公民、法人和其他组织应当使用正确表示国家版图的地图。

第六条　国家鼓励编制和出版符合标准和规定的各类地图产品,支持地理信息科学技术创新和产业发展,加快地理信息产业结构调整和优化升级,促进地理信息深层次应用。

县级以上人民政府应当建立健全政府部门间地理信息资源共建共享机制。

县级以上人民政府测绘地理信息行政主管部门应当采取有效措施,及时获取、处理、更新基础地理信息数据,通过地理信息公共服务平台向社会提供地理信息公共服务,实现地理信息数据开放共享。

第二章　地图编制

第七条　从事地图编制活动的单位应当依法取得相应的测绘资质证书,并在资质等级许可的范围内开展地图编制工作。

第八条　编制地图,应当执行国家有关地图编制标准,遵守国家有关地图内容表示的规定。

地图上不得表示下列内容:

(一)危害国家统一、主权和领土完整的;

(二)危害国家安全、损害国家荣誉和利益的;

(三)属于国家秘密的;

(四)影响民族团结、侵害民族风俗习惯的;

(五)法律、法规规定不得表示的其他内容。

第九条　编制地图,应当选用最新的地图资料并及时补充或者更新,正确反映各要素的地理位置、形态、名称及相互关系,且内容符合地图使用目的。

编制涉及中华人民共和国国界的世界地图、全国地图,应当完整表示中华人民共和国疆域。

第十条　在地图上绘制中华人民共和国国界、中国历史疆界、世界各国间边界、世界各国间历史疆界,应当遵守下列规定:

(一)中华人民共和国国界,按照中国国界线画法标准样图绘制;

(二)中国历史疆界,依据有关历史资料,按照实际历史疆界绘制;

(三)世界各国间边界,按照世界各国国界线画法参考样图绘制;

(四)世界各国间历史疆界,依据有关历史资料,按照实际历史疆界绘制。

中国国界线画法标准样图、世界各国国界线画法参考样图,由外交部和国务院测绘地理信息行政主管部门拟订,报国务院批准后公布。

第十一条　在地图上绘制我国县级以上行政区域界线或者范围,应当符合行政区域界线标准画法图、国务院批准公布的特别行政区行政区域图和国家其他有关规定。

行政区域界线标准画法图由国务院民政部门和国务院测绘地理信息行政主管部门拟订,报国务院批准后公布。

第十二条　在地图上表示重要地理信息数据,应当使用依法公布的重要地理信息数据。

第十三条　利用涉及国家秘密的测绘成果编制地图的,应当依法使用经国务院测绘地理信息行政主管部门或者省、自治区、直辖市人民政府测绘地理信息行政主管部门进行保密技术处理的测绘成果。

第十四条　县级以上人民政府测绘地理信息行政主管部门应当向社会公布公益性地图,供无偿使用。

县级以上人民政府测绘地理信息行政主管部门应当及时组织收集与地图内容相关的行政区划、地名、交通、水系、植被、公共设施、居民点等的变更情况,用于定期更新公益性地图。有关部门和单位应当及时提供相关更新资料。

第三章　地图审核

第十五条　国家实行地图审核制度。

向社会公开的地图,应当报送有审核权的测绘地理信息行政主管部门审核。但是,景区图、街区图、地铁线路图等内容简单的地图除外。

地图审核不得收取费用。

第十六条　出版地图的,由出版单位送审;展示或者登载不属于出版物的地图的,由展示者或者登载者送审;进口不属于出版物的地图或者附着地图图形的产品的,由进口者送审;进口属于出版物的地图,依照《出版管理条例》的有关规定执行;出口不属于出版物的地图或者附着地图图形的产品的,由出口者送审;生产附着地图图形的产品的,由生产者送审。

送审应当提交以下材料:

(一)地图审核申请表;

(二)需要审核的地图样图或者样品;

(三)地图编制单位的测绘资质证书。

进口不属于出版物的地图和附着地图图形的产品的,仅需提交前款第一项、第二项规定的材料。利用涉及国家秘密的测绘成果编制地图的,还应当提交保密技术处理证明。

第十七条　国务院测绘地理信息行政主管部门负责下列地图的审核:

(一)全国地图以及主要表现地为两个以上省、自治区、直辖市行政区域的地图;

(二)香港特别行政区地图、澳门特别行政区地图以及台湾地区地图;

(三)世界地图以及主要表现地为国外的地图;

(四)历史地图。

第十八条　省、自治区、直辖市人民政府测绘地理信息行政主管部门负责审核主要表现地在本行政区域范围内的地图。其中,主要表现地在设区的市行政区域范围内不涉及国界线的地图,由设区的市级人民政府测绘地理信息行政主管部门负责审核。

第十九条　有审核权的测绘地理信息行政主管部门应当自受理地图审核申请之日起20个工作日内,作出审核决定。

时事宣传地图、时效性要求较高的图书和报刊等插附地图的,应当自受理地图审核申请之日起7个工作日内,作出审核决定。

应急保障等特殊情况需要使用地图的,应当即送即审。

第二十条　涉及专业内容的地图,应当依照国务院测绘地理信息行政主管部门会同有关部门制定的审核依据进行审核。没有明确审核依据的,由有审核权的测绘地理信息行政主管部门征求有关部门的意见,有关部门应当自收到征求意见材料之日起20个工作日内提出意见。征求意见时间不计算在地图审核的期限内。

世界地图、历史地图、时事宣传地图没有明确审核依据的，由国务院测绘地理信息行政主管部门商外交部进行审核。

第二十一条 送审地图符合下列规定的，由有审核权的测绘地理信息行政主管部门核发地图审核批准文件，并注明审图号：

（一）符合国家有关地图编制标准，完整表示中华人民共和国疆域；

（二）国界、边界、历史疆界、行政区域界线或者范围、重要地理信息数据、地名等符合国家有关地图内容表示的规定；

（三）不含有地图上不得表示的内容。

地图审核批准文件和审图号应当在有审核权的测绘地理信息行政主管部门网站或者其他新闻媒体上及时公告。

第二十二条 经审核批准的地图，应当在地图或者附着地图图形的产品的适当位置显著标注审图号。其中，属于出版物的，应当在版权页标注审图号。

第二十三条 全国性中小学教学地图，由国务院教育行政部门会同国务院测绘地理信息行政主管部门、外交部组织审定；地方性中小学教学地图，由省、自治区、直辖市人民政府教育行政部门会同省、自治区、直辖市人民政府测绘地理信息行政主管部门组织审定。

第二十四条 任何单位和个人不得出版、展示、登载、销售、进口、出口不符合国家有关标准和规定的地图，不得携带、寄递不符合国家有关标准和规定的地图进出境。

进口、出口地图的，应当向海关提交地图审核批准文件和审图号。

第二十五条 经审核批准的地图，送审者应当按照有关规定向有审核权的测绘地理信息行政主管部门免费送交样本。

第四章 地图出版

第二十六条 县级以上人民政府出版行政主管部门应当加强对地图出版活动的监督管理，依法对地图出版违法行为进行查处。

第二十七条 出版单位从事地图出版活动的，应当具有国务院出版行政主管部门审核批准的地图出版业务范围，并依照《出版管理条例》的有关规定办理审批手续。

第二十八条 出版单位根据需要，可以在出版物中插附经审核批准的地图。

第二十九条 任何出版单位不得出版未经审定的中小学教学地图。

第三十条 出版单位出版地图，应当按照国家有关规定向国家图书馆、中国版本图书馆和国务院出版行政主管部门免费送交样本。

第三十一条 地图著作权的保护，依照有关著作权法律、法规的规定执行。

第五章 互联网地图服务

第三十二条 国家鼓励和支持互联网地图服务单位开展地理信息开发利用和增值服务。

县级以上人民政府应当加强对互联网地图服务行业的政策扶持和监督管理。

第三十三条 互联网地图服务单位向公众提供地理位置定位、地理信息上传标注和地图数据库开发等服务的，应当依法取得相应的测绘资质证书。

互联网地图服务单位从事互联网地图出版活动的，应当经国务院出版行政主管部门依法审核批准。

第三十四条 互联网地图服务单位应当将存放地图数据的服务器设在中华人民共和国境内，并制定互联网地图数据安全管理制度和保障措施。

县级以上人民政府测绘地理信息行政主管部门应当会同有关部门加强对互联网地图数据安全的监督管理。

第三十五条 互联网地图服务单位收集、使用用户个人信息的，应当明示收集、使用信息的目的、方式和范围，并经用户同意。

互联网地图服务单位需要收集、使用用户个人信息的，应当公开收集、使用规则，不得泄露、篡改、出售或者非法向他人提供用户的个人信息。

互联网地图服务单位应当采取技术措施和其他必要措施，防止用户的个人信息泄露、丢失。

第三十六条 互联网地图服务单位用于提供服务的地图数据库及其他数据库不得存储、记录含有按照国家有关规定在地图上不得表示的内容。互联网地图服务单位发现其网站传输的地图信息含有不得表示的内容的，应当立即停止传输，保存有关记录，并向县级以上人民政府测绘地理信息行政主管部门、出版行政主管部门、网络安全和信息化主管部门等有关部门报告。

第三十七条 任何单位和个人不得通过互联网上传标注含有按照国家有关规定在地图上不得表示的内容。

第三十八条 互联网地图服务单位应当使用经依法审核批准的地图，加强对互联网地图新增内容的核查校对，并按照国家有关规定向国务院测绘地理信息行政主管部门或者省、自治区、直辖市测绘地理信息行政主管部门备案。

第三十九条　互联网地图服务单位对在工作中获取的涉及国家秘密、商业秘密的信息,应当保密。

第四十条　互联网地图服务单位应当加强行业自律,推进行业信用体系建设,提高服务水平。

第四十一条　从事互联网地图服务活动,适用本章的规定;本章没有规定的,适用本条例其他有关规定。

第六章　监督检查

第四十二条　县级以上人民政府及其有关部门应当依法加强对地图编制、出版、展示、登载、生产、销售、进口、出口等活动的监督检查。

第四十三条　县级以上人民政府测绘地理信息行政主管部门、出版行政主管部门和其他有关部门依法进行监督检查时,有权采取下列措施:

(一)进入涉嫌地图违法行为的场所实施现场检查;

(二)查阅、复制有关合同、票据、账簿等资料;

(三)查封、扣押涉嫌违法的地图、附着地图图形的产品以及用于实施地图违法行为的设备、工具、原材料等。

第四十四条　国务院测绘地理信息行政主管部门、国务院出版行政主管部门应当建立健全地图监督管理信息系统,实现信息资源共享,方便公众查询。

第四十五条　县级以上人民政府测绘地理信息行政主管部门应当根据国家有关标准和技术规范,加强地图质量监督管理。

地图编制、出版、展示、登载、生产、销售、进口、出口单位应当建立健全地图质量责任制度,采取有效措施,保证地图质量。

第四十六条　任何单位和个人对地图违法行为有权进行举报。

接到举报的人民政府或者有关部门应当及时依法调查处理,并为举报人保密。

第七章　法律责任

第四十七条　县级以上人民政府及其有关部门违反本条例规定,有下列行为之一的,由主管机关或者监察机关责令改正;情节严重的,对直接负责的主管人员和其他直接责任人员依法给予处分;直接负责的主管人员和其他直接责任人员的行为构成犯罪的,依法追究刑事责任:

(一)不依法作出行政许可决定或者办理批准文件的;

(二)发现违法行为或者接到对违法行为的举报不予查处的;

(三)其他未依照本条例规定履行职责的行为。

第四十八条　违反本条例规定,未取得测绘资质证书或者超越测绘资质等级许可的范围从事地图编制活动或者互联网地图服务活动的,依照《中华人民共和国测绘法》的有关规定进行处罚。

第四十九条　违反本条例规定,应当送审而未送审的,责令改正,给予警告,没收违法地图或者附着地图图形的产品,可以处10万元以下的罚款;有违法所得的,没收违法所得;构成犯罪的,依法追究刑事责任。

第五十条　违反本条例规定,不需要送审的地图不符合国家有关标准和规定的,责令改正,给予警告,没收违法地图或者附着地图图形的产品,可以处10万元以下的罚款;有违法所得的,没收违法所得;情节严重的,可以向社会通报;构成犯罪的,依法追究刑事责任。

第五十一条　违反本条例规定,经审核不符合国家有关标准和规定的地图未按照审核要求修改即向社会公开的,责令改正,给予警告,没收违法地图或者附着地图图形的产品,可以处10万元以下的罚款;有违法所得的,没收违法所得;情节严重的,责令停业整顿,降低资质等级或者吊销测绘资质证书,可以向社会通报;构成犯罪的,依法追究刑事责任。

第五十二条　违反本条例规定,弄虚作假、伪造申请材料骗取地图审核批准文件,或者伪造、冒用地图审核批准文件和审图号的,责令停止违法行为,给予警告,没收违法地图和附着地图图形的产品,并处10万元以上20万元以下的罚款;有违法所得的,没收违法所得;情节严重的,责令停业整顿,降低资质等级或者吊销测绘资质证书;构成犯罪的,依法追究刑事责任。

第五十三条　违反本条例规定,未在地图的适当位置显著标注审图号,或者未按照有关规定送交样本的,责令改正,给予警告;情节严重的,责令停业整顿,降低资质等级或者吊销测绘资质证书。

第五十四条　违反本条例规定,互联网地图服务单位使用未经依法审核批准的地图提供服务,或者未对互联网地图新增内容进行核查校对的,责令改正,给予警告,可以处20万元以下的罚款;有违法所得的,没收违法所得;情节严重的,责令停业整顿,降低资质等级或者吊销测绘资质证书;构成犯罪的,依法追究刑事责任。

第五十五条　违反本条例规定,通过互联网上传标注了含有按照国家有关规定在地图上不得表示的内容的,责令改正,给予警告,可以处10万元以下的罚款;构成犯罪的,依法追究刑事责任。

第五十六条　本条例规定的降低资质等级、吊销测绘资质证书的行政处罚，由颁发资质证书的部门决定；其他行政处罚由县级以上人民政府测绘地理信息行政主管部门决定。

第八章　附　则

第五十七条　军队单位编制的地图的管理以及海图的管理，按照国务院、中央军事委员会的规定执行。

第五十八条　本条例自 2016 年 1 月 1 日起施行。国务院 1995 年 7 月 10 日发布的《中华人民共和国地图编制出版管理条例》同时废止。

地图审核管理规定

· 2006 年 6 月 23 日国土资源部令第 34 号公布
· 根据 2017 年 11 月 28 日国土资源部令第 77 号第一次修订
· 根据 2019 年 7 月 16 日《自然资源部关于第一批废止和修改的部门规章的决定》第二次修订

第一条　为了加强地图审核管理，维护国家主权、安全和利益，根据《中华人民共和国测绘法》《地图管理条例》等法律、法规，制定本规定。

第二条　地图审核工作应当遵循维护国家主权、保守国家秘密、高效规范实施、提供优质服务的原则。

第三条　国务院自然资源主管部门负责全国地图审核工作的监督管理。

省、自治区、直辖市人民政府自然资源主管部门以及设区的市级人民政府自然资源主管部门负责本行政区域地图审核工作的监督管理。

第四条　实施地图审核所需经费列入相应自然资源主管部门的年度预算。

第五条　有下列情形之一的，申请人应当依照本规定向有审核权的自然资源主管部门提出地图审核申请：

（一）出版、展示、登载、生产、进口、出口地图或者附着地图图形的产品的；

（二）已审核批准的地图或者附着地图图形的产品，再次出版、展示、登载、生产、进口、出口且地图内容发生变化的；

（三）拟在境外出版、展示、登载的地图或者附着地图图形的产品的。

第六条　下列地图不需要审核：

（一）直接使用自然资源主管部门提供的具有审图号的公益性地图；

（二）景区地图、街区地图、公共交通线路图等内容简单的地图；

（三）法律法规明确应予公开且不涉及国界、边界、历史疆界、行政区域界线或者范围的地图。

第七条　国务院自然资源主管部门负责下列地图的审核：

（一）全国地图；

（二）主要表现地为两个以上省、自治区、直辖市行政区域的地图；

（三）香港特别行政区地图、澳门特别行政区地图以及台湾地区地图；

（四）世界地图以及主要表现地为国外的地图；

（五）历史地图。

第八条　省、自治区、直辖市人民政府自然资源主管部门负责审核主要表现地在本行政区域范围内的地图。其中，主要表现地在设区的市行政区域范围内不涉及国界线的地图，由设区的市级人民政府自然资源主管部门负责审核。

第九条　属于出版物的地图产品或者附着地图图形的产品，应当根据产品中地图主要表现地，依照本规定第七条、第八条的规定，由相应自然资源主管部门审核。

第十条　申请地图审核，应当提交下列材料：

（一）地图审核申请表；

（二）需要审核的地图最终样图或者样品。用于互联网服务等方面的地图产品，还应当提供地图内容审核软硬件条件；

（三）地图编制单位的测绘资质证书。

有下列情形之一的，可以不提供前款第三项规定的测绘资质证书：

（一）进口不属于出版物的地图和附着地图图形的产品；

（二）直接引用古地图；

（三）使用示意性世界地图、中国地图和地方地图；

（四）利用自然资源主管部门具有审图号的公益性地图且未对国界、行政区域界线或者范围、重要地理信息数据等进行编辑调整。

第十一条　利用涉及国家秘密的测绘成果编制的地图，应当提供省级以上自然资源主管部门进行保密技术处理的证明文件。

地图上表达的其他专业内容、信息、数据等，国家对其公开另有规定的，从其规定，并提供有关主管部门可以公开的相关文件。

第十二条　申请人应当如实提交有关材料，反映真实情况，并对申请材料的真实性负责。

第十三条　自然资源主管部门应当将地图审核的依据、程序、期限以及需要提交的全部材料的目录和地图审核申请表等示范文本，在办公场所、门户网站上公示。

申请人要求自然资源主管部门对公示内容予以说明、解释的，有关自然资源主管部门应当说明、解释，提供准确、可靠的信息。

第十四条　国务院自然资源主管部门可以在其法定职责范围内，委托省、自治区、直辖市人民政府自然资源主管部门实施部分地图审核职责。

国务院自然资源主管部门对省级自然资源主管部门实施的受委托地图审核负责监督管理和业务指导培训。

第十五条　有审核权的自然资源主管部门受理的地图审核申请，认为需要其他自然资源主管部门协助审核的，应当商有关自然资源主管部门进行协助审核。负责协助审核的自然资源主管部门应当自收到协助审核材料之日起 7 个工作日内，完成审核工作。协商不一致的，报请共同的上一级自然资源主管部门决定。

第十六条　中小学教学地图的审核，依照《地图管理条例》第二十三条规定执行。

第十七条　自然资源主管部门对申请人提出的地图审核申请，应当根据下列情况分别作出处理：

（一）申请材料齐全并符合法定形式的，应当决定受理并发放受理通知书；

（二）申请材料不齐全或者不符合法定形式的，应当当场或者在 5 个工作日内一次告知申请人需要补正的全部内容，逾期不告知的，自收到申请材料之日起即为受理；经补正材料后申请材料仍不齐全或者不符合法定形式的，应当作出不予受理的决定；

（三）申请事项依法不需要进行地图审核的，应当即时告知申请人不予受理；申请事项依法不属于本自然资源主管部门职责范围的，应当即时作出不予受理的决定，并告知申请人向有关自然资源主管部门申请。

第十八条　自然资源主管部门受理地图审核申请后，应当对下列内容进行审查：

（一）地图表示内容中是否含有《地图管理条例》第八条规定的不得表示的内容；

（二）中华人民共和国国界、行政区域界线或者范围以及世界各国间边界、历史疆界在地图上的表示是否符合国家有关规定；

（三）重要地理信息数据、地名等在地图上的表示是否符合国家有关规定；

（四）主要表现地包含中华人民共和国疆域的地图，中华人民共和国疆域是否完整表示；

（五）地图内容表示是否符合地图使用目的和国家地图编制有关标准；

（六）法律、法规规定需要审查的其他内容。

第十九条　中华人民共和国国界、中国历史疆界、世界各国间边界、世界各国间历史疆界依照《地图管理条例》第十条有关规定进行审查。

县级以上行政区域界线或者范围，按照由国务院民政部门和国务院自然资源主管部门拟订并经国务院批准公布的行政区域界线标准画法图进行审查。

特别行政区界线或者范围，按照国务院批准公布的特别行政区行政区域图和国家其他有关规定进行审查。

第二十条　重要地理信息数据、地名以及有关专业内容在地图上的表示，按照自然资源主管部门制定的有关规定进行审查。

下级自然资源主管部门制定的具体审查内容和标准，应当报上一级自然资源主管部门备案并依法及时公开。

第二十一条　地图涉及专业内容且没有明确审核依据的，由有审核权的自然资源主管部门征求有关部门的意见。

第二十二条　有审核权的自然资源主管部门应当健全完善地图内容审查工作机构，配备地图内容审查专业人员。地图内容审查专业人员应当经省级以上自然资源主管部门培训并考核合格，方能从事地图内容审查工作。

第二十三条　自然资源主管部门应当依据地图内容审查工作机构提出的审查意见及相关申请材料，作出批准或者不予批准的书面决定并及时送达申请人。

予以批准的，核发地图审核批准文件和审图号。

不予批准的，核发地图审核不予批准文件并书面说明理由，告知申请人享有依法申请行政复议或者提起行政诉讼的权利。

第二十四条　自然资源主管部门应当自受理地图审核申请之日起 20 个工作日内作出审核决定。

时事宣传地图、发行频率高于一个月的图书和报刊等插附地图的，应当自受理地图审核申请之日起 7 个工作日内作出审核决定。

应急保障等特殊情况需要使用地图的，应当即送即审。

涉及专业内容且没有明确审核依据的地图，向有关部门征求意见时，征求意见时间不计算在地图审核的期限内。

第二十五条　自然资源主管部门应当在其门户网站等媒体上及时公布获得审核批准的地图名称、审图号等信息。

第二十六条　审图号由审图机构代号、通过审核的年份、序号等组成。

第二十七条　经审核批准的地图，申请人应当在地图或者附着地图图形的产品的适当位置显著标注审图号。属于出版物的，应当在版权页标注审图号；没有版权页的，应当在适当位置标注审图号。属于互联网地图服务的，应当在地图页面左下角标注审图号。

第二十八条　互联网地图服务审图号有效期为两年。审图号到期，应当重新送审。

审核通过的互联网地图服务，申请人应当每六个月将新增标注内容及核查校对情况向作出审核批准的自然资源主管部门备案。

第二十九条　上级自然资源主管部门应当加强对下级自然资源主管部门实施地图审核行为的监督检查，建立健全监督管理制度，及时纠正违反本规定的行为。

第三十条　自然资源主管部门应当建立和完善地图审核管理和监督系统，提升地图审核效率和监管能力，方便公众申请与查询。

第三十一条　互联网地图服务单位应当配备符合相关要求的地图安全审校人员，并强化内部安全审校核查工作。

第三十二条　最终向社会公开的地图与审核通过的地图内容及表现形式不一致，或者互联网地图服务审图号有效期届满未重新送审的，自然资源主管部门应当责令改正、给予警告，可以处 3 万元以下的罚款。

第三十三条　自然资源主管部门及其工作人员在地图审核工作中滥用职权、玩忽职守、徇私舞弊的，依法给予处分；涉嫌构成犯罪的，移送有关机关依法追究刑事责任。

第三十四条　本规定自 2018 年 1 月 1 日起施行。

公开地图内容表示规范

· 2023 年 2 月 6 日
· 自然资规〔2023〕2 号

一、为加强地图管理，规范公开地图内容表示，维护国家主权、安全和发展利益，促进地理信息产业健康发展，服务社会公众，依据《中华人民共和国测绘法》《地图管理条例》等法律法规，制定本规范。

二、公开地图或者附着地图图形产品的内容表示，应当遵守本规范。海图的内容表示按照国务院、中央军事委员会有关规定执行。

三、中华人民共和国国界，按照国务院批准公布的中国国界线画法标准样图绘制；中国历史疆界，依据有关历史资料，按照实际历史疆界绘制。

四、我国县级以上行政区域界线或者范围，按照国务院批准公布的行政区域界线标准画法图、特别行政区行政区域图和国家其他有关规定绘制。我国县级以上行政区域界线或者范围的变更以有关地方人民政府向社会的公告为准。

五、中国全图应当遵守下列规定：

（一）准确反映中国领土范围。

1. 图幅范围：东边绘出黑龙江与乌苏里江交汇处，西边绘出喷赤河南北流向的河段，北边绘出黑龙江最北江段，南边绘出曾母暗沙以南；

2. 陆地国界线与海岸线符号有区别时，用相应陆地国界线符号绘出南海断续线及东海有关线段；

3. 陆地国界线与海岸线符号无区别或者用色块表示中国领土范围时，南海断续线及东海有关线段可不表示（表示邻国海岸线或者岸线的地图除外）。

（二）中国全图除了表示大陆、海南岛、台湾岛外，还应当表示南海诸岛、钓鱼岛及其附属岛屿等重要岛屿；南海诸岛以附图形式表示时，中国地图主图的南边应当绘出海南岛的最南端。

（三）地图上表示的内容不得影响中国领土的完整表达，不得压盖重要岛屿等涉及国家主权的重要内容。

六、南海诸岛地图表示规定：

（一）南海诸岛地图的四至范围是：东面绘出菲律宾的马尼拉，西面绘出越南的河内，北面绘出中国大陆和台湾岛北回归线以南的部分，南面绘出加里曼丹岛上印度尼西亚与马来西亚间的全部界线（对于不表示邻国间界线的地图，南面绘出曾母暗沙和马来西亚的海岸线；对于不表示国外邻区的地图，南面绘出曾母暗沙）。

（二）海南省地图，必须包括南海诸岛。南海诸岛既可以包括在正图内，也可以作附图。完整表示海南岛的区域地图，必须附"南海诸岛"附图。以下情况除外：

1. 图名明确为海南岛的地图；

2. 图名明确为南海北部、西部等涉及南海四至范围的局部地图；

3. 不以中国为主要表现地的区域地图。

（三）作为中国地图或者其他区域地图的附图时，一律称"南海诸岛";南海诸岛作为海南省地图的附图时,附图名称为"海南省全图"。

(四)南海诸岛作为专题地图的附图时,可简化表示相关专题内容。

(五)南海诸岛地图应当表示东沙、西沙、中沙、南沙群岛以及曾母暗沙、黄岩岛等岛屿岛礁。未表示国界或者领土范围的,可不表示南海诸岛岛屿岛礁。

比例尺大于1∶400万的地图,黄岩岛注记应当括注民主礁。

(六)对于标注了国名(含邻国国名)的地图,当南海诸岛与大陆同时表示时,中国国名注在大陆上,南海诸岛范围内不注国名,岛屿名称不括注"中国"字样;当图中未出现中国大陆而含有南海诸岛局部时,各群岛和曾母暗沙、黄岩岛等名称括注"中国"字样。

对于未标注任何中国及邻国国名的地图,南海诸岛范围内不注国名,岛屿名称不括注"中国"字样。

(七)南海诸岛的岛礁名称,按照国务院批准公布的标准名称标注。

七、钓鱼岛及其附属岛屿地图表示规定:

(一)比例尺大于1∶1亿,且图幅范围包括钓鱼岛及其附属岛屿的地图,应当表示钓鱼岛及其附属岛屿;

(二)比例尺等于或者小于1∶1亿的地图以及未表示国界或者领土范围的地图,可不表示钓鱼岛及其附属岛屿。

八、台湾省地图表示规定:

(一)台湾省在地图上应当按省级行政单位表示。台北市作为省级行政中心表示(图例中注省级行政中心)。台湾省的新北市、桃园市、台中市、台南市、高雄市按照地级行政中心表示;

(二)台湾省地图的图幅范围,应当绘出钓鱼岛和赤尾屿(以"台湾岛"命名的地图除外)。钓鱼岛和赤尾屿既可以包括在台湾省全图中,也可以用台湾本岛与钓鱼岛、赤尾屿的地理关系作附图反映;

(三)表示了邻区内容的台湾省地图,应当正确反映台湾岛与大陆之间的地理关系或者配置相应的插图;

(四)专题地图上,台湾省应当与中国大陆一样表示相应的专题内容,资料不具备时,应当在地图的适当位置注明:"台湾省资料暂缺"的字样;

(五)地图中有文字说明时,应当对台湾岛、澎湖列岛、钓鱼岛、赤尾屿、彭佳屿、兰屿、绿岛等内容作重点说明。

九、特别行政区地图表示规定:

(一)香港特别行政区、澳门特别行政区在地图上应

当按省级行政单位表示;

(二)香港特别行政区界线应当按照1∶10万《中华人民共和国香港特别行政区行政区域图》表示,比例尺等于或者小于1∶2000万的地图可不表示界线;

(三)澳门特别行政区界线应当按照1∶2万《中华人民共和国澳门特别行政区行政区域图》表示,比例尺等于或者小于1∶200万的地图可不表示界线;

(四)香港特别行政区、澳门特别行政区图面注记应当注全称"香港特别行政区""澳门特别行政区";比例尺等于或者小于1∶600万的地图上可简注"香港""澳门";

(五)专题地图上,香港特别行政区、澳门特别行政区应当与内地一样表示相应的专题内容。资料不具备时,可在地图的适当位置注明:"香港特别行政区、澳门特别行政区资料暂缺"的字样。

十、世界各国(地区)边界,按照国务院批准公布的世界各国国界线画法参考样图绘制;世界各国间历史疆界,依据有关历史资料,按照实际历史疆界绘制。世界其他国家和地区的名称以及有关首都、首府等变更按照外交部有关规定执行。

十一、归属不明的岛屿,不得明确归属,应当作水域设色、留白色或者不予表示。

十二、与中国接壤的克什米尔地区表示规定:

(一)克什米尔为印度和巴基斯坦争议地区,在表示国外界线的地图上,应当绘出克什米尔地区界和停火线,并注明"印巴停火线"字样;

(二)表示印巴停火线的地图上,应当加印巴停火线图例;

(三)在印度河以南跨印巴停火线注出不同于国名字体的地区名"克什米尔";

(四)印巴停火线两侧分别括注"巴基斯坦实际控制区"和"印度实际控制区"字样;

(五)比例尺等于或者小于1∶2500万的地图,只画地区界、停火线,不注控制区和停火线注记;

(六)比例尺等于或者小于1∶1亿的地图和1∶2500万至1∶1亿的专题地图,只画地区界,可不表示停火线;

(七)"斯利那加"作一般城市表示,不作行政中心处理;

(八)分国设色时,克什米尔不着色,在两控制区内沿停火线两侧和同中国接壤的地段,分别以印度和巴基斯坦的颜色作色带。

十三、地图上地名的表示应当符合地名管理的要求。

十四、以下地名应当加括注表示,汉语拼音版地图和外文版地图除外:

（一）"符拉迪沃斯托克"括注"海参崴";

（二）"乌苏里斯克"括注"双城子";

（三）"哈巴罗夫斯克"括注"伯力";

（四）"布拉戈维申斯克"括注"海兰泡";

（五）"萨哈林岛"括注"库页岛";

（六）"涅尔琴斯克"括注"尼布楚";

（七）"尼古拉耶夫斯克"括注"庙街";

（八）"斯塔诺夫山脉"括注"外兴安岭"。

十五、长白山天池为中、朝界湖,湖名"长白山天池（白头山天池）"注我国界内,不能简称"天池"。

十六、地图上重要地理信息数据的表示应当以依法公布的数据为准。有关专题信息的表示应当以相关主管部门依法公布或者授权使用的信息为准。

十七、利用涉及国家秘密的测绘成果编制地图的,应当依法使用经有关主管部门认定的保密处理技术进行处理。

十八、我国境内公开悬挂标牌的单位可在地图上表示单位名称。用于公共服务的设施,可在地图上表示其名称等可公开属性信息。

十九、表现地为我国境内的地图平面精度应当不优于 10 米（不含）,高程精度应当不优于 15 米（不含）,等高线的等高距应当不小于 20 米（不含）。依法公布的高程点可公开表示。

二十、表现地为我国境内的地图不得表示下列内容（对社会公众开放的除外）:

（一）军队指挥机关、指挥工程、作战工程、军用机场、港口、码头、营区、训练场、试验场、军用洞库、仓库、军用信息基础设施,军用侦察、导航、观测台站,军用测量、导航、助航标志,军用公路、铁路专用线,军用输电线路,军用输油、输水、输气管道,边防、海防管控设施等直接用于军事目的的各种军事设施;

（二）武器弹药、爆炸物品、剧毒物品、麻醉药品、精神药品、危险化学品、铀矿床和放射性物品的集中存放地,核材料战略储备库、核武器生产地点及储备品种和数量,高放射性废物的存放地,核电站;

（三）国家安全等要害部门;

（四）石油、天然气等重要管线;

（五）军民合用机场、港口、码头的重要设施;

（六）卫星导航定位基准站;

（七）国家禁止公开的其他内容;

因特殊原因确需表示的,应当按照有关规定执行。

二十一、表现地为我国境内的地图不得表示下列内容的属性:

（一）军事禁区、军事管理区及其内部的建筑物、构筑物和道路;

（二）监狱、看守所、拘留所、强制隔离戒毒所和强制医疗所（名称除外）;

（三）国家战略物资储备库、中央储备库（名称除外）;

（四）重要桥梁的限高、限宽、净空、载重量和坡度,重要隧道的高度和宽度,公路的路面铺设材料;

（五）江河的通航能力、水深、流速、底质和岸质,水库的库容,拦水坝的构筑材料和高度,沼泽的水深和泥深;

（六）电力、电讯、通信等重要设施以及给排水、供热、防洪、人防等重要管廊或者管线;

（七）国家禁止公开的其他信息。

二十二、表现地为我国境内的遥感影像,地面分辨率不得优于 0.5 米,不得标注涉密、敏感信息,不得伪装处理建筑物、构筑物等固定设施。

二十三、本规范自颁布之日起实施,有效期 5 年。《关于印发〈公开地图内容表示若干规定〉的通知》（国测法字〔2003〕1 号）和《关于印发〈公开地图内容表示补充规定（试行）〉的通知》（国测图字〔2009〕2 号）同时废止。本规范实施前已印发的其他文件与本规范规定不一致的,按照本规范执行。

公共图书馆馆藏文献信息处置管理办法

· 2022 年 4 月 7 日

· 文旅公共发〔2022〕44 号

第一章　总　则

第一条　为提高公共图书馆科学化、专业化建设水平,提升馆藏文献信息保存质量,充分发挥馆藏文献信息使用价值,有效利用公共图书馆舍空间,根据《中华人民共和国公共图书馆法》和《行政事业性国有资产管理条例》《中央行政事业单位国有资产处置管理办法》等有关规定,制定本办法。

第二条　本办法所称馆藏文献信息处置,是指公共图书馆根据工作需要,对纳入正式馆藏的文献信息进行产权转让或注销产权的行为。

本办法适用于中华人民共和国范围内由政府设立的

公共图书馆进行馆藏文献信息处置,公民、法人和其他组织自筹资金设立的公共图书馆可以参照执行。

第三条　公共图书馆应当妥善保存馆藏文献信息,不得随意处置;确需处置的,应当遵循合法合规、分级分类、科学规范、协同合作的原则。

第四条　馆藏文献信息属于文物、古籍、档案或者涉及国家秘密的,原则上不进行处置,确需处置的应当遵守有关文物保护、古籍管理、档案管理或者保守国家秘密的法律、行政法规规定。

第五条　国务院文化和旅游主管部门、财政部门负责监督管理全国公共图书馆的馆藏文献信息处置工作,县级以上地方各级人民政府文化和旅游主管部门、财政部门负责监督管理本行政区域内公共图书馆的馆藏文献信息处置工作。

第六条　公共图书馆负责本馆馆藏文献信息处置工作的组织和实施,依据本馆职能、事业发展需要和文献信息利用情况,经集体决策和履行审批程序,依据处置事项批复等相关文件及时处置,开展处置工作应当手续齐全、流程清晰。

区域总分馆体系中承担总馆职能的公共图书馆应当负责协调体系内文献信息处置工作。

第二章　处置范围和基本程序

第七条　属于下列情况之一的馆藏文献信息,可以进行处置:

(一)损坏严重或者存储格式过时的;

(二)复本量过多的;

(三)流通率较低的;

(四)内容过时的;

(五)涉及盘亏以及非正常损失的;

(六)因自然灾害等不可抗力造成毁损、灭失的;

(七)因馆藏发展策略调整而需要进行处置的;

(八)其他原因需要处置的。

对需要长期保存的馆藏文献信息,确需处置的,处置时应当遵循保留品种、剔除复本的原则。

对通过接受捐赠入藏的馆藏文献信息进行处置,应当遵守捐赠有关法律法规和捐赠协议。

公共图书馆处置馆藏文献信息涉及资产评估的,按照国家关于资产评估管理的规定执行。

第八条　公共图书馆应当结合自身功能定位、馆舍条件、读者需求、馆藏类型等因素,采用无偿划转、捐赠、置换、转让、报损或报废等方式处置馆藏文献信息。

公共图书馆应当优先选择无偿划转、捐赠和置换等处置方式。

第九条　公共图书馆应当根据本馆馆藏发展策略制定馆藏文献信息处置工作细则,主要内容包括:

(一)处置的范围、标准、方式、决策程序;

(二)处置的相关部门职责、工作流程;

(三)处置的具体要求、监督检查制度等。

处置工作细则应当按照本馆章程规定的程序审议通过,并报同级文化和旅游主管部门备案。

第十条　公共图书馆应当结合馆藏文献信息的保存利用情况,提出拟处置文献信息目录和处置方式建议。

处置建议应当根据需要征求馆员、读者、专家或有关图书馆的意见。成立理事会的公共图书馆,应当征求理事会意见。

第十一条　公共图书馆馆藏文献信息处置按以下权限予以审批:

(一)一次性处置单位价值或批量价值(账面原值)在规定限额以上(含规定限额)的馆藏文献信息,经本级文化和旅游主管部门审核同意后,报同级财政部门审批。

(二)一次性处置单位价值或批量价值(账面原值)在规定限额以下的馆藏文献信息,报本级文化和旅游主管部门审批。各级文化和旅游主管部门可以根据实际工作需要,授权本行政区域内公共图书馆一定限额的馆藏文献信息处置权限,限额以下的馆藏文献信息由公共图书馆按相关规定处置报本级文化和旅游主管部门备案。各级文化和旅游主管部门应及时将本行政区域内公共图书馆限额以下的馆藏文献信息处置情况,按照同级财政部门规定纳入行政事业性国有资产年度报告或者备案。

国家图书馆资产处置规定限额,按照中央行政事业单位国有资产处置相关规定执行;地方公共图书馆资产处置规定限额,按照地方事业单位国有资产处置相关规定执行。

第十二条　公共图书馆应当及时核销所处置馆藏文献信息的国有资产台账信息,加盖注销专用章,同时进行会计处理,并与馆藏文献信息接收方办理移交手续。

第十三条　公共图书馆应当对每批处置馆藏文献信息建立处置业务档案,并按有关规定妥善保存。

处置业务档案应当完整、真实,包括征求意见情况、申请报批文件、文献信息交接记录等。

第十四条　公共图书馆应当定期或者不定期对馆藏文献信息进行盘点。出现资产盘盈盘亏的,应当按照财务、会计和资产管理制度有关规定处理,做到账实相符和账账相符。

第十五条　公共图书馆可以在区域图书馆总分馆体系、文献信息联合保障体系等协作机制框架内，对馆藏文献信息进行联合处置。

纳入总分馆体系的文献信息处置工作可以由总馆统一组织，结合体系内文献信息的建设要求和保存利用情况，联合分馆提出处置建议，实施处置。

纳入文献信息联合保障体系的文献信息处置工作可以由体系内起主导作用的图书馆统一组织，结合体系内文献信息的保障要求和保存利用情况，联合合作图书馆提出处置建议，分别处置。

第三章　无偿划转和捐赠

第十六条　无偿划转是指在不改变馆藏文献信息国有资产性质的前提下，以无偿转让的方式变更馆藏文献信息占有、使用权的行为。

第十七条　无偿划转应当按以下程序办理：

（一）同级公共图书馆之间无偿划转馆藏文献信息，以及公共图书馆对同级公共文化机构无偿划转馆藏文献信息，由划出方按照本办法第二章规定相应权限履行审批手续。

（二）跨级次无偿划转馆藏文献信息，由国家图书馆无偿划转给地方公共图书馆的，应当附接收方文化和旅游主管部门和同级财政部门同意接收的相关文件，由国家图书馆按本办法第二章规定的相应权限履行审批手续；由地方公共图书馆无偿划转给国家图书馆的，由划出方按照本级财政部门规定的处置权限履行审批手续；地方公共图书馆馆藏文献信息的跨级次无偿划转程序，由省级文化和旅游主管部门、财政部门确定。

第十八条　公共图书馆申请馆藏文献信息无偿划转，应提交以下材料：

（一）无偿划转申请文件及馆内决策文件；

（二）拟无偿划转文献信息清单及相关文献信息价值凭证、购买合同等复印件，如无法提供，应按有关规定作出书面说明；

（三）事业单位国有资产处置申请表；

（四）划出方和划入方签署的意向性协议；

（五）因本馆撤销、合并、分立、改制而移交馆藏文献信息的，需提供撤销、合并、分立、改制的批文；

（六）其他相关材料。

第十九条　捐赠是指公共图书馆依照《中华人民共和国公益事业捐赠法》，自愿无偿将馆藏文献信息赠与合法受赠人的行为。

第二十条　公共图书馆捐赠馆藏文献信息，应提交以下材料：

（一）捐赠申请文件及馆内决策文件；

（二）拟捐赠文献信息价值凭证、购买合同等复印件，如无法提供，应按有关规定作出书面说明；

（三）事业单位国有资产处置申请表；

（四）对外捐赠报告，包括捐赠事由、方式、责任人、拟捐赠文献信息清单、捐赠文献对本馆的影响分析等；

（五）其他相关材料。

第二十一条　捐赠应当依据受赠方出具的本级财政部门或文化和旅游主管部门统一印（监）制的捐赠收据或者捐赠文献交接清单确认。

第二十二条　接受捐赠的公共图书馆应及时办理入账手续，并报本级文化和旅游主管部门备案。

第二十三条　受赠人不得将受赠文献信息用于营利目的。接受捐赠的机构终止运行时，应当依法妥善处理受赠文献信息。

第二十四条　公共图书馆以无偿划转或捐赠方式处置馆藏文献信息，应当优先选择革命老区、民族地区、边疆地区和欠发达地区的图书馆作为无偿划转或捐赠对象。

第四章　置换和转让

第二十五条　置换是指公共图书馆与公共文化机构之间以调剂余缺为目的进行平等互惠的交换。

第二十六条　公共图书馆申请馆藏文献信息置换，应提交以下材料：

（一）置换申请文件及馆内决策文件；

（二）拟置换文献信息价值凭证、购买合同等复印件，如无法提供，应按有关规定作出书面说明；

（三）事业单位国有资产处置申请表；

（四）置换方案，包括拟置换文献信息清单，置换的原因、方式，可行性及风险分析等；

（五）置换双方签署的意向性协议；

（六）其他相关材料。

第二十七条　转让是指变更公共图书馆馆藏文献信息占有、使用权并取得相应收益的行为。

第二十八条　公共图书馆申请转让馆藏文献信息，应提交以下材料：

（一）转让申请文件及馆内决策文件；

（二）拟转让文献信息价值凭证、购买合同等复印件，如无法提供，应按有关规定作出书面说明；

（三）事业单位国有资产处置申请表；

（四）转让方案，包括拟转让文献信息清单、转让的原因、方式、可行性及风险分析等；

（五）转让方和受让方签署的意向性协议；

（六）其他相关材料。

公共图书馆馆藏文献信息转让，应当以公开竞争方式进行，严格控制非公开协议方式，可以通过相应公共资源交易平台进行。

第五章　报损和报废

第二十九条　报损是指对丢失等非正常损失的，以及因自然灾害等不可抗力造成毁损、灭失的馆藏文献信息，按有关规定进行产权注销的处置行为。

第三十条　报废是指按有关规定对已不能继续使用的馆藏文献信息进行产权注销的处置行为。

第三十一条　公共图书馆申请馆藏文献信息报损、报废，应提交以下材料：

（一）报损、报废申请文件及馆内决策文件；

（二）拟报损、报废文献信息清单及相关文献信息价值的有效凭证、购买合同等复印件，如无法提供，应按有关规定作出书面说明；

（三）事业单位国有资产处置申请表；

（四）报损需要提交拟报损文献信息盘亏、毁损以及非正常损失的情况说明；因不可抗力因素（自然灾害、意外事故）造成馆藏文献信息毁损的，需要提供相关部门出具的受灾证明、事故处理报告等；馆藏古籍或者涉及国家秘密的文献信息被盗的，需要提供公安机关出具的结案证明；

（五）报废需要提交馆内有关部门、专家出具的鉴定文件及处理意见；

（六）其他相关材料。

第六章　管理与监督

第三十二条　公共图书馆馆藏文献信息处置收入属于国家所有，应当在扣除相关税金、资产评估费等费用后，按照政府非税收入和国库集中收缴管理有关规定及时上缴国库。

处置收入包括转让资产收入、置换差价收入、报损报废残值变价收入等。

第三十三条　公共图书馆应当对馆藏文献信息处置工作进行自查，在年报中对处置情况予以公开。

第三十四条　公共图书馆开展馆藏文献信息处置工作应当接受本级文化和旅游主管部门和同级财政部门的监督检查。

各级文化和旅游主管部门应当建立公共图书馆馆藏文献信息处置事后检查制度，定期或不定期对所属公共图书馆馆藏文献信息处置情况进行监督检查。

第三十五条　相关主管部门及公共图书馆在馆藏文献信息处置过程中不得有下列行为：

（一）未按照规定经集体决策或者履行审批程序；

（二）擅自违规处置或越权对规定限额以上的文献信息进行处置；

（三）对不符合规定的申报处置材料予以审批；

（四）串通作弊、暗箱操作，压价处置文献信息；

（五）在处置过程中弄虚作假，人为造成文献信息损失的；

（六）隐瞒、截留、挤占、挪用文献信息处置收入；

（七）其他造成文献信息损失的行为。

第三十六条　相关主管部门、公共图书馆及其工作人员违反本办法规定的，应当根据《行政事业性国有资产管理条例》等国家有关规定追究法律责任。

第七章　附　则

第三十七条　本办法自印发之日起施行。

图书、期刊、音像制品、电子出版物重大选题备案办法

· 2019 年 10 月 25 日
· 国新出发〔2019〕35 号

第一条　为加强和改进出版物重大选题备案工作，根据中央有关精神和《出版管理条例》相关规定，制定本办法。

第二条　列入备案范围内的重大选题，图书、期刊、音像制品、电子出版物出版单位在出版之前，应当依照本办法报国家新闻出版署备案。未经备案批准的，不得出版发行。

第三条　本办法所称重大选题，指涉及国家安全、社会稳定等方面内容选题，具体包括：

（一）有关党和国家重要文件、文献选题。

（二）有关现任、曾任党和国家领导人讲话、著作、文章及其工作和生活情况的选题，有关现任党和国家主要领导人重要讲话学习读物类选题。

（三）涉及中国共产党历史、中华人民共和国历史上重大事件、重大决策过程、重要人物选题。

（四）涉及国防和军队建设及我军各个历史时期重

大决策部署、重要战役战斗、重要工作、重要人物选题。

（五）集中介绍党政机构设置和领导干部情况选题。

（六）专门或集中反映、评价"文化大革命"等历史和重要事件、重要人物选题。

（七）专门反映国民党重要人物和其他上层统战对象的选题。

（八）涉及民族宗教问题选题。

（九）涉及中国国界地图选题。

（十）反映香港特别行政区、澳门特别行政区和台湾地区经济、政治、历史、文化、重要社会事务等选题。

（十一）涉及苏联、东欧等社会主义时期重大事件和主要领导人选题。

（十二）涉及外交方面重要工作选题。

有关重大选题范围，国家新闻出版署根据情况适时予以调整并另行公布。

第四条　编辑制作出版反映党和国家领导人生平、业绩、工作和生活经历的重大题材作品，实行统筹规划、归口审批，按照中央和国家有关文件要求办理立项手续。经批准立项的选题，出版前按规定履行重大选题备案程序。

第五条　图书、音像制品和电子出版物重大选题备案中有以下情况的，由相关单位出具选题审核意见报国家新闻出版署，国家新闻出版署根据审核意见直接核批。

（一）中央和国家机关有关部门组织编写的主要涉及本部门工作领域的选题，由本部门出具审核意见。

（二）中央统战部、中央党史和文献研究院、外交部、国家民委等部门所属出版单位出版的只涉及本部门工作领域的选题，由本部门出具审核意见。

（三）解放军和武警部队出版单位出版的只涉及军事军史内容的选题，由中央军委政治工作部出具审核意见。

（四）各地编写的只涉及本地区党史事件、人物和本地区民族问题的选题，不涉及敏感、复杂内容和全局工作的，由所在地省级出版管理部门组织审读把关，出具审核意见。

（五）涉及中国国界地图选题，不涉及其他应备案内容的，由出版单位在报备时出具国务院测绘地理信息行政主管部门的审核意见。

第六条　期刊重大选题备案中有以下情况的，按本条相关要求执行。

（一）期刊首发涉及本办法第三条第二、三、四项内

容的文章，经期刊主管主办单位审核同意，报国家新闻出版署备案。转载或摘要刊发已正式出版的图书、期刊以及人民日报、新华社刊发播发的涉及上述内容的文章，经期刊主管单位审核同意后出版。

（二）中央各部门各单位主管的期刊刊发涉及重大选题备案范围的文章，主要反映本领域工作，不涉及敏感、复杂内容的，经本部门审核同意后出版。

（三）中央党史和文献研究院、人民日报社、求是杂志社、新华社主管的期刊，刊发涉及重大选题备案范围的文章，经主管单位审核同意后出版。

（四）解放军和武警部队期刊刊发涉及重大选题备案范围的文章，经所在大单位或中央军委机关部门审核同意后出版。

（五）地方期刊刊发文章涉及本办法第五条第四项内容的文章，由所在地省级出版管理部门组织审读把关，审核同意后出版。

由期刊主管单位或有关部门审核同意出版的，审核意见应存档备查。

第七条　出版单位申报重大选题备案，应当通过所在地省级出版管理部门或主管单位进行。

（一）地方出版单位申报材料经主管主办单位审核同意后报所在地省级出版管理部门，非在京的中央各部门各单位出版单位申报材料经主办单位审核同意后报所在地省级出版管理部门，由所在地省级出版管理部门报国家新闻出版署。

（二）在京的中央各部门各单位出版单位申报材料经主管主办单位审核同意后，由主管单位报国家新闻出版署。

（三）解放军和武警部队出版单位申报材料经中央军委政治工作部审核同意后报国家新闻出版署。

第八条　申报重大选题备案时，应当如实、完整、规范填报并提交如下材料：

（一）省级出版管理部门或主管单位的备案申请报告。报告应当对申报备案的重大选题有明确审核意见。

（二）重大选题备案申报表。应当清楚填写涉及重大选题备案范围，需审核问题，需审核的具体章节、页码和待审核的人物、事件、文献、图片等内容。

（三）书稿、文章、图片或者样片、样盘、样带。书稿应当"齐清定"、经过编辑排版并装订成册，文字符合国家语言文字规范，引文注明出处。

（四）出版物"三审"意见复印件。

（五）备案需要的其他材料。包括有关部门同意立

项的材料,送审照片(图片)样稿,相关部门保密审核意见等。

第九条　国家新闻出版署对申报备案的重大选题进行审核,必要时转请有关部门或组织专家协助审核。

第十条　国家新闻出版署自备案受理之日起20日内(不含有关部门或专家协助审核时间),对备案申请予以答复或提出意见。

第十一条　国家新闻出版署审核同意的备案批复文件,两年内有效;备案批复文件超出有效期及出版物修订再版的,应当重新履行备案程序。

第十二条　出版单位应当按照出版专业分工安排重大选题出版计划,对不具备相关出版资质和编辑能力的选题,不得报备和出版;应当严格履行出版物内容把关主体责任,坚持优化结构、提高质量,严格执行选题论证、"三审三校"制度,确保政治方向、出版导向、价值取向正确。

第十三条　各地出版管理部门和主管主办单位是落实重大选题备案制度的前置把关部门,应当严格落实属地管理和主管主办责任。主要职责是:负责审核所属出版单位申请备案选题的内容导向质量及出版单位出版资质,对不符合备案条件的不予受理,对思想倾向不好、内容平庸、题材重复、超业务范围等不具备出版要求的选题予以撤销;对由地方出版管理部门和主管单位审核把关的选题,组织相关单位认真做好内容审核和保密审查,提出具体审核意见;对审核部门提出的意见,督促出版单位认真修改并做好复核工作;对应履行重大选题备案程序但未按要求备案的出版单位进行处理、追责问责。

第十四条　出版单位违反本办法,未经备案出版涉及重大选题范围出版物的,由国家新闻出版署或省级出版管理部门责成其主管单位对出版单位的主要负责人员给予行政处分;停止出版、发行该出版物;违反《出版管理条例》和有关规定的,依照有关规定处罚。

第十五条　国家新闻出版署对重大选题备案执行情况开展年度检查和考核评估,视情况予以奖惩。

第十六条　本办法由国家新闻出版署负责解释。

第十七条　本办法自印发之日起施行。《图书、期刊、音像制品、电子出版物重大选题备案办法》(新出图〔1997〕860号)同时废止。

(2)报纸、期刊出版

报纸出版管理规定

·2005年9月30日新闻出版总署令第32号公布
·自2005年12月1日起施行

第一章　总　则

第一条　为促进我国报业的发展与繁荣,规范报纸出版活动,加强报纸出版管理,根据国务院《出版管理条例》及相关法律法规,制定本规定。

第二条　在中华人民共和国境内从事报纸出版活动,适用本规定。

报纸由依法设立的报纸出版单位出版。报纸出版单位出版报纸,必须经新闻出版总署批准,持有国内统一连续出版物号,领取《报纸出版许可证》。

本规定所称报纸,是指有固定名称、刊期、开版,以新闻与时事评论为主要内容,每周至少出版一期的散页连续出版物。

本规定所称报纸出版单位,是指依照国家有关规定设立,经新闻出版总署批准并履行登记注册手续的报社。法人出版报纸不设立报社的,其设立的报纸编辑部视为报纸出版单位。

第三条　报纸出版必须坚持马克思列宁主义、毛泽东思想、邓小平理论和"三个代表"重要思想,坚持正确的舆论导向和出版方向,坚持把社会效益放在首位、社会效益和经济效益相统一和贴近实际、贴近群众、贴近生活的原则,为建设中国特色社会主义营造良好氛围,丰富广大人民群众的精神文化生活。

第四条　新闻出版总署负责全国报纸出版活动的监督管理工作,制定并实施全国报纸出版的总量、结构、布局的规划,建立健全报纸出版质量综合评估制度、报纸年度核验制度以及报纸出版退出机制等监督管理制度。

地方各级新闻出版行政部门负责本行政区域内的报纸出版活动的监督管理工作。

第五条　报纸出版单位负责报纸的编辑、出版等报纸出版活动。

报纸出版单位合法的出版活动受法律保护。任何组织和个人不得非法干扰、阻止、破坏报纸的出版。

第六条　新闻出版总署对为我国报业繁荣和发展做出突出贡献的报纸出版单位及个人实施奖励。

第七条　报纸出版行业的社会团体按照其章程,在新闻出版行政部门的指导下,实行自律管理。

第二章　报纸创办与报纸出版单位设立

第八条　创办报纸、设立报纸出版单位,应当具备下列条件:

(一)有确定的、不与已有报纸重复的名称;

(二)有报纸出版单位的名称、章程;

(三)有符合新闻出版总署认定条件的主管、主办单位;

(四)有确定的报纸出版业务范围;

(五)有 30 万元以上的注册资本;

(六)有适应业务范围需要的组织机构和符合国家规定资格条件的新闻采编专业人员;

(七)有与主办单位在同一行政区域的固定的工作场所;

(八)有符合规定的法定代表人或者主要负责人,该法定代表人或者主要负责人必须是在境内长久居住的中国公民;

(九)法律、行政法规规定的其他条件。

除前款所列条件外,还须符合国家对报纸及报纸出版单位总量、结构、布局的规划。

第九条　中央在京单位创办报纸并设立报纸出版单位,经主管单位同意后,由主办单位报新闻出版总署审批。

中国人民解放军和中国人民武装警察部队系统创办报纸并设立报纸出版单位,由中国人民解放军总政治部宣传部新闻出版局审核同意后报新闻出版总署审批。

其他单位创办报纸并设立报纸出版单位,经主管单位同意后,由主办单位向所在地省、自治区、直辖市新闻出版行政部门提出申请,省、自治区、直辖市新闻出版行政部门审核同意后,报新闻出版总署审批。

第十条　两个以上主办单位合办报纸,须确定一个主要主办单位,并由主要主办单位提出申请。

报纸的主要主办单位应为其主管单位的隶属单位。报纸出版单位和主要主办单位须在同一行政区域。

第十一条　创办报纸、设立报纸出版单位,由报纸出版单位的主办单位提出申请,并提交以下材料:

(一)按要求填写的《报纸出版申请表》;

(二)主办单位、主管单位的有关资质证明材料;

(三)拟任报纸出版单位法定代表人或者主要负责人的简历、身份证明文件及国家有关部门颁发的职业资格证书;

(四)新闻采编人员的职业资格证书;

(五)报纸出版单位办报资金来源及数额的相关证

明文件;

(六)报纸出版单位的章程;

(七)工作场所使用证明;

(八)报纸出版可行性论证报告。

第十二条　新闻出版总署自收到创办报纸、设立报纸出版单位申请之日起 90 日内,作出批准或者不批准的决定,并直接或者由省、自治区、直辖市新闻出版行政部门书面通知主办单位;不批准的,应当说明理由。

第十三条　报纸主办单位应当自收到新闻出版总署批准决定之日起 60 日内办理注册登记手续:

(一)持批准文件到所在地省、自治区、直辖市新闻出版行政部门领取并填写《报纸出版登记表》,经主管单位审核签章后,报所在地省、自治区、直辖市新闻出版行政部门;

(二)《报纸出版登记表》一式五份,由报纸出版单位、主办单位、主管单位及省、自治区、直辖市新闻出版行政部门各存一份,另一份由省、自治区、直辖市新闻出版行政部门在 15 日内报送新闻出版总署备案;

(三)省、自治区、直辖市新闻出版行政部门对《报纸出版登记表》审核无误后,在 10 日内向主办单位发放《报纸出版许可证》,并编入国内统一连续出版物号;

(四)报纸出版单位持《报纸出版许可证》到工商行政管理部门办理登记手续,依法领取营业执照。

第十四条　报纸主办单位自收到新闻出版总署的批准文件之日起 60 日内未办理注册登记手续,批准文件自行失效,登记机关不再受理登记,报纸主办单位须把有关批准文件缴回新闻出版总署。

报纸出版单位自登记之日起满 90 日未出版报纸的,由新闻出版总署撤销《报纸出版许可证》,并由原登记的新闻出版行政部门注销登记。

因不可抗力或者其他正当理由发生前款所列情形的,报纸出版单位的主办单位可以向原登记的新闻出版行政部门申请延期。

第十五条　报社应当具备法人条件,经核准登记后,取得法人资格,以其全部法人财产独立承担民事责任。

报纸编辑部不具有法人资格,其民事责任由其主办单位承担。

第十六条　报纸出版单位变更名称、合并或者分立,改变资本结构,出版新的报纸,依照本规定第九条至第十三条的规定办理审批、登记手续。

第十七条　报纸变更名称、主办单位、主管单位、刊期、业务范围,依照本规定第九条至第十三条的规定办理审批、登记手续。

报纸变更刊期,新闻出版总署可以委托省、自治区、直辖市新闻出版行政部门审批。

本规定所称业务范围包括办报宗旨、文种。

第十八条　报纸变更开版,经主办单位审核同意后,由报纸出版单位报所在地省、自治区、直辖市新闻出版行政部门批准。

第十九条　报纸出版单位变更单位地址、法定代表人或者主要负责人、报纸承印单位,经其主办单位审核同意后,由报纸出版单位在 15 日内向所在地省、自治区、直辖市新闻出版行政部门备案。

第二十条　报纸休刊连续超过 10 日的,报纸出版单位须向所在地省、自治区、直辖市新闻出版行政部门办理休刊备案手续,说明休刊理由和休刊期限。

报纸休刊时间不得超过 180 日。报纸休刊超过 180 日仍不能正常出版的,由新闻出版总署撤销《报纸出版许可证》,并由所在地省、自治区、直辖市新闻出版行政部门注销登记。

第二十一条　报纸出版单位终止出版活动的,经主管单位同意后,由主办单位向所在地省、自治区、直辖市新闻出版行政部门办理注销登记,并由省、自治区、直辖市新闻出版行政部门报新闻出版总署备案。

第二十二条　报纸注销登记,以同一名称设立的报纸出版单位须与报纸同时注销,并到原登记的工商行政管理部门办理注销登记。

注销登记的报纸和报纸出版单位不得再以该名称从事出版、经营活动。

第二十三条　中央报纸出版单位组建报业集团,由新闻出版总署批准;地方报纸出版单位组建报业集团,向所在地省、自治区、直辖市新闻出版行政部门提出申请,经审核同意后,报新闻出版总署批准。

第三章　报纸的出版

第二十四条　报纸出版实行编辑责任制度,保障报纸刊载内容符合国家法律、法规的规定。

第二十五条　报纸不得刊载《出版管理条例》和其他有关法律、法规以及国家规定的禁止内容。

第二十六条　报纸开展新闻报道必须坚持真实、全面、客观、公正的原则,不得刊载虚假、失实报道。

报纸刊载虚假、失实报道,致使公民、法人或者其他组织的合法权益受到侵害的,其出版单位应当公开更正,消除影响,并依法承担相应民事责任。

报纸刊载虚假、失实报道,致使公民、法人或者其他

组织的合法权益受到侵害的,当事人有权要求更正或者答辩,报纸应当予以发表;拒绝发表的,当事人可以向人民法院提出诉讼。

报纸因刊载虚假、失实报道而发表的更正或者答辩应自虚假、失实报道发现或者当事人要求之日起,在其最近出版的一期报纸的相同版位上发表。

报纸刊载虚假或者失实报道,损害公共利益的,新闻出版总署或者省、自治区、直辖市新闻出版行政部门可以责令该报纸出版单位更正。

第二十七条　报纸发表或者摘转涉及国家重大政策、民族宗教、外交、军事、保密等内容,应严格遵守有关规定。

报纸转载、摘编互联网上的内容,必须按照有关规定对其内容进行核实,并在刊发的明显位置标明下载文件网址、下载日期等。

第二十八条　报纸发表新闻报道,必须刊载作者的真实姓名。

第二十九条　报纸出版质量须符合国家标准和行业标准。报纸使用语言文字须符合国家有关规定。

第三十条　报纸出版须与《报纸出版许可证》的登记项目相符,变更登记项目须按本规定办理审批或者备案手续。

第三十一条　报纸出版时须在每期固定位置标示以下版本记录:

(一)报纸名称;

(二)报纸出版单位、主办单位、主管单位名称;

(三)国内统一连续出版物号;

(四)总编辑(社长)姓名;

(五)出版日期、总期号、版数、版序;

(六)报纸出版单位地址、电话、邮政编码;

(七)报纸定价(号外须注明"免费赠阅"字样);

(八)印刷单位名称、地址;

(九)广告经营许可证号;

(十)国家规定的涉及公共利益或者行业标准的其他标识。

第三十二条　一个国内统一连续出版物号只能对应出版一种报纸,不得用同一国内统一连续出版物号出版不同版本的报纸。

出版报纸地方版、少数民族文字版、外文版等不同版本(文种)的报纸,须按创办新报纸办理审批手续。

第三十三条　同一种报纸不得以不同开版出版。

报纸所有版页须作为一个整体出版发行,各版页不

得单独发行。

第三十四条　报纸专版、专刊的内容应与报纸的宗旨、业务范围相一致,专版、专刊的刊头字样不得明显于报纸名称。

第三十五条　报纸在正常刊期之外可出版增期。出版增期应按变更刊期办理审批手续。

增期的内容应与报纸的业务范围相一致;增期的开版、文种、发行范围、印数应与主报一致,并随主报发行。

第三十六条　报纸出版单位因重大事件可出版号外;出版号外须在报头注明"号外"字样,号外连续出版不得超过3天。

报纸出版单位须在号外出版后15日内向所在地省、自治区、直辖市新闻出版行政部门备案,并提交所有号外样报。

第三十七条　报纸出版单位不得出卖、出租、转让本单位名称及所出版报纸的刊号、名称、版面,不得转借、转让、出租和出卖《报纸出版许可证》。

第三十八条　报纸刊登广告须在报纸明显位置注明"广告"字样,不得以新闻形式刊登广告。

报纸出版单位发布广告应依据法律、行政法规查验有关证明文件,核实广告内容,不得刊登有害的、虚假的等违法广告。

报纸的广告经营者限于在合法授权范围内开展广告经营、代理业务,不得参与报纸的采访、编辑等出版活动。

第三十九条　报纸出版单位不得在报纸上刊登任何形式的有偿新闻。

报纸出版单位及其工作人员不得利用新闻报道牟取不正当利益,不得索取、接受采访报道对象及其利害关系人的财物或者其他利益。

第四十条　报纸采编业务和经营业务必须严格分开。

新闻采编业务部门及其工作人员不得从事报纸发行、广告等经营活动;经营部门及其工作人员不得介入新闻采编业务。

第四十一条　报纸出版单位的新闻采编人员从事新闻采访活动,必须持有新闻出版总署统一核发的新闻记者证,并遵守新闻出版总署《新闻记者证管理办法》的有关规定。

第四十二条　报纸出版单位根据新闻采访工作的需要,可以依照新闻出版总署《报社记者站管理办法》设立记者站,开展新闻业务活动。

第四十三条　报纸出版单位不得以不正当竞争行为

或者方式开展经营活动,不得利用权力摊派发行报纸。

第四十四条　报纸出版单位须遵守国家统计法规,依法向新闻出版行政部门报送统计资料。

报纸出版单位应配合国家认定的出版物发行数据调查机构进行报纸发行量数据调查,提供真实的报纸发行数据。

第四十五条　报纸出版单位须按照国家有关规定向国家图书馆、中国版本图书馆和新闻出版总署以及所在地省、自治区、直辖市新闻出版行政部门缴送报纸样本。

第四章　监督管理

第四十六条　报纸出版活动的监督管理实行属地原则。

省、自治区、直辖市新闻出版行政部门依法负责本行政区域报纸和报纸出版单位的登记、年度核验、质量评估、行政处罚等工作,对本行政区域的报纸出版活动进行监督管理。

其他地方新闻出版行政部门依法对本行政区域内报纸出版单位及其报纸出版活动进行监督管理。

第四十七条　报纸出版管理实施报纸出版事后审读制度、报纸出版质量评估制度、报纸出版年度核验制度和报纸出版从业人员资格管理制度。

报纸出版单位应当按照新闻出版总署的规定,将从事报纸出版活动的情况向新闻出版行政部门提出书面报告。

第四十八条　新闻出版总署负责全国报纸审读工作。地方各级新闻出版行政部门负责对本行政区域内出版的报纸进行审读。下级新闻出版行政部门要定期向上一级新闻出版行政部门提交审读报告。

主管单位须对其主管的报纸进行审读,定期向所在地新闻出版行政部门报送审读报告。

报纸出版单位应建立报纸阅评制度,定期写出阅评报告。新闻出版行政部门根据管理工作需要,可以随时调阅、检查报纸出版单位的阅评报告。

第四十九条　新闻出版总署制定报纸出版质量综合评估标准体系,对报纸出版质量进行全面评估。

经报纸出版质量综合评估,报纸出版质量未达到规定标准或者不能维持正常出版活动的,由新闻出版总署撤销《报纸出版许可证》,所在地省、自治区、直辖市新闻出版行政部门注销登记。

第五十条　省、自治区、直辖市新闻出版行政部门负责对本行政区域的报纸出版单位实施年度核验。年度核验内容包括报纸出版单位及其所出版报纸登记项目、出版质量、遵纪守法情况、新闻记者证和记者站管理等。

第五十一条　年度核验按照以下程序进行：

（一）报纸出版单位提出年度自检报告，填写由新闻出版总署统一印制的《报纸出版年度核验表》，经报纸主办单位、主管单位审核盖章后，连同核验之日前连续出版的30期样报，在规定时间内报所在地省、自治区、直辖市新闻出版行政部门；

（二）省、自治区、直辖市新闻出版行政部门对报纸出版单位自检报告、《报纸出版年度核验表》等送检材料审核查验；

（三）经核验符合规定标准的，省、自治区、直辖市新闻出版行政部门在其《报纸出版许可证》上加盖年度核验章；《报纸出版许可证》上加盖年度核验章即为通过年度核验，报纸出版单位可以继续从事报纸出版活动；

（四）省、自治区、直辖市新闻出版行政部门自完成报纸出版年度核验工作后的30日内，向新闻出版总署提交报纸年度核验工作报告。

第五十二条　有下列情形之一的，暂缓年度核验：

（一）正在限期停刊整顿的；

（二）经审核发现有违法情况应予处罚的；

（三）主管单位、主办单位未履行管理责任，导致报纸出版管理混乱的；

（四）存在其他违法嫌疑需要进一步核查的。

暂缓年度核验的期限由省、自治区、直辖市新闻出版行政部门确定，报新闻出版总署备案。缓验期满，按照本规定第五十条、第五十一条重新办理年度核验。

第五十三条　有下列情形之一的，不予通过年度核验：

（一）违法行为被查处后拒不改正或者没有明显整改效果的；

（二）报纸出版质量长期达不到规定标准的；

（三）经营恶化已经资不抵债的；

（四）已经不具备本规定第八条规定条件的。

不予通过年度核验的，由新闻出版总署撤销《报纸出版许可证》，所在地省、自治区、直辖市新闻出版行政部门注销登记。

未通过年度核验的，报纸出版单位自第二年起停止出版该报纸。

第五十四条　《报纸出版许可证》加盖年度核验章后方可继续使用。有关部门在办理报纸出版、印刷、发行等手续时，对未加盖年度核验章的《报纸出版许可证》不予采用。

不按规定参加年度核验的报纸出版单位，经催告仍未参加年度核验的，由新闻出版总署撤销《报纸出版许可证》，所在地省、自治区、直辖市新闻出版行政部门注销登记。

第五十五条　年度核验结果，核验机关可以向社会公布。

第五十六条　报纸出版从业人员，应具备国家规定的新闻出版职业资格条件。

第五十七条　报纸出版单位的社长、总编辑须符合国家规定的任职资格和条件。

报纸出版单位的社长、总编辑须参加新闻出版行政部门组织的岗位培训。

报纸出版单位的新任社长、总编辑须经过岗位培训合格后才能上岗。

第五章　法律责任

第五十八条　报纸出版单位违反本规定的，新闻出版行政部门视其情节轻重，可采取下列行政措施：

（一）下达警示通知书；

（二）通报批评；

（三）责令公开检讨；

（四）责令改正；

（五）责令停止印制、发行报纸；

（六）责令收回报纸；

（七）责成主办单位、主管单位监督报纸出版单位整改。

警示通知书由新闻出版总署制定统一格式，由新闻出版总署或者省、自治区、直辖市新闻出版行政部门下达给违法的报纸出版单位，并抄送违法报纸出版单位的主办单位及其主管单位。

本条所列行政措施可以并用。

第五十九条　未经批准，擅自设立报纸出版单位，或者擅自从事报纸出版业务，假冒报纸出版单位名称或者伪造、假冒报纸名称出版报纸的，依照《出版管理条例》第五十五条处罚。

第六十条　出版含有《出版管理条例》和其他有关法律、法规以及国家规定禁载内容报纸的，依照《出版管理条例》第五十六条处罚。

第六十一条　报纸出版单位违反本规定第三十七条的，依照《出版管理条例》第六十条处罚。

报纸出版单位允许或者默认广告经营者参与报纸的采访、编辑等出版活动，按前款处罚。

第六十二条　报纸出版单位有下列行为之一的，依照《出版管理条例》第六十一条处罚：

（一）报纸出版单位变更名称、合并或者分立，改变资本结构，出版新的报纸，未依照本规定办理审批手续的；

（二）报纸变更名称、主办单位、主管单位、刊期、业务范围、开版，未依照本规定办理审批手续的；

（三）报纸出版单位未依照本规定缴送报纸样本的。

第六十三条 报纸出版单位有下列行为之一的，由新闻出版总署或者省、自治区、直辖市新闻出版行政部门给予警告，并处 3 万元以下罚款：

（一）报纸出版单位变更单位地址、法定代表人或者主要负责人、承印单位，未按照本规定第十九条报送备案的；

（二）报纸休刊，未按照本规定第二十条报送备案的；

（三）刊载损害公共利益的虚假或者失实报道，拒不执行新闻出版行政部门更正命令的；

（四）在其报纸上发表新闻报道未登载作者真实姓名的；

（五）违反本规定第二十七条发表或者摘转有关文章的；

（六）未按照本规定第三十一条刊登报纸版本记录的；

（七）违反本规定第三十二条，"一号多版"的；

（八）违反本规定第三十三条，出版不同开版的报纸或者部分版页单独发行的；

（九）违反本规定关于出版报纸专版、专刊、增期、号外的规定的；

（十）报纸刊登广告未在明显位置注明"广告"字样，或者以新闻形式刊登广告的；

（十一）刊登有偿新闻或者违反本规定第三十九条其他规定的；

（十二）违反本规定第四十三条，以不正当竞争行为开展经营活动或者利用权力摊派发行的。

第六十四条 报纸出版单位新闻采编人员违反新闻记者证的有关规定，依照新闻出版总署《新闻记者证管理办法》的规定处罚。

第六十五条 报纸出版单位违反报社记者站的有关规定，依照新闻出版总署《报社记者站管理办法》的规定处罚。

第六十六条 对报纸出版单位做出行政处罚，应告知其主办单位和主管单位，可以通过媒体向社会公布。

对报纸出版单位做出行政处罚，新闻出版行政部门可以建议其主办单位或者主管单位对直接责任人和主要负责人予以行政处分或者调离岗位。

第六章 附 则

第六十七条 以非新闻性内容为主或者出版周期超过一周，持有国内统一连续出版物号的其他散页连续出版物，也适用本规定。

第六十八条 本规定施行后，新闻出版署《报纸管理暂行规定》同时废止，此前新闻出版行政部门对报纸出版活动的其他规定，凡与本规定不一致的，以本规定为准。

第六十九条 本规定自 2005 年 12 月 1 日起施行。

期刊出版管理规定

· 2005 年 9 月 30 日新闻出版总署令第 31 号公布
· 根据 2017 年 12 月 11 日《国家新闻出版广电总局关于废止、修改和宣布失效部分规章、规范性文件的决定》修正

第一章 总 则

第一条 为了促进我国期刊业的繁荣和发展，规范期刊出版活动，加强期刊出版管理，根据国务院《出版管理条例》及相关法律法规，制定本规定。

第二条 在中华人民共和国境内从事期刊出版活动，适用本规定。

期刊由依法设立的期刊出版单位出版。期刊出版单位出版期刊，必须经新闻出版总署批准，持有国内统一连续出版物号，领取《期刊出版许可证》。

本规定所称期刊又称杂志，是指有固定名称，用卷、期或者年、季、月顺序编号，按照一定周期出版的成册连续出版物。

本规定所称期刊出版单位，是指依照国家有关规定设立，经新闻出版总署批准并履行登记注册手续的期刊社。法人出版期刊不设立期刊社的，其设立的期刊编辑部视为期刊出版单位。

第三条 期刊出版必须坚持马克思列宁主义、毛泽东思想、邓小平理论和"三个代表"重要思想，坚持正确的舆论导向和出版方向，坚持把社会效益放在首位、社会效益和经济效益相统一的原则，传播和积累有益于提高民族素质、经济发展和社会进步的科学技术和文化知识，弘扬中华民族优秀文化，促进国际文化交流，丰富人民群众的精神文化生活。

第四条 期刊发行分公开发行和内部发行。

内部发行的期刊只能在境内按指定范围发行，不得在社会上公开发行、陈列。

第五条　新闻出版总署负责全国期刊出版活动的监督管理工作,制定并实施全国期刊出版的总量、结构、布局的规划,建立健全期刊出版质量评估制度、期刊年度核验制度以及期刊出版退出机制等监督管理制度。

地方各级新闻出版行政部门负责本行政区域内的期刊出版活动的监督管理工作。

第六条　期刊出版单位负责期刊的编辑、出版等期刊出版活动。

期刊出版单位合法的出版活动受法律保护。任何组织和个人不得非法干扰、阻止、破坏期刊的出版。

第七条　新闻出版总署对为我国期刊业繁荣和发展做出突出贡献的期刊出版单位及个人实施奖励。

第八条　期刊出版行业的社会团体按照其章程,在新闻出版行政部门的指导下,实行自律管理。

第二章　期刊创办和期刊出版单位设立

第九条　创办期刊、设立期刊出版单位,应当具备下列条件:

(一)有确定的、不与已有期刊重复的名称;

(二)有期刊出版单位的名称、章程;

(三)有符合新闻出版总署认定条件的主管、主办单位;

(四)有确定的期刊出版业务范围;

(五)有30万元以上的注册资本;

(六)有适应期刊出版活动需要的组织机构和符合国家规定资格条件的编辑专业人员;

(七)有与主办单位在同一行政区域的固定的工作场所;

(八)有确定的法定代表人或者主要负责人,该法定代表人或者主要负责人必须是在境内长久居住的中国公民;

(九)法律、行政法规规定的其他条件。

除前款所列条件外,还须符合国家对期刊及期刊出版单位总量、结构、布局的总体规划。

第十条　中央在京单位创办期刊并设立期刊出版单位,经主管单位审核同意后,由主办单位报新闻出版总署审批。

中国人民解放军和中国人民武装警察部队系统创办期刊并设立期刊出版单位,由中国人民解放军总政治部宣传部新闻出版局审核同意后报新闻出版总署审批。

其他单位创办期刊并设立期刊出版单位,经主管单位审核同意后,由主办单位向所在地省、自治区、直辖市新闻出版行政部门提出申请,省、自治区、直辖市新闻出版行政部门审核同意后,报新闻出版总署审批。

第十一条　两个以上主办单位合办期刊,须确定一个主要主办单位,并由主要主办单位提出申请。

期刊的主要主办单位应为其主管单位的隶属单位。期刊出版单位和主要主办单位须在同一行政区域。

第十二条　创办期刊、设立期刊出版单位,由期刊出版单位的主办单位提出申请,并提交以下材料:

(一)按要求填写的《期刊出版申请表》;

(二)主管单位、主办单位的有关资质证明材料;

(三)拟任出版单位法定代表人或主要负责人简历、身份证明文件及国家有关部门颁发的职业资格证书;

(四)编辑出版人员的职业资格证书;

(五)办刊资金来源、数额及相关的证明文件;

(六)期刊出版单位的章程;

(七)工作场所使用证明;

(八)期刊出版可行性论证报告。

第十三条　新闻出版总署应当自收到创办期刊、设立期刊出版单位的申请之日起90日内,作出批准或者不批准的决定,并直接或者由省、自治区、直辖市新闻出版行政部门书面通知主办单位;不批准的,应当说明理由。

第十四条　期刊主办单位应当自收到新闻出版总署批准决定之日起60日内办理注册登记手续:

(一)持批准文件到所在地省、自治区、直辖市新闻出版行政部门领取《期刊出版登记表》,填写一式五份,经期刊主管单位审核签章后,报所在地省、自治区、直辖市新闻出版行政部门,省、自治区、直辖市新闻出版行政部门应在15日内,将《期刊出版登记表》报送新闻出版总署备案;

(二)公开发行的期刊,可以向ISSN中国国家中心申领国际标准连续出版物号,并向新闻出版总署条码中心申领条型码;

(三)省、自治区、直辖市新闻出版行政部门对《期刊出版登记表》审核无误后,在10日内向主办单位发放《期刊出版许可证》;

(四)期刊出版单位持《期刊出版许可证》到工商行政管理部门办理登记手续,依法领取营业执照。

《期刊出版登记表》由期刊出版单位、主办单位、主管单位及所在地省、自治区、直辖市新闻出版行政部门各留存一份。

第十五条　期刊主办单位自收到新闻出版总署的批准文件之日起60日内未办理注册登记手续,批准文件自行失效,登记机关不再受理登记,期刊主办单位须把有关批准文件缴回新闻出版总署。

期刊出版单位自登记之日起满90日未出版期刊的，由新闻出版总署撤销《期刊出版许可证》，并由原登记的新闻出版行政部门注销登记。

因不可抗力或者其他正当理由发生前款所列情形的，期刊出版单位可以向原登记的新闻出版行政部门申请延期。

第十六条　期刊社应当具备法人条件，经核准登记后，取得法人资格，以其全部法人财产独立承担民事责任。

期刊编辑部不具有法人资格，其民事责任由其主办单位承担。

第十七条　期刊出版单位变更名称、合并或者分立、改变资本结构，出版新的期刊，依照本规定第十条至第十四条的规定办理审批、登记手续。

第十八条　期刊变更名称、主办单位或主管单位、业务范围、刊期的，依照本规定第十条至第十四条的规定办理审批、登记手续。

期刊变更登记地，经主管、主办单位同意后，由期刊出版单位到新登记地省、自治区、直辖市新闻出版行政部门办理登记手续。

期刊变更刊期，新闻出版总署可以委托省、自治区、直辖市新闻出版行政部门审批。

本规定所称期刊业务范围包括办刊宗旨、文种。

第十九条　期刊出版单位变更期刊开本、法定代表人或者主要负责人、在同一登记地内变更地址，经其主办单位审核同意后，由期刊出版单位在15日内向所在地省、自治区、直辖市新闻出版行政部门备案。

第二十条　期刊休刊，期刊出版单位须向所在地省、自治区、直辖市新闻出版行政部门备案并说明休刊理由和期限。

期刊休刊时间不得超过一年。休刊超过一年的，由新闻出版总署撤销《期刊出版许可证》，所在地省、自治区、直辖市新闻出版行政部门注销登记。

第二十一条　期刊出版单位终止期刊出版活动的，经主管单位同意后，由其主办单位向所在地省、自治区、直辖市新闻出版行政部门办理注销登记，并由省、自治区、直辖市新闻出版行政部门报新闻出版总署备案。

第二十二条　期刊注销登记，以同一名称设立的期刊出版单位须与期刊同时注销，并到原登记的工商行政管理部门办理注销登记。

注销登记的期刊和期刊出版单位不得再以该名称从事出版、经营活动。

第二十三条　中央期刊出版单位组建期刊集团，由新闻出版总署批准；地方期刊出版单位组建期刊集团，向所在地省、自治区、直辖市新闻出版行政部门提出申请，经审核同意后，报新闻出版总署批准。

第三章　期刊的出版

第二十四条　期刊出版实行编辑责任制度，保障期刊刊载内容符合国家法律、法规的规定。

第二十五条　期刊不得刊载《出版管理条例》和其他有关法律、法规以及国家规定的禁止内容。

第二十六条　期刊刊载的内容不真实、不公正，致使公民、法人或者其他组织的合法权益受到侵害的，期刊出版单位应当公开更正，消除影响，并依法承担其他民事责任。

期刊刊载的内容不真实、不公正，致使公民、法人或者其他组织的合法权益受到侵害的，当事人有权要求期刊出版单位更正或者答辩，期刊出版单位应当在其最近出版的一期期刊上予以发表；拒绝发表的，当事人可以向人民法院提出诉讼。

期刊刊载的内容不真实、不公正，损害公共利益的，新闻出版总署或者省、自治区、直辖市新闻出版行政部门可以责令该期刊出版单位更正。

第二十七条　期刊刊载涉及国家安全、社会安定等重大选题的内容，须按照重大选题备案管理规定办理备案手续。

第二十八条　公开发行的期刊不得转载、摘编内部发行出版物的内容。

期刊转载、摘编互联网上的内容，必须按照有关规定对其内容进行核实，并在刊发的明显位置标明下载文件网址、下载日期等。

第二十九条　期刊出版单位与境外出版机构开展合作出版项目，须经新闻出版总署批准，具体办法另行规定。

第三十条　期刊出版质量须符合国家标准和行业标准。期刊使用语言文字须符合国家有关规定。

第三十一条　期刊须在封底或版权页上刊载以下版本记录：期刊名称、主管单位、主办单位、出版单位、印刷单位、发行单位、出版日期、总编辑（主编）姓名、发行范围、定价、国内统一连续出版物号、广告经营许可证号等。

领取国际标准连续出版物号的期刊须同时刊印国际标准连续出版物号。

第三十二条　期刊须在封面的明显位置刊载期刊名

称和年、月、期、卷等顺序编号，不得以总期号代替年、月、期号。

期刊封面其他文字标识不得明显于刊名。

期刊的外文刊名须是中文刊名的直译。外文期刊封面上必须同时刊印中文刊名；少数民族文种期刊封面上必须同时刊印汉语刊名。

第三十三条　一个国内统一连续出版物号只能对应出版一种期刊，不得用同一国内统一连续出版物号出版不同版本的期刊。

出版不同版本的期刊，须按创办新期刊办理审批手续。

第三十四条　期刊可以在正常刊期之外出版增刊。每种期刊每年可以出版两期增刊。

期刊出版单位出版增刊，应当经其主管单位审核同意后，由主办单位所在地省、自治区、直辖市新闻出版行政部门备案。备案文件应当说明拟出增刊的出版理由、出版时间、文章编目、期数、页码、印数、印刷单位等；所在地省、自治区、直辖市新闻出版行政部门备案后，发给备案证明文件，配发增刊备案号。

增刊内容必须符合正刊的业务范围，开本和发行范围必须与正刊一致；增刊除刊印本规定第三十一条所列版本纪录外，还须刊印增刊备案号，并在封面刊印正刊名称和注明"增刊"。

第三十五条　期刊合订本须按原期刊出版顺序装订，不得对期刊内容另行编排，并在其封面明显位置标明期刊名称及"合订本"字样。

期刊因内容违法被新闻出版行政部门给予行政处罚的，该期期刊的相关篇目不得收入合订本。

被注销登记的期刊，不得制作合订本。

第三十六条　期刊出版单位不得出卖、出租、转让本单位名称及所出版期刊的刊号、名称、版面，不得转借、转让、出租和出卖《期刊出版许可证》。

第三十七条　期刊出版单位利用其期刊开展广告业务，必须遵守广告法律规定，发布广告须依法查验有关证明文件，核实广告内容，不得刊登有害的、虚假的等违法广告。

期刊的广告经营者限于在合法授权范围内开展广告经营、代理业务，不得参与期刊的采访、编辑等出版活动。

第三十八条　期刊采编业务与经营业务必须严格分开。

禁止以采编报道相威胁，以要求被报道对象做广告、提供赞助、加入理事会等损害被报道对象利益的行为牟取不正当利益。

期刊不得刊登任何形式的有偿新闻。

第三十九条　期刊出版单位的新闻采编人员从事新闻采访活动，必须持有新闻出版总署统一核发的新闻记者证，并遵守新闻出版总署《新闻记者证管理办法》的有关规定。

第四十条　具有新闻采编业务的期刊出版单位在登记地以外的地区设立记者站，参照新闻出版总署《报社记者站管理办法》审批、管理。其他期刊出版单位一律不得设立记者站。

期刊出版单位是否具有新闻采编业务由新闻出版总署认定。

第四十一条　期刊出版单位不得以不正当竞争行为或者方式开展经营活动，不得利用权力摊派发行期刊。

第四十二条　期刊出版单位须遵守国家统计法规，依法向新闻出版行政部门报送统计资料。

期刊出版单位应配合国家认定的出版物发行数据调查机构进行期刊发行量数据调查，提供真实的期刊发行数据。

第四十三条　期刊出版单位须在每期期刊出版30日内，分别向新闻出版总署、中国版本图书馆、国家图书馆以及所在地省、自治区、直辖市新闻出版行政部门缴送样刊3本。

第四章　监督管理

第四十四条　期刊出版活动的监督管理实行属地原则。

省、自治区、直辖市新闻出版行政部门依法负责对本行政区域期刊和期刊出版单位的登记、年度核验、质量评估、行政处罚等工作，对本行政区域的期刊出版活动进行监督管理。

其他地方新闻出版行政部门依法对本行政区域内期刊出版单位及其期刊出版活动进行监督管理。

第四十五条　期刊出版管理实施期刊出版事后审读制度、期刊出版质量评估制度、期刊年度核验制度和期刊出版从业人员资格管理制度。

期刊出版单位应当按照新闻出版总署的规定，将从事期刊出版活动的情况向新闻出版行政部门提出书面报告。

第四十六条　新闻出版总署负责全国期刊审读工作。地方各级新闻出版行政部门负责对本行政区域内出版的期刊进行审读。下级新闻出版行政部门要定期向上一级新闻出版行政部门提交审读报告。

主管单位须对其主管的期刊进行审读,定期向所在地新闻出版行政部门报送审读报告。

期刊出版单位应建立期刊阅评制度,定期写出阅评报告。新闻出版行政部门根据管理工作的需要,可以随时调阅、检查期刊出版单位的阅评报告。

第四十七条　新闻出版总署制定期刊出版质量综合评估标准体系,对期刊出版质量进行全面评估。

经期刊出版质量综合评估,期刊出版质量未达到规定标准或者不能维持正常出版活动的,由新闻出版总署撤销《期刊出版许可证》,所在地省、自治区、直辖市新闻出版行政部门注销登记。

第四十八条　省、自治区、直辖市新闻出版行政部门负责对本行政区域的期刊实施年度核验。年度核验内容包括期刊出版单位及其所出版期刊登记项目、出版质量、遵纪守法情况等。

第四十九条　年度核验按照以下程序进行:

(一)期刊出版单位提出年度自检报告,填写由新闻出版总署统一印制的《期刊登记项目年度核验表》,经期刊主办单位、主管单位审核盖章后,连同本年度出版的样刊报省、自治区、直辖市新闻出版行政部门;

(二)省、自治区、直辖市新闻出版行政部门对期刊出版单位自检报告、《期刊登记项目年度核验表》及样刊进行审核查验;

(三)经核验符合规定标准的,省、自治区、直辖市新闻出版行政部门在《期刊出版许可证》上加盖年度核验章;《期刊出版许可证》上加盖年度核验章即为通过年度核验,期刊出版单位可以继续从事期刊出版活动;

(四)省、自治区、直辖市新闻出版行政部门在完成期刊年度核验工作30日内向新闻出版总署提交期刊年度核验工作报告。

第五十条　有下列情形之一的,暂缓年度核验:

(一)正在限期停业整顿的;

(二)经审核发现有违法情况应予处罚的;

(三)主管单位、主办单位未履行管理责任,导致期刊出版管理混乱的;

(四)存在其他违法嫌疑需要进一步核查的。

暂缓年度核验的期限由省、自治区、直辖市新闻出版行政部门确定,报新闻出版总署备案。缓验期满,按本规定第四十八条、第四十九条重新办理年度核验。

第五十一条　期刊有下列情形之一的,不予通过年度核验:

(一)违法行为被查处后拒不改正或者没有明显整改效果的;

(二)期刊出版质量长期达不到规定标准的;

(三)经营恶化已经资不抵债的;

(四)已经不具备本规定第九条规定条件的。

不予通过年度核验的,由新闻出版总署撤销《期刊出版许可证》,所在地省、自治区、直辖市新闻出版行政部门注销登记。

未通过年度核验的,期刊出版单位自第二年起停止出版该期刊。

第五十二条　《期刊出版许可证》加盖年度核验章后方可继续使用。有关部门在办理期刊出版、印刷、发行等手续时,对未加盖年度核验章的《期刊出版许可证》不予采用。

不按规定参加年度核验的期刊出版单位,经催告仍未参加年度核验的,由新闻出版总署撤销《期刊出版许可证》,所在地省、自治区、直辖市新闻出版行政部门注销登记。

第五十三条　年度核验结果,核验机关可以向社会公布。

第五十四条　期刊出版从业人员,应具备国家规定的新闻出版职业资格条件。

第五十五条　期刊出版单位的社长、总编辑须符合国家规定的任职资格和条件。

期刊出版单位的社长、总编辑须参加新闻出版行政部门组织的岗位培训。

期刊出版单位的新任社长、总编辑须经过岗位培训合格后才能上岗。

第五章　法律责任

第五十六条　期刊出版单位违反本规定的,新闻出版行政部门视其情节轻重,可以采取下列行政措施:

(一)下达警示通知书;

(二)通报批评;

(三)责令公开检讨;

(四)责令改正;

(五)责令停止印制、发行期刊;

(六)责令收回期刊;

(七)责成主办单位、主管单位监督期刊出版单位整改。

警示通知书由新闻出版总署制定统一格式,由新闻出版总署或者省、自治区、直辖市新闻出版行政部门下达给违法的期刊出版单位,并抄送违法期刊出版单位的主办单位及其主管单位。

本条所列行政措施可以并用。

第五十七条　未经批准,擅自设立期刊出版单位,或者擅自从事期刊出版业务,假冒期刊出版单位名称或者伪造、假冒期刊名称出版期刊的,依照《出版管理条例》第六十一条处罚。

期刊出版单位未履行备案手续擅自出版增刊、擅自与境外出版机构开展合作出版项目的,按前款处罚。

第五十八条　出版含有《出版管理条例》和其他有关法律、法规以及国家规定禁载内容期刊的,依照《出版管理条例》第六十二条处罚。

第五十九条　期刊出版单位违反本规定第三十六条的,依照《出版管理条例》第六十六条处罚。

期刊出版单位允许或者默认广告经营者参与期刊采访、编辑等出版活动的,按前款处罚。

第六十条　期刊出版单位有下列行为之一的,依照《出版管理条例》第六十七条处罚:

(一)期刊变更名称、主办单位或主管单位、业务范围、刊期,未依照本规定办理审批手续的;

(二)期刊出版单位变更名称、合并或分立、改变资本结构、出版新的期刊,未依照本规定办理审批手续的;

(三)期刊出版单位未将涉及国家安全、社会安定等方面的重大选题备案的;

(四)期刊出版单位未依照本规定缴送样刊的。

第六十一条　期刊出版单位违反本规定第四条第二款的,依照新闻出版总署《出版物市场管理规定》第四十八条处罚。

第六十二条　期刊出版单位有下列行为之一的,由新闻出版总署或者省、自治区、直辖市新闻出版行政部门给予警告,并处3万元以下罚款:

(一)期刊出版单位变更期刊开本、法定代表人或者主要负责人,在同一登记地内变更地址,未按本规定第十九条报送备案的;

(二)期刊休刊未按本规定第二十条报送备案的;

(三)刊载损害公共利益的虚假或者失实报道,拒不执行新闻出版行政部门更正命令的;

(四)公开发行的期刊转载、摘编内部发行出版物内容的;

(五)期刊转载、摘编互联网上的内容,违反本规定第二十八条第二款的;

(六)未按照本规定第三十一条刊载期刊版本记录的;

(七)违反本规定第三十二条关于期刊封面标识的规定的;

(八)违反本规定第三十三条,"一号多刊"的;

(九)出版增刊违反本规定第三十四条第三款的;

(十)违反本规定第三十五条制作期刊合订本的;

(十一)刊登有偿新闻或者违反本规定第三十八条其他规定的;

(十二)违反本规定第四十一条,以不正当竞争行为开展经营活动或者利用权力摊派发行的。

第六十三条　期刊出版单位新闻采编人员违反新闻记者证的有关规定,依照新闻出版总署《新闻记者证管理办法》的规定处罚。

第六十四条　期刊出版单位违反记者站的有关规定,依照新闻出版总署《报社记者站管理办法》的规定处罚。

第六十五条　对期刊出版单位做出行政处罚,新闻出版行政部门应告知其主办单位和主管单位,可以通过媒体向社会公布。

对期刊出版单位做出行政处罚,新闻出版行政部门可以建议其主办单位或者主管单位对直接责任人和主要负责人予以行政处分或者调离岗位。

第六章　附　则

第六十六条　本规定施行后,新闻出版署《期刊管理暂行规定》和《〈期刊管理暂行规定〉行政处罚实施办法》同时废止,此前新闻出版行政部门对期刊出版活动的其他规定,凡与本规定不一致的,以本规定为准。

第六十七条　本规定自2005年12月1日起施行。

报纸期刊质量管理规定

·2020年5月28日
·国新出发〔2020〕10号

第一条　为加强报纸、期刊质量管理,规范报纸、期刊出版秩序,促进报纸、期刊质量提升,根据《中华人民共和国产品质量法》、《出版管理条例》、《报纸出版管理规定》、《期刊出版管理规定》等法律法规,制定本规定。

第二条　本规定适用于经国家新闻出版主管部门批准,持有国内统一连续出版物号,领取报纸出版许可证和期刊出版许可证的报纸、期刊。

第三条　报纸、期刊质量包括内容质量、编校质量、出版形式质量、印制质量四项,分为合格和不合格两个等级。四项均合格的,其质量为合格;四项中有一项不合格的,其质量为不合格。

第四条　报纸、期刊内容符合《出版管理条例》第二十五条、第二十六条规定,并符合国家新闻出版主管部门批准的业务范围的,其内容质量为合格;不符合的,其内容质量为不合格。

第五条 报纸、期刊编校差错判定以相关法律法规、国家标准、行业标准及规范为依据。

报纸编校差错率不超过万分之三的,其编校质量为合格;差错率超过万分之三的,其编校质量为不合格。差错率的计算按照本规定附件《报纸编校差错率计算方法》执行。

期刊编校差错率不超过万分之二的,其编校质量为合格;差错率超过万分之二的,其编校质量为不合格。差错率的计算按照本规定附件《期刊编校差错率计算方法》执行。

第六条 报纸、期刊出版形式差错判定以相关法规规章、国家标准、行业标准及规范为依据。

报纸出版形式差错数不超过三个的,其出版形式质量为合格;差错数超过三个的,其出版形式质量为不合格。差错数的计算按照本规定附件《报纸出版形式差错数计算方法》执行。

期刊出版形式差错数不超过五个的,其出版形式质量为合格;差错数超过五个的,其出版形式质量为不合格。差错数的计算按照本规定附件《期刊出版形式差错数计算方法》执行。

第七条 报纸印制质量包括单份印制质量和批印制质量,期刊印制质量包括单册印制质量和批印制质量。报纸、期刊印制符合国家和行业现行标准及规定的,其印制质量为合格;不符合的,其印制质量为不合格。

第八条 国家新闻出版主管部门负责全国报纸、期刊质量管理工作,各省级新闻出版主管部门负责本行政区域内的报纸、期刊质量管理工作。各级新闻出版主管部门应当切实履行监管职责,实施报纸、期刊质量检查,并及时向社会公布检查结果。

第九条 报纸、期刊主管主办单位应当督促出版单位建立健全质量管理制度并监督落实,将报纸、期刊质量纳入出版单位社会效益评价考核,对质量不合格的报纸、期刊提出处理意见和整改措施。报纸、期刊出版单位应当落实"三审三校"等管理制度,加强业务培训,保证出版质量。

第十条 报纸、期刊质量检查采取抽样方式进行。报纸内容质量、编校质量、出版形式质量抽样检查的对象为报纸各版面及中缝、插页等所有内容。期刊内容质量、编校质量、出版形式质量抽样检查的对象为期刊正文、封

一(含书脊)、封二、封三、封四、版权页、目次页、广告页、插页等所有内容。报纸、期刊印制质量检测样本抽取依据相关标准进行。

第十一条 新闻出版主管部门实施报纸、期刊质量检查,须将检查结果为不合格的报纸、期刊的具体情况书面通知出版单位或主办单位。出版单位、主办单位如有异议,须在接到通知后 15 日内提出复检申请;对复检结果仍有异议,须在接到通知后 7 日内向上一级新闻出版主管部门请求复核。

第十二条 报纸、期刊内容质量、编校质量、出版形式质量不合格的,由省级以上新闻出版主管部门依据《出版管理条例》《报纸出版管理规定》《期刊出版管理规定》等相关规定,责令改正,给予警告;情节严重的,责令限期停业整顿,或由原发证机关吊销出版许可证。

报纸、期刊出现严重质量问题的,出版单位应当采取收回、销毁等措施,消除负面影响。

第十三条 报纸、期刊印制质量不合格,出版单位应当及时收回、调换。出版单位违反本规定继续发行印制质量不合格报纸、期刊的,按照《中华人民共和国产品质量法》《出版管理条例》等相关规定处理。

第十四条 省级以上新闻出版主管部门对报纸、期刊质量管理工作中成绩突出的单位和个人予以表扬或者奖励。

第十五条 本规定自印发之日起施行。

附件:1. 报纸编校差错率计算方法

2. 期刊编校差错率计算方法

3. 报纸出版形式差错数计算方法

4. 期刊出版形式差错数计算方法

附件1

报纸编校差错率计算方法

一、报纸编校差错率

报纸编校差错率,是指在报纸编校质量检查中,编校差错数占检查总字数的比率,用万分比表示。如检查总字数为 2 万,检查后发现 2 个差错,则其差错率为 1/10000。

二、报纸检查总字数计算方法

报纸检查总字数为被检查所有内容的字数总和,一般包括版面字数、中缝字数、插页字数三部分。

1. 版面字数=版面行字数(通用字号)×版面行数。

报眉、报尾、栏头、表格、分栏空白、插图说明等,均按所占版面字数计算。作品性图片(新闻摄影、艺术作品等)按版面字数的80%计算,装饰性图片按版面字数的30%计算。

2. 中缝字数按实际字数(行字数×行数)计算。

3. 插页字数参照版面字数计算。

4. 外文报纸、少数民族文字报纸及报纸的拼音部分,以对应字号的汉字字数加30%计算。

三、报纸编校差错计算方法

1. 重要信息差错

报头、报眉、栏头、标题中的文字差错,按正文同样错误计错标准的双倍计数。正文中重要名称、重要时间、重要图片等信息错误,按一般错误计错标准的双倍计数。

2. 文字差错

一期报纸中,同一文字差错重复出现,最多计3次差错。

(1)事实性、知识性、逻辑性、语法性错误,每处计1个差错。

(2)错字、别字、多字、漏字为1个字的,每处计1个差错;2—5个字的,每处计2个差错;5个字以上的,每处计4个差错。

前后颠倒字,可以用一个校对符号改正的,每处计1个差错。阿拉伯数字、罗马数字差错,无论几位数,都计1个差错。

(3)阿拉伯数字和汉字数字用法不符合《出版物上数字用法》国家标准,每处计0.1个差错,一期最多计1个差错。

(4)外文和国际音标以1个单词为单位,无论其中有几处差错,计1个差错。

(5)少数民族文字以1个字或词为单位,无论其中有几处差错,计1个差错。

(6)汉语拼音不符合《汉语拼音方案》和《汉语拼音正词法基本规则》等国家规定和标准,以1个对应的汉字或词组为单位,无论其中有几处差错,计1个差错。

(7)字母大小写和正斜体、黑白体误用,不同文种字母混用(如把英文字母N错为俄文字母И),字母与其他符号混用(如把英文字母O错为阿拉伯数字0),每处计0.5个差错。

(8)违反相关规定使用繁体字或不规范汉字,每处计0.5个差错。

(9)科技理论和科学普及类文章使用量和单位,其名称、符号、书写规则不符合《国际单位制及其应用》、《有关量、单位和符号的一般原则》、《空间和时间的量和单位》等相关标准,使用科技术语不符合全国科学技术名词审定委员会公布的规范词,每处计0.5个差错。一个组合单位符号,无论其中有几处差错,计0.5个差错。

(10)专有名词译法不符合相关规范,每处计0.5个差错。

(11)涉港、澳、台等用语不符合相关规定,每处计1个差错。

(12)使用网络用语、缩略语、口语不符合相关规定,每处计0.5个差错。

3. 标点符号和其他符号差错

使用标点符号应当符合《标点符号用法》国家标准,使用其他符号应当符合相关规范。同一标点符号差错重复出现,一面最多计3次差错,一期最多计1次差错。同一其他符号差错重复出现,一期最多计3次差错。

(1)标点符号错用、漏用、多用,每处计0.1个差错。

(2)标点符号误在行首,标号误在行末,每处计0.1个差错。

(3)外文复合词、外文单词按音节转行,漏排连接号,每处计0.1个差错。

(4)数学符号、科学符号、乐谱符号等符号差错,每处计0.5个差错。

(5)图序、表序、公式序、参考文献序等标注差错,每处计0.1个差错。

4. 格式及其他差错

(1)错误的另版计2个差错。不符合版式要求的另版、另段、另行、接排、空行、空格及需要空行、空格而未空等,每处计0.1个差错。

(2)字体错、字号错或字体字号同时错,每处计0.1个差错;同一面内的同一差错不重复计算,一期最多计1个差错。

(3)同一篇文章中几个同级标题的位置、转行格式、字体字号不统一,计0.1个差错;需要空格而未空格,每处计0.1个差错。

(4)阿拉伯数字、外文缩写词拆开转行,外文单词未按音节转行,每处计0.1个差错。

(5)图、表的位置错,每处计0.5个差错;图、表的内容与说明文字不符,每处计1个差错。

(6)参考文献著录项中的格式错误,每处计0.1个差错,一期最多计1个差错。

(7)除图表、公式、符号需特殊处理等情况外,非广告正文主体字号小于6号(不包括6号),一期计2个差错。

附件2

期刊编校差错率计算方法

一、期刊编校差错率

期刊编校差错率,是指在期刊编校质量检查中,编校差错数占检查总字数的比率,用万分比表示。如检查总字数为2万,检查后发现2个差错,则其差错率为1/10000。

二、期刊检查总字数计算方法

期刊检查总字数为被检查的版面字数,即:检查总字数=每行字数(通用字号)×每面行数×检查总面数。

1. 凡连续编排页码的正文、辅文,以及版权页、目次页、广告页、插页等,除空白面不计以外,均按一面满版计算字数。

2. 页眉和单排的页码、边码作为行数或每行字数计入正文,一并计算字数。

3. 脚注、参考文献、索引、附录等字号有变化时,分别按行数×每行字数计算。

4. 封一(含书脊)、封二、封三、封四,每面按正文满版字数的50%计算,空白面不计。

5. 正文中的插图、表格,按正文的版面字数计算。插图、表格占一面的,有文字说明的按满版字数的50%计算,没有文字说明的按满版字数的20%计算。

6. 以图片为主的期刊,有文字说明的版面,按满版字数的50%计算;没有文字说明的版面,按满版字数的20%计算。

7. 外文期刊、少数民族文字期刊及期刊的拼音部分,以对应字号的汉字字数加30%计算。

三、期刊编校差错计算方法

1. 重要信息差错

封一(含书脊)上的文字差错,按正文同样错误计错标准的双倍计数。正文中重要名称、重要时间、重要图片等信息错误,按一般错误计错标准的双倍计数。

2. 文字差错

一期期刊中,同一文字差错重复出现,最多计3次差错。

(1)事实性、知识性、逻辑性、语法性错误,每处计1个差错。

(2)错字、别字、多字、漏字为1个字的,每处计1个差错;2—5个字的,每处计2个差错;5个字以上的,每处计4个差错。

前后颠倒字,可以用一个校对符号改正的,每处计1个差错。阿拉伯数字、罗马数字差错,无论几位数,都计1个差错。

(3)阿拉伯数字和汉字数字用法不符合《出版物上数字用法》国家标准,每处计0.1个差错,一期最多计1个差错。

(4)外文和国际音标以1个单词为单位,无论其中有几处差错,计1个差错。

(5)少数民族文字以1个字或词为单位,无论其中有几处差错,计1个差错。

(6)汉语拼音不符合《汉语拼音方案》和《汉语拼音正词法基本规则》等国家规定和标准,以1个对应的汉字或词组为单位,无论其中有几处差错,计1个差错。

(7)字母大小写和正斜体、黑白体误用,不同文种字母混用(如把英文字母N错为俄文字母И),字母与其他符号混用(如把英文字母O错为阿拉伯数字0),每处计0.5个差错。

(8)违反相关规定使用繁体字或不规范汉字,每处计0.5个差错。

(9)科技理论和科学普及类文章使用量和单位,其名称、符号、书写规则不符合《国际单位制及其应用》《有关量、单位和符号的一般原则》《空间和时间的量和单位》等相关标准,使用科技术语不符合全国科学技术名词审定委员会公布的规范词,每处计0.5个差错。一个组合单位符号,无论其中有几处差错,计0.5个差错。

(10)专有名词译法不符合相关规范,每处计0.5个差错。

(11)涉港、澳、台等用语不符合相关规定,每处计1个差错。

(12)使用网络用语、缩略语、口语不符合相关规定,每处计0.5个差错。

3. 标点符号和其他符号差错

使用标点符号应当符合《标点符号用法》国家标准,使用其他符号应当符合相关规范。同一标点符号差错重复出现,一面最多计3次差错,一期最多计1个差错。同一其他符号差错重复出现,一期最多计3次差错。

(1)标点符号错用、漏用、多用,每处计0.1个差错。

(2)标点符号误在行首、标号误在行末,每处计0.1个差错。

(3)外文复合词、外文单词按音节转行,漏排连接号,每处计0.1个差错。

（4）数学符号、科学符号、乐谱符号等符号差错，每处计 0.5 个差错。

（5）图序、表序、公式序、参考文献序等标注差错，每处计 0.1 个差错。

4. 格式差错

（1）不符合版式要求的另版、另段、另行、接排、空行、空格及需要空行、空格而未空等，每处计 0.1 个差错。

（2）字体错、字号错或字体字号同时错，每处计 0.1 个差错；同一面内的同一差错不重复计算，一期最多计 1 个差错。

（3）同一篇文章中几个同级标题的位置、转行格式、字体字号不统一，计 0.1 个差错；需要空格而未空格，每处计 0.1 个差错。

（4）阿拉伯数字、外文缩写词拆开转行，外文单词未按音节转行，每处计 0.1 个差错。

（5）图、表的位置错，每处计 0.5 个差错；图、表的内容与说明文字不符，每处计 1 个差错。

（6）页眉单双页位置互错，每处计 0.1 个差错，一期最多计 1 个差错。

（7）目次页中文章标题、页码、作者信息等与正文不一致，每处计 1 个差错；同类差错重复出现，一期最多计 3 个差错。

（8）参考文献著录项中的格式错误，每处计 0.1 个差错，一期最多计 1 个差错。

5. 其他差错

（1）学术论文编写不符合国家和行业相关标准，每处计 0.5 个差错，一期最多计 2 个差错。

（2）除图表、公式、符号需特殊处理等情况外，非广告正文主体字号小于 6 号（不包括 6 号），一期计 2 个差错。

附件 3

报纸出版形式差错数计算方法

一、报纸出版形式基本要求

报纸应当在一版报头位置刊登报纸名称，报纸名称应当大于并明显于一版所有其他文字。外文报纸应当同时刊登中文名称，少数民族文字报纸应当同时刊登汉语名称。报纸出版增期、号外应当在一版报头注明"增期"、"号外"字样。

报纸应当在固定位置刊登出版日期、总期号、版数、国内统一连续出版物号（CN）、主要责任单位（主管单位、主办单位、出版单位）、出版单位地址及联系方式、印刷单位名称及地址、发行信息（包括发行方式、发行单位、邮发代号等）、定价（号外应当注明"免费赠阅"字样）等。报纸应当在各版面报眉位置标明版序，版序应当位置固定，排序清楚，便于查找。

报纸刊登广告应当在明显位置注明"广告"字样，不得以新闻形式刊登广告。

二、报纸出版形式差错计算方法

1. 报纸名称

（1）未在一版报头位置刊登报纸名称，计 4 个差错。

（2）刊登的报纸名称不是经国家新闻出版主管部门批准的名称，计 4 个差错。

（3）一版报头位置刊登的报纸名称未大于并明显于一版所有其他文字，计 4 个差错。

（4）外文报纸未刊登中文名称或外文名称与中文名称明显不一致，计 2 个差错。

（5）少数民族文字报纸未刊登汉语名称或少数民族文字名称与汉语名称明显不一致，计 2 个差错。

2. 国内统一连续出版物号

（1）未刊登国内统一连续出版物号，计 4 个差错。

（2）刊登的国内统一连续出版物号不是经国家新闻出版主管部门批准的国内统一连续出版物号，计 4 个差错。

（3）刊登的国内统一连续出版物号不符合《中国标准连续出版物号》国家标准，计 2 个差错。

3. 主要责任单位

（1）未刊登主管单位、主办单位、出版单位，计 2 个差错。

（2）以合办、协办、承办等名义刊登非责任单位信息，计 2 个差错。

（3）未刊登出版单位地址及联系方式，计 1 个差错。

（4）刊登的主管单位、主办单位、出版单位不是经国家新闻出版主管部门批准的单位，计 4 个差错。

4. 印刷、发行信息

未刊登印刷单位名称及地址、未刊登发行信息，计 1 个差错。

5. 版权信息

（1）刊登非广告作品未注明作品名称、作者姓名等信息，每处计 1 个差错，一期最多计 2 个差错。

（2）刊登转载作品未注明作品名称、作者姓名、转载出处等信息，每处计 0.5 个差错，一期最多计 2 个差错。

6. 出版标识

（1）未在固定位置刊登报纸出版日期、总期号、版数，每项计 2 个差错。

（2）未按批准的刊期出版，计 2 个差错。

（3）未在报眉固定位置标明版序，计 2 个差错。版序漏失或编排混乱影响查阅，计 1 个差错。

（4）出版增期未在一版报头注明"增期"字样，计 2 个差错。

（5）出版号外未在一版报头注明"号外"字样，计 2 个差错。

（6）专版、专刊的刊头字样比报纸名称更明显，计 2 个差错。

（7）刊登广告未注明"广告"字样，每处计 1 个差错，一期最多计 2 个差错。

7. 定价

（1）未在固定位置刊登报纸定价，计 1 个差错。

（2）出版号外未注明"免费赠阅"字样，计 1 个差错。

8. 开版

（1）同一种报纸以不同开版出版，计 2 个差错。

（2）增期的开版与主报不一致，计 2 个差错。

9. 标识性文字

标识性文字使用夸大事实的宣传用语，如"世界排名第×名"、"全球发行量最大"、"中国唯一"、"获奖最多"等，每处计 1 个差错，一期最多计 2 个差错。

10. 装订形式

不符合散页形式要求，计 1 个差错。

附件 4

期刊出版形式差错数计算方法

一、期刊出版形式基本要求

期刊应当在封一明显位置刊登期刊名称和年、月、期、卷等顺序编号。期刊增刊应当注明"增刊"字样，期刊合订本应当注明"合订本"字样。外文期刊应当同时刊登中文刊名，少数民族文字期刊应当同时刊登汉语刊名。

期刊应当在封四或版权页上刊登期刊名称、主要责任单位（主管单位、主办单位、出版单位）、印刷单位、发行信息（包括发行方式、发行单位、邮发代号等）、出版日期、总编辑（主编）姓名、定价（或"免费赠阅"字样）、国内统一连续出版物号（CN）等。领取国际标准连续出版物号（ISSN）的期刊应当同时刊登国际标准连续出版物号，期刊增刊应当刊登增刊备案号。公开发行的期刊应当在封一或封四刊登期刊条码。

期刊刊登广告应当在明显位置注明"广告"字样，不得以新闻形式刊登广告。

二、期刊出版形式差错计算方法

1. 期刊名称

（1）未在封一明显位置刊登期刊名称，计 6 个差错。

（2）刊登的期刊名称不是经国家新闻出版主管部门批准的名称，计 6 个差错。

（3）封一刊登的期刊名称未大于并明显于其他标识性文字，计 6 个差错。

（4）外文期刊未刊登中文刊名或外文刊名与中文刊名明显不一致，计 2 个差错。

（5）少数民族文字期刊未刊登汉语刊名或少数民族文字刊名与汉语刊名明显不一致，计 2 个差错。

（6）期刊名称在封一（含书脊）、版权页、封四等处未保持一致，计 2 个差错。

2. 国内统一连续出版物号和国际标准连续出版物号

（1）未刊登国内统一连续出版物号，计 6 个差错。

（2）刊登的国内统一连续出版物号不是经国家新闻出版主管部门批准的国内统一连续出版物号，计 6 个差错。

（3）刊登的国内统一连续出版物号不符合《中国标准连续出版物号》国家标准，计 2 个差错。

（4）已领取国际标准连续出版物号但未刊登，或刊登的国际标准连续出版物号与期刊名称不对应，计 2 个差错。

3. 主要责任单位

（1）未刊登主管单位、主办单位、出版单位，计 2 个差错。

（2）以合办、协办、承办等名义刊登非责任单位信息，计 2 个差错。

（3）未刊登出版单位地址及联系方式，计 1 个差错。

（4）刊登的主管单位、主办单位、出版单位不是经国家新闻出版主管部门批准的单位，计 6 个差错。

4. 期刊条码

期刊条码有下列情况的，每处计 1 个差错。

（1）未刊登条码。

（2）条码制作形式不符合要求，不能通过相关设备识读。

（3）条码信息与期刊名称、国内统一连续出版物号、国际标准连续出版物号、刊期及出版年份、月份不一致。

5. 印刷、发行信息

未刊登印刷单位、发行信息，计1个差错。

6. 总编辑（主编）姓名

未刊登总编辑（主编）姓名，计1个差错。

7. 版权信息

（1）刊登非广告作品未注明作品名称、作者姓名等信息，每处计1个差错，一期最多计2个差错。

（2）刊登转载作品未注明作品名称、作者姓名、转载出处等信息，每处计0.5个差错，一期最多计2个差错。

8. 出版标识

出版标识有下列情况的，每处计1个差错，一期最多计2个差错。

（1）未在封一明显位置刊登年、月、期、卷等顺序编号。

（2）未按批准的刊期出版。

（3）封一和版权页等处的年、月、期号标识有省略。

（4）采用卷号和（或）总期号标识的期刊，其卷号和（或）总期号随意更改、未连续编排或使用总期号、卷号代替年、月、期号。

（5）同一期刊每年出版的各期分别独立设置编号体系交叉出版。

（6）出版增刊未注明"增刊"字样、未刊登增刊备案号。

（7）出版合订本未注明"合订本"字样。

（8）刊登广告未注明"广告"字样。

9. 定价

未在固定位置刊登期刊定价（或注明"免费赠阅"字样），计1个差错。

10. 版权页

（1）未在期刊正文之前或封四上设立版权页，计2个差错。

（2）版权页刊登的项目（除期刊名称外）未与封一或封四保持一致，每处计1个差错，一期最多计3个差错。

11. 标识性文字

标识性文字使用夸大事实的宣传用语，如"世界排名第×名"、"全球发行量最大"、"中国唯一"、"获奖最多"等，每处计1个差错，一期最多计2个差错。

（3）新闻出版

新闻出版统计管理办法

· 2016年5月5日国家新闻出版广电总局令第9号公布
· 自2016年7月1日起施行

第一章　总　则

第一条　为科学、有效、规范地组织新闻出版统计工作，保障新闻出版（版权）统计资料的真实性、准确性、完整性和及时性，充分发挥统计工作在服务新闻出版行业发展中的重要作用，根据《中华人民共和国统计法》（以下简称《统计法》）及其实施细则的有关规定，制定本办法。

第二条　新闻出版统计是指各级新闻出版行政主管部门为满足新闻出版行业管理工作需要，依法对新闻出版统计调查对象组织实施的各项统计活动。

新闻出版统计调查对象包括各级新闻出版行政主管部门、从事新闻出版（版权）活动的企业事业单位、其他组织以及个体工商户等。

第三条　新闻出版统计的基本任务是对新闻出版（版权）活动的相关情况进行统计调查和统计分析，提供统计资料和统计咨询意见，实行统计监督。

第四条　新闻出版统计调查对象必须依照有关统计法律法规和本办法的规定，提供新闻出版统计调查所需的统计资料，不得提供不真实或者不完整的统计资料，不得迟报、拒报统计资料。

第五条　新闻出版统计工作实行统一管理、分级负责。

国家新闻出版广电总局是新闻出版统计工作的主管部门，在国家统计局的业务指导下，对新闻出版统计工作实行统一管理和组织协调。

地方各级新闻出版行政主管部门，在上级新闻出版行政主管部门和同级人民政府统计机构的业务指导下，负责本行政区域内的新闻出版统计工作。

第六条　各级新闻出版行政主管部门应加强对新闻出版统计工作的领导，健全统计机构，充实专职统计人员，建立统计工作责任机制，定期检查并监督统计法律法规的执行情况。

第七条　各级新闻出版行政主管部门应将必要的统计工作经费列入单位相应年度财政预算。

第八条　各级新闻出版行政主管部门应重视统计信息化建设，为新闻出版统计工作提供必要的技术装备和其他各项条件，推进统计信息搜集、处理、传输、共享、存储技术和统计数据库体系的现代化。

第二章　统计调查管理

第九条　国家新闻出版广电总局制定全国新闻出版统计调查项目，并依法定程序报国家统计局审批或备案。

第十条　地方新闻出版行政主管部门可以制定补充性地方新闻出版统计调查项目，经上级新闻出版行政主管部门同意后，报同级人民政府统计机构审批。

补充性地方新闻出版统计调查项目，不得与国家统计调查项目和上级新闻出版统计调查项目重复、矛盾。

第十一条　各级新闻出版行政主管部门制定统计调查项目，应当同时制定该项目的统计调查制度，并依照本办法第九条、第十条的有关规定一并报经审批或者备案。

统计调查制度应当对调查目的、调查内容、调查方法、调查对象、调查组织方式、调查表式、统计资料的报送和公布等作出规定。

第十二条　各级新闻出版行政主管部门制发的统计调查表应由本部门统计机构统一编号，并标明表号、制定机关、批准或备案文号、有效期限等法定标识。

第十三条　新闻出版统计调查对象应当根据依法制定的新闻出版统计调查制度，设置原始记录、统计台账，建立健全统计资料的审核、签署、交接、归档等管理制度。

第十四条　各级新闻出版行政主管部门应当结合年度核验、行政记录等方式，开展新闻出版统计调查，做好数据搜集、审核、汇总、报送工作；建立健全新闻出版统计调查质量控制体系，保证统计资料的完整性和准确性。

第十五条　地方新闻出版行政主管部门向上级主管部门报送统计数据，须经本部门主管领导审核、签署，并对基层数据上报情况及本期数据中异常变动情况予以说明。省级新闻出版行政主管部门每年报送年度统计资料后，应向国家新闻出版广电总局报送本地区年度统计分析报告。

第十六条　统计数据报出后，如发现内容有误，报送单位应按国家有关规定及时进行更正并书面说明理由。

第三章　统计资料的管理和公布

第十七条　新闻出版（版权）统计资料实行分级管理。全国新闻出版（版权）统计资料由国家新闻出版广电总局统一管理；地方新闻出版（版权）统计资料由各地新闻出版行政主管部门统一管理。

第十八条　新闻出版行政主管部门应严格按照国家档案管理制度和保密制度的有关要求，建立健全新闻出版（版权）统计资料档案制度，加强保密管理，妥善保管、调用和移交统计资料。

第十九条　新闻出版行政主管部门应当依法建立健全统计资料公布制度，按照法律法规和国家有关规定以及依法制定的统计调查制度公布新闻出版（版权）统计资料。

全国新闻出版（版权）统计资料，由国家新闻出版广电总局负责审核、公布；各地新闻出版（版权）统计资料，由地方新闻出版行政主管部门负责审核、公布。

第二十条　尚未公布的新闻出版（版权）统计资料，不得擅自对外提供，不得公开使用。

第四章　统计机构和统计人员

第二十一条　新闻出版行政主管部门根据统计工作的需要，设立承担综合统计职能的机构，指定统计负责人和统计人员，统一管理新闻出版统计工作；从事新闻出版（版权）活动的企业事业单位和其他组织等新闻出版统计调查对象，根据需要设立统计机构或者指定统计人员，完成新闻出版统计工作。

第二十二条　国家新闻出版广电总局承担新闻出版综合统计职能的机构履行以下职责：

（一）拟定全国新闻出版统计工作规划、统计调查制度、调查任务、调查方案和相关统计标准，并组织实施；

（二）负责与同级有关部门的统计业务合作；组织、指导、协调本部门内非综合统计职能机构的统计工作，审核本部门内非综合统计职能机构拟定的统计调查方案；组织、指导、协调地方各级新闻出版行政主管部门的新闻出版统计工作，审核地方各级新闻出版行政主管部门拟定的补充性新闻出版统计调查制度；

（三）组织指导新闻出版统计调查方法和统计管理制度改革的研究、试点和推广；

（四）开展全国新闻出版行业情况的统计分析、监测评价；

（五）统一管理、审定、公布全国新闻出版（版权）统计资料；

（六）会同相关部门，组织、指导全国新闻出版（版权）统计人员的业务培训和科学研究交流；

（七）统一规划全国新闻出版统计网络信息系统建设，管理、开发和利用全国新闻出版统计数据和行政记录等资料；

（八）监督检查统计法律、法规、规章和统计调查制度的执行，并进行考核。

第二十三条　地方新闻出版行政主管部门承担综合统计职能的机构履行以下职责：

（一）完成上级新闻出版行政主管部门部署的统计

调查任务;组织、实施补充性新闻出版统计调查项目;审核并按时向上级新闻出版行政主管部门报送本地区的统计数据、统计报告和其他统计资料;

（二）负责与本地区同级有关部门的统计业务合作;组织、指导、协调本部门内非综合统计职能机构的统计工作,审核本部门内非综合统计职能机构拟定的统计调查方案;组织、指导、协调下级新闻出版行政主管部门的统计工作;

（三）贯彻执行统计法律、法规、规章,实施国家统计标准和补充性的新闻出版统计标准;

（四）开展本地区的新闻出版行业情况的统计分析、监督评价;

（五）统一管理、审定、公布本地区的新闻出版(版权)统计资料;

（六）会同相关部门,组织本地区新闻出版(版权)统计人员的业务培训;

（七）按照上级新闻出版行政主管部门的统一规划,组织本地区新闻出版统计网络信息系统建设,管理、开发和利用本地区新闻出版统计数据和行政记录等资料。

第二十四条　中国新闻出版研究院在国家新闻出版广电总局的领导下,根据有关统计制度和调查计划、方案,履行以下职责:

（一）统计数据的搜集、审核、汇总、报送;

（二）新闻出版(版权)统计资料汇编和产业分析报告等统计资料的编制、撰写;

（三）新闻出版统计网络信息系统的建设和应用;

（四）面向社会的统计信息咨询服务;

（五）境外新闻出版信息的搜集;

（六）有关统计档案的管理。

第二十五条　新闻出版统计机构和统计人员依法独立行使以下职权:

（一）统计调查权:调查、搜集有关资料,召开有关调查会议,检查与统计资料有关的各种原始记录和统计台账,要求更正不实的统计数据。

（二）统计报告权:将统计调查所得资料和情况进行整理、分析,及时如实地向上级机关和统计部门提出统计报告。任何单位或个人不得阻挠、扣压统计报告,不得伪造和篡改统计资料。

（三）统计监督权:根据统计调查和统计分析,对新闻出版工作进行统计监督,指出存在的问题,提出改进的建议。有关部门对统计机构、统计人员指出的问题和提出的建议,应当及时予以研究处理。

第二十六条　新闻出版统计机构和统计人员应坚持实事求是,恪守职业道德,依法履行职责,如实搜集、录入、审核、报送统计资料,不得伪造、篡改统计资料,不得以任何方式要求任何单位和个人提供不真实的统计资料,有权拒绝、抵制有关强令或者授意篡改统计资料、编造虚假数据的行为,对其负责搜集、审核、录入的统计资料与统计调查对象报送的统计资料的一致性负责。

第二十七条　新闻出版行政主管部门、从事新闻出版(版权)活动的单位负责人负有督促统计机构和统计人员执行《统计法》以及各种规章制度的职责;不得自行修改统计机构和统计人员提供的新闻出版(版权)统计资料,不得以任何方式要求统计机构、统计人员及其他机构、人员伪造、篡改统计资料;不得对依法履行职责或者拒绝、抵制统计违法行为的统计人员打击报复。

第二十八条　新闻出版行政主管部门、新闻出版统计机构和统计人员对在统计工作中知悉的国家秘密、商业秘密和个人信息,应当予以保密,对统计调查中获得的能够识别和推断单个统计调查对象身份的资料应当保密,不得对外提供泄露。

第二十九条　各级新闻出版行政主管部门的统计人员应保持相对稳定。统计人员因工作需要调离统计岗位时,应选派有能力承担规定职责的人员接替,先补后调,办清交接手续,并及时告知上级新闻出版行政主管部门。对不称职、不合格的统计人员应及时进行调整。

第五章　监督检查和法律责任

第三十条　各级新闻出版行政主管部门统计机构依法对下级新闻出版行政主管部门、统计调查对象的统计工作进行监督、检查和考核。

新闻出版统计检查的内容包括:统计法律法规和规章制度的执行情况,统计机构和统计人员的配置情况,统计资料搜集和报送的真实、准确、及时、完整程度等,统计资料的公布情况,统计信息化建设情况,对下级单位和统计调查对象统计工作监督、检查和考核的执行情况,以及其他与统计工作相关的情况。

第三十一条　各级新闻出版行政主管部门、统计调查对象应配合上级新闻出版行政主管部门的检查工作。任何单位、个人不得干扰和妨碍统计人员执法检查和作出检查结论。

第三十二条　新闻出版行政主管部门对有下列情形之一的统计机构或统计人员,按照有关规定给予表彰或奖励:

（一）忠于职守,执行统计法律、法规和规章表现突出的;

（二）在改进和完善新闻出版统计制度、统计调查方法等方面有重要贡献的；

（三）在完成规定的新闻出版统计调查任务，保障新闻出版（版权）统计资料准确性、及时性方面作出显著成绩的；

（四）在进行新闻出版统计分析、监督方面取得突出成绩的；

（五）在新闻出版统计工作中运用和推广现代信息技术有显著效果的；

（六）在新闻出版统计科学研究方面有所创新、作出重要贡献的。

第三十三条　各级新闻出版行政主管部门或者有关部门、单位的负责人有下列行为之一的，由上级新闻出版行政主管部门予以通报，建议任免机关或监察机关等有关部门依法给予处分；并由统计机构依照《统计法》第三十七条予以处理：

（一）自行修改统计资料、编造虚假统计数据的；

（二）要求统计机构、统计人员或者其他机构、人员伪造、篡改统计资料的；

（三）对依法履行职责或者拒绝、抵制统计违法行为的统计人员打击报复的；

（四）对本部门、本单位发生的严重统计违法行为失察的。

第三十四条　各级新闻出版行政主管部门在组织实施统计调查活动中有下列行为之一的，由上级新闻出版行政主管部门责令改正，予以通报，对直接负责的主管人员和其他直接责任人员，建议任免机关或监察机关等有关部门依法给予处分；并由统计机构依照《统计法》第三十八条予以处理：

（一）未经批准擅自组织实施统计调查的；

（二）未经批准擅自变更统计调查制度的内容的；

（三）伪造、篡改统计资料的；

（四）要求统计调查对象或者其他机构、人员提供不真实的统计资料的；

（五）未按照统计调查制度的规定报送有关资料的。

第三十五条　各级新闻出版行政主管部门有下列行为之一的，由上级新闻出版行政主管部门予以通报，对直接负责的主管人员和其他直接责任人员，建议任免机关或监察机关等有关部门依法给予处分；并由统计机构依照《统计法》第三十九条予以处理：

（一）违法公布统计资料的；

（二）泄露统计调查对象的商业秘密、个人信息或者提供、泄露在统计调查中获得的能够识别或者推断单个统计调查对象身份的资料的；

（三）违反国家有关规定，造成统计资料毁损、灭失的。

第三十六条　各级新闻出版行政主管部门、统计人员泄露国家秘密的，依法追究法律责任。

第三十七条　新闻出版统计调查对象有下列行为之一的，由新闻出版行政主管部门责令改正，给予警告，可以予以通报，对其直接负责的主管人员和其他直接责任人员属于国家工作人员的，建议任免机关或监察机关等有关部门依法给予处分；并由统计机构依照《统计法》第四十一条予以处理：

（一）拒绝提供统计资料或者经催报后仍未按时提供统计资料的；

（二）提供不真实或者不完整的统计资料的；

（三）拒绝、阻碍统计调查、统计检查的；

（四）转移、隐匿、篡改、毁弃或者拒绝提供原始记录和凭证、统计台账、统计调查表及其他相关证明和资料的。

第三十八条　作为新闻出版统计调查对象的国家机关、企业事业单位或者其他组织迟报统计资料，或者未按照国家有关规定设置原始记录、统计台账的，由上级或本级新闻出版行政主管部门责令改正，给予警告，可以予以通报；并由统计机构依照《统计法》第四十二条予以处理。

第三十九条　违反本办法，利用虚假统计资料骗取荣誉称号、物质利益或者职务晋升的，依照《统计法》第四十五条予以处理。

第四十条　违反本办法，构成犯罪的，依法追究刑事责任。

第六章　附　则

第四十一条　本办法自 2016 年 7 月 1 日起施行。原新闻出版总署、国家统计局于 2005 年 2 月 7 日颁布的《新闻出版统计管理办法》同时废止。

新闻出版许可证管理办法

· 2016 年 1 月 24 日国家新闻出版广电总局令第 4 号公布
· 根据 2017 年 12 月 11 日《国家新闻出版广电总局关于废止、修改和宣布失效部分规章、规范性文件的决定》修正

第一章　总　则

第一条　为加强新闻出版许可证（以下简称许可证）管理，规范新闻出版市场秩序，维护公民、法人和其他

组织的合法权益,根据《中华人民共和国行政许可法》《出版管理条例》《音像制品管理条例》《印刷业管理条例》等相关法律、法规制定本办法。

第二条　本办法所称许可证,是指新闻出版行政部门根据公民、法人或其他组织的申请,经依法审查,准予其从事新闻出版活动的行政许可证件。

许可证的设立、设计、印刷、制作、发放、使用、换发、补发、变更、注销等管理适用本办法。

第三条　新闻出版行政部门在许可证管理中应当遵循依法、公开、规范、便民的原则。

无法律法规依据,不得以任何名义和形式向行政相对人收取涉及许可证的相关费用。

第四条　国家新闻出版广电总局负责全国新闻出版许可证监督检查、统一备案和信息公示等职责;地方新闻出版行政部门负责本辖区许可证的监督检查职责。

各级新闻出版行政部门负责对所发放、注销、吊销的许可证在政府网站或经批准公开发行的报纸上进行公示。

第二章　许可证的设立、设计、印刷、制作与发放

第五条　许可证设立,是指对依法设定的行政许可项目,决定以颁发许可证的形式作为许可证件。

许可证设立,必须以法律法规设定的行政许可为依据。

第六条　许可证设计,是指对许可证的登记项目和样式进行的设计。设计许可证时须规定其有效期限。

国家新闻出版广电总局负责各类许可证的设立与设计。

第七条　许可证印刷,是指按照许可证的设计样式,印刷不含登记内容的纸质许可证或复制不含登记内容的电子许可证。

许可证的印刷原则上由实施行政许可的新闻出版行政部门负责,根据实际情况也可由上级新闻出版行政部门统一印刷。

第八条　许可证制作,是指空白许可证的内容填写、盖章、封装等。

许可证须由新闻出版行政部门依法作出行政许可批准决定或按本办法及有关规定履行补发、换发手续后制作。

许可证的许可登记项目内容必须与行政许可决定内容相一致。许可证不得交由行政相对人自行填写或由其他机构代为填写。

许可证登记事项发生变更的,由办理变更登记的新闻出版行政部门在许可证相应位置加盖变更专用章。

许可证加盖实施行政许可的或办理变更登记的新闻出版行政部门公章或变更专用章后,正本、副本具有同等的法律效力,其他任何部门或单位不得在许可证上加盖公章。

第九条　许可证发放,是指将许可证送达行政相对人。

许可证原则上由实施行政许可的新闻出版行政部门发放。为方便行政相对人,也可由实施行政许可的新闻出版行政部门依法委托下级新闻出版行政部门代为发放。

新闻出版行政部门应当自作出行政许可批准决定之日起10个工作日内,将许可证送达行政相对人。

委托发放许可证的,下级新闻出版行政部门应自收到行政许可批准决定和许可证后4个工作日内送达行政相对人,并不得要求行政相对人另行办理许可证申领手续。

第三章　许可证的使用、换发与补发

第十条　许可证持证者应按照许可证所载明的业务范围和期限从事新闻出版活动。

第十一条　许可证不得伪造、涂改、冒用,或者以买卖、租借等任何形式转让。

第十二条　许可证有效期满即失效。持证者需要延续依法取得的许可证的,应当在该许可证有效期限届满30日前,向原发证机关提出换发许可证申请。

第十三条　许可证发生损坏、丢失的,持证人应向原发证机关申请补发新证。申请时须将损坏的许可证原件缴还原发证机关。发证机关应当自收到补发许可证申请后5个工作日内,注销旧证,发放新证。

第十四条　换发新的许可证时,应同时收回旧证。除国家新闻出版广电总局直接换发的许可证外,其余旧证按属地管理原则由属地许可证换发部门统一登记销毁,并于销毁后1个月内将换发、销毁情况逐级报上级新闻出版行政部门备案。

第四章　许可证的变更与注销

第十五条　许可证登记的许可事项发生变更的,实施行政许可的新闻出版行政部门应根据持证者提出的许可申请,履行审批程序,按审批权限在变更记录页上办理变更登记或由原发证机关换发新证。

第十六条　许可证登记的非许可事项发生变更的,实施行政许可或受委托的新闻出版行政部门根据持证者

提出的变更申请,原则上应现场即时完成许可证副本变更记录页的变更登记或由原发证机关换发新证,为行政相对人提供便捷高效的服务。

第十七条 实行年度核验制度的行政许可,许可证在年度核验合格并加盖核验章后继续使用。

第十八条 有《行政许可法》第七十条规定情形的,由实施行政许可的新闻出版行政部门在1个月内注销许可证并公示。

第五章 许可证的电子信息化管理

第十九条 国家实行统一的许可证信息化管理。国家新闻出版广电总局负责"全国新闻出版许可证信息管理系统"的总体设计、建设指导以及应用协调等工作,实行许可证信息的全国联网、集中公示和有效管理。

第二十条 地方各级新闻出版行政部门按要求做好"全国新闻出版许可证信息管理系统"的衔接、应用工作,严格履行信息采集、报送等职责。

第二十一条 新闻出版行政部门在条件具备时制作发放电子许可证。电子许可证与纸质许可证具有同等的法律效力。

第六章 法律责任

第二十二条 新闻出版行政部门有下列行为之一的,依据《行政许可法》第六十九条、第七十四条,由其上级行政机关或者监察机关责令纠正违法违规行为,撤销行政许可,注销所发放的许可证并予以通报批评;情节严重的,追究部门主要领导和直接责任人员的行政责任:

(一)无法定行政许可依据或超越权限设立许可证的;

(二)未经法定行政许可,擅自制作、发放许可证的;

(三)违规在许可证上加盖公章的;

(四)擅自改变许可证样式、登记项目并制作、发放许可证的。

第二十三条 新闻出版行政部门有下列行为之一的,由其上级行政机关或者监察机关责令改正并通报批评:

(一)由行政相对人或其他机构代为填写许可证内容的;

(二)不按行政许可决定填写许可证内容的;

(三)发放许可证时要求行政相对人另行办理申领手续的;

(四)未按规定及时发放许可证的;

(五)未按规定逐级报备废旧许可证销毁情况的。

第二十四条 违法违规收取涉及许可证有关费用的,依据《行政许可法》第七十五条,由其上级行政机关或者监察机关追究有关领导和直接责任人员的行政责任,监督退还所收取的费用并通报批评;情节严重的,移交有关部门查处。

第二十五条 新闻出版行政部门工作人员在涉及许可证的有关工作中,利用职务获取不当利益的,依据《出版管理条例》第六十条规定处罚。

第二十六条 行政相对人有下列行为之一的,依据《行政许可法》《出版管理条例》《音像制品管理条例》《印刷业管理条例》和有关部门规章的规定处罚;没有相应规定的,由新闻出版行政部门责令改正,情节严重的,并处警告或3万元以下罚款:

(一)许可证登记事项发生改变,未依法依规进行变更登记的;

(二)涂改、出卖、租借或者以其他形式非法转让许可证的;

(三)以欺骗、贿赂等不正当手段取得许可证的;

(四)未按许可证载明的业务范围从事新闻出版活动的。

第七章 附 则

第二十七条 《新闻记者证》等有关人员资格证书不适用本办法。

第二十八条 省级新闻出版行政部门可根据本地区实际制定实施办法。

第二十九条 电子许可证和"全国新闻出版许可证信息管理系统"的管理办法由国家新闻出版广电总局另行制定。

第三十条 地方性法规设定行政许可的许可证的设立、设计、印刷、制作、发放、变更登记事项、注销等,可参照本办法进行管理。

第三十一条 本办法自2016年3月1日起施行。

中华人民共和国新闻出版行政执法证管理办法

·1998年6月15日国家新闻出版署令第13号公布
·自1998年8月1日起施行

第一条 为了统一集中地管理《中华人民共和国新闻出版行政执法证》(以下简称新闻出版行政执法证),规范新闻出版行政执法行为,促进新闻出版行政执法队伍建设,根据《中华人民共和国行政处罚法》和《出版管理行政处罚实施办法》，制定本办法。

　　第二条　新闻出版行政执法证是新闻出版行政执法人员履行新闻出版行政执法职的有效资格和身份评价，各级新闻出版行政机关执法人员应当依照本办法的规定申领、使用。

　　第三条　新闻出版行政执法证由国家新闻出版署统一制作、颁发、规格、式样和内文全国统一，并按照国家新闻出版署规定的编码办法编写证号。

　　第四条　新闻出版行政执法证的管理实行国家新闻出版署主管、各级新闻出版行政机关分级负责的原则。国家新闻出版署是新闻出版行政执法证的主管机关，并负责署机关和省级新闻出版局的新闻出版行政执法证的核发和管理；省级新闻出版局负责本行政区域其他各级新闻出版行政机关的新闻出版行政执法证的核发和管理。

　　各级新闻出版行政机关应当教育和监督其行政执法人员依法正确使用新闻出版行政执法证。

　　新闻出版行政执法证核发和管理的具体工作由本机关的法制工作部门负责。

　　第五条　申请领取新闻出版行政执法证，应当具备以下条件：

　　（一）系新闻出版行政机关的正式工作人员；

　　（二）在新闻出版行政执法岗位上执行职务；

　　（三）经过新闻出版行政执法培训，考核合格。

　　第六条　省级新闻出版局负责培训、考核本行政区域新闻出版行政执法人员。培训内容由国家新闻出版署确定。

　　第七条　申请领取新闻出版行政执法证，须由执法人员所在机关填写《中华人民共和国新闻出版行政执法证申领表》并签署意见盖章后，根据本办法第四条规定，报国家新闻出版署或者省级新闻出版局。

　　县级新闻出版行政机关申请领取新闻出版行政执法证，经由地市新闻出版行政机关统一向省级新闻出版局办理。

　　第八条　国家新闻出版署和省级新闻出版局对申请领取新闻出版行政执法证的执法人员的条件进行审查，符合条件的予以核发。

　　第九条　新闻出版行政执法证有效期为5年，有效期届满时，国家新闻出版署和省级新闻出版局负责收回，由国家新闻出版署统一销毁，并按照本规定重新核发。

　　第十条　新闻出版行政执法证实行年检制度，每年注册一次。省新闻出版局负责本行政区域的新闻出版行

政执法证的年检注册。被暂扣的新闻出版行政执法证不予注册。不予注册和未经注册的新闻出版行政执法证不得使用。

　　第十一条　新闻出版行政执法人员在依法实施行政处罚、行政强制措施、行政执法检查以及履行其他法定执法职责时，必须持有并出示新闻出版行政执法证。

　　第十二条　新闻出版行政执法证限于持证人在本行政区域内照法定职权使用，不得转借他人，不得超越法定职权使用。在其他行政区域持证从事行政执法活动，须由持有本证的当地新闻出版行政执法人员陪同。

　　第十三条　未按照本规定领取新闻出版行政执法证的新闻出版行政执法人员和新闻出版行政机关的其他工作人员，不得从事新闻出版行政执法活动。

　　第十四条　新闻出版行政执法证的规格、式样和内文不得擅自变动或者涂改，凡擅自变动或者涂改的证件一律作废，不得使用。

　　第十五条　新闻出版行政执法人员应当妥善保管新闻出版行政执法证，丢失或者毁损的，应当立即向发证机关报告，丢失的登报声明作废。经向所在机关重新申请，可以补新证。

新闻记者证管理办法

·2009年8月24日新闻出版总署令第44号公布
·自2009年10月15日起施行

第一章　总　则

　　第一条　为规范新闻记者证的管理，保障新闻记者的正常采访活动，维护新闻记者和社会公众的合法权益，根据有关法规和国务院决定，制定本办法。

　　第二条　本办法适用于新闻记者证的申领、核发、使用和管理。

　　在中华人民共和国境内从事新闻采编活动，须持有新闻出版总署核发的新闻记者证。

　　第三条　新闻记者证是新闻记者职务身份的有效证明，是境内新闻记者从事新闻采编活动的唯一合法证件，由新闻出版总署依法统一印制并核发。

　　境内新闻机构使用统一样式的新闻记者证。

　　第四条　本办法所称新闻记者，是指新闻机构编制内或者经正式聘用，专职从事新闻采编岗位工作，并持有新闻记者证的采编人员。

　　本办法所称新闻机构，是指经国家有关行政部门依法批准设立的境内报纸出版单位、新闻性期刊出版单位、

通讯社、广播电台、电视台、新闻电影制片厂等具有新闻采编业务的单位。其中,报纸、新闻性期刊出版单位由国务院新闻出版行政部门认定;广播、电影、电视新闻机构的认定,以国务院广播电影电视行政部门的有关批准文件为依据。

第五条　新闻记者持新闻记者证依法从事新闻采访活动受法律保护。各级人民政府及其职能部门、工作人员应为合法的新闻采访活动提供必要的便利和保障。

任何组织或者个人不得干扰、阻挠新闻机构及其新闻记者合法的采访活动。

第六条　新闻记者证由新闻出版总署统一编号,并签印新闻出版总署印章、新闻记者证核发专用章、新闻记者证年度核验标签和本新闻机构(或者主办单位)钢印方为有效。

其他任何单位或者个人不得制作、仿制、发放、销售新闻记者证,不得制作、发放、销售专供采访使用的其他证件。

第二章　申领与核发

第七条　新闻出版总署负责全国新闻记者证的核发工作,省、自治区、直辖市新闻出版行政部门负责审核本行政区域新闻机构的新闻记者证。

第八条　新闻记者证由新闻机构向新闻出版行政部门申请领取。申领新闻记者证须由新闻机构如实填写并提交《领取新闻记者证登记表》《领取新闻记者证人员情况表》以及每个申领人的身份证、毕业证、从业资格证(培训合格证)、劳动合同复印件等申报材料。

第九条　新闻机构中领取新闻记者证的人员须同时具备下列条件:

(一)遵守国家法律、法规和新闻工作者职业道德;

(二)具备大学专科以上学历并获得国务院有关部门认定的新闻采编从业资格;

(三)在新闻机构编制内从事新闻采编工作的人员,或者经新闻机构正式聘用从事新闻采编岗位工作且具有一年以上新闻采编工作经历的人员。

本条所称"经新闻机构正式聘用",是指新闻采编人员与其所在新闻机构签有劳动合同。

第十条　下列人员不发新闻记者证:

(一)新闻机构中党务、行政、后勤、经营、广告、工程技术等非采编岗位的工作人员;

(二)新闻机构以外的工作人员,包括为新闻单位提供稿件或者节目的通讯员、特约撰稿人,专职或兼职为新闻机构提供新闻信息的其他人员;

(三)教学辅导类报纸、高等学校校报工作人员以及没有新闻采访业务的期刊编辑人员;

(四)有不良从业记录的人员、被新闻出版行政部门吊销新闻记者证并在处罚期限内的人员或者受过刑事处罚的人员。

第十一条　中央单位所办新闻机构经主管部门审核所属新闻机构采编人员资格条件后,向新闻出版总署申领新闻记者证,由新闻出版总署批准后发放新闻记者证。

第十二条　省和省以下单位所办新闻机构经主管部门审核所属新闻机构采编人员资格条件后,向所在地省、自治区、直辖市新闻出版行政部门申领新闻记者证,由省、自治区、直辖市新闻出版行政部门审核并报新闻出版总署批准后,发放新闻记者证。

其中,地、市、州、盟所属新闻机构申领新闻记者证须经地、市、州、盟新闻出版行政部门审核后,报省、自治区、直辖市新闻出版行政部门。

第十三条　记者站的新闻采编人员资格条件经设立该记者站的新闻机构审核,主管部门同意后,向记者站登记地省、自治区、直辖市新闻出版行政部门申领新闻记者证,由省、自治区、直辖市新闻出版行政部门审核并报新闻出版总署批准后,发放新闻记者证。

在地、市、州、盟设立的记者站,申领新闻记者证应报当地新闻出版行政部门逐级审核后,报省、自治区、直辖市新闻出版行政部门。

新闻机构记者站的新闻记者证应注明新闻机构及记者站名称。

第十四条　解放军总政治部宣传部新闻出版局负责解放军和武警部队(不含边防、消防、警卫部队)新闻机构新闻记者证的审核发放工作,并向新闻出版总署备案。

第十五条　除解放军和武警部队(不含边防、消防、警卫部队)系统外,新闻记者证申领、审核、发放和注销工作统一通过新闻出版总署的"全国新闻记者证管理及核验网络系统"进行。

第三章　使用与更换

第十六条　新闻采编人员从事新闻采访工作必须持有新闻记者证,并应在新闻采访中主动向采访对象出示。

新闻机构中尚未领取新闻记者证的采编人员,必须在本新闻机构持有新闻记者证的记者带领下开展采访工作,不得单独从事新闻采访活动。

第十七条　新闻机构非采编岗位工作人员、非新闻机构以及其他社会组织或者个人不得假借新闻机构或者假冒新闻记者进行新闻采访活动。

第十八条　新闻记者使用新闻记者证从事新闻采访活动,应遵守法律规定和新闻职业道德,确保新闻报道真实、全面、客观、公正,不得编发虚假报道,不得刊播虚假新闻,不得徇私隐匿应报道的新闻事实。

第十九条　新闻采访活动是新闻记者的职务行为,新闻记者证只限本人使用,不得转借或者涂改,不得用于非职务活动。

新闻记者不得从事与记者职务有关的有偿服务、中介活动或者兼职、取酬,不得借新闻采访工作从事广告、发行、赞助等经营活动,不得创办或者参股广告类公司,不得借新闻采访活动牟取不正当利益,不得借舆论监督进行敲诈勒索、打击报复等滥用新闻采访权利的行为。

第二十条　新闻记者与新闻机构解除劳动关系、调离本新闻机构或者采编岗位,应在离岗前主动交回新闻记者证,新闻机构应立即通过"全国新闻记者证管理及核验网络系统"申请注销其新闻记者证,并及时将收回的新闻记者证交由新闻出版行政部门销毁。

第二十一条　新闻记者证因污损、残破等各种原因无法继续使用,由新闻机构持原证到发证机关更换新证,原新闻记者证编号保留使用。

第二十二条　新闻记者证遗失后,持证人须立即向新闻机构报告,新闻机构须立即办理注销手续,并在新闻出版总署或者省、自治区、直辖市新闻出版行政部门指定的媒体上刊登遗失公告。

需要重新补办新闻记者证的,可在刊登公告一周后到发证机关申请补领新证,原新闻记者证编号同时作废。

第二十三条　新闻机构撤销,其原已申领的新闻记者证同时注销。该新闻机构的主管单位负责收回作废的新闻记者证,交由发证机关销毁。

第二十四条　采访国内、国际重大活动,活动主办单位可以制作一次性临时采访证件,临时采访证件的发放范围必须为新闻记者证的合法持有人,并随新闻记者证一同使用。

第二十五条　新闻记者证每五年统一换发一次。新闻记者证换发的具体办法由新闻出版总署另行制定。

第四章　监督管理

第二十六条　新闻出版总署和各省、自治区、直辖市新闻出版行政部门以及解放军总政治部宣传部新闻出版局负责对新闻记者证的发放、使用和年度核验等工作进行监督管理。

各级新闻出版行政部门负责对新闻记者在本行政区域内的新闻采编活动进行监督管理。

新闻出版行政部门根据调查掌握的违法事实,建立不良从业人员档案,并适时公开。

第二十七条　新闻机构的主管单位须履行对所属新闻机构新闻记者证的申领审核和规范使用的管理责任,加强对所属新闻机构及其新闻记者开展新闻采编活动的监督管理。

第二十八条　新闻机构须履行对所属新闻采编人员资格条件审核及新闻记者证申领、发放、使用和管理责任,对新闻记者的采访活动进行监督管理,对有违法行为的新闻记者应及时调查处理。

新闻机构应建立健全新闻记者持证上岗培训和在岗培训制度,建立健全用工制度和社会保障制度,及时为符合条件的采编人员申领新闻记者证。

新闻机构不得聘用存在搞虚假报道、有偿新闻、利用新闻报道谋取不正当利益、违法使用新闻记者证等不良从业记录的人员。

第二十九条　新闻机构每年应定期公示新闻记者证持有人名单和新申领新闻记者证人员名单,在其所属媒体上公布"全国新闻记者证管理及核验网络系统"的网址和举报电话,方便社会公众核验新闻记者证,并接受监督。

第三十条　被采访人以及社会公众有权对新闻记者的新闻采访活动予以监督,可以通过"全国新闻记者证管理及核验网络系统"等途径核验新闻记者证、核实记者身份,并对新闻记者的违法行为予以举报。

第三十一条　新闻记者涉嫌违法被有关部门立案调查的,新闻出版总署可以视其涉嫌违法的情形,通过"全国新闻记者证管理及核验网络系统"中止其新闻记者证使用,并根据不同情形依法处理。

第三十二条　新闻记者证实行年度核验制度,由新闻出版总署和各省、自治区、直辖市新闻出版行政部门以及解放军总政治部宣传部新闻出版局分别负责中央新闻机构、地方新闻机构和解放军及武警部队(不含边防、消防、警卫部队)新闻机构新闻记者证的年度核验工作。

新闻记者证年度核验每年1月开始,3月15日前结束,各省、自治区、直辖市新闻出版行政部门和解放军总政治部宣传部新闻出版局须在3月31日前,将年度核验报告报新闻出版总署。

新闻机构未按规定进行新闻记者证年度核验的,由发证机关注销其全部新闻记者证。

第三十三条　新闻记者证年度核验工作由新闻机构

自查,填写《新闻记者证年度核验表》,经主管单位审核后,报新闻出版行政部门依法核验。年度核验的主要内容是:

(一)检查持证人员是否仍具备持有新闻记者证的所有条件;

(二)检查持证人员本年度内是否出现违法行为;

(三)检查持证人员的登记信息是否变更。

通过年度核验的新闻记者证,由新闻出版行政部门核发年度核验标签,并粘贴到新闻记者证年度核验位置,新闻记者证的有效期以年度核验标签的时间为准。未通过年度核验的新闻记者证,由发证机关注销,不得继续使用。

第五章　法律责任

第三十四条　新闻机构及其工作人员违反本办法的,新闻出版行政部门视其情节轻重,可采取下列行政措施:

(一)通报批评;

(二)责令公开检讨;

(三)责令改正;

(四)中止新闻记者证使用;

(五)责成主管单位、主办单位监督整改。

本条所列行政措施可以并用。

第三十五条　新闻机构工作人员有以下行为之一的,由新闻出版总署或者省、自治区、直辖市新闻出版行政部门给予警告,并处 3 万元以下罚款,情节严重的,吊销其新闻记者证,构成犯罪的,依法追究刑事责任:

(一)违反本办法第十七条,从事有关活动的;

(二)违反本办法第十八条,编发虚假报道的;

(三)违反本办法第十九条,转借、涂改新闻记者证或者利用职务便利从事不当活动的;

(四)违反本办法第二十条,未在离岗前交回新闻记者证的。

第三十六条　新闻机构有以下行为之一的,由新闻出版总署或者省、自治区、直辖市新闻出版行政部门没收违法所得,给予警告,并处 3 万元以下罚款,可以暂停核发该新闻机构新闻记者证,并建议其主管单位、主办单位对其负责人给予处分:

(一)违反本办法第六条,擅自制作、仿制、发放、销售新闻记者证或者擅自制作、发放、销售采访证件的;

(二)违反本办法第八条,提交虚假申报材料的;

(三)未按照本办法第九条、第十条,严格审核采编人员资格或者擅自扩大发证范围的;

(四)违反本办法第十六条,新闻机构内未持有新闻记者证的人员从事新闻采访活动的;

(五)违反本办法第二十条,未及时注销新闻记者证的;

(六)违反本办法第二十二条,未及时办理注销手续的;

(七)违反本办法第二十八条,未履行监管责任、未及时为符合条件的采编人员申领新闻记者证的或者违规聘用有关人员的;

(八)违反本办法第二十九条,未公示或公布有关信息的;

(九)违反本办法第三十二条,未按时参加年度核验的;

(十)对本新闻机构工作人员出现第三十五条所列行为负有管理责任的。

第三十七条　社会组织或者个人有以下行为之一的,由新闻出版行政部门联合有关部门共同查处,没收违法所得,给予警告,并处 3 万元以下罚款,构成犯罪的,依法追究刑事责任:

(一)擅自制作、仿制、发放、销售新闻记者证或者擅自制作、发放、销售采访证件的;

(二)假借新闻机构、假冒新闻记者从事新闻采访活动的;

(三)以新闻采访为名开展各类活动或者谋取利益的。

第三十八条　新闻记者因违法活动被吊销新闻记者证的,5 年内不得重新申领新闻记者证,被追究刑事责任的,终身不得申领新闻记者证。

第六章　附　则

第三十九条　国外及香港、澳门、台湾新闻机构的人员在境内从事新闻采访活动,不适用本办法。

第四十条　本办法自 2009 年 10 月 15 日起施行。2005 年 1 月 10 日新闻出版总署颁布的《新闻记者证管理办法》同时废止,本办法生效前颁布的与本办法不一致的其他规定不再执行。

新闻出版行业标准化管理办法

·2013 年 12 月 27 日国家新闻出版广电总局令第 1 号公布
·自 2014 年 2 月 1 日起施行

第一章　总　则

第一条　为加强新闻出版行业标准化工作的管理,促进新闻出版业技术创新与发展,根据《中华人民共和国标准化法》等相关法律法规,结合新闻出版行业的实际情况,制定本办法。

第二条　在中华人民共和国境内从事新闻出版行业标准化活动,适用本办法。

第三条　新闻出版行业标准化工作全面落实国家标准化战略,以推动新闻出版技术进步,促进新闻出版业健康、有序发展为宗旨,贯彻协调统一、广泛参与、鼓励创新、国际接轨、支撑发展的标准化工作方针,坚持依法办事、科学公正、公开透明和协调推进的原则。

第四条　新闻出版行业标准化工作的主要任务是在全行业开展标准的制定、修订、宣传、实施,运用标准化手段促进新闻出版行业的技术进步,提升新闻出版行业产品质量和服务质量。

第五条　标准化是新闻出版行业科学发展的重要基础性工作,各级出版行政主管部门要加强对新闻出版行业标准化工作的领导和管理,并纳入新闻出版行业各级发展规划、计划和财政预算。

第六条　新闻出版行业各单位不得无标准生产,应依法执行强制性标准,积极采用推荐性标准;鼓励研究国际标准和国外先进标准,结合我国国情和产业发展的需要,积极采用,制定相关标准。

第二章　组织机构与职责分工

第七条　新闻出版广电总局统一管理新闻出版行业标准化工作,履行下列职责:

(一)贯彻执行国家标准化工作的方针、政策和法律法规,制定、颁布新闻出版行业标准化工作相关规定,负责新闻出版行业标准化工作的宏观管理;

(二)审批发布新闻出版行业标准化工作规划和工作计划;

(三)负责新闻出版领域国家标准的申报;

(四)负责新闻出版领域行业标准的批准发布,并报国家标准化主管部门备案;

(五)受国家标准化主管部门委托,管理新闻出版领域的全国专业标准化技术委员会;

(六)批准成立新闻出版领域的行业专业标准化技术委员会;

(七)批准成立新闻出版领域标准注册管理机构;

(八)审议、决定新闻出版行业标准化工作的其他重大事项。

第八条　新闻出版广电总局标准化主管部门具体负责管理新闻出版行业标准化工作,履行下列职责:

(一)负责标准化工作在新闻出版行业的贯彻实施,组织起草新闻出版行业标准化工作的相关规定,起草、实施新闻出版行业标准化工作规划和工作计划,建立和完善新闻出版行业标准化体系;

(二)负责新闻出版行业标准化工作的日常管理与监督,负责与其他行业标准化工作的协调;

(三)组织起草新闻出版领域国家标准;

(四)审核和批准行业标准立项;

(五)负责组织新闻出版领域相关标准的制定、修订、复审工作;

(六)负责行业标准发布前的审核;

(七)开展行业标准的动态维护和标准符合性测试与评估工作;

(八)负责新闻出版领域的标准宣传、培训、实施,对标准贯彻实施情况进行监督检查;

(九)组建和管理新闻出版专业标准化技术委员会,并指导其开展相关标准化工作;

(十)组建和管理新闻出版领域标准注册管理机构;

(十一)组织协调参加国际标准化组织的有关活动并承担有关工作;

(十二)负责新闻出版行业标准化工作的其他重大事项。

第九条　新闻出版广电总局有关业务部门履行下列职责:

(一)贯彻执行有关标准化工作的方针、政策和法律法规;

(二)在本部门业务范围内负责提出制定、修订标准的立项建议;

(三)在本部门业务范围内负责标准的贯彻实施及监督检查;

(四)协助新闻出版广电总局标准化主管部门开展标准化宣传、培训工作。

第十条　各省、自治区、直辖市人民政府出版行政主管部门履行下列职责:

(一)贯彻执行有关标准化工作的方针、政策和法律法规;

(二)提出制定、修订标准的立项建议;

(三)在本行政区域内负责标准的贯彻实施及监督检查;

(四)对本行政区域内各新闻出版单位及相关行业协会、学术团体的标准化工作进行指导;

(五)在本行政区域内协助开展新闻出版标准化宣传、培训工作。

第十一条　新闻出版专业标准化技术委员会包括新闻出版领域的全国专业标准化技术委员会及行业专业标

准化技术委员会,是由新闻出版广电总局归口管理的在本专业领域内从事全国性标准化工作的组织机构,按技术归口管理原则划分工作范围,履行下列职责:

(一)贯彻执行有关标准化工作的方针、政策和法律法规;

(二)研究起草本专业标准化工作规划,建立健全标准体系;

(三)分析本专业领域的标准化工作需求,广泛征集标准立项建议,提出本专业领域的标准制定、修订计划项目;

(四)按照各级标准化主管部门批准的标准制定、修订计划,组织本专业领域标准的制定和修订工作;

(五)负责对组织起草的标准的专业内容和文本质量进行审查;

(六)组织对本专业领域的标准进行复审;

(七)组织开展标准宣传、培训、对外交流工作,协助开展对标准贯彻实施情况的检查工作,提供相关技术服务;

(八)承办新闻出版广电总局标准化主管部门委托的其他工作。

第三章 标准的制定、修订与发布

第十二条 新闻出版领域行业标准的制定、修订与发布应本着公开透明、科学合理、技术先进、协调配套、切实可行和符合经济社会发展需要的原则进行。

新闻出版领域国家标准的制定、修订与发布应遵循《国家标准管理办法》。

第十三条 任何单位和个人均可向技术归口的新闻出版专业标准化技术委员会提出标准立项建议,所提立项建议没有技术归口管理的新闻出版专业标准化技术委员会时,可以向新闻出版广电总局标准化主管部门直接提出,由新闻出版广电总局标准化主管部门指定新闻出版专业标准化技术委员会负责接收。

立项建议应符合以下条件:

(一)在新闻出版领域内,有制定基础、通用、方法、产品、技术、管理等各类标准以规范生产与管理的需求;

(二)因现行标准不适用而应予以修订。

第十四条 新闻出版领域行业标准制定、修订实行年度立项制度。新闻出版专业标准化技术委员会对立项建议进行论证通过后,于每年5月31日前向新闻出版广电总局标准化主管部门报送下一年度标准立项申请,申请立项应提供如下材料:

(一)标准项目建议书;

(二)标准草案或框架;

(三)项目立项专家论证意见;

(四)其他必要材料。

第十五条 新闻出版广电总局标准化主管部门于每年7月31日前完成年度立项申请的审查,确定项目名称、项目归口管理的新闻出版专业标准化技术委员会、项目承担方等,并形成下一年度的新闻出版领域行业标准制定、修订计划,经公示后由新闻出版广电总局下达。

第十六条 新闻出版广电总局标准化主管部门对列入新闻出版领域行业标准制定、修订计划中的标准制定、修订项目给予适当经费补贴。补贴经费的使用,须按新闻出版广电总局相关经费管理办法的规定专款专用。鼓励有条件的企业参与标准的制定、修订工作。

第十七条 新闻出版领域行业标准制定、修订计划执行过程中,必要时可以对计划项目进行增补、调整或撤销。

第十八条 项目承担方应在计划确定的时限内完成标准的起草工作。标准的起草应在广泛调研、深入研究、充分协调和试验验证的基础上,按照标准编写规则提出标准征求意见稿,并广泛征求意见。

第十九条 项目承担方向项目归口管理的新闻出版专业标准化技术委员会秘书处提交项目送审材料,由秘书处对送审材料进行审核,确定能否提交审查,如未达到审查要求应退回项目承担方修改完善。

送审材料包括:

(一)标准送审稿;

(二)编制说明及有关附件;

(三)征求意见汇总处理表及标准征求意见稿。

第二十条 标准的审查由项目归口管理的新闻出版专业标准化技术委员会组织进行,由委员会秘书处召开专家审查会,对标准送审稿提出初步审查意见;初步审查通过后,由全体委员以会议审查或函审方式完成标准审查。

第二十一条 标准的报批由项目归口管理的新闻出版专业标准化技术委员会向新闻出版广电总局标准化主管部门提出申请,应提交如下材料:

(一)标准申报单;

(二)标准报批稿;

(三)编制说明及有关附件;

(四)征求意见汇总处理表及标准送审稿;

(五)审查会议纪要或函审结论表。

第二十二条 新闻出版领域行业标准报批稿经新闻出版广电总局标准化主管部门审核通过后,统一编号,由新闻出版广电总局批准发布,并向国家标准化主管部门备案。

第二十三条 新闻出版领域行业标准由新闻出版广电总局授权出版单位出版,相关费用从项目经费中支出。

第二十四条 新闻出版领域行业标准由新闻出版广电总局负责解释。

第二十五条 新闻出版领域强制性行业标准的代号为 CY;推荐性行业标准的代号为 CY/T;行业标准化指导性技术文件的代号为 CY/Z。

第二十六条 新闻出版领域标准实施后,新闻出版专业标准化技术委员会应根据新闻出版产业发展形势,结合新闻出版行业科学技术的发展及管理的需要适时组织复审,并形成复审报告,报新闻出版广电总局审批发布。复审周期一般不超过五年。

第二十七条 对只有通过动态维护方式才能有效实施的标准,新闻出版广电总局在批准发布时指定其动态维护机构,由该机构组织技术专家负责该标准的动态维护。

第二十八条 新闻出版行业标准批准发布后,任何单位或个人发现个别技术内容有问题,必须作少量修改或增减时,可以向新闻出版专业标准化委员会提出修改建议,由该标准化技术委员会审核认定后提交标准修改单,报新闻出版广电总局标准化主管部门审核并做出相应决定。

第四章　标准的实施和监督

第二十九条 新闻出版广电总局标准化主管部门应在标准发布后组织标准的宣传和贯彻,并对标准的实施情况进行监督检查。

第三十条 新闻出版广电总局和各省、自治区、直辖市人民政府出版行政主管部门设立的质量检验机构,要密切配合标准的贯彻实施工作,依据相关标准对新闻出版领域企业提供的产品和服务进行检验。

第三十一条 新闻出版专业标准化技术委员会应协助各级政府相关机构及质量检验机构开展标准的宣传和实施的监督检查工作。

第三十二条 任何单位和个人在新闻出版领域开展生产、经营等活动中,应依法执行强制性标准,积极采用推荐性标准和行业标准化指导性技术文件。任何单位开展的生产和服务活动,应当执行相应的企业标准或项目标准、工程标准。

禁止生产、销售和进口不符合强制性标准的产品。

第三十三条 新闻出版领域各类产品未达到相关强制性标准要求的,不得进入流通领域;凡未通过标准检验和标准符合性测试认证的产品不得参评相关奖励。

第三十四条 标准属于科技成果,对技术水平高和取得显著效益的新闻出版领域的国家标准或行业标准,应纳入新闻出版领域相关科技奖励范围。

第五章　法律责任

第三十五条 违反本办法的,由出版行政主管部门责令改正,视情节轻重依法作出警告、三万元以下罚款的行政处罚。其中,提供的产品或服务不符合强制性标准的,由出版行政主管部门责令停止生产或服务。法律、行政法规另有规定的除外。

出版物质量不符合有关标准的,根据《出版管理条例》第六十七条的规定,由出版行政主管部门责令改正,给予警告;情节严重的,责令限期停业整顿或者由原发证机关吊销许可证。

第三十六条 标准化主管部门、质量检验机构和标准测试工作机构的工作人员,因失职、渎职造成不良后果或重大损失的,由有关主管部门给予行政处分,构成犯罪的依法追究刑事责任。

第六章　附　则

第三十七条 在中华人民共和国境内从事版权领域标准化活动,参照适用本办法。

第三十八条 本办法自 2014 年 2 月 1 日起施行,新闻出版署于 2001 年 1 月 6 日发布的《新闻出版行业标准化管理办法》同时废止。

(4)音像出版、电子出版

音像制品制作管理规定

· 2008 年 2 月 21 日新闻出版总署令第 35 号公布
· 自 2008 年 4 月 15 日起施行
· 根据 2015 年 8 月 28 日国家新闻出版广电总局令第 3 号《关于修订部分规章和规范性文件的决定》第一次修订
· 根据 2017 年 12 月 11 日国家新闻出版广电总局令第 13 号《关于废止、修改和宣布失效部分规章、规范性文件的决定》第二次修订

第一章　总　则

第一条 为了加强音像制品制作经营活动的管理,促进音像制品制作行业的发展和繁荣,根据国务院《音像制品管理条例》、《出版管理条例》,制定本规定。

第二条 本规定所称音像制品制作是指通过录音、录像等技术手段,将声音、图像、文字等内容整理加工成音像制品节目源的活动。

第三条 任何组织和个人不得制作含有《音像制品管理条例》第三条第二款禁止内容的音像制品。

第四条　国家对从事音像制品制作经营活动实行许可制度;未经许可,任何单位和个人不得从事音像制品制作经营活动。

音像出版单位从事音像制品制作经营活动,无需再申请取得《音像制品制作许可证》。

第五条　新闻出版总署负责对全国音像制品制作管理工作实施监督。

县级以上地方新闻出版行政部门负责本行政区域内音像制品制作的监督管理工作。

第二章　申请从事音像制作业务

第六条　申请从事音像制作业务应当具备下列条件:

(一)有音像制作单位的名称、章程;

(二)有适应业务范围需要的组织机构和音像制作专业技术人员,从事音像制作业务的专业技术人员不得少于5人;

(三)有必要的技术设备;

(四)有固定的经营场所;

(五)法律、法规规定的其他条件。

审批从事音像制作业务,除依照前款所列条件外,还应符合本地区音像制作单位总量、布局和结构的规划。

第七条　申请从事音像制作业务,由所在地省、自治区、直辖市新闻出版行政部门审批。省、自治区、直辖市新闻出版行政部门应当自受理申请之日起60日内作出批准或者不批准的决定,并通知申请人。批准的,发给《音像制品制作许可证》;不批准的,应当说明理由。

第八条　申请从事音像制作业务,应当提交以下材料:

(一)申请书,申请书应当载明单位名称、地址,制作业务范围,资金来源及数额,法定代表人或者主要负责人姓名、住址等内容;

(二)单位章程;

(三)专业技术人员的资历证明文件;

(四)注册资本数额、来源及性质证明;

(五)经营场所使用证明。

第九条　音像制作单位变更名称、业务范围,或者兼并其他音像制作单位,或者因合并、分立而设立新的音像制作单位的,应当依照本办法第七条、第八条的规定办理审批手续。

第十条　音像制作单位变更地址、法定代表人或者主要负责人,或者终止音像制作经营活动的,应当在10日内向所在地省、自治区、直辖市新闻出版行政部门备案。

第十一条　自取得《音像制品制作许可证》6个月内未开展音像制品制作业务或者停业满1年的,由所在地省、自治区、直辖市新闻出版行政部门注销《音像制品制作许可证》。

第三章　制作经营活动管理

第十二条　音像制作单位的法定代表人或者主要负责人应当接受所在地地市以上新闻出版行政部门组织的岗位培训。

第十三条　音像制作单位必须有健全的内部管理制度,并填写制作文档记录。制作文档记录须归档保存2年以备查验。

制作文档记录由新闻出版总署制定统一格式。

第十四条　音像制作单位接受委托制作音像制品的,应当按照国家有关规定,与委托方订立制作委托合同,并验证委托方《营业执照》或者身份证明材料。

前款所涉及的合同、《营业执照》及身份证明材料复印件,音像制作单位应当归档保存2年以备查验。

第十五条　音像制作单位未经授权,不得以任何形式将接受委托制作的音像制品提供给委托方以外的单位或者个人。

第十六条　音像制作单位制作的音像制品,应当符合国家有关质量、技术标准和规定。

第十七条　依法从事音像制作业务的单位有权在出版的音像制品及其包装上署名。其他单位或者个人不得以制作单位名义在音像制品上署名。

第十八条　音像制作单位每2年履行一次年度核验手续。

省、自治区、直辖市新闻出版行政部门负责年度核验工作并制定具体办法。

省、自治区、直辖市新闻出版行政部门应在年度核验工作完成后30日内将年度核验情况报新闻出版总署。

第十九条　音像制作单位须遵守国家统计规定,依法向新闻出版行政部门报送统计资料。

第二十条　音像出版单位可以与香港特别行政区、澳门特别行政区、台湾地区或者外国的组织、个人合作制作音像制品(以下简称合作制作音像制品),但应由音像出版单位在制作完成后10日内向所在地省、自治区、直辖市新闻出版行政部门备案。

第二十一条　合作制作音像制品应报送以下备案材料:

(一)合作制作音像制品的名称、节目长度、载体形式及内容简介等;

(二)合作双方的名称、基本情况、投资数额;

(三)项目合作合同。

第四章　法律责任

第二十二条　未经批准,擅自从事音像制品制作经营活动的,依照《音像制品管理条例》第三十九条的规定处罚。

音像制作单位以外的单位或者个人以制作单位名义在音像制品上署名的,按照擅自从事音像制品制作经营活动处罚。

第二十三条　制作明知或者应知含有《音像制品管理条例》第三条第二款禁止内容的音像制品的,依照《音像制品管理条例》第四十条的规定处罚。

第二十四条　音像制作单位接受音像出版单位委托制作音像制品未依照本规定验证有关证明的,依照《音像制品管理条例》第四十二条的规定处罚。

第二十五条　音像出版单位与香港特别行政区、澳门特别行政区、台湾地区或者外国的组织、个人合作制作音像制品,未按本规定报送备案的,依照《音像制品管理条例》第四十三条的规定处罚。

第二十六条　音像制作单位有下列行为之一的,依照《音像制品管理条例》第四十四条的规定处罚:

(一)变更名称、业务范围,或者兼并其他音像制作单位,或者因合并、分立而设立新的音像制作单位未依照本规定办理审批手续的;

(二)变更地址、法定代表人或者主要负责人,或者终止制作经营活动,未依照本规定办理备案手续的。

第二十七条　音像制作单位有下列行为之一的,由出版行政部门责令改正,给予警告;情节严重的,并处3万元以下的罚款:

(一)法定代表人或者主要负责人未按本规定参加岗位培训的;

(二)未按本规定填写制作或者归档保存制作文档记录的;

(三)接受非出版单位委托制作音像制品,未依照本规定验证委托单位的有关证明文件的或者未依照本规定留存备查材料的;

(四)未经授权将委托制作的音像制品提供给委托方以外的单位或者个人的;

(五)制作的音像制品不符合国家有关质量、技术标准和规定的;

(六)未依照有关规定参加年度核验的。

第二十八条　音像制作单位未依法向新闻出版行政部门报送统计资料的,依照新闻出版总署、国家统计局联合颁布的《新闻出版统计管理办法》处罚。

第五章　附　则

第二十九条　《音像制品制作许可证》由各省、自治区、直辖市新闻出版行政部门根据新闻出版总署制定的样式印制。

第三十条　在本规定施行前已经取得《音像制品制作许可证》的音像制作单位,在经营期限届满前可继续从事音像制作业务;经营期限届满,需延长经营期限的,应当依照本规定重新办理审批手续。

第三十一条　本规定自2008年4月15日起施行。

关于《音像制品制作管理规定》的补充规定

· 2010年11月23日新闻出版总署令第47号公布
· 自2011年1月1日起施行

为促进香港、澳门与内地建立更紧密经贸关系,鼓励香港、澳门服务提供者在内地设立商业企业,根据国务院批准的《〈内地与香港关于建立更紧密经贸关系的安排〉补充协议七》及《〈内地与澳门关于建立更紧密经贸关系的安排〉补充协议七》,现就《音像制品制作管理规定》(新闻出版总署令第35号)做出如下补充规定:

一、允许香港、澳门服务提供者在内地设立独资、合资或合作企业,从事音像制品制作业务。

二、本规定中的香港、澳门服务提供者应分别符合《内地与香港关于建立更紧密经贸关系的安排》及《内地与澳门建立更紧密经贸关系的安排》中关于"服务提供者"定义及相关规定的要求。

三、香港、澳门服务提供者在内地投资音像制品制作企业的其他事项,按照《音像制品制作管理规定》执行。

四、本规定自2011年1月1日起施行。

音像制品出版管理规定

· 2004年6月17日新闻出版总署令第22号公布
· 根据2015年8月28日《关于修订部分规章和规范性文件的决定》第一次修正
· 根据2017年12月11日《国家新闻出版广电总局关于废止、修改和宣布失效部分规章、规范性文件的决定》第二次修正

第一章　总　则

第一条　为了加强音像制品出版的管理,促进我国音像出版事业的健康发展与繁荣,根据《出版管理条例》、《音像制品管理条例》,制定本规定。

第二条　在中华人民共和国境内从事音像制品出版

活动,适用本规定。

本规定所称音像制品是指录有内容的录音带(AT)、录像带(VT)、激光唱盘(CD)、数码激光视盘(VCD)及高密度光盘(DVD)等。

第三条　任何组织和个人不得出版含有《音像制品管理条例》第三条第二款禁止内容的音像制品。

第四条　新闻出版总署负责全国音像制品出版的监督管理工作。县级以上地方人民政府负责出版管理的行政部门(以下简称出版行政部门)负责本行政区域内音像制品出版的监督管理工作。

音像出版单位的主管机关、主办单位应当按照出版法律、法规和规章,对音像出版单位的出版活动履行管理职责。

第五条　国家对出版音像制品,实行许可制度;未经许可,任何单位和个人不得从事音像制品的出版活动。

音像制品出版的许可证件和批准文件,不得出租、出借、出售或者以其他任何形式转让。

第六条　音像出版行业的社会团体按照其章程,在出版行政部门的指导下,实行自律管理。

第二章　出版单位的设立

第七条　设立音像出版单位,应当具备下列条件:

(一)有音像出版单位的名称、章程;

(二)有符合新闻出版总署认定的主办单位及其主管机关;

(三)有确定的业务范围;

(四)有适应业务范围需要的组织机构和取得国家出版专业技术人员资格的编辑人员,其人数不得少于10人,其中从事音像出版业务2年以上并具有中级以上出版专业技术人员职业资格的不得少于5人;

(五)有30万元以上的注册资本;

(六)有适应业务范围需要的设备和工作场所;

(七)法律、行政法规规定的其他条件。

审批设立音像出版单位,除依照前款所列条件外,还应当符合国家关于音像出版单位总量、布局和结构的规划。

第八条　申请设立音像出版单位,由主办单位向所在地省、自治区、直辖市人民政府出版行政部门提出申请;省、自治区、直辖市人民政府出版行政部门自受理申请之日起20日内提出审核意见,连同申请材料报新闻出版总署审批。

第九条　设立音像出版单位的申请书应当载明下列事项:

(一)音像出版单位的名称、地址;

(二)音像出版单位的主办单位及其主管机关的名称、地址;

(三)音像出版单位的法定代表人或者主要负责人及音像出版专业人员的姓名、住址、资格证明文件;

(四)音像出版单位的注册资本数额、来源及性质证明;

(五)音像出版单位工作场所使用证明文件。

申请书应当附具出版单位的章程和设立出版单位的主办单位及主管机关的有关证明材料。

第十条　新闻出版总署应当自收到申请书之日起60日内作出批准或者不批准的决定,并由省、自治区、直辖市人民政府出版行政部门书面通知主办单位;不批准的,应当说明理由。

第十一条　音像出版单位的主办单位应当自收到批准决定之日起60日内,向所在地省、自治区、直辖市人民政府出版行政部门登记,领取《音像制品出版许可证》(以下简称出版许可证)。音像出版单位经登记后,持出版许可证到工商行政管理部门登记,依法领取营业执照。

音像出版单位自登记之日起满180日未从事出版活动的,由原登记的出版行政部门注销登记,并报新闻出版总署备案。因不可抗力或者其他正当理由发生前款所列情形的,向出版行政部门申请延期。

第十二条　音像出版单位变更名称、主办单位或者主管机关、业务范围,或者兼并其他音像出版单位,或者因合并、分立而设立新的音像出版单位的,应当依照本规定第七条至第十条的规定办理审批手续,并到原登记的工商行政管理部门办理相应的登记手续。

第十三条　音像出版单位变更地址、法定代表人或者主要负责人,或者终止音像出版经营活动的,应当到原登记的工商行政管理部门办理变更登记或者注销登记,并在30日内向新闻出版总署备案。

第十四条　音像出版单位的法定代表人或者主要负责人应当具有中级以上出版专业技术人员职业资格,具有从事音像出版业务3年以上的经历,并应通过新闻出版总署或省、自治区、直辖市人民政府出版行政部门组织的岗位培训,获得《岗位培训合格证书》。

第十五条　音像出版单位中从事编辑、出版、校对等专业技术工作的人员,必须通过国家出版专业技术人员职业资格考试,取得规定级别的出版专业职业资格,持相应的《中华人民共和国出版专业技术人员职业资格证书》上岗。

第三章　出版活动的管理

第十六条　音像出版单位不得超出出版许可证确定的业务范围从事音像制品的出版活动。

第十七条　音像出版单位应当按照国家标准及其他有关规定标识、使用《中国标准音像制品编码》（以下简称版号）。

版号由新闻出版总署负责管理和调控，由省、自治区、直辖市人民政府出版行政部门发放。

第十八条　音像出版单位实行编辑责任制度，保障音像制品刊载的内容合法。

第十九条　音像出版单位实行年度出版计划备案制度，出版计划的内容应包括选题名称、制作单位、主创人员、类别、载体、内容提要、节目长度、计划出版时间。出版计划报送的程序为：

（一）本年度上一年的12月20日以前报送本年度出版计划；本年度3月1日—20日、9月1日—20日报送本年度出版调整计划。

（二）出版计划及出版调整计划，须经所在地省、自治区、直辖市人民政府出版行政部门审核。

（三）省、自治区、直辖市人民政府出版行政部门应当自受理出版计划报送申请之日起20日内，向音像出版单位回复审核意见，并报新闻出版总署备案。

第二十条　音像出版单位出版涉及国家安全、社会安定等方面的重大选题，应当依照重大选题备案的有关规定报新闻出版总署备案。未经备案的重大选题，不得出版。

第二十一条　图书出版社、报社、期刊社、电子出版物出版社，出版配合本版出版物的音像制品，须向所在地省、自治区、直辖市人民政府出版行政部门提交申请书和样本。

第二十二条　出版配合本版出版物的音像制品申请书，须写明本版出版物的名称、制作单位、主创人员、主要内容、出版时间、节目长度、复制数量和载体形式等内容。

第二十三条　出版单位所在地省、自治区、直辖市人民政府出版行政部门，应当自受理申请之日起20日内对其申请书和样本进行审核。审核同意的，配发版号，发放复制委托书，并报新闻出版总署备案；审核不同意的，应当说明理由。

第二十四条　经批准出版的配合本版出版物音像制品，其名称须与本版出版物一致，并须与本版出版物统一配套销售，不得单独定价销售。

第二十五条　音像出版单位及经批准出版配合本版出版物音像制品的其他出版单位，应在其出版的音像制品及其包装的明显位置，标明出版单位的名称、地址和音像制品的版号、出版时间、责任编辑、著作权人和条形码。出版进口的音像制品，还应当标明进口批准文号。

第二十六条　音像出版单位不得向任何单位或者个人出租、出借、出售或者以其他任何形式转让本单位的名称，不得向任何单位或者个人出售或者以其他形式出售或转让本单位版号。

第二十七条　任何单位和个人不得以购买、租用、借用、擅自使用音像出版单位的名称或者以购买、伪造版号等形式从事音像制品出版活动。

第二十八条　音像出版单位不得委托未取得《音像制品制作许可证》的单位制作音像制品。

第二十九条　音像出版单位、经批准出版配合本版出版物音像制品的出版单位，应自音像制品出版之日起30日内，分别向国家图书馆、中国版本图书馆和新闻出版总署免费送交样本。

第四章　非卖品的管理

第三十条　用于无偿赠送、发放及业务交流的音像制品属于音像非卖品，不得定价，不得销售或变相销售，不得收取任何费用。

第三十一条　复制单位接受委托复制音像制品非卖品的，应当验证委托单位或者个人的身份证明和其出具的音像制品非卖品复制委托书，并要求委托方提供非卖品使用目的、名称、制作单位、主要内容、发送对象、复制数量、节目长度和载体形式等信息。

第三十二条　委托复制音像制品非卖品的单位或者个人须在音像制品非卖品包装和盘（带）显著位置标注"音像非卖品"字样。

第五章　委托复制的管理

第三十三条　委托复制音像制品，须使用复制委托书。

音像出版单位及其他委托复制单位，必须遵守国家关于复制委托书的管理规定。

复制委托书由新闻出版总署统一印制。

第三十四条　复制委托书由音像出版单位及其他委托复制单位向所在地省、自治区、直辖市人民政府出版行政部门领取。

第三十五条　出版单位及其他委托复制单位应当按照规定开具或填写复制委托书，并将复制委托书直接交送复制单位。

出版单位及其他委托复制单位须保证复制委托书内容真实、准确、完整。

出版单位及其他委托复制单位不得以任何形式向任何单位或者个人出售或者转让复制委托书。

第三十六条 音像出版单位及其他委托复制单位，须确定专人管理复制委托书并建立使用记录。复制委托书使用记录的内容包括开具时间、音像制品及具体节目名称、相对应的版号、管理人员签名。

复制委托书使用记录保存期为两年。

第三十七条 音像出版单位及其他委托复制单位，自音像制品完成复制之日起 30 日内，向所在地省、自治区、直辖市人民政府出版行政部门上交由本单位及复制单位签章的复制委托书第二联及音像制品样品。

第三十八条 申请出版配合本版出版物音像制品或音像非卖品的单位，自获得批准之日起 90 日内未能出版的，须向所在地省、自治区、直辖市人民政府出版行政部门交回复制委托书。

第三十九条 音像出版单位出版的音像制品、其他出版单位出版的配合本版出版物音像制品、音像非卖品须委托依法设立的复制单位复制。

第六章　审核登记

第四十条 音像出版单位实行审核登记制度，审核登记每两年进行一次。

第四十一条 申请审核登记的音像出版单位应提交以下材料：

（一）《音像出版单位审核登记表》；

（二）音像制品出版业务情况报告，应当包括：执行出版管理的法律、法规和规章的情况，出版经营情况，人员、场所、设施情况；

（三）两年内出版的音像制品登记表；

（四）出版许可证的复印件。

第四十二条 音像出版单位应于审核登记年度 1 月 15 日前向所在地省、自治区、直辖市人民政府出版行政部门申请年度审核登记并提交相应材料。各省、自治区、直辖市人民政府出版行政部门对本行政区域内申请登记的音像出版单位进行审核，并于同年 2 月底前完成审核登记工作。

第四十三条 对符合下列条件的音像出版单位，省、自治区、直辖市人民政府出版行政部门予以登记：

（一）符合本规定第七条的规定；

（二）两年内无违反出版管理法律、法规和规章的情形；

（三）两年内出版音像制品不少于 10 种。

第四十四条 对不符合前条所列条件之一的音像出版单位，省、自治区、直辖市人民政府出版行政部门予以暂缓登记。

暂缓登记的期限为 3 个月。省、自治区、直辖市人民政府出版行政部门应当责令暂缓登记的出版单位在此期限内进行整顿，达到本规定第七条的规定条件。

在暂缓登记的期限届满前，省、自治区、直辖市人民政府出版行政部门应对暂缓登记的出版单位进行审查，对于达到本规定第七条的规定条件的，予以登记。对于未达到本规定第七条的规定条件的，提出注销登记意见报新闻出版总署批准。对注销登记的出版单位，由所在地省、自治区、直辖市人民政府出版行政部门缴回其出版许可证。

第四十五条 各省、自治区、直辖市人民政府出版行政部门应于同年 3 月 20 日前将审核登记情况及有关材料复印件汇总后报新闻出版总署备案。

第七章　罚　则

第四十六条 未经批准，擅自设立音像制品出版单位，擅自从事音像制品出版业务的，依照《音像制品管理条例》第三十九条处罚。

第四十七条 出版含有《音像制品管理条例》第三条第二款禁止内容的音像制品，依照《音像制品管理条例》第四十条处罚。

第四十八条 出版音像制品的单位有下列行为之一的，依照《音像制品管理条例》第四十二条处罚：

（一）向其他单位、个人出租、出借、出售或者以其他任何形式转让本单位的名称、音像制品出版的许可证件或者批准文件，出售或者以其他任何形式转让本单位的版号或者复制委托书的；

（二）委托未取得《音像制品制作许可证》的单位制作音像制品，或者委托非依法设立的复制单位复制音像制品的。

第四十九条 出版音像制品的单位有下列行为之一的，依照《音像制品管理条例》第四十四条处罚：

（一）未按规定将年度出版计划和涉及国家安全、社会安定等方面的重大选题报新闻出版总署备案的；

（二）变更名称、主办单位或者主管机关、地址、法定代表人或者主要负责人、业务范围等，未依照本规定第十二条、第十三条办理审批、备案手续的；

（三）未在其出版的音像制品及其包装的明显位置标明本规定所规定的项目的；

（四）未依照规定期限送交音像制品样本的。

第五十条　有下列行为之一的，由出版行政部门责令停止违法行为，给予警告，并处 3 万元以下的罚款：

（一）其他出版单位配合本版出版物出版音像制品，其名称与本版出版物不一致或者单独定价销售的；

（二）音像出版单位及其他委托复制单位，未按照本规定第三十六条规定的内容、期限留存备查材料的；

（三）委托复制非卖品的单位销售或变相销售非卖品或者以非卖品收取费用的；

（四）委托复制非卖品的单位未在非卖品包装和盘带显著位置注明非卖品编号的。

第八章　附　则

第五十一条　音像制品的出版许可证由新闻出版总署统一印制。

第五十二条　本规定有关行政许可的期限以工作日计算，不含法定节假日。

第五十三条　本办法自 2004 年 8 月 1 日起施行，新闻出版署 1996 年 2 月 1 日发布的《音像制品出版管理办法》同时废止。

电子出版物出版管理规定

· 2008 年 2 月 21 日新闻出版总署令第 34 号公布
· 根据 2015 年 8 月 28 日《关于修订部分规章和规范性文件的决定》修正

第一章　总　则

第一条　为了加强对电子出版物出版活动的管理，促进电子出版事业的健康发展与繁荣，根据国务院《出版管理条例》《国务院对确需保留的行政审批项目设定行政许可的决定》和有关法律、行政法规，制定本规定。

第二条　在中华人民共和国境内从事电子出版物的制作、出版、进口活动，适用本规定。

本规定所称电子出版物，是指以数字代码方式，将有知识性、思想性内容的信息编辑加工后存储在固定物理形态的磁、光、电等介质上，通过电子阅读、显示、播放设备读取使用的大众传播媒体，包括只读光盘（CD-ROM、DVD-ROM 等）、一次写入光盘（CD-R、DVD-R 等）、可擦写光盘（CD-RW、DVD-RW 等）、软磁盘、硬磁盘、集成电路卡等，以及新闻出版总署认定的其他媒体形态。

第三条　电子出版物不得含有《出版管理条例》第二十六条、第二十七条禁止的内容。

第四条　新闻出版总署负责全国电子出版物出版活动的监督管理工作。

县级以上地方新闻出版行政部门负责本行政区域内电子出版物出版活动的监督管理工作。

第五条　国家对电子出版物出版活动实行许可制度；未经许可，任何单位和个人不得从事电子出版物的出版活动。

第二章　出版单位设立

第六条　设立电子出版物出版单位，应当具备下列条件：

（一）有电子出版物出版单位的名称、章程；

（二）有符合新闻出版总署认定条件的主管、主办单位；

（三）有确定的电子出版物出版业务范围；

（四）有适应业务范围需要的设备和工作场所；

（五）有适应业务范围需要的组织机构，有 2 人以上具有中级以上出版专业职业资格；

（六）法律、行政法规规定的其他条件。

除依照前款所列条件外，还应当符合国家关于电子出版物出版单位总量、结构、布局的规划。

第七条　设立电子出版物出版单位，经其主管单位同意后，由主办单位向所在地省、自治区、直辖市新闻出版行政部门提出申请；经省、自治区、直辖市新闻出版行政部门审核同意后，报新闻出版总署审批。

第八条　申请设立电子出版物出版单位，应当提交下列材料：

（一）按要求填写的申请表，应当载明出版单位的名称、地址、资本结构、资金来源及数额，出版单位的主管、主办单位的名称和地址等内容；

（二）主办单位、主管单位的有关资质证明材料；

（三）出版单位章程；

（四）法定代表人或者主要负责人及本规定第六条要求的有关人员的资格证明和身份证明；

（五）可行性论证报告；

（六）注册资本数额、来源及性质证明；

（七）工作场所使用证明。

第九条　新闻出版总署自受理设立电子出版物出版单位的申请之日起 90 日内，作出批准或者不批准的决定，直接或者由省、自治区、直辖市新闻出版行政部门书面通知主办单位；不批准的，应当说明理由。

第十条　设立电子出版物出版单位的主办单位应当自收到批准决定之日起 60 日内，向所在地省、自治区、直辖市新闻出版行政部门登记，领取新闻出版总署颁发的

《电子出版物出版许可证》。

电子出版物出版单位持《电子出版物出版许可证》向所在地工商行政管理部门登记，依法领取营业执照。

第十一条　电子出版物出版单位自登记之日起满180日未从事出版活动的，由省、自治区、直辖市新闻出版行政部门注销登记，收回《电子出版物出版许可证》，并报新闻出版总署备案。

因不可抗力或者其他正当理由发生前款所列情形的，电子出版物出版单位可以向省、自治区、直辖市新闻出版行政部门申请延期。

第十二条　电子出版物出版单位变更名称、主办单位或者主管单位、业务范围、资本结构、合并或者分立，须依照本规定第七条、第八条的规定重新办理审批手续，并到原登记的工商行政管理部门办理相应的登记手续。

电子出版物出版单位变更地址、法定代表人或者主要负责人的，应当经其主管、主办单位同意，向所在地省、自治区、直辖市新闻出版行政部门申请变更登记后，到原登记的工商行政管理部门办理变更登记。

省、自治区、直辖市新闻出版行政部门须将有关变更登记事项报新闻出版总署备案。

第十三条　电子出版物出版单位终止出版活动的，应当向所在地省、自治区、直辖市新闻出版行政部门办理注销登记手续，并到原登记的工商行政管理部门办理注销登记。

省、自治区、直辖市新闻出版行政部门应将有关注销登记报新闻出版总署备案。

第十四条　申请出版连续型电子出版物，经主管单位同意后，由主办单位向所在地省、自治区、直辖市新闻出版行政部门提出申请；经省、自治区、直辖市新闻出版行政部门审核同意后，报新闻出版总署审批。

本规定所称连续型电子出版物，是指有固定名称，用卷、期、册或者年、月顺序编号，按照一定周期出版的电子出版物。

第十五条　申请出版连续型电子出版物，应当提交下列材料：

（一）申请书，应当载明连续型电子出版物的名称、刊期、媒体形态、业务范围、读者对象、栏目设置、文种等；

（二）主管单位的审核意见。

申请出版配报纸、期刊的连续型电子出版物，还须报送报纸、期刊样本。

第十六条　经批准出版的连续型电子出版物，新增或者改变连续型电子出版物的名称、刊期与出版范围的，须按照本规定第十四条、第十五条办理审批手续。

第十七条　出版行政部门对从事电子出版物制作的单位实行备案制管理。电子出版物制作单位应当于单位设立登记以及有关变更登记之日起30日内，将单位名称、地址、法定代表人或者主要负责人的姓名及营业执照复印件、法定代表人或主要负责人身份证明报所在地省、自治区、直辖市新闻出版行政部门备案。

本规定所称电子出版物制作，是指通过创作、加工、设计等方式，提供用于出版、复制、发行的电子出版物节目源的经营活动。

第三章　出版管理

第十八条　电子出版物出版单位实行编辑责任制度，保障电子出版物的内容符合有关法规、规章规定。

第十九条　电子出版物出版单位应于每年12月1日前将下一年度的出版计划报所在地省、自治区、直辖市新闻出版行政部门，省、自治区、直辖市新闻出版行政部门审核同意后报新闻出版总署备案。

第二十条　电子出版物出版实行重大选题备案制度。涉及国家安全、社会安定等方面重大选题，涉及重大革命题材和重大历史题材的选题，应当按照新闻出版总署有关选题备案的规定办理备案手续；未经备案的重大选题，不得出版。

第二十一条　出版电子出版物，必须按规定使用中国标准书号。同一内容，不同载体形态、格式的电子出版物，应当分别使用不同的中国标准书号。

出版连续型电子出版物，必须按规定使用国内统一连续出版物号，不得使用中国标准书号出版连续型电子出版物。

第二十二条　电子出版物出版单位不得以任何形式向任何单位或者个人转让、出租、出售本单位的名称、电子出版物中国标准书号、国内统一连续出版物号。

第二十三条　电子出版物应当符合国家的技术、质量标准和规范要求。

出版电子出版物，须在电子出版物载体的印刷标识面或其装帧的显著位置载明电子出版物制作、出版单位的名称，中国标准书号或国内统一连续出版物号及条码，著作权人名称以及出版日期等其他有关事项。

第二十四条　电子出版物出版单位申请出版境外著作权人授权的电子出版物，须向所在地省、自治区、直辖市新闻出版行政部门提出申请；所在地省、自治区、直辖市新闻出版行政部门审核同意后，报新闻出版总署审批。

第二十五条　申请出版境外著作权人授权的电子出

版物,应当提交下列材料:

(一)申请书,应当载明电子出版物名称、内容简介、授权方名称、授权方基本情况介绍等;

(二)申请单位的审读报告;

(三)样品及必要的内容资料;

(四)申请单位所在地省、自治区、直辖市著作权行政管理部门的著作权合同登记证明文件。

出版境外著作权人授权的电子游戏出版物还须提交游戏主要人物和主要场景图片资料、代理机构营业执照、发行合同及发行机构批发许可证、游戏文字脚本全文等材料。

第二十六条　新闻出版总署自受理出版境外著作权人授权电子出版物申请之日起,20日内作出批准或者不批准的决定;不批准的,应当说明理由。

审批出版境外著作权人授权电子出版物,应当组织专家评审,并应当符合国家总量、结构、布局规划。

第二十七条　境外著作权人授权的电子出版物,须在电子出版物载体的印刷标识面或其装帧的显著位置载明引进出版批准文号和著作权授权合同登记证号。

第二十八条　已经批准出版的境外著作权人授权的电子出版物,若出版升级版本,须按照本规定第二十五条提交申请材料,报所在地省、自治区、直辖市新闻出版行政部门审批。

第二十九条　出版境外著作权人授权的电子游戏测试盘及境外互联网游戏作品客户端程序光盘,须按照本规定第二十五条提交申请材料,报所在地省、自治区、直辖市新闻出版行政部门审批。

第三十条　电子出版物出版单位与境外机构合作出版电子出版物,须经主管单位同意后,将选题报所在地省、自治区、直辖市新闻出版行政部门审核;省、自治区、直辖市新闻出版行政部门审核同意后,报新闻出版总署审批。

新闻出版总署自受理合作出版电子出版物选题申请之日起20日内,作出批准或者不批准的决定;不批准的,应当说明理由。

第三十一条　电子出版物出版单位申请与境外机构合作出版电子出版物,应当提交下列材料:

(一)申请书,应当载明合作出版的电子出版物的名称、载体形态、内容简介、合作双方名称、基本情况、合作方式等,并附拟合作出版的电子出版物的有关文字内容、图片等材料;

(二)合作意向书;

(三)主管单位的审核意见。

第三十二条　电子出版物出版单位与境外机构合作出版电子出版物,应在该电子出版物出版30日内将样盘报送新闻出版总署备案。

第三十三条　出版单位配合本版出版物出版电子出版物,向所在地省、自治区、直辖市新闻出版行政部门提出申请,省、自治区、直辖市新闻出版行政部门审核同意的,发放电子出版物中国标准书号和复制委托书,并报新闻出版总署备案。

第三十四条　出版单位申请配合本版出版物出版电子出版物,应提交申请书及本版出版物、拟出版电子出版物样品。

申请书应当载明配合本版出版物出版的电子出版物的名称、制作单位、主要内容、出版时间、复制数量和载体形式等内容。

第三十五条　电子出版物发行前,出版单位应当向国家图书馆、中国版本图书馆和新闻出版总署免费送交样品。

第三十六条　电子出版物出版单位的从业人员,应当具备国家规定的出版专业职业资格条件。

电子出版物出版单位的社长、总编辑须符合国家规定的任职资格和条件。

电子出版物出版单位的社长、总编辑须参加新闻出版行政部门组织的岗位培训,取得岗位培训合格证书后才能上岗。

第三十七条　电子出版物出版单位须遵守国家统计规定,依法向新闻出版行政部门报送统计资料。

第四章　进口管理

第三十八条　进口电子出版物成品,须由新闻出版总署批准的电子出版物进口经营单位提出申请;所在地省、自治区、直辖市新闻出版行政部门审核同意后,报新闻出版总署审批。

第三十九条　申请进口电子出版物,应当提交下列材料:

(一)申请书,应当载明进口电子出版物的名称、内容简介、出版者名称、地址、进口数量等;

(二)主管单位审核意见;

(三)申请单位关于进口电子出版物的审读报告;

(四)进口电子出版物的样品及必要的内容资料。

第四十条　新闻出版总署自受理进口电子出版物申请之日起20日内,作出批准或者不批准的决定;不批准的,应当说明理由。

审批进口电子出版物,应当组织专家评审,并应当符合国家总量、结构、布局规划。

第四十一条　进口电子出版物的外包装上应贴有标识,载明批准进口文号及用中文注明的出版者名称、地址、著作权人名称、出版日期等有关事项。

第五章　非卖品管理

第四十二条　委托复制电子出版物非卖品,须向委托方或受托方所在地省、自治区、直辖市新闻出版行政部门提出申请,申请书应写明电子出版物非卖品的使用目的、名称、内容、发送对象、复制数量、载体形式等,并附样品。

电子出版物非卖品内容限于公益宣传、企事业单位业务宣传、交流、商品介绍等,不得定价,不得销售、变相销售或与其他商品搭配销售。

第四十三条　省、自治区、直辖市新闻出版行政部门应当自受理委托复制电子出版物非卖品申请之日起20日内,作出批准或者不批准的决定,批准的,发给电子出版物复制委托书;不批准的,应当说明理由。

第四十四条　电子出版物非卖品载体的印刷标识面及其装帧的显著位置应当注明电子出版物非卖品统一编号,编号分为四段:第一段为方括号内的各省、自治区、直辖市简称,第二段为"电子出版物非卖品"字样,第三段为圆括号内的年度,第四段为顺序编号。

第六章　委托复制管理

第四十五条　电子出版物、电子出版物非卖品应当委托经新闻出版总署批准设立的复制单位复制。

第四十六条　委托复制电子出版物和电子出版物非卖品,必须使用复制委托书,并遵守国家关于复制委托书的管理规定。

复制委托书由新闻出版总署统一印制。

第四十七条　委托复制电子出版物、电子出版物非卖品的单位,应当保证开具的复制委托书内容真实、准确、完整,并须将开具的复制委托书直接交送复制单位。

委托复制电子出版物、电子出版物非卖品的单位不得以任何形式向任何单位或者个人转让、出售本单位的复制委托书。

第四十八条　委托复制电子出版物的单位,自电子出版物完成复制之日起30日内,须向所在地省、自治区、直辖市新闻出版行政部门上交本单位及复制单位签章的复制委托书第二联及样品。

委托复制电子出版物的单位须将电子出版物复制委托书第四联保存2年备查。

第四十九条　委托复制电子出版物、电子出版物非卖品的单位,经批准获得电子出版物复制委托书之日起90日内未使用的,须向发放该委托书的省、自治区、直辖市新闻出版行政部门交回复制委托书。

第七章　年度核验

第五十条　电子出版物出版单位实行年度核验制度,年度核验每两年进行一次。省、自治区、直辖市新闻出版行政部门负责对本行政区域内的电子出版物出版单位实施年度核验。核验内容包括电子出版物出版单位的登记项目、设立条件、出版经营情况、遵纪守法情况、内部管理情况等。

第五十一条　电子出版物出版单位进行年度核验,应提交以下材料:

(一)电子出版物出版单位年度核验登记表;

(二)电子出版物出版单位两年的总结报告,应当包括执行出版法规的情况、出版业绩、资产变化等内容;

(三)两年出版的电子出版物出版目录;

(四)《电子出版物出版许可证》的复印件。

第五十二条　电子出版物出版单位年度核验程序为:

(一)电子出版物出版单位应于核验年度的1月15日前向所在地省、自治区、直辖市新闻出版行政部门提交年度核验材料;

(二)各省、自治区、直辖市新闻出版行政部门对本行政区域内电子出版物出版单位的设立条件、开展业务及执行法规等情况进行全面审核,并于该年度的2月底前完成年度核验工作;对符合年度核验要求的单位予以登记,并换发《电子出版物出版许可证》;

(三)各省、自治区、直辖市新闻出版行政部门应于核验年度的3月20日前将年度核验情况及有关书面材料报新闻出版总署备案。

第五十三条　电子出版物出版单位有下列情形之一的,暂缓年度核验:

(一)不具备本规定第六条规定条件的;

(二)因违反出版管理法规,正在限期停业整顿的;

(三)经审核发现有违法行为应予处罚的;

(四)曾违反出版管理法规受到行政处罚,未认真整改,仍存在违法问题的;

(五)长期不能正常开展电子出版物出版活动的。

暂缓年度核验的期限由省、自治区、直辖市新闻出版行政部门确定,最长不得超过3个月。暂缓期间,省、自治区、直辖市新闻出版行政部门应当督促、指导电子出版物出版单位进行整改。暂缓年度核验期满,对达到年度核验要求的电子出版物出版单位予以登记;仍未达到年度核验要求的电子出版物出版单位,由所在地省、自治区、直辖市新闻出版行政部门提出注销登记意见,新闻出版总署撤销《电子出版物出版许可证》,所在地省、自治区、直辖市新闻出版行政部门办理注销登记。

第五十四条 不按规定参加年度核验的电子出版物出版单位,经书面催告仍未参加年度核验的,由所在地省、自治区、直辖市新闻出版行政部门提出注销登记意见,新闻出版总署撤销《电子出版物出版许可证》,所在地省、自治区、直辖市新闻出版行政部门办理注销登记。

第五十五条 出版连续型电子出版物的单位按照本章规定参加年度核验。

第八章 法律责任

第五十六条 电子出版物出版单位违反本规定的,新闻出版总署或者省、自治区、直辖市新闻出版行政部门可以采取下列行政措施:

(一)下达警示通知书;

(二)通报批评;

(三)责令公开检讨;

(四)责令改正;

(五)责令停止复制、发行电子出版物;

(六)责令收回电子出版物;

(七)责成主办单位、主管单位监督电子出版物出版单位整改。

警示通知书由新闻出版总署制定统一格式,由新闻出版总署或者省、自治区、直辖市新闻出版行政部门下达给违法的电子出版物出版单位,并抄送违法电子出版物出版单位的主办单位及其主管单位。

本条所列行政措施可以并用。

第五十七条 未经批准,擅自设立电子出版物出版单位,擅自从事电子出版物出版业务,伪造、假冒电子出版物出版单位或者连续型电子出版物名称、电子出版物专用中国标准书号出版电子出版物的,按照《出版管理条例》第五十五条处罚。

图书、报纸、期刊、音像等出版单位未经批准,配合本版出版单位出版电子出版物的,属于擅自从事电子出版物出版业务,按照前款处罚。

第五十八条 从事电子出版物制作、出版业务,有下列行为之一的,按照《出版管理条例》第五十六条处罚:

(一)制作、出版含有《出版管理条例》第二十六条、第二十七条禁止内容的电子出版物的;

(二)明知或者应知他人出版含有《出版管理条例》第二十六条、第二十七条禁止内容的电子出版物而向其出售、出租或者以其他形式转让本出版单位的名称、电子出版物专用中国标准书号、国内统一连续出版物号、条码及电子出版物复制委托书的。

第五十九条 电子出版物出版单位出租、出借、出售或者以其他任何形式转让本单位的名称、电子出版物专用中国标准书号、国内统一连续出版物号的,按照《出版管理条例》第六十条处罚。

第六十条 有下列行为之一的,按照《出版管理条例》第六十一条处罚:

(一)电子出版物出版单位变更名称、主办单位或者主管单位、业务范围、资本结构,合并或者分立,电子出版物出版单位变更地址、法定代表人或者主要负责人,未依照本规定的要求办理审批、变更登记手续的;

(二)经批准出版的连续型电子出版物,新增或者改变连续型电子出版物的名称、刊期与出版范围,未办理审批手续的;

(三)电子出版物出版单位未按规定履行年度出版计划和重大选题备案的;

(四)出版单位未按照有关规定送交电子出版物样品的;

(五)电子出版物进口经营单位违反本规定第三十八条未经批准进口电子出版物的。

第六十一条 电子出版物出版单位未依法向新闻出版行政部门报送统计资料的,依据新闻出版总署、国家统计局联合颁布的《新闻出版统计管理办法》处罚。

第六十二条 有下列行为之一的,由新闻出版行政部门责令改正,给予警告,可并处三万元以下罚款:

(一)电子出版物制作单位违反本规定第十七条,未办理备案手续的;

(二)电子出版物出版单位违反本规定第二十一条,未按规定使用中国标准书号或者国内统一连续出版物号的;

(三)电子出版物出版单位出版的电子出版物不符合国家的技术、质量标准和规范要求的,或者未按本规定第二十三条载明有关事项的;

(四)电子出版物出版单位出版境外著作权人授权的电子出版物,违反本规定第二十四条、第二十七条、第二十八条、第二十九条有关规定的;

(五)电子出版物出版单位与境外机构合作出版电子出版物,未按本规定第三十条办理选题审批手续的,未按本规定第三十二条将样盘报送备案的；

（六）电子出版物进口经营单位违反本规定第四十一条的；

（七）委托复制电子出版物非卖品违反本规定第四十二条的有关规定，或者未按第四十四条标明电子出版物非卖品统一编号的；

（八）电子出版物出版单位及其他委托复制单位违反本规定第四十五条至第四十九条的规定，委托未经批准设立的复制单位复制，或者未遵守有关复制委托书的管理制度的。

第九章　附　则

第六十三条　本规定自 2008 年 4 月 15 日起施行，新闻出版署 1997 年 12 月 30 日颁布的《电子出版物管理规定》同时废止，此前新闻出版行政部门对电子出版物制作、出版、进口活动的其他规定，凡与本规定不一致的，以本规定为准。

音像制品进口管理办法

·2011 年 4 月 6 日新闻出版总署、海关总署令第 53 号公布
·自公布之日起施行

第一章　总　则

第一条　为了加强对音像制品进口的管理，促进国际文化交流与合作，丰富人民群众的文化生活，根据《音像制品管理条例》及国家有关规定，制定本办法。

第二条　本办法所称音像制品，是指录有内容的录音带、录像带、唱片、激光唱盘、激光视盘等。

第三条　凡从外国进口音像制品成品和进口用于出版及其他用途的音像制品，适用本办法。

前款所称出版，包括利用信息网络出版。

音像制品用于广播电视播放的，适用广播电视法律、行政法规。

第四条　新闻出版总署负责全国音像制品进口的监督管理和内容审查等工作。

县级以上地方人民政府新闻出版行政部门依照本办法负责本行政区域内的进口音像制品的监督管理工作。

各级海关在其职责范围内负责音像制品进口的监督管理工作。

第五条　音像制品进口经营活动应当遵守宪法和有关法律、法规，坚持为人民服务和为社会主义服务的方向，传播有益于经济发展和社会进步的思想、道德、科学技术和文化知识。

第六条　国家禁止进口有下列内容的音像制品：

（一）反对宪法确定的基本原则的；

（二）危害国家统一、主权和领土完整的；

（三）泄漏国家秘密、危害国家安全或者损害国家荣誉和利益的；

（四）煽动民族仇恨、民族歧视，破坏民族团结，或者侵害民族风俗、习惯的；

（五）宣扬邪教、迷信的；

（六）扰乱社会秩序，破坏社会稳定的；

（七）宣扬淫秽、赌博、暴力或者教唆犯罪的；

（八）侮辱或者诽谤他人，侵害他人合法权益的；

（九）危害社会公德或者民族优秀文化传统的；

（十）有法律、行政法规和国家规定禁止的其他内容的。

第七条　国家对设立音像制品成品进口单位实行许可制度。

第二章　进口单位

第八条　音像制品成品进口业务由新闻出版总署批准的音像制品成品进口单位经营；未经批准，任何单位或者个人不得从事音像制品成品进口业务。

第九条　设立音像制品成品进口经营单位，应当具备以下条件：

（一）有音像制品进口经营单位的名称、章程；

（二）有符合新闻出版总署认定条件的主办单位及其主管机关；

（三）有确定的业务范围；

（四）具有进口音像制品内容初审能力；

（五）有与音像制品进口业务相适应的资金；

（六）有固定的经营场所；

（七）法律、行政法规和国家规定的其他条件。

第十条　设立音像制品成品进口经营单位，应当向新闻出版总署提出申请，经审查批准，取得新闻出版总署核发的音像制品进口经营许可证件后，持证到工商行政管理部门依法领取营业执照。

设立音像制品进口经营单位，还应当依照对外贸易法律、行政法规的规定办理相应手续。

第十一条　图书馆、音像资料馆、科研机构、学校等单位进口供研究、教学参考的音像制品成品，应当委托新闻出版总署批准的音像制品成品进口经营单位办理进口审批手续。

第十二条　音像出版单位可以在批准的出版业务范围内从事进口音像制品的出版业务。

第三章　进口审查

第十三条　国家对进口音像制品实行许可管理制度，应在进口前报新闻出版总署进行内容审查，审查批准取得许可文件后方可进口。

第十四条　新闻出版总署设立音像制品内容审查委员会，负责审查进口音像制品的内容。委员会下设办公室，负责进口音像制品内容审查的日常工作。

第十五条　进口音像制品成品，由音像制品成品进口经营单位向新闻出版总署提出申请并报送以下文件和材料：

（一）进口录音或录像制品报审表；

（二）进口协议草案或订单；

（三）节目样片、中外文歌词；

（四）内容审查所需的其他材料。

第十六条　进口用于出版的音像制品，应当向新闻出版总署提出申请并报送以下文件和材料：

（一）进口录音或录像制品报审表；

（二）版权贸易协议中外文文本草案，原始版权证明书，版权授权书和国家版权局的登记文件；

（三）节目样片；

（四）中外文曲目、歌词或对白；

（五）内容审查所需的其他材料。

第十七条　进口用于展览、展示的音像制品，由展览、展示活动主办单位提出申请，并将音像制品目录和样片报新闻出版总署进行内容审查。海关按暂时进口货物管理。

第十八条　进口单位不得擅自更改报送新闻出版总署进行内容审查样片原有的名称和内容。

第十九条　新闻出版总署自受理进口音像制品申请之日起30日内作出批准或者不批准的决定。批准的，发给进口音像制品批准单；不批准的，应当说明理由。

进口音像制品批准单内容不得更改，如需修改，应重新办理。进口音像制品批准单一次报关使用有效，不得累计使用。其中，属于音像制品成品的，批准单当年有效；属于用于出版的音像制品的，批准单有效期限为1年。

第四章　进口管理

第二十条　未经审查批准进口的音像制品，任何单位和个人不得出版、复制、批发、零售、出租和营业性放映。

第二十一条　任何单位和个人不得将供研究、教学参考或者用于展览、展示的进口音像制品进行经营性复制、批发、零售、出租和营业性放映。

用于展览、展示的进口音像制品确需在境内销售、赠送的，在销售、赠送前，必须依照本办法按成品进口重新办理批准手续。

第二十二条　进口单位与外方签订的音像制品进口协议或者合同应当符合中国法律、法规的规定。

第二十三条　出版进口音像制品，应当符合新闻出版总署批准文件要求，不得擅自变更节目名称和增删节目内容，要使用经批准的中文节目名称；外语节目应当在音像制品及封面包装上标明中外文名称；出版进口音像制品必须在音像制品及其包装的明显位置标明国家版权局的登记文号和新闻出版总署进口批准文号；利用信息网络出版进口音像制品必须在相关节目页面标明以上信息。

第二十四条　在经批准进口出版的音像制品版权授权期限内，音像制品进口经营单位不得进口该音像制品成品。

第二十五条　出版进口音像制品使用的语言文字应当符合国家公布的语言文字规范。

第二十六条　进口单位持新闻出版总署进口音像制品批准单向海关办理音像制品的进口报关手续。

第二十七条　个人携带和邮寄音像制品进出境，应以自用、合理数量为限，并按照海关有关规定办理。

第二十八条　随机器设备同时进口以及进口后随机器设备复出口的记录操作系统、设备说明、专用软件等内容的音像制品，不适用本办法，海关验核进口单位提供的合同、发票等有效单证验放。

第五章　罚　则

第二十九条　未经批准，擅自从事音像制品成品进口经营活动的，依照《音像制品管理条例》第三十九条的有关规定给予处罚。

第三十条　有下列行为之一的，由县级以上新闻出版行政部门责令停止违法行为，给予警告，没收违法音像制品和违法所得；违法经营额1万元以上的，并处违法经营额5倍以上10倍以下的罚款；违法经营额不足1万元的，并处5万元以下罚款；情节严重的，并责令停业整顿或者由原发证机关吊销许可证：

（一）出版未经新闻出版总署批准擅自进口的音像制品；

（二）批发、零售、出租或者放映未经新闻出版总署批准进口的音像制品的；

（三）批发、零售、出租、放映供研究、教学参考或者用于展览、展示的进口音像制品的。

第三十一条　违反本办法,出版进口音像制品未标明本办法规定内容的,由省级以上新闻出版行政部门责令改正,给予警告,情节严重的,并责令停业整顿或者由原发证机关吊销许可证。

第三十二条　违反本办法,有下列行为之一的,由省级以上新闻出版行政部门责令改正,给予警告,并可处3万元以下的罚款:

(一)出版进口音像制品使用语言文字不符合国家公布的语言文字规范的;

(二)出版进口音像制品,违反本办法擅自变更节目名称、增删节目内容的。

擅自增删经审查批准进口的音像制品内容导致其含有本办法第六条规定的禁止内容的,按照《音像制品管理条例》有关条款进行处罚。

第三十三条　违反海关法及有关管理规定的,由海关依法处理。

第六章　附　则

第三十四条　从中国香港特别行政区、澳门特别行政区和台湾地区进口音像制品,参照本办法执行。

第三十五条　电子出版物的进口参照本办法执行。

第三十六条　本办法由新闻出版总署负责解释。涉及海关业务的,由海关总署负责解释。

第三十七条　本办法自公布之日起施行,2002年6月1日文化部、海关总署发布的《音像制品进口管理办法》同时废止。

音像制品条码实施细则

·2000年9月1日
·新出音〔2000〕1137号

第一条　为加强对音像出版的标准化管理,规范音像制品的经营活动,实施音像制品条码制度,特制定本实施细则。

第二条　音像制品条码由13位数字组成,共分4段,第一段为出版物前缀(共3位),第2段为出版者前缀(共6位),第3段为出版物序号(共3位),第4段为校验码(共1位)。

第三条　音像出版单位的出版者前缀由新闻出版署分配,并向出版单位颁发《出版者前缀证书》。

第四条　出版物序号自实行条码之日开始计算,不分年度,按出版单位的音像制品出版顺序依次累加。出

版物序号使用完后,需重新申请出版者前缀。

第五条　音像出版单位申请版号时,须提交《音像制品条码(版号)使用目录》(附件一〔略〕)一式两份;申请出版者前缀时须填报《申请出版者前缀数据单》(附件二〔略〕)。

第六条　音像制品条码与中国标准音像制品编码(版号)是相互对应的,对于同一品种、不同载体的音像制品,将使用不同版号和条码,以保证条码的唯一性。

第七条　条码软片由新闻出版署条码中心统一制作,其他单位不得从事此项业务。条码软片制作费用按国家规定的标准,每个条码收取人民币48元。

第八条　各音像出版单位在接到新闻出版署分配的版号额度后,持批文和《音像制品条码申请单》(附件三〔略〕)到新闻出版署条码中心申办条码。新闻出版署条码中心收到条码申请单后,应在三个工作日内完成条码软片的制作。

第九条　条码须印制在彩封、封套背面的显著位置。条码软片的尺寸为38×13mm。印制单位应当按规定印制条码,不得随意缩小。

第十条　音像制品条码自2001年1月1日起正式实施。自实施之日起,所有的音像制品均须使用音像制品条码。对不按规定使用条码者将按照《音像制品管理条例》、《出版物条码管理办法》等有关规定进行处罚。

第十一条　在实施条码的过程中,有关技术问题,可向新闻出版署条码中心咨询。

本细则由新闻出版署负责解释。

国产音像制品出口专项资金管理办法(试行)

·2005年4月5日

第一章　总　则

第一条　为规范国产音像制品出口专项资金(以下简称专项资金)的管理,提高资金使用效益,保证国产音像制品出口工作的顺利实施,根据国家有关财务规章制度,结合工作实际,制定本办法。

第二条　专项资金由中央财政文化事业费拨款,其总预算和年度预算由财政部根据国产音像制品"走出去"工程的总体规划和年度工作计划以及国家财力核定。

第三条　专项资金坚持统一管理、合理安排、专款专用、厉行节约的原则。

第四条　专项资金的管理和使用严格执行国家有关

法律法规和财务制度,并接受财政、审计等相关部门的监督检查。

第二章　管理机构与职责

第五条　文化部成立国产音像制品出口工作委员会,并在文化市场司设立国产音像制品出口工作委员会办公室。

第六条　国产音像制品出口工作委员会负责下列事项:

(一)审议专项资金总预、决算和年度预、决算;

(二)审定国产音像制品出口专项资金管理的有关规章制度;

(三)审批专项资金管理与使用中的重大事项。

第七条　国产音像制品出口工作委员会办公室负责下列事项:

(一)拟订国产音像制品出口专项资金财务管理的各项规章制度;

(二)编制国产音像制品出口专项资金总预、决算和年度预、决算;

(三)编制专项资金预算的调整计划;

(四)审核国产音像制品出口项目,提出资助标准;

(五)监督检查项目经费的使用情况,协助开展绩效考评工作;

(六)其他日常管理工作。

第三章　专项资金的使用范围

第八条　专项资金分为音像制品译制经费、宣传推广经费、出口奖励经费、公告系统经费及其它费用等。

第九条　音像制品译制经费指国产音像制品翻译制作的费用,包括翻译费、配音费、制作费等。

第十条　宣传推广经费指向海外宣传推广国产音像制品的费用,包括调研费、宣传费、展演费、专项推广费、销售网络建设费等。

第十一条　出口奖励费指对国产音像制品出口业绩突出的单位或个人给予物质或精神奖励的费用。

第十二条　公告系统费指用于建立和维护国产音像节目涉外版权登记公告系统的费用。

第十三条　其他费用包括项目评审费、工作补助费、日常办公经费等费用。

第四章　专项资金的审批和管理

第十四条　专项资金总预算和年度预算由国产音像制品出口工作委员会办公室按照财政部有关专项资金管理的要求编制,经国产音像制品出口工作委员会审议及文化部审定后报财政部审批。

第十五条　专项资金的总预算和年度预算一经批准,一般不做调整。确需调整的,应按照规定的程序报批。

第十六条　专项资金由国产音像制品出口工作委员会办公室在财政部批准的年度预算内,严格按照规定的使用范围和标准审批。

第十七条　专项资金支出中需实行政府采购的,按照国家有关政府采购规定执行。

第十八条　年度专项资金的结余,结转下年度使用,继续用于国产音像制品"走出去"工程。

第十九条　国产音像制品出口工作委员会办公室每年第一季度向委员会、文化部和财政部报送上年度专项资金管理与使用情况。

第二十条　国产音像制品出口项目完成后,有关单位应及时做好帐目清理和审核工作,任何单位和个人不得擅自对结余资金进行分配和使用。

第二十一条　在实施国产音像制品"走出去"工程过程中,使用专项资金所形成的国有资产,按照国家有关规定办理。

第五章　项目申报与管理

第二十二条　国家鼓励和支持国产音像制品"走出去"工作,并对符合资助条件的项目给予适当补助或奖励。

第二十三条　项目经费实行单位申报、政府审核、市场运作的管理机制。

第二十四条　申请人应当具备下列条件:

(一)我国境内注册登记的具有独立法人资格的企事业单位;

(二)具备实施所申报项目的相关经验和能力;

(三)是项目的真正组织者和实施者,担负项目的实质性工作;

(四)有健全的财务管理机构和严格的财务管理制度。

第二十五条　可申报专项资金资助项目:

(一)出口国产音像节目的译制;

(二)参加推动国产音像制品出口的国际重要展会;

(三)音像制品的海外专项推广;

(四)建设国产音像制品海外销售网络;

(五)有利于推动国产音像制品出口的其他项目。

第二十六条　申请人应当向国产音像制品出口工作委员会办公室提出申请,填报《国产音像制品出口专项资金项目申报表》(见附件),并提供下列材料:

(一)法人资格证明文件及相关材料;

(二)项目可行性报告和实施方案;

(三)拟译制出口的音像制品的版权证明文件;

（四）其他相关材料。

第二十七条　国产音像制品出口工作委员会办公室应当组织对申报材料进行评审，择优立项，并向申请人发出是否立项的书面通知。批准立项的，告知补贴经费的金额和拨付方式。

第二十八条　各项目申请人应严格按照批准的项目实施方案开展工作。确需调整项目计划的，应报国产音像制品出口工作委员会办公室批准。

第二十九条　项目申请人应当定期向国产音像制品出口工作委员会办公室报告项目实施进展情况。项目完成后，应当提交书面总结报告。

第三十条　国家对具有良好国产音像制品出口业绩和信誉的单位或个人进行奖励。

第六章　监督检查

第三十一条　专项资金的使用和管理情况依法接受监督检查。

第三十二条　国产音像制品出口工作委员会办公室要建立健全专项资金使用的监督约束机制，规范和加强对项目经费的使用和管理。

第三十三条　专项资金的使用实行责任追究制度，对于弄虚作假、截留、挪用、挤占专项资金等违反财政纪律的行为，按照国家有关规定对责任人给予行政和经济处罚，并视情节轻重，采取通报批评、停止拨款、取消资格、追回已拨经费等措施，触犯刑律的，依法追究有关人员的责任。

第七章　附　则

第三十四条　本办法由文化部负责解释。

第三十五条　本办法自发布之日起施行。

中华人民共和国海关进出境印刷品及音像制品监管办法

· 2007 年 4 月 18 日海关总署令第 161 号公布
· 根据 2018 年 5 月 29 日海关总署令第 240 号《海关总署关于修改部分规章的决定》第一次修正
· 根据 2018 年 11 月 23 日海关总署令第 243 号《海关总署关于修改部分规章的决定》第二次修正
· 根据 2024 年 10 月 28 日海关总署令第 273 号《海关总署关于修改部分规章的决定》第三次修正

第一条　为了规范海关对进出境印刷品及音像制品的监管，根据《中华人民共和国海关法》（以下简称《海关法》）及其他有关法律、行政法规的规定，制定本办法。

第二条　本办法适用于海关对运输、携带、邮寄进出境的印刷品及音像制品的监管。

进出境摄影底片、纸型、绘画、剪贴、手稿、手抄本、复印件及其他含有文字、图像、符号等内容的货物、物品的，海关按照本办法有关进出境印刷品的监管规定进行监管。

进出境载有图文声像信息的磁、光、电存储介质的，海关按照本办法有关进出境音像制品的监管规定进行监管。

第三条　进出境印刷品及音像制品的收发货人、所有人及其代理人，应当依法如实向海关申报，并且接受海关监管。

第四条　载有下列内容之一的印刷品及音像制品，禁止进境：

（一）反对宪法确定的基本原则的；

（二）危害国家统一、主权和领土完整的；

（三）危害国家安全或者损害国家荣誉和利益的；

（四）攻击中国共产党，诋毁中华人民共和国政府的；

（五）煽动民族仇恨、民族歧视，破坏民族团结，或者侵害民族风俗、习惯的；

（六）宣扬邪教、迷信的；

（七）扰乱社会秩序，破坏社会稳定的；

（八）宣扬淫秽、赌博、暴力或者教唆犯罪的；

（九）侮辱或者诽谤他人，侵害他人合法权益的；

（十）危害社会公德或者民族优秀文化传统的；

（十一）国家主管部门认定禁止进境的；

（十二）法律、行政法规和国家规定禁止的其他内容。

第五条　载有下列内容之一的印刷品及音像制品，禁止出境：

（一）本办法第四条所列内容；

（二）涉及国家秘密的；

（三）国家主管部门认定禁止出境的。

第六条　印刷品及音像制品进出境，海关难以确定是否载有本办法第四条、第五条规定内容的，依据国务院有关行政主管部门或者其指定的专门机构的审查、鉴定结论予以处理。

第七条　个人自用进境印刷品及音像制品在下列规定数量以内的，海关予以免税验放：

（一）单行本发行的图书、报纸、期刊类出版物，每人每次 10 册（份）以下；

（二）单碟（盘）发行的音像制品，每人每次 20 盘以下；

（三）成套发行的图书类出版物，每人每次 3 套以下；

（四）成套发行的音像制品，每人每次 3 套以下。

第八条　超出本办法第七条规定的数量，但是仍在合理数量以内的个人自用进境印刷品及音像制品，不属于本办法第九条规定情形的，海关应当按照国务院有关规定对超出规定数量的部分予以征税放行。

第九条　有下列情形之一的，海关对全部进境印刷品及音像制品按照进口货物依法办理相关手续：

（一）个人携带、邮寄单行本发行的图书、报纸、期刊类出版物进境，每人每次超过 50 册（份）的；

（二）个人携带、邮寄单碟（盘）发行的音像制品进境，每人每次超过 100 盘的；

（三）个人携带、邮寄成套发行的图书类出版物进境，每人每次超过 10 套的；

（四）个人携带、邮寄成套发行的音像制品进境，每人每次超过 10 套的；

（五）其他构成货物特征的。

有前款所列情形的，进境印刷品及音像制品的收发货人、所有人及其代理人可以依法申请退运其进境印刷品及音像制品。

第十条　个人携带、邮寄进境的宗教类印刷品及音像制品在自用、合理数量范围内的，准予进境。

超出个人自用、合理数量进境或者以其他方式进口的宗教类印刷品及音像制品，海关凭国家宗教事务局、其委托的省级政府宗教事务管理部门或者国务院其他行政主管部门出具的证明予以征税验放。无相关证明的，海关按照《中华人民共和国海关行政处罚实施条例》（以下简称《实施条例》）的有关规定予以处理。

散发性宗教类印刷品及音像制品，禁止进境。

第十一条　印刷品及音像制品的进口业务，由国务院有关行政主管部门批准或者指定经营。未经批准或者指定，任何单位或者个人不得经营印刷品及音像制品进口业务。

其他单位或者个人进口印刷品及音像制品，应当委托国务院相关行政主管部门指定的进口经营单位向海关办理进口手续。

第十二条　除国家另有规定外，进口报纸、期刊、图书类印刷品，经营单位应当凭国家新闻出版主管部门的进口批准文件、目录清单、有关报关单证以及其他需要提供的文件向海关办理进口手续。

第十三条　进口音像制品成品或者用于出版的音像制品母带（盘）、样带（盘），经营单位应当持《中华人民共和国文化部进口音像制品批准单》（以下简称《批准

单》）、有关报关单证及其他需要提供的文件向海关办理进口手续。

第十四条　非经营音像制品性质的单位进口用于本单位宣传、培训及广告等目的的音像制品，应当按照海关的要求交验《批准单》、合同、有关报关单证及其他需要提供的文件；数量总计在 200 盘以下的，可以免领《批准单》。

第十五条　随机器设备同时进口，以及进口后随机器设备复出口的记录操作系统、设备说明、专用软件等内容的印刷品及音像制品进口时，进口单位应当按照海关的要求交验合同、发票、有关报关单证及其他需要提供的文件，但是可以免领《批准单》等批准文件。

第十六条　境外赠送进口的印刷品及音像制品，受赠单位应当向海关提交赠送方出具的赠送函和受赠单位的接受证明及有关清单。

接受境外赠送的印刷品超过 100 册或者音像制品超过 200 盘的，受赠单位除向海关提交上述单证外，还应当取得有关行政主管部门的批准文件。海关对有关行政主管部门的批准文件电子数据进行系统自动比对验核。

第十七条　出口印刷品及音像制品，相关单位应当依照有关法律、法规的规定，向海关办理出口手续。

第十八条　用于展览、展示的印刷品及音像制品进出境，主办或者参展单位应当按照国家有关规定向海关办理暂时进出境手续。

第十九条　运输、携带、邮寄国家禁止进出境的印刷品及音像制品进出境，如实向海关申报的，予以收缴，或者责令退回，或者在海关监管下予以销毁或者进行技术处理。

运输、携带、邮寄国家限制进出境的印刷品及音像制品进出境，如实向海关申报，但是不能提交许可证件的，予以退运。

第二十条　下列进出境印刷品及音像制品，由海关按照放弃货物、物品依法予以处理：

（一）收货人、货物所有人、进出境印刷品及音像制品所有人声明放弃的；

（二）在海关规定期限内未办理海关手续或者无人认领的；

（三）无法投递又无法退回的。

第二十一条　违反本办法，构成走私行为、违反海关监管规定行为或者其他违反《海关法》行为的，由海关依照《海关法》和《实施条例》的有关规定予以处理；构成犯罪的，依法追究刑事责任。

第二十二条　进入保税区、出口加工区及其他海关特殊监管区域和保税监管场所的印刷品及音像制品的通

关手续,依照有关规定办理。

第二十三条　享有外交特权和豁免的外国驻中国使馆、领馆及人员,联合国及其专门机构以及其他与中国政府签有协议的国际组织驻中国代表机构及人员进出境印刷品及音像制品,依照有关规定办理。

第二十四条　各类境外企业或者组织在境内常设代表机构或者办事处(不包括外国人员子女学校)及各类非居民长期旅客、留学回国人员、短期多次往返旅客进出境公用或者自用印刷品及音像制品数量的核定和通关手续,依照有关规定办理。

第二十五条　本办法下列用语的含义:

印刷品,是指通过将图像或者文字原稿制为印版,在纸张或者其他常用材料上翻印的内容相同的复制品。

音像制品,是指载有内容的唱片、录音带、录像带、激光视盘、激光唱盘等。

散发性宗教类印刷品及音像制品,是指运输、携带、邮寄进境,不属于自用、合理数量范围并且具有明显传播特征,违反国家宗教事务法规及有关政策的印刷品及音像制品。

以下,包括本数在内。

第二十六条　本办法由海关总署负责解释。

第二十七条　本办法自 2007 年 6 月 1 日起施行。1991 年 6 月 11 日海关总署令第 21 号发布的《中华人民共和国海关对个人携带和邮寄印刷品及音像制品进出境管理规定》同时废止。

・典型案例

1. 陈力等八人侵犯著作权案①

【关键词】

网络侵犯视听作品著作权　未经著作权人许可　引导侦查　电子数据

【要旨】

办理网络侵犯视听作品著作权犯罪案件,应注意及时提取、固定和保全相关电子数据,并围绕客观性、合法性、关联性要求对电子数据进行全面审查。对涉及众多作品的案件,在认定"未经著作权人许可"时,应围绕涉案复制品是否系非法出版、复制发行且被告人能否提供获得著作

---

① 案例来源:2021 年 2 月 8 日最高人民检察院检例第 100 号。

最高人民法院、最高人民检察院关于办理侵犯著作权刑事案件中涉及录音录像制品有关问题的批复

・2005 年 9 月 26 日最高人民法院审判委员会第 1365 次会议、2005 年 9 月 23 日最高人民检察院第十届检察委员会第 39 次会议通过
・2005 年 10 月 13 日最高人民法院、最高人民检察院公告公布
・自 2005 年 10 月 18 日起施行
・法释〔2005〕12 号

各省、自治区、直辖市高级人民法院、人民检察院,解放军军事法院、军事检察院,新疆维吾尔自治区高级人民法院生产建设兵团分院、新疆生产建设兵团人民检察院:

《最高人民法院、最高人民检察院关于办理侵犯知识产权刑事案件具体应用法律若干问题的解释》发布以后,部分高级人民法院、省级人民检察院就关于办理侵犯著作权刑事案件中涉及录音录像制品的有关问题提出请示。经研究,批复如下:

以营利为目的,未经录音录像制作者许可,复制发行其制作的录音录像制品的行为,复制品的数量标准分别适用《最高人民法院、最高人民检察院关于办理侵犯知识产权刑事案件具体应用法律若干问题的解释》第五条第一款第(二)项、第二款第(二)项的规定。

未经录音录像制作者许可,通过信息网络传播其制作的录音录像制品的行为,应当视为刑法第二百一十七条第(三)项规定的"复制发行"。

此复。

权人许可的相关证明材料进行审查。

【基本案情】

被告人陈力,男,1984 年生,2014 年 11 月 10 日因犯侵犯著作权罪被安徽省合肥市高新技术开发区人民法院判处有期徒刑七个月,罚金人民币十五万元,2014 年 12 月 25 日刑满释放。

被告人林鋆等其他 7 名被告人基本情况略。

2017 年 7 月至 2019 年 3 月,被告人陈力受境外人员委托,先后招募被告人林鋆、赖冬、严杰、杨小明、黄亚胜、吴兵峰、伍健兴,组建 QQ 聊天群,更新维护"www. zuikzy. com"等多个盗版影视资源网站。其中,陈力负责发布任务

并给群内其他成员发放报酬;林銮负责招募部分人员、培训督促其他成员完成工作任务、统计工作量等;赖冬、严杰、杨小明等人通过从正版网站下载、云盘分享等方式获取片源,通过云转码服务器进行切片、转码、增加赌博网站广告及水印、生成链接,最后将该链接复制粘贴至上述盗版影视资源网站。其间,陈力收到境外人员汇入的盗版影视资源网站运营费用共计 1250 万余元,各被告人从中获利 50 万至 1.8 万余元不等。

案发后,公安机关从上述盗版影视网站内固定、保全了被告人陈力等人复制、上传的大量侵权影视作品,包括《流浪地球》《廉政风云》《疯狂外星人》等 2019 年春节档电影。

【检察机关履职情况】

审查逮捕   2019 年春节,《流浪地球》等八部春节档电影在院线期间集体遭高清盗版,盗版电影通过各种途径流入网络。上海市人民检察院第三分院(以下简称上海三分院)应公安机关邀请介入侦查,引导公安机关开展取证固证工作。一是通过调取和恢复 QQ 群聊天记录并结合各被告人到案后的供述,查明陈力团伙系共同犯罪,确定各被告人对共同实施的运营盗版影视资源网站行为的主观认知。二是联系侵权作品较为集中的美日韩等国家的著作权集体管理组织,由其出具涉案作品的版权认证文书。2019 年 4 月 8 日,公安机关对陈力团伙中的 8 名被告人提请捕,上海三分院依法批准逮捕。

审查起诉   2019 年 8 月 29 日,上海市公安局以被告人陈力等人涉嫌侵犯著作权罪向上海三分院移送起诉。本案涉及的大量影视作品涵盖电影、电视剧、综艺、动漫等多种类型,相关著作权人分布国内外。收集、审查是否获得权利人许可的证据存在难度。为进一步夯实证据基础,检察机关要求公安机关及时向国家广播电视总局调取“信息网络传播视听节目许可证”持证机构名单,以证实被告人陈力操纵的涉案网站均系非法提供网络视听服务的网站。同时,要求公安机关对陈力设置的多个网站中相对固定的美日韩剧各个版块,按照从每个网站下载 300 部的均衡原则抽取了 2425 部作品,委托相关著作权认证机构出具权属证明,证实抽样作品均系未经著作权人许可的侵权作品,且陈力等网站经营者无任何著作权人许可的相关证明材料。在事实清楚、证据确实、充分的基础上,8 名被告人在辩护人或值班律师的见证下均自愿认罪认罚,接受检察机关提出的有期徒刑十个月至四年六个月不等、罚金 2 万元至 50 万元不等的确定刑量刑建议,并签署了认罪认罚具结书。

2019 年 9 月 27 日,上海三分院以被告人陈力等 8 人构成侵犯著作权罪向上海市第三中级人民法院(以下简称上海三中院)提起公诉。

指控与证明犯罪   2019 年 11 月 15 日,上海三中院召开庭前会议,检察机关及辩护人就举证方式、鉴定人出庭、非法证据排除等事项达成共识,明确案件事实、证据和法律适用存在的分歧。同年 11 月 20 日,本案依法公开开庭审理。8 名被告人及其辩护人对指控的罪名均无异议,但对本案非法经营数额的计算提出各自辩护意见。陈力的辩护人提出,陈力租借服务器的费用及为各被告人发放的工资应予扣除,其他辩护人提出应按照各被告人实得报酬计算非法经营数额。此外,本案辩护人均提出境外人员归案后会对各被告人产生影响,应当对各被告人适用缓刑。公诉人对此答辩:第一,通过经营盗版资源网站的方式侵犯著作权,其网站经营所得即为非法经营数额,租借服务器以及用于发放各被告人的报酬等支出系犯罪成本,不应予以扣除。公诉机关按照各被告人加入 QQ 群以及获取第一笔报酬的时间,认定各被告人参与犯罪的起始时间,并结合对应期间网站的整体运营情况,计算出各被告人应承担的非法经营数额,证据确实、充分。第二,本案在案证据已能充分证实各被告人实施了共同犯罪及其犯罪中所起的作用,按照相关法律和司法解释规定,境外人员是否归案不影响各被告人的量刑。第三,本案量刑建议是根据各被告人的犯罪事实、证据、法定酌定情节、社会危害性等因素综合判定,并经各被告人具结认可,而且本案侵权作品数量多、传播范围广、经营时间长,具有特别严重情节,且被告人陈力在刑罚执行完毕后五年内又犯应当判处有期徒刑以上刑罚之罪,构成累犯,故不应适用缓刑。合议庭采纳了公诉意见和量刑建议。

处理结果   2019 年 11 月 20 日,上海三中院作出一审判决,以侵犯著作权罪分别判处被告人陈力等 8 人有期徒刑十个月至四年六个月不等,各处罚金 2 万元至 50 万元不等。判决宣告后,被告人均未提出上诉,判决已生效。

【指导意义】

(一)充分发挥检察职能,依法惩治网络侵犯视听作品著作权犯罪,切实维护权利人合法权益

依法保护著作权是国家知识产权战略的重要内容。检察机关坚决依法惩治侵犯著作权犯罪,尤其是注重惩治网络信息环境下的侵犯著作权犯罪。网络环境下侵犯视听作品著作权犯罪具有手段日益隐蔽、组织分工严密、地域跨度大、证据易毁损和隐匿等特点,且日益呈现高发多发态势,严重破坏网络安全与秩序,应予严惩。为准确指控和证明犯罪,检察机关在适时介入侦查、引导取证时,应注意以下方面:一是提取、固定和保全涉案网站视

频链接、链接所指向的视频文件、涉案网站影视作品目录、涉案网站视频播放界面；二是固定、保全涉案网站对应的云转码服务器后台及该后台中的视频链接；三是比对确定云转码后台形成的链接与涉案网站播放的视频链接是否具有同一性；四是对犯罪过程中涉及的多个版本盗版影片，技术性地针对片头片中片尾分别进行作品的同一性对比。

（二）检察机关办理网络侵犯著作权犯罪案件，应围绕电子数据的客观性、合法性和关联性进行全面审查，依法适用认罪认罚从宽制度，提高办案质效

网络环境下侵犯著作权犯罪呈现出跨国境、跨区域以及智能化、产业化特征，证据多表现为电子数据且难以获取。在办理此类案件时，一方面要着重围绕电子数据的客观性、合法性和关联性进行全面审查，区分不同类别的电子数据，采取有针对性的审查方法，特别要注意审查电子数据与案件事实之间的多元关联，综合运用电子数据与其他证据，准确认定案件事实。另一方面，面对网络犯罪的复杂性，检察机关要注意结合不同被告人的地位与作用，充分运用认罪认罚从宽制度，推动查明犯罪手段、共犯分工、人员关系、违法所得分配等案件事实，提高办案效率。

（三）准确把握"未经著作权人许可"的证明方法

对于涉案作品种类众多且权利人分散的案件，在认定"未经著作权人许可"时，应围绕涉案复制品是否系非法出版、复制发行，被告人能否提供获得著作权人许可的相关证明材料予以综合判断。为证明涉案网站系非法提供网络视听服务的网站，可以收集"信息网络传播视听节目许可证"持证机构名单等证据，补强对涉案复制品系非法出版、复制发行的证明。涉案侵权作品数量众多时，可进行抽样取证，但应注意审查所抽取的样本是否具有代表性、抽样范围与其他在案证据是否相符、抽样是否具备随机性等影响抽样客观性的因素。在达到追诉标准的侵权数量基础上，对抽样作品提交著作权人进行权属认证，以确认涉案作品是否均系侵权作品。

【相关规定】

《中华人民共和国刑法》第二百一十七条

《中华人民共和国著作权法》第十条

《中华人民共和国刑事诉讼法》第十五条

《音像制品管理条例》第三条

《计算机信息网络国际互联网安全保护管理办法》第五条

《最高人民法院、最高人民检察院关于办理侵犯知识产权刑事案件具体应用法律若干问题的解释》第五条、第十一条

《最高人民法院、最高人民检察院、公安部关于办理侵犯知识产权刑事案件适用法律若干问题的意见》第十一条、第十五条

《人民检察院刑事诉讼规则》第二百五十二条

2. 中国体育报业总社与北京图书大厦有限责任公司、广东音像出版社有限公司、广东豪盛文化传播有限公司、北京图书大厦有限责任公司著作权权属、侵权纠纷案①

【案情摘要】

国家体育总局群众体育司具体负责中华人民共和国第九套广播体操的创编工作，2011年6月27日，群众体育司代表国家体育总局与中国体育报业总社（简称体育报业总社）签订合同，将第九套广播体操系列产品复制、出版、发行和网络信息传播权独家授予体育报业总社。经国家体育总局审定批准，《第九套广播体操图解 手册DVD CD》由人民体育出版社于2011年8月出版。广东音像出版社有限公司（简称广东音像公司）出版了《第九套广播体操》DVD产品，广东豪盛文化传播有限公司（简称豪盛公司）总经销。其中演示、讲解的额动作与第九套广播体操的动作基本相同，并使用了第九套广播体操的伴奏音乐。北京图书大厦有限责任公司（简称图书大厦）销售了上述DVD。体育报业总社认为上述行为是侵犯了其对于第九套广播体操动作设计编排、伴奏音乐、口令以及相关音像制品享有的专有复制、发行权，起诉至北京市西城区人民法院。该院一审认为，第九套广播体操的动作不是文学、艺术、科学领域内的智力成果，本质上属于一种健身方法、步骤或程序，不具备作为作品的法定要件，故不属于著作权法意义上的作品，不受著作权法保护。故单纯示范、讲解或演示第九套广播体操的动作以及录制、发行相关录像制品的行为不构成侵犯著作权。但是第九套广播体操的伴奏音乐属于国家体育总局享有著作权的职务作品，体育报业总社获得相关音乐作品和录音制品的专有使用权，广东音像公司、豪盛公司使用该配乐制作录像制品构成对其著作权的侵犯。故一审判决广东音像公司、豪盛公司停止侵

① 案例来源：2012年中国法院知识产权司法保护十大创新性案件，载 https://www.court.gov.cn/zixun/xiangqing/5272.html，最后访问日期：2024年12月24日。

权,赔偿体育报业总社经济损失及合理支出共计 10 万元,图书大厦停止销售侵权产品。该案判决一审生效。

【创新意义】

本案系我国法院对于体育动作是否享有著作权问题的首次认定,具有较强的理论和实践意义。判决认为广播体操本质上属于一种健身方法、步骤或程序,而方法、步骤和程序均属于著作权法不保护的思想观念范畴。因此,法院认定第九套广播体操的动作不属于著作权法意义上的作品。本案的审理对体操、瑜伽等功能性肢体动作是否应受著作权法保护的问题提供了有益探索。

(三)文物保护

1. 综合

中华人民共和国文物保护法

- 1982 年 11 月 19 日第五届全国人民代表大会常务委员会第二十五次会议通过
- 根据 1991 年 6 月 29 日第七届全国人民代表大会常务委员会第二十次会议《关于修改〈中华人民共和国文物保护法〉第三十条、第三十一条的决定》第一次修正
- 2002 年 10 月 28 日第九届全国人民代表大会常务委员会第三十次会议第一次修订
- 根据 2007 年 12 月 29 日第十届全国人民代表大会常务委员会第三十一次会议《关于修改〈中华人民共和国文物保护法〉的决定》第二次修正
- 根据 2013 年 6 月 29 日第十二届全国人民代表大会常务委员会第三次会议《关于修改〈中华人民共和国文物保护法〉等十二部法律的决定》第三次修正
- 根据 2015 年 4 月 24 日第十二届全国人民代表大会常务委员会第十四次会议《关于修改〈中华人民共和国文物保护法〉的决定》第四次修正
- 根据 2017 年 11 月 4 日第十二届全国人民代表大会常务委员会第三十次会议《关于修改〈中华人民共和国会计法〉等十一部法律的决定》第五次修正
- 2024 年 11 月 8 日第十四届全国人民代表大会常务委员会第十二次会议第二次修订
- 2024 年 11 月 8 日中华人民共和国主席令第 35 号公布
- 自 2025 年 3 月 1 日起施行

第一章　总　则

第一条　为了加强对文物的保护,传承中华民族优秀历史文化遗产,促进科学研究工作,进行爱国主义和革命传统教育,增强历史自觉、坚定文化自信,建设社会主义精神文明和物质文明,根据宪法,制定本法。

第二条　文物受国家保护。本法所称文物,是指人类创造的或者与人类活动有关的,具有历史、艺术、科学价值的下列物质遗存:

(一)古文化遗址、古墓葬、古建筑、石窟寺和古石刻、古壁画;

(二)与重大历史事件、革命运动或者著名人物有关的以及具有重要纪念意义、教育意义或者史料价值的近代现代重要史迹、实物、代表性建筑;

(三)历史上各时代珍贵的艺术品、工艺美术品;

(四)历史上各时代重要的文献资料、手稿和图书资料等;

(五)反映历史上各时代、各民族社会制度、社会生产、社会生活的代表性实物。

文物认定的主体、标准和程序,由国务院规定并公布。

具有科学价值的古脊椎动物化石和古人类化石同文物一样受国家保护。

第三条　文物分为不可移动文物和可移动文物。

古文化遗址、古墓葬、古建筑、石窟寺、古石刻、古壁画、近代现代重要史迹和代表性建筑等不可移动文物,分为文物保护单位和未核定公布为文物保护单位的不可移动文物(以下称未定级不可移动文物);文物保护单位分为全国重点文物保护单位,省级文物保护单位,设区的市级、县级文物保护单位。

历史上各时代重要实物、艺术品、工艺美术品、文献资料、手稿、图书资料、代表性实物等可移动文物,分为珍贵文物和一般文物;珍贵文物分为一级文物、二级文物、三级文物。

第四条　文物工作坚持中国共产党的领导,坚持以社会主义核心价值观为引领,贯彻保护为主、抢救第一、合理利用、加强管理的方针。

第五条　中华人民共和国境内地下、内水和领海中遗存的一切文物,以及中国管辖的其他海域内遗存的起源于中国的和起源国不明的文物,属于国家所有。

古文化遗址、古墓葬、石窟寺属于国家所有。国家指定保护的纪念建筑物、古建筑、古石刻、古壁画、近代现代代表性建筑等不可移动文物,除国家另有规定的以外,属于国家所有。

国有不可移动文物的所有权不因其所依附的土地的所有权或者使用权的改变而改变。

第六条　下列可移动文物,属于国家所有:

(一)中国境内地下、内水和领海以及中国管辖的其他海域内出土、出水的文物,国家另有规定的除外;

（二）国有文物收藏单位以及其他国家机关、部队和国有企业、事业单位等收藏、保管的文物；

（三）国家征集、购买或者依法没收的文物；

（四）公民、组织捐赠给国家的文物；

（五）法律规定属于国家所有的其他文物。

国有可移动文物的所有权不因其收藏、保管单位的终止或者变更而改变。

第七条 国有文物所有权受法律保护，不容侵犯。

属于集体所有和私人所有的纪念建筑物、古建筑和祖传文物以及依法取得的其他文物，其所有权受法律保护。文物的所有者必须遵守国家有关文物保护的法律、法规的规定。

第八条 一切机关、组织和个人都有依法保护文物的义务。

第九条 国务院文物行政部门主管全国文物保护工作。

地方各级人民政府负责本行政区域内的文物保护工作。县级以上地方人民政府文物行政部门对本行政区域内的文物保护实施监督管理。

县级以上人民政府有关部门在各自的职责范围内，负责有关的文物保护工作。

第十条 国家发展文物保护事业，贯彻落实保护第一、加强管理、挖掘价值、有效利用、让文物活起来的工作要求。

第十一条 文物是不可再生的文化资源。各级人民政府应当重视文物保护，正确处理经济建设、社会发展与文物保护的关系，确保文物安全。

基本建设、旅游发展必须把文物保护放在第一位，严格落实文物保护与安全管理规定，防止建设性破坏和过度商业化。

第十二条 对与中国共产党各个历史时期重大事件、重要会议、重要人物和伟大建党精神等有关的文物，各级人民政府应当采取措施加强保护。

第十三条 县级以上人民政府应当将文物保护事业纳入本级国民经济和社会发展规划，所需经费列入本级预算，确保文物保护事业发展与国民经济和社会发展水平相适应。

国有博物馆、纪念馆、文物保护单位等的事业性收入，纳入预算管理，用于文物保护事业，任何单位或者个人不得侵占、挪用。

国家鼓励通过捐赠等方式设立文物保护社会基金，专门用于文物保护，任何单位或者个人不得侵占、挪用。

第十四条 县级以上人民政府及其文物行政部门应当加强文物普查和专项调查，全面掌握文物资源及保护情况。

县级以上人民政府文物行政部门加强对国有文物资源资产的动态管理，按照国家有关规定，及时报送国有文物资源资产管理情况的报告。

第十五条 国家支持和规范文物价值挖掘阐释，促进中华文明起源与发展研究，传承中华优秀传统文化，弘扬革命文化，发展社会主义先进文化，铸牢中华民族共同体意识，提升中华文化影响力。

第十六条 国家加强文物保护的宣传教育，创新传播方式，增强全民文物保护的意识，营造自觉传承中华民族优秀历史文化遗产的社会氛围。

新闻媒体应当开展文物保护法律法规和文物保护知识的宣传报道，并依法对危害文物安全、破坏文物的行为进行舆论监督。

博物馆、纪念馆、文物保管所、考古遗址公园等有关单位应当结合参观游览内容有针对性地开展文物保护宣传教育活动。

第十七条 国家鼓励开展文物保护的科学研究，推广先进适用的文物保护技术，提高文物保护的科学技术水平。

国家加强文物保护信息化建设，鼓励开展文物保护数字化工作，推进文物资源数字化采集和展示利用。

国家加大考古、修缮、修复等文物保护专业人才培养力度，健全人才培养、使用、评价和激励机制。

第十八条 国家鼓励开展文物利用研究，在确保文物安全的前提下，坚持社会效益优先，有效利用文物资源，提供多样化多层次的文化产品与服务。

第十九条 国家健全社会参与机制，调动社会力量参与文化遗产保护的积极性，鼓励引导社会力量投入文化遗产保护。

第二十条 国家支持开展考古、修缮、修复、展览、科学研究、执法、司法等文物保护国际交流与合作，促进人类文明交流互鉴。

第二十一条 县级以上人民政府文物行政部门或者有关部门应当公开投诉、举报方式等信息，及时受理并处理涉及文物保护的投诉、举报。

第二十二条 有下列事迹之一的单位或者个人，按照国家有关规定给予表彰、奖励：

（一）认真执行文物保护法律、法规，保护文物成绩显著的；

（二）为保护文物与违法犯罪行为作坚决斗争的；

（三）将收藏的重要文物捐献给国家或者向文物保护事业捐赠的；

（四）发现文物及时上报或者上交，使文物得到保护的；

（五）在考古发掘、文物价值挖掘阐释等工作中做出重大贡献的；

（六）在文物保护科学技术方面有重要发明创造或者其他重要贡献的；

（七）在文物面临破坏危险时，抢救文物有功的；

（八）长期从事文物工作，做出显著成绩的；

（九）组织、参与文物保护志愿服务，做出显著成绩的；

（十）在文物保护国际交流与合作中做出重大贡献的。

第二章　不可移动文物

第二十三条　在文物普查、专项调查或者其他相关工作中发现的不可移动文物，应当及时核定公布为文物保护单位或者登记公布为未定级不可移动文物。公民、组织可以提出核定公布文物保护单位或者登记公布未定级不可移动文物的建议。

国务院文物行政部门在省级和设区的市级、县级文物保护单位中，选择具有重大历史、艺术、科学价值的确定为全国重点文物保护单位，或者直接确定为全国重点文物保护单位，报国务院核定公布。

省级文物保护单位，由省、自治区、直辖市人民政府核定公布，并报国务院备案。

设区的市级和县级文物保护单位，分别由设区的市、自治州人民政府和县级人民政府核定公布，并报省、自治区、直辖市人民政府备案。

未定级不可移动文物，由县级人民政府文物行政部门登记，报本级人民政府和上一级人民政府文物行政部门备案，并向社会公布。

第二十四条　在旧城区改建、土地成片开发中，县级以上人民政府应当事先组织进行相关区域内不可移动文物调查，及时开展核定、登记、公布工作，并依法采取保护措施。未经调查，任何单位不得开工建设，防止建设性破坏。

第二十五条　保存文物特别丰富并且具有重大历史价值或者革命纪念意义的城市，由国务院核定公布为历史文化名城。

保存文物特别丰富并且具有重大历史价值或者革命纪念意义的城镇、街道、村庄，由省、自治区、直辖市人民政府核定公布为历史文化街区、村镇，并报国务院备案。

历史文化名城和历史文化街区、村镇所在地县级以上地方人民政府应当组织编制专门的历史文化名城和历史文化街区、村镇保护规划，并纳入有关规划。

历史文化名城和历史文化街区、村镇的保护办法，由国务院制定。

第二十六条　各级文物保护单位，分别由省、自治区、直辖市人民政府和设区的市级、县级人民政府划定公布必要的保护范围，作出标志说明，建立记录档案，并区别情况分别设置专门机构或者专人负责管理。全国重点文物保护单位的保护范围和记录档案，由省、自治区、直辖市人民政府文物行政部门报国务院文物行政部门备案。

未定级不可移动文物，由县级人民政府文物行政部门作出标志说明，建立记录档案，明确管理责任人。

县级以上地方人民政府文物行政部门应当根据不同文物的保护需要，制定文物保护单位和未定级不可移动文物的具体保护措施，向本级人民政府报告，并公告施行。

文物行政部门应当指导、鼓励基层群众性自治组织、志愿者等参与不可移动文物保护工作。

第二十七条　各级人民政府制定有关规划，应当根据文物保护的需要，事先由有关部门会同文物行政部门商定本行政区域内不可移动文物的保护措施，并纳入规划。

县级以上地方人民政府文物行政部门根据文物保护需要，组织编制本行政区域内不可移动文物的保护规划，经本级人民政府批准后公布实施，并报上一级人民政府文物行政部门备案；全国重点文物保护单位的保护规划由省、自治区、直辖市人民政府批准后公布实施，并报国务院文物行政部门备案。

第二十八条　在文物保护单位的保护范围内不得进行文物保护工程以外的其他建设工程或者爆破、钻探、挖掘等作业；因特殊情况需要进行的，必须保证文物保护单位的安全。

因特殊情况需要在省级或者设区的市级、县级文物保护单位的保护范围内进行前款规定的建设工程或者作业的，必须经核定公布该文物保护单位的人民政府批准，在批准前应当征得上一级人民政府文物行政部门同意；在全国重点文物保护单位的保护范围内进行前款规定的建设工程或者作业的，必须经省、自治区、直辖市人民政府批准，在批准前应当征得国务院文物行政部门同意。

第二十九条　根据保护文物的实际需要,经省、自治区、直辖市人民政府批准,可以在文物保护单位的周围划出一定的建设控制地带,并予以公布。

在文物保护单位的建设控制地带内进行建设工程,不得破坏文物保护单位的历史风貌;工程设计方案应当根据文物保护单位的级别和建设工程对文物保护单位历史风貌的影响程度,经国家规定的文物行政部门同意后,依法取得建设工程规划许可。

第三十条　在文物保护单位的保护范围和建设控制地带内,不得建设污染文物保护单位及其环境的设施,不得进行可能影响文物保护单位安全及其环境的活动。对已有的污染文物保护单位及其环境的设施,依照生态环境有关法律法规的规定处理。

第三十一条　建设工程选址,应当尽可能避开不可移动文物;因特殊情况不能避开的,应当尽可能实施原址保护。

实施原址保护的,建设单位应当事先确定原址保护措施,根据文物保护单位的级别报相应的文物行政部门批准;未定级不可移动文物的原址保护措施,报县级人民政府文物行政部门批准;未经批准的,不得开工建设。

无法实施原址保护,省级或者设区的市级、县级文物保护单位需要迁移异地保护或者拆除的,应当报省、自治区、直辖市人民政府批准;迁移或者拆除省级文物保护单位的,批准前必须征得国务院文物行政部门同意。全国重点文物保护单位不得拆除;需要迁移的,必须由省、自治区、直辖市人民政府报国务院批准。未定级不可移动文物需要迁移异地保护或者拆除的,应当报省、自治区、直辖市人民政府文物行政部门批准。

依照前款规定拆除国有不可移动文物,由文物行政部门监督实施,对具有收藏价值的壁画、雕塑、建筑构件等,由文物行政部门指定的文物收藏单位收藏。

本条规定的原址保护、迁移、拆除所需费用,由建设单位列入建设工程预算。

第三十二条　国有不可移动文物由使用人负责修缮、保养;非国有不可移动文物由所有人或者使用人负责修缮、保养,县级以上人民政府可以予以补助。

不可移动文物有损毁危险,所有人或者使用人不具备修缮能力的,县级以上人民政府应当给予帮助;所有人或者使用人具备修缮能力但拒不依法履行修缮义务的,县级以上人民政府可以给予抢救修缮,所需费用由所有人或者使用人承担。

对文物保护单位进行修缮,应当根据文物保护单位的级别报相应的文物行政部门批准;对未定级不可移动文物进行修缮,应当报县级人民政府文物行政部门批准。

文物保护单位的修缮、迁移、重建,由取得文物保护工程资质证书的单位承担。

对不可移动文物进行修缮、保养、迁移,必须遵守不改变文物原状和最小干预的原则,确保文物的真实性和完整性。

县级以上人民政府文物行政部门应当加强对不可移动文物保护的监督检查,及时发现问题隐患,防范安全风险,并督促指导不可移动文物所有人或者使用人履行保护职责。

第三十三条　不可移动文物已经全部毁坏的,应当严格实施遗址保护,不得在原址重建。因文物保护等特殊情况需要在原址重建的,由省、自治区、直辖市人民政府文物行政部门报省、自治区、直辖市人民政府批准;全国重点文物保护单位需要在原址重建的,由省、自治区、直辖市人民政府征得国务院文物行政部门同意后报国务院批准。

第三十四条　国有文物保护单位中的纪念建筑物或者古建筑,除可以建立博物馆、文物保管所或者辟为参观游览场所外,改作其他用途的,设区的市级、县级文物保护单位应当经核定公布该文物保护单位的人民政府文物行政部门征得上一级人民政府文物行政部门同意后,报核定公布该文物保护单位的人民政府批准;省级文物保护单位应当经核定公布该文物保护单位的省、自治区、直辖市人民政府文物行政部门审核同意后,报省、自治区、直辖市人民政府批准;全国重点文物保护单位应当由省、自治区、直辖市人民政府报国务院批准。国有未定级不可移动文物改作其他用途的,应当报告县级人民政府文物行政部门。

第三十五条　国有不可移动文物不得转让、抵押,国家另有规定的,依照其规定。建立博物馆、文物保管所或者辟为参观游览场所的国有不可移动文物,不得改作企业资产经营;其管理机构不得改由企业管理。

依托历史文化街区、村镇进行旅游等开发建设活动的,应当严格落实相关保护规划和保护措施,控制大规模搬迁,防止过度开发,加强整体保护和活态传承。

第三十六条　非国有不可移动文物不得转让、抵押给外国人、外国组织或者国际组织。

非国有不可移动文物转让、抵押或者改变用途的,应当报相应的文物行政部门备案。

第三十七条　县级以上人民政府及其有关部门应当

采取措施,在确保文物安全的前提下,因地制宜推动不可移动文物有效利用。

文物保护单位应当尽可能向社会开放。文物保护单位向社会开放,应当合理确定开放时间和游客承载量,并向社会公布,积极为游客提供必要的便利。

为保护不可移动文物建立的博物馆、纪念馆、文物保管所、考古遗址公园等单位,应当加强对不可移动文物价值的挖掘阐释,开展有针对性的宣传讲解。

第三十八条 使用不可移动文物,必须遵守不改变文物原状和最小干预的原则,负责保护文物本体及其附属文物的安全,不得损毁、改建、添建或者拆除不可移动文物。

对危害不可移动文物安全、破坏不可移动文物历史风貌的建筑物、构筑物,当地人民政府应当及时调查处理;必要时,对该建筑物、构筑物依法予以拆除、迁移。

第三十九条 不可移动文物的所有人或者使用人应当加强用火、用电、用气等的消防安全管理,根据不可移动文物的特点,采取有针对性的消防安全措施,提高火灾预防和应急处置能力,确保文物安全。

第四十条 省、自治区、直辖市人民政府可以将地下埋藏、水下遗存的文物分布较为集中,需要整体保护的区域划定为地下文物埋藏区、水下文物保护区,制定具体保护措施,并公告施行。

地下文物埋藏区、水下文物保护区涉及两个以上省、自治区、直辖市的,或者涉及中国领海以外由中国管辖的其他海域的,由国务院文物行政部门划定并制定具体保护措施,报国务院核定公布。

第三章 考古发掘

第四十一条 一切考古发掘工作,必须履行报批手续;从事考古发掘的单位,应当取得国务院文物行政部门颁发的考古发掘资质证书。

地下埋藏和水下遗存的文物,任何单位或者个人都不得私自发掘。

第四十二条 从事考古发掘的单位,为了科学研究进行考古发掘,应当提出发掘计划,报国务院文物行政部门批准;对全国重点文物保护单位的考古发掘计划,应当经国务院文物行政部门审核后报国务院批准。国务院文物行政部门在批准或者审核前,应当征求社会科学研究机构及其他科研机构和有关专家的意见。

第四十三条 在可能存在地下文物的区域,县级以上地方人民政府进行土地出让或者划拨前,应当由省、自治区、直辖市人民政府文物行政部门组织从事考古发掘的单位进行考古调查、勘探。可能存在地下文物的区域,由省、自治区、直辖市人民政府文物行政部门及时划定并动态调整。

进行大型基本建设工程,或者在文物保护单位的保护范围、建设控制地带内进行建设工程,未依照前款规定进行考古调查、勘探的,建设单位应当事先报请省、自治区、直辖市人民政府文物行政部门组织从事考古发掘的单位在工程范围内有可能埋藏文物的地方进行考古调查、勘探。

考古调查、勘探中发现文物的,由省、自治区、直辖市人民政府文物行政部门根据文物保护的要求与建设单位共同商定保护措施;遇有重要发现的,由省、自治区、直辖市人民政府文物行政部门及时报国务院文物行政部门处理。由此导致停工或者工期延长,造成建设单位损失的,由县级以上地方人民政府文物行政部门会同有关部门听取建设单位意见后,提出处理意见,报本级人民政府批准。

第四十四条 需要配合进行考古发掘工作的,省、自治区、直辖市人民政府文物行政部门应当在勘探工作的基础上提出发掘计划,报国务院文物行政部门批准。国务院文物行政部门在批准前,应当征求社会科学研究机构及其他科研机构和有关专家的意见。

确因建设工期紧迫或者有自然破坏危险,对古文化遗址、古墓葬急需进行抢救发掘的,由省、自治区、直辖市人民政府文物行政部门组织发掘,并同时补办审批手续。

第四十五条 凡因进行基本建设和生产建设需要的考古调查、勘探、发掘,所需费用由建设单位列入建设工程预算。

县级以上人民政府可以通过适当方式对考古调查、勘探、发掘工作给予支持。

第四十六条 在建设工程、农业生产等活动中,任何单位或者个人发现文物或者疑似文物的,应当保护现场,立即报告当地文物行政部门;文物行政部门应当在接到报告后二十四小时内赶赴现场,并在七日内提出处理意见。文物行政部门应当采取措施保护现场,必要时可以通知公安机关或者海上执法机关协助;发现重要文物的,应当立即上报国务院文物行政部门,国务院文物行政部门应当在接到报告后十五日内提出处理意见。

依照前款规定发现的文物属于国家所有,任何单位或者个人不得哄抢、私分、藏匿。

第四十七条 未经国务院文物行政部门报国务院特

别许可,任何外国人、外国组织或者国际组织不得在中国境内进行考古调查、勘探、发掘。

第四十八条　考古调查、勘探、发掘的结果,应当如实报告国务院文物行政部门和省、自治区、直辖市人民政府文物行政部门。

考古发掘的文物,应当登记造册,妥善保管,按照国家有关规定及时移交给省、自治区、直辖市人民政府文物行政部门或者国务院文物行政部门指定的国有博物馆、图书馆或者其他国有收藏文物的单位收藏。经省、自治区、直辖市人民政府文物行政部门批准,从事考古发掘的单位可以保留少量出土、出水文物作为科研标本。

考古发掘的文物和考古发掘资料,任何单位或者个人不得侵占。

第四十九条　根据保证文物安全、进行科学研究和充分发挥文物作用的需要,省、自治区、直辖市人民政府文物行政部门经本级人民政府批准,可以调用本行政区域内的出土、出水文物;国务院文物行政部门经国务院批准,可以调用全国的重要出土、出水文物。

第四章　馆藏文物

第五十条　国家鼓励和支持文物收藏单位收藏、保护可移动文物,开展文物展览展示、宣传教育和科学研究等活动。

有关部门应当在设立条件、社会服务要求、财税扶持政策等方面,公平对待国有文物收藏单位和非国有文物收藏单位。

第五十一条　博物馆、图书馆和其他文物收藏单位对其收藏的文物(以下称馆藏文物),必须按照国家有关文物定级标准区分文物等级,设置档案,建立严格的管理制度,并报主管的文物行政部门备案。

县级以上地方人民政府文物行政部门应当建立本行政区域内的馆藏文物档案;国务院文物行政部门应当建立全国馆藏一级文物档案和其主管的国有文物收藏单位馆藏文物档案。

第五十二条　文物收藏单位可以通过下列方式取得文物:

(一)购买;

(二)接受捐赠;

(三)依法交换;

(四)法律、行政法规规定的其他方式。

国有文物收藏单位还可以通过文物行政部门指定收藏或者调拨方式取得文物。

文物收藏单位应当依法履行合理注意义务,对拟征集、购买文物来源的合法性进行了解、识别。

第五十三条　文物收藏单位应当根据馆藏文物的保护需要,按照国家有关规定建立、健全管理制度,并报主管的文物行政部门备案。未经批准,任何单位或者个人不得调取馆藏文物。

文物收藏单位的法定代表人或者主要负责人对馆藏文物的安全负责。文物收藏单位的法定代表人或者主要负责人离任时,应当按照馆藏文物档案办理馆藏文物移交手续。

第五十四条　国务院文物行政部门可以调拨全国的国有馆藏文物。省、自治区、直辖市人民政府文物行政部门可以调拨本行政区域内其主管的国有文物收藏单位馆藏文物;调拨国有馆藏一级文物,应当报国务院文物行政部门备案。

国有文物收藏单位可以申请调拨国有馆藏文物。

第五十五条　文物收藏单位应当改善服务条件,提高服务水平,充分发挥馆藏文物的作用,通过举办展览、科学研究、文化创意等活动,加强对中华民族优秀的历史文化和革命传统的宣传教育;通过借用、交换、在线展览等方式,提高馆藏文物利用效率。

文物收藏单位应当为学校、科研机构开展有关教育教学、科学研究等活动提供支持和帮助。

博物馆应当按照国家有关规定向公众开放,合理确定开放时间和接待人数并向社会公布,采用多种形式提供科学、准确、生动的文字说明和讲解服务。

第五十六条　国有文物收藏单位之间因举办展览、科学研究等需借用馆藏文物的,应当报主管的文物行政部门备案;借用馆藏一级文物的,应当同时报国务院文物行政部门备案。

非国有文物收藏单位和其他单位举办展览需借用国有馆藏文物的,应当报主管的文物行政部门批准;借用国有馆藏一级文物的,应当经国务院文物行政部门批准。

文物收藏单位之间借用文物的,应当签订借用协议,协议约定的期限不得超过三年。

第五十七条　已经依照本法规定建立馆藏文物档案、管理制度的国有文物收藏单位之间可以交换馆藏文物;交换馆藏文物的,应当经省、自治区、直辖市人民政府文物行政部门批准,并报国务院文物行政部门备案。

第五十八条　未依照本法规定建立馆藏文物档案、管理制度的国有文物收藏单位,不得依照本法第五十五条至第五十七条的规定借用、交换其馆藏文物。

第五十九条　依法调拨、交换、借用馆藏文物,取得文物的文物收藏单位可以对提供文物的文物收藏单位给予合理补偿。

文物收藏单位调拨、交换、出借文物所得的补偿费用，必须用于改善文物的收藏条件和收集新的文物，不得挪作他用；任何单位或者个人不得侵占。

调拨、交换、借用的文物必须严格保管，不得丢失、损毁。

第六十条　禁止国有文物收藏单位将馆藏文物赠与、出租、出售或者抵押、质押给其他单位、个人。

第六十一条　国有文物收藏单位不再收藏的文物退出馆藏的办法，由国务院文物行政部门制定并公布。

第六十二条　修复馆藏文物，不得改变馆藏文物的原状；复制、拍摄、拓印馆藏文物，不得对馆藏文物造成损害。修复、复制、拓印馆藏二级文物和馆藏三级文物的，应当报省、自治区、直辖市人民政府文物行政部门批准；修复、复制、拓印馆藏一级文物的，应当报国务院文物行政部门批准。

不可移动文物的单体文物的修复、复制、拍摄、拓印，适用前款规定。

第六十三条　博物馆、图书馆和其他收藏文物的单位应当按照国家有关规定配备防火、防盗、防自然损坏的设施，并采取相应措施，确保收藏文物的安全。

第六十四条　馆藏一级文物损毁的，应当报国务院文物行政部门核查处理。其他馆藏文物损毁的，应当报省、自治区、直辖市人民政府文物行政部门核查处理；省、自治区、直辖市人民政府文物行政部门应当将核查处理结果报国务院文物行政部门备案。

馆藏文物被盗、被抢或者丢失的，文物收藏单位应当立即向公安机关报案，并同时向主管的文物行政部门报告。

第六十五条　文物行政部门和国有文物收藏单位的工作人员不得借用国有文物，不得非法侵占国有文物。

第五章　民间收藏文物

第六十六条　国家鼓励公民、组织合法收藏，加强对民间收藏活动的指导、管理和服务。

第六十七条　文物收藏单位以外的公民、组织可以收藏通过下列方式取得的文物：

（一）依法继承或者接受赠与；

（二）从文物销售单位购买；

（三）通过经营文物拍卖的拍卖企业（以下称文物拍卖企业）购买；

（四）公民个人合法所有的文物相互交换或者依法转让；

（五）国家规定的其他合法方式。

文物收藏单位以外的公民、组织收藏的前款文物可以依法流通。

第六十八条　禁止买卖下列文物：

（一）国有文物，但是国家允许的除外；

（二）国有不可移动文物中的壁画、雕塑、建筑构件等，但是依法拆除的国有不可移动文物中的壁画、雕塑、建筑构件等不属于本法第三十一条第四款规定的应由文物收藏单位收藏的除外；

（三）非国有馆藏珍贵文物；

（四）国务院有关部门通报或者公告的被盗文物以及其他来源不符合本法第六十七条规定的文物；

（五）外国政府、相关国际组织按照有关国际公约通报或者公告的流失文物。

第六十九条　国家鼓励文物收藏单位以外的公民、组织将其收藏的文物捐赠给文物收藏单位或者出借给文物收藏单位展览和研究。

文物收藏单位应当尊重并按照捐赠人的意愿，对受赠的文物妥善收藏、保管和展示。

国家禁止出境的文物，不得转让、出租、抵押、质押给境外组织或者个人。

第七十条　文物销售单位应当取得省、自治区、直辖市人民政府文物行政部门颁发的文物销售许可证。

文物销售单位不得从事文物拍卖经营活动，不得设立文物拍卖企业。

第七十一条　依法设立的拍卖企业经营文物拍卖的，应当取得省、自治区、直辖市人民政府文物行政部门颁发的文物拍卖许可证。

文物拍卖企业不得从事文物销售经营活动，不得设立文物销售单位。

第七十二条　文物行政部门的工作人员不得举办或者参与举办文物销售单位或者文物拍卖企业。

文物收藏单位及其工作人员不得举办或者参与举办文物销售单位或者文物拍卖企业。

禁止设立外商投资的文物销售单位或者文物拍卖企业。

除文物销售单位、文物拍卖企业外，其他单位或者个人不得从事文物商业经营活动。

第七十三条　文物销售单位不得销售、文物拍卖企业不得拍卖本法第六十八条规定的文物。

文物拍卖企业拍卖的文物，在拍卖前应当经省、自治区、直辖市人民政府文物行政部门依照前款规定进行审核,并报国务院文物行政部门备案。

文物销售单位销售文物、文物拍卖企业拍卖文物,应当如实表述文物的相关信息,不得进行虚假宣传。

第七十四条　省、自治区、直辖市人民政府文物行政部门应当建立文物购销、拍卖信息与信用管理系统,推动文物流通领域诚信建设。文物销售单位购买、销售文物,文物拍卖企业拍卖文物,应当按照国家有关规定作出记录,并于销售、拍卖文物后三十日内报省、自治区、直辖市人民政府文物行政部门备案。

拍卖文物时,委托人、买受人要求对其身份保密的,文物行政部门应当为其保密;法律、行政法规另有规定的除外。

第七十五条　文物行政部门在审核拟拍卖的文物时,可以指定国有文物收藏单位优先购买其中的珍贵文物。购买价格由国有文物收藏单位的代表与文物的委托人协商确定。

第七十六条　银行、冶炼厂、造纸厂以及废旧物资回收单位,应当与当地文物行政部门共同负责拣选掺杂在金银器和废旧物资中的文物。拣选文物除供银行研究所必需的历史货币可以由中国人民银行留用外,应当移交当地文物行政部门。移交拣选文物,应当给予合理补偿。

第六章　文物出境进境

第七十七条　国有文物、非国有文物中的珍贵文物和国家禁止出境的其他文物,不得出境;依照本法规定出境展览,或者因特殊需要经国务院批准出境的除外。

国家禁止出境的文物的具体范围,由国务院文物行政部门规定并公布。

第七十八条　文物出境,应当经国务院文物行政部门指定的文物进出境审核机构审核。经审核允许出境的文物,由国务院文物行政部门颁发文物出境许可证,从国务院文物行政部门指定的口岸出境。

任何单位或者个人运送、邮寄、携带文物出境,应当向海关申报;海关凭文物出境许可证放行。

第七十九条　文物出境展览,应当报国务院文物行政部门批准;一级文物超过国务院规定数量的,应当报国务院批准。

一级文物中的孤品和易损品,禁止出境展览。

出境展览的文物出境,由文物进出境审核机构审核、登记。海关凭国务院文物行政部门或者国务院的批准文件放行。出境展览的文物复进境,由原审核、登记的文物进出境审核机构审核查验。

第八十条　文物临时进境,应当向海关申报,并报文物进出境审核机构审核、登记。文物进出境审核机构发现临时进境的文物属于本法第六十八条规定的文物的,应当向国务院文物行政部门报告并通报海关。

临时进境的文物复出境,必须经原审核、登记的文物进出境审核机构审核查验;经审核查验无误的,由国务院文物行政部门颁发文物出境许可证,海关凭文物出境许可证放行。

第八十一条　国家加强文物追索返还领域的国际合作。国务院文物行政部门依法会同有关部门对因被盗、非法出境等流失境外的文物开展追索;对非法流入中国境内的外国文物,根据有关条约、协定、协议或者对等原则与相关国家开展返还合作。

国家对于因被盗、非法出境等流失境外的文物,保留收回的权利,且该权利不受时效限制。

第七章　法律责任

第八十二条　违反本法规定,地方各级人民政府和县级以上人民政府有关部门及其工作人员,以及其他依法履行公职的人员,滥用职权、玩忽职守、徇私舞弊的,对负有责任的领导人员和直接责任人员依法给予处分。

第八十三条　有下列行为之一的,由县级以上人民政府文物行政部门责令改正,给予警告;造成文物损坏或者其他严重后果的,对单位处五十万元以上五百万元以下的罚款,对个人处五万元以上五十万元以下的罚款,责令承担相关文物修缮和复原费用,由原发证机关降低资质等级;情节严重的,对单位可以处五百万元以上一千万元以下的罚款,由原发证机关吊销资质证书:

(一)擅自在文物保护单位的保护范围内进行文物保护工程以外的其他建设工程或者爆破、钻探、挖掘等作业;

(二)工程设计方案未经文物行政部门同意,擅自在文物保护单位的建设控制地带内进行建设工程;

(三)未制定不可移动文物原址保护措施,或者不可移动文物原址保护措施未经文物行政部门批准,擅自开工建设;

(四)擅自迁移、拆除不可移动文物;

(五)擅自修缮不可移动文物,明显改变文物原状;

(六)擅自在原址重建已经全部毁坏的不可移动文物;

(七)未取得文物保护工程资质证书,擅自从事文物修缮、迁移、重建;

(八)进行大型基本建设工程,或者在文物保护单位的保护范围、建设控制地带内进行建设工程,未依法进行考古调查、勘探。

损毁依照本法规定设立的不可移动文物保护标志的，由县级以上人民政府文物行政部门给予警告，可以并处五百元以下的罚款。

第八十四条　在文物保护单位的保护范围或者建设控制地带内建设污染文物保护单位及其环境的设施的，由生态环境主管部门依法给予处罚。

第八十五条　违反本法规定，有下列行为之一的，由县级以上人民政府文物行政部门责令改正，给予警告或者通报批评，没收违法所得；违法所得五千元以上的，并处违法所得二倍以上十倍以下的罚款；没有违法所得或者违法所得不足五千元的，并处一万元以上五万元以下的罚款：

（一）转让或者抵押国有不可移动文物；

（二）将建立博物馆、文物保管所或者辟为参观游览场所的国有不可移动文物改作企业资产经营，或者将其管理机构改由企业管理；

（三）将非国有不可移动文物转让或者抵押给外国人、外国组织或者国际组织；

（四）擅自改变国有文物保护单位中的纪念建筑物或者古建筑的用途。

第八十六条　历史文化名城的布局、环境、历史风貌等遭到严重破坏的，由国务院撤销其历史文化名城称号；历史文化街区、村镇的布局、环境、历史风貌等遭到严重破坏的，由省、自治区、直辖市人民政府撤销其历史文化街区、村镇称号；对负有责任的领导人员和直接责任人员依法给予处分。

第八十七条　有下列行为之一的，由县级以上人民政府文物行政部门责令改正，给予警告或者通报批评，没收违法所得；违法所得五千元以上的，并处违法所得二倍以上十倍以下的罚款；没有违法所得或者违法所得不足五千元的，可以并处五万元以下的罚款：

（一）文物收藏单位未按照国家有关规定配备防火、防盗、防自然损坏的设施；

（二）文物收藏单位法定代表人或者主要负责人离任时未按照馆藏文物档案移交馆藏文物，或者所移交的馆藏文物与馆藏文物档案不符；

（三）国有文物收藏单位将馆藏文物赠与、出租、出售或者抵押、质押给其他单位、个人；

（四）违反本法规定借用、交换馆藏文物；

（五）挪用或者侵占依法调拨、交换、出借文物所得的补偿费用。

第八十八条　买卖国家禁止买卖的文物或者将国家禁止出境的文物转让、出租、抵押、质押给境外组织或者个人的，由县级以上人民政府文物行政部门责令改正，没收违法所得、非法经营的文物；违法经营额五千元以上的，并处违法经营额二倍以上十倍以下的罚款；没有违法经营额或者违法经营额不足五千元的，并处一万元以上五万元以下的罚款。

文物销售单位、文物拍卖企业有前款规定的违法行为的，由县级以上人民政府文物行政部门没收违法所得、非法经营的文物；违法经营额三万元以上的，并处违法经营额二倍以上十倍以下的罚款；没有违法经营额或者违法经营额不足三万元的，并处五万元以上二十五万元以下的罚款；情节严重的，由原发证机关吊销许可证书。

第八十九条　未经许可擅自从事文物商业经营活动的，由县级以上人民政府文物行政部门责令改正，给予警告或者通报批评，没收违法所得、非法经营的文物；违法经营额三万元以上的，并处违法经营额二倍以上十倍以下的罚款；没有违法经营额或者违法经营额不足三万元的，并处五万元以上二十五万元以下的罚款。

第九十条　有下列情形之一的，由县级以上人民政府文物行政部门责令改正，给予警告或者通报批评，没收违法所得、非法经营的文物；违法经营额三万元以上的，并处违法经营额二倍以上十倍以下的罚款；没有违法经营额或者违法经营额不足三万元的，并处五万元以上二十五万元以下的罚款；情节严重的，由原发证机关吊销许可证书：

（一）文物销售单位从事文物拍卖经营活动；

（二）文物拍卖企业从事文物销售经营活动；

（三）文物拍卖企业拍卖的文物，未经审核；

（四）文物收藏单位从事文物商业经营活动；

（五）文物销售单位、文物拍卖企业知假售假、知假拍假或者进行虚假宣传。

第九十一条　有下列行为之一的，由县级以上人民政府文物行政部门会同公安机关、海上执法机关追缴文物，给予警告；情节严重的，对单位处十万元以上三百万元以下的罚款，对个人处五千元以上五万元以下的罚款：

（一）发现文物隐匿不报或者拒不上交；

（二）未按照规定移交拣选文物。

第九十二条　文物进出境未依照本法规定申报的，由海关或者海上执法机关依法给予处罚。

第九十三条　有下列行为之一的，由县级以上人民政府文物行政部门责令改正；情节严重的，对单位处十万元以上三百万元以下的罚款，限制业务活动或者由原发

证机关吊销许可证书,对个人处五千元以上五万元以下的罚款:

(一)改变国有未定级不可移动文物的用途,未依照本法规定报告;

(二)转让、抵押非国有不可移动文物或者改变其用途,未依照本法规定备案;

(三)国有不可移动文物的使用人具备修缮能力但拒不依法履行修缮义务;

(四)从事考古发掘的单位未经批准擅自进行考古发掘,或者不如实报告考古调查、勘探、发掘结果,或者未按照规定移交考古发掘的文物;

(五)文物收藏单位未按照国家有关规定建立馆藏文物档案、管理制度,或者未将馆藏文物档案、管理制度备案;

(六)未经批准擅自调取馆藏文物;

(七)未经批准擅自修复、复制、拓印文物;

(八)馆藏文物损毁未报文物行政部门核查处理,或者馆藏文物被盗、被抢或者丢失,文物收藏单位未及时向公安机关或者文物行政部门报告;

(九)文物销售单位销售文物或者文物拍卖企业拍卖文物,未按照国家有关规定作出记录或者未将所作记录报文物行政部门备案。

第九十四条 文物行政部门、文物收藏单位、文物销售单位、文物拍卖企业的工作人员,有下列行为之一的,依法给予处分;情节严重的,依法开除公职或者吊销其从业资格证书:

(一)文物行政部门和国有文物收藏单位的工作人员借用或者非法侵占国有文物;

(二)文物行政部门、文物收藏单位的工作人员举办或者参与举办文物销售单位或者文物拍卖企业;

(三)因不负责任造成文物保护单位、珍贵文物损毁或者流失;

(四)贪污、挪用文物保护经费。

前款被开除公职或者被吊销从业资格证书的人员,自被开除公职或者被吊销从业资格证书之日起十年内不得担任文物管理人员或者从事文物经营活动。

第九十五条 单位违反本法规定受到行政处罚,情节严重的,对单位直接负责的主管人员和其他直接责任人员处五千元以上五万元以下的罚款。

第九十六条 违反本法规定,损害他人民事权益的,依法承担民事责任;构成违反治安管理行为的,由公安机关依法给予治安管理处罚;构成犯罪的,依法追究刑事责任。

第九十七条 县级以上人民政府文物行政部门依法实施监督检查,可以采取下列措施:

(一)进入现场进行检查;

(二)查阅、复制有关文件资料,询问有关人员,对可能被转移、销毁或者篡改的文件资料予以封存;

(三)查封、扣押涉嫌违法活动的场所、设施或者财物;

(四)责令行为人停止侵害文物的行为。

第九十八条 监察委员会、人民法院、人民检察院、公安机关、海关、市场监督管理部门和海上执法机关依法没收的文物应当登记造册,妥善保管,结案后无偿移交文物行政部门,由文物行政部门指定的国有文物收藏单位收藏。

第九十九条 因违反本法规定造成文物严重损害或者存在严重损害风险,致使社会公共利益受到侵害的,人民检察院可以依照有关诉讼法的规定提起公益诉讼。

第八章 附 则

第一百条 文物保护有关行政许可的条件、期限等,本法未作规定的,适用《中华人民共和国行政许可法》和有关法律、行政法规的规定。

第一百零一条 本法自 2025 年 3 月 1 日起施行。

中华人民共和国文物保护法实施条例

· 2003 年 5 月 18 日中华人民共和国国务院令第 377 号公布
· 根据 2013 年 12 月 7 日《国务院关于修改部分行政法规的决定》第一次修订
· 根据 2016 年 2 月 6 日《国务院关于修改部分行政法规的决定》第二次修订
· 根据 2017 年 3 月 1 日《国务院关于修改和废止部分行政法规的决定》第三次修订
· 根据 2017 年 10 月 7 日《国务院关于修改部分行政法规的决定》第四次修订

第一章 总 则

第一条 根据《中华人民共和国文物保护法》(以下简称文物保护法),制定本实施条例。

第二条 国家重点文物保护专项补助经费和地方文物保护专项经费,由县级以上人民政府文物行政主管部门、投资主管部门、财政部门按照国家有关规定共同实施管理。任何单位或者个人不得侵占、挪用。

第三条 国有的博物馆、纪念馆、文物保护单位等的事业性收入,应当用于下列用途:

(一)文物的保管、陈列、修复、征集;

（二）国有的博物馆、纪念馆、文物保护单位的修缮和建设；

（二）文物的安全防范；

（四）考古调查、勘探、发掘；

（五）文物保护的科学研究、宣传教育。

第四条　文物行政主管部门和教育、科技、新闻出版、广播电视行政主管部门，应当做好文物保护的宣传教育工作。

第五条　国务院文物行政主管部门和省、自治区、直辖市人民政府文物行政主管部门，应当制定文物保护的科学技术研究规划，采取有效措施，促进文物保护科技成果的推广和应用，提高文物保护的科学技术水平。

第六条　有文物保护法第十二条所列事迹之一的单位或者个人，由人民政府及其文物行政主管部门、有关部门给予精神鼓励或者物质奖励。

第二章　不可移动文物

第七条　历史文化名城，由国务院建设行政主管部门会同国务院文物行政主管部门报国务院核定公布。

历史文化街区、村镇，由省、自治区、直辖市人民政府城乡规划行政主管部门会同文物行政主管部门报本级人民政府核定公布。

县级以上地方人民政府组织编制的历史文化名城和历史文化街区、村镇的保护规划，应当符合文物保护的要求。

第八条　全国重点文物保护单位和省级文物保护单位自核定公布之日起1年内，由省、自治区、直辖市人民政府划定必要的保护范围，作出标志说明，建立记录档案，设置专门机构或者指定专人负责管理。

设区的市、自治州级和县级文物保护单位自核定公布之日起1年内，由核定公布该文物保护单位的人民政府划定保护范围，作出标志说明，建立记录档案，设置专门机构或者指定专人负责管理。

第九条　文物保护单位的保护范围，是指对文物保护单位本体及周围一定范围实施重点保护的区域。

文物保护单位的保护范围，应当根据文物保护单位的类别、规模、内容以及周围环境的历史和现实情况合理划定，并在文物保护单位本体之外保持一定的安全距离，确保文物保护单位的真实性和完整性。

第十条　文物保护单位的标志说明，应当包括文物保护单位的级别、名称、公布机关、公布日期、立标机关、立标日期等内容。民族自治地区的文物保护单位的标志说明，应当同时用规范汉字和当地通用的少数民族文字书写。

第十一条　文物保护单位的记录档案，应当包括文物保护单位本体记录等科学技术资料和有关文献记载、行政管理等内容。

文物保护单位的记录档案，应当充分利用文字、音像制品、图画、拓片、摹本、电子文本等形式，有效表现其所载内容。

第十二条　古文化遗址、古墓葬、石窟寺和属于国家所有的纪念建筑物、古建筑，被核定公布为文物保护单位的，由县级以上地方人民政府设置专门机构或者指定机构负责管理。其他文物保护单位，由县级以上地方人民政府设置专门机构或者指定机构、专人负责管理；指定专人负责管理的，可以采取聘请文物保护员的形式。

文物保护单位有使用单位的，使用单位应当设立群众性文物保护组织；没有使用单位的，文物保护单位所在地的村民委员会或者居民委员会可以设立群众性文物保护组织。文物行政主管部门应当对群众性文物保护组织的活动给予指导和支持。

负责管理文物保护单位的机构，应当建立健全规章制度，采取安全防范措施；其安全保卫人员，可以依法配备防卫器械。

第十三条　文物保护单位的建设控制地带，是指在文物保护单位的保护范围外，为保护文物保护单位的安全、环境、历史风貌对建设项目加以限制的区域。

文物保护单位的建设控制地带，应当根据文物保护单位的类别、规模、内容以及周围环境的历史和现实情况合理划定。

第十四条　全国重点文物保护单位的建设控制地带，经省、自治区、直辖市人民政府批准，由省、自治区、直辖市人民政府的文物行政主管部门会同城乡规划行政主管部门划定并公布。

省级、设区的市、自治州级和县级文物保护单位的建设控制地带，经省、自治区、直辖市人民政府批准，由核定公布该文物保护单位的人民政府的文物行政主管部门会同城乡规划行政主管部门划定并公布。

第十五条　承担文物保护单位的修缮、迁移、重建工程的单位，应当同时取得文物行政主管部门发给的相应等级的文物保护工程资质证书和建设行政主管部门发给的相应等级的资质证书。其中，不涉及建筑活动的文物保护单位的修缮、迁移、重建，应当由取得文物行政主管部门发给的相应等级的文物保护工程资质证书的单位承担。

第十六条　申领文物保护工程资质证书，应当具备下列条件：

（一）有取得文物博物专业技术职务的人员；

（二）有从事文物保护工程所需的技术设备；

（三）法律、行政法规规定的其他条件。

第十七条　申领文物保护工程资质证书，应当向省、自治区、直辖市人民政府文物行政主管部门或者国务院文物行政主管部门提出申请。省、自治区、直辖市人民政府文物行政主管部门或者国务院文物行政主管部门应当自收到申请之日起 30 个工作日内作出批准或者不批准的决定。决定批准的，发给相应等级的文物保护工程资质证书；决定不批准的，应当书面通知当事人并说明理由。文物保护工程资质等级的分级标准和审批办法，由国务院文物行政主管部门制定。

第十八条　文物行政主管部门在审批文物保护单位的修缮计划和工程设计方案前，应当征求上一级人民政府文物行政主管部门的意见。

第十九条　危害全国重点文物保护单位安全或者破坏其历史风貌的建筑物、构筑物，由省、自治区、直辖市人民政府负责调查处理。

危害省级、设区的市、自治州级、县级文物保护单位安全或者破坏其历史风貌的建筑物、构筑物，由核定公布该文物保护单位的人民政府负责调查处理。

危害尚未核定公布为文物保护单位的不可移动文物安全的建筑物、构筑物，由县级人民政府负责调查处理。

第三章　考古发掘

第二十条　申请从事考古发掘的单位，取得考古发掘资质证书，应当具备下列条件：

（一）有 4 名以上接受过考古专业训练且主持过考古发掘项目的人员；

（二）有取得文物博物专业技术职务的人员；

（三）有从事文物安全保卫的专业人员；

（四）有从事考古发掘所需的技术设备；

（五）有保障文物安全的设施和场所；

（六）法律、行政法规规定的其他条件。

第二十一条　申领考古发掘资质证书，应当向国务院文物行政主管部门提出申请。国务院文物行政主管部门应当自收到申请之日起 30 个工作日内作出批准或者不批准的决定。决定批准的，发给考古发掘资质证书；决定不批准的，应当书面通知当事人并说明理由。

第二十二条　考古发掘项目实行项目负责人负责制度。

第二十三条　配合建设工程进行的考古调查、勘探、发掘，由省、自治区、直辖市人民政府文物行政主管部门组织实施。跨省、自治区、直辖市的建设工程范围内的考古调查、勘探、发掘，由建设工程所在地的有关省、自治区、直辖市人民政府文物行政主管部门联合组织实施；其中，特别重要的建设工程范围内的考古调查、勘探、发掘，由国务院文物行政主管部门组织实施。

建设单位对配合建设工程进行的考古调查、勘探、发掘，应当予以协助，不得妨碍考古调查、勘探、发掘。

第二十四条　国务院文物行政主管部门应当自收到文物保护法第三十条第一款规定的发掘计划之日起 30 个工作日内作出批准或者不批准决定。决定批准的，发给批准文件；决定不批准的，应当书面通知当事人并说明理由。

文物保护法第三十条第二款规定的抢救性发掘，省、自治区、直辖市人民政府文物行政主管部门应当自开工之日起 10 个工作日内向国务院文物行政主管部门补办审批手续。

第二十五条　考古调查、勘探、发掘所需经费的范围和标准，按照国家有关规定执行。

第二十六条　从事考古发掘的单位应当在考古发掘完成之日起 30 个工作日内向省、自治区、直辖市人民政府文物行政主管部门和国务院文物行政主管部门提交结项报告，并于提交结项报告之日起 3 年内向省、自治区、直辖市人民政府文物行政主管部门和国务院文物行政主管部门提交考古发掘报告。

第二十七条　从事考古发掘的单位提交考古发掘报告后，经省、自治区、直辖市人民政府文物行政主管部门批准，可以保留少量出土文物作为科研标本，并应当于提交发掘报告之日起 6 个月内将其他出土文物移交给省、自治区、直辖市人民政府文物行政主管部门指定的国有的博物馆、图书馆或者其他国有文物收藏单位收藏。

第四章　馆藏文物

第二十八条　文物收藏单位应当建立馆藏文物的接收、鉴定、登记、编目和档案制度，库房管理制度，出入库、注销和统计制度，保养、修复和复制制度。

第二十九条　县级人民政府文物行政主管部门应当将本行政区域内的馆藏文物档案，按照行政隶属关系报设区的市、自治州级人民政府文物行政主管部门或者省、自治区、直辖市人民政府文物行政主管部门备案；设区的市、自治州级人民政府文物行政主管部门应当将本行政区域内的馆藏文物档案，报省、自治区、直辖市人民政府文物行政主管部门备案；省、自治区、直辖市人民政府文物行政主管部门应当将本行政区域内的一级文物藏品档案，报国务院文物行政主管部门备案。

第三十条　文物收藏单位之间借用馆藏文物,借用人应当对借用的馆藏文物采取必要的保护措施,确保文物的安全。

借用的馆藏文物的灭失、损坏风险,除当事人另有约定外,由借用该馆藏文物的文物收藏单位承担。

第三十一条　国有文物收藏单位未依照文物保护法第三十六条的规定建立馆藏文物档案并将馆藏文物档案报主管的文物行政主管部门备案的,不得交换、借用馆藏文物。

第三十二条　修复、复制、拓印馆藏二级文物和馆藏三级文物的,应当报省、自治区、直辖市人民政府文物行政主管部门批准;修复、复制、拓印馆藏一级文物的,应当报国务院文物行政主管部门批准。

第三十三条　从事馆藏文物修复、复制、拓印的单位,应当具备下列条件:

(一)有取得中级以上文物博物专业技术职务的人员;

(二)有从事馆藏文物修复、复制、拓印所需的场所和技术设备;

(三)法律、行政法规规定的其他条件。

第三十四条　从事馆藏文物修复、复制、拓印,应当向省、自治区、直辖市人民政府文物行政主管部门提出申请。省、自治区、直辖市人民政府文物行政主管部门应当自收到申请之日起30个工作日内作出批准或者不批准的决定。决定批准的,发给相应等级的资质证书;决定不批准的,应当书面通知当事人并说明理由。

第三十五条　为制作出版物、音像制品等拍摄馆藏文物的,应当征得文物收藏单位同意,并签署拍摄协议,明确文物保护措施和责任。文物收藏单位应当自拍摄工作完成后10个工作日内,将拍摄情况向文物行政主管部门报告。

第三十六条　馆藏文物被盗、被抢或者丢失的,文物收藏单位应当立即向公安机关报案,并同时向主管的文物行政主管部门报告;主管的文物行政主管部门应当在接到文物收藏单位的报告后24小时内,将有关情况报告国务院文物行政主管部门。

第三十七条　国家机关和国有的企业、事业组织等收藏、保管国有文物的,应当履行下列义务:

(一)建立文物藏品档案制度,并将文物藏品档案报所在地省、自治区、直辖市人民政府文物行政主管部门备案;

(二)建立、健全文物藏品的保养、修复等管理制度,

确保文物安全;

(三)文物藏品被盗、被抢或者丢失的,应当立即向公安机关报案,并同时向所在地省、自治区、直辖市人民政府文物行政主管部门报告。

第五章　民间收藏文物

第三十八条　文物收藏单位以外的公民、法人和其他组织,可以依法收藏文物,其依法收藏的文物的所有权受法律保护。

公民、法人和其他组织依法收藏文物的,可以要求文物行政主管部门对其收藏的文物提供鉴定、修复、保管等方面的咨询。

第三十九条　设立文物商店,应当具备下列条件:

(一)有200万元人民币以上的注册资本;

(二)有5名以上取得中级以上文物博物专业技术职务的人员;

(三)有保管文物的场所、设施和技术条件;

(四)法律、行政法规规定的其他条件。

第四十条　设立文物商店,应当向省、自治区、直辖市人民政府文物行政主管部门提出申请。省、自治区、直辖市人民政府文物行政主管部门应当自收到申请之日起30个工作日内作出批准或者不批准的决定。决定批准的,发给批准文件;决定不批准的,应当书面通知当事人并说明理由。

第四十一条　依法设立的拍卖企业,从事文物拍卖经营活动的,应当有5名以上取得高级文物博物专业技术职务的文物拍卖专业人员,并取得省、自治区、直辖市人民政府文物行政主管部门发给的文物拍卖许可证。

第四十二条　依法设立的拍卖企业申领文物拍卖许可证,应当向省、自治区、直辖市人民政府文物行政主管部门提出申请。省、自治区、直辖市人民政府文物行政主管部门应当自收到申请之日起30个工作日内作出批准或者不批准的决定。决定批准的,发给文物拍卖许可证;决定不批准的,应当书面通知当事人并说明理由。

第四十三条　文物商店购买、销售文物,经营文物拍卖的拍卖企业拍卖文物,应当记录文物的名称、图录、来源、文物的出卖人、委托人和买受人的姓名或者名称、住所、有效身份证件号码或者有效照号码以及成交价格,并报省、自治区、直辖市人民政府文物行政主管部门备案。接受备案的文物行政主管部门应当依法为其保密,并将该记录保存75年。

文物行政主管部门应当加强对文物商店和经营文物拍卖的拍卖企业的监督检查。

第六章 文物出境进境

第四十四条 国务院文物行政主管部门指定的文物进出境审核机构,应当有 5 名以上取得中级以上文物博物专业技术职务的文物进出境责任鉴定人员。

第四十五条 运送、邮寄、携带文物出境,应当在文物出境前依法报文物进出境审核机构审核。文物进出境审核机构应当自收到申请之日起 15 个工作日内作出是否允许出境的决定。

文物进出境审核机构审核文物,应当有 3 名以上文物博物专业技术人员参加;其中,应当有 2 名以上文物进出境责任鉴定人员。

文物出境审核意见,由文物进出境责任鉴定员共同签署;对经审核,文物进出境责任鉴定员一致同意允许出境的文物,文物进出境审核机构方可作出允许出境的决定。

文物出境审核标准,由国务院文物行政主管部门制定。

第四十六条 文物进出境审核机构应当对所审核进出境文物的名称、质地、尺寸、级别,当事人的姓名或者名称、住所、有效身份证件号码或者有效证照号码,以及进出境口岸、文物去向和审核日期等内容进行登记。

第四十七条 经审核允许出境的文物,由国务院文物行政主管部门发给文物出境许可证,并由文物进出境审核机构标明文物出境标识。经审核允许出境的文物,应当从国务院文物行政主管部门指定的口岸出境。海关查验文物出境标识后,凭文物出境许可证放行。

经审核不允许出境的文物,由文物进出境审核机构发还当事人。

第四十八条 文物出境展览的承办单位,应当在举办展览前 6 个月向国务院文物行政主管部门提出申请。国务院文物行政主管部门应当自收到申请之日起 30 个工作日内作出批准或者不批准的决定。决定批准的,发给批准文件;决定不批准的,应当书面通知当事人并说明理由。

一级文物展品超过 120 件(套)的,或者一级文物展品超过展品总数的 20% 的,应当报国务院批准。

第四十九条 一级文物中的孤品和易损品,禁止出境展览。禁止出境展览文物的目录,由国务院文物行政主管部门定期公布。

未曾在国内正式展出的文物,不得出境展览。

第五十条 文物出境展览的期限不得超过 1 年。因特殊需要,经原审批机关批准可以延期;但是,延期最长不得超过 1 年。

第五十一条 文物出境展览期间,出现可能危及展览文物安全情形的,原审批机关可以决定中止或者撤销展览。

第五十二条 临时进境的文物,经海关将文物加封后,交由当事人报文物进出境审核机构审核、登记。文物进出境审核机构查验海关封志完好无损后,对每件临时进境文物标明文物临时进境标识,并登记拍照。

临时进境文物复出境时,应当由原审核、登记的文物进出境审核机构核对入境登记拍照记录,查验文物临时进境标识无误后标明文物出境标识,并由国务院文物行政主管部门发给文物出境许可证。

未履行本条第一款规定的手续临时进境的文物复出境的,依照本章关于文物出境的规定办理。

第五十三条 任何单位或者个人不得擅自剥除、更换、挪用或者损毁文物出境标识、文物临时进境标识。

第七章 法律责任

第五十四条 公安机关、工商行政管理、文物、海关、城乡规划、建设等有关部门及其工作人员,违反本条例规定,滥用审批权限、不履行职责或者发现违法行为不予查处的,对负有责任的主管人员和其他直接责任人员依法给予行政处分;构成犯罪的,依法追究刑事责任。

第五十五条 违反本条例规定,未取得相应等级的文物保护工程资质证书,擅自承担文物保护单位的修缮、迁移、重建工程的,由文物行政主管部门责令限期改正;逾期不改正,或者造成严重后果的,处 5 万元以上 50 万元以下的罚款;构成犯罪的,依法追究刑事责任。

违反本条例规定,未取得建设行政主管部门发给的相应等级的资质证书,擅自承担含有建筑活动的文物保护单位的修缮、迁移、重建工程的,由建设行政主管部门依照有关法律、行政法规的规定予以处罚。

第五十六条 违反本条例规定,未取得资质证书,擅自从事馆藏文物的修复、复制、拓印活动的,由文物行政主管部门责令停止违法活动;没收违法所得和从事违法活动的专用工具、设备;造成严重后果的,并处 1 万元以上 10 万元以下的罚款;构成犯罪的,依法追究刑事责任。

第五十七条 文物保护法第六十六条第二款规定的罚款,数额为 200 元以下。

第五十八条 违反本条例规定,未经批准擅自修复、复制、拓印馆藏珍贵文物的,由文物行政主管部门给予警告;造成严重后果的,处 2000 元以上 2 万元以下的罚款;对负有责任的主管人员和其他直接责任人员依法给予行政处分。

文物收藏单位违反本条例规定,未在规定期限内将文物拍摄情况向文物行政主管部门报告的,由文物行政主管部门责令限期改正;逾期不改正的,对负有责任的主管人员和其他直接责任人员依法给予行政处分。

第五十九条　考古发掘单位违反本条例规定,未在规定期限内提交结项报告或者考古发掘报告的,由省、自治区、直辖市人民政府文物行政主管部门或者国务院文物行政主管部门责令限期改正;逾期不改正的,对负有责任的主管人员和其他直接责任人员依法给予行政处分。

第六十条　考古发掘单位违反本条例规定,未在规定期限内移交文物的,由省、自治区、直辖市人民政府文物行政主管部门或者国务院文物行政主管部门责令限期改正;逾期不改正,或者造成严重后果的,对负有责任的主管人员和其他直接责任人员依法给予行政处分。

第六十一条　违反本条例规定,文物出境展览超过展览期限的,由国务院文物行政主管部门责令限期改正;对负有责任的主管人员和其他直接责任人员依法给予行政处分。

第六十二条　依照文物保护法第六十六条、第七十三条的规定,单位被处以吊销许可证行政处罚的,应当依法到工商行政管理部门办理变更登记或者注销登记;逾期未办理的,由工商行政管理部门吊销营业执照。

第六十三条　违反本条例规定,改变国有的博物馆、纪念馆、文物保护单位等的事业性收入的用途的,对负有责任的主管人员和其他直接责任人员依法给予行政处分;构成犯罪的,依法追究刑事责任。

第八章　附　则

第六十四条　本条例自 2003 年 7 月 1 日起施行。

中华人民共和国水下文物保护管理条例

· 1989 年 10 月 20 日中华人民共和国国务院令第 42 号发布
· 根据 2011 年 1 月 8 日《国务院关于废止和修改部分行政法规的决定》第一次修订
· 2022 年 1 月 23 日中华人民共和国国务院令第 751 号第二次修订

第一条　为了加强水下文物保护工作的管理,根据《中华人民共和国文物保护法》的有关规定,制定本条例。

第二条　本条例所称水下文物,是指遗存于下列水域的具有历史、艺术和科学价值的人类文化遗产:

(一)遗存于中国内水、领海内的一切起源于中国的、起源国不明的和起源于外国的文物;

(二)遗存于中国领海以外依照中国法律由中国管辖的其他海域内的起源于中国的和起源国不明的文物;

(三)遗存于外国领海以外的其他管辖海域以及公海区域内的起源于中国的文物。

前款规定内容不包括 1911 年以后的与重大历史事件、革命运动以及著名人物无关的水下遗存。

第三条　本条例第二条第一款第一项、第二项所规定的水下文物属于国家所有,国家对其行使管辖权;本条例第二条第一款第三项所规定的水下文物,遗存于外国领海以外的其他管辖海域以及公海区域内的起源国不明的文物,国家享有辨认器物物主的权利。

第四条　国务院文物主管部门负责全国水下文物保护工作。县级以上地方人民政府文物主管部门负责本行政区域内的水下文物保护工作。

县级以上人民政府其他有关部门在各自职责范围内,负责有关水下文物保护工作。

中国领海以外依照中国法律由中国管辖的其他海域内的水下文物,由国务院文物主管部门负责保护工作。

第五条　任何单位和个人都有依法保护水下文物的义务。

各级人民政府应当重视水下文物保护,正确处理经济社会发展与水下文物保护的关系,确保水下文物安全。

第六条　根据水下文物的价值,县级以上人民政府依照《中华人民共和国文物保护法》有关规定,核定公布文物保护单位,对未核定为文物保护单位的不可移动文物予以登记公布。

县级以上地方人民政府文物主管部门应当根据不同文物的保护需要,制定文物保护单位和未核定为文物保护单位的不可移动文物的具体保护措施,并公告施行。

第七条　省、自治区、直辖市人民政府可以将水下文物分布较为集中、需要整体保护的水域划定公布为水下文物保护区,并根据实际情况进行调整。水下文物保护区涉及两个以上省、自治区、直辖市或者涉及中国领海以外依照中国法律由中国管辖的其他海域的,由国务院文物主管部门划定和调整,报国务院核定公布。

划定和调整水下文物保护区,应当征求有关部门和水域使用权人的意见,听取专家和公众的意见,涉及军事管理区和军事用海的还应当征求有关军事机关的意见。

划定和调整水下文物保护区的单位应当制定保护规划。国务院文物主管部门或者省、自治区、直辖市人民政府文物主管部门应当根据保护规划明确标示水下文物保护区的范围和界线,制定具体保护措施并公告施行。

在水下文物保护区内,禁止进行危及水下文物安全的捕捞、爆破等活动。

第八条　严禁破坏、盗捞、哄抢、私分、藏匿、倒卖、走私水下文物等行为。

在中国管辖水域内开展科学考察、资源勘探开发、旅游、潜水、捕捞、养殖、采砂、排污、倾废等活动的，应当遵守有关法律、法规的规定，并不得危及水下文物的安全。

第九条　任何单位或者个人以任何方式发现疑似本条例第二条第一款第一项、第二项所规定的水下文物的，应当及时报告所在地或者就近的地方人民政府文物主管部门，并上交已经打捞出水的文物。

文物主管部门接到报告后，如无特殊情况，应当在24小时内赶赴现场，立即采取措施予以保护，并在7日内提出处理意见；发现水下文物已经移动位置或者遭受实际破坏的，应当进行抢救性保护，并作详细记录；对已经打捞出水的文物，应当及时登记造册、妥善保管。

文物主管部门应当保护水下文物发现现场，必要时可以会同公安机关或者海上执法机关开展保护工作，并将保护工作情况报本级人民政府和上一级人民政府文物主管部门；发现重要文物的，应当逐级报至国务院文物主管部门，国务院文物主管部门应当在接到报告后15日内提出处理意见。

第十条　任何单位或者个人以任何方式发现疑似本条例第二条第一款第三项所规定的水下文物的，应当及时报告就近的地方人民政府文物主管部门或者直接报告国务院文物主管部门。接到报告的地方人民政府文物主管部门应当逐级报至国务院文物主管部门。国务院文物主管部门应当及时提出处理意见并报国务院。

第十一条　在中国管辖水域内进行水下文物的考古调查、勘探、发掘活动，应当由具有考古发掘资质的单位向国务院文物主管部门提出申请。申请材料包括工作计划书和考古发掘资质证书。拟开展的考古调查、勘探、发掘活动在中国内水、领海内的，还应当提供活动所在地省、自治区、直辖市人民政府文物主管部门出具的意见。

国务院文物主管部门应当自收到申请材料之日起30日内，作出准予许可或者不予许可的决定。准予许可的，发给批准文件；不予许可的，应当书面告知申请人并说明理由。

国务院文物主管部门在作出决定前，应当征求有关科研机构和专家的意见，涉及军事管理区和军事用海的还应当征求有关军事机关的意见；涉及在中国领海以外依照中国法律由中国管辖的其他海域内进行水下文物的考古调查、勘探、发掘活动的，还应当报国务院同意。

第十二条　任何外国组织、国际组织在中国管辖水域内进行水下文物考古调查、勘探、发掘活动，都应当采取与中方单位合作的方式进行，并取得许可。中方单位应当具有考古发掘资质；外方单位应当是专业考古研究机构，有从事该课题方向或者相近方向研究的专家和一定的实际考古工作经历。

中外合作进行水下文物考古调查、勘探、发掘活动的，由中方单位向国务院文物主管部门提出申请。申请材料应当包括中外合作单位合作意向书、工作计划书，以及合作双方符合前款要求的有关材料。拟开展的考古调查、勘探、发掘活动在中国内水、领海内的，还应当提供活动所在地省、自治区、直辖市人民政府文物主管部门出具的意见。

国务院文物主管部门收到申请材料后，应当征求有关科研机构和专家的意见，涉及军事管理区和军事用海的还应当征求有关军事机关的意见，并按照国家有关规定送请有关部门审查。审查合格的，报请国务院特别许可；审查不合格的，应当书面告知申请人并说明理由。

中外合作考古调查、勘探、发掘活动所取得的水下文物、自然标本以及考古记录的原始资料，均归中国所有。

第十三条　在中国管辖水域内进行大型基本建设工程，建设单位应当事先报请国务院文物主管部门或者省、自治区、直辖市人民政府文物主管部门组织在工程范围内有可能埋藏文物的地方进行考古调查、勘探；需要进行考古发掘的，应当依照《中华人民共和国文物保护法》有关规定履行报批程序。

第十四条　在中国管辖水域内进行水下文物的考古调查、勘探、发掘活动，应当以文物保护和科学研究为目的，并遵守相关法律、法规，接受有关主管部门的管理。

考古调查、勘探、发掘活动结束后，从事考古调查、勘探、发掘活动的单位应当向国务院文物主管部门和省、自治区、直辖市人民政府文物主管部门提交结项报告、考古发掘报告和取得的实物图片、有关资料复制件等。

考古调查、勘探、发掘活动中取得的全部出水文物应当及时登记造册、妥善保管，按照国家有关规定移交给国务院文物主管部门或者省、自治区、直辖市人民政府文物主管部门指定的国有博物馆、图书馆或者其他国有收藏文物的单位收藏。

中外合作进行考古调查、勘探、发掘活动的，由中方单位提交前两款规定的实物和资料。

第十五条　严禁未经批准进行水下文物考古调查、勘探、发掘等活动。

严禁任何个人以任何形式进行水下文物考古调查、勘探、发掘等活动。

第十六条　文物主管部门、文物收藏单位等应当通过举办展览、开放参观、科学研究等方式，充分发挥水下文物的作用，加强中华优秀传统文化、水下文物保护法律制度等的宣传教育，提高全社会水下文物保护意识和参与水下文物保护的积极性。

第十七条　文物主管部门、公安机关、海上执法机关按照职责分工开展水下文物保护执法工作，加强执法协作。

县级以上人民政府文物主管部门应当在水下文物保护工作中加强与有关部门的沟通协调，共享水下文物执法信息。

第十八条　任何单位和个人有权向文物主管部门举报违反本条例规定、危及水下文物安全的行为。文物主管部门应当建立举报渠道并向社会公开，依法及时处理有关举报。

第十九条　保护水下文物有突出贡献的，按照国家有关规定给予精神鼓励或者物质奖励。

第二十条　文物主管部门和其他有关部门的工作人员，在水下文物保护工作中滥用职权、玩忽职守、徇私舞弊的，对直接负责的主管人员和其他直接责任人员依法给予处分；构成犯罪的，依法追究刑事责任。

第二十一条　擅自在文物保护单位的保护范围内进行建设工程或者爆破、钻探、挖掘等作业的，依照《中华人民共和国文物保护法》追究法律责任。

第二十二条　违反本条例规定，有下列行为之一的，由县级以上人民政府文物主管部门或者海上执法机关按照职责分工责令改正，追缴有关文物，并给予警告；有违法所得的，没收违法所得，违法经营额 10 万元以上的，并处违法经营额 5 倍以上 15 倍以下的罚款，违法经营额不足 10 万元的，并处 10 万元以上 100 万元以下的罚款；情节严重的，由原发证机关吊销资质证书，10 年内不受理其相应申请：

（一）未经批准进行水下文物的考古调查、勘探、发掘活动；

（二）考古调查、勘探、发掘活动结束后，不按照规定移交有关实物或者提交有关资料；

（三）未事先报请有关主管部门组织进行考古调查、勘探，在中国管辖水域内进行大型基本建设工程；

（四）发现水下文物后未及时报告。

第二十三条　本条例自 2022 年 4 月 1 日起施行。

文物认定管理暂行办法

· 2009 年 8 月 10 日文化部令第 46 号公布
· 自 2009 年 10 月 1 日起施行

第一条　为规范文物认定管理工作，根据《中华人民共和国文物保护法》制定本办法。

本办法所称文物认定，是指文物行政部门将具有历史、艺术、科学价值的文化资源确认为文物的行政行为。

第二条　《中华人民共和国文物保护法》第二条第一款所列各项，应当认定为文物。

乡土建筑、工业遗产、农业遗产、商业老字号、文化线路、文化景观等特殊类型文物，按照本办法认定。

第三条　认定文物，由县级以上地方文物行政部门负责。认定文物发生争议的，由省级文物行政部门作出裁定。

省级文物行政部门应当根据国务院文物行政部门的要求，认定特定的文化资源为文物。

第四条　国务院文物行政部门应当定期发布指导意见，明确文物认定工作的范围和重点。

第五条　各级文物行政部门应当定期组织开展文物普查，并由县级以上地方文物行政部门对普查中发现的文物予以认定。

各级文物行政部门应当完善制度，鼓励公民、法人和其他组织在文物普查工作中发挥作用。

第六条　所有权人或持有人书面要求认定文物的，应当向县级以上地方文物行政部门提供其姓名或者名称、住所、有效身份证件号码或者有效证照号码，以及认定对象的来源说明。县级以上地方文物行政部门应当作出决定并予以答复。

县级以上地方文物行政部门应当告知文物所有权人或持有人依法承担的文物保护责任。

县级以上地方文物行政部门应当整理并保存上述工作的文件和资料。

第七条　公民、法人和其他组织书面要求认定不可移动文物的，应当向县级以上地方文物行政部门提供其姓名或者名称、住所、有效身份证件号码或者有效证照号码。县级以上地方文物行政部门应当通过听证会等形式听取公众意见并作出决定予以答复。

第八条　县级以上地方文物行政部门认定文物，应当开展调查研究，收集相关资料，充分听取专家意见，召集专门会议研究并作出书面决定。

县级以上地方文物行政部门可以委托或设置专门机构开展认定文物的具体工作。

第九条　不可移动文物的认定，自县级以上地方文物行政部门公告之日起生效。

可移动文物的认定，自县级以上地方文物行政部门作出决定之日起生效。列入文物收藏单位藏品档案的文物，自主管的文物行政部门备案之日起生效。

第十条　各级文物行政部门应当根据《中华人民共和国文物保护法》第三条的规定，组织开展经常性的文物定级工作。

第十一条　文物收藏单位收藏文物的定级，由主管的文物行政部门备案确认。

文物行政部门应当建立民间收藏文物定级的工作机制，组织开展民间收藏文物的定级工作。定级的民间收藏文物，由主管的地方文物行政部门备案。

第十二条　公民、法人和其他组织，以及所有权人书面要求对不可移动文物进行定级的，应当向有关文物行政部门提供其姓名或者名称、住所、有效身份证件号码或者有效证照号码。有关文物行政部门应当通过听证会等形式听取公众意见并予以答复。

第十三条　对文物认定和定级决定不服的，可以依法申请行政复议。

第十四条　国家实行文物登录制度，由县级以上文物行政部门委托或设置专门机构开展相关工作。

文物登录，应当对各类文物分别制定登录指标体系。登录指标体系应当满足文物保护、研究和公众教育等需要。

根据私有文物所有权人的要求，文物登录管理机构应当对其身份予以保密。

第十五条　违反本办法规定，造成文物破坏的，对负有责任的主管人员和其他直接责任人员依法给予处分；构成犯罪的，依法追究刑事责任。

第十六条　古猿化石、古人类化石、与人类活动有关的第四纪古脊椎动物化石，以及上述化石地点和遗迹地点的认定和定级工作，按照本办法的规定执行。

历史文化名城、街区及村镇的认定和定级工作，按照有关法律法规的规定执行。

第十七条　本办法自 2009 年 10 月 1 日起施行。

近现代一级文物藏品定级标准（试行）

·2003 年 5 月 13 日

第一条　为加强对近现代文物的保护和管理，深入开展爱国主义和革命传统教育，促进社会主义政治文明、精神文明和物质文明建设，根据《中华人民共和国文物保护法》、《文物藏品定级标准》等，制定本标准。

第二条　近现代文物藏品是指博物馆、纪念馆和其他文物收藏单位收藏的 1840 年以来的文物，按照历史、艺术、科学价值区分为珍贵文物和一般文物，珍贵文物分为一级文物、二级文物、三级文物。

本标准适用于综合类博物馆、近现代历史类博物馆、纪念馆、名人故居陈列馆（室）的近现代一级文物藏品。其他文物收藏单位、其他级别的近现代文物藏品可比照本标准确定等级。

第三条　一级文物必须是经过科学考证，确为原件、源流具有确凿依据且数量仅有或稀有的珍贵文物，并应具有以下一项或几项条件：

（一）对反映全国性重大历史事件、人物具有直接见证意义或重要佐证意义的；

（二）对反映地方性重大历史具有直接见证意义或重要佐证意义的；

（三）某一领域中的重大发明、发现，具有开创性、代表性或里程碑意义的；

（四）文物反映的物主明确并拥有很高知名度，且能反映物主主要业绩的；

（五）有确切、生动的形成经过和流传经过的；

（六）载有时代特征或特殊意义的铭文、注记或图案标志的。

第四条　近现代文物种类繁多，依其形式，用途和意义，可分为文献，手稿，书刊传单，勋章徽章证件，旗帜，印信图章，武器装备（含各种军用物品），反映社会发展的文物，反映祖国大陆与港、澳、台关系的文物，反映对外关系的文物，音像制品，名人遗物，艺术品、工艺美术品，货币、邮票等实用艺术类物品，实用器材，杂项等十六类。各类一级文物的定级壁画、蜡染、服饰、头饰、刺绣、地毯等民间艺术品、工艺品。

五、映近代以来中国人民反抗剥削压迫的重大事件和重要人物的文物。

六、反映近代以来中国人民抵御外侮、反抗侵略的重大事件和重要人物的文物。

七、反映近代以来中外关系、友好往来和政治、经济、军事、科技、文化、艺术、卫生、体育、宗教等方面相互交流的文物。

1、中国参与创建联合国和参与联合国活动，以及参与其他国际组织、各种国际会议的有关文物。

2、中国与世界各国建立外交关系的有关文物。

3、中国对外交往、与其他国家合作交流的有关文物。

4、中国参与各类国际竞赛、评比活动并获奖的有关文物。

5、中国政府、政党及其领导人与外国政府、政党及其领导人友好交往,中国民间团体、知名人士与国际友好团体、友好人士交往的有关文物。标准,按不同种类分别确定。

第五条　文献:各种重要会议之决议、决定、宣言,各种机关(党派、政府、军队、团体及其他机构)的文书、布告、电报、报告、指示、通知、总结等原始正式文件,凡数量稀少并具有下列情况之一的,确定为一级文物:

(一)1840年以来全国性党、政、军机构(包括太平天国、同盟会、中华民国临时政府、各民主党派等)成力后第一次印发的文告、宣言;

(二)1949年以前有影响的地方性党、政、军机关(包括各省、市军政府、都督府、苏维埃政府等)成立后第一次印发的文书、文告;

(三)1949年以前全国和省级以上群众团体(工会、农会、青年团等)第一次代表大会印发的重要文件;

(四)具有重大历史意义的会议的重要决议、决定、宣言等;

(五)国家首次颁布并有重要意义的法律、法规等;

(六)反映重大事件且有特殊形成经过和流传经过的文件;

(七)虽非第一次,但有重要内容,并盖有发文机关印信关防和发文者印章的,有张贴和使用痕迹的布告、文件;

(八)确知元件已无存,最早的翻印件并有特殊情节,现存数量为仅有或极其稀少的重要文献;

(九)其他具有重要历史意义或特殊意义的文献。

第六条　手稿:全国性领袖人物、著名军政人物、著名烈士、著名英雄模范人物、著名作家及各界公认的著名人物等亲笔起草的文件、电报、作品、信涵、题词等的原件,凡具有下列情况之一的,确定为一级文物:

(一)著名人物为重要会议、重要事件起草的文件、电报、文告原稿;

(二)著名人物为报刊所写的有广泛影响的新闻、社论、评论原稿;

(三)著名人物作有重要批语或重要修改并保留手迹的文稿;

(四)著名人物的日记、笔记或其他记录,有重要史料价值的;

(五)著名人物为重要会议、重要活动、著名英烈人物所写的有重要内容和广泛影响的题词;

(六)著名人物为具有重要历史地位的机构、书刊等提写的名称中有特殊意义的;

(七)著名人物所写具有重要内容或对重大事件有佐证价值的信涵;

(八)著名作家的代表性著作的手稿;

(九)其他具有重要历史意义或特殊意义的手稿。

第七条　书刊、传单:书刊包括书籍、报纸、期刊、号外、时事材料、文件汇编等印刷品;传单包括重大事件和历史大规模群众性运动中散发、张贴的传单、标语、漫画,重要战役的捷报,也包括交战双方向敌方散发的宣传品。数量稀少并有下列情况之一的,确定为一级文物:

(一)在全国或某一地区产生过重大影响,年代较早,存世已很稀少的书刊;

(二)具有重要历史意义的原始版本或最早版本、存世稀少的出版物;

(三)领袖或著名人物阅读过并写有重要眉批、评语和心得的书刊;

(四)反映重大历史事件,具有典型性,现存稀少或流传经过有特殊情节的书刊、传单;

(五)因战乱或其他原因,有些报刊已残缺,现存部分极珍贵,对重大史实有佐证作用的;

(六)其他具有重要历史意义或特殊意义的书刊、传单。

第八条　勋章、徽章、证件:各类奖章、勋章、奖状(立功喜报)、纪念章、机关(学校、团体)证章、证件、证书、代表证,以及其他标志符号等,有下列情况之一的,确定为一级文物:

(一)勋章(奖章)等级和受勋人身份很高,留存数量稀少的;

(二)中央级机关颁发给著名英雄模范、先进人物的勋章、奖章、奖状、证书、喜报(1949年以前颁发机关可放宽至大战略区、大行政区);

(三)在奥运会和世界性运动会上所得的金质奖章及证书,以及打破世界记录和全国记录的奖章及证书;

(四)反映重大历史事件,有特殊情节的勋章、奖章、奖状、纪念章、证章;

(五)著名人物出席重要会议的代表证,编号、发证机关及印章齐全者;

(六)物主不详,但铭文、编号齐全,或设计图案独特新颖,由权威机关制发,对重大事件有佐证作用的纪念章、证章,数量稀少的;

（七）具有重大影响的著名学校、著名人物的毕业证书和学位证书；

（八）其他具有重要历史意义或特殊的勋章、徽章、证件。

第九条 旗帜：国旗、军旗、奖旗、舰旗、队旗、锦旗、贺幛等各种标志性、识别性旗帜，有下列情况之一的，确定为一级文物：

（一）立法机关通过的国旗、军旗设计图案及样品；

（二）在重大场合首次使用的国旗、军旗；

（三）在特殊场合使用过的国旗、军旗及其他旗帜（地球卫星第一次带上太空的国旗，第一次插上珠穆朗玛峰的国旗等）；

（四）著名英模单位在作战时或执行任务时使用的旗帜（红旗、国旗、军旗、队旗等）；

（五）高级领导机关授予著名英模单位的奖旗、锦旗；

（六）著名学校、军舰使用过的第一面校旗、舰旗等；

（七）其他具有重要历史意义或特殊意义的旗帜、贺幛、挽幛。

第十条 印信图章：国家机关、军队、政党、群众团体等使用过的关防、公章、各种印信，著名人物个人使用过的印章等，有下列情况之一的，确定为一级文物：

（一）中央国家机关（如太平天国、中华民国、北洋军阀政府、中华苏维埃共和国中央执行委员会、中华人民共和国中央人民政府、中央军委等）使用过的玺印、关防、印章；

（二）各省、市、自治区人民政府首次使用的印章；

（三）1949年以前各地军、政高级领导机关使用过的印章、关防；

（四）著名历史人物使用过的有代表性的个人印章；

（五）其他有特殊意义或流传经过的印信图章。

第十一条 武器装备：各种兵器、弹药和军用车辆、机械、器具、地图、通讯器材、防护器材、观测器材、医疗器材及其他军用物品，有下列情况之一的，确定为一级文物：

（一）高级将领、重大武装起义中的领袖人物或代表人物在重要军事行动中使用过的兵器、望远镜及其他物品；

（二）著名战斗英雄或英雄单位使用过的有特殊标志、特殊功勋或被授予称号的有关兵器、机械、器具、装备及其他物品；

（三）在军事史上具有重大意义的兵器、装备、舰船、

航空航天器材及其他物品；

（四）在著名战争、战役、战斗中缴获敌人的有重要意义的兵器、装备及其他物品；

（五）1949年以前各根据地兵工厂制造的有代表性的兵器及相关物品；

（六）有铭文、有特殊流传经过和特殊意义的兵器、装备及其他物品；

（七）有重要历史佐证意义，可揭露敌方侵略罪行的武器和其他军用物品；

（八）其他具有重要历史意义或特殊意义的武器装备及军用物品。

第十二条 反映社会发展的文物：反映近现代中国社会、经济、文化、科技、民族、宗教信仰及生态等各方面发展变化的重要遗存和见证物，下列具有典型性、代表性的，确定为一级文物：

（一）映中国近现代这会性质、社会制度变化的重要文物（如签定的不平等条约、设立租界的界碑、反映帝国主义对华经济文化侵蚀，太平天国、洋务运动、推翻帝制、建立民国，中华人民共和国成立，土地制度、土地改革、农业合作化、公私合营、人民公社、"革委会"、家庭联产承包责任制等社会变革的重要文物）；

（二）映中国经济发展的重要文物（如反映生产力发展各阶段的代表性生产工具、近代老字号企业、经济特区、国有企业、民营企业、股份制企业、基础设施建设、资源、生态、人民生活水平等的重要文物）；

（三）映中国科技发展水平的文物（包括有重要意义的各种仪器、科学实验、重大成果、发明专利等）；

（四）反映中国教育、卫生、文化、体育等事业发展的重要文物；

（五）映中国民族关系、民族自治区建设等方面的重要文物；

（六）反映中国国防建设（军队、民兵、武警、国防设施、国防科技等）的重要文物；

（七）其他具有重要历史意义或特殊意义的反映社会发展的文物。

第十三条 反映祖国大陆与港、澳、台关系的文物，下列具有重大意义的，确定为一级文物：

（一）反映收回台湾主权和促进台湾回归祖国的重要文物；

（二）反映中国与英国、葡萄牙谈判及收回香港、澳门主权的重要文物；

（三）反映祖国大陆与港、澳、台地区经济、文化往来

等方面的重要文物。

第十四条　反映对外关系的文物:中外友好往来及政治、经济、军事、科技、文化、艺术、卫生、体育、宗教等方面相互交流的文物,下列具有重大意义的,确定为一级文物:

(一)中国代表参与联合国创建和参与联合国工作的重要文物;

(二)中国代表参与各种国际组织、国际会议活动的重要文物;

(三)反映中国与外国签定条约、发表联合声明,以及中国发布宣言、文告、照会等的重要文物;;

(四)反映中国与临国划定边界的重要文物(如界碑);

(五)外国国家元首、政治首脑、各方面要员赠送中国领导人的有重大意义的礼品;

(六)中国与外国的城市间结为友好城市的代表性、标志性文物;

(七)与外国友好团体、民间组织交往中有典型意义的文物;

(八)其他具有重要历史意义或特殊意义的反映对外关系的文物。

第十五条　音像制品:照片(含底片)、录音带、录音唱片、记录片、录象带、光盘等,形成时间较早、存世稀少、能反映重要人物的重要活动、对重大历史事件有佐证意义的原版作品,或流传经过中有特殊情节的原版作品,确定为一级文物。

第十六条　名人遗物:领袖人物、著名烈士、著名英模及社会各界名人的遗存物,凡不能归入以上十类文物的,除名人日常生活的一般用品外,可酌情选取最能体现名人成长过程和生平业绩的,定为一级文物。

第十七条　艺术品、工艺美术品:从两个互相区别又互有联系的角度确定一级文物。一是从近代历史的角度出发,对享有盛誉的作者创作的表现近现代重大历史题材,堪称代表作的作品,或者有极特殊的情节、特殊意义的作品,确定为一级文物;二是从艺术水平和艺术发展史的角度出发,对极少数确已受到公认的、艺术价值极高、具有时代意义的作品,确定为一级文物。

第十八条　货币、邮票等实用艺术类物品:从两个互相区别有互有联系的角度确定一级文物。一是从近现代历史的角度出发,对表现近现代重大历史题材的,或者有极特殊情节、特殊意义的实用艺术类物品,确定为一级文物;二是从艺术水平和艺术发展史的角度出发,对极少数

具有时代独创性、首创性和唯一性的,确已受到公认、价值极为突出的实用艺术类物品,确定为一级文物。

第十九条　金器、银器、铜器、玉器、漆器等实用器物:材质、工艺极其珍惜或经济价值特别昂贵的,确定为一级文物。

第二十条　杂项:不能归入以上十五类文物的,列为杂项。其中确定有重大历史意义或其他特殊意义的,确定为一级文物。

第二十一条　一级文物集品的确定。集品是指那些由若干部件构成的不可分割的组合式文物藏品,如成套的报纸、期刊,多卷本文集,著名人物的多本日记,名人书信、手稿合订本,成套的军装(含军帽、军上衣、军裤、帽徽、肩章、领章、胸章、臂章、腰带、佩剑)等。凡部件齐全的,作为一个完整集品,按各类一级文物的定级标准定为一级文物(一个编号下含若干分号);凡部件不全的,作为残缺的集品,对其中确符合一级文物定级标准的,将现有部件尚不完整的集品定为一级文物,待发现尚缺的部件后再作补充,直到补充完整。

文物进出境审核管理办法

·2007 年 7 月 13 日文化部令第 42 号公布
·自公布之日起施行

第一条　为加强对文物进出境审核的管理,根据《中华人民共和国文物保护法》和《中华人民共和国文物保护法实施条例》,制定本办法。

第二条　国家文物局负责文物进出境审核管理工作,指定文物进出境审核机构承担文物进出境审核工作。

文物进出境审核机构是文物行政执法机构,依法独立行使职权,向国家文物局汇报工作,接受国家文物局业务指导。

第三条　文物进出境审核机构由国家文物局和省级人民政府联合组建。省级人民政府应当保障文物进出境审核机构的编制、办公场所及工作经费。国家文物局应当对文物进出境审核机构的业务经费予以补助。

第四条　文物进出境审核机构应当具备以下条件:

(一)有 7 名以上专职文物鉴定人员,其中文物进出境责任鉴定员不少于 5 名;

(二)有固定的办公场所和必要的技术设备;

(三)工作经费全额纳入财政预算。

第五条　国家文物局根据文物进出境审核工作的需要,指定具备条件的文物进出境审核机构承担文物进出

境审核工作,使用文物出境标识和文物临时进境标识,对允许出境的文物发放文物出境许可证。

第六条　文物进出境审核机构的工作人员实行持证上岗制度,不得在文物商店或者拍卖企业任职、兼职。文物进出境审核机构的主要负责人应当取得国家文物局颁发的资格证书。

文物进出境责任鉴定员应当取得大学本科以上学历和文物博物专业中级以上职称,并经国家文物局考核合格。

第七条　文物进出境审核机构的日常管理工作由所在地省级文物主管部门负责。省级文物主管部门应当制定相关管理制度,并报国家文物局备案。

文物进出境审核机构应当采取措施,保证审核工作高效公正。

第八条　下列文物出境,应当经过审核:

(一)1949年(含)以前的各类艺术品、工艺美术品;

(二)1949年(含)以前的手稿、文献资料和图书资料;

(三)1949年(含)以前的与各民族社会制度、社会生产、社会生活有关的实物;

(四)1949年以后的与重大事件或著名人物有关的代表性实物;

(五)1949年以后的反映各民族生产活动、生活习俗、文化艺术和宗教信仰的代表性实物;

(六)国家文物局公布限制出境的已故现代著名书画家、工艺美术家作品;

(七)古猿化石、古人类化石,以及与人类活动有关的第四纪古脊椎动物化石。

文物出境审核标准,由国家文物局定期修订并公布。

第九条　运送、邮寄、携带文物出境,应当在文物出境前填写文物出境申请表,报文物进出境审核机构审核。

文物进出境审核机构应当自收到文物出境申请之日起15个工作日内作出是否允许出境的审核意见。

第十条　文物进出境审核机构审核文物,应当有3名以上专职文物鉴定人员参加,其中文物进出境责任鉴定员不得少于2名。

文物出境许可证,由参加审核的文物进出境责任鉴定员共同签署。文物进出境责任鉴定员一致同意允许出境的文物,文物进出境审核机构方可加盖文物出境审核专用章。

第十一条　经审核允许出境的文物,由文物进出境审核机构标明文物出境标识,发放文物出境许可证。海

关查验文物出境标识后,凭文物出境许可证放行。

文物出境许可证一式三联,第一联由文物进出境审核机构留存,第二联由文物出境地海关留存,第三联由文物出境携运人留存。

经审核不允许出境的文物,由文物进出境审核机构登记并发还。

根据出境地海关或携运人的要求,文物进出境审核机构可以为经审核属于文物复仿制品的申报物品出具文物复仿制品证明。

第十二条　因修复、展览、销售、鉴定等原因临时进境的文物,经海关加封后,报文物进出境审核机构审核、登记。文物进出境审核机构查验海关封志完好无损后,对每件临时进境文物进行审核,标明文物临时进境标识并登记。

临时进境文物复出境时,应向原审核、登记的文物进出境审核机构申报。文物进出境审核机构应对照进境记录审核查验,确认文物临时进境标识无误后,标明文物出境标识,发给文物出境许可证。

第十三条　临时进境文物在境内滞留时间,除经海关和文物进出境审核机构批准外,不得超过6个月。

临时进境文物滞留境内逾期复出境,依照文物出境审核标准和程序进行审核。

第十四条　因展览、科研等原因临时出境的文物,出境前应向文物进出境审核机构申报。文物进出境审核机构应当按国家文物局的批准文件办理审核登记手续。

临时出境文物复进境时,由原审核登记的文物进出境审核机构审核查验。

第十五条　文物进出境审核机构在审核文物过程中,发现涉嫌非法持有文物或文物流失问题的,应立即向公安机关和国家文物局报告。

第十六条　文物出境标识、文物临时进境标识和文物出境许可证,由文物进出境审核机构指定专人保管。使用上述物品,由文物进出境审核机构负责人签字确认。

第十七条　违反本办法规定,造成文物流失的,依据有关规定追究责任人的责任。

第十八条　文物出境标识、文物临时进境标识、文物出境许可证、文物复仿制品证明和文物出境申请表,由国家文物局统一制作。

第十九条　尚未组建文物进出境审核机构的省、自治区、直辖市,应当根据本办法的规定组建文物进出境审核机构;组建前的文物进出境审核工作由国家文物局指定文物进出境审核机构承担。

第二十条　本办法自公布之日起施行,1989年文化部发布的《文物出境鉴定管理办法》同日废止。

文物进出境责任鉴定员管理办法

· 2010年12月16日
· 文物博发〔2010〕42号

第一章　总　则

第一条　为加强对文物进出境责任鉴定员(以下简称责任鉴定员)的管理,根据《中华人民共和国文物保护法》、《中华人民共和国文物保护法实施条例》和《文物进出境审核管理办法》,制定本办法。

第二条　责任鉴定员是指获得国家文物局规定的鉴定资格,并在文物进出境审核机构承担文物进出境审核业务,签署文物进出境审核文件的文物鉴定专业人员。

第三条　责任鉴定员应当依据国家有关法律法规要求,科学、客观、公正地开展文物进出境审核工作,承担相应的法律责任。

第二章　鉴定资格认定

第四条　责任鉴定员鉴定资格认定,原则上实行全国统一的分类考试制度。边疆省区民族类文物责任鉴定员的考试,经国家文物局批准后可以单独组织。

第五条　参加责任鉴定员鉴定资格考试的人员应具备以下条件:

(一)拥护中华人民共和国宪法,遵守有关文物保护的法律法规,具有良好的品行;

(二)具有大学本科以上学历和文物博物专业中级以上职称,或在国有文物收藏单位工作五年以上;

(三)身体健康,具有正常履行职责的身体条件;

(四)国家文物局规定的其他条件。

第六条　按照统一安排,报名者应当向省级文物行政主管部门报名,经国家文物局审查合格后参加考试。

第七条　考试合格人员,由国家文物局颁发《文物进出境责任鉴定员资格证》并在国家文物局政府网站予以公布。

第八条　取得《文物进出境责任鉴定员资格证》并在文物进出境审核机构工作的人员,由国家文物局向海关部门备案。

未取得《文物进出境责任鉴定员资格证》的人员不得从事文物进出境审核业务。

第三章　权利和义务

第九条　责任鉴定员享有下列权利:

(一)独立表达鉴定审核意见;

(二)要求申请人如实提供审核业务所需的相关信息和资料;

(三)拒绝办理单证不真实、手续不齐全的审核业务;

(四)参加文物行政主管部门组织的相关业务培训;

(五)参加其他文物门类的鉴定资格考试;

(六)法律法规规定的其他权利。

第十条　责任鉴定员履行下列义务:

(一)认真履行文物进出境审核机构职责和工作规定;

(二)完成上级部门指派的审核任务;

(三)如实表达审核意见,对审核结论负责;

(四)保守在审核过程中知悉的商业秘密或个人隐私;

(五)参加文物行政主管部门举办的有关业务培训;

(六)法律法规规定的其他义务。

第四章　监督和管理

第十一条　国家文物局负责全国文物进出境审核管理工作,负责组织鉴定资格考试、鉴定培训和责任鉴定员年检等工作。

第十二条　国家文物局就下列事项对责任鉴定员进行监督检查:

(一)遵守相关法律法规的情况;

(二)遵守文物进出境审核工作程序和执行文物出境审核标准的情况;

(三)遵守职业道德和职业纪律的情况;

(四)法律法规规定的其他事项。

第十三条　文物进出境审核机构应当定期将责任鉴定员名单报国家文物局备案;责任鉴定员发生变化的,应当于30日内报国家文物局备案。

第十四条　文物进出境审核机构负责对所属责任鉴定员进行管理和考核,并实行差错登记制度。

第十五条　因进出境审核工作需要,文物进出境审核机构确需聘用具有鉴定资格退休人员的,由所在文物进出境审核机构向主管部门和国家文物局提出申请,经批准后聘用。

第十六条　国家文物局建立责任鉴定员管理数据库,对责任鉴定员遵守法律法规、遵守职业道德和职业纪律、履行工作职责、培训考核、差错、年检等情况实施动态管理。

第十七条　国家文物局每两年对责任鉴定员进行一次考核。

第十八条　责任鉴定员不得在文物商店或者拍卖企业任职、兼职,不得以责任鉴定员名义从事商业性文物鉴定活动。

第五章　奖励和处分

第十九条　有下列事迹之一的责任鉴定员,由国家文物局给予精神鼓励或者物质奖励,并可作为申报评定文物博物系列高级专业技术职务任职资格的一项主要业绩:

(一)认真执行文物保护法律、法规,保护文物贡献突出的;

(二)长期从事文物进出境审核工作,严格执行文物进出境审核标准,作出显著成绩的;

(三)在文物鉴定的科学技术、学术研究方面有重要成果的。

第二十条　有下列行为之一的责任鉴定员,由上级主管部门视情节轻重,依法给予相应行政处分;构成违法或犯罪,依法予以处理;受到开除处分或者行政、刑事处罚的,由国家文物局吊销其《文物进出境责任鉴定员资格证》:

(一)不履行本办法第十条规定,情节严重的;

(二)1年内出现3次以上审核差错记录,后果严重的;

(三)未按规定接受国家文物局考核的;

(四)伪造、变造、买卖或者盗用、涂改文物进出境审核文件、印章、标识、封志的;

(五)其他违反文物进出境法律法规,情节严重的。

第六章　附　则

第二十一条　本办法自发布之日起施行。

文物保护工程管理办法

· 2003年4月1日文化部令第26号公布
· 自2003年5月1日起施行

第一章　总　则

第一条　为进一步加强文物保护工程的管理,根据《中华人民共和国文物保护法》和《中华人民共和国建筑法》的有关规定,制定本办法。

第二条　本办法所称文物保护工程,是指对核定为文物保护单位的和其他具有文物价值的古文化遗址、古墓葬、古建筑、石窟寺和石刻、近现代重要史迹及代表性建筑、壁画等不可移动文物进行的保护工程。

第三条　文物保护工程必须遵守不改变文物原状的原则,全面地保存、延续文物的真实历史信息和价值;按照国际、国内公认的准则,保护文物本体及与之相关的历史、人文和自然环境。

第四条　文物保护单位应当制定专项的总体保护规划,文物保护工程应当依据批准的规划进行。

第五条　文物保护工程分为:保养维护工程、抢险加固工程、修缮工程、保护性设施建设工程、迁移工程等。

(一)保养维护工程,系指针对文物的轻微损害所作的日常性、季节性的养护。

(二)抢险加固工程,系指文物突发严重危险时,由于时间、技术、经费等条件的限制,不能进行彻底修缮而对文物采取具有可逆性的临时抢险加固措施的工程。

(三)修缮工程,系指为保护文物本体所必需的结构加固处理和维修,包括结合结构加固而进行的局部复原工程。

(四)保护性设施建设工程,系指为保护文物而附加安全防护设施的工程。

(五)迁移工程,系指因保护工作特别需要,并无其他更为有效的手段时所采取的将文物整体或局部搬迁、异地保护的工程。

第六条　国家文物局负责全国文物保护工程的管理,并组织制定文物保护工程的相关规范、标准和定额。

第七条　具有法人资格的文物管理或使用单位,包括经国家批准,使用文物保护单位的机关、团体、部队、学校、宗教组织和其他企事业单位,为文物保护工程的业主单位。

第八条　承担文物保护工程的勘察、设计、施工、监理单位必须具有国家文物局认定的文物保护工程资质。资质认定办法和分级标准由国家文物局另行制定。

第九条　文物保护工程管理主要指立项、勘察设计、施工、监理及验收管理。

第二章　立项与勘察设计

第十条　文物保护工程按照文物保护单位级别实行分级管理,并按以下规定履行报批程序:

(一)全国重点文物保护单位保护工程,以省、自治区、直辖市文物行政部门为申报机关,国家文物局为审批机关。

(二)省、自治区、直辖市级文物保护单位保护工程以文物所在地的市、县级文物行政部门为申报机关,省、自治区、直辖市文物行政部门为审批机关。

市县级文物保护单位及未核定为文物保护单位的不可移动文物的保护工程的申报机关、审批机关由省级文物行政部门确定。

第十一条　保养维护工程由文物使用单位列入每年的工作计划和经费预算,并报省、自治区、直辖市文物行政部门备案。

抢险加固工程、修缮工程、保护性设施建设工程的立项与勘察设计方案按本办法第十条的规定履行报批程序。抢险加固工程中确因情况紧急需要即刻实施的，可在实施的同时补报。

迁移工程按《中华人民共和国文物保护法》第二十条的规定获得批准后，按本办法第十条的规定报批勘察设计方案。

第十二条　因特殊情况需要在原址重建已经全部毁坏的不可移动文物的，按《中华人民共和国文物保护法》第二十二条的规定获得批准后，按本办法第十条的规定报批勘察设计方案。

第十三条　工程项目的立项申报资料包括以下内容：

（一）工程业主单位及上级主管部门名称；

（二）拟立项项目名称、地点，文物保护单位级别、时代，保护范围与建设控制地带的划定、公布与执行情况；

（三）保护工程必要性与实施可能性的技术文件与形象资料（录像或照片）；

（四）经费估算、来源及计划工期安排；

（五）拟聘请的勘察设计单位名称及资信。

第十四条　已立项的文物保护工程应当申报勘察、方案设计和施工技术设计文件。重大工程要在方案获得批准后，再进行技术设计。

第十五条　勘察和方案设计文件包括：

（一）反映文物历史状况、固有特征和损害情况的勘察报告、实测图、照片；

（二）保护工程方案、设计图及相关技术文件；

（三）工程设计概算；

（四）必要时应提供考古勘探发掘资料、材料试验报告书、环境污染情况报告书、工程地质和水文地质资料及勘探报告。

第十六条　施工技术设计文件包括：

（一）施工图；

（二）设计说明书；

（三）施工图预算；

（四）相关材料试验报告及检测鉴定结果。

第三章　施工、监理与验收

第十七条　文物保护工程中的修缮工程、保护性设施建设工程和迁移工程实行招投标和工程监理。

第十八条　重要文物保护工程按本办法第十条规定的程序报批招标文件及拟选用的施工单位。

第十九条　文物保护工程必须遵守国家有关施工的法律、法规和规章、规范，购置的工程材料应当符合文物保护工程质量的要求。施工单位应当严格按照设计文件的要求进行施工，其工作程序为：

（一）依据设计文件，编制施工方案；

（二）施工人员进场前要接受文物保护相关知识的培训；

（三）按文物保护工程的要求作好施工记录和施工统计文件，收集有关文物资料；

（四）进行质量自检，对工程的隐蔽部分必须与业主单位、设计单位、监理单位共同检验并做好记录；

（五）提交竣工资料；

（六）按合同约定负责保修，保修期限自竣工验收之日起计算，除保养维护、抢险加固工程以外，不少于五年。

第二十条　施工过程中如发现新的文物、有关资料或其他影响文物保护的重大问题，要立即记录，保护现场，并经原申报机关向原审批机关报告，请示处理办法。

第二十一条　施工过程中如需变更或补充已批准的技术设计，由工程业主单位、设计单位和施工单位共同现场洽商，并报原申报机关备案；如需变更已批准的工程项目或方案设计中的重要内容，必须经原申报机关报审批机关批准。

第二十二条　文物保护工程应当按工序分阶段验收。重大工程告一段落时，项目的审批机关应当组织或者委托有关单位进行阶段验收。

第二十三条　工程竣工后，由业主单位会同设计单位、施工单位、监理单位对工程质量进行验评，并提交工程总结报告、竣工报告、竣工图纸、财务决算书及说明等资料，经原申报机关初验合格后报审批机关。项目的审批机关视工程项目的实际情况成立验收小组或者委托有关单位，组织竣工验收。

第二十四条　对工程验收中发现的质量问题，由业主单位及时组织整改。

第二十五条　文物保护工程的业主单位、勘察设计单位、施工单位、申报机关和审批机关应当建立有关工程行政、技术和财务文件的档案管理制度。所有工程资料应当立卷存档并归入文物保护单位记录档案。

重要工程应当在验收后3年内发表技术报告。

第四章　奖励与处罚

第二十六条　文物保护工程设立优秀工程奖，具体办法由国家文物局制定。

第二十七条　违反本办法，或对文物造成破坏的，按《中华人民共和国文物保护法》及国务院有关规定处罚。

第五章　附　则

第二十八条　非国有不可移动文物的保护维修，参照执行本办法。

第二十九条　以前发布的规章与本办法相抵触的，以本办法的规定为准。

第三十条　本办法自 2003 年 5 月 1 日起施行。

文物保护工程安全检查督察办法（试行）

· 2020 年 5 月 12 日
· 文物督发〔2020〕11 号

第一条　为加强文物保护工程安全管理，规范文物保护工程安全检查、督察工作，根据《中华人民共和国文物保护法》《中华人民共和国安全生产法》和《国务院办公厅关于进一步加强文物安全工作的实施意见》等，制定本办法。

第二条　各级文物行政部门对实施中的文物修缮、迁移和保护性设施建设等文物保护工程，实施安全检查、督察，适用本办法。

第三条　文物行政部门应当与应急管理部门、消防救援机构协调配合，将文物保护工程安全检查纳入安全生产和消防检查内容。

第四条　市、县级文物行政部门对本行政区域内文物保护工程进行安全检查，及时掌握工程安全管理情况。县级文物行政部门应当明确专人作为全国重点文物保护单位文物保护工程安全监管责任人。

省级文物行政部门对本行政区域内全国重点文物保护单位和省级文物保护单位文物保护工程进行安全检查，对市、县级文物行政部门文物保护工程安全检查工作实施督察。

国家文物局对各省文物保护工程安全检查工作实施督察，对重大安全隐患、安全事故进行专项督察。

第五条　文物行政部门对文物保护工程下列情况进行安全检查、督察：

（一）安全直接责任人及安全管理人员情况；

（二）安全管理制度建设及实施情况；

（三）安全风险评估清单及对应的防控措施；

（四）防火、防盗、防破坏等安全防护设施设备器材配置及消防通道设置情况；

（五）施工现场文物本体及雕塑、雕刻、壁画、彩画等安全防护措施；

（六）施工方法与施工技术安全及保障情况；

（七）施工设施、设备和机具安全性能，脚手架搭建、洞口设置、临边与高空作业等安全防护情况；

（八）施工现场用电、动火审批及安全管理情况；

（九）施工作业场所、材料堆放区、生活区和办公区等区域设置和分隔是否符合安全要求；

（十）施工现场可燃和易燃易爆物品安全使用管理情况；

（十一）日常安全巡查、检查和安全隐患整改情况；

（十二）施工人员安全教育和安全防护措施情况，施工现场安全警示宣传情况；

（十三）安全应急预案及演练情况；

（十四）其他安全管理情况。

第六条　文物行政部门进行文物保护工程安全现场检查、督察可以采取下列措施：

（一）查询文物保护工程安全管理情况和有关档案资料；

（二）进入施工现场实地检查核实，检验施工和安全防护设施、设备安全性能与运行情况；

（三）观摩现场应急演练，检验应急处置能力；

（四）组织专业机构实施专业安全评估和检测。

第七条　文物行政部门进行文物保护工程安全检查应当填写检查记录，并由检查人员和被查单位负责人签字。

第八条　检查中发现安全隐患的，应当现场反馈，并及时向业主单位和施工单位送达隐患整改通知书，责令限期整改。

发现严重危害人员和文物安全的重大安全隐患，应当责令停工整改。

发生安全生产事故的，应当按规定及时报告当地政府及有关部门，并妥善处置，有效避免和减少文物损失；涉及全国重点文物保护单位和省级文物保护单位的，应当报国家文物局。

第九条　国家文物局、省级文物行政部门根据文物保护工程实施情况，采取重点督察、专项督察或者联合督察等方式，开展文物保护工程安全督察。

第十条　省、市、县文物行政部门根据检查情况，建立文物保护工程安全隐患整改责任清单，照单跟踪督办，督办整改情况记入安全检查台账。

第十一条　对发现的违反安全生产规定的行为，或者未按要求整改安全隐患的，文物行政部门应当责令改正，给予通报批评；情节严重的，对有关责任单位负责人进行约谈;酿成安全事故造成损失的,依法依纪追究责任。

第十二条　文物行政部门应当建立安全检查、督察档案,将检查记录、台账和其他检查、督察情况和资料存入档案。

第十三条　文物保护工程安全检查、督察人员应当依照有关法规和标准,客观公正开展检查、督察工作,遵守廉洁自律有关规定,保守被检查单位商业秘密。

第十四条　本办法自公布之日起施行。

文物违法行为举报管理办法(试行)

· 2015 年 8 月 10 日
· 文物督发〔2015〕13 号

第一条　为规范文物违法行为举报管理工作,推动各地文物行政部门主动接受社会监督,依法履行文物行政执法职责,及时查处文物行政违法案件,根据《中华人民共和国文物保护法》等法律法规,制定本办法。

第二条　本办法所称文物违法行为举报管理,是指各级文物行政部门对公民、法人和其他组织举报的涉嫌违反文物保护法律法规、应由文物行政部门调查处理的文物违法行为信息,依法开展的受理、核查与信息反馈等工作。

第三条　文物违法行为举报管理工作按照"属地管理,分级负责,便民高效、公开公正"的原则实施。

第四条　鼓励公民、法人和其他组织举报文物违法行为。各级文物行政部门保障举报人依法行使举报权利,保护举报人个人信息安全。

举报人应保证举报信息的真实性,不得虚假举报。故意虚构或歪曲事实,应承担相应法律后果。

第五条　国家文物局指导全国文物违法行为举报管理工作,受理涉及全国重点文物保护单位、馆藏一级文物,以及涉嫌损毁省级文物保护单位的违法行为举报信息,并予督办、转办,对重大案件线索组织调查核实。

国家文物局设立文物违法举报中心,承担文物违法行为举报受理的具体工作,并对各地工作情况进行统计分析。

第六条　各省、自治区、直辖市文物行政部门负责本行政区域内文物违法行为举报管理工作,受理涉及省级以上(含省级)文物保护单位、馆藏珍贵文物,以及涉嫌损毁不可移动文物本体的违法行为举报信息,并予督办、转办。对重大案件线索组织调查核实。

第七条　设区的市级文物行政部门对辖区内各县(市、区)文物违法行为举报受理工作进行督促检查,受理辖区内各级文物保护单位、馆藏文物,以及涉嫌损毁不可移动文物本体的违法行为举报信息,并组织调查处理。

第八条　各县(市、区)文物行政部门受理、核查辖区内不可移动文物、馆藏文物违法行为举报信息,并依法处理。

第九条　各级文物行政部门应建立信函、电话、网络等多种举报受理渠道,并主动对社会公开。适时开通文物违法举报热线。

第十条　文物违法行为信息举报受理范围:

(一)涉嫌损毁不可移动文物本体的行为;

(二)在文物保护单位的保护范围或者建设控制地带内发生的违法建设行为;

(三)擅自迁移、拆除不可移动文物或者擅自修缮不可移动文物,明显改变文物原状的违法行为;

(四)擅自在原址重建已全部毁坏的不可移动文物,造成文物破坏的违法行为;

(五)施工单位未取得文物保护工程资质证书,擅自从事文物修缮、迁移、重建的违法行为;

(六)涉及考古发掘的违法行为;

(七)涉及国有文物收藏单位和馆藏文物的违法行为;

(八)其他违反文物保护法律法规、应由文物行政部门调查处理的违法行为。

第十一条　对属于下列情形的举报信息,各级文物行政部门不予受理,登记后予以存档:

(一)不属于文物行政部门行政执法职责范围的;

(二)未提供违法行为信息或者无具体违法事实的;

(三)同一举报已经受理,举报人再次举报,但未提供新的违法事实的;

(四)已经或者依法应当通过诉讼、仲裁或行政复议等法定途径解决的;

(五)已经信访终结的;

(六)案发时间超出行政处罚时效的。

不属于受理范围的举报事项,应及时一次性告知举报人有权处理机关及相应举报途径。

第十二条　国家文物局和省级文物行政部门受理并督办、转办的举报信息,按照逐级交转原则,交由属地文物行政部门核查处理。重大案件线索,或属地文物行政部门应予回避的举报信息,国家文物局和省级文物行政部门可指定举报信息核查单位,或直接组织调查核实。

第十三条 设区市和县(市、区)文物行政部门受理举报信息,或接到上级督办、转办的举报信息后,应在15个工作日内完成实地核查。上级文物行政部门明确有核查时限的,应在时限要求内办结;情况复杂的,经上级交办部门同意,可适当延长办理期限。

举报信息经实地核查不属实的,由举报受理单位存档结项;属实或部分属实,确有违法行为的,由具有管辖权的文物行政部门依法实施行政处罚。

第十四条 各级文物行政部门受理举报信息后,对于实名举报,应自受理之日起60个工作日内,将办理情况反馈举报人。举报人对办理结果不满意的,应认真做好解释;举报人提供新的证据、需要进一步核实的,可进行复查并反馈。举报人对复查结果仍不满意,并以同一事实和理由重复举报的,不再受理。

第十五条 举报人对案件办结报告或执法文书申请信息公开的,应告知其案件文书基本信息,由文书制作单位负责具体信息公开事宜。

第十六条 各级文物行政部门应将文物违法行为举报管理经费纳入行政办公经费。鼓励各级文物行政部门建立文物违法行为举报奖励制度,设立举报奖励经费,对因举报使文物得到有效保护或免于重大损失的,给予举报人精神或物质奖励。

第十七条 各级文物行政部门应建立文物违法举报信息档案管理制度,妥善保管受理、核查及信息反馈过程中形成的资料,并及时整理归档。

第十八条 各级文物行政部门应建立文物违法举报信息季度、年度统计分析制度。各省、自治区、直辖市文物行政部门应将工作情况纳入《文物安全与行政执法工作情况统计表》,按照规定时限要求统计上报国家文物局。

第十九条 各地应根据实际情况,参照本办法制定实施细则。各级文物行政部门可将文物违法行为举报相关具体工作委托文物行政执法机构实施,并加强监督管理。

第二十条 本办法由国家文物局负责解释,自公布之日起实施。

文物复制拓印管理办法

· 2011年1月27日
· 文物政发〔2011〕1号

第一条 为加强文物复制、拓印管理,根据《中华人民共和国文物保护法》、《中华人民共和国文物保护法实施条例》和国务院有关行政审批的决定,制定本办法。

第二条 馆藏文物的复制、拓印,适用本办法;馆藏文物的仿制,不适用本办法。

第三条 文物复制是指依照文物的体量、形制、质地、纹饰、文字、图案等历史信息,基本采用原技艺方法和工作流程,制作与原文物相同制品的活动;文物拓印是指在文物本体覆盖一定的材料,通过摹印文物上的纹饰、文字、图案等,制作拓片的活动。

第四条 文物本体及其内容涉及国家秘密的,复制、拓印活动应当按照国家保密法律法规的规定执行。

前款规定的文物及其内容的密级,按照国家保密法律法规的规定确定。

第五条 复制、拓印文物,不得对文物造成损害。

未依法区分等级的文物不得复制、拓印。因文物保存状况和文物本体特点不适宜复制、拓印的,不得复制、拓印。

为科学研究、陈列展览需要拓印文物的,元代及元代以前的,应当翻刻副版拓印;元代以后的,可以使用文物原件拓印。在文物原件上拓印的,禁止使用尖硬器具捶打。

批量制作文物复制品、拓片,不得使用文物原件。

第六条 利用文物原件进行复制、拓印应坚持少而精的原则,严格控制复制品、拓片数量。文物复制品应有表明复制的标识和数量编号,文物拓片应当标明拓印单位、时间和数量编号。

第七条 从事文物复制、拓印的单位,应当依法取得相应等级的资质证书。

第八条 复制、拓印文物,应当依法履行审批手续。

第九条 文物复制、拓印报批材料应当包括文物的收藏单位或管理机构名称,文物名称、等级、时代、质地,文物来源或所处地点,文物照片,复制品、拓片用途及数量,复制、拓印方案,文物复制、拓印单位资质等级以及合同草案等内容。

第十条 文物收藏单位或管理机构与从事文物复制、拓印的单位签订的文物复制、拓印合同草案,应当包括合作各方的名称和地址,复制品或拓片的种类、数量、质量,复制或拓印的时间、地点及方法,文物安全责任,文物资料的交接和使用方式,有关知识产权的归属,复制品或拓片的交付,违约责任,争议解决办法等内容。

第十一条 为陈列展览、科学研究等用途制作的文物复制品、拓片,应当予以登记并妥善保管,不得挪作它用。

第十二条　为销售等目的制作的文物复制品、拓片,应附有制作说明书。说明书内容应当包括文物名称、时代,文物收藏单位或管理机构名称,复制品、拓片的名称,复制或拓印单位名称,监制单位名称,制作时间,复制品或拓片数量编号。

第十三条　未经文物行政主管部门同意,国有文物收藏单位或管理机构及其工作人员不得向任何单位或个人提供文物复制、拓印模具和技术资料。

第十四条　违反本办法规定,造成文物或国家权益损害的,依法追究有关责任单位和个人的法律责任。

第十五条　不可移动文物的单体文物的复制、拓印,参照本办法执行。不可移动文物的单体文物的仿制、仿建、复建,按照国家有关规定执行。

第十六条　本办法自发布之日起施行。国家文物局1979年9月4日发布的《拓印古代石刻的暂行规定》、1998年8月20日发布的《文物复制暂行管理办法》同时废止。

关于防范和惩治文物统计造假弄虚作假
责任规定(试行)

·2021年1月4日
·文物办发〔2021〕2号

第一条　为深入贯彻执行《关于深化统计管理体制改革提高统计数据真实性的意见》《统计违纪违法责任人处分处理建议办法》,全面防范和惩治文物领域统计造假、弄虚作假,健全落实各级文物行政部门统计工作领导责任制和统计人员工作责任制,保障统计数据质量,特制定本规定。

第二条　本规定适用于各级文物行政部门中负责统计管理和统计工作的人员。

第三条　健全文物领域防范和惩治统计造假、弄虚作假责任制,应当健全文物统计管理体制,形成不敢、不能、不想统计造假、弄虚作假的工作氛围,为进一步提高文物领域统计数据真实性、准确性、完整性和及时性提供扎实的体制机制保障。

第四条　建立文物领域防范和惩治统计造假、弄虚作假责任制,坚持集体领导与个人分工负责相结合,按照谁主管、谁负责,谁经办、谁负责的原则,形成一级抓一级、层层抓落实的全员工作责任体系。上级文物行政部门履行指导责任,本部门领导班子承担主体责任,主要负责人承担主要领导责任,分管负责人承担直接领导责任,

统计人员承担直接责任。

第五条　各级文物行政部门领导班子对防范和惩治统计造假、弄虚作假负主体责任。

其责任是:认真落实上级部门关于防范和惩治统计造假、弄虚作假的工作安排,结合本单位工作实际,研究制定文物统计工作规划、目标要求和具体措施,明确班子成员及各职能部门在防范和惩治统计造假、弄虚作假工作中的责任,始终把依法统计贯穿于文物统计工作的各个方面和各个环节。确保本单位严格执行各项统计法律法规,确保按照统计调查制度组织实施各项文物统计调查工作。加强对文物统计工作领导,健全统计机构,充实统计人员,保障必要统计经费和技术装备,加强统计人员的专业培训和职业道德教育。

第六条　各级文物行政部门主要负责人对防范和惩治统计造假、弄虚作假工作负主要领导责任。

其责任是:带头遵守执行统计法律法规规章,主持制定防范和惩治统计造假、弄虚作假工作计划和措施。推动建立责任体系,明确领导责任、具体责任和监督责任,形成从上到下、自始至终防范和惩治统计造假、弄虚作假责任机制。定期听取本单位防范和惩治统计造假、弄虚作假工作汇报,协调解决文物统计工作中的各项问题,做好与上级部门的沟通协调,加强对下级部门统计工作的监督管理。

第七条　各级文物行政主管部门班子成员中分管负责人对防范和惩治统计造假、弄虚作假工作负直接领导责任。

其责任是:带头遵守执行统计法律法规规章,研究落实分管领域范围内防范和惩治统计造假、弄虚作假的具体任务和措施,督促指导分管领域切实履行防范和惩治统计造假、弄虚作假责任。组织分管领域严格依照统计法律法规规章和统计调查制度开展统计调查,确保统计人员守住统计法律法规的底线、红线。健全分管领域各项数据质量控制制度。组织分管领域及时对数据质量进行核查,始终将防范和惩治统计造假、弄虚作假责任贯穿于统计调查工作全过程。

第八条　各级文物行政部门统计人员对防范和惩治统计造假、弄虚作假工作负直接责任。

其责任是:依法履行职责,如实搜集、报送统计资料,不得伪造、篡改统计资料,不得以任何方式要求任何单位和个人提供不真实的统计资料。坚持实事求是,恪守职业道德,对其负责搜集、审核、录入的统计资料与统计调查对象报送的统计资料的一致性负责。

第九条　各级文物行政部门领导班子及其成员不得自行修改统计人员依法搜集、整理的统计资料，不得以任何方式要求统计人员伪造、篡改统计资料，不得对依法履行职责或者拒绝、抵制统计违法行为的统计人员打击报复。

第十条　各级文物行政部门依法对下级部门统计数据真实情况进行监督检查。

第十一条　国家文物局通过采用实地抽查、第三方评估等方式，对各级文物行政部门统计数据真实准确情况进行监督检查。

第十二条　各级文物行政部门领导班子及其成员、统计人员未能严格履行防范和惩治统计造假、弄虚作假责任制的，按照《关于深化统计管理体制改革提高统计数据真实性的意见》《统计违纪违法责任人处分处理建议办法》要求，由有关部门依照《中国共产党纪律处分条例》《中国共产党问责条例》《中华人民共和国公职人员政务处分法》《中华人民共和国统计法》《中华人民共和国统计法实施条例》《行政机关公务员处分条例》《统计违法违纪行为处分规定》等相关规定追究责任。

第十三条　本规定自发布之日起施行。

文物统计管理办法（试行）

· 2021 年 1 月 4 日
· 文物办发〔2021〕1 号

第一章　总　则

第一条　为规范文物统计工作，加强文物统计管理，保障文物统计资料的真实性、准确性、完整性和及时性，将防范和惩治统计造假、弄虚作假纳入各级文物行政部门依法行政、依法履职责任范围，根据《中华人民共和国统计法》及其实施条例，结合文物统计工作实际，制定本办法。

第二条　文物统计的基本任务是对文物活动进行统计调查和统计分析，提供统计资料和统计咨询，实行统计监督。

第三条　本办法所称的统计调查对象包括各级文物行政部门、从事文物活动的各类企事业单位和个体工商户。

第四条　国家文物局是全国文物统计工作的主管部门，在国家统计局的业务指导下，对全国文物统计工作实行统一管理。

地方各级文物行政部门在上级文物行政部门和同级人民政府统计机构的业务指导下，负责本行政区域内的文物统计工作。

第五条　各级文物行政部门应当加强对文物统计工作的领导，健全统计机构，充实统计人员，强化统计人员的专业培训和职业道德教育。

第六条　各级文物行政部门统计工作经费应列入年度预算，并确保及时拨付到位，切实保障文物统计工作正常有效开展。

第七条　各级文物行政部门应当高度重视统计信息化建设，为文物统计工作提供必要的技术装备和其他各项条件，有效推进统计数据的搜集、处理、传输与共享。

第八条　各级文物行政部门应当加强文物统计科学研究，健全文物统计指标体系，不断改进统计调查方法，提高文物统计的科学性。

第二章　统计机构和统计人员

第九条　文物统计工作实行统一管理、分级负责。

国家文物局办公室作为国家文物局设立的综合统计机构，承担文物综合统计职能，归口管理全国文物统计工作。

国家文物局承担统计工作的有关业务机构，设置统计岗位，配备统计人员，负责业务领域范围内的统计工作。

地方各级文物行政部门负责管理和组织协调本行政区域内的文物统计工作，设置统计机构，配备统计人员（其中省级应当配备专职统计人员），在业务上受上级文物行政部门和同级人民政府统计机构指导。

第十条　国家文物局办公室依法履行以下主要职责：

（一）组织制定文物统计规章制度并监督实施；

（二）依法组织拟定全国文物统计调查制度、指标体系和部门统计标准并部署实施；

（三）管理、审定、公布、出版文物统计资料，对外提供文物统计数据；

（四）指导督促和监督检查全国文物统计工作，防范和惩治统计造假、弄虚作假；

（五）对文物发展情况进行统计分析研究和监测评价；

（六）组织推进全国文物统计信息化建设；

（七）组织文物统计人员业务培训，开展文物统计科学研究和国际交流；

（八）负责与国务院有关部门的统计业务联系与合作。

第十一条　国家文物局承担统计工作的有关业务机

构依法履行以下主要职责：

（一）拟订业务范围内的文物统计调查制度；

（二）组织、协调、指导业务领域范围内的统计资料搜集、审核、汇总工作，并按照统计调查制度规定要求，按时向办公室提交汇总完成的统计数据，经审定后使用；

（三）开展业务领域范围内的统计分析与服务工作；

（四）配合办公室开展业务领域范围内的统计人员培训

和统计制度改革研究；

（五）配合办公室开展统计信息化建设；

（六）配合办公室开展业务领域范围内的防范和惩治统计造假、弄虚作假工作。

第十二条　地方各级文物行政部门依法履行以下主要职责：

（一）组织、协调、指导、监督本行政区域内的文物统计工作，按照统计调查制度完成有关统计任务，按时报送本地区文物统计数据和其他统计资料；

（二）管理、审定、公布、出版本地区文物统计资料；

（三）对本地区文物发展情况进行统计分析研究和监测评价；

（四）组织开展本地区文物统计人员业务培训。

第十三条　地方各级文物行政部门应当明确负责统计工作的职能部门，选配具有统计专业知识的人员从事文物统计工作。

第十四条　各类文物统计调查对象应当根据统计任务需要设置统计工作岗位，配备专兼职统计人员，依法开展统计工作。

第十五条　各级文物行政部门统计机构和统计人员依法独立行使以下职权，任何单位和个人不得干扰或者阻挠。

（一）统计调查权：依法如实调查、搜集统计资料，检查与统计资料有关的各种原始记录和统计台账，要求改正不实的统计资料。

（二）统计报告权：将统计调查所得资料和情况进行整理、分析，及时向上级文物行政部门提出统计报告。

（三）统计监督权：根据统计调查和统计分析，对文物工作进行统计监督，指出存在的问题，提出改进的建议。

第十六条　各级文物行政部门统计机构和统计人员应当依法履行职责，如实搜集、报送统计资料，不得伪造、篡改统计资料，不得以任何方式要求任何单位和个人提供不真实的统计资料。

第十七条　各级文物行政部门统计人员应当具备与其从事文物统计工作相适应的专业知识和业务能力。坚持实事求是，恪守职业道德，对其负责搜集、审核、录入的统计资料与统计调查对象报送的统计资料的一致性负责。

第十八条　各级文物行政部门负责人不得自行修改统计机构和统计人员依法搜集、整理的统计资料，不得以任何方式要求统计人员及其他机构、人员伪造、篡改统计资料，不得对依法履行职责或者拒绝、抵制统计违法行为的统计人员打击报复。

第十九条　各级文物行政部门统计人员应保持相对稳定，统计人员因工作需要调离统计岗位时，应选派有能力承担统计工作的人员接替，办清交接手续，并及时告知上级文物行政部门。

第三章　统计调查管理

第二十条　各级文物行政部门开展统计调查，应当制定统计调查制度，并就调查项目的必要性、可行性、科学性进行充分论证。

统计调查制度内容包括总说明、报表目录、调查表式、分类目录、指标解释、指标间逻辑关系，采用抽样调查的还应当包括抽样调查方案。

统计调查制度总说明应当对调查目的、调查对象、统计范围、调查内容、调查频率、调查时间、调查方法、组织实施方式、质量控制、报送要求、信息共享、资料公布等作出规定。

第二十一条　全国文物统计调查制度由国家文物局负责制定。统计调查对象属于本部门管辖系统的，报国家统计局备案；统计调查对象超出本部门管辖系统的，报国家统计局审批。

地方各级文物行政部门可按需要制定补充性文物统计调查制度，报上级文物行政部门同意后，报同级人民政府统计机构审批或者备案。

地方补充性文物统计调查制度不得与上级文物统计调查制度重复、矛盾；不得影响全国文物统计调查制度的实施。

第二十二条　各级文物行政部门应当按照批准的统计调查制度开展统计工作。

依法执行的统计调查表应当标明表号、制定机关、批准机关或者备案机关、批准文号或者备案文号、有效期限等标志。

对未标明规定标志或者超过有效期限的统计调查表，统计调查对象有权拒绝填报。

第二十三条 国家文物局负责制定全国文物统计标准,确保文物统计调查采用的指标涵义、计算方法、分类目录、调查表式和统计编码等的标准化。

第二十四条 凡将各类文物企事业单位作为统计调查对象的,各类文物统计调查对象应取自国家文物局全国文物统计调查基本单位名录库。

地方各级文物行政部门应配合国家文物局办公室,加强对全国文物统计调查基本单位名录库的动态管理。

第二十五条 各类文物统计调查对象应当根据文物行政部门制定并经批准的统计调查制度,建立健全原始记录、统计台账和各项管理制度;应当根据统计工作的需要,配备必要的计算机和网络通讯设备。

各类文物统计调查对象应当依照统计法律法规和本办法的规定,真实、准确、完整、及时地提供文物统计调查所需的资料,不得提供不真实或者不完整的统计资料,不得迟报、拒报统计资料。

第二十六条 文物统计调查综合运用年度常规调查、抽样调查、重点调查、普查等方法,并充分开发利用行政记录和大数据。运用大数据进行调查时,要符合文物统计调查所采用的指标涵义、分类目录和统计编码,相关计算方法要进行充分论证。

第二十七条 各级文物行政部门应当建立健全文物统计调查数据质量控制体系,加大对源头数据的审核和评估力度,保证数出有源、数出有据。

第二十八条 各级文物行政部门应当积极沟通同级人民政府统计机构和有关行业部门,探索建立重要核心数据会商评估机制,加强与其他相关领域数据的比对和印证。

第二十九条 各级文物行政部门应当建立防范和惩治统计造假、弄虚作假责任制,坚持集体领导与个人分工负责相结合,本部门领导班子承担主体责任,部门主要负责人承担主要领导责任,分管负责人承担直接领导责任,统计人员承担直接责任。按照谁主管、谁负责,谁经办、谁负责的原则,形成一级抓一级、层层抓落实的责任体系。

第三十条 各级文物行政部门应加强文物统计信息化建设,建立健全文物统计直报制度,完善全国文物统计直报系统,实现文物统计工作全流程信息化、网络化。已建成并投入使用的其他统计信息系统要与全国文物统计直报系统相衔接,设立数据接口,实现互联互通。

第四章 统计资料管理和公布

第三十一条 国家文物局依法管理、审定、公布和出版全国文物统计资料;地方各级文物行政部门依法管理、审定、公布和出版本行政区域内的文物统计资料。

第三十二条 各级文物行政部门应当建立健全文物统计资料公布制度,除依法应当保密内容外,应及时通过门户网站、统计公报、统计年鉴等途径公布文物统计资料。

第三十三条 各级文物行政部门应当按照国家有关规定建立健全统计资料的审核、签署、交接、归档等管理制度。

第三十四条 文物统计资料的管理、使用和公布,应当严格遵守国家档案管理制度、保密制度和信息公开制度的有关要求。

第三十五条 各级文物行政部门统计机构和文物统计人员,对统计调查对象的商业秘密和个人隐私负有保密义务。

第三十六条 各级文物行政部门在制定政策规划、督查工作进展、评价发展水平时,凡涉及统计数据的,应当优先使用已公开发布的文物统计资料。

第五章 监督检查

第三十七条 各级文物行政部门依法对下级文物行政部门、文物统计调查对象的统计工作进行监督检查。

统计检查的内容包括:统计法律法规和规章制度的执行情况,统计机构和统计人员的配置情况,统计经费和统计工作设备配置保障情况,统计数据报送质量情况,统计资料的管理和公布情况,以及其他与统计工作有关的情况。

第三十八条 各级文物行政部门、文物统计调查对象应当配合监督检查工作。任何单位、个人不得干扰和妨碍统计人员监督检查和作出检查结论。

第三十九条 各级文物行政部门应建立文物统计工作监督检查办法,定期开展统计工作监督检查,并对有关结果予以通报。

第四十条 对违反统计法律法规及本办法有关规定的,由有关部门依法对相关单位和人员给予行政处罚或追究法律责任。

第六章 附 则

第四十一条 地方各级文物行政部门可依据本办法,结合各自实际,制定相应的实施细则。

第四十二条 本办法自发布之日起施行。

文物拍卖管理办法

· 2020 年 4 月 30 日
· 文物政发〔2020〕6 号

第一章　总　则

第一条　为加强文物拍卖管理,规范文物拍卖行为,促进文物拍卖活动健康有序发展,根据《中华人民共和国文物保护法》《中华人民共和国拍卖法》《中华人民共和国文物保护法实施条例》等法律法规,制定本办法。

第二条　在中华人民共和国境内,以下列物品为标的的拍卖活动,适用本办法:

(一)1949 年以前的各类艺术品、工艺美术品;

(二)1949 年以前的文献资料以及具有历史、艺术、科学价值的手稿和图书资料;

(三)1949 年以前与各民族社会制度、社会生产、社会生活有关的代表性实物;

(四)1949 年以后与重大事件或著名人物有关的代表性实物;

(五)1949 年以后反映各民族生产活动、生活习俗、文化艺术和宗教信仰的代表性实物;

(六)列入限制出境范围的 1949 年以后已故书画家、工艺美术家作品;

(七)法律法规规定的其他物品。

第三条　国家文物局负责制定文物拍卖管理政策,协调、指导、监督全国文物拍卖活动。

省、自治区、直辖市人民政府文物行政部门负责管理本行政区域内文物拍卖活动。

第二章　文物拍卖企业及人员

第四条　依法设立的拍卖企业经营文物拍卖的,应当取得省、自治区、直辖市人民政府文物行政部门颁发的文物拍卖许可证。

第五条　拍卖企业申请文物拍卖许可证,应当符合下列条件:

(一)有 1000 万元人民币以上注册资本,非中外合资、中外合作、外商独资企业;

(二)有 5 名以上文物拍卖专业人员;

(三)有必要的场所、设施和技术条件;

(四)近两年内无违法违规经营文物行为;

(五)法律、法规规定的其他条件。

第六条　拍卖企业申请文物拍卖许可证时,应当提交下列材料:

(一)文物拍卖许可证申请表;

(二)企业注册资本的验资证明;

(三)文物拍卖专业人员相关证明文件、聘用协议复印件;

(四)场所、设施和技术条件证明材料。

第七条　省、自治区、直辖市人民政府文物行政部门应当于受理文物拍卖许可证申领事项后 30 个工作日内作出批准或者不批准的决定。决定批准的,发给文物拍卖许可证;决定不批准的,应当书面通知当事人并说明理由。

第八条　文物拍卖许可证不得涂改、出租、出借或转让。

第九条　省、自治区、直辖市人民政府文物行政部门对取得文物拍卖许可证的拍卖企业进行年审,年审结果作为是否许可拍卖企业继续从事文物拍卖活动的依据。

第十条　省、自治区、直辖市人民政府文物行政部门应当于开展文物拍卖许可证审批、年审、变更、暂停、注销等工作后 30 日内,将相关信息报国家文物局备案。

第十一条　文物拍卖专业人员不得参与文物商店销售文物、文物拍卖标的审核、文物进出境审核工作;不得同时在两家(含)以上拍卖企业从事文物拍卖活动。

第三章　文物拍卖标的

第十二条　拍卖企业须在文物拍卖会举办前,将拟拍卖标的整场报省、自治区、直辖市人民政府文物行政部门审核。报审材料应当由文物拍卖专业人员共同签署标的征集鉴定意见。

联合开展文物拍卖活动的拍卖企业,均应取得文物拍卖许可证。

第十三条　省、自治区、直辖市人民政府文物行政部门受理文物拍卖标的审核申请后,应组织开展实物审核,于 20 个工作日内办理审核批复文件,并同时报国家文物局备案。

参加文物拍卖标的审核的人员,不得在拍卖企业任职。

第十四条　下列物品不得作为拍卖标的:

(一)依照法律应当上交国家的出土(水)文物,以出土(水)文物名义进行宣传的标的;

(二)被盗窃、盗掘、走私的文物或者明确属于历史上被非法掠夺的中国文物;

(三)公安、海关、工商等执法部门和人民法院、人民检察院依法没收、追缴的文物,以及银行、冶炼厂、造纸厂及废旧物资回收单位拣选的文物;

(四)国有文物收藏单位及其他国家机关、部队和国有企业、事业单位等收藏、保管的文物,以及非国有博物馆馆藏文物;

（五）国有文物商店收存的珍贵文物；

（六）国有不可移动文物及其构件；

（七）涉嫌损害国家利益或者可能产生不良社会影响的标的；

（八）其他法律法规规定不得流通的文物。

第十五条　拍卖企业从境外征集文物拍卖标的，买受人将文物携运出境，须按照相关法律法规办理文物进出境审核手续。

第十六条　国家对拍卖企业拍卖的珍贵文物拥有优先购买权。国家文物局可以指定国有文物收藏单位行使优先购买权。优先购买权以协商定价或定向拍卖的方式行使。

以协商定价方式实行国家优先购买的文物拍卖标的，购买价格由国有文物收藏单位的代表与文物的委托人协商确定，不得进入公开拍卖流程。

第十七条　拍卖企业应当在文物拍卖活动结束后30日内，将拍卖记录报原审核的省、自治区、直辖市人民政府文物行政部门备案。省、自治区、直辖市人民政府文物行政部门应当将文物拍卖记录报国家文物局。

第四章　附　则

第十八条　国家文物局和省、自治区、直辖市人民政府文物行政部门应当建立文物拍卖企业及文物拍卖专业人员信用信息记录，并向社会公布。

第十九条　文物拍卖企业、文物拍卖专业人员发生违法经营行为，国家文物局和省、自治区、直辖市人民政府文物行政部门应当依法予以查处。

第二十条　拍卖企业利用互联网从事文物拍卖活动的，应当遵守本办法的规定。

第二十一条　本办法自颁布之日起实施，《文物拍卖管理暂行规定》同时废止。

文物拍卖标的审核办法

·2020 年 4 月 30 日
·文物政发〔2020〕6 号

第一章　总　则

第一条　为加强对文物拍卖标的审核管理，规范文物拍卖经营行为，依据《中华人民共和国文物保护法》、《中华人民共和国文物保护法实施条例》等法律法规，制定本办法。

第二条　本办法适用于《中华人民共和国文物保护法》、《中华人民共和国文物保护法实施条例》等法律法规规定、需经审核才能拍卖的文物。

第三条　文物拍卖标的由省、自治区、直辖市人民政府文物行政部门（以下简称"省级文物行政部门"）负责审核。

第四条　国家文物局对省级文物行政部门文物拍卖标的审核工作进行监督指导。

第二章　申请与受理

第五条　拍卖企业应在文物拍卖公告发布前 20 个工作日，提出文物拍卖标的审核申请。

省级文物行政部门不受理已进行宣传、印刷、展示、拍卖的文物拍卖标的的审核申请。

第六条　拍卖企业应向注册地省级文物行政部门提交文物拍卖标的审核申请。

拍卖企业在注册地省级行政区划以外举办文物拍卖活动的，按照标的就近原则，可向注册地或者拍卖活动举办地省级文物行政部门提交文物拍卖标的审核申请。

两家以上注册地在同一省级行政区划内的拍卖企业联合举办文物拍卖活动的，由企业联合向省级文物行政部门提交文物拍卖标的审核申请。

两家以上注册地不在同一省级行政区划内的拍卖企业联合举办文物拍卖活动的，按照标的就近原则，由企业联合向某一企业注册地或者拍卖活动举办地省级文物行政部门提交文物拍卖标的审核申请。

联合拍卖文物的拍卖企业，均应具备文物拍卖资质。其文物拍卖资质范围不同的，按照资质最低的一方确定文物拍卖经营范围。

第七条　拍卖企业须报审整场文物拍卖标的，不得瞒报、漏报、替换标的，不得以艺术品拍卖会名义提出文物拍卖标的审核申请，不得以"某代以前"、"某某款"等字眼或不标注时代的方式逃避文物拍卖标的的监管。

第八条　拍卖企业申请文物拍卖标的审核时，应当提交下列材料：

（一）有效期内且与准许经营范围相符的《文物拍卖许可证》的复印件；

（二）《文物拍卖标的审核申请表》；

（三）标的清册（含电子版）；

（四）标的图片（每件标的图片清晰度 300dpi 以上）；

（五）标的合法来源证明（如有）；

（六）文物拍卖专业人员出具的标的征集鉴定意见；

（七）省级文物行政部门要求提交的其他材料。

其中，材料（一）、（二）、（三）、（五）、（六）须以书面形式加盖企业公章提交，材料（三）、（四）提交电子材料。

第九条　省级文物行政部门对拍卖企业提出的文物拍卖标的审核申请,应当根据下列情况分别处理,并告知企业:

(一)文物拍卖经营资质有效,申请材料齐全,符合相关法律法规规定的,决定受理;

(二)文物拍卖经营资质无效,或者不属于审核范围的,决定不予受理;

(三)申请材料不齐全或者不符合相关规定的,要求补充。

第十条　省级文物行政部门受理文物拍卖标的审核申请后,须按照《中华人民共和国行政许可法》第四十二条有关规定,应于20个工作日内做出审核决定。符合《中华人民共和国行政许可法》第四十二条、第四十五条相关情形的,不受该时限限制。

第三章　审核与批复

第十一条　省级文物行政部门在作出文物拍卖标的审核决定前,可委托相关专业机构开展文物拍卖标的审核工作。

文物拍卖标的应当进行实物审核。

第十二条　文物拍卖标的审核须由3名以上审核人员共同完成,其中省级文物鉴定委员会委员不少于1名。审核意见由参加审核人员共同签署。

审核过程中,省级文物行政部门可要求拍卖企业补充标的合法来源证明及相关材料。

第十三条　下列物品不得作为拍卖标的:

(一)依照法律应当上交国家的出土(水)文物,以出土(水)文物名义进行宣传的标的;

(二)被盗窃、盗掘、走私的文物或者明确属于历史上被非法掠夺的中国文物;

(三)公安、海关、工商等执法部门和人民法院、人民检察院依法没收、追缴的文物,以及银行、冶炼厂、造纸厂及废旧物资回收单位拣选的文物;

(四)国有文物收藏单位及其他国家机关、部队和国有企业、事业单位等收藏、保管的文物,以及非国有博物馆馆藏文物;

(五)国有文物商店收存的珍贵文物;

(六)国有不可移动文物及其构件;

(七)涉嫌损害国家利益或者有可能产生不良社会影响的标的;

(八)其他法律法规规定不得流通的文物。

第十四条　合法来源证明材料包括:

(一)文物商店销售文物发票;

(二)文物拍卖成交凭证及发票;

(三)文物进出境审核机构发放的文物进出境证明;

(四)其他符合法律法规规定的证明文件等。

第十五条　未列入本办法第十三条的文物,经文物行政部门审核不宜进行拍卖的,不得拍卖。

第十六条　省级文物行政部门依据实物审核情况出具决定文件,并同时抄报国家文物局备案。备案材料应包含标的清册、图片(含电子材料)、合法来源证明(如有)等。

两家以上拍卖企业联合举办文物拍卖活动的,审核决定主送前列申请企业,同时抄送其他相关省级文物行政部门。

第十七条　文物拍卖标的审核决定,不得作为对标的真伪、年代、品质及瑕疵等方面情况的认定。

第四章　文物拍卖监管

第十八条　拍卖企业应在文物拍卖图录显著位置登载文物拍卖标的审核决定或者决定文号。

第十九条　省级文物行政部门应以不少于10%的比例对文物拍卖会进行监拍。监拍人员应按照《文物行政处罚程序暂行规定》等相关规定,对拍卖会现场出现的违法行为采取相应措施。

第二十条　拍卖企业应于文物拍卖会结束后30个工作日内,按照《中华人民共和国文物保护法实施条例》第四十三条相关规定,将文物拍卖记录报省级文物行政部门备案。

第二十一条　省级文物行政部门应当对照文物拍卖标的审核申请材料对文物拍卖记录进行核查,及时发现并查处拍卖企业瞒报、漏报、替换文物拍卖标的等违法行为。

第二十二条　省级文物行政部门应加强对拍卖企业标的征集管理,将文物拍卖标的审核情况记入拍卖企业和专业人员诚信档案,作为对拍卖企业和专业人员监管的重要依据。

第五章　附　则

第二十三条　本办法自发布之日起实施。

可移动文物修复管理办法

· 2020年4月30日
· 文物政发〔2020〕6号

第一章　总　则

第一条　为加强可移动文物修复管理,提高可移动文物修复的科学性和规范性,根据《中华人民共和国文物保护法》和《中华人民共和国文物保护法实施条例》,制定本办法。

第二条　本办法适用于博物馆、图书馆和其他文物收藏单位,以及国家机关、国有企事业单位收藏保管的可移动文物的修复。

第三条　修复可移动文物应当坚持不改变文物原状原则,全面保存和延续文物的历史、艺术、科学的信息与价值,将科学研究贯穿于修复的全过程,应认真执行文物修复操作规程和相关技术标准,采用先进、适用的技术手段和有效的管理方法,确保修复质量。

第四条　可移动文物修复包括价值评估、现状调查、病害评测、方案编制、保护修复实施、效果评估、档案建立、预防性保护等活动。

第五条　可移动文物修复应由取得可移动文物修复资质的单位承担。

第二章　资质管理

第六条　从事可移动文物修复的单位应当经省、自治区、直辖市文物行政部门批准并取得资质。

第七条　申请可移动文物修复资质的单位应具备以下条件:

(一)有7名以上具有5年以上文物修复工作经验,曾主持或主要参与50件以上珍贵文物的保护修复工作,且取得中级以上文物博物专业技术职称的主要技术人员,其中具有高级技术职称的人员不少于2人;

聘用退休人员作为主要技术人员,不得超过主要技术人员总数的20%;

主要技术人员不得同时受聘于两家或两家以上可移动文物修复资质单位。

(二)工作场所和技术设备应满足《可移动文物保护修复室规范化建设与仪器装备基本要求》(GB/T30238-2013)规定的区域技术中心以上的标准条件和功能。

(三)文物保管场所安全条件符合《文物系统博物馆风险等级和安全防护级别的规定(GA27-2002)》。

(四)有健全的管理制度和质量管理体系。

第八条　可移动文物修复资质申报材料:

(一)可移动文物修复资质申请表。

(二)主要技术人员的职称证书、工作资历或业绩证明及聘用(任职)证明。

(三)承担过的主要可移动文物保护修复项目的相关文件。

(四)工作场所和技术设备符合《可移动文物保护修复室规范化建设与仪器装备基本要求》(GB/T30238-

2013)的证明资料。

(五)符合《文物系统博物馆风险等级和安全防护级别的规定(GA27-2002)》条件的场所证明资料。

(六)主要管理制度和质量管理体系的相关文件。

(七)申请单位法人资格证书。

(八)省、自治区、直辖市文物行政部门需要的其他材料。

第九条　决定批准的,由省、自治区、直辖市文物行政部门颁发资质证书。

资质证书分为正本和副本,具有同等法律效力。资质证书只限于本单位使用,不得转让、转借。

第十条　自修复资质证书核发之日起30日内,省、自治区、直辖市文物行政部门应当将批准的修复资质单位向社会公布并报国务院文物行政部门备案。

第十一条　修复资质单位应在资质证书核定的业务范围内承揽业务,不受地域范围的限制。

第十二条　资质证书登记事项发生变更的,应当在变更后30个工作日内到原审批部门办理变更手续。

第十三条　因破产、停业或其他原因终止业务活动的,应当在终止业务活动30个工作日内到原审批部门办理注销手续。

第十四条　修复资质变更、注销等情况,由省、自治区、直辖市文物行政部门向社会公布并报国务院文物行政部门备案。

第三章　修复管理

第十五条　修复馆藏珍贵文物,应当报省、自治区、直辖市文物行政部门批准。修复馆藏一级文物,应当经省、自治区、直辖市文物行政部门批准后报国务院文物行政部门备案。

批准前,应出具独立第三方机构或专家评审意见。

第十六条　文物修复的申报材料应当包括:

(一)文物修复申请文件;

(二)文物修复方案;

(三)方案编制单位的资质证明;

(四)方案编制委托协议;

(五)审批部门需要的其他材料。

第十七条　文物修复的申报材料应符合下列条件,不符合的,不予批准或者要求申报单位补充齐全后审批。

(一)文物修复方案应当由具有资质的单位编制;

(二)文物修复事项属于修复资质单位业务范围;

(三)文物信息、修复的必要性和工作目标明确;

(四)修复程序及修复技术路线科学合理;

（五）预防性保护措施明确；

（六）符合我国法律、法规其他有关规定。

第十八条　文物修复工作应由具有修复资质的单位按照批准的修复方案实施。

必要时可以根据修复实际情况合理调整修复方案并报原审批部门备案。因特殊情况需要重大调整或者变更的，应当报原审批部门批准。

第十九条　修复完成后3个月内应进行验收。馆藏一级文物修复由省、自治区、直辖市文物行政部门组织验收，结果报国务院文物行政部门备案。

第二十条　文物收藏单位应当将修复方案、修复记录、验收报告、修复报告等文物修复的全部资料整理立卷，归入相应的文物档案。

第二十一条　文物收藏单位应当按照修复方案中的预防性保护措施，对修复的文物进行保护，并对文物的保存状况、保存环境，以及可能威胁到文物安全的异常情况或者其他危险因素进行定期监测并记录。

第四章　监督检查

第二十二条　可移动文物修复资质实行年度报告和公示制度。

每年1月15日前，修复资质单位应向所在地省、自治区、直辖市文物行政部门提交上一年度资质证书登记事项变动情况和开展业务活动情况的报告，并向社会公布。

第二十三条　国务院文物行政部门将组织行业协会或第三方机构对修复资质单位开展运行评估。评估规则另行制定。

第二十四条　各省、自治区、直辖市文物行政部门应根据年度报告和运行评估结果对资质单位加强指导，建立健全资质单位的管理和退出机制。

第二十五条　每年3月1日前，各省、自治区、直辖市文物行政部门应当将上一年度行政区域内馆藏文物修复基本情况（包括修复文物名录、文物等级、修复单位等）向社会公布并报国务院文物行政部门备案。

第二十六条　国务院文物行政部门将组织行业协会或第三方机构，对馆藏文物修复及管理情况进行定期检查或抽查，结果向社会公布。

第五章　附　则

第二十七条　各省、自治区、直辖市文物行政部门可根据本办法制定具体实施细则。

第二十八条　本办法自2014年8月1日起施行。

2007年国家文物局颁布的《可移动文物修复资质管理办法（试行）》和《可移动文物技术保护设计资质管理办法（试行）》同时废止。

涉案文物鉴定评估管理办法

· 2018年6月14日
· 文物博发〔2018〕4号

第一章　总　则

第一条　为适应人民法院、人民检察院和公安机关等办案机关办理文物犯罪刑事案件的需要，规范涉案文物鉴定评估活动，保证涉案文物鉴定评估质量，根据《中华人民共和国文物保护法》、《最高人民法院、最高人民检察院关于办理妨害文物管理等刑事案件适用法律若干问题的解释》和有关法律法规，制定本办法。

第二条　本办法所称涉案文物，专指文物犯罪刑事案件涉及的文物或者疑似文物。

本办法所称涉案文物鉴定评估，是指涉案文物鉴定评估机构组织文物鉴定评估人员，运用专门知识或者科学技术对涉案文物的专门性问题进行鉴别、判断、评估并提供鉴定评估报告的活动。

第三条　国家文物局指定的涉案文物鉴定评估机构和予以备案的文物鉴定评估人员开展涉案文物鉴定评估活动，适用本办法。

第四条　涉案文物鉴定评估机构开展涉案文物鉴定评估活动，应当遵循合法、独立、客观、公正的原则。

第五条　文物鉴定评估人员在涉案文物鉴定评估活动中，应当遵守法律法规，遵守职业道德和职业纪律，尊重科学，遵守标准规范。

第六条　国家文物局负责遴选指定涉案文物鉴定评估机构，制定涉案文物鉴定评估管理制度和标准规范，对全国涉案文物鉴定评估工作进行宏观指导。

第七条　省级文物行政部门负责推荐本行政区域内涉案文物鉴定评估机构，对涉案文物鉴定评估工作进行监督管理。

省级文物行政部门应当保障本行政区域内涉案文物鉴定评估机构开展涉案文物鉴定评估工作所需的业务经费。

第八条　涉案文物鉴定评估机构的发展应当符合统筹规划、合理布局、严格标准、确保质量的要求。

第二章　鉴定评估范围和内容

第九条　涉案文物鉴定评估范围涵盖可移动文物和

不可移动文物。

（一）可移动文物鉴定评估类别包括陶瓷器、玉石器、金属器、书画、杂项等五个类别。

（二）不可移动文物鉴定评估类别包括古文化遗址、古墓葬、古建筑、石窟寺及石刻、近现代重要史迹及代表性建筑、其他等六个类别。

第十条　已被拆解的不可移动文物的构件，涉案文物鉴定评估机构可以应办案机关的要求，将其作为可移动文物进行鉴定评估。

第十一条　可移动文物鉴定评估内容包括：

（一）确定疑似文物是否属于文物；

（二）确定文物产生或者制作的时代；

（三）评估文物的历史、艺术、科学价值，确定文物级别；

（四）评估有关行为对文物造成的损毁程度；

（五）评估有关行为对文物价值造成的影响；

（六）其他需要鉴定评估的文物专门性问题。

可移动文物及其等级已经文物行政部门认定的，涉案文物鉴定评估机构不再对上述第一至三项内容进行鉴定评估。

第十二条　不可移动文物鉴定评估内容包括：

（一）确定疑似文物是否属于古文化遗址、古墓葬；

（二）评估有关行为对文物造成的损毁程度；

（三）评估有关行为对文物价值造成的影响；

（四）其他需要鉴定评估的文物专门性问题。

不可移动文物及其等级已经文物行政部门认定的，涉案文物鉴定评估机构不再对上述第一项内容进行鉴定评估。

第十三条　涉案文物鉴定评估机构可以根据自身专业条件，并应办案机关的要求，对文物的经济价值进行评估。

第三章　鉴定评估机构和人员

第十四条　国有文物博物馆机构申请从事涉案文物鉴定评估业务，应当具备下列条件：

（一）有独立法人资格；

（二）有固定的办公场所和必要的文物鉴定技术设备；

（三）能够从事本办法第九条规定的可移动文物所有类别或者不可移动文物所有类别的鉴定评估业务，每类别有3名以上专职或者兼职的文物鉴定评估人员；

（四）有一定数量的专职文物鉴定评估人员；

（五）具备一定的文物鉴定评估组织工作经验。

第十五条　国有文物博物馆机构申请从事涉案文物鉴定评估业务，应当提交下列材料：

（一）申请从事涉案文物鉴定评估业务的文件；

（二）涉案文物鉴定评估机构申请表；

（三）文物鉴定评估人员登记表；

（四）法人证书复印件或者证明法人资格的相关文件；

（五）此前组织开展文物鉴定评估工作的相关情况说明。

第十六条　省级文物行政部门按照本办法第十四条规定的条件，对本行政区域内申请从事涉案文物鉴定评估业务的国有文物博物馆机构进行初审，初审合格的报国家文物局。

国家文物局对各省上报的机构进行遴选，指定其中符合要求的为涉案文物鉴定评估机构，并通过适当方式向社会公告。

第十七条　涉案文物鉴定评估机构的文物鉴定评估人员，应当至少符合下列条件之一：

（一）取得文物博物及相关系列中级以上专业技术职务，并有至少持续5年文物鉴定实践经历；

（二）是文物进出境责任鉴定人员；

（三）是国家或者省级文物鉴定委员会委员。

第十八条　省级文物行政部门按照本办法第十七条规定的条件，对拟从事涉案文物鉴定评估工作的文物鉴定评估人员进行审核，审核合格的报国家文物局备案。

第十九条　涉案文物鉴定评估机构的文物鉴定评估人员只能在一个鉴定评估机构中任职（包括兼职），但可以接受其他涉案文物鉴定评估机构的聘请，从事特定事项的涉案文物鉴定评估活动。

文物鉴定评估人员不得私自接受涉案文物鉴定评估委托。

第四章　鉴定评估程序
第一节　委托与受理

第二十条　涉案文物鉴定评估机构受理所在省（自治区、直辖市）行政区域内人民法院、人民检察院和公安机关等办案机关的涉案文物鉴定评估委托。

第二十一条　办案机关委托文物鉴定评估的，应当向涉案文物鉴定评估机构提供立案决定书、办案机关介绍信或者委托函、鉴定评估物品清单、照片、资料等必要的鉴定评估材料，并对鉴定评估材料的真实性、合法性负责。

经双方同意,办案机关可以将鉴定评估文物暂时委托涉案文物鉴定评估机构保管。

第二十二条 涉案文物鉴定评估机构收到鉴定评估材料和鉴定评估文物后,应当详细查验并进行登记,并严格开展鉴定评估文物和其他鉴定评估材料的交接、保管、使用和退还工作。

第二十三条 涉案文物鉴定评估机构对属于本机构涉案文物鉴定评估业务范围,鉴定评估用途合法,提供的鉴定评估材料能够满足鉴定评估需要的鉴定评估委托,应当受理。

鉴定评估材料不完整、不充分,不能满足鉴定评估需要的,涉案文物鉴定评估机构可以要求委托办案机关进行补充。

委托办案机关故意提供虚假鉴定评估材料的,涉案文物鉴定评估机构应当主动向委托办案机关的上级部门报告。

第二十四条 有下列情形之一的鉴定评估委托,涉案文物鉴定评估机构不予受理:

(一)委托主体不符合本办法对办案机关的规定的;

(二)委托鉴定评估物品不符合本办法对涉案文物的规定的;

(三)鉴定评估范围和内容不属于涉案文物鉴定评估机构业务范围或者不符合本办法规定的;

(四)鉴定评估材料不具备鉴定评估条件或者与鉴定评估要求不相符的。

第二十五条 涉案文物鉴定评估机构应当自收到鉴定评估材料之日起5个工作日内,作出是否受理鉴定评估委托的决定。

第二十六条 涉案文物鉴定评估机构决定受理鉴定评估委托的,应当与委托办案机关签订涉案文物鉴定评估委托书。鉴定评估委托书应当载明委托办案机关名称、涉案文物鉴定评估机构名称、委托鉴定评估内容、鉴定评估时限以及双方权利义务等事项。

第二十七条 涉案文物鉴定评估机构决定不予受理鉴定评估委托的,应当向委托主体说明理由,并退还鉴定评估材料。

第二十八条 对于本办法三十五条第二款和三十六条第一款规定的鉴定评估终止情形,或者因其他重大特殊原因,办案机关可以申请跨行政区域委托涉案文物鉴定评估。

跨行政区域委托涉案文物鉴定评估的,由办案机关所在地省级文物行政部门商拟委托涉案文物鉴定评估机构所在地省级文物行政部门,共同确定具有相应鉴定评估能力的涉案文物鉴定评估机构开展。协商不成的,可以由办案机关所在地省级文物行政部门报国家文物局指定。

第二节 鉴定评估

第二十九条 涉案文物鉴定评估机构接受鉴定评估委托后,应当组织本机构与委托鉴定评估文物类别一致的文物鉴定评估人员进行鉴定评估。每类别文物鉴定评估应当有2名以上文物鉴定评估人员参加鉴定评估。

对复杂、疑难和重大案件所涉的鉴定评估事项,可以聘请其他涉案文物鉴定评估机构相关文物类别的文物鉴定评估人员参加鉴定评估。

第三十条 文物鉴定评估人员有下列情形之一的,应当自行回避,涉案文物鉴定评估机构负责人也应当要求其回避:

(一)是案件的当事人或者是当事人的近亲属的;

(二)本人或者其近亲属与案件有利害关系;

(三)与案件当事人和案件有其他关系,可能影响其独立、客观、公正鉴定评估的。

第三十一条 可移动文物的鉴定评估,应当依托涉案文物实物开展,并依照相关标准和技术规范进行。

第三十二条 不可移动文物的鉴定评估,应当到涉案文物所在地现场开展调查研究,并依照相关标准和技术规范进行。

第三十三条 涉案文物鉴定评估过程中,需要进行有损科技检测的,涉案文物鉴定评估机构应当征得委托办案机关书面同意。文物鉴定评估人员应当对科技检测的手段、过程和结果进行记录,并签名存档备查。

第三十四条 涉案文物鉴定评估采取文物鉴定评估人员独立鉴定评估和合议相结合的方式进行。文物鉴定评估人员应当对鉴定评估的方法、过程和结论进行记录,并签名存档备查。

第三十五条 鉴定评估活动完成后,涉案文物鉴定评估机构应当对文物鉴定评估人员作出的鉴定评估意见进行审查,对鉴定评估意见一致的出具鉴定评估报告。

鉴定评估意见不一致的,涉案文物鉴定评估机构应当组织原鉴定人员以外的文物鉴定评估人员再次进行鉴定评估,再次鉴定评估意见一致的出具鉴定评估报告;再次鉴定评估意见仍不一致的,可以终止鉴定评估,涉案文物鉴定评估机构应当书面通知委托办案机关终止鉴定评估决定并说明理由。

第三十六条 有下列情形之一的,涉案文物鉴定评估机构可以终止鉴定评估:

（一）在鉴定评估过程中发现本机构难以解决的技术性问题的；

（二）确需补充鉴定评估材料而委托办案机关无法补充的；

（三）委托办案机关要求终止鉴定评估的；

（四）其他需要终止鉴定评估的情形。

除上述第三项情形外，涉案文物鉴定评估机构应当书面通知委托办案机关终止鉴定评估决定并说明理由。

第三十七条 有下列情形之一的，涉案文物鉴定评估机构应当接受办案机关委托进行重新鉴定评估：

（一）有明确证据证明鉴定评估报告内容有错误的；

（二）鉴定评估程序不符合本办法规定的；

（三）文物鉴定评估人员故意作出虚假鉴定评估或者应当回避而未予回避的；

（四）其他可能影响鉴定评估客观、公正的情形。

涉案文物鉴定评估机构应当组织原鉴定评估人员以外的文物鉴定评估人员进行重新鉴定评估。

鉴定评估报告中出现的明显属于错别字或者语言表述瑕疵的，可以由鉴定评估机构出具更正说明，更正说明属于原鉴定评估报告的组成部分。

第三十八条 有下列情形之一的，涉案文物鉴定评估机构应当根据办案机关要求进行补充鉴定评估：

（一）鉴定评估报告内容有遗漏的；

（二）鉴定评估报告意见不明确的；

（三）办案机关发现新的相关重要鉴定评估材料的；

（四）办案机关对涉案文物有新的鉴定评估要求的；

（五）鉴定评估报告不完整，委托事项无法确定的；

（六）其他需要补充鉴定评估的情形。

补充鉴定评估是原委托鉴定评估活动的组成部分，应当由涉案文物鉴定评估机构组织原文物鉴定评估人员进行。

第三十九条 办案机关对有明确证据证明涉案文物鉴定评估机构重新出具的鉴定评估报告有错误的，可以由最高人民法院、最高人民检察院、公安部、海关总署商国家文物局，由国家文物局指定涉案文物鉴定评估机构进行再次鉴定评估。

第四十条 涉案文物鉴定评估机构一般应当自鉴定评估委托书签订之日起15个工作日内完成鉴定评估。

因办案时限规定或者其他特殊事由，需要缩减或者延长鉴定评估时限的，由双方协商确定。延长鉴定评估时限的，一般不超过45个工作日。

第四十一条 涉案文物鉴定评估机构应当按照统一规定的文本格式制作鉴定评估报告。

鉴定评估报告一式五份，三份交委托办案机关，一份由涉案文物鉴定评估机构存档，一份在鉴定评估活动完成次月15日前报所在地省级文物行政部门备案。

第四十二条 鉴定评估事项结束后，涉案文物鉴定评估机构应当将鉴定评估报告以及在鉴定评估过程中产生的有关资料整理立卷、归档保管。

第四十三条 未经委托办案机关同意，涉案文物鉴定评估机构和文物鉴定评估人员不得向文物行政部门以外的其他组织或者个人提供与鉴定评估事项有关的信息。

第五章 监督管理

第四十四条 涉案文物鉴定评估机构应当于每年11月15日前，将本年度涉案文物鉴定评估业务情况和鉴定的涉案文物信息书面报告所在地省级文物行政部门。省级文物行政部门汇总后于当年12月1日前报送国家文物局。

第四十五条 最高人民法院、最高人民检察院、公安部、海关总署直接办理或者督办的刑事案件所涉的文物鉴定评估，涉案文物鉴定评估机构应当在接受鉴定评估委托后，及时通过省级文物行政部门向国家文物局报告。

第四十六条 涉案文物鉴定评估机构发生法定代表人、办公地点或者机构性质等重大事项变更，或者文物鉴定评估人员发生变动的，应当及时将相关情况通过省级文物行政部门报国家文物局备案。

第四十七条 省级文物行政部门应当对本行政区域内涉案文物鉴定评估机构进行不定期检查，发现问题或者有举报、投诉等情况的，应当及时进行调查处理。

第四十八条 涉案文物鉴定评估机构有下列情形之一的，由所在地省级文物行政部门给予警告，并责令其改正：

（一）超出本办法规定的涉案文物鉴定评估业务范围开展涉案文物鉴定评估活动的；

（二）组织未经国家文物局备案的文物鉴定评估人员开展涉案文物鉴定评估活动的；

（三）鉴定评估活动未按照本办法规定的程序要求和标准规范开展的；

（四）无正当理由拒绝接受涉案文物鉴定评估委托的；

（五）无正当理由超出鉴定评估时限的；

（六）法律、法规规定的其他情形。

第四十九条 涉案文物鉴定评估机构有下列情形之一的，由所在地省级文物行政部门进行调查，国家文物局根据情节严重程度暂停或者终止其从事涉案文物鉴定评估业务：

（一）因严重不负责任造成鉴定评估报告内容明显错误的；

（二）因严重不负责任造成委托鉴定评估文物实物损毁、遗失的；

（三）法律、法规规定的其他情形。

第五十条　文物鉴定评估人员有下列情形之一的，由所在涉案文物鉴定评估机构给予警告，并责令其改正：

（一）无正当理由拒绝接受涉案文物鉴定评估工作的；

（二）向委托办案机关私自收取鉴定评估费用的；

（三）法律、法规规定的其他情形。

第五十一条　文物鉴定评估人员有下列情形之一的，由所在涉案文物鉴定评估机构给予警告，并责令其改正；情节严重的，报省级文物行政部门同意后暂停或者终止其开展涉案文物鉴定评估活动：

（一）应当回避而未予回避，造成恶劣影响的；

（二）违反职业道德和职业纪律，造成恶劣影响的；

（三）因严重不负责任造成委托鉴定评估文物实物损毁、遗失的；

（四）法律、法规规定的其他情形。

第五十二条　涉案文物鉴定评估机构负责人在管理工作中滥用职权、玩忽职守造成严重后果的，依法追究相应的法律责任。

涉案文物鉴定评估机构负责人和文物鉴定评估人员故意出具虚假鉴定评估报告，或者故意隐匿、侵占、毁损委托鉴定评估文物，构成犯罪的，依法追究刑事责任。

第六章　附　则

第五十三条　对古猿化石、古人类化石及其与人类活动有关的第四纪古脊椎动物化石的鉴定评估活动，依照本办法执行。

第五十四条　涉案文物鉴定评估机构和文物鉴定评估人员开展行政案件、民事案件涉及文物的鉴定评估活动，可以参照本办法执行。

第五十五条　对尚未登记公布的古文化遗址、古墓葬，县级以上文物行政部门可以依据已生效判决采纳的鉴定评估意见，依法开展登记公布工作。

第五十六条　本办法自公布之日起实施。此前有关规定与本办法不一致的，以本办法为准。

附件：1. 涉案文物鉴定评估报告（格式文本）（略）

2. 涉案文物鉴定评估委托书（参考文本）（略）

文物保护工程监理资质管理办法（试行）

· 2014 年 4 月 8 日

· 文物保发〔2014〕13 号

一、总　则

第一条　为加强文物保护工程监理资质管理，根据《中华人民共和国文物保护法》、《中华人民共和国文物保护法实施条例》、《文物保护工程管理办法》的有关规定，制定本办法。

第二条　从事古文化遗址、古墓葬、古建筑、石窟寺和石刻、近现代重要史迹及代表性建筑、壁画等不可移动文物的保护工程监理资质管理，适用本办法。

第三条　文物保护工程监理单位应当按照本办法的规定申请资质及业务范围，取得相应等级的资质证书后，在许可的业务范围内从事文物保护工程监理活动。

第四条　文物保护工程监理资质等级分为甲、乙、丙级。

第五条　国家文物局负责审定文物保护工程监理甲级资质，颁发甲级资质证书。

省级文物主管部门负责审定本辖区注册企、事业单位的文物保护工程监理乙、丙级资质，颁发相应的资质证书。

省级文物主管部门负责文物保护工程监理资质的年检和日常管理工作。

第六条　文物保护工程监理资质的业务范围分为古文化遗址古墓葬、古建筑、石窟寺和石刻、近现代重要史迹及代表性建筑、壁画等五类。

二、专业人员

第七条　文物保护工程监理专业人员是指经过文物保护工程监理的相关培训，并通过考核，取得相应类别和从业范围证书的专业人员。

第八条　文物保护工程监理专业人员分为文物保护工程监理员和责任监理师。

文物保护工程监理专业人员不得同时受聘于两家或两家以上文物保护工程资质单位。

第九条　文物保护工程监理员包括各专业工种监理人员、资料员、检测员等。

第十条　文物保护工程监理员应当参与文物保护工程监理相关专业技术工作三年以上，或者具有文物保护工程监理相关专业的初级技术职务。

第十一条　文物保护工程监理实行责任监理师负责制。责任监理师对所负责监理的文物保护工程负有全面的监理责任,对文物安全和工程质量负监管责任。

第十二条 文物保护工程责任监理师应当具备以下条件:

(一)熟悉文物保护法律法规,具有较强的文物保护意识,遵循文物保护的基本原则、科学理念、行业准则和职业操守;

(二)从事文物保护工程监理管理八年以上;

(三)主持监理至少二项工程等级为一级,或至少四项工程等级为二级,且工程验收合格的文物保护工程项目;或者作为主要人员参与监理至少四项工程等级为一级,或至少八项工程等级为二级,且工程验收合格的文物保护工程项目;

(四)近五年内主持完成监理的文物保护工程中,没有发生文物损坏或者人员伤亡等重大责任事故。

第十三条 文物保护工程责任监理师的从业范围分为古文化遗址古墓葬、古建筑、石窟寺和石刻、近现代重要史迹及代表性建筑、壁画等五类。

第十四条 省级文物主管部门负责组织开展文物保护工程监理专业人员的培训和继续教育工作。

文物保护工程监理专业人员的培训内容应当包括文物保护的法律法规、保护原则、标准规范等相关专业知识,培训时间不得少于40课时。

第十五条 文物保护工程责任监理师由全国性文物保护行业协会组织考核。经考核合格的人员,由全国性文物保护行业协会颁发文物保护工程责任监理师证书,并将名单向社会公布,同时报国家文物局备案。

前款所指的全国性文物保护协会由国家文物局向社会公布。

省级文物主管部门或受其委托的专业机构负责组织文物保护工程监理员考核,考核合格的人员由国家文物局公布的全国性文物保护行业协会颁发文物保护工程监理员证书。

三、资质标准

第十六条 甲级资质标准:

(一)法定代表人与专业人员均熟悉文物保护法律法规,具有较强的文物保护意识,遵循文物保护的基本原则、科学理念、行业准则和职业操守;

(二)经主管机关核准登记的法人单位,独立承担完成不少于十项、工程等级为二级的文物保护工程监理,工程质量合格,通过验收;

(三)近三年内监理的文物保护工程中,没有发生文物损坏或人员伤亡等重大责任事故;

(四)文物保护工程责任监理师不少于5人;其中,每一项业务范围都应有2名以上具有相应从业范围的文物保护工程责任监理师;

(五)具有10名以上文物保护工程监理员,各专业工种监理人员、资料员、检测员等配置齐全。

第十七条 乙级资质标准:

(一)法定代表人与专业人员均熟悉文物保护法律法规,具有较强的文物保护意识,遵循文物保护的基本原则、科学理念、行业准则和职业操守;

(二)经主管机关核准登记的法人单位,独立承担完成不少于十项、工程等级为三级的文物保护工程的监理,工程质量合格,通过验收;

(三)近三年内监理的文物保护工程中,没有发生文物损坏或人员伤亡等重大责任事故;

(四)文物保护工程责任监理师不少于3人;其中,每一项业务范围都应有1名以上具有相应从业范围的文物保护工程责任监理师;

(五)具有8名以上文物保护工程监理员。

第十八条 丙级资质标准由省级文物主管部门参照本办法,并根据本地区的实际情况制定公布。

第十九条 文物保护工程监理单位应当根据自身资质等级和业务范围承担相应的监理项目(文物保护工程监理分级见附表):

甲级资质的监理单位可以承担其业务范围内所有级别文物保护工程的监理项目;

乙级资质的监理单位可以承担其业务范围内工程等级为二级及以下的监理项目;

丙级资质的监理单位可以承担其业务范围内工程等级为三级的监理项目。

四、资质申请与审批

第二十条 申请文物保护工程监理甲级资质或申请增加甲级资质业务范围的单位,应当报请所在地省级文物主管部门初审合格后报国家文物局审批。

申请乙级及以下文物保护工程监理资质或申请增加乙级及以下资质业务范围的单位,应当报请所在地市、县级文物主管部门初审合格后报省级文物主管部门审批。

第二十一条 申请文物保护工程监理资质或申请增加业务范围的,应当提交以下材料:

(一)文物保护工程监理资质申请表;

(二)企业单位法人营业执照副本;事业单位主管机关颁发的单位法人证书或文件;

（三）法定代表人任职文件、身份证复印件；

（四）文物保护工程责任监理师劳动合同(事业单位为聘任合同)、任职文件、文物保护工程责任监理师证书、社会保险证明、身份证复印件；

（五）文物保护工程监理员劳动合同、文物保护工程监理员证书、身份证复印件；

（六）完成的具有代表性的文物保护工程监理合同及验收文件。

第二十二条　国家文物局和省级文物主管部门每年第一季度组织审定文物保护工程监理资质，并颁发相应的资质证书。

五、监督管理

第二十三条　文物保护工程监理资质证书是从事文物保护工程监理的凭证，只限本单位使用，不得涂改、伪造、转让、出借。

第二十四条　文物保护工程监理资质证书由国家文物局监制，分为正本和副本，正本1本，副本6本，正、副本具有同等法律效力，有效期为12年。

第二十五条　在资质证书有效期内，文物保护工程监理单位名称、地址、法定代表人、经济性质等发生变更的，应当在工商部门办理变更手续后三十日内，到文物保护工程资质证书发证机关办理资质证书变更手续。原证书应交回发证机关注销。

第二十六条　办理名称、地址、法定代表人、经济性质等变更手续的，应当提交以下材料：

（一）资质证书变更申请；

（二）资质证书原件；

（三）变更后的企业法人营业执照或事业单位法人证书及文件；

（四）甲级监理资质单位办理变更的，应提交所在地省级文物主管部门初审文件。

第二十七条　文物保护工程监理资质单位改制、合并、分立的，应当按照本办法规定重新申报材料，申请取得文物保护工程监理资质。

第二十八条　文物保护工程监理单位与施工单位有隶属关系或其他有碍监理公正利害关系者，不得承担该项保护工程的监理业务。

第二十九条　省级文物主管部门每两年进行一次文物保护工程监理资质年检，一般在当年第四季度进行。

第三十条　文物保护工程监理资质单位参加年检，应当提交以下材料：

（一）《文物保护工程监理资质年检申报表》；

（二）文物保护工程资质证书副本原件和复印件；

（三）企业单位法人营业执照副本，事业单位主管机关颁发的单位法人证书或文件复印件；

（四）法人代表身份证复印件；文物保护工程责任监理师、监理员的身份证、劳动合同复印件；文物保护工程责任监理师的社会保险证明复印件；

（五）两年内具有代表性的文物保护工程监理合同首页、签字页、竣工验收证明复印件。

第三十一条　省级文物主管部门对符合相应资质等级标准的文物保护工程监理资质单位，应当认定年检合格，并在其资质证书副本上加盖年检合格章。

省级文物主管部门应当将甲级资质单位的年检结论，报国家文物局备案。

第三十二条　省级文物主管部门对有下列情形之一的文物保护工程监理资质单位，应当认定年检不合格：

（一）企业营业执照、事业单位主管机关颁发的单位法人证书或文件等证照不全，或不在有效期内的；证照信息与文物保护工程资质证书不符的；

（二）文物保护工程监理专业人员发生变动，未达到相应资质等级标准的；

（三）有超越资质等级、业务范围或以其他单位的名义承揽监理工程的行为，由省级文物主管部门责令整改并记录在案的；

（四）有不按照文物行政部门审批的工程设计图纸或者监理技术标准监理的行为，由省级文物主管部门责令整改并记录在案两次的；

（五）有违反文物保护工程基本原则、规范和标准进行监理活动；或未对相关材料等进行检验、检测的行为，由省级文物主管部门责令整改并记录在案两次的；

（六）其它违法违规行为。

第三十三条　省级文物主管部门认定文物保护工程监理甲级资质单位年检不合格的，应当责令其整改，整改期不得超过六个月。整改后仍不符合文物保护工程监理甲级资质标准的，应当报请国家文物局依法组织听证，吊销其文物保护工程监理甲级资质。

省级文物主管部门认定文物保护工程监理乙级、丙级资质单位年检不合格的，应当责令其整改，整改期不得超过六个月。整改后仍不符合文物保护工程监理相应资质标准的，应当降低其资质等级，或依法组织听证，吊销其文物保护工程监理资质。

第三十四条　文物保护工程监理资质证书遗失的，应当于三十日内在媒体上声明作废，并向文物保护工资质证书发证机关申请补发证书。

第三十五条　文物保护工程监理资质单位撤销、破产、倒闭的,应在三十日内将原资质证书交回原发证机关,办理注销手续。

第三十六条　在规定时间内没有参加资质年检或逾期不办理资质证书变更手续的,其资质证书自行失效。

第三十七条　对有以下行为的文物保护工程监理资质单位,由省级文物主管部门责令改正,记录在案:

(一)超越资质等级、业务范围或以其他单位的名义承揽业务的;

(二)不按照文物主管部门审批的工程设计图纸或者监理技术标准监理的;

(三)违反文物保护工程基本原则、规范和标准进行监理活动的;未对相关材料等进行检验、检测的。

第三十八条　对有以下行为的文物保护工程监理资质单位,由文物保护工程资质证书发证机关降低其资质等级,或经依法组织听证,吊销其文物保护工程监理资质:

(一)在监理的文物保护工程中,发生文物损坏或人员伤亡等重大责任事故的;

(二)涂改、伪造、转让、出借或采取其它不正当手段取得文物保护工程监理资质证书的。

第三十九条　对弄虚作假或者以不正当手段取得文物保护工程监理专业人员证书的,由发证机构注销其文物保护工程监理专业人员证书。

第四十条　对涂改、伪造、转让、出借文物保护工程监理专业人员资格证书的,由发证机构注销其文物保护工程监理专业人员证书。

第四十一条　文物保护工程监理专业人员在文物保护工程监理中,违反有关文物保护的法律法规、基本原则、科学理念、行业准则和职业操守,造成恶劣的社会影响;或发生文物损坏、人员伤亡等重大责任事故的,由发证机构注销其文物保护工程监理专业人员证书。

第四十二条　由发证机构注销文物保护工程监理专业人员证书的,五年内不得参加文物保护工程监理专业人员考核。

六、附　则

第四十三条　本办法自发布之日起施行。

附件:文物保护工程(监理)等级分级表

文物保护工程(监理)等级分级表

工程级别	工程主要内容
一级	全国重点文物保护单位和国家文物局指定的重点文物的修缮工程、迁移工程、重建工程。
二级	1. 全国重点文物保护单位的保养维护工程、抢险加固工程。 2. 省级文物保护单位的修缮工程、迁移工程、重建工程。 3. 市、县级文物保护单位和尚未核定公布为文物保护单位的不可移动文物的迁移工程、重建工程。
三级	1. 省级文物保护单位的保养维护工程、抢险加固工程。 2. 市、县级文物保护单位和尚未核定公布为文物保护单位的不可移动文物的保养维护工程、抢险加固工程、修缮工程。

注:壁画保护涵盖壁画、彩塑保护。

文物保护工程施工资质管理办法(试行)

· 2014 年 4 月 8 日

· 文物保发〔2014〕13 号

一、总　则

第一条　为加强文物保护工程施工资质管理,根据《中华人民共和国文物保护法》、《中华人民共和国文物保护法实施条例》、《文物保护工程管理办法》的有关规定,制定本办法。

第二条　从事古文化遗址、古墓葬、古建筑、石窟寺和石刻、近现代重要史迹及代表性建筑、壁画等不可移动文物的保护工程施工资质管理,适用本办法。

第三条　文物保护工程施工单位应当按照本办法的规定申请资质及业务范围,取得相应等级的资质证书后,在许可的业务范围内从事文物保护工程施工活动。

第四条　文物保护工程施工资质等级分为一、二、三级。

第五条　国家文物局负责审定文物保护工程施工一级资质,颁发一级资质证书。

省级文物主管部门负责审定本辖区注册企、事业单位的文物保护工程施工二、三级资质,颁发相应的资质证书。

省级文物主管部门负责文物保护工程施工资质的年检和日常管理工作。

第六条　文物保护工程施工资质的业务范围分为古文化遗址古墓葬、古建筑、石窟寺和石刻、近现代重要史迹及代表性建筑、壁画等五类。

二、专业人员

第七条　文物保护工程施工专业人员是指经过文物保护工程施工的相关培训,并通过考核,取得相应类别和从业范围证书的专业人员。

第八条　文物保护工程施工专业人员分为文物保护工程施工技术人员和责任工程师。

文物保护工程施工专业人员不得同时受聘于两家或两家以上文物保护工程资质单位。

第九条　文物保护工程施工技术人员包括各专业工种技术人员、资料员、安全员等。

第十条　文物保护工程施工技术人员应当参与文物保护工程施工相关专业技术工作三年以上,或者具有文物保护工程施工相关专业的初级技术职务。

第十一条　文物保护工程施工实行责任工程师负责制。责任工程师应当全面负责所承担的文物保护工程项目施工的现场组织管理和质量控制,并对文物安全和工程质量负直接责任。

责任工程师不得同时承担两个或两个以上文物保护工程项目施工的管理工作。

第十二条　文物保护工程责任工程师应当具备以下条件:

(一)熟悉文物保护法律法规,具有较强的文物保护意识,遵循文物保护的基本原则、科学理念、行业准则和职业操守;

(二)从事文物保护工程施工管理八年以上;

(三)主持完成至少二项工程等级为一级,或至少四项工程等级为二级,且工程验收合格的文物保护工程施工项目;或者作为主要技术人员参与管理至少四项工程等级为一级,或至少八项工程等级为二级,且工程验收合格的文物保护工程施工项目;

(四)近五年内主持完成的文物保护工程施工中,没有发生文物损坏或者人员伤亡等重大责任事故。

近五年内,主持完成的文物保护工程施工或相关科研项目因工程质量、管理创新、科技创新,获得国家级、省部级奖项的专业人员,申请担任文物保护工程责任工程师的,可适当放宽前款(二)、(三)项标准。

第十三条　文物保护工程责任工程师的从业范围分为古文化遗址古墓葬、古建筑、石窟寺和石刻、近现代重要史迹及代表性建筑、壁画等五类。

第十四条　省级文物主管部门负责组织开展文物保护工程施工专业人员的培训和继续教育工作。

文物保护工程施工专业人员的培训内容应当包括文物保护的法律法规、保护原则、标准规范等相关专业知识,培训时间不得少于40课时。

第十五条　文物保护工程责任工程师由全国性文物保护行业协会组织考核。经考核合格的人员,由全国性文物保护行业协会颁发文物保护工程责任工程师证书,并将名单向社会公布,同时报国家文物局备案。

前款所指的全国性文物保护行业协会由国家文物局向社会公布。

省级文物主管部门或受其委托的专业机构负责组织文物保护工程施工技术人员考核,考核合格的人员由国家文物局公布的全国性文物保护行业协会颁发文物保护工程施工技术人员证书。

第十六条　省级文物主管部门对本地区长期从事文物保护工程施工,熟练掌握传统工艺技术,经文物保护工程施工专业人员培训、年龄在50周岁以上的老工匠,可决定免予考核,由国家文物局公布的全国性文物保护行业协会颁发文物保护工程施工技术人员证书。

三、资质标准

第十七条　一级资质标准:

(一)法定代表人与专业人员均熟悉文物保护法律法规,具有较强的文物保护意识,遵循文物保护的基本原则、科学理念、行业准则和职业操守;

(二)经主管机关核准登记的法人单位,独立承担完成不少于十项、工程等级为二级的文物保护工程,工程质量合格,通过验收;

(三)近三年内完成的文物保护工程施工中,没有发生文物损坏或人员伤亡等重大责任事故;

(四)文物保护工程责任工程师不少于5人;其中,每一项业务范围都应有2名以上具有相应从业范围的文物保护工程责任工程师;

(五)具有15名以上文物保护工程施工技术人员,各专业工种技术人员、资料员、安全员等配置齐全;

（六）具有文物保护工程所需的专业技术装备。

第十八条　二级资质标准：

（一）法定代表人与专业人员均熟悉文物保护法律法规，具有较强的文物保护意识，遵循文物保护的基本原则、科学理念、行业准则和职业操守；

（二）经主管机关核准登记的法人单位，独立承担完成不少于十项、工程等级为三级的文物保护工程，工程质量合格，通过验收；

（三）近三年内完成的文物保护工程施工中，没有发生文物损坏或人员伤亡的重大责任事故；

（四）文物保护工程责任工程师不少于 3 人；其中，每一项业务范围都应有 1 名以上具有相应从业范围的文物保护工程责任工程师；

（五）具有 10 名以上文物保护工程施工技术人员

（六）具有文物保护工程所需的专业技术装备。

第十九条　三级资质标准由省级文物主管部门参照本办法，并根据本地区的实际情况制定公布。

第二十条　文物保护工程施工单位应当根据自身资质等级和业务范围承担相应的施工项目（文物保护工程施工分级见附表）：

一级资质的施工单位可以承担其业务范围内所有级别文物保护工程的施工项目；

二级资质的施工单位可以承担其业务范围内工程等级为二级及以下的施工项目；

三级资质的施工单位可以承担其业务范围内工程等级为三级的施工项目。

四、资质申请与审批

第二十一条　申请文物保护工程施工一级资质或申请增加一级资质业务范围的单位，应当报请所在地省级文物主管部门初审合格后报国家文物局审批。

申请二级及以下文物保护工程施工资质或申请增加二级及以下资质业务范围的单位，应当报请所在地市、县级文物主管部门初审合格后报省级文物主管部门审批。

第二十二条　长期在特定区域从事特定类型文物保护工程施工，熟练掌握传统特色工艺技术，业绩突出的文物保护工程施工单位，经所在地省级文物主管部门推荐，可以向国家文物局申请取得特定范围文物保护工程施工一级资质。申请上述特定范围一级资质的单位，可适当放宽第十七条（二）、（四）、（五）条标准。

省级文物主管部门可以参照前款规定，对申请特定范围文物保护工程施工二级资质的单位，适当放宽相关标准。

第二十三条　近五年内，因工程质量、管理创新、科技创新获得与文物保护工程施工相关的国家级、省部级奖项的文物保护工程施工单位，经所在地省级文物主管部门推荐，申请文物保护工程施工一级资质的，可适当放宽第十七条（二）、（四）、（五）条标准。

第二十四条　申请文物保护工程施工资质或申请增加业务范围的，应当提交以下材料：

（一）文物保护工程施工资质申请表；

（二）企业单位法人营业执照副本；事业单位主管机关颁发的单位法人证书或文件；

（三）法定代表人任职文件、身份证复印件；

（四）文物保护工程责任工程师劳动合同（事业单位为聘任合同）、任职文件、文物保护工程责任工程师证书、社会保险证明、身份证复印件；

（五）文物保护工程施工技术人员劳动合同、文物保护工程施工技术人员证书、身份证复印件；

（六）完成的具有代表性的文物保护工程施工合同及验收文件。

第二十五条　国家文物局和省级文物主管部门每年第一季度组织审定文物保护工程施工资质，并颁发相应的资质证书。

五、监督管理

第二十六条　文物保护工程施工资质证书是从事文物保护工程施工的凭证，只限本单位使用，不得涂改、伪造、转让、出借。

第二十七条　文物保护工程施工资质证书由国家文物局监制，分为正本和副本，正本 1 本，副本 6 本，正、副本具有同等法律效力，有效期为 12 年。

第二十八条　在资质证书有效期内，文物保护工程施工单位名称、地址、法定代表人、经济性质等发生变更的，应当在工商部门办理变更手续后三十日内，到文物保护工程资质证书发证机关办理资质证书变更手续。原证书应交回发证机关注销。

第二十九条　办理名称、地址、法定代表人、经济性质等变更手续的，应当提交以下材料：

（一）资质证书变更申请；

（二）资质证书原件；

（三）变更后的企业法人营业执照或事业单位法人证书及文件；

（四）一级施工资质单位办理变更的，应提交所在地省级文物主管部门初审文件。

第三十条　文物保护工程施工资质单位改制、合并、分立的，应当按照本办法规定重新申报材料，申请取得文物保护工程施工资质。

第三十一条　省级文物主管部门每两年进行一次文物保护工程施工资质年检，一般在当年第四季度进行。

第三十二条　文物保护工程施工资质单位参加年检，应当提交以下材料：

（一）《文物保护工程施工资质年检申报表》；

（二）文物保护工程资质证书副本原件和复印件；

（三）企业单位法人营业执照副本，事业单位主管机关颁发的单位法人证书或文件复印件；

（四）法人代表身份证复印件；文物保护工程责任工程师、技术人员的身份证、劳动合同复印件；文物保护工程责任工程师的社会保险证明复印件；

（五）两年内具有代表性的文物保护工程施工合同首页、签字页、竣工验收证明的复印件。

第三十三条　省级文物主管部门对符合相应资质等级标准的文物保护工程施工资质单位，应当认定年检合格，并在其资质证书副本上加盖年检合格章。

省级文物主管部门应当将一级资质单位的年检结论，报国家文物局备案。

第三十四条　省级文物主管部门对有下列情形之一的文物保护工程施工资质单位，应当认定年检不合格：

（一）企业营业执照、事业单位主管机关颁发的单位法人证书或文件等证照不全，或不在有效期内的；证照信息与文物保护工程资质证书不符的；

（二）文物保护工程施工专业人员发生变动，未达到相应资质等级标准的；

（三）有超越资质等级、业务范围或以其他单位的名义承揽工程的行为，由省级文物主管部门责令整改并记录在案的；

（四）有未经相应文物主管部门许可，擅自施工；或不按照经文物主管部门批复的工程设计图纸、施工技术标准施工的行为，由省级文物主管部门责令整改并记录在案两次的；

（五）有违反文物保护工程基本原则、规范和标准施工；或使用不合格材料；或未对相关材料等进行检验、检测的行为，由省级文物主管部门责令整改并记录在案两次的；

（六）其它违法违规行为。

第三十五条　省级文物主管部门认定文物保护工程施工一级资质单位年检不合格的，应当责令其整改，整改期不得超过六个月。整改后仍不符合文物保护工程施工一级资质标准的，应当报请国家文物局依法组织听证，吊销其文物保护工程施工一级资质。

省级文物主管部门认定文物保护工程施工二、三级资质单位年检不合格的，应当责令其整改，整改期不得超过六个月。整改后仍不符合文物保护工程施工相应资质标准的，应当降低其资质等级，或依法组织听证，吊销其文物保护工程施工资质。

第三十六条　文物保护工程施工资质证书遗失的，应当于三十日内在媒体上声明作废，并向文物保护工程资质证书发证机关申请补发证书。

第三十七条　文物保护工程施工资质单位撤销、破产倒闭的，应在三十日内将原资质证书交回原发证机关，办理注销手续。

第三十八条　在规定时间内没有参加资质年检或逾期不办理资质证书变更手续的，其资质证书自行失效。

第三十九条　对有以下行为的文物保护工程施工资质单位，由省级文物主管部门责令改正，并记录在案：

（一）超越资质等级、业务范围或以其他单位的名义承揽工程的；

（二）未经相应文物主管部门许可，擅自施工的；不按照经文物主管部门批复的工程设计图纸、施工技术标准施工的；

（三）违反文物保护工程基本原则、规范和标准进行施工的；使用不合格材料或未对相关材料等进行检验、检测的；

（四）承担的文物保护工程施工项目管理混乱的；或工程质量差，造成文物安全隐患的。

第四十条　对有以下行为的文物保护工程施工资质单位，由文物保护工程资质证书发证机关降低其资质等级，或经依法组织听证，吊销其文物保护工程施工资质：

（一）在文物保护工程施工中，发生文物损坏或人员伤亡等重大责任事故的；

（二）涂改、伪造、转让、出借或采取其它不正当手段取得文物保护工程施工资质证书的。

第四十一条　对弄虚作假或者以不正当手段取得文物保护工程施工专业人员证书的，由发证机构注销其文物保护工程施工专业人员证书。

第四十二条　对涂改、伪造、转让、出借文物保护工程施工专业人员证书的，由发证机构注销其文物保护工程施工专业人员证书。

第四十三条　文物保护工程施工专业人员在文物保

护工程施工中，违反有关文物保护的法律法规、基本原则、科学理念、行业准则和职业操守，造成恶劣的社会影响，或发生文物损坏、人员伤亡等重大责任事故的，由发证机构注销其文物保护工程施工专业人员证书并向社会公告。

第四十四条 由发证机构注销文物保护工程施工专业人员证书的，五年内不得参加文物保护工程施工专业人员考核。

六、附　则

第四十五条 本办法自发布之日起施行。

附件：文物保护工程(施工)等级分级表

文物保护工程(施工)等级分级表

工程级别	工程主要内容
一级	全国重点文物保护单位和国家文物局指定的重要文物的修缮工程、迁移工程、重建工程。
二级	1. 全国重点文物保护单位的保养维护工程、抢险加固工程。 2. 省级文物保护单位的修缮工程、迁移工程、重建工程。 3. 市、县级文物保护单位和尚未核定公布为文物保护单位的不可移动文物的迁移工程、重建工程。
三级	1. 省级文物保护单位的保养维护工程、抢险加固工程。 2. 市、县级文物保护单位和尚未核定公布为文物保护单位的不可移动文物的保养维护工程、抢险加固工程、修缮工程。

注：壁画保护涵盖壁画、彩塑保护。

文物保护工程勘察设计资质管理办法(试行)

· 2014 年 4 月 8 日
· 文物保发〔2014〕13 号

一、总　则

第一条 为加强文物保护工程勘察设计资质管理，根据《中华人民共和国文物保护法》、《中华人民共和国文物保护法实施条例》、《文物保护工程管理办法》的有关规定，制定本办法。

第二条 从事古文化遗址、古墓葬、古建筑、石窟寺和石刻、近现代重要史迹及代表性建筑、壁画等不可移动文物的保护工程勘察设计资质管理，适用本办法。

第三条 文物保护工程勘察设计是指为文物保护工程而进行的调查、研究、勘察测绘、制定保护方案、工程设计及工程必要性可行性分析、技术经济分析，编制保护规划，并提供勘察成果资料、设计文件及规划文件的活动。

第四条 文物保护工程勘察设计单位应当按照本办法的规定申请资质及业务范围，取得相应等级的资质证书后，在许可的业务范围内从事文物保护工程勘察设计活动。

第五条 文物保护工程勘察设计资质等级分为甲、乙、丙级。

第六条 国家文物局负责审定文物保护工程勘察设计甲级资质，颁发甲级资质证书。

省级文物主管部门负责审定本辖区注册企、事业单位的文物保护工程勘察设计乙、丙级资质，颁发相应的资质证书。

省级文物主管部门负责文物保护工程勘察设计资质的年检和日常管理工作。

第七条 文物保护工程勘察设计资质的业务范围分为古文化遗址古墓葬、古建筑、石窟寺和石刻、近现代重要史迹及代表性建筑、壁画、保护规划等六类。

二、专业人员

第八条 文物保护工程责任设计师是指经过文物保护工程勘察设计的相关培训，并通过考核，取得相应从业范围证书的文物保护工程勘察设计专业人员。

第九条 文物保护工程责任设计师不得同时受聘于两家或两家以上文物保护工程资质单位。

第十条 文物保护工程勘察设计实行责任设计师负责制。责任设计师在主持文物保护工程勘察设计中，应当全面负责所承担项目的组织管理和质量控制，在勘察设计文件上签字并对文件质量负直接责任。

第十一条 文物保护工程责任设计师应当具备以下条件：

(一)熟悉文物保护法律法规，具有较强的文物保护意识，遵循文物保护的基本原则、科学理念、行业准则和职业操守。

(二)从事文物保护工程勘察设计相关技术工作 8 年以上。

(三)主持完成至少 2 项工程等级为一级，或至少 4 项工程等级为二级，且通过相应文物主管部门审批的文物保护工程勘察设计项目;或者作为主要技术人员参与完成至少4项工程等级为一级,或至少8项工程等级为二级,且通过相应文物主管部门审批的文物保护工程勘察设计项目。

(四)近5年内主持完成的文物保护工程勘察设计,没有发生因勘察设计质量问题对文物造成损坏或人员伤亡等重大责任事故。

近5年内,主持完成的文物保护工程勘察设计或相关科研项目因工程质量、管理创新、科技创新,获得国家级、省部级奖项的专业人员,申请担任文物保护工程责任设计师的,可适当放宽前款(二)、(三)项标准。

第十二条 文物保护工程责任设计师的从业范围分为古文化遗址古墓葬、古建筑、石窟寺和石刻、近现代重要史迹及代表性建筑、壁画、保护规划等六类。

第十三条 省级文物主管部门负责组织开展文物保护工程责任设计师的培训和继续教育工作。

文物保护工程责任设计师的培训内容应当包括文物保护的法律法规、保护原则、标准规范等相关专业知识,培训时间不得少于40课时。

第十四条 文物保护工程责任设计师由全国性文物保护行业协会组织考核。经考核合格的人员,由全国性文物保护行业协会颁发文物保护工程责任设计师证书,并将名单向社会公布,同时报国家文物局备案。

前款所指的全国性文物保护行业协会由国家文物局向社会公布。

三、资质标准

第十五条 甲级资质标准:

(一)法定代表人与文物保护工程责任设计师均熟悉文物保护法律法规,具有较强的文物保护意识,遵循文物保护的基本原则、科学理念、行业准则和职业操守。

(二)经主管机关核准登记的法人单位,独立承担完成不少于10项、工程等级为二级的文物保护工程勘察设计,并已通过相应文物主管部门审批。

(三)近3年内完成的文物保护工程勘察设计中,没有发生因勘察设计质量问题造成文物损坏或人员伤亡等重大责任事故。

(四)文物保护工程责任设计师不少于5人(其中应聘并固定在该单位的离退休人员不超过20%);其中,每一项业务范围都应有2名以上具有相应从业范围的文物保护工程责任设计师;有协助责任设计师从事文物保护工程勘察设计工作的必要的专职技术人员。

第十六条 乙级资质标准:

(一)法定代表人与文物保护工程责任设计师均熟悉文物保护法律法规,具有较强的文物保护意识,遵循文物保护的基本原则、科学理念、行业准则和职业操守。

(二)经主管机关核准登记的法人单位,独立承担完成不少于10项、工程等级为三级的文物保护工程勘察设计,并已通过相应文物主管部门审批。

(三)近3年内完成的文物保护工程勘察设计中,没有发生因勘察设计质量问题造成文物损坏或人员伤亡的重大责任事故。

(四)文物保护工程责任设计师不少于3人(其中应聘并固定在该单位的离退休人员不超过20%);其中,每一项业务范围都应有1名以上具有相应从业范围的文物保护工程责任设计师;有协助责任设计师从事文物保护工程勘察设计工作的必要的专职技术人员。

第十七条 丙级资质标准由省级文物主管部门参照本办法,并根据本地区的实际情况制定公布。

第十八条 文物保护工程勘察设计单位应当根据自身资质等级和业务范围承担相应的勘察设计项目(文物保护工程勘察设计分级见附表):

甲级资质的勘察设计单位可以承担其业务范围内所有级别文物保护工程的勘察设计项目;

乙级资质的勘察设计单位可以承担其业务范围内工程等级为二级及以下的勘察设计项目;

丙级资质的勘察设计单位可以承担其业务范围内工程等级为三级的勘察设计项目。

四、资质申请与审批

第十九条 申请文物保护工程勘察设计甲级资质或申请增加甲级资质业务范围的单位,应当报请所在地省级文物主管部门初审合格后报国家文物局审批。

申请乙级及以下文物保护工程勘察设计资质或申请增加乙级及以下资质业务范围的单位,应当报请所在地市、县级文物主管部门初审合格后报省级文物主管部门审批。

第二十条 近5年内,因工程质量、管理创新、科技创新获得与文物保护工程勘察设计相关的国家级、省部级奖项的文物保护工程勘察设计单位,经所在地省级文物主管部门推荐,申请文物保护工程勘察设计甲级资质的,可适当放宽第十五条(二)、(四)项标准。

第二十一条 申请文物保护工程勘察设计资质或申请增加业务范围的,应当提交以下材料:

(一)文物保护工程勘察设计资质申请表。

（二）企业单位法人营业执照副本；事业单位主管机关颁发的单位法人证书或文件。

（三）法定代表人任职文件、身份证复印件。

（四）文物保护工程责任设计师的劳动合同（事业单位为聘任合同）、任职文件、文物保护工程责任设计师证书、社会保险证明、身份证复印件。

（五）完成的具有代表性的文物保护工程勘察设计合同及审批文件。

第二十二条　国家文物局和省级文物主管部门每年第一季度组织审定文物保护工程勘察设计资质，并颁发相应的资质证书和勘察设计图纸报审章。

五、监督管理

第二十三条　文物保护工程勘察设计资质证书是从事文物保护工程勘察设计的凭证，只限本单位使用，不得涂改、伪造、转让、出借。

文物保护工程勘察设计单位出具的设计文件均应加盖勘察设计图纸报审章。

第二十四条　文物保护工程勘察设计资质证书由国家文物局监制，分为正本和副本，正本1本，副本6本，正、副本具有同等法律效力，有效期为12年。

第二十五条　在资质证书有效期内，文物保护工程勘察设计单位名称、地址、法定代表人、经济性质等发生变更的，应当在工商部门办理变更手续后30日内，到文物保护工程资质证书发证机关办理资质证书变更手续。原证书应交回发证机关注销。

第二十六条　办理名称、地址、法定代表人、经济性质等变更手续的，应当提交以下材料：

（一）资质证书变更申请；

（二）资质证书原件；

（三）变更后的企业法人营业执照或事业单位法人证书及文件；

（四）甲级勘察设计资质单位办理变更的，应提交所在地省级文物主管部门初审文件。

第二十七条　文物保护工程勘察设计资质单位改制、合并、分立的，应当按照本办法规定重新申报材料，申请取得文物保护工程勘察设计资质。

第二十八条　省级文物主管部门每两年进行一次文物保护工程勘察设计资质年检，一般在当年第四季度进行。

第二十九条　文物保护工程勘察设计资质单位参加年检，应当提交以下材料：

（一）《文物保护工程勘察设计资质年检申报表》。

（二）文物保护工程资质证书副本原件和复印件。

（三）企业单位法人营业执照副本，事业单位主管机关颁发的单位法人证书或文件复印件。

（四）法人代表、文物保护工程责任设计师身份证复印件；文物保护工程责任设计师社会保险证明及劳动合同（事业单位为聘任合同）复印件。

（五）两年内具有代表性的文物保护工程勘察设计合同首页、签字页、批复文件的复印件。

第三十条　省级文物主管部门对符合相应资质等级标准的文物保护工程勘察设计资质单位，应当认定年检合格，并在其资质证书副本上加盖年检合格章。

省级文物主管部门应当将甲级资质单位的年检结论，报国家文物局备案。

年检合格的文物保护工程勘察设计资质单位由文物保护工程资质证书发证机关颁发勘察设计图纸报审章。

第三十一条　省级文物主管部门对有下列情形之一的文物保护工程勘察设计资质单位，应当认定年检不合格：

（一）企业营业执照、事业单位主管机关颁发的单位法人证书或文件等证照不全，或不在有效期内的；证照信息与文物保护工程资质证书不符的。

（二）文物保护工程责任设计师发生变动，未达到相应资质等级标准的。

（三）有超越资质等级、业务范围或以其他单位的名义承揽业务的行为，由省级文物主管部门责令整改并记录在案的。

（四）有不按照经文物主管部门批复的立项报告勘察设计的行为，由省级文物主管部门责令整改并记录在案两次的。

（五）有违反文物保护工程基本原则、规范和标准进行勘察设计的行为，由省级文物主管部门责令整改并记录在案两次的。

（六）其他违法违规行为。

第三十二条　省级文物主管部门认定文物保护工程勘察设计甲级资质单位年检不合格的，应当责令其整改，整改期不得超过6个月。整改后仍不符合文物保护工程勘察设计甲级资质标准的，应当报请国家文物局依法组织听证，吊销其文物保护工程勘察设计甲级资质。

省级文物主管部门认定文物保护工程勘察设计乙、丙级资质单位年检不合格的，应当责令其整改。整改期不得超过6个月。整改后仍不符合文物保护工程勘察设计相应资质标准的，应当降低其资质等级，或依法组织听证，吊销其文物保护工程勘察设计资质。

第三十三条　文物保护工程勘察设计资质证书遗失

的,应当于 30 日内在媒体上声明作废,并向文物保护工程资质证书发证机关申请补发证书。

第三十四条　文物保护工程勘察设计资质单位撤销、破产倒闭的,应在 30 日内将原资质证书交回原发证机关,办理注销手续。

第三十五条　在规定时间内没有参加资质年检或逾期不办理资质证书变更手续的,其资质证书自行失效。

第三十六条　对有以下行为的文物保护工程勘察设计资质单位,由省级文物主管部门责令改正,并记录在案:

(一)超越资质等级、业务范围或以其他单位的名义承揽业务的;

(二)不按照经文物主管部门批复的立项报告勘察设计的;

(三)违反文物保护工程基本原则、规范和标准进行勘察设计的。

第三十七条　对有以下行为的文物保护工程勘察设计资质单位,由文物保护工程资质证书发证机关降低其资质等级,或经依法组织听证,吊销其文物保护工程勘察设计资质:

(一)在文物保护工程勘察设计中,发生因勘察设计质量问题造成文物损坏或人员伤亡等重大责任事故的;

(二)涂改、伪造、转让、出借或采取其他不正当手段取得文物保护工程勘察设计资质证书的。

第三十八条　对弄虚作假或者以不正当手段取得文物保护工程责任设计师证书的,由发证机构注销其文物保护工程责任设计师证书。

第三十九条　对涂改、伪造、转让、出借文物保护工程责任设计师证书的,由发证机构注销其文物保护工程责任设计师证书。

第四十条　文物保护工程责任设计师在文物保护工程勘察设计中,违反有关文物保护的法律法规、基本原则、科学理念、行业准则和职业操守,造成恶劣社会影响,或因勘察设计质量问题造成文物损坏、人员伤亡等重大责任事故的,由发证机构注销其文物保护工程责任设计师证书并向社会公告。

第四十一条　由发证机构注销文物保护工程责任设计师证书的,5 年内不得参加文物保护工程责任设计师考核。

六、附　　则

第四十二条　本办法自发布之日起施行。

附件:文物保护工程(勘察设计)等级分级表

文物保护工程(勘察设计)等级分级表

工程级别	工程主要内容
一级	全国重点文物保护单位和国家文物局指定的重要文物的修缮工程、迁移工程、重建工程的方案及施工图设计,保护规划编制。
二级	1. 全国重点文物保护单位的保养维护工程、抢险加固工程的方案及施工图设计。 2. 省级文物保护单位的修缮工程、迁移工程、重建工程的方案及施工图设计、保护规划编制。 3. 市、县级文物保护单位和尚未核定公布为文物保护单位的不可移动文物的迁移工程、重建工程。
三级	1. 省级文物保护单位的保养维护工程、抢险加固工程的方案及施工图设计。 2. 市、县级文物保护单位和尚未核定公布为文物保护单位的不可移动文物的保养维护工程、抢险加固工程、修缮工程的方案及施工图设计、保护规划编制。

注:壁画保护涵盖壁画、彩塑保护。

国家文物局文物安全案件督察督办管理规定(试行)

·2011 年 9 月 22 日
·文物督发〔2011〕18 号

第一条　为加强文物安全监管工作,依法督察、督办各类文物安全案件,依据《中华人民共和国文物保护法》等法律、法规和规章,制定本规定。

第二条　国家文物局督察、督办文物安全案件适用本规定。

第三条　文物安全案件包括文物、博物馆单位发生的下列案件:

(一)盗窃、盗掘、抢劫、走私等文物犯罪案件;

(二)火灾事故;

(三)文物安全责任事故;

(四)其他文物安全案件。

第四条　督察、督办文物安全案件要按照有关法律、法规、规章和文件的规定,坚持"原因不查清不放过、责任者得不到处理不放过、整改措施不落实不放过、教训不吸取不放过"。

第五条　国家文物局开展文物安全案件信息收集与舆情监控工作。对从以下途径获知并需由国家文物局督察、督办的文物安全案件,及时填写《文物安全案件登记表》：

（一）在文物安全检查或者专项督察中发现的；

（二）相关部门转办的；

（三）各级文物行政部门上报的；

（四）通过舆情收集的；

（五）公民、法人或者其他组织举报的；

（六）其他途径获知的。

第六条　对已登记的文物安全案件,及时向案发地省级文物行政部门发《国家文物局文物安全案件督察通知》,由案发地省级文物行政部门调查核实,依法处理,限时上报。

对未按《国家文物局文物安全案件督察通知》要求时限上报案件情况及处理结果的,向案发地省级文物行政部门发《国家文物局文物安全案件督办单》,要求查清和说明未报原因,并再次提出限时办理要求。

第七条　对下列文物安全案件,国家文物局可以派督察组,会同案发地省级文物行政部门进行现场督察、督办：

（一）世界文化遗产地、全国重点文物保护单位发生的重大文物安全案件；

（二）省级文物保护单位发生的特大文物安全案件；

（三）国有博物馆发生的重大文物安全案件；

（四）其他重大文物安全案件。

第八条　国家文物局督察组会同省级文物行政部门现场督察、督办文物安全案件,按以下程序进行：

（一）查看案件现场、听取汇报、查阅资料,了解案发过程、案发原因、文物损失及案件处理等情况；

（二）对涉案的文物、博物馆单位实施安全检查,查找文物安全隐患；

（三）需要当场处置的,现场对文物安全案件提出处理意见和要求,对案发的文物、博物馆单位存在的安全隐患提出整改意见；

（四）现场督察结束后,向案发地省级文物行政部门提出书面督察、督办意见。

第九条　根据文物安全案件性质,需要由相关部门督察、督办或者联合督察、督办的,及时将案件情况通报相关部门,提出督察、督办建议,并配合或者联合相关部门做好督察、督办工作。

第十条　建立文物安全案件档案。文物安全案件档案内容包括：案发单位简介、案件基本情况、调查处理和督办情况、处理结果、媒体报道等文字和图片资料。

第十一条　对连续多次发生文物安全案件、文物安全监管工作需要加强的地区,组织实施文物安全专项督察。

第十二条　文物安全专项督察按以下程序进行：

（一）制订督察方案,明确督察时间、地域、范围、主要内容、工作日程和督察组组成人员等事项,事先通知被督察地区省级文物行政部门；

（二）采取现场检查、观摩演练、听取报告、进行座谈、查阅档案资料等形式,检查文物安全工作存在的问题；

（三）当场向被督察地区文物行政部门和被督察单位反馈督察意见；

（四）全面汇总专项督察情况,起草并提交书面督察报告；

（五）向被督察地区省级文物行政部门书面通报专项督察意见,指出文物安全工作存在的主要问题,提出意见、建议和整改要求；

（六）要求省级文物行政部门限时上报整改落实情况,并适时对被督察地区进行实地核查。

第十三条　在督办文物安全案件、实施文物安全专项督察或者其他工作中,发现文物、博物馆单位存在严重安全隐患的,可直接向被检查单位发《文物安全隐患整改通知书》。

第十四条　对按本规定提出的督察、督办意见和文物安全隐患整改要求的落实情况进行跟踪督办。

有下列行为之一的,向案发地省级人民政府通报情况,提出督察建议：

（一）对发生的文物安全案件,不及时处置或者因处置不力造成文物损失扩大的；

（二）瞒报、迟报文物安全案件,造成不良社会影响的；

（三）不按国家文物局督察、督办意见落实安全隐患整改措施的。

第十五条　按照文物安全监管与行政执法情况公示公告制度的要求,及时对各省、自治区、直辖市文物安全工作情况及文物安全案件进行专项通报、季度通报和年度通报。

第十六条　《国家文物局文物安全案件督察通知》、《国家文物局文物安全案件督办单》、《文物安全隐患整改通知书》加盖国家文物局行政执法督察专用章,并存档备查。

第十七条　各省、自治区、直辖市文物行政部门督察、督办文物安全案件，可参照本规定执行。

第十八条　本规定自印发之日起试行。

附件：1.《文物安全案件登记表》(略)

2.《国家文物局文物安全案件督察通知》(略)

3.《国家文物局文物安全案件督办单》(略)

4.《文物安全隐患整改通知书》(略)

最高人民法院、最高人民检察院关于办理妨害文物管理等刑事案件适用法律若干问题的解释

· 2015年10月12日最高人民法院审判委员会第1663次会议、2015年11月18日最高人民检察院第十二届检察委员会第43次会议通过

· 2015年12月30日最高人民法院、最高人民检察院公告公布

· 自2016年1月1日起施行

· 法释〔2015〕23号

为依法惩治文物犯罪，保护文物，根据《中华人民共和国刑法》《中华人民共和国刑事诉讼法》《中华人民共和国文物保护法》的有关规定，现就办理此类刑事案件适用法律的若干问题解释如下：

第一条　刑法第一百五十一条规定的"国家禁止出口的文物"，依照《中华人民共和国文物保护法》规定的"国家禁止出境的文物"的范围认定。

走私国家禁止出口的二级文物的，应当依照刑法第一百五十一条第二款的规定，以走私文物罪处五年以上十年以下有期徒刑，并处罚金；走私国家禁止出口的一级文物的，应当认定为刑法第一百五十一条第二款规定的"情节特别严重"；走私国家禁止出口的三级文物的，应当认定为刑法第一百五十一条第二款规定的"情节较轻"。

走私国家禁止出口的文物，无法确定文物等级，或者按照文物等级定罪量刑明显过轻或者过重的，可以按照走私的文物价值定罪量刑。走私的文物价值在二十万元以上不满一百万元的，应当依照刑法第一百五十一条第二款的规定，以走私文物罪处五年以上十年以下有期徒刑，并处罚金；文物价值在一百万元以上的，应当认定为刑法第一百五十一条第二款规定的"情节特别严重"；文物价值在五万元以上不满二十万元的，应当认定为刑法第一百五十一条第二款规定的"情节较轻"。

第二条　盗窃一般文物、三级文物、二级以上文物的，应当分别认定为刑法第二百六十四条规定的"数额较大""数额巨大""数额特别巨大"。

盗窃文物，无法确定文物等级，或者按照文物等级定罪量刑明显过轻或者过重的，按照盗窃的文物价值定罪量刑。

第三条　全国重点文物保护单位、省级文物保护单位的本体，应当认定为刑法第三百二十四条第一款规定的"被确定为全国重点文物保护单位、省级文物保护单位的文物"。

故意损毁国家保护的珍贵文物或者被确定为全国重点文物保护单位、省级文物保护单位的文物，具有下列情形之一的，应当认定为刑法第三百二十四条第一款规定的"情节严重"：

(一)造成五件以上三级文物损毁的；

(二)造成二级以上文物损毁的；

(三)致使全国重点文物保护单位、省级文物保护单位的本体严重损毁或者灭失的；

(四)多次损毁或者损毁多处全国重点文物保护单位、省级文物保护单位的本体的；

(五)其他情节严重的情形。

实施前款规定的行为，拒不执行国家行政主管部门作出的停止侵害文物的行政决定或者命令的，酌情从重处罚。

第四条　风景名胜区的核心景区以及未被确定为全国重点文物保护单位、省级文物保护单位的古文化遗址、古墓葬、古建筑、石窟寺、石刻、壁画、近代现代重要史迹和代表性建筑等不可移动文物的本体，应当认定为刑法第三百二十四条第二款规定的"国家保护的名胜古迹"。

故意损毁国家保护的名胜古迹，具有下列情形之一的，应当认定为刑法第三百二十四条第二款规定的"情节严重"：

(一)致使名胜古迹严重损毁或者灭失的；

(二)多次损毁或者损毁多处名胜古迹的；

(三)其他情节严重的情形。

实施前款规定的行为，拒不执行国家行政主管部门作出的停止侵害文物的行政决定或者命令的，酌情从重处罚。

故意损毁风景名胜区内被确定为全国重点文物保护单位、省级文物保护单位的文物的，依照刑法第三百二十四条第一款和本解释第三条的规定定罪量刑。

第五条　过失损毁国家保护的珍贵文物或者被确定为全国重点文物保护单位、省级文物保护单位的文物，具有本解释第三条第二款第一项至第三项规定情形之一

的，应当认定为刑法第三百二十四条第三款规定的"造成严重后果"。

第六条　出售或者为出售而收购、运输、储存《中华人民共和国文物保护法》规定的"国家禁止买卖的文物"的，应当认定为刑法第三百二十六条规定的"倒卖国家禁止经营的文物"。

倒卖国家禁止经营的文物，具有下列情形之一的，应当认定为刑法第三百二十六条规定的"情节严重"：

（一）倒卖三级文物的；

（二）交易数额在五万元以上的；

（三）其他情节严重的情形。

实施前款规定的行为，具有下列情形之一的，应当认定为刑法第三百二十六条规定的"情节特别严重"：

（一）倒卖二级以上文物的；

（二）倒卖三级文物五件以上的；

（三）交易数额在二十五万元以上的；

（四）其他情节特别严重的情形。

第七条　国有博物馆、图书馆以及其他国有单位，违反文物保护法规，将收藏或者管理的国家保护的文物藏品出售或者私自送给非国有单位或者个人的，依照刑法第三百二十七条的规定，以非法出售、私赠文物藏品罪追究刑事责任。

第八条　刑法第三百二十八条第一款规定的"古文化遗址、古墓葬"包括水下古文化遗址、古墓葬。"古文化遗址、古墓葬"不以公布为不可移动文物的古文化遗址、古墓葬为限。

实施盗掘行为，已损害古文化遗址、古墓葬的历史、艺术、科学价值的，应当认定为盗掘古文化遗址、古墓葬罪既遂。

采用破坏性手段盗窃古文化遗址、古墓葬以外的古建筑、石窟寺、石刻、壁画、近代现代重要史迹和代表性建筑等其他不可移动文物的，依照刑法第二百六十四条的规定，以盗窃罪追究刑事责任。

第九条　明知是盗窃文物、盗掘古文化遗址、古墓葬等犯罪所获取的三级以上文物，而予以窝藏、转移、收购、加工、代为销售或者以其他方法掩饰、隐瞒的，依照刑法第三百一十二条的规定，以掩饰、隐瞒犯罪所得罪追究刑事责任。

实施前款规定的行为，事先通谋的，以共同犯罪论处。

第十条　国家机关工作人员严重不负责任，造成珍贵文物损毁或者流失，具有下列情形之一的，应当认为

刑法第四百一十九条规定的"后果严重"：

（一）导致二级以上文物或者五件以上三级文物损毁或者流失的；

（二）导致全国重点文物保护单位、省级文物保护单位的本体严重损毁或者灭失的；

（三）其他后果严重的情形。

第十一条　单位实施走私文物、倒卖文物等行为，构成犯罪的，依照本解释规定的相应自然人犯罪的定罪量刑标准，对直接负责的主管人员和其他直接责任人员定罪处罚，并对单位判处罚金。

公司、企业、事业单位、机关、团体等单位实施盗窃文物、故意损毁文物、名胜古迹、过失损毁文物，盗掘古文化遗址、古墓葬等行为的，依照本解释规定的相应定罪量刑标准，追究组织者、策划者、实施者的刑事责任。

第十二条　针对不可移动文物整体实施走私、盗窃、倒卖等行为的，根据所属不可移动文物的等级，依照本解释第一条、第二条、第六条的规定定罪量刑：

（一）尚未被确定为文物保护单位的不可移动文物，适用一般文物的定罪量刑标准；

（二）市、县级文物保护单位，适用三级文物的定罪量刑标准；

（三）全国重点文物保护单位、省级文物保护单位，适用二级以上文物的定罪量刑标准。

针对不可移动文物中的建筑构件、壁画、雕塑、石刻等实施走私、盗窃、倒卖等行为的，根据建筑构件、壁画、雕塑、石刻等文物本身的等级或者价值，依照本解释第一条、第二条、第六条的规定定罪量刑。建筑构件、壁画、雕塑、石刻等所属不可移动文物的等级，应当作为量刑情节予以考虑。

第十三条　案件涉及不同等级的文物的，按照高级别文物的量刑幅度量刑；有多件同级文物的，五件同级文物视为一件高一级文物，但是价值明显不相当的除外。

第十四条　依照文物价值定罪量刑的，根据涉案文物的有效价格证明认定文物价值；无有效价格证明，或者根据价格证明认定明显不合理的，根据销赃数额认定，或者结合本解释第十五条规定的鉴定意见、报告认定。

第十五条　在行为人实施有关行为前，文物行政部门已对涉案文物及其等级作出认定的，可以直接对有关案件事实作出认定。

对案件涉及的有关文物鉴定、价值认定等专门性问题难以确定的，由司法鉴定机构出具鉴定意见，或者由国务院文物行政部门指定的机构出具报告。其中，对于文

物价值，也可以由有关价格认证机构作出价格认证并出具报告。

第十六条　实施本解释第一条、第二条、第六条至第九条规定的行为，虽已达到应当追究刑事责任的标准，但行为人系初犯，积极退回或者协助追回文物，未造成文物损毁，并确有悔罪表现的，可以认定为犯罪情节轻微，不起诉或者免予刑事处罚。

实施本解释第三条至第五条规定的行为，虽已达到应当追究刑事责任的标准，但行为人系初犯，积极赔偿损失，并确有悔罪表现的，可以认定为犯罪情节轻微，不起诉或者免予刑事处罚。

第十七条　走私、盗窃、损毁、倒卖、盗掘或者非法转让具有科学价值的古脊椎动物化石、古人类化石的，依照刑法和本解释的有关规定定罪量刑。

第十八条　本解释自 2016 年 1 月 1 日起施行。本解释公布施行后，《最高人民法院、最高人民检察院关于办理盗窃、盗掘、非法经营和走私文物的案件具体应用法律的若干问题的解释》（法（研）发〔1987〕32 号）同时废止；之前发布的司法解释与本解释不一致的，以本解释为准。

最高人民法院、最高人民检察院、公安部、国家文物局关于办理妨害文物管理等刑事案件若干问题的意见

· 2022 年 8 月 16 日
· 公通字〔2022〕18 号

各省、自治区、直辖市高级人民法院、人民检察院、公安厅（局）、文物局（文化和旅游厅/局），新疆维吾尔自治区高级人民法院生产建设兵团分院，新疆生产建设兵团人民检察院、公安局、文物局：

为依法惩治文物犯罪，加强对文物的保护，根据《中华人民共和国刑法》《中华人民共和国刑事诉讼法》《中华人民共和国文物保护法》和《最高人民法院、最高人民检察院关于办理妨害文物管理等刑事案件适用法律若干问题的解释》（法释〔2015〕23 号，以下简称《文物犯罪解释》）等有关规定，结合司法实践，制定本意见。

一、总体要求

文物承载灿烂文明，传承历史文化，维系民族精神，是国家和民族历史发展的见证，是弘扬中华优秀传统文化的珍贵财富，是培育社会主义核心价值观、凝聚共筑中国梦磅礴力量的深厚滋养。保护文物功在当代、利在千秋。当前，我国文物安全形势依然严峻，文物犯罪时有发生，犯罪团伙专业化、智能化趋势明显，犯罪活动向网络发展蔓延，犯罪产业链日趋成熟，地下市场非法交易猖獗，具有严重的社会危害性。各级人民法院、人民检察院、公安机关、文物行政部门要坚持以习近平新时代中国特色社会主义思想为指导，坚决贯彻落实习近平总书记关于文物工作系列重要论述精神，从传承中华文明、对国家对民族对子孙后代负责的战略高度，提高对文物保护工作重要性的认识，增强责任感使命感紧迫感，勇于担当作为、忠诚履职尽责，依法惩治和有效防范文物犯罪，切实保护国家文化遗产安全。

二、依法惩处文物犯罪

（一）准确认定盗掘行为

1. 针对古建筑、石窟寺等不可移动文物中包含的古文化遗址、古墓葬部分实施盗掘，符合刑法第三百二十八条规定的，以盗掘古文化遗址、古墓葬罪追究刑事责任。

盗掘对象是否属于古文化遗址、古墓葬，应当按照《文物犯罪解释》第八条、第十五条的规定作出认定。

2. 以盗掘为目的，在古文化遗址、古墓葬表层进行钻探、爆破、挖掘等作业，因意志以外的原因，尚未损害古文化遗址、古墓葬的历史、艺术、科学价值的，属于盗掘古文化遗址、古墓葬未遂，应当区分情况分别处理：

（1）以被确定为全国重点文物保护单位、省级文物保护单位的古文化遗址、古墓葬为盗掘目标的，应当追究刑事责任；

（2）以被确定为市、县级文物保护单位的古文化遗址、古墓葬为盗掘目标的，对盗掘团伙的纠集者、积极参加者，应当追究刑事责任；

（3）以其他古文化遗址、古墓葬为盗掘目标的，对情节严重者，依法追究刑事责任。

实施前款规定的行为，同时构成刑法第三百二十四条第一款、第二款规定的故意损毁文物罪、故意损毁名胜古迹罪的，依照处罚较重的规定定罪处罚。

3. 刑法第三百二十八条第一款第三项规定的"多次盗掘"是指盗掘三次以上。对于行为人基于同一或者概括犯意，在同一古文化遗址、古墓葬本体周边一定范围内实施连续盗掘，已损害古文化遗址、古墓葬的历史、艺术、科学价值的，一般应认定为一次盗掘。

（二）准确认定盗窃行为

采用破坏性手段盗窃古建筑、石窟寺、石刻、壁画、近现代重要史迹和代表性建筑等不可移动文物未遂，具有下列情形之一的，应当依法追究刑事责任：

1. 针对全国重点文物保护单位、省级文物保护单位中的建筑构件、壁画、雕塑、石刻等实施盗窃，损害文物本体历史、艺术、科学价值，情节严重的；

2. 以被确定为市、县级以上文物保护单位整体为盗窃目标的；

3. 造成市、县级以上文物保护单位的不可移动文物本体损毁的；

4. 针对不可移动文物中的建筑构件、壁画、雕塑、石刻等实施盗窃，所涉部分具有等同于三级以上文物历史、艺术、科学价值的；

5. 其他情节严重的情形。

实施前款规定的行为，同时构成刑法第三百二十四条第一款、第二款规定的故意损毁文物罪、故意损毁名胜古迹罪的，依照处罚较重的规定定罪处罚。

（三）准确认定掩饰、隐瞒与倒卖行为

1. 明知是盗窃文物、盗掘古文化遗址、古墓葬等犯罪所获取的文物，而予以窝藏、转移、收购、加工、代为销售或者以其他方法掩饰、隐瞒的，符合《文物犯罪解释》第九条规定的，以刑法第三百一十二条规定的掩饰、隐瞒犯罪所得罪追究刑事责任。

对是否"明知"，应当结合行为人的认知能力、既往经历、行为次数和手段，与实施盗掘、盗窃、倒卖文物等犯罪行为人的关系，获利情况，是否故意规避调查，涉案文物外观形态、价格等主、客观因素进行综合审查判断。具有下列情形之一，行为人不能做出合理解释的，可以认定其"明知"，但有相反证据的除外：

（1）采用黑话、暗语等方式进行联络交易的；

（2）通过伪装、隐匿文物等方式逃避检查，或者以暴力等方式抗拒检查的；

（3）曾因实施盗掘、盗窃、走私、倒卖文物等犯罪被追究刑事责任，或者二年内受过行政处罚的；

（4）有其他证据足以证明行为人应当知道的情形。

2. 出售或者为出售而收购、运输、储存《中华人民共和国文物保护法》第五十一条规定的"国家禁止买卖的文物"，可以结合行为人的从业经历、认知能力、违法犯罪记录、供述情况，交易的价格、次数、件数、场所，文物的来源、外观形态等综合审查判断，认定其行为系刑法第三百二十六条规定的"以牟利为目的"，但文物来源符合《中华人民共和国文物保护法》第五十条规定的除外。

三、涉案文物的认定和鉴定评估

对案件涉及的文物等级、类别、价值等专门性问题，如是否属于古文化遗址、古墓葬、古建筑、石窟寺、石刻、壁画、近代现代重要史迹和代表性建筑等不可移动文物，是否具有历史、艺术、科学价值，是否属于各级文物保护单位，是否属于珍贵文物，以及有关行为对文物造成的损毁程度和对文物价值造成的影响等，案发前文物行政部门已作认定的，可以直接对有关案件事实作出认定；案发前未作认定的，可以结合国务院文物行政部门指定的机构出具的《涉案文物鉴定评估报告》作出认定，必要时，办案机关可以依法提请文物行政部门对有关问题作出说明。《涉案文物鉴定评估报告》应当依照《涉案文物鉴定评估管理办法》（文物博发〔2018〕4号）规定的程序和格式文本出具。

四、文物犯罪案件管辖

文物犯罪案件一般由犯罪地的公安机关管辖，包括文物犯罪的预谋地、工具准备地、勘探地、盗掘地、盗窃地、途经地、交易地、倒卖信息发布地、出口（境）地、涉案不可移动文物的所在地、涉案文物的实际取得地、藏匿地、转移地、加工地、储存地、销售地等。多个公安机关都有权立案侦查的文物犯罪案件，由主要犯罪地公安机关立案侦查。

具有下列情形之一的，有关公安机关可以在其职责范围内并案处理：

（1）一人犯数罪的；

（2）共同犯罪的；

（3）共同犯罪的犯罪嫌疑人还实施其他犯罪的；

（4）三人以上时分时合，交叉结伙作案的；

（5）多个犯罪嫌疑人实施的盗掘、盗窃、倒卖、掩饰、隐瞒、走私等犯罪存在直接关联，或者形成多层级犯罪链条，并案处理有利于查明案件事实的。

五、宽严相济刑事政策的应用

（一）要着眼出资、勘探、盗掘、盗窃、倒卖、收赃、走私等整个文物犯罪网络开展打击，深挖幕后金主，斩断文物犯罪链条，对虽未具体参与实施有关犯罪实行行为，但作为幕后纠集、组织、指挥、筹划、出资、教唆者，在共同犯罪中起主要作用的，可以依法认定为主犯。

（二）对曾因文物违法犯罪而受过行政处罚或者被追究刑事责任、多次实施文物违法犯罪行为、以及国家工作人员实施本意见规定相关犯罪行为的，可以酌情从重处罚。

（三）正确运用自首、立功、认罪认罚从宽等制度，充分发挥刑罚的惩治和预防功能。对积极退回或协助追回文物，协助抓捕重大文物犯罪嫌疑人，以及提供重要线索，对侦破、查明其他重大文物犯罪案件起关键作用的，依法从宽处理。

（四）人民法院、人民检察院、公安机关应当加强与文物行政等部门的沟通协调，强化行刑衔接，对不构成犯罪的案件，依据有关规定及时移交。公安机关依法扣押的国家禁止经营的文物，经审查与案件无关的，应当交由文物行政等有关部门依法予以处理。文物行政等部门在查办案件中，发现涉嫌构成犯罪的案件，依据有关规定及时向公安机关移送。

最高人民法院、最高人民检察院关于办理走私刑事案件适用法律若干问题的解释（节录）

· 2014 年 2 月 24 日最高人民法院审判委员会第 1608 次会议、2014 年 6 月 13 日最高人民检察院第十二届检察委员会第 23 次会议通过
· 2014 年 8 月 12 日最高人民法院、最高人民检察院公告公布
· 自 2014 年 9 月 10 日起施行
· 法释〔2014〕10 号

……

第八条　走私国家禁止出口的三级文物二件以下的，可以认定为刑法第一百五十一条第二款规定的"情节较轻"。

具有下列情形之一的，依照刑法第一百五十一条第二款的规定处五年以上十年以下有期徒刑，并处罚金：

（一）走私国家禁止出口的二级文物不满三件，或者三级文物三件以上不满九件的；

（二）走私国家禁止出口的三级文物不满三件，且具有造成文物严重毁损或者无法追回等情节的。

具有下列情形之一的，应当认定为刑法第一百五十一条第二款规定的"情节特别严重"：

（一）走私国家禁止出口的一级文物一件以上，或者二级文物三件以上，或者三级文物九件以上的；

（二）走私国家禁止出口的文物达到第二款第一项规定的数量标准，且属于犯罪集团的首要分子，使用特种车辆从事走私活动，或者造成文物严重毁损、无法追回等情形的。

……

2. 考古

古生物化石保护条例

· 2010 年 9 月 5 日中华人民共和国国务院令第 580 号公布
· 根据 2019 年 3 月 2 日《国务院关于修改部分行政法规的决定》修订

第一章　总　则

第一条　为了加强对古生物化石的保护，促进古生物化石的科学研究和合理利用，制定本条例。

第二条　在中华人民共和国领域和中华人民共和国管辖的其他海域从事古生物化石发掘、收藏等活动以及古生物化石进出境，应当遵守本条例。

本条例所称古生物化石，是指地质历史时期形成并赋存于地层中的动物和植物的实体化石及其遗迹化石。

古猿、古人类化石以及与人类活动有关的第四纪古脊椎动物化石的保护依照国家文物保护的有关规定执行。

第三条　中华人民共和国领域和中华人民共和国管辖的其他海域遗存的古生物化石属于国家所有。

国有的博物馆、科学研究单位、高等院校和其他收藏单位收藏的古生物化石，以及单位和个人捐赠给国家的古生物化石属于国家所有，不因其收藏单位的终止或者变更而改变其所有权。

第四条　国家对古生物化石实行分类管理、重点保护、科研优先、合理利用的原则。

第五条　国务院自然资源主管部门主管全国古生物化石保护工作。县级以上地方人民政府自然资源主管部门主管本行政区域古生物化石保护工作。

县级以上人民政府公安、市场监督管理等部门按照各自的职责负责古生物化石保护的有关工作。

第六条　国务院自然资源主管部门负责组织成立国家古生物化石专家委员会。国家古生物化石专家委员会由国务院有关部门和中国古生物学会推荐的专家组成，承担重点保护古生物化石名录的拟定、国家级古生物化石自然保护区建立的咨询、古生物化石发掘申请的评审、重点保护古生物化石进出境的鉴定等工作，具体办法由国务院自然资源主管部门制定。

第七条　按照在生物进化以及生物分类上的重要程度，将古生物化石划分为重点保护古生物化石和一般保护古生物化石。

具有重要科学研究价值或者数量稀少的下列古生物化石，应当列为重点保护古生物化石：

（一）已经命名的古生物化石种属的模式标本；

（二）保存完整或者较完整的古脊椎动物实体化石；

（三）大型的或者集中分布的高等植物化石、无脊椎动物化石和古脊椎动物的足迹等遗迹化石；

（四）国务院自然资源主管部门确定的其他需要重点保护的古生物化石。

重点保护古生物化石名录由国家古生物化石专家委员会拟定，由国务院自然资源主管部门批准并公布。

第八条　重点保护古生物化石集中的区域，应当建立国家级古生物化石自然保护区；一般保护古生物化石集中的区域，同时该区域已经发现重点保护古生物化石的，应当建立地方级古生物化石自然保护区。建立古生物化石自然保护区的程序，依照《中华人民共和国自然保护区条例》的规定执行。

建立国家级古生物化石自然保护区，应当征求国家古生物化石专家委员会的意见。

第九条　县级以上人民政府应当加强对古生物化石保护工作的领导，将古生物化石保护工作所需经费列入本级财政预算。

县级以上人民政府应当组织有关部门开展古生物化石保护知识的宣传教育，增强公众保护古生物化石的意识，并按照国家有关规定对在古生物化石保护工作中做出突出成绩的单位和个人给予奖励。

第二章　古生物化石发掘

第十条　因科学研究、教学、科学普及或者对古生物化石进行抢救性保护等需要，方可发掘古生物化石。发掘古生物化石的，应当符合本条例第十一条第二款规定的条件，并依照本条例的规定取得批准。

本条例所称发掘，是指有一定工作面，使用机械或者其他动力工具挖掘古生物化石的活动。

第十一条　在国家级古生物化石自然保护区内发掘古生物化石，或者在其他区域发掘重点保护古生物化石的，应当向国务院自然资源主管部门提出申请并取得批准；在国家级古生物化石自然保护区外发掘一般保护古生物化石的，应当向古生物化石所在地省、自治区、直辖市人民政府自然资源主管部门提出申请并取得批准。

申请发掘古生物化石的单位应当符合下列条件，并在提出申请时提交其符合下列条件的证明材料以及发掘项目概况、发掘方案、发掘标本保存方案和发掘区自然生态条件恢复方案：

（一）有3名以上拥有古生物专业或者相关专业技术职称，并有3年以上古生物化石发掘经历的技术人员（其中至少有1名技术人员具有古生物专业高级职称并作为发掘活动的领队）；

（二）有符合古生物化石发掘需要的设施、设备；

（三）有与古生物化石保护相适应的处理技术和工艺；

（四）有符合古生物化石保管需要的设施、设备和场所。

第十二条　国务院自然资源主管部门应当自受理申请之日起3个工作日内将申请材料送国家古生物化石专家委员会。国家古生物化石专家委员会应当自收到申请材料之日起10个工作日内出具书面评审意见。评审意见应当作为是否批准古生物化石发掘的重要依据。

国务院自然资源主管部门应当自受理申请之日起30个工作日内完成审查，对申请单位符合本条例第十一条第二款规定条件，同时古生物化石发掘方案、发掘标本保存方案和发掘区自然生态条件恢复方案切实可行的，予以批准；对不符合条件的，书面通知申请单位并说明理由。

国务院自然资源主管部门批准古生物化石发掘申请前，应当征求古生物化石所在地省、自治区、直辖市人民政府自然资源主管部门的意见；批准发掘申请后，应当将批准发掘古生物化石的情况通报古生物化石所在地省、自治区、直辖市人民政府自然资源主管部门。

第十三条　省、自治区、直辖市人民政府自然资源主管部门受理古生物化石发掘申请的，应当依照本条例第十二条第二款规定的期限和要求进行审查、批准，并听取古生物专家的意见。

第十四条　发掘古生物化石的单位，应当按照批准的发掘方案进行发掘；确需改变发掘方案的，应当报原批准发掘的自然资源主管部门批准。

第十五条　发掘古生物化石的单位，应当自发掘或者科学研究、教学等活动结束之日起30日内，对发掘的古生物化石登记造册，作出相应的描述与标注，并移交给批准发掘的自然资源主管部门指定的符合条件的收藏单位收藏。

第十六条　进行区域地质调查或者科学研究机构、高等院校等因科学研究、教学需要零星采集古生物化石标本的，不需要申请批准，但是，应当在采集活动开始前将采集时间、采集地点、采集数量等情况书面告知古生物化石所在地的省、自治区、直辖市人民政府自然资源主管部门。采集的古生物化石的收藏应当遵守本条例的规定。

本条例所称零星采集，是指使用手持非机械工具在地表挖掘极少量古生物化石,同时不对地表和其他资源造成影响的活动。

第十七条 外国人、外国组织因中外合作进行科学研究需要,方可在中华人民共和国领域和中华人民共和国管辖的其他海域发掘古生物化石。发掘古生物化石的,应当经国务院自然资源主管部门批准,采取与符合本条例第十一条第二款规定条件的中方单位合作的方式进行,并遵守本条例有关古生物化石发掘、收藏、进出境的规定。

第十八条 单位和个人在生产、建设等活动中发现古生物化石的,应当保护好现场,并立即报告所在地县级以上地方人民政府自然资源主管部门。

县级以上地方人民政府自然资源主管部门接到报告后,应当在24小时内赶赴现场,并在7日内提出处理意见。确有必要的,可以报请当地人民政府通知公安机关协助保护现场。发现重点保护古生物化石的,应当逐级上报至国务院自然资源主管部门,由国务院自然资源主管部门提出处理意见。

生产、建设等活动中发现的古生物化石需要进行抢救性发掘的,由提出处理意见的自然资源主管部门组织符合本条例第十一条第二款规定条件的单位发掘。

第十九条 县级以上人民政府自然资源主管部门应当加强对古生物化石发掘活动的监督检查,发现未经依法批准擅自发掘古生物化石,或者不按照批准的发掘方案发掘古生物化石的,应当依法予以处理。

第三章 古生物化石收藏

第二十条 古生物化石的收藏单位,应当符合下列条件:

(一)有固定的馆址、专用展室、相应面积的藏品保管场所;

(二)有相应数量的拥有相关研究成果的古生物专业或者相关专业的技术人员;

(三)有防止古生物化石自然损毁的技术、工艺和设备;

(四)有完备的防火、防盗等设施、设备和完善的安全保卫等管理制度;

(五)有维持正常运转所需的经费。

县级以上人民政府自然资源主管部门应当加强对古生物化石收藏单位的管理和监督检查。

第二十一条 国务院自然资源主管部门负责建立全国的重点保护古生物化石档案和数据库。县级以上地方人民政府自然资源主管部门负责建立本行政区域的重点保护古生物化石档案和数据库。

收藏单位应当建立本单位收藏的古生物化石档案,并如实对收藏的古生物化石作出描述与标注。

第二十二条 国家鼓励单位和个人将其收藏的重点保护古生物化石捐赠给符合条件的收藏单位收藏。

除收藏单位之间转让、交换、赠与其收藏的重点保护古生物化石外,其他任何单位和个人不得买卖重点保护古生物化石。买卖一般保护古生物化石的,应当在县级以上地方人民政府指定的场所进行。具体办法由省、自治区、直辖市人民政府制定。

第二十三条 国有收藏单位不得将其收藏的重点保护古生物化石转让、交换、赠与给非国有收藏单位或者个人。

任何单位和个人不得将其收藏的重点保护古生物化石转让、交换、赠与、质押给外国人或者外国组织。

第二十四条 收藏单位之间转让、交换、赠与其收藏的重点保护古生物化石的,应当在事后向国务院自然资源主管部门备案。具体办法由国务院自然资源主管部门制定。

第二十五条 公安、市场监督管理、海关等部门应当对依法没收的古生物化石登记造册、妥善保管,并在结案后30个工作日内移交给同级自然资源主管部门。接受移交的自然资源主管部门应当出具接收凭证,并将接收的古生物化石交符合条件的收藏单位收藏。

国有收藏单位不再收藏的一般保护古生物化石,应当按照国务院自然资源主管部门的规定处理。

第四章 古生物化石进出境

第二十六条 未命名的古生物化石不得出境。

重点保护古生物化石符合下列条件之一,经国务院自然资源主管部门批准,方可出境:

(一)因科学研究需要与国外有关研究机构进行合作的;

(二)因科学、文化交流需要在境外进行展览的。

一般保护古生物化石经所在地省、自治区、直辖市人民政府自然资源主管部门批准,方可出境。

第二十七条 申请古生物化石出境的,应当向国务院自然资源主管部门或者省、自治区、直辖市人民政府自然资源主管部门提出出境申请,并提交出境古生物化石的清单和照片。出境申请应当包括申请人的基本情况和古生物化石的出境地点、出境目的、出境时间等内容。

申请重点保护古生物化石出境的,申请人还应当提供外方合作单位的基本情况和合作科学研究合同或者展览合同,以及古生物化石的应急保护预案、保护措施、保险证明等材料。

第二十八条 申请重点保护古生物化石出境的,国务院自然资源主管部门应当自受理申请之日起 3 个工作日内将申请材料送国家古生物化石专家委员会。国家古生物化石专家委员会应当自收到申请材料之日起 10 个工作日内对申请出境的重点保护古生物化石进行鉴定,确认古生物化石的种属、数量和完好程度,并出具书面鉴定意见。鉴定意见应当作为是否批准重点保护古生物化石出境的重要依据。

国务院自然资源主管部门应当自受理申请之日起 20 个工作日内完成审查,符合规定条件的,作出批准出境的决定;不符合规定条件的,书面通知申请人并说明理由。

第二十九条 申请一般保护古生物化石出境的,省、自治区、直辖市人民政府自然资源主管部门应当自受理申请之日起 20 个工作日内完成审查,同意出境的,作出批准出境的决定;不同意出境的,书面通知申请人并说明理由。

第三十条 古生物化石出境批准文件的有效期为 90 日;超过有效期出境的,应当重新提出出境申请。

重点古生物化石在境外停留的期限一般不超过 6 个月;因特殊情况确需延长境外停留时间的,应当在境外停留期限届满 60 日前向国务院自然资源主管部门申请延期。延长期限最长不超过 6 个月。

第三十一条 经批准出境的重点保护古生物化石出境后进境的,申请人应当自办结进境海关手续之日起 5 日内向国务院自然资源主管部门申请进境核查。

国务院自然资源主管部门应当自受理申请之日起 3 个工作日内将申请材料送国家古生物化石专家委员会。国家古生物化石专家委员会应当自收到申请材料之日起 5 个工作日内对出境后进境的重点保护古生物化石进行鉴定,并出具书面鉴定意见。鉴定意见应当作为重点保护古生物化石进境核查结论的重要依据。

国务院自然资源主管部门应当自受理申请之日起 15 个工作日内完成核查,作出核查结论;对确认为非原出境重点保护古生物化石的,责令申请人追回原出境重点保护古生物化石。

第三十二条 境外古生物化石临时进境的,应当交由海关加封,由境内有关单位或者个人自办结进境海关手续之日起 5 日内向国务院自然资源主管部门申请核查、登记。国务院自然资源主管部门核查海关封志完好无损的,逐件进行拍照、登记。

临时进境的古生物化石进境后出境的,由境内有关单位或者个人向国务院自然资源主管部门申请核查。国务院自然资源主管部门应当依照本条例第三十一条第二款规定的程序,自受理申请之日起 15 个工作日内完成核查,对确认为原临时进境的古生物化石的,批准出境。

境内单位或者个人从境外取得的古生物化石进境的,应当向海关申报,按照海关管理的有关规定办理进境手续。

第三十三条 运送、邮寄、携带古生物化石出境的,应当如实向海关申报,并向海关提交国务院自然资源主管部门或者省、自治区、直辖市人民政府自然资源主管部门的出境批准文件。

对有理由怀疑属于古生物化石的物品出境的,海关可以要求有关单位或者个人向国务院自然资源主管部门或者出境口岸所在地的省、自治区、直辖市人民政府自然资源主管部门申请办理是否属于古生物化石的证明文件。

第三十四条 国家对违法出境的古生物化石有权进行追索。

国务院自然资源主管部门代表国家具体负责追索工作。国务院外交、公安、海关等部门应当配合国务院自然资源主管部门做好违法出境古生物化石的追索工作。

第五章 法律责任

第三十五条 县级以上人民政府自然资源主管部门及其工作人员有下列行为之一的,对直接负责的主管人员和其他直接责任人员依法给予处分;直接负责的主管人员和其他直接责任人员构成犯罪的,依法追究刑事责任:

(一)未依照本条例规定批准古生物化石发掘的;

(二)未依照本条例规定批准古生物化石出境的;

(三)发现违反本条例规定的行为不予查处,或者接到举报不依法处理的;

(四)其他不依法履行监督管理职责的行为。

第三十六条 单位或者个人有下列行为之一的,由县级以上人民政府自然资源主管部门责令停止发掘,限期改正,没收发掘的古生物化石,并处 20 万元以上 50 万元以下的罚款;构成违反治安管理行为的,由公安机关依法给予治安管理处罚;构成犯罪的,依法追究刑事责任:

(一)未经批准发掘古生物化石的;

(二)未按照批准的发掘方案发掘古生物化石的。

有前款第(二)项行为,情节严重的,由批准古生物化石发掘的自然资源主管部门撤销批准发掘的决定。

第三十七条 古生物化石发掘单位未按照规定移交发掘的古生物化石的,由批准古生物化石发掘的自然资源主管部门责令限期改正;逾期不改正,或者造成古生物化石损毁的,处 10 万元以上 50 万元以下的罚款;直接负责的主管人员和其他直接责任人员构成犯罪的,依法追究刑事责任。

第三十八条 古生物化石收藏单位不符合收藏条件收藏古生物化石的,由县级以上人民政府自然资源主管部门责令限期改正;逾期不改正的,处 5 万元以上 10 万元以下的罚款;已严重影响其收藏的重点保护古生物化石安全的,由国务院自然资源主管部门指定符合条件的收藏单位代为收藏,代为收藏的费用由原收藏单位承担。

第三十九条 古生物化石收藏单位未按照规定建立本单位收藏的古生物化石档案的,由县级以上人民政府自然资源主管部门责令限期改正;逾期不改正的,没收有关古生物化石,并处 2 万元的罚款。

第四十条 单位或者个人违反规定买卖重点保护古生物化石的,由市场监督管理部门责令限期改正,没收违法所得,并处 5 万元以上 20 万元以下的罚款;构成违反治安管理行为的,由公安机关依法给予治安管理处罚;构成犯罪的,依法追究刑事责任。

第四十一条 国有收藏单位将其收藏的重点保护古生物化石违法转让、交换、赠与给非国有收藏单位或者个人的,由县级以上人民政府自然资源主管部门对国有收藏单位处 20 万元以上 50 万元以下的罚款,对直接负责的主管人员和其他直接责任人员依法给予处分;构成犯罪的,依法追究刑事责任。

第四十二条 单位或者个人将其收藏的重点保护古生物化石转让、交换、赠与、质押给外国人或者外国组织的,由县级以上人民政府自然资源主管部门责令限期追回,对个人处 2 万元以上 10 万元以下的罚款,对单位处 10 万元以上 50 万元以下的罚款;有违法所得的,没收违法所得;构成犯罪的,依法追究刑事责任。

第四十三条 单位或者个人未取得批准运送、邮寄、携带古生物化石出境的,由海关依照有关法律、行政法规的规定予以处理;构成犯罪的,依法追究刑事责任。

第四十四条 县级以上人民政府自然资源主管部门、其他有关部门的工作人员,或者国有的博物馆、科学研究单位、高等院校、其他收藏单位以及发掘单位的工作人员,利用职务上的便利,将国有古生物化石非法占为己有的,依法给予处分,由县级以上人民政府自然资源主管部门追回非法占有的古生物化石;有违法所得的,没收违法所得;构成犯罪的,依法追究刑事责任。

第六章 附 则

第四十五条 本条例自 2011 年 1 月 1 日起施行。

全国人民代表大会常务委员会关于《中华人民共和国刑法》有关文物的规定适用于具有科学价值的古脊椎动物化石、古人类化石的解释

· 2005 年 12 月 29 日第十届全国人民代表大会常务委员会第十九次会议通过

全国人民代表大会常务委员会根据司法实践中遇到的情况,讨论了关于走私、盗窃、损毁、倒卖或者非法转让具有科学价值的古脊椎动物化石、古人类化石的行为适用刑法有关规定的问题,解释如下:

刑法有关文物的规定,适用于具有科学价值的古脊椎动物化石、古人类化石。

现予公告。

中华人民共和国考古涉外工作管理办法

· 1991 年 2 月 22 日国家文物局令第 1 号发布
· 根据 2011 年 1 月 8 日《国务院关于废止和修改部分行政法规的决定》第一次修订
· 根据 2016 年 2 月 6 日《国务院关于修改部分行政法规的决定》第二次修订

第一条 为了加强考古涉外工作管理,保护我国的古代文化遗产,促进我国与外国的考古学术交流,制定本办法。

第二条 本办法适用于在中国境内陆地、内水和领海以及由中国管辖的其他海域,中国有关单位(以下简称中方)同外国组织和国际组织(以下简称外方)所进行的考古调查、勘探、发掘和与之有关的研究、科技保护及其他活动。

第三条 任何外国组织、国际组织在中国境内进行考古调查、勘探、发掘,都应当采取与中国合作的形式。

第四条 国家文物局统一管理全国考古涉外工作。

第五条 本办法下列用语的含义是:

(一)考古调查是指以获取考古资料为目的,对古文化遗址、古墓葬、古建筑、石窟寺和其他地下、水下文物进行的考古记录和收集文物、自然标本等活动;

(二)考古勘探是指为了解地下、水下历史文化遗存的性质、结构、范围等基本情况而进行的探测活动;

(三)考古发掘是指以获取考古资料为目的,对古文化遗址、古墓葬和其他地下、水下文物进行的科学揭露、考古记录和收集文物、自然标本等活动;

(四)考古记录是指系统的文字描述、测量、绘图、拓

印、照相、拍摄电影和录像活动；

（五）自然标本是指考古调查、勘探、发掘中所获取的自然遗存物。

第六条　中外合作进行考古调查、勘探、发掘活动，应当遵守下列原则：

（一）合作双方共同实施考古调查、勘探、发掘项目，并组成联合考古队，由中方专家主持全面工作；

（二）合作双方应当在中国境内共同整理考古调查、勘探、发掘所获取的资料并编写报告。报告由合作双方共同署名，中方有权优先发表；

（三）合作考古调查、勘探、发掘活动所获取的文物、自然标本以及考古记录的原始资料，均归中国所有，并确保其安全；

（四）合作双方都应当遵守中国的法律、法规和规章。

第七条　外方申请与中方合作进行考古调查、勘探、发掘时，应当按照下列规定向国家文物局提出书面申请：

（一）合作意向；

（二）对象、范围和目的；

（三）组队方案；

（四）工作步骤和文物的安全、技术保护措施等；

（五）经费、设备的来源及管理方式；

（六）意外事故的处理及风险承担。

第八条　申请合作考古调查、勘探、发掘的项目应当同时具备下列条件：

（一）有利于促进中国文物保护和考古学研究，有利于促进国际文化学术交流；

（二）中方已有一定的工作基础和研究成果，有从事该课题方向研究的专家；

（三）外方应当是专业考古研究机构，有从事该课题方向或者相近方向研究的专家，并具有一定的实际考古工作经历；

（四）有可靠的措施使发掘后的文物得到保护。

第九条　国家文物局会同中国社会科学院对外方的申请进行初步审查后，由国家文物局按照国家有关规定送请国防、外交、公安、国家安全等有关部门审查，经审查合格的，由国家文物局报请国务院特别许可。

第十条　合作考古调查、勘探、发掘项目获得国务院特别许可的，合作双方应当就批准的合作项目的具体事宜签订协议书。

第十一条　合作考古调查、勘探、发掘的文物或者自然标本需要送到中国境外进行分析化验或者技术鉴定

的，应当报经国家文物局批准。化验、鉴定完毕后，除测试损耗外，原标本应当全部运回中国境内。

第十二条　外国留学人员（含本科生、研究生和进修生）以及外国研究学者在中国学习、研究考古学的批准期限在1年以上者，可以随同学习所在单位参加中方单独或者中外合作进行的考古调查、勘探、发掘活动。但须由其学习、研究所在单位征得考古调查、勘探、发掘单位的同意后，报国家文物局批准。

第十三条　外国公民、外国组织和国际组织在中国境内参观尚未公开接待参观者的文物点，在开放地区的，需由文物点所在地的管理单位或者接待参观者的中央国家机关及其直属单位，在参观一个月以前向文物点所在地的省、自治区、直辖市人民政府文物行政管理部门申报参观计划，经批准后方可进行；在未开放地区的，需由文物点所在地的管理单位或者接待参观者的中央国家机关及其直属单位，在参观一个月以前向文物点所在地的省、自治区、直辖市人民政府文物行政管理部门申报参观计划，经批准并按照有关涉外工作管理规定向有关部门办理手续后方可进行。

参观正在进行工作的考古发掘现场，接待单位须征求主持发掘单位的意见，经考古发掘现场所在地的省、自治区、直辖市人民政府文物行政管理部门批准后方可进行。

外国公民、外国组织和国际组织在参观过程中不得收集任何文物、自然标本和进行考古记录。

第十四条　国家文物局可以对合作考古调查、勘探、发掘工作实施检查，对工作质量达不到《田野考古工作规程》或者其他有关技术规范的要求的，责令暂停作业，限期改正。

第十五条　违反本办法第六条、第七条、第八条、第十条、第十一条的规定，根据情节轻重，由国家文物局给予警告、暂停作业、撤销项目、罚款1000元至1万元、没收其非法所得文物或者责令赔偿损失。

第十六条　违反本办法第十二条的规定，擅自接收外国留学人员、研究学者参加考古调查、勘探、发掘活动或者延长其工作期限的，国家文物局可以给予警告或者暂停该接收单位的团体考古发掘资格。

第十七条　外国公民、外国组织和国际组织违反本办法第十三条的规定，擅自参观文物点或者擅自收集文物、自然标本、进行考古记录的，文物行政管理部门可以停止其参观，没收其收集的文物、自然标本和考古记录。

第十八条　违反本办法的规定，构成违反治安管理

的,依照《中华人民共和国治安管理处罚法》的规定处罚;构成犯罪的,依法追究刑事责任。

第十九条　台湾、香港、澳门地区的考古团体与大陆合作进行考古调查、勘探、发掘,可以参照本办法执行。

第二十条　文物研究、科技保护涉外工作的管理办法,由国家文物局根据本办法的原则制定。

第二十一条　本办法由国家文物局负责解释。

第二十二条　本办法自发布之日起施行。

古人类化石和古脊椎动物化石保护管理办法

·2006 年 8 月 7 日文化部令第 38 号公布
·自公布之日起施行

第一条　为加强对古人类化石和古脊椎动物化石的保护和管理,根据《中华人民共和国文物保护法》制定本办法。

第二条　本办法所称古人类化石和古脊椎动物化石,指古猿化石、古人类化石及其与人类活动有关的第四纪古脊椎动物化石。

第三条　国务院文物行政部门主管全国古人类化石和古脊椎动物化石的保护和管理工作。

县级以上地方人民政府文物行政部门对本行政区域内的古人类化石和古脊椎动物化石的保护实施监督管理。

第四条　古人类化石和古脊椎动物化石分为珍贵化石和一般化石;珍贵化石分为三级。古人类化石、与人类有祖裔关系的古猿化石、代表性的与人类有旁系关系的古猿化石、代表性的与人类起源演化有关的第四纪古脊椎动物化石为一级化石;其他与人类有旁系关系的古猿化石、系统地位暂不能确定的古猿化石、其他重要的与人类起源演化有关的第四纪古脊椎动物化石为二级化石;其他有科学价值的与人类起源演化有关的第四纪古脊椎动物化石为三级化石。

一、二、三级化石和一般化石的保护和管理,按照国家有关一、二、三级文物和一般文物保护管理的规定实施。

第五条　古人类化石和古脊椎动物化石地点以及遗迹地点,纳入不可移动文物的保护和管理体系,并根据其价值,报请核定公布为各级文物保护单位。

第六条　古人类化石和古脊椎动物化石的考古调查、勘探和发掘工作,按照国家有关文物考古调查、勘探和发掘的管理规定实施管理。

地下埋藏的古人类化石和古脊椎动物化石,任何单位或者个人不得私自发掘。

古人类化石和古脊椎动物化石的考古发掘项目,其领队及主要工作人员应当具有古生物学及其它相关学科的研究背景。

第七条　建设工程涉及地下可能埋藏古人类化石和古脊椎动物化石的调查、勘探和发掘工作的程序和要求,按照国家有关建设工程涉及地下可能埋藏文物的调查、勘探和发掘工作的规定执行。

第八条　在进行建设工程或者在农业生产中,任何单位或者个人发现古人类化石和古脊椎动物化石,应当保护现场,立即报告当地文物行政部门。文物行政部门应当按照《中华人民共和国文物保护法》第三十二条第一款规定的要求和程序进行处理。

第九条　除出境展览或者因特殊需要经国务院批准出境外,古人类化石和古脊椎动物化石不得出境。

古人类化石和古脊椎动物化石出境展览,按照国家有关文物出境展览的管理规定实施管理。

古人类化石和古脊椎动物化石临时进境,按照国家有关文物临时进境的管理规定实施管理。

第十条　对保护古人类化石和古脊椎动物化石作出突出贡献的单位或个人,由国家给予精神鼓励或者物质奖励。

第十一条　违反本办法规定的,依照有关规定追究法律责任。

第十一条　违反本办法规定的,依照有关规定追究法律责任。

第十二条　本办法自公布之日起施行。

国家考古遗址公园管理办法

·2022 年 3 月 15 日
·文物考发〔2022〕7 号

第一条　为促进考古遗址的研究阐释和保护利用,规范国家考古遗址公园的管理,有效发挥其在经济社会发展中的作用,传承弘扬中华优秀传统文化,根据《中华人民共和国文物保护法》,制定本办法。

第二条　本办法所称国家考古遗址公园,是指以重要考古遗址及其环境为主体,具有科研、教育、游憩等功能,在考古遗址研究阐释、保护利用和文化传承方面具有全国性示范意义的特定公共文化空间。

第三条　国家文物局负责国家考古遗址公园的评定管理工作,省级文物主管部门负责本行政区域内国家考古遗址公园的监督管理工作,考古遗址所在地县级以上人民政府负责国家考古遗址公园创建和运营的组织实施。

第四条　国家文物局支持国家考古遗址公园的建设。对于在经济社会文化发展中作出突出贡献的国家考古遗址公园,予以表彰、奖励。

第五条　考古遗址所在地县级以上人民政府应开展可行性论证,评估考古遗址条件、地方经济社会条件及管理条件等,科学、审慎创建国家考古遗址公园,给予政策、经费和用地保障。

第六条　符合下列条件的考古遗址,可向国家文物局提出国家考古遗址公园立项申请:

(一)已公布为全国重点文物保护单位;

(二)文物保护规划已由省级人民政府公布实施;

(三)具备考古和研究工作计划;

(四)具备符合文物保护规划的考古遗址公园规划;

(五)具备独立法人资格的专门管理机构。

第七条　国家考古遗址公园的立项申请由考古遗址所在地县级以上人民政府提出,经省级文物主管部门初审同意后,报国家文物局。

第八条　国家考古遗址公园立项申请需提交以下材料:

(一)符合第六条所列条件的相关材料;

(二)国家考古遗址公园建设可行性研究报告。

第九条　经审查符合条件者,由国家文物局批准国家考古遗址公园立项。

第十条　国家考古遗址公园创建过程中,涉及文物保护单位保护范围和建设控制地带内的建设项目须按相关程序报批。

第十一条　国家文物局批准立项的考古遗址公园,符合以下条件,考古遗址所在地县级以上人民政府可提出国家考古遗址公园评定申请:

(一)所有自然或人为因素造成的考古遗址损害或破坏行为已得到控制或纠正;

(二)各建设项目的审批手续齐全;

(三)所有建设项目均符合考古遗址公园规划;

(四)考古和研究工作计划有序实施,出版考古报告等研究成果;

(五)已向公众开放,或已具备开放条件;

(六)无重大安全隐患。

第十二条　考古遗址所在地县级以上人民政府提交国家考古遗址公园评定申请,经省级文物主管部门初审同意后报国家文物局,国家文物局按照《国家考古遗址公园评定细则》开展评定工作。评定合格者,由国家文物局确定为"国家考古遗址公园",并向社会公布。

第十三条　修编国家考古遗址公园规划、变更或扩展建设项目,须按原程序上报。

第十四条　国家考古遗址公园的专门管理机构负责公园的日常管理及运营,须履行以下职责:

(一)依法履行文物保护职责;

(二)实施考古遗址公园规划;

(三)建立健全相关管理规章制度;

(四)提供良好的卫生、服务、消防、救护等公共设施,并不断改善服务质量;

(五)在规定时限内向国家文物局提交年度运营报告。

第十五条　国家考古遗址公园内考古遗址的保护和管理,依照国家有关法律法规执行。

第十六条　国家考古遗址公园的管理与运营除遵守文物保护法律法规外,还应当执行国家其他有关法律法规的规定,并接受文物主管部门的指导和社会监督。

第十七条　国家考古遗址公园实行监测评估、巡查制度。

国家文物局组织开展国家考古遗址公园年度运营监测评估,发布年度评估报告;或指定专家对国家考古遗址公园进行巡查,组织开展全国国家考古遗址公园综合评估,对发现的问题提出整改要求。

第十八条　任何单位和个人不得擅自改变国家考古遗址公园的用途和功能,不得侵占其合法用地,不得擅自改变国家考古遗址公园的用地性质,不得开展任何不利于考古遗址保护的活动。

第十九条　国家考古遗址公园立项后,三年内未开展任何考古研究、文物保护项目和配套设施建设工程的,国家文物局将书面告知所在地县级以上人民政府进行整改;一年内仍未整改的,国家文物局将书面告知考古遗址所在地县级以上人民政府取消国家考古遗址公园立项,三年之内不得再次申报。

国家考古遗址公园评定期间,经核实有弄虚作假、行贿舞弊等违法违规行为的,国家文物局取消其评定申请;已评定为国家考古遗址公园的,撤销评定结果。

对管理和运营不当,监测评估或巡查后落实整改要求不到位,发生责任事故或造成文物损毁,已不具备开放条件的国家考古遗址公园,国家文物局视情节轻重全国通报或撤销评定结果。被撤销评定结果的,三年之内不得再次申报。

第二十条　对违反本办法规定,造成国家考古遗址公园内考古遗址、环境、生态、景观等资源损毁或破坏的机构与个人,依照有关法律法规的规定处理;构成犯罪的,依法追究刑事责任。

第二十一条　本办法自公布之日起施行。

附件:国家考古遗址公园评定细则(略)

国家文物局关于推进重点考古机构建设工作的通知

· 2024 年 10 月 18 日
· 文物考发〔2024〕52 号

各省、自治区、直辖市文物局(文化和旅游厅/局),各有关考古发掘资质单位:

为深入贯彻落实党的二十届三中全会精神,推进文物领域文化事业单位改革,完善考古机构建设发展机制,系统提升我国考古机构综合实力,建设中国特色中国风格中国气派的考古学,我局决定深入推进重点考古机构建设。现就有关事项通知如下:

一、申报重点考古机构建设的考古发掘资质单位,应坚持实事求是、量力而行原则,参照国家文物局《推进世界一流考古机构建设指南(试行)》,填写《重点考古机构建设申请书》和建设评议指标说明材料(以下简称"申报材料"),并确保申报材料的真实性、准确性。

二、请各省、自治区、直辖市文物局(文化和旅游厅/局)汇总审核本省考古发掘资质单位申报材料,报送国家文物局。

三、中国社会科学院考古研究所、中国科学院古脊椎动物与古人类研究所等单位申报材料报上级主管部门同意后,报送国家文物局。国家文物局考古研究中心等单位申报材料直接报送国家文物局。

四、申报材料应提供纸质版及电子版各一份。受理申报材料的截止日期为 2024 年 11 月 30 日,逾期不予受理。我局已委托北京大学考古文博学院承担评议工作,申报材料请寄该院接收。

联系人及电话:李姗姗 010-56792086,施文博 010-62757451

邮寄地址:北京市海淀区颐和园路 5 号北京大学考古文博学院红五楼 5105

电子邮箱:shiwenbo@pku.edu.cn

特此通知。

附件:1. 重点考古机构建设申请书(略)

2. 建设评议指标说明材料(略)

推进世界一流考古机构建设指南(试行)

· 2024 年 4 月 30 日
· 文物考发〔2024〕26 号

一、总　则

第一条　为深入贯彻习近平文化思想,落实习近平总书记关于考古工作的重要论述和指示批示精神,落实《"十四五"文物保护和科技创新规划》,全面提升我国考古机构的综合实力,促进文物考古事业高质量发展,建设中国特色、中国风格、中国气派的考古学,制定本《指南》。

第二条　本《指南》所列考古机构,是指取得考古发掘资质,承担考古发掘、文物保护和科学研究工作的公益性机构。

第三条　世界一流考古机构建设工作着力提高考古机构学术科研、国际合作、管理创新和队伍建设水平,推动一批高水平考古机构进入世界一流行列。分两阶段实施:

(一)到 2030 年,培育 10-15 家世界一流考古机构,中国考古的国际影响力显著提升。

(二)到 2035 年,建成一批世界一流考古机构,考古机构综合能力大幅提升,引领建设中国特色中国风格中国气派的考古学。

第四条　世界一流考古机构建设工作遵循以下原则:

(一)重点扶持。坚持扶优扶强,重点支持行业内基础扎实、能力突出、学术优势和科研特色明显的考古机构优先发展,在政策、资金、项目等方面集中投入。

(二)动态管理。坚持可进可出,通过评定、定期评估等环节把控,形成闭环管理,保持发展态势和竞争优势。

(三)突出实效。坚持目标导向,科学确定世界一流考古机构建设的目标任务,合理配置资源要素,确保建设实效。

二、建设内容

第五条　具备下列条件的考古机构,可申请建设世界一流考古机构:

(一)学术成果丰硕,学术成果数量、质量等方面处于国内领先地位,在国内外有一定影响力;拥有国内外认可的学术带头人和团队。

(二)基础条件良好,内部规章制度完善,近三年无重大违法违规案件和重大文物安全事故;队伍建设、设施设备配置完善;积极服务社会,得到广泛认可。

（三）主管机构高度重视,能够为建设工作提供政策、资金及其他支持;省市级考古机构建设已经纳入地方政府文化建设内容。

第六条　世界一流考古机构建设工作包括但不限于以下内容:

（一）学术科研。强化学术引领,完善考古科研体系,培育富有特色、优势突出的学术发展方向,培养国内外知名的学术带头人和团队,持续推出高水平科研成果。

1. 建立由国内外专家组成的学术委员会,指导学术科研工作。合理设置内设部门和职能,配置人才队伍,制定中长期学术科研规划。

2. 牵头开展重大考古项目,如中华文明探源工程、夏商文明研究工程、"考古中国"及国家社会科学基金课题、国家自然科学基金课题、国家重点研发计划;在国内外高水平期刊上发表科研成果。

3. 及时整理考古资料,出版考古报告,移交出土文物。考古成果高质量转化,有效支撑文物保护利用和文化建设。

4. 主办学术期刊,纳入 CSSCI 或 SCI 等期刊目录。

（二）国际合作。主动培育、参与世界考古重大学术课题,广泛开展交流对话,开放重大考古项目,建设共享平台。

1. 积极承担中外联合考古与合作研究项目。

2. 成立专门的部门,配备专业人员从事国际合作,建立稳定的合作交流渠道;译介国外考古资料和论著;主办外文期刊、网站、公众号等。

3. 举办国际学术会议,参加国外学术会议,开展人员交流互访。

4. 机构人员担任国外考古类期刊主编、副主编、编委;在国际组织任职,参与国外考古政策、法规、标准制定等。

5. 吸纳国外考古学相关领域研究人员在本机构任职(含兼职),或邀请国外专家担任顾问。

6. 依托重点遗址、考古基地或工作站建设国际考古开放工地,开展国际培训、研学活动等。

（三）管理创新。积极争取主管机构加大人力、物力、财力等方面保障力度,改革创新科研管理、开放合作政策措施,建立科学高效的现代管理体制机制。

1. 国家级考古机构得到主管部门及相关部门政策支持,重视与地方文物部门、高校合作。

2. 纳入科研事业单位管理或享受科研事业单位管

理政策。建立体现创新要素价值的收益分配机制。

3. 落实国家文物局关于考古装备及设施配备的有关要求;建设国家重点地区考古标本库房;建设考古博物馆或陈列展示场馆;配置办公自动化系统。

4. 建设全国性或区域性考古科技平台,如全国重点实验室、国家文物局重点科研基地,或省部级科技平台等。与相关科研院所、高校建立长期、稳定的合作机制。

（四）队伍建设。保持合理的编制规模,完善人才引进、职称设置、人员待遇相关政策。大力引进高层次人才,培养一批学术带头人、科研骨干和科技人才,提升队伍专业化水平和科技能力。

1. 编制规模不低于 90 人。拥有一定的人才招聘引进自主权。

2. 拥有国家级高层次人才。专业技术岗位不低于岗位总量的 70%。高级岗位比例不低于专业技术岗位总数的 40%。考古发掘项目负责人总数不低于专业技术岗位总数的 35%。

3. 组建一定规模的科技考古团队和文物保护团队,科技考古专业人员总数、文物保护专业人员总数均不低于专业技术人员总数的 10%。

三、建设和管理

第七条　世界一流考古机构建设工作按照以下程序开展:

（一）申报。考古机构自愿申报,填写世界一流考古机构建设申请书,经所在地省级文物行政部门初审后,征求省级人民政府同意,报送国家文物局。国家级考古机构经上级主管部门同意后,可直接报送国家文物局。

（二）评议。国家文物局委托第三方机构,按照《世界一流考古机构建设评议表》,对各申请单位进行综合评分,按照得分数进行排名,公布"世界一流考古机构建设单位名单"。

"世界一流考古机构建设单位名单"以 160 分(基本指标得分不低于 120 分)、120 分(基本指标得分不低于 90 分)为限区分出 A、B、C 三档,分别为建设名单、预备名单、后备名单。

（三）建设。列入"世界一流考古机构建设单位名单"A、B 档建设名单、预备名单的考古机构,应在名单公布后 3 个月内向国家文物局提交世界一流考古机构建设方案,经国家文物局同意后开展建设工作。列入 C 档后备名单的考古机构,可编制考古机构建设方案并提交省级文物行政部门组织专家论证后指导开展建设工作。

（四）动态管理。国家文物局每三年组织开展一次世界一流考古机构建设评议工作，根据评议结果动态调整"世界一流考古机构建设单位名单"。

第八条 国家文物局组织设立专家库，由第三方机构抽取专家参加评议工作。

（一）入库专家应具备以下至少一个条件：

1. 长期从事相关学术领域研究工作，具有高级职称、在行业内有较高声望；

2. 曾担任考古机构主要负责人或业务主管；

3. 长期从事考古管理工作，曾担任文物行政部门处级以上职务，具有丰富的考古管理经验。

（二）抽取专家需符合以下要求：

1. 总数不得少于9人，并应为奇数。其中国内专家不少于7人、国际专家不少于2人。

2. 应在随机抽取的基础上，坚持回避原则。与考古机构有直接利益关系的专家，应主动提出回避。

3. 应具有良好的学术道德，本着公平、公正原则，客观评议。如有违反工作纪律的行为，将被取消入库资格。

第九条 世界一流考古机构建设方案包括以下内容。

（一）建设目标。说明中长期建设目标、学术发展方向、主要职能定位等，阐述建设目标与世界一流考古机构建设工作的关系。

（二）建设任务。应包括学术科研、国际合作、管理创新、队伍建设等内容。明确考核目标、预期完成时间，建立主要任务清单。建设任务应具有可行性、指导性和前瞻性。

（三）建设周期和保障措施。建设周期一般不超过三年。说明地方政府和相关部门人力、物力、财力等方面保障措施。

第十条 列入"世界一流考古机构建设单位名单"A、B档的考古机构，应编制建设年度报告，于每年12月底前报送国家文物局。

第十一条 本《指南》由国家文物局负责解释。自发布之日起生效。

附：世界一流考古机构建设申请书（略）

国家文物局关于推进考古研学高质量发展的指导意见

· 2024年9月6日
· 文物考发〔2024〕51号

各省、自治区、直辖市文物局（文化和旅游厅/局），新疆生产建设兵团文物局，各有关单位：

依托我国丰富的考古资源开展考古研学工作，有利于传承弘扬中华优秀传统文化，有利于培养公众科学素养与人文精神。为进一步推动考古研学活动高质量发展，提出以下意见：

一、坚持考古研学正确导向。深入学习贯彻习近平文化思想，落实"保护第一、加强管理、挖掘价值、有效利用、让文物活起来"新时代文物工作要求，严格把关考古研学内容和形式，突出考古资源深度参观和研究性学习体验，坚持正确价值导向，面向公众普及考古和文化遗产保护知识，培养历史文化价值认知与情感，推动中华优秀传统文化传承及综合素养提升。

二、开放各类考古研学资源。省级文物行政部门应建立和发布可供考古研学的场所清单，鼓励考古遗址公园、遗址博物馆、考古科研院所、考古标本库房、考古工地等具备考古资源及研学条件的机构、场所，规范有序开展考古研学活动。引导考古资源管理机构、社会力量参照《考古研学基地建设指南（试行）》（见附件），秉持开放共享原则，采用自主、合作、委托、授权等形式开展考古研学基地建设和管理运营。市县属地文物行政部门应加强指导，规范社会力量参与方式、准入标准、退出机制和协议范式，明确约定各方权利义务和违约责任等内容，明晰禁入情形和禁止条款，防止出现以"文物"名义虚假宣传、国有资产流失等现象。

三、加强人才培养和课程开发设计。省级文物行政部门要将考古研学纳入各级各类文物培训计划和内容，着力提升考古研学人才队伍质量；加强审核指导考古研学课程开发设计，确保内容和形式符合学术规范，注重原创性、避免同质化。考古研学活动应在具备专业素养的考古研学导师带领下进行，配备必要的安全、后勤等支持团队，积极吸收考古文博机构从业人员、高校专业师生作为兼职导师，鼓励中小学教师、社区公众加入志愿者队伍。考古研学课程既要引导公众敬畏文物、尊重史实，也要符合社会需求、贴近学习生活，确保知识传播的客观性、准确性、趣味性；既高度重视青少年群体，也要注重服务成年公众，为不同年龄段和知识背景的对象提供优质多元的"菜单式"服务。鼓励开发基于乡土乡情、县情市情、省情国情等不同层级的系列品牌课程，推动课程内容转化为教辅读本、乡土读本、旅行读本。

四、确保研学活动安全有序。各级文物行政部门要会同相关部门落实监管责任，加强日常监管和专项检查，及时掌握考古研学设施、客源、活动开展等情况，必要时应根据部门职责提出整改要求或暂停运营等措施。考古研学活动要强化安全管理和风险防控,做到"活动有方案,应急有预案",进行风险提示和宣传教育,实行学员个人或监护人承诺制度,厘清各方职责边界,确保文物和人员安全。考古研学活动开展应有严密的计划性,规范发布考古研学服务种类、对象、费用等信息,针对淡旺季采取不同措施,确保高质量服务。考古研学活动应坚持公益优先,面向青少年群体推出更多微利型产品服务,对家庭贫困等特殊群体适当减免费用或予以相关优惠。

五、强化保障激励和规范引领。各级文物行政部门要完善扶持政策,积极争取各级各类资金和渠道,支持考古研学基地建设、课程研发设计、活动组织实施、人员培训等;应将考古研学基地建设、课程研发设计、活动组织实施纳入考古文博人员职级晋升、激励分配机制。国家文物局将组织认定考古研学基地,将考古研学纳入国家考古遗址公园培育建设、博物馆运行评估等;遴选具有示范意义的考古研学基地推荐纳入中小学生研学旅行基地、"大思政课"实践教学基地、研学旅游精品线路等;支持发起设立考古研学行业组织,持续完善考古研学课程开发设计、导师评价等行业质量体系,促进考古研学高质量发展。

附件:考古研学基地建设指南(试行)(略)

全国考古人才振兴计划项目管理办法

·2024 年 9 月 12 日
·文物科发〔2024〕50 号

第一章　总　则

第一条　为建立健全文物考古人才队伍选拔培养机制,发挥战略人才力量的引领带动作用,为文物事业高质量发展提供可持续的人才支撑,根据《国家"十四五"期间人才发展规划》《全国宣传思想文化领域"十四五"人才发展规划》等文件要求和国家有关法律法规,实施全国考古人才振兴计划项目。为规范和加强项目管理,制定本办法。

第二条　全国考古人才振兴计划项目是文物考古领域组织实施的人才创新团队培养工程,工程实施周期 5 年。项目择优遴选 100 支文物考古人才创新团队,并对创新团队开展考古综合研究、考古科技方法研究、文物保护技术研究等予以资助。对每个创新团队开展工作支持周期不超过 5 年、资助额度不超过 120 万元。

第三条　全国考古人才振兴计划项目的管理,遵循党管人才,统筹实施;高端引领,重点支持;公平公正,择

优选择;加强合作,鼓励共享的原则。自觉接受财政、审计、文物等相关部门监督和社会监督。

第四条　国家文物局承担项目管理主体责任,负责预算编制、执行、绩效管理等工作,具体组织开展专家管理、申报评审、项目公示、中期评估、结项验收、监督检查等工作。财政部负责审核国家文物局报送的预算编制建议方案,并批复下达项目经费。

第五条　各省级文物行政部门、相关国家文物局重点科研基地、中央和国家机关直属机构、具有考古发掘资质的高校负责审核本地区或本单位申报材料的真实性、申报人员的政治廉洁情况,并形成推荐团队建议。

第二章　资格条件

第六条　创新团队是指国家文物局根据推荐团队建议汇总情况,择优遴选并通过评估验收的文物考古人才团队。

第七条　创新团队遴选条件要求:

(一)根据业务领域与研究方向组成团队。

(二)团队的学科专业或研究领域应体现学科交叉属性,由多学科组成。

(三)原则上每个团队应由项目第一负责人、项目第二负责人和不少于 5 名团队骨干成员组成。鼓励团队跨部门、跨区域组建,其中项目第一负责人所在单位为团队牵头单位。

(四)吸纳不少于 3 名在校硕博研究生参与项目研究(不属于团队成员)。

第八条　成员遴选条件要求:

(一)拥护党的路线方针政策,热爱祖国,热爱文物考古事业,坚持学术传承与创新,恪守学术操守和职业道德。

(二)应为在文博机构、高校、科研院所、企业和社会组织等单位从事考古与文物保护的专业技术人员。

(三)项目第一负责人应具有正高级职称,原则上不超过 55 周岁;具有突出的科研成果、理论技术水平和专业实践能力,在文物考古研究与出土(出水)文物保护等方面取得国内外同行公认的重要成就,国内外有重大学术影响力;近 10 年内主持国家级重点文物考古科研项目(课题)不少于 2 项,或近 10 年内主持主动性考古发掘项目不少于 3 项。

(四)项目第二负责人应具有副高级(含)以上职称,原则上不超过 45 周岁;在文物考古研究与出土(出水)文物保护等方面取得重要成果,在国内有较大学术影响力;近 5 年内主持省部级(含)以上文物考古科研项目(课题)不少于 2 项,或近 5 年内主持主动性考古发掘项目不

少于 2 项。

（五）团队骨干成员应具有副高级（含）以上职称或获得博士学位；原则上不超过 40 周岁；在文物考古研究与出土（出水）文物保护等方面有一定学术影响力；近 5 年内主持省部级（含）以上文物考古科研项目（课题）不少于 1 项，或近 5 年内参与主动性考古发掘项目不少于 1 项。

（六）团队成员只允许申报参加 1 个创新团队，避免交叉申报。

第三章　立项管理

第九条　全国考古人才振兴计划项目以人才培养与团队建设为目标，聚焦文物考古领域重大基础研究、科技方法和关键技术的应用研究，加强考古成果的整理、阐释，探索未知、揭示本源。项目支持的重点业务领域（项目申报指南另行发布）包括：

（一）考古综合研究：人类起源、农业起源、文明起源等重大基础课题研究，古代物质文化与社会发展研究，古代精神和思想文化研究，古代中国与世界的交流互动研究等。

（二）考古科技方法研究：考古年代学、人群演化、环境与生业、资源与技术等科技方法研究与应用示范。

（三）文物保护技术研究：考古现场文物应急处置、保存保护、信息提取等共性关键技术攻关，考古出土（出水）文物的保护修复技术研究与应用示范等。

第十条　项目第一负责人负责团队组建、选题设置与任务分工。团队成员所在单位应对本单位人员政治表现和廉政情况进行审核及内部公示。组建团队应按要求规范填写申报材料，包括但不限于团队成员基本情况、项目内容、实施计划、申请资助额度等，并对申报材料的真实性、准确性负责，确保没有知识产权争议。

第十一条　各省级文物行政部门负责对本地区申报团队的资质和申报材料进行审核，研究推荐团队，汇总报送国家文物局。相关国家文物局重点科研基地、中央和国家机关直属机构、具有考古发掘资质的高校可直接报送国家文物局。各省级文物行政部门、上述各单位每年推荐名额不超过 2 个。

第十二条　国家文物局组织开展专家评审。评审专家须具有高级专业技术职称或相当于高级专业技术职称的行政职务、丰富工作经验和较高专业水平，能够客观公正、切实有效地履行工作职责。

第十三条　评审专家通过审阅材料、通讯评审、现场答辩、远程视频等方式，对申报团队的专业能力、梯队结构、发展潜力和研究项目进行评审，并对资助对象、项目

内容、实施计划、资助额度等进行重点审核，提出拟资助项目和资助金额的建议。国家文物局对当年拟资助项目及资助金额向社会公示后，确定年度资助创新团队，签订项目任务书。

第十四条　对西部地区、东北地区急需紧缺人才创新团队，以及跨部门、跨区域组建的团队，可适当放宽申报条件、评审标准，优先予以支持。

第四章　过程管理

第十五条　国家文物局组织领域、技术、管理、财务等专家，对项目进行中期评估和结项验收。中期评估环节重点考核项目整体进展，结项验收环节重点考核人才培养与团队建设、代表性成果的国内外学术影响力或行业引领力。

第十六条　创新团队应严格按照国家相关法律法规和项目任务书约定，依法、合规、有序地组织项目实施。支持周期内，因身体、出国或其他原因创新团队成员须调整的，经原申报渠道单位审核后，创新团队应及时向国家文物局备案。项目任务因特殊情况须延期的，应由创新团队牵头单位于执行期结束前 6 个月提出延期书面申请，经原申报渠道单位审核后，报国家文物局审批。原则上只能延期 1 次，延期时间不超过 1 年。

第十七条　支持周期内，鼓励将创新团队成员按照所在地区、所在部门对国家高层次人才的管理要求，在事业平台、人事制度、经费使用、激励保障等方面提供相关配套支持举措。西部地区和东北地区入选创新团队的人员不得向东部地区或中部地区流动，新疆和西藏入选创新团队的人员不得向其他地区流动。

团队成员所在单位应互为提供资料数据和工作成果，加强知识产权保护。创新团队形成的研究成果，包括论文、专著、专利、软件著作权等，应标注"全国考古人才振兴计划项目资助"字样。

第十八条　通过结项验收的创新团队，将第一负责人确认为"考古领军人才"，第二负责人确认为"考古青年英才"，团队骨干成员确认为"考古科研骨干"。

第五章　经费管理

第十九条　国家文物局按照部门预算管理规定，编制全国考古人才振兴计划项目资金预算并设定绩效目标，按程序报送财政部审核。项目资金预算需在执行中进行调剂的，国家文物局应按部门预算管理规定报批，涉及绩效目标变化的，应随预算调剂同步调整绩效目标。

第二十条　财政部根据全国考古人才振兴计划实际

需要、预算执行、绩效评价以及财力状况等因素,统筹安排项目支出预算,列入国家文物局年度部门预算。

第二十一条 国家文物局按照实施全过程预算绩效管理的要求,建立健全预算绩效管理机制,开展绩效目标管理、绩效运行监控、绩效评价工作,强化绩效评价结果应用,提高资金使用效益。

第二十二条 国家文物局与创新团队签订项目任务书后,拨付创新团队首笔资助经费(不超过总额80%),中期评估通过后拨付剩余资助经费。中期评估未通过的团队,1年后再次评估,仍未通过的停止资助。结项验收后,存在经费结余的,应按照结转结余资金财政有关规定退回。

第二十三条 项目经费支出内容包括:

(一)资助经费。包括:

1. 业务费:指在项目实施过程中购置图书、收集资料、复印翻拍、检索文献、采集数据、翻译资料、印刷出版、会议/差旅/国际合作与交流等费用,以及其他相关支出。

2. 劳务费:包括支付给参与项目研究的硕博士研究生和项目聘用的研究人员、科研辅助人员等的劳务性费用,以及支付临时聘请专家的咨询费用等。

3. 分析测试费、材料费、燃料动力费:包括开展所需检验化验、加工及测试分析、耗材,以及野外考察汽车燃料、实验室动力维持消耗、仪器设备和科学装置运行、保证文物安全和脆弱质文物现场处理等水、电、气、燃料消耗费用等。

资助经费在上述范围内,可根据实际需要按规定统筹使用。

(二)工作经费。指国家文物局组织评审、开展培训、结项验收等工作经费,最高列支比例不得超过当年项目资金预算的10%。

第二十四条 资助经费不得提取管理费用,不得用于以下支出:

(一)实施考古调查、勘探、发掘项目,中华文明探源与文物保护利用项目,文物普查项目。

(二)已有财政拨款保障的各类工资福利、奖金等人员支出,与资助项目、创新团队无关的人员支出;

(三)以营利为目的的相关支出;

(四)建设楼堂馆所及职工住宅等基本建设支出;

(五)其他国家规定禁止列支的支出。

第六章 监督检查

第二十五条 财政部、国家文物局、各省级文物行政部门相关工作人员在项目经费审核、分配过程中,存在违反规定分配经费、向不符合条件的团队分配经费、擅自超出范围或标准分配经费等,以及存在其他滥用职权、玩忽职守、徇私舞弊等违法违规行为的,依法追究相应责任。

第二十六条 创新团队成员所在单位及其工作人员在项目经费申报、使用过程中存在虚报、冒领等违法违规行为的,依照《中华人民共和国预算法》及其实施条例、《财政违法行为处罚处分条例》等国家有关规定追究相应责任。

第二十七条 对存在学术作假或剽窃等行为,以及违反财务、诚信等不端行为,或者触犯国家法律法规的,应当予以清退,5年内取消参评资格;已获得立项支持的,撤销项目并追回已拨付经费。

第七章 附 则

第二十八条 本办法自印发之日起施行。

3. 文化场馆

中华人民共和国公共图书馆法

· 2017年11月4日第十二届全国人民代表大会常务委员会第三十次会议通过
· 根据2018年10月26日第十三届全国人民代表大会常务委员会第六次会议《关于修改〈中华人民共和国野生动物保护法〉等十五部法律的决定》修正

第一章 总 则

第一条 为了促进公共图书馆事业发展,发挥公共图书馆功能,保障公民基本文化权益,提高公民科学文化素质和社会文明程度,传承人类文明,坚定文化自信,制定本法。

第二条 本法所称公共图书馆,是指向社会公众免费开放,收集、整理、保存文献信息并提供查询、借阅及相关服务,开展社会教育的公共文化设施。

前款规定的文献信息包括图书报刊、音像制品、缩微制品、数字资源等。

第三条 公共图书馆是社会主义公共文化服务体系的重要组成部分,应当将推动、引导、服务全民阅读作为重要任务。

公共图书馆应当坚持社会主义先进文化前进方向,坚持以人民为中心,坚持以社会主义核心价值观为引领,传承发展中华优秀传统文化,继承革命文化,发展社会主义先进文化。

第四条 县级以上人民政府应当将公共图书馆事业纳入本级国民经济和社会发展规划,将公共图书馆建设纳入城乡规划和土地利用总体规划,加大对政府设立的公共图书馆的投入,将所需经费列入本级政府预算,并及时、足额拨付。

国家鼓励公民、法人和其他组织自筹资金设立公共图书馆。县级以上人民政府应当积极调动社会力量参与公共图书馆建设,并按照国家有关规定给予政策扶持。

第五条　国务院文化主管部门负责全国公共图书馆的管理工作。国务院其他有关部门在各自职责范围内负责与公共图书馆管理有关的工作。

县级以上地方人民政府文化主管部门负责本行政区域内公共图书馆的管理工作。县级以上地方人民政府其他有关部门在各自职责范围内负责本行政区域内与公共图书馆管理有关的工作。

第六条　国家鼓励公民、法人和其他组织依法向公共图书馆捐赠,并依法给予税收优惠。

境外自然人、法人和其他组织可以依照有关法律、行政法规的规定,通过捐赠方式参与境内公共图书馆建设。

第七条　国家扶持革命老区、民族地区、边疆地区和贫困地区公共图书馆事业的发展。

第八条　国家鼓励和支持发挥科技在公共图书馆建设、管理和服务中的作用,推动运用现代信息技术和传播技术,提高公共图书馆的服务效能。

第九条　国家鼓励和支持在公共图书馆领域开展国际交流与合作。

第十条　公共图书馆应当遵守有关知识产权保护的法律、行政法规规定,依法保护和使用文献信息。

馆藏文献信息属于文物、档案或者国家秘密的,公共图书馆应当遵守有关文物保护、档案管理或者保守国家秘密的法律、行政法规规定。

第十一条　公共图书馆行业组织应当依法制定行业规范,加强行业自律,维护会员合法权益,指导、督促会员提高服务质量。

第十二条　对在公共图书馆事业发展中作出突出贡献的组织和个人,按照国家有关规定给予表彰和奖励。

第二章　设　立

第十三条　国家建立覆盖城乡、便捷实用的公共图书馆服务网络。公共图书馆服务网络建设坚持政府主导,鼓励社会参与。

县级以上地方人民政府应当根据本行政区域内人口数量、人口分布、环境和交通条件等因素,因地制宜确定公共图书馆的数量、规模、结构和分布,加强固定馆舍和流动服务设施、自助服务设施建设。

第十四条　县级以上人民政府应当设立公共图书馆。

地方人民政府应当充分利用乡镇(街道)和村(社区)的综合服务设施设立图书室,服务城乡居民。

第十五条　设立公共图书馆应当具备下列条件:

(一)章程;

(二)固定的馆址;

(三)与其功能相适应的馆舍面积、阅览座席、文献信息和设施设备;

(四)与其功能、馆藏规模等相适应的工作人员;

(五)必要的办馆资金和稳定的运行经费来源;

(六)安全保障设施、制度及应急预案。

第十六条　公共图书馆章程应当包括名称、馆址、办馆宗旨、业务范围、管理制度及有关规则、终止程序和剩余财产的处理方案等事项。

第十七条　公共图书馆的设立、变更、终止应当按照国家有关规定办理登记手续。

第十八条　省、自治区、直辖市人民政府文化主管部门应当在其网站上及时公布本行政区域内公共图书馆的名称、馆址、联系方式、馆藏文献信息概况、主要服务内容和方式等信息。

第十九条　政府设立的公共图书馆馆长应当具备相应的文化水平、专业知识和组织管理能力。

公共图书馆应当根据其功能、馆藏规模、馆舍面积、服务范围及服务人口等因素配备相应的工作人员。公共图书馆工作人员应当具备相应的专业知识与技能,其中专业技术人员可以按照国家有关规定评定专业技术职称。

第二十条　公共图书馆可以以捐赠者姓名、名称命名文献信息专藏或者专题活动。

公民、法人和其他组织设立的公共图书馆,可以以捐赠者的姓名、名称命名公共图书馆、公共图书馆馆舍或者其他设施。

以捐赠者姓名、名称命名应当遵守有关法律、行政法规的规定,符合国家利益和社会公共利益,遵循公序良俗。

第二十一条　公共图书馆终止的,应当依照有关法律、行政法规的规定处理其剩余财产。

第二十二条　国家设立国家图书馆,主要承担国家文献信息战略保存、国家书目和联合目录编制、为国家立法和决策服务、组织全国古籍保护、开展图书馆发展研究和国际交流、为其他图书馆提供业务指导和技术支持等职能。国家图书馆同时具有本法规定的公共图书馆的功能。

第三章　运　行

第二十三条　国家推动公共图书馆建立健全法人治理结构,吸收有关方面代表、专业人士和社会公众参与管理。

第二十四条　公共图书馆应当根据办馆宗旨和服务对象的需求,广泛收集文献信息;政府设立的公共图书馆还应当系统收集地方文献信息,保存和传承地方文化。

文献信息的收集应当遵守有关法律、行政法规的规定。

第二十五条　公共图书馆可以通过采购、接受交存或者捐赠等合法方式收集文献信息。

第二十六条　出版单位应当按照国家有关规定向国家图书馆和所在地省级公共图书馆交存正式出版物。

第二十七条　公共图书馆应当按照国家公布的标准、规范对馆藏文献信息进行整理,建立馆藏文献信息目录,并依法通过其网站或者其他方式向社会公开。

第二十八条　公共图书馆应当妥善保存馆藏文献信息,不得随意处置;确需处置的,应当遵守国务院文化主管部门有关处置文献信息的规定。

公共图书馆应当配备防火、防盗等设施,并按照国家有关规定和标准对古籍和其他珍贵、易损文献信息采取专门的保护措施,确保安全。

第二十九条　公共图书馆应当定期对其设施设备进行检查维护,确保正常运行。

公共图书馆的设施设备场地不得用于与其服务无关的商业经营活动。

第三十条　公共图书馆应当加强馆际交流与合作。国家支持公共图书馆开展联合采购、联合编目、联合服务,实现文献信息的共建共享,促进文献信息的有效利用。

第三十一条　县级人民政府应当因地制宜建立符合当地特点的以县级公共图书馆为总馆,乡镇(街道)综合文化站、村(社区)图书室等为分馆或者基层服务点的总分馆制,完善数字化、网络化服务体系和配送体系,实现通借通还,促进公共图书馆服务向城乡基层延伸。总馆应当加强对分馆和基层服务点的业务指导。

第三十二条　公共图书馆馆藏文献信息属于档案、文物的,公共图书馆可以与档案馆、博物馆、纪念馆等单位相互交换重复件、复制件或者目录,联合举办展览,共同编辑出版有关史料或者进行史料研究。

第四章　服　务

第三十三条　公共图书馆应当按照平等、开放、共享的要求向社会公众提供服务。

公共图书馆应当免费向社会公众提供下列服务:

(一)文献信息查询、借阅;

(二)阅览室、自习室等公共空间设施场地开放;

(三)公益性讲座、阅读推广、培训、展览;

(四)国家规定的其他免费服务项目。

第三十四条　政府设立的公共图书馆应当设置少年儿童阅览区域,根据少年儿童的特点配备相应的专业人员,开展面向少年儿童的阅读指导和社会教育活动,并为学校开展有关课外活动提供支持。有条件的地区可以单独设立少年儿童图书馆。

政府设立的公共图书馆应当考虑老年人、残疾人等群体的特点,积极创造条件,提供适合其需要的文献信息、无障碍设施设备和服务等。

第三十五条　政府设立的公共图书馆应当根据自身条件,为国家机关制定法律、法规、政策和开展有关问题研究,提供文献信息和相关咨询服务。

第三十六条　公共图书馆应当通过开展阅读指导、读书交流、演讲诵读、图书互换共享等活动,推广全民阅读。

第三十七条　公共图书馆向社会公众提供文献信息,应当遵守有关法律、行政法规的规定,不得向未成年人提供内容不适宜的文献信息。

公共图书馆不得从事或者允许其他组织、个人在馆内从事危害国家安全、损害社会公共利益和其他违反法律法规的活动。

第三十八条　公共图书馆应当通过其网站或者其他方式向社会公告本馆的服务内容、开放时间、借阅规则等;因故闭馆或者更改开放时间的,除遇不可抗力外,应当提前公告。

公共图书馆在公休日应当开放,在国家法定节假日应当有开放时间。

第三十九条　政府设立的公共图书馆应当通过流动服务设施、自助服务设施等为社会公众提供便捷服务。

第四十条　国家构建标准统一、互联互通的公共图书馆数字服务网络,支持数字阅读产品开发和数字资源保存技术研究,推动公共图书馆利用数字化、网络化技术向社会公众提供便捷服务。

政府设立的公共图书馆应当加强数字资源建设、配备相应的设施设备,建立线上线下相结合的文献信息共享平台,为社会公众提供优质服务。

第四十一条 政府设立的公共图书馆应当加强馆内古籍的保护,根据自身条件采用数字化、影印或者缩微技术等推进古籍的整理、出版和研究利用,并通过巡回展览、公益性讲座、善本再造、创意产品开发等方式,加强古籍宣传,传承发展中华优秀传统文化。

第四十二条 公共图书馆应当改善服务条件、提高服务水平,定期公告服务开展情况,听取读者意见,建立投诉渠道,完善反馈机制,接受社会监督。

第四十三条 公共图书馆应当妥善保护读者的个人信息、借阅信息以及其他可能涉及读者隐私的信息,不得出售或者以其他方式非法向他人提供。

第四十四条 读者应当遵守公共图书馆的相关规定,自觉维护公共图书馆秩序,爱护公共图书馆的文献信息、设施设备,合法利用文献信息;借阅文献信息的,应当按照规定时限归还。

对破坏公共图书馆文献信息、设施设备,或者扰乱公共图书馆秩序的,公共图书馆工作人员有权予以劝阻、制止;经劝阻、制止无效的,公共图书馆可以停止为其提供服务。

第四十五条 国家采取政府购买服务等措施,对公民、法人和其他组织设立的公共图书馆提供服务给予扶持。

第四十六条 国家鼓励公民参与公共图书馆志愿服务。县级以上人民政府文化主管部门应当对公共图书馆志愿服务给予必要的指导和支持。

第四十七条 国务院文化主管部门和省、自治区、直辖市人民政府文化主管部门应当制定公共图书馆服务规范,对公共图书馆的服务质量和水平进行考核。考核应当吸收社会公众参与。考核结果应当向社会公布,并作为对公共图书馆给予补贴或者奖励等的依据。

第四十八条 国家支持公共图书馆加强与学校图书馆、科研机构图书馆以及其他类型图书馆的交流与合作,开展联合服务。

国家支持学校图书馆、科研机构图书馆以及其他类型图书馆向社会公众开放。

第五章 法律责任

第四十九条 公共图书馆从事或者允许其他组织、个人在馆内从事危害国家安全、损害社会公共利益活动的,由文化主管部门责令改正,没收违法所得;情节严重的,可以责令停业整顿、关闭;对直接负责的主管人员和其他直接责任人员依法追究法律责任。

第五十条 公共图书馆及其工作人员有下列行为之一的,由文化主管部门责令改正,没收违法所得:

(一)违规处置文献信息;

(二)出售或者以其他方式非法向他人提供读者的个人信息、借阅信息以及其他可能涉及读者隐私的信息;

(三)向社会公众提供文献信息违反有关法律、行政法规的规定,或者向未成年人提供内容不适宜的文献信息;

(四)将设施设备场地用于与公共图书馆服务无关的商业经营活动;

(五)其他不履行本法规定的公共图书馆服务要求的行为。

公共图书馆及其工作人员对应当免费提供的服务收费或者变相收费的,由价格主管部门依照前款规定给予处罚。

公共图书馆及其工作人员有前两款规定行为的,对直接负责的主管人员和其他直接责任人员依法追究法律责任。

第五十一条 出版单位未按照国家有关规定交存正式出版物的,由出版主管部门依照有关出版管理的法律、行政法规规定给予处罚。

第五十二条 文化主管部门或者其他有关部门及其工作人员在公共图书馆管理工作中滥用职权、玩忽职守、徇私舞弊的,对直接负责的主管人员和其他直接责任人员依法给予处分。

第五十三条 损坏公共图书馆的文献信息、设施设备或者未按照规定时限归还所借文献信息,造成财产损失或者其他损害的,依法承担民事责任。

第五十四条 违反本法规定,构成违反治安管理行为的,依法给予治安管理处罚;构成犯罪的,依法追究刑事责任。

第六章 附 则

第五十五条 本法自 2018 年 1 月 1 日起施行。

博物馆条例

· 2015 年 1 月 14 日国务院第 78 次常务会议通过
· 2015 年 2 月 9 日中华人民共和国国务院令第 659 号公布
· 自 2015 年 3 月 20 日起施行

第一章 总 则

第一条 为了促进博物馆事业发展,发挥博物馆功能,满足公民精神文化需求,提高公民思想道德和科学文化素质,制定本条例。

第二条　本条例所称博物馆,是指以教育、研究和欣赏为目的,收藏、保护并向公众展示人类活动和自然环境的见证物,经登记管理机关依法登记的非营利组织。

博物馆包括国有博物馆和非国有博物馆。利用或者主要利用国有资产设立的博物馆为国有博物馆;利用或者主要利用非国有资产设立的博物馆为非国有博物馆。

国家在博物馆的设立条件、提供社会服务、规范管理、专业技术职称评定、财税扶持政策等方面,公平对待国有和非国有博物馆。

第三条　博物馆开展社会服务应当坚持为人民服务、为社会主义服务的方向和贴近实际、贴近生活、贴近群众的原则,丰富人民群众精神文化生活。

第四条　国家制定博物馆事业发展规划,完善博物馆体系。

国家鼓励企业、事业单位、社会团体和公民等社会力量依法设立博物馆。

第五条　国有博物馆的正常运行经费列入本级财政预算;非国有博物馆的举办者应当保障博物馆的正常运行经费。

国家鼓励设立公益性基金为博物馆提供经费,鼓励博物馆多渠道筹措资金促进自身发展。

第六条　博物馆依法享受税收优惠。

依法设立博物馆或者向博物馆提供捐赠的,按照国家有关规定享受税收优惠。

第七条　国家文物主管部门负责全国博物馆监督管理工作。国务院其他有关部门在各自职责范围内负责有关的博物馆管理工作。

县级以上地方人民政府文物主管部门负责本行政区域的博物馆监督管理工作。县级以上地方人民政府其他有关部门在各自职责范围内负责本行政区域内有关的博物馆管理工作。

第八条　博物馆行业组织应当依法制定行业自律规范,维护会员的合法权益,指导、监督会员的业务活动,促进博物馆事业健康发展。

第九条　对为博物馆事业作出突出贡献的组织或者个人,按照国家有关规定给予表彰、奖励。

第二章　博物馆的设立、变更与终止

第十条　设立博物馆,应当具备下列条件:

(一)固定的馆址以及符合国家规定的展室、藏品保管场所;

(二)相应数量的藏品以及必要的研究资料,并能够形成陈列展览体系;

(三)与其规模和功能相适应的专业技术人员;

(四)必要的办馆资金和稳定的运行经费来源;

(五)确保观众人身安全的设施、制度及应急预案。

博物馆馆舍建设应当坚持新建馆舍和改造现有建筑相结合,鼓励利用名人故居、工业遗产等作为博物馆馆舍。新建、改建馆舍应当提高藏品展陈和保管面积占总面积的比重。

第十一条　设立博物馆,应当制定章程。博物馆章程应当包括下列事项:

(一)博物馆名称、馆址;

(二)办馆宗旨及业务范围;

(三)组织管理制度,包括理事会或者其他形式决策机构的产生办法、人员构成、任期、议事规则等;

(四)藏品展示、保护、管理、处置的规则;

(五)资产管理和使用规则;

(六)章程修改程序;

(七)终止程序和终止后资产的处理;

(八)其他需要由章程规定的事项。

第十二条　国有博物馆的设立、变更、终止依照有关事业单位登记管理法律、行政法规的规定办理,并应当向馆址所在地省、自治区、直辖市人民政府文物主管部门备案。

第十三条　藏品属于古生物化石的博物馆,其设立、变更、终止应当遵守有关古生物化石保护法律、行政法规的规定,并向馆址所在地省、自治区、直辖市人民政府文物主管部门备案。

第十四条　设立藏品不属于古生物化石的非国有博物馆的,应当向馆址所在地省、自治区、直辖市人民政府文物主管部门备案,并提交下列材料:

(一)博物馆章程草案;

(二)馆舍所有权或者使用权证明,展室和藏品保管场所的环境条件符合藏品展示、保护、管理需要的论证材料;

(三)藏品目录、藏品概述及藏品合法来源说明;

(四)出资证明或者验资报告;

(五)专业技术人员和管理人员的基本情况;

(六)陈列展览方案。

第十五条　设立藏品不属于古生物化石的非国有博物馆的,应当到有关登记管理机关依法办理法人登记手续。

前款规定的非国有博物馆变更、终止的,应当到有关登记管理机关依法办理变更登记、注销登记,并向馆址所

在地省、自治区、直辖市人民政府文物主管部门备案。

第十六条 省、自治区、直辖市人民政府文物主管部门应当及时公布本行政区域内已备案的博物馆名称、地址、联系方式、主要藏品等信息。

第三章 博物馆管理

第十七条 博物馆应当完善法人治理结构,建立健全有效组织管理制度。

第十八条 博物馆专业技术人员按照国家有关规定评定专业技术职称。

第十九条 博物馆依法管理和使用的资产,任何组织或者个人不得侵占。

博物馆不得从事文物等藏品的商业经营活动。博物馆从事其他商业经营活动,不得违反办馆宗旨,不得损害观众利益。博物馆从事其他商业经营活动的具体办法由国家文物主管部门制定。

第二十条 博物馆接受捐赠的,应当遵守有关法律、行政法规的规定。

博物馆可以依法以举办者或者捐赠者的姓名、名称命名博物馆的馆舍或者其他设施;非国有博物馆还可以依法以举办者或者捐赠者的姓名、名称作为博物馆馆名。

第二十一条 博物馆可以通过购买、接受捐赠、依法交换等法律、行政法规规定的方式取得藏品,不得取得来源不明或者来源不合法的藏品。

第二十二条 博物馆应当建立藏品账目及档案。藏品属于文物的,应当区分文物等级,单独设置文物档案,建立严格的管理制度,并报文物主管部门备案。

未依照前款规定建账、建档的藏品,不得交换或者出借。

第二十三条 博物馆法定代表人对藏品安全负责。

博物馆法定代表人、藏品管理人员离任前,应当办结藏品移交手续。

第二十四条 博物馆应当加强对藏品的安全管理,定期对保障藏品安全的设备、设施进行检查、维护,保证其正常运行。对珍贵藏品和易损藏品应当设立专库或者专用设备保存,并由专人负责保管。

第二十五条 博物馆藏品属于国有文物、非国有文物中的珍贵文物和国家规定禁止出境的其他文物的,不得出境,不得转让、出租、质押给外国人。

国有博物馆藏品属于文物的,不得赠与、出租或者出售给其他单位和个人。

第二十六条 博物馆终止的,应当依照有关非营利组织法律、行政法规的规定处理藏品;藏品属于国家禁止

买卖的文物的,应当依照有关文物保护法律、行政法规的规定处理。

第二十七条 博物馆藏品属于文物或者古生物化石的,其取得、保护、管理、展示、处置、进出境等还应当分别遵守有关文物保护、古生物化石保护的法律、行政法规的规定。

第四章 博物馆社会服务

第二十八条 博物馆应当自取得登记证书之日起6个月内向公众开放。

第二十九条 博物馆应当向公众公告具体开放时间。在国家法定节假日和学校寒暑假期间,博物馆应当开放。

第三十条 博物馆举办陈列展览,应当遵守下列规定:

(一)主题和内容应当符合宪法所确定的基本原则和维护国家安全与民族团结、弘扬爱国主义、倡导科学精神、普及科学知识、传播优秀文化、培养良好风尚、促进社会和谐、推动社会文明进步的要求;

(二)与办馆宗旨相适应,突出藏品特色;

(三)运用适当的技术、材料、工艺和表现手法,达到形式与内容的和谐统一;

(四)展品以原件为主,使用复制品、仿制品应当明示;

(五)采用多种形式提供科学、准确、生动的文字说明和讲解服务;

(六)法律、行政法规的其他有关规定。

陈列展览的主题和内容不适宜未成年人的,博物馆不得接纳未成年人。

第三十一条 博物馆举办陈列展览的,应当在陈列展览开始之日10个工作日前,将陈列展览主题、展品说明、讲解词等向陈列展览举办地的文物主管部门或者其他有关部门备案。

各级人民政府文物主管部门和博物馆行业组织应当加强对博物馆陈列展览的指导和监督。

第三十二条 博物馆应当配备适当的专业人员,根据不同年龄段的未成年人接受能力进行讲解;学校寒暑假期间,具备条件的博物馆应当增设适合学生特点的陈列展览项目。

第三十三条 国家鼓励博物馆向公众免费开放。县级以上人民政府应当对向公众免费开放的博物馆给予必要的经费支持。

博物馆未实行免费开放的,其门票、收费的项目和标

准按照国家有关规定执行,并在收费地点的醒目位置予以公布。

博物馆未实行免费开放的,应当对未成年人、成年学生、教师、老年人、残疾人和军人等实行免费或者其他优惠。博物馆实行优惠的项目和标准应当向公众公告。

第三十四条　博物馆应当根据自身特点、条件,运用现代信息技术,开展形式多样、生动活泼的社会教育和服务活动,参与社区文化建设和对外文化交流与合作。

国家鼓励博物馆挖掘藏品内涵,与文化创意、旅游等产业相结合,开发衍生产品,增强博物馆发展能力。

第三十五条　国务院教育行政部门应当会同国家文物主管部门,制定利用博物馆资源开展教育教学、社会实践活动的政策措施。

地方各级人民政府教育行政部门应当鼓励学校结合课程设置和教学计划,组织学生到博物馆开展学习实践活动。

博物馆应当对学校开展各类相关教育教学活动提供支持和帮助。

第三十六条　博物馆应当发挥藏品优势,开展相关专业领域的理论及应用研究,提高业务水平,促进专业人才的成长。

博物馆应当为高等学校、科研机构和专家学者等开展科学研究工作提供支持和帮助。

第三十七条　公众应当爱护博物馆展品、设施及环境,不得损坏博物馆的展品、设施。

第三十八条　博物馆行业组织可以根据博物馆的教育、服务及藏品保护、研究和展示水平,对博物馆进行评估。具体办法由国家文物主管部门会同其他有关部门制定。

第五章　法律责任

第三十九条　博物馆取得来源不明或者来源不合法的藏品,或者陈列展览的主题、内容造成恶劣影响的,由省、自治区、直辖市人民政府文物主管部门或者有关登记管理机关按照职责分工,责令改正,有违法所得的,没收违法所得,并处违法所得 2 倍以上 5 倍以下罚款;没有违法所得的,处 5000 元以上 2 万元以下罚款;情节严重的,由登记管理机关撤销登记。

第四十条　博物馆从事文物藏品的商业经营活动的,由工商行政管理部门依照有关文物保护法律、行政法规的规定处罚。

博物馆从事非文物藏品的商业经营活动,或者从事其他商业经营活动违反办馆宗旨、损害观众利益的,由省、自治区、直辖市人民政府文物主管部门或者有关登记管理机关按照职责分工,责令改正,有违法所得的,没收违法所得,并处违法所得 2 倍以上 5 倍以下罚款;没有违法所得的,处 5000 元以上 2 万元以下罚款;情节严重的,由登记管理机关撤销登记。

第四十一条　博物馆自取得登记证书之日起 6 个月内未向公众开放,或者未依照本条例的规定实行免费或者其他优惠的,由省、自治区、直辖市人民政府文物主管部门责令改正;拒不改正的,由登记管理机关撤销登记。

第四十二条　博物馆违反有关价格法律、行政法规规定的,由馆址所在地县级以上地方人民政府价格主管部门依法给予处罚。

第四十三条　县级以上人民政府文物主管部门或者其他有关部门及其工作人员玩忽职守、滥用职权、徇私舞弊或者利用职务上的便利索取或者收受他人财物的,由本级人民政府或者上级机关责令改正,通报批评;对直接负责的主管人员和其他直接责任人员依法给予处分。

第四十四条　违反本条例规定,构成犯罪的,依法追究刑事责任。

第六章　附　则

第四十五条　本条例所称博物馆不包括以普及科学技术为目的的科普场馆。

第四十六条　中国人民解放军所属博物馆依照军队有关规定进行管理。

第四十七条　本条例自 2015 年 3 月 20 日起施行。

博物馆管理办法

· 2005 年 12 月 22 日文化部令第 35 号公布
· 自 2006 年 1 月 1 日起施行

第一章　总　则

第一条　为贯彻落实科学发展观,规范博物馆管理工作,促进博物馆事业发展,根据《中华人民共和国文物保护法》、《中华人民共和国文物保护法实施条例》、《公共文化体育设施条例》、《事业单位登记管理暂行条例》和《民办非企业单位登记管理暂行条例》等相关法律法规,制定本办法。

第二条　本办法所称博物馆,是指收藏、保护、研究、展示人类活动和自然环境的见证物,经过文物行政部门审核、相关行政部门批准许可取得法人资格,向公众开放的非营利性社会服务机构。

利用或主要利用国有文物、标本、资料等资产设立的博物馆为国有博物馆。

利用或主要利用非国有文物、标本、资料等资产设立的博物馆为非国有博物馆。

第三条　国家扶持和发展博物馆事业,鼓励个人、法人和其他组织设立博物馆。

县级以上人民政府应当将博物馆事业纳入本级国民经济和社会发展规划,事业经费列入本级财政预算。

博物馆的数量、种类、规模以及布局,应当根据本地区国民经济和社会发展水平、文物等资源条件和公众精神文化需求,统筹兼顾,优化配置。鼓励优先设立填补博物馆门类空白和体现行业特性、区域特点的专题性博物馆。

第四条　国家鼓励博物馆发展相关文化产业,多渠道筹措资金,促进自身发展。

博物馆依法享受税收减免优惠,享有通过依法征集、购买、交换、接受捐赠和调拨等方式取得藏品的权利。

第五条　博物馆应当发挥社会教育功能,传播有益于社会进步的思想道德、科学技术和文化知识。

在博物馆参观或开展其他活动,应当爱护博物馆设施、展品和周边环境,遵守公共秩序。

第六条　国务院文物行政部门主管全国博物馆工作。

县级以上地方文物行政部门对本行政区域内的博物馆实施监督和管理。

第七条　县级以上文物行政部门应当促进博物馆行业组织建设,指导行业组织活动,逐步对博物馆实行分级、分类管理。

第八条　县级以上文物行政部门对发展博物馆事业做出突出贡献的机构、团体或个人,应当给予表彰或奖励。

第二章　博物馆设立、年检与终止

第九条　申请设立博物馆,应当具备下列条件:

(一)具有固定的馆址,设置专用的展厅(室)、库房和文物保护技术场所,展厅(室)面积与展览规模相适应,展览环境适宜对公众开放;

(二)具有必要的办馆资金和保障博物馆运行的经费;

(三)具有与办馆宗旨相符合、一定数量和成系统的藏品及必要的研究资料;

(四)具有与办馆宗旨相符合的专业技术和管理人员;

(五)具有符合国家规定的安全和消防设施;

(六)能够独立承担民事责任。

第十条　省级文物行政部门负责本行政区域内博物馆设立的审核工作。

博物馆名称一般不得冠以"中国"、"中华"、"国家"等字样(简称"中国"等字样);特殊情况确需冠以"中国"等字样的,应由中央机构编制委员会办公室会同国务院文物行政部门审核同意。

非国有博物馆的名称不得冠以"中国"等字样。

第十一条　申请设立博物馆,应当由馆址所在地市(县)级文物行政部门初审后,向省级文物行政部门提交下列材料:

(一)博物馆设立申请书;

(二)馆舍所有权或使用权证明;

(三)资金来源证明或验资报告;

(四)藏品目录及合法来源说明;

(五)陈列展览大纲;

(六)拟任法定代表人的基本情况及身份证明;

(七)专业技术和管理人员的证明材料。

申请设立非国有博物馆的,应同时提交博物馆章程草案。章程草案应当包括下列主要事项:

(一)办馆宗旨及藏品收藏标准;

(二)博物馆理事会、董事会或其他形式决策机构的产生办法、人员构成、任期、议事规则等;

(三)出资人不要求取得经济回报的约定;

(四)博物馆终止时的藏品处置方式;

(五)章程修改程序。

第十二条　省级文物行政部门应当自收到博物馆设立申请材料之日起30个工作日内出具审核意见。审核同意的,应报国务院文物行政部门备案。审核不同意的,应当书面说明理由。

经审核同意设立博物馆的,申请人应持审核意见及其他申报材料,向相关行政部门申请取得博物馆法人资格。

博物馆应当自取得法人资格之日起6个月内向社会开放。

本办法实施前已批准设立的博物馆,应当在本办法实施之日起6个月内,向省级文物行政部门提交本办法第十一条第一款规定的除(一)项之外的全部材料;非国有博物馆应同时提交博物馆章程。

第十三条　博物馆的建筑设计应当符合国家和行业颁布的有关标准和规范。博物馆建筑应当划分为陈列展览区、藏品库房区、文物保护技术区、公众服务区和办公区等,相对自成系统。

第十四条　国有博物馆建设工程的设计方案,应当报请所在地省级文物行政部门组织论证。

第十五条　博物馆应当于每年 3 月 31 日前向所在地市(县)级文物行政部门报送上一年度的工作报告,接受年度检查。工作报告内容应当包括有关法律和其他规定的执行情况,藏品、展览、人员和机构的变动情况以及社会教育、安全、财务管理等情况。

市(县)级文物行政部门应当于每年 4 月 30 日前,将上一年度本行政区域内博物馆年度检查的初步意见报送省级文物行政部门。省级文物行政部门应当于每年 5 月 31 日前,将上一年度本行政区域内博物馆的年度检查情况进行审核,并汇总报国务院文物行政部门备案。

第十六条　博物馆的名称、馆址、藏品、基本陈列以及非国有博物馆的章程等重要事项发生变更前,应当报省级文物行政部门审核。

博物馆法定代表人发生变更的,应当自变更之日起 10 日内报省级文物行政部门备案。

第十七条　博物馆终止前,应当向省级文物行政部门提出终止申请及藏品处置方案,接受主管文物行政部门指导,完成博物馆资产清算工作。

省级文物行政部门应当自收到博物馆终止申请和藏品处置方案之日起 30 个工作日内出具审核意见。藏品处置方案等符合法定要求的,准予终止;藏品处置方案等不符合法定要求的,责令其改正后准予终止。相关行政部门根据省级文物行政部门的审核意见,给予办理博物馆法人资格注销登记手续。

第十八条　国有博物馆终止的,其藏品由所在地省级文物行政部门指定的国有博物馆接收。

非国有博物馆终止的,其藏品属于法律规定可以依法流通的,允许其以法律规定的方式流通;依法不能流通的藏品,应当转让给其他博物馆;接受捐赠的藏品,应当交由其他博物馆收藏,并告知捐赠人。

第三章　藏品管理

第十九条　博物馆藏品的收藏、保护、研究、展示等,应当依法建立、健全相关规章制度,并报所在地市(县)级文物行政部门备案。

博物馆应具有保障藏品安全的设备和设施。馆藏一级文物和其他易损易坏的珍贵文物,应设立专库或专柜并由专人负责保管。

第二十条　博物馆应建立藏品总帐、分类帐及每件藏品的档案,并依法办理备案手续。

博物馆通过依法征集、购买、交换、接受捐赠和调拨等方式取得的藏品,应在 30 日内登记入藏品总帐。

第二十一条　依法调拨、交换、借用国有博物馆藏品,取得藏品的博物馆可以对提供藏品的博物馆给予实物、技术、培训或资金方面的合理补偿。补偿数额的确定,应当考虑藏品保管、修复、研究、展示等过程中原收藏博物馆发生的实际费用。调拨、交换、借用国有博物馆藏品的申请文件,应当包括合理补偿的方案。

第二十二条　博物馆不够本馆收藏标准,或因腐蚀损毁等原因无法修复并无继续保存价值的藏品,经本馆或受委托的专家委员会评估认定后,可以向省级文物行政部门申请退出馆藏。

退出馆藏申请材料的内容,应当包括拟不再收藏的藏品名称、数量和退出馆藏的原因,并附有关藏品档案复制件。

第二十三条　国有博物馆所在地省级文物行政部门应当在收到退出馆藏申请材料的 30 个工作日内,组织专家委员会复审。专家委员会复审未通过的,终止该藏品的退出馆藏程序。

专家委员会复审通过的,省级文物行政部门应当将有关材料在国务院文物行政部门和有关省级文物行政部门的官方网站上公示 30 个工作日。期间如有其他国有文物收藏单位愿意接收有关藏品,则以调拨、交换等方式处理;期间如没有其他国有文物收藏单位愿意接收有关藏品,则由省级文物行政部门统一处置。处置方案报国务院文物行政部门批准后实施,处置所得资金应当用于博物馆事业发展。

国有博物馆应当建立退出馆藏物品专项档案,并报省级文物行政部门备案。专项档案应当保存 75 年以上。

第二十四条　非国有博物馆申请藏品退出馆藏,申请材料应附理事会、董事会或其他形式决策机构的书面意见。博物馆所在地省级文物行政部门应当在收到申请材料的 30 个工作日内作出是否允许退出馆藏的决定,并报国务院文物行政部门备案。

第二十五条　博物馆应当以本馆藏品为基础,开展有关专业学科及应用技术的研究,提高业务活动的学术含量,促进专业人才的成长。在确保藏品安全的前提下,博物馆应当为馆外人员研究本馆藏品提供便利。

第四章　展示与服务

第二十六条　博物馆举办陈列展览,应当遵循以下原则:

(一)与本馆性质和任务相适应,突出馆藏品特色、行业特性和区域特点,具有较高的学术和文化含量;

（二）合理运用现代技术、材料、工艺和表现手法，达到形式与内容的和谐统一；

（三）展品应以原件为主，复原陈列应当保持历史原貌，使用复制品、仿制品和辅助展品应予明示；

（四）展厅内具有符合标准的安全技术防范设备和防止展品遭受自然损害的展出设施；

（五）为公众提供文字说明和讲解服务；

（六）陈列展览的对外宣传活动及时、准确，形式新颖。

第二十七条　博物馆应当根据办馆宗旨，结合本馆特点开展形式多样、生动活泼的社会教育和服务活动，积极参与社区文化建设。

鼓励博物馆利用电影、电视、音像制品、出版物和互联网等途径传播藏品知识、陈列展览及研究成果。

第二十八条　博物馆对公众开放，应当遵守以下规定：

（一）公告服务项目和开放时间；变更服务项目和开放时间的，应当提前7日公告；

（二）开放时间应当与公众的工作、学习及休闲时间相协调；法定节假日和学校寒暑假期间，应当适当延长开放时间；

（三）无正当理由，国有博物馆全年开放时间不少于10个月，非国有博物馆全年开放时间不少于8个月。

第二十九条　博物馆应当逐步建立减免费开放制度，并向社会公告。

国有博物馆对未成年人集体参观实行免费制度，对老年人、残疾人、现役军人等特殊社会群体参观实行减免费制度。

第三十条　鼓励博物馆研发相关文化产品，传播科学文化知识，开展专业培训、科技成果转让等形式的有偿服务活动。

第五章　附　则

第三十一条　博物馆违反本办法规定，情节严重的，由所在地省级文物行政部门撤销审核同意意见，由相关行政部门撤销博物馆法人资格。

博物馆违反其他法律、法规规定的，依照有关法律、法规的规定处罚。

第三十二条　本办法自2006年1月1日起施行。

博物馆运行评估办法

· 2022年11月8日
· 文物博发〔2022〕28号

第一条　为引领博物馆进一步提高政治站位，坚持正确方向，全面贯彻落实习近平总书记关于文物博物馆工作重要论述和批示精神，规范博物馆运行评估工作，提高博物馆管理和运行水平，推动博物馆事业高质量发展，根据《中华人民共和国文物保护法》《中华人民共和国公共文化服务保障法》《博物馆条例》《关于推进博物馆改革发展的指导意见》等法律法规、政策文件，制定本办法。

第二条　本办法所称的博物馆运行评估（以下简称"评估"），是针对博物馆在三年周期内的管理运行状况而开展的专业评价活动，旨在对博物馆的运行质量进行考察和评价。

第三条　凡取得相应等级三年以上的国家一、二、三级博物馆，须依照本办法参加运行评估；无故不参加运行评估的，按自动放弃相应博物馆等级处理。

第四条　评估工作坚持公平、公正、公开原则，采取"政府指导、社会参与、独立运作"的工作机制。

第五条　国家文物局负责制定评估办法、评估标准，并指导中国博物馆协会组织开展国家一、二、三级博物馆的运行评估工作。

中国博物馆协会应根据本办法和《博物馆运行评估标准》的要求，制定评估工作方案，组织开展评估活动，拟定、发布评估结果。根据工作需要，可委托地方省级博物馆行业组织对本行政区域内二、三级博物馆进行评估、提出评定建议，报中国博物馆协会审核，按规定程序报批。

第六条　评估工作流程包括定性评估、定量评估、现场考察和综合评议。

第七条　定性评估、现场考察和综合评议环节的评估工作，由中国博物馆协会组织专家完成。

中国博物馆协会应建立评估专家库，在遵循回避原则的前提下，通过随机抽选方式，产生参与各环节评估工作的评估专家。

第八条　定量评估环节通过运用评估系统，对参评博物馆申报的量化数据进行处理，生成定量评估分值。

在评估过程中，应收集全国博物馆年报信息系统等公开发布的博物馆业务活动数据，并兼顾互联网公开的观众评价信息，作为评估依据。

第九条　评估结果分为优秀、合格、基本合格和不合格 4 个档次。

中国博物馆协会将拟定评估结果报国家文物局备案,并公示 5 个工作日。公示无异议后,向社会公布评估结果档次。

第十条　各级文物主管部门和博物馆行业组织,应逐步完善评估结果运用机制,鼓励通过经费分配、项目安排、科技扶持、人才交流等方式,加大扶优汰劣力度。

第十一条　对评估结果为"基本合格"的博物馆,限期整改,如在第二次评估中仍未达到标准,则对原一、二级博物馆降低等级、原三级博物馆取消等级;对评估结果为"不合格"的博物馆,原一、二级博物馆降低等级、原三级博物馆取消等级。针对评估结果为"基本合格""不合格"的博物馆,可根据具体情况发出警告通知书或通报批评。

决定给予降低或取消现有等级处理的博物馆,由中国博物馆协会组织核查,并报国家文物局备案后向社会公布;

凡被降低或取消等级的博物馆,自降低或取消等级之日起三年内,不得重新申请参加定级评估。

第十二条　凡参与评估工作的单位和人员,均应严格遵守国家法律、法规及有关工作规定,履行相关职责和义务,不得以任何方式妨碍评估工作的正常开展。

经发现参评博物馆存在弄虚作假、行贿舞弊等违法违规行为的,情节严重、造成不良影响的,由中国博物馆协会核实并报国家文物局备案后,给予取消等级处理。

评估专家和工作人员如有违纪、违规行为,一经查实,由相关部门依法依规处理。

第十三条　中国博物馆协会应将评估工作情况及相关评估资料,在其网站上公布,主动接受社会监督。

第十四条　对评估过程和结果持有异议的单位,可向中国博物馆协会以书面形式提出申诉。中国博物馆协会应在接到申诉之日起 20 日内,对申诉的问题进行调查,并根据相关规定给予相应处理,处理结果应以书面形式告知申诉单位。

第十五条　本办法自发布之日起施行。《国家一级博物馆运行评估规则》(文物博函〔2013〕43 号发布)、《国家二三级博物馆运行评估规则(试行)》(文物博函〔2014〕242 号发布)同时废止。

博物馆运行评估标准

·2022 年 11 月 8 日
·文物博发〔2022〕28 号

1. 范围

本标准规定了对定级博物馆开展运行评估所使用的指标和评价方法。

本标准适用于博物馆行业组织针对定级博物馆开展的博物馆运行评估工作。

文物主管部门、博物馆行业组织针对未定级博物馆开展运行评估工作可参照本标准确定的指标和方法进行。

2. 规范性引用文件

下列文件中的内容通过文中的规范性引用而构成本文件必不可少的条款。其中,注日期的引用文件,仅该日期对应的版本适用于本文件;不注日期的引用文件,其最新版本(包括所有的修改单)适用于本文件。

《国家基本公共服务标准(2021 年版)》(发改社会〔2021〕443 号)

GA 27-2002《文物系统博物馆风险等级和安全防护级别的规定》

GB/T 17775-2003《旅游景区质量等级的划分与评定》

GB/T 22528-2008《文物保护单位开放服务规范》

WW/T 0020-2008《文物藏品档案规范》

GB/T 23863-2009《博物馆照明设计规范》

GB/T 23862-2009《文物运输包装规范》

GB/T 28227.2-2011《文化服务质量管理体系实施指南第 2 部分:室内博物馆》

GB/T 16571-2012《博物馆和文物保护单位安全防范系统要求》

GB/T 30234-2013《文物展品标牌》

WW/T 0017-2013《馆藏文物登录规范》

JGJ 66-2015《博物馆建筑设计规范》

GB/T 36721-2018《博物馆开放服务规范》

WW/T 0088-2018《博物馆展览内容设计规范》

WW/T 0089-2018《博物馆陈列展览形式设计与施工规范》

WW/T 0092-2018《博物馆运行评估指标》

GB/T 22239-2019《信息安全技术 网络安全等级保护基本要求》

《博物馆定级评估标准（2019年12月）》（文物博发〔2020〕2号）

3. 术语和定义

3.1 博物馆

以教育、研究和欣赏为目的，收藏、保护并向公众展示人类活动和自然环境的见证物，经登记管理机关依法登记的非营利组织。

3.2 定级博物馆

依据《博物馆定级评估办法》参加博物馆定级评估并取得"一、二、三级博物馆"质量等级的博物馆。

3.3 博物馆运行评估

由博物馆行业组织负责实施，以考察、评价、监督为主要目的，针对定级博物馆在特定期间的运行状况及运行目标实现程度的评价活动，是针对定级博物馆运行质量的监督检查和复核，旨在通过评估客观反映博物馆在评估周期内的运行状况，建立科学的博物馆激励约束机制，以评促建，引导和促进定级博物馆向规范化、专业化、社会化和现代化方向发展。

3.4 评估机构

由博物馆行业组织组建，负责实施博物馆运行评估活动的专业机构。

3.5 评估专家

由博物馆行业组织建立评估专家库并随机抽选产生，参加博物馆运行评估工作的专家。

3.6 评估对象

取得相应等级三年以上的国家一、二、三级博物馆，均应参加运行评估。未定级博物馆的运行评估工作可参照《博物馆运行评估办法》确定的原则和程序组织实施。

3.7 定性评估

博物馆运行评估的工作环节之一，由评估专家依据评估对象提供的申报材料，综合判断评估对象规范管理、服务产出、社会评价等方面的运行状况，并进行定性评分。

3.8 定量评估

博物馆运行评估的工作环节之一，由评估机构针对评估对象规范管理、服务产出、社会评价等方面可以量化的数据指标进行汇总统计和比对核查，通过计算形成定量评分。

3.9 博物馆理事会

是依照国家法律法规、政府有关政策和本单位章程开展工作的博物馆的决策和监督机构。

3.10 藏品

以收藏、研究、展示、教育、传播为目的，由博物馆永久收藏的，具有历史、艺术、科学等价值的文物、标本、资料、模型等的总称。

3.11 博物馆年度报告

博物馆按照文物主管部门或上级部门有关规范性文件或行业标准要求，每年度定期编制，发布本馆上一年度基本信息、资源信息、活动信息等，向管理机关、主要捐赠人和社会公众公开披露的报告文件。

3.12 代表性科研成果

博物馆在评估周期内开展科研活动取得的最具代表性的一项学术成果。可以是获奖科研项目（科研工作）、著作、科普读物、教材、论文、研究型展览大纲和批准专利等（不包括一般性展览大纲等日常工作或项目），必须由博物馆单位（包括博物馆下属机构）或博物馆在职职工署名。

3.13 基本陈列

基于博物馆类型和定位，以本馆藏品为主体，以相关学术理论为基础的常设性陈列。依托文物保护单位设立的博物馆，对古迹遗址的保护展示或在文物建筑中的原状陈列可作为基本陈列参与评分。

3.14 代表性临时展览

博物馆在评估周期内举办，由本馆负责策展，内容及形式自主设计并组织展示的，最能够代表本馆展览策划、设计水平的一项临时性展览，所用展品可不局限于本馆藏品。

3.15 代表性教育活动

博物馆在评估周期内举办，由本馆负责策划，结合馆藏资源或陈列展览内容，面向大中小学生、家庭亲子或社区公众等受众群体推出的一项主题性、品牌性教育活动、教育课程、研学旅行活动、流动博物馆活动等。

3.16 代表性文创产品

博物馆依托本馆藏品、展览文化元素，在评估周期内自主研发、具有独立品牌价值并投放市场，取得良好社会、经济效益的一项标志性文创产品或系列产品。

3.17 线上数字化体验产品

博物馆依托互联网以及微博、微信、网络视频平台等新媒体形式，针对网络受众推出的云展览、云讲解、云教育（云课程）、短视频、高清直播、虚拟展厅、沉浸式体验等具有知识性、教育性、互动性的网络应用程序、内容产品或线上活动。

4. 评估原则

4.1 依法评估

根据《中华人民共和国文物保护法》《中华人民共和国公共文化服务保障法》《博物馆条例》等有关法律法规规定,博物馆运行评估工作由博物馆行业组织实施,按照"以评促建、以评促改"的评估目标,在博物馆行业全面贯彻新发展理念的有关要求,引导、规范定级博物馆的发展方向。

4.2 分级指导

博物馆运行评估将根据国家一、二、三级博物馆的不同功能定位和发展方向,科学确定不同等级博物馆的评估指标权重,体现运行评估工作中的分级指导、科学管理。

4.3 动态管理

博物馆运行评估,既可对定级博物馆自身的年度运行状况进行纵向对比,也可对同一级别博物馆在评估周期内的运行状况进行横向对比。对不符合相应等级标准的,降低或取消等级,从而实现定级博物馆的动态管理,不断健全博物馆分级管理体系。

4.4 数质并重

评估指标包含定性评估和定量评估两个部分,兼顾博物馆不同领域、不同业务工作、不同指标项的数量增长与质量提升,通过定性和定量两类指标的综合评价,相互校验、补充,保障运行评估结果的科学、完整、准确。

4.5 公平公正

在评估工作中,使用统一的评价体系对不同博物馆进行评价,公平对待各级各类博物馆;在评估方法上,定性评估、定量评估和综合评议相结合,在评估过程中存在重大分歧时,可进行现场核实,切实保证评估工作的公平公正。

5. 评估指标框架

5.1 总体要求

博物馆运行评估指标分为三级,评估的主要内容包括:规范管理、服务产出和社会评价三个方面,评估的方式包括:定性评估和定量评估两类,另外设置若干附加项。每级指标下均设有定性和定量两类考察要点。评估采取百分制计分,满分为100分。

5.2 规范管理

"规范管理"指标主要对博物馆的管理情况进行评估,具体分为"组织管理""藏品管理""开放管理"和"安全管理"四个二级指标。"规范管理"的指标权重为25%。

5.2.1 组织管理

本指标权重为4%,在定性评估中设立"法人治理""制度规划"和"队伍建设"三个三级指标,在定量评估中不设三级指标。

5.2.2 藏品管理

本指标权重为10%,在定性评估中设立"藏品征集""藏品登录""藏品保管"和"藏品保护"四个三级指标,在定量评估中不设三级指标。

5.2.3 开放管理

本指标权重为5%,在定性评估中设立"信息公开"和"参观服务"两个三级指标,在定量评估中不设三级指标。

5.2.4 安全管理

本指标权重为6%,在定性评估中设立"意识形态安全""藏品安全""公共安全"和"信息安全"四个三级指标,在定量评估中不设三级指标。

5.3 服务产出

"服务产出"指标对博物馆主要业务功能的效率和质量进行评估。具体分为"科学研究""陈列展览""教育服务"和"文化传播"四个二级指标。"服务产出"的指标权重为55%。

5.3.1 科学研究

本指标权重为15%,在定性评估中设立"科研产出"和"科研服务"两个三级指标,在定量评估中不设三级指标。

5.3.2 陈列展览

本指标权重为15%,在定性评估中设立"基本陈列"和"临时展览"两个三级指标,在定量评估中不设三级指标。

5.3.3 教育服务

本指标权重为15%,在定性评估中设立"讲解服务""教育活动"和"公益鉴定"三个三级指标,在定量评估中不设三级指标。

5.3.4 文化传播

本指标权重为10%,在定性评估中设立"馆际协作""国际交流""数字传播"和"文创经营"四个三级指标,在定量评估中不设三级指标。

5.4 社会评价

"社会评价"指标通过观众、媒体和社会反馈的信息情况对博物馆的社会服务产出的效果进行评估。具体分为"观众反馈"和"社会影响"两个二级指标。"社会评价"的指标权重为20%。

5.4.1 观众反馈

本指标权重为12%，在定性评估中设立"观众结构"和"观众满意度"两个三级指标，在定量评估中不设三级指标。

5.4.2 社会影响

本指标权重为8%，在定性评估中设立"社会关注度""奖励与荣誉"和"公众参与"三个三级指标，在定量评估中不设三级指标。

5.5 附加项

附加项共分为"特色加分项"和"警示减分项"两类。

5.5.1 特色加分项

指对特色化、个性化发展创新表现突出的博物馆给予加分，参评博物馆如在藏品保护修复、科研、陈列展览、教育、文化传播方面实施有特色化、个性化发展创新项目，在全国范围内对博物馆行业形成重大引领示范作用的，可增加附加分，并计入总得分。评估时，由评估专家根据参评博物馆申报的项目材料，结合博物馆事业改革发展的有关要求具体确定加分额度。单个特色项目加分不超过3分；参评博物馆累计加分不超过6分，累计附加分后博物馆总得分最高不超过100分。在评估实践中，对特色加分应从严掌握，给予特色加分的单位最多不超过参评单位总数的10%。

结合博物馆事业改革发展的有关要求，特色加分的重点方向主要包括：

a) 博物馆、纪念馆服务国家重大战略、重大文化工程，加强资源整合与协同创新方面开展的特色化、个性化发展创新项目；

b) 博物馆、纪念馆落实中央和国家有关部门关于博物馆改革发展的政策要求，创新体制机制，释放发展活力方面开展的特色化、个性化发展创新项目；

c) 博物馆、纪念馆在弘扬社会主义核心价值观，传承弘扬中华优秀传统文化、继承革命文化和发展社会主义先进文化，推动文物资源创造性转化、创新性发展方面开展的特色化、个性化发展创新项目；

d) 博物馆、纪念馆在开展国际合作，推进文明交流互鉴，向国际社会讲好中国故事、讲好中国共产党的故事，提升中华文化国际传播能力，扩大中华文化国际影响力方面开展的特色化、个性化发展创新项目。

5.5.2 警示减分项

指对藏品管理、安全管理方面有重大违规行为或事故的博物馆予以处罚，旨在促使博物馆重视藏品管理、安全管理相关工作。警示减分项随藏品管理、安全管理项下有关三级指标设立，一旦发生指标项确定的违规行为或事故，关联的二级指标全项不得分。警示减分项的具体考察内容包括：

a) 评估周期内未有效落实意识形态工作责任制，发生负面舆情或其他意识形态问题（关联指标：安全管理—意识形态安全），发生重大舆情或其他重大意识形态问题的，涉及安全管理二级指标项（6分）不得分。

b) 评估周期内违规收藏有来源不明或者来源不合法的藏品（关联指标：藏品管理—藏品征集）。

c) 馆藏文物借用或交换，未依法履行备案或报批程序（关联指标：藏品管理—藏品登录）。

d) 未能依法合规处置文物（关联指标：藏品管理—藏品保管）。

e) 评估周期内发生藏品安全事故（关联指标：藏品管理—藏品保管、安全管理—藏品安全），发生重大安全事故的，涉及藏品管理（10分）和安全管理（6分）两个二级指标项共计16分全部扣除。

f) 评估周期内发生观众安全责任事故（关联指标：安全管理—公共安全）。

g) 革命纪念类博物馆及陈列展览内容未履行相关审批手续（关联指标：安全管理—意识形态安全，其他类型博物馆不作考察）。

5.6 指标权重

为落实分级指导的评估原则，评估中一、二、三级博物馆各一、二级指标的权重相同，定性评估中的三级指标和定量指标的权重不同，一、二、三级博物馆定量指标所占权重分别为20%、30%、40%。具体权重安排详见表1：博物馆运行评估指标体系框架及权重分布。

表1:博物馆运行评估指标体系框架及权重分布

指标名称			指标权重		
一级指标	二级指标	三级指标	一级博物馆	二级博物馆	三级博物馆
规范管理 25	组织管理 4	法人治理	1	1	0.5
		制度规划	1.5	1	1
		队伍建设	1	1	1
		定量指标	0.5	1	1.5
	藏品管理 10	藏品征集	2	2	2
		藏品登录	2	2	2
		藏品保管	2	2	2
		藏品保护	3	2	1
		定量指标	1	2	3
	开放管理 5	信息公开	2	1.5	0.5
		参观服务	2	1.5	1.5
		定量指标	1	2	3
	安全管理 6	意识形态安全	1	1	1
		藏品安全	2	2	2
		公共安全	1.5	1	1
		信息安全	1	1	0.5
		定量指标	0.5	1	1.5
服务产出 55	科学研究 15	科研产出	9	7	5
		科研服务	3	5	6
		定量指标	3	3	4
	陈列展览 15	基本陈列	4	5	5
		临时展览	8	6	4
		定量指标	3	4	6
	教育服务 15	讲解服务	2	3	3
		教育活动	10	6	5
		公益鉴定	1	1	1
		定量指标	2	5	6
	文化传播 10	馆际协作	2	2	1
		国际交流	2	1	1
		数字传播	3	3	2
		文创经营	1	1	1
		定量指标	2	3	5

续表

指标名称			指标权重		
一级指标	二级指标	三级指标	一级博物馆	二级博物馆	三级博物馆
社会评价 20	观众反馈 12	观众结构	4	3	2
		观众满意度	4	4	4
		定量指标	4	5	6
	社会影响 8	社会关注度	3	2	2
		奖励与荣誉	1	1	1
		公众参与	1	1	1
		定量指标	3	4	4
特色加分项		根据参评博物馆申报的改革创新与特色发展项目材料给分,单个特色项目加分不超过 3 分;参评博物馆累计加分不超过 6 分,累计附加分后博物馆总得分最高不超过 100 分。			
警示减分项		一旦发生指标项确定的违规行为或事故,所关联的二级指标全项不得分。			

6. 评估流程与方法

6.1 评估流程

博物馆运行评估流程包括:定性评估、定量评估、现场考察和综合评议。

6.2 定性评估

定性评估由随机抽选产生的评估专家通过评估系统在线审阅评估对象提交的申报材料,对照本标准确定的评估指标、考察要点和附录 A 确定的各考察要点原始分值进行记名打分和排序,形成定性评估分值。定性评估按评估指标分组进行,每项考察要点需要经过不少于 3 位评估专家分别评分,将各评估专家的评分以二级指标为单位进行汇总并按照简单算术平均进行计算,再根据评估指标的权重值还原形成该二级指标的定性评估得分。定性评估得分的具体计算方法,详见附录 B。

6.3 定量评估

定量评估通过汇总评估申报书中的有关量化数据或评估中收集采集的相关数据,运用专门的统计计算系统进行处理。计分时,首先根据本标准确定的评估指标、考察要点和附录 A 确定的各考察要点原始分值,按照不同级别博物馆的评估数据分别计算各考察要点分值,然后以二级指标为单位进行汇总,并根据评估指标的权重值还原形成该二级指标的定量评估得分。定量评估得分的具体计算方法,详见附录 B。

6.4 现场考察

在定性评估、定量评估过程中,评估机构可以委托评估专家和评估检查员组成考察小组,对参评博物馆进行现场考察,通过检查环境、查阅档案、听取汇报、交流座谈、实地暗访的形式核实相关评估材料的真实性、完整性,撰写现场考察报告,并可对前期形成的评估得分提出修订建议。

6.5 综合评议

综合评议以专家组会议形式进行,由评估专家集中审议通过对定性评估、定量评估结果加权计算形成的初步评估成绩,听取评估机构和评估专家的工作报告,在集中讨论、评议的基础上,通过记名表决,形成最终评估成绩。

6.6 原始分值

为了方便定性评估和定量评估环节的评分和统计工作,在各二级指标下设定性评估和定量评估原始分,每个二级指标的定性评估和定量评估原始分均为 100 分,按照不同权重,分配至每个三级指标和考察要点,在评分计分中使用。根据一、二、三级博物馆在定性评估中的三级指标和定量指标上的权重差异,不同级别博物馆各考察要点的原始分值也有所差异,具体分值安排,详见附录 A。

6.7 评估成绩

各评估对象的最终评估成绩根据各二级指标的定性评估得分、定量评估得分,按照一定比重系数加权汇总计算形成。评估成绩实行百分制计分,满分 100 分,具体计算方法,详见附录 B。

6.8 评估结果

国家一、二、三级博物馆分别得分 80(含)分、75(含)分、70(含)分以上,评估结果为"优秀";分别得分 80 分以下 60(含)分以上、75 分以下 55(含)分以上、70 分以下 50（含）分以上，评估结果为"合格"；60 分以下 50（含）分以上、55 分以下 45（含）分以上、50 分以下 40（含）分以上，评估结果为"基本合格"；分别得分 50 分、45 分、40 分以下，评估结果为"不合格"。

6.9 相关要求

每次博物馆运行评估的时间周期、参与范围、工作安排、申报文件格式、数据采集和评分规则等以评估机构拟定的评估方案和评估通知为准，评估数据的统计时间区间应与评估周期一致，评估指标中部分数据的统计方法，可以参见 WW/T 0092-2018 附录 D 的有关要求。

7. 定性评估指标及考察要点

7.1 规范管理

7.1.1 组织管理

a）法人治理：主要考察博物馆推进法人治理结构，健全决策、执行和监督机制情况。具体考察内容包括：

——理事会或其他形式决策机构组成人员情况；

——理事会或其他形式决策机构履行职责，以及博物馆对于理事会相关决策、建议执行采纳情况；

——监事会或其他形式监督机构组建、运行情况。

b）制度规划：主要考察博物馆建立健全组织管理制度情况。具体考察内容包括：

——博物馆章程制定执行情况；

——博物馆中长期发展规划编制、执行情况；

——博物馆内部管理制度体系建设、完善、更新情况。

c）队伍建设：主要考察博物馆人才队伍建设情况。具体考察内容包括：

——博物馆管理人才、专业技能人才、研究人才、创新型人才的配备及培养情况；

——高水平创新团队及拔尖人才培养情况；

——博物馆根据不同岗位要求，开展分级分类培训，提升队伍整体素质能力情况。

7.1.2 藏品管理

a）藏品征集：主要考察博物馆依法合规充实馆藏资源情况。具体考察内容包括：

——博物馆藏品征集规划和年度计划制订、执行情况；

——博物馆新征集藏品对于完善收藏体系，满足展示、研究等方面的价值意义；

——博物馆征藏党史、新中国史、改革开放史、社会主义发展史、中华民族发展史、经济社会发展变迁物证以及流失海外中国文物的情况。

b）藏品登录：主要考察藏品档案建设及文物登录备案情况。具体考察内容包括：

——博物馆新搜集藏品依法建立藏品账目及档案的情况；

——单独设置文物档案，并区分文物等级的情况；

注：无文物类藏品的博物馆可参照评分。

——建立藏品数据库或藏品信息管理系统，健全藏品登录机制，采集登录藏品信息的情况；

——文物信息在主管文物部门备案的情况。

注：无文物类藏品的博物馆可参照评分。

c）藏品保管：主要考察藏品库房及保管装具配置及提用、运输等管理活动情况。具体考察内容包括：

——藏品库房管理及藏品保护装具配备情况；

——温度、湿度、光照等藏品保存、展示环境指标控制情况；

——藏品入库、上架、提用、运输等操作执行及工作记录情况。

d）藏品保护：主要考察藏品预防性保护、修复及日常养护情况（包括依托文物保护建筑设立的博物馆开展的文物保护建筑修缮情况）。具体考察内容包括：

——开展藏品预防性保护，针对文物常见多发病害病理开展研究和防治情况；

——针对珍贵濒危文物、材质脆弱文物、文物保护建筑的保护修复情况；

——藏品养护工作情况。

7.1.3 开放管理

a）信息公开：主要考察博物馆年报编制、发布和日常信息公开情况。具体考察内容包括：

——近三年博物馆年报编制、发布情况；

——博物馆向文物主管部门报送年报信息情况；

——通过博物馆网站等媒体平台，面向社会公示本馆管理、运行和公共文化服务工作情况。

b）参观服务：主要考察博物馆为到馆观众提供参观全过程服务和开放服务设施管理运行情况。具体考察内容包括：

——博物馆全年向社会开放情况；

——博物馆执行免费开放政策或对特殊人群免费、优惠开放情况；

——新增或更新的观众休息设施、卫生设施、文创产品销售服务设施、餐饮服务设施以及老年人、残疾人、婴幼儿等特殊人群服务设施配备情况；

——落实国家节能减排、绿色发展相关要求，积极推

动博物馆基础设施、设备节能化改造和低耗能运行,助推碳达峰、碳中和重大战略实施的情况;

——通过互联网、新媒体为公众提供各类在线服务的情况;

——采取有效措施解决老年人运用智能技术困难问题的情况;

——有效落实常态化疫情防控工作要求为开放服务提供保障的情况。

7.1.4 安全管理

a)意识形态安全:主要考察博物馆认真贯彻落实党中央关于意识形态工作的决策部署开展各项相关工作的情况。具体考察内容包括:

——坚持正确方向,党建与业务相融合情况;

——博物馆落实意识形态工作责任制,健全并落实各级主体责任,将意识形态工作纳入工作规划、计划和重要议事日程,纳入领导班子和成员目标管理的情况;

——博物馆加强意识形态阵地建设,在展陈、教育、传播、文创、信息发布等各项工作中严把政治导向,按要求履行活动报告、审批程序,加强内容审核管理的情况;

——博物馆强化意识形态风险防控,开展工作人员教育培训,健全舆情监测、研判、回应机制,制订、执行意识形态安全应急预案,及时开展舆情处置和舆论引导工作,防范化解意识形态领域安全风险的情况。

b)藏品安全:主要考察博物馆藏品安全风险防控情况。具体考察内容包括:

——按照 GA 27-2002、GB/T 16571-2012 及相关标准要求,在库房和展厅内,配备保障藏品安全的设备、设施情况;

——对藏品安全保障设备、设施的检查、维护情况;

——对珍贵文物和易损藏品的特殊保管情况。

c)公共安全:主要考察博物馆公共安全保障情况。具体考察内容包括:

——博物馆安保人员配备和日常管理工作情况;

——按照 GA 27-2002、GB/T 16571-2012 及相关标准有关要求,在开放区域内,配备保障公共安全的消防、安防设施设备情况;

——对消防安全设备设施的使用情况;

——博物馆针对突发事件的预防措施、应急预案、善后处置措施准备情况;

——定期组织开展消防、安防演练情况;

——属地公安、消防部门对博物馆安保工作的检查、验收情况。

d)信息安全:主要考察博物馆信息系统建设、信息安全保护能力有关情况。具体考察内容包括:

——博物馆信息系统架构与用户权限管理体系建设情况;

——博物馆信息安全保护、数据资源管理制度制订和执行情况;

——博物馆信息安全管理人员配备和日常工作情况;

——参照 GB/T 22239-2019 及相关标准有关要求,落实信息系统安全等级保护有关情况。

7.2 服务产出

7.2.1 科学研究

a)科研产出:主要考察博物馆在科学研究、学术研究、考古发掘等方面取得成果(包括但不限于:针对藏品价值认知、藏品保护、藏品科学管理和藏品利用有关的研究成果;与陈列展览有关的理论和方法研究成果;与社会教育有关的原理和方法研究成果;与观众心理、观众行为、观众调查方法等有关的研究成果;与博物馆管理有关的研究成果;与博物馆主题文化有关的研究成果;具有考古资质的博物馆开展考古发掘项目的成果)。具体考察内容包括:

——博物馆在科学研究、学术研究方面综合实力,以及开展科研活动和取得成果(包括但不限于:发表学术论文、出版学术专著、承担科研项目、考古发掘项目、课题、获得专利、参与制订标准)的总体水平;

——代表性研究成果的学术价值、应用价值、创新价值情况;

——代表性研究成果影响力和获奖情况。

b)科研服务:主要考察博物馆为高等学校、科研院所、社会团体和馆外研究者进行研究提供服务情况。具体考察内容包括:

——面向其他博物馆、高等学校、科研院所开放藏品和学术研究资料,为专业研究者提供研究便利的情况;

——博物馆发挥本馆藏品、学术资源优势,与高等学校、科研院所等单位合作开展学术研究、承担科研项目、考古发掘项目、举办学术活动的情况;

——与高等学校、科研院所联合建立、运营实验室、研究室、科研基地、科研工作站的情况。

7.2.2 陈列展览

a)基本陈列:主要考察博物馆基本陈列体系建设和现有基本陈列的数量、水平。依托文物保护单位设立的博物馆,对古迹遗址的保护展示或在文物建筑中的原状陈列可纳入基本陈列评分范畴。具体考察内容包括：

——博物馆基本陈列体系建设，以及现有基本陈列的总体质量情况；

——基本陈列中展品、展项更新、充实的频率与幅度（原状陈列不考察此项）；

——基本陈列文化品牌的社会认知、认可度，以及获得奖励、推介的情况。

b)临时展览：主要考察博物馆临时展览体系建设和评估周期内举办临时展览的数量和水平。具体考察内容包括：

——博物馆临时展览体系建设，以及评估周期内举办临时展览的总体质量情况；

——代表性临时展览主题定位与博物馆定位的契合程度；

——代表性临时展览的内容策划水平，以及学术性、思想性情况；

——代表性临时展览形式设计水平，以及陈列主题和思想内容情况；

——代表性临时展览运用辅助展品和现代信息技术手段提升文化传播水平的情况；

——代表性临时展览文化品牌社会认知、认可度，以及获得奖励、推介的情况。

7.2.3 教育服务

a)讲解服务：主要考察博物馆讲解队伍建设和服务能力，面向公众开展讲解导览服务的情况。具体考察内容包括：

——讲解队伍建设和服务能力情况；

——日常公益性讲解导览服务情况；

——馆长、专家导览等特色化讲解导览服务情况；

——智慧导览服务情况。

b)教育活动：主要考察博物馆自主策划、实施各类品牌、特色教育活动（包括馆内教育活动、特色教育课程、研学旅行活动、流动博物馆活动等）的质量和水平。具体考察内容包括：

——博物馆教育活动规划编制与实施的总体情况；

——接待青少年群体利用博物馆资源，组织开展爱国主义、革命传统、中华优秀传统文化、生态文明、国家安全、"大思政课"等主题的研学实践教育活动的情况；

——博物馆与当地各类学校联系，签订馆校共建协议，开展博物馆进校园活动的情况；

——博物馆根据青少年群体认知规律和学校教育教学需求，结合传统节日、纪念日等，组织开展各类经常性

教育课程、教育活动的质量水平；

——代表性教育活动的质量水平；

——代表性教育活动面向学校、社区等群体和互联网平台推广情况，以及大中小学生、社区公众、网络受众的参与情况；

——代表性教育活动品牌创建及其社会认知、认可度。

c)公益鉴定：主要考察博物馆开展公益鉴定服务的情况。具体考察内容包括：

——博物馆公益鉴定服务制度、规划的编制情况；

——博物馆公益鉴定服务实施的总体情况，如鉴定文物的类别，社会认知、认可度，服务推广情况。

7.2.4 文化传播

a)馆际协作：主要考察向国内其他博物馆输出文化资源，面向中小博物馆、非国有博物馆开展对口帮扶、馆际协作的情况。具体考察内容包括：

——向国内其他博物馆输出展览、展品的综合质量水平；

——举办国内学术研讨活动等文化交流活动的综合质量水平；

——面向中小博物馆、非国有博物馆开展对口帮扶、馆际协作情况；

——实施"博物馆+"战略，与教育、科技、旅游、商业、传媒、设计等各类社会机构开展跨界合作情况。

b)国际交流：主要考察博物馆与国（境）外博物馆、文化机构开展文化交流，组织实施国际交流展览、学术交流活动的情况。具体考察内容包括：

——独立或参与举办进出境展览的综合质量水平；

——举办国际学术研讨活动的综合质量水平；

——参加国际学术交流活动的总体情况；

——组织开展或参与文物保护、考古、科研等领域国际合作项目的情况。

c)数字传播：主要考察发挥自身文化资源优势，加强与融媒体合作，创新线上数字化体验产品和服务，发展云展览、云讲解、云教育（云课程）、短视频、高清直播、虚拟展厅、沉浸式体验等，构建线上线下融合的博物馆传播体系的情况。具体考察内容包括：

——为便于社会利用藏品资源，在本馆官方网站等渠道开放查询、展示藏品数据信息和高清影像的情况；

——与融媒体平台合作，针对网络受众推出的云展览、云讲解、云教育（云课程）、短视频、高清直播、虚拟展厅、沉浸式体验等各类线上数字化体验产品的情况；

——代表性线上数字化体验产品的质量水平。

d) 文创经营:主要考察博物馆通过授权等手段开发文创产品,建立文创品牌,推动文化传播的情况。具体考察内容包括:

——博物馆通过授权等手段开发文创产品的种类、特色以及获得经济、社会效益的情况;

——代表性文创产品质量水平;

——代表性文创产品的品牌创建及其社会认知、认可度。

7.3 社会评价

7.3.1 观众反馈

a) 观众结构:主要考察博物馆接待的观众数量及构成情况。具体考察内容包括:

——博物馆年均接待观众数量规模与博物馆接待能力相适应情况;

——博物馆观众构成与博物馆文化主题相适应情况。

b) 观众满意度:主要考察观众对博物馆的展览、环境、服务等方面作出的总体评价情况。具体考察内容包括:

——博物馆观众调查制度建设与调查工作开展情况;

——近期观众调查反映的观众满意度情况;

——观众对博物馆的展览、环境、服务等方面作出的总体评价。

7.3.2 社会影响

a) 社会关注度:主要考察公众、媒体等对博物馆的关注程度。具体考察内容包括:

——互联网公开数据显示的博物馆公众关注程度情况;

——互联网公开数据显示的博物馆媒体关注程度情况。

b) 奖励与荣誉:主要考察博物馆获得党委、政府或社会团体的表彰奖励情况。具体考察内容包括:

——评估周期内,党委、政府或社会组织授予博物馆的组织荣誉与奖励情况;

——评估周期内,党委、政府或社会组织授予博物馆员工的个人荣誉与奖励情况。

c) 公众参与:主要考察博物馆与公众建立联系、获得支持的情况。具体考察内容包括:

——"博物馆之友"活动组织开展情况;

——博物馆志愿者组织建设与服务工作情况;

——博物馆接受社会捐助情况。

8. 定量评估指标及考察要点

8.1 规范管理

8.1.1 组织管理

a) 召开理事会次数:评估周期内,博物馆理事会召开会议的次数,以次为单位(未成立理事会的,本项数据为0);

b) 新增制度数量:评估周期内,博物馆新增制订或重新修订发布的各类制度文件总数,以项为单位;

c) 副高级职称、正高级职称人员总数:评估周期末,本馆在职人员中,具有高级专业技术资格(职称)的专业技术人员数量,以人为单位;

d) 平均从业年限:本馆专业技术人员从事博物馆工作的平均年限。

e) 出国(境)进修(培训)人员:评估周期内,在国(境)外进修或培训与博物馆业务相关的博物馆在职人员(含访问学者),其中"进修"持续时间须在1个月(含)以上,"培训"须在1周(含)以上,以人为单位;

f) 国内进修(培训)人员:评估周期内,在国内高等学校、科研机构、社会团体、其他机构进修或培训与博物馆业务相关的博物馆在职人员(含访问学者),其中"进修"持续时间须在1个月(含)以上,"培训"须在1周(含)以上,以人为单位。

8.1.2 藏品管理

a) 年度新增藏品数:评估周期内,博物馆通过购买、接受捐赠、依法交换等法律、行政法规规定的方式取得并已建档的藏品数量,以件(套)为单位。自然科学类博物馆自主研发制作并长久保存的标本、模型、辅助展品视同于藏品。

b) 新增备案登录藏品数量:评估周期内,通过藏品管理信息系统,新增登录数据或建立数字化藏品档案的藏品数量,或向属地文物主管部门备案藏品档案的藏品数量,以件(套)为单位。

c) 修复文物数:评估周期内,博物馆修复的本馆藏品数,包括本馆自己修复和委托其他单位修复的藏品,以件(套)为单位。遗址类博物馆对本馆范围内不可移动文物的保护修复工作可以视为藏品修复工作。

d) 修复本馆文物数:评估周期内,博物馆独立自主修复的本馆藏品数,不包括委托其他单位修复的藏品,以件(套)为单位。遗址类博物馆对本馆范围内不可移动文物的保护修复工作可以视为藏品修复工作。

e) 采集藏品三维影像数据量:评估周期内,采集保存文物三维影像信息,并应用于推广和传播的文物藏品数量,以件(套)为单位。

f) 库房面积:评估周期末,博物馆拥有藏品库房的实际面积,有多处馆舍的,可以合并计算,以平方米为单位。

8.1.3 开放管理

a) 全年开放天数:评估周期内,博物馆全年对外开放天数,以天为单位。

b) 在线服务总量:评估周期内,博物馆通过互联网、新媒体为公众提供参观预约、虚拟展示、藏品赏析、资料分享、咨询答疑、文化产品营销、互动联系等在线服务的人次总量,以人次为单位。

8.1.4 安全管理

a) 安保人员数:评估周期末,博物馆在职的安保人员,包括专职保卫干部和外聘的保安人员,以人为单位。

b) 安全演练次数:评估周期内,博物馆组织开展有记录的安防、消防演练的次数,以次为单位。

8.2 服务产出

8.2.1 科学研究

a) 科研项目数:评估周期内,博物馆承担的各类科研项目总数(含考古发掘项目),以立项年度为准,以项为单位。

b) 省部级(含)以上研究项目:包含国际合作研究项目、国家级项目以及其他省级(含)以上项目。其中,国际合作研究项目指与博物馆自身业务相关且具有协议的项目;国家级项目指博物馆承担的中央各部委、国家自然科学基金、国家社会科学基金、国家艺术基金项目;其他省级(含)以上项目指各省、自治区、直辖市政府委托项目,以项为单位。

c) 出版物数:评估周期内,博物馆编辑出版的各类出版物总数,以册为单位。其中学术专著(译著、编著)、教材、研究性图录、科普读物可根据 WW/T 0092-2018 附录 D 规定的科研产出数量换算倍数关系加倍计数。

d) 发表论文数:评估周期内,博物馆工作人员在各类期刊、刊物上发表的学术论文总数,以篇为单位。其中在核心期刊发表学术论文可根据 WW/T 0092-2018 附录 D 规定的科研产出数量换算倍数关系加倍计数。

e) 获得专利数:评估周期内,博物馆获得专利行政部门正式批准,取得专利证书,专利权归属本馆的专利项目数量,以项为单位。

f) 参与编制标准数:评估周期内,博物馆参与编制国家、行业、地方标准的数量,以项为单位。

8.2.2 陈列展览

a) 基本陈列(含原状陈列)数:评估周期内,博物馆内开放的常设基本陈列数量,包括在文物建筑中举办的

原状陈列,按照陈列项目统计,以个为单位。

b) 馆内原创临时展览数:评估周期内,博物馆利用本馆资源,本馆负责策展,内容及形式自主设计并组织展示,在本馆内自主举办的临时展览数量,按照展览项目统计,以个为单位。

c) 馆际合作展览数:评估周期内,博物馆与其他国内博物馆或相关机构联合策划举办的临时展览数量(单纯出借文物参展不在此列)。

8.2.3 教育服务

a) 讲解队伍人数:评估周期末,博物馆讲解队伍中的专职讲解员和志愿者讲解员人数,以人为单位。

b) 人工讲解服务人次:评估周期内,博物馆人工讲解年服务的观众数量,以人次为单位。

c) 智慧导览设备终端数:评估周期末,博物馆拥有的智慧导览设备终端数,以台为单位。

d) 智慧导览设备服务人次:评估周期内,博物馆智慧导览设备年服务的观众数量,以人次为单位。

e) 线下教育活动数:评估周期内,博物馆线下策划举办的课程、讲座、研学活动、进校园活动等各类教育活动场次数,以场为单位。

f) 青少年教育课程数:评估周期内,结合大中小学生认知规律和学校教育教学需要研发博物馆教育课程的品类数量,按照课程门类统计,同类课程多次开展,按一课统计,以课为单位。

g) 共建学校数量:评估周期内,博物馆与当地各类学校联系,签订馆校共建协议或举办馆校互动活动的合作学校数量,以校为单位。

h) 学校教育服务次数:评估周期内,接待各类大中小学校利用博物馆资源,组织开展爱国主义、革命传统、中华优秀传统文化、生态文明、国家安全、"大思政课"等主题的研学实践教育、教学活动的次数,以次为单位。

i) 培训师资人数:评估周期内,博物馆与各类学校合作通过教师研习、双师课堂、短期培训、联合教研等方式,联合培养博物馆教育培训师资人数,以人为单位。

j) 教育活动参与人数:评估周期内,博物馆接纳观众进行社会实践、教育活动的人次总数,以人次为单位。

k) 鉴定场次:评估周期内,博物馆策划举办的公益鉴定服务场次数,以场为单位。

l) 鉴定数量:评估周期内,博物馆开展公益鉴定服务时鉴定的文物数量,以件为单位。

8.2.4 文化传播

a) 输出展览数:评估周期内,博物馆将本馆原创展览

向国内输出的临时展览的次数,不包括本馆提供展品参加展览的情况,按展览场次统计,以次为单位。

b)入境展览数:评估周期内,博物馆由国外、境外博物馆或相关机构引进的展览数量,按照展览项目统计,以个为单位。

c)出境展览数:评估周期内,博物馆向国外、境外博物馆或相关机构输出的出境展览数量,按照展览项目统计,以个为单位。

d)国内学术研讨活动次数:评估周期内,博物馆主办或承办的主题与博物馆业务相关的学术论坛、研讨会、座谈会、在线对话等国内各类学术研讨活动,以次为单位。

e)国际学术研讨活动次数:评估周期内,博物馆主办或承办的主题与博物馆业务相关,有国外、境外机构或个人参加的学术论坛、研讨会、座谈会、在线对话等各类双边、多边国际学术研讨活动,以次为单位。

f)文化创意产品数:评估周期内,博物馆依托馆藏文化资源,新开发并上市销售的文化创意产品种类数量,包括由博物馆自主或委托、授权企业或与企业合作开发、销售的文化创意产品种类,以类为单位。

g)文化创意产品销售收入:评估周期内,博物馆自主或委托、授权企业销售博物馆文创产品取得的收入总额,以元为单位。

h)公开藏品信息数量:评估周期内,博物馆在网站、官方微信、官方微博等渠道公开未经陈列展览展出的藏品数量,以件(套)为单位。公开的文物藏品应当有年代、来源以及历史、艺术、科学等价值方面的介绍;其他类型藏品应有必要的介绍。

i)线上数字化体验产品数量:评估周期内由博物馆开发并上线运行的云展览、云讲解、云教育(云课程)、短视频、高清直播、虚拟展厅、沉浸式体验等线上数字化体验产品或在线活动数量,以项为单位。

j)线上数字化体验产品浏览量:评估周期内由博物馆开发并上线运行的云展览、云讲解、云教育(云课程)、短视频、高清直播、虚拟展厅、沉浸式体验等线上数字化体验产品或在线活动总浏览量,以次为单位。

8.3 社会评价

8.3.1 观众反馈

a)年度观众总数:评估周期内,博物馆接待的观众总数,拥有多处馆舍的,观众人数可以合并计算,以人次为单位。

b)临时展览参观人数:评估周期内,博物馆临时展览参观人数,以人次为单位。

c)未成年观众人数:评估周期内,博物馆接待的18岁以下未成年观众数,以人次为单位。

d)国(境)外观众人数:评估周期内,博物馆接待国外以及台、港、澳观众数量,以人次为单位。

e)免费参观人数:评估周期内,博物馆观众总数中免费接待观众总人数,以人次为单位。

f)受控参观人数:评估周期内,遇重大突发公共卫生事件或自然灾害等不可抗力情况下,博物馆在有关部门限定范围内接待观众总人数,以人次为单位。

8.3.2 社会影响

a)网站综合浏览量:博物馆网站年度综合浏览量,以次为单位统计。

b)新媒体关注量:评估周期末,博物馆各新媒体帐号关注人数总和,以人为单位统计。

c)新媒体访问量:评估周期内,博物馆各新媒体帐号浏览总量,以次为单位统计。

d)主流媒体报道次数:地市级以上主流平面媒体、广播电视媒体、网络媒体专题报道博物馆及活动宣传内容的次数。

e)部(省)级集体奖励:评估周期内,博物馆获得部委(省)级以上单位颁发的奖励或荣誉称号,以项为单位。

f)部(省)级个人奖励:评估周期内,博物馆工作人员获得部委(省)级以上单位颁发的奖励或荣誉称号,以项为单位。

g)其他集体奖励:评估周期内,博物馆获得地市(厅)级以下单位颁发的各类奖励或荣誉称号,以项为单位。

h)其他个人奖励:评估周期内,博物馆工作人员获得地市(厅)级以下单位颁发的各类奖励或荣誉称号,以项为单位。

i)接受捐赠次数:评估周期内,博物馆接受各类社会捐助的次数,以次为单位。

j)接受捐赠金额:评估周期内,博物馆接受各类社会捐助的总金额,以元为单位。

k)志愿者人数:评估周期末,博物馆注册志愿者总人数,以人为单位。

附录 A(规范性) 博物馆运行评估指标权重及考察要点(略)

附录 B(规范性) 评估评分计算统计方法(略)

乡镇综合文化站管理办法

·2009年9月8日文化部令第48号公布
·自2009年10月1日起施行

第一章　总　则

第一条　为了促进乡镇综合文化站的建设，加强对乡镇综合文化站的管理，充分发挥乡镇综合文化站的作用，根据《公共文化体育设施条例》和国家有关规定，制定本办法。

第二条　本办法中的乡镇综合文化站（以下简称"文化站"），是指由县级或乡镇人民政府设立的公益性文化机构，其基本职能是社会服务、指导基层和协助管理农村文化市场。

第三条　乡镇人民政府负责文化站日常工作的管理，县级文化行政部门负责对文化站进行监督和检查，县文化馆、图书馆等相关文化单位负责对文化站开展对口业务指导和辅导。

第二章　规划和建设

第四条　文化部会同有关部门组织制定全国文化站建设规划和标准，并对其实施情况进行监督检查。

第五条　文化站建设应纳入当地国民经济和社会发展计划，与当地经济社会发展水平相适应，建设规模应符合国家有关规定；应纳入当地城乡建设规划，优先安排用地指标，无偿划拨建设用地。

各级人民政府应对少数民族地区、边远贫困地区的文化站建设予以重点扶持。

第六条　文化站应位于交通便利、人口集中、便于群众参与活动的区域，一般不设在乡镇人民政府办公场所内。

文化站的选址、设计、功能安排等应征得县级文化行政部门的同意。

第七条　文化站基本功能空间应包括：多功能活动厅、书刊阅览室、培训教室、文化信息资源共享工程基层点和管理用房，以及室外活动场地、宣传栏等配套设施。

第八条　文化站应配置开展公共文化服务必需的设备、器材和图书等文化资源，并有计划地予以更新、充实。

文化站设施和设备必须按照国家有关规定办理资产登记及相关手续，依法管理，确保国有资产安全、完整和有效使用。

第九条　因乡镇建设规划需拆除文化站或者改变其功能、用途的，应依照国家有关法律、法规的规定择地重建。乡镇人民政府在作出决定前，应广泛听取群众的意见，并征得县级文化行政部门同意，报县级人民政府批准。

第三章　职能和服务

第十条　文化站的主要职能是，开展书报刊借阅、时政法制科普教育、文艺演出活动、数字文化信息服务、公共文化资源配送和流动服务、体育健身和青少年校外活动等。

第十一条　文化站通过以下方式履行职能，开展服务：

（一）举办各类展览、讲座，普及科学文化知识，传递经济信息，为群众求知致富，促进当地经济建设服务。

（二）根据当地群众的需求和设施、场地条件，组织开展丰富多彩的、群众喜闻乐见的文体活动和广播、电影放映活动；指导村文化室（文化大院、俱乐部等）和农民自办文化组织建设，辅导和培训群众文艺骨干。

（三）协助县级文化馆、图书馆等文化单位配送公共文化资源，开展流动文化服务，保证公共文化资源进村入户。

（四）在县级图书馆的指导下，开办图书室，开展群众读书读报活动，为当地群众提供图书报刊借阅服务。

（五）建成全国文化信息资源共享工程基层服务点，开展数字文化信息服务。

（六）在县级文化行政部门的指导下，搜集、整理非物质文化遗产，开展非物质文化遗产的普查、展示、宣传活动，指导传承人开展传习活动。

（七）协助县级文化行政部门开展文物的宣传保护工作。

（八）受县级文化行政部门的委托，协助做好农村文化市场管理及监督工作。发现重大问题或事故，依法采取应急措施并及时上报。

第十二条　文化站应完善内部管理制度，建立、健全服务规范，并根据其功能、特点向公众开放，保障其设施用于开展文明、健康的文化体育活动。文化站应在醒目位置标明服务内容、开放时间和注意事项。

第四章　人员和经费

第十三条　文化站应配备专职人员进行管理，编制数额应根据所承担的职能和任务及所服务的乡镇人口规模等因素确定。

第十四条　文化站站长应具有大专以上学历或具备相当于大专以上文化程度，热爱文化事业，善于组织群众开展文化活动，具备开展文化站工作的业务能力和管理水平。文化站站长由乡镇人民政府任命或聘任,事先应征求县级文化行政部门的意见。

第十五条　文化站实行职业资格制度,文化站从业人员须通过文化行政部门或委托的有关部门组织的相应考试、考核,取得职业资格或岗位培训证书。

文化站从业人员可根据本人的学历条件、任职年限、工作业绩和业务水平等申报相应的专业技术资格。

第十六条　文化站实行聘用制和岗位目标管理责任制。在岗人员退休或被调离、辞退后,应及时配备相应人员,确保文化站正常工作不受影响。

第十七条　文化行政部门负责对文化站从业人员进行定期培训。各级文化培训机构、群艺馆、文化馆、图书馆、艺术学校、艺术院团等具体承担人员培训任务。

第十八条　文化站的建设、维修、日常运转和业务活动所需经费,应列入县乡人民政府基本建设投资计划和财政预算,不得随意核减或挪用。中央、省、市级财政可对文化站设施建设和内容建设予以经费补助。

第十九条　鼓励企业、社会团体、个人捐赠或资助文化站。依法向文化站捐赠财产的,捐赠人可按照有关法律规定享受优惠。

第五章　检查和考核

第二十条　文化行政部门负责定期对文化站设施建设、经费投入、工作开展情况等进行检查、考评。文化站建设情况应纳入创建全国和地区性文化先进单位的考核指标体系。

第二十一条　对在农村文化建设中做出突出贡献的文化站和文化站从业人员,由县级以上人民政府或有关部门给予奖励。

第六章　附　则

第二十二条　本办法由文化部负责解释。

第二十三条　本办法自 2009 年 10 月 1 日起施行。

群众艺术馆、文化馆管理办法

· 1999 年 5 月 27 日

第一章　总　则

第一条　依据中华人民共和国宪法关于发展文化馆和其他文化事业的规定,为加强群众艺术馆、文化馆(以下简称两馆)的建设,增强两馆为社会主义两个文明建设服务的活力,更好地发挥其作用,特制定本办法。

第二条　两馆工作要坚持党的“一个中心、两个基本点”的基本路线,坚持“为人民服务、为社会主义服务”的方向和“百花齐放、百家争鸣”的方针,弘扬中华民族的优秀传统文化,汲取世界先进文明成果,丰富人民群众的精神文化生活,提高群众思想道德和科学文化素质,抵制资本主义、封建主义腐朽思想文化影响。

第三条　两馆建设要充分发挥地方的积极性,中央给予必要的支持。要加快改革步伐,扩大对外开放,拓宽两馆事业发展的渠道,以创造优越的物质条件,提供良好的服务。

第四条　要理顺内部关系,改善经营管理,增强活力,逐步建立自我发展的科学管理机制。

第二章　机　构

第五条　省、自治区、直辖市;计划单列市;地(州、盟)、地级市设立群众艺术馆。

县、旗、县级市、市辖区设立文化馆。

文化主管部门根据需要可适当设立文化馆分馆,属文化馆派出机构。

群众艺术馆与文化馆是业务指导关系。

第六条　各级文化主管部门会同政府编制部门,以两馆性质、任务、所在地区经济人口等状况和能保证正常工作开展为依据,参照中央有关部门关于两馆的编制标准,确定各馆编制数额。

第七条　两馆内部机构由各地根据实际需要确定。

第八条　两馆是独立的预算会计单位。

第三章　性　质

第九条　两馆是国家设立的全民所有制文化事业机构。

群众艺术馆是组织、指导群众文化艺术活动,培训业余文艺骨干及研究群众文化艺术的文化事业单位,也是群众进行文化艺术活动的场所。文化馆是开展社会宣传教育、普及科学文化知识、组织辅导群众文化艺术(娱乐)活动的综合性文化事业单位和活动场所。

第四章　任　务

第十条　运用各种文化艺术手段,进行时事政策、两个文明建设、国内外形势,以及爱国主义、集体主义和社会主义等方面的宣传教育。

第十一条　组织开展文艺演出、文化科技知识讲座和展览、影视录像发行放映、图书报刊、游艺等群众性文化艺术(娱乐)活动,使两馆成为吸引并满足群众求知、求乐、求美的文化艺术活动中心。

群众艺术馆侧重组织具有示范性的活动,引导群众文化活动逐步走向高层次。

文化馆要加强对乡、镇、街道、工矿企业、机关、学校等文化站(室)、俱乐部活动的指导。

第十二条　辅导、培训群众文化系统在职干部及业余文艺骨干,为国家和社会培育人才。

群众艺术馆侧重辅导、培训文化馆、站业务干部及具有一定水平的文艺社团(队)人员。

第十三条　组织、辅导和研究群众文艺创作,开展群众性文艺创作活动。业务干部要完成一定的创作任务。

第十四条　省级及计划单列市群众艺术馆,可编辑、出版以民族民间优秀文艺作品为主的,思想性、艺术性、趣味性较强的大众文艺报刊;根据需要编辑出版音乐、舞蹈、戏剧、美术、摄影等专门性报刊。

第十五条　积极开展以文补文和多种经营活动,要正确处理社会效益和经济效益的关系,其收入主要用于两馆事业的发展。

第十六条　群众艺术馆要组织、开展群众文化理论研究;文化馆应选择具有指导意义的课题进行调查研究。

第十七条　搜集、整理、保护民族民间文化艺术遗产。建立、健全群众文化艺术档案(资料)。

第十八条　有条件的馆要开展对外群众文化艺术交流活动,加强同各国之间群众文化艺术组织的友好往来。

第五章　干　部

第十九条　两馆分别设馆长一人、副馆长一至三人。馆长、副馆长应由符合革命化、年轻化、知识化、专业化的条件、大专以上文化程度、热爱群众文化工作及具有较强组织领导和管理能力的人员担任。

群众艺术馆长一般应享受当地文化主管部门中层机构负责人的待遇;文化馆长一般应享受当地文化主管部门负责人副职的待遇。

第二十条　两馆业务干部配备比例,不应少于人员总数的百分之七十五。

要支持和鼓励干部自学成才和在职学习。

第二十一条　两馆专业干部的补充、更新,除吸收录用专业院校毕业生外,可向社会招聘能胜任专业工作的人员。

第二十二条　两馆业务人员的专业职务,按照中央职称改革领导小组有关文件规定评定并实行专业职务聘任制。

第二十三条　对工作成绩优异的人员,应予表彰和奖励;对有突出贡献者,应报请有关部门,授予荣誉称号,破格晋职晋级。

对于违反职业道德,不遵守馆纪的人员,应根据有关规定给予必要的行政处罚。

第六章　设施、设备

第二十四条　两馆设施建设,应纳入当地城市建设总体规划并加以实施,其建筑用地定额指标,应纳入城市公共建筑定额指标体系。

第二十五条　两馆馆舍建筑面积,应根据当地经济和社会发展状况、人口分布、地理环境及业务活动等需要进行规划,其业务用房面积标准要求:

(一)省、自治区、直辖市及计划单列市群众艺术馆最低限为5,000平方米;

(二)地(州、盟)、地级市群众艺术馆、直辖市市辖区文化馆最低限为3,500平方米;

(三)县(旗)、县级市、地级市区文化馆最低限为2,000平方米;

(四)文化馆分馆最低限为1,000平方米。

两馆馆舍建筑设计规范,参照城乡建设环境保护部、文化部下发的《文化馆建筑设计规范》进行。

第二十六条　为保证两馆工作、活动正常进行,应通过多种途径,充实、更新所需设备及按照有关规定配备交通工具。逐步装备和完善现代化活动器材。

第二十七条　两馆设施属国家公共设施建设,产权属两馆所有,任何单位和个人不得挪用、挤占,违者依法追究其法律责任。

第七章　经　费

第二十八条　两馆经费列入当地政府财政预算,从文化事业经费中拨给。随着经济和社会的发展,年度拨款应逐年有所增加。

两馆应厉行节约,压缩不必要的行政杂支费,保证业务活动经费的使用。

第二十九条　两馆基本建设(含新建、改建、扩建)投资,列入当地政府基建投资计划并组织实施。

第三十条　文化主管部门对于两馆开展以文补文和多种经营活动,要给予重视和支持,加强管理和指导,其收入主要用于补充经费之不足。以文补文和多种经营的税收问题,应按国家有关部门规定给予优惠和减免。

有关部门不得因两馆上述收入而抵减预算内的经费。

第八章　制　度

第三十一条　两馆实行馆长负责制;全馆人员实行岗位责任制(经营人员实行承包责任制);在编专业人员

实行专业职务聘任制。

第三十二条　两馆根据实际需要,应建立健全各项规章制度及管理办法,由馆长组织实施。

第九章　附　则

第三十三条　各省、自治区、直辖市文化厅、局可根据本办法制定适合本地区实际情况的实施细则(少数民族自治地方及聚居地区,应根据民族政策给予充分考虑),并抄送文化部备案。

第三十四条　本办法解释权属中华人民共和国文化部。

第三十五条　本办法自颁布之日起施行。

4. 文化遗产

中华人民共和国非物质文化遗产法

· 2011 年 2 月 25 日第十一届全国人民代表大会常务委员会第十九次会议通过
· 2011 年 2 月 25 日中华人民共和国主席令第 42 号公布
· 自 2011 年 6 月 1 日起施行

第一章　总　则

第一条　为了继承和弘扬中华民族优秀传统文化,促进社会主义精神文明建设,加强非物质文化遗产保护、保存工作,制定本法。

第二条　本法所称非物质文化遗产,是指各族人民世代相传并视为其文化遗产组成部分的各种传统文化表现形式,以及与传统文化表现形式相关的实物和场所。包括:

(一)传统口头文学以及作为其载体的语言;

(二)传统美术、书法、音乐、舞蹈、戏剧、曲艺和杂技;

(三)传统技艺、医药和历法;

(四)传统礼仪、节庆等民俗;

(五)传统体育和游艺;

(六)其他非物质文化遗产。

属于非物质文化遗产组成部分的实物和场所,凡属文物的,适用《中华人民共和国文物保护法》的有关规定。

第三条　国家对非物质文化遗产采取认定、记录、建档等措施予以保存,对体现中华民族优秀传统文化,具有历史、文学、艺术、科学价值的非物质文化遗产采取传承、传播等措施予以保护。

第四条　保护非物质文化遗产,应当注重其真实性、

整体性和传承性,有利于增强中华民族的文化认同,有利于维护国家统一和民族团结,有利于促进社会和谐和可持续发展。

第五条　使用非物质文化遗产,应当尊重其形式和内涵。

禁止以歪曲、贬损等方式使用非物质文化遗产。

第六条　县级以上人民政府应当将非物质文化遗产保护、保存工作纳入本级国民经济和社会发展规划,并将保护、保存经费列入本级财政预算。

国家扶持民族地区、边远地区、贫困地区的非物质文化遗产保护、保存工作。

第七条　国务院文化主管部门负责全国非物质文化遗产的保护、保存工作;县级以上地方人民政府文化主管部门负责本行政区域内非物质文化遗产的保护、保存工作。

县级以上人民政府其他有关部门在各自职责范围内,负责有关非物质文化遗产的保护、保存工作。

第八条　县级以上人民政府应当加强对非物质文化遗产保护工作的宣传,提高全社会保护非物质文化遗产的意识。

第九条　国家鼓励和支持公民、法人和其他组织参与非物质文化遗产保护工作。

第十条　对在非物质文化遗产保护工作中做出显著贡献的组织和个人,按照国家有关规定予以表彰、奖励。

第二章　非物质文化遗产的调查

第十一条　县级以上人民政府根据非物质文化遗产保护、保存工作需要,组织非物质文化遗产调查。非物质文化遗产调查由文化主管部门负责进行。

县级以上人民政府其他有关部门可以对其工作领域内的非物质文化遗产进行调查。

第十二条　文化主管部门和其他有关部门进行非物质文化遗产调查,应当对非物质文化遗产予以认定、记录、建档,建立健全调查信息共享机制。

文化主管部门和其他有关部门进行非物质文化遗产调查,应当收集属于非物质文化遗产组成部分的代表性实物,整理调查工作中取得的资料,并妥善保存,防止损毁、流失。其他有关部门取得的实物图片、资料复制件,应当汇交给同级文化主管部门。

第十三条　文化主管部门应当全面了解非物质文化遗产有关情况,建立非物质文化遗产档案及相关数据库。除依法应当保密的外,非物质文化遗产档案及相关数据信息应当公开,便于公众查阅。

第十四条　公民、法人和其他组织可以依法进行非物质文化遗产调查。

第十五条　境外组织或者个人在中华人民共和国境内进行非物质文化遗产调查，应当报经省、自治区、直辖市人民政府文化主管部门批准；调查在两个以上省、自治区、直辖市行政区域进行的，应当报经国务院文化主管部门批准；调查结束后，应当向批准调查的文化主管部门提交调查报告和调查中取得的实物图片、资料复制件。

境外组织在中华人民共和国境内进行非物质文化遗产调查，应当与境内非物质文化遗产学术研究机构合作进行。

第十六条　进行非物质文化遗产调查，应当征得调查对象的同意，尊重其风俗习惯，不得损害其合法权益。

第十七条　对通过调查或者其他途径发现的濒临消失的非物质文化遗产项目，县级人民政府文化主管部门应当立即予以记录并收集有关实物，或者采取其他抢救性保存措施；对需要传承的，应当采取有效措施支持传承。

第三章　非物质文化遗产代表性项目名录

第十八条　国务院建立国家级非物质文化遗产代表性项目名录，将体现中华民族优秀传统文化，具有重大历史、文学、艺术、科学价值的非物质文化遗产项目列入名录予以保护。

省、自治区、直辖市人民政府建立地方非物质文化遗产代表性项目名录，将本行政区域内体现中华民族优秀传统文化，具有历史、文学、艺术、科学价值的非物质文化遗产项目列入名录予以保护。

第十九条　省、自治区、直辖市人民政府可以从本省、自治区、直辖市非物质文化遗产代表性项目名录中向国务院文化主管部门推荐列入国家级非物质文化遗产代表性项目名录的项目。推荐时应当提交下列材料：

（一）项目介绍，包括项目的名称、历史、现状和价值；

（二）传承情况介绍，包括传承范围、传承谱系、传承人的技艺水平、传承活动的社会影响；

（三）保护要求，包括保护应当达到的目标和应当采取的措施、步骤、管理制度；

（四）有助于说明项目的视听资料等材料。

第二十条　公民、法人和其他组织认为某项非物质文化遗产体现中华民族优秀传统文化，具有重大历史、文学、艺术、科学价值的，可以向省、自治区、直辖市人民政府或者国务院文化主管部门提出列入国家级非物质文化遗产代表性项目名录的建议。

第二十一条　相同的非物质文化遗产项目，其形式和内涵在两个以上地区均保持完整的，可以同时列入国家级非物质文化遗产代表性项目名录。

第二十二条　国务院文化主管部门应当组织专家评审小组和专家评审委员会，对推荐或者建议列入国家级非物质文化遗产代表性项目名录的非物质文化遗产项目进行初评和审议。

初评意见应当经专家评审小组成员过半数通过。专家评审委员会对初评意见进行审议，提出审议意见。

评审工作应当遵循公开、公平、公正的原则。

第二十三条　国务院文化主管部门应当将拟列入国家级非物质文化遗产代表性项目名录的项目予以公示，征求公众意见。公示时间不得少于二十日。

第二十四条　国务院文化主管部门根据专家评审委员会的审议意见和公示结果，拟订国家级非物质文化遗产代表性项目名录，报国务院批准、公布。

第二十五条　国务院文化主管部门应当组织制定保护规划，对国家级非物质文化遗产代表性项目予以保护。

省、自治区、直辖市人民政府文化主管部门应当组织制定保护规划，对本级人民政府批准公布的地方非物质文化遗产代表性项目予以保护。

制定非物质文化遗产代表性项目保护规划，应当对濒临消失的非物质文化遗产代表性项目予以重点保护。

第二十六条　对非物质文化遗产代表性项目集中、特色鲜明、形式和内涵保持完整的特定区域，当地文化主管部门可以制定专项保护规划，报经本级人民政府批准后，实行区域性整体保护。确定对非物质文化遗产实行区域性整体保护，应当尊重当地居民的意愿，并保护属于非物质文化遗产组成部分的实物和场所，避免遭受破坏。

实行区域性整体保护涉及非物质文化遗产集中地村镇或者街区空间规划的，应当由当地城乡规划主管部门依据相关法规制定专项保护规划。

第二十七条　国务院文化主管部门和省、自治区、直辖市人民政府文化主管部门应当对非物质文化遗产代表性项目保护规划的实施情况进行监督检查；发现保护规划未能有效实施的，应当及时纠正、处理。

第四章　非物质文化遗产的传承与传播

第二十八条　国家鼓励和支持开展非物质文化遗产代表性项目的传承、传播。

第二十九条　国务院文化主管部门和省、自治区、直辖市人民政府文化主管部门对本级人民政府批准公布的非物质文化遗产代表性项目,可以认定代表性传承人。

非物质文化遗产代表性项目的代表性传承人应当符合下列条件:

(一)熟练掌握其传承的非物质文化遗产;

(二)在特定领域内具有代表性,并在一定区域内具有较大影响;

(三)积极开展传承活动。

认定非物质文化遗产代表性项目的代表性传承人,应当参照执行本法有关非物质文化遗产代表性项目评审的规定,并将所认定的代表性传承人名予以公布。

第三十条　县级以上人民政府文化主管部门根据需要,采取下列措施,支持非物质文化遗产代表性项目的代表性传承人开展传承、传播活动:

(一)提供必要的传承场所;

(二)提供必要的经费资助其开展授徒、传艺、交流等活动;

(三)支持其参与社会公益性活动;

(四)支持其开展传承、传播活动的其他措施。

第三十一条　非物质文化遗产代表性项目的代表性传承人应当履行下列义务:

(一)开展传承活动,培养后继人才;

(二)妥善保存相关的实物、资料;

(三)配合文化主管部门和其他有关部门进行非物质文化遗产调查;

(四)参与非物质文化遗产公益性宣传。

非物质文化遗产代表性项目的代表性传承人无正当理由不履行前款规定义务的,文化主管部门可以取消其代表性传承人资格,重新认定该项目的代表性传承人;丧失传承能力的,文化主管部门可以重新认定该项目的代表性传承人。

第三十二条　县级以上人民政府应当结合实际情况,采取有效措施,组织文化主管部门和其他有关部门宣传、展示非物质文化遗产代表性项目。

第三十三条　国家鼓励开展与非物质文化遗产有关的科学技术研究和非物质文化遗产保护、保存方法研究,鼓励开展非物质文化遗产的记录和非物质文化遗产代表性项目的整理、出版等活动。

第三十四条　学校应当按照国务院教育主管部门的规定,开展相关的非物质文化遗产教育。

新闻媒体应当开展非物质文化遗产代表性项目的宣传,普及非物质文化遗产知识。

第三十五条　图书馆、文化馆、博物馆、科技馆等公共文化机构和非物质文化遗产学术研究机构、保护机构以及利用财政性资金举办的文艺表演团体、演出场所经营单位等,应当根据各自业务范围,开展非物质文化遗产的整理、研究、学术交流和非物质文化遗产代表性项目的宣传、展示。

第三十六条　国家鼓励和支持公民、法人和其他组织依法设立非物质文化遗产展示场所和传承场所,展示和传承非物质文化遗产代表性项目。

第三十七条　国家鼓励和支持发挥非物质文化遗产资源的特殊优势,在有效保护的基础上,合理利用非物质文化遗产代表性项目开发具有地方、民族特色和市场潜力的文化产品和文化服务。

开发利用非物质文化遗产代表性项目的,应当支持代表性传承人开展传承活动,保护属于该项目组成部分的实物和场所。

县级以上地方人民政府应当对合理利用非物质文化遗产代表性项目的单位予以扶持。单位合理利用非物质文化遗产代表性项目的,依法享受国家规定的税收优惠。

第五章　法律责任

第三十八条　文化主管部门和其他有关部门的工作人员在非物质文化遗产保护、保存工作中玩忽职守、滥用职权、徇私舞弊的,依法给予处分。

第三十九条　文化主管部门和其他有关部门的工作人员进行非物质文化遗产调查时侵犯调查对象风俗习惯,造成严重后果的,依法给予处分。

第四十条　违反本法规定,破坏属于非物质文化遗产组成部分的实物和场所的,依法承担民事责任;构成违反治安管理行为的,依法给予治安管理处罚。

第四十一条　境外组织违反本法第十五条规定的,由文化主管部门责令改正,给予警告,没收违法所得及调查中取得的实物、资料;情节严重的,并处十万元以上五十万元以下的罚款。

境外个人违反本法第十五条第一款规定的,由文化主管部门责令改正,给予警告,没收违法所得及调查中取得的实物、资料;情节严重的,并处一万元以上五万元以下的罚款。

第四十二条　违反本法规定,构成犯罪的,依法追究刑事责任。

第六章　附　则

第四十三条　建立地方非物质文化遗产代表性项目

名录的办法，由省、自治区、直辖市参照本法有关规定制定。

第四十四条　使用非物质文化遗产涉及知识产权的，适用有关法律、行政法规的规定。

对传统医药、传统工艺美术等的保护，其他法律、行政法规另有规定的，依照其规定。

第四十五条　本法自2011年6月1日起施行。

历史文化名城名镇名村保护条例

· 2008年4月22日中华人民共和国国务院令第524号公布
· 根据2017年10月7日《国务院关于修改部分行政法规的决定》修订

第一章　总　则

第一条　为了加强历史文化名城、名镇、名村的保护与管理，继承中华民族优秀历史文化遗产，制定本条例。

第二条　历史文化名城、名镇、名村的申报、批准、规划、保护，适用本条例。

第三条　历史文化名城、名镇、名村的保护应当遵循科学规划、严格保护的原则，保持和延续其传统格局和历史风貌，维护历史文化遗产的真实性和完整性，继承和弘扬中华民族优秀传统文化，正确处理经济社会发展和历史文化遗产保护的关系。

第四条　国家对历史文化名城、名镇、名村的保护给予必要的资金支持。

历史文化名城、名镇、名村所在地的县级以上地方人民政府，根据本地实际情况安排保护资金，列入本级财政预算。

国家鼓励企业、事业单位、社会团体和个人参与历史文化名城、名镇、名村的保护。

第五条　国务院建设主管部门会同国务院文物主管部门负责全国历史文化名城、名镇、名村的保护和监督管理工作。

地方各级人民政府负责本行政区域历史文化名城、名镇、名村的保护和监督管理工作。

第六条　县级以上人民政府及其有关部门对在历史文化名城、名镇、名村保护工作中做出突出贡献的单位和个人，按照国家有关规定给予表彰和奖励。

第二章　申报与批准

第七条　具备下列条件的城市、镇、村庄，可以申报历史文化名城、名镇、名村：

（一）保存文物特别丰富；

（二）历史建筑集中成片；

（三）保留着传统格局和历史风貌；

（四）历史上曾经作为政治、经济、文化、交通中心或者军事要地，或者发生过重要历史事件，或者其传统产业、历史上建设的重大工程对本地区的发展产生过重要影响，或者能够集中反映本地区建筑的文化特色、民族特色。

申报历史文化名城的，在所申报的历史文化名城保护范围内还应当有2个以上的历史文化街区。

第八条　申报历史文化名城、名镇、名村，应当提交所申报的历史文化名城、名镇、名村的下列材料：

（一）历史沿革、地方特色和历史文化价值的说明；

（二）传统格局和历史风貌的现状；

（三）保护范围；

（四）不可移动文物、历史建筑、历史文化街区的清单；

（五）保护工作情况、保护目标和保护要求。

第九条　申报历史文化名城，由省、自治区、直辖市人民政府提出申请，经国务院建设主管部门会同国务院文物主管部门组织有关部门、专家进行论证，提出审查意见，报国务院批准公布。

申报历史文化名镇、名村，由所在地县级人民政府提出申请，经省、自治区、直辖市人民政府确定的保护主管部门会同同级文物主管部门组织有关部门、专家进行论证，提出审查意见，报省、自治区、直辖市人民政府批准公布。

第十条　对符合本条例第七条规定的条件而没有申报历史文化名城的城市，国务院建设主管部门会同国务院文物主管部门可以向该城市所在地的省、自治区人民政府提出申报建议；仍不申报的，可以直接向国务院提出确定该城市为历史文化名城的建议。

对符合本条例第七条规定的条件而没有申报历史文化名镇、名村的镇、村庄，省、自治区、直辖市人民政府确定的保护主管部门会同同级文物主管部门可以向该镇、村庄所在地的县级人民政府提出申报建议；仍不申报的，可以直接向省、自治区、直辖市人民政府提出确定该镇、村庄为历史文化名镇、名村的建议。

第十一条　国务院建设主管部门会同国务院文物主管部门可以在已批准公布的历史文化名镇、名村中，严格按照国家有关评价标准，选择具有重大历史、艺术、科学价值的历史文化名镇、名村，经专家论证，确定为中国历史文化名镇、名村。

第十二条　已批准公布的历史文化名城、名镇、名村，因保护不力使其历史文化价值受到严重影响的，批准机关应当将其列入濒危名单，予以公布，并责成所在地城市、县人民政府限期采取补救措施，防止情况继续恶化，并完善保护制度，加强保护工作。

第三章　保护规划

第十三条　历史文化名城批准公布后，历史文化名城人民政府应当组织编制历史文化名城保护规划。

历史文化名镇、名村批准公布后，所在地县级人民政府应当组织编制历史文化名镇、名村保护规划。

保护规划应当自历史文化名城、名镇、名村批准公布之日起1年内编制完成。

第十四条　保护规划应当包括下列内容：

（一）保护原则、保护内容和保护范围；

（二）保护措施、开发强度和建设控制要求；

（三）传统格局和历史风貌保护要求；

（四）历史文化街区、名镇、名村的核心保护范围和建设控制地带；

（五）保护规划分期实施方案。

第十五条　历史文化名城、名镇保护规划的规划期限应当与城市、镇总体规划的规划期限相一致；历史文化名村保护规划的规划期限应当与村庄规划的规划期限相一致。

第十六条　保护规划报送审批前，保护规划的组织编制机关应当广泛征求有关部门、专家和公众的意见；必要时，可以举行听证。

保护规划报送审批文件中应当附具意见采纳情况及理由；经听证的，还应当附具听证笔录。

第十七条　保护规划由省、自治区、直辖市人民政府审批。

保护规划的组织编制机关应当将经依法批准的历史文化名城保护规划和中国历史文化名镇、名村保护规划，报国务院建设主管部门和国务院文物主管部门备案。

第十八条　保护规划的组织编制机关应当及时公布经依法批准的保护规划。

第十九条　经依法批准的保护规划，不得擅自修改；确需修改的，保护规划的组织编制机关应当向原审批机关提出专题报告，经同意后，方可编制修改方案。修改后的保护规划，应当按照原审批程序报送审批。

第二十条　国务院建设主管部门会同国务院文物主管部门应当加强对保护规划实施情况的监督检查。

县级以上地方人民政府应当加强对本行政区域保护规划实施情况的监督检查，并对历史文化名城、名镇、名村保护状况进行评估；对发现的问题，应当及时纠正、处理。

第四章　保护措施

第二十一条　历史文化名城、名镇、名村应当整体保护，保持传统格局、历史风貌和空间尺度，不得改变与其相互依存的自然景观和环境。

第二十二条　历史文化名城、名镇、名村所在地县级以上地方人民政府应当根据当地经济社会发展水平，按照保护规划，控制历史文化名城、名镇、名村的人口数量，改善历史文化名城、名镇、名村的基础设施、公共服务设施和居住环境。

第二十三条　在历史文化名城、名镇、名村保护范围内从事建设活动，应当符合保护规划的要求，不得损害历史文化遗产的真实性和完整性，不得对其传统格局和历史风貌构成破坏性影响。

第二十四条　在历史文化名城、名镇、名村保护范围内禁止进行下列活动：

（一）开山、采石、开矿等破坏传统格局和历史风貌的活动；

（二）占用保护规划确定保留的园林绿地、河湖水系、道路等；

（三）修建生产、储存爆炸性、易燃性、放射性、毒害性、腐蚀性物品的工厂、仓库等；

（四）在历史建筑上刻划、涂污。

第二十五条　在历史文化名城、名镇、名村保护范围内进行下列活动，应当保护其传统格局、历史风貌和历史建筑；制订保护方案，并依照有关法律、法规的规定办理相关手续：

（一）改变园林绿地、河湖水系等自然状态的活动；

（二）在核心保护范围内进行影视摄制、举办大型群众性活动；

（三）其他影响传统格局、历史风貌或者历史建筑的活动。

第二十六条　历史文化街区、名镇、名村建设控制地带内的新建建筑物、构筑物，应当符合保护规划确定的建设控制要求。

第二十七条　对历史文化街区、名镇、名村核心保护范围内的建筑物、构筑物，应当区分不同情况，采取相应措施，实行分类保护。

历史文化街区、名镇、名村核心保护范围内的历史建筑，应当保持原有的高度、体量、外观形象及色彩等。

第二十八条　在历史文化街区、名镇、名村核心保护范围内,不得进行新建、扩建活动。但是,新建、扩建必要的基础设施和公共服务设施除外。

在历史文化街区、名镇、名村核心保护范围内,新建、扩建必要的基础设施和公共服务设施的,城市、县人民政府城乡规划主管部门核发建设工程规划许可证、乡村建设规划许可证前,应当征求同级文物主管部门的意见。

在历史文化街区、名镇、名村核心保护范围内,拆除历史建筑以外的建筑物、构筑物或者其他设施的,应当经城市、县人民政府城乡规划主管部门会同同级文物主管部门批准。

第二十九条　审批本条例第二十八条规定的建设活动,审批机关应当组织专家论证,并将审批事项予以公示,征求公众意见,告知利害关系人有要求举行听证的权利。公示时间不得少于20日。

利害关系人要求听证的,应当在公示期间提出,审批机关应当在公示期满后及时举行听证。

第三十条　城市、县人民政府应当在历史文化街区、名镇、名村核心保护范围的主要出入口设置标志牌。

任何单位和个人不得擅自设置、移动、涂改或者损毁标志牌。

第三十一条　历史文化街区、名镇、名村核心保护范围内的消防设施、消防通道,应当按照有关的消防技术标准和规范设置。确因历史文化街区、名镇、名村的保护需要,无法按照标准和规范设置的,由城市、县人民政府公安机关消防机构会同同级城乡规划主管部门制订相应的防火安全保障方案。

第三十二条　城市、县人民政府应当对历史建筑设置保护标志,建立历史建筑档案。

历史建筑档案应当包括下列内容:

(一)建筑艺术特征、历史特征、建设年代及稀有程度;

(二)建筑的有关技术资料;

(三)建筑的使用现状和权属变化情况;

(四)建筑的修缮、装饰装修过程中形成的文字、图纸、图片、影像等资料;

(五)建筑的测绘信息记录和相关资料。

第三十三条　历史建筑的所有权人应当按照保护规划的要求,负责历史建筑的维护和修缮。

县级以上地方人民政府可以从保护资金中对历史建筑的维护和修缮给予补助。

历史建筑有损毁危险,所有权人不具备维护和修缮能力的,当地人民政府应当采取措施进行保护。

任何单位或者个人不得损坏或者擅自迁移、拆除历史建筑。

第三十四条　建设工程选址,应当尽可能避开历史建筑;因特殊情况不能避开的,应当尽可能实施原址保护。

对历史建筑实施原址保护的,建设单位应当事先确定保护措施,报城市、县人民政府城乡规划主管部门会同同级文物主管部门批准。

因公共利益需要进行建设活动,对历史建筑无法实施原址保护,必须迁移异地保护或者拆除的,应当由城市、县人民政府城乡规划主管部门会同同级文物主管部门,报省、自治区、直辖市人民政府确定的保护主管部门会同同级文物主管部门批准。

本条规定的历史建筑原址保护、迁移、拆除所需费用,由建设单位列入建设工程预算。

第三十五条　对历史建筑进行外部修缮装饰、添加设施以及改变历史建筑的结构或者使用性质的,应当经城市、县人民政府城乡规划主管部门会同同级文物主管部门批准,并依照有关法律、法规的规定办理相关手续。

第三十六条　在历史文化名城、名镇、名村保护范围内涉及文物保护的,应当执行文物保护法律、法规的规定。

第五章　法律责任

第三十七条　违反本条例规定,国务院建设主管部门、国务院文物主管部门和县级以上地方人民政府及其有关主管部门的工作人员,不履行监督管理职责,发现违法行为不予查处或者有其他滥用职权、玩忽职守、徇私舞弊行为,构成犯罪的,依法追究刑事责任;尚不构成犯罪的,依法给予处分。

第三十八条　违反本条例规定,地方人民政府有下列行为之一的,由上级人民政府责令改正,对直接负责的主管人员和其他直接责任人员,依法给予处分:

(一)未组织编制保护规划的;

(二)未按照法定程序组织编制保护规划的;

(三)擅自修改保护规划的;

(四)未将批准的保护规划予以公布的。

第三十九条　违反本条例规定,省、自治区、直辖市人民政府确定的保护主管部门或者城市、县人民政府城乡规划主管部门,未按照保护规划的要求或者未按照法定程序履行本条例第二十八条、第三十四条、第三十五条规定的审批职责的,由本级人民政府或者上级人民政府有关部门责令改正,通报批评;对直接负责的主管人员和其他直接责任人员,依法给予处分。

第四十条 违反本条例规定,城市、县人民政府因保护不力,导致已批准公布的历史文化名城、名镇、名村被列入濒危名单的,由上级人民政府通报批评;对直接负责的主管人员和其他直接责任人员,依法给予处分。

第四十一条 违反本条例规定,在历史文化名城、名镇、名村保护范围内有下列行为之一的,由城市、县人民政府城乡规划主管部门责令停止违法行为、限期恢复原状或者采取其他补救措施;有违法所得的,没收违法所得;逾期不恢复原状或者不采取其他补救措施的,城乡规划主管部门可以指定有能力的单位代为恢复原状或者采取其他补救措施,所需费用由违法者承担;造成严重后果的,对单位并处 50 万元以上 100 万元以下的罚款,对个人并处 5 万元以上 10 万元以下的罚款;造成损失的,依法承担赔偿责任:

(一)开山、采石、开矿等破坏传统格局和历史风貌的;

(二)占用保护规划确定保留的园林绿地、河湖水系、道路等的;

(三)修建生产、储存爆炸性、易燃性、放射性、毒害性、腐蚀性物品的工厂、仓库等的。

第四十二条 违反本条例规定,在历史建筑上刻划、涂污的,由城市、县人民政府城乡规划主管部门责令恢复原状或者采取其他补救措施,处 50 元的罚款。

第四十三条 违反本条例规定,未经城乡规划主管部门会同同级文物主管部门批准,有下列行为之一的,由城市、县人民政府城乡规划主管部门责令停止违法行为、限期恢复原状或者采取其他补救措施;有违法所得的,没收违法所得;逾期不恢复原状或者不采取其他补救措施的,城乡规划主管部门可以指定有能力的单位代为恢复原状或者采取其他补救措施,所需费用由违法者承担;造成严重后果的,对单位并处 5 万元以上 10 万元以下的罚款,对个人并处 1 万元以上 5 万元以下的罚款;造成损失的,依法承担赔偿责任:

(一)拆除历史建筑以外的建筑物、构筑物或者其他设施的;

(二)对历史建筑进行外部修缮装饰、添加设施以及改变历史建筑的结构或者使用性质的。

有关单位或者个人进行本条例第二十五条规定的活动,或者经批准进行本条第一款规定的活动,但是在活动过程中对传统格局、历史风貌或者历史建筑构成破坏性

影响的,依照本条第一款规定予以处罚。

第四十四条 违反本条例规定,损坏或者擅自迁移、拆除历史建筑的,由城市、县人民政府城乡规划主管部门责令停止违法行为、限期恢复原状或者采取其他补救措施;有违法所得的,没收违法所得;逾期不恢复原状或者不采取其他补救措施的,城乡规划主管部门可以指定有能力的单位代为恢复原状或者采取其他补救措施,所需费用由违法者承担;造成严重后果的,对单位并处 20 万元以上 50 万元以下的罚款,对个人并处 10 万元以上 20 万元以下的罚款;造成损失的,依法承担赔偿责任。

第四十五条 违反本条例规定,擅自设置、移动、涂改或者损毁历史文化街区、名镇、名村标志牌的,由城市、县人民政府城乡规划主管部门责令限期改正;逾期不改正的,对单位处 1 万元以上 5 万元以下的罚款,对个人处 1000 元以上 1 万元以下的罚款。

第四十六条 违反本条例规定,对历史文化名城、名镇、名村中的文物造成损毁的,依照文物保护法律、法规的规定给予处罚;构成犯罪的,依法追究刑事责任。

第六章 附 则

第四十七条 本条例下列用语的含义:

(一)历史建筑,是指经城市、县人民政府确定公布的具有一定保护价值,能够反映历史风貌和地方特色,未公布为文物保护单位,也未登记为不可移动文物的建筑物、构筑物。

(二)历史文化街区,是指经省、自治区、直辖市人民政府核定公布的保存文物特别丰富、历史建筑集中成片、能够较完整和真实地体现传统格局和历史风貌,并具有一定规模的区域。

历史文化街区保护的具体实施办法,由国务院建设主管部门会同国务院文物主管部门制定。

第四十八条 本条例自 2008 年 7 月 1 日起施行。

长城保护条例

· 2006 年 9 月 20 日国务院第 150 次常务会议通过
· 2006 年 10 月 11 日中华人民共和国国务院令第 476 号公布
· 自 2006 年 12 月 1 日起施行

第一条 为了加强对长城的保护,规范长城的利用行为,根据《中华人民共和国文物保护法》(以下简称文物保护法),制定本条例。

第二条 本条例所称长城,包括长城的墙体、城堡、

关隘、烽火台、敌楼等。

受本条例保护的长城段落，由国务院文物主管部门认定并公布。

第三条　长城保护应当贯彻文物工作方针，坚持科学规划、原状保护的原则。

第四条　国家对长城实行整体保护、分段管理。

国务院文物主管部门负责长城整体保护工作，协调、解决长城保护中的重大问题，监督、检查长城所在地各地方的长城保护工作。

长城所在地县级以上地方人民政府及其文物主管部门依照文物保护法、本条例和其他有关行政法规的规定，负责本行政区域内的长城保护工作。

第五条　长城所在地县级以上地方人民政府应当将长城保护经费纳入本级财政预算。

国家鼓励公民、法人和其他组织通过捐赠等方式设立长城保护基金，专门用于长城保护。长城保护基金的募集、使用和管理，依照国家有关法律、行政法规的规定执行。

第六条　国家对长城保护实行专家咨询制度。制定长城保护总体规划、审批与长城有关的建设工程、决定与长城保护有关的其他重大事项，应当听取专家意见。

第七条　公民、法人和其他组织都有依法保护长城的义务。

国家鼓励公民、法人和其他组织参与长城保护。

第八条　国务院文物主管部门、长城所在地县级以上地方人民政府及其文物主管部门应当对在长城保护中作出突出贡献的组织或者个人给予奖励。

第九条　长城所在地省、自治区、直辖市人民政府应当对本行政区域内的长城进行调查；对认为属于长城的段落，应当报国务院文物主管部门认定，并自认定之日起1年内依法核定公布为省级文物保护单位。

本条例施行前已经认定为长城但尚未核定公布为全国重点文物保护单位或者省级文物保护单位的段落，应当自本条例施行之日起1年内依法核定公布为全国重点文物保护单位或者省级文物保护单位。

第十条　国家实行长城保护总体规划制度。

国务院文物主管部门会同国务院有关部门，根据文物保护法的规定和长城保护的实际需要，制定长城保护总体规划，报国务院批准后组织实施。长城保护总体规划应当明确长城的保护标准和保护重点，分类确定保护措施，并确定禁止在保护范围内进行工程建设的长城段落。

长城所在地县级以上地方人民政府制定本行政区域的国民经济和社会发展计划、土地利用总体规划和城乡规划，应当落实长城保护总体规划规定的保护措施。

第十一条　长城所在地省、自治区、直辖市人民政府应当按照长城保护总体规划的要求，划定本行政区域内长城的保护范围和建设控制地带，并予以公布。

省、自治区、直辖市人民政府文物主管部门应当将公布的保护范围和建设控制地带报国务院文物主管部门备案。

第十二条　任何单位或者个人不得在长城保护总体规划禁止工程建设的保护范围内进行工程建设。在建设控制地带或者长城保护总体规划未禁止工程建设的保护范围内进行工程建设，应当遵守文物保护法第十七条、第十八条的规定。

进行工程建设应当绕过长城。无法绕过的，应当采取挖掘地下通道的方式通过长城；无法挖掘地下通道的，应当采取架设桥梁的方式通过长城。任何单位或者个人进行工程建设，不得拆除、穿越、迁移长城。

第十三条　长城所在地省、自治区、直辖市人民政府应当在长城沿线的交通路口和其他需要提示公众的地段设立长城保护标志。设立长城保护标志不得对长城造成损坏。

长城保护标志应当载明长城段落的名称、修筑年代、保护范围、建设控制地带和保护机构。

第十四条　长城所在地省、自治区、直辖市人民政府应当建立本行政区域内的长城档案，其文物主管部门应当将长城档案报国务院文物主管部门备案。

国务院文物主管部门应当建立全国的长城档案。

第十五条　长城所在地省、自治区、直辖市人民政府应当为本行政区域内的长城段落确定保护机构；长城段落有利用单位的，该利用单位可以确定为保护机构。

保护机构应当对其所负责保护的长城段落进行日常维护和监测，并建立日志；发现安全隐患，应当立即采取控制措施，并及时向县级人民政府文物主管部门报告。

第十六条　地处偏远、没有利用单位的长城段落，所在地县级人民政府或者其文物主管部门可以聘请长城保护员对长城进行巡查、看护，并对长城保护员给予适当补助。

第十七条　长城段落为行政区域边界的，其毗邻的县级以上地方人民政府应当定期召开由相关部门参加的联席会议，研究解决长城保护中的重大问题。

第十八条　禁止在长城上从事下列活动：

（一）取土、取砖（石）或者种植作物；

（二）刻划、涂污；

（三）架设、安装与长城保护无关的设施、设备；

（四）驾驶交通工具，或者利用交通工具等跨越长城；

（五）展示可能损坏长城的器具；

（六）有组织地在未辟为参观游览区的长城段落举行活动；

（七）文物保护法禁止的其他活动。

第十九条 将长城段落辟为参观游览区，应当坚持科学规划、原状保护的原则，并应当具备下列条件：

（一）该长城段落的安全状况适宜公众参观游览；

（二）该长城段落有明确的保护机构，已依法划定保护范围、建设控制地带，并已建立保护标志、档案；

（三）符合长城保护总体规划的要求。

第二十条 将长城段落辟为参观游览区，应当自辟为参观游览区之日起5日内向所在地省、自治区、直辖市人民政府文物主管部门备案；长城段落属于全国重点文物保护单位的，应当自辟为参观游览区之日起5日内向国务院文物主管部门备案。备案材料应当包括参观游览区的旅游容量指标。

所在地省、自治区、直辖市人民政府文物主管部门和国务院文物主管部门，应当自收到备案材料之日起20日内按照职权划分核定参观游览区的旅游容量指标。

第二十一条 在参观游览区内举行活动，其人数不得超过核定的旅游容量指标。

在参观游览区内设置服务项目，应当符合长城保护总体规划的要求。

第二十二条 任何单位或者个人发现长城遭受损坏向保护机构或者所在地县级人民政府文物主管部门报告的，接到报告的保护机构或者县级人民政府文物主管部门应当立即采取控制措施，并向县级人民政府和上一级人民政府文物主管部门报告。

第二十三条 对长城进行修缮，应当依照文物保护法的规定办理审批手续，由依法取得文物保护工程资质证书的单位承担。长城的修缮，应当遵守不改变原状的原则。

长城段落已经损毁的，应当实施遗址保护，不得在原址重建。

长城段落因人为原因造成损坏的，其修缮费用由造成损坏的单位或者个人承担。

第二十四条 违反本条例规定，造成长城损毁，构成犯罪的，依法追究刑事责任；尚不构成犯罪，违反有关治

安管理的法律规定的，由公安机关依法给予治安处罚。

第二十五条 违反本条例规定，有下列情形之一的，依照文物保护法第六十六条的规定责令改正，造成严重后果的，处5万元以上50万元以下的罚款；情节严重的，由原发证机关吊销资质证书：

（一）在禁止工程建设的长城段落的保护范围内进行工程建设的；

（二）在长城的保护范围或者建设控制地带内进行工程建设，未依法报批的；

（三）未采取本条例规定的方式进行工程建设，或者因工程建设拆除、穿越、迁移长城的。

第二十六条 将不符合本条例规定条件的长城段落辟为参观游览区的，由省级以上人民政府文物主管部门按照职权划分依法取缔，没收违法所得；造成长城损坏的，处5万元以上50万元以下的罚款。

将长城段落辟为参观游览区未按照本条例规定备案的，由省级以上人民政府文物主管部门按照职权划分责令限期改正，逾期不改正的，依照前款规定处罚。

在参观游览区内设置的服务项目不符合长城保护总体规划要求的，由县级人民政府文物主管部门责令改正，没收违法所得。

第二十七条 违反本条例规定，有下列情形之一的，由县级人民政府文物主管部门责令改正，造成严重后果的，对个人处1万元以上5万元以下的罚款，对单位处5万元以上50万元以下的罚款：

（一）在长城上架设、安装与长城保护无关的设施、设备的；

（二）在长城上驾驶交通工具，或者利用交通工具等跨越长城的；

（三）在长城上展示可能损坏长城的器具的；

（四）在参观游览区接待游客超过旅游容量指标的。

第二十八条 违反本条例规定，有下列情形之一的，由县级人民政府文物主管部门责令改正，给予警告；情节严重的，对个人并处1000元以上5000元以下的罚款，对单位并处1万元以上5万元以下的罚款：

（一）在长城上取土、取砖（石）或者种植作物的；

（二）有组织地在未辟为参观游览区的长城段落举行活动的。

第二十九条 行政机关有下列情形之一的，由上级行政机关责令改正，通报批评；对负有责任的主管人员和其他直接责任人员，依照文物保护法第七十六条的规定给予行政处分；情节严重的，依法开除公职：

（一）未依照本条例的规定，确定保护机构、划定保护范围或者建设控制地带、设立保护标志或者建立档案的；

（二）发现不符合条件的长城段落辟为参观游览区未依法查处的；

（三）有其他滥用职权、玩忽职守行为，造成长城损坏的。

第三十条　保护机构有下列情形之一的，由长城所在地省、自治区、直辖市人民政府文物主管部门责令改正，对负有责任的主管人员和其他直接责任人员依法给予行政处分；情节严重的，依法开除公职：

（一）未对长城进行日常维护、监测或者未建立日志的；

（二）发现长城存在安全隐患，未采取控制措施或者未及时报告的。

第三十一条　本条例自 2006 年 12 月 1 日起施行。

国家级非物质文化遗产保护与管理暂行办法

· 2006 年 11 月 2 日文化部令第 39 号公布
· 自 2006 年 12 月 1 日起施行

第一条　为有效保护和传承国家级非物质文化遗产，加强保护工作的管理，特制定本办法。

第二条　本办法所称"国家级非物质文化遗产"是指列入国务院批准公布的国家级非物质文化遗产名录中的所有非物质文化遗产项目。

第三条　国家级非物质文化遗产的保护，实行"保护为主、抢救第一、合理利用、传承发展"的方针，坚持真实性和整体性的保护原则。

第四条　国务院文化行政部门负责组织、协调和监督全国范围内国家级非物质文化遗产的保护工作。

省级人民政府文化行政部门负责组织、协调和监督本行政区域内国家级非物质文化遗产的保护工作。

国家级非物质文化遗产项目所在地人民政府文化行政部门，负责组织、监督该项目的具体保护工作。

第五条　国务院文化行政部门组织制定国家级非物质文化遗产保护整体规划，并定期对规划的实施情况进行检查。

省级人民政府文化行政部门组织制定本行政区域内国家级非物质文化遗产项目的保护规划，经国务院文化行政部门批准后组织实施，并于每年十一月底前向国务院文化行政部门提交保护规划本年度实施情况和下一年度保护工作计划。

第六条　国家级非物质文化遗产项目应当确定保护单位，具体承担该项目的保护与传承工作。保护单位的推荐名单由该项目的申报地区或者单位提出，经省级人民政府文化行政部门组织专家审议后，报国务院文化行政部门认定。

第七条　国家级非物质文化遗产项目保护单位应具备以下基本条件：

（一）有该项目代表性传承人或者相对完整的资料；

（二）有实施该项目保护计划的能力；

（三）有开展传承、展示活动的场所和条件。

第八条　国家级非物质文化遗产项目保护单位应当履行以下职责：

（一）全面收集该项目的实物、资料，并登记、整理、建档；

（二）为该项目的传承及相关活动提供必要条件；

（三）有效保护该项目相关的文化场所；

（四）积极开展该项目的展示活动；

（五）向负责该项目具体保护工作的当地人民政府文化行政部门报告项目保护实施情况，并接受监督。

第九条　国务院文化行政部门统一制作国家级非物质文化遗产项目标牌，由省级人民政府文化行政部门交该项目保护单位悬挂和保存。

第十条　国务院文化行政部门对国家级非物质文化遗产项目保护给予必要的经费资助。

县级以上人民政府文化行政部门应当积极争取当地政府的财政支持，对在本行政区域内的国家级非物质文化遗产项目的保护给予资助。

第十一条　国家级非物质文化遗产项目保护单位根据自愿原则，提出该项目代表性传承人的推荐名单，经省级人民政府文化行政部门组织专家评议后，报国务院文化行政部门批准。

第十二条　国家级非物质文化遗产项目代表性传承人应当符合以下条件：

（一）完整掌握该项目或者其特殊技能；

（二）具有该项目公认的代表性、权威性与影响力；

（三）积极开展传承活动，培养后继人才。

第十三条　国家级非物质文化遗产项目代表性传承人应当履行传承义务；丧失传承能力、无法履行传承义务的，应当按照程序另行认定该项目代表性传承人；怠于履行传承义务的，取消其代表性传承人的资格。

第十四条　国务院文化行政部门组织建立国家级非

物质文化遗产数据库。有条件的地方,应建立国家级非物质文化遗产博物馆或者展示场所。

第十五条　国务院文化行政部门组织制定国家级非物质文化遗产实物资料等级标准和出入境标准。其中经文物部门认定为文物的,适用文物保护法律法规的有关规定。

第十六条　国家级非物质文化遗产项目保护单位和相关实物资料的保护机构应当建立健全规章制度,妥善保管实物资料,防止损毁和流失。

第十七条　县级以上人民政府文化行政部门应当鼓励、支持通过节日活动、展览、培训、教育、大众传媒等手段,宣传、普及国家级非物质文化遗产知识,促进其传承和社会共享。

第十八条　省级人民政府文化行政部门应当对国家级非物质文化遗产项目所依存的文化场所划定保护范围,制作标识说明,进行整体性保护,并报国务院文化行政部门备案。

第十九条　省级人民政府文化行政部门可以选择本行政区域内的国家级非物质文化遗产项目,为申报联合国教科文组织"人类非物质文化遗产代表作",向国务院文化行政部门提出申请。

第二十条　国家级非物质文化遗产项目的名称和保护单位不得擅自变更;未经国务院文化行政部门批准,不得对国家级非物质文化遗产项目标牌进行复制或者转让。

国家级非物质文化遗产项目域名和商标的注册与保护,依据相关法律法规执行。

第二十一条　利用国家级非物质文化遗产项目进行艺术创作、产品开发、旅游活动等,应当尊重其原真形式和文化内涵,防止歪曲与滥用。

第二十二条　国家级非物质文化遗产项目含有国家秘密的,应当按照国家保密法律法规的规定确定密级,予以保护;含有商业秘密的,按照国家有关法律法规执行。

第二十三条　各级人民政府文化行政部门应当鼓励和支持企事业单位、社会团体和个人捐赠国家级非物质文化遗产实物资料或者捐赠资金和实物,用于国家级非物质文化遗产保护。

第二十四条　国务院文化行政部门对在国家级非物质文化遗产保护工作中有突出贡献的单位和个人,给予表彰奖励。

第二十五条　国务院文化行政部门定期组织对国家级非物质文化遗产项目保护情况的检查。

国家级非物质文化遗产项目保护单位有下列行为之一的,由县级以上人民政府文化行政部门责令改正,并视情节轻重予以警告、严重警告,直至解除其保护单位资格:

(一)擅自复制或者转让标牌的;

(二)侵占国家级非物质文化遗产珍贵实物资料的;

(三)怠于履行保护职责的。

第二十六条　有下列行为之一的,对负有责任的主管人员和其他直接责任人员依法给予行政处分;构成犯罪的,依法追究刑事责任:

(一)擅自变更国家级非物质文化遗产项目名称或者保护单位的;

(二)玩忽职守,致使国家级非物质文化遗产所依存的文化场所及其环境造成破坏的;

(三)贪污、挪用国家级非物质文化遗产项目保护经费的。

第二十七条　本办法由国务院文化行政部门负责解释。

第二十八条　本办法自 2006 年 12 月 1 日起施行。

世界文化遗产保护管理办法

· 2006 年 11 月 14 日文化部令第 41 号公布
· 自公布之日起施行

第一条　为了加强对世界文化遗产的保护和管理,履行对《保护世界文化与自然遗产公约》的责任和义务,传承人类文明,依据《中华人民共和国文物保护法》制定本办法。

第二条　本办法所称世界文化遗产,是指列入联合国教科文组织《世界遗产名录》的世界文化遗产和文化与自然混合遗产中的文化遗产部分。

第三条　世界文化遗产工作贯彻保护为主、抢救第一、合理利用、加强管理的方针,确保世界文化遗产的真实性和完整性。

第四条　国家文物局主管全国世界文化遗产工作,协调、解决世界文化遗产保护和管理中的重大问题,监督、检查世界文化遗产所在地的世界文化遗产工作。

县级以上地方人民政府及其文物主管部门依照本办法的规定,制定管理制度,落实工作措施,负责本行政区域内的世界文化遗产工作。

第五条　县级以上地方人民政府应当将世界文化遗产保护和管理所需的经费纳入本级财政预算。

公民、法人和其他组织可以通过捐赠等方式设立世界文化遗产保护基金，专门用于世界文化遗产保护。世界文化遗产保护基金的募集、使用和管理，依照国家有关法律、行政法规和部门规章的规定执行。

第六条 国家对世界文化遗产保护的重大事项实行专家咨询制度，由国家文物局建立专家咨询机制开展相关工作。

世界文化遗产保护专家咨询工作制度由国家文物局制定并公布。

第七条 公民、法人和其他组织都有依法保护世界文化遗产的义务。

国家鼓励公民、法人和其他组织参与世界文化遗产保护。

国家文物局、县级以上地方人民政府及其文物主管部门应当对在世界文化遗产保护中作出突出贡献的组织或者个人给予奖励。

省级文物主管部门应当建立世界文化遗产保护志愿者工作制度，开展志愿者的组织、指导和培训工作。

第八条 世界文化遗产保护规划由省级人民政府组织编制。承担世界文化遗产保护规划编制任务的机构，应当取得国家文物局颁发的资格证书。世界文化遗产保护规划应当明确世界文化遗产保护的标准和重点，分类确定保护措施，符合联合国教科文组织有关世界文化遗产的保护要求。

尚未编制保护规划，或者保护规划内容不符合本办法要求的世界文化遗产，应当自本办法施行之日起1年内编制、修改保护规划。

世界文化遗产保护规划由省级文物主管部门报国家文物局审定。经国家文物局审定的世界文化遗产保护规划，由省级人民政府公布并组织实施。世界文化遗产保护规划的要求，应当纳入县级以上地方人民政府的国民经济和社会发展规划、土地利用总体规划和城乡规划。

第九条 世界文化遗产中的不可移动文物，应当根据其历史、艺术和科学价值依法核定公布为文物保护单位。尚未核定公布为文物保护单位的不可移动文物，由县级文物主管部门予以登记并公布。

世界文化遗产中的不可移动文物，按照《中华人民共和国文物保护法》和《中华人民共和国文物保护法实施条例》的有关规定实施保护和管理。

第十条 世界文化遗产中的文物保护单位，应当根据世界文化遗产保护的需要依法划定保护范围和建设控制地带并予以公布。保护范围和建设控制地带的划定，应当符合世界文化遗产核心区和缓冲区的保护要求。

第十一条 省级人民政府应当为世界文化遗产作出标志说明。标志说明的设立不得对世界文化遗产造成损害。

世界文化遗产标志说明应当包括世界文化遗产的名称、核心区、缓冲区和保护机构等内容，并包含联合国教科文组织公布的世界遗产标志图案。

第十二条 省级人民政府应当为世界文化遗产建立保护记录档案，并由其文物主管部门报国家文物局备案。

国家文物局应当建立全国的世界文化遗产保护记录档案库，并利用高新技术建立世界文化遗产管理动态信息系统和预警系统。

第十三条 省级人民政府应当为世界文化遗产确定保护机构。保护机构应当对世界文化遗产进行日常维护和监测，并建立日志。发现世界文化遗产存在安全隐患的，保护机构应当采取控制措施，并及时向县级以上地方人民政府和省级文物主管部门报告。

世界文化遗产保护机构的工作人员实行持证上岗制度，主要负责人应当取得国家文物局颁发的资格证书。

第十四条 世界文化遗产辟为参观游览区，应当充分发挥文化遗产的宣传教育作用，并制定完善的参观游览服务管理办法。

世界文化遗产保护机构应当将参观游览服务管理办法报省级文物主管部门备案。省级文物主管部门应当对世界文化遗产的参观游览服务管理工作进行监督检查。

第十五条 在参观游览区内设置服务项目，应当符合世界文化遗产保护规划的管理要求，并与世界文化遗产的历史和文化属性相协调。

服务项目由世界文化遗产保护机构负责具体实施。实施服务项目，应当遵循公开、公平、公正和公共利益优先的原则，并维护当地居民的权益。

第十六条 各级文物主管部门和世界文化遗产保护机构应当组织开展文化旅游的调查和研究工作，发掘并展示世界文化遗产的历史和文化价值，保护并利用世界文化遗产工作中积累的知识产权。

第十七条 发生或可能发生危及世界文化遗产安全的突发事件时，保护机构应当立即采取必要的控制措施，并同时向县级以上地方人民政府和省级文物主管部门报告。省级文物主管部门应当在接到报告2小时内，向省级人民政府和国家文物局报告。

省级文物主管部门接到有关报告后，应当区别情况决定处理办法并负责实施。国家文物局应当督导并检查突发事件的及时处理,提出防范类似事件发生的具体要求,并向各世界文化遗产所在地省级人民政府通报突发事件的发生及处理情况。

第十八条　国家对世界文化遗产保护实行监测巡视制度,由国家文物局建立监测巡视机制开展相关工作。

世界文化遗产保护监测巡视工作制度由国家文物局制定并公布。

第十九条　因保护和管理不善,致使真实性和完整性受到损害的世界文化遗产,由国家文物局列入《中国世界文化遗产警示名单》予以公布。

列入《中国世界文化遗产警示名单》的世界文化遗产所在地省级人民政府,应当对保护和管理工作中存在的问题提出整改措施,限期改进保护管理工作。

第二十条　违反本办法规定,造成世界文化遗产损害的,依据有关规定追究责任人的责任。

第二十一条　列入《中国世界文化遗产预备名单》的文化遗产,参照本办法的规定实施保护和管理。

第二十二条　本办法自公布之日起施行。

国家非物质文化遗产保护资金管理办法

·2021年12月30日
·财教〔2021〕314号

第一章　总　则

第一条　为了规范和加强国家非物质文化遗产保护资金(以下简称保护资金)的管理与使用,提高资金使用效益,根据《中华人民共和国预算法》及其实施条例、《中华人民共和国非物质文化遗产法》等法律法规和国家预算管理有关规定,结合我国非物质文化遗产保护工作实际,制定本办法。

第二条　保护资金由中央财政设立,用于支持国家非物质文化遗产管理和保护工作。保护资金的年度预算根据国家非物质文化遗产保护工作总体规划、年度工作计划以及国家财力情况核定。保护资金实施期限根据公共文化领域中央与地方财政事权和支出责任划分改革方案、非物质文化遗产保护政策等确定。

各级财政应按照公共文化领域中央与地方财政事权和支出责任划分改革方案,落实支出责任,保障本行政区域非物质文化遗产保护传承经费。

第三条　保护资金管理和使用坚持"统筹安排、突出重点、中央补助、分级负责、加强监督、注重绩效"的原则。

第四条　保护资金由财政部、文化和旅游部按职责共同管理。文化和旅游部负责测算基础数据,对数据的真实性、准确性、及时性负责,负责审核申报文件和提出保护资金分配建议方案,监督指导保护资金的使用和绩效管理。财政部根据预算管理相关规定,会同文化和旅游部研究确定中央部门、各省(自治区、直辖市、计划单列市,以下统称省)保护资金预算、绩效目标,对保护资金使用情况进行监督,指导开展全过程绩效管理。

省级财政、文化和旅游主管部门负责明确省级及省以下各级财政、文化和旅游主管部门在数据审核、预算安排、资金使用、绩效管理等方面的责任,切实加强保护资金管理,提高资金使用效益。省级及省以下各级文化和旅游主管部门负责审核申报资料,对申报资料的真实性、完整性、合规性负责。

文化和旅游部、财政部共同建立非物质文化遗产保护资金项目库。保护资金项目库分为项目申报库、项目储备库、项目执行库,分别对应项目申报、项目审核、项目执行环节。

第五条　保护资金的管理和使用严格执行国家有关法律法规、财务规章制度和本办法的规定,并接受财政部门的监督以及审计、文化和旅游等部门的监督检查。

第二章　保护资金支出范围

第六条　保护资金分为中央本级项目资金和中央对地方补助资金,按照开支范围分为组织管理费和保护补助费。

中央本级项目资金包括文化和旅游部本级组织管理费和中央部门国家非物质文化遗产保护补助费,中央对地方补助资金为各省国家非物质文化遗产保护补助费。

第七条　组织管理费是指组织开展非物质文化遗产保护工作和管理工作所发生的支出,具体包括:调查研究、规划编制、宣传出版、咨询评审、交流培训、数据库建设等。

第八条　保护补助费是指补助国家级非物质文化遗产代表性项目(以下简称代表性项目)、国家级非物质文化遗产代表性传承人(以下简称代表性传承人)、国家级文化生态保护区等开展保护传承活动发生的支出。具体包括:

(一)代表性项目保护补助费,用于补助代表性项目相关的调查立档、研究出版、保护计划编制、开展传承和实践活动、展示展演和宣传普及、必要传承实践用具购置等支出。

(二)代表性传承人补助费,用于补助代表性传承人开展授徒、传艺、交流等传承活动的支出。

（三）国家级文化生态保护区建设补助费，用于补助国家级文化生态保护区相关的规划编制、研究出版、数字化保护、传承体验设施租借或修缮、普及教育、宣传推广等支出。

（四）中国非物质文化遗产传承人研修培训计划（以下简称研培计划）补助费，用于补助开展研培计划所发生的研修、培训等支出。

（五）代表性传承人记录补助费，用于补助对代表性传承人实施系统记录的支出。

（六）财政部、文化和旅游部确定的其他支出。

中央部门国家非物质文化遗产保护补助费包括代表性项目保护补助费、代表性传承人补助费。

第九条　保护资金不得用于与非物质文化遗产保护传承无关的支出，不得用于支付各种罚款、捐款、赞助、投资等支出，不得用于偿还债务和基础设施建设，不得用于个人专著的出版，不得用于编制内在职人员工资性支出和离退休人员离退休费支出，不得用于国家规定禁止列支的其他支出。

第三章　中央本级项目资金分配与管理

第十条　中央本级项目资金按规定纳入中央有关部门预算管理，执行中央部门预算管理制度。

第十一条　有关中央部门根据年度中央部门预算编制通知、代表性项目保护需求、工作任务量，提出项目预算申请和绩效目标，于每年7月30日前报文化和旅游部。同时，有关中央部门应按照预算编制规定，申请将项目纳入中央部门预算项目库。未列入中央部门预算项目库的项目，不得安排预算。

第十二条　文化和旅游部根据非物质文化遗产保护年度工作计划、项目申报、以前年度结转结余、项目绩效等情况，提出下一年度中央本级项目资金安排建议方案。其中，文化和旅游部本级组织管理费、有关中央部门和港澳地区代表性传承人补助费，随文化和旅游部部门预算申请一并报送财政部；有关中央部门项目由文化和旅游部审核提出项目预算建议数，汇总报送财政部。同时，文化和旅游部负责将相关项目信息按要求录入保护资金项目库。

第十三条　财政部根据文化和旅游部申请，综合考虑中央本级当年财力、预算管理要求，按照部门预算管理规定批复下达项目预算、绩效目标。

第十四条　中央部门要严格按照批复的预算组织执行，切实强化预算约束，加强财务支出管理，做好绩效目标管理和运行监控。

第四章　中央对地方补助资金分配与管理

第十五条　中央对地方补助资金分为重点项目补助和一般项目补助。其中，重点项目补助用于国家级文化生态保护区建设，入选联合国教科文组织非物质文化遗产名录名册项目的履约保护，文化和旅游部、财政部共同确定实施方案的项目；一般项目补助用于其他代表性项目，代表性传承人，代表性传承人记录，研培计划等。

第十六条　重点项目补助实行项目法分配。项目补助金额根据各省申报情况、非物质文化遗产保护需求、工作任务量、项目预算执行和绩效情况等核定。

第十七条　一般项目补助实行因素法分配。分配因素包括代表性项目数量、代表性项目年度保护任务数、代表性传承人数量、代表性传承人记录数、研培计划任务数。其中，代表性项目数量根据国务院公布的名单确定；代表性项目年度保护任务数根据文化和旅游部对代表性项目年度预算评审情况确定；代表性传承人数量根据文化和旅游部公布的名单确定；代表性传承人记录数、研培计划任务数根据文化和旅游部年度工作任务确定。已列入重点项目的联合国教科文组织非物质文化遗产名录名册项目，不作为因素计算依据。

分配公式如下：某省补助资金＝代表性传承人数量×测算标准＋代表性传承人记录数×测算标准＋（该省代表性项目数量/各省代表性项目总数×45%＋该省代表性项目保护任务数/各省代表性项目保护任务总数×45%＋该省研培计划任务数/各省研培计划任务总数×10%）×各省代表性项目和研培计划补助数×绩效评价调节系数。

绩效评价调节系数如下：

序号	绩效评价结果	绩效评价调节系数
1	≥90分	1.2
2	≥85分且<90分	1.1
3	≥80分且<85分	1
4	≥70分且<80分	0.9
5	<70分	0.8

第十八条　代表性传承人传承活动测算标准为每人每年2万元，地方可根据文化和旅游部确定的代表性传承人传承活动评估结果和财力情况，适当增加或减少中央补助。其中，对传承活动评估结果优秀的传承人，增加中央补助不超过测算标准的25%；对传承活动评估结果不合格的传承人，不得安排传承活动中央补助。

代表性传承人记录项目测算标准为每个 40 万元,地方可根据实际工作开展和财力情况,统筹安排代表性传承人记录项目补助资金。原则上,同一代表性传承人记录项目 5 年内只安排一次。

中央财政给予补助的代表性传承人传承活动和记录项目数量,根据年度预算安排情况统筹确定。

第十九条　项目申报单位应当具备实施该项目保护计划的能力,以及开展传承展示活动的场所和条件。

项目申报单位应当保证申报材料真实、准确、完整,所申报项目应当具备实施条件,有明确的保护工作计划和合理的实施周期、分年度预算,短期内无法启动的项目不得申报。

第二十条　地方文化和旅游主管部门应当提前研究下一年度资金使用需求,谋划好相关项目,优化夯实项目储备。省级文化和旅游主管部门要结合属地实际,指导基层文化和旅游主管部门和项目实施单位编制区域绩效目标和项目绩效目标,绩效目标设置要具有科学性、合规性、前瞻性和可操作性,各项指标要符合实际,量化清晰,与任务数相对应,与资金量相匹配。

省级文化和旅游主管部门负责组织开展项目审核,并将项目内容、预算申请数、绩效目标、以前年度预算执行情况等信息列入项目申报库。对较为复杂的项目,可委托第三方机构或专家组进行预算评审。

第二十一条　省级财政、文化和旅游主管部门结合非物质文化遗产保护需求、工作任务量、项目预算执行和绩效管理等情况,提出下一年度项目预算申请和绩效目标,并区分轻重缓急对项目申报库进行排序,于每年 8 月 31 日前将申报文件报送财政部、文化和旅游部,抄送财政部当地监管局。

第二十二条　文化和旅游部负责组织对项目申报库进行项目评审,评审通过列入项目储备库,未列入项目储备库的项目不得安排补助资金。项目评审可采取委托第三方或组织专家组的方式开展。项目评审中,要对各省申报文件、非物质文化遗产保护需求、工作任务量、项目预算执行和绩效情况等进行全面审核,确定项目预算控制数、年度支出计划、绩效目标和项目排序。

第二十三条　文化和旅游部根据国家非物质文化遗产保护工作总体规划、年度工作计划、项目评审、一般项目补助分配因素测算等情况,提出预算建议方案、整体绩效目标和区域绩效目标,报财政部审核。其中,分地区一般项目补助数不得高于项目储备库中该地区一般项目预算控制数,超出部分调减用于重点项目。

第二十四条　财政部根据文化和旅游部建议方案,综合考虑中央本级当年财力、预算管理要求,审核确定中央对地方补助资金分配方案、整体绩效目标和区域绩效目标。

财政部于每年全国人民代表大会批准中央预算后三十日内,下达中央对地方补助资金预算;每年 10 月 31 日前,提前下达下一年度预计数,并抄送财政部各地监管局。文化和旅游部根据资金下达情况,同步更新保护资金项目库信息。

第二十五条　省级财政、文化和旅游主管部门根据一般项目补助年度预算规模、项目排序、项目评审等情况,审核确定一般项目补助预算分配方案、绩效目标。省级财政部门在收到中央对地方补助资金预算后三十日内,按照预算级次合理分配、及时下达资金预算,抄送文化和旅游部、省级文化和旅游主管部门、财政部当地监管局。

第二十六条　省级文化和旅游主管部门根据资金下达情况,将项目从项目储备库转入项目执行库,同步更新项目预算控制数、年度支出计划和绩效目标,并于每年 3 月底之前,将上一年度项目预算执行、绩效目标完成情况录入项目执行库。

第五章　绩效管理与监督

第二十七条　各级财政、文化和旅游主管部门应当按照全面实施预算绩效管理的要求,建立健全预算绩效管理机制,对照绩效目标做好绩效监控、绩效评价,强化评价结果运用,做好绩效信息公开,提高保护资金配置效率和使用效益。

省级文化和旅游主管部门会同省级财政部门组织开展绩效自评,于每年 3 月底前将上一年度绩效自评报告报文化和旅游部汇总。自评报告内容主要包括项目总体绩效目标、各项绩效指标完成情况、预算执行情况、绩效自评表。对未完成绩效目标或偏离绩效目标较大的项目要分析原因,研究提出改进措施。绩效自评表应内容完整、权重合理、数据真实、结果客观。

财政部、文化和旅游部根据需要组织对保护资金开展重点绩效评价,将评价结果作为预算安排、完善政策和改进管理的依据。

第二十八条　省级文化和旅游主管部门组织开展项目验收,于每年 6 月底之前将上一年度实施完毕的项目验收结果报文化和旅游部备案,并更新项目执行库项目信息。

第二十九条　项目实施单位应当严格按照批准的保

护资金支出范围和项目内容安排使用保护资金。如有特殊情况,需要调整一般项目保护资金支出范围和项目内容的,应当按预算管理规定报省级财政、文化和旅游主管部门批准。不足两年的结转资金可在下年继续使用,或由同级财政部门按规定统筹用于项目储备库其他项目;连续两年未用完的项目结转资金,应按照规定确认为结余资金,由项目实施单位同级财政部门按规定收回统筹使用。

在确保完成当年保护任务基础上,省级财政部门、文化和旅游主管部门可在项目储备库项目范围内统筹安排一般项目补助。同一项目分年度补助数不得超过该项目预算控制数。

第三十条　保护资金按照财政国库管理制度有关规定执行。属于政府采购管理范围的,应当按照国家政府采购法律规定制度执行。鼓励采取政府购买服务等方式,支持相关单位和组织参与非物质文化遗产保护。

第三十一条　项目相关培训支出应严格按照培训费管理有关规定执行。项目实施单位使用保护资金形成的资产属于国有资产的,应当按照国家国有资产管理有关规定管理。使用保护资金开展的活动,形成的项目成果(含专著、论文、研究报告、总结、数据资料、鉴定证书及成果报道等),均应注明"国家非物质文化遗产保护资金补助项目"。

第三十二条　各级财政、文化和旅游主管部门及其工作人员在保护资金分配、审核过程中存在违反本办法规定,以及其他滥用职权、玩忽职守、徇私舞弊等违法违规行为的,依法追究相应责任。

第三十三条　申报使用保护资金的部门、单位及个人在资金申报、使用过程中存在违法违规行为的,依照《中华人民共和国预算法》及其实施条例、《财政违法行为处罚处分条例》等国家有关规定追究相应责任。

第三十四条　本办法由财政部、文化和旅游部负责解释。省级财政、文化和旅游主管部门可根据本办法,结合各地实际,制定具体管理办法,并抄送财政部当地监管局。

第三十五条　本办法自 2022 年 1 月 1 日起施行。《财政部 文化部关于印发〈国家非物质文化遗产保护专项资金管理办法〉的通知》(财教〔2012〕45 号)、《财政部 文化部关于〈国家非物质文化遗产保护专项资金管理办法〉的补充通知》(财文〔2016〕29 号)、《财政部 文化和旅游部关于〈国家非物质文化遗产保护专项资金管理办法〉的补充通知》(财文〔2018〕135 号)同时废止。

国家级非物质文化遗产代表性传承人认定与管理办法

· 2019 年 11 月 29 日文化和旅游部令第 3 号公布
· 自 2020 年 3 月 1 日起施行

第一条　为传承弘扬中华优秀传统文化,有效保护和传承非物质文化遗产,鼓励和支持国家级非物质文化遗产代表性传承人开展传承活动,根据《中华人民共和国非物质文化遗产法》等有关法律法规,制定本办法。

第二条　本办法所称国家级非物质文化遗产代表性传承人,是指承担国家级非物质文化遗产代表性项目传承责任,在特定领域内具有代表性,并在一定区域内具有较大影响,经文化和旅游部认定的传承人。

第三条　国家级非物质文化遗产代表性传承人的认定与管理应当以习近平新时代中国特色社会主义思想为指导,坚持以人民为中心,弘扬社会主义核心价值观,保护传承非物质文化遗产,推动中华优秀传统文化创造性转化、创新性发展。

第四条　国家级非物质文化遗产代表性传承人的认定与管理应当立足于完善非物质文化遗产传承体系,增强非物质文化遗产的存续力,尊重传承人的主体地位和权利,注重社区和群体的认同感。

第五条　国家级非物质文化遗产代表性传承人应当锤炼忠诚、执着、朴实的品格,增强使命和担当意识,提高传承实践能力,在开展传承、传播等活动时遵守宪法和法律法规,遵守社会公德,坚持正确的历史观、国家观、民族观、文化观,铸牢中华民族共同体意识,不得以歪曲、贬损等方式使用非物质文化遗产。

第六条　文化和旅游部一般每五年开展一批国家级非物质文化遗产代表性传承人认定工作。

第七条　认定国家级非物质文化遗产代表性传承人,应当坚持公开、公平、公正的原则,严格履行申报、审核、评审、公示、审定、公布等程序。

第八条　符合下列条件的中国公民可以申请或者被推荐为国家级非物质文化遗产代表性传承人:

(一)长期从事该项非物质文化遗产传承实践,熟练掌握其传承的国家级非物质文化遗产代表性项目知识和核心技艺;

(二)在特定领域内具有代表性,并在一定区域内具有较大影响;

(三)在该项非物质文化遗产的传承中具有重要作用,积极开展传承活动,培养后继人才;

（四）爱国敬业，遵纪守法，德艺双馨。

从事非物质文化遗产资料收集、整理和研究的人员不得认定为国家级非物质文化遗产代表性传承人。

第九条 公民提出国家级非物质文化遗产代表性传承人申请的，应当向国家级非物质文化遗产代表性项目所在地文化和旅游主管部门如实提交下列材料：

（一）申请人姓名、民族、从业时间、被认定为地方非物质文化遗产代表性传承人时间等基本情况；

（二）申请人的传承谱系或师承脉络、学习与实践经历；

（三）申请人所掌握的非物质文化遗产知识和核心技艺、成就及相关的证明材料；

（四）申请人授徒传艺、参与社会公益性活动等情况；

（五）申请人持有该项目的相关实物、资料的情况；

（六）申请人志愿从事非物质文化遗产传承活动，履行代表性传承人相关义务的声明；

（七）其他有助于说明申请人具有代表性和影响力的材料。

中央各部门直属单位可以通过其主管单位直接向文化和旅游部推荐国家级非物质文化遗产代表性传承人，推荐材料应当包括前款各项内容。

第十条 文化和旅游主管部门收到申请材料或者推荐材料后，应当组织专家进行审核并逐级上报。

省级文化和旅游主管部门收到上述材料后，应当组织审核，提出推荐人选和审核意见，连同申报材料和审核意见一并报送文化和旅游部。

第十一条 文化和旅游部应当对收到的申请材料或者推荐材料进行复核。符合要求的，进入评审程序；不符合要求的，退回材料并说明理由。

第十二条 文化和旅游部应当组织专家评审组和评审委员会，对推荐认定为国家级非物质文化遗产代表性传承人的人选进行初评和审议。根据需要，可以安排现场答辩环节。

评审委员会对初评人选进行审议，提出国家级非物质文化遗产代表性传承人推荐人选。

第十三条 文化和旅游部对评审委员会提出的国家级非物质文化遗产代表性传承人推荐人选向社会公示，公示期为 20 日。

第十四条 公民、法人或者其他组织对国家级非物质文化遗产代表性传承人推荐人选有异议的，可以在公示期间以书面形式实名向文化和旅游部提出。

第十五条 文化和旅游部根据评审委员会的审议意见和公示结果，审定国家级非物质文化遗产代表性传承人名单，并予以公布。

第十六条 文化和旅游部应当建立国家级非物质文化遗产代表性传承人档案，并及时更新相关信息。

档案内容主要包括传承人基本信息、参加学习培训、开展传承活动、参与社会公益性活动情况等。

第十七条 文化和旅游主管部门根据需要采取下列措施，支持国家级非物质文化遗产代表性传承人开展传承、传播等活动：

（一）提供必要的传承场所；

（二）提供必要的经费资助其开展授徒、传艺、交流等活动；

（三）指导、支持其开展非物质文化遗产记录、整理、建档、研究、出版、展览展示展演等活动；

（四）支持其参加学习、培训；

（五）支持其参与社会公益性活动；

（六）支持其开展传承、传播等活动的其他措施。

对无经济收入来源、生活确有困难的国家级非物质文化遗产代表性传承人，所在地文化和旅游主管部门应当协调有关部门积极创造条件，并鼓励社会组织和个人提供资助，保障其基本生活需求。

第十八条 国家级非物质文化遗产代表性传承人承担下列义务：

（一）开展传承活动，培养后继人才；

（二）妥善保存相关实物、资料；

（三）配合文化和旅游主管部门及其他有关部门进行非物质文化遗产调查；

（四）参与非物质文化遗产公益性宣传等活动。

第十九条 省级文化和旅游主管部门应当根据实际情况，列明国家级非物质文化遗产代表性传承人义务，明确传习计划和具体目标任务，报文化和旅游部备案。

国家级非物质文化遗产代表性传承人应当每年向省级文化和旅游主管部门提交传承情况报告。

第二十条 省级文化和旅游主管部门根据传习计划应当于每年 6 月 30 日前对上一年度国家级非物质文化遗产代表性传承人义务履行和传习补助经费使用情况进行评估，在广泛征求意见的基础上形成评估报告，报文化和旅游部备案。

评估结果作为享有国家级非物质文化遗产代表性传承人资格、给予传习补助的主要依据。

第二十一条 文化和旅游部按照有关规定，会同有关部门对做出突出贡献的国家级非物质文化遗产代表性传承人予以表彰和奖励。

第二十二条 有下列情形之一的，经省级文化和旅游主管部门核实后，文化和旅游部取消国家级非物质文化遗产代表性传承人资格，并予以公布：

（一）丧失中华人民共和国国籍的；

（二）采取弄虚作假等不正当手段取得资格的；

（三）无正当理由不履行义务，累计两次评估不合格的；

（四）违反法律法规或者违背社会公德，造成重大不良社会影响的；

（五）自愿放弃或者其他应当取消国家级非物质文化遗产代表性传承人资格的情形。

第二十三条 国家级非物质文化遗产代表性传承人去世的，省级文化和旅游主管部门可以采取适当方式表示哀悼，组织开展传承人传承事迹等宣传报道，并及时将相关情况报文化和旅游部。

第二十四条 省、自治区、直辖市文化和旅游主管部门可以参照本办法，制定本行政区域内非物质文化遗产代表性传承人的认定与管理办法。

中央各部门直属单位国家级非物质文化遗产代表性传承人的管理参照本办法相关规定执行。

第二十五条 本办法由文化和旅游部负责解释。

第二十六条 本办法自 2020 年 3 月 1 日起施行。原文化部 2008 年 5 月 14 日发布的《国家级非物质文化遗产项目代表性传承人认定与管理暂行办法》同时废止。

国家级文化生态保护区管理办法

· 2018 年 12 月 10 日文化和旅游部令第 1 号公布
· 自 2019 年 3 月 1 日起施行

第一章 总 则

第一条 为加强非物质文化遗产区域性整体保护，维护和培育文化生态，传承弘扬中华优秀传统文化，坚定文化自信，满足人民日益增长的美好生活需要，根据《中华人民共和国非物质文化遗产法》等法律法规，制定本办法。

第二条 本办法所称的"国家级文化生态保护区"，是指以保护非物质文化遗产为核心，对历史文化积淀丰厚、存续状态良好，具有重要价值和鲜明特色的文化形态进行整体性保护，并经文化和旅游部同意设立的特定区域。

第三条 国家级文化生态保护区建设要以习近平新时代中国特色社会主义思想为指导，充分尊重人民群众的主体地位，贯彻新发展理念，弘扬社会主义核心价值观，推动中华优秀传统文化创造性转化、创新性发展。

第四条 国家级文化生态保护区建设应坚持保护优先、整体保护、见人见物见生活的理念，既保护非物质文化遗产，也保护孕育发展非物质文化遗产的人文环境和自然环境，实现"遗产丰富、氛围浓厚、特色鲜明、民众受益"的目标。

第二章 申报与设立

第五条 国家级文化生态保护区依托相关行政区域设立，区域范围为县、地市或若干县域。

第六条 申报和设立国家级文化生态保护区应本着少而精的原则，坚持公开、公平、公正，履行申报、审核、论证、批准等程序。

第七条 具备下列条件的，可以申报国家级文化生态保护区：

（一）传统文化历史积淀丰厚，具有鲜明地域或民族特色，文化生态保持良好；

（二）非物质文化遗产资源丰富，是当地生产生活的重要组成部分；

（三）非物质文化遗产传承有序，传承实践富有活力、氛围浓厚，当地民众广泛参与、认同感强；

（四）与非物质文化遗产密切相关的实物、场所保存利用良好，其周边的自然生态环境能为非物质文化遗产提供良性的发展空间；

（五）所在地人民政府重视文化生态保护，对非物质文化遗产项目集中、自然生态环境基本良好、传统文化生态保持较为完整的乡镇、村落、街区等重点区域以及开展非物质文化遗产传承所依存的重要场所列入清单，并已经制定实施保护办法和措施；

（六）有文化生态保护区建设管理机构和工作人员；

（七）在省（区、市）内已实行文化生态区域性整体保护两年以上，成效明显。

第八条 申报地区人民政府向省级人民政府文化主管部门提出申报国家级文化生态保护区的申请；省级人民政府文化主管部门组织开展审核论证，经省级人民政府同意后，向文化和旅游部提出设立国家级文化生态保护区的申请。

第九条 申报国家级文化生态保护区，应当提交下列材料：

（一）省级人民政府文化主管部门设立国家级文化

生态保护区的申请和省级人民政府同意申请的相关文件；

（二）文化生态保护区规划纲要；

（三）省级人民政府文化主管部门组织的专家评审论证意见；

（四）本省（区、市）内实行文化生态区域性整体保护的相关文件；

（五）其他有关材料。

第十条 文化生态保护区规划纲要由省级人民政府文化主管部门、相关地区人民政府负责编制。编制工作应广泛听取非物质文化遗产传承人和当地民众意见，吸收非物质文化遗产保护、地方文化研究、规划等方面的专家学者参与。

第十一条 文化生态保护区规划纲要应包括下列内容：

（一）对文化形态形成的地理环境、历史沿革、现状、鲜明特色、文化内涵与价值的描述和分析；

（二）保护区域范围及重点区域，区域内县级以上非物质文化遗产代表性项目、文物保护单位、相关实物和重要场所清单等；

（三）建设目标、工作原则、保护内容、保护方式等；

（四）保障措施及保障机制；

（五）其他有关资料。

第十二条 文化和旅游部组织对申报材料进行审核。对申报材料齐全且符合要求的申请地区，文化和旅游部根据年度工作计划组织考察组进行实地考察。

考察组应当吸收非物质文化遗产保护、地方文化研究、规划等方面的专家学者参加。

第十三条 文化和旅游部根据实地考察情况，对文化生态保护区规划纲要组织专家论证。根据论证意见，文化和旅游部将符合条件的申请地区设立为国家级文化生态保护实验区。

第十四条 国家级文化生态保护实验区设立后一年内，所在地区人民政府应当在文化生态保护区规划纲要的基础上，细化形成国家级文化生态保护区总体规划，经省级人民政府文化主管部门审核，报省级人民政府审议通过后发布实施，并报文化和旅游部备案。

第十五条 国家级文化生态保护区总体规划应纳入本省（区、市）国民经济与社会发展总体规划，要与相关的生态保护、环境治理、土地利用、旅游发展、文化产业等专门性规划和国家公园、国家文化公园、自然保护区等专项规划相衔接。

第十六条 国家级文化生态保护区总体规划实施三年后，由省级人民政府文化主管部门向文化和旅游部提出验收申请；文化和旅游部根据申请组织开展国家级文化生态保护实验区建设成果验收。验收合格的，正式公布为国家级文化生态保护区并授牌。

第三章 建设与管理

第十七条 国家级文化生态保护区建设管理机构负责统筹、指导、协调、推进国家级文化生态保护区的建设工作。

第十八条 国家级文化生态保护区建设管理机构承担以下主要职责：

（一）贯彻落实国家有关文化建设、非物质文化遗产保护的法律、法规和方针、政策；

（二）制定实施国家级文化生态保护区的各项建设管理制度，创新工作机制和保护方式、措施；

（三）负责实施国家级文化生态保护区总体规划；

（四）组织或委托有关机构开展文化生态保护理论和实践研究；

（五）开展文化生态保护的宣传教育和培训；

（六）评估、报告和公布国家级文化生态保护区建设情况和成效。

第十九条 国家级文化生态保护区建设管理机构应当根据非物质文化遗产各个项目、文化遗产与人文和自然环境之间的关联性，依照确定的保护区域范围、重点区域和重要场所保护清单，制定落实保护办法和行动计划。

第二十条 国家级文化生态保护区建设管理机构应当尊重当地居民的意愿，保护当地居民权益，建立严格的管理制度，保持重点区域和重要场所的历史风貌。

第二十一条 国家级文化生态保护区建设管理机构应当进一步加强非物质文化遗产调查工作，建立完善非物质文化遗产档案和数据库，妥善保存非物质文化遗产珍贵实物资料，实施非物质文化遗产记录工程，促进记录成果广泛利用和社会共享。

第二十二条 国家级文化生态保护区建设管理机构应当依托相关研究机构和高等院校，组织或委托开展与当地非物质文化遗产保护传承和文化生态整体性保护理论和实践研究。

第二十三条 国家级文化生态保护区建设管理机构应当开展非物质文化遗产代表性项目存续状况评测和保护绩效评估，制定落实分类保护政策措施，优先保护急需保护的非物质文化遗产代表性项目，不断提高非物质文化遗产代表性项目的传承实践能力,弘扬当代价值,促进发展振兴。

第二十四条 国家级文化生态保护区建设管理机构应当制定相关制度,为各级非物质文化遗产代表性传承人开展传习活动创造条件、提供支持,资助传承人开展授徒传艺、教学、交流等活动。组织实施非物质文化遗产传承人群研修研习培训,帮助非物质文化遗产传承人群提高传承能力,增强传承后劲。

对传承工作有突出贡献的非物质文化遗产代表性传承人予以表彰、奖励,采取助学、奖学等方式支持从业者学习非物质文化遗产相关技艺。

第二十五条 在国家级文化生态保护区内,应当建设综合性非物质文化遗产展示场所,根据当地实际建设非物质文化遗产专题馆,根据传习需要设立各级非物质文化遗产代表性项目传习所或传习点。鼓励将具有地域、民族特色的传统文化元素或符号运用在当地城乡规划和设施建设中。

第二十六条 国家级文化生态保护区建设管理机构应当整合多方资源,推动将非物质文化遗产保护知识纳入当地国民教育体系,编写非物质文化遗产传承普及辅导读本,在保护区内的中小学开设非物质文化遗产乡土课程,在职业学校和高等院校设立非物质文化遗产相关专业或开设选修课,推进非物质文化遗产进校园、进课堂、进教材。

第二十七条 国家级文化生态保护区建设管理机构应当每年定期组织举办有影响力的非物质文化遗产展示展演活动,利用传统节日、文化和自然遗产日等重要节点开展非物质文化遗产宣传传播活动。鼓励和支持当地民众按照当地习俗依法依规举办传统文化活动。

第二十八条 国家级文化生态保护区建设管理机构应当挖掘区域内传统工艺项目资源,培养一批能工巧匠,培育一批知名品牌,推动传统工艺振兴;组织开展区域内建档立卡贫困人口参加传统工艺相关技能培训,带动就业,精准助力区域内贫困群众脱贫增收。

第二十九条 国家级文化生态保护区建设管理机构应当依托区域内独具特色的文化生态资源,开展文化观光游、文化体验游、文化休闲游等多种形式的旅游活动。

第三十条 国家级文化生态保护区建设管理机构应当深入挖掘、阐释非物质文化遗产蕴含的优秀思想观念、人文精神、道德规范,培育文明乡风、良好家风、淳朴民风,提升乡村文明水平,助力乡村振兴。

第三十一条 国家级文化生态保护区建设管理机构应当加强工作机构和队伍建设,配备一定数量的专职工作人员;定期组织开展文化生态保护培训,提高工作人员的业务水平和工作能力;委托相关高等院校或机构,培养一批文化生态保护专业人才;建立一支文化生态保护志愿者队伍,鼓励和引导社会力量参与文化生态保护工作。

第三十二条 国家级文化生态保护区建设经费应当纳入省市级当地公共财政经常性支出预算,并作为重要评估指标。文化和旅游部通过中央财政对国家级文化生态保护区建设予以补贴。鼓励社会资金参与国家级文化生态保护区建设工作。

第三十三条 国家级文化生态保护区建设管理机构应当依据总体规划,每年对总体规划实施情况和建设工作成效开展自评,将年度重点工作清单和自评报告广泛征求区域内民众的意见,并报送文化和旅游部备案。

第三十四条 文化和旅游部不定期对国家级文化生态保护区建设情况进行检查;每五年对国家级文化生态保护区开展一次总体规划实施情况和建设成效评估,评估报告向社会公布。

第三十五条 对建设成绩突出的国家级文化生态保护区,文化和旅游部予以通报表扬,并给予重点支持。因保护不力使文化生态遭到破坏的,文化和旅游部将严肃处理,并予以摘牌。

第四章　附　则

第三十六条 文化和旅游部已公布的国家级文化生态保护实验区建设管理工作依据本办法执行。

第三十七条 本办法由文化和旅游部负责解释。

第三十八条 本办法自 2019 年 3 月 1 日起施行。

· 典型案例

1. 内蒙古自治区达拉特旗人民检察院诉 达拉特旗 A 煤矿、B 煤炭公司 损毁文物公益诉讼案①

【关键词】

公益诉讼　文物本体灭失　虚拟修缮　一体化履职

【要旨】

针对全国重点文物保护单位秦直道遗址本体完全灭失问题，检察机关发挥一体化办案优势，以行政公益诉讼督促行政机关履行监督管理职责；在文物保护效能仍明显不足的情况下以民事公益诉讼补位兜底，充分探索以虚拟修缮成本认定文物损害价值，实现对文物的立体保护。

【基本案情】

秦直道遗址是第六批全国重点文物保护单位，部分点段被列入国家文物局《大遗址保护利用"十四五"专项规划》。秦直道遗址南起陕西省云阳县，北至内蒙古自治区包头市九原区，全长 700 多公里，是我国古代重要的交通枢纽、贸易通道、移民路线和民族融合大通道，享有"世界公路鼻祖"的美誉，其对研究我国古代交通史及秦代历史具有重要价值。2009 年至 2020 年，内蒙古鄂尔多斯市达拉特旗 A 煤矿、达拉特旗 B 煤炭有限责任公司在秦直道遗址本体上进行煤炭生产作业，造成 3214.01 米秦直道遗址完全灭失，损害了国家利益和社会公共利益。

【调查和诉讼】

2023 年 3 月 13 日，达拉特旗人民检察院(以下简称达旗检察院)在办理郭某某等 4 人涉嫌故意损毁文物罪案件中发现本案线索并向鄂尔多斯市人民检察院(以下简称鄂尔多斯市院)移送。鄂尔多斯市院审查后认为，达拉特旗人民政府在建设工程文物前置审批、文物保护执法上存在监管漏洞，遂于 2023 年 10 月 30 日向达拉特旗政府提出检察建议，建议其落实主体责任，夯实文物保护基础，加强秦直道遗址保护人力资源配置，严格落实建设用地文物前置审查制度。达拉特旗人民政府高度重视，并于 2023 年 12 月 29 日回函表示已严格落实相关责任，聘请专业公司对秦直道遗址做了专项文物调查勘测，在涉及秦直道遗址的重要地段增设安全警示牌 4 块，聘用 4 名文物保护管理员定期进行安全巡查；已严格落实建设用地文物前置审查制度；今后将继续完善规划，探索长效保护机制。

鄂尔多斯市院经评估认为，即使行政机关已经履职，但秦直道遗址毁损多年，国家利益和社会公共利益持续处于受侵害状态，可以追究 A、B 公司的文物损害赔偿责任。因刑事案件在旗检察院办理，综合考虑调查取证的便利性、诉讼的连贯性，将本案民事公益诉讼线索交由达旗检察院立案调查。

2023 年 7 月 5 日，达旗检察院对达拉特旗 A 煤矿、B 煤炭公司损毁文物民事公益诉讼案立案调查。检察机关做细做实调查取证，因本体完全灭失，难以确定秦直道遗址具体毁损范围，检察机关邀请内蒙古博物院专家多次深入遗址开展现场勘验工作，最终明确秦直道遗址损毁范围和程度。2023 年 10 月 17 日，达旗检察院通过正义网发布公告，公告期满后无适格主体提起诉讼。2023 年 9 月 25 日，达旗检察院向市检察院报请指定管辖，经商请鄂尔多斯市中级人民法院并报内蒙古自治区高级人民法院审批，2023 年 11 月 6 日，内蒙古自治区高级人民法院裁定该案由达拉特旗人民法院审理，2024 年 1 月 4 日，市检察院指定达旗检察院对本案提起诉讼。

根据文物保护法相关规定，不可移动文物已经全部毁坏的，应当实施遗址保护，除特殊情况且经严格批准外，不得在原址重建。为确定诉讼请求，达旗检察院咨询内蒙古博物院、陕西省博物院等多家鉴定机构，均表示无法对秦直道遗址损害价值进行鉴定。内蒙古自治区检察院积极与内蒙古自治区文旅厅沟通，多次召开三级检察机关与文保部门的联席会议，最终依据内蒙古文旅厅专家意见，委托具有文物保护工程勘察设计甲级资质的文物修缮公司做出虚拟修缮方案，以虚拟修缮成本最终确定秦直道遗址的损害价值。2024 年 2 月 6 日，三级检察机关邀请自治区文物专家库专家、相关行政机关召开论证会，针对以虚拟修缮成本认定损害价值可行性、虚拟修缮方案科学性等问题进行论证，确定可将虚拟修缮成本作为认定秦直道遗址损害价值的法律依据，并对虚拟修缮部分测量数据出具专家意见，最终确定秦直道遗址虚拟修缮成本为 506.66 万元。

2024 年 3 月 12 日，达旗检察院向达拉特旗人民法院提起民事公益诉讼，诉请判令二企业分别依法赔偿因损毁秦直道遗址的虚拟修缮费用 3944907.93 元和 1121691.62 元，共同承担评估费用 475000 元。2024 年 4 月 24 日，达

---

① 案例来源：文物和文化遗产保护检察公益诉讼典型案例，中华人民共和国最高人民检察院，载 https://www.spp.gov.cn/xwfbh/dxal/202406/t20240608_656721.shtml，最后访问日期：2024 年 12 月 27 日。

拉特旗人民法院依法组成七人审判庭开庭审理本案,法院院长主审,检察长出席诉讼,并邀请辖区相关企业、旗镇两级文物执法人员及人民监督员列席旁听。

2024年4月28日,达拉特旗人民法院依法作出一审判决,支持检察机关全部诉讼请求。截至目前,秦直道遗址损害虚拟修缮价值费用和评估费用共计5541599.55元均已履行完毕,并交公证处提存,拟用于达拉特旗文物保护。

【典型意义】

检察机关综合运用行政、民事两种公益诉讼,通过行政公益诉讼督促行政机关落实文物保护责任。在行政机关依法履职但文物保护效能仍明显不足的情况下,及时启动民事公益诉讼,以"诉"的确认补位行政公益诉讼,形成公益保护闭环。针对不可移动文物损毁价值难以确定,检察机关发挥一体化履职优势,加强与文保部门沟通,创新运用虚拟修缮评估方式对损害程度量化分析,合力破解文物保护领域损害价值确定难的公益保护难题,为办理同类文物保护民事案件提供借鉴参考。

2. 贵州省镇远县人民检察院督促保护历史文化名城古建筑文物行政公益诉讼案①

【关键词】

行政公益诉讼 文物保护 历史文化名城 文物产权纠纷 形式履职

【要旨】

针对历史文化名城中古建筑文物存在产权纠纷,年久失修导致文物面临毁损灭失风险的问题,检察机关制发检察建议督促整改未果的,应依法提起诉讼促进整改,推动地方立法完善。

【基本案情】

贵州省黔东南苗族侗族自治州镇远古城是中国历史文化名城之一,也是国家5A级旅游景区,镇远古城内的省级文物古建筑北极宫,始建于明朝弘治十六年,是镇远古城重要组成部分。多年来,因产权纠纷无人管理年久失修,北极宫屋顶、橡条等木质结构出现破损、脱落、腐朽,存在坍塌毁损风险。

【调查和督促履职】

2023年4月14日,贵州省黔东南苗族侗族自治州镇远县人民检察院(以下简称镇远县院)收到镇远人大常委会移送的"关于北极宫年久失修存在坍塌毁损风险需及时进行修缮"的代表建议,经初步调查后依法立案办理。通过现场勘查、调查走访、调阅资料、无人机航拍等方式查明:1985年12月,镇远县轻工业局以7000元的价格将北极宫有偿转让给镇远县轻工制絮厂,因产权纠纷无人管理,长年雨水侵入冲刷、阳光暴晒,北极宫屋顶、橡条等木质结构出现破损、脱落、腐朽,存在坍塌毁损风险。根据《中华人民共和国文物保护法》《历史文化名城名镇名村保护条例》相关规定,镇远县文体广电旅游局(以下简称镇远县文旅局)负有对文物保护管理修缮职责。该局在2022年3月30日编制完成《北极宫勘察设计方案》并报批准后,因产权争议一直未对北极宫进行修缮。

《中华人民共和国文物保护法》第八条第二款规定,"地方各级人民政府负责本行政区域内的文物保护工作。县级以上地方人民政府承担文物保护工作的部门对本行政区域内的文物保护实施监督管理。"《中华人民共和国文物保护法》第二十一条第一款规定,"国有不可移动文物由使用人负责修缮、保养;非国有不可移动文物由所有人负责修缮、保养。非国有不可移动文物有损毁危险,所有人不具备修缮能力的,当地人民政府应当给予帮助;所有人具备修缮能力而拒不依法履行修缮义务的,县级以上人民政府可以给予抢救修缮,所需费用由所有人负担。"2023年4月16日,镇远县院依据上述规定,向镇远县文旅局发出检察建议,建议该局积极履行保护管理职责,依法对贵州省级文物保护单位北极宫进行有效保护。2023年6月2日,镇远县文旅局书面回复称,北极宫历史修缮不到位的主要原因是产权不清,在产权纠纷协调好后,将及时推进项目开工。

2023年7月28日,镇远县院针对北极宫存在产权纠纷,行政机关是否应当及时履行保护修缮职责的问题,邀请人大代表、政协委员、律师代表、镇远县文旅局举行听证会,听证员一致同意检察机关观点,文物面临坍塌毁损风险时,即使存在产权纠纷,行政机关也应及时予以保护修缮。

【诉讼过程】

2023年8月4日,经上级院指定管辖,镇远县院依法向镇远县人民法院提起行政公益诉讼,诉请判令镇远县文旅局依法履行对北极宫进行保护监督管理修缮的法定职责。

2023年9月1日,镇远县人民法院依法公开开庭审理该案。邀请了人大代表、政协委员、人民监督员参与旁听。

---

① 案例来源:文物和文化遗产保护检察公益诉讼典型案例,中华人民共和国最高人民检察院,载 https://www.spp.gov.cn/xwfbh/dxal/202406/t20240608_656721.shtml,最后访问日期:2024年12月27日。

9月28日，镇远县人民法院作出一审判决支持检察机关全部诉求，并在判决书中写明北极宫建筑所有权是否存在争议存疑，即便存在争议，但主体建筑年久失修，确有损毁的风险，产权争议与否不影响保护措施的正常进行。判决生效后，县文旅局通过公开招投标，以198.5万元价格由第三方专业公司对北极宫进行修缮。截至2024年2月，北极宫主体框架已经完工，对北极宫损坏梁柱替换，缺失柱石按照原花纹复原，在保存原状原貌基础上，北极宫主体已经修复完成。相关产权争议正在推动实质化解之中。期间，黔东南州检察院向黔东南州人大常委会专题报告，推动修订完善《黔东南苗族侗族自治州镇远历史文化名城保护条例》，新增公益诉讼内容，完善文物、历史建筑等方面的传承与利用等意见建议。

【典型意义】

古建筑文物是历史文化名城的重要组成部分，具有见证历史、促进文化传承发展等公共利益属性。针对行政机关以案涉文物存在产权纠纷为由，履行程序性审批手续，未采取实质性整改措施履行法定职责的，检察机关依法提起行政公益诉讼，以"诉"的确认体现司法价值引领。通过检察履职将办案成果转化为立法建议，促进对历史文化名城文物保护地方立法完善，护航文化名城保护发展。

3. 江苏省淮安市淮安区人民检察院督促保护吴承恩墓行政公益诉讼案①

【关键词】

行政公益诉讼　文物保护　责任认定　撤回起诉

【要旨】

行政机关未依法履职造成文物受损、涉及多个监管部门的，检察机关应调查确定具体责任部门，依法督促履职。

【基本案情】

吴承恩墓位于江苏省淮安市淮安区石塘镇二堡村，1981年8月被文物专家发现，2006年6月被江苏省人民政府公布为第六批省级文物保护单位，是研究吴承恩历史生平和西游文化的重要文物古迹，也是传承中华优秀传统文化的重要载体。但由于长期缺乏专业管护，吴承恩墓园地面、四方亭顶部木结构破损严重，园内杂草丛生，砖石牌坊损坏。

【调查和督促履职】

2023年5月4日，江苏省淮安市淮安区人民检察院（以下简称淮安区院）接到群众举报的本案线索后，通过实地走访、无人机航拍等方式进行初步调查，同年5月12日立案。

经调查查明：2006年，江苏省淮安市楚州区人民政府（现江苏省淮安市淮安区人民政府，以下简称区政府）制定吴承恩墓文物保护责任通知书，明确江苏省淮安市楚州区马甸镇人民政府（现江苏省淮安市淮安区石塘镇人民政府，以下简称石塘镇政府）为文物保护主体责任单位，江苏省淮安市楚州区文化局（现江苏省淮安市淮安区文化广电和旅游局，以下简称区文旅局）负责监督和指导。2020年以来，区文旅局针对吴承恩墓及其配套设施长期无人管护、破损严重的问题，提请江苏省淮安市文物局委托专业机构制作吴承恩墓修缮方案，并先后3次制发《关于做好文物保护工作的函》，督促石塘镇政府实施修缮。石塘镇政府一直未履行文物保护职责，导致吴承恩墓持续处于受损状态，损害国家利益和社会公共利益。2023年6月5日，淮安区院根据《江苏省文物保护条例》第三条第一款、《淮安市文物保护条例》第四条第四款等规定，向石塘镇政府制发检察建议，建议其履行文物保护监管职责，完成吴承恩墓修缮保护工作。两个月整改期满后，石塘镇政府未进行整改，亦未书面回复检察机关。

【诉讼过程】

2023年8月25日，根据江苏省淮安市人民检察院（以下简称淮安市院）指定管辖，淮安区院依法向江苏省盱眙县人民法院（以下简称盱眙县法院）提起行政公益诉讼，诉请确认石塘镇政府怠于履行辖区内文物保护职责的行为违法，并要求其依法对吴承恩墓采取保护、修缮等措施。同年10月6日，石塘镇政府启动吴承恩墓修缮工作，同年11月9日通过文物保护部门验收。

2023年11月20日，石塘镇政府向淮安区院提出撤回起诉请求。2023年11月24日，淮安市院批复认为，石塘镇政府已依法履行文物修缮保护职责，检察机关诉讼请求全部实现，同意对该案撤回起诉，并要求在撤回起诉前邀请文物专家等特定人员对公益损害修复效果进行听证。

2023年11月29日，淮安区院在吴承恩墓所在地二堡村村委会召开公开听证会，邀请人大代表、政协委员、文物主管部门代表、"益心为公"志愿者等参加听证，实地查看吴承恩墓修缮情况，听取文物修复专家意见，评估整改效果。听证认为，石塘镇政府已严格按照文物保护修复规范完成吴承恩墓修缮保护工作，并书面确认原行政行为违

---

① 案例来源：文物和文化遗产保护检察公益诉讼典型案例，中华人民共和国最高人民检察院，载 https://www.spp.gov.cn/xwfbh/dxal/202406/t20240608_656721.shtml，最后访问日期：2024年12月27日。

法,诉讼请求已经全部实现,建议检察机关撤回起诉。经淮安区院申请,同年 12 月 15 日,盱眙县法院同意撤回起诉。

为进一步加强文物保护,2023 年 9 月 20 日,淮安区院协同相关职能部门开展"公益诉讼助力古城保护"专项行动,推动相关部门巡查文物保护单位 70 处、修缮市级以上文保单位 4 处、争取文物保护资金 4000 余万元。同时淮安区院助力构建"检察+政协+行政"的文物综合保护工作格局,与淮安区政协建立文物保护类检察建议与政协提案双向转化协作机制,将 2 件文物保护类公益诉讼检察建议纳入 2024 年度淮安区政协提案,推动区政府出台《关于进一步明确淮安区文物保护职责的通知》,重新界定吴承恩墓、关天培墓、汪达之墓等 10 处历史文化名人墓葬保护职责,确定相关行政机关文物保护责任清单。

【典型意义】

名人墓葬是不可再生的文物资源,对于传承、弘扬中华优秀传统文化具有重要价值。检察机关依法开展名人墓葬文物公益保护时,应区分相关行政机关职责范围和具体履职内容,确定监督对象。针对行政机关被提起行政公益诉讼后依法履职、诉讼请求全部实现的情形,组织听证评估其整改成效,同时以常态机制巩固治理成效,既以"诉"的方式体现检察监督的刚性,也为传统历史文化保护探索出共建共治共享新路径。

(四)娱乐、演艺活动

中华人民共和国电影产业促进法

· 2016 年 11 月 7 日第十二届全国人民代表大会常务委员会第二十四次会议通过
· 2016 年 11 月 7 日中华人民共和国主席令第 54 号公布
· 自 2017 年 3 月 1 日起施行

第一章　总　则

第一条　为了促进电影产业健康繁荣发展,弘扬社会主义核心价值观,规范电影市场秩序,丰富人民群众精神文化生活,制定本法。

第二条　在中华人民共和国境内从事电影创作、摄制、发行、放映等活动(以下统称电影活动),适用本法。

本法所称电影,是指运用视听技术和艺术手段摄制、以胶片或者数字载体记录、由表达一定内容的有声或者无声的连续画面组成,符合国家规定的技术标准、用于电影院等固定放映场所或者流动放映设备公开放映的作品。

通过互联网、电信网、广播电视网等信息网络传播电影的,还应当遵守互联网、电信网、广播电视网等信息网络管理的法律、行政法规的规定。

第三条　从事电影活动,应当坚持为人民服务、为社会主义服务,坚持社会效益优先,实现社会效益与经济效益相统一。

第四条　国家坚持以人民为中心的创作导向,坚持百花齐放、百家争鸣的方针,尊重和保障电影创作自由,倡导电影创作贴近实际、贴近生活、贴近群众,鼓励创作思想性、艺术性、观赏性相统一的优秀电影。

第五条　国务院应当将电影产业发展纳入国民经济和社会发展规划。县级以上地方人民政府根据当地实际情况将电影产业发展纳入本级国民经济和社会发展规划。

国家制定电影及其相关产业政策,引导形成统一开放、公平竞争的电影市场,促进电影市场繁荣发展。

第六条　国家鼓励电影科技的研发、应用,制定并完善电影技术标准,构建以企业为主体、市场为导向、产学研相结合的电影技术创新体系。

第七条　与电影有关的知识产权受法律保护,任何组织和个人不得侵犯。

县级以上人民政府负责知识产权执法的部门应当采取措施,保护与电影有关的知识产权,依法查处侵犯与电影有关的知识产权的行为。

从事电影活动的公民、法人和其他组织应当增强知识产权意识,提高运用、保护和管理知识产权的能力。

国家鼓励公民、法人和其他组织依法开发电影形象产品等衍生产品。

第八条　国务院电影主管部门负责全国的电影工作;县级以上地方人民政府电影主管部门负责本行政区域内的电影工作。

县级以上人民政府其他有关部门在各自职责范围内,负责有关的电影工作。

第九条　电影行业组织依法制定行业自律规范,开展业务交流,加强职业道德教育,维护其成员的合法权益。

演员、导演等电影从业人员应当坚持德艺双馨,遵守法律法规,尊重社会公德,恪守职业道德,加强自律,树立良好社会形象。

第十条　国家支持建立电影评价体系,鼓励开展电影评论。

对优秀电影以及为促进电影产业发展作出突出贡献的组织、个人,按照国家有关规定给予表彰和奖励。

第十一条　国家鼓励开展平等、互利的电影国际合作与交流,支持参加境外电影节(展)。

第二章　电影创作、摄制

第十二条　国家鼓励电影剧本创作和题材、体裁、形式、手段等创新,鼓励电影学术研讨和业务交流。

县级以上人民政府电影主管部门根据电影创作的需要,为电影创作人员深入基层、深入群众、体验生活等提供必要的便利和帮助。

第十三条　拟摄制电影的法人、其他组织应当将电影剧本梗概向国务院电影主管部门或者省、自治区、直辖市人民政府电影主管部门备案;其中,涉及重大题材或者国家安全、外交、民族、宗教、军事等方面题材的,应当按照国家有关规定将电影剧本报送审查。

电影剧本梗概或者电影剧本符合本法第十六条规定的,由国务院电影主管部门将拟摄制电影的基本情况予以公告,并由国务院电影主管部门或者省、自治区、直辖市人民政府电影主管部门出具备案证明文件或者颁发批准文件。具体办法由国务院电影主管部门制定。

第十四条　法人、其他组织经国务院电影主管部门批准,可以与境外组织合作摄制电影;但是,不得与从事损害我国国家尊严、荣誉和利益,危害社会稳定,伤害民族感情等活动的境外组织合作,也不得聘用有上述行为的个人参加电影摄制。

合作摄制电影符合创作、出资、收益分配等方面比例要求的,该电影视同境内法人、其他组织摄制的电影。

境外组织不得在境内独立从事电影摄制活动;境外个人不得在境内从事电影摄制活动。

第十五条　县级以上人民政府电影主管部门应当协调公安、文物保护、风景名胜区管理等部门,为法人、其他组织依照本法从事电影摄制活动提供必要的便利和帮助。

从事电影摄制活动的,应当遵守有关环境保护、文物保护、风景名胜区管理和安全生产等方面的法律、法规,并在摄制过程中采取必要的保护、防护措施。

第十六条　电影不得含有下列内容:

(一)违反宪法确定的基本原则,煽动抗拒或者破坏宪法、法律、行政法规实施;

(二)危害国家统一、主权和领土完整,泄露国家秘密,危害国家安全,损害国家尊严、荣誉和利益,宣扬恐怖主义、极端主义;

(三)诋毁民族优秀文化传统,煽动民族仇恨、民族歧视,侵害民族风俗习惯,歪曲民族历史或者民族历史人物,伤害民族感情,破坏民族团结;

(四)煽动破坏国家宗教政策,宣扬邪教、迷信;

(五)危害社会公德,扰乱社会秩序,破坏社会稳定,宣扬淫秽、赌博、吸毒,渲染暴力、恐怖,教唆犯罪或者传授犯罪方法;

(六)侵害未成年人合法权益或者损害未成年人身心健康;

(七)侮辱、诽谤他人或者散布他人隐私,侵害他人合法权益;

(八)法律、行政法规禁止的其他内容。

第十七条　法人、其他组织应当将其摄制完成的电影送国务院电影主管部门或者省、自治区、直辖市人民政府电影主管部门审查。

国务院电影主管部门或者省、自治区、直辖市人民政府电影主管部门应当自受理申请之日起三十日内作出审查决定。对符合本法规定的,准予公映,颁发电影公映许可证,并予以公布;对不符合本法规定的,不准予公映,书面通知申请人并说明理由。

国务院电影主管部门应当根据本法制定完善电影审查的具体标准和程序,并向社会公布。制定完善电影审查的具体标准应当向社会公开征求意见,并组织专家进行论证。

第十八条　进行电影审查应当组织不少于五名专家进行评审,由专家提出评审意见。法人、其他组织对专家评审意见有异议的,国务院电影主管部门或者省、自治区、直辖市人民政府电影主管部门可以另行组织专家再次评审。专家的评审意见应当作为作出审查决定的重要依据。

前款规定的评审专家包括专家库中的专家和根据电影题材特别聘请的专家。专家遴选和评审的具体办法由国务院电影主管部门制定。

第十九条　取得电影公映许可证的电影需要变更内容的,应当依照本法规定重新报送审查。

第二十条　摄制电影的法人、其他组织应当将取得的电影公映许可证标识置于电影的片头处;电影放映可能引起未成年人等观众身体或者心理不适的,应当予以提示。

未取得电影公映许可证的电影,不得发行、放映,不得通过互联网、电信网、广播电视网等信息网络进行传播,不得制作为音像制品;但是,国家另有规定的,从其规定。

第二十一条　摄制完成的电影取得电影公映许可

证,方可参加电影节(展)。拟参加境外电影节(展)的,送展法人、其他组织应当在该境外电影节(展)举办前,将相关材料报国务院电影主管部门或者省、自治区、直辖市人民政府电影主管部门备案。

第二十二条　公民、法人和其他组织可以承接境外电影的洗印、加工、后期制作等业务,并报省、自治区、直辖市人民政府电影主管部门备案,但是不得承接含有损害我国国家尊严、荣誉和利益,危害社会稳定,伤害民族感情等内容的境外电影的相关业务。

第二十三条　国家设立的电影档案机构依法接收、收集、整理、保管并向社会开放电影档案。

国家设立的电影档案机构应当配置必要的设备,采用先进技术,提高电影档案管理现代化水平。

摄制电影的法人、其他组织依照《中华人民共和国档案法》的规定,做好电影档案保管工作,并向国家设立的电影档案机构移交、捐赠、寄存电影档案。

第三章　电影发行、放映

第二十四条　企业具有与所从事的电影发行活动相适应的人员、资金条件的,经国务院电影主管部门或者所在地省、自治区、直辖市人民政府电影主管部门批准,可以从事电影发行活动。

企业、个体工商户具有与所从事的电影放映活动相适应的人员、场所、技术和设备等条件的,经所在地县级人民政府电影主管部门批准,可以从事电影院等固定放映场所电影放映活动。

第二十五条　依照本法规定负责电影发行、放映活动审批的电影主管部门,应当自受理申请之日起三十日内,作出批准或者不批准的决定。对符合条件的,予以批准,颁发电影发行经营许可证或者电影放映经营许可证,并予以公布;对不符合条件的,不予批准,书面通知申请人并说明理由。

第二十六条　企业、个人从事电影流动放映活动,应当将企业名称或者经营者姓名、地址、联系方式、放映设备等向经营区域所在地县级人民政府电影主管部门备案。

第二十七条　国家加大对农村电影放映的扶持力度,由政府出资建立完善农村电影公益放映服务网络,积极引导社会资金投资农村电影放映,不断改善农村地区观看电影条件,统筹保障农村地区群众观看电影需求。

县级以上人民政府应当将农村电影公益放映纳入农村公共文化服务体系建设,按照国家有关规定对农村电影公益放映活动给予补贴。

从事农村电影公益放映活动的,不得以虚报、冒领等手段骗取农村电影公益放映补贴资金。

第二十八条　国务院教育、电影主管部门可以共同推荐有利于未成年人健康成长的电影,并采取措施支持接受义务教育的学生免费观看,由所在学校组织安排。

国家鼓励电影院以及从事电影流动放映活动的企业、个人采取票价优惠、建设不同条件的放映厅、设立社区放映点等多种措施,为未成年人、老年人、残疾人、城镇低收入居民以及进城务工人员等观看电影提供便利;电影院以及从事电影流动放映活动的企业、个人所在地人民政府可以对其发放奖励性补贴。

第二十九条　电影院应当合理安排由境内法人、其他组织所摄制电影的放映场次和时段,并且放映的时长不得低于年放映电影时长总和的三分之二。

电影院以及从事电影流动放映活动的企业、个人应当保障电影放映质量。

第三十条　电影院的设施、设备以及用于流动放映的设备应当符合电影放映技术的国家标准。

电影院应当按照国家有关规定安装计算机售票系统。

第三十一条　未经权利人许可,任何人不得对正在放映的电影进行录音录像。发现进行录音录像的,电影院工作人员有权予以制止,并要求其删除;对拒不听从的,有权要求其离场。

第三十二条　国家鼓励电影院在向观众明示的电影开始放映时间之前放映公益广告。

电影院在向观众明示的电影开始放映时间之后至电影放映结束前,不得放映广告。

第三十三条　电影院应当遵守治安、消防、公共场所卫生等法律、行政法规,维护放映场所的公共秩序和环境卫生,保障观众的安全与健康。

任何人不得携带爆炸性、易燃性、放射性、毒害性、腐蚀性物品进入电影院等放映场所,不得非法携带枪支、弹药、管制器具进入电影院等放映场所;发现非法携带上述物品的,有关工作人员应当拒绝其进入,并向有关部门报告。

第三十四条　电影发行企业、电影院等应当如实统计电影销售收入,提供真实准确的统计数据,不得采取制造虚假交易、虚报瞒报销售收入等不正当手段,欺骗、误导观众,扰乱电影市场秩序。

第三十五条　在境内举办涉外电影节(展),须经国务院电影主管部门或者省、自治区、直辖市人民政府电影主管部门批准。

第四章 电影产业支持、保障

第三十六条 国家支持下列电影的创作、摄制：

（一）传播中华优秀文化、弘扬社会主义核心价值观的重大题材电影；

（二）促进未成年人健康成长的电影；

（三）展现艺术创新成果、促进艺术进步的电影；

（四）推动科学教育事业发展和科学技术普及的电影；

（五）其他符合国家支持政策的电影。

第三十七条 国家引导相关文化产业专项资金、基金加大对电影产业的投入力度，根据不同阶段和时期电影产业的发展情况，结合财力状况和经济社会发展需要，综合考虑、统筹安排财政资金对电影产业的支持，并加强对相关资金、基金使用情况的审计。

第三十八条 国家实施必要的税收优惠政策，促进电影产业发展，具体办法由国务院财税主管部门依照税收法律、行政法规的规定制定。

第三十九条 县级以上地方人民政府应当依据人民群众需求和电影市场发展需要，将电影院建设和改造纳入国民经济和社会发展规划、土地利用总体规划和城乡规划等。

县级以上地方人民政府应当按照国家有关规定，有效保障电影院用地需求，积极盘活现有电影院用地资源，支持电影院建设和改造。

第四十条 国家鼓励金融机构为从事电影活动以及改善电影基础设施提供融资服务，依法开展与电影有关的知识产权质押融资业务，并通过信贷等方式支持电影产业发展。

国家鼓励保险机构依法开发适应电影产业发展需要的保险产品。

国家鼓励融资担保机构依法向电影产业提供融资担保，通过再担保、联合担保以及担保与保险相结合等方式分散风险。

对国务院电影主管部门依照本法规定公告的电影的摄制，按照国家有关规定合理确定贷款期限和利率。

第四十一条 国家鼓励法人、其他组织通过到境外合作摄制电影等方式进行跨境投资，依法保障其对外贸易、跨境融资和投资等合理用汇需求。

第四十二条 国家实施电影人才扶持计划。

国家支持有条件的高等学校、中等职业学校和其他教育机构、培训机构等开设与电影相关的专业和课程，采取多种方式培养适应电影产业发展需要的人才。

国家鼓励从事电影活动的法人和其他组织参与学校相关人才培养。

第四十三条 国家采取措施，扶持农村地区、边疆地区、贫困地区和民族地区开展电影活动。

国家鼓励、支持少数民族题材电影创作，加强电影的少数民族语言文字译制工作，统筹保障民族地区群众观看电影需求。

第四十四条 国家对优秀电影的外语翻译制作予以支持，并综合利用外交、文化、教育等对外交流资源开展电影的境外推广活动。

国家鼓励公民、法人和其他组织从事电影的境外推广。

第四十五条 国家鼓励社会力量以捐赠、资助等方式支持电影产业发展，并依法给予优惠。

第四十六条 县级以上人民政府电影主管部门应当加强对电影活动的日常监督管理，受理对违反本法规定的行为的投诉、举报，并及时核实、处理、答复；将从事电影活动的单位和个人因违反本法规定受到行政处罚的情形记入信用档案，并向社会公布。

第五章 法律责任

第四十七条 违反本法规定擅自从事电影摄制、发行、放映活动的，由县级以上人民政府电影主管部门予以取缔，没收电影片和违法所得以及从事违法活动的专用工具、设备；违法所得五万元以上的，并处违法所得五倍以上十倍以下的罚款；没有违法所得或者违法所得不足五万元的，可以并处二十五万元以下的罚款。

第四十八条 有下列情形之一的，由原发证机关吊销有关许可证、撤销有关批准或者证明文件；县级以上人民政府电影主管部门没收违法所得；违法所得五万元以上的，并处违法所得五倍以上十倍以下的罚款；没有违法所得或者违法所得不足五万元的，可以并处二十五万元以下的罚款：

（一）伪造、变造、出租、出借、买卖本法规定的许可证、批准或者证明文件，或者以其他形式非法转让本法规定的许可证、批准或者证明文件的；

（二）以欺骗、贿赂等不正当手段取得本法规定的许可证、批准或者证明文件的。

第四十九条 有下列情形之一的，由原发证机关吊销许可证；县级以上人民政府电影主管部门没收电影片和违法所得；违法所得五万元以上的，并处违法所得十倍

以上二十倍以下的罚款;没有违法所得或者违法所得不足五万元的,可以并处五十万元以下的罚款:

(一)发行、放映未取得电影公映许可证的电影的;

(二)取得电影公映许可证后变更电影内容,未依照规定重新取得电影公映许可证擅自发行、放映、送展的;

(三)提供未取得电影公映许可证的电影参加电影节(展)的。

第五十条　承接含有损害我国国家尊严、荣誉和利益,危害社会稳定,伤害民族感情等内容的境外电影的洗印、加工、后期制作等业务的,由县级以上人民政府电影主管部门责令停止违法活动,没收电影片和违法所得;违法所得五万元以上的,并处违法所得三倍以上五倍以下的罚款;没有违法所得或者违法所得不足五万元的,可以并处十五万元以下的罚款。情节严重的,由电影主管部门通报工商行政管理部门,由工商行政管理部门吊销营业执照。

第五十一条　电影发行企业、电影院等有制造虚假交易、虚报瞒报销售收入等行为,扰乱电影市场秩序的,由县级以上人民政府电影主管部门责令改正,没收违法所得,处五万元以上五十万元以下的罚款;违法所得五十万元以上的,处违法所得一倍以上五倍以下的罚款。情节严重的,责令停业整顿;情节特别严重的,由原发证机关吊销许可证。

电影院在向观众明示的电影开始放映时间之后至电影放映结束前放映广告的,由县级人民政府电影主管部门给予警告,责令改正;情节严重的,处一万元以上五万元以下的罚款。

第五十二条　法人或者其他组织未经许可擅自在境内举办涉外电影节(展)的,由国务院电影主管部门或者省、自治区、直辖市人民政府电影主管部门责令停止违法活动,没收参展的电影片和违法所得;违法所得五万元以上的,并处违法所得五倍以上十倍以下的罚款;没有违法所得或者违法所得不足五万元的,可以并处二十五万元以下的罚款;情节严重的,自受到处罚之日起五年内不得举办涉外电影节(展)。

个人擅自在境内举办涉外电影节(展),或者擅自提供未取得电影公映许可证的电影参加电影节(展)的,由国务院电影主管部门或者省、自治区、直辖市人民政府电影主管部门责令停止违法活动,没收参展的电影片和违法所得;违法所得五万元以上的,并处违法所得五倍以上十倍以下的罚款;没有违法所得或者违法所得不足五万元的,可以并处二十五万元以下的罚款;情节严重的,自

受到处罚之日起五年内不得从事相关电影活动。

第五十三条　法人、其他组织或者个体工商户因违反本法规定被吊销许可证的,自吊销许可证之日起五年内不得从事该项业务活动;其法定代表人或者主要负责人自吊销许可证之日起五年内不得担任从事电影活动的法人、其他组织的法定代表人或者主要负责人。

第五十四条　有下列情形之一的,依照有关法律、行政法规及国家有关规定予以处罚:

(一)违反国家有关规定,擅自将未取得电影公映许可证的电影制作为音像制品的;

(二)违反国家有关规定,擅自通过互联网、电信网、广播电视网等信息网络传播未取得电影公映许可证的电影的;

(三)以虚报、冒领等手段骗取农村电影公益放映补贴资金的;

(四)侵犯与电影有关的知识产权的;

(五)未依法接收、收集、整理、保管、移交电影档案的。

电影院有前款第四项规定行为,情节严重的,由原发证机关吊销许可证。

第五十五条　县级以上人民政府电影主管部门或者其他有关部门的工作人员有下列情形之一,尚不构成犯罪的,依法给予处分:

(一)利用职务上的便利收受他人财物或者其他好处的;

(二)违反本法规定进行审批活动的;

(三)不履行监督职责的;

(四)发现违法行为不予查处的;

(五)贪污、挪用、截留、克扣农村电影公益放映补贴资金或者相关专项资金、基金的;

(六)其他违反本法规定滥用职权、玩忽职守、徇私舞弊的情形。

第五十六条　违反本法规定,造成人身、财产损害的,依法承担民事责任;构成犯罪的,依法追究刑事责任。

因违反本法规定二年内受到二次以上行政处罚,又有依照本法规定应当处罚的违法行为的,从重处罚。

第五十七条　县级以上人民政府电影主管部门及其工作人员应当严格依照本法规定的处罚种类和幅度,根据违法行为的性质和具体情节行使行政处罚权,具体办法由国务院电影主管部门制定。

县级以上人民政府电影主管部门对有证据证明违反本法规定的行为进行查处时,可以依法查封与违法行为

有关的场所、设施或者查封、扣押用于违法行为的财物。

第五十八条　当事人对县级以上人民政府电影主管部门以及其他有关部门依照本法作出的行政行为不服的，可以依法申请行政复议或者提起行政诉讼。其中，对国务院电影主管部门作出的不准予电影公映的决定不服的，应当先依法申请行政复议，对行政复议决定不服的可以提起行政诉讼。

第六章　附　则

第五十九条　境外资本在中华人民共和国境内设立从事电影活动的企业的，按照国家有关规定执行。

第六十条　本法自 2017 年 3 月 1 日起施行。

中华人民共和国禁毒法

· 2007 年 12 月 29 日第十届全国人民代表大会常务委员会第三十一次会议通过
· 2007 年 12 月 29 日中华人民共和国主席令第 79 号公布
· 自 2008 年 6 月 1 日起施行

第一章　总　则

第一条　为了预防和惩治毒品违法犯罪行为，保护公民身心健康，维护社会秩序，制定本法。

第二条　本法所称毒品，是指鸦片、海洛因、甲基苯丙胺（冰毒）、吗啡、大麻、可卡因，以及国家规定管制的其他能够使人形成瘾癖的麻醉药品和精神药品。

根据医疗、教学、科研的需要，依法可以生产、经营、使用、储存、运输麻醉药品和精神药品。

第三条　禁毒是全社会的共同责任。国家机关、社会团体、企业事业单位以及其他组织和公民，应当依照本法和有关法律的规定，履行禁毒职责或者义务。

第四条　禁毒工作实行预防为主，综合治理，禁种、禁制、禁贩、禁吸并举的方针。

禁毒工作实行政府统一领导，有关部门各负其责，社会广泛参与的工作机制。

第五条　国务院设立国家禁毒委员会，负责组织、协调、指导全国的禁毒工作。

县级以上地方各级人民政府根据禁毒工作的需要，可以设立禁毒委员会，负责组织、协调、指导本行政区域内的禁毒工作。

第六条　县级以上各级人民政府应当将禁毒工作纳入国民经济和社会发展规划，并将禁毒经费列入本级财政预算。

第七条　国家鼓励对禁毒工作的社会捐赠，并依法给予税收优惠。

第八条　国家鼓励开展禁毒科学技术研究，推广先进的缉毒技术、装备和戒毒方法。

第九条　国家鼓励公民举报毒品违法犯罪行为。各级人民政府和有关部门应当对举报人予以保护，对举报有功人员以及在禁毒工作中有突出贡献的单位和个人，给予表彰和奖励。

第十条　国家鼓励志愿人员参与禁毒宣传教育和戒毒社会服务工作。地方各级人民政府应当对志愿人员进行指导、培训，并提供必要的工作条件。

第二章　禁毒宣传教育

第十一条　国家采取各种形式开展全民禁毒宣传教育，普及毒品预防知识，增强公民的禁毒意识，提高公民自觉抵制毒品的能力。

国家鼓励公民、组织开展公益性的禁毒宣传活动。

第十二条　各级人民政府应当经常组织开展多种形式的禁毒宣传教育。

工会、共产主义青年团、妇女联合会应当结合各自工作对象的特点，组织开展禁毒宣传教育。

第十三条　教育行政部门、学校应当将禁毒知识纳入教育、教学内容，对学生进行禁毒宣传教育。公安机关、司法行政部门和卫生行政部门应当予以协助。

第十四条　新闻、出版、文化、广播、电影、电视等有关单位，应当有针对性地面向社会进行禁毒宣传教育。

第十五条　飞机场、火车站、长途汽车站、码头以及旅店、娱乐场所等公共场所的经营者、管理者，负责本场所的禁毒宣传教育，落实禁毒防范措施，预防毒品违法犯罪行为在本场所内发生。

第十六条　国家机关、社会团体、企业事业单位以及其他组织，应当加强对本单位人员的禁毒宣传教育。

第十七条　居民委员会、村民委员会应当协助人民政府以及公安机关等部门，加强禁毒宣传教育，落实禁毒防范措施。

第十八条　未成年人的父母或者其他监护人应当对未成年人进行毒品危害的教育，防止其吸食、注射毒品或者进行其他毒品违法犯罪活动。

第三章　毒品管制

第十九条　国家对麻醉药品药用原植物种植实行管制。禁止非法种植罂粟、古柯植物、大麻植物以及国家规定管制的可以用于提炼加工毒品的其他原植物。禁止走私或者非法买卖、运输、携带、持有未经灭活的毒品原植物种子或者幼苗。

地方各级人民政府发现非法种植毒品原植物的,应当立即采取措施予以制止、铲除。村民委员会、居民委员会发现非法种植毒品原植物的,应当及时予以制止、铲除,并向当地公安机关报告。

第二十条 国家确定的麻醉药品药用原植物种植企业,必须按照国家有关规定种植麻醉药品药用原植物。

国家确定的麻醉药品药用原植物种植企业的提取加工场所,以及国家设立的麻醉药品储存仓库,列为国家重点警戒目标。

未经许可,擅自进入国家确定的麻醉药品药用原植物种植企业的提取加工场所或者国家设立的麻醉药品储存仓库等警戒区域的,由警戒人员责令其立即离开;拒不离开的,强行带离现场。

第二十一条 国家对麻醉药品和精神药品实行管制,对麻醉药品和精神药品的实验研究、生产、经营、使用、储存、运输实行许可和查验制度。

国家对易制毒化学品的生产、经营、购买、运输实行许可制度。

禁止非法生产、买卖、运输、储存、提供、持有、使用麻醉药品、精神药品和易制毒化学品。

第二十二条 国家对麻醉药品、精神药品和易制毒化学品的进口、出口实行许可制度。国务院有关部门应当按照规定的职责,对进口、出口麻醉药品、精神药品和易制毒化学品依法进行管理。禁止走私麻醉药品、精神药品和易制毒化学品。

第二十三条 发生麻醉药品、精神药品和易制毒化学品被盗、被抢、丢失或者其他流入非法渠道的情形,案发单位应当立即采取必要的控制措施,并立即向公安机关报告,同时依照规定向有关主管部门报告。

公安机关接到报告后,或者有证据证明麻醉药品、精神药品和易制毒化学品可能流入非法渠道的,应当及时开展调查,并可以对相关单位采取必要的控制措施。药品监督管理部门、卫生行政部门以及其他有关部门应当配合公安机关开展工作。

第二十四条 禁止非法传授麻醉药品、精神药品和易制毒化学品的制造方法。公安机关接到举报或者发现非法传授麻醉药品、精神药品和易制毒化学品制造方法的,应当及时依法查处。

第二十五条 麻醉药品、精神药品和易制毒化学品管理的具体办法,由国务院规定。

第二十六条 公安机关根据查缉毒品的需要,可以在边境地区、交通要道、口岸以及飞机场、火车站、长途汽车站、码头对来往人员、物品、货物以及交通工具进行毒品和易制毒化学品检查,民航、铁路、交通部门应当予以配合。

海关应当依法加强对进出口岸的人员、物品、货物和运输工具的检查,防止走私毒品和易制毒化学品。

邮政企业应当依法加强对邮件的检查,防止邮寄毒品和非法邮寄易制毒化学品。

第二十七条 娱乐场所应当建立巡查制度,发现娱乐场所内有毒品违法犯罪活动的,应当立即向公安机关报告。

第二十八条 对依法查获的毒品,吸食、注射毒品的用具,毒品违法犯罪的非法所得及其收益,以及直接用于实施毒品违法犯罪行为的本人所有的工具、设备、资金,应当收缴,依照规定处理。

第二十九条 反洗钱行政主管部门应当依法加强对可疑毒品犯罪资金的监测。反洗钱行政主管部门和其他依法负有反洗钱监督管理职责的部门、机构发现涉嫌毒品犯罪的资金流动情况,应当及时向侦查机关报告,并配合侦查机关做好侦查、调查工作。

第三十条 国家建立健全毒品监测和禁毒信息系统,开展毒品监测和禁毒信息的收集、分析、使用、交流工作。

第四章 戒毒措施

第三十一条 国家采取各种措施帮助吸毒人员戒除毒瘾,教育和挽救吸毒人员。

吸毒成瘾人员应当进行戒毒治疗。

吸毒成瘾的认定办法,由国务院卫生行政部门、药品监督管理部门、公安部门规定。

第三十二条 公安机关可以对涉嫌吸毒的人员进行必要的检测,被检测人员应当予以配合;对拒绝接受检测的,经县级以上人民政府公安机关或者其派出机构负责人批准,可以强制检测。

公安机关应当对吸毒人员进行登记。

第三十三条 对吸毒成瘾人员,公安机关可以责令其接受社区戒毒,同时通知吸毒人员户籍所在地或者现居住地的城市街道办事处、乡镇人民政府。社区戒毒的期限为三年。

戒毒人员应当在户籍所在地接受社区戒毒;在户籍所在地以外的现居住地有固定住所的,可以在现居住地接受社区戒毒。

第三十四条 城市街道办事处、乡镇人民政府负责社区戒毒工作。城市街道办事处、乡镇人民政府可以指定有关基层组织，根据戒毒人员本人和家庭情况，与戒毒人员签订社区戒毒协议，落实有针对性的社区戒毒措施。公安机关和司法行政、卫生行政、民政等部门应当对社区戒毒工作提供指导和协助。

城市街道办事处、乡镇人民政府，以及县级人民政府劳动行政部门对无职业且缺乏就业能力的戒毒人员，应当提供必要的职业技能培训、就业指导和就业援助。

第三十五条　接受社区戒毒的戒毒人员应当遵守法律、法规，自觉履行社区戒毒协议，并根据公安机关的要求，定期接受检测。

对违反社区戒毒协议的戒毒人员，参与社区戒毒的工作人员应当进行批评、教育；对严重违反社区戒毒协议或者在社区戒毒期间又吸食、注射毒品的，应当及时向公安机关报告。

第三十六条　吸毒人员可以自行到具有戒毒治疗资质的医疗机构接受戒毒治疗。

设置戒毒医疗机构或者医疗机构从事戒毒治疗业务的，应当符合国务院卫生行政部门规定的条件，报所在地的省、自治区、直辖市人民政府卫生行政部门批准，并报同级公安机关备案。戒毒治疗应当遵守国务院卫生行政部门制定的戒毒治疗规范，接受卫生行政部门的监督检查。

戒毒治疗不得以营利为目的。戒毒治疗的药品、医疗器械和治疗方法不得做广告。戒毒治疗收取费用的，应当按照省、自治区、直辖市人民政府价格主管部门会同卫生行政部门制定的收费标准执行。

第三十七条　医疗机构根据戒毒治疗的需要，可以对接受戒毒治疗的戒毒人员进行身体和所携带物品的检查；对在治疗期间有人身危险的，可以采取必要的临时保护性约束措施。

发现接受戒毒治疗的戒毒人员在治疗期间吸食、注射毒品的，医疗机构应当及时向公安机关报告。

第三十八条　吸毒成瘾人员有下列情形之一的，由县级以上人民政府公安机关作出强制隔离戒毒的决定：

（一）拒绝接受社区戒毒的；

（二）在社区戒毒期间吸食、注射毒品的；

（三）严重违反社区戒毒协议的；

（四）经社区戒毒、强制隔离戒毒后再次吸食、注射毒品的。

对于吸毒成瘾严重，通过社区戒毒难以戒除毒瘾的人员，公安机关可以直接作出强制隔离戒毒的决定。

吸毒成瘾人员自愿接受强制隔离戒毒的，经公安机关同意，可以进入强制隔离戒毒场所戒毒。

第三十九条　怀孕或者正在哺乳自己不满一周岁婴儿的妇女吸毒成瘾的，不适用强制隔离戒毒。不满十六周岁的未成年人吸毒成瘾的，可以不适用强制隔离戒毒。

对依照前款规定不适用强制隔离戒毒的吸毒成瘾人员，依照本法规定进行社区戒毒，由负责社区戒毒工作的城市街道办事处、乡镇人民政府加强帮助、教育和监督，督促落实社区戒毒措施。

第四十条　公安机关对吸毒成瘾人员决定予以强制隔离戒毒的，应当制作强制隔离戒毒决定书，在执行强制隔离戒毒前送达被决定人，并在送达后二十四小时以内通知被决定人的家属、所在单位和户籍所在地公安派出所；被决定人不讲真实姓名、住址，身份不明的，公安机关应当自查清其身份后通知。

被决定人对公安机关作出的强制隔离戒毒决定不服的，可以依法申请行政复议或者提起行政诉讼。

第四十一条　对被决定予以强制隔离戒毒的人员，由作出决定的公安机关送强制隔离戒毒场所执行。

强制隔离戒毒场所的设置、管理体制和经费保障，由国务院规定。

第四十二条　戒毒人员进入强制隔离戒毒场所戒毒时，应当接受对其身体和所携带物品的检查。

第四十三条　强制隔离戒毒场所应当根据戒毒人员吸食、注射毒品的种类及成瘾程度等，对戒毒人员进行有针对性的生理、心理治疗和身体康复训练。

根据戒毒的需要，强制隔离戒毒场所可以组织戒毒人员参加必要的生产劳动，对戒毒人员进行职业技能培训。组织戒毒人员参加生产劳动的，应当支付劳动报酬。

第四十四条　强制隔离戒毒场所应当根据戒毒人员的性别、年龄、患病等情况，对戒毒人员实行分别管理。

强制隔离戒毒场所对有严重残疾或者疾病的戒毒人员，应当给予必要的看护和治疗；对患有传染病的戒毒人员，应当依法采取必要的隔离、治疗措施；对可能发生自伤、自残等情形的戒毒人员，可以采取相应的保护性约束措施。

强制隔离戒毒场所管理人员不得体罚、虐待或者侮辱戒毒人员。

第四十五条　强制隔离戒毒场所应当根据戒毒治疗的需要配备执业医师。强制隔离戒毒场所的执业医师具有麻醉药品和精神药品处方权的，可以按照有关技术规范对戒毒人员使用麻醉药品、精神药品。

卫生行政部门应当加强对强制隔离戒毒场所执业医

师的业务指导和监督管理。

第四十六条　戒毒人员的亲属和所在单位或者就读学校的工作人员，可以按照有关规定探访戒毒人员。戒毒人员经强制隔离戒毒场所批准，可以外出探视配偶、直系亲属。

强制隔离戒毒场所管理人员应当对强制隔离戒毒场所以外的人员交给戒毒人员的物品和邮件进行检查，防止夹带毒品。在检查邮件时，应当依法保护戒毒人员的通信自由和通信秘密。

第四十七条　强制隔离戒毒的期限为二年。

执行强制隔离戒毒一年后，经诊断评估，对于戒毒情况良好的戒毒人员，强制隔离戒毒所可以提出提前解除强制隔离戒毒的意见，报强制隔离戒毒的决定机关批准。

强制隔离戒毒期满前，经诊断评估，对于需要延长戒毒期限的戒毒人员，由强制隔离戒毒场所提出延长戒毒期限的意见，报强制隔离戒毒的决定机关批准。强制隔离戒毒的期限最长可以延长一年。

第四十八条　对于被解除强制隔离戒毒的人员，强制隔离戒毒的决定机关可以责令其接受不超过三年的社区康复。

社区康复参照本法关于社区戒毒的规定实施。

第四十九条　县级以上地方各级人民政府根据戒毒工作的需要，可以开办戒毒康复场所；对社会力量依法开办的公益性戒毒康复场所应当给予扶持，提供必要的便利和帮助。

戒毒人员可以自愿在戒毒康复场所生活、劳动。戒毒康复场所组织戒毒人员参加生产劳动的，应当参照国家劳动用工制度的规定支付劳动报酬。

第五十条　公安机关、司法行政部门对被依法拘留、逮捕、收监执行刑罚以及被依法采取强制性教育措施的吸毒人员，应当给予必要的戒毒治疗。

第五十一条　省、自治区、直辖市人民政府卫生行政部门会同公安机关、药品监督管理部门依照国家有关规定，根据巩固戒毒成果的需要和本行政区域艾滋病流行情况，可以组织开展戒毒药物维持治疗工作。

第五十二条　戒毒人员在入学、就业、享受社会保障等方面不受歧视。有关部门、组织和人员应当在入学、就业、享受社会保障等方面对戒毒人员给予必要的指导和帮助。

第五章　禁毒国际合作

第五十三条　中华人民共和国根据缔结或者参加的国际条约或者按照对等原则，开展禁毒国际合作。

第五十四条　国家禁毒委员会根据国务院授权，负责组织开展禁毒国际合作，履行国际禁毒公约义务。

第五十五条　涉及追究毒品犯罪的司法协助，由司法机关依照有关法律的规定办理。

第五十六条　国务院有关部门应当按照各自职责，加强与有关国家或者地区执法机关以及国际组织的禁毒情报信息交流，依法开展禁毒执法合作。

经国务院公安部门批准，边境地区县级以上人民政府公安机关可以与有关国家或者地区的执法机关开展执法合作。

第五十七条　通过禁毒国际合作破获毒品犯罪案件的，中华人民共和国政府可以与有关国家分享查获的非法所得、由非法所得获得的收益以及供毒品犯罪使用的财物或者财物变卖所得的款项。

第五十八条　国务院有关部门根据国务院授权，可以通过对外援助等渠道，支持有关国家实施毒品原植物替代种植、发展替代产业。

第六章　法律责任

第五十九条　有下列行为之一，构成犯罪的，依法追究刑事责任；尚不构成犯罪的，依法给予治安管理处罚：

（一）走私、贩卖、运输、制造毒品的；

（二）非法持有毒品的；

（三）非法种植毒品原植物的；

（四）非法买卖、运输、携带、持有未经灭活的毒品原植物种子或者幼苗的；

（五）非法传授麻醉药品、精神药品或者易制毒化学品制造方法的；

（六）强迫、引诱、教唆、欺骗他人吸食、注射毒品的；

（七）向他人提供毒品的。

第六十条　有下列行为之一，构成犯罪的，依法追究刑事责任；尚不构成犯罪的，依法给予治安管理处罚：

（一）包庇走私、贩卖、运输、制造毒品的犯罪分子，以及为犯罪分子窝藏、转移、隐瞒毒品或者犯罪所得财物的；

（二）在公安机关查处毒品违法犯罪活动时为违法犯罪行为人通风报信的；

（三）阻碍依法进行毒品检查的；

（四）隐藏、转移、变卖或者损毁司法机关、行政执法机关依法扣押、查封、冻结的涉及毒品违法犯罪活动的财物的。

第六十一条　容留他人吸食、注射毒品或者介绍买卖毒品，构成犯罪的，依法追究刑事责任；尚不构成犯罪的，由公安机关处十日以上十五日以下拘留，可以并处三千元以下罚款；情节较轻的，处五日以下拘留或者五百元以下罚款。

第六十二条　吸食、注射毒品的，依法给予治安管理处罚。吸毒人员主动到公安机关登记或者到有资质的医疗机构接受戒毒治疗的，不予处罚。

第六十三条　在麻醉药品、精神药品的实验研究、生产、经营、使用、储存、运输、进口、出口以及麻醉药品药用原植物种植活动中，违反国家规定，致使麻醉药品、精神药品或者麻醉药品药用原植物流入非法渠道，构成犯罪的，依法追究刑事责任；尚不构成犯罪的，依照有关法律、行政法规的规定给予处罚。

第六十四条　在易制毒化学品的生产、经营、购买、运输或者进口、出口活动中，违反国家规定，致使易制毒化学品流入非法渠道，构成犯罪的，依法追究刑事责任；尚不构成犯罪的，依照有关法律、行政法规的规定给予处罚。

第六十五条　娱乐场所及其从业人员实施毒品违法犯罪行为，或者为进入娱乐场所的人员实施毒品违法犯罪行为提供条件，构成犯罪的，依法追究刑事责任；尚不构成犯罪的，依照有关法律、行政法规的规定给予处罚。

娱乐场所经营管理人员明知场所内发生聚众吸食、注射毒品或者贩毒活动，不向公安机关报告的，依照前款的规定给予处罚。

第六十六条　未经批准，擅自从事戒毒治疗业务的，由卫生行政部门责令停止违法业务活动，没收违法所得和使用的药品、医疗器械等物品；构成犯罪的，依法追究刑事责任。

第六十七条　戒毒医疗机构发现接受戒毒治疗的戒毒人员在治疗期间吸食、注射毒品，不向公安机关报告的，由卫生行政部门责令改正；情节严重的，责令停业整顿。

第六十八条　强制隔离戒毒场所、医疗机构、医师违反规定使用麻醉药品、精神药品，构成犯罪的，依法追究刑事责任；尚不构成犯罪的，依照有关法律、行政法规的规定给予处罚。

第六十九条　公安机关、司法行政部门或者其他有关主管部门的工作人员在禁毒工作中有下列行为之一，构成犯罪的，依法追究刑事责任；尚不构成犯罪的，依法给予处分：

（一）包庇、纵容毒品违法犯罪人员的；

（二）对戒毒人员有体罚、虐待、侮辱等行为的；

（三）挪用、截留、克扣禁毒经费的；

（四）擅自处分查获的毒品和扣押、查封、冻结的涉及毒品违法犯罪活动的财物的。

第七十条　有关单位及其工作人员在入学、就业、享受社会保障等方面歧视戒毒人员的，由教育行政部门、劳动行政部门责令改正；给当事人造成损失的，依法承担赔偿责任。

第七章　附　则

第七十一条　本法自2008年6月1日起施行。《全国人民代表大会常务委员会关于禁毒的决定》同时废止。

娱乐场所管理条例

· 2006年1月29日中华人民共和国国务院令第458号公布
· 根据2016年2月6日《国务院关于修改部分行政法规的决定》第一次修订
· 根据2020年11月29日《国务院关于修改和废止部分行政法规的决定》第二次修订

第一章　总　则

第一条　为了加强对娱乐场所的管理，保障娱乐场所的健康发展，制定本条例。

第二条　本条例所称娱乐场所，是指以营利为目的，并向公众开放、消费者自娱自乐的歌舞、游艺等场所。

第三条　县级以上人民政府文化主管部门负责对娱乐场所日常经营活动的监督管理；县级以上公安部门负责对娱乐场所消防、治安状况的监督管理。

第四条　国家机关及其工作人员不得开办娱乐场所，不得参与或者变相参与娱乐场所的经营活动。

与文化主管部门、公安部门的工作人员有夫妻关系、直系血亲关系、三代以内旁系血亲关系以及近姻亲关系的亲属，不得开办娱乐场所，不得参与或者变相参与娱乐场所的经营活动。

第二章　设　立

第五条　有下列情形之一的人员，不得开办娱乐场所或者在娱乐场所内从业：

（一）曾犯有组织、强迫、引诱、容留、介绍卖淫罪，制作、贩卖、传播淫秽物品罪，走私、贩卖、运输、制造毒品罪，强奸罪，强制猥亵、侮辱妇女罪，赌博罪，洗钱罪，组织、领导、参加黑社会性质组织罪的；

（二）因犯罪曾被剥夺政治权利的；

（三）因吸食、注射毒品曾被强制戒毒的；

（四）因卖淫、嫖娼曾被处以行政拘留的。

第六条　外国投资者可以依法在中国境内设立娱乐场所。

第七条　娱乐场所不得设在下列地点：

（一）居民楼、博物馆、图书馆和被核定为文物保护单位的建筑物内；

（二）居民住宅区和学校、医院、机关周围；

（三）车站、机场等人群密集的场所；

（四）建筑物地下一层以下；

（五）与危险化学品仓库毗连的区域。

娱乐场所的边界噪声，应当符合国家规定的环境噪声标准。

第八条　娱乐场所的使用面积，不得低于国务院文化主管部门规定的最低标准；设立含有电子游戏机的游艺娱乐场所，应当符合国务院文化主管部门关于总量和布局的要求。

第九条　娱乐场所申请从事娱乐场所经营活动，应当向所在地县级人民政府文化主管部门提出申请；外商投资的娱乐场所申请从事娱乐场所经营活动，应当向所在地省、自治区、直辖市人民政府文化主管部门提出申请。

娱乐场所申请从事娱乐场所经营活动，应当提交投资人员、拟任的法定代表人和其他负责人没有本条例第五条规定情形的书面声明。申请人应当对书面声明内容的真实性负责。

受理申请的文化主管部门应当就书面声明向公安部门或者其他有关单位核查，公安部门或者其他有关单位应当予以配合；经核查属实的，文化主管部门应当依据本条例第七条、第八条的规定进行实地检查，作出决定。予以批准的，颁发娱乐经营许可证，并根据国务院文化主管部门的规定核定娱乐场所容纳的消费者数量；不予批准的，应当书面通知申请人并说明理由。

有关法律、行政法规规定需要办理消防、卫生、环境保护等审批手续的，从其规定。

第十条　文化主管部门审批娱乐场所应当举行听证。有关听证的程序，依照《中华人民共和国行政许可法》的规定执行。

第十一条　娱乐场所依法取得营业执照和相关批准文件、许可证后，应当在15日内向所在地县级公安部门备案。

第十二条　娱乐场所改建、扩建营业场所或者变更场地、主要设施设备、投资人员，或者变更娱乐经营许可证载明的事项的，应当向原发证机关申请重新核发娱乐经营许可证，并向公安部门备案；需要办理变更登记的，应当依法向工商行政管理部门办理变更登记。

第三章　经　营

第十三条　国家倡导弘扬民族优秀文化，禁止娱乐场所内的娱乐活动含有下列内容：

（一）违反宪法确定的基本原则的；

（二）危害国家统一、主权或者领土完整的；

（三）危害国家安全，或者损害国家荣誉、利益的；

（四）煽动民族仇恨、民族歧视，伤害民族感情或者侵害民族风俗、习惯，破坏民族团结的；

（五）违反国家宗教政策，宣扬邪教、迷信的；

（六）宣扬淫秽、赌博、暴力以及与毒品有关的违法犯罪活动，或者教唆犯罪的；

（七）违背社会公德或者民族优秀文化传统的；

（八）侮辱、诽谤他人，侵害他人合法权益的；

（九）法律、行政法规禁止的其他内容。

第十四条　娱乐场所及其从业人员不得实施下列行为，不得为进入娱乐场所的人员实施下列行为提供条件：

（一）贩卖、提供毒品，或者组织、强迫、教唆、引诱、欺骗、容留他人吸食、注射毒品；

（二）组织、强迫、引诱、容留、介绍他人卖淫、嫖娼；

（三）制作、贩卖、传播淫秽物品；

（四）提供或者从事以营利为目的的陪侍；

（五）赌博；

（六）从事邪教、迷信活动；

（七）其他违法犯罪行为。

娱乐场所的从业人员不得吸食、注射毒品，不得卖淫、嫖娼；娱乐场所及其从业人员不得为进入娱乐场所的人员实施上述行为提供条件。

第十五条　歌舞娱乐场所应当按照国务院公安部门的规定在营业场所的出入口、主要通道安装闭路电视监控设备，并应当保证闭路电视监控设备在营业期间正常运行，不得中断。

歌舞娱乐场所应当将闭路电视监控录像资料留存30日备查，不得删改或者挪作他用。

第十六条　歌舞娱乐场所的包厢、包间内不得设置隔断，并应当安装展现室内整体环境的透明门窗。包厢、包间的门不得有内锁装置。

第十七条　营业期间，歌舞娱乐场所内亮度不得低于国家规定的标准。

第十八条　娱乐场所使用的音像制品或者电子游戏

应当是依法出版、生产或者进口的产品。

歌舞娱乐场所播放的曲目和屏幕画面以及游艺娱乐场所的电子游戏机内的游戏项目,不得含有本条例第十三条禁止的内容;歌舞娱乐场所使用的歌曲点播系统不得与境外的曲库联接。

第十九条　游艺娱乐场所不得设置具有赌博功能的电子游戏机机型、机种、电路板等游戏设施设备,不得以现金或者有价证券作为奖品,不得回购奖品。

第二十条　娱乐场所的法定代表人或者主要负责人应当对娱乐场所的消防安全和其他安全负责。

娱乐场所应当确保其建筑、设施符合国家安全标准和消防技术规范,定期检查消防设施状况,并及时维护、更新。

娱乐场所应当制定安全工作方案和应急疏散预案。

第二十一条　营业期间,娱乐场所应当保证疏散通道和安全出口畅通,不得封堵、锁闭疏散通道和安全出口,不得在疏散通道和安全出口设置栅栏等影响疏散的障碍物。

娱乐场所应当在疏散通道和安全出口设置明显指示标志,不得遮挡、覆盖指示标志。

第二十二条　任何人不得非法携带枪支、弹药、管制器具或者携带爆炸性、易燃性、毒害性、放射性、腐蚀性等危险物品和传染病病原体进入娱乐场所。

迪斯科舞厅应当配备安全检查设备,对进入营业场所的人员进行安全检查。

第二十三条　歌舞娱乐场所不得接纳未成年人。除国家法定节假日外,游艺娱乐场所设置的电子游戏机不得向未成年人提供。

第二十四条　娱乐场所不得招用未成年人;招用外国人的,应当按照国家有关规定为其办理外国人就业许可证。

第二十五条　娱乐场所应当与从业人员签订文明服务责任书,并建立从业人员名簿;从业人员名簿应当包括从业人员的真实姓名、居民身份证复印件、外国人就业许可证复印件等内容。

娱乐场所应当建立营业日志,记载营业期间从业人员的工作职责、工作时间、工作地点;营业日志不得删改,并应当留存 60 日备查。

第二十六条　娱乐场所应当与保安服务企业签订保安服务合同,配备专业保安人员;不得聘用其他人员从事保安工作。

第二十七条　营业期间,娱乐场所的从业人员应当统一着工作服,佩带工作标志并携带居民身份证或者外国人就业许可证。

从业人员应当遵守职业道德和卫生规范,诚实守信,礼貌待人,不得侵害消费者的人身和财产权利。

第二十八条　每日凌晨 2 时至上午 8 时,娱乐场所不得营业。

第二十九条　娱乐场所提供娱乐服务项目和出售商品,应当明码标价,并向消费者出示价目表;不得强迫、欺骗消费者接受服务、购买商品。

第三十条　娱乐场所应当在营业场所的大厅、包厢、包间内的显著位置悬挂有禁毒、禁赌、禁止卖淫嫖娼等内容的警示标志、未成年人禁入或者限入标志。标志应当注明公安部门、文化主管部门的举报电话。

第三十一条　娱乐场所应当建立巡查制度,发现娱乐场所内有违法犯罪活动的,应当立即向所在地县级公安部门、县级人民政府文化主管部门报告。

第四章　监督管理

第三十二条　文化主管部门、公安部门和其他有关部门的工作人员依法履行监督检查职责时,有权进入娱乐场所。娱乐场所应当予以配合,不得拒绝、阻挠。

文化主管部门、公安部门和其他有关部门的工作人员依法履行监督检查职责时,需要查阅闭路电视监控录像资料、从业人员名簿、营业日志等资料的,娱乐场所应当及时提供。

第三十三条　文化主管部门、公安部门和其他有关部门应当记录监督检查的情况和处理结果。监督检查记录由监督检查人员签字归档。公众有权查阅监督检查记录。

第三十四条　文化主管部门、公安部门和其他有关部门应当建立娱乐场所违法行为警示记录系统;对列入警示记录的娱乐场所,应当及时向社会公布,并加大监督检查力度。

第三十五条　文化主管部门应当建立娱乐场所的经营活动信用监管制度,建立健全信用约束机制,并及时公布行政处罚信息。

第三十六条　文化主管部门、公安部门和其他有关部门应当建立相互间的信息通报制度,及时通报监督检查情况和处理结果。

第三十七条　任何单位或者个人发现娱乐场所内有违反本条例行为的,有权向文化主管部门、公安部门等有关部门举报。

文化主管部门、公安部门等有关部门接到举报,应当记录,并及时依法调查、处理;对不属于本部门职责范围的,应当及时移送有关部门。

第三十八条　上级人民政府文化主管部门、公安部门在必要时,可以依照本条例的规定调查、处理由下级人民政府文化主管部门、公安部门调查、处理的案件。

下级人民政府文化主管部门、公安部门认为案件重大、复杂的,可以请求移送上级人民政府文化主管部门、公安部门调查、处理。

第三十九条　文化主管部门、公安部门和其他有关部门及其工作人员违反本条例规定的,任何单位或者个人可以向依法有权处理的本级或者上一级机关举报。接到举报的机关应当依法及时调查、处理。

第四十条　娱乐场所行业协会应当依照章程的规定,制定行业自律规范,加强对会员经营活动的指导、监督。

第五章　法律责任

第四十一条　违反本条例规定,擅自从事娱乐场所经营活动的,由文化主管部门依法予以取缔;公安部门在查处治安、刑事案件时,发现擅自从事娱乐场所经营活动的,应当依法予以取缔。

第四十二条　违反本条例规定,以欺骗等不正当手段取得娱乐经营许可证的,由原发证机关撤销娱乐经营许可证。

第四十三条　娱乐场所实施本条例第十四条禁止行为的,由县级公安部门没收违法所得和非法财物,责令停业整顿3个月至6个月;情节严重的,由原发证机关吊销娱乐经营许可证,对直接负责的主管人员和其他直接责任人员处1万元以上2万元以下的罚款。

第四十四条　娱乐场所违反本条例规定,有下列情形之一的,由县级公安部门责令改正,给予警告;情节严重的,责令停业整顿1个月至3个月:

(一)照明设施、包厢、包间的设置以及门窗的使用不符合本条例规定的;

(二)未按照本条例规定安装闭路电视监控设备或者中断使用的;

(三)未按照本条例规定留存监控录像资料或者删改监控录像资料的;

(四)未按照本条例规定配备安全检查设备或者未对进入营业场所的人员进行安全检查的;

(五)未按照本条例规定配备保安人员的。

第四十五条　娱乐场所违反本条例规定,有下列情形之一的,由县级公安部门没收违法所得和非法财物,并处违法所得2倍以上5倍以下的罚款;没有违法所得或者违法所得不足1万元的,并处2万元以上5万元以下的罚款;情节严重的,责令停业整顿1个月至3个月:

(一)设置具有赌博功能的电子游戏机机型、机种、电路板等游戏设施设备的;

(二)以现金、有价证券作为奖品,或者回购奖品的。

第四十六条　娱乐场所指使、纵容从业人员侵害消费者人身权利的,应当依法承担民事责任,并由县级公安部门责令停业整顿1个月至3个月;造成严重后果的,由原发证机关吊销娱乐经营许可证。

第四十七条　娱乐场所取得营业执照后,未按照本条例规定向公安部门备案的,由县级公安部门责令改正,给予警告。

第四十八条　违反本条例规定,有下列情形之一的,由县级人民政府文化主管部门没收违法所得和非法财物,并处违法所得1倍以上3倍以下的罚款;没有违法所得或者违法所得不足1万元的,并处1万元以上3万元以下的罚款;情节严重的,责令停业整顿1个月至6个月:

(一)歌舞娱乐场所的歌曲点播系统与境外的曲库联接的;

(二)歌舞娱乐场所播放的曲目、屏幕画面或者游艺娱乐场所电子游戏机内的游戏项目含有本条例第十三条禁止内容的;

(三)歌舞娱乐场所接纳未成年人的;

(四)游艺娱乐场所设置的电子游戏机在国家法定节假日外向未成年人提供的;

(五)娱乐场所容纳的消费者超过核定人数的。

第四十九条　娱乐场所违反本条例规定,有下列情形之一的,由县级人民政府文化主管部门责令改正,给予警告;情节严重的,责令停业整顿1个月至3个月:

(一)变更有关事项,未按照本条例规定申请重新核发娱乐经营许可证的;

(二)在本条例规定的禁止营业时间内营业的;

(三)从业人员在营业期间未统一着装并佩带工作标志的。

第五十条　娱乐场所未按照本条例规定建立从业人员名簿、营业日志,或者发现违法犯罪行为未按照本条例规定报告的,由县级人民政府文化主管部门、县级公安部门依据法定职权责令改正,给予警告;情节严重的,责令停业整顿1个月至3个月。

第五十一条　娱乐场所未按照本条例规定悬挂警示标志、未成年人禁入或者限入标志的,由县级人民政府文化主管部门、县级公安部门依据法定职权责令改正,给予警告。

第五十二条　娱乐场所招用未成年人的,由劳动保障行政部门责令改正,并按照每招用一名未成年人每月处 5000 元罚款的标准给予处罚。

第五十三条　因擅自从事娱乐场所经营活动被依法取缔的,其投资人员和负责人终身不得投资开办娱乐场所或者担任娱乐场所的法定代表人、负责人。

娱乐场所因违反本条例规定,被吊销或者撤销娱乐经营许可证的,自被吊销或者撤销之日起,其法定代表人、负责人 5 年内不得担任娱乐场所的法定代表人、负责人。

娱乐场所因违反本条例规定,2 年内被处以 3 次警告或者罚款又有违反本条例的行为应受行政处罚的,由县级人民政府文化主管部门、县级公安部门依据法定职权责令停业整顿 3 个月至 6 个月;2 年内被 2 次责令停业整顿又有违反本条例的行为应受行政处罚的,由原发证机关吊销娱乐经营许可证。

第五十四条　娱乐场所违反有关治安管理或者消防管理法律、行政法规规定的,由公安部门依法予以处罚;构成犯罪的,依法追究刑事责任。

娱乐场所违反有关卫生、环境保护、价格、劳动等法律、行政法规规定的,由有关部门依法予以处罚;构成犯罪的,依法追究刑事责任。

娱乐场所及其从业人员与消费者发生争议的,应当依照消费者权益保护的法律规定解决;造成消费者人身、财产损害的,由娱乐场所依法予以赔偿。

第五十五条　国家机关及其工作人员开办娱乐场所,参与或者变相参与娱乐场所经营活动的,对直接负责的主管人员和其他直接责任人员依法给予撤职或者开除的行政处分。

文化主管部门、公安部门的工作人员明知其亲属开办娱乐场所或者发现其亲属参与、变相参与娱乐场所的经营活动,不予制止或者制止不力的,依法给予行政处分;情节严重的,依法给予撤职或者开除的行政处分。

第五十六条　文化主管部门、公安部门、工商行政管理部门和其他有关部门的工作人员有下列行为之一的,对直接负责的主管人员和其他直接责任人员依法给予行政处分;构成犯罪的,依法追究刑事责任:

(一)向不符合法定设立条件的单位颁发许可证、批准文件、营业执照的;

(二)不履行监督管理职责,或者发现擅自从事娱乐

场所经营活动不依法取缔,或者发现违法行为不依法查处的;

(三)接到对违法行为的举报、通报后不依法查处的;

(四)利用职务之便,索取、收受他人财物或者谋取其他利益的;

(五)利用职务之便,参与、包庇违法行为,或者向有关单位、个人通风报信的;

(六)有其他滥用职权、玩忽职守、徇私舞弊行为的。

第六章　附　则

第五十七条　本条例所称从业人员,包括娱乐场所的管理人员、服务人员、保安人员和在娱乐场所工作的其他人员。

第五十八条　本条例自 2006 年 3 月 1 日起施行。1999 年 3 月 26 日国务院发布的《娱乐场所管理条例》同时废止。

营业性演出管理条例

· 2005 年 7 月 7 日中华人民共和国国务院令第 439 号公布
· 根据 2008 年 7 月 22 日《国务院关于修改〈营业性演出管理条例〉的决定》第一次修订
· 根据 2013 年 7 月 18 日《国务院关于废止和修改部分行政法规的决定》第二次修订
· 根据 2016 年 2 月 6 日《国务院关于修改部分行政法规的决定》第三次修订
· 根据 2020 年 11 月 29 日《国务院关于修改和废止部分行政法规的决定》第四次修订

第一章　总　则

第一条　为了加强对营业性演出的管理,促进文化产业的发展,繁荣社会主义文艺事业,满足人民群众文化生活的需要,促进社会主义精神文明建设,制定本条例。

第二条　本条例所称营业性演出,是指以营利为目的为公众举办的现场文艺表演活动。

第三条　营业性演出必须坚持为人民服务、为社会主义服务的方向,把社会效益放在首位,实现社会效益和经济效益的统一,丰富人民群众的文化生活。

第四条　国家鼓励文艺表演团体、演员创作和演出思想性艺术性统一、体现民族优秀文化传统、受人民群众欢迎的优秀节目,鼓励到农村、工矿企业演出和为少年儿童提供免费或者优惠的演出。

第五条　国务院文化主管部门主管全国营业性演出

的监督管理工作。国务院公安部门、工商行政管理部门在各自职责范围内，主管营业性演出的监督管理工作。

县级以上地方人民政府文化主管部门负责本行政区域内营业性演出的监督管理工作。县级以上地方人民政府公安部门、工商行政管理部门在各自职责范围内，负责本行政区域内营业性演出的监督管理工作。

第二章　营业性演出经营主体的设立

第六条　文艺表演团体申请从事营业性演出活动，应当有与其业务相适应的专职演员和器材设备，并向县级人民政府文化主管部门提出申请；演出经纪机构申请从事营业性演出经营活动，应当有 3 名以上专职演出经纪人员和与其业务相适应的资金，并向省、自治区、直辖市人民政府文化主管部门提出申请。文化主管部门应当自受理申请之日起 20 日内作出决定。批准的，颁发营业性演出许可证；不批准的，应当书面通知申请人并说明理由。

第七条　设立演出场所经营单位，应当依法到工商行政管理部门办理注册登记，领取营业执照，并依照有关消防、卫生管理等法律、行政法规的规定办理审批手续。

演出场所经营单位应当自领取营业执照之日起 20 日内向所在地县级人民政府文化主管部门备案。

第八条　文艺表演团体变更名称、住所、法定代表人或者主要负责人、营业性演出经营项目，应当向原发证机关申请换发营业性演出许可证，并依法到工商行政管理部门办理变更登记。

演出场所经营单位变更名称、住所、法定代表人或者主要负责人，应当依法到工商行政管理部门办理变更登记，并向原备案机关重新备案。

第九条　以从事营业性演出为职业的个体演员（以下简称个体演员）和以从事营业性演出的居间、代理活动为职业的个体演出经纪人（以下简称个体演出经纪人），应当依法到工商行政管理部门办理注册登记，领取营业执照。

个体演员、个体演出经纪人应当自领取营业执照之日起 20 日内向所在地县级人民政府文化主管部门备案。

第十条　外国投资者可以依法在中国境内设立演出经纪机构、演出场所经营单位；不得设立文艺表演团体。

外商投资的演出经纪机构申请从事营业性演出经营活动、外商投资的演出场所经营单位申请从事演出场所经营活动，应当向国务院文化主管部门提出申请。国务院文化主管部门应当自收到申请之日起 20 日内作出决定。批准的，颁发营业性演出许可证；不批准的，应当书

面通知申请人并说明理由。

第十一条　香港特别行政区、澳门特别行政区的投资者可以在内地投资设立演出经纪机构、演出场所经营单位以及由内地方控股的文艺表演团体；香港特别行政区、澳门特别行政区的演出经纪机构可以在内地设立分支机构。

台湾地区的投资者可以在大陆投资设立演出经纪机构、演出场所经营单位，不得设立文艺表演团体。

依照本条规定设立的演出经纪机构、文艺表演团体申请从事营业性演出经营活动，依照本条规定设立的演出场所经营单位申请从事演出场所经营活动，应当向省、自治区、直辖市人民政府文化主管部门提出申请。省、自治区、直辖市人民政府文化主管部门应当自收到申请之日起 20 日内作出决定。批准的，颁发营业性演出许可证；不批准的，应当书面通知申请人并说明理由。

依照本条规定设立演出经纪机构、演出场所经营单位的，还应当遵守我国其他法律、法规的规定。

第三章　营业性演出规范

第十二条　文艺表演团体、个体演员可以自行举办营业性演出，也可以参加营业性组台演出。

营业性组台演出应当由演出经纪机构举办；但是，演出场所经营单位可以在本单位经营的场所内举办营业性组台演出。

演出经纪机构可以从事营业性演出的居间、代理、行纪活动；个体演出经纪人只能从事营业性演出的居间、代理活动。

第十三条　举办营业性演出，应当向演出所在地县级人民政府文化主管部门提出申请。县级人民政府文化主管部门应当自受理申请之日起 3 日内作出决定。对符合本条例第二十五条规定的，发给批准文件；对不符合本条例第二十五条规定的，不予批准，书面通知申请人并说明理由。

第十四条　除演出经纪机构外，其他任何单位或者个人不得举办外国的或者香港特别行政区、澳门特别行政区、台湾地区的文艺表演团体、个人参加的营业性演出。但是，文艺表演团体自行举办营业性演出，可以邀请外国的或者香港特别行政区、澳门特别行政区、台湾地区的文艺表演团体、个人参加。

举办外国的或者香港特别行政区、澳门特别行政区、台湾地区的文艺表演团体、个人参加的营业性演出，应当符合下列条件：

（一）有与其举办的营业性演出相适应的资金；

（二）有 2 年以上举办营业性演出的经历；

（三）举办营业性演出前 2 年内无违反本条例规定的记录。

第十五条　举办外国的文艺表演团体、个人参加的营业性演出，演出举办单位应当向演出所在地省、自治区、直辖市人民政府文化主管部门提出申请。

举办香港特别行政区、澳门特别行政区的文艺表演团体、个人参加的营业性演出，演出举办单位应当向演出所在地省、自治区、直辖市人民政府文化主管部门提出申请；举办台湾地区的文艺表演团体、个人参加的营业性演出，演出举办单位应当向国务院文化主管部门会同国务院有关部门规定的审批机关提出申请。

国务院文化主管部门或者省、自治区、直辖市人民政府文化主管部门应当自受理申请之日起 20 日内作出决定。对符合本条例第二十五条规定的，发给批准文件；对不符合本条例第二十五条规定的，不予批准，书面通知申请人并说明理由。

第十六条　申请举办营业性演出，提交的申请材料应当包括下列内容：

（一）演出名称、演出举办单位和参加演出的文艺表演团体、演员；

（二）演出时间、地点、场次；

（三）节目及其视听资料。

申请举办营业性组台演出，还应当提交文艺表演团体、演员同意参加演出的书面函件。

营业性演出需要变更申请材料所列事项的，应当分别依照本条例第十三条、第十五条规定重新报批。

第十七条　演出场所经营单位提供演出场地，应当核验演出举办单位取得的批准文件；不得为未经批准的营业性演出提供演出场地。

第十八条　演出场所经营单位应当确保演出场所的建筑、设施符合国家安全标准和消防安全规范，定期检查消防安全设施状况，并及时维护、更新。

演出场所经营单位应当制定安全保卫工作方案和灭火、应急疏散预案。

演出举办单位在演出场所进行营业性演出，应当核验演出场所经营单位的消防安全设施检查记录、安全保卫工作方案和灭火、应急疏散预案，并与演出场所经营单位就演出活动中突发安全事件的防范、处理等事项签订安全责任协议。

第十九条　在公共场所举办营业性演出，演出举办单位应当依照有关安全、消防的法律、行政法规和国家有关规定办理审批手续，并制定安全保卫工作方案和灭火、应急疏散预案。演出场所应当配备应急广播、照明设施，在安全出入口设置明显标识，保证安全出入口畅通；需要临时搭建舞台、看台的，演出举办单位应当按照国家有关安全标准搭建舞台、看台，确保安全。

第二十条　审批临时搭建舞台、看台的营业性演出时，文化主管部门应当核验演出举办单位的下列文件：

（一）依法验收后取得的演出场所合格证明；

（二）安全保卫工作方案和灭火、应急疏散预案；

（三）依法取得的安全、消防批准文件。

第二十一条　演出场所容纳的观众数量应当报公安部门核准；观众区域与缓冲区域应当由公安部门划定，缓冲区域应当有明显标识。

演出举办单位应当按照公安部门核准的观众数量、划定的观众区域印制和出售门票。

验票时，发现进入演出场所的观众达到核准数量仍有观众等待入场的，应当立即终止验票并同时向演出所在地县级人民政府公安部门报告；发现观众持有观众区域以外的门票或者假票的，应当拒绝其入场并同时向演出所在地县级人民政府公安部门报告。

第二十二条　任何人不得携带传染病病原体和爆炸性、易燃性、放射性、腐蚀性等危险物质或者非法携带枪支、弹药、管制器具进入营业性演出现场。

演出场所经营单位应当根据公安部门的要求，配备安全检查设施，并对进入营业性演出现场的观众进行必要的安全检查；观众不接受安全检查或者有前款禁止行为的，演出场所经营单位有权拒绝其进入。

第二十三条　演出举办单位应当组织人员落实营业性演出时的安全、消防措施，维护营业性演出现场秩序。

演出举办单位和演出场所经营单位发现营业性演出现场秩序混乱，应当立即采取措施并同时向演出所在地县级人民政府公安部门报告。

第二十四条　演出举办单位不得以政府或者政府部门的名义举办营业性演出。

营业性演出不得冠以"中国"、"中华"、"全国"、"国际"等字样。

营业性演出广告内容必须真实、合法，不得误导、欺骗公众。

第二十五条　营业性演出不得有下列情形：

（一）反对宪法确定的基本原则的；

（二）危害国家统一、主权和领土完整，危害国家安全，或者损害国家荣誉和利益的；

（三）煽动民族仇恨、民族歧视，侵害民族风俗习惯，伤害民族感情，破坏民族团结，违反宗教政策的；

（四）扰乱社会秩序，破坏社会稳定的；

（五）危害社会公德或者民族优秀文化传统的；

（六）宣扬淫秽、色情、邪教、迷信或者渲染暴力的；

（七）侮辱或者诽谤他人，侵害他人合法权益的；

（八）表演方式恐怖、残忍，摧残演员身心健康的；

（九）利用人体缺陷或者以展示人体变异等方式招徕观众的；

（十）法律、行政法规禁止的其他情形。

第二十六条 演出场所经营单位、演出举办单位发现营业性演出有本条例第二十五条禁止情形的，应当立即采取措施予以制止并同时向演出所在地县级人民政府文化主管部门、公安部门报告。

第二十七条 参加营业性演出的文艺表演团体、主要演员或者主要节目内容等发生变更的，演出举办单位应当及时告知观众并说明理由。观众有权退票。

演出过程中，除因不可抗力不能演出的外，演出举办单位不得中止或者停止演出，演员不得退出演出。

第二十八条 演员不得以假唱欺骗观众，演出举办单位不得组织演员假唱。任何单位或者个人不得为假唱提供条件。

演出举办单位应当派专人对演出进行监督，防止假唱行为的发生。

第二十九条 营业性演出经营主体应当对其营业性演出的经营收入依法纳税。

演出举办单位在支付演员、职员的演出报酬时应当依法履行税款代扣代缴义务。

第三十条 募捐义演的演出收入，除必要的成本开支外，必须全部交付受捐单位；演出举办单位、参加演出的文艺表演团体和演员、职员，不得获取经济利益。

第三十一条 任何单位或者个人不得伪造、变造、出租、出借或者买卖营业性演出许可证、批准文件或者营业执照，不得伪造、变造营业性演出门票或者倒卖伪造、变造的营业性演出门票。

第四章 监督管理

第三十二条 除文化主管部门依照国家有关规定对体现民族特色和国家水准的演出给予补贴外，各级人民政府和政府部门不得资助、赞助或者变相资助、赞助营业性演出，不得用公款购买营业性演出门票用于个人消费。

第三十三条 文化主管部门应当加强对营业性演出的监督管理。

演出所在地县级人民政府文化主管部门对外国的或者香港特别行政区、澳门特别行政区、台湾地区的文艺表演团体、个人参加的营业性演出和临时搭建舞台、看台的营业性演出，应当进行实地检查；对其他营业性演出，应当进行实地抽样检查。

第三十四条 县级以上地方人民政府文化主管部门应当充分发挥文化执法机构的作用，并可以聘请社会义务监督员对营业性演出进行监督。

任何单位或者个人可以采取电话、手机短信等方式举报违反本条例规定的行为。县级以上地方人民政府文化主管部门应当向社会公布举报电话，并保证随时有人接听。

县级以上地方人民政府文化主管部门接到社会义务监督员的报告或者公众的举报，应当作出记录，立即赶赴现场进行调查、处理，并自处理完毕之日起7日内公布结果。

县级以上地方人民政府文化主管部门对作出突出贡献的社会义务监督员应当给予表彰；公众举报经调查核实的，应当对举报人给予奖励。

第三十五条 文化主管部门应当建立营业性演出经营主体的经营活动信用监管制度，建立健全信用约束机制，并及时公布行政处罚信息。

第三十六条 公安部门对其依照有关法律、行政法规和国家有关规定批准的营业性演出，应当在演出举办前对营业性演出现场的安全状况进行实地检查；发现安全隐患的，在消除安全隐患后方可允许进行营业性演出。

公安部门可以对进入营业性演出现场的观众进行必要的安全检查；发现观众有本条例第二十二条第一款禁止行为的，在消除安全隐患后方可允许其进入。

公安部门可以组织警力协助演出举办单位维持营业性演出现场秩序。

第三十七条 公安部门接到观众达到核准数量仍有观众等待入场或者演出秩序混乱的报告后，应当立即组织采取措施消除安全隐患。

第三十八条 承担现场管理检查任务的公安部门和文化主管部门的工作人员进入营业性演出现场，应当出示值勤证件。

第三十九条 文化主管部门依法对营业性演出进行监督检查时，应当将监督检查的情况和处理结果予以记录，由监督检查人员签字后归档。公众有权查阅监督检查记录。

第四十条　文化主管部门、公安部门和其他有关部门及其工作人员不得向演出举办单位、演出场所经营单位索取演出门票。

第四十一条　国务院文化主管部门和省、自治区、直辖市人民政府文化主管部门，对在农村、工矿企业进行演出以及为少年儿童提供免费或者优惠演出表现突出的文艺表演团体、演员，应当给予表彰，并采取多种形式予以宣传。

国务院文化主管部门对适合在农村、工矿企业演出的节目，可以在依法取得著作权人许可后，提供给文艺表演团体、演员在农村、工矿企业演出时使用。

文化主管部门实施文艺评奖，应当适当考虑参评对象在农村、工矿企业的演出场次。

县级以上地方人民政府应当对在农村、工矿企业演出的文艺表演团体、演员给予支持。

第四十二条　演出行业协会应当依照章程的规定，制定行业自律规范，指导、监督会员的经营活动，促进公平竞争。

第五章　法律责任

第四十三条　有下列行为之一的，由县级人民政府文化主管部门予以取缔，没收演出器材和违法所得，并处违法所得8倍以上10倍以下的罚款；没有违法所得或者违法所得不足1万元的，并处5万元以上10万元以下的罚款；构成犯罪的，依法追究刑事责任：

（一）违反本条例第六条、第十条、第十一条规定，擅自从事营业性演出经营活动的；

（二）违反本条例第十二条、第十四条规定，超范围从事营业性演出经营活动的；

（三）违反本条例第八条第一款规定，变更营业性演出经营项目未向原发证机关申请换发营业性演出许可证的。

违反本条例第七条、第九条规定，擅自设立演出场所经营单位或者擅自从事营业性演出经营活动的，由工商行政管理部门依法予以取缔、处罚；构成犯罪的，依法追究刑事责任。

第四十四条　违反本条例第十三条、第十五条规定，未经批准举办营业性演出的，由县级人民政府文化主管部门责令停止演出，没收违法所得，并处违法所得8倍以上10倍以下的罚款；没有违法所得或者违法所得不足1万元的，并处5万元以上10万元以下的罚款；情节严重的，由原发证机关吊销营业性演出许可证。

违反本条例第十六条第三款规定，变更演出举办单位、参加演出的文艺表演团体、演员或者节目未重新报批的，依照前款规定处罚；变更演出的名称、时间、地点、场次未重新报批的，由县级人民政府文化主管部门责令改正，给予警告，可以并处3万元以下的罚款。

演出场所经营单位为未经批准的营业性演出提供场地的，由县级人民政府文化主管部门责令改正，没收违法所得，并处违法所得3倍以上5倍以下的罚款；没有违法所得或者违法所得不足1万元的，并处3万元以上5万元以下的罚款。

第四十五条　违反本条例第三十一条规定，伪造、变造、出租、出借、买卖营业性演出许可证、批准文件，或者以非法手段取得营业性演出许可证、批准文件的，由县级人民政府文化主管部门没收违法所得，并处违法所得8倍以上10倍以下的罚款；没有违法所得或者违法所得不足1万元的，并处5万元以上10万元以下的罚款；对原取得的营业性演出许可证、批准文件，予以吊销、撤销；构成犯罪的，依法追究刑事责任。

第四十六条　营业性演出有本条例第二十五条禁止情形的，由县级人民政府文化主管部门责令停止演出，没收违法所得，并处违法所得8倍以上10倍以下的罚款；没有违法所得或者违法所得不足1万元的，并处5万元以上10万元以下的罚款；情节严重的，由原发证机关吊销营业性演出许可证；违反治安管理规定的，由公安部门依法予以处罚；构成犯罪的，依法追究刑事责任。

演出场所经营单位、演出举办单位发现营业性演出有本条例第二十五条禁止情形未采取措施予以制止的，由县级人民政府文化主管部门、公安部门依据法定职权给予警告，并处5万元以上10万元以下的罚款；未依照本条例第二十六条规定报告的，由县级人民政府文化主管部门、公安部门依据法定职权给予警告，并处5000元以上1万元以下的罚款。

第四十七条　有下列行为之一的，对演出举办单位、文艺表演团体、演员，由国务院文化主管部门或者省、自治区、直辖市人民政府文化主管部门向社会公布；演出举办单位、文艺表演团体在2年内再次被公布的，由原发证机关吊销营业性演出许可证；个体演员在2年内再次被公布的，由工商行政管理部门吊销营业执照：

（一）非因不可抗力中止、停止或者退出演出的；

（二）文艺表演团体、主要演员或者主要节目内容等发生变更未及时告知观众的；

（三）以假唱欺骗观众的；

（四）为演员假唱提供条件的。

有前款第(一)项、第(二)项和第(三)项所列行为之一的,观众有权在退场后依照有关消费者权益保护的法律规定要求演出举办单位赔偿损失;演出举办单位可以依法向负有责任的文艺表演团体、演员追偿。

有本条第一款第(一)项、第(二)项和第(三)项所列行为之一的,由县级人民政府文化主管部门处 5 万元以上 10 万元以下的罚款;有本条第一款第(四)项所列行为的,由县级人民政府文化主管部门处 5000 元以上 1 万元以下的罚款。

第四十八条　以政府或者政府部门的名义举办营业性演出,或者营业性演出冠以"中国"、"中华"、"全国"、"国际"等字样的,由县级人民政府文化主管部门责令改正,没收违法所得,并处违法所得 3 倍以上 5 倍以下的罚款;没有违法所得或者违法所得不足 1 万元的,并处 3 万元以上 5 万元以下的罚款;拒不改正或者造成严重后果的,由原发证机关吊销营业性演出许可证。

营业性演出广告的内容误导、欺骗公众或者含有其他违法内容的,由工商行政管理部门责令停止发布,并依法予以处罚。

第四十九条　演出举办单位或者其法定代表人、主要负责人及其他直接责任人员在募捐义演中获取经济利益的,由县级以上人民政府文化主管部门依据各自职权责令其退回并交付受捐单位;构成犯罪的,依法追究刑事责任;尚不构成犯罪的,由县级以上人民政府文化主管部门依据各自职权处违法所得 3 倍以上 5 倍以下的罚款,并由国务院文化主管部门或者省、自治区、直辖市人民政府文化主管部门向社会公布违法行为人的名称或者姓名,直至由原发证机关吊销演出举办单位的营业性演出许可证。

文艺表演团体或者演员、职员在募捐义演中获取经济利益的,由县级以上人民政府文化主管部门依据各自职权责令其退回并交付受捐单位。

第五十条　违反本条例第八条第一款规定,变更名称、住所、法定代表人或者主要负责人未向原发证机关申请换发营业性演出许可证的,由县级人民政府文化主管部门责令改正,给予警告,并处 1 万元以上 3 万元以下的罚款。

违反本条例第七条第二款、第八条第二款、第九条第二款规定,未办理备案手续的,由县级人民政府文化主管部门责令改正,给予警告,并处 5000 元以上 1 万元以下的罚款。

第五十一条　有下列行为之一的,由公安部门或者公安消防机构依据法定职权依法予以处罚;构成犯罪的,依法追究刑事责任:

(一)违反本条例安全、消防管理规定的;

(二)伪造、变造营业性演出门票或者倒卖伪造、变造的营业性演出门票的。

演出举办单位印制、出售超过核准观众数量的或者观众区域以外的营业性演出门票的,由县级以上人民政府公安部门依据各自职权责令改正,没收违法所得,并处违法所得 3 倍以上 5 倍以下的罚款;没有违法所得或者违法所得不足 1 万元的,并处 3 万元以上 5 万元以下的罚款;造成严重后果的,由原发证机关吊销营业性演出许可证;构成犯罪的,依法追究刑事责任。

第五十二条　演出场所经营单位、个体演出经纪人、个体演员违反本条例规定,情节严重的,由县级以上人民政府文化主管部门依据各自职权责令其停止营业性演出经营活动,并通知工商行政管理部门,由工商行政管理部门依法吊销营业执照。其中,演出场所经营单位有其他经营业务的,由工商行政管理部门责令其办理变更登记,逾期不办理的,吊销营业执照。

第五十三条　因违反本条例规定被文化主管部门吊销营业性演出许可证,或者被工商行政管理部门吊销营业执照或者责令变更登记的,自受到行政处罚之日起,当事人为单位的,其法定代表人、主要负责人 5 年内不得担任文艺表演团体、演出经纪机构或者演出场所经营单位的法定代表人、主要负责人;当事人为个人的,个体演员 1 年内不得从事营业性演出,个体演出经纪人 5 年内不得从事营业性演出的居间、代理活动。

因营业性演出有本条例第二十五条禁止情形被文化主管部门吊销营业性演出许可证,或者被工商行政管理部门吊销营业执照或者责令变更登记的,不得再次从事营业性演出或者营业性演出的居间、代理、行纪活动。

因违反本条例规定 2 年内 2 次受到行政处罚又有应受本条例处罚的违法行为的,应当从重处罚。

第五十四条　各级人民政府或者政府部门非法资助、赞助,或者非法变相资助、赞助营业性演出,或者用公款购买营业性演出门票用于个人消费的,依照有关财政违法行为处罚处分的行政法规的规定责令改正。对单位给予警告或者通报批评。对直接负责的主管人员和其他直接责任人员给予记大过处分;情节较重的,给予降级或者撤职处分;情节严重的,给予开除处分。

第五十五条　文化主管部门、公安部门、工商行政管理部门的工作人员滥用职权、玩忽职守、徇私舞弊或者未依照本条例规定履行职责的,依法给予行政处分;构成犯罪的,依法追究刑事责任。

第六章　附　则

第五十六条　民间游散艺人的营业性演出,省、自治区、直辖市人民政府可以参照本条例的规定制定具体管理办法。

第五十七条　本条例自 2005 年 9 月 1 日起施行。1997 年 8 月 11 日国务院发布的《营业性演出管理条例》同时废止。

电影管理条例

· 2001 年 12 月 12 日国务院第 50 次常务会议通过
· 2001 年 12 月 25 日中华人民共和国国务院令第 342 号公布
· 自 2002 年 2 月 1 日起施行

第一章　总　则

第一条　为了加强对电影行业的管理,发展和繁荣电影事业,满足人民群众文化生活需要,促进社会主义物质文明和精神文明建设,制定本条例。

第二条　本条例适用于中华人民共和国境内的故事片、纪录片、科教片、美术片、专题片等电影片的制片、进口、出口、发行和放映等活动。

第三条　从事电影片的制片、进口、出口、发行和放映等活动,应当遵守宪法和有关法律、法规,坚持为人民服务、为社会主义服务的方向。

第四条　国务院广播电影电视行政部门主管全国电影工作。

县级以上地方人民政府管理电影的行政部门(以下简称电影行政部门),依照本条例的规定负责本行政区域内的电影管理工作。

第五条　国家对电影摄制、进口、出口、发行、放映和电影片公映实行许可制度。未经许可,任何单位和个人不得从事电影的摄制、进口、发行、放映活动,不得进口、出口、发行、放映未取得许可证的电影片。

依照本条例发放的许可证和批准文件,不得出租、出借、出售或者以其他任何形式转让。

第六条　全国性电影行业的社会团体按照其章程,在国务院广播电影电视行政部门指导下,实行自律管理。

第七条　国家对为电影事业发展做出显著贡献的单位和个人,给予奖励。

第二章　电影制片

第八条　设立电影制片单位,应当具备下列条件:

(一)有电影制片单位的名称、章程;

(二)有符合国务院广播电影电视行政部门认定的主办单位及其主管机关;

(三)有确定的业务范围;

(四)有适应业务范围需要的组织机构和专业人员;

(五)有适应业务范围需要的资金、场所和设备;

(六)法律、行政法规规定的其他条件。

审批设立电影制片单位,除依照前款所列条件外,还应当符合国务院广播电影电视行政部门制定的电影制片单位总量、布局和结构的规划。

第九条　申请设立电影制片单位,由所在地省、自治区、直辖市人民政府电影行政部门审核同意后,报国务院广播电影电视行政部门审批。

申请书应当载明下列内容:

(一)电影制片单位的名称、地址和经济性质;

(二)电影制片单位的主办单位的名称、地址、性质及其主管机关;

(三)电影制片单位的法定代表人的姓名、住址、资格证明文件;

(四)电影制片单位的资金来源和数额。

第十条　国务院广播电影电视行政部门应当自收到设立电影制片单位的申请书之日起 90 日内,作出批准或者不批准的决定,并通知申请人。批准的,由国务院广播电影电视行政部门发给《摄制电影许可证》,申请人持《摄制电影许可证》到国务院工商行政管理部门办理登记手续,依法领取营业执照;不批准的,应当说明理由。

第十一条　电影制片单位以其全部法人财产,依法享有民事权利,承担民事责任。

第十二条　电影制片单位变更、终止,应当报国务院广播电影电视行政部门批准,并依法到原登记的工商行政管理部门办理变更登记或者注销登记。

第十三条　电影制片单位可以从事下列活动:

(一)摄制电影片;

(二)按照国家有关规定制作本单位摄制的电影片的复制品;

(三)按照国家有关规定在全国范围发行本单位摄制并被许可公映的电影片及其复制品;

(四)按照国家有关规定出口本单位摄制并被许可公映的电影片及其复制品。

第十四条　电影制片单位应当建立、健全管理制度,保证电影片的质量。

第十五条　电影制片单位对其摄制的电影片,依法享有著作权。

第十六条　电影制片单位以外的单位独立从事电影摄制业务,须报经国务院广播电影电视行政部门批准,并持批准文件到工商行政管理部门办理相应的登记手续。

电影制片单位以外的单位经批准后摄制电影片,应当事先到国务院广播电影电视行政部门领取一次性《摄制电影片许可证(单片)》,并参照电影制片单位享有权利、承担义务。具体办法由国务院广播电影电视行政部门制定。

第十七条　国家鼓励企业、事业单位和其他社会组织以及个人以资助、投资的形式参与摄制电影片。具体办法由国务院广播电影电视行政部门制定。

第十八条　电影制片单位经国务院广播电影电视行政部门批准,可以与境外电影制片者合作摄制电影片;其他单位和个人不得与境外电影制片者合作摄制电影片。

电影制片单位和持有《摄制电影片许可证(单片)》的单位经国务院广播电影电视行政部门批准,可以到境外从事电影片摄制活动。

境外组织或者个人不得在中华人民共和国境内独立从事电影片摄制活动。

第十九条　中外合作摄制电影片,应当由中方合作者事先向国务院广播电影电视行政部门提出立项申请。国务院广播电影电视行政部门征求有关部门的意见后,经审查符合规定的,发给申请人一次性《中外合作摄制电影片许可证》。申请人取得《中外合作摄制电影片许可证》后,应当按照国务院广播电影电视行政部门的规定签订中外合作摄制电影片合同。

第二十条　中外合作摄制电影片需要进口设备、器材、胶片、道具的,中方合作者应当持国务院广播电影电视行政部门的批准文件到海关办理进口或者临时进口手续。

第二十一条　境外电影制片者同中方合作者合作或者以其他形式在中华人民共和国境内摄制电影片,应当遵守中华人民共和国的法律、法规,尊重中华民族的风俗、习惯。

第二十二条　电影底片、样片的冲洗及后期制作,应当在中华人民共和国境内完成。有特殊技术要求确需在境外完成的,应当专项申请,报经国务院广播电影电视行政部门批准后,按照批准文件载明的要求执行。

第二十三条　电影洗印单位不得洗印加工未取得《摄制电影许可证》或者《摄制电影片许可证(单片)》的单位摄制的电影底片、样片,不得洗印加工未取得《电影片公映许可证》的电影片拷贝。

电影洗印单位接受委托洗印加工境外的电影底片、样片和电影片拷贝的,应当事先经国务院广播电影电视行政部门批准,并持批准文件依法向海关办理有关进口手续。洗印加工的电影底片、样片和电影片拷贝必须全部运输出境。

第三章　电影审查

第二十四条　国家实行电影审查制度。

未经国务院广播电影电视行政部门的电影审查机构(以下简称电影审查机构)审查通过的电影片,不得发行、放映、进口、出口。

供科学研究、教学参考的专题片进口和中国电影资料馆进口电影资料片,依照本条例第三十二条的规定办理。

第二十五条　电影片禁止载有下列内容:

(一)反对宪法确定的基本原则的;

(二)危害国家统一、主权和领土完整的;

(三)泄露国家秘密、危害国家安全或者损害国家荣誉和利益的;

(四)煽动民族仇恨、民族歧视,破坏民族团结,或者侵害民族风俗、习惯的;

(五)宣扬邪教、迷信的;

(六)扰乱社会秩序,破坏社会稳定的;

(七)宣扬淫秽、赌博、暴力或者教唆犯罪的;

(八)侮辱或者诽谤他人,侵害他人合法权益的;

(九)危害社会公德或者民族优秀文化传统的;

(十)有法律、行政法规和国家规定禁止的其他内容的。

电影技术质量应当符合国家标准。

第二十六条　电影制片单位应当依照本条例第二十五条的规定,负责电影剧本投拍和电影片出厂前的审查。

电影制片单位依照前款规定对其准备投拍的电影剧本审查后,应当报电影审查机构备案;电影审查机构可以对报备案的电影剧本进行审查,发现有本条例第二十五条禁止内容的,应当及时通知电影制片单位不得投拍。具体办法由国务院广播电影电视行政部门制定。

第二十七条　电影制片单位应当在电影片摄制完成后,报请电影审查机构审查;电影进口经营单位应当在办理电影片临时进口手续后,报请电影审查机构审查。

电影审查收费标准由国务院价格主管部门会同国务院广播电影电视行政部门规定。

第二十八条　电影审查机构应当自收到报送审查的

电影片之日起 30 日内,将审查决定书面通知送审单位。审查合格的,由国务院广播电影电视行政部门发给《电影片公映许可证》。

电影制片单位或者电影进口经营单位应当将《电影片公映许可证》证号印制在该电影片拷贝第一本片头处。

审查不合格,经修改报送重审的,审查期限依照本条第一款的规定重新计算。

第二十九条　电影制片单位和电影进口经营单位对电影片审查决定不服的,可以自收到审查决定之日起 30 日内向国务院广播电影电视行政部门的电影复审机构申请复审;复审合格的,由国务院广播电影电视行政部门发给《电影片公映许可证》。

第四章　电影进口出口

第三十条　电影进口业务由国务院广播电影电视行政部门指定电影进口经营单位经营;未经指定,任何单位或者个人不得经营电影进口业务。

第三十一条　进口供公映的电影片,进口前应当报送电影审查机构审查。

报送电影审查机构审查的电影片,由指定的电影进口经营单位持国务院广播电影电视行政部门的临时进口批准文件到海关办理电影片临时进口手续;临时进口的电影片经电影审查机构审查合格并发给《电影片公映许可证》和进口批准文件后,由电影进口经营单位持进口批准文件到海关办理进口手续。

第三十二条　进口供科学研究、教学参考的专题片,进口单位应当报经国务院有关行政主管部门审查批准,持批准文件到海关办理进口手续,并于进口之日起 30 日内向国务院广播电影电视行政部门备案。但是,不得以科学研究、教学的名义进口故事片。

中国电影资料馆进口电影资料片,可以直接到海关办理进口手续。中国电影资料馆应当将其进口的电影资料片按季度向国务院广播电影电视行政部门备案。

除本条规定外,任何单位或者个人不得进口未经国务院广播电影电视行政部门审查合格的电影片。

第三十三条　电影进口经营单位应当在取得电影作品著作权人使用许可后,在许可的范围内使用电影作品;未取得使用许可的,任何单位和个人不得使用进口电影作品。

第三十四条　电影制片单位出口本单位制作的电影片的,应当持《电影片公映许可证》到海关办理电影片出口手续。

中外合作摄制电影片出口的,中方合作者应当持《电影片公映许可证》到海关办理出口手续。中外合作摄制电影片素材出口的,中方合作者应当持国务院广播电影电视行政部门的批准文件到海关办理出口手续。

中方协助摄制电影片或者电影片素材出境的,中方协助者应当持国务院广播电影电视行政部门的批准文件到海关办理出境手续。

第三十五条　举办中外电影展、国际电影节,提供电影片参加境外电影展、电影节等,应当报国务院广播电影电视行政部门批准。

参加前款规定的电影展、电影节的电影片,须报国务院广播电影电视行政部门审查批准。参加境外电影展、电影节的电影片经批准后,参展者应当持国务院广播电影电视行政部门的批准文件到海关办理电影片临时出口手续。参加在中国境内举办的中外电影展、国际电影节的境外电影片经批准后,举办者应当持国务院广播电影电视行政部门的批准文件到海关办理临时进口手续。

第五章　电影发行和放映

第三十六条　设立电影发行单位、电影放映单位,应当具备下列条件:

(一)有电影发行单位、电影放映单位的名称、章程;

(二)有确定的业务范围;

(三)有适应业务范围需要的组织机构和专业人员;

(四)有适应业务范围需要的资金、场所和设备;

(五)法律、行政法规规定的其他条件。

第三十七条　设立电影发行单位,应当向所在地省、自治区、直辖市人民政府电影行政部门提出申请;设立跨省、自治区、直辖市的电影发行单位,应当向国务院广播电影电视行政部门提出申请。所在地省、自治区、直辖市人民政府电影行政部门或者国务院广播电影电视行政部门应当自收到申请书之日起 60 日内作出批准或者不批准的决定,并通知申请人。批准的,发给《电影发行经营许可证》,申请人应当持《电影发行经营许可证》到工商行政管理部门登记,依法领取营业执照;不批准的,应当说明理由。

第三十八条　设立电影放映单位,应当向所在地县或者设区的市人民政府电影行政部门提出申请。所在地县或者设区的市人民政府电影行政部门应当自收到申请书之日起 60 日内作出批准或者不批准的决定,并通知申请人。批准的,发给《电影放映经营许可证》,申请人持《电影放映经营许可证》到所在地工商行政管理部门登记,依法领取营业执照;不批准的,应当说明理由。

第三十九条　电影发行单位、电影放映单位变更业务范围,或者兼并其他电影发行单位、电影放映单位,或者因合并、分立而设立新的电影发行单位、电影放映单位的,应当依照本条例第三十七条或者第三十八条的规定办理审批手续,并到工商行政管理部门办理相应的登记手续。

电影发行单位、电影放映单位变更名称、地址、法定代表人或者主要负责人,或者终止电影发行、放映经营活动的,应当到原登记的工商行政管理部门办理变更登记或者注销登记,并向原审批的电影行政部门备案。

第四十条 申请从事农村16毫米电影片发行、放映业务的单位或者个人,可以直接到所在地工商行政管理部门办理登记手续,并向所在地县级人民政府电影行政部门备案;备案后,可以在全国农村从事16毫米电影片发行、放映业务。

第四十一条 国家允许企业、事业单位和其他社会组织以及个人投资建设、改造电影院。

国家允许以中外合资或者中外合作的方式建设、改造电影院。具体办法由国务院广播电影电视行政部门会同国务院文化行政部门、国务院对外经济贸易主管部门按照有关规定制定。

第四十二条 电影片依法取得国务院广播电影电视行政部门发给的《电影片公映许可证》后,方可发行、放映。

已经取得《电影片公映许可证》的电影,国务院广播电影电视行政部门在特殊情况下可以作出停止发行、放映或者经修改后方可发行、放映的决定;对决定经修改后方可发行、放映的电影,著作权人拒绝修改的,由国务院广播电影电视行政部门决定停止发行、放映。

国务院广播电影电视行政部门作出的停止发行、放映的决定,电影发行单位、电影放映单位应当执行。

第四十三条 利用电影片制作音像制品的,应当遵守国家有关音像制品管理的规定。

任何单位和个人不得利用电影资料片从事或者变相从事经营性的发行、放映活动。

第四十四条 放映电影片,应当符合国家规定的国产电影片与进口电影片放映的时间比例。

放映单位年放映国产电影片的时间不得低于年放映电影片时间总和的2/3。

第四十五条 电影放映单位应当维护电影院的公共秩序和环境卫生,保证观众的安全与健康。

第六章 电影事业的保障

第四十六条 国家建立和完善适应社会主义市场经济体制的电影管理体制,发展电影事业。

第四十七条 国家保障电影创作自由,重视和培养电影专业人才,重视和加强电影理论研究,繁荣电影创作,提高电影质量。

第四十八条 国家建立电影事业发展专项资金,并采取其他优惠措施,支持电影事业的发展。

电影事业发展专项资金缴纳单位应当按照国家有关规定履行缴纳义务。

第四十九条 电影事业发展专项资金扶持、资助下列项目:

(一)国家倡导并确认的重点电影片的摄制和优秀电影剧本的征集;

(二)重点制片基地的技术改造;

(三)电影院的改造和放映设施的技术改造;

(四)少数民族地区、边远贫困地区和农村地区的电影事业的发展;

(五)需要资助的其他项目。

第五十条 国家鼓励、扶持科学教育片、纪录片、美术片及儿童电影片的制片、发行和放映。

第五十一条 国家对少数民族地区、边远贫困地区和农村地区发行、放映电影实行优惠政策。

国家对从事农村16毫米电影片发行、放映业务的单位和个人予以扶持。具体办法由国务院广播电影电视行政部门、国务院文化行政部门会同国务院财政部门规定。

第五十二条 县级以上地方人民政府制定的本行政区域建设规划,应当包括电影院和放映设施的建设规划。

改建、拆除电影院和放映设施,应当报经所在地县级以上地方人民政府电影行政部门审查批准,县级以上地方人民政府电影行政部门应当依据国家有关规定作出批准或者不批准的决定。

第五十三条 县级以上地方人民政府电影行政部门和其他有关行政部门,对干扰、阻止和破坏电影片的制片、发行、放映的行为,应当及时采取措施予以制止,并依法查处。

大众传播媒体不得宣扬非法电影。

第七章 罚 则

第五十四条 国务院广播电影电视行政部门和县级以上地方人民政府电影行政部门或者其他有关部门及其工作人员,利用职务上的便利收受他人财物或者其他好处,批准不符合法定设立条件的电影片的制片、发行和放映单位,或者不履行监督职责,或者发现违法行为不予查处,造成严重后果的,对负有责任的主管人员和其他直接责任人员依照刑法关于受贿罪、滥用职权罪、玩忽职守罪或者其他罪的规定，依法追究刑事责任；尚不够刑事处罚的，给予降级或者撤职的行政处分。

第五十五条　违反本条例规定，擅自设立电影片的制片、发行、放映单位，或者擅自从事电影制片、进口、发行、放映活动的，由工商行政管理部门予以取缔；依照刑法关于非法经营罪的规定，依法追究刑事责任；尚不够刑事处罚的，没收违法经营的电影片和违法所得以及进行违法经营活动的专用工具、设备；违法所得 5 万元以上的，并处违法所得 5 倍以上 10 倍以下的罚款；没有违法所得或者违法所得不足 5 万元的，处 20 万元以上 50 万元以下的罚款。

第五十六条　摄制含有本条例第二十五条禁止内容的电影片，或者洗印加工、进口、发行、放映明知或者应知含有本条例第二十五条禁止内容的电影片的，依照刑法有关规定，依法追究刑事责任；尚不够刑事处罚的，由电影行政部门责令停业整顿，没收违法经营的电影片和违法所得；违法所得 5 万元以上的，并处违法所得 5 倍以上 10 倍以下的罚款；没有违法所得或者违法所得不足 5 万元的，并处 20 万元以上 50 万元以下的罚款；情节严重的，并由原发证机关吊销许可证。

第五十七条　走私电影片的，依照刑法关于走私罪的规定，依法追究刑事责任；尚不够刑事处罚的，由海关依法给予行政处罚。

第五十八条　出口、发行、放映未取得《电影片公映许可证》的电影片的，由电影行政部门责令停止违法行为，没收违法经营的电影片和违法所得；违法所得 5 万元以上的，并处违法所得 10 倍以上 15 倍以下的罚款；没有违法所得或者违法所得不足 5 万元的，并处 20 万元以上 50 万元以下的罚款；情节严重的，并责令停业整顿或者由原发证机关吊销许可证。

第五十九条　有下列行为之一的，由电影行政部门责令停止违法行为，没收违法经营的电影片和违法所得；违法所得 5 万元以上的，并处违法所得 5 倍以上 10 倍以下的罚款；没有违法所得或者违法所得不足 5 万元的，并处 10 万元以上 30 万元以下的罚款；情节严重的，并责令停业整顿或者由原发证机关吊销许可证：

（一）未经批准，擅自与境外组织或者个人合作摄制电影，或者擅自到境外从事电影摄制活动的；

（二）擅自到境外进行电影底片、样片的冲洗或者后期制作，或者未按照批准文件载明的要求执行的；

（三）洗印加工未取得《摄制电影许可证》、《摄制电影片许可证（单片）》的单位摄制的电影底片、样片，或者洗印加工未取得《电影片公映许可证》的电影片拷贝的；

（四）未经批准，接受委托洗印加工境外电影底片、样片或者电影片拷贝，或者未将洗印加工的境外电影底片、样片或者电影片拷贝全部运输出境的；

（五）利用电影资料片从事或者变相从事经营性的发行、放映活动的；

（六）未按照规定的时间比例放映电影，或者不执行国务院广播电影电视行政部门停止发行、放映决定的。

第六十条　境外组织、个人在中华人民共和国境内独立从事电影片摄制活动的，由国务院广播电影电视行政部门责令停止违法活动，没收违法摄制的电影片和进行违法活动的专用工具、设备，并处 30 万元以上 50 万元以下的罚款。

第六十一条　未经批准，擅自举办中外电影展、国际电影节，或者擅自提供电影片参加境外电影展、电影节的，由国务院广播电影电视行政部门责令停止违法活动，没收违法参展的电影片和违法所得；违法所得 2 万元以上的，并处违法所得 5 倍以上 10 倍以下的罚款；没有违法所得或者违法所得不足 2 万元的，并处 2 万元以上 10 万元以下的罚款。

第六十二条　未经批准，擅自改建、拆除电影院或者放映设施的，由县级以上地方人民政府电影行政部门责令限期恢复电影院或者放映设施的原状，给予警告，对负有责任的主管人员和其他直接责任人员依法给予纪律处分。

第六十三条　单位违反本条例，被处以吊销许可证行政处罚的，应当按照国家有关规定到工商行政管理部门办理变更登记或者注销登记，逾期未办理的，由工商行政管理部门吊销营业执照。

第六十四条　单位违反本条例，被处以吊销许可证行政处罚的，其法定代表人或者主要负责人自吊销许可证之日起 5 年内不得担任电影片的制片、进口、出口、发行和放映单位的法定代表人或者主要负责人。

个人违反本条例，未经批准擅自从事电影的制片、进口、发行业务，或者擅自举办中外电影展、国际电影节或者擅自提供电影片参加境外电影展、电影节的，5 年内不得从事相关电影业务。

第六十五条　未按照国家有关规定履行电影事业发展专项资金缴纳义务的，由省级以上人民政府电影行政部门责令限期补交，并自欠缴之日起按日加收所欠缴金额万分之五的滞纳金。

第六十六条　依照本条例的规定实施罚款的行政处

罚,应当依照有关法律、行政法规的规定,实行罚款决定与罚款收缴分离;收缴的罚款应当全部上缴国库。

第八章 附 则

第六十七条 国家实行《摄制电影许可证》和《电影发行经营许可证》、《电影放映经营许可证》年检制度。年检办法由国务院广播电影电视行政部门制定。

第六十八条 本条例自 2002 年 2 月 1 日起施行。1996 年 6 月 19 日国务院发布的《电影管理条例》同时废止。

无证无照经营查处办法

·2017 年 8 月 6 日中华人民共和国国务院令第 684 号公布
·自 2017 年 10 月 1 日起施行

第一条 为了维护社会主义市场经济秩序,促进公平竞争,保护经营者和消费者的合法权益,制定本办法。

第二条 任何单位或者个人不得违反法律、法规、国务院决定的规定,从事无证无照经营。

第三条 下列经营活动,不属于无证无照经营:

(一)在县级以上地方人民政府指定的场所和时间,销售农副产品、日常生活用品,或者个人利用自己的技能从事依法无须取得许可的便民劳务活动;

(二)依照法律、行政法规、国务院决定的规定,从事无须取得许可或者办理注册登记的经营活动。

第四条 县级以上地方人民政府负责组织、协调本行政区域的无证无照经营查处工作,建立有关部门分工负责、协调配合的无证无照经营查处工作机制。

第五条 经营者未依法取得许可从事经营活动的,由法律、法规、国务院决定规定的部门予以查处;法律、法规、国务院决定没有规定或者规定不明确的,由省、自治区、直辖市人民政府确定的部门予以查处。

第六条 经营者未依法取得营业执照从事经营活动的,由履行工商行政管理职责的部门(以下称工商行政管理部门)予以查处。

第七条 经营者未依法取得许可且未依法取得营业执照从事经营活动的,依照本办法第五条的规定予以查处。

第八条 工商行政管理部门以及法律、法规、国务院决定规定的部门和省、自治区、直辖市人民政府确定的部门(以下统称查处部门)应当依法履行职责,密切协同配合,利用信息网络平台加强信息共享;发现不属于本部门查处职责的无证无照经营,应当及时通报有关部门。

第九条 任何单位或者个人有权向查处部门举报无证无照经营。

查处部门应当向社会公开受理举报的电话、信箱或者电子邮件地址,并安排人员受理举报,依法予以处理。对实名举报的,查处部门应当告知处理结果,并为举报人保密。

第十条 查处部门依法查处无证无照经营,应当坚持查处与引导相结合、处罚与教育相结合的原则,对具备办理证照的法定条件、经营者有继续经营意愿的,应当督促、引导其依法办理相应证照。

第十一条 县级以上人民政府工商行政管理部门对涉嫌无照经营进行查处,可以行使下列职权:

(一)责令停止相关经营活动;

(二)向与涉嫌无照经营有关的单位和个人调查了解有关情况;

(三)进入涉嫌从事无照经营的场所实施现场检查;

(四)查阅、复制与涉嫌无照经营有关的合同、票据、账簿以及其他有关资料。

对涉嫌从事无照经营的场所,可以予以查封;对涉嫌用于无照经营的工具、设备、原材料、产品(商品)等物品,可以予以查封、扣押。

对涉嫌无证经营进行查处,依照相关法律、法规的规定采取措施。

第十二条 从事无证经营的,由查处部门依照相关法律、法规的规定予以处罚。

第十三条 从事无照经营的,由工商行政管理部门依照相关法律、行政法规的规定予以处罚。法律、行政法规对无照经营的处罚没有明确规定的,由工商行政管理部门责令停止违法行为,没收违法所得,并处 1 万元以下的罚款。

第十四条 明知属于无照经营而为经营者提供经营场所,或者提供运输、保管、仓储等条件的,由工商行政管理部门责令停止违法行为,没收违法所得,可以处 5000 元以下的罚款。

第十五条 任何单位或者个人从事无证无照经营的,由查处部门记入信用记录,并依照相关法律、法规的规定予以公示。

第十六条 妨害查处部门查处无证无照经营,构成违反治安管理行为的,由公安机关依照《中华人民共和国治安管理处罚法》的规定予以处罚。

第十七条 查处部门及其工作人员滥用职权、玩忽职守、徇私舞弊的,对负有责任的领导人员和直接责任人员依法给予处分。

第十八条　违反本办法规定,构成犯罪的,依法追究刑事责任。

第十九条　本办法自 2017 年 10 月 1 日起施行。2003 年 1 月 6 日国务院公布的《无照经营查处取缔办法》同时废止。

娱乐场所管理办法

- 2013 年 2 月 4 日文化部令第 55 号公布
- 根据 2017 年 12 月 15 日《文化部关于废止和修改部分部门规章的决定》第一次修订
- 根据 2022 年 5 月 13 日《文化和旅游部关于修改〈娱乐场所管理办法〉的决定》第二次修订

第一条　为了加强娱乐场所经营活动管理,维护娱乐场所健康发展,满足人民群众文化娱乐消费需求,根据《娱乐场所管理条例》(以下简称《条例》),制定本办法。

第二条　《条例》所称娱乐场所,是指以营利为目的,向公众开放、消费者自娱自乐的歌舞、游艺等场所。歌舞娱乐场所是指提供伴奏音乐、歌曲点播服务或者提供舞蹈音乐、跳舞场地服务的经营场所;游艺娱乐场所是指通过游戏游艺设备提供游戏游艺服务的经营场所。

其他场所兼营以上娱乐服务的,适用本办法。

第三条　国家鼓励娱乐场所传播民族优秀文化艺术,提供面向大众的、健康有益的文化娱乐内容和服务;鼓励娱乐场所实行连锁化、品牌化经营。

第四条　县级以上人民政府文化和旅游主管部门负责所在地娱乐场所经营活动的监管,负责娱乐场所提供的文化产品的内容监管,负责指导所在地娱乐场所行业协会工作。

第五条　娱乐场所行业协会应当依照国家有关法规和协会章程的规定,制定行业规范,加强行业自律,维护行业合法权益。

第六条　娱乐场所不得设立在下列地点:

(一)房屋用途中含有住宅的建筑内;

(二)博物馆、图书馆和被核定为文物保护单位的建筑物内;

(三)居民住宅区;

(四)《中华人民共和国未成年人保护法》规定的学校、幼儿园周围;

(五)依照《医疗机构管理条例》及实施细则规定取得《医疗机构执业许可证》的医院周围;

(六)各级中国共产党委员会及其所属各工作部门、各级人民代表大会机关、各级人民政府及其所属各工作部门、各级政治协商会议机关、各级人民法院、检察院机关、各级民主党派机关周围;

(七)车站、机场等人群密集的场所;

(八)建筑物地下一层以下(不含地下一层);

(九)与危险化学品仓库毗连的区域,与危险化学品仓库的距离必须符合《危险化学品安全管理条例》的有关规定。

娱乐场所与学校、幼儿园、医院、机关距离及其测量方法由省级人民政府文化和旅游主管部门规定。

第七条　依法登记的娱乐场所申请从事娱乐场所经营活动,应当符合以下条件:

(一)有与其经营活动相适应的设施设备,提供的文化产品内容应当符合文化产品生产、出版、进口的规定;

(二)符合国家治安管理、消防安全、噪声污染防治等相关规定;

(三)法律、法规和规章规定的其他条件。

第八条　省级人民政府文化和旅游主管部门可以结合本地区实际,制定本行政区域内娱乐场所使用面积和消费者人均占有使用面积的最低标准。

第九条　依法登记的娱乐场所申请从事娱乐场所经营活动,应当向所在地县级人民政府文化和旅游主管部门提出申请;依法登记的外商投资娱乐场所申请从事娱乐场所经营活动,应当向所在地省级人民政府文化和旅游主管部门提出申请,省级人民政府文化和旅游主管部门可以委托所在地县级以上文化和旅游主管部门进行实地检查。

第十条　依法登记的娱乐场所申请从事娱乐场所经营活动前,可以向负责审批的文化和旅游主管部门提交咨询申请,文化和旅游主管部门应当提供行政指导。

第十一条　依法登记的娱乐场所申请从事娱乐场所经营活动,应当提交以下文件:

(一)申请书;

(二)营业执照;

(三)投资人、法定代表人、主要负责人的有效身份证件以及无《条例》第四条、第五条、第五十三条规定情况的书面声明;

(四)房产权属证书,租赁场地经营的,还应当提交租赁合同或者租赁意向书;

(五)经营场所地理位置图和场所内部结构平面图。

有关法律、行政法规规定需要办理消防、卫生、环境保护等审批手续的，从其规定。

第十二条　文化和旅游主管部门受理申请后，应当对设立场所的位置、周边环境、面积等进行实地检查。符合条件的，应当在设立场所、文化和旅游主管部门办公场所显著位置向社会公示10日，并依法组织听证。

第十三条　文化和旅游主管部门应当对歌舞娱乐场所使用的歌曲点播系统和游艺娱乐场所使用的游戏游艺设备进行内容核查。

第十四条　文化和旅游主管部门应当根据听证和文化产品内容核查结果作出行政许可决定。予以批准的，核发娱乐经营许可证；不予批准的，应当书面告知申请人并说明理由。

第十五条　娱乐场所改建、扩建营业场所或者变更场地的，变更投资人员以及娱乐经营许可证载明事项的，应当向原发证机关申请重新核发娱乐经营许可证。

第十六条　歌舞娱乐场所新增、变更歌曲点播系统，游艺娱乐场所新增、变更游戏游艺设备的，应当符合本办法第七条第（一）项规定。

第十七条　娱乐经营许可证有效期2年。娱乐经营许可证有效期届满30日前，娱乐场所经营者应当持许可证、营业执照副本以及营业情况报告到原发证机关申请换发许可证。原发证机关应当在有效期届满前做出是否准予延续的决定，逾期未做决定的，视为准予延续。

第十八条　娱乐经营许可证有效期届满未延续的，由原发证机关向社会公告注销娱乐经营许可证，并函告公安机关、市场监督管理部门。

第十九条　娱乐场所法定代表人或者主要负责人是维护本场所经营秩序的第一责任人，是本场所安全生产的第一责任人。

第二十条　歌舞娱乐场所经营应当符合以下规定：

（一）播放、表演的节目不得含有《条例》第十三条禁止内容；

（二）不得将场所使用的歌曲点播系统连接至境外曲库。

第二十一条　游艺娱乐场所经营应当符合以下规定：

（一）不得设置未经文化和旅游主管部门内容核查的游戏游艺设备；

（二）进行有奖经营活动的，奖品目录应当报所在地县级文化和旅游主管部门备案；

（三）除国家法定节假日外，设置的电子游戏机不得

向未成年人提供。

第二十二条　娱乐场所不得为未经文化和旅游主管部门批准的营业性演出活动提供场地。

娱乐场所招用外国人从事演出活动的，应当符合《营业性演出管理条例》及《营业性演出管理条例实施细则》的规定。

第二十三条　娱乐场所应当建立文化产品内容自审和巡查制度，确定专人负责管理在场所内提供的文化产品和服务。巡查情况应当记入营业日志。

消费者利用娱乐场所从事违法违规活动的，娱乐场所应当制止，制止无效的应当及时报告文化和旅游主管部门或者公安机关。

第二十四条　娱乐场所应当在显著位置悬挂娱乐经营许可证、未成年人禁入或者限入标志，标志应当注明举报电话。

第二十五条　娱乐场所应当配合文化和旅游主管部门的日常检查和技术监管措施。

第二十六条　文化和旅游主管部门应当建立娱乐场所信用管理档案，记录被文化和旅游主管部门、公安机关、市场监督管理部门、消防救援机构、负有噪声污染防治监督管理职责的部门实施处罚的情况以及娱乐场所法定代表人、主要负责人、投资人等信息。

第二十七条　文化和旅游主管部门应当定期组织文化和旅游主管部门工作人员、娱乐场所第一责任人和内容管理专职人员进行政策法规培训。

第二十八条　违反《条例》规定，擅自从事娱乐场所经营活动的，由县级以上人民政府文化和旅游主管部门依照《条例》第四十一条采取责令关闭等方式予以取缔，有违法所得的，依照《中华人民共和国行政处罚法》第二十八条予以没收；符合严重失信主体情形的，依照有关规定予以认定并实施相应信用管理措施。

第二十九条　歌舞娱乐场所违反本办法第二十条规定的，由县级以上人民政府文化和旅游主管部门依照《条例》第四十八条予以处罚。

第三十条　游艺娱乐场所违反本办法第二十一条第（一）项、第（二）项规定的，由县级以上人民政府文化和旅游主管部门责令改正，并处5000元以上1万元以下的罚款；违反本办法第二十一条第（三）项规定的，由县级以上人民政府文化和旅游主管部门依照《条例》第四十八条予以处罚。

第三十一条　娱乐场所违反本办法第二十二条第一款规定的，由县级以上人民政府文化和旅游主管部门责

令改正,并处 5000 元以上 1 万元以下罚款。

第三十二条　娱乐场所违反本办法第二十三条规定对违法违规行为未及时采取措施制止并依法报告的,由县级以上人民政府文化和旅游主管部门依照《条例》第五十条予以处罚。

第三十三条　娱乐场所违反本办法第二十四条规定的,由县级以上人民政府文化和旅游主管部门责令改正,予以警告。

第三十四条　娱乐场所违反本办法第二十五条规定的,由县级以上人民政府文化和旅游主管部门予以警告,并处 5000 元以上 1 万元以下罚款。

第三十五条　本办法自 2013 年 3 月 11 日起施行。

营业性演出管理条例实施细则

· 2009 年 8 月 28 日文化部令第 47 号公布
· 根据 2017 年 12 月 15 日发布的《文化部关于废止和修改部分部门规章的决定》第一次修订
· 根据 2022 年 5 月 13 日发布的《文化和旅游部关于修改〈营业性演出管理条例实施细则〉的决定》第二次修订

第一章　总　则

第一条　根据《营业性演出管理条例》(以下简称《条例》),制定本实施细则。

第二条　《条例》所称营业性演出是指以营利为目的、通过下列方式为公众举办的现场文艺表演活动:

(一)售票或者接受赞助的;

(二)支付演出单位或者个人报酬的;

(三)以演出为媒介进行广告宣传或者产品促销的;

(四)以其他营利方式组织演出的。

第三条　国家依法维护营业性演出经营主体、演职员和观众的合法权益,禁止营业性演出中的不正当竞争行为。

第二章　营业性演出经营主体

第四条　文艺表演团体是指具备《条例》第六条规定条件,从事文艺表演活动的经营单位。

第五条　演出经纪机构是指具备《条例》第六条规定条件,从事下列活动的经营单位:

(一)演出组织、制作、营销等经营活动;

(二)演出居间、代理、行纪等经纪活动;

(三)演员签约、推广、代理等经纪活动。

第六条　演出场所经营单位是指具备《条例》第七条规定条件,为演出活动提供专业演出场地及服务的经营单位。

第七条　依法登记的文艺表演团体申请从事营业性演出活动,应当向文化和旅游主管部门提交下列文件:

(一)申请书;

(二)营业执照和从事的艺术类型;

(三)法定代表人或者主要负责人的有效身份证件;

(四)演员的艺术表演能力证明;

(五)与业务相适应的演出器材设备书面声明。

前款第四项所称演员的艺术表演能力证明,可以是下列文件之一:

(一)中专以上学校文艺表演类专业毕业证书;

(二)职称证书;

(三)其他有效证明。

第八条　依法登记的演出经纪机构申请从事营业性演出经营活动,应当向文化和旅游主管部门提交下列文件:

(一)申请书;

(二)营业执照;

(三)法定代表人或者主要负责人的有效身份证件;

(四)演出经纪人员资格证。

法人或者其他组织申请增设演出经纪机构经营业务的,应当提交前款第一项、第四项规定的文件。

第九条　依法登记的演出场所经营单位,应当自领取营业执照之日起 20 日内,持营业执照和有关消防、卫生批准文件,向所在地县级人民政府文化和旅游主管部门备案,县级人民政府文化和旅游主管部门应当出具备案证明。备案证明式样由国务院文化和旅游主管部门设计,省级人民政府文化和旅游主管部门印制。

个体演员可以持个人有效身份证件和本实施细则第七条第二款规定的艺术表演能力证明,个体演出经纪人可以持个人有效身份证件和演出经纪人员资格证,向户籍所在地或者常驻地县级人民政府文化和旅游主管部门申请备案,文化和旅游主管部门应当出具备案证明。备案证明式样由国务院文化和旅游主管部门设计,省级人民政府文化和旅游主管部门印制。

第十条　香港特别行政区、澳门特别行政区投资者在内地依法登记的演出经纪机构,台湾地区投资者在大陆依法登记的演出经纪机构,外国投资者在中国境内依法登记的演出经纪机构,申请从事营业性演出经营活动,适用本实施细则第八条规定。

第十一条　香港特别行政区、澳门特别行政区投资者在内地依法登记的演出场所经营单位,台湾地区投资者在大陆依法登记的演出场所经营单位,外国投资者在中国境内依法登记的演出场所经营单位,申请从事演出场所经营活动,应当提交下列文件:

（一）申请书;

（二）营业执照;

（三）法定代表人或主要负责人有效身份证件;

（四）依照《条例》第七条应当提交的其他材料。

第十二条　香港特别行政区、澳门特别行政区的演出经纪机构经批准可以在内地设立分支机构,分支机构不具有企业法人资格。

香港特别行政区、澳门特别行政区演出经纪机构在内地的分支机构可以依法从事营业性演出的居间、代理活动,但不得从事其他演出经营活动。香港特别行政区、澳门特别行政区的演出经纪机构对其分支机构的经营活动承担民事责任。

香港特别行政区、澳门特别行政区的演出经纪机构在内地设立分支机构,必须在内地指定负责该分支机构的负责人,并向该分支机构拨付与其所从事的经营活动相适应的资金。

第十三条　香港特别行政区、澳门特别行政区投资者在内地依法投资设立的由内地方控股的文艺表演团体申请从事营业性演出活动,除提交本实施细则第七条规定的材料外,还应当提交投资信息报告回执等材料。

第三章　演出管理

第十四条　申请举办营业性演出,应当在演出日期3日前将申请材料提交负责审批的文化和旅游主管部门。

申请举办营业性涉外或者涉港澳台演出,应当在演出日期20日前将申请材料提交负责审批的文化和旅游主管部门。

第十五条　申请举办营业性演出,应当持营业性演出许可证或者备案证明,向文化和旅游主管部门提交符合《条例》第十六条规定的文件。

申请举办临时搭建舞台、看台的营业性演出,还应当提交符合《条例》第二十条第二、三项规定的文件。

对经批准的临时搭建舞台、看台的演出活动,演出举办单位还应当在演出前向演出所在地县级人民政府文化和旅游主管部门提交符合《条例》第二十条第一项规定的文件,不符合规定条件的,演出活动不得举行。

《条例》第二十条所称临时搭建舞台、看台的营业性演出是指符合《大型群众性活动安全管理条例》规定的营业性演出活动。

《条例》第二十条第一项所称演出场所合格证明,是指由演出举办单位组织有关承建单位进行竣工验收,并作出的验收合格证明材料。

申请举办需要未成年人参加的营业性演出,应当符合国家有关规定。

第十六条　申请举办营业性涉外或者涉港澳台演出,除提交本实施细则第十五条规定的文件外,还应当提交下列文件:

（一）演员有效身份证件复印件;

（二）2年以上举办营业性演出经历的证明文件;

（三）近2年内无违反《条例》规定的书面声明。

文化和旅游主管部门审核涉外或者涉港澳台营业性演出项目,必要时可以依法组织专家进行论证。

第十七条　经省级人民政府文化和旅游主管部门批准的营业性涉外演出,在批准的时间内增加演出地的,举办单位或者与其合作的具有涉外演出资格的演出经纪机构,应当在演出日期10日前,持省级人民政府文化和旅游主管部门批准文件和本实施细则第十五条规定的文件,到增加地省级人民政府文化和旅游主管部门备案,省级人民政府文化和旅游主管部门应当出具备案证明。

第十八条　经批准到艺术院校从事教学、研究工作的外国或者港澳台艺术人员从事营业性演出的,应当委托演出经纪机构承办。

第十九条　歌舞娱乐场所、旅游景区、主题公园、游乐园、宾馆、饭店、酒吧、餐饮场所等非演出场所经营单位需要在本场所内举办营业性演出的,应当委托演出经纪机构承办。

在上述场所举办驻场涉外演出的,应当报演出所在地省级人民政府文化和旅游主管部门审批。

第二十条　申请举办含有内地演员和香港特别行政区、澳门特别行政区、台湾地区演员以及外国演员共同参加的营业性演出,可以报演出所在地省级人民政府文化和旅游主管部门审批,具体办法由省级人民政府文化和旅游主管部门制定。

国家另有规定的,从其规定。

第二十一条　在演播厅外从事电视文艺节目的现场录制,符合本实施细则第二条规定条件的,应当依照《条例》和本实施细则的规定办理审批手续。

第二十二条　举办募捐义演,应当依照《条例》和本实施细则的规定办理审批手续。

参加募捐义演的演职人员不得获取演出报酬;演出举办单位或者演员应当将扣除成本后的演出收入捐赠给

社会公益事业,不得从中获取利润。

演出收入是指门票收入、捐赠款物、赞助收入等与演出活动相关的全部收入。演出成本是指演职员食、宿、交通费用和舞台灯光音响、服装道具、场地、宣传等费用。

募捐义演结束后10日内,演出举办单位或者演员应当将演出收支结算报审批机关备案。

举办其他符合本实施细则第二条所述方式的公益性演出,参照本条规定执行。

第二十三条　营业性演出经营主体举办营业性演出,应当履行下列义务:

(一)办理演出申报手续;

(二)安排演出节目内容;

(三)安排演出场地并负责演出现场管理;

(四)确定演出票价并负责演出活动的收支结算;

(五)依法缴纳或者代扣代缴有关税费;

(六)接受文化和旅游主管部门的监督管理;

(七)其他依法需要承担的义务。

第二十四条　举办营业性涉外或者涉港澳台演出,举办单位应当负责统一办理外国或者港澳台文艺表演团体、个人的入出境手续,巡回演出的还要负责其全程联络和节目安排。

第二十五条　营业性演出活动经批准后方可出售门票。

第二十六条　营业性演出不得以假唱、假演奏等手段欺骗观众。

前款所称假唱、假演奏是指演员在演出过程中,使用事先录制好的歌曲、乐曲代替现场演唱、演奏的行为。

演出举办单位应当派专人对演唱、演奏行为进行监督,并作出记录备查。记录内容包括演员、乐队、曲目的名称和演唱、演奏过程的基本情况,并由演出举办单位负责人和监督人员签字确认。

第二十七条　举办营业性演出,应当根据舞台设计要求,优先选用境内演出器材。

第二十八条　举办营业性演出,举办单位或者个人可以为演出活动投保安全生产责任保险。

第二十九条　鼓励演出经营主体协作经营,建立演出院线,共享演出资源。

第三十条　各级人民政府文化和旅游主管部门应当将营业性演出的审批事项向社会公布。

第三十一条　文化和旅游主管部门对体现民族特色和国家水准的演出,应当依照有关规定给予补助和支持。

县级以上人民政府有关部门可以依照《条例》的有关规定和财务管理制度,鼓励和支持体现民族特色和国家水准的演出。

第三十二条　文化和旅游主管部门或者文化市场综合执法机构检查营业性演出现场,应当出示行政执法证,演出举办单位应当配合。

第三十三条　文化和旅游主管部门可以采用技术手段,加强对营业性演出活动的监管。

第三十四条　各级人民政府文化和旅游主管部门应当建立演出经营主体基本信息登记和公布制度、演出信息报送制度、演出市场巡查责任制度,加强对演出市场的管理和监督。

第三十五条　国家对演出经纪人员实行职业资格认定制度。国务院文化和旅游主管部门对全国演出经纪人员的资格认定、从业活动实施监督管理。各级人民政府文化和旅游主管部门对本行政区域内演出经纪人员的从业活动实施监督管理。

演出经纪机构举办营业性演出活动,应当安排专职演出经纪人员负责。

第三十六条　演出行业协会应当依据章程开展业务活动,加强行业自律,维护其成员的合法权益。

第四章　演出证管理

第三十七条　文艺表演团体和演出经纪机构的营业性演出许可证包括1份正本和2份副本,有效期为2年。

营业性演出许可证由国务院文化和旅游主管部门设计,省级人民政府文化和旅游主管部门印制,发证机关填写、盖章。

第三十八条　文化和旅游主管部门吊销文艺表演团体或者演出经纪机构的营业性演出许可证,应当通知市场监督管理部门变更其经营范围或者吊销营业执照。

文艺表演团体和演出经纪机构的营业性演出许可证,除文化和旅游主管部门可以依法暂扣或者吊销外,其他任何单位和个人不得收缴、扣押。

第三十九条　吊销、注销文艺表演团体营业性演出许可证的,应当报省级人民政府文化和旅游主管部门备案。吊销、注销演出经纪机构营业性演出许可证的,应当报国务院文化和旅游主管部门备案。

第四十条　文化和旅游主管部门对文艺表演团体和演出经纪机构实施行政处罚的,应当将处罚决定记录在营业性演出许可证副本上并加盖处罚机关公章,同时将处罚决定通知发证机关。

第五章　罚　则

第四十一条　违反本实施细则第十五条的规定,未在演出前向演出所在地县级人民政府文化和旅游主管部门提交《条例》第二十条规定的演出场所合格证明而举办临时搭建舞台、看台营业性演出的，由县级人民政府文化和旅游主管部门依照《条例》第四十四条第一款的规定给予处罚。

第四十二条 举办营业性涉外或者涉港澳台演出，隐瞒近2年内违反《条例》规定的记录，提交虚假书面声明的，由负责审批的文化和旅游主管部门处以3万元以下罚款。

第四十三条 违反本实施细则第十七条规定，经省级人民政府文化和旅游主管部门批准的涉外演出在批准的时间内增加演出地，未到演出所在地省级人民政府文化和旅游主管部门备案的，由县级人民政府文化和旅游主管部门责令改正，给予警告，可以并处3万元以下罚款。

第四十四条 违反本实施细则第十八条规定，经批准到艺术院校从事教学、研究工作的外国或者港澳台艺术人员擅自从事营业性演出的，由县级人民政府文化和旅游主管部门依照《条例》第四十三条规定给予处罚。

第四十五条 违反本实施细则第十九条规定，非演出场所经营单位擅自举办演出的，由县级人民政府文化和旅游主管部门依照《条例》第四十三条规定给予处罚。

第四十六条 非演出场所经营单位为未经批准的营业性演出提供场地的，由县级人民政府文化和旅游主管部门移送有关部门处理。

第四十七条 违反本实施细则第二十一条规定，在演播厅外从事符合本实施细则第二条规定条件的电视文艺节目的现场录制，未办理审批手续的，由县级人民政府文化和旅游主管部门依照《条例》第四十三条规定给予处罚。

第四十八条 违反本实施细则第二十二条规定，擅自举办募捐义演或者其他公益性演出的，由县级以上人民政府文化和旅游主管部门依照《条例》第四十三条规定给予处罚。

第四十九条 违反本实施细则第二十三条、第二十四条规定，在演出经营活动中，不履行应尽义务，倒卖、转让演出活动经营权的，由县级人民政府文化和旅游主管部门依照《条例》第四十五条规定给予处罚。

第五十条 违反本实施细则第二十五条规定，未经批准，擅自出售演出门票的，由县级人民政府文化和旅游主管部门责令停止违法活动，并处3万元以下罚款。

第五十一条 违反本实施细则第二十六条规定，演出举办单位没有现场演唱、演奏记录的，由县级人民政府文化和旅游主管部门处以3000元以下罚款。

以假演奏等手段欺骗观众的，由县级人民政府文化和旅游主管部门依照《条例》第四十七条的规定给予处罚。

第五十二条 县级以上人民政府文化和旅游主管部门或者文化市场综合执法机构检查营业性演出现场，演出举办单位拒不接受检查的，由县级以上人民政府文化和旅游主管部门或者文化市场综合执法机构处以3万元以下罚款。

第五十三条 上级人民政府文化和旅游主管部门在必要时，可以依照《条例》和本实施细则的规定，调查、处理由下级人民政府文化和旅游主管部门调查、处理的案件。

下级人民政府文化和旅游主管部门认为案件重大、复杂的，可以请求移送上级人民政府文化和旅游主管部门调查、处理。

第六章 附 则

第五十四条 本实施细则由国务院文化和旅游主管部门负责解释。

第五十五条 本实施细则自2009年10月1日起施行，2005年8月30日发布的《营业性演出管理条例实施细则》同时废止。

娱乐场所治安管理办法

· 2008年6月3日公安部令第103号公布
· 自2008年10月1日起施行

第一章 总 则

第一条 为加强娱乐场所治安管理，维护娱乐场所经营者、消费者和从业人员的合法权益，维护社会治安秩序，保障公共安全，根据《中华人民共和国治安管理处罚法》、《娱乐场所管理条例》等法律、法规的规定，制定本办法。

第二条 娱乐场所治安管理应当遵循公安机关治安部门归口管理和辖区公安派出所属地管理相结合、属地管理为主的原则。

公安机关对娱乐场所进行治安管理，应当严格、公正、文明、规范。

第三条 娱乐场所法定代表人、主要负责人是维护本场所治安秩序的第一责任人。

第二章　娱乐场所向公安机关备案

第四条　娱乐场所领取营业执照后,应当在15日内向所在地县(市)公安局、城市公安分局治安部门备案;县(市)公安局、城市公安分局治安部门受理备案后,应当在5日内将备案资料通报娱乐场所所在辖区公安派出所。

县(市)公安局、城市公安分局治安部门对备案的娱乐场所应当统一建立管理档案。

第五条　娱乐场所备案项目包括:

(一)名称;

(二)经营地址、面积、范围;

(三)地理位置图和内部结构平面示意图;

(四)法定代表人和主要负责人姓名、身份证号码、联系方式;

(五)与保安服务企业签订的保安服务合同及保安人员配备情况;

(六)核定的消费人数;

(七)娱乐经营许可证号、营业执照号及登记日期;

(八)监控、安检设备安装部位平面图及检测验收报告。

设有电子游戏机的游艺娱乐场所备案时,除符合前款要求外,还应当提供电子游戏机机型及数量情况。

第六条　娱乐场所备案时,应当提供娱乐经营许可证、营业执照及消防、卫生、环保等部门批准文件的复印件。

第七条　娱乐场所备案项目发生变更的,应当自变更之日起15日内向原备案公安机关备案。

第三章　安全设施

第八条　歌舞娱乐场所包厢、包间内不得设置阻碍展现室内整体环境的屏风、隔扇、板壁等隔断,不得以任何名义设立任何形式的房中房(卫生间除外)。

第九条　歌舞娱乐场所的包厢、包间内的吧台、餐桌等物品不得高于1.2米。

包厢、包间的门窗,距离地面1.2米以上应当部分使用透明材质。透明材质的高度不小于0.4米,宽度不小于0.2米,能够展示室内消费者娱乐区域整体环境。

营业时间内,歌舞娱乐场所包厢、包间门窗透明部分不得遮挡。

第十条　歌舞娱乐场所包厢、包间内不得安装门锁、插销等阻碍他人自由进出包厢、包间的装置。

第十一条　歌舞娱乐场所营业大厅、包厢、包间内禁止设置可调试亮度的照明灯。照明灯在营业时间内不得关闭。

第十二条　歌舞娱乐场所应当在营业场所出入口、消防安全疏散出入口、营业大厅通道、收款台前安装闭路电视监控设备。

第十三条　歌舞娱乐场所安装的闭路电视监控设备应当符合视频安防监控系统相关国家或者行业标准要求。

闭路电视监控设备的压缩格式为H.264或者MPEG-4,录像图像分辨率不低于4CIF(704×576)或者D1(720×576);保障视频录像实时(每秒不少于25帧),支持视频移动侦测功能;图像回放效果要求清晰、稳定、逼真,能够通过LAN、WAN或者互联网与计算机相连,实现远程监视、放像、备份及升级,回放图像水平分辨力不少于300TVL。

第十四条　歌舞娱乐场所应当设置闭路电视监控设备监控室,由专人负责值守,保障设备在营业时间内正常运行,不得中断、删改或者挪作他用。

第十五条　营业面积1000平方米以下的迪斯科舞厅应当配备手持式金属探测器,营业面积超过1000平方米以上的应当配备通过式金属探测门和微剂量X射线安全检查设备等安全检查设备。

手持式金属探测器、通过式金属探测门、微剂量X射线安全检查设备应当符合国家或者行业标准要求。

第十六条　迪斯科舞厅应当配备专职安全检查人员,安全检查人员不得少于2名,其中女性安全检查人员不得少于1名。

第十七条　娱乐场所应当在营业场所大厅、包厢、包间内的显著位置悬挂含有禁毒、禁赌、禁止卖淫嫖娼等内容的警示标志。标志应当注明公安机关的举报电话。

警示标志式样、规格、尺寸由省、自治区、直辖市公安厅、局统一制定。

第十八条　娱乐场所不得设置具有赌博功能的电子游戏机机型、机种、电路板等游戏设施设备,不得从事带有赌博性质的游戏机经营活动。

第四章　经营活动规范

第十九条　娱乐场所对从业人员应当实行实名登记制度,建立从业人员名簿,统一建档管理。

第二十条　从业人员名簿应当记录以下内容:

(一)从业人员姓名、年龄、性别、出生日期及有效身份证件号码;

(二)从业人员户籍所在地和暂住地地址;

（三）从业人员具体工作岗位、职责。

外国人就业的，应当留存外国人就业许可证复印件。

第二十一条　营业期间，娱乐场所从业人员应当统一着装，统一佩带工作标志。

着装应当大方得体，不得有伤风化。

工作标志应当载有从业人员照片、姓名、职务、统一编号等基本信息。

第二十二条　娱乐场所应当建立营业日志，由各岗位负责人及时登记填写并签名，专人负责保管。

营业日志应当详细记载从业人员的工作职责、工作内容、工作时间、工作地点及遇到的治安问题。

第二十三条　娱乐场所营业日志应当留存 60 日备查，不得删改。对确因记录错误需要删改的，应当写出说明，由经手人签字，加盖娱乐场所印章。

第二十四条　娱乐场所应当安排保安人员负责安全巡查，营业时间内每 2 小时巡查一次，巡查区域应当涵盖整个娱乐场所，巡查情况应当写入营业日志。

第二十五条　娱乐场所对发生在场所内的违法犯罪活动，应当立即向公安机关报告。

第二十六条　娱乐场所应当按照国家有关信息化标准规定，配合公安机关建立娱乐场所治安管理信息系统，实时、如实将从业人员、营业日志、安全巡查等信息录入系统，传输报送公安机关。

本办法规定娱乐场所配合公安机关在治安管理方面所作的工作，能够通过娱乐场所治安管理信息系统录入传输完成的，应当通过系统完成。

第五章　保安员配备

第二十七条　娱乐场所应当与经公安机关批准设立的保安服务企业签订服务合同，配备已取得资格证书的专业保安人员，并通报娱乐场所所在辖区公安派出所。

娱乐场所不得自行招录人员从事保安工作。

第二十八条　娱乐场所保安人员应当履行下列职责：

（一）维护娱乐场所治安秩序；

（二）协助娱乐场所做好各项安全防范和巡查工作；

（三）及时排查、发现并报告娱乐场所治安、安全隐患；

（四）协助公安机关调查、处置娱乐场所内发生的违法犯罪活动。

第二十九条　娱乐场所应当加强对保安人员的教育管理，不得要求保安人员从事与其职责无关的工作。对保安人员工作情况逐月通报辖区公安派出所和保安服务企业。

第三十条　娱乐场所营业面积在 200 平方米以下的，配备的保安人员不得少于 2 名；营业面积每增加 200 平方米，应当相应增加保安人员 1 名。

迪斯科舞厅保安人员应当按照场所核定人数的 5% 配备。

第三十一条　在娱乐场所执勤的保安人员应当统一着制式服装，佩带徽章、标记。

保安人员执勤时，应当仪表整洁、行为规范、举止文明。

第三十二条　保安服务企业应当加强对派驻娱乐场所保安人员的教育培训，开展经常性督查，确保服务质量。

第六章　治安监督检查

第三十三条　公安机关及其工作人员对娱乐场所进行监督检查时应当出示人民警察证件，表明执法身份，不得从事与职务无关的活动。

公安机关及其工作人员对娱乐场所进行监督检查，应当记录在案，归档管理。

第三十四条　监督检查记录应当以书面形式为主，必要时可以辅以录音、录像等形式。

第三十五条　监督检查记录应当包括：

（一）执行监督检查任务的人员姓名、单位、职务；

（二）监督检查的时间、地点、场所名称、检查事项；

（三）发现的问题及处理结果。

第三十六条　监督检查记录一式两份，由监督检查人员签字，并经娱乐场所负责人签字确认。

娱乐场所负责人拒绝签字的，监督检查人员应当在记录中注明情况。

第三十七条　公众有权查阅娱乐场所监督检查记录，公安机关应当为公众查阅提供便利。

第三十八条　公安机关应当建立娱乐场所违法行为警示记录系统，并依据娱乐场所治安秩序状况进行分级管理。

娱乐场所分级管理标准，由各省、自治区、直辖市公安厅、局结合本地实际自行制定。

第三十九条　公安机关对娱乐场所进行分级管理，应当按照公开、公平、公正的原则，定期考核，动态升降。

第四十条　公安机关建立娱乐场所治安管理信息系统，对娱乐场所及其从业人员实行信息化监督管理。

第七章　罚　则

第四十一条　娱乐场所未按照本办法规定项目备案

的,由受理备案的公安机关告知补齐;拒不补齐的,由受理备案的公安机关责令改正,给予警告。

违反本办法第七条规定的,由原备案公安机关责令改正,给予警告。

第四十二条 娱乐场所违反本办法第八条至第十六条、第三十条规定的,由县级公安机关依照《娱乐场所管理条例》第四十三条的规定予以处罚。

第四十三条 娱乐场所违反本办法第二十九条规定的,由县级公安机关责令改正,给予警告。

娱乐场所保安人员违反本办法第二十八条、三十一条规定的,依照有关规定予以处理。

第四十四条 娱乐场所违反本办法第二十六条规定的,由县级公安机关责令改正,给予警告;经警告不予改正的,处5000元以上1万元以下罚款。

第四十五条 公安机关工作人员违反本办法第三十三条规定或者有其他失职、渎职行为的,对直接负责的主管人员和其他直接责任人员依法予以行政处分;构成犯罪的,依法追究刑事责任。

第四十六条 娱乐场所及其从业人员违反本办法规定的其他行为,《娱乐场所管理条例》已有处罚规定的,依照规定处罚;违反治安管理的,依照《中华人民共和国治安管理处罚法》处罚;构成犯罪的,依法追究刑事责任。

第八章 附 则

第四十七条 非娱乐场所经营单位兼营歌舞、游艺项目的,依照本办法执行。

第四十八条 本办法自2008年10月1日起施行。

公共娱乐场所消防安全管理规定

·1999年5月25日公安部令第39号发布
·自发布之日起施行

第一条 为了预防火灾,保障公共安全,依据《中华人民共和国消防法》制定本规定。

第二条 本规定所称公共娱乐场所,是指向公众开放的下列室内场所:

(一)影剧院、录像厅、礼堂等演出、放映场所;

(二)舞厅、卡拉OK厅等歌舞娱乐场所;

(三)具有娱乐功能的夜总会、音乐茶座和餐饮场所;

(四)游艺、游乐场所;

(五)保龄球馆、旱冰场、桑拿浴室等营业性健身、休闲场所。

第三条 公共娱乐场所应当在法定代表人或者主要负责人中确定一名本单位的消防安全责任人。在消防安全责任人确定或者变更时,应当向当地公安消防机构备案。

消防安全责任人应当依照《消防法》第十四条和第十六条规定履行消防安全职责,负责检查和落实本单位防火措施、灭火预案的制定和演练以及建筑消防设施、消防通道、电源和火源管理等。

公共娱乐场所的房产所有者在与其他单位、个人发生租赁、承包等关系后,公共娱乐场所的消防安全由经营者负责。

第四条 新建、改建、扩建公共娱乐场所或者变更公共娱乐场所内部装修的,其消防设计应当符合国家有关建筑消防技术标准的规定。

第五条 新建、改建、扩建公共娱乐场所或者变更公共娱乐场所内部装修的,建设或者经营单位应当依法将消防设计图纸报送当地公安消防机构审核,经审核同意方可施工;工程竣工时,必须经公安消防机构进行消防验收;未经验收或者经验收不合格的,不得投入使用。

第六条 公众聚集的娱乐场所在使用或者开业前,必须具备消防安全条件,依法向当地公安消防机构申报检查,经消防安全检查合格后,发给《消防安全检查意见书》,方可使用或者开业。

第七条 公共娱乐场所宜设置在耐火等级不低于二级的建筑物内;已经核准设置在三级耐火等级建筑内的公共娱乐场所,应当符合特定的防火安全要求。

公共娱乐场所不得设置在文物古建筑和博物馆、图书馆建筑内,不得毗连重要仓库或者危险物品仓库;不得在居民住宅楼内改建公共娱乐场所。

公共娱乐场所与其他建筑相毗连或者附设在其他建筑物内时,应当按照独立的防火分区设置;商住楼内的公共娱乐场所与居民住宅的安全出口应当分开设置。

第八条 公共娱乐场所的内部装修设计和施工,应当符合《建筑内部装修设计防火规范》和有关建筑内部装饰装修防火管理的规定。

第九条 公共娱乐场所的安全出口数目、疏散宽度和距离,应当符合国家有关建筑设计防火规范的规定。

安全出口处不得设置门槛、台阶,疏散门应向外开启,不得采用卷帘门、转门、吊门和侧拉门,门口不得设置门帘、屏风等影响疏散的遮挡物。

公共娱乐场所在营业时必须确保安全出口和疏散通

道畅通无阻,严禁将安全出口上锁、阻塞。

第十条　安全出口、疏散通道和楼梯口应当设置符合标准的灯光疏散指示标志。指示标志应当设在门的顶部、疏散通道和转角处距地面1米以下的墙面上。设在走道上的指示标志的间距不得大于20米。

第十一条　公共娱乐场所内应当设置火灾事故应急照明灯,照明供电时间不得少于20分钟。

第十二条　公共娱乐场所必须加强电气防火安全管理,及时消除火灾隐患。不得超负荷用电,不得擅自拉接临时电线。

第十三条　在地下建筑内设置公共娱乐场所,除符合本规定其他条款的要求外,还应当符合下列规定:

(一)只允许设在地下一层;

(二)通往地面的安全出口不应少于2个,安全出口、楼梯和走道的宽度应当符合有关建筑设计防火规范的规定;

(三)应当设置机械防烟排烟设施;

(四)应当设置火灾自动报警系统和自动喷水灭火系统;

(五)严禁使用液化石油气。

第十四条　公共娱乐场所内严禁带入和存放易燃易爆物品。

第十五条　严禁在公共娱乐场所营业时进行设备检修、电气焊、油漆粉刷等施工、维修作业。

第十六条　演出、放映场所的观众厅内禁止吸烟和明火照明。

第十七条　公共娱乐场所在营业时,不得超过额定人数。

第十八条　卡拉OK厅及其包房内,应当设置声音或者视像警报,保证在火灾发生初期,将各卡拉OK房间的画面、音响消除,播送火灾警报,引导人们安全疏散。

第十九条　公共娱乐场所应当制定防火安全管理制度,制定紧急安全疏散方案。在营业时间和营业结束后,应当指定专人进行安全巡视检查。

第二十条　公共娱乐场所应当建立全员防火安全责任制度,全体员工都应当熟知必要的消防安全知识,会报火警,会使用灭火器材,会组织人员疏散。新职工上岗前必须进行消防安全培训。

第二十一条　公共娱乐场所应当按照《建筑灭火器配置设计规范》配置灭火器材,设置报警电话,保证消防设施、设备完好有效。

第二十二条　对违反本规定的行为,依照《中华人民共和国消防法》和地方性消防法规、规章予以处罚;构成犯罪的,依法追究刑事责任。

第二十三条　本规定自发布之日起施行。1995年1月26日公安部发布的《公共娱乐场所消防安全管理规定》同时废止。

文化和旅游部关于调整娱乐场所和互联网上网服务营业场所审批有关事项的通知

·2021年5月27日
·文旅市场发〔2021〕57号

各省、自治区、直辖市文化和旅游厅(局),新疆生产建设兵团文化体育广电和旅游局:

为贯彻实施《中华人民共和国未成年人保护法》和《国务院关于修改和废止部分行政法规的决定》,按照国务院"证照分离"改革要求,现就娱乐场所、互联网上网服务营业场所审批有关事项通知如下。

一、允许外国投资者依法在中国境内设立娱乐场所。根据《国务院关于修改和废止部分行政法规的决定》(中华人民共和国国务院令第732号),允许外国投资者依法在中国境内设立娱乐场所,取消外商投资比例限制。外国投资者申请从事娱乐场所经营活动,应当向省级文化和旅游行政部门提出申请,申请材料、设立条件和程序与内资一致。香港特别行政区、澳门特别行政区投资者在内地投资设立娱乐场所、台湾地区投资者在大陆投资设立娱乐场所参照执行。

二、幼儿园周边不得设置娱乐场所、互联网上网服务营业场所。根据《中华人民共和国未成年人保护法》第五十八条规定,学校、幼儿园周边不得设置娱乐场所、互联网上网服务营业场所。根据《全国人民代表大会常务委员会法制工作委员会关于未成年人保护法第五十八条中幼儿园周边不得设置有关场所规定含义理解和适用问题的答复意见》,幼儿园与娱乐场所、互联网上网服务营业场所距离及测量方法,由省级文化和旅游行政部门结合实际作出具体规定。《中华人民共和国未成年人保护法》施行前已开设在幼儿园周边的娱乐场所、互联网上网服务营业场所,审批机关在办理经营许可证延续或变更时,应当严格依照有关法律规定执行,切实落实不得在幼儿园周边设置娱乐场所、互联网上网服务营业场所的法定要求。

三、做好与相关部门行政审批改革的协同衔接。省级文化和旅游行政部门应当与同级应急管理、生态环境、公安等部门进行沟通会商，做好行政审批事项取消调整的衔接工作，探索申请人承诺制等方式，畅通审批流程，保障申请人的合法权益。

四、落实国务院"证照分离"改革要求。 各地要根据国务院关于"证照分离"改革精神，统一使用全国文化市场技术监管与服务平台办理娱乐场所、互联网上网服务营业场所审批事项，压缩审批时限，提升审批效能，优化审批服务。

特此通知。

国家版权局、文化和旅游部关于规范卡拉 OK 领域版权市场秩序的通知

· 2021 年 4 月 2 日
· 国版发〔2021〕1 号

各省、自治区、直辖市版权局、文化和旅游厅（局），各相关单位：

为贯彻落实党中央、国务院关于加强知识产权保护的决策部署，进一步完善著作权集体管理制度、优化工作机制，维护权利人合法权益、便于使用者合法使用，促进卡拉 OK 行业健康有序发展，根据《中华人民共和国著作权法》《著作权集体管理条例》等规定，结合我国著作权集体管理工作实际，现就规范卡拉 OK 领域版权市场秩序有关事项通知如下。

一、坚持通过著作权集体管理解决卡拉 OK 领域版权问题。 卡拉 OK 领域版权问题具有权利人众多和使用者众多的特点，"点对点"的版权许可方式无法满足权利人和使用者的实际需要，著作权集体管理是合理高效解决卡拉 OK 领域版权问题的有效途径。要统筹兼顾权利人和使用者利益，坚持通过著作权集体管理解决卡拉 OK 领域版权问题，完善体制机制、创新方式、提升效能。

二、坚持卡拉 OK 领域"二合一"版权许可机制。 根据《著作权集体管理条例》第二十六条规定，在自愿基础上推动卡拉 OK 领域继续实施"二合一"版权许可机制。中国音乐著作权协会（以下简称音著协）管理的音乐作品表演权和中国音像著作权集体管理协会（以下简称音集协）管理的音乐电视作品放映权，统一由音集协向卡拉 OK 经营者发放许可、收取使用费，使用费在音集协和音著协之间经协商分配。音集协和音著协应当加强合作，在许可内容、许可方式、许可效率、费用分配等方面完善工作机制，为权利人和使用者提供更高水平服务。

三、坚持"先许可后使用"原则。 卡拉 OK 经营者应当按照"先许可后使用"原则，与音集协签订许可使用合同后合法使用作品，许可使用合同以音集协官方网站公布的文本为准。未经许可，不得使用相关作品。版权使用费以国家版权局公告的使用费标准为基准，合理兼顾权利人的合法权益与卡拉 OK 经营者的实际需要。鼓励卡拉 OK 经营者通过相关行业协会或代表与音集协开展集体协商，就许可范围、许可期限、许可费用、支付方式等内容达成统一协议。

四、坚持协商合作优先机制。 卡拉 OK 领域各相关方应当加强合作，通过联席会议、定期磋商等方式及时通报信息、交流经验，化解风险、解决纠纷。对于卡拉 OK 领域与版权有关的法律适用、许可机制和商业模式等普遍性或复杂性问题，优先以协商沟通方式解决，积极寻求非诉纠纷解决途径。对于无法协调一致或者其他重大事宜，应当及时向主管部门报告。

五、坚持著作权集体管理信息公开透明。 音集协和音著协应当建立权利信息查询系统，供权利人和使用者查询其管理的权利种类、作品和录音录像制品的名称、权利人姓名或名称等信息；应当依法通过财务报告、工作报告和其他业务资料及时向有关主体通报作品许可使用情况和版权使用费相关情况，向社会公开年度报告、联系方式，接受权利人、使用者和社会各界监督。音集协应当在官方网站公布许可使用合同文本、许可流程和规范、从事许可的工作人员等信息。

六、坚持著作权集体管理组织非营利性原则。 音集协和音著协应当进一步强化非营利性法人定位，不得委托、支持、纵容商业机构介入卡拉 OK 领域著作权集体管理事务。其他任何组织和个人不得介入卡拉 OK 领域著作权集体管理活动，破坏"二合一"版权许可机制，扰乱版权市场秩序。未经批准擅自从事著作权集体管理活动的，由主管部门依法查处；构成犯罪的，依法追究刑事责任。

七、坚持依法监管著作权集体管理组织。 国家版权局依法监管音集协和音著协在卡拉 OK 领域的著作权集体管理活动，检查相关业务工作，核查相关财务资料。对音集协和音著协违反法律法规和有关政策的，依法依规采取诫勉谈话、责令限期改正、责令罢免或者解聘有关主管人员、提出暂缓年检建议和吊销许可证等措施。

八、坚持依法加强卡拉 OK 行业管理。 文化和旅游行政部门加强对卡拉 OK 领域的行业监管和内容监管，支持和引导相关行业协会与音集协、音著协落实卡拉 OK

领域"二合一"版权许可机制,配合相关部门建立健全科学合理的卡拉 OK 领域版权保护机制,切实维护权利人和使用者的合法权益,促进行业规范发展。

歌舞娱乐场所卡拉 OK 音乐内容管理暂行规定

· 2021 年 7 月 26 日
· 文旅市场发〔2021〕79 号

第一章　总　则

第一条　为了加强歌舞娱乐场所卡拉 OK 音乐内容管理,弘扬社会主义核心价值观,维护国家文化安全和意识形态安全,根据《国家安全法》《娱乐场所管理条例》等法律法规,制定本规定。

第二条　本规定所称歌舞娱乐场所卡拉 OK 音乐内容是指歌舞娱乐场所歌曲点播系统播放的曲目、屏幕画面等。

第三条　鼓励歌曲点播系统内容提供商向歌舞娱乐场所提供健康向上的卡拉 OK 音乐。鼓励在歌舞娱乐场所歌曲点播系统中设立优秀歌曲专区,弘扬主旋律,传播正能量。

第四条　文化和旅游行政部门负责歌舞娱乐场所卡拉 OK 音乐内容监督管理。全国及地方文化娱乐行业协会负责制定歌舞娱乐场所卡拉 OK 音乐内容自律规范及监督实施工作。歌曲点播系统内容提供商、歌舞娱乐场所负责歌舞娱乐场所卡拉 OK 音乐内容自审等工作。

第五条　文化和旅游部负责建立全国卡拉 OK 音乐内容审核专家小组,建立全国卡拉 OK 音乐违规曲目清单制度。

第二章　内容自审

第六条　歌舞娱乐场所播放的卡拉 OK 音乐不得含有《娱乐场所管理条例》第十三条禁止内容:

(一)违反宪法确定的基本原则的;

(二)危害国家统一、主权或者领土完整的;

(三)危害国家安全,或者损害国家荣誉、利益的;

(四)煽动民族仇恨、民族歧视,伤害民族感情或者侵害民族风俗、习惯,破坏民族团结的;

(五)违反国家宗教政策,宣扬邪教、迷信的;

(六)宣扬淫秽、赌博、暴力以及与毒品有关的违法犯罪活动,或者教唆犯罪的;

(七)违背社会公德或者民族优秀文化传统的;

(八)侮辱、诽谤他人,侵害他人合法权益的;

(九)法律、行政法规禁止的其他内容。

第七条　歌舞娱乐场所应当使用来源合法的卡拉 OK 音乐,不得使用含有法律法规禁止内容的卡拉 OK 音乐。

第八条　歌曲点播系统内容提供商不得向歌舞娱乐场所提供含有法律法规禁止内容的卡拉 OK 音乐。

支持歌曲点播系统内容提供商建立卡拉 OK 音乐内容自审机制,合理配备专业人员,对卡拉 OK 音乐的曲目、屏幕画面等内容进行自审,确保卡拉 OK 音乐来源合法、内容合法。

第九条　全国文化娱乐行业协会负责制定全国卡拉 OK 音乐内容自审规范,为行业开展内容审核工作提供专家咨询、培训等服务。

第三章　清单管理

第十条　地方文化和旅游行政部门发现歌舞娱乐场所播放的卡拉 OK 音乐含有《娱乐场所管理条例》第十三条禁止内容的,应当将详细情况上报文化和旅游部。

第十一条　歌曲点播系统内容提供商在自审过程中发现卡拉 OK 音乐涉嫌含有法律法规禁止内容的,应当通过全国文化娱乐行业协会将详细情况上报文化和旅游部。

第十二条　地方文化和旅游行政部门及全国文化娱乐行业协会上报的卡拉 OK 音乐,经全国卡拉 OK 音乐内容审核专家小组审核确认含有法律法规禁止内容的,由文化和旅游部列入全国卡拉 OK 音乐违规曲目清单。

第十三条　地方文化和旅游行政部门对歌舞娱乐场所播放的卡拉 OK 音乐是否含有法律法规禁止内容难以确定的,可以报请文化和旅游部予以审核。

第十四条　文化和旅游部可以组织全国卡拉 OK 音乐内容审核专家小组对卡拉 OK 音乐进行认定,并支付相关劳务费用。

第十五条　歌曲点播系统内容提供商不得提供含有列入全国卡拉 OK 音乐违规曲目清单的音乐产品。歌舞娱乐场所不得使用列入全国卡拉 OK 音乐违规曲目清单的音乐产品。

第十六条　全国文化娱乐行业协会应当引导行业加强内容自律,提醒歌曲点播系统内容提供商、歌舞娱乐场所及时删除含有法律法规禁止内容的音乐产品,并协助行业主管部门依法依规处置。

第十七条　文化市场综合执法队伍参照全国卡拉 OK 音乐违规曲目清单,加强对歌舞娱乐场所检查抽查,发现含有法律法规禁止内容的,应当依法处置。

第十八条　文化和旅游行政部门发现歌曲点播系统

内容提供商向歌舞娱乐场所提供的卡拉 OK 音乐含有法律法规禁止内容的,可以通过约谈等行政指导方式予以警示、制止;发现向歌舞娱乐场所提供已被列入全国卡拉 OK 违规曲目清单的卡拉 OK 音乐的,可以向社会公布该歌曲点播系统内容提供商的名称、违规曲目等信息,予以通报。

第四章 附 则

第十九条 迷你歌咏亭卡拉 OK 音乐内容管理参照歌舞娱乐场所内容管理。

第二十条 本规定由文化和旅游部负责解释,并自 2021 年 10 月 1 日起施行。

文化部办公厅关于进一步加强歌舞娱乐场所内容管理、有效维护内容安全的通知

· 2006 年 1 月 23 日
· 办市发〔2006〕4 号

各省、自治区、直辖市文化厅(局),新疆生产建设兵团文化局:

为加强歌舞娱乐场所内容管理,进一步促进歌舞娱乐场所的健康平稳有序发展,文化部现就有关事项通知如下:

一、进一步提高对加强歌舞娱乐场所内容管理重要性的认识。文化娱乐内容是歌舞娱乐场所存在和发展的前提,是文化行政部门管理的核心,各级文化行政部门要努力实践"三个代表"重要思想,从丰富人民群众的精神文化生活和提高全社会文明素质的高度,加强管理和引导,大力发展先进文化,积极支持健康有益文化,坚决抵制腐朽文化,使歌舞娱乐场所真正成为人民群众满意的健康文明的场所,为构建和谐社会营造良好的文化环境。

二、进一步加强对歌舞娱乐场所播放内容的审查和监督。不得使用非法出版的激光唱盘、激光视盘等音像制品,不得利用互联网等信息网络手段使用非法出版的音像制品,不得利用互联网等信息技术手段与境外的曲库联接。近年来,国外一些卡拉 OK 播放设备以非文化贸易方式大量进入我国,此类设备以固化在电视机、DVD机等硬件上的形式包含了未经我国文化行政部门审查的音乐、曲目、画面等文化内容,对此,各级文化行政部门应当提高责任意识,完善管理措施,加大清查力度,有效维护我国文化主权和文化安全。

三、进一步加强对歌舞娱乐场所演出活动的管理,积极倡导符合歌舞娱乐场所特点的演出内容和演出形式。不得举办含有危害社会公德或者民族优秀文化传统、宣扬淫秽、色情或者渲染暴力以及利用人体缺陷或者以展示人体变异等方式招徕观众等违法违规内容的演出活动,不得接纳无证照演出单位或者演员个人从事营业性演出活动及未经文化行政部门批准的任何形式的营业性演出活动。对违反规定者,依照《营业性演出管理条例》及其实施细则的有关规定严肃处理。

四、积极倡导健康文明的娱乐活动。随着人民群众精神文化生活的日益多样化和娱乐业自身的发展,歌舞娱乐出现了许多新的内容和形式,各级文化行政部门要加强学习、管理和引导,要积极倡导健康文明的文化娱乐活动,为人民群众提供丰富多彩的文化娱乐项目。要采取积极有效措施,为民族优秀艺术的推广创造条件。鼓励经营者积极采用信息技术等现代高新技术手段改进传统娱乐形式,开发新的娱乐品种,努力提高歌舞娱乐场所的整体水平,建设现代化的娱乐产业。要适应歌舞娱乐场所经营方式的变化和技术含量的提高,采用高科技手段加强服务和监管,努力构建新型的文化市场服务监管体系,提高服务管理的科学性和时效性。

五、积极配合公安等部门,进一步加大歌舞娱乐场所的执法力度,严厉打击利用歌舞娱乐场所从事色情、淫秽、吸毒、贩毒等违法违规活动,为歌舞娱乐场所的发展营造良好的市场环境。积极引导行业组织开展工作,努力发挥行业组织在加强行业自律、促进行业规范、提高行业水平、维护行业合法权益等方面的作用。

特此通知。

文化部涉外文化艺术表演及展览管理规定

· 1997 年 6 月 27 日文化部令第 11 号发布
· 2004 年 7 月 1 日文化部令第 32 号修订

第一章 总 则

第一条 为加强对涉外文化艺术表演及展览活动的管理,根据国家有关规定,制定本规定。

第二条 本规定所称涉外文化艺术表演活动,是指中国与外国间开展的各类音乐、舞蹈、戏剧、戏曲、曲艺、杂技、马戏、动物表演、魔术、木偶、皮影、民间文艺表演、服饰和时装表演、武术及气功演出等交流活动。本规定所称涉外文化艺术展览活动,是指中国与外国间开展的各类美术、工艺美术、民间美术、摄影(图片)、书法碑贴、篆刻、古代和传统服饰、艺术收藏品以及专题性文化艺术

展览等交流活动。

第三条 本规定适用于下列活动:

(一)我国与外国政府间文化协定和合作文件确定的文化艺术表演及展览;

(二)我国与外国通过民间渠道开展的非商业性文化艺术表演及展览;

(三)我国与外国间进行的商业和有偿文化艺术表演及展览(展销);

(四)属于文化交流范畴的其他涉外文化艺术表演及展览。

第四条 有关文物展览对外交流活动的管理办法,另行规定。

第五条 涉外文化艺术表演及展览活动,必须服从国家外交工作的大局,服从社会主义精神文明建设的大局。

第六条 文化部负责全国涉外文化艺术表演及展览活动的归口管理和宏观调控,行使下列职权:

(一)统筹安排和组织实施国家级涉外文化艺术表演及展览活动计划;

(二)协调、平衡全国各省、自治区、直辖市、中央和国家机关部委、解放军系统和全国性人民团体的涉外文化艺术表演及展览工作;

(三)批准或不批准涉外文化艺术表演及展览活动的立项申请,本规定另有规定的除外;

(四)认定中央和国家机关部委、解放军系统和全国性人民团体及所属机构涉外非商业性文化艺术表演及展览活动组织者的资格;

(五)审核并认定全国从事涉外商业和有偿文化艺术表演及展览(展销)活动的经营机构的资格;

(六)监督和检查涉外文化艺术表演及展览机构及活动情况;

(七)查处有重大影响的涉外文化艺术表演及展览活动中的违法事件;

(八)其他应由文化部行使的职权。

第七条 省、自治区、直辖市文化厅(局)是本地区涉外文化艺术表演及展览活动的主管部门,行使下列职权:

(一)统筹安排和组织实施本省、自治区、直辖市涉外文化艺术表演及展览活动计划;

(二)协调、平衡本地区的涉外文化艺术表演及展览活动;

(三)负责本地区涉外文化艺术表演及展览项目、经营涉外商业和有偿文化艺术表演及展览(展销)活动机

构资格认定的初审、报批、执行等事宜;

(四)批准或不批准已经文化部批准的本地区涉外非商业性文化艺术表演及展览项目20天以内的延期申请;

(五)批准或不批准本地区个人通过因私渠道出国进行文化艺术表演及展览活动的申请;

(六)认定本地区涉外非商业性文化艺术表演及展览活动组织者的资格;

(七)审核并认定本地区经营场所从事外国来华商业和有偿文化艺术表演及展览(展销)活动的资格;

(八)监督和检查本地区涉外文化艺术表演及展览机构及活动情况;

(九)协助上级领导机关或有关部门,查处本地区涉外文化艺术表演及展览活动中的违法事件;

(十)其他应由省、自治区、直辖市文化厅(局)行使的职权。

第八条 经批准的第七条第(四)、(五)和(七)项的项目,均须报文化部备案。

第二章 组织者的资格认定

第九条 文化部对从事涉外文化艺术表演及展览活动的组织者实行资格认定制度。

第十条 下列部门和机构有资格从事涉外非商业性文化艺术表演及展览活动:

(一)文化部、各省、自治区、直辖市人民政府及其文化厅(局);

(二)文化部认定的有对外文化交流任务的中央和国家机关部委、解放军系统和全国性人民团体;

(三)省、自治区、直辖市文化厅(局)认定的本地区有对外文化交流任务的部门和团体;

(四)文化部认定的有从事涉外商业和有偿文化艺术表演及展览(展销)资格的经营机构;

(五)省、自治区、直辖市文化厅(局)认定的有从事来华商业和有偿文化艺术表演及展览(展销)资格的经营场所(只限于来华项目)。

第十一条 文化部和各省、自治区、直辖市文化厅(局)按照本规定,在接受涉外非商业性文化艺术表演及展览立项申请的同时,根据申请单位的工作和任务性质、业务和组织能力对其进行资格认定。

第十二条 申请从事涉外商业和有偿文化艺术表演及展览(展销)活动资格的经营机构,须具备下列条件:

(一)有经文化部或省、自治区、直辖市文化厅(局)认定的对外文化交流业务和能力;

（二）有独立的法人资格和营业执照；

（三）有相应的从事对外文化活动必需的资金、设备及固定的办公地点；

（四）有相应的从事涉外文化艺术表演及展览活动的专业管理人员和组织能力；

（五）有健全的外汇财务管理制度和专职财会管理人员。

第十三条　申请从事外国来华商业和有偿文化艺术表演及展览（展销）活动资格的经营场所，必须具备下列条件：

（一）本规定第十二条第（二）、（三）、（四）、（五）项规定的条件；

（二）有与演出或展览相适应的固定营业场所和设备；

（三）有符合国家规定的安全、消防和卫生设施。

第十四条　涉外商业和有偿文化艺术表演及展览（展销）经营机构和经营场所的资格认定程序：

（一）具备本规定第十二条和第十三条规定条件的经营机构或经营场所，向所在省、自治区、直辖市文化厅（局）或有对外文化交流任务的中央和国家机关部委、解放军系统和全国性人民团体提出申请。

（二）经营机构的资格认定，由其所在地文化厅（局）、有隶属关系的中央或国家机关部委、解放军系统和全国性人民团体进行初审，通过后，出具有效证明，向文化部提出申请。

（三）经营场所的资格认定，由其所在省、自治区、直辖市文化厅（局）办理。

（四）经营机构申请时需提供营业执照、资信证明、资产使用证明、专业人员资历证明和财务制度文件。

（五）经营场所申请时除提供上述资料外，还须提供文化行政管理部门颁发的相应许可证和公安部门颁发的《安全合格证》。

（六）文化部及有关省、自治区、直辖市文化厅（局）在接到申请之日起 60 天内，根据国家有关规定予以审批，合格者发给从事涉外商业和有偿文化艺术表演及展览（展销）经营活动资格证明。

第十五条　对取得涉外商业和有偿文化艺术表演及展览（展销）活动资格的经营机构和经营场所，实行定期审验制度。

凡不再具备第十二条和第十三条规定条件的经营单位，资格认定部门有权取消或暂停其涉外商业和有偿文化艺术表演及展览（展销）活动的经营资格。

第三章　派出和引进项目的内容

第十六条　鼓励下列文化艺术表演及展览项目出国：

（一）弘扬中华民族优秀传统文化的；

（二）宣传我国现代化建设成就的；

（三）体现当今我国文化艺术水平的；

（四）维护国家统一和民族团结的；

（五）有利于促进中国同世界各国人民之间友谊的。

第十七条　禁止有下列内容的文化艺术表演及展览项目出国：

（一）损害国家利益和形象的；

（二）违背国家对外方针和政策的；

（三）不利于我国民族团结和国家统一的；

（四）宣扬封建迷信和愚昧习俗的；

（五）表演上有损国格、人格或艺术上粗俗、低劣的；

（六）违反前往国家或地区宗教信仰和风俗习惯的；

（七）有可能损害我国同其他国家关系的；

（八）法律和行政法规禁止的其他内容。

第十八条　鼓励下列文化艺术表演及展览项目来华：

（一）优秀的、具有世界水平的；

（二）内容健康、艺术上有借鉴作用的；

（三）传统文明、民族民间的；

（四）有利于提高公众艺术欣赏水平的；

（五）促进我国同其他国家间友谊的。

第十九条　禁止有下列内容的文化艺术表演及展览项目来华：

（一）反对我国国家制度和政策、诋毁我国国家形象的；

（二）影响我国社会稳定的；

（三）制造我国民族分裂，破坏国家统一的；

（四）干涉我国内政的；

（五）思想腐朽、颓废，表现形式庸俗、疯狂的；

（六）宣扬迷信、色情、暴力、恐怖、吸毒的；

（七）有损观众身心健康的；

（八）违反我国社会道德规范的；

（九）可能影响我国与其他国家友好关系的；

（十）法律和行政法规禁止的其他内容。

第二十条　文化部对国际上流行，艺术表现手法独特，但不符合我民族习俗或有较大社会争议的艺术品类的引进，进行限制。此类项目不得进行公开演出或展览，仅供国内专业人员借鉴和观摩。

第四章 项目的审批程序

第二十一条 项目报批程序:

(一)项目主办(承办)单位按照行政隶属关系,向其所在有对外文化交流任务的中央和国家机关部委、解放军系统和全国性人民团体、省、自治区、直辖市文化厅(局)等主管部门,提出立项申请,并附相关资料;

(二)上述主管部门对项目申请及相关资料进行审核,认为合格的,报文化部审批。

第二十二条 我国与外国政府间文化协定和合作文件确定的文化艺术表演及展览交流项目,由文化部下达任务通知,各地方、各单位应认真落实。

第二十三条 我国与外国通过民间渠道开展的非商业性文化艺术表演及展览交流活动由文化部确定任务,通知有关部门或省、自治区、直辖市文化厅(局)具体实施;或由有对外文化交流资格的机构,通过规定程序,报文化部批准后实施。

第二十四条 我国与外国进行的商业和有偿文化艺术表演及展览(展销)活动,必须由经文化行政部门认定的有对外经营商业和有偿文化艺术表演及展览(展销)资格的机构、场所或团体提出申请,通过其所在地文化厅(局)、有隶属关系的中央或国家机关部委、解放军系统和全国性人民团体,报文化部审批。

项目经文化部批准后,方可与外方签订正式合同,并报文化部备案。

第二十五条 涉外非商业性艺术表演及展览项目的申请报告须包括下列资料:

(一)主办(承办)单位或个人的名称及背景资料;

(二)活动团组的名称、人员组成及名单等;

(三)活动内容、时间、地点、场次、经费来源及费用支付方式;

(四)全部节目录像带、展品照片及文字说明等;

(五)如出国项目,需附包括本条(二)、(三)项内容的外方邀请信或双方草签的意向书。

第二十六条 申报涉外商业和有偿文化艺术表演及展览(展销)项目须提供下列资料:

(一)中方在确定外方经纪机构资信情况可靠之后,与其草签的意向书。意向书的内容包括:

1、活动的组织单位或个人的国别、名称及所在地;

2、活动的内容、时间、地点及参加团组的人员组成;

3、演出或展览场次;

4、往返国际旅费、运费、保险费、当地食宿交通费、医疗费、演出及展览场地费、劳务费、宣传费和生活零用费的负担责任;

5、价格、报酬、付款方式及收入分配办法;

6、违约索赔等条款。

(二)涉外商业和有偿艺术表演及展览(展销)活动资格证明;

(三)国外合作方的有关背景资料、资信证明等;

(四)全部节目录像带、展品照片及文字说明等;

(五)文化行政部门对节目或作品内容的鉴定意见(世界名剧和名作除外);

(六)申报艺术团或展览团出国的项目,需提供中介机构与相关艺术团、展览(博物)馆或其它部门之间的协议书。

第二十七条 我国与外国友好省、州、市之间非商业性文化艺术表演(杂技或另有规定的除外)及展览交流项目,由有关省、自治区、直辖市文化厅(局)报同级人民政府审批,并报文化部备案。

第二十八条 我国与外国友好省、州、市之间商业和有偿文化艺术表演及展览、杂技出国演出和跨出友好省、州、市之间的文化艺术表演及展览交流项目,须按本规定的程序,报文化部审批。

第二十九条 杂技团携带熊猫出国演出,须经文化部会同外交部和林业部,报国务院审批。

第三十条 携带其他珍稀动物出国或来国内展演,须按规定报文化部审批,并办理有关动物检疫和进出境手续。

第三十一条 同未建交国家和地区进行文化艺术表演及展览交流活动,须按审批程序,经文化部会同外交部,报国务院审批。

第三十二条 组织跨部门或跨省、自治区、直辖市的涉外文化艺术表演及展览活动,须附所涉及部门或省、自治区、直辖市文化厅(局)的同意函,报文化部审批。

第三十三条 报文化部审批的涉外文化艺术表演及展览项目,须按审批程序,在项目实施前2个月报到文化部。

第五章 活动的管理

第三十四条 未经批准,任何机构或个人不得对外作出承诺或与外方签订有关文化艺术表演及展览(展销)活动的正式合同。

第三十五条 涉外文化艺术表演及展览项目的申报单位,必须是项目的主办或承办单位。严禁买卖或转让项目批件。

第三十六条 派出文化艺术表演及展览团组应遵守

下列规定：

（一）出国艺术表演及展览团组，应以专业人员为主；

（二）在外期间必须加强内部管理，严格组织纪律；

（三）在外开展活动，须接受我驻有关国家使（领）馆的领导；

（四）禁止利用出国从事文化艺术表演及展览交流之机，进行旅游或变相旅游；经营未经批准的商业活动；从事有损国格、人格活动等行为。

第三十七条　禁止以劳务输出输入名义，或通过旅游、探亲和访友等渠道，从事文化艺术表演及展览的对外交流活动。

第三十八条　涉外文化艺术表演及展览活动的承办单位必须严格遵守国家有关规定，接受政府文化行政部门、海关、工商、财政、税务、物价、公安、卫生、检疫、审计及其它有关部门的管理、监督和检查。

第三十九条　主办单位如需变更已经文化部批准的涉外文化艺术表演及展览项目内容，或在签订正式合同时变更已经批准的意向书内容，须在活动具体实施前30天另行报批。

第六章　罚　则

第四十条　违反本规定，有下列行为之一的，由省级以上文化行政部门根据情节轻重，给予警告、罚款、暂停或取消对外文化活动资格的处罚；构成犯罪的，依法追究刑事责任：

（一）未经批准，派出或邀请文化艺术表演及展览团组的；

（二）未经批准，延长在国外或国内停留时间的；

（三）未经批准，与外方签定演出及展览合同或进行经营性活动的；

（四）倒卖项目批件的；

（五）在申报项目过程中弄虚作假的；

（六）从事有损国格人格演出或展览活动的；

（七）造成恶劣影响或引起外交事件的。

前款规定的处罚可以并处。

第四十一条　对发生第四十条情况的部门或地区，省级以上文化行政部门可以视情况，给予通报批评及暂停对外文化活动等处罚。

第四十二条　对违反本规定，给国家和集体造成经济损失的，责令赔偿损失，并追究当事人和有关领导者的责任。

第四十三条　对从事涉外文化艺术表演及展览

行政管理工作中玩忽职守、徇私舞弊、滥用职权的工作人员，由主管部门视情节轻重，给予当事人和直接领导者以相应的行政处分；构成犯罪的，依法追究刑事责任。

第七章　附　则

第四十四条　涉外文化艺术表演及展览合同纠纷的解决适用中国法律。法律、法规另有规定的除外。

第四十五条　有关边境省、自治区同毗邻国家边境地区的文化艺术表演及展览交流活动，按文化部有关管理办法执行。

第四十六条　有关涉外文化艺术表演及展览活动的财务管理，按文化部、财政部和国家外汇管理局的有关规定执行。

第四十七条　文化部以前颁发的有关规定中，凡有与本规定相抵触的内容的，以本规定为准。

第四十八条　本规定由文化部负责解释。

第四十九条　本规定自1997年8月1日起施行。

电影艺术档案管理规定

· 2010年6月29日国家广播电影电视总局、国家档案局令第64号公布
· 自2010年8月1日起施行

第一章　总　则

第一条　为了加强电影艺术档案的收集和管理，有效地保护和利用电影艺术档案，更好地为电影创作、生产、教学、研究和普及服务，根据《中华人民共和国档案法》、《中华人民共和国档案法实施办法》和《电影管理条例》，制定本规定。

第二条　本规定适用于中国境内的电影摄制单位和电影艺术档案机构，以及与电影艺术档案相关的组织和个人。

第三条　本规定所称电影艺术档案，是指在电影创作、生产、发行、放映过程中形成的文字、图片、标准拷贝、数字母版、影片素材等具有保存价值的资料。

第四条　电影艺术档案是国家档案的重要组成部分，依法接受档案行政管理部门的统筹规划、组织协调和监督指导，实行统一管理。

国务院广播影视行政部门负责全国电影艺术档案工作。

省、自治区、直辖市人民政府广播影视行政部门负责本行政区域内的电影艺术档案工作，并应当督促本行政区域内的电影摄制单位，按照本规定履行电影艺术档案

移交义务。

第五条　国家鼓励和支持有关电影艺术档案保管、复制、修复方面的科学研究和实践活动。

第六条　电影艺术档案从业人员的专业技术职称或者职务,按照国家档案系列专业技术人员的有关规定评定与聘任。

第七条　有下列事迹之一的组织或者个人,由国务院广播影视行政部门给予奖励:

(一)为发展电影艺术档案事业作出重要贡献的;

(二)收集、整理、保管、修复电影艺术档案有显著成绩的;

(三)提供电影艺术档案获得显著效益的;

(四)将重要或者珍贵电影艺术档案捐赠给国家的。

第二章　档案构成

第八条　电影艺术档案由影片类和文字、图片类组成。

第九条　影片类档案包括:

国产影片、与我国香港特别行政区、澳门特别行政区、台湾地区及外国合作摄制的影片的全新原底标准拷贝或者数字母版,画原底、画翻正、画翻底、片头、片尾、唱词等各类字幕原底,片头、片尾、衬景原底,十格小底片,光号卡,国际乐效,混录声底、混录光学声底等。

第十条　文字、图片类档案包括:

(一)文学剧本、分镜头剧本、译制片台本;

(二)完成台本(含字幕表);

(三)对国外发行的国产影片各语种和国内民族语言的翻译本;

(四)导演阐述;

(五)影片审查决定书;

(六)有关部门对影片的审查意见和决定;

(七)影片海报、宣传画、工作照、剧照、说明书、特刊;

(八)国产影片在国内外获奖的证件复印件及有关照片;

(九)剧本内容的有关依据和历史考证材料,以及取材或者改编前的原作;

(十)主创人员的创作设想和音乐总谱、歌词;

(十一)场景气氛图,服装、化妆、道具设计图,演员定妆照;

(十二)有关摄制决定;

(十三)分场分景表;

(十四)摄制工作日志;

(十五)摄制工作总结;

(十六)主创人员艺术创作总结;

(十七)其他在电影创作、生产、发行、放映过程中形成的具有保存价值的资料。

第十一条　本规定第九条、第十条的内容为故事影片艺术档案构成。其他片种可视工艺和工作程序不同参照执行。

第三章　归档和管理

第十二条　国家设立中国电影资料馆等电影艺术档案机构,负责依法收集、整理、保管和利用电影艺术档案等工作。

第十三条　电影艺术档案机构依法搜集电影创作、生产、发行、放映过程中形成的具有保存价值的电影艺术档案,接收有关组织或者个人通过移交、捐赠等方式提供的电影艺术档案,积极收集散失的国产影片艺术档案。

依据本规定移交电影艺术档案,电影艺术档案机构可以对有关单位予以适度补贴。

第十四条　电影艺术档案机构应当具有适宜长久保存、合理利用电影艺术档案的场所、设备、条件和专业人员,并建立科学的管理制度,逐步实现保存与管理的科学化、标准化。

用于保存电影艺术档案的库房温度、湿度等应当符合国家规定的标准,并应当加强防火、防盗、防虫、防霉、防光、防尘、防水(潮)、防有害气体等安全保卫工作。

第十五条　电影摄制单位应当设立专门部门或者指定专人负责电影艺术档案管理工作,切实履行电影艺术档案移交、保管义务。

第十六条　电影艺术档案机构和电影摄制单位应当有计划地做好电影艺术档案编目和研究工作。

第十七条　电影艺术档案机构应当逐步将电影艺术档案转换成数字化形式,加强档案的数字化修护和保护工作。

第十八条　电影艺术档案机构和电影摄制单位应当定期检查档案保存状况,对破损或者变质的电影艺术档案应当及时修补、复制或者进行其他技术处理。

第十九条　电影艺术档案机构应当确保易燃片基的安全,及时发现并消除隐患;对易燃片基进行单独的妥善保管,并有计划地转换复制成安全片基。

第四章　移交、捐赠和寄存

第二十条　电影摄制单位应当在影片取得电影公映许可证后三个月内向中国电影资料馆移交下列电影艺术

档案,并永久保存,国务院广播影视行政部门另有规定的除外:

(一)影片类档案中的标准拷贝或者数字母版;

(二)本规定第十条第(一)项至第(六)项规定的文字、图片类档案。

电影摄制单位应当在影片取得电影公映许可证后一年内向中国电影资料馆移交其他影片类档案;经依法审查未取得电影公映许可证的影片,电影摄制单位如不再重新报请审查,应当在接到审查决定后一年内向中国电影资料馆移交电影艺术档案。

其他电影艺术档案,电影摄制单位可以参照本条第一款、第二款的规定向中国电影资料馆移交。

第二十一条　电影摄制单位应当依据本规定履行电影艺术档案移交义务,不得拒绝归档;电影艺术档案机构应当依据本规定履行电影艺术档案管理义务,为移交人提供服务。

第二十二条　电影摄制单位注销或者合并时,应当将其保存的电影艺术档案移交中国电影资料馆或者新组建的电影摄制单位妥善保管。

第二十三条　电影摄制组应当负责电影艺术档案的形成、积累,指定专人负责电影艺术资料的收集工作,并在影片摄制完成后将属于电影艺术档案归档范围的资料及时移交电影摄制单位档案部门归档。

第二十四条　国家鼓励任何组织、个人向电影艺术档案机构捐赠、寄存其拥有的电影艺术档案。电影艺术档案机构可以按照电影艺术档案的保存价值,作出是否接受捐赠、寄存的决定。

第二十五条　电影艺术档案机构应当依据捐赠协议、寄存协议,对捐赠、寄存的电影艺术档案,予以妥善保管,并依法维护捐赠人、寄存人的合法权益。

电影艺术档案机构可以向寄存人适当收取费用。

第二十六条　电影艺术档案机构应当与电影艺术档案的捐赠人、寄存人,就档案利用事宜在捐赠、寄存协议中进行约定。

第二十七条　向电影艺术档案机构捐赠、寄存电影艺术档案的组织、个人,对其档案有优先使用权。

第二十八条　国家鼓励通过捐赠等方式设立电影艺术档案保护社会基金,专门用于电影艺术档案保护,任何组织、个人不得侵占、挪用。

第五章　档案利用

第二十九条　国家鼓励任何组织、个人积极开展对电影艺术档案的利用。电影艺术档案机构保存的电影艺术档案,应当向社会公众开放。

电影艺术档案机构应当定期向社会公布电影艺术档案目录,简化利用手续、减少利用限制,为电影艺术档案公益性利用创造条件,提供便利。

电影艺术档案机构在档案利用工作中,应当按照分类向社会提供使用;并应当依据国家有关法律、法规的规定,维护电影艺术档案有关著作权人的合法权益。

利用电影艺术档案机构的电影艺术档案,应当按照有关规定办理手续,缴纳费用。

第三十条　对涉及国防、外交、国家安全等国家重大利益,以及可能对未成年人身心健康造成不良影响的电影艺术档案的利用,应当遵守国家有关法律、法规的规定。未经有关部门批准,任何组织、个人不得擅自利用上述电影艺术档案。

第三十一条　未经有关部门批准,下列电影艺术档案不得携带出境:

(一)构成限制出境的文物的;

(二)涉及国家秘密的;

(三)法律、法规规定限制出境的其他电影艺术档案。

第六章　法律责任

第三十二条　违反本规定,电影艺术档案机构在保管、利用属于国家所有的电影艺术档案过程中,有下列情形之一的,由省、自治区、直辖市以上人民政府广播影视行政部门责令改正,给予警告,对单位可以并处 3 万元以下的罚款,对个人可以并处 5 千元以下的罚款;情节严重的,对直接负责的主管人员和其他直接责任人员依法给予处分:

(一)电影艺术档案发生超额损伤的;

(二)损毁、丢失和擅自销毁电影艺术档案的;

(三)利用电影艺术档案谋取非法利益的;

(四)未经批准利用电影艺术档案的。

第三十三条　违反本规定,逾期未移交电影艺术档案的,由省、自治区、直辖市以上人民政府广播影视行政部门责令改正;情节严重的,对直接负责的主管人员和其他直接负责人员依法给予处分。

第七章　附　则

第三十四条　本规定自 2010 年 8 月 1 日起施行。1994 年 6 月 20 日广播电影电视部、国家档案局发布的《电影艺术档案管理规定》同时废止。

营业性演出审批规范

· 2011 年 9 月 5 日
· 办市发〔2011〕25 号

一、营业性演出活动申报材料规范

（一）申请资料：规范填写《营业性演出申请登记表》和《演出活动承诺书》，加盖申报单位公章。

（二）文艺表演团体及演出人员资料：

1. 演员名单及有效身份证明复印件，演员名单应当列出姓名、性别、出生日期、国家或地区、有效身份证证件号码。有效身份证明指：中国内地演员为身份证、护照、军官证；外籍演员为护照，港澳地区演员为港澳居民来往内地通行证或中华人民共和国特别行政区护照；台湾地区为台胞证（不能是护照）；

2. 演出举办单位与文艺表演团体（演员）的演出协议或者文艺表演团体（演员）同意参加演出的书面函件；

3. 外国文艺表演团体名称中含有"国立"、"国家"、"皇家"等字样，应提供该国注册证明文件及中文译本；

4. 未成年人参加营业性演出，应当提供其监护人出具的书面同意材料或是监护人与文艺表演团体签署的书面同意函。

（三）演出节目内容及其视听资料：申报单位应当提交演出节目单以及与节目单内容对应的视听材料，其中歌曲类节目应当提交歌词文本，用外文演唱歌曲应提交中外文对照歌词；舞蹈杂技类节目应当提供视频资料；戏剧、曲艺等语言类节目应提交剧本；乐曲类节目应当提交音频资料。鉴于演出活动具有艺术二次创作的特点，对于临时组台演出，其所报视听资料可以是已经出版或者曾经演出过的录音录像资料，审批部门以此作为演出内容审核的参考性依据，重点加强演出现场监管。

（四）场地资料：演出举办单位与演出场所经营单位的协议或演出场所出具的场地证明；在歌舞娱乐场所、旅游景区、主题公园、游乐园、酒吧、饭店、餐饮场所等非演出场所举办的营业性演出，应提供消防部门同意开业的消防安全证明或者场所的《娱乐经营许可证》；举办临时搭建舞台、看台的营业性演出，还应提供安全、消防批准文件以及安全保卫工作方案和灭火、应急疏散预案。

（五）资金安排计划书和资金证明材料：资金安排计划书应当含有演出项目的总费用以及演出费、制作费、场租费、宣传费、往返旅费和食宿行接待等内容；资金证明是指由申请单位开户银行出具的当月基本存款账户存款证明，或者银行等金融机构同意贷款的证明，或者其他单位同意借款、投资、担保、赞助的证明及该单位开户银行出具的当月基本存款账户存款证明。

二、营业性演出文书填写规范

（一）申请人：应当与工商部门名称预先核准通知书或工商执照登记的名称一致。

（二）法定代表人：属于法人单位的填写法定代表人姓名；合法成立的非法人单位，填写该负责人姓名；个体工商户填写经营者姓名。

（三）经济类型：按照国家统计局、国家工商总局《关于划分企业登记注册类型的规定》填写，如"国有企业"、"集体企业"、"有限责任公司"、"股份有限公司"、"合伙企业"、"个人独资企业"、"合资经营企业（台资）"、"港商独资经营企业"、"中外合作经营企业"和"个体工商户"等。

（四）经营范围：文艺表演团体及个体演员按照其表演的艺术种类填写，如"音乐表演"、"戏曲表演"、"歌舞表演"、"杂技表演"、"综合文艺表演"等；演出经纪机构填写"经营演出及经纪业务"；港澳演出经纪机构内地分支机构、个体演出经纪人填写"演出居间、代理业务"。

（五）住所/营业场所：属于法人单位的称"住所"，非法人的（如其他组织和个体工商户）称营业场所。填写与工商注册登记地址一致，综合性场所要写明实际使用的楼层及门牌号码，以区别于其它场所。个体演员或个体演出经纪人填写身份证（户籍）上的住址，实际常住地与身份证（户籍）住址与一致的须在括号内注明。

（六）从业人员：文艺表演团体是指演员，包括演奏人员；演出经纪机构是指具备演出经纪人资格的人员，没有经纪人资格的从业人员不用登记。

（七）注册资本和注册号：填写注册资本应当与工商注册资本一致，非独立核算、个人独资企业和个体工商户等法律规定不需要注册资金的不用填写。注册号填写工商行政管理部门核发的营业执照上的注册号。

（八）单位类别：根据经营内容不同分别填写文艺表演团体、演出经纪机构或者演出场所。

（九）核定人数：文艺表演团体是指演员，包括演奏人员；演出经纪机构是指具备演出经纪人资格的人员，没有经纪人资格的从业人员不计；演出场所是指能够对外售票的实有坐席数或经核准可容纳的观众人数。

三、营业性演出许可证及备案证明文件印制规范

（一）填写规范：填写内容应当与文化行政部门实际许可的情况一致，不一致的应当及时纠正或责令持证人

限期变更。所有项目均应当用钢笔、毛笔等不褪色书写工具填写或用计算机打印,计算机打印字体为仿宋,不需要填写的打印 6 个"※"。

(二)编号规范:发证或者备案机关地区简称(省-市-县/区)加阿拉伯数字编号。正本、副本用同一编号,副本应在编号后用"-"加上副本序号。

(三)发证日期:加盖发证机关公章。公章以圆弧内下端空白处居中横套"年　月　日",日期用中文书写。在许可证有效期内变更或遗失补证的在日期的下一行写上"变更"或"补证"两字以作注解。

(四)有效日期:填写从发证之日期顺推 2 年的日期。

文化和旅游部、公安部关于进一步加强大型营业性演出活动规范管理促进演出市场健康有序发展的通知

• 2023 年 9 月 12 日
• 文旅市场发〔2023〕96 号

各省、自治区、直辖市文化和旅游厅(局),公安厅(局)、新疆生产建设兵团文化体育广电和旅游局、公安局:

当前,演出市场快速恢复发展,演唱会、音乐节等大型营业性演出活动大量增加,在满足人民群众精神文化需求的同时,个别演出活动中炒票倒票、非理性追星、不文明观演等问题也较为突出。为加强观众人数在 5000人以上的大型营业性演出活动(以下简称"大型演出活动")的规范管理,促进演出市场健康发展,现就有关事项通知如下。

一、明确工作原则

(一)大型演出活动必须坚持为人民服务、为社会主义服务的方向,坚持把社会效益放在首位、实现社会效益和经济效益相统一,更好满足人民群众精神文化需求。

(二)按照"谁举办谁负责"的原则,演出举办单位应当严格落实安全主体责任,严格建立并落实安全管理制度,明确安全责任人,建立并完善风险评估和应急处置工作机制。演出举办单位应当依法办理演出审批手续,安排演出节目内容,负责演出票务和现场管理,加强消费者个人信息保护,做好现场观众引导,掌握舆情动态,及时报告有关情况,接受主管部门指导监督,主动承担法定责任和义务。

(三)文化和旅游行政部门、公安机关要严格落实属地责任,强化协作配合,加强大型演出活动规范管理,确保大型演出活动平稳有序举办。

二、严格审批管理

(四)省级文化和旅游行政部门、公安机关要加强对本行政区域内大型演出活动的统筹指导,大型演出活动审批前,应当经过省级文化和旅游行政部门、属地公安机关风险评估和综合研判。

(五)文化和旅游行政部门要督促演出举办单位在申请举办大型演出活动前,对可能出现的票务销售、现场管理、网络舆情等方面的风险开展自评,形成书面报告并在申请举办时提交。

(六)省级文化和旅游行政部门、属地公安机关开展风险评估,演出举办单位开展风险自评时,应当在传统的人、事、物、场等评估要素基础上,将网上热度、舆情反应、网民评价等网络特征纳入评估范畴,建立网上网下风险综合评估体系。

(七)省级文化和旅游行政部门、属地公安机关要对风险较高的演出活动加强行政指导,督促做好现场监管。对不符合安全条件的演出活动,要求受理审批的文化和旅游行政部门、公安机关不予批准。

三、加强票务管理

(八)大型演出活动实行实名购票和实名入场制度,每场演出每个身份证件只能购买一张门票,购票人与入场人身份信息保持一致。演出举办单位、演出票务销售平台应当加强消费者个人信息保护,防止未经授权的访问以及个人信息泄露、篡改、丢失。

(九)演出举办单位应当建立大型演出活动退票机制,设定合理的梯次退票收费标准,保障购票人的正当退票权利。

(十)进一步提高大型演出活动门票销售比例,演出举办单位面向市场公开销售的门票数量不得低于核准观众数量的85%。对其余15%的门票,应当在演出前24小时进行个人信息绑定,做到"实名绑定、实名入场"。

(十一)演出举办单位应当明示其授权的票务代理机构,引导消费者从合法渠道购买门票。应当履行告知义务,告知消费者购票、入场和退票规则。

(十二)文化和旅游行政部门要督促演出举办单位、演出票务销售平台将大型演出活动的票务信息(包括但不限于演出项目的名称、演出时间、演出场次、门票数量、票务销售方案、票房收入等信息)实时传输至全国文化市场技术监管与服务平台,进一步加强大型演出活动票务信息管理。

(十三)文化和旅游行政部门、公安机关要加强对大型演出活动举办方和场地方工作票证的管理,严格控制

发放范围,防止工作票证流入市场被非法买卖。

四、加强演出现场管理

(十四)文化和旅游市场管理部门、综合执法机构要加强对大型演出活动的实地检查,现场核验演员信息及演出节目内容,严禁擅自变更演员及演出内容,严禁假唱、假演奏等违法违规行为。

(十五)公安机关要加强大型演出活动现场安全监管,指导演出举办单位强化事前安全评估,制定安全工作方案,落实安保措施,配备安检设备,严格对进入现场的人员、车辆、物品进行安全检查,配备足够安保人员,落实应急处置措施。公安机关依法对安全工作落实情况实施监督检查,发现安全隐患责令改正,依法查处违法犯罪行为,处置突发事件。

(十六)演出举办单位应当积极配合文化和旅游行政部门、公安机关监督管理,根据工作需要,采取必要的管控措施,提升演出现场管理水平。

五、加大违法行为打击力度

(十七)文化和旅游行政部门要加强对演出票务销售平台的管理,依法处置未履行核验票务经营单位资质及演出批准文件义务、为倒卖门票提供服务等违规行为。

(十八)公安机关要加大对倒卖演出票证的打击整治力度,全面收集网上网下倒卖炒作票证信息,及时发现加价、变相加价销售票证的线索,严打网上网下倒票和诈骗等违法犯罪活动。

(十九)公安机关要依法打击流量造假、造谣传谣、侵犯隐私,以及聚众闹事、滋事斗殴等网上网下各类违法犯罪活动。适时公布典型案例,及时警示震慑,以正视听。

(二十)公安机关要加强对大型演出活动安全监管,对演出举办单位、场所管理者举办大型群众性演出活动违反安全管理规定,以及扰乱活动秩序的行为,要按照《大型群众性活动安全管理条例》《中华人民共和国治安管理处罚法》《中华人民共和国刑法》有关规定依法予以处罚。

六、引导观众文明观演

(二十一)公安机关指导演出举办单位做好入场安检,禁止观众携带影响正常观演的物品入场,倡导观众文明观演。演出举办单位要加强现场巡查,及时制止不文明观演行为,维护观演秩序。

(二十二)演员经纪公司及相关演艺经纪从业人员应当加强对演员的教育、提醒,积极引导演员时刻敬畏法律红线,严守道德底线。鼓励演员主动发声,引导观众遵守演出现场管理规定,共同维护演出秩序。

七、强化信用监管

(二十三)文化和旅游行政部门要依照《文化和旅游市场信用管理规定》,对大型演出活动中存在面向公众销售门票数量低于核准数量的85%或者为倒卖门票、买卖演出工作票证提供便利等情形的演出举办单位及票务代理机构,依法认定为文化和旅游市场失信主体。

(二十四)文化和旅游行政部门、公安机关要对失信主体加大日常监管力度,对其申请营业性演出、大型群众性活动等行政许可事项予以重点关注,在行政奖励、授予称号等方面予以重点审查。

特此通知。

文化部办公厅关于落实演出市场监管职责规范演出市场行政行为的通知

·2005 年 9 月 12 日
·办市发〔2005〕30 号

各省、自治区、直辖市文化厅(局),新疆生产建设兵团文化局:

为深入贯彻《营业性演出管理条例》(国务院令第439 号),进一步明确和落实演出市场监管职责,规范行政行为,做好演出市场管理工作,现就有关问题通知如下:

一、《营业性演出管理条例》减少了行政许可和执法层次,降低了监管重心,充分体现了《行政许可法》和国务院《关于全面推进依法行政实施纲要》的精神,有利于提高行政管理效能,降低管理成本,有利于加强演出市场的属地监管。

二、各级文化行政部门实施营业性演出行政许可,应当严格依照《营业性演出管理条例》及其实施细则和有关法律法规的规定,不得擅自设定许可条件。行政许可应当遵循公开、公平、公正的原则,充分尊重申请人依法取得行政许可的平等权利。

三、上级文化行政部门应当建立经常性的监督检查制度和行政行为评议制度,健全绩效评估体系,切实加强对下级文化行政部门具体行政行为的监督检查,及时纠正和制止违法或者不当的行政行为,努力建设有权必有责、用权受监督、违法受追究的演出市场监管制度。

四、文化行政部门实施行政处罚,没有法定的行政处罚依据或者擅自改变行政处罚种类、幅度,以及违反法定的行政处罚程序的,上级文化行政部门应当依法责令其改正。文化行政部门违法行政或者不依法履行监督管理职责、造成严重后果的，上级文化行政部门应当对其予以通报批评。

五、营业性演出经营主体对文化行政部门的具体行政行为不服的，有权申请行政复议。向上一级文化行政部门申请行政复议的，上一级文化行政部门应当及时依法予以受理，有效保护演出市场各方的合法权益。

六、营业性演出经营主体从事违法演出活动的，应当依法予以查处，作出处罚决定的文化行政部门应当将违法经营主体的违法事实、处理结果及时抄告向其颁发营业性演出许可证或者备案证明的文化行政部门和批准其演出项目的文化行政部门。

七、上级文化行政部门应当积极探索层级监管的有效方式，加强对下级文化行政部门工作的指导和业务培训工作，不断强化文化行政部门工作人员依法行政的观念，提高依法行政的能力和水平，形成权责明确、行政规范、监督有效、保障有力的演出市场执法行政体制。

特此通知。

文化和旅游部办公厅关于进一步规范涉外营业性演出审批工作的通知

·2019 年 3 月 7 日
·办市场发〔2019〕39 号

各省、自治区、直辖市文化和旅游厅（局），新疆生产建设兵团文化体育新闻出版广电局（文物局）：

涉外营业性演出审批工作事关国家文化安全和意识形态安全，政策性和专业性强，敏感度高。近期，部分省（区、市）将涉外营业性演出审批权限下放到基层文化和旅游行政部门或者调整到其他综合审批部门，出现审批把关不严、尺度不一等问题，有的地方甚至发生境外演出团体和个人违规入境演出。为进一步规范涉外营业性演出审批工作，现将有关事项通知如下：

一、各省（区、市）（包括新疆生产建设兵团，下同）文化和旅游行政部门要按照《文化部关于落实"先照后证"改进文化市场行政审批工作的通知》（文市函〔2015〕627号）要求，不得再下放涉外营业性演出等审批权限，降低审批层级。确有特殊原因需要下放的，须事先请示文化和旅游部同意。

二、已将涉外营业性演出审批权限下放的省份，要建立审批信息报备制度，受权审批部门收到涉外营业性演出许可申请后，应将初步审批意见报至省级文化和旅游行政部门，经省级文化和旅游行政部门同意后，受权审批部门方可出具批准文件。

三、各省（区、市）文化和旅游行政部门要严格落实《文化部办公厅关于印发〈外国人入境完成短期营业性演出活动的办理程序和工作指引〉的通知》（办市发〔2015〕1 号）要求，统一使用审批文书格式，并做好审批文书归档，以随时备查。

四、涉外营业性演出审批工作应当在"全国文化市场技术监管与服务平台"上开展。目前仍在其他政务平台上办理的，要在 2019 年 6 月底前完成与"全国文化市场技术监管与服务平台"信息对接。文化和旅游部正在抓紧推进涉外营业性演出审批信息与外交部"来华签证邀请函管理信息系统"对接工作。届时，持营业性演出批准文书向驻外使馆、领馆或者外交部委托的其他驻外机构申请来华签证须通过"来华签证邀请函管理信息系统"进行核验，未能通过核验的，将不予签发签证。

特此通知。

文化和旅游部办公厅关于简化跨地区巡演审批程序的通知

·2021 年 9 月 29 日
·办市场发〔2021〕181 号

各省、自治区、直辖市文化和旅游厅（局），新疆生产建设兵团文化体育广电和旅游局：

为纵深推进"放管服"改革，进一步优化营商环境，激发市场主体活力，促进演出市场繁荣发展，现就简化跨地区巡演审批程序有关事项通知如下。

一、跨地区巡演适用范围

本通知所称跨地区巡演，是指在文化和旅游行政部门许可范围内的演出举办单位、参演文艺表演团体、演员、演出内容不变的前提下，在一年内跨县（市、区）举办两场及以上的营业性演出活动。

二、简化审批程序

（一）演出举办单位应当通过全国文化市场技术监管与服务平台提交跨地区巡演申请，由平台将相关信息同步推送给相应文化和旅游行政部门。首演地文化和旅游行政部门应当在规定审批时限内作出决定。同意的，出具批准文件，由平台将相关审批结果推送给巡演地相应文化和旅游行政部门，巡演地文化和旅游行政部门不再重复进行内容审核。演出举办单位应在巡演地举办演出活动前，向巡演地文化和旅游行政部门提供场地、安全、消防等证明材料,文化和旅游行政部门在 3 个工作日内完成审核。通过的,出具备案证明并及时公示。无法提供的,终止备案程序。

(二)演出活动经文化和旅游行政部门批准后,需要增加演出地的,演出举办单位应当通过全国文化市场技术监管与服务平台提交增加演出地备案申请,演出增加地文化和旅游行政部门应当自受理之日起 3 个工作日内完成审核,通过的,出具备案证明并及时公示。

三、压实工作责任

(一)厘清工作职责。对跨地区巡演实行首演地内容审核负责制,首演地文化和旅游行政部门要切实提高政治站位,认真履行工作职责,做好演出内容审核把关。对演出内容把握不准的,可以提请上级文化和旅游行政部门予以指导。对在巡演过程中发生突发情况的,演出举办单位应当积极配合文化和旅游行政部门做好应对处置。演出地文化市场综合执法机构要切实加强现场巡查,对擅自变更演出内容或参演文艺表演团体及演员的,依据《营业性演出管理条例》等予以处罚。

(二)加强业务沟通。各级文化和旅游行政部门要加强业务沟通,对行政审批事项已整体划出文化和旅游系统的,文化和旅游行政部门应当将相关审批政策及时通报相关部门。

(三)鼓励基层创新。支持各地文化和旅游行政部门在确保国家文化安全和意识形态安全的前提下,结合当地实际,探索营业性演出审批告知承诺、容缺受理等创新机制,进一步方便群众办事,优化营商环境。

特此通知。

附件:跨地区巡演提交材料要求

附件

跨地区巡演提交材料要求

一、对跨地区巡演项目,演出举办单位应当向首演地文化和旅游行政部门提交以下材料:

(1)营业性演出申请登记表(载明巡演时间、地点);

(2)《营业性演出许可证》副本(或《演出场所经营单位备案证明》副本、《个体演员备案证明》)复印件;

(3)演员名单(包括:姓名、性别、国籍、出生日期、身份证件类型及号码、职务)、演员有效身份证明复印件和参演的文艺表演团体的《营业性演出许可证》副本复印件,有效身份证明是指身份证、驾驶证、护照、军官证、士

兵证、警官证;

(4)演出协议或文艺表演团体、演员同意参加的书面文件(内容包括但不限于演出举办单位名称、演出名称、演出地点、演出日期等内容),个体演员自行举办演出的不用提交此项材料;

(5)如有未成年人参加营业性演出,应当提供其监护人出具的书面同意文件;

(6)场地证明:演出举办单位(个人)与首演地演出场所的协议或演出场所出具的场地证明文件(协议或场地证明文件中应包括但不限于演出举办单位名称、演出名称、演出日期等内容);

(7)在首演地歌舞娱乐场所、酒吧、饭店等非演出场所经营单位举办的营业性演出,应提供首演地场所的《娱乐经营许可证》复印件或同意开业的消防安全证明复印件。在演出场所举办的营业性演出,可以提供演出场所的《演出场所经营单位备案证明》复印件或者《营业性演出许可证》复印件,或者同意开业的消防安全证明复印件;

(8)在首演地申请举办临时搭建舞台、看台的营业性演出,还应提供首演地安全保卫工作方案和灭火、应急疏散预案,以及依法取得的安全、消防批准文件复印件;

(9)演出节目单及与节目单对应的视听资料:歌曲类节目应当提交歌词文本,用外文演唱歌曲应提交中外文对照歌词;乐曲类节目应当提交音频资料;舞蹈、杂技类节目应当提供视频资料;戏剧、曲艺等语言类节目应当提交剧本。

演出举办单位应在巡演地演出举办前,向巡演地文化和旅游行政部门提供上述第(6)(7)(8)项涉及场地证明、安全、消防等证明材料,文化和旅游行政部门在 3 个工作日内完成审核。通过的,出具备案证明并及时公示。无法提供的,终止备案程序。

二、演出活动经文化和旅游行政部门批准后,需要增加演出地的,演出举办单位应向增加演出地文化和旅游行政部门提交以下材料:

(1)营业性演出申请登记表;

(2)演出协议或文艺表演团体、演员同意参加的书面文件(内容包括但不限于演出举办单位名称、演出名称、演出地点、演出日期等内容),个体演员自行举办演出的不用提交此项材料;

(3)场地证明,演出举办单位与演出场所的协议或演出场所出具的场地证明文件,应包括但不限于演出举办单位名称、演出名称、演出日期等内容;

（4）演员名单（包括：姓名、性别、国籍、出生日期、身份证件类型及号码、职务）、演员有效身份证明复印件和参演的文艺表演团体的《营业性演出许可证》副本复印件，有效身份证明是指身份证、护照、军官证、士兵证、警官证；

（5）在歌舞娱乐场所、酒吧、饭店等非演出场所举办的营业性演出，应提供场所的《娱乐经营许可证》复印件或同意开业的消防安全证明复印件。在演出场所举办的营业性演出，可以提供演出场所的《演出场所经营单位备案证明》复印件或者《营业性演出许可证》复印件，或者同意开业的消防安全证明复印件；

（6）举办临时搭建舞台、看台的营业性演出，还应提供安全保卫工作方案和灭火、应急疏散预案，以及依法取得的安全、消防批准文件复印件。

文化部关于规范营业性演出票务市场经营秩序的通知

·2017 年 7 月 6 日
·文市发〔2017〕15 号

各省、自治区、直辖市文化厅（局），新疆生产建设兵团文化广播电视局，西藏自治区、北京市、天津市、上海市、重庆市文化市场（综合）行政执法总队：

近年来，随着演出市场进一步繁荣，互联网技术加快普及应用，演出票务经营模式更加多样、渠道手段更加便捷，有效促进了演出市场消费和行业发展。同时也要看到，囤票捂票炒票、虚假宣传、交易不透明等违法违规演出票务经营行为仍时有发生，严重损害了消费者权益，扰乱了演出市场正常秩序。为规范营业性演出票务市场，促进行业健康有序发展，现就有关事项通知如下。

一、严格资质管理，强化演出经营单位主体责任

（一）从事营业性演出票务经营活动的单位，应当依照《营业性演出管理条例》及其实施细则关于演出经纪机构的有关规定，按照《文化部关于加强演出市场有关问题管理的通知》（文市发〔2011〕56 号）有关要求，向文化行政部门申请取得营业性演出许可证。利用信息网络从事营业性演出票务经营活动的互联网平台企业属于演出票务经营单位，应当按上述规定办理营业性演出许可证。文化行政部门向演出票务经营单位颁发营业性演出许可证时，应当在经营范围中载明"演出票务"。

（二）演出举办单位除自行经营演出票务外，应当委托具有资质的演出票务经营单位经营本单位营业性演出门票。演出票务经营单位经营营业性演出门票，应当取得演出举办单位授权。取得授权的演出票务经营单位，可以委托其他具有演出票务经营资质的机构代售演出门票。未经委托或授权，演出票务经营单位不得经营营业性演出门票。举办大型演唱会的，应当按照公安部门的要求，在提交大型群众性活动申请时，向公安部门一并提交演出票务销售方案。文化行政部门应当联合公安部门督促演出举办单位按照票务销售方案进行售票。

（三）为营业性演出票务经营活动提供宣传推广、信息发布等服务的互联网平台企业，应当核验在其平台上从事营业性演出票务经营活动的票务经营单位资质及相关营业性演出的批准文件，不得为未取得营业性演出许可证的经营主体提供服务，不得为未取得营业性演出批准文件的营业性演出票务经营提供服务，不得为机构和个人倒卖门票、买卖演出工作票或者赠票提供服务。

二、规范经营活动，保障消费者合法权益

（四）演出票务经营单位预售或者销售演出门票前，应当核验演出举办单位的营业性演出批准文件，不得预售或销售未取得营业性演出批准文件的演出门票。演出举办单位、演出票务经营单位应当按规定明码标价，不得在标价之外加价销售，不得捂票囤票炒票，不得对演出内容和票务销售情况进行虚假宣传。

（五）演出举办单位、演出票务经营单位面向市场公开销售的营业性演出门票数量，不得低于公安部门核准观众数量的 70%。经公安部门批准，全场可售门票数量确需调整的，应当及时明示相应区域并予以说明。

（六）演出举办单位、演出票务经营单位在销售演出门票时，应当明示演出最低时长、文艺表演团体或者主要演员信息，涉及举办演唱会的，还应当明示主要演员或团体及相应最低曲目数量；应当公布全场可售门票总张数、不同座位区域票价，实时公示已售、待售区域，保障消费者知情权和监督权，促进公平交易。演出举办单位或演出票务经营单位应当留存演出门票销售记录（包括销售时间、购买账号等信息）及相关合同 6 个月备查。

三、加强重点演出监管，维护市场正常经营秩序

（七）文化行政部门要将社会关注度高、票务供需紧张的营业性演出作为重点监管对象，提前进行研判，对有炒票等潜在问题的，及时采取相应措施，防止问题发生。发现在票务经营中有违规苗头或可能造成不良影响的，应当及时约谈演出举办单位和演出票务经营单位，督促整改；对拒不整改的，要及时依法处置，并视情将演出举办单位或演出票务经营单位列入文化市场警示名单或黑名单予以信用警示或惩戒。

（八）鼓励各地探索对重点营业性演出门票销售实行实名制管理。支持有条件的地区建设演出票务管理平台，与演出票务经营单位的票务系统进行对接，实施实时在线监管。支持行业协会发出行业倡议，共同抵制高票价、豪华消费等行为。加强舆论正面引导，对虚抬票价、恶意炒作的行为予以揭露。

四、加大执法处罚，严厉打击违法违规经营活动

（九）各级文化市场综合执法机构要加强对违法违规演出票务经营活动的执法力度。对擅自从事营业性演出票务代理、预售、销售业务的，依照《营业性演出管理条例》第四十三条的规定给予处罚；对预售、销售未经批准的营业性演出门票，或者未经演出举办单位授权，擅自预售、销售营业性演出门票的，依照《营业性演出管理条例实施细则》第五十五条的规定给予处罚；对不明示信息、不落实平台责任的，应当依照《营业性演出管理条例实施细则》第二十八条第（四）项、第（七）项、第五十四条的规定给予处罚。

（十）各级文化市场综合执法机构要加强与相关部门的执法协作，有条件的地方可建立由文化部门牵头，公安、物价、工商等部门参加的演出票务执法协作机制。对有捂票囤票、炒作票价、虚假宣传、倒票等违规行为的演出举办单位或演出票务经营单位，文化市场综合执法机构应当及时将有关信息抄告当地公安、工商等部门，配合有关部门依法处置。

地方文化行政部门可以根据本通知精神，结合地方实际制定营业性演出票务市场管理的具体办法。

特此通知。

文化部关于加强网络表演管理工作的通知

· 2016 年 7 月 1 日
· 文市发〔2016〕12 号

各省、自治区、直辖市文化厅（局），新疆生产建设兵团文化广播电视局，西藏自治区、北京市、天津市、上海市、重庆市文化市场行政（综合）执法总队：

网络表演是网络文化的重要组成部分。近年来，我国网络表演市场快速发展，在促进网络文化行业创新、扩大和引导文化消费等方面发挥了积极作用。但是，部分网络表演经营单位责任缺失、管理混乱，一些表演者以低俗、色情等违法违规内容吸引关注，社会影响恶劣，严重危害行业健康发展。为切实加强网络表演管理，规范网络文化市场秩序，必须对网络表演市场实行经常抽查，及时公开，坚决依法查处违法违规行为。根据《互联网文化管理暂行规定》，现就有关事项通知如下：

一、督促网络表演经营单位和表演者落实责任

网络表演经营单位要对本单位提供的网络表演承担主体责任，对所提供的产品、服务和经营行为负责，确保内容合法、经营有序、来源可查、责任可究。网络表演经营单位要健全内容管理制度，配足内容审核人员，严格监督表演者表演行为，加强对用户互动环节的管理。要严密技术监控措施，畅通投诉举报渠道，完善突发事件应急处置机制，确保能够第一时间发现并处置违法违规内容。一经发现含有违法违规内容的网络表演，要及时关闭表演频道，停止网络传播，保存有关记录，并立即向所在地省级文化行政部门或文化市场综合执法机构报告。

表演者对其开展的网络表演承担直接责任。表演者应当依法依规从事网络表演活动，不得开展含有低俗、色情、暴力等国家法律法规禁止内容的网络表演。表演者应当自觉提高职业素养，加强道德自律，自觉开展内容健康向上的网络表演。

各级文化行政部门和文化市场综合执法机构要加强对辖区内网络表演经营单位的管理和培训，依法强化网络表演经营单位直接发现、第一时间处置违法违规内容等主体责任，对逾期不予处理或处理不到位的，要严肃追责，依法查处。

二、加强内容管理，依法查处违法违规网络表演活动

内容管理是网络表演管理工作的重点。各级文化行政部门和文化市场综合执法机构要加强对辖区内网络表演经营单位的日常监管，重点查处提供禁止内容等违法违规网络表演活动，包括：提供含有《互联网文化管理暂行规定》第十六条规定的禁止内容，或利用人体缺陷或者以展示人体变异等方式招徕用户，或以恐怖、残忍、摧残表演者身心健康等方式以及以虐待动物等方式进行的网络表演活动；使用违法违规文化产品开展的网络表演活动；对网络表演活动进行格调低俗的广告宣传和市场推广行为等。

对提供上述违法违规网络表演的网络表演经营单位，文化行政部门和文化市场综合执法机构要依据《互联网文化管理暂行规定》坚决予以查处，没收违法所得，并处罚款；情节严重的，责令停业整顿直至吊销《网络文化经营许可证》；构成犯罪的，依法追究刑事责任。地方文化行政部门和文化市场综合执法机构要按照"谁处罚，谁列入"的原则，根据情形，将违法违规网络表演经营单位列入黑名单或警示名单。

对提供违法违规网络表演的表演者,地方文化行政部门和文化市场综合执法机构要责令所在网络表演经营单位关停表演者频道,并及时将违法违规表演者的信息和证据材料报送文化部。文化部根据情形,将违法违规表演者列入黑名单或警示名单。列入黑名单的表演者,禁止其在全国范围内从事网络表演及其他营业性演出活动,具体时限视违法违规情节轻重确定。

文化行政部门负责将黑名单通报同级有关部门,并建议实施联合惩戒,强化对违法违规网络表演经营单位和表演者"一处违法,处处受限"的信用监管。各级行业协会要在本行业协会范围内,对列入黑名单的网络表演经营单位和表演者予以通报并抵制。

三、对网络表演市场全面实施"双随机一公开"

各地文化行政部门和文化市场综合执法机构要立即对本行政区域内的网络表演经营单位开展一次调查摸底,全面掌握网络表演经营单位情况。在此基础上,充分利用网络文化市场执法协作机制,对网络表演市场全面实施"双随机一公开",定期开展随机抽查,及时向社会公布查处结果,公布网络表演市场黑名单和警示名单。

各地文化行政部门和文化市场综合执法机构要抓紧制定网络表演随机抽查工作实施方案和随机抽查事项清单,以现场检查、网络巡查为主要抽查方式,以网络表演内容为抽查重点。对投诉举报较多的网络表演经营单位,要加大随机抽查频次,重点监管。要利用全国文化市场技术监管与服务平台,记录随机抽取的检查对象、执法检查人员、检查事项、检查结果等,做到全程留痕,实现过程可溯源、责任可追溯。

本通知所称的网络表演是指将现场进行的文艺表演、网络游戏等文化产品技法展示或解说等,通过信息网络实时传播或者以音视频形式上载传播,供用户在线浏览、观看、使用或者下载的产品和服务。

特此通知。

文化和旅游部关于规范网络演出剧(节)目经营活动推动行业健康有序发展的通知

·2023 年 1 月 16 日
·文旅市场发〔2023〕8 号

各省、自治区、直辖市文化和旅游厅(局),新疆生产建设兵团文化体育广电和旅游局:

近年来,受疫情影响,部分单位选择以直播或者录播形式通过互联网提供演唱会等演出剧(节)目,创新了演出剧(节)目形式,丰富了互联网文化业态,较好地满足了人民群众精神文化需求。为进一步规范市场秩序,引导新业态健康有序发展,现将有关事项通知如下。

一、在中华人民共和国境内从事网络演出剧(节)目经营活动,应当遵守法律法规和《互联网文化管理暂行规定》有关要求。

本通知所称网络演出剧(节)目,是指将演出剧(节)目通过互联网(含移动通讯网、移动互联网)实时传播或者以音视频形式上载传播而形成的互联网文化产品。演出剧(节)目包括但不限于音乐会、演唱会、音乐节、舞台戏剧(含戏曲、话剧、歌剧、舞剧、音乐剧等)、曲艺、杂技、脱口秀等演出活动。

二、以下列形式从事演出剧(节)目经营活动的,应当根据《互联网文化管理暂行规定》有关规定,向所在地省级文化和旅游主管部门申请取得经营范围包含"网络演出剧(节)目"的网络文化经营许可证:

(一)通过互联网直播境外举办的演出剧(节)目的;

(二)通过互联网提供录制的演出剧(节)目音视频的;

(三)提供专门为互联网传播制作的演出剧(节)目或者虚拟演出剧(节)目的;

(四)其他通过互联网形式传播演出剧(节)目的。

以营利为目的,通过互联网为公众实时提供现场演出剧(节)目的,还应当按照营业性演出管理有关规定办理报批手续。

三、网络演出剧(节)目经营单位提供进口网络演出剧(节)目的,应当报文化和旅游部进行内容审查,内容审查通过后方可向用户提供;提供国产网络演出剧(节)目的,应当在向用户提供之日起 30 日内,报文化和旅游部备案。

已取得营业性演出许可的演出剧(节)目通过互联网传播的,无需按照网络演出剧(节)目再进行报审或者报备。

多家网络演出剧(节)目经营单位提供同一网络演出剧(节)目的,可以由一家网络演出剧(节)目经营单位牵头进行报审或者报备,也可以由多家网络演出剧(节)目经营单位分别进行报审或者报备。

进口网络演出剧(节)目包括参演人员中有境外演员,举办地、录制地在境外,或者虚拟演员、虚拟演出剧(节)目的版权属于外资机构、境外人员的网络演出剧(节)目。港澳台演员参照境外演员管理。含有港澳台资本的机构参照外资机构管理。

四、网络演出剧（节）目不得含有《互联网文化管理暂行规定》第十六条规定的内容。

网络演出剧（节）目经营单位应当建立健全内容管理制度，配备适应内容审核工作需要的专业人员负责网络演出剧（节）目的内容管理，加强对评论、弹幕等用户产生内容的实时监控。采用直播方式提供网络演出剧（节）目的，应当采取延时直播方式播出，并安排专人对网络演出剧（节）目进行实时监管，发现内容问题应当第一时间阻断并及时处置。

五、各省级文化和旅游主管部门应当加强对网络演出剧（节）目市场的动态监测和执法检查，督促企业落实主体责任，及时查处违法违规行为。

六、鼓励和支持网络演出剧（节）目平台经营单位提供内容优质、符合社会主义核心价值观的网络演出剧（节）目。鼓励和支持文艺表演团体、演出经纪机构、演出场所经营单位利用互联网为公众提供演出剧（节）目，推动演出新业态发展。

七、相关演出行业组织应当加强网络演出剧（节）目行业研究，建立行业规范，开展行业自律，搭建行业交流平台，制定相关标准，加强人才培养，协调人才服务保障，促进网络演出剧（节）目行业繁荣发展。

特此通知。

演出经纪人员管理办法

· 2021 年 12 月 13 日
· 文旅市场发〔2021〕129 号

第一章　总　则

第一条　为加强演出经纪人员队伍建设和管理，明确演出经纪人员的权利和义务，规范演出经纪行为，促进演出市场繁荣健康有序发展，根据《营业性演出管理条例》《营业性演出管理条例实施细则》和国家职业资格有关规定，制定本办法。

第二条　本办法所称演出经纪人员，包括个体演出经纪人和演出经纪机构中的专职演出经纪人员。

第三条　本办法所称演出经纪活动，包括演出组织、制作、营销，演出居间、代理、行纪，演员签约、推广、代理等活动。

第四条　国家对演出经纪人员实行职业资格认定制度。在中华人民共和国境内从事演出经纪活动的人员，应当通过演出经纪人员资格认定考试，取得演出经纪人员资格证，持证上岗。

第五条　文化和旅游部对演出经纪人员的资格认定、执业活动实施监督管理。

县级以上地方文化和旅游行政部门对本行政区域内演出经纪人员的执业活动实施监督管理。

第六条　演出经纪机构应当加强对演出经纪人员的管理和培训，提升其综合素质和专业能力。

第七条　演出经纪人员应当严格遵守法律法规，自觉践行社会主义核心价值观，不断提高思想品德修养和职业能力水平，自觉维护演出行业形象。

第八条　演出行业组织应当依法维护演出经纪人员合法权益，制定自律规范，加强行业自律。

第二章　资格认定

第九条　演出经纪人员资格认定考试全国统一实施，每年举行一次。

文化和旅游部组织拟定考试大纲、考试科目、考试试题，组织实施考试，并确定考试合格标准。县级以上地方文化和旅游行政部门负责保障本辖区考试工作的有序实施。

第十条　符合以下条件的人员，可以报名参加演出经纪人员资格认定考试：

（一）具有中华人民共和国国籍；

（二）拥护中华人民共和国宪法，具有良好的政治素质、业务水平和道德品行；

（三）具有高级中学、中等专业学校以上学历；

（四）年满 18 周岁，具有完全民事行为能力的自然人。

第十一条　有下列情形之一的，不得参加演出经纪人员资格认定考试：

（一）因违反考试纪律、扰乱考试秩序等原因被取消考试资格未满 2 年的；

（二）因违反《营业性演出管理条例》及其实施细则等规定，被认定为文化市场严重失信主体的。

第十二条　文化和旅游部于演出经纪人员资格认定考试结束后 20 个工作日内公布合格分数线。

第十三条　演出经纪人员资格证由文化和旅游部核发，全国统一样式，统一编号。

第十四条　文化和旅游部建立演出经纪人员资格证管理库。通过演出经纪人员资格认定考试的人员，应当自合格分数线公布之日起 30 日内通过全国文化市场技术监管与服务平台领取演出经纪人员资格证。如个人信息发生变更，应当自变更后 3 个月内通过平台进行信息更新。

第三章　执业规范

第十五条　演出经纪人员应当根据《营业性演出管理条例》《营业性演出管理条例实施细则》以及相关法律法规的规定提供服务。

第十六条　演出经纪人员不得有下列行为:

(一)在两家以上演出经纪机构从业;

(二)出租、出借演出经纪人员资格证;

(三)为含有《营业性演出管理条例》第二十五条禁止内容的演出提供服务;

(四)隐瞒、伪造与演出经纪业务有关的重要事项;

(五)对演出活动进行虚假宣传;

(六)为演员假唱、假演奏提供条件;

(七)其他扰乱演出市场秩序的行为。

第十七条　演出经纪人员应当在演出经纪活动中依法维护演员合法权益,提醒和督促演员严守法律法规,恪守职业道德,树立良好社会形象。

第十八条　演出经纪人员应当定期完成相应的继续教育,继续教育的内容和规定由文化和旅游部另行制定。

第四章　监督管理

第十九条　演出经纪人员在从业活动中有违反本办法第十六条有关规定的,由县级以上文化和旅游行政部门责令改正;情节严重的,依法认定为文化市场失信主体,实施联合惩戒。

第二十条　文化和旅游部应当结合演出经纪活动特点,制定演出经纪人员分级、分类管理细则,促进行业规范发展。

第二十一条　县级以上文化和旅游行政部门应当加强演出经纪人员队伍建设,开展教育培训,加强信用监管。

第五章　附　则

第二十二条　香港特别行政区、澳门特别行政区永久性居民中的中国公民和台湾地区居民参加演出经纪人员资格认定考试,适用本办法。

第二十三条　本办法由文化和旅游部负责解释。

第二十四条　本办法自 2022 年 3 月 1 日起施行,《文化部关于印发〈演出经纪人员管理办法〉的通知》(文市发[2012]48 号)同时废止。

演出经纪人员资格证管理规定(试行)

·2022 年 9 月 16 日
·办市场发[2022]151 号

第一条　为规范演出经纪人员资格证管理,根据《中华人民共和国行政许可法》《营业性演出管理条例》《营业性演出管理条例实施细则》等要求,结合演出经纪人员管理工作实际,制定本规定。

第二条　演出经纪人员资格证的申领、变更、补发和注销等适用本规定。

演出经纪人员资格证(以下简称"资格证")是通过全国演出经纪人员资格认定考试,具有从事演出经纪活动资格的凭证。

第三条　文化和旅游部负责制定资格证样式和证书编号规则,统一制作、颁发和管理资格证。

第四条　申请人可通过全国文化市场技术监管与服务平台,办理资格证的申领、变更、补发和注销等业务。

第五条　申请人初次申领资格证时,个人信息与报考信息不一致的,应当按照变更事项办理。

第六条　演出经纪人员身份信息、从业单位等发生变更的,应当自变更后 3 个月内提交信息变更申请,并提交相关证明材料。

第七条　演出经纪人员申请变更身份信息的,应当提交公安部门出具的证明材料,包括但不限于户口本变更页复印件、变更后的身份证复印件等;申请变更从业单位的,应当提交所申请变更单位的劳动合同、社保缴纳证明等材料。

第八条　申请人应当对提交材料的真实性负责。

第九条　演出经纪人员资格证遗失的,应当通过全国文化市场技术监管与服务平台提交遗失声明,遗失声明公示满 30 日方可申请补发资格证。遗失声明应当载明证件类型、演出经纪人员姓名、证件编号等。

第十条　申请人证件毁损影响使用的,可将原件寄回,申请更换新证件。

第十一条　有下列情形之一的,文化和旅游部应当依法办理资格证注销手续:

(一)演出经纪人员提出注销申请;

(二)演出经纪人员死亡或者丧失行为能力;

(三)演出经纪人员资格证依法被撤销、撤回;

(四)法律、法规规定的应当注销的其他情形。

第十二条　演出经纪人员申请注销资格证的,应当通过全国文化市场技术监管与服务平台提交申请。其他应当注销资格证的情形,根据情况核实后予以注销。

第十三条 对申请人的资格证申领、变更、补发和注销等申请事项,材料齐全的予以受理,材料不齐的不予受理并一次性告知申请人补正要求。文化和旅游部应当于受理后 10 个工作日内完成审核。符合规定的,依法办理;不符合规定的,依法不予办理,并说明理由。

第十四条 演出经纪人员应当依法使用并妥善保管资格证,不得变造、涂改、抵押、出租、出借和故意毁损。

第十五条 本规定由文化和旅游部负责解释。

第十六条 本规定自发布之日起施行。

网络表演经纪机构管理办法

· 2021 年 8 月 30 日
· 文旅市场发〔2021〕91 号

第一条 为规范网络表演经纪机构的经营行为,加强网络表演内容管理,促进网络表演行业健康有序发展,根据《营业性演出管理条例》《营业性演出管理条例实施细则》《互联网文化管理暂行规定》等有关规定,制定本办法。

第二条 本办法所称网络表演经纪机构,是指依法从事下列活动的经营单位:

(一)网络表演的组织、制作、营销等经营活动;

(二)网络表演者的签约、推广、代理等经纪活动。

第三条 网络表演经纪机构应当遵守宪法和有关法律、法规,坚持为人民服务、为社会主义服务的方向,以社会主义核心价值观为引领,不断丰富人民群众的文化生活。

第四条 网络表演经纪机构从事演出经纪活动,应当依法取得营业性演出许可证。

网络表演经纪机构申请办理营业性演出许可证,应当依照《营业性演出管理条例》第六条、第十条、第十一条,以及《营业性演出管理条例实施细则》第八条、第十条、第十三条、第十五条关于营业性演出许可证的申请条件、申请材料和外商投资等有关规定执行。

第五条 网络表演经营单位应当依法对本单位开展的网络表演经营活动承担主体责任,核验平台内网络表演经纪机构资质。

第六条 网络表演经纪机构为网络表演者提供网络表演经纪服务,应当通过面谈、视频通话等有效方式对网络表演者进行身份核实。网络表演经纪机构不得在明知网络表演者提供的身份信息与其真实身份不一致的情况下,为其提供网络表演经纪服务。

网络表演经纪机构为网络表演者提供网络表演经纪服务,应当签订协议,约定双方权利义务,维护网络表演者的合法权益。

第七条 网络表演经纪机构不得为未满十六周岁的未成年人提供网络表演经纪服务;为十六周岁以上的未成年人提供网络表演经纪服务的,应当对其身份信息进行认证,并经其监护人书面同意。在征询监护人意见时,应当向监护人解释有关网络表演者权利、义务、责任和违约条款并留存相关交流记录。

网络表演经纪机构提供网络表演经纪服务,不得损害未成年人身心健康,不得侵犯未成年人权益。

第八条 网络表演经纪机构应当加强对签约网络表演者的管理,定期开展政策法规和职业道德培训,讲解网络表演相关法律法规,明确禁止内容和行为,增强网络表演者守法意识,引导网络表演者形成良好的职业道德。

第九条 网络表演经纪机构不得组织、制作、营销含有《营业性演出管理条例》第二十五条、《网络表演经营活动管理办法》第六条禁止内容的网络表演。

第十条 网络表演经纪机构发现签约网络表演者所提供的网络表演含有违法违规内容,应当立即要求网络表演者停止网络表演活动,并及时通知相关网络表演经营单位。

第十一条 网络表演经纪机构不得以虚假消费、带头打赏等方式诱导用户在网络表演直播平台消费,不得以打赏排名、虚假宣传等方式进行炒作。

网络表演经纪机构应当加强对签约网络表演者的约束,要求其不得以语言刺激、不合理特殊对待、承诺返利、线下接触或交往,或者赠送包含违法内容的图片或视频等方式诱导用户在网络表演直播平台消费。

第十二条 网络表演经纪机构应当对签约网络表演者的违法违规处理结果、投诉举报处置情况等信息进行记录、保存,并根据不同情形,采取限制服务、停止合作、提请行业协会进行联合抵制等措施。

网络表演者借用、冒用他人身份证件签约的,网络表演经纪机构可提请行业协会进行联合抵制;情节严重的,由相关部门依法追究其法律责任。

第十三条 网络表演经纪机构应当配合文化和旅游行政部门进行监督检查,提供真实、准确、完整的网络表演经纪活动信息数据。

第十四条 网络表演经纪机构应当配备满足业务需要的网络表演经纪人员。网络表演经纪人员与所签约网络表演者人数比例原则上不低于1∶100。

网络表演经纪人员从事演出经纪活动,应当依法取得相应的资格证书。

第十五条 网络表演行业组织应当加强行业自律,制定行业标准和经营规范,开展行业培训,强化诚信教育,对列入失信名单的会员可采取公开谴责、取消会员资格、进行联合抵制等措施。

第十六条 网络表演经纪机构违反本办法第四条有关规定,由文化和旅游主管部门依照《营业性演出管理条例》第四十三条予以查处。

第十七条 网络表演经纪机构从事网络表演经纪活动以外的经纪活动,依照相关规定管理。

第十八条 本办法自发布之日起施行。

演出行业演艺人员从业自律管理办法(试行)

·2021年2月5日

第一章　总　则

第一条 为不断提高演出行业演艺人员(以下简称"演艺人员")职业素质,规范演艺人员从业行为,加强演艺人员从业自律管理,树立演艺人员良好职业形象,促进演出行业健康发展,中国演出行业协会根据《营业性演出管理条例》《营业性演出管理条例实施细则》等有关法规规定,制定本办法。

第二条 本办法所称演艺人员是指在中国境内从事音乐、戏剧、舞蹈、曲艺、杂技以及其他形式的现场文艺演出活动的表演者。

第三条 演艺人员应当自觉遵守本办法第二章所规定的从业规范相关条款(以下简称"从业规范")。

从业规范由中国演出行业协会根据国家有关法律、法规,结合演艺人员为维护行业和个人形象应当遵从的社会公德、职业道德、家庭美德、个人品德等职业要求制定,并在行业范围内监督实施。

第四条 本办法所称从业范围包括但不限于:

(一)演出场所经营单位、文艺表演团体、演出经纪机构等中国演出行业协会会员策划、组织、参与的各类演出活动,以及与之相关的宣传、推介、营销、赞助、表彰、奖励等活动;

(二)网络表演经营单位等中国演出行业协会会员所属平台、媒体等策划、组织、开展的直播、录播活动,以及与之相关的宣传、推介、营销、赞助、表彰、奖励等活动;

(三)其他与中国演出行业协会密切相关的行业组织、社会机构组织开展的各类活动。

第五条 演艺人员违反从业规范,由中国演出行业协会根据本办法,在其从业范围内实施自律惩戒措施。

第六条 对演艺人员违反从业规范实施自律惩戒措施,应当遵循客观公正、公开透明、公平审慎的原则,坚持教育与惩戒相结合,违规情节与惩戒措施相适应,以事实为依据,依法依规开展工作。

第二章　从业规范

第七条 演艺人员应当具备从事文艺表演工作所必需的文化修养、专业知识与职业技能,并遵守以下要求:

(一)热爱祖国,拥护党的路线方针政策,自觉遵守国家法律法规,遵守文化、演出行业有关规定,自觉接受政府相关管理部门监管和社会监督;

(二)坚持文艺为人民服务、为社会主义服务的方向,自觉践行社会主义核心价值观,弘扬主旋律,壮大正能量,做有信仰、有情怀、有担当的新时代文艺工作者;

(三)热爱文艺事业,恪守艺术品格,维护中华文化立场,弘扬中华美学精神,坚守文艺审美理想,严肃认真对待创作表演,努力提升艺术质量,拒绝出演是非不辨、低级庸俗、粗制滥造的作品或宣传误导观众;

(四)遵守社会公德,言语文明,礼貌待人,立正守身,以身作则,注重陶冶品德,加强道德修养,珍视和维护个人职业声誉,积极树立正面形象;

(五)坚守契约精神,依法依约履行经纪合同、代言合同、演出合同等各类合同;

(六)尊重合作团队与合作对象,尊重编剧、导演、舞美、服化道等各部门的艺术创作,尊重全体演职人员的共同劳动,积极配合合作团队合理的工作需求;

(七)遵守与著作权相关的法律法规,树立和强化著作权保护意识,维护著作权人合法权益;

(八)积极参与社会公益活动,助力公益事业发展,自觉践行社会责任;

(九)配合社会各界共同引导未成年人树立正确的价值观念,自觉抵制扰乱社会秩序、恶意攻击他人等不文明行为;

(十)依法依规应当遵守的其他要求。

第八条 演艺人员不得出现以下行为:

(一)违反宪法确定的基本原则,危害国家统一、主权和领土完整,危害国家安全,或者损害国家荣誉和利益;

(二)煽动民族仇恨、民族歧视,侵害民族风俗习惯,伤害民族感情,破坏民族团结;

（三）违反国家宗教政策，宣扬邪教、迷信；

（四）组织、参与、宣扬涉及淫秽、色情、赌博、毒品、暴力、恐怖或者黑恶势力等非法活动；

（五）因酒驾、无证驾驶、肇事逃逸、恶意滋事等扰乱公共秩序，造成恶劣社会影响；

（六）危害社会公德或者损害民族优秀文化传统；

（七）在营业性演出中以假唱、假演奏等手段欺骗观众，或者以违背伦理道德、违反公序良俗的方式进行演出吸引观众；

（八）表演方式恐怖、残忍，利用人体缺陷，或者以展示人体变异等方式招徕观众；

（九）以欺骗、隐瞒等方式恶意违反或不履行合同，非因不可抗力原因取消演出、不履行合同，或者擅自变更已经审核批准的演出内容；

（十）发表违反法律法规、违背社会公序良俗、歪曲历史事实、侮辱、诽谤英雄烈士等不当言论，或者发布不实信息，煽动他人扰乱公共秩序，影响社会稳定；

（十一）以侮辱、诽谤等方式损害他人名誉等合法权益；

（十二）违反广告代言相关法律法规，或以虚假宣传、引人误解的方式欺骗、误导消费者；

（十三）通过违反保密协议、伪造变造材料等不正当手段谋取利益，或者利用职业之便谋取不正当利益；

（十四）其他违背伦理道德或者社会公序良俗造成严重不良社会影响的情形；

（十五）法律、行政法规明文禁止的其他情形。

第九条　演出场所经营单位、文艺表演团体、演出经纪机构或者演出经纪人员应当积极引导所属演艺人员遵守从业规范，依法依规从业。

第三章　办事机构

第十条　中国演出行业协会设立道德建设委员会，具体承担演艺人员道德建设和从业自律等相关工作。

道德建设委员会为非法人分支机构，在中国演出行业协会领导下开展工作。

第十一条　道德建设委员会委员由下列人员构成：

（一）演出场所经营单位、文艺表演团体、演出经纪机构等的管理人员代表；

（二）演艺人员代表；

（三）网络表演（直播）经营单位管理人员代表；

（四）共青团中央、全国妇女联合会、中国关心下一代工作委员会等群团组织代表或者其推荐的专家代表；

（五）新闻媒体代表；

（六）从事演艺行业法律事务的律师代表；

（七）其他相关行业的代表。

根据工作需要，道德建设委员会可以聘请相关领域专家担任顾问。

第十二条　道德建设委员会委员由中国演出行业协会驻会机构提名或者相关组织推荐，征询本人意见后，形成委员候选人名单，经常务理事会表决决定，由中国演出行业协会聘任。

第十三条　道德建设委员会委员应当履行以下义务：

（一）遵守道德建设委员会章程；

（二）履行委员职责，完成分配或指定的工作；

（三）遵纪守法，公正廉洁，不得徇私舞弊、玩忽职守、索贿受贿等；

（四）严守工作纪律，不得泄露或擅自披露履行职责过程中了解的信息；

（五）遵守其他相关规定。

第十四条　道德建设委员会设立秘书处作为日常办事机构。秘书处设在中国演出行业协会驻会机构内，负责材料收集、会议组织及联络协调等相关工作。

第四章　办事程序

第十五条　对违反从业规范的演艺人员，中国演出行业协会根据道德建设委员会评议结果，监督引导会员单位在行业范围内实施以下自律惩戒措施：

（一）进行批评教育；

（二）取消参与行业各类相关评比、表彰、奖励、资助等资格；

（三）根据演艺人员违反从业规范情节轻重及危害程度，分别实施1年、3年、5年和永久等不同程度的行业联合抵制；

（四）协同其他行业组织实施跨行业联合惩戒。

以上措施可以单独实施，也可以合并实施。

第十六条　中国演出行业协会各会员单位或者个人不得邀请、组织处于联合抵制期内的演艺人员参与演出行业各类活动，也不得为其提供其他宣传、推介等便利。

第十七条　道德建设委员会发现演艺人员涉嫌违反从业规范的，应当从行政管理部门、行业组织、成员单位及其他第三方渠道收集信息，并对演艺人员及其所属单位提供的申辩材料进行评估后，提出具体处理意见，经中国演出行业协会审议通过后报送文化和旅游部，并以书面通知向相关单位及个人通报。

第十八条　受到联合抵制的演艺人员需要继续从事

演出活动的,本人或者其所属单位应当在联合抵制期限届满前3个月内向道德建设委员会提出申请,经道德建设委员会综合评议后,给予是否同意复出的意见。

对符合复出条件的演艺人员,由中国演出行业协会向会员单位和个人通报,取消联合抵制措施,并监督引导其参与行业培训、职业教育、公益项目等活动,改善社会形象。

第十九条　道德建设委员会委员有下列情形之一的,应当自行回避,当事人有权用口头或者书面方式申请回避:

(一)系被调查演艺人员近亲属;

(二)与被调查演艺人员存在利害关系;

(三)其他可能影响公正履行职责的情形。

第二十条　道德建设委员会委员违反本办法第六条、第十三条、第十九条规定的,由中国演出行业协会取消其委员资格。

第五章　附　则

第二十一条　道德建设委员会依据本办法制定工作章程,并报中国演出行业协会备案。

第二十二条　本办法由中国演出行业协会负责解释,自2021年3月1日起试行。

文化和旅游部关于规范演出经纪行为加强演员管理促进演出市场健康有序发展的通知

· 2021年9月29日

· 文旅市场发〔2021〕101号

各省、自治区、直辖市文化和旅游厅(局),新疆生产建设兵团文化体育广电和旅游局:

演出经纪机构是演出市场重要主体,对优化演出资源配置、丰富演出产品供给、促进演出市场繁荣发展发挥了重要作用。但也要看到,一段时间以来文娱领域出现的艺人违法失德、"饭圈"乱象等问题,败坏行业形象,损害社会风气,对演出市场造成较大冲击,扰乱了市场秩序,人民群众反映强烈。为进一步规范演出经纪行为,切实加强演员管理,促进演出市场健康有序发展,现就有关事项通知如下。

一、严格演出资质管理

(一)从事演员签约、推广、代理等演出经纪活动的演员经纪公司、工作室,应当严格按照《营业性演出管理条例》及其实施细则关于设立演出经纪机构的规定,向文化和旅游行政部门申请取得营业性演出许可证。

(二)严格执行演出经纪人员资格认定制度,从事演员签约、推广、代理等演出经纪活动的从业人员,应当通过演出经纪人员资格认定考试,取得演出经纪人员资格证书,持证上岗。

(三)未经批准擅自从事演员签约、推广、代理等业务的经营单位,由文化和旅游行政部门依照《营业性演出管理条例》第四十三条的规定予以处罚。

(四)演出经纪人员在从业活动中为含有《营业性演出管理条例》第二十五条禁止内容的演出提供经纪服务,或者纵容所经纪演员违法失德行为并造成恶劣社会影响的,由文化和旅游行政部门撤销其资格证书并予以公告。

二、规范演员从业行为

(五)演员应当自觉践行社会主义核心价值观,主动承担起举旗帜、聚民心、育新人、兴文化、展形象的使命任务,讲品位、讲格调、讲责任,不断提高思想品德修养、职业道德素养和人文艺术涵养,争做德艺双馨的文艺工作者。

(六)演员经纪公司、工作室应当维护演员合法权益,承担演员管理责任,将政治素养、道德品行作为演员选用和培养的重要标准,定期组织教育培训,增强演员守法意识和道德修养。建立演员自律自查工作制度,查找演员从业行为存在的问题及风险点,督促演员及时改正。

(七)演员经纪从业人员应当加强对演员的教育、提醒,积极引导演员时刻敬畏法律红线,严守道德底线,提升职业操守,积极营造崇德尚艺、见贤思齐的良好风气。

(八)从事未成年人签约、推广、代理等演出经纪活动的演员经纪公司、工作室,应当按照《中华人民共和国未成年人保护法》《中华人民共和国教育法》《中华人民共和国义务教育法》《中华人民共和国劳动法》有关规定,依法保障其接受并完成规定年限的义务教育的权利。严禁以招募"演艺练习生"等名义,向未成年人灌输所谓"出名要趁早"等错误观念,误导未成年人价值观,侵害未成年人合法权益。

三、加强演出活动监管

(九)各级文化和旅游行政部门应当依照《营业性演出管理条例》等法规规定,切实加强演出活动的内容管理,坚决抵制违背社会主义核心价值观、危害社会公德或者民族优秀文化传统、违反公序良俗、畸形审美等行为,树立正确审美导向。

(十)演出经纪机构举办营业性演出活动,应当安排专职演出经纪人员承担演出活动的协调联络等工作,配合文化和旅游行政部门做好行业监管，履行依法纳税以及代扣代缴有关税费义务。举办涉外营业性演出活动，还应配合外事、公安等部门落实外籍人员日常管理工作。

（十一）演出活动不得使用造成恶劣社会影响的违法失德演员；不得使用含有《营业性演出管理条例》第二十五条禁止内容的图形、画面、音视频和文字等进行演出宣传、售票和演出场地布置等活动；不得组织演员假唱，不得为假唱提供条件。有未成年人参与的演出，应当经过未成年人父母或者其他监护人同意。

（十二）演员擅自变更演出内容或所表演内容、表演行为违反《营业性演出管理条例》第二十五条规定的，由文化和旅游行政部门依照《营业性演出管理条例》第四十四条、第四十六条规定，对演出举办单位以及该演员所签约演出经纪机构予以处罚。使用含有《营业性演出管理条例》第二十五条禁止内容的图形、画面、音视频和文字等进行演出宣传、售票和演出场地布置等活动的，由文化和旅游行政部门依照《营业性演出管理条例》第四十六条的规定，对演出举办单位予以处罚。以假唱欺骗观众或者为演员假唱提供条件的，由文化和旅游行政部门依照《营业性演出管理条例》第四十七条规定，对演出举办单位和演员予以处罚。

四、做好粉丝正面引导

（十三）演员经纪公司、工作室应当加强对粉丝应援行为的正面引导，做好对授权粉丝团、后援会网络账号的内容监督。对扰乱网络公共秩序和社会秩序的粉丝群体，应当督促演员主动发声，积极引导。

（十四）演出举办单位应当做好演出现场管理，维护演出现场秩序，不得设置场外应援、礼物应援、打榜投票等诱导粉丝消费的营销活动。不得组织未成年人参与应援集会等活动，不得组织未成年人进行正常观看演出之外的应援消费。

五、共建良好演出生态

（十五）对体现民族特色和国家水准的优质演出产品和服务，各地文化和旅游行政部门应当按照《营业性演出管理条例实施细则》有关规定，给予补助和支持，培育更多思想精深、艺术精湛、制作精良的精品剧（节）目。

（十六）各级文化和旅游行政部门应当加强信用监管，依法依规将符合条件的营业性演出市场主体及从业人员列入文化市场失信名单，实施信用惩戒。

（十七）文化市场综合执法机构应当加强对演员经纪公司、工作室的执法检查，做好营业性演出的日常巡查，对违法违规行为依法予以查处。

（十八）行业协会应当完善演出经纪机构及从业人员自律规范，建立风险监测研判机制和管控机制，对违法失德演员进行评议，对造成恶劣社会影响的演员经纪公司、工作室及演员实施自律惩戒和行业抵制。

（十九）各级文化和旅游行政部门、行业协会应当建立常态化培训机制，全面加强对从业人员思想政治、法律法规、职业道德等方面的教育培训，提高从业人员综合素质，构建积极向上、繁荣有序的演出生态。

特此通知。

文化和旅游部、公安部、住房和城乡建设部、应急管理部、市场监管总局关于加强剧本娱乐经营场所管理的通知

· 2022 年 6 月 25 日
· 文旅市场发〔2022〕70 号

各省、自治区、直辖市文化和旅游厅（局）、公安厅（局）、住房和城乡建设厅（委、局）、应急管理厅（局）、市场监管局（厅、委）、消防救援总队，新疆生产建设兵团文体广电和旅游局、公安局、住房和城乡建设局、应急管理局、市场监管局，北京市规划和自然资源委：

近年来，以"剧本杀""密室逃脱"为代表的现场组织消费者扮演角色完成任务的剧本娱乐经营场所快速发展，在丰富文化供给、满足人民群众文化娱乐消费需求的同时，也出现了一些不良内容及安全隐患。为加强剧本娱乐经营场所管理，促进行业健康有序发展，现就有关事项通知如下：

一、依法办理登记，履行备案手续

（一）明确经营范围。剧本娱乐经营场所应当依法向所在地县级以上市场监管部门办理登记并领取营业执照，经营范围登记为"剧本娱乐活动"。

（二）实行告知性备案。剧本娱乐经营场所应当自经营之日起 30 个自然日内将经营场所地址以及场所使用的剧本脚本名称、作者、简介、适龄范围等信息，通过全国文化市场技术监管与服务平台，报经营场所所在地县级文化和旅游行政部门备案。新增剧本脚本，或者剧本脚本的故事背景、剧情等主要内容发生实质性变化的，应当自使用之日起 30 个自然日内将剧本脚本的上述信息报原备案部门备案。文化和旅游部负责制定剧本娱乐活动备案指南。

二、坚守底线，规范经营

（三）严格内容管理。剧本娱乐经营场所应当坚持

正确导向,使用内容健康、积极向上的剧本脚本,鼓励使用弘扬主旋律、传播正能量的剧本脚本;应当建立内容自审制度,对剧本脚本以及表演、场景、道具、服饰等进行内容自审,确保内容合法。剧本娱乐经营场所内的剧本娱乐活动不得含有《中华人民共和国未成年人保护法》《娱乐场所管理条例》《营业性演出管理条例》等法律法规禁止的内容。

(四)加强未成年人保护。剧本娱乐经营场所使用的剧本脚本应当设置适龄提示,标明适龄范围;设置的场景不适宜未成年人的,应当在显著位置予以提示,并不得允许未成年人进入。剧本娱乐经营场所应当采取措施防止未成年人沉迷。除国家法定节假日、休息日及寒暑假期外,剧本娱乐经营场所不得向未成年人提供剧本娱乐活动。

(五)强化安全生产主体责任。剧本娱乐经营场所应当履行安全生产主体责任,严格落实《中华人民共和国安全生产法》《中华人民共和国消防法》等法律法规和有关消防安全要求;应当常态化开展火灾风险自知、自查、自改,提高紧急情况下的组织疏散逃生和初起火灾扑救能力,切实履行安全提示和告知义务,引导消费者增强安全防范意识,保障安全运营。剧本娱乐经营场所不得设在居民楼内、建筑物地下一层以下(不含地下一层)等地。

(六)强化诚信守法经营。剧本娱乐经营场所应当明码标价、诚实经营,不得存在虚假宣传、价格欺诈、利用不公平格式条款侵害消费者合法权益等违法违规行为。

(七)加强行业自律。行业协会应当制定行业规范,指导会员单位加强内容自审和从业人员培训,维护行业合法权益。

三、建立协同机制,形成监管合力

(八)明确职责分工。文化和旅游行政部门负责剧本娱乐经营场所内的剧本娱乐活动内容管理和有关未成年人保护工作,指导督促剧本娱乐经营场所履行安全生产和消防安全责任;公安机关负责剧本娱乐经营场所治安管理工作,依法查处相关违法犯罪行为;住房和城乡建设部门依法负责剧本娱乐经营场所消防设计审查验收备案工作;消防救援机构和相关部门依法依规负责开展剧本娱乐经营场所消防监督检查工作;市场监管部门负责剧本娱乐行业市场主体的登记注册工作。

(九)加强协同监管。各地文化和旅游行政部门应当会同公安机关、住房和城乡建设部门、市场监管部门、消防救援机构等建立协同监管机制,建立信息通报、线索移送和联合执法等工作机制,形成齐抓共管的工作格局。

四、设置政策过渡期,引导场所合规经营

(十)开展自查自纠。本通知印发之日起至 2023 年 6 月 30 日为政策过渡期。过渡期内,剧本娱乐经营场所应当根据本通知有关要求开展自查自纠,依法变更经营范围,完善经营资质,向文化和旅游行政部门履行备案手续,建立内容自审制度,积极整改并消除消防等安全隐患。各部门应当利用政策过渡期加强政策宣传,用好各级门户网站、政务信息平台,发挥新闻媒体、行业组织等作用,扩大政策宣传覆盖面和知晓度。

(十一)开展排查摸底。文化和旅游行政部门应当会同相关部门开展摸底排查工作,在摸底排查中发现含有法律法规禁止内容或者未履行适龄提示等有关未成年人保护责任的,应当责令经营单位改正并停止使用有关剧本脚本。各省级文化和旅游行政部门应当于 2022 年 8 月 31 日前,将摸底排查情况上报文化和旅游部。

(十二)开展专项检查。过渡期后,各地应当组织开展专项检查,加强日常巡查,对在检查中发现问题的,应当依照有关法律法规、标准规范和本通知要求及时处置。

各地文化和旅游行政部门、公安机关、住房和城乡建设部门、市场监管部门、消防救援机构应当根据本通知精神,结合各部门职责,切实加强对剧本娱乐经营场所的监督指导。工作中遇到的重要情况和问题,及时向上级部门请示报告。

特此通知。

演出市场个人所得税征收管理暂行办法

·1995 年 11 月 18 日国税发〔1995〕171 号文件印发
·根据 2016 年 5 月 29 日《国家税务总局关于公布全文废止和部分条款废止的税务部门规章目录的决定》和 2018 年 6 月 15 日《国家税务总局关于修改部分税务部门规章的决定》修正

第一条　为加强演出市场个人所得税的征收管理,根据《中华人民共和国个人所得税法》及其实施条例和《国务院办公厅转发文化部关于加强演出市场管理报告的通知》(国办发〔1991〕112 号)的有关规定,制定本办法。

第二条　凡参加演出(包括舞台演出、录音、录像、拍摄影视等,下同)而取得报酬的演职员,是个人所得税的纳税义务人;所取得的所得,为个人所得税的应纳税项目。

第三条　向演职员支付报酬的单位或个人,是个人所得税的扣缴义务人。扣缴义务人必须在支付演职员报酬的同时,按税收法律、行政法规及税务机关依照法律、行政法规作出的规定扣缴或预扣个人所得税。

预扣办法由各省、自治区、直辖市税务局根据有利控管的原则自行确定。

第四条　演出经纪机构领取《演出经营许可证》、《临时营业演出许可证》或变更以上证件内容的,必须在领证后或变更登记后的三十日内到机构所在地主管税务机关办理税务登记或变更税务登记。文化行政部门向演出经纪机构或个人发放《演出经营许可证》和《临时营业演出许可证》时,应将演出经纪机构的名称、住所、法人代表等情况抄送当地主管税务机关备案。

第五条　演出活动主办单位应在每次演出前两日内,将文化行政部门的演出活动批准件和演出合同、演出计划(时间、地点、场次)、报酬分配方案等有关材料报送演出所在地主管税务机关。演出合同和演出计划的内容如有变化,应按规定程序重新向文化行政部门申报审批并向主管税务机关报送新的有关材料。

第六条　演职员参加非任职单位组织的演出取得的报酬为劳务报酬所得,按次缴纳个人所得税。演职员参加任职单位组织的演出取得的报酬为工资、薪金所得,按月缴纳个人所得税。

上述报酬包括现金、实物和有价证券。

第七条　参加组台(团)演出的演职员取得的报酬,由主办单位或承办单位通过银行转账支付给演职员所在单位或发放演职员演出许可证的文化行政部门或其授权单位的,经演出所在地主管税务机关确认后,由演职员所在单位或者发放演职员许可证的文化行政部门或其授权单位,按实际支付给演职员个人的报酬代扣个人所得税,并在原单位所在地缴入金库。

第八条　组台(团)演出,不按第七条所述方式支付演职员报酬,或者虽按上述方式支付但未经演出所在地主管税务机关确认的,由向演职员支付报酬的演出经纪机构或者主办、承办单位扣缴个人所得税,税款在演出所在地缴纳。申报的演职员报酬明显偏低又无正当理由的,主管税务机关可以在查账核实的基础上,依据演出报酬总额、演职员分工、演员演出通常收费额等情况核定演职员的应纳税所得,扣缴义务人据此扣缴税款。

第九条　税务机关有根据认为从事演出的纳税义务人有逃避纳税义务行为的,可以在规定的纳税期之前,责令其限期缴纳应纳税款;在限期内发现纳税义务人有明显的转移、隐匿演出收入迹象的,税务机关可以责成纳税义务人提供纳税担保。如果纳税义务人不能提供纳税担保,经县以上(含县级)税务局(分局)局长批准,税务机关可以采取税收保全措施。

第十条　参与录音、录像、拍摄影视和在歌厅、舞厅、卡拉OK厅、夜总会、娱乐城等娱乐场所演出的演职员取得的报酬,由向演职员支付报酬的单位或业主扣缴个人所得税。

第十一条　演职员取得的报酬为不含税收入的,扣缴义务人支付的税款应按以下公式计算:

(一)应纳税所得额 $= \dfrac{\text{不含税收入} - \text{费用减除标准} - \text{速算}}{1 - \text{税率}}$

(二)应纳税额 = 应纳税所得额 × 适用税率 - 速算扣除数

第十二条　扣缴义务人扣缴的税款,应在次月七日内缴入国库,同时向主管税务机关报送扣缴个人所得税报告表、支付报酬明细表以及税务机关要求报送的其他资料。

第十三条　有下列情形的,演职员应在取得报酬的次月七日内自行到演出所在地或者单位所在地主管税务机关申报纳税:

(一)在两处或者两处以上取得工资、薪金性质所得的,应将各处取得的工资、薪金性质的所得合并计算纳税;

(二)分笔取得属于一次报酬的;

(三)扣缴义务人没有依法扣缴税款的;

(四)主管税务机关要求其申报纳税的。

第十四条　为了强化征收管理,主管税务机关可以根据当地实际情况,自行确定对在歌厅、舞厅、卡拉OK厅、夜总会、娱乐城等娱乐场所演出的演职员的个人所得税征收管理方式。

第十五条　组台(团)演出,应当建立健全财务会计制度,正确反映演出收支和向演职员支付报酬情况,并接受主管税务机关的监督检查。没有建立财务会计制度,或者未提供完整、准确的纳税资料,主管税务机关可以核定其应纳税所得额,据以征税。

第十六条　扣缴义务人和纳税义务人违反本办法有关规定,主管税务机关可以依照《中华人民共和国税收征收管理法》及其他有关法律和行政法规的有关规定给予处罚。

第十七条　演职员偷税情节恶劣,或者被第三次查出偷税的,除税务机关对其依法惩处外,文化行政部门可据情节轻重停止其演出活动半年至一年。

第十八条　各省、自治区、直辖市税务局和文化行政部门可依据本办法规定的原则,制定具体实施细则。

第十九条　本办法由国家税务总局、文化和旅游部共同负责解释。

第二十条　本办法自文到之日起施行。以前规定凡与本办法不符的,按本办法执行。

(五)互联网和网络游戏

1.互联网

中华人民共和国网络安全法

· 2016年11月7日第十二届全国人民代表大会常务委员会第二十四次会议通过
· 2016年11月7日中华人民共和国主席令第53号公布
· 自2017年6月1日起施行

第一章　总　则

第一条　为了保障网络安全,维护网络空间主权和国家安全、社会公共利益,保护公民、法人和其他组织的合法权益,促进经济社会信息化健康发展,制定本法。

第二条　在中华人民共和国境内建设、运营、维护和使用网络,以及网络安全的监督管理,适用本法。

第三条　国家坚持网络安全与信息化发展并重,遵循积极利用、科学发展、依法管理、确保安全的方针,推进网络基础设施建设和互联互通,鼓励网络技术创新和应用,支持培养网络安全人才,建立健全网络安全保障体系,提高网络安全保护能力。

第四条　国家制定并不断完善网络安全战略,明确保障网络安全的基本要求和主要目标,提出重点领域的网络安全政策、工作任务和措施。

第五条　国家采取措施,监测、防御、处置来源于中华人民共和国境内外的网络安全风险和威胁,保护关键信息基础设施免受攻击、侵入、干扰和破坏,依法惩治网络违法犯罪活动,维护网络空间安全和秩序。

第六条　国家倡导诚实守信、健康文明的网络行为,推动传播社会主义核心价值观,采取措施提高全社会的网络安全意识和水平,形成全社会共同参与促进网络安全的良好环境。

第七条　国家积极开展网络空间治理、网络技术研发和标准制定、打击网络违法犯罪等方面的国际交流与合作,推动构建和平、安全、开放、合作的网络空间,建立多边、民主、透明的网络治理体系。

第八条　国家网信部门负责统筹协调网络安全工作和相关监督管理工作。国务院电信主管部门、公安部门和其他有关机关依照本法和有关法律、行政法规的规定,在各自职责范围内负责网络安全保护和监督管理工作。

县级以上地方人民政府有关部门的网络安全保护和监督管理职责,按照国家有关规定确定。

第九条　网络运营者开展经营和服务活动,必须遵守法律、行政法规,尊重社会公德,遵守商业道德,诚实信用,履行网络安全保护义务,接受政府和社会的监督,承担社会责任。

第十条　建设、运营网络或者通过网络提供服务,应当依照法律、行政法规的规定和国家标准的强制性要求,采取技术措施和其他必要措施,保障网络安全、稳定运行,有效应对网络安全事件,防范网络违法犯罪活动,维护网络数据的完整性、保密性和可用性。

第十一条　网络相关行业组织按照章程,加强行业自律,制定网络安全行为规范,指导会员加强网络安全保护,提高网络安全保护水平,促进行业健康发展。

第十二条　国家保护公民、法人和其他组织依法使用网络的权利,促进网络接入普及,提升网络服务水平,为社会提供安全、便利的网络服务,保障网络信息依法有序自由流动。

任何个人和组织使用网络应当遵守宪法法律,遵守公共秩序,尊重社会公德,不得危害网络安全,不得利用网络从事危害国家安全、荣誉和利益,煽动颠覆国家政权、推翻社会主义制度,煽动分裂国家、破坏国家统一,宣扬恐怖主义、极端主义,宣扬民族仇恨、民族歧视,传播暴力、淫秽色情信息,编造、传播虚假信息扰乱经济秩序和社会秩序,以及侵害他人名誉、隐私、知识产权和其他合法权益等活动。

第十三条　国家支持研究开发有利于未成年人健康成长的网络产品和服务,依法惩治利用网络从事危害未成年人身心健康的活动,为未成年人提供安全、健康的网络环境。

第十四条　任何个人和组织有权对危害网络安全的行为向网信、电信、公安等部门举报。收到举报的部门应当及时依法作出处理;不属于本部门职责的,应当及时移送有权处理的部门。

有关部门应当对举报人的相关信息予以保密,保护举报人的合法权益。

第二章　网络安全支持与促进

第十五条　国家建立和完善网络安全标准体系。国务院标准化行政主管部门和国务院其他有关部门根据各自的职责,组织制定并适时修订有关网络安全管理以及网络产品、服务和运行安全的国家标准、行业标准。

国家支持企业、研究机构、高等学校、网络相关行业组织参与网络安全国家标准、行业标准的制定。

第十六条　国务院和省、自治区、直辖市人民政府应当统筹规划,加大投入,扶持重点网络安全技术产业和项目,支持网络安全技术的研究开发和应用,推广安全可信的网络产品和服务,保护网络技术知识产权,支持企业、研究机构和高等学校等参与国家网络安全技术创新项目。

第十七条　国家推进网络安全社会化服务体系建设,鼓励有关企业、机构开展网络安全认证、检测和风险评估等安全服务。

第十八条　国家鼓励开发网络数据安全保护和利用技术,促进公共数据资源开放,推动技术创新和经济社会发展。

国家支持创新网络安全管理方式,运用网络新技术,提升网络安全保护水平。

第十九条　各级人民政府及其有关部门应当组织开展经常性的网络安全宣传教育,并指导、督促有关单位做好网络安全宣传教育工作。

大众传播媒介应当有针对性地面向社会进行网络安全宣传教育。

第二十条　国家支持企业和高等学校、职业学校等教育培训机构开展网络安全相关教育与培训,采取多种方式培养网络安全人才,促进网络安全人才交流。

第三章　网络运行安全
第一节　一般规定

第二十一条　国家实行网络安全等级保护制度。网络运营者应当按照网络安全等级保护制度的要求,履行下列安全保护义务,保障网络免受干扰、破坏或者未经授权的访问,防止网络数据泄露或者被窃取、篡改:

(一)制定内部安全管理制度和操作规程,确定网络安全负责人,落实网络安全保护责任;

(二)采取防范计算机病毒和网络攻击、网络侵入等危害网络安全行为的技术措施;

(三)采取监测、记录网络运行状态、网络安全事件的技术措施,并按照规定留存相关的网络日志不少于六个月;

(四)采取数据分类、重要数据备份和加密等措施;

(五)法律、行政法规规定的其他义务。

第二十二条　网络产品、服务应当符合相关国家标准的强制性要求。网络产品、服务的提供者不得设置恶意程序;发现其网络产品、服务存在安全缺陷、漏洞等风险时,应当立即采取补救措施,按照规定及时告知用户并向有关主管部门报告。

网络产品、服务的提供者应当为其产品、服务持续提供安全维护;在规定或者当事人约定的期限内,不得终止提供安全维护。

网络产品、服务具有收集用户信息功能的,其提供者应当向用户明示并取得同意;涉及用户个人信息的,还应当遵守本法和有关法律、行政法规关于个人信息保护的规定。

第二十三条　网络关键设备和网络安全专用产品应当按照相关国家标准的强制性要求,由具备资格的机构安全认证合格或者安全检测符合要求后,方可销售或者提供。国家网信部门会同国务院有关部门制定、公布网络关键设备和网络安全专用产品目录,并推动安全认证和安全检测结果互认,避免重复认证、检测。

第二十四条　网络运营者为用户办理网络接入、域名注册服务,办理固定电话、移动电话等入网手续,或者为用户提供信息发布、即时通讯等服务,在与用户签订协议或者确认提供服务时,应当要求用户提供真实身份信息。用户不提供真实身份信息的,网络运营者不得为其提供相关服务。

国家实施网络可信身份战略,支持研究开发安全、方便的电子身份认证技术,推动不同电子身份认证之间的互认。

第二十五条　网络运营者应当制定网络安全事件应急预案,及时处置系统漏洞、计算机病毒、网络攻击、网络侵入等安全风险;在发生危害网络安全的事件时,立即启动应急预案,采取相应的补救措施,并按照规定向有关主管部门报告。

第二十六条　开展网络安全认证、检测、风险评估等活动,向社会发布系统漏洞、计算机病毒、网络攻击、网络侵入等网络安全信息,应当遵守国家有关规定。

第二十七条　任何个人和组织不得从事非法侵入他人网络、干扰他人网络正常功能、窃取网络数据等危害网络安全的活动;不得提供专门用于从事侵入网络、干扰网络正常功能及防护措施、窃取网络数据等危害网络安全活动的程序、工具;明知他人从事危害网络安全的活动的,不得为其提供技术支持、广告推广、支付结算等帮助。

第二十八条 网络运营者应当为公安机关、国家安全机关依法维护国家安全和侦查犯罪的活动提供技术支持和协助。

第二十九条 国家支持网络运营者之间在网络安全信息收集、分析、通报和应急处置等方面进行合作,提高网络运营者的安全保障能力。

有关行业组织建立健全本行业的网络安全保护规范和协作机制,加强对网络安全风险的分析评估,定期向会员进行风险警示,支持、协助会员应对网络安全风险。

第三十条 网信部门和有关部门在履行网络安全保护职责中获取的信息,只能用于维护网络安全的需要,不得用于其他用途。

第二节 关键信息基础设施的运行安全

第三十一条 国家对公共通信和信息服务、能源、交通、水利、金融、公共服务、电子政务等重要行业和领域,以及其他一旦遭到破坏、丧失功能或者数据泄露,可能严重危害国家安全、国计民生、公共利益的关键信息基础设施,在网络安全等级保护制度的基础上,实行重点保护。关键信息基础设施的具体范围和安全保护办法由国务院制定。

国家鼓励关键信息基础设施以外的网络运营者自愿参与关键信息基础设施保护体系。

第三十二条 按照国务院规定的职责分工,负责关键信息基础设施安全保护工作的部门分别编制并组织实施本行业、本领域的关键信息基础设施安全规划,指导和监督关键信息基础设施运行安全保护工作。

第三十三条 建设关键信息基础设施应当确保其具有支持业务稳定、持续运行的性能,并保证安全技术措施同步规划、同步建设、同步使用。

第三十四条 除本法第二十一条的规定外,关键信息基础设施的运营者还应当履行下列安全保护义务:

(一)设置专门安全管理机构和安全管理负责人,并对该负责人和关键岗位的人员进行安全背景审查;

(二)定期对从业人员进行网络安全教育、技术培训和技能考核;

(三)对重要系统和数据库进行容灾备份;

(四)制定网络安全事件应急预案,并定期进行演练;

(五)法律、行政法规规定的其他义务。

第三十五条 关键信息基础设施的运营者采购网络产品和服务,可能影响国家安全的,应当通过国家网信部门会同国务院有关部门组织的国家安全审查。

第三十六条 关键信息基础设施的运营者采购网络产品和服务,应当按照规定与提供者签订安全保密协议,明确安全和保密义务与责任。

第三十七条 关键信息基础设施的运营者在中华人民共和国境内运营中收集和产生的个人信息和重要数据应当在境内存储。因业务需要,确需向境外提供的,应当按照国家网信部门会同国务院有关部门制定的办法进行安全评估;法律、行政法规另有规定的,依照其规定。

第三十八条 关键信息基础设施的运营者应当自行或者委托网络安全服务机构对其网络的安全性和可能存在的风险每年至少进行一次检测评估,并将检测评估情况和改进措施报送相关负责关键信息基础设施安全保护工作的部门。

第三十九条 国家网信部门应当统筹协调有关部门对关键信息基础设施的安全保护采取下列措施:

(一)对关键信息基础设施的安全风险进行抽查检测,提出改进措施,必要时可以委托网络安全服务机构对网络存在的安全风险进行检测评估;

(二)定期组织关键信息基础设施的运营者进行网络安全应急演练,提高应对网络安全事件的水平和协同配合能力;

(三)促进有关部门、关键信息基础设施的运营者以及有关研究机构、网络安全服务机构等之间的网络安全信息共享;

(四)对网络安全事件的应急处置与网络功能的恢复等,提供技术支持和协助。

第四章 网络信息安全

第四十条 网络运营者应当对其收集的用户信息严格保密,并建立健全用户信息保护制度。

第四十一条 网络运营者收集、使用个人信息,应当遵循合法、正当、必要的原则,公开收集、使用规则,明示收集、使用信息的目的、方式和范围,并经被收集者同意。

网络运营者不得收集与其提供的服务无关的个人信息,不得违反法律、行政法规的规定和双方的约定收集、使用个人信息,并应当依照法律、行政法规的规定和与用户的约定,处理其保存的个人信息。

第四十二条 网络运营者不得泄露、篡改、毁损其收集的个人信息;未经被收集者同意,不得向他人提供个人信息。但是,经过处理无法识别特定个人且不能复原的除外。

网络运营者应当采取技术措施和其他必要措施,确保其收集的个人信息安全,防止信息泄露、毁损、丢失。在发生或者可能发生个人信息泄露、毁损、丢失的情况时,应当立即采取补救措施,按照规定及时告知用户并向有关主管部门报告。

第四十三条　个人发现网络运营者违反法律、行政法规的规定或者双方的约定收集、使用其个人信息的,有权要求网络运营者删除其个人信息;发现网络运营者收集、存储的其个人信息有错误的,有权要求网络运营者予以更正。网络运营者应采取措施予以删除或者更正。

第四十四条　任何个人和组织不得窃取或者以其他非法方式获取个人信息,不得非法出售或者非法向他人提供个人信息。

第四十五条　依法负有网络安全监督管理职责的部门及其工作人员,必须对在履行职责中知悉的个人信息、隐私和商业秘密严格保密,不得泄露、出售或者非法向他人提供。

第四十六条　任何个人和组织应当对其使用网络的行为负责,不得设立用于实施诈骗,传授犯罪方法,制作或者销售违禁物品、管制物品等违法犯罪活动的网站、通讯群组,不得利用网络发布涉及实施诈骗,制作或者销售违禁物品、管制物品以及其他违法犯罪活动的信息。

第四十七条　网络运营者应当加强对其用户发布的信息的管理,发现法律、行政法规禁止发布或者传输的信息的,应当立即停止传输该信息,采取消除等处置措施,防止信息扩散,保存有关记录,并向有关主管部门报告。

第四十八条　任何个人和组织发送的电子信息、提供的应用软件,不得设置恶意程序,不得含有法律、行政法规禁止发布或者传输的信息。

电子信息发送服务提供者和应用软件下载服务提供者,应当履行安全管理义务,知道其用户有前款规定行为的,应当停止提供服务,采取消除等处置措施,保存有关记录,并向有关主管部门报告。

第四十九条　网络运营者应当建立网络信息安全投诉、举报制度,公布投诉、举报方式等信息,及时受理并处理有关网络信息安全的投诉和举报。

网络运营者对网信部门和有关部门依法实施的监督检查,应当予以配合。

第五十条　国家网信部门和有关部门依法履行网络信息安全监督管理职责,发现法律、行政法规禁止发布或者传输的信息的,应当要求网络运营者停止传输,采取消除等处置措施,保存有关记录;对来源于中华人民共和国境外的上述信息,应当通知有关机构采取技术措施和其他必要措施阻断传播。

第五章　监测预警与应急处置

第五十一条　国家建立网络安全监测预警和信息通报制度。国家网信部门应当统筹协调有关部门加强网络安全信息收集、分析和通报工作,按照规定统一发布网络安全监测预警信息。

第五十二条　负责关键信息基础设施安全保护工作的部门,应当建立健全本行业、本领域的网络安全监测预警和信息通报制度,并按照规定报送网络安全监测预警信息。

第五十三条　国家网信部门协调有关部门建立健全网络安全风险评估和应急工作机制,制定网络安全事件应急预案,并定期组织演练。

负责关键信息基础设施安全保护工作的部门应当制定本行业、本领域的网络安全事件应急预案,并定期组织演练。

网络安全事件应急预案应当按照事件发生后的危害程度、影响范围等因素对网络安全事件进行分级,并规定相应的应急处置措施。

第五十四条　网络安全事件发生的风险增大时,省级以上人民政府有关部门应当按照规定的权限和程序,并根据网络安全风险的特点和可能造成的危害,采取下列措施:

(一)要求有关部门、机构和人员及时收集、报告有关信息,加强对网络安全风险的监测;

(二)组织有关部门、机构和专业人员,对网络安全风险信息进行分析评估,预测事件发生的可能性、影响范围和危害程度;

(三)向社会发布网络安全风险预警,发布避免、减轻危害的措施。

第五十五条　发生网络安全事件,应当立即启动网络安全事件应急预案,对网络安全事件进行调查和评估,要求网络运营者采取技术措施和其他必要措施,消除安全隐患,防止危害扩大,并及时向社会发布与公众有关的警示信息。

第五十六条　省级以上人民政府有关部门在履行网络安全监督管理职责中,发现网络存在较大安全风险或者发生安全事件的,可以按照规定的权限和程序对该网络的运营者的法定代表人或者主要负责人进行约谈。网络运营者应当按照要求采取措施,进行整改,消除隐患。

第五十七条　因网络安全事件，发生突发事件或者生产安全事故的，应当依照《中华人民共和国突发事件应对法》《中华人民共和国安全生产法》等有关法律、行政法规的规定处置。

第五十八条　因维护国家安全和社会公共秩序，处置重大突发社会安全事件的需要，经国务院决定或者批准，可以在特定区域对网络通信采取限制等临时措施。

第六章　法律责任

第五十九条　网络运营者不履行本法第二十一条、第二十五条规定的网络安全保护义务的，由有关主管部门责令改正，给予警告；拒不改正或者导致危害网络安全等后果的，处一万元以上十万元以下罚款，对直接负责的主管人员处五千元以上五万元以下罚款。

关键信息基础设施的运营者不履行本法第三十三条、第三十四条、第三十六条、第三十八条规定的网络安全保护义务的，由有关主管部门责令改正，给予警告；拒不改正或者导致危害网络安全等后果的，处十万元以上一百万元以下罚款，对直接负责的主管人员处一万元以上十万元以下罚款。

第六十条　违反本法第二十二条第一款、第二款和第四十八条第一款规定，有下列行为之一的，由有关主管部门责令改正，给予警告；拒不改正或导致危害网络安全等后果的，处五万元以上五十万元以下罚款，对直接负责的主管人员处一万元以上十万元以下罚款：

（一）设置恶意程序的；

（二）对其产品、服务存在的安全缺陷、漏洞等风险未立即采取补救措施，或者未按照规定及时告知用户并向有关主管部门报告的；

（三）擅自终止为其产品、服务提供安全维护的。

第六十一条　网络运营者违反本法第二十四条第一款规定，未要求用户提供真实身份信息，或者对不提供真实身份信息的用户提供相关服务的，由有关主管部门责令改正；拒不改正或者情节严重的，处五万元以上五十万元以下罚款，并可以由有关主管部门责令暂停相关业务、停业整顿、关闭网站、吊销相关业务许可证或者吊销营业执照，对直接负责的主管人员和其他直接责任人员处一万元以上十万元以下罚款。

第六十二条　违反本法第二十六条规定，开展网络安全认证、检测、风险评估等活动，或者向社会发布系统漏洞、计算机病毒、网络攻击、网络侵入等网络安全信息的，由有关主管部门责令改正，给予警告；拒不改正或者情节严重的，处一万元以上十万元以下罚款，并可以由有关主

管部门责令暂停相关业务、停业整顿、关闭网站、吊销相关业务许可证或者吊销营业执照，对直接负责的主管人员和其他直接责任人员处五千元以上五万元以下罚款。

第六十三条　违反本法第二十七条规定，从事危害网络安全的活动，或者提供专门用于从事危害网络安全活动的程序、工具，或者为他人从事危害网络安全的活动提供技术支持、广告推广、支付结算等帮助，尚不构成犯罪的，由公安机关没收违法所得，处五日以下拘留，可以并处五万元以上五十万元以下罚款；情节较重的，处五日以上十五日以下拘留，可以并处十万元以上一百万元以下罚款。

单位有前款行为的，由公安机关没收违法所得，处十万元以上一百万元以下罚款，并对直接负责的主管人员和其他直接责任人员依照前款规定处罚。

违反本法第二十七条规定，受到治安管理处罚的人员，五年内不得从事网络安全管理和网络运营关键岗位的工作；受到刑事处罚的人员，终身不得从事网络安全管理和网络运营关键岗位的工作。

第六十四条　网络运营者、网络产品或者服务的提供者违反本法第二十二条第三款、第四十一条至第四十三条规定，侵害个人信息依法得到保护的权利的，由有关主管部门责令改正，可以根据情节单处或者并处警告、没收违法所得、处违法所得一倍以上十倍以下罚款，没有违法所得的，处一百万元以下罚款，对直接负责的主管人员和其他直接责任人员处一万元以上十万元以下罚款；情节严重的，并可以责令暂停相关业务、停业整顿、关闭网站、吊销相关业务许可证或者吊销营业执照。

违反本法第四十四条规定，窃取或者以其他非法方式获取、非法出售或者非法向他人提供个人信息，尚不构成犯罪的，由公安机关没收违法所得，并处违法所得一倍以上十倍以下罚款，没有违法所得的，处一百万元以下罚款。

第六十五条　关键信息基础设施的运营者违反本法第三十五条规定，使用未经安全审查或者安全审查未通过的网络产品或者服务的，由有关主管部门责令停止使用，处采购金额一倍以上十倍以下罚款；对直接负责的主管人员和其他直接责任人员处一万元以上十万元以下罚款。

第六十六条　关键信息基础设施的运营者违反本法第三十七条规定，在境外存储网络数据，或者向境外提供网络数据的，由有关主管部门责令改正，给予警告，没收违法所得，处五万元以上五十万元以下罚款，并可以责令

暂停相关业务、停业整顿、关闭网站、吊销相关业务许可证或者吊销营业执照；对直接负责的主管人员和其他直接责任人员处一万元以上十万元以下罚款。

第六十七条　违反本法第四十六条规定，设立用于实施违法犯罪活动的网站、通讯群组，或者利用网络发布涉及实施违法犯罪活动的信息，尚不构成犯罪的，由公安机关处五日以下拘留，可以并处一万元以上十万元以下罚款；情节较重的，处五日以上十五日以下拘留，可以并处五万元以上五十万元以下罚款。关闭用于实施违法犯罪活动的网站、通讯群组。

单位有前款行为的，由公安机关处十万元以上五十万元以下罚款，并对直接负责的主管人员和其他直接责任人员依照前款规定处罚。

第六十八条　网络运营者违反本法第四十七条规定，对法律、行政法规禁止发布或者传输的信息未停止传输、采取消除等处置措施、保存有关记录的，由有关主管部门责令改正，给予警告，没收违法所得；拒不改正或者情节严重的，处十万元以上五十万元以下罚款，并可以责令暂停相关业务、停业整顿、关闭网站、吊销相关业务许可证或者吊销营业执照，对直接负责的主管人员和其他直接责任人员处一万元以上十万元以下罚款。

电子信息发送服务提供者、应用软件下载服务提供者，不履行本法第四十八条第二款规定的安全管理义务的，依照前款规定处罚。

第六十九条　网络运营者违反本法规定，有下列行为之一的，由有关主管部门责令改正；拒不改正或者情节严重的，处五万元以上五十万元以下罚款，对直接负责的主管人员和其他直接责任人员，处一万元以上十万元以下罚款：

（一）不按照有关部门的要求对法律、行政法规禁止发布或者传输的信息，采取停止传输、消除等处置措施的；

（二）拒绝、阻碍有关部门依法实施的监督检查的；

（三）拒不向公安机关、国家安全机关提供技术支持和协助的。

第七十条　发布或者传输本法第十二条第二款和其他法律、行政法规禁止发布或者传输的信息的，依照有关法律、行政法规的规定处罚。

第七十一条　有本法规定的违法行为的，依照有关法律、行政法规的规定记入信用档案，并予以公示。

第七十二条　国家机关政务网络的运营者不履行本法规定的网络安全保护义务的，由其上级机关或者有关

机关责令改正；对直接负责的主管人员和其他直接责任人员依法给予处分。

第七十三条　网信部门和有关部门违反本法第三十条规定，将在履行网络安全保护职责中获取的信息用于其他用途的，对直接负责的主管人员和其他直接责任人员依法给予处分。

网信部门和有关部门的工作人员玩忽职守、滥用职权、徇私舞弊，尚不构成犯罪的，依法给予处分。

第七十四条　违反本法规定，给他人造成损害的，依法承担民事责任。

违反本法规定，构成违反治安管理行为的，依法给予治安管理处罚；构成犯罪的，依法追究刑事责任。

第七十五条　境外的机构、组织、个人从事攻击、侵入、干扰、破坏等危害中华人民共和国的关键信息基础设施的活动，造成严重后果的，依法追究法律责任；国务院公安部门和有关部门并可以决定对该机构、组织、个人采取冻结财产或者其他必要的制裁措施。

第七章　附　则

第七十六条　本法下列用语的含义：

（一）网络，是指由计算机或者其他信息终端及相关设备组成的按照一定的规则和程序对信息进行收集、存储、传输、交换、处理的系统。

（二）网络安全，是指通过采取必要措施，防范对网络的攻击、侵入、干扰、破坏和非法使用以及意外事故，使网络处于稳定可靠运行的状态，以及保障网络数据的完整性、保密性、可用性的能力。

（三）网络运营者，是指网络的所有者、管理者和网络服务提供者。

（四）网络数据，是指通过网络收集、存储、传输、处理和产生的各种电子数据。

（五）个人信息，是指以电子或者其他方式记录的能够单独或者与其他信息结合识别自然人个人身份的各种信息，包括但不限于自然人的姓名、出生日期、身份证件号码、个人生物识别信息、住址、电话号码等。

第七十七条　存储、处理涉及国家秘密信息的网络的运行安全保护，除应当遵守本法外，还应当遵守保密法律、行政法规的规定。

第七十八条　军事网络的安全保护，由中央军事委员会另行规定。

第七十九条　本法自 2017 年 6 月 1 日起施行。

中华人民共和国个人信息保护法

· 2021 年 8 月 20 日第十三届全国人民代表大会常务委员会第三十次会议通过

· 2021 年 8 月 20 日中华人民共和国主席令第 91 号公布

· 自 2021 年 11 月 1 日起施行

第一章　总　则

第一条　【立法目的】为了保护个人信息权益,规范个人信息处理活动,促进个人信息合理利用,根据宪法,制定本法。

第二条　【个人信息受法律保护】自然人的个人信息受法律保护,任何组织、个人不得侵害自然人的个人信息权益。

第三条　【适用范围】在中华人民共和国境内处理自然人个人信息的活动,适用本法。

在中华人民共和国境外处理中华人民共和国境内自然人个人信息的活动,有下列情形之一的,也适用本法:

(一)以向境内自然人提供产品或者服务为目的;

(二)分析、评估境内自然人的行为;

(三)法律、行政法规规定的其他情形。

第四条　【个人信息的含义】个人信息是以电子或者其他方式记录的与已识别或者可识别的自然人有关的各种信息,不包括匿名化处理后的信息。

个人信息的处理包括个人信息的收集、存储、使用、加工、传输、提供、公开、删除等。

第五条　【合法、正当、必要和诚信原则】处理个人信息应当遵循合法、正当、必要和诚信原则,不得通过误导、欺诈、胁迫等方式处理个人信息。

第六条　【个人信息处理的原则】处理个人信息应当具有明确、合理的目的,并应当与处理目的直接相关,采取对个人权益影响最小的方式。

收集个人信息,应当限于实现处理目的的最小范围,不得过度收集个人信息。

第七条　【公开透明原则】处理个人信息应当遵循公开、透明原则,公开个人信息处理规则,明示处理的目的、方式和范围。

第八条　【个人信息质量原则】处理个人信息应当保证个人信息的质量,避免因个人信息不准确、不完整对个人权益造成不利影响。

第九条　【个人信息处理者负责原则】个人信息处理者应当对其个人信息处理活动负责,并采取必要措施保障所处理的个人信息的安全。

第十条　【个人信息处理的禁止性规定】任何组织、个人不得非法收集、使用、加工、传输他人个人信息,不得非法买卖、提供或者公开他人个人信息;不得从事危害国家安全、公共利益的个人信息处理活动。

第十一条　【国家个人信息保护制度】国家建立健全个人信息保护制度,预防和惩治侵害个人信息权益的行为,加强个人信息保护宣传教育,推动形成政府、企业、相关社会组织、公众共同参与个人信息保护的良好环境。

第十二条　【个人信息保护国际交流合作】国家积极参与个人信息保护国际规则的制定,促进个人信息保护方面的国际交流与合作,推动与其他国家、地区、国际组织之间的个人信息保护规则、标准等互认。

第二章　个人信息处理规则

第一节　一般规定

第十三条　【个人信息处理的合法性条件】符合下列情形之一的,个人信息处理者方可处理个人信息:

(一)取得个人的同意;

(二)为订立、履行个人作为一方当事人的合同所必需,或者按照依法制定的劳动规章制度和依法签订的集体合同实施人力资源管理所必需;

(三)为履行法定职责或者法定义务所必需;

(四)为应对突发公共卫生事件,或者紧急情况下为保护自然人的生命健康和财产安全所必需;

(五)为公共利益实施新闻报道、舆论监督等行为,在合理的范围内处理个人信息;

(六)依照本法规定在合理的范围内处理个人自行公开或者其他已经合法公开的个人信息;

(七)法律、行政法规规定的其他情形。

依照本法其他有关规定,处理个人信息应当取得个人同意,但是有前款第二项至第七项规定情形的,不需取得个人同意。

第十四条　【知情同意原则】基于个人同意处理个人信息的,该同意应当由个人在充分知情的前提下自愿、明确作出。法律、行政法规规定处理个人信息应当取得个人单独同意或者书面同意的,从其规定。

个人信息的处理目的、处理方式和处理的个人信息种类发生变更的,应当重新取得个人同意。

第十五条　【个人信息撤回权】基于个人同意处理个人信息的,个人有权撤回其同意。个人信息处理者应当提供便捷的撤回同意的方式。

个人撤回同意,不影响撤回前基于个人同意已进行的个人信息处理活动的效力。

第十六条　【不得拒绝提供服务原则】个人信息处理者不得以个人不同意处理其个人信息或者撤回同意为由,拒绝提供产品或者服务;处理个人信息属于提供产品或者服务所必需的除外。

第十七条　【个人信息的告知规则】个人信息处理者在处理个人信息前,应当以显著方式、清晰易懂的语言真实、准确、完整地向个人告知下列事项:

(一)个人信息处理者的名称或者姓名和联系方式;

(二)个人信息的处理目的、处理方式,处理的个人信息种类、保存期限;

(三)个人行使本法规定权利的方式和程序;

(四)法律、行政法规规定应当告知的其他事项。

前款规定事项发生变更的,应当将变更部分告知个人。

个人信息处理者通过制定个人信息处理规则的方式告知第一款规定事项的,处理规则应当公开,并且便于查阅和保存。

第十八条　【告知义务的豁免及延迟】个人信息处理者处理个人信息,有法律、行政法规规定应当保密或者不需要告知的情形的,可以不向个人告知前条第一款规定的事项。

紧急情况下为保护自然人的生命健康和财产安全无法及时向个人告知的,个人信息处理者应当在紧急情况消除后及时告知。

第十九条　【个人信息保存期限的限制】除法律、行政法规另有规定外,个人信息的保存期限应当为实现处理目的所必要的最短时间。

第二十条　【共同处理个人信息的权义约定和义务承担】两个以上的个人信息处理者共同决定个人信息的处理目的和处理方式的,应当约定各自的权利和义务。但是,该约定不影响个人向其中任何一个个人信息处理者要求行使本法规定的权利。

个人信息处理者共同处理个人信息,侵害个人信息权益造成损害的,应当依法承担连带责任。

第二十一条　【委托处理个人信息】个人信息处理者委托处理个人信息的,应当与受托人约定委托处理的目的、期限、处理方式、个人信息的种类、保护措施以及双方的权利和义务等,并对受托人的个人信息处理活动进行监督。

受托人应当按照约定处理个人信息,不得超出约定的处理目的、处理方式等处理个人信息;委托合同不生效、无效、被撤销或者终止的,受托人应当将个人信息返还个人信息处理者或者予以删除,不得保留。

未经个人信息处理者同意,受托人不得转委托他人处理个人信息。

第二十二条　【个人信息移转】个人信息处理者因合并、分立、解散、被宣告破产等原因需要转移个人信息的,应当向个人告知接收方的名称或者姓名和联系方式。接收方应当继续履行个人信息处理者的义务。接收方变更原先的处理目的、处理方式的,应当依照本法规定重新取得个人同意。

第二十三条　【个人信息分享提供】个人信息处理者向其他个人信息处理者提供其处理的个人信息的,应当向个人告知接收方的名称或者姓名、联系方式、处理目的、处理方式和个人信息的种类,并取得个人的单独同意。接收方应当在上述处理目的、处理方式和个人信息的种类等范围内处理个人信息。接收方变更原先的处理目的、处理方式的,应当依照本法规定重新取得个人同意。

第二十四条　【自动化决策】个人信息处理者利用个人信息进行自动化决策,应当保证决策的透明度和结果公平、公正,不得对个人在交易价格等交易条件上实行不合理的差别待遇。

通过自动化决策方式向个人进行信息推送、商业营销,应当同时提供不针对其个人特征的选项,或者向个人提供便捷的拒绝方式。

通过自动化决策方式作出对个人权益有重大影响的决定,个人有权要求个人信息处理者予以说明,并有权拒绝个人信息处理者仅通过自动化决策的方式作出决定。

第二十五条　【个人信息公开】个人信息处理者不得公开其处理的个人信息,取得个人单独同意的除外。

第二十六条　【公共场所图像、身份识别信息收集规则】在公共场所安装图像采集、个人身份识别设备,应当为维护公共安全所必需,遵守国家有关规定,并设置显著的提示标识。所收集的个人图像、身份识别信息只能用于维护公共安全的目的,不得用于其他目的;取得个人单独同意的除外。

第二十七条　【已公开个人信息的处理】个人信息处理者可以在合理的范围内处理个人自行公开或者其他已经合法公开的个人信息;个人明确拒绝的除外。个人信息处理者处理已公开的个人信息,对个人权益有重大影响的,应当依照本法规定取得个人同意。

第二节　敏感个人信息的处理规则

第二十八条　【敏感个人信息的处理】敏感个人信

息是一旦泄露或者非法使用,容易导致自然人的人格尊严受到侵害或者人身、财产安全受到危害的个人信息,包括生物识别、宗教信仰、特定身份、医疗健康、金融账户、行踪轨迹等信息,以及不满十四周岁未成年人的个人信息。

只有在具有特定的目的和充分的必要性,并采取严格保护措施的情形下,个人信息处理者方可处理敏感个人信息。

第二十九条　【敏感个人信息特别同意规则】处理敏感个人信息应当取得个人的单独同意;法律、行政法规规定处理敏感个人信息应当取得书面同意的,从其规定。

第三十条　【敏感个人信息告知义务】个人信息处理者处理敏感个人信息的,除本法第十七条第一款规定的事项外,还应当向个人告知处理敏感个人信息的必要性以及对个人权益的影响;依照本法规定可以不向个人告知的除外。

第三十一条　【未成年人同意规则】个人信息处理者处理不满十四周岁未成年人个人信息的,应当取得未成年人的父母或者其他监护人的同意。

个人信息处理者处理不满十四周岁未成年人个人信息的,应当制定专门的个人信息处理规则。

第三十二条　【处理敏感个人信息的法定限制】法律、行政法规对处理敏感个人信息规定应当取得相关行政许可或者作出其他限制的,从其规定。

第三节　国家机关处理个人信息的特别规定

第三十三条　【国家机关保护个人信息的法定义务】国家机关处理个人信息的活动,适用本法;本节有特别规定的,适用本节规定。

第三十四条　【国家机关依法定职责处理个人信息】国家机关为履行法定职责处理个人信息,应当依照法律、行政法规规定的权限、程序进行,不得超出履行法定职责所必需的范围和限度。

第三十五条　【国家机关处理个人信息的告知义务】国家机关为履行法定职责处理个人信息,应当依照本法规定履行告知义务;有本法第十八条第一款规定的情形,或者告知将妨碍国家机关履行法定职责的除外。

第三十六条　【个人信息的境内存储和境外提供风险评估】国家机关处理的个人信息应当在中华人民共和国境内存储;确需向境外提供的,应当进行安全评估。安全评估可以要求有关部门提供支持与协助。

第三十七条　【法律、法规授权的公共职能组织的参照适用】法律、法规授权的具有管理公共事务职能的组织为履行法定职责处理个人信息,适用本法关于国家机关处理个人信息的规定。

第三章　个人信息跨境提供的规则

第三十八条　【个人信息对外提供条件】个人信息处理者因业务等需要,确需向中华人民共和国境外提供个人信息的,应当具备下列条件之一:

(一)依照本法第四十条的规定通过国家网信部门组织的安全评估;

(二)按照国家网信部门的规定经专业机构进行个人信息保护认证;

(三)按照国家网信部门制定的标准合同与境外接收方订立合同,约定双方的权利和义务;

(四)法律、行政法规或者国家网信部门规定的其他条件。

中华人民共和国缔结或者参加的国际条约、协定对向中华人民共和国境外提供个人信息的条件等有规定的,可以按照其规定执行。

个人信息处理者应当采取必要措施,保障境外接收方处理个人信息的活动达到本法规定的个人信息保护标准。

第三十九条　【出境的告知要求】个人信息处理者向中华人民共和国境外提供个人信息的,应当向个人告知境外接收方的名称或者姓名、联系方式、处理目的、处理方式、个人信息的种类以及个人向境外接收方行使本法规定权利的方式和程序等事项,并取得个人的单独同意。

第四十条　【关键信息基础设施的要求】关键信息基础设施运营者和处理个人信息达到国家网信部门规定数量的个人信息处理者,应当将在中华人民共和国境内收集和产生的个人信息存储在境内。确需向境外提供的,应当通过国家网信部门组织的安全评估;法律、行政法规和国家网信部门规定可以不进行安全评估的,从其规定。

第四十一条　【个人信息跨境提供的批准】中华人民共和国主管机关根据有关法律和中华人民共和国缔结或者参加的国际条约、协定,或者按照平等互惠原则,处理外国司法或者执法机构关于提供存储于境内个人信息的请求。非经中华人民共和国主管机关批准,个人信息处理者不得向外国司法或者执法机构提供存储于中华人民共和国境内的个人信息。

第四十二条　【境外违法个人信息处理活动的禁止性规定】境外的组织、个人从事侵害中华人民共和国公民的个人信息权益,或者危害中华人民共和国国家安全、公共利益的个人信息处理活动的,国家网信部门可以将其列入限制或者禁止个人信息提供清单,予以公告,并采取限制或者禁止向其提供个人信息等措施。

第四十三条 【对针对中国的歧视性禁止、限制措施可采取对等措施】任何国家或者地区在个人信息保护方面对中华人民共和国采取歧视性的禁止、限制或者其他类似措施的,中华人民共和国可以根据实际情况对该国家或者地区对等采取措施。

第四章　个人在个人信息处理活动中的权利

第四十四条 【知情权和决定权】个人对其个人信息的处理享有知情权、决定权,有权限制或者拒绝他人对其个人信息进行处理;法律、行政法规另有规定的除外。

第四十五条 【查阅权、复制权及个人信息的转移】个人有权向个人信息处理者查阅、复制其个人信息;有本法第十八条第一款、第三十五条规定情形的除外。

个人请求查阅、复制其个人信息的,个人信息处理者应当及时提供。

个人请求将个人信息转移至其指定的个人信息处理者,符合国家网信部门规定条件的,个人信息处理者应当提供转移的途径。

第四十六条 【更正权和补充权】个人发现其个人信息不准确或者不完整的,有权请求个人信息处理者更正、补充。

个人请求更正、补充其个人信息的,个人信息处理者应当对其个人信息予以核实,并及时更正、补充。

第四十七条 【删除权】有下列情形之一的,个人信息处理者应当主动删除个人信息;个人信息处理者未删除的,个人有权请求删除:

(一)处理目的已实现、无法实现或者为实现处理目的不再必要;

(二)个人信息处理者停止提供产品或者服务,或者保存期限已届满;

(三)个人撤回同意;

(四)个人信息处理者违反法律、行政法规或者违反约定处理个人信息;

(五)法律、行政法规规定的其他情形。

法律、行政法规规定的保存期限未届满,或者删除个人信息从技术上难以实现的,个人信息处理者应当停止除存储和采取必要的安全保护措施之外的处理。

第四十八条 【要求解释和说明权】个人有权要求

个人信息处理者对其个人信息处理规则进行解释说明。

第四十九条 【死者个人信息保护】自然人死亡的,其近亲属为了自身的合法、正当利益,可以对死者的相关个人信息行使本章规定的查阅、复制、更正、删除等权利;死者生前另有安排的除外。

第五十条 【个人信息权利行使的申请受理和处理机制】个人信息处理者应当建立便捷的个人行使权利的申请受理和处理机制。拒绝个人行使权利的请求的,应当说明理由。

个人信息处理者拒绝个人行使权利的请求的,个人可以依法向人民法院提起诉讼。

第五章　个人信息处理者的义务

第五十一条 【个人信息安全管理要求】个人信息处理者应当根据个人信息的处理目的、处理方式、个人信息的种类以及对个人权益的影响、可能存在的安全风险等,采取下列措施确保个人信息处理活动符合法律、行政法规的规定,并防止未经授权的访问以及个人信息泄露、篡改、丢失:

(一)制定内部管理制度和操作规程;

(二)对个人信息实行分类管理;

(三)采取相应的加密、去标识化等安全技术措施;

(四)合理确定个人信息处理的操作权限,并定期对从业人员进行安全教育和培训;

(五)制定并组织实施个人信息安全事件应急预案;

(六)法律、行政法规规定的其他措施。

第五十二条 【个人信息负责人制度】处理个人信息达到国家网信部门规定数量的个人信息处理者应当指定个人信息保护负责人,负责对个人信息处理活动以及采取的保护措施等进行监督。

个人信息处理者应当公开个人信息保护负责人的联系方式,并将个人信息保护负责人的姓名、联系方式等报送履行个人信息保护职责的部门。

第五十三条 【境外个人信息处理者设立境内专门机构或指定代表的义务】本法第三条第二款规定的中华人民共和国境外的个人信息处理者,应当在中华人民共和国境内设立专门机构或者指定代表,负责处理个人信息保护相关事务,并将有关机构的名称或者代表的姓名、联系方式等报送履行个人信息保护职责的部门。

第五十四条 【定期合规审计义务】个人信息处理者应当定期对其处理个人信息遵守法律、行政法规的情况进行合规审计。

第五十五条 【个人信息保护影响评估义务】有下

列情形之一的,个人信息处理者应当事前进行个人信息保护影响评估,并对处理情况进行记录:

(一)处理敏感个人信息;

(二)利用个人信息进行自动化决策;

(三)委托处理个人信息、向其他个人信息处理者提供个人信息、公开个人信息;

(四)向境外提供个人信息;

(五)其他对个人权益有重大影响的个人信息处理活动。

第五十六条　【个人信息保护影响评估的内容】个人信息保护影响评估应当包括下列内容:

(一)个人信息的处理目的、处理方式等是否合法、正当、必要;

(二)对个人权益的影响及安全风险;

(三)所采取的保护措施是否合法、有效并与风险程度相适应。

个人信息保护影响评估报告和处理情况记录应当至少保存三年。

第五十七条　【个人信息泄露等事件的补救措施和通知义务】发生或者可能发生个人信息泄露、篡改、丢失的,个人信息处理者应当立即采取补救措施,并通知履行个人信息保护职责的部门和个人。通知应当包括下列事项:

(一)发生或者可能发生个人信息泄露、篡改、丢失的信息种类、原因和可能造成的危害;

(二)个人信息处理者采取的补救措施和个人可以采取的减轻危害的措施;

(三)个人信息处理者的联系方式。

个人信息处理者采取措施能够有效避免信息泄露、篡改、丢失造成危害的,个人信息处理者可以不通知个人;履行个人信息保护职责的部门认为可能造成危害的,有权要求个人信息处理者通知个人。

第五十八条　【大型互联网平台的个人信息保护义务】提供重要互联网平台服务、用户数量巨大、业务类型复杂的个人信息处理者,应当履行下列义务:

(一)按照国家规定建立健全个人信息保护合规制度体系,成立主要由外部成员组成的独立机构对个人信息保护情况进行监督;

(二)遵循公开、公平、公正的原则,制定平台规则,明确平台内产品或者服务提供者处理个人信息的规范和保护个人信息的义务;

(三)对严重违反法律、行政法规处理个人信息的平台内的产品或者服务提供者,停止提供服务;

(四)定期发布个人信息保护社会责任报告,接受社会监督。

第五十九条　【受托方的个人信息保护义务】接受委托处理个人信息的受托人,应当依照本法和有关法律、行政法规的规定,采取必要措施保障所处理的个人信息的安全,并协助个人信息处理者履行本法规定的义务。

第六章　履行个人信息保护职责的部门

第六十条　【个人信息保护监管的职能划分】国家网信部门负责统筹协调个人信息保护工作和相关监督管理工作。国务院有关部门依照本法和有关法律、行政法规的规定,在各自职责范围内负责个人信息保护和监督管理工作。

县级以上地方人民政府有关部门的个人信息保护和监督管理职责,按照国家有关规定确定。

前两款规定的部门统称为履行个人信息保护职责的部门。

第六十一条　【履行个人信息保护职责的部门的基本职责】履行个人信息保护职责的部门履行下列个人信息保护职责:

(一)开展个人信息保护宣传教育,指导、监督个人信息处理者开展个人信息保护工作;

(二)接受、处理与个人信息保护有关的投诉、举报;

(三)组织对应用程序等个人信息保护情况进行测评,并公布测评结果;

(四)调查、处理违法个人信息处理活动;

(五)法律、行政法规规定的其他职责。

第六十二条　【国家网信部门统筹协调的个人信息保护工作】国家网信部门统筹协调有关部门依据本法推进下列个人信息保护工作:

(一)制定个人信息保护具体规则、标准;

(二)针对小型个人信息处理者、处理敏感个人信息以及人脸识别、人工智能等新技术、新应用,制定专门的个人信息保护规则、标准;

(三)支持研究开发和推广应用安全、方便的电子身份认证技术,推进网络身份认证公共服务建设;

(四)推进个人信息保护社会化服务体系建设,支持有关机构开展个人信息保护评估、认证服务;

(五)完善个人信息保护投诉、举报工作机制。

第六十三条　【个人信息保护措施】履行个人信息保护职责的部门履行个人信息保护职责,可以采取下列措施:

（一）询问有关当事人，调查与个人信息处理活动有关的情况；

（二）查阅、复制当事人与个人信息处理活动有关的合同、记录、账簿以及其他有关资料；

（三）实施现场检查，对涉嫌违法的个人信息处理活动进行调查；

（四）检查与个人信息处理活动有关的设备、物品；对有证据证明是用于违法个人信息处理活动的设备、物品，向本部门主要负责人书面报告并经批准，可以查封或者扣押。

履行个人信息保护职责的部门依法履行职责，当事人应当予以协助、配合，不得拒绝、阻挠。

第六十四条　【约谈、合规审计】履行个人信息保护职责的部门在履行职责中，发现个人信息处理活动存在较大风险或者发生个人信息安全事件的，可以按照规定的权限和程序对该个人信息处理者的法定代表人或者主要负责人进行约谈，或者要求个人信息处理者委托专业机构对其个人信息处理活动进行合规审计。个人信息处理者应当按照要求采取措施，进行整改，消除隐患。

履行个人信息保护职责的部门在履行职责中，发现违法处理个人信息涉嫌犯罪的，应当及时移送公安机关依法处理。

第六十五条　【投诉举报机制】任何组织、个人有权对违法个人信息处理活动向履行个人信息保护职责的部门进行投诉、举报。收到投诉、举报的部门应当依法及时处理，并将处理结果告知投诉、举报人。

履行个人信息保护职责的部门应当公布接受投诉、举报的联系方式。

第七章　法律责任

第六十六条　【非法处理个人信息、未依法履行个人信息保护义务的行政责任】违反本法规定处理个人信息，或者处理个人信息未履行本法规定的个人信息保护义务的，由履行个人信息保护职责的部门责令改正，给予警告，没收违法所得，对违法处理个人信息的应用程序，责令暂停或者终止提供服务；拒不改正的，并处一百万元以下罚款；对直接负责的主管人员和其他直接责任人员处一万元以上十万元以下罚款。

有前款规定的违法行为，情节严重的，由省级以上履行个人信息保护职责的部门责令改正，没收违法所得，并处五千万元以下或者上一年度营业额百分之五以下罚款，并可以责令暂停相关业务或者停业整顿、通报有关主管部门吊销相关业务许可或者吊销营业执照；对直接负

责的主管人员和其他直接责任人员处十万元以上一百万元以下罚款，并可以决定禁止其在一定期限内担任相关企业的董事、监事、高级管理人员和个人信息保护负责人。

第六十七条　【信用档案制度】有本法规定的违法行为的，依照有关法律、行政法规的规定记入信用档案，并予以公示。

第六十八条　【国家机关不履行个人信息保护义务、履行个人信息保护职责的部门的工作人员渎职的法律责任】国家机关不履行本法规定的个人信息保护义务的，由其上级机关或者履行个人信息保护职责的部门责令改正；对直接负责的主管人员和其他直接责任人员依法给予处分。

履行个人信息保护职责的部门的工作人员玩忽职守、滥用职权、徇私舞弊，尚不构成犯罪的，依法给予处分。

第六十九条　【侵害个人信息权益的民事责任】处理个人信息侵害个人信息权益造成损害，个人信息处理者不能证明自己没有过错的，应当承担损害赔偿等侵权责任。

前款规定的损害赔偿责任按照个人因此受到的损失或者个人信息处理者因此获得的利益确定；个人因此受到的损失和个人信息处理者因此获得的利益难以确定的，根据实际情况确定赔偿数额。

第七十条　【个人信息侵害的公益诉讼】个人信息处理者违反本法规定处理个人信息，侵害众多个人的权益的，人民检察院、法律规定的消费者组织和由国家网信部门确定的组织可以依法向人民法院提起诉讼。

第七十一条　【治安管理处罚和刑事责任】违反本法规定，构成违反治安管理行为的，依法给予治安管理处罚；构成犯罪的，依法追究刑事责任。

第八章　附　则

第七十二条　【适用除外范围】自然人因个人或者家庭事务处理个人信息的，不适用本法。

法律对各级人民政府及其有关部门组织实施的统计、档案管理活动中的个人信息处理有规定的，适用其规定。

第七十三条　【相关用语的含义】本法下列用语的含义：

（一）个人信息处理者，是指在个人信息处理活动中自主决定处理目的、处理方式的组织、个人。

（二）自动化决策，是指通过计算机程序自动分析、评估个人的行为习惯、兴趣爱好或者经济、健康、信用状况等，并进行决策的活动。

（三）去标识化，是指个人信息经过处理，使其在不借助额外信息的情况下无法识别特定自然人的过程。

（四）匿名化，是指个人信息经过处理无法识别特定自然人且不能复原的过程。

第七十四条 【生效时间】本法自 2021 年 11 月 1 日起施行。

中华人民共和国数据安全法

·2021 年 6 月 10 日第十三届全国人民代表大会常务委员会第二十九次会议通过
·2021 年 6 月 10 日中华人民共和国主席令第 84 号公布
·自 2021 年 9 月 1 日起施行

第一章　总　则

第一条 【立法目的】为了规范数据处理活动，保障数据安全，促进数据开发利用，保护个人、组织的合法权益，维护国家主权、安全和发展利益，制定本法。

第二条 【适用范围】在中华人民共和国境内开展数据处理活动及其安全监管，适用本法。

在中华人民共和国境外开展数据处理活动，损害中华人民共和国国家安全、公共利益或者公民、组织合法权益的，依法追究法律责任。

第三条 【数据及相关定义】本法所称数据，是指任何以电子或者其他方式对信息的记录。

数据处理，包括数据的收集、存储、使用、加工、传输、提供、公开等。

数据安全，是指通过采取必要措施，确保数据处于有效保护和合法利用的状态，以及具备保障持续安全状态的能力。

第四条 【基本原则】维护数据安全，应当坚持总体国家安全观，建立健全数据安全治理体系，提高数据安全保障能力。

第五条 【决策和协调机制】中央国家安全领导机构负责国家数据安全工作的决策和议事协调，研究制定、指导实施国家数据安全战略和有关重大方针政策，统筹协调国家数据安全的重大事项和重要工作，建立国家数据安全工作协调机制。

第六条 【各地区、各部门维护数据安全的职责】各地区、各部门对本地区、本部门工作中收集和产生的数据及数据安全负责。

工业、电信、交通、金融、自然资源、卫生健康、教育、科技等主管部门承担本行业、本领域数据安全监管职责。

公安机关、国家安全机关等依照本法和有关法律、行政法规的规定，在各自职责范围内承担数据安全监管职责。

国家网信部门依照本法和有关法律、行政法规的规定，负责统筹协调网络数据安全和相关监管工作。

第七条 【权益保护】国家保护个人、组织与数据有关的权益，鼓励数据依法合理有效利用，保障数据依法有序自由流动，促进以数据为关键要素的数字经济发展。

第八条 【数据处理者的义务】开展数据处理活动，应当遵守法律、法规，尊重社会公德和伦理，遵守商业道德和职业道德，诚实守信，履行数据安全保护义务，承担社会责任，不得危害国家安全、公共利益，不得损害个人、组织的合法权益。

第九条 【社会共治】国家支持开展数据安全知识宣传普及，提高全社会的数据安全保护意识和水平，推动有关部门、行业组织、科研机构、企业、个人等共同参与数据安全保护工作，形成全社会共同维护数据安全和促进发展的良好环境。

第十条 【行业组织的义务】相关行业组织按照章程，依法制定数据安全行为规范和团体标准，加强行业自律，指导会员加强数据安全保护，提高数据安全保护水平，促进行业健康发展。

第十一条 【跨境流动】国家积极开展数据安全治理、数据开发利用等领域的国际交流与合作，参与数据安全相关国际规则和标准的制定，促进数据跨境安全、自由流动。

第十二条 【投诉举报】任何个人、组织都有权对违反本法规定的行为向有关主管部门投诉、举报。收到投诉、举报的部门应当及时依法处理。

有关主管部门应当对投诉、举报人的相关信息予以保密，保护投诉、举报人的合法权益。

第二章　数据安全与发展

第十三条 【统筹发展】国家统筹发展和安全，坚持以数据开发利用和产业发展促进数据安全，以数据安全保障数据开发利用和产业发展。

第十四条 【大数据战略】国家实施大数据战略，推进数据基础设施建设，鼓励和支持数据在各行业、各领域的创新应用。

省级以上人民政府应当将数字经济发展纳入本级国民经济和社会发展规划，并根据需要制定数字经济发展规划。

第十五条 【数据开发与公共服务】国家支持开发利用数据提升公共服务的智能化水平。提供智能化公共服务,应当充分考虑老年人、残疾人的需求,避免对老年人、残疾人的日常生活造成障碍。

第十六条 【数据技术研究和产品、产业体系培育发展】国家支持数据开发利用和数据安全技术研究,鼓励数据开发利用和数据安全等领域的技术推广和商业创新,培育、发展数据开发利用和数据安全产品、产业体系。

第十七条 【数据安全标准体系建设】国家推进数据开发利用技术和数据安全标准体系建设。国务院标准化行政主管部门和国务院有关部门根据各自的职责,组织制定并适时修订有关数据开发利用技术、产品和数据安全相关标准。国家支持企业、社会团体和教育、科研机构等参与标准制定。

第十八条 【检测认证】国家促进数据安全检测评估、认证等服务的发展,支持数据安全检测评估、认证等专业机构依法开展服务活动。

国家支持有关部门、行业组织、企业、教育和科研机构、有关专业机构等在数据安全风险评估、防范、处置等方面开展协作。

第十九条 【交易管理】国家建立健全数据交易管理制度,规范数据交易行为,培育数据交易市场。

第二十条 【人才培养】国家支持教育、科研机构和企业等开展数据开发利用技术和数据安全相关教育和培训,采取多种方式培养数据开发利用技术和数据安全专业人才,促进人才交流。

第三章 数据安全制度

第二十一条 【分类分级保护制度】国家建立数据分类分级保护制度,根据数据在经济社会发展中的重要程度,以及一旦遭到篡改、破坏、泄露或者非法获取、非法利用,对国家安全、公共利益或者个人、组织合法权益造成的危害程度,对数据实行分类分级保护。国家数据安全工作协调机制统筹协调有关部门制定重要数据目录,加强对重要数据的保护。

关系国家安全、国民经济命脉、重要民生、重大公共利益等数据属于国家核心数据,实行更加严格的管理制度。

各地区、各部门应当按照数据分类分级保护制度,确定本地区、本部门以及相关行业、领域的重要数据具体目录,对列入目录的数据进行重点保护。

第二十二条 【风险机制】国家建立集中统一、高效权威的数据安全风险评估、报告、信息共享、监测预警机制。国家数据安全工作协调机制统筹协调有关部门加强数据安全风险信息的获取、分析、研判、预警工作。

第二十三条 【数据安全应急处置】国家建立数据安全应急处置机制。发生数据安全事件,有关主管部门应当依法启动应急预案,采取相应的应急处置措施,防止危害扩大,消除安全隐患,并及时向社会发布与公众有关的警示信息。

第二十四条 【安全审查】国家建立数据安全审查制度,对影响或者可能影响国家安全的数据处理活动进行国家安全审查。

依法作出的安全审查决定为最终决定。

第二十五条 【出口管制】国家对与维护国家安全和利益、履行国际义务相关的属于管制物项的数据依法实施出口管制。

第二十六条 【对等反歧视措施】任何国家或者地区在与数据和数据开发利用技术等有关的投资、贸易等方面对中华人民共和国采取歧视性的禁止、限制或者其他类似措施的,中华人民共和国可以根据实际情况对该国家或者地区对等采取措施。

第四章 数据安全保护义务

第二十七条 【义务的履行方式】开展数据处理活动应当依照法律、法规的规定,建立健全全流程数据安全管理制度,组织开展数据安全教育培训,采取相应的技术措施和其他必要措施,保障数据安全。利用互联网等信息网络开展数据处理活动,应当在网络安全等级保护制度的基础上,履行上述数据安全保护义务。

重要数据的处理者应当明确数据安全负责人和管理机构,落实数据安全保护责任。

第二十八条 【符合社会公共利益义务】开展数据处理活动以及研究开发数据新技术,应当有利于促进经济社会发展,增进人民福祉,符合社会公德和伦理。

第二十九条 【风险监测及处置义务】开展数据处理活动应当加强风险监测,发现数据安全缺陷、漏洞等风险时,应当立即采取补救措施;发生数据安全事件时,应当立即采取处置措施,按照规定及时告知用户并向有关主管部门报告。

第三十条 【风险评估义务】重要数据的处理者应当按照规定对其数据处理活动定期开展风险评估,并向有关主管部门报送风险评估报告。

风险评估报告应当包括处理的重要数据的种类、数量,开展数据处理活动的情况,面临的数据安全风险及其应对措施等。

第三十一条 【重要数据出境安全管理规则】关键信息基础设施的运营者在中华人民共和国境内运营中收

集和产生的重要数据的出境安全管理,适用《中华人民共和国网络安全法》的规定;其他数据处理者在中华人民共和国境内运营中收集和产生的重要数据的出境安全管理办法,由国家网信部门会同国务院有关部门制定。

第三十二条　【合法性、正当性、必要性】任何组织、个人收集数据,应当采取合法、正当的方式,不得窃取或者以其他非法方式获取数据。

法律、行政法规对收集、使用数据的目的、范围有规定的,应当在法律、行政法规规定的目的和范围内收集、使用数据。

第三十三条　【数据中介服务机构的义务】从事数据交易中介服务的机构提供服务,应当要求数据提供方说明数据来源,审核交易双方的身份,并留存审核、交易记录。

第三十四条　【依法取得行政许可的义务】法律、行政法规规定提供数据处理相关服务应当取得行政许可的,服务提供者应当依法取得许可。

第三十五条　【国家机关依法调取数据】公安机关、国家安全机关因依法维护国家安全或者侦查犯罪的需要调取数据,应当按照国家有关规定,经过严格的批准手续,依法进行,有关组织、个人应当予以配合。

第三十六条　【对提供数据请求的处理】中华人民共和国主管机关根据有关法律和中华人民共和国缔结或者参加的国际条约、协定,或者按照平等互惠原则,处理外国司法或者执法机构关于提供数据的请求。非经中华人民共和国主管机关批准,境内的组织、个人不得向外国司法或者执法机构提供存储于中华人民共和国境内的数据。

第五章　政务数据安全与开放

第三十七条　【政务数据的科学性、准确性、时效性要求】国家大力推进电子政务建设,提高政务数据的科学性、准确性、时效性,提升运用数据服务经济社会发展的能力。

第三十八条　【国家机关收集、使用数据的条件与程序】国家机关为履行法定职责的需要收集、使用数据,应当在其履行法定职责的范围内依照法律、行政法规规定的条件和程序进行;对在履行职责中知悉的个人隐私、个人信息、商业秘密、保密商务信息等数据应当依法予以保密,不得泄露或者非法向他人提供。

第三十九条　【数据安全管理制度】国家机关应当依照法律、行政法规的规定,建立健全数据安全管理制度,落实数据安全保护责任,保障政务数据安全。

第四十条　【委托他人处理数据】国家机关委托他人建设、维护电子政务系统,存储、加工政务数据,应当经过严格的批准程序,并应当监督受托方履行相应的数据安全保护义务。受托方应当依照法律、法规的规定和合同约定履行数据安全保护义务,不得擅自留存、使用、泄露或者向他人提供政务数据。

第四十一条　【政务数据公开原则】国家机关应当遵循公正、公平、便民的原则,按照规定及时、准确地公开政务数据。依法不予公开的除外。

第四十二条　【开放目录与平台】国家制定政务数据开放目录,构建统一规范、互联互通、安全可控的政务数据开放平台,推动政务数据开放利用。

第四十三条　【法律、法规授权的组织】法律、法规授权的具有管理公共事务职能的组织为履行法定职责开展数据处理活动,适用本章规定。

第六章　法律责任

第四十四条　【数据安全风险的监管】有关主管部门在履行数据安全监管职责中,发现数据处理活动存在较大安全风险的,可以按照规定的权限和程序对有关组织、个人进行约谈,并要求有关组织、个人采取措施进行整改,消除隐患。

第四十五条　【违反数据安全保护】开展数据处理活动的组织、个人不履行本法第二十七条、第二十九条、第三十条规定的数据安全保护义务的,由有关主管部门责令改正,给予警告,可以并处五万元以上五十万元以下罚款,对直接负责的主管人员和其他直接责任人员可以处一万元以上十万元以下罚款;拒不改正或者造成大量数据泄露等严重后果的,处五十万元以上二百万元以下罚款,并可以责令暂停相关业务、停业整顿、吊销相关业务许可证或者吊销营业执照,对直接负责的主管人员和其他直接责任人员处五万元以上二十万元以下罚款。

违反国家核心数据管理制度,危害国家主权、安全和发展利益的,由有关主管部门处二百万元以上一千万元以下罚款,并根据情况责令暂停相关业务、停业整顿、吊销相关业务许可证或者吊销营业执照;构成犯罪的,依法追究刑事责任。

第四十六条　【违反数据出境管理规定】违反本法第三十一条规定,向境外提供重要数据的,由有关主管部门责令改正,给予警告,可以并处十万元以上一百万元以下罚款,对直接负责的主管人员和其他直接责任人员可以处一万元以上十万元以下罚款;情节严重的,处一百万元以上一千万元以下罚款,并可以责令暂停相关业务、停业整顿、吊销相关业务许可证或者吊销营业执照,对直接负责的主管人员和其他直接责任人员处十万元以上一百万元以下罚款。

第四十七条 【中介服务机构未履行义务】从事数据交易中介服务的机构未履行本法第三十三条规定的义务的,由有关主管部门责令改正,没收违法所得,处违法所得一倍以上十倍以下罚款,没有违法所得或者违法所得不足十万元的,处十万元以上一百万元以下罚款,并可以责令暂停相关业务、停业整顿、吊销相关业务许可证或者吊销营业执照;对直接负责的主管人员和其他直接责任人员处一万元以上十万元以下罚款。

第四十八条 【拒不配合数据调取】违反本法第三十五条规定,拒不配合数据调取的,由有关主管部门责令改正,给予警告,并处五万元以上五十万元以下罚款,对直接负责的主管人员和其他直接责任人员处一万元以上十万元以下罚款。

违反本法第三十六条规定,未经主管机关批准向外国司法或者执法机构提供数据的,由有关主管部门给予警告,可以并处十万元以上一百万元以下罚款,对直接负责的主管人员和其他直接责任人员可以处一万元以上十万元以下罚款;造成严重后果的,处一百万元以上五百万元以下罚款,并可以责令暂停相关业务、停业整顿、吊销相关业务许可证或者吊销营业执照,对直接负责的主管人员和其他直接责任人员处五万元以上五十万元以下罚款。

第四十九条 【国家机关不履行数据安全保护义务】国家机关不履行本法规定的数据安全保护义务的,对直接负责的主管人员和其他直接责任人员依法给予处分。

第五十条 【国家工作人员失职】履行数据安全监管职责的国家工作人员玩忽职守、滥用职权、徇私舞弊的,依法给予处分。

第五十一条 【对非法数据处理活动的处罚】窃取或者以其他非法方式获取数据,开展数据处理活动排除、限制竞争,或者损害个人、组织合法权益的,依照有关法律、行政法规的规定处罚。

第五十二条 【其他法律责任】违反本法规定,给他人造成损害的,依法承担民事责任。

违反本法规定,构成违反治安管理行为的,依法给予治安管理处罚;构成犯罪的,依法追究刑事责任。

第七章 附 则

第五十三条 【涉及国家秘密,统计、档案工作个人信息的数据处理活动】开展涉及国家秘密的数据处理活动,适用《中华人民共和国保守国家秘密法》等法律、行政法规的规定。

在统计、档案工作中开展数据处理活动,开展涉及个人信息的数据处理活动,还应当遵守有关法律、行政法规的规定。

第五十四条 【军事数据安全的保护】军事数据安全保护的办法,由中央军事委员会依据本法另行制定。

第五十五条 【施行日期】本法自 2021 年 9 月 1 日起施行。

全国人民代表大会常务委员会
关于维护互联网安全的决定

· 2000 年 12 月 28 日第九届全国人民代表大会常务委员会第十九次会议通过
· 根据 2009 年 8 月 27 日第十一届全国人民代表大会常务委员会第十次会议《关于修改部分法律的决定》修正

我国的互联网,在国家大力倡导和积极推动下,在经济建设和各项事业中得到日益广泛的应用,使人们的生产、工作、学习和生活方式已经开始并将继续发生深刻的变化,对于加快我国国民经济、科学技术的发展和社会服务信息化进程具有重要作用。同时,如何保障互联网的运行安全和信息安全问题已经引起全社会的普遍关注。为了兴利除弊,促进我国互联网的健康发展,维护国家安全和社会公共利益,保护个人、法人和其他组织的合法权益,特作如下决定:

一、为了保障互联网的运行安全,对有下列行为之一,构成犯罪的,依照刑法有关规定追究刑事责任:

(一)侵入国家事务、国防建设、尖端科学技术领域的计算机信息系统;

(二)故意制作、传播计算机病毒等破坏性程序,攻击计算机系统及通信网络,致使计算机系统及通信网络遭受损害;

(三)违反国家规定,擅自中断计算机网络或者通信服务,造成计算机网络或者通信系统不能正常运行。

二、为了维护国家安全和社会稳定,对有下列行为之一,构成犯罪的,依照刑法有关规定追究刑事责任:

(一)利用互联网造谣、诽谤或者发表、传播其他有害信息,煽动颠覆国家政权、推翻社会主义制度,或者煽动分裂国家、破坏国家统一;

(二)通过互联网窃取、泄露国家秘密、情报或者军事秘密;

（三）利用互联网煽动民族仇恨、民族歧视，破坏民族团结；

（四）利用互联网组织邪教组织、联络邪教组织成员，破坏国家法律、行政法规实施。

三、为了维护社会主义市场经济秩序和社会管理秩序，对有下列行为之一，构成犯罪的，依照刑法有关规定追究刑事责任：

（一）利用互联网销售伪劣产品或者对商品、服务作虚假宣传；

（二）利用互联网损害他人商业信誉和商品声誉；

（三）利用互联网侵犯他人知识产权；

（四）利用互联网编造并传播影响证券、期货交易或者其他扰乱金融秩序的虚假信息；

（五）在互联网上建立淫秽网站、网页，提供淫秽站点链接服务，或者传播淫秽书刊、影片、音像、图片。

四、为了保护个人、法人和其他组织的人身、财产等合法权利，对有下列行为之一，构成犯罪的，依照刑法有关规定追究刑事责任：

（一）利用互联网侮辱他人或者捏造事实诽谤他人；

（二）非法截获、篡改、删除他人电子邮件或者其他数据资料，侵犯公民通信自由和通信秘密；

（三）利用互联网进行盗窃、诈骗、敲诈勒索。

五、利用互联网实施本决定第一条、第二条、第三条、第四条所列行为以外的其他行为，构成犯罪的，依照刑法有关规定追究刑事责任。

六、利用互联网实施违法行为，违反社会治安管理，尚不构成犯罪的，由公安机关依照《治安管理处罚法》予以处罚；违反其他法律、行政法规，尚不构成犯罪的，由有关行政管理部门依法给予行政处罚；对直接负责的主管人员和其他直接责任人员，依法给予行政处分或者纪律处分。

利用互联网侵犯他人合法权益，构成民事侵权的，依法承担民事责任。

七、各级人民政府及有关部门要采取积极措施，在促进互联网的应用和网络技术的普及过程中，重视和支持对网络安全技术的研究和开发，增强网络的安全防护能力。有关主管部门要加强对互联网的运行安全和信息安全的宣传教育，依法实施有效的监督管理，防范和制止利用互联网进行的各种违法活动，为互联网的健康发展创造良好的社会环境。从事互联网业务的单位要依法开展活动，发现互联网上出现违法犯罪行为和有害信息时，要采取措施，停止传输有害信息，并及时向有关机关报告。任何单位和个人在利用互联网时，都要遵纪守法，抵制各种违法犯罪行为和有害信息。人民法院、人民检察院、公安机关、国家安全机关要各司其职，密切配合，依法严厉打击利用互联网实施的各种犯罪活动。要动员全社会的力量，依靠全社会的共同努力，保障互联网的运行安全与信息安全，促进社会主义精神文明和物质文明建设。

关键信息基础设施安全保护条例

·2021 年 4 月 27 日国务院第 133 次常务会议通过
·2021 年 7 月 30 日中华人民共和国国务院令第 745 号公布
·自 2021 年 9 月 1 日起施行

第一章　总　则

第一条　为了保障关键信息基础设施安全，维护网络安全，根据《中华人民共和国网络安全法》，制定本条例。

第二条　本条例所称关键信息基础设施，是指公共通信和信息服务、能源、交通、水利、金融、公共服务、电子政务、国防科技工业等重要行业和领域的，以及其他一旦遭到破坏、丧失功能或者数据泄露，可能严重危害国家安全、国计民生、公共利益的重要网络设施、信息系统等。

第三条　在国家网信部门统筹协调下，国务院公安部门负责指导监督关键信息基础设施安全保护工作。国务院电信主管部门和其他有关部门依照本条例和有关法律、行政法规的规定，在各自职责范围内负责关键信息基础设施安全保护和监督管理工作。

省级人民政府有关部门依据各自职责对关键信息基础设施实施安全保护和监督管理。

第四条　关键信息基础设施安全保护坚持综合协调、分工负责、依法保护，强化和落实关键信息基础设施运营者（以下简称运营者）主体责任，充分发挥政府及社会各方面的作用，共同保护关键信息基础设施安全。

第五条　国家对关键信息基础设施实行重点保护，采取措施，监测、防御、处置来源于中华人民共和国境内外的网络安全风险和威胁，保护关键信息基础设施免受攻击、侵入、干扰和破坏，依法惩治危害关键信息基础设施安全的违法犯罪活动。

任何个人和组织不得实施非法侵入、干扰、破坏关键信息基础设施的活动，不得危害关键信息基础设施安全。

第六条　运营者依照本条例和有关法律、行政法规的规定以及国家标准的强制性要求，在网络安全等级保护的基础上,采取技术保护措施和其他必要措施,应对网络安全事件,防范网络攻击和违法犯罪活动,保障关键信息基础设施安全稳定运行,维护数据的完整性、保密性和可用性。

第七条　对在关键信息基础设施安全保护工作中取得显著成绩或者作出突出贡献的单位和个人,按照国家有关规定给予表彰。

第二章　关键信息基础设施认定

第八条　本条例第二条涉及的重要行业和领域的主管部门、监督管理部门是负责关键信息基础设施安全保护工作的部门(以下简称保护工作部门)。

第九条　保护工作部门结合本行业、本领域实际,制定关键信息基础设施认定规则,并报国务院公安部门备案。

制定认定规则应当主要考虑下列因素:

(一)网络设施、信息系统等对于本行业、本领域关键核心业务的重要程度;

(二)网络设施、信息系统等一旦遭到破坏、丧失功能或者数据泄露可能带来的危害程度;

(三)对其他行业和领域的关联性影响。

第十条　保护工作部门根据认定规则负责组织认定本行业、本领域的关键信息基础设施,及时将认定结果通知运营者,并通报国务院公安部门。

第十一条　关键信息基础设施发生较大变化,可能影响其认定结果的,运营者应当及时将相关情况报告保护工作部门。保护工作部门自收到报告之日起3个月内完成重新认定,将认定结果通知运营者,并通报国务院公安部门。

第三章　运营者责任义务

第十二条　安全保护措施应当与关键信息基础设施同步规划、同步建设、同步使用。

第十三条　运营者应当建立健全网络安全保护制度和责任制,保障人力、财力、物力投入。运营者的主要负责人对关键信息基础设施安全保护负总责,领导关键信息基础设施安全保护和重大网络安全事件处置工作,组织研究解决重大网络安全问题。

第十四条　运营者应当设置专门安全管理机构,并对专门安全管理机构负责人和关键岗位人员进行安全背景审查。审查时,公安机关、国家安全机关应当予以协助。

第十五条　专门安全管理机构具体负责本单位的关键信息基础设施安全保护工作,履行下列职责:

(一)建立健全网络安全管理、评价考核制度,拟订关键信息基础设施安全保护计划;

(二)组织推动网络安全防护能力建设,开展网络安全监测、检测和风险评估;

(三)按照国家及行业网络安全事件应急预案,制定本单位应急预案,定期开展应急演练,处置网络安全事件;

(四)认定网络安全关键岗位,组织开展网络安全工作考核,提出奖励和惩处建议;

(五)组织网络安全教育、培训;

(六)履行个人信息和数据安全保护责任,建立健全个人信息和数据安全保护制度;

(七)对关键信息基础设施设计、建设、运行、维护等服务实施安全管理;

(八)按照规定报告网络安全事件和重要事项。

第十六条　运营者应当保障专门安全管理机构的运行经费、配备相应的人员,开展与网络安全和信息化有关的决策应当有专门安全管理机构人员参与。

第十七条　运营者应当自行或者委托网络安全服务机构对关键信息基础设施每年至少进行一次网络安全检测和风险评估,对发现的安全问题及时整改,并按照保护工作部门要求报送情况。

第十八条　关键信息基础设施发生重大网络安全事件或者发现重大网络安全威胁时,运营者应当按照有关规定向保护工作部门、公安机关报告。

发生关键信息基础设施整体中断运行或者主要功能故障、国家基础信息以及其他重要数据泄露、较大规模个人信息泄露、造成较大经济损失、违法信息较大范围传播等特别重大网络安全事件或者发现特别重大网络安全威胁时,保护工作部门应当在收到报告后,及时向国家网信部门、国务院公安部门报告。

第十九条　运营者应当优先采购安全可信的网络产品和服务;采购网络产品和服务可能影响国家安全的,应当按照国家网络安全规定通过安全审查。

第二十条　运营者采购网络产品和服务,应当按照国家有关规定与网络产品和服务提供者签订安全保密协议,明确提供者的技术支持和安全保密义务与责任,并对义务与责任履行情况进行监督。

第二十一条　运营者发生合并、分立、解散等情况,应当及时报告保护工作部门,并按照保护工作部门的要求对关键信息基础设施进行处置,确保安全。

第四章　保障和促进

第二十二条　保护工作部门应当制定本行业、本领域关键信息基础设施安全规划，明确保护目标、基本要求、工作任务、具体措施。

第二十三条　国家网信部门统筹协调有关部门建立网络安全信息共享机制，及时汇总、研判、共享、发布网络安全威胁、漏洞、事件等信息，促进有关部门、保护工作部门、运营者以及网络安全服务机构等之间的网络安全信息共享。

第二十四条　保护工作部门应当建立健全本行业、本领域的关键信息基础设施网络安全监测预警制度，及时掌握本行业、本领域关键信息基础设施运行状况、安全态势，预警通报网络安全威胁和隐患，指导做好安全防范工作。

第二十五条　保护工作部门应当按照国家网络安全事件应急预案的要求，建立健全本行业、本领域的网络安全事件应急预案，定期组织应急演练；指导运营者做好网络安全事件应对处置，并根据需要组织提供技术支持与协助。

第二十六条　保护工作部门应当定期组织开展本行业、本领域关键信息基础设施网络安全检查检测，指导监督运营者及时整改安全隐患、完善安全措施。

第二十七条　国家网信部门统筹协调国务院公安部门、保护工作部门对关键信息基础设施进行网络安全检查检测，提出改进措施。

有关部门在开展关键信息基础设施网络安全检查时，应当加强协同配合、信息沟通，避免不必要的检查和交叉重复检查。检查工作不得收取费用，不得要求被检查单位购买指定品牌或者指定生产、销售单位的产品和服务。

第二十八条　运营者对保护工作部门开展的关键信息基础设施网络安全检查检测工作，以及公安、国家安全、保密行政管理、密码管理等有关部门依法开展的关键信息基础设施网络安全检查工作应当予以配合。

第二十九条　在关键信息基础设施安全保护工作中，国家网信部门和国务院电信主管部门、国务院公安部门等应当根据保护工作部门的需要，及时提供技术支持和协助。

第三十条　网信部门、公安机关、保护工作部门等有关部门，网络安全服务机构及其工作人员对于在关键信息基础设施安全保护工作中获取的信息，只能用于维护网络安全，并严格按照有关法律、行政法规的要求确保信息安全，不得泄露、出售或者非法向他人提供。

第三十一条　未经国家网信部门、国务院公安部门批准或者保护工作部门、运营者授权，任何个人和组织不得对关键信息基础设施实施漏洞探测、渗透性测试等可能影响或者危害关键信息基础设施安全的活动。对基础电信网络实施漏洞探测、渗透性测试等活动，应当事先向国务院电信主管部门报告。

第三十二条　国家采取措施，优先保障能源、电信等关键信息基础设施安全运行。

能源、电信行业应当采取措施，为其他行业和领域的关键信息基础设施安全运行提供重点保障。

第三十三条　公安机关、国家安全机关依据各自职责依法加强关键信息基础设施安全保卫，防范打击针对和利用关键信息基础设施实施的违法犯罪活动。

第三十四条　国家制定和完善关键信息基础设施安全标准，指导、规范关键信息基础设施安全保护工作。

第三十五条　国家采取措施，鼓励网络安全专门人才从事关键信息基础设施安全保护工作；将运营者安全管理人员、安全技术人员培训纳入国家继续教育体系。

第三十六条　国家支持关键信息基础设施安全防护技术创新和产业发展，组织力量实施关键信息基础设施安全技术攻关。

第三十七条　国家加强网络安全服务机构建设和管理，制定管理要求并加强监督指导，不断提升服务机构能力水平，充分发挥其在关键信息基础设施安全保护中的作用。

第三十八条　国家加强网络安全军民融合，军地协同保护关键信息基础设施安全。

第五章　法律责任

第三十九条　运营者有下列情形之一的，由有关主管部门依据职责责令改正，给予警告；拒不改正或者导致危害网络安全等后果的，处 10 万元以上 100 万元以下罚款，对直接负责的主管人员处 1 万元以上 10 万元以下罚款：

（一）在关键信息基础设施发生较大变化，可能影响其认定结果时未及时将相关情况报告保护工作部门的；

（二）安全保护措施未与关键信息基础设施同步规划、同步建设、同步使用的；

（三）未建立健全网络安全保护制度和责任制的；

（四）未设置专门安全管理机构的；

（五）未对专门安全管理机构负责人和关键岗位人员进行安全背景审查的；

（六）开展与网络安全和信息化有关的决策没有专

门安全管理机构人员参与的;

(七)专门安全管理机构未履行本条例第十五条规定的职责的;

(八)未对关键信息基础设施每年至少进行一次网络安全检测和风险评估,未对发现的安全问题及时整改,或者未按照保护工作部门要求报送情况的;

(九)采购网络产品和服务,未按照国家有关规定与网络产品和服务提供者签订安全保密协议的;

(十)发生合并、分立、解散等情况,未及时报告保护工作部门,或者未按照保护工作部门的要求对关键信息基础设施进行处置的。

第四十条　运营者在关键信息基础设施发生重大网络安全事件或者发现重大网络安全威胁时,未按照有关规定向保护工作部门、公安机关报告的,由保护工作部门、公安机关依据职责责令改正,给予警告;拒不改正或者导致危害网络安全等后果的,处 10 万元以上 100 万元以下罚款,对直接负责的主管人员处 1 万元以上 10 万元以下罚款。

第四十一条　运营者采购可能影响国家安全的网络产品和服务,未按照国家网络安全规定进行安全审查的,由国家网信部门等有关主管部门依据职责责令改正,处采购金额 1 倍以上 10 倍以下罚款,对直接负责的主管人员和其他直接责任人员处 1 万元以上 10 万元以下罚款。

第四十二条　运营者对保护工作部门开展的关键信息基础设施网络安全检查检测工作,以及公安、国家安全、保密行政管理、密码管理等有关部门依法开展的关键信息基础设施网络安全检查工作不予配合的,由有关主管部门责令改正;拒不改正的,处 5 万元以上 50 万元以下罚款,对直接负责的主管人员和其他直接责任人员处 1 万元以上 10 万元以下罚款;情节严重的,依法追究相应法律责任。

第四十三条　实施非法侵入、干扰、破坏关键信息基础设施,危害其安全的活动尚不构成犯罪的,依照《中华人民共和国网络安全法》有关规定,由公安机关没收违法所得,处 5 日以下拘留,可以并处 5 万元以上 50 万元以下罚款;情节较重的,处 5 日以上 15 日以下拘留,可以并处 10 万元以上 100 万元以下罚款。

单位有前款行为的,由公安机关没收违法所得,处 10 万元以上 100 万元以下罚款,并对直接负责的主管人员和其他直接责任人员依照前款规定处罚。

违反本条例第五条第二款和第三十一条规定,受到治安管理处罚的人员,5 年内不得从事网络安全管理和网络运营关键岗位的工作;受到刑事处罚的人员,终身不得从事网络安全管理和网络运营关键岗位的工作。

第四十四条　网信部门、公安机关、保护工作部门和其他有关部门及其工作人员未履行关键信息基础设施安全保护和监督管理职责或者玩忽职守、滥用职权、徇私舞弊的,依法对直接负责的主管人员和其他直接责任人员给予处分。

第四十五条　公安机关、保护工作部门和其他有关部门在开展关键信息基础设施网络安全检查工作中收取费用,或者要求被检查单位购买指定品牌或者指定生产、销售单位的产品和服务的,由其上级机关责令改正,退还收取的费用;情节严重的,依法对直接负责的主管人员和其他直接责任人员给予处分。

第四十六条　网信部门、公安机关、保护工作部门等有关部门、网络安全服务机构及其工作人员将在关键信息基础设施安全保护工作中获取的信息用于其他用途,或者泄露、出售、非法向他人提供的,依法对直接负责的主管人员和其他直接责任人员给予处分。

第四十七条　关键信息基础设施发生重大和特别重大网络安全事件,经调查确定为责任事故的,除应当查明运营者责任并依法予以追究外,还应当查明相关网络安全服务机构及有关部门的责任,对有失职、渎职及其他违法行为的,依法追究责任。

第四十八条　电子政务关键信息基础设施的运营者不履行本条例规定的网络安全保护义务的,依照《中华人民共和国网络安全法》有关规定予以处理。

第四十九条　违反本条例规定,给他人造成损害的,依法承担民事责任。

违反本条例规定,构成违反治安管理行为的,依法给予治安管理处罚;构成犯罪的,依法追究刑事责任。

第六章　附　则

第五十条　存储、处理涉及国家秘密信息的关键信息基础设施的安全保护,还应当遵守保密法律、行政法规的规定。

关键信息基础设施中的密码使用和管理,还应当遵守相关法律、行政法规的规定。

第五十一条　本条例自 2021 年 9 月 1 日起施行。

信息网络传播权保护条例

·2006 年 5 月 18 日中华人民共和国国务院令第 468 号公布
·根据 2013 年 1 月 30 日《国务院关于修改〈信息网络传播权保护条例〉的决定》修订

第一条 为保护著作权人、表演者、录音录像制作者（以下统称权利人）的信息网络传播权，鼓励有益于社会主义精神文明、物质文明建设的作品的创作和传播，根据《中华人民共和国著作权法》（以下简称著作权法），制定本条例。

第二条 权利人享有的信息网络传播权受著作权法和本条例保护。除法律、行政法规另有规定的外，任何组织或者个人将他人的作品、表演、录音录像制品通过信息网络向公众提供，应当取得权利人许可，并支付报酬。

第三条 依法禁止提供的作品、表演、录音录像制品，不受本条例保护。

权利人行使信息网络传播权，不得违反宪法和法律、行政法规，不得损害公共利益。

第四条 为了保护信息网络传播权，权利人可以采取技术措施。

任何组织或者个人不得故意避开或者破坏技术措施，不得故意制造、进口或者向公众提供主要用于避开或者破坏技术措施的装置或者部件，不得故意为他人避开或者破坏技术措施提供技术服务。但是，法律、行政法规规定可以避开的除外。

第五条 未经权利人许可，任何组织或者个人不得进行下列行为：

（一）故意删除或者改变通过信息网络向公众提供的作品、表演、录音录像制品的权利管理电子信息，但由于技术上的原因无法避免删除或者改变的除外；

（二）通过信息网络向公众提供明知或者应知未经权利人许可被删除或者改变权利管理电子信息的作品、表演、录音录像制品。

第六条 通过信息网络提供他人作品，属于下列情形的，可以不经著作权人许可，不向其支付报酬：

（一）为介绍、评论某一作品或者说明某一问题，在向公众提供的作品中适当引用已经发表的作品；

（二）为报道时事新闻，在向公众提供的作品中不可避免地再现或者引用已经发表的作品；

（三）为学校课堂教学或者科学研究，向少数教学、科研人员提供少量已经发表的作品；

（四）国家机关为执行公务，在合理范围内向公众提供已经发表的作品；

（五）将中国公民、法人或者其他组织已经发表的、以汉语言文字创作的作品翻译成的少数民族语言文字作品，向中国境内少数民族提供；

（六）不以营利为目的，以盲人能够感知的独特方式向盲人提供已经发表的文字作品；

（七）向公众提供在信息网络上已经发表的关于政治、经济问题的时事性文章；

（八）向公众提供在公众集会上发表的讲话。

第七条 图书馆、档案馆、纪念馆、博物馆、美术馆等可以不经著作权人许可，通过信息网络向本馆馆舍内服务对象提供本馆收藏的合法出版的数字作品和依法为陈列或者保存版本的需要以数字化形式复制的作品，不向其支付报酬，但不得直接或者间接获得经济利益。当事人另有约定的除外。

前款规定的为陈列或者保存版本需要以数字化形式复制的作品，应当是已经损毁或者濒临损毁、丢失或者失窃，或者其存储格式已经过时，并且在市场上无法购买或者只能以明显高于标定的价格购买的作品。

第八条 为通过信息网络实施九年制义务教育或者国家教育规划，可以不经著作权人许可，使用其已经发表作品的片断或者短小的文字作品、音乐作品或者单幅的美术作品、摄影作品制作课件，由制作课件或者依法取得课件的远程教育机构通过信息网络向注册学生提供，但应当向著作权人支付报酬。

第九条 为扶助贫困，通过信息网络向农村地区的公众免费提供中国公民、法人或者其他组织已经发表的种植养殖、防病治病、防灾减灾等与扶助贫困有关的作品和适应基本文化需求的作品，网络服务提供者应当在提供前公告拟提供的作品及其作者、拟支付报酬的标准。自公告之日起 30 日内，著作权人不同意提供的，网络服务提供者不得提供其作品；自公告之日起满 30 日，著作权人没有异议的，网络服务提供者可以提供其作品，并按照公告的标准向著作权人支付报酬。网络服务提供者提供著作权人的作品后，著作权人不同意提供的，网络服务提供者应当立即删除著作权人的作品，并按照公告的标准向著作权人支付提供作品期间的报酬。

依照前款规定提供作品的，不得直接或者间接获得经济利益。

第十条 依照本条例规定不经著作权人许可、通过信息网络向公众提供其作品的，还应当遵守下列规定：

（一）除本条例第六条第一项至第六项、第七条规定

的情形外,不得提供作者事先声明不许提供的作品;

(二)指明作品的名称和作者的姓名(名称);

(三)依照本条例规定支付报酬;

(四)采取技术措施,防止本条例第七条、第八条、第九条规定的服务对象以外的其他人获得著作权人的作品,并防止本条例第七条规定的服务对象的复制行为对著作权人利益造成实质性损害;

(五)不得侵犯著作权人依法享有的其他权利。

第十一条 通过信息网络提供他人表演、录音录像制品的,应当遵守本条例第六条至第十条的规定。

第十二条 属于下列情形的,可以避开技术措施,但不得向他人提供避开技术措施的技术、装置或者部件,不得侵犯权利人依法享有的其他权利:

(一)为学校课堂教学或者科学研究,通过信息网络向少数教学、科研人员提供已经发表的作品、表演、录音录像制品,而该作品、表演、录音录像制品只能通过信息网络获取;

(二)不以营利为目的,通过信息网络以盲人能够感知的独特方式向盲人提供已经发表的文字作品,而该作品只能通过信息网络获取;

(三)国家机关依照行政、司法程序执行公务;

(四)在信息网络上对计算机及其系统或者网络的安全性能进行测试。

第十三条 著作权行政管理部门为了查处侵犯信息网络传播权的行为,可以要求网络服务提供者提供涉嫌侵权的服务对象的姓名(名称)、联系方式、网络地址等资料。

第十四条 对提供信息存储空间或者提供搜索、链接服务的网络服务提供者,权利人认为其服务所涉及的作品、表演、录音录像制品,侵犯自己的信息网络传播权或者被删除、改变了自己的权利管理电子信息的,可以向该网络服务提供者提交书面通知,要求网络服务提供者删除该作品、表演、录音录像制品,或者断开与该作品、表演、录音录像制品的链接。通知书应当包含下列内容:

(一)权利人的姓名(名称)、联系方式和地址;

(二)要求删除或者断开链接的侵权作品、表演、录音录像制品的名称和网络地址;

(三)构成侵权的初步证明材料。

权利人应当对通知书的真实性负责。

第十五条 网络服务提供者接到权利人的通知书后,应当立即删除涉嫌侵权的作品、表演、录音录像制品,或者断开与涉嫌侵权的作品、表演、录音录像制品的链

接,并同时将通知书转送提供作品、表演、录音录像制品的服务对象;服务对象网络地址不明、无法转送的,应当将通知书的内容同时在信息网络上公告。

第十六条 服务对象接到网络服务提供者转送的通知书后,认为其提供的作品、表演、录音录像制品未侵犯他人权利的,可以向网络服务提供者提交书面说明,要求恢复被删除的作品、表演、录音录像制品,或者恢复与被断开的作品、表演、录音录像制品的链接。书面说明应当包含下列内容:

(一)服务对象的姓名(名称)、联系方式和地址;

(二)要求恢复的作品、表演、录音录像制品的名称和网络地址;

(三)不构成侵权的初步证明材料。

服务对象应当对书面说明的真实性负责。

第十七条 网络服务提供者接到服务对象的书面说明后,应当立即恢复被删除的作品、表演、录音录像制品,或者可以恢复与被断开的作品、表演、录音录像制品的链接,同时将服务对象的书面说明转送权利人。权利人不得再通知网络服务提供者删除该作品、表演、录音录像制品,或者断开与该作品、表演、录音录像制品的链接。

第十八条 违反本条例规定,有下列侵权行为之一的,根据情况承担停止侵害、消除影响、赔礼道歉、赔偿损失等民事责任;同时损害公共利益的,可以由著作权行政管理部门责令停止侵权行为,没收违法所得,非法经营额5万元以上的,可处非法经营额1倍以上5倍以下的罚款;没有非法经营额或者非法经营额5万元以下的,根据情节轻重,可处25万元以下的罚款;情节严重的,著作权行政管理部门可以没收主要用于提供网络服务的计算机等设备;构成犯罪的,依法追究刑事责任:

(一)通过信息网络擅自向公众提供他人的作品、表演、录音录像制品的;

(二)故意避开或者破坏技术措施的;

(三)故意删除或者改变通过信息网络向公众提供的作品、表演、录音录像制品的权利管理电子信息,或者通过信息网络向公众提供明知或者应知未经权利人许可而被删除或者改变权利管理电子信息的作品、表演、录音录像制品的;

(四)为扶助贫困通过信息网络向农村地区提供作品、表演、录音录像制品超过规定范围,或者未按照公告的标准支付报酬,或者在权利人不同意提供其作品、表演、录音录像制品后未立即删除的;

(五)通过信息网络提供他人的作品、表演、录音录

像制品,未指明作品、表演、录音录像制品的名称或者作者、表演者、录音录像制作者的姓名(名称),或者未支付报酬,或者未依照本条例规定采取技术措施防止服务对象以外的其他人获得他人的作品、表演、录音录像制品,或者未防止服务对象的复制行为对权利人利益造成实质性损害的。

第十九条　违反本条例规定,有下列行为之一的,由著作权行政管理部门予以警告,没收违法所得,没收主要用于避开、破坏技术措施的装置或者部件;情节严重的,可以没收主要用于提供网络服务的计算机等设备;非法经营额 5 万元以上的,可处非法经营额 1 倍以上 5 倍以下的罚款;没有非法经营额或者非法经营额 5 万元以下的,根据情节轻重,可处 25 万元以下的罚款;构成犯罪的,依法追究刑事责任:

(一)故意制造、进口或者向他人提供主要用于避开、破坏技术措施的装置或者部件,或者故意为他人避开或者破坏技术措施提供技术服务的;

(二)通过信息网络提供他人的作品、表演、录音录像制品,获得经济利益的;

(三)为扶助贫困通过信息网络向农村地区提供作品、表演、录音录像制品,未在提供前公告作品、表演、录音录像制品的名称和作者、表演者、录音录像制作者的姓名(名称)以及报酬标准的。

第二十条　网络服务提供者根据服务对象的指令提供网络自动接入服务,或者对服务对象提供的作品、表演、录音录像制品提供自动传输服务,并具备下列条件的,不承担赔偿责任:

(一)未选择并且未改变所传输的作品、表演、录音录像制品;

(二)向指定的服务对象提供该作品、表演、录音录像制品,并防止指定的服务对象以外的其他人获得。

第二十一条　网络服务提供者为提高网络传输效率,自动存储从其他网络服务提供者获得的作品、表演、录音录像制品,根据技术安排自动向服务对象提供,并具备下列条件的,不承担赔偿责任:

(一)未改变自动存储的作品、表演、录音录像制品;

(二)不影响提供作品、表演、录音录像制品的原网络服务提供者掌握服务对象获取该作品、表演、录音录像制品的情况;

(三)在原网络服务提供者修改、删除或者屏蔽该作品、表演、录音录像制品时,根据技术安排自动予以修改、删除或者屏蔽。

第二十二条　网络服务提供者为服务对象提供信息存储空间,供服务对象通过信息网络向公众提供作品、表演、录音录像制品,并具备下列条件的,不承担赔偿责任:

(一)明确标示该信息存储空间是为服务对象所提供,并公开网络服务提供者的名称、联系人、网络地址;

(二)未改变服务对象所提供的作品、表演、录音录像制品;

(三)不知道也没有合理的理由应当知道服务对象提供的作品、表演、录音录像制品侵权;

(四)未从服务对象提供作品、表演、录音录像制品中直接获得经济利益;

(五)在接到权利人的通知书后,根据本条例规定删除权利人认为侵权的作品、表演、录音录像制品。

第二十三条　网络服务提供者为服务对象提供搜索或者链接服务,在接到权利人的通知书后,根据本条例规定断开与侵权的作品、表演、录音录像制品的链接的,不承担赔偿责任;但是,明知或者应知所链接的作品、表演、录音录像制品侵权的,应当承担共同侵权责任。

第二十四条　因权利人的通知导致网络服务提供者错误删除作品、表演、录音录像制品,或者错误断开与作品、表演、录音录像制品的链接,给服务对象造成损失的,权利人应当承担赔偿责任。

第二十五条　网络服务提供者无正当理由拒绝提供或者拖延提供涉嫌侵权的服务对象的姓名(名称)、联系方式、网络地址等资料的,由著作权行政管理部门予以警告;情节严重的,没收主要用于提供网络服务的计算机等设备。

第二十六条　本条例下列用语的含义:

信息网络传播权,是指以有线或者无线方式向公众提供作品、表演或者录音录像制品,使公众可以在其个人选定的时间和地点获得作品、表演或者录音录像制品的权利。

技术措施,是指用于防止、限制未经权利人许可浏览、欣赏作品、表演、录音录像制品的或者通过信息网络向公众提供作品、表演、录音录像制品的有效技术、装置或者部件。

权利管理电子信息,是指说明作品及其作者、表演及其表演者、录音录像制品及其制作者的信息,作品、表演、录音录像制品权利人的信息和使用条件的信息,以及表示上述信息的数字或者代码。

第二十七条　本条例自 2006 年 7 月 1 日起施行。

互联网上网服务营业场所管理条例

· 2002 年 9 月 29 日中华人民共和国国务院令第 363 号公布
· 根据 2011 年 1 月 8 日《国务院关于废止和修改部分行政法规的决定》第一次修订
· 根据 2016 年 2 月 6 日《国务院关于修改部分行政法规的决定》第二次修订
· 根据 2019 年 3 月 24 日《国务院关于修改部分行政法规的决定》第三次修订
· 根据 2022 年 3 月 29 日《国务院关于修改和废止部分行政法规的决定》第四次修订
· 根据 2024 年 12 月 6 日《国务院关于修改和废止部分行政法规的决定》第五次修订

第一章　总　则

第一条　为了加强对互联网上网服务营业场所的管理，规范经营者的经营行为，维护公众和经营者的合法权益，保障互联网上网服务经营活动健康发展，促进社会主义精神文明建设，制定本条例。

第二条　本条例所称互联网上网服务营业场所，是指通过计算机等装置向公众提供互联网上网服务的网吧、电脑休闲室等营业性场所。

学校、图书馆等单位内部附设的为特定对象获取资料、信息提供上网服务的场所，应当遵守有关法律、法规，不适用本条例。

第三条　互联网上网服务营业场所经营单位应当遵守有关法律、法规的规定，加强行业自律，自觉接受政府有关部门依法实施的监督管理，为上网消费者提供良好的服务。

互联网上网服务营业场所的上网消费者，应当遵守有关法律、法规的规定，遵守社会公德，开展文明、健康的上网活动。

第四条　县级以上人民政府文化行政部门负责互联网上网服务营业场所经营单位的设立审批，并负责对依法设立的互联网上网服务营业场所经营单位经营活动的监督管理；公安机关负责对互联网上网服务营业场所经营单位的信息网络安全、治安及消防安全的监督管理；工商行政管理部门负责对互联网上网服务营业场所经营单位登记注册和营业执照的管理，并依法查处无照经营活动；电信管理等其他有关部门在各自职责范围内，依照本条例和有关法律、行政法规的规定，对互联网上网服务营业场所经营单位分别实施有关监督管理。

第五条　文化行政部门、公安机关、工商行政管理部门和其他有关部门及其工作人员不得从事或者变相从事互联网上网服务经营活动，也不得参与或者变相参与互联网上网服务营业场所经营单位的经营活动。

第六条　国家鼓励公民、法人和其他组织对互联网上网服务营业场所经营单位的经营活动进行监督，并对有突出贡献的给予奖励。

第二章　设　立

第七条　国家对互联网上网服务营业场所经营单位的经营活动实行许可制度。未经许可，任何组织和个人不得从事互联网上网服务经营活动。

第八条　互联网上网服务营业场所经营单位从事互联网上网服务经营活动，应当具备下列条件：

（一）有企业的名称、住所、组织机构和章程；

（二）有与其经营活动相适应的资金；

（三）有与其经营活动相适应并符合国家规定的消防安全条件的营业场所；

（四）有健全、完善的信息网络安全管理制度和安全技术措施；

（五）有固定的网络地址和与其经营活动相适应的计算机等装置及附属设备；

（六）有与其经营活动相适应并取得从业资格的安全管理人员、经营管理人员、专业技术人员；

（七）法律、行政法规和国务院有关部门规定的其他条件。

互联网上网服务营业场所的最低营业面积、计算机等装置及附属设备数量、单机面积的标准，由国务院文化行政部门规定。

审批从事互联网上网服务经营活动，除依照本条第一款、第二款规定的条件外，还应当符合国务院文化行政部门和省、自治区、直辖市人民政府文化行政部门规定的互联网上网服务营业场所经营单位的总量和布局要求。

第九条　中学、小学校园周围 200 米范围内和居民住宅楼（院）内不得设立互联网上网服务营业场所。

第十条　互联网上网服务营业场所经营单位申请从事互联网上网服务经营活动，应当向县级以上地方人民政府文化行政部门提出申请，并提交下列文件：

（一）企业营业执照和章程；

（二）法定代表人或者主要负责人的身份证明材料；

（三）资金信用证明；

（四）营业场所产权证明或者租赁意向书；

（五）依法需要提交的其他文件。

第十一条　文化行政部门应当自收到申请之日起 20 个工作日内作出决定；经审查，符合条件的，发给同意筹建的批准文件。

申请人还应当依照有关消防管理法律法规的规定办理审批手续。

申请人取得消防安全批准文件后,向文化行政部门申请最终审核。文化行政部门应当自收到申请之日起15个工作日内依据本条例第八条的规定作出决定;经实地检查并审核合格的,发给《网络文化经营许可证》。

对申请人的申请,有关部门经审查不符合条件的,或者经审核不合格的,应当分别向申请人书面说明理由。

文化行政部门发放《网络文化经营许可证》的情况或互联网上网服务营业场所经营单位拟开展经营活动的情况,应当及时向同级公安机关通报或报备。

第十二条 互联网上网服务营业场所经营单位不得涂改、出租、出借或者以其他方式转让《网络文化经营许可证》。

第十三条 互联网上网服务营业场所经营单位变更营业场所地址或者对营业场所进行改建、扩建,变更计算机数量或者其他重要事项的,应当经原审核机关同意。

互联网上网服务营业场所经营单位变更名称、住所、法定代表人或者主要负责人、注册资本、网络地址或者终止经营活动的,应当依法到工商行政管理部门办理变更登记或者注销登记,并到文化行政部门、公安机关办理有关手续或者备案。

第三章 经 营

第十四条 互联网上网服务营业场所经营单位和上网消费者不得利用互联网上网服务营业场所制作、下载、复制、查阅、发布、传播或者以其他方式使用含有下列内容的信息:

(一)反对宪法确定的基本原则的;

(二)危害国家统一、主权和领土完整的;

(三)泄露国家秘密,危害国家安全或者损害国家荣誉和利益的;

(四)煽动民族仇恨、民族歧视,破坏民族团结,或者侵害民族风俗、习惯的;

(五)破坏国家宗教政策,宣扬邪教、迷信的;

(六)散布谣言,扰乱社会秩序,破坏社会稳定的;

(七)宣传淫秽、赌博、暴力或者教唆犯罪的;

(八)侮辱或者诽谤他人,侵害他人合法权益的;

(九)危害社会公德或者民族优秀文化传统的;

(十)含有法律、行政法规禁止的其他内容的。

第十五条 互联网上网服务营业场所经营单位和上网消费者不得进行下列危害信息网络安全的活动:

(一)故意制作或者传播计算机病毒以及其他破坏性程序的;

(二)非法侵入计算机信息系统或者破坏计算机信息系统功能、数据和应用程序的;

(三)进行法律、行政法规禁止的其他活动的。

第十六条 互联网上网服务营业场所经营单位应当通过依法取得经营许可证的互联网接入服务提供者接入互联网,不得采取其他方式接入互联网。

互联网上网服务营业场所经营单位提供上网消费者使用的计算机必须通过局域网的方式接入互联网,不得直接接入互联网。

第十七条 互联网上网服务营业场所经营单位不得经营非网络游戏。

第十八条 互联网上网服务营业场所经营单位和上网消费者不得利用网络游戏或者其他方式进行赌博或者变相赌博活动。

第十九条 互联网上网服务营业场所经营单位应当实施经营管理技术措施,建立场内巡查制度,发现上网消费者有本条例第十四条、第十五条、第十八条所列行为或者有其他违法行为的,应当立即予以制止并向文化行政部门、公安机关举报。

第二十条 互联网上网服务营业场所经营单位应当在营业场所的显著位置悬挂《网络文化经营许可证》和营业执照。

第二十一条 互联网上网服务营业场所经营单位不得接纳未成年人进入营业场所。

互联网上网服务营业场所经营单位应当在营业场所入口处的显著位置悬挂未成年人禁入标志。

第二十二条 互联网上网服务营业场所每日营业时间限于8时至24时。

第二十三条 互联网上网服务营业场所经营单位应当对上网消费者的身份证等有效证件进行核对、登记,并记录有关上网信息。登记内容和记录备份保存时间不得少于60日,并在文化行政部门、公安机关依法查询时予以提供。登记内容和记录备份在保存期内不得修改或者删除。

第二十四条 互联网上网服务营业场所经营单位应当依法履行信息网络安全、治安和消防安全职责,并遵守下列规定:

(一)禁止明火照明和吸烟并悬挂禁止吸烟标志;

(二)禁止带入和存放易燃、易爆物品;

(三)不得安装固定的封闭门窗栅栏;

（四）营业期间禁止封堵或者锁闭门窗、安全疏散通道和安全出口；

（五）不得擅自停止实施安全技术措施。

第四章　罚　则

第二十五条　文化行政部门、公安机关、工商行政管理部门或者其他有关部门及其工作人员，利用职务上的便利收受他人财物或者其他好处，违法批准不符合法定设立条件的互联网上网服务营业场所经营单位，或者不依法履行监督职责，或者发现违法行为不予依法查处，触犯刑律的，对直接负责的主管人员和其他直接责任人员依照刑法关于受贿罪、滥用职权罪、玩忽职守罪或者其他罪的规定，依法追究刑事责任；尚不够刑事处罚的，依法给予降级、撤职或者开除的行政处分。

第二十六条　文化行政部门、公安机关、工商行政管理部门或者其他有关部门的工作人员，从事或者变相从事互联网上网服务经营活动的，参与或者变相参与互联网上网服务营业场所经营单位的经营活动的，依法给予降级、撤职或者开除的行政处分。

文化行政部门、公安机关、工商行政管理部门或者其他有关部门有前款所列行为的，对直接负责的主管人员和其他直接责任人员依照前款规定依法给予行政处分。

第二十七条　违反本条例的规定，擅自从事互联网上网服务经营活动的，由文化行政部门或者由文化行政部门会同公安机关依法予以取缔，查封其从事违法经营活动的场所，扣押从事违法经营活动的专用工具、设备；触犯刑律的，依照刑法关于非法经营罪的规定，依法追究刑事责任；尚不够刑事处罚的，由文化行政部门没收违法所得及其从事违法经营活动的专用工具、设备；违法经营额1万元以上的，并处违法经营额5倍以上10倍以下的罚款；违法经营额不足1万元的，并处1万元以上5万元以下的罚款。

第二十八条　文化行政部门应当建立互联网上网服务营业场所经营单位的经营活动信用监管制度，建立健全信用约束机制，并及时公布行政处罚信息。

第二十九条　互联网上网服务营业场所经营单位违反本条例的规定，涂改、出租、出借或者以其他方式转让《网络文化经营许可证》，触犯刑律的，依照刑法关于伪造、变造、买卖国家机关公文、证件、印章罪的规定，依法追究刑事责任；尚不够刑事处罚的，由文化行政部门吊销《网络文化经营许可证》，没收违法所得；违法经营额5000元以上的，并处违法经营额2倍以上5倍以下的罚款；违法经营额不足5000元的，并处5000元以上1万元以下的罚款。

第三十条　互联网上网服务营业场所经营单位违反本条例的规定，利用营业场所制作、下载、复制、查阅、发布、传播或者以其他方式使用含有本条例第十四条规定禁止含有的内容的信息，触犯刑律的，依法追究刑事责任；尚不够刑事处罚的，由公安机关给予警告，没收违法所得；违法经营额1万元以上的，并处违法经营额2倍以上5倍以下的罚款；违法经营额不足1万元的，并处1万元以上2万元以下的罚款；情节严重的，责令停业整顿，直至由文化行政部门吊销《网络文化经营许可证》。

上网消费者有前款违法行为，触犯刑律的，依法追究刑事责任；尚不够刑事处罚的，由公安机关依照治安管理处罚法的规定给予处罚。

第三十一条　互联网上网服务营业场所经营单位违反本条例的规定，有下列行为之一的，由文化行政部门给予警告，可以并处15000元以下的罚款；情节严重的，责令停业整顿，直至吊销《网络文化经营许可证》：

（一）在规定的营业时间以外营业的；

（二）接纳未成年人进入营业场所的；

（三）经营非网络游戏的；

（四）擅自停止实施经营管理技术措施的；

（五）未悬挂《网络文化经营许可证》或者未成年人禁入标志的。

第三十二条　公安机关应当自互联网上网服务营业场所经营单位正式开展经营活动20个工作日内，对其依法履行信息网络安全职责情况进行实地检查。检查发现互联网上网服务营业场所经营单位未履行信息网络安全责任的，由公安机关给予警告，可以并处15000元以下罚款；情节严重的，责令停业整顿，直至由文化行政部门吊销《网络文化经营许可证》。

第三十三条　互联网上网服务营业场所经营单位违反本条例的规定，有下列行为之一的，由文化行政部门、公安机关依据各自职权给予警告，可以并处15000元以下的罚款；情节严重的，责令停业整顿，直至由文化行政部门吊销《网络文化经营许可证》：

（一）向上网消费者提供的计算机未通过局域网的方式接入互联网的；

（二）未建立场内巡查制度，或者发现上网消费者的违法行为未予制止并向文化行政部门、公安机关举报的；

（三）未按规定核对、登记上网消费者的有效身份证件或者记录有关上网信息的；

（四）未按规定时间保存登记内容、记录备份，或者

在保存期内修改、删除登记内容、记录备份的;

（五）变更名称、住所、法定代表人或者主要负责人、注册资本、网络地址或者终止经营活动，未向文化行政部门、公安机关办理有关手续或者备案的。

第三十四条　互联网上网服务营业场所经营单位违反本条例的规定，有下列行为之一的，由公安机关给予警告，可以并处 15000 元以下的罚款;情节严重的，责令停业整顿，直至由文化行政部门吊销《网络文化经营许可证》:

（一）利用明火照明或者发现吸烟不予制止，或者未悬挂禁止吸烟标志的;

（二）允许带入或者存放易燃、易爆物品的;

（三）在营业场所安装固定的封闭门窗栅栏的;

（四）营业期间封堵或者锁闭门窗、安全疏散通道或者安全出口的;

（五）擅自停止实施安全技术措施的。

第三十五条　违反国家有关信息网络安全、治安管理、消防管理、工商行政管理、电信管理等规定，触犯刑律的，依法追究刑事责任;尚不够刑事处罚的，由公安机关、工商行政管理部门、电信管理机构依法给予处罚;情节严重的，由原发证机关吊销许可证件。

第三十六条　互联网上网服务营业场所经营单位违反本条例的规定，被吊销《网络文化经营许可证》的，自被吊销《网络文化经营许可证》之日起 5 年内，其法定代表人或者主要负责人不得担任互联网上网服务营业场所经营单位的法定代表人或者主要负责人。

擅自设立的互联网上网服务营业场所经营单位被依法取缔的，自被取缔之日起 5 年内，其主要负责人不得担任互联网上网服务营业场所经营单位的法定代表人或者主要负责人。

第三十七条　依照本条例的规定实施罚款的行政处罚，应当依照有关法律、行政法规的规定，实行罚款决定与罚款收缴分离;收缴的罚款和违法所得必须全部上缴国库。

第五章　附　则

第三十八条　本条例自 2002 年 11 月 15 日起施行。2001 年 4 月 3 日信息产业部、公安部、文化部、国家工商行政管理局发布的《互联网上网服务营业场所管理办法》同时废止。

互联网上网服务行业上云行动工作方案

·2023 年 11 月 1 日
·办市场发〔2023〕178 号

为深入贯彻落实习近平总书记关于发展数字经济的重要论述精神，加快推动互联网上网服务营业场所数字化转型，创新发展"存储上云""算力上云"等上网服务行业云服务新模式，助力行业转型升级，特制定本方案。

一、总体要求

（一）指导思想。以习近平新时代中国特色社会主义思想为指导，全面贯彻落实党的二十大精神，完整、准确、全面贯彻新发展理念，深入实施国家文化数字化战略和数字中国战略，利用数字技术对传统互联网上网服务营业场所（以下简称上网服务场所）进行改造升级，推动行业数字化转型发展，不断增强上网服务场所内生动力和创新活力。

（二）基本原则。坚持市场主导，尊重和顺应市场发展规律，充分发挥市场在资源配置中的决定性作用，更好发挥政府作用，政府搭建平台，云服务商公平竞争，上网服务场所自愿参与。坚持创新驱动，鼓励上云核心技术研发，推动上网服务场所云服务应用场景试验，不断培育和发展云服务新技术、新模式、新产品。坚持试点先行，尊重地方首创精神，鼓励试点城市先行先试，形成可复制可推广的典型经验，以点带面推动行业转型发展。坚持用户导向，以上网服务场所和消费者的满意度作为重要指标，不断优化云服务模式。

（三）主要目标。以试点为引领，积极探索上网服务行业"存储上云""算力上云"降本增效运营模式，建设一批上云创新场所，不断向全行业和电竞酒店等领域进行复制推广，切实降低上网服务场所的投资、运营、管理成本，提升上网服务消费者的体验感、舒适度、安全性，为我国云服务技术发展提供试验田、为传统行业数字化转型提供经验。

二、主要任务

（一）推进云服务试点工作。在前期试点工作基础上，不断巩固和扩大上网服务行业云服务试点，积极探索上网服务行业云服务发展方法路径、市场机制，培育云服务发展生态。鼓励试点城市创新思路、大胆探索，通过政策引导、典型示范、现场观摩、论坛交流、案例发布、经验推广等方式，推动上网服务行业云服务创新发展。鼓励省级文化和旅游行政部门组织开展省内上网服务行业云服务试点工作，符合条件的，可以向文化和旅游部推荐并纳入全国试点城市。

（二）打造上云创新场所。鼓励各地积极探索上网服务场所云服务发展新模式，打造一批降本增效强、环境品质优、用户体验好、数字化转型成效明显的上网服务行业云服务创新场所——上云创新场所，发挥典型示范和创新引领作用。文化和旅游部将适时组织开展上云创新场所的申报工作。

（三）鼓励云服务技术和产品研发。鼓励电信运营企业、云服务平台企业等加大"存储上云""算力上云"等技术研发，加快全光网络、专线光纤等基础设施建设，突破瓶颈，打通堵点，完善云服务内容，优化云服务产品，提升云服务供给能力，增强云服务上网服务场所的核心竞争力。鼓励电信运营企业降低试点城市云服务上网服务场所的宽带、设备租赁等相关资费，进一步推动提速降费。

（四）探索云服务向多元场景应用推广。鼓励上云服务技术向电竞酒店、星级饭店等领域拓展。各地可以结合实际，适时将电竞酒店纳入试点范围，建设电竞酒店领域的上云创新场所。鼓励和支持行业开展上云推介、云服务场所专项电竞赛事等活动。

（五）支持云服务标准建设。指导和支持行业协会制定上网服务行业云服务相关标准并加强应用，引导上网服务行业云服务标准化、规范化发展。鼓励地方文化和旅游行政部门、电信运营企业、云服务平台企业等单位参与标准的研究、起草、应用等工作。

三、组织实施

（一）建立健全工作机制。文化和旅游部市场管理司与电信运营企业建立长效合作机制，推进上网服务行业上云行动。各级文化和旅游行政部门应当与本地电信运营等企业加强协作配合，密切联系，相互支持，不得设置妨碍云服务公平竞争限制措施，共同推动上网服务行业云服务转型发展。参与试点的省份，应当成立由试点城市文化和旅游行政部门、电信运营企业、行业协会、云服务平台企业以及试点场所组成的联合工作组，协调推进试点工作。

（二）开展试点申报工作。具有较好云服务基础条件和试点意愿的城市，可以向省级文化和旅游行政部门提交参与第二批试点城市的申报材料（详见附件），由省级文化和旅游行政部门于2023年11月18日前将申报材料报送至文化和旅游部市场管理司。第一批试点城市继续开展试点，不再重新申报。文化和旅游部经遴选确定后公布第二批试点名单。

（三）加强宣传推广。各级文化和旅游行政部门要加强有关培训和宣传推广工作，利用报刊、广播、电视等新闻媒体和网络新媒体广泛宣传报道云服务工作。鼓励行业协会开展云服务培训、论坛交流等相关活动。

附件：第二批上网服务行业云服务试点申报材料（略）

儿童个人信息网络保护规定

· 2019年8月22日国家互联网信息办公室令第4号公布
· 自2019年10月1日起施行

第一条　为了保护儿童个人信息安全，促进儿童健康成长，根据《中华人民共和国网络安全法》《中华人民共和国未成年人保护法》等法律法规，制定本规定。

第二条　本规定所称儿童，是指不满十四周岁的未成年人。

第三条　在中华人民共和国境内通过网络从事收集、存储、使用、转移、披露儿童个人信息等活动，适用本规定。

第四条　任何组织和个人不得制作、发布、传播侵害儿童个人信息安全的信息。

第五条　儿童监护人应当正确履行监护职责，教育引导儿童增强个人信息保护意识和能力，保护儿童个人信息安全。

第六条　鼓励互联网行业组织指导推动网络运营者制定儿童个人信息保护的行业规范、行为准则等，加强行业自律，履行社会责任。

第七条　网络运营者收集、存储、使用、转移、披露儿童个人信息的，应当遵循正当必要、知情同意、目的明确、安全保障、依法利用的原则。

第八条　网络运营者应当设置专门的儿童个人信息保护规则和用户协议，并指定专人负责儿童个人信息保护。

第九条　网络运营者收集、使用、转移、披露儿童个人信息的，应当以显著、清晰的方式告知儿童监护人，并应当征得儿童监护人的同意。

第十条　网络运营者征得同意时，应当同时提供拒绝选项，并明确告知以下事项：

（一）收集、存储、使用、转移、披露儿童个人信息的目的、方式和范围；

（二）儿童个人信息存储的地点、期限和到期后的处理方式；

（三）儿童个人信息的安全保障措施；

（四）拒绝的后果；

（五）投诉、举报的渠道和方式；

（六）更正、删除儿童个人信息的途径和方法；

（七）其他应当告知的事项。

前款规定的告知事项发生实质性变化的，应当再次征得儿童监护人的同意。

第十一条　网络运营者不得收集与其提供的服务无关的儿童个人信息，不得违反法律、行政法规的规定和双方的约定收集儿童个人信息。

第十二条　网络运营者存储儿童个人信息，不得超过实现其收集、使用目的所必需的期限。

第十三条　网络运营者应当采取加密等措施存储儿童个人信息，确保信息安全。

第十四条　网络运营者使用儿童个人信息，不得违反法律、行政法规的规定和双方约定的目的、范围。因业务需要，确需超出约定的目的、范围使用的，应当再次征得儿童监护人的同意。

第十五条　网络运营者对其工作人员应当以最小授权为原则，严格设定信息访问权限，控制儿童个人信息知悉范围。工作人员访问儿童个人信息的，应当经过儿童个人信息保护负责人或者其授权的管理人员审批，记录访问情况，并采取技术措施，避免违法复制、下载儿童个人信息。

第十六条　网络运营者委托第三方处理儿童个人信息的，应当对受委托方及委托行为等进行安全评估，签署委托协议，明确双方责任、处理事项、处理期限、处理性质和目的等，委托行为不得超出授权范围。

前款规定的受委托方，应当履行以下义务：

（一）按照法律、行政法规的规定和网络运营者的要求处理儿童个人信息；

（二）协助网络运营者回应儿童监护人提出的申请；

（三）采取措施保障信息安全，并在发生儿童个人信息泄露安全事件时，及时向网络运营者反馈；

（四）委托关系解除时及时删除儿童个人信息；

（五）不得转委托；

（六）其他依法应当履行的儿童个人信息保护义务。

第十七条　网络运营者向第三方转移儿童个人信息的，应当自行或者委托第三方机构进行安全评估。

第十八条　网络运营者不得披露儿童个人信息，但法律、行政法规规定应当披露或者根据与儿童监护人的约定可以披露的除外。

第十九条　儿童或者其监护人发现网络运营者收集、存储、使用、披露的儿童个人信息有错误的，有权要求网络运营者予以更正。网络运营者应当及时采取措施予以更正。

第二十条　儿童或者其监护人要求网络运营者删除其收集、存储、使用、披露的儿童个人信息的，网络运营者应当及时采取措施予以删除，包括但不限于以下情形：

（一）网络运营者违反法律、行政法规的规定或者双方的约定收集、存储、使用、转移、披露儿童个人信息的；

（二）超出目的范围或者必要期限收集、存储、使用、转移、披露儿童个人信息的；

（三）儿童监护人撤回同意的；

（四）儿童或者其监护人通过注销等方式终止使用产品或者服务的。

第二十一条　网络运营者发现儿童个人信息发生或者可能发生泄露、毁损、丢失的，应当立即启动应急预案，采取补救措施；造成或者可能造成严重后果的，应当立即向有关主管部门报告，并将事件相关情况以邮件、信函、电话、推送通知等方式告知受影响的儿童及其监护人，难以逐一告知的，应当采取合理、有效的方式发布相关警示信息。

第二十二条　网络运营者应当对网信部门和其他有关部门依法开展的监督检查予以配合。

第二十三条　网络运营者停止运营产品或者服务的，应当立即停止收集儿童个人信息的活动，删除其持有的儿童个人信息，并将停止运营的通知及时告知儿童监护人。

第二十四条　任何组织和个人发现有违反本规定行为的，可以向网信部门和其他有关部门举报。

网信部门和其他有关部门收到相关举报的，应当依据职责及时进行处理。

第二十五条　网络运营者落实儿童个人信息安全管理责任不到位，存在较大安全风险或者发生安全事件的，由网信部门依据职责进行约谈，网络运营者应当及时采取措施进行整改，消除隐患。

第二十六条　违反本规定的，由网信部门和其他有关部门依据职责，根据《中华人民共和国网络安全法》《互联网信息服务管理办法》等相关法律法规规定处理；构成犯罪的，依法追究刑事责任。

第二十七条　违反本规定被追究法律责任的，依照有关法律、行政法规的规定记入信用档案，并予以公示。

第二十八条　通过计算机信息系统自动留存处理信

息且无法识别所留存处理的信息属于儿童个人信息的，依照其他有关规定执行。

第二十九条　本规定自2019年10月1日起施行。

互联网文化管理暂行规定

· 2011年2月17日文化部令第51号公布
· 根据2017年12月15日《文化部关于废止和修改部分部门规章的决定》修订

第一条　为了加强对互联网文化的管理，保障互联网文化单位的合法权益，促进我国互联网文化健康、有序地发展，根据《中华人民共和国网络安全法》、《全国人民代表大会常务委员会关于维护互联网安全的决定》和《互联网信息服务管理办法》等国家法律法规有关规定，制定本规定。

第二条　本规定所称互联网文化产品是指通过互联网生产、传播和流通的文化产品，主要包括：

（一）专门为互联网而生产的网络音乐娱乐、网络游戏、网络演出剧（节）目、网络表演、网络艺术品、网络动漫等互联网文化产品；

（二）将音乐娱乐、游戏、演出剧（节）目、表演、艺术品、动漫等文化产品以一定的技术手段制作、复制到互联网上传播的互联网文化产品。

第三条　本规定所称互联网文化活动是指提供互联网文化产品及其服务的活动，主要包括：

（一）互联网文化产品的制作、复制、进口、发行、播放等活动；

（二）将文化产品登载在互联网上，或者通过互联网、移动通信网等信息网络发送到计算机、固定电话机、移动电话机、电视机、游戏机等用户端以及网吧等互联网上网服务营业场所，供用户浏览、欣赏、使用或者下载的在线传播行为；

（三）互联网文化产品的展览、比赛等活动。

互联网文化活动分为经营性和非经营性两类。经营性互联网文化活动是指以营利为目的，通过向上网用户收费或者以电子商务、广告、赞助等方式获取利益，提供互联网文化产品及其服务的活动。非经营性互联网文化活动是指不以营利为目的向上网用户提供互联网文化产品及其服务的活动。

第四条　本规定所称互联网文化单位，是指经文化行政部门和电信管理机构批准或者备案，从事互联网文化活动的互联网信息服务提供者。

在中华人民共和国境内从事互联网文化活动，适用本规定。

第五条　从事互联网文化活动应当遵守宪法和有关法律、法规，坚持为人民服务、为社会主义服务的方向，弘扬民族优秀文化，传播有益于提高公众文化素质、推动经济发展、促进社会进步的思想道德、科学技术和文化知识，丰富人民的精神生活。

第六条　文化部负责制定互联网文化发展与管理的方针、政策和规划，监督管理全国互联网文化活动。

省、自治区、直辖市人民政府文化行政部门对申请从事经营性互联网文化活动的单位进行审批，对从事非经营性互联网文化活动的单位进行备案。

县级以上人民政府文化行政部门负责本行政区域内互联网文化活动的监督管理工作。县级以上人民政府文化行政部门或者文化市场综合执法机构对从事互联网文化活动违反国家有关法规的行为实施处罚。

第七条　申请从事经营性互联网文化活动，应当符合《互联网信息服务管理办法》的有关规定，并具备以下条件：

（一）有单位的名称、住所、组织机构和章程；

（二）有确定的互联网文化活动范围；

（三）有适应互联网文化活动需要的专业人员、设备、工作场所以及相应的经营管理技术措施；

（四）有确定的域名；

（五）符合法律、行政法规和国家有关规定的条件。

第八条　申请从事经营性互联网文化活动，应当向所在地省、自治区、直辖市人民政府文化行政部门提出申请，由省、自治区、直辖市人民政府文化行政部门审核批准。

第九条　申请从事经营性互联网文化活动，应当提交下列文件：

（一）申请表；

（二）营业执照和章程；

（三）法定代表人或者主要负责人的身份证明文件；

（四）业务范围说明；

（五）专业人员、工作场所以及相应经营管理技术措施的说明材料；

（六）域名登记证明；

（七）依法需要提交的其他文件。

对申请从事经营性互联网文化活动的，省、自治区、直辖市人民政府文化行政部门应当自受理申请之日起20日内做出批准或者不批准的决定。批准的，核发《网络文化经营许可证》，并向社会公告；不批准的，应当书面通知申请人并说明理由。

《网络文化经营许可证》有效期为 3 年。有效期届满，需继续从事经营的，应当于有效期届满 30 日前申请续办。

第十条　非经营性互联网文化单位，应当自设立之日起 60 日内向所在地省、自治区、直辖市人民政府文化行政部门备案，并提交下列文件：

（一）备案表；

（二）章程；

（三）法定代表人或者主要负责人的身份证明文件；

（四）域名登记证明；

（五）依法需要提交的其他文件。

第十一条　申请从事经营性互联网文化活动经批准后，应当持《网络文化经营许可证》，按照《互联网信息服务管理办法》的有关规定，到所在地电信管理机构或者国务院信息产业主管部门办理相关手续。

第十二条　互联网文化单位应当在其网站主页的显著位置标明文化行政部门颁发的《网络文化经营许可证》编号或者备案编号，标明国务院信息产业主管部门或者省、自治区、直辖市电信管理机构颁发的经营许可证编号或者备案编号。

第十三条　经营性互联网文化单位变更单位名称、域名、法定代表人或者主要负责人、注册地址、经营地址、股权结构以及许可经营范围的，应当自变更之日起 20 日内到所在地省、自治区、直辖市人民政府文化行政部门办理变更或者备案手续。

非经营性互联网文化单位变更名称、地址、域名、法定代表人或者主要负责人、业务范围的，应当自变更之日起 60 日内到所在地省、自治区、直辖市人民政府文化行政部门办理备案手续。

第十四条　经营性互联网文化单位终止互联网文化活动的，应当自终止之日起 30 日内到所在地省、自治区、直辖市人民政府文化行政部门办理注销手续。

经营性互联网文化单位自取得《网络文化经营许可证》并依法办理企业登记之日起满 180 日未开展互联网文化活动的，由原审核的省、自治区、直辖市人民政府文化行政部门注销《网络文化经营许可证》，同时通知相关省、自治区、直辖市电信管理机构。

非经营性互联网文化单位停止互联网文化活动的，由原备案的省、自治区、直辖市人民政府文化行政部门注销备案，同时通知相关省、自治区、直辖市电信管理机构。

第十五条　经营进口互联网文化产品的活动应当由取得文化行政部门核发的《网络文化经营许可证》的经营性互联网文化单位实施，进口互联网文化产品应当报文化部进行内容审查。

文化部应当自受理内容审查申请之日起 20 日内（不包括专家评审所需时间）做出批准或者不批准的决定。批准的，发给批准文件；不批准的，应当说明理由。

经批准的进口互联网文化产品应当在其显著位置标明文化部的批准文号，不得擅自变更产品名称或者增删产品内容。自批准之日起一年内未在国内经营的，进口单位应当报文化部备案并说明原因；决定终止进口的，文化部撤销其批准文号。

经营性互联网文化单位经营的国产互联网文化产品应当自正式经营起 30 日内报省级以上文化行政部门备案，并在其显著位置标明文化部备案编号，具体办法另行规定。

第十六条　互联网文化单位不得提供载有以下内容的文化产品：

（一）反对宪法确定的基本原则的；

（二）危害国家统一、主权和领土完整的；

（三）泄露国家秘密、危害国家安全或者损害国家荣誉和利益的；

（四）煽动民族仇恨、民族歧视，破坏民族团结，或者侵害民族风俗、习惯的；

（五）宣扬邪教、迷信的；

（六）散布谣言，扰乱社会秩序，破坏社会稳定的；

（七）宣扬淫秽、赌博、暴力或者教唆犯罪的；

（八）侮辱或者诽谤他人，侵害他人合法权益的；

（九）危害社会公德或者民族优秀文化传统的；

（十）有法律、行政法规和国家规定禁止的其他内容的。

第十七条　互联网文化单位提供的文化产品，使公民、法人或者其他组织的合法利益受到侵害的，互联网文化单位应当依法承担民事责任。

第十八条　互联网文化单位应当建立自审制度，明确专门部门，配备专业人员负责互联网文化产品内容和活动的自查与管理，保障互联网文化产品内容和活动的合法性。

第十九条　互联网文化单位发现所提供的互联网文化产品含有本规定第十六条所列内容之一的，应当立即停止提供，保存有关记录，向所在地省、自治区、直辖市人民政府文化行政部门报告并抄报文化部。

第二十条　互联网文化单位应当记录备份所提供的文化产品内容及其时间、互联网地址或者域名；记录备份应当保存60日，并在国家有关部门依法查询时予以提供。

第二十一条　未经批准，擅自从事经营性互联网文化活动的，由县级以上人民政府文化行政部门或者文化市场综合执法机构责令停止经营性互联网文化活动，予以警告，并处30000元以下罚款；拒不停止经营活动的，依法列入文化市场黑名单，予以信用惩戒。

第二十二条　非经营性互联网文化单位违反本规定第十条，逾期未办理备案手续的，由县级以上人民政府文化行政部门或者文化市场综合执法机构责令限期改正；拒不改正的，责令停止互联网文化活动，并处1000元以下罚款。

第二十三条　经营性互联网文化单位违反本规定第十二条的，由县级以上人民政府文化行政部门或者文化市场综合执法机构责令限期改正，并可根据情节轻重处10000元以下罚款。

非经营性互联网文化单位违反本规定第十二条的，由县级以上人民政府文化行政部门或者文化市场综合执法机构责令限期改正；拒不改正的，责令停止互联网文化活动，并处500元以下罚款。

第二十四条　经营性互联网文化单位违反本规定第十三条的，由县级以上人民政府文化行政部门或者文化市场综合执法机构责令改正，没收违法所得，并处10000元以上30000元以下罚款；情节严重的，责令停业整顿直至吊销《网络文化经营许可证》；构成犯罪的，依法追究刑事责任。

非经营性互联网文化单位违反本规定第十三条的，由县级以上人民政府文化行政部门或者文化市场综合执法机构责令限期改正；拒不改正的，责令停止互联网文化活动，并处1000元以下罚款。

第二十五条　经营性互联网文化单位违反本规定第十五条，经营进口互联网文化产品未在其显著位置标明文化部批准文号、经营国产互联网文化产品未在其显著位置标明文化部备案编号的，由县级以上人民政府文化行政部门或者文化市场综合执法机构责令改正，并可根据情节轻重处10000元以下罚款。

第二十六条　经营性互联网文化单位违反本规定第十五条，擅自变更进口互联网文化产品的名称或者增删内容的，由县级以上人民政府文化行政部门或者文化市场综合执法机构责令停止提供，没收违法所得，并处10000元以上30000元以下罚款；情节严重的，责令停业整顿直至吊销《网络文化经营许可证》；构成犯罪的，依法追究刑事责任。

第二十七条　经营性互联网文化单位违反本规定第十五条，经营国产互联网文化产品逾期未报文化行政部门备案的，由县级以上人民政府文化行政部门或者文化市场综合执法机构责令改正，并可根据情节轻重处20000元以下罚款。

第二十八条　经营性互联网文化单位提供含有本规定第十六条禁止内容的互联网文化产品，或者提供未经文化部批准进口的互联网文化产品的，由县级以上人民政府文化行政部门或者文化市场综合执法机构责令停止提供，没收违法所得，并处10000元以上30000元以下罚款；情节严重的，责令停业整顿直至吊销《网络文化经营许可证》；构成犯罪的，依法追究刑事责任。

非经营性互联网文化单位，提供含有本规定第十六条禁止内容的互联网文化产品，或者提供未经文化部批准进口的互联网文化产品的，由县级以上人民政府文化行政部门或者文化市场综合执法机构责令停止提供，处1000元以下罚款；构成犯罪的，依法追究刑事责任。

第二十九条　经营性互联网文化单位违反本规定第十八条的，由县级以上人民政府文化行政部门或者文化市场综合执法机构责令改正，并可根据情节轻重处20000元以下罚款。

第三十条　经营性互联网文化单位违反本规定第十九条的，由县级以上人民政府文化行政部门或者文化市场综合执法机构予以警告，责令限期改正，并处10000元以下罚款。

第三十一条　违反本规定第二十条的，由省、自治区、直辖市电信管理机构责令改正；情节严重的，由省、自治区、直辖市电信管理机构责令停业整顿或者责令暂时关闭网站。

第三十二条　本规定所称文化市场综合执法机构是指依照国家有关法律、法规和规章的规定，相对集中地行使文化领域行政处罚权以及相关监督检查权、行政强制权的行政执法机构。

第三十三条　文化行政部门或者文化市场综合执法机构查处违法经营活动，依照实施违法经营行为的企业注册地或者企业实际经营地进行管辖；企业注册地和实际经营地无法确定的，由从事违法经营活动网站的信息服务许可地或者备案地进行管辖；没有许可或者备案的，由该网站服务器所在地管辖；网站服务器设置在境外的，由违法行为发生地进行管辖。

第三十四条　本规定自 2011 年 4 月 1 日起施行。2003 年 5 月 10 日发布、2004 年 7 月 1 日修订的《互联网文化管理暂行规定》同时废止。

互联网著作权行政保护办法

· 2005 年 4 月 29 日国家版权局、信息产业部令 2005 年第 5 号公布

· 自 2005 年 5 月 30 日起施行

第一条　为了加强互联网信息服务活动中信息网络传播权的行政保护，规范行政执法行为，根据《中华人民共和国著作权法》及有关法律、行政法规，制定本办法。

第二条　本办法适用于互联网信息服务活动中根据互联网内容提供者的指令，通过互联网自动提供作品、录音录像制品等内容的上载、存储、链接或搜索等功能，且对存储或传输的内容不进行任何编辑、修改或选择的行为。

互联网信息服务活动中直接提供互联网内容的行为，适用著作权法。

本办法所称"互联网内容提供者"是指在互联网上发布相关内容的上网用户。

第三条　各级著作权行政管理部门依照法律、行政法规和本办法对互联网信息服务活动中的信息网络传播权实施行政保护。国务院信息产业主管部门和各省、自治区、直辖市电信管理机构依法配合相关工作。

第四条　著作权行政管理部门对侵犯互联网信息服务活动中的信息网络传播权的行为实施行政处罚，适用《著作权行政处罚实施办法》。

侵犯互联网信息服务活动中的信息网络传播权的行为由侵权行为实施地的著作权行政管理部门管辖。侵权行为实施地包括提供本办法第二条所列的互联网信息服务活动的服务器等设备所在地。

第五条　著作权人发现互联网传播的内容侵犯其著作权，向互联网信息服务提供者或者其委托的其他机构（以下统称"互联网信息服务提供者"）发出通知后，互联网信息服务提供者应当立即采取措施移除相关内容，并保留著作权人的通知 6 个月。

第六条　互联网信息服务提供者收到著作权人的通知后，应当记录提供的信息内容及其发布的时间、互联网地址或者域名。互联网接入服务提供者应当记录互联网内容提供者的接入时间、用户账号、互联网地址或者域名、主叫电话号码等信息。

前款所称记录应当保存 60 日，并在著作权行政管理部门查询时予以提供。

第七条　互联网信息服务提供者根据著作权人的通知移除相关内容的，互联网内容提供者可以向互联网信息服务提供者和著作权人一并发出说明被移除内容不侵犯著作权的反通知。反通知发出后，互联网信息服务提供者即可恢复被移除的内容，且对该恢复行为不承担行政法律责任。

第八条　著作权人的通知应当包含以下内容：

（一）涉嫌侵权内容所侵犯的著作权权属证明；

（二）明确的身份证明、住址、联系方式；

（三）涉嫌侵权内容在信息网络上的位置；

（四）侵犯著作权的相关证据；

（五）通知内容的真实性声明。

第九条　互联网内容提供者的反通知应当包含以下内容：

（一）明确的身份证明、住址、联系方式；

（二）被移除内容的合法性证明；

（三）被移除内容在互联网上的位置；

（四）反通知内容的真实性声明。

第十条　著作权人的通知和互联网内容提供者的反通知应当采取书面形式。

著作权人的通知和互联网内容提供者的反通知不具备本办法第八条、第九条所规定内容的，视为未发出。

第十一条　互联网信息服务提供者明知互联网内容提供者通过互联网实施侵犯他人著作权的行为，或者虽不明知，但接到著作权人通知后未采取措施移除相关内容，同时损害社会公共利益的，著作权行政管理部门可以根据《中华人民共和国著作权法》第四十七条的规定责令停止侵权行为，并给予下列行政处罚：

（一）没收违法所得；

（二）处以非法经营额 3 倍以下的罚款；非法经营额难以计算的，可以处 10 万元以下的罚款。

第十二条　没有证据表明互联网信息服务提供者明知侵权事实存在的，或者互联网信息服务提供者接到著作权人通知后，采取措施移除相关内容的，不承担行政法律责任。

第十三条　著作权行政管理部门在查处侵犯互联网信息服务活动中的信息网络传播权案件时，可以按照《著作权行政处罚实施办法》第十二条规定要求著作权人提交必备材料，以及向互联网信息服务提供者发出的通知

和该互联网信息服务提供者未采取措施移除相关内容的证明。

第十四条　互联网信息服务提供者有本办法第十一条规定的情形，且经著作权行政管理部门依法认定专门从事盗版活动，或有其他严重情节的，国务院信息产业主管部门或者省、自治区、直辖市电信管理机构依据相关法律、行政法规的规定处理；互联网接入服务提供者应当依据国务院信息产业主管部门或者省、自治区、直辖市电信管理机构的通知，配合实施相应的处理措施。

第十五条　互联网信息服务提供者未履行本办法第六条规定的义务，由国务院信息产业主管部门或者省、自治区、直辖市电信管理机构予以警告，可以并处 3 万元以下罚款。

第十六条　著作权行政管理部门在查处侵犯互联网信息服务活动中的信息网络传播权案件过程中，发现互联网信息服务提供者的行为涉嫌构成犯罪的，应当依照国务院《行政执法机关移送涉嫌犯罪案件的规定》将案件移送司法部门，依法追究刑事责任。

第十七条　表演者、录音录像制作者等与著作权有关的权利人通过互联网向公众传播其表演或者录音录像制品的权利的行政保护适用本办法。

第十八条　本办法由国家版权局和信息产业部负责解释。

第十九条　本办法自 2005 年 5 月 30 日起施行。

互联网视听节目服务管理规定

·2007 年 12 月 20 日国家广播电影电视总局、信息产业部令第 56 号公布
·根据 2015 年 8 月 28 日《关于修订部分规章和规范性文件的决定》修订

第一条　为维护国家利益和公共利益，保护公众和互联网视听节目服务单位的合法权益，规范互联网视听节目服务秩序，促进健康有序发展，根据国家有关规定，制定本规定。

第二条　在中华人民共和国境内向公众提供互联网（含移动互联网，以下简称互联网）视听节目服务活动，适用本规定。

本规定所称互联网视听节目服务，是指制作、编辑、集成并通过互联网向公众提供视音频节目，以及为他人提供上载传播视听节目服务的活动。

第三条　国务院广播电影电视主管部门作为互联网视听节目服务的行业主管部门，负责对互联网视听节目服务实施监督管理，统筹互联网视听节目服务的产业发展、行业管理、内容建设和安全监管。国务院信息产业主管部门作为互联网行业主管部门，依据电信行业管理职责对互联网视听节目服务实施相应的监督管理。

地方人民政府广播电影电视主管部门和地方电信管理机构依据各自职责对本行政区域内的互联网视听节目服务单位及接入服务实施相应的监督管理。

第四条　互联网视听节目服务单位及其相关网络运营单位，是重要的网络文化建设力量，承担建设中国特色网络文化和维护网络文化信息安全的责任，应自觉遵守宪法、法律和行政法规，接受互联网视听节目服务行业主管部门和互联网行业主管部门的管理。

第五条　互联网视听节目服务单位组成的全国性社会团体，负责制定行业自律规范，倡导文明上网、文明办网，营造文明健康的网络环境，传播健康有益视听节目，抵制腐朽落后思想文化传播，并在国务院广播电影电视主管部门指导下开展活动。

第六条　发展互联网视听节目服务要有益于传播社会主义先进文化，推动社会全面进步和人的全面发展、促进社会和谐。从事互联网视听节目服务，应当坚持为人民服务、为社会主义服务，坚持正确导向，把社会效益放在首位，建设社会主义核心价值体系，遵守社会主义道德规范，大力弘扬体现时代发展和社会进步的思想文化，大力弘扬民族优秀文化传统，提供更多更好的互联网视听节目服务，满足人民群众日益增长的需求，不断丰富人民群众的精神文化生活，充分发挥文化滋润心灵、陶冶情操、愉悦身心的作用，为青少年成长创造良好的网上空间，形成共建共享的精神家园。

第七条　从事互联网视听节目服务，应当依照本规定取得广播电影电视主管部门颁发的《信息网络传播视听节目许可证》（以下简称《许可证》）或履行备案手续。

未按照本规定取得广播电影电视主管部门颁发的《许可证》或履行备案手续，任何单位和个人不得从事互联网视听节目服务。

互联网视听节目服务业务指导目录由国务院广播电影电视主管部门商国务院信息产业主管部门制定。

第八条　申请从事互联网视听节目服务的，应当同时具备以下条件：

（一）具备法人资格，为国有独资或国有控股单位，且在申请之日前三年内无违法违规记录；

（二）有健全的节目安全传播管理制度和安全保护

技术措施;

（三）有与其业务相适应并符合国家规定的视听节目资源;

（四）有与其业务相适应的技术能力、网络资源;

（五）有与其业务相适应的专业人员,且主要出资者和经营者在申请之日前三年内无违法违规记录;

（六）技术方案符合国家标准、行业标准和技术规范;

（七）符合国务院广播电影电视主管部门确定的互联网视听节目服务总体规划、布局和业务指导目录;

（八）符合法律、行政法规和国家有关规定的条件。

第九条　从事广播电台、电视台形态服务和时政类视听新闻服务的,除符合本规定第八条规定外,还应当持有广播电视播出机构许可证或互联网新闻信息服务许可证。其中,以自办频道方式播放视听节目的,由地（市）级以上广播电台、电视台、中央新闻单位提出申请。

从事主持、访谈、报道类视听服务的,除符合本规定第八条规定外,还应当持有广播电视节目制作经营许可证和互联网新闻信息服务许可证;从事自办网络剧（片）类服务的,还应当持有广播电视节目制作经营许可证。

未经批准,任何组织和个人不得在互联网上使用广播电视专有名称开展业务。

第十条　申请《许可证》,应当通过省、自治区、直辖市人民政府广播电影电视主管部门向国务院广播电影电视主管部门提出申请,中央直属单位可以直接向国务院广播电影电视主管部门提出申请。

省、自治区、直辖市人民政府广播电影电视主管部门应当提供便捷的服务,自收到申请之日起 20 日内提出初审意见,报国务院广播电影电视主管部门审批;国务院广播电影电视主管部门应当自收到申请或者初审意见之日起 40 日内作出许可或者不予许可的决定,其中专家评审时间为 20 日。予以许可的,向申请人颁发《许可证》,并向社会公告;不予许可的,应当书面通知申请人并说明理由。《许可证》应当载明互联网视听节目服务的播出标识、名称、服务类别等事项。

《许可证》有效期为 3 年。有效期届满,需继续从事互联网视听节目服务的,应于有效期届满前 30 日内,持符合本办法第八条规定条件的相关材料,向原发证机关申请办理续办手续。

地（市）级以上广播电台、电视台从事互联网视听节目转播类服务的,到省级以上广播电影电视主管部门履行备案手续。中央新闻单位从事互联网视听节目转播类

服务的,到国务院广播电影电视主管部门履行备案手续。备案单位应在节目开播 30 日前,提交网址、网站名、拟转播的广播电视频道、栏目名称等有关备案材料,广播电影电视主管部门应将备案情况向社会公告。

第十一条　取得《许可证》的单位,应当依据《互联网信息服务管理办法》,向省（自治区、直辖市）电信管理机构或国务院信息产业主管部门（以下简称电信主管部门）申请办理电信业务经营许可或者履行相关备案手续,并依法到工商行政管理部门办理注册登记或变更登记手续。电信主管部门应根据广播电影电视主管部门许可,严格互联网视听节目服务单位的域名和 IP 地址管理。

第十二条　互联网视听节目服务单位变更股东、股权结构,有重大资产变动或有上市等重大融资行为的,以及业务项目超出《许可证》载明范围的,应按本规定办理审批手续。互联网视听节目服务单位的办公场所、法定代表人以及互联网信息服务单位的网址、网站名依法变更的,应当在变更后 15 日内向省级以上广播电影电视主管部门和电信主管部门备案,变更事项涉及工商登记的,应当依法到工商行政管理部门办理变更登记手续。

第十三条　互联网视听节目服务单位应当在取得《许可证》90 日内提供互联网视听节目服务。未按期提供服务的,其《许可证》由原发证机关予以注销。如因特殊原因,应经发证机关同意。申请终止服务的,应提前 60 日向原发证机关申报,其《许可证》由原发证机关予以注销。连续停业务超过 60 日的,由原发证机关按终止业务处理,其《许可证》由原发证机关予以注销。

第十四条　互联网视听节目服务单位应当按照《许可证》载明或备案的事项开展互联网视听节目服务,并在播出界面显著位置标注国务院广播电影电视主管部门批准的播出标识、名称、《许可证》或备案编号。

任何单位不得向未持有《许可证》或备案的单位提供与互联网视听节目服务有关的代收费及信号传输、服务器托管等金融和技术服务。

第十五条　鼓励国有战略投资者投资互联网视听节目服务企业;鼓励互联网视听节目服务单位积极开发适应新一代互联网和移动通信特点的新业务,为移动多媒体、多媒体网站生产积极健康的视听节目,努力提高互联网视听节目的供给能力;鼓励影视生产基地、电视节目制作单位多生产适合在网上传播的影视剧（片）、娱乐节目,积极发展民族网络影视产业;鼓励互联网视听节目服务单位传播公益性视听节目。

互联网视听节目服务单位应当遵守著作权法律、行

政法规的规定,采取版权保护措施,保护著作权人的合法权益。

第十六条　互联网视听节目服务单位提供的、网络运营单位接入的视听节目应当符合法律、行政法规、部门规章的规定。已播出的视听节目应至少完整保留60日。视听节目不得含有以下内容:

(一)反对宪法确定的基本原则的;

(二)危害国家统一、主权和领土完整的;

(三)泄露国家秘密、危害国家安全或者损害国家荣誉和利益的;

(四)煽动民族仇恨、民族歧视,破坏民族团结,或者侵害民族风俗、习惯的;

(五)宣扬邪教、迷信的;

(六)扰乱社会秩序,破坏社会稳定的;

(七)诱导未成年人违法犯罪和渲染暴力、色情、赌博、恐怖活动的;

(八)侮辱或者诽谤他人,侵害公民个人隐私等他人合法权益的;

(九)危害社会公德,损害民族优秀文化传统的;

(十)有关法律、行政法规和国家规定禁止的其他内容。

第十七条　用于互联网视听节目服务的电影电视剧类节目和其他节目,应当符合国家有关广播电影电视节目的管理规定。互联网视听节目服务单位播出时政类视听新闻节目,应当是地(市)级以上广播电台、电视台制作、播出的节目和中央新闻单位网站登载的时政类视听新闻节目。

未持有《许可证》的单位不得为个人提供上载传播视听节目服务。互联网视听节目服务单位不得允许个人上载时政类视听新闻节目,在提供播客、视频分享等上载传播视听节目服务时,应当提示上载者不得上载违反本规定的视听节目。任何单位和个人不得转播、链接、聚合、集成非法的广播电视频道、视听节目网站的节目。

第十八条　广播电影电视主管部门发现互联网视听节目服务单位传播违反本规定的视听节目,应当采取必要措施予以制止。互联网视听节目服务单位对含有违反本规定内容的视听节目,应当立即删除,并保存有关记录,履行报告义务,落实有关主管部门的管理要求。

互联网视听节目服务单位主要出资者和经营者应对播出和上载的视听节目内容负责。

第十九条　互联网视听节目服务单位应当选择依法取得互联网接入服务电信业务经营许可证或广播电视节目传送业务经营许可证的网络运营单位提供服务;应当依法维护用户权利,履行对用户的承诺,对用户信息保密,不得进行虚假宣传或误导用户、做出对用户不公平不合理的规定、损害用户的合法权益;提供有偿服务时,应当以显著方式公布所提供服务的视听节目种类、范围、资费标准和时限,并告知用户中止或者取消互联网视听节目服务的条件和方式。

第二十条　网络运营单位提供互联网视听节目信号传输服务时,应当保障视听节目服务单位的合法权益,保证传输安全,不得擅自插播、截留视听节目信号;在提供服务前应当查验视听节目服务单位的《许可证》或备案证明材料,按照《许可证》载明事项或备案范围提供接入服务。

第二十一条　广播电影电视和电信主管部门应建立公众监督举报制度。公众有权举报视听节目服务单位的违法违规行为,有关主管部门应当及时处理,不得推诿。广播电影电视、电信等监督管理部门发现违反本规定的行为,不属于本部门职责的,应当移交有权处理的部门处理。

电信主管部门应当依照国家有关规定向广播电影电视主管部门提供必要的技术系统接口和网站数据查询资料。

第二十二条　广播电影电视主管部门依法对互联网视听节目服务单位进行实地检查,有关单位和个人应当予以配合。广播电影电视主管部门工作人员依法进行实地检查时应当主动出示有关证件。

第二十三条　违反本规定有下列行为之一的,由县级以上广播电影电视主管部门予以警告、责令改正,可并处3万元以下罚款;同时,可对其主要出资者和经营者予以警告,可并处2万元以下罚款:

(一)擅自在互联网上使用广播电视专有名称开展业务的;

(二)变更股东、股权结构,或上市融资,或重大资产变动时,未办理审批手续的;

(三)未建立健全节目运营规范,未采取版权保护措施,或对传播有害内容未履行提示、删除、报告义务的;

(四)未在播出界面显著位置标注播出标识、名称、《许可证》和备案编号的;

(五)未履行保留节目记录、向主管部门如实提供查询义务的;

(六)向未持有《许可证》或备案的单位提供代收费及信号传输、服务器托管等与互联网视听节目服务有关的服务的;

（七）未履行查验义务，或向互联网视听节目服务单位提供其《许可证》或备案载明事项范围以外的接入服务的；

（八）进行虚假宣传或者误导用户的；

（九）未经用户同意，擅自泄露用户信息秘密的；

（十）互联网视听服务单位在同一年度内三次出现违规行为的；

（十一）拒绝、阻挠、拖延广播电影电视主管部门依法进行监督检查或者在监督检查过程中弄虚作假的；

（十二）以虚假证明、文件等手段骗取《许可证》的。

有本条第十二项行为的，发证机关应撤销其许可证。

第二十四条　擅自从事互联网视听节目服务的，由县级以上广播电影电视主管部门予以警告、责令改正，可并处 3 万元以下罚款；情节严重的，根据《广播电视管理条例》第四十七条的规定予以处罚。

传播的视听节目内容违反本规定的，由县级以上广播电影电视主管部门予以警告、责令改正，可并处 3 万元以下罚款；情节严重的，根据《广播电视管理条例》第四十九条的规定予以处罚。

未按照许可证载明或备案的事项从事互联网视听节目服务的或违规播出时政类视听新闻节目的，由县级以上广播电影电视主管部门予以警告、责令改正，可并处 3 万元以下罚款；情节严重的，根据《广播电视管理条例》第五十条之规定予以处罚。

转播、链接、聚合、集成非法的广播电视频道和视听节目网站内容的，擅自插播、截留视听节目信号的，由县级以上广播电影电视主管部门予以警告、责令改正，可并处 3 万元以下罚款；情节严重的，根据《广播电视管理条例》第五十一条之规定予以处罚。

第二十五条　对违反本规定的互联网视听节目服务单位，电信主管部门应根据广播电影电视主管部门的书面意见，按照电信管理和互联网管理的法律、行政法规的规定，关闭其网站，吊销其相应许可证或撤销备案，责令为其提供信号接入服务的网络运营单位停止接入；拒不执行停止接入服务决定，违反《电信条例》第五十七条规定的，由电信主管部门依据《电信条例》第七十八条的规定吊销其许可证。

违反治安管理规定的，由公安机关依法予以处罚；构成犯罪的，由司法机关依法追究刑事责任。

第二十六条　广播电影电视、电信等主管部门不履行规定的职责，或滥用职权的，要依法给予有关责任人处分，构成犯罪的，由司法机关依法追究刑事责任。

第二十七条　互联网视听节目服务单位出现重大违法违规行为的，除按有关规定予以处罚外，其主要出资者和经营者自互联网视听节目服务单位受到处罚之日起 5 年内不得投资和从事互联网视听节目服务。

第二十八条　通过互联网提供视音频即时通讯服务，由国务院信息产业主管部门按照国家有关规定进行监督管理。

利用局域网络及利用互联网架设虚拟专网向公众提供网络视听节目服务，须向行业主管部门提出申请，由国务院信息产业主管部门前置审批，国务院广播电影电视主管部门审核批准，按照国家有关规定进行监督管理。

第二十九条　本规定自 2008 年 1 月 31 日起施行。此前发布的规定与本规定不一致之处，依本规定执行。

网络音视频信息服务管理规定

· 2019 年 11 月 18 日
· 国信办通字〔2019〕3 号

第一条　为促进网络音视频信息服务健康有序发展，保护公民、法人和其他组织的合法权益，维护国家安全和公共利益，根据《中华人民共和国网络安全法》《互联网信息服务管理办法》《互联网新闻信息服务管理规定》《互联网文化管理暂行规定》《互联网视听节目服务管理规定》，制定本规定。

第二条　在中华人民共和国境内从事网络音视频信息服务，应当遵守本规定。

本规定所称网络音视频信息服务，是指通过互联网站、应用程序等网络平台，向社会公众提供音视频信息制作、发布、传播的服务。

网络音视频信息服务提供者，是指向社会公众提供网络音视频信息服务的组织或者个人。网络音视频信息服务使用者，是指使用网络音视频信息服务的组织或者个人。

第三条　各级网信、文化和旅游、广播电视等部门依据各自职责开展网络音视频信息服务的监督管理工作。

第四条　网络音视频信息服务提供者和使用者应当遵守宪法、法律和行政法规，坚持正确政治方向、舆论导向和价值取向，弘扬社会主义核心价值观，促进形成积极健康、向上向善的网络文化。

第五条　国家鼓励和指导互联网行业组织加强行业自律，建立健全网络音视频信息服务行业标准和行业准则，推动网络音视频信息服务行业信用体系建设，督促网络音视频信息服务提供者依法提供服务、接受社会监督，提高网络音视频信息服务从业人员职业素养，促进行业健康有序发展。

第六条　网络音视频信息服务提供者应当依法取得法律、行政法规规定的相关资质。

第七条　网络音视频信息服务提供者应当落实信息内容安全管理主体责任，配备与服务规模相适应的专业人员，建立健全用户注册、信息发布审核、信息安全管理、应急处置、从业人员教育培训、未成年人保护、知识产权保护等制度，具有与新技术新应用发展相适应的安全可控的技术保障和防范措施，有效应对网络安全事件，防范网络违法犯罪活动，维护网络数据的完整性、安全性和可用性。

第八条　网络音视频信息服务提供者应当依照《中华人民共和国网络安全法》的规定，对用户进行基于组织机构代码、身份证件号码、移动电话号码等方式的真实身份信息认证。用户不提供真实身份信息的，网络音视频信息服务提供者不得为其提供信息发布服务。

第九条　任何组织和个人不得利用网络音视频信息服务以及相关信息技术从事危害国家安全、破坏社会稳定、扰乱社会秩序、侵犯他人合法权益等法律法规禁止的活动，不得制作、发布、传播煽动颠覆国家政权、危害政治安全和社会稳定、网络谣言、淫秽色情，以及侵害他人名誉权、肖像权、隐私权、知识产权和其他合法权益等法律法规禁止的信息内容。

第十条　网络音视频信息服务提供者基于深度学习、虚拟现实等新技术新应用上线具有媒体属性或者社会动员功能的音视频信息服务，或者调整增设相关功能的，应当按照国家有关规定开展安全评估。

第十一条　网络音视频信息服务提供者和网络音视频信息服务使用者利用基于深度学习、虚拟现实等的新技术新应用制作、发布、传播非真实音视频信息的，应当以显著方式予以标识。

网络音视频信息服务提供者和网络音视频信息服务使用者不得利用基于深度学习、虚拟现实等的新技术新应用制作、发布、传播虚假新闻信息。转载音视频新闻信息的，应当依法转载国家规定范围内的单位发布的音视频新闻信息。

第十二条　网络音视频信息服务提供者应当加强对网络音视频信息服务使用者发布的音视频信息的管理，部署应用违法违规音视频以及非真实音视频鉴别技术，发现音视频信息服务使用者制作、发布、传播法律法规禁

止的信息内容的，应当依法依约停止传输该信息，采取消除等处置措施，防止信息扩散，保存有关记录，并向网信、文化和旅游、广播电视等部门报告。

网络音视频信息服务提供者发现不符合本规定第十一条第一款要求的信息内容的，应当立即停止传输该信息，以显著方式标识后方可继续传输该信息。

第十三条　网络音视频信息服务提供者应当建立健全辟谣机制，发现网络音视频信息服务使用者利用基于深度学习、虚拟现实等的虚假图像、音视频生成技术制作、发布、传播谣言的，应当及时采取相应的辟谣措施，并将相关信息报网信、文化和旅游、广播电视等部门备案。

第十四条　网络音视频信息服务提供者应当在与网络音视频信息服务使用者签订的服务协议中，明确双方权利、义务，要求网络音视频信息服务使用者遵守本规定及相关法律法规。对违反本规定、相关法律法规及服务协议的网络音视频信息服务使用者依法依约采取警示整改、限制功能、暂停更新、关闭账号等处置措施，保存有关记录，并向网信、文化和旅游、广播电视等部门报告。

第十五条　网络音视频信息服务提供者应当自觉接受社会监督，设置便捷的投诉举报入口，公布投诉、举报方式等信息，及时受理并处理公众投诉举报。

第十六条　为网络音视频信息服务提供技术支持的主体应当遵守相关法律法规规定和国家标准规范，采取技术措施和其他必要措施，保障网络安全、稳定运行。

第十七条　各级网信、文化和旅游、广播电视等部门应当建立日常监督检查和定期检查相结合的监督管理制度，指导督促网络音视频信息服务提供者依据法律法规和服务协议规范网络音视频信息服务行为。

网络音视频信息服务提供者应当遵守相关法律法规规定，依法留存网络日志，配合网信、文化和旅游、广播电视等部门开展监督管理执法工作，并提供必要的技术、数据支持和协助。

第十八条　网络音视频信息服务提供者和网络音视频信息服务使用者违反本规定的，由网信、文化和旅游、广播电视等部门依照《中华人民共和国网络安全法》《互联网信息服务管理办法》《互联网新闻信息服务管理规定》《互联网文化管理暂行规定》《互联网视听节目服务管理规定》等相关法律法规规定处理；构成违反治安管理行为的，依法给予治安管理处罚；构成犯罪的，依法追究刑事责任。

第十九条　本规定自 2020 年 1 月 1 日起施行。

互联网新闻信息服务管理规定

· 2017 年 5 月 2 日国家互联网信息办公室令第 1 号公布
· 自 2017 年 6 月 1 日起施行

第一章　总　则

第一条　为加强互联网信息内容管理,促进互联网新闻信息服务健康有序发展,根据《中华人民共和国网络安全法》《互联网信息服务管理办法》《国务院关于授权国家互联网信息办公室负责互联网信息内容管理工作的通知》,制定本规定。

第二条　在中华人民共和国境内提供互联网新闻信息服务,适用本规定。

本规定所称新闻信息,包括有关政治、经济、军事、外交等社会公共事务的报道、评论,以及有关社会突发事件的报道、评论。

第三条　提供互联网新闻信息服务,应当遵守宪法、法律和行政法规,坚持为人民服务、为社会主义服务的方向,坚持正确舆论导向,发挥舆论监督作用,促进形成积极健康、向上向善的网络文化,维护国家利益和公共利益。

第四条　国家互联网信息办公室负责全国互联网新闻信息服务的监督管理执法工作。地方互联网信息办公室依据职责负责本行政区域内互联网新闻信息服务的监督管理执法工作。

第二章　许　可

第五条　通过互联网站、应用程序、论坛、博客、微博客、公众账号、即时通信工具、网络直播等形式向社会公众提供互联网新闻信息服务,应当取得互联网新闻信息服务许可,禁止未经许可或超越许可范围开展互联网新闻信息服务活动。

前款所称互联网新闻信息服务,包括互联网新闻信息采编发布服务、转载服务、传播平台服务。

第六条　申请互联网新闻信息服务许可,应当具备下列条件:

(一)在中华人民共和国境内依法设立的法人;

(二)主要负责人、总编辑是中国公民;

(三)有与服务相适应的专职新闻编辑人员、内容审核人员和技术保障人员;

(四)有健全的互联网新闻信息服务管理制度;

(五)有健全的信息安全管理制度和安全可控的技术保障措施;

(六)有与服务相适应的场所、设施和资金。

申请互联网新闻信息采编发布服务许可的,应当是新闻单位(含其控股的单位)或新闻宣传部门主管的单位。

符合条件的互联网新闻信息服务提供者实行特殊管理股制度,具体实施办法由国家互联网信息办公室另行制定。

提供互联网新闻信息服务,还应当依法向电信主管部门办理互联网信息服务许可或备案手续。

第七条　任何组织不得设立中外合资经营、中外合作经营和外资经营的互联网新闻信息服务单位。

互联网新闻信息服务单位与境内外中外合资经营、中外合作经营和外资经营的企业进行涉及互联网新闻信息服务业务的合作,应当报经国家互联网信息办公室进行安全评估。

第八条　互联网新闻信息服务提供者的采编业务和经营业务应当分开,非公有资本不得介入互联网新闻信息采编业务。

第九条　申请互联网新闻信息服务许可,申请主体为中央新闻单位(含其控股的单位)或中央新闻宣传部门主管的单位的,由国家互联网信息办公室受理和决定;申请主体为地方新闻单位(含其控股的单位)或地方新闻宣传部门主管的单位的,由省、自治区、直辖市互联网信息办公室受理和决定;申请主体为其他单位的,经所在地省、自治区、直辖市互联网信息办公室受理和初审后,由国家互联网信息办公室决定。

国家或省、自治区、直辖市互联网信息办公室决定批准的,核发《互联网新闻信息服务许可证》。《互联网新闻信息服务许可证》有效期为三年。有效期届满,需继续从事互联网新闻信息服务活动的,应当于有效期届满三十日前申请续办。

省、自治区、直辖市互联网信息办公室应当定期向国家互联网信息办公室报告许可受理和决定情况。

第十条　申请互联网新闻信息服务许可,应当提交下列材料:

(一)主要负责人、总编辑为中国公民的证明;

(二)专职新闻编辑人员、内容审核人员和技术保障人员的资质情况;

(三)互联网新闻信息服务管理制度;

(四)信息安全管理制度和技术保障措施;

(五)互联网新闻信息服务安全评估报告;

(六)法人资格、场所、资金和股权结构等证明;

(七)法律法规规定的其他材料。

第三章　运　行

第十一条　互联网新闻信息服务提供者应当设立总编辑,总编辑对互联网新闻信息内容负总责。总编辑人选应当具有相关从业经验,符合相关条件,并报国家或省、自治区、直辖市互联网信息办公室备案。

互联网新闻信息服务相关从业人员应当依法取得相应资质,接受专业培训、考核。互联网新闻信息服务相关从业人员从事新闻采编活动,应当具备新闻采编人员职业资格,持有国家新闻出版广电总局统一颁发的新闻记者证。

第十二条　互联网新闻信息服务提供者应当健全信息发布审核、公共信息巡查、应急处置等信息安全管理制度,具有安全可控的技术保障措施。

第十三条　互联网新闻信息服务提供者为用户提供互联网新闻信息传播平台服务,应当按照《中华人民共和国网络安全法》的规定,要求用户提供真实身份信息。用户不提供真实身份信息的,互联网新闻信息服务提供者不得为其提供相关服务。

互联网新闻信息服务提供者对用户身份信息和日志信息负有保密的义务,不得泄露、篡改、毁损,不得出售或非法向他人提供。

互联网新闻信息服务提供者及其从业人员不得通过采编、发布、转载、删除新闻信息,干预新闻信息呈现或搜索结果等手段谋取不正当利益。

第十四条　互联网新闻信息服务提供者提供互联网新闻信息传播平台服务,应当与在其平台上注册的用户签订协议,明确双方权利义务。

对用户开设公众账号的,互联网新闻信息服务提供者应当审核其账号信息、服务资质、服务范围等信息,并向所在地省、自治区、直辖市互联网信息办公室分类备案。

第十五条　互联网新闻信息服务提供者转载新闻信息,应当转载中央新闻单位或省、自治区、直辖市直属新闻单位等国家规定范围内的单位发布的新闻信息,注明新闻信息来源、原作者、原标题、编辑真实姓名等,不得歪曲、篡改标题原意和新闻信息内容,并保证新闻信息来源可追溯。

互联网新闻信息服务提供者转载新闻信息,应当遵守著作权相关法律法规的规定,保护著作权人的合法权益。

第十六条　互联网新闻信息服务提供者和用户不得制作、复制、发布、传播法律、行政法规禁止的信息内容。

互联网新闻信息服务提供者提供服务过程中发现含有违反本规定第三条或前款规定内容的,应当依法立即停止传输该信息、采取消除等处置措施,保存有关记录,并向有关主管部门报告。

第十七条　互联网新闻信息服务提供者变更主要负责人、总编辑、主管单位、股权结构等影响许可条件的重大事项,应当向原许可机关办理变更手续。

互联网新闻信息服务提供者应用新技术、调整增设具有新闻舆论属性或社会动员能力的应用功能,应当报国家或省、自治区、直辖市互联网信息办公室进行互联网新闻信息服务安全评估。

第十八条　互联网新闻信息服务提供者应当在明显位置明示互联网新闻信息服务许可证编号。

互联网新闻信息服务提供者应当自觉接受社会监督,建立社会投诉举报渠道,设置便捷的投诉举报入口,及时处理公众投诉举报。

第四章　监督检查

第十九条　国家和地方互联网信息办公室应当建立日常检查和定期检查相结合的监督管理制度,依法对互联网新闻信息服务活动实施监督检查,有关单位、个人应当予以配合。

国家和地方互联网信息办公室应当健全执法人员资格管理制度。执法人员开展执法活动,应当依法出示执法证件。

第二十条　任何组织和个人发现互联网新闻信息服务提供者有违反本规定行为的,可以向国家和地方互联网信息办公室举报。

国家和地方互联网信息办公室应当向社会公开举报受理方式,收到举报后,应当依法予以处置。互联网新闻信息服务提供者应当予以配合。

第二十一条　国家和地方互联网信息办公室应当建立互联网新闻信息服务网络信用档案,建立失信黑名单制度和约谈制度。

国家互联网信息办公室会同国务院电信、公安、新闻出版广电等部门建立信息共享机制,加强工作沟通和协作配合,依法开展联合执法等专项监督检查活动。

第五章　法律责任

第二十二条　违反本规定第五条规定,未经许可或超越许可范围开展互联网新闻信息服务活动的,由国家和省、自治区、直辖市互联网信息办公室依据职责责令停止相关服务活动,处一万元以上三万元以下罚款。

第二十三条 互联网新闻信息服务提供者运行过程中不再符合许可条件的,由原许可机关责令限期改正;逾期仍不符合许可条件的,暂停新闻信息更新;《互联网新闻信息服务许可证》有效期届满仍不符合许可条件的,不予换发许可证。

第二十四条 互联网新闻信息服务提供者违反本规定第七条第二款、第八条、第十一条、第十二条、第十三条第三款、第十四条、第十五条第一款、第十七条、第十八条规定的,由国家和地方互联网信息办公室依据职责给予警告,责令限期改正;情节严重或拒不改正的,暂停新闻信息更新,处五千元以上三万元以下罚款;构成犯罪的,依法追究刑事责任。

第二十五条 互联网新闻信息服务提供者违反本规定第三条、第十六条第一款、第十九条第一款、第二十条第二款规定的,由国家和地方互联网信息办公室依据职责给予警告,责令限期改正;情节严重或拒不改正的,暂停新闻信息更新,处二万元以上三万元以下罚款;构成犯罪的,依法追究刑事责任。

第二十六条 互联网新闻信息服务提供者违反本规定第十三条第一款、第十六条第二款规定的,由国家和地方互联网信息办公室根据《中华人民共和国网络安全法》的规定予以处理。

第六章 附 则

第二十七条 本规定所称新闻单位,是指依法设立的报刊社、广播电台、电视台、通讯社和新闻电影制片厂。

第二十八条 违反本规定,同时违反互联网信息服务管理规定的,由国家和地方互联网信息办公室根据本规定处理后,转由电信主管部门依法处置。

国家对互联网视听节目服务、网络出版服务等另有规定的,应当同时符合其规定。

第二十九条 本规定自2017年6月1日起施行。本规定施行之前颁布的有关规定与本规定不一致的,按照本规定执行。

互联网弹窗信息推送服务管理规定

· 2022年9月9日国家互联网信息办公室、工业和信息化部、国家市场监督管理总局公布
· 自2022年9月30日起施行

第一条 为了规范互联网弹窗信息推送服务,维护国家安全和公共利益,保护公民、法人和其他组织的合法权益,促进行业健康有序发展,根据《中华人民共和国网络安全法》、《中华人民共和国未成年人保护法》、《中华人民共和国广告法》、《互联网信息服务管理办法》、《互联网新闻信息服务管理规定》、《网络信息内容生态治理规定》等法律法规,制定本规定。

第二条 在中华人民共和国境内提供互联网弹窗信息推送服务,适用本规定。

本规定所称互联网弹窗信息推送服务,是指通过操作系统、应用软件、网站等,以弹出消息窗口形式向互联网用户提供的信息推送服务。

本规定所称互联网弹窗信息推送服务提供者,是指提供互联网弹窗信息推送服务的组织或者个人。

第三条 提供互联网弹窗信息推送服务,应当遵守宪法、法律和行政法规,弘扬社会主义核心价值观,坚持正确政治方向、舆论导向和价值取向,维护清朗网络空间。

第四条 互联网弹窗信息推送服务提供者应当落实信息内容管理主体责任,建立健全信息内容审核、生态治理、数据安全和个人信息保护、未成年人保护等管理制度。

第五条 提供互联网弹窗信息推送服务的,应当遵守下列要求:

(一)不得推送《网络信息内容生态治理规定》规定的违法和不良信息,特别是恶意炒作娱乐八卦、绯闻隐私、奢靡炫富、审丑扮丑等违背公序良俗内容,不得以恶意翻炒为目的,关联某一话题集中推送相关旧闻;

(二)未取得互联网新闻信息服务许可的,不得弹窗推送新闻信息,弹窗推送信息涉及其他互联网信息服务,依法应当经有关主管部门审核同意或者取得相关许可的,应当经有关主管部门审核同意或者取得相关许可;

(三)弹窗推送新闻信息的,应当严格依据国家互联网信息办公室发布的《互联网新闻信息稿源单位名单》,不得超范围转载,不得歪曲、篡改标题原意和新闻信息内容,保证新闻信息来源可追溯;

(四)提升弹窗推送信息多样性,科学设定新闻信息和垂直领域内容占比,体现积极健康向上的主流价值观,不得集中推送、炒作社会热点敏感事件、恶性案件、灾难事故等,引发社会恐慌;

(五)健全弹窗信息推送内容管理规范,完善信息筛选、编辑、推送等工作流程,配备与服务规模相适应的审核力量,加强弹窗信息内容审核;

(六)保障用户权益,以服务协议等明确告知用户弹

窗信息推送服务的具体形式、内容频次、取消渠道等，充分考虑用户体验，科学规划推送频次，不得对普通用户和会员用户进行不合理地差别推送，不得以任何形式干扰或者影响用户关闭弹窗，弹窗信息应当显著标明弹窗信息推送服务提供者身份；

（七）不得设置诱导用户沉迷、过度消费等违反法律法规或者违背伦理道德的算法模型；不得利用算法实施恶意屏蔽信息、过度推荐等行为；不得利用算法针对未成年人用户进行画像，向其推送可能影响其身心健康的信息；

（八）弹窗推送广告信息的，应当具有可识别性，显著标明"广告"和关闭标志，确保弹窗广告一键关闭；

（九）不得以弹窗信息推送方式呈现恶意引流跳转的第三方链接、二维码等信息，不得通过弹窗信息推送服务诱导用户点击，实施流量造假、流量劫持。

第六条 互联网弹窗信息推送服务提供者应当自觉接受社会监督，设置便捷投诉举报入口，及时处理关于弹窗信息推送服务的公众投诉举报。

第七条 鼓励和指导互联网行业组织建立健全互联网弹窗信息推送服务行业准则，引导行业健康有序发展。

第八条 网信部门会同电信主管部门、市场监管部门等有关部门建立健全协作监管等工作机制，监督指导互联网弹窗信息推送服务提供者依法依规提供服务。

第九条 互联网弹窗信息推送服务提供者违反本规定的，由网信部门、电信主管部门、市场监管部门等有关部门在职责范围内依照相关法律法规规定处理。

第十条 本规定自 2022 年 9 月 30 日起施行。

互联网用户公众账号信息服务管理规定

· 2021 年 1 月 22 日国家互联网信息办公室公布
· 自 2021 年 2 月 22 日起施行

第一章 总 则

第一条 为了规范互联网用户公众账号信息服务，维护国家安全和公共利益，保护公民、法人和其他组织的合法权益，根据《中华人民共和国网络安全法》《互联网信息服务管理办法》《网络信息内容生态治理规定》等法律法规和国家有关规定，制定本规定。

第二条 在中华人民共和国境内提供、从事互联网用户公众账号信息服务，应当遵守本规定。

第三条 国家网信部门负责全国互联网用户公众账号信息服务的监督管理执法工作。地方网信部门依据职责负责本行政区域内互联网用户公众账号信息服务的监督管理执法工作。

第四条 公众账号信息服务平台和公众账号生产运营者应当遵守法律法规，遵循公序良俗，履行社会责任，坚持正确舆论导向、价值取向，弘扬社会主义核心价值观，生产发布向上向善的优质信息内容，发展积极健康的网络文化，维护清朗网络空间。

鼓励各级党政机关、企事业单位和人民团体注册运营公众账号，生产发布高质量政务信息或者公共服务信息，满足公众信息需求，推动经济社会发展。

鼓励公众账号信息服务平台积极为党政机关、企事业单位和人民团体提升政务信息发布、公共服务和社会治理水平，提供充分必要的技术支持和安全保障。

第五条 公众账号信息服务平台提供互联网用户公众账号信息服务，应当取得国家法律、行政法规规定的相关资质。

公众账号信息服务平台和公众账号生产运营者向社会公众提供互联网新闻信息服务，应当取得互联网新闻信息服务许可。

第二章 公众账号信息服务平台

第六条 公众账号信息服务平台应当履行信息内容和公众账号管理主体责任，配备与业务规模相适应的管理人员和技术能力，设置内容安全负责人岗位，建立健全并严格落实账号注册、信息内容安全、生态治理、应急处置、网络安全、数据安全、个人信息保护、知识产权保护、信用评价等管理制度。

公众账号信息服务平台应当依据法律法规和国家有关规定，制定并公开信息内容生产、公众账号运营等管理规则、平台公约，与公众账号生产运营者签订服务协议，明确双方内容发布权限、账号管理责任等权利义务。

第七条 公众账号信息服务平台应当按照国家有关标准和规范，建立公众账号分类注册和分类生产制度，实施分类管理。

公众账号信息服务平台应当依据公众账号信息内容生产质量、信息传播能力、账号主体信用评价等指标，建立分级管理制度，实施分级管理。

公众账号信息服务平台应当将公众账号和内容生产与账号运营管理规则、平台公约、服务协议等向所在地省、自治区、直辖市网信部门备案；上线具有舆论属性或者社会动员能力的新技术新应用新功能，应当按照有关规定进行安全评估。

第八条 公众账号信息服务平台应当采取复合验证

等措施,对申请注册公众账号的互联网用户进行基于移动电话号码、居民身份证号码或者统一社会信用代码等方式的真实身份信息认证,提高认证准确率。用户不提供真实身份信息的,或者冒用组织机构、他人真实身份信息进行虚假注册的,不得为其提供相关服务。

公众账号信息服务平台应当对互联网用户注册的公众账号名称、头像和简介等进行合法合规性核验,发现账号名称、头像和简介与注册主体真实身份信息不相符的,特别是擅自使用或者关联党政机关、企事业单位等组织机构或者社会知名人士名义的,应当暂停提供服务并通知用户限期改正,拒不改正的,应当终止提供服务;发现相关注册信息含有违法和不良信息的,应当依法及时处置。

公众账号信息服务平台应当禁止被依法依约关闭的公众账号以相同账号名称重新注册;对注册与其关联度高的账号名称,还应当对账号主体真实身份信息、服务资质等进行必要核验。

第九条　公众账号信息服务平台对申请注册从事经济、教育、医疗卫生、司法等领域信息内容生产的公众账号,应当要求用户在注册时提供其专业背景,以及依照法律、行政法规获得的职业资格或者服务资质等相关材料,并进行必要核验。

公众账号信息服务平台应当对核验通过后的公众账号加注专门标识,并根据用户的不同主体性质,公示内容生产类别、运营主体名称、注册运营地址、统一社会信用代码、联系方式等注册信息,方便社会监督查询。

公众账号信息服务平台应当建立动态核验巡查制度,适时核验生产运营者注册信息的真实性、有效性。

第十条　公众账号信息服务平台应当对同一主体在本平台注册公众账号的数量合理设定上限。对申请注册多个公众账号的用户,还应当对其主体性质、服务资质、业务范围、信用评价等进行必要核验。

公众账号信息服务平台对互联网用户注册后超过六个月不登录、不使用的公众账号,可以根据服务协议暂停或者终止提供服务。

公众账号信息服务平台应当健全技术手段,防范和处置互联网用户超限量注册、恶意注册、虚假注册等违规注册行为。

第十一条　公众账号信息服务平台应当依法依约禁止公众账号生产运营者违规转让公众账号。

公众账号生产运营者向其他用户转让公众账号使用权的,应当向平台提出申请。平台应当依据前款规定对受让方用户进行认证核验,并公示主体变更信息。平台发现生产运营者未经审核擅自转让公众账号的,应当及时暂停或者终止提供服务。

公众账号生产运营者自行停止账号运营,可以向平台申请暂停或者终止使用。平台应当按照服务协议暂停或者终止提供服务。

第十二条　公众账号信息服务平台应当建立公众账号监测评估机制,防范账号订阅数、用户关注度、内容点击率、转发评论量等数据造假行为。

公众账号信息服务平台应当规范公众账号推荐订阅关注机制,健全技术手段,及时发现、处置公众账号订阅关注数量的异常变动情况。未经互联网用户知情同意,不得以任何方式强制或者变相强制订阅关注其他用户公众账号。

第十三条　公众账号信息服务平台应当建立生产运营者信用等级管理体系,根据信用等级提供相应服务。

公众账号信息服务平台应当建立健全网络谣言等虚假信息预警、发现、溯源、甄别、辟谣、消除等处置机制,对制作发布虚假信息的公众账号生产运营者降低信用等级或者列入黑名单。

第十四条　公众账号信息服务平台与生产运营者开展内容供给与账号推广合作,应当规范管理电商销售、广告发布、知识付费、用户打赏等经营行为,不得发布虚假广告、进行夸大宣传、实施商业欺诈及商业诋毁等,防止违法违规运营。

公众账号信息服务平台应当加强对原创信息内容的著作权保护,防范盗版侵权行为。

平台不得利用优势地位干扰生产运营者合法合规运营、侵犯用户合法权益。

第三章　公众账号生产运营者

第十五条　公众账号生产运营者应当按照平台分类管理规则,在注册公众账号时如实填写用户主体性质、注册地、运营地、内容生产类别、联系方式等基本信息,组织机构用户还应当注明主要经营或者业务范围。

公众账号生产运营者应当遵守平台内容生产和账号运营管理规则、平台公约和服务协议,按照公众账号登记的内容生产类别,从事相关行业领域的信息内容生产发布。

第十六条　公众账号生产运营者应当履行信息内容生产和公众账号运营管理主体责任,依法依规从事信息内容生产和公众账号运营活动。

公众账号生产运营者应当建立健全选题策划、编辑制作、发布推广、互动评论等全过程信息内容安全审核机制，加强信息内容导向性、真实性、合法性审核，维护网络传播良好秩序。

公众账号生产运营者应当建立健全公众账号注册使用、运营推广等全过程安全管理机制，依法、文明、规范运营公众账号，以优质信息内容吸引公众关注订阅和互动分享，维护公众账号良好社会形象。

公众账号生产运营者与第三方机构开展公众账号运营、内容供给等合作，应与第三方机构签订书面协议，明确第三方机构信息安全管理义务并督促履行。

第十七条　公众账号生产运营者转载信息内容的，应当遵守著作权保护相关法律法规，依法标注著作权人和可追溯信息来源，尊重和保护著作权人的合法权益。

公众账号生产运营者应当对公众账号留言、跟帖、评论等互动环节进行管理。平台可以根据公众账号的主体性质、信用等级等，合理设置管理权限，提供相关技术支持。

第十八条　公众账号生产运营者不得有下列违法违规行为：

（一）不以真实身份信息注册，或者注册与自身真实身份信息不相符的公众账号名称、头像、简介等；

（二）恶意假冒、仿冒或者盗用组织机构及他人公众账号生产发布信息内容；

（三）未经许可或者超越许可范围提供互联网新闻信息采编发布等服务；

（四）操纵利用多个平台账号，批量发布雷同低质信息内容，生成虚假流量数据，制造虚假舆论热点；

（五）利用突发事件煽动极端情绪，或者实施网络暴力损害他人和组织机构名誉，干扰组织机构正常运营，影响社会和谐稳定；

（六）编造虚假信息，伪造原创属性，标注不实信息来源，歪曲事实真相，误导社会公众；

（七）以有偿发布、删除信息等手段，实施非法网络监督、营销诈骗、敲诈勒索，谋取非法利益；

（八）违规批量注册、囤积或者非法交易买卖公众账号；

（九）制作、复制、发布违法信息，或者未采取措施防范和抵制制作、复制、发布不良信息；

（十）法律、行政法规禁止的其他行为。

第四章　监督管理

第十九条　公众账号信息服务平台应当加强对本平台公众账号信息服务活动的监督管理，及时发现和处置违法违规信息或者行为。

公众账号信息服务平台应当对违反本规定及相关法律法规的公众账号，依法依约采取警示提醒、限制账号功能、暂停信息更新、停止广告发布、关闭注销账号、列入黑名单、禁止重新注册等处置措施，保存有关记录，并及时向网信等有关主管部门报告。

第二十条　公众账号信息服务平台和生产运营者应当自觉接受社会监督。

公众账号信息服务平台应当在显著位置设置便捷的投诉举报入口和申诉渠道，公布投诉举报和申诉方式，健全受理、甄别、处置、反馈等机制，明确处理流程和反馈时限，及时处理公众投诉举报和生产运营者申诉。

鼓励互联网行业组织开展公众评议，推动公众账号信息服务平台和生产运营者严格自律，建立多方参与的权威调解机制，公平合理解决行业纠纷，依法维护用户合法权益。

第二十一条　各级网信部门会同有关主管部门建立健全协作监管等工作机制，监督指导公众账号信息服务平台和生产运营者依法依规从事相关信息服务活动。

公众账号信息服务平台和生产运营者应当配合有关主管部门依法实施监督检查，并提供必要的技术支持和协助。

公众账号信息服务平台和生产运营者违反本规定的，由网信部门和有关主管部门在职责范围内依照相关法律法规处理。

第五章　附　则

第二十二条　本规定所称互联网用户公众账号，是指互联网用户在互联网站、应用程序等网络平台注册运营，面向社会公众生产发布文字、图片、音视频等信息内容的网络账号。

本规定所称公众账号信息服务平台，是指为互联网用户提供公众账号注册运营、信息内容发布与技术保障服务的网络信息服务提供者。

本规定所称公众账号生产运营者，是指注册运营公众账号从事内容生产发布的自然人、法人或者非法人组织。

第二十三条　本规定自 2021 年 2 月 22 日起施行。本规定施行之前颁布的有关规定与本规定不一致的，按照本规定执行。

网络出版服务管理规定

· 2016 年 2 月 4 日国家新闻出版广电总局、工业和信息化部令第 5 号公布

· 自 2016 年 3 月 10 日起施行

第一章　总　则

第一条　为了规范网络出版服务秩序,促进网络出版服务业健康有序发展,根据《出版管理条例》《互联网信息服务管理办法》及相关法律法规,制定本规定。

第二条　在中华人民共和国境内从事网络出版服务,适用本规定。

本规定所称网络出版服务,是指通过信息网络向公众提供网络出版物。

本规定所称网络出版物,是指通过信息网络向公众提供的,具有编辑、制作、加工等出版特征的数字化作品,范围主要包括:

(一)文学、艺术、科学等领域内具有知识性、思想性的文字、图片、地图、游戏、动漫、音视频读物等原创数字化作品;

(二)与已出版的图书、报纸、期刊、音像制品、电子出版物等内容相一致的数字化作品;

(三)将上述作品通过选择、编排、汇集等方式形成的网络文献数据库等数字化作品;

(四)国家新闻出版广电总局认定的其他类型的数字化作品。

网络出版服务的具体业务分类另行制定。

第三条　从事网络出版服务,应当遵守宪法和有关法律、法规,坚持为人民服务、为社会主义服务的方向,坚持社会主义先进文化的前进方向,弘扬社会主义核心价值观,传播和积累一切有益于提高民族素质、推动经济发展、促进社会进步的思想道德、科学技术和文化知识,满足人民群众日益增长的精神文化需要。

第四条　国家新闻出版广电总局作为网络出版服务的行业主管部门,负责全国网络出版服务的前置审批和监督管理工作。工业和信息化部作为互联网行业主管部门,依据职责对全国网络出版服务实施相应的监督管理。

地方人民政府各级出版行政主管部门和各省级电信主管部门依据各自职责对本行政区域内网络出版服务及接入服务实施相应的监督管理工作并做好配合工作。

第五条　出版行政主管部门根据已经取得的违法嫌疑证据或者举报,对涉嫌违法从事网络出版服务的行为进行查处时,可以检查与涉嫌违法行为有关的物品和经营场所;对有证据证明是与违法行为有关的物品,可以查封或者扣押。

第六条　国家鼓励图书、音像、电子、报纸、期刊出版单位从事网络出版服务,加快与新媒体的融合发展。

国家鼓励组建网络出版服务行业协会,按照章程,在出版行政主管部门的指导下制定行业自律规范,倡导网络文明,传播健康有益内容,抵制不良有害内容。

第二章　网络出版服务许可

第七条　从事网络出版服务,必须依法经过出版行政主管部门批准,取得《网络出版服务许可证》。

第八条　图书、音像、电子、报纸、期刊出版单位从事网络出版服务,应当具备以下条件:

(一)有确定的从事网络出版业务的网站域名、智能终端应用程序等出版平台;

(二)有确定的网络出版服务范围;

(三)有从事网络出版服务所需的必要的技术设备,相关服务器和存储设备必须存放在中华人民共和国境内。

第九条　其他单位从事网络出版服务,除第八条所列条件外,还应当具备以下条件:

(一)有确定的、不与其他出版单位相重复的、从事网络出版服务主体的名称及章程;

(二)有符合国家规定的法定代表人和主要负责人,法定代表人必须是在境内长久居住的具有完全行为能力的中国公民,法定代表人和主要负责人至少 1 人应当具有中级以上出版专业技术人员职业资格;

(三)除法定代表人和主要负责人外,有适应网络出版服务范围需要的 8 名以上具有国家新闻出版广电总局认可的出版及相关专业技术职业资格的专职编辑出版人员,其中具有中级以上职业资格的人员不得少于 3 名;

(四)有从事网络出版服务所需的内容审校制度;

(五)有固定的工作场所;

(六)法律、行政法规和国家新闻出版广电总局规定的其他条件。

第十条　中外合资经营、中外合作经营和外资经营的单位不得从事网络出版服务。

网络出版服务单位与境内中外合资经营、中外合作经营、外资经营企业或境外组织及个人进行网络出版服务业务的项目合作,应当事前报国家新闻出版广电总局审批。

第十一条　申请从事网络出版服务,应当向所在地省、自治区、直辖市出版行政主管部门提出申请,经审核

同意后,报国家新闻出版广电总局审批。国家新闻出版广电总局应当自受理申请之日起60日内,作出批准或者不予批准的决定。不批准的,应当说明理由。

第十二条　从事网络出版服务的申报材料,应该包括下列内容:

(一)《网络出版服务许可证申请表》;

(二)单位章程及资本来源性质证明;

(三)网络出版服务可行性分析报告,包括资金使用、产品规划、技术条件、设备配备、机构设置、人员配备、市场分析、风险评估、版权保护措施等;

(四)法定代表人和主要负责人的简历、住址、身份证明文件;

(五)编辑出版等相关专业技术人员的国家认可的职业资格证明和主要从业经历及培训证明;

(六)工作场所使用证明;

(七)网站域名注册证明、相关服务器存放在中华人民共和国境内的承诺。

本规定第八条所列单位从事网络出版服务的,仅提交前款(一)、(六)、(七)项规定的材料。

第十三条　设立网络出版服务单位的申请者应自收到批准决定之日起30日内办理注册登记手续:

(一)持批准文件到所在地省、自治区、直辖市出版行政主管部门领取并填写《网络出版服务许可登记表》;

(二)省、自治区、直辖市出版行政主管部门对《网络出版服务许可登记表》审核无误后,在10日内向申请者发放《网络出版服务许可证》;

(三)《网络出版服务许可登记表》一式三份,由申请者和省、自治区、直辖市出版行政主管部门各存一份,另一份由省、自治区、直辖市出版行政主管部门在15日内报送国家新闻出版广电总局备案。

第十四条　《网络出版服务许可证》有效期为5年。有效期届满,需继续从事网络出版服务活动的,应于有效期届满60日前按本规定第十一条的程序提出申请。出版行政主管部门应当在该许可有效期届满前作出是否准予延续的决定。批准的,换发《网络出版服务许可证》。

第十五条　网络出版服务经批准后,申请者应持批准文件、《网络出版服务许可证》到所在地省、自治区、直辖市电信主管部门办理相关手续。

第十六条　网络出版服务单位变更《网络出版服务许可证》许可登记事项、资本结构,合并或者分立,设立分支机构的,应依据本规定第十一条办理审批手续,并应持批准文件到所在地省、自治区、直辖市电信主管部门办理

相关手续。

第十七条　网络出版服务单位中止网络出版服务的,应当向所在地省、自治区、直辖市出版行政主管部门备案,并说明理由和期限;网络出版服务单位中止网络出版服务不得超过180日。

网络出版服务单位终止网络出版服务的,应当自终止网络出版服务之日起30日内,向所在地省、自治区、直辖市出版行政主管部门办理注销手续后到省、自治区、直辖市电信主管部门办理相关手续。省、自治区、直辖市出版行政主管部门将相关信息报国家新闻出版广电总局备案。

第十八条　网络出版服务单位自登记之日起满180日未开展网络出版服务的,由原登记的出版行政主管部门注销登记,并报国家新闻出版广电总局备案。同时,通报相关省、自治区、直辖市电信主管部门。

因不可抗力或者其他正当理由发生上述所列情形的,网络出版服务单位可以向原登记的出版行政主管部门申请延期。

第十九条　网络出版服务单位应当在其网站首页上标明出版行政主管部门核发的《网络出版服务许可证》编号。

互联网相关服务提供者在为网络出版服务单位提供人工干预搜索排名、广告、推广等服务时,应当查验服务对象的《网络出版服务许可证》及业务范围。

第二十条　网络出版服务单位应当按照批准的业务范围从事网络出版服务,不得超出批准的业务范围从事网络出版服务。

第二十一条　网络出版服务单位不得转借、出租、出卖《网络出版服务许可证》或以任何形式转让网络出版服务许可。

网络出版服务单位允许其他网络信息服务提供者以其名义提供网络出版服务,属于前款所称禁止行为。

第二十二条　网络出版服务单位实行特殊管理股制度,具体办法由国家新闻出版广电总局另行制定。

第三章　网络出版服务管理

第二十三条　网络出版服务单位实行编辑责任制度,保障网络出版物内容合法。

网络出版服务单位实行出版物内容审核责任制度、责任编辑制度、责任校对制度等管理制度,保障网络出版物出版质量。

在网络上出版其他出版单位已在境内合法出版的作品且不改变原出版物内容的,须在网络出版物的相应页

面显著标明原出版单位名称以及书号、刊号、网络出版物号或者网址信息。

第二十四条　网络出版物不得含有以下内容：

(一)反对宪法确定的基本原则的；

(二)危害国家统一、主权和领土完整的；

(三)泄露国家秘密、危害国家安全或者损害国家荣誉和利益的；

(四)煽动民族仇恨、民族歧视，破坏民族团结，或者侵害民族风俗、习惯的；

(五)宣扬邪教、迷信的；

(六)散布谣言，扰乱社会秩序，破坏社会稳定的；

(七)宣扬淫秽、色情、赌博、暴力或者教唆犯罪的；

(八)侮辱或者诽谤他人，侵害他人合法权益的；

(九)危害社会公德或者民族优秀文化传统的；

(十)有法律、行政法规和国家规定禁止的其他内容的。

第二十五条　为保护未成年人合法权益，网络出版物不得含有诱发未成年人模仿违反社会公德和违法犯罪行为的内容，不得含有恐怖、残酷等妨害未成年人身心健康的内容，不得含有披露未成年人个人隐私的内容。

第二十六条　网络出版服务单位出版涉及国家安全、社会安定等方面重大选题的内容，应当按照国家新闻出版广电总局有关重大选题备案管理的规定办理备案手续。未经备案的重大选题内容，不得出版。

第二十七条　网络游戏上网出版前，必须向所在地省、自治区、直辖市出版行政主管部门提出申请，经审核同意后，报国家新闻出版广电总局审批。

第二十八条　网络出版物的内容不真实或不公正，致使公民、法人或者其他组织合法权益受到侵害的，相关网络出版服务单位应当停止侵权，公开更正，消除影响，并依法承担其他民事责任。

第二十九条　国家对网络出版物实行标识管理，具体办法由国家新闻出版广电总局另行制定。

第三十条　网络出版物必须符合国家的有关规定和标准要求，保证出版物质量。

网络出版物使用语言文字，必须符合国家法律规定和有关标准规范。

第三十一条　网络出版服务单位应当按照国家有关规定或技术标准，配备应用必要的设备和系统，建立健全各项管理制度，保障信息安全、内容合法，并为出版行政主管部门依法履行监督管理职责提供技术支持。

第三十二条　网络出版服务单位在网络上提供境外出版物，应当取得著作权合法授权。其中，出版境外著作权人授权的网络游戏，须按本规定第二十七条办理审批手续。

第三十三条　网络出版服务单位发现其出版的网络出版物含有本规定第二十四条、第二十五条所列内容的，应当立即删除，保存有关记录，并向所在地县级以上出版行政主管部门报告。

第三十四条　网络出版服务单位应记录所出版作品的内容及其时间、网址或者域名，记录应当保存 60 日，并在国家有关部门依法查询时，予以提供。

第三十五条　网络出版服务单位须遵守国家统计规定，依法向出版行政主管部门报送统计资料。

第四章　监督管理

第三十六条　网络出版服务的监督管理实行属地管理原则。

各地出版行政主管部门应当加强对本行政区域内的网络出版服务单位及其出版活动的日常监督管理，履行下列职责：

(一)对网络出版服务单位进行行业监管，对网络出版服务单位违反本规定的情况进行查处并报告上级出版行政主管部门；

(二)对网络出版服务进行监管，对违反本规定的行为进行查处并报告上级出版行政主管部门；

(三)对网络出版物内容和质量进行监管，定期组织内容审读和质量检查，并将结果向上级出版行政主管部门报告；

(四)对网络出版从业人员进行管理，定期组织岗位、业务培训和考核；

(五)配合上级出版行政主管部门、协调相关部门、指导下级出版行政主管部门开展工作。

第三十七条　出版行政主管部门应当加强监管队伍和机构建设，采取必要的技术手段对网络出版服务进行管理。出版行政主管部门依法履行监督检查等执法职责时，网络出版服务单位应当予以配合，不得拒绝、阻挠。

各省、自治区、直辖市出版行政主管部门应当定期将本行政区域内的网络出版服务监督管理情况向国家新闻出版广电总局提交书面报告。

第三十八条　网络出版服务单位实行年度核验制度，年度核验每年进行一次。省、自治区、直辖市出版行政主管部门负责对本行政区域内的网络出版服务单位实施年度核验并将有关情况报国家新闻出版广电总局备案。年度核验内容包括网络出版服务单位的设立条件、登记项目、出版经营情况、出版质量、遵守法律规范、内部管理情况等。

第三十九条　年度核验按照以下程序进行：

（一）网络出版服务单位提交年度自检报告，内容包括：本年度政策法律执行情况，奖惩情况，网站出版、管理、运营绩效情况，网络出版物目录，对年度核验期内的违法违规行为的整改情况，编辑出版人员培训管理情况等；并填写由国家新闻出版广电总局统一印制的《网络出版服务年度核验登记表》，与年度自检报告一并报所在地省、自治区、直辖市出版行政主管部门；

（二）省、自治区、直辖市出版行政主管部门对本行政区域内的网络出版服务单位的设立条件、登记项目、开展业务及执行法规等情况进行全面审核，并在收到网络出版服务单位的年度自检报告和《网络出版服务年度核验登记表》等年度核验材料的45日内完成全面审核查验工作。对符合年度核验要求的网络出版服务单位予以登记，并在其《网络出版服务许可证》上加盖年度核验章；

（三）省、自治区、直辖市出版行政主管部门应于完成全面审核查验工作的15日内将年度核验情况及有关书面材料报国家新闻出版广电总局备案。

第四十条　有下列情形之一的，暂缓年度核验：

（一）正在停业整顿的；

（二）违反出版法规规章，应予处罚的；

（三）未按要求执行出版行政主管部门相关管理规定的；

（四）内部管理混乱，无正当理由未开展实质性网络出版服务活动的；

（五）存在侵犯著作权等其他违法嫌疑需要进一步核查的。

暂缓年度核验的期限由省、自治区、直辖市出版行政主管部门确定，报国家新闻出版广电总局备案，最长不得超过180日。暂缓年度核验期间，须停止网络出版服务。

暂缓核验期满，按本规定重新办理年度核验手续。

第四十一条　已经不具备本规定第八条、第九条规定条件的，责令限期改正；逾期仍未改正的，不予通过年度核验，由国家新闻出版广电总局撤销《网络出版服务许可证》，所在地省、自治区、直辖市出版行政主管部门注销登记，并通知当地电信主管部门依法处理。

第四十二条　省、自治区、直辖市出版行政主管部门可根据实际情况，对本行政区域内的年度核验事项进行调整，相关情况报国家新闻出版广电总局备案。

第四十三条　省、自治区、直辖市出版行政主管部门可以向社会公布年度核验结果。

第四十四条　从事网络出版服务的编辑出版等相关专业技术人员及其负责人应当符合国家关于编辑出版等相关专业技术人员职业资格管理的有关规定。

网络出版服务单位的法定代表人或主要负责人应按照有关规定参加出版行政主管部门组织的岗位培训，并取得国家新闻出版广电总局统一印制的《岗位培训合格证书》。未按规定参加岗位培训或培训后未取得《岗位培训合格证书》的，不得继续担任法定代表人或主要负责人。

第五章　保障与奖励

第四十五条　国家制定有关政策，保障、促进网络出版服务业的发展与繁荣。鼓励宣传科学真理、传播先进文化、倡导科学精神、塑造美好心灵、弘扬社会正气等有助于形成先进网络文化的网络出版服务，推动健康文化、优秀文化产品的数字化、网络化传播。

网络出版服务单位依法从事网络出版服务，任何组织和个人不得干扰、阻止和破坏。

第四十六条　国家支持、鼓励下列优秀的、重点的网络出版物的出版：

（一）对阐述、传播宪法确定的基本原则有重大作用的；

（二）对弘扬社会主义核心价值观，进行爱国主义、集体主义、社会主义和民族团结教育以及弘扬社会公德、职业道德、家庭美德、个人品德有重要意义的；

（三）对弘扬民族优秀文化，促进国际文化交流有重大作用的；

（四）具有自主知识产权和优秀文化内涵的；

（五）对推进文化创新，及时反映国内外新的科学文化成果有重大贡献的；

（六）对促进公共文化服务有重大作用的；

（七）专门以未成年人为对象、内容健康的或者其他有利于未成年人健康成长的；

（八）其他具有重要思想价值、科学价值或者文化艺术价值的。

第四十七条　对为发展、繁荣网络出版服务业作出重要贡献的单位和个人，按照国家有关规定给予奖励。

第四十八条　国家保护网络出版物著作权人的合法权益。网络出版服务单位应当遵守《中华人民共和国著作权法》《信息网络传播权保护条例》《计算机软件保护条例》等著作权法律法规。

第四十九条　对非法干扰、阻止和破坏网络出版物出版的行为，出版行政主管部门及其他有关部门，应当及时采取措施，予以制止。

第六章　法律责任

第五十条　网络出版服务单位违反本规定的，出版行政主管部门可以采取下列行政措施：

（一）下达警示通知书；

（二）通报批评、责令改正；

（三）责令公开检讨；

（四）责令删除违法内容。

警示通知书由国家新闻出版广电总局制定统一格式，由出版行政主管部门下达给相关网络出版服务单位。

本条所列的行政措施可以并用。

第五十一条　未经批准，擅自从事网络出版服务，或者擅自上网出版网络游戏（含境外著作权人授权的网络游戏），根据《出版管理条例》第六十一条、《互联网信息服务管理办法》第十九条的规定，由出版行政主管部门、工商行政管理部门依照法定职权予以取缔，并由所在地省级电信主管部门依据有关部门的通知，按照《互联网信息服务管理办法》第十九条的规定给予责令关闭网站等处罚；已经触犯刑法的，依法追究刑事责任；尚不够刑事处罚的，删除全部相关网络出版物，没收违法所得和从事违法出版活动的主要设备、专用工具，违法经营额1万元以上的，并处违法经营额5倍以上10倍以下的罚款；违法经营额不足1万元的，可以处5万元以下的罚款；侵犯他人合法权益的，依法承担民事责任。

第五十二条　出版、传播含有本规定第二十四条、第二十五条禁止内容的网络出版物的，根据《出版管理条例》第六十二条、《互联网信息服务管理办法》第二十条的规定，由出版行政主管部门责令删除相关内容并限期改正，没收违法所得，违法经营额1万元以上的，并处违法经营额5倍以上10倍以下罚款；违法经营额不足1万元的，可以处5万元以下罚款；情节严重的，责令限期停业整顿或者由国家新闻出版广电总局吊销《网络出版服务许可证》，由电信主管部门依据出版行政主管部门的通知吊销其电信业务经营许可或者责令关闭网站；构成犯罪的，依法追究刑事责任。

为从事本条第一款行为的网络出版服务单位提供人工干预搜索排名、广告、推广等相关服务的，由出版行政主管部门责令其停止提供相关服务。

第五十三条　违反本规定第二十一条的，根据《出版管理条例》第六十六条的规定，由出版行政主管部门责令停止违法行为，给予警告，没收违法所得，违法经营额1万元以上的，并处违法经营额5倍以上10倍以下的罚款；违法经营额不足1万元的，可以处5万元以下的罚款；情节严重的，责令限期停业整顿或者由国家新闻出版广电总局吊销《网络出版服务许可证》。

第五十四条　有下列行为之一的，根据《出版管理条例》第六十七条的规定，由出版行政主管部门责令改正，给予警告；情节严重的，责令限期停业整顿或者由国家新闻出版广电总局吊销《网络出版服务许可证》：

（一）网络出版服务单位变更《网络出版服务许可证》登记事项、资本结构，超出批准的服务范围从事网络出版服务，合并或者分立，设立分支机构，未依据本规定办理审批手续的；

（二）网络出版服务单位未按规定出版涉及重大选题出版物的；

（三）网络出版服务单位擅自中止网络出版服务超过180日的；

（四）网络出版物质量不符合有关规定和标准的。

第五十五条　违反本规定第三十四条的，根据《互联网信息服务管理办法》第二十一条的规定，由省级电信主管部门责令改正；情节严重的，责令停业整顿或者暂时关闭网站。

第五十六条　网络出版服务单位未依法向出版行政主管部门报送统计资料的，依据《新闻出版统计管理办法》处罚。

第五十七条　网络出版服务单位违反本规定第二章规定，以欺骗或者贿赂等不正当手段取得许可的，由国家新闻出版广电总局撤销其相应许可。

第五十八条　有下列行为之一的，由出版行政主管部门责令改正，予以警告，并处3万元以下罚款：

（一）违反本规定第十条，擅自与境内外中外合资经营、中外合作经营和外资经营的企业进行涉及网络出版服务业务的合作的；

（二）违反本规定第十九条，未标明有关许可信息或者未核验有关网站的《网络出版服务许可证》的；

（三）违反本规定第二十三条，未按规定实行编辑责任制度等管理制度的；

（四）违反本规定第三十一条，未按规定或标准配备应用有关系统、设备或未健全有关管理制度的；

（五）未按本规定要求参加年度核验的；

（六）违反本规定第四十四条，网络出版服务单位的法定代表人或主要负责人未取得《岗位培训合格证书》的；

（七）违反出版行政主管部门关于网络出版其他管理规定的。

第五十九条 网络出版服务单位违反本规定被处以吊销许可证行政处罚的，其法定代表人或者主要负责人自许可证被吊销之日起 10 年内不得担任网络出版服务单位的法定代表人或者主要负责人。

从事网络出版服务的编辑出版等相关专业技术人员及其负责人违反本规定，情节严重的，由原发证机关吊销其资格证书。

第七章 附 则

第六十条 本规定所称出版物内容审核责任制度、责任编辑制度、责任校对制度等管理制度，参照《图书质量保障体系》的有关规定执行。

第六十一条 本规定自 2016 年 3 月 10 日起施行。原国家新闻出版总署、信息产业部 2002 年 6 月 27 日颁布的《互联网出版管理暂行规定》同时废止。

新闻出版署关于进一步加强网络文学出版管理的通知

· 2020 年 6 月 5 日
· 国新出发〔2020〕11 号

各省、自治区、直辖市新闻出版局，各网络文学出版单位：

网络文学是繁荣发展社会主义文艺的重要力量，拥有庞大读者群，特别是在青少年中具有广泛影响。近年来，网络文学行业蓬勃发展，涌现出一批优秀作者和思想性艺术性可读性相统一的原创作品，在促进文学创作生产、满足人民群众精神文化需求方面发挥了积极作用。同时，也存在一些值得注意的倾向和问题。一些作品导向偏差、格调不高，甚至以淫秽色情、血腥暴力等内容刺激感官、吸引眼球；有的企业社会责任感缺失、把关机制不健全、主体责任落实不到位，片面追求经济效益。根据《出版管理条例》《网络出版服务管理规定》等法规规章要求，为进一步加强网络文学出版管理，规范网络文学行业秩序，引导网络文学出版单位始终坚持正确出版导向、坚持把社会效益放在首位、坚持高质量发展、努力以精品奉献人民，推动网络文学繁荣健康发展，现就有关事项通知如下。

一、建立健全内容审核机制。网络文学出版单位须设立总编辑，建立健全编辑委员会，强化内容把关职责，总编辑对涉及内容导向问题的事项具有否决权，对发布作品的内容质量负总责。加强选题策划，控制总量、优化结构、提高质量，支持优质创新内容，抵制模式化、同质化倾向。严格导向管理，完善质量内控机制，严格执行选题论证制度、内容审校制度，做到内容把关责任明确、编校流程可核查可追溯，确保内容导向正确、格调健康向上。严格落实平台主体责任，坚持先审后发的原则，在作品发布前，对登载内容进行严格审核；对尚未创作完成、持续更新的作品进行跟踪审读，未经审核不得上线发布。加强对作品排行榜、互动评论等作品相关发布信息的动态管理，正确引导用户阅读。

二、严格规范登载发布行为。实行网络文学创作者实名注册制度，按照"后台实名、前台自愿"的原则，网络文学出版单位必须要求创作者提供真实身份信息，不得为未使用真实身份信息注册的创作者提供相关服务，并对收集的信息严格保密，确保创作者信息安全。网络文学出版单位应在平台上明示登载规则和服务约定，对创作者登载发布行为提出明确要求，既保障合理权益，又实施有效约束。登载发布原创作品，须在作品封面或内容首页显著位置标明书名、作者、责任编辑及版权说明等相关信息。互联网公众账号服务商、应用商店等首发网络文学作品的，按照上述要求进行管理；从事分发业务的，须加强审核力量建设，对分发产品及内容进行跟踪把关，对出现的问题承担相应责任。提供公众账号和应用商店服务的互联网平台按照上述要求加强监测管理，承担相应主体责任。

三、定期开展社会效益评价考核。网络文学出版单位应按要求开展社会效益评价考核，形成社会效益自评报告，报送属地出版主管部门审核认定。网络文学出版单位发布或推介作品出现严重错误的，社会效益评价考核结果为不合格。对连续两年考核结果为优秀的网络文学出版单位，出版主管部门在评奖推介和资助扶持等方面予以倾斜；对考核结果为不合格的，进行通报批评，约谈主要负责人，责令整改并且在整改到位前不得参加各类评优评奖；对存在违法违规行为的，依法依规进行处罚。

四、加强评奖推选活动管理。各类社会组织、媒体单位、学校和研究机构等举办全国性网络文学评奖，须向国家新闻出版署申请，经同意后举办；各类企业不得以任何名目举办全国性网络文学评奖。开展地方性网络文学评奖的，须经当地出版主管部门同意。

五、进一步规范市场秩序。加强网络文学市场管理，严肃处理违法违规行为。对内容导向出现严重偏差的，综合运用行政监管、经济惩罚、刑事处罚等多种措施进行处置。坚决清理低俗庸俗媚俗内容，坚决遏制跟风模仿等不良倾向，坚决打击侵权盗版行为。加强对网络文学导流行为的监督管理，出现传播错误内容、误导用户阅读行为的，相关网络平台应及时采取限制功能、暂停更新、关闭账号等措施。网络文学出版单位应在平台显著位置设置读者投诉入口，主动接受社会监督。探索建立完善信用档案制度，将违法违规企业或从业人员纳入失信档案，根据情节轻重采取限入、禁入等措施。

六、加强网络文学出版队伍建设。深入开展马克思主义新闻出版观教育，提高网络文学从业人员内容导向把关能力，增强责任感使命感。加强队伍教育培训，网络文学出版单位从事内容审核的编辑人员应按时参加出版专业技术人员继续教育，每年累计不少于 72 小时，取得出版主管部门颁发的继续教育合格证书；网络文学出版单位法定代表人、总编辑或主要负责人应在规定时间内参加出版主管部门组织的岗位培训，取得国家新闻出版署统一印制的岗位培训合格证书。引导广大网络文学从业人员对读者负责、对社会负责，加强品德修养，恪守公序良俗，弘扬新风正气，打造精品力作，维护网络文学行业良好声誉和网络文学出版工作者良好形象。

七、切实履行属地管理职责。各级出版主管部门要严格落实意识形态工作责任制，落实属地管理责任，加强对属地网络文学业务的管理，摸清底数、建立台账、完善制度。对出现问题的作品、企业和相关舆情，应积极妥善处理并及时报告。加强对所属网络文学出版单位重大事项和重点出版物的指导把关，及时研判处置重要问题，确保各项管理责任落到实处。定期监督检查网络文学出版单位编辑责任制度落实情况，把检查结果作为出版单位资源配置、年检评估、项目评审和评优表彰的重要依据。建立和充实网络文学阅评队伍，加大抽查排查力度，及时发现和处理苗头性倾向性问题。充分运用技术手段，加强监测监看，提升分析研判水平，提高科学管理效能。

本通知所称网络文学出版单位含提供网络文学服务的平台；所称全国性网络文学评奖是指在全国范围内对网络文学领域的人物、作品进行的评奖活动，冠以"中国"、"中华"、"全国"等名称的网络文学评奖活动，以及在境内举办的冠以"国际"、"全球"、"华语地区"等名称的网络文学评奖活动。

本通知自印发之日起施行。

网络文化经营单位内容自审管理办法

·2013 年 8 月 12 日
·文市发〔2013〕39 号

第一条 为加强网络文化内容建设与管理，规范网络文化经营单位产品及服务内容自审工作，根据《互联网文化管理暂行规定》，制定本办法。

第二条 依法取得《网络文化经营许可证》的网络文化经营单位，适用本办法。

第三条 网络文化经营单位在向公众提供服务前，应当依法对拟提供的文化产品及服务的内容进行事先审核。

第四条 网络文化经营单位不得提供含有《互联网文化管理暂行规定》第十六条禁止内容的网络文化产品及服务。

第五条 网络文化经营单位应当建立健全内容管理制度，设立专门的内容管理部门，配备适应审核工作需要的人员负责网络文化产品及服务的内容管理，保障网络文化产品及服务内容的合法性。

网络文化经营单位内容管理制度应当明确内容审核工作职责、标准、流程及责任追究办法，并报所在地省级文化行政部门备案。

第六条 网络文化经营单位经营的网络文化产品及服务的内容审核工作，应当由取得《内容审核人员证书》的人员实施。

第七条 内容审核人员的职责：

（一）掌握内容审核的政策法规和相关知识；

（二）独立表达审核意见；

（三）参加文化行政部门组织的业务培训。

第八条 网络文化产品及服务的内容审核工作应当由 2 名以上审核人员实施，审核人员填写审核意见并签字后，报本单位内容管理负责人复核签字。

对网络文化产品及服务内容的合法性不能准确判断的，可向省级文化行政部门申请行政指导，接到申请的文化行政部门应当在 10 日内予以回复。

第九条 网络文化经营单位内容审核记录的保存期不少于 2 年。

第十条 网络文化经营单位应当通过技术手段对网站（平台）运行的产品及服务的内容进行实时监管，发现违规内容的要立即停止提供，保存有关记录，重大问题向所在地省级文化行政部门报告。

第十一条 文化部负责统筹协调网络文化经营单位

内容审核人员的培训考核工作,指导制定网络文化产品内容审核工作指引,组织编写培训教材和题库,建立审核人员信息库。

第十二条　省级文化行政部门负责内容审核人员培训考核及检查监督工作。培训工作采取现场和网络相结合的方式进行。对经考核合格者发给《内容审核人员证书》,并纳入审核人员信息库统一管理。

取得证书的内容审核人员每年至少应当参加1次后续培训。

第十三条　内容审核人员有下列情形之一的,由发证部门注销其《内容审核人员证书》:

(一)连续2年未按规定参加后续培训的;

(二)玩忽职守造成严重社会影响的;

(三)出现重大审核失误的。

第十四条　对未按本办法实施自审制度的网络文化经营单位,由县级以上文化行政部门或者文化市场综合执法机构依照《互联网文化管理暂行规定》第二十九条的规定予以处罚。

第十五条　按照法规规章规定应当报文化行政部门审查或者备案的网络文化产品及服务,自审后应当按规定办理。

第十六条　本办法自2013年12月1日起施行。

网吧内网络文化内容产品经营资质申报及产品备案指南

·2009年7月20日

为完善网吧内网络文化内容产品经营资质申报及产品备案工作,根据《互联网文化管理暂行规定》、文化部等五部门《关于进一步净化网吧市场有关工作的通知》(文市发〔2009〕9号)制定本指南。

一、资质申报

网吧内网络文化内容产品经营企业是指为网吧等互联网上网服务营业场所提供影视、音乐、单机游戏等文化内容产品及其下载、更新、服务等经营活动的互联网文化经营单位。

(一)未申请网络文化经营许可证的企业需向所在地省级文化部门提出申请,由省级文化部门受理后报文化部。文化部自申请材料齐全之日起20个工作日内做出批准或者不批准的决定。资质申报需提交下列文件:

1. 申请设立经营性互联网文化单位所需的材料;

2. 网吧内网络文化内容产品经营业务发展报告:主要内容包括开展为网吧提供网络文化内容产品经营活动的盈利模式、合作客户、经营范围等具体情况;

3. 无违规内容声明:关于本单位不制作、下载、传播含有淫秽色情、凶杀暴力、格调低俗、侵权盗版等不良内容,并对提供的产品文化内容合法性负责的声明。

4. 网吧内网络文化内容产品备案须提交的材料。

(二)已有网络文化经营许可证的企业,直接向文化部申请增加"网吧内网络文化内容产品经营"项,换发《网络文化经营许可证》。增项申报需提交下列文件:

1.《变更互联网文化单位申请表》(见附件1);

2. 网吧内网络文化内容产品备案须提交的材料;

3. 无违规内容声明。

二、产品备案

网吧内网络文化内容产品经营单位应每半年向将企业经营的网络文化产品向信息文化部备案,备案的产品信息将成为文化执法部门行政执法的参照。

1. 备案范围:为网吧经营场所提供的影视、音乐、单机游戏等文化内容产品。

2. 备案程序:经营单位须自网络文化经营许可证发放之日起,每半年向文化部报备所经营的新增网络文化产品信息,文化部备案后核发《网络文化内容产品备案单》,并抄送经营所在地省级文化行政部门。

3. 备案材料:

(1)《互联网经营单位网络文化产品备案表》(见附件2):提供企业及其经营的网络文化内容产品的基本信息,备案时需同时提交电子文档;

(2)备案的网络文化内容产品的合法性证明:包括版权证明,授权许可等合同、协议。

三、申报时限

已经网吧内网络文化内容产品经营的企业,应在9月30日前向文化行政部门申请相关经营业务。逾期未申报资质的经营单位及其未备案的非法网络文化产品不得在网吧内传播。

四、审批公告

所有经审批同意设立的经营性互联网文化单位均在中国文化市场网(www.ccm.gov.cn)进行公告。

五、联系方式

文化部文化市场司网络文化处　010-59882117

附件一:变更互联网文化单位申请表(略)

附件二:互联网经营单位网络文化产品备案表(略)

网络主播行为规范

·2022 年 6 月 8 日

·广电发〔2022〕36 号

网络主播在传播科学文化知识、丰富精神文化生活、促进经济社会发展等方面，肩负重要职责、发挥重要作用。为进一步加强网络主播职业道德建设，规范从业行为，强化社会责任，树立良好形象，共同营造积极向上、健康有序、和谐清朗的网络空间，制定本行为规范。

第一条　通过互联网提供网络表演、视听节目服务的主播人员，包括在网络平台直播、与用户进行实时交流互动、以上传音视频节目形式发声出镜的人员，应当遵照本行为规范。利用人工智能技术合成的虚拟主播及内容，参照本行为规范。

第二条　网络主播应当自觉遵守中华人民共和国宪法和法律法规规范，维护国家利益、公共利益和他人合法权益，自觉履行社会责任，自觉接受行业主管部门监管和社会监督。

第三条　网络主播应当遵守网络实名制注册账号的有关规定，配合平台提供真实有效的身份信息进行实名注册并规范使用账号名称。

第四条　网络主播应当坚持正确政治方向、舆论导向和价值取向，树立正确的世界观、人生观、价值观，积极践行社会主义核心价值观，崇尚社会公德、恪守职业道德、修养个人品德。

第五条　网络主播应当坚持以人民为中心的创作导向，传播的网络表演、视听节目内容应当反映时代新气象、讴歌人民新创造，弘扬中华优秀传统文化，传播正能量，展现真善美，满足人民群众美好生活新需要。

第六条　网络主播应当坚持健康的格调品位，自觉摒弃低俗、庸俗、媚俗等低级趣味，自觉反对流量至上、畸形审美、"饭圈"乱象、拜金主义等不良现象，自觉抵制违反法律法规、有损网络文明、有悖网络道德、有害网络和谐的行为。

第七条　网络主播应当引导用户文明互动、理性表达、合理消费，共建文明健康的网络表演、网络视听生态环境。

第八条　网络主播应当保持良好声屏形象，表演、服饰、妆容、语言、行为、肢体动作及画面展示等要文明得体，符合大众审美情趣和欣赏习惯。

第九条　网络主播应当尊重公民和法人的名誉权、荣誉权，尊重个人隐私权、肖像权，尊重和保护未成年人、老年人、残疾人的合法权益。

第十条　网络主播应当遵守知识产权相关法律法规，自觉尊重他人知识产权。

第十一条　网络主播应当如实申报收入，依法履行纳税义务。

第十二条　网络主播应当按照规范写法和标准含义使用国家通用语言文字，增强语言文化素养，自觉遏阻庸俗暴戾网络语言传播，共建健康文明的网络语言环境。

第十三条　网络主播应当自觉加强学习，掌握从事主播工作所必需的知识和技能。

对于需要较高专业水平（如医疗卫生、财经金融、法律、教育）的直播内容，主播应取得相应执业资质，并向直播平台进行执业资质报备，直播平台应对主播进行资质审核及备案。

第十四条　网络主播在提供网络表演及视听节目服务过程中不得出现下列行为：

1. 发布违反宪法所确定的基本原则及违反国家法律法规的内容；

2. 发布颠覆国家政权，危害国家统一、主权和领土完整，危害国家安全，泄露国家秘密，损害国家尊严、荣誉和利益的内容；

3. 发布削弱、歪曲、否定中国共产党的领导、社会主义制度和改革开放的内容；

4. 发布诋毁民族优秀文化传统，煽动民族仇恨、民族歧视，歪曲民族历史或者民族历史人物，伤害民族感情、破坏民族团结，或者侵害民族风俗、习惯的内容；

5. 违反国家宗教政策，在非宗教场所开展宗教活动，宣扬宗教极端主义、邪教等内容；

6. 恶搞、诋毁、歪曲或者以不当方式展现中华优秀传统文化、革命文化、社会主义先进文化；

7. 恶搞、歪曲、丑化、亵渎、否定英雄烈士和模范人物的事迹和精神；

8. 使用换脸等深度伪造技术对党和国家领导人、英雄烈士、党史、历史等进行伪造、篡改；

9. 损害人民军队、警察、法官等特定职业、群体的公众形象；

10. 宣扬基于种族、国籍、地域、性别、职业、身心缺陷等理由的歧视；

11. 宣扬淫秽、赌博、吸毒，渲染暴力、血腥、恐怖，传销、诈骗，教唆犯罪或者传授犯罪方法，暴露侦查手段，展示枪支、管制刀具；

12. 编造、故意传播虚假恐怖信息、虚假险情、疫情、

灾情、警情,扰乱社会治安和公共秩序,破坏社会稳定;

13. 展现过度的惊悚恐怖、生理痛苦、精神歇斯底里,造成强烈感官、精神刺激并可致人身心不适的画面、台词、音乐及音效等;

14. 侮辱、诽谤他人或者散布他人隐私,侵害他人合法权益;

15. 未经授权使用他人拥有著作权的作品;

16. 对社会热点和敏感问题进行炒作或者蓄意制造舆论"热点";

17. 炒作绯闻、丑闻、劣迹,传播格调低下的内容,宣扬违背社会主义核心价值观、违反公序良俗的内容;

18. 服饰妆容、语言行为、直播间布景等展现带有性暗示、性挑逗的内容;

19. 介绍或者展示自杀、自残、暴力血腥、高危动作和其他易引发未成年人模仿的危险行为,表现吸烟、酗酒等诱导未成年人不良嗜好的内容;

20. 利用未成年人或未成年人角色进行非广告类的商业宣传、表演或作为噱头获取商业或不正当利益,指引错误价值观、人生观和道德观的内容;

21. 宣扬封建迷信文化习俗和思想、违反科学常识等内容;

22. 破坏生态环境,展示虐待动物,捕杀、食用国家保护类动物等内容;

23. 铺张浪费粮食,展示假吃、催吐、暴饮暴食等,或其他易造成不良饮食消费、食物浪费示范的内容;

24. 引导用户低俗互动,组织煽动粉丝互撕谩骂、拉踩引战、造谣攻击,实施网络暴力;

25. 营销假冒伪劣、侵犯知识产权或不符合保障人身、财产安全要求的商品,虚构或者篡改交易、关注度、浏览量、点赞量等数据流量造假;

26. 夸张宣传误导消费者,通过虚假承诺诱骗消费者,使用绝对化用语,未经许可直播销售专营、专卖物品等违反广告相关法律法规的;

27. 通过"弹幕"、直播间名称、公告、语音等传播虚假、骚扰广告;

28. 通过有组织炒作、雇佣水军刷礼物,宣传"刷礼物抽奖"等手段,暗示、诱惑、鼓励用户大额"打赏",引诱未成年用户"打赏"或以虚假身份信息"打赏";

29. 在涉及国家安全、公共安全,影响社会正常生产、生活秩序,影响他人正常生活、侵犯他人隐私等场所和其他法律法规禁止的场所拍摄或播出;

30. 展示或炒作大量奢侈品、珠宝、纸币等资产,展示无节制奢靡生活,贬低低收入群体的炫富行为;

31. 法律法规禁止的以及其他对网络表演、网络视听生态造成不良影响的行为。

第十五条　各级文化和旅游行政部门、广播电视行政部门要坚持以习近平新时代中国特色社会主义思想为指导,加强对网络表演、网络视听平台和经纪机构以及网络主播的监督管理,切实压紧压实主管主办责任和主体责任。发现网络主播违规行为,及时责成相关网络表演、网络视听平台予以处理。网络表演、网络视听平台和经纪机构规范网络主播情况及网络主播规范从业情况,纳入文化和旅游行政部门、广播电视行政部门许可管理、日常管理、安全检查、节目上线管理考察范围。

第十六条　各级文化和旅游行政部门、广播电视行政部门、文化市场综合执法机构要进一步加强对网络表演、网络视听平台和经纪机构的执法巡查,依法查处提供违法违规内容的网络表演和网络视听平台,并督促平台和经纪机构及时处置违法违规内容及相关网络主播。

第十七条　网络表演、网络视听平台和经纪机构要严格履行法定职责义务,落实主体责任。根据本行为规范,加强对网络主播的教育培训、日常管理和规范引导。建立健全网络主播入驻、培训、日常管理、业务评分档案和"红黄牌"管理等内部制度规范。对向上向善、模范遵守行为规范的网络主播进行正向激励;对出现违规行为的网络主播,要强化警示和约束;对问题性质严重、多次出现问题且屡教不改的网络主播,应当封禁账号,将相关网络主播纳入"黑名单"或"警示名单",不允许以更换账号或更换平台等形式再度开播。对构成犯罪的网络主播,依法追究刑事责任。对违法失德艺人不得提供公开进行文艺表演、发声出镜机会,防止转移阵地复出。网络表演、网络视听经纪机构要加强对网络主播的管理和约束,依法合规提供经纪服务,维护网络主播合法权益。

第十八条　各有关行业协会要加强引导,根据本行为规范,建立健全网络主播信用评价体系,进一步完善行业规范和自律公约,探索建立平台与主播约束关系机制,积极开展道德评议,强化培训引导服务,维护良好网络生态,促进行业规范发展。对违法违规、失德失范、造成恶劣社会影响的网络主播要定期公布,引导各平台联合抵制、严肃惩戒。

最高人民法院、最高人民检察院关于办理利用互联网、移动通讯终端、声讯台制作、复制、出版、贩卖、传播淫秽电子信息刑事案件具体应用法律若干问题的解释(一)

· 2004 年 9 月 1 日最高人民法院审判委员会第 1323 次会议、2004 年 9 月 2 日最高人民检察院第十届检察委员会第 26 次会议通过
· 2004 年 9 月 3 日最高人民法院、最高人民检察院公告公布
· 自 2004 年 9 月 6 日起施行
· 法释〔2004〕11 号

　　为依法惩治利用互联网、移动通讯终端制作、复制、出版、贩卖、传播淫秽电子信息、通过声讯台传播淫秽语音信息等犯罪活动,维护公共网络、通讯的正常秩序,保障公众的合法权益,根据《中华人民共和国刑法》《全国人民代表大会常务委员会关于维护互联网安全的决定》的规定,现对办理该类刑事案件具体应用法律的若干问题解释如下:

　　第一条　以牟利为目的,利用互联网、移动通讯终端制作、复制、出版、贩卖、传播淫秽电子信息,具有下列情形之一的,依照刑法第三百六十三条第一款的规定,以制作、复制、出版、贩卖、传播淫秽物品牟利罪定罪处罚:

　　(一)制作、复制、出版、贩卖、传播淫秽电影、表演、动画等视频文件二十个以上的;

　　(二)制作、复制、出版、贩卖、传播淫秽音频文件一百个以上的;

　　(三)制作、复制、出版、贩卖、传播淫秽电子刊物、图片、文章、短信息等二百件以上的;

　　(四)制作、复制、出版、贩卖、传播的淫秽电子信息,实际被点击数达到一万次以上的;

　　(五)以会员制方式出版、贩卖、传播淫秽电子信息,注册会员达二百人以上的;

　　(六)利用淫秽电子信息收取广告费、会员注册费或者其他费用,违法所得一万元以上的;

　　(七)数量或者数额虽未达到第(一)项至第(六)项规定标准,但分别达到其中两项以上标准一半以上的;

　　(八)造成严重后果的。

　　利用聊天室、论坛、即时通信软件、电子邮件等方式,实施第一款规定行为的,依照刑法第三百六十三条第一款的规定,以制作、复制、出版、贩卖、传播淫秽物品牟利罪定罪处罚。

　　第二条　实施第一条规定的行为,数量或者数额达到第一条第一款第(一)项至第(六)项规定标准五倍以上的,应当认定为刑法第三百六十三条第一款规定的"情节严重";达到规定标准二十五倍以上的,应当认定为"情节特别严重"。

　　第三条　不以牟利为目的,利用互联网或者转移通讯终端传播淫秽电子信息,具有下列情形之一的,依照刑法第三百六十四条第一款的规定,以传播淫秽物品罪定罪处罚:

　　(一)数量达到第一条第一款第(一)项至第(五)项规定标准二倍以上的;

　　(二)数量分别达到第一条第一款第(一)项至第(五)项两项以上标准的;

　　(三)造成严重后果的。

　　利用聊天室、论坛、即时通信软件、电子邮件等方式,实施第一款规定行为的,依照刑法第三百六十四条第一款的规定,以传播淫秽物品罪定罪处罚。

　　第四条　明知是淫秽电子信息而在自己所有、管理或者使用的网站或者网页上提供直接链接的,其数量标准根据所链接的淫秽电子信息的种类计算。

　　第五条　以牟利为目的,通过声讯台传播淫秽语音信息,具有下列情形之一的,依照刑法第三百六十三条第一款的规定,对直接负责的主管人员和其他直接责任人员以传播淫秽物品牟利罪定罪处罚:

　　(一)向一百人次以上传播的;

　　(二)违法所得一万元以上的;

　　(三)造成严重后果的。

　　实施前款规定行为,数量或者数额达到前款第(一)项至第(二)项规定标准五倍以上的,应当认定为刑法第三百六十三条第一款规定的"情节严重";达到规定标准二十五倍以上的,应当认定为"情节特别严重"。

　　第六条　实施本解释前五条规定的犯罪,具有下列情形之一的,依照刑法第三百六十三条第一款、第三百六十四条第一款的规定从重处罚:

　　(一)制作、复制、出版、贩卖、传播具体描绘不满十八周岁未成年人性行为的淫秽电子信息的;

　　(二)明知是具体描绘不满十八周岁的未成年人性行为的淫秽电子信息而在自己所有、管理或者使用的网站或者网页上提供直接链接的;

　　(三)向不满十八周岁的未成年人贩卖、传播淫秽电子信息和语音信息的;

　　(四)通过使用破坏性程序、恶意代码修改用户计算机设置等方法,强制用户访问、下载淫秽电子信息的。

第七条　明知他人实施制作、复制、出版、贩卖、传播淫秽电子信息犯罪,为其提供互联网接入、服务器托管、网络存储空间、通讯传输通道、费用结算等帮助的,对直接负责的主管人员和其他直接责任人员,以共同犯罪论处。

第八条　利用互联网、移动通讯终端、声讯台贩卖、传播淫秽书刊、影片、录像带、录音带等以实物为载体的淫秽物品的,依照《最高人民法院关于审理非法出版物刑事案件具体应用法律若干问题的解释》的有关规定定罪处罚。

第九条　刑法第三百六十七条第一款规定的"其他淫秽物品",包括具体描绘性行为或者露骨宣扬色情的诲淫性的视频文件、音频文件、电子刊物、图片、文章、短信息等互联网、移动通讯终端电子信息和声讯台语音信息。

有关人体生理、医学知识的电子信息和声讯台语音信息不是淫秽物品。包含色情内容的有艺术价值的电子文学、艺术作品不视为淫秽物品。

最高人民法院、最高人民检察院关于办理利用互联网、移动通讯终端、声讯台制作、复制、出版、贩卖、传播淫秽电子信息刑事案件具体应用法律若干问题的解释(二)

· 2010 年 1 月 18 日最高人民法院审判委员会第 1483 次会议、2010 年 1 月 14 日最高人民检察院第十一届检察委员会第28 次会议通过
· 2010 年 2 月 2 日最高人民法院、最高人民检察院公告公布
· 自 2010 年 2 月 4 日起施行
· 法释〔2010〕3 号

为依法惩治利用互联网、移动通讯终端制作、复制、出版、贩卖、传播淫秽电子信息,通过声讯台传播淫秽语音信息等犯罪活动,维护社会秩序,保障公民权益,根据《中华人民共和国刑法》《全国人民代表大会常务委员会关于维护互联网安全的决定》的规定,现对办理该类刑事案件具体应用法律的若干问题解释如下:

第一条　以牟利为目的,利用互联网、移动通讯终端制作、复制、出版、贩卖、传播淫秽电子信息的,依照《最高人民法院、最高人民检察院关于办理利用互联网、移动通讯终端、声讯台制作、复制、出版、贩卖、传播淫秽电子信息刑事案件具体应用法律若干问题的解释》第一条、第二条的规定定罪处罚。

以牟利为目的,利用互联网、移动通讯终端制作、复制、出版、贩卖、传播内容含有不满十四周岁未成年人的淫秽电子信息,具有下列情形之一的,依照刑法第三百六十三条第一款的规定,以制作、复制、出版、贩卖、传播淫秽物品牟利罪定罪处罚:

(一)制作、复制、出版、贩卖、传播淫秽电影、表演、动画等视频文件十个以上的;

(二)制作、复制、出版、贩卖、传播淫秽音频文件五十个以上的;

(三)制作、复制、出版、贩卖、传播淫秽电子刊物、图片、文章等一百件以上的;

(四)制作、复制、出版、贩卖、传播的淫秽电子信息,实际被点击数达到五千次以上的;

(五)以会员制方式出版、贩卖、传播淫秽电子信息,注册会员达一百人以上的;

(六)利用淫秽电子信息收取广告费、会员注册费或者其他费用,违法所得五千元以上的;

(七)数量或者数额虽未达到第(一)项至第(六)项规定标准,但分别达到其中两项以上标准一半以上的;

(八)造成严重后果的。

实施第二款规定的行为,数量或者数额达到第二款第(一)项至第(七)项规定标准五倍以上的,应当认定为刑法第三百六十三条第一款规定的"情节严重";达到规定标准二十五倍以上的,应当认定为"情节特别严重"。

第二条　利用互联网、移动通讯终端传播淫秽电子信息的,依照《最高人民法院、最高人民检察院关于办理利用互联网、移动通讯终端、声讯台制作、复制、出版、贩卖、传播淫秽电子信息刑事案件具体应用法律若干问题的解释》第三条的规定定罪处罚。

利用互联网、移动通讯终端传播内容含有不满十四周岁未成年人的淫秽电子信息,具有下列情形之一的,依照刑法第三百六十四条第一款的规定,以传播淫秽物品罪定罪处罚:

(一)数量达到第一条第二款第(一)项至第(五)项规定标准二倍以上的;

(二)数量分别达到第一条第二款第(一)项至第(五)项两项以上标准的;

(三)造成严重后果的。

第三条　利用互联网建立主要用于传播淫秽电子信息的群组,成员达三十人以上或者造成严重后果的,对建立者、管理者和主要传播者,依照刑法第三百六十四条第一款的规定,以传播淫秽物品罪定罪处罚。

第四条　以牟利为目的,网站建立者、直接负责的管

理者明知他人制作、复制、出版、贩卖、传播的是淫秽电子信息，允许或者放任他人在自己所有、管理的网站或者网页上发布，具有下列情形之一的，依照刑法第三百六十三条第一款的规定，以传播淫秽物品牟利罪定罪处罚：

（一）数量或者数额达到第一条第二款第（一）项至第（六）项规定标准五倍以上的；

（二）数量或者数额分别达到第一条第二款第（一）项至第（六）项两项以上标准二倍以上的；

（三）造成严重后果的。

实施前款规定的行为，数量或者数额达到第一条第二款第（一）项至第（七）项规定标准二十五倍以上的，应当认定为刑法第三百六十三条第一款规定的"情节严重"；达到规定标准一百倍以上的，应当认定为"情节特别严重"。

第五条　网站建立者、直接负责的管理者明知他人制作、复制、出版、贩卖、传播的是淫秽电子信息，允许或者放任他人在自己所有、管理的网站或者网页上发布，具有下列情形之一的，依照刑法第三百六十四条第一款的规定，以传播淫秽物品罪定罪处罚：

（一）数量达到第一条第二款第（一）项至第（五）项规定标准十倍以上的；

（二）数量分别达到第一条第二款第（一）项至第（五）项两项以上标准五倍以上的；

（三）造成严重后果的。

第六条　电信业务经营者、互联网信息服务提供者明知是淫秽网站，为其提供互联网接入、服务器托管、网络存储空间、通讯传输通道、代收费等服务，并收取服务费，具有下列情形之一的，对直接负责的主管人员和其他直接责任人员，依照刑法第三百六十三条第一款的规定，以传播淫秽物品牟利罪定罪处罚：

（一）为五个以上淫秽网站提供上述服务的；

（二）为淫秽网站提供互联网接入、服务器托管、网络存储空间、通讯传输通道等服务，收取服务费数额在二万元以上的；

（三）为淫秽网站提供代收费服务，收取服务费数额在五万元以上的；

（四）造成严重后果的。

实施前款规定的行为，数量或者数额达到前款第（一）项至第（三）项规定标准五倍以上的，应当认定为刑法第三百六十三条第一款规定的"情节严重"；达到规定标准二十五倍以上的，应当认定为"情节特别严重"。

第七条　明知是淫秽网站，以牟利为目的，通过投放

广告等方式向其直接或者间接提供资金，或者提供费用结算服务，具有下列情形之一的，对直接负责的主管人员和其他直接责任人员，依照刑法第三百六十三条第一款的规定，以制作、复制、出版、贩卖、传播淫秽物品牟利罪的共同犯罪处罚：

（一）向十个以上淫秽网站投放广告或者以其他方式提供资金的；

（二）向淫秽网站投放广告二十条以上的；

（三）向十个以上淫秽网站提供费用结算服务的；

（四）以投放广告或者其他方式向淫秽网站提供资金数额在五万元以上的；

（五）为淫秽网站提供费用结算服务，收取服务费数额在二万元以上的；

（六）造成严重后果的。

实施前款规定的行为，数量或者数额达到前款第（一）项至第（五）项规定标准五倍以上的，应当认定为刑法第三百六十三条第一款规定的"情节严重"；达到规定标准二十五倍以上的，应当认定为"情节特别严重"。

第八条　实施第四条至第七条规定的行为，具有下列情形之一的，应当认定行为人"明知"，但是有证据证明确实不知道的除外：

（一）行政主管机关书面告知后仍然实施上述行为的；

（二）接到举报后不履行法定管理职责的；

（三）为淫秽网站提供互联网接入、服务器托管、网络存储空间、通讯传输通道、代收费、费用结算等服务，收取服务费明显高于市场价格的；

（四）向淫秽网站投放广告，广告点击率明显异常的；

（五）其他能够认定行为人明知的情形。

第九条　一年内多次实施制作、复制、出版、贩卖、传播淫秽电子信息行为未经处理，数量或者数额累计计算构成犯罪的，应当依法定罪处罚。

第十条　单位实施制作、复制、出版、贩卖、传播淫秽电子信息犯罪的，依照《中华人民共和国刑法》、《最高人民法院、最高人民检察院关于办理利用互联网、移动通讯终端、声讯台制作、复制、出版、贩卖、传播淫秽电子信息刑事案件具体应用法律若干问题的解释》和本解释规定的相应个人犯罪的定罪量刑标准，对直接负责的主管人员和其他直接责任人员定罪处罚，并对单位判处罚金。

第十一条　对于以牟利为目的，实施制作、复制、出

版、贩卖、传播淫秽电子信息犯罪的，人民法院应当综合考虑犯罪的违法所得、社会危害性等情节，依法判处罚金或者没收财产。罚金数额一般在违法所得的一倍以上五倍以下。

第十二条　《最高人民法院、最高人民检察院关于办理利用互联网、移动通讯终端、声讯台制作、复制、出版、贩卖、传播淫秽电子信息刑事案件具体应用法律若干问题的解释》和本解释所称网站，是指可以通过互联网域名、IP 地址等方式访问的内容提供站点。

以制作、复制、出版、贩卖、传播淫秽电子信息为目的建立或者建立后主要从事制作、复制、出版、贩卖、传播淫秽电子信息活动的网站，为淫秽网站。

第十三条　以前发布的司法解释与本解释不一致的，以本解释为准。

最高人民法院、最高人民检察院关于办理利用信息网络实施诽谤等刑事案件适用法律若干问题的解释

· 2013 年 9 月 5 日最高人民法院审判委员会第 1589 次会议、2013 年 9 月 2 日最高人民检察院第十二届检察委员会第 9 次会议通过
· 2013 年 9 月 6 日最高人民法院、最高人民检察院公告公布
· 自 2013 年 9 月 10 日起施行
· 法释〔2013〕21 号

为保护公民、法人和其他组织的合法权益，维护社会秩序，根据《中华人民共和国刑法》《全国人民代表大会常务委员会关于维护互联网安全的决定》等规定，对办理利用信息网络实施诽谤、寻衅滋事、敲诈勒索、非法经营等刑事案件适用法律的若干问题解释如下：

第一条　具有下列情形之一的，应当认定为刑法第二百四十六条第一款规定的"捏造事实诽谤他人"：

（一）捏造损害他人名誉的事实，在信息网络上散布，或者组织、指使人员在信息网络上散布的；

（二）将信息网络上涉及他人的原始信息内容篡改为损害他人名誉的事实，在信息网络上散布，或者组织、指使人员在信息网络上散布的；

明知是捏造的损害他人名誉的事实，在信息网络上散布，情节恶劣的，以"捏造事实诽谤他人"论。

第二条　利用信息网络诽谤他人，具有下列情形之一的，应当认定为刑法第二百四十六条第一款规定的"情节严重"：

（一）同一诽谤信息实际被点击、浏览次数达到五千次以上，或者被转发次数达到五百次以上的；

（二）造成被害人或者其近亲属精神失常、自残、自杀等严重后果的；

（三）二年内曾因诽谤受过行政处罚，又诽谤他人的；

（四）其他情节严重的情形。

第三条　利用信息网络诽谤他人，具有下列情形之一的，应当认定为刑法第二百四十六条第二款规定的"严重危害社会秩序和国家利益"：

（一）引发群体性事件的；

（二）引发公共秩序混乱的；

（三）引发民族、宗教冲突的；

（四）诽谤多人，造成恶劣社会影响的；

（五）损害国家形象，严重危害国家利益的；

（六）造成恶劣国际影响的；

（七）其他严重危害社会秩序和国家利益的情形。

第四条　一年内多次实施利用信息网络诽谤他人行为未经处理，诽谤信息实际被点击、浏览、转发次数累计计算构成犯罪的，应当依法定罪处罚。

第五条　利用信息网络辱骂、恐吓他人，情节恶劣，破坏社会秩序的，依照刑法第二百九十三条第一款第（二）项的规定，以寻衅滋事罪定罪处罚。

编造虚假信息，或者明知是编造的虚假信息，在信息网络上散布，或者组织、指使人员在信息网络上散布，起哄闹事，造成公共秩序严重混乱的，依照刑法第二百九十三条第一款第（四）项的规定，以寻衅滋事罪定罪处罚。

第六条　以在信息网络上发布、删除等方式处理网络信息为由，威胁、要挟他人，索取公私财物，数额较大，或者多次实施上述行为的，依照刑法第二百七十四条的规定，以敲诈勒索罪定罪处罚。

第七条　违反国家规定，以营利为目的，通过信息网络有偿提供删除信息服务，或者明知是虚假信息，通过信息网络有偿提供发布信息等服务，扰乱市场秩序，具有下列情形之一的，属于非法经营行为"情节严重"，依照刑法第二百二十五条第（四）项的规定，以非法经营罪定罪处罚：

（一）个人非法经营数额在五万元以上，或者违法所得数额在二万元以上的；

（二）单位非法经营数额在十五万元以上，或者违法所得数额在五万元以上的。

实施前款规定的行为，数额达到前款规定的数额五倍以上的，应当认定为刑法第二百二十五条规定的"情节特别严重"。

第八条　明知他人利用信息网络实施诽谤、寻衅滋事、敲诈勒索、非法经营等犯罪，为其提供资金、场所、技术支持等帮助的，以共同犯罪论处。

第九条　利用信息网络实施诽谤、寻衅滋事、敲诈勒索、非法经营犯罪，同时又构成刑法第二百二十一条规定的损害商业信誉、商品声誉罪，第二百七十八条规定的煽动暴力抗拒法律实施罪，第二百九十一条之一规定的编造、故意传播虚假恐怖信息罪等犯罪，依照处罚较重的规定定罪处罚。

第十条　本解释所称信息网络，包括以计算机、电视机、固定电话机、移动电话机等电子设备为终端的计算机互联网、广播电视网、固定通信网、移动通信网等信息网络，以及向公众开放的局域网络。

最高人民法院、最高人民检察院关于办理非法利用信息网络、帮助信息网络犯罪活动等刑事案件适用法律若干问题的解释

·2019 年 6 月 3 日最高人民法院审判委员会第 1771 次会议、2019 年 9 月 4 日最高人民检察院第十三届检察委员会第二十三次会议通过
·2019 年 10 月 21 日最高人民法院、最高人民检察院公告公布
·自 2019 年 11 月 1 日起施行
·法释〔2019〕15 号

为依法惩治拒不履行信息网络安全管理义务、非法利用信息网络、帮助信息网络犯罪活动等犯罪，维护正常网络秩序，根据《中华人民共和国刑法》《中华人民共和国刑事诉讼法》的规定，现就办理此类刑事案件适用法律的若干问题解释如下：

第一条　提供下列服务的单位和个人，应当认定为刑法第二百八十六条之一第一款规定的"网络服务提供者"：

（一）网络接入、域名注册解析等信息网络接入、计算、存储、传输服务；

（二）信息发布、搜索引擎、即时通讯、网络支付、网络预约、网络购物、网络游戏、网络直播、网站建设、安全防护、广告推广、应用商店等信息网络应用服务；

（三）利用信息网络提供的电子政务、通信、能源、交通、水利、金融、教育、医疗等公共服务。

第二条　刑法第二百八十六条之一第一款规定的"监管部门责令采取改正措施"，是指网信、电信、公安等依照法律、行政法规的规定承担信息网络安全监管职责的部门，以责令整改通知书或者其他文书形式，责令网络服务提供者采取改正措施。

认定"经监管部门责令采取改正措施而拒不改正"，应当综合考虑监管部门责令改正是否具有法律、行政法规依据，改正措施及期限要求是否明确、合理，网络服务提供者是否具有按照要求采取改正措施的能力等因素进行判断。

第三条　拒不履行信息网络安全管理义务，具有下列情形之一的，应当认定为刑法第二百八十六条之一第一款第一项规定的"致使违法信息大量传播"：

（一）致使传播违法视频文件二百个以上的；

（二）致使传播违法视频文件以外的其他违法信息二千个以上的；

（三）致使传播违法信息，数量虽未达到第一项、第二项规定标准，但是按相应比例折算合计达到有关数量标准的；

（四）致使向二千个以上用户账号传播违法信息的；

（五）致使利用群组成员账号数累计三千以上的通讯群组或者关注人员账号数累计三万以上的社交网络传播违法信息的；

（六）致使违法信息实际被点击数达到五万以上的；

（七）其他致使违法信息大量传播的情形。

第四条　拒不履行信息网络安全管理义务，致使用户信息泄露，具有下列情形之一的，应当认定为刑法第二百八十六条之一第一款第二项规定的"造成严重后果"：

（一）致使泄露行踪轨迹信息、通信内容、征信信息、财产信息五百条以上的；

（二）致使泄露住宿信息、通信记录、健康生理信息、交易信息等其他可能影响人身、财产安全的用户信息五千条以上的；

（三）致使泄露第一项、第二项规定以外的用户信息五万条以上的；

（四）数量虽未达到第一项至第三项规定标准，但是按相应比例折算合计达到有关数量标准的；

（五）造成他人死亡、重伤、精神失常或者被绑架等严重后果的；

（六）造成重大经济损失的；

（七）严重扰乱社会秩序的；

（八）造成其他严重后果的。

第五条　拒不履行信息网络安全管理义务，致使影响定罪量刑的刑事案件证据灭失，具有下列情形之一的，应当认定为刑法第二百八十六条之一第一款第三项规定的"情节严重"：

（一）造成危害国家安全犯罪、恐怖活动犯罪、黑社会性质组织犯罪、贪污贿赂犯罪案件的证据灭失的；

（二）造成可能判处五年有期徒刑以上刑罚犯罪案件的证据灭失的；

（三）多次造成刑事案件证据灭失的；

（四）致使刑事诉讼程序受到严重影响的；

（五）其他情节严重的情形。

第六条　拒不履行信息网络安全管理义务，具有下列情形之一的，应当认定为刑法第二百八十六条之一第一款第四项规定的"有其他严重情节"：

（一）对绝大多数用户日志未留存或者未落实真实身份信息认证义务的；

（二）二年内经多次责令改正拒不改正的；

（三）致使信息网络服务被主要用于违法犯罪的；

（四）致使信息网络服务、网络设施被用于实施网络攻击，严重影响生产、生活的；

（五）致使信息网络服务被用于实施危害国家安全犯罪、恐怖活动犯罪、黑社会性质组织犯罪、贪污贿赂罪或者其他重大犯罪的；

（六）致使国家机关或者通信、能源、交通、水利、金融、教育、医疗等领域提供公共服务的信息网络受到破坏，严重影响生产、生活的；

（七）其他严重违反信息网络安全管理义务的情形。

第七条　刑法第二百八十七条之一规定的"违法犯罪"，包括犯罪行为和属于刑法分则规定的行为类型但尚未构成犯罪的违法行为。

第八条　以实施违法犯罪活动为目的而设立或者设立后主要用于实施违法犯罪活动的网站、通讯群组，应当认定为刑法第二百八十七条之一第一款第一项规定的"用于实施诈骗、传授犯罪方法、制作或者销售违禁物品、管制物品等违法犯罪活动的网站、通讯群组"。

第九条　利用信息网络提供信息的链接、截屏、二维码、访问账号密码及其他指引访问服务的，应当认定为刑法第二百八十七条之一第一款第二项、第三项规定的"发布信息"。

第十条　非法利用信息网络，具有下列情形之一的，应当认定为刑法第二百八十七条之一第一款规定的"情节严重"：

（一）假冒国家机关、金融机构名义，设立用于实施违法犯罪活动的网站的；

（二）设立用于实施违法犯罪活动的网站，数量达到三个以上或者注册账号数累计达到二千以上的；

（三）设立用于实施违法犯罪活动的通讯群组，数量达到五个以上或者群组成员账号数累计达到一千以上的；

（四）发布有关违法犯罪的信息或者为实施违法犯罪活动发布信息，具有下列情形之一的：

1. 在网站上发布有关信息一百条以上的；

2. 向二千以上用户账号发送有关信息的；

3. 向群组成员累计达到三千以上的通讯群组发送有关信息的；

4. 利用关注人员账号数累计达到三万以上的社交网络传播有关信息的；

（五）违法所得一万元以上的；

（六）二年内曾因非法利用信息网络、帮助信息网络犯罪活动、危害计算机信息系统安全受过行政处罚，又非法利用信息网络的；

（七）其他情节严重的情形。

第十一条　为他人实施犯罪提供技术支持或者帮助，具有下列情形之一的，可以认定行为人明知他人利用信息网络实施犯罪，但是有相反证据的除外：

（一）经监管部门告知后仍然实施有关行为的；

（二）接到举报后不履行法定管理职责的；

（三）交易价格或者方式明显异常的；

（四）提供专门用于违法犯罪的程序、工具或者其他技术支持、帮助的；

（五）频繁采用隐蔽上网、加密通信、销毁数据等措施或者使用虚假身份，逃避监管或者规避调查的；

（六）为他人逃避监管或者规避调查提供技术支持、帮助的；

（七）其他足以认定行为人明知的情形。

第十二条　明知他人利用信息网络实施犯罪，为其犯罪提供帮助，具有下列情形之一的，应当认定为刑法第二百八十七条之二第一款规定的"情节严重"：

（一）为三个以上对象提供帮助的；

（二）支付结算金额二十万元以上的；

（三）以投放广告等方式提供资金五万元以上的；

（四）违法所得一万元以上的；

（五）二年内曾因非法利用信息网络、帮助信息网络犯罪活动、危害计算机信息系统安全受过行政处罚，又帮助信息网络犯罪活动的；

（六）被帮助对象实施的犯罪造成严重后果的；

（七）其他情节严重的情形。

实施前款规定的行为，确因客观条件限制无法查证被帮助对象是否达到犯罪的程度，但相关数额总计达到前款第二项至第四项规定标准五倍以上，或者造成特别严重后果的，应当以帮助信息网络犯罪活动罪追究行为人的刑事责任。

第十三条　被帮助对象实施的犯罪行为可以确认，但尚未到案、尚未依法裁判或者因未达到刑事责任年龄等原因依法未予追究刑事责任的，不影响帮助信息网络犯罪活动罪的认定。

第十四条　单位实施本解释规定的犯罪的，依照本解释规定的相应自然人犯罪的定罪量刑标准，对直接负责的主管人员和其他直接责任人员定罪处罚，并对单位判处罚金。

第十五条　综合考虑社会危害程度、认罪悔罪态度等情节，认为犯罪情节轻微的，可以不起诉或者免予刑事处罚；情节显著轻微危害不大的，不以犯罪论处。

第十六条　多次拒不履行信息网络安全管理义务、非法利用信息网络、帮助信息网络犯罪活动构成犯罪，依法应当追诉的，或者二年内多次实施前述行为未经处理的，数量或者数额累计计算。

第十七条　对于实施本解释规定的犯罪被判处刑罚的，可以根据犯罪情况和预防再犯罪的需要，依法宣告职业禁止；被判处管制、宣告缓刑的，可以根据犯罪情况，依法宣告禁止令。

第十八条　对于实施本解释规定的犯罪的，应当综合考虑犯罪的危害程度、违法所得数额以及被告人的前科情况、认罪悔罪态度等，依法判处罚金。

第十九条　本解释自 2019 年 11 月 1 日起施行。

最高人民法院关于审理侵害信息网络传播权民事纠纷案件适用法律若干问题的规定

· 2012 年 11 月 26 日最高人民法院审判委员会第 1561 次会议通过
· 根据 2020 年 12 月 23 日最高人民法院审判委员会第 1823 次会议通过的《最高人民法院关于修改〈最高人民法院关于审理侵犯专利权纠纷案件应用法律若干问题的解释（二）〉等十八件知识产权类司法解释的决定》修正
· 2020 年 12 月 29 日最高人民法院公告公布
· 自 2021 年 1 月 1 日起施行
· 法释〔2020〕19 号

为正确审理侵害信息网络传播权民事纠纷案件，依法保护信息网络传播权，促进信息网络产业健康发展，维护公共利益，根据《中华人民共和国民法典》《中华人民共和国著作权法》《中华人民共和国民事诉讼法》等有关法律规定，结合审判实际，制定本规定。

第一条　人民法院审理侵害信息网络传播权民事纠纷案件，在依法行使裁量权时，应当兼顾权利人、网络服务提供者和社会公众的利益。

第二条　本规定所称信息网络，包括以计算机、电视机、固定电话机、移动电话机等电子设备为终端的计算机互联网、广播电视网、固定通信网、移动通信网等信息网络，以及向公众开放的局域网络。

第三条　网络用户、网络服务提供者未经许可，通过信息网络提供权利人享有信息网络传播权的作品、表演、录音录像制品，除法律、行政法规另有规定外，人民法院应当认定其构成侵害信息网络传播权行为。

通过上传到网络服务器、设置共享文件或者利用文件分享软件等方式，将作品、表演、录音录像制品置于信息网络中，使公众能够在个人选定的时间和地点以下载、浏览或者其他方式获得的，人民法院应当认定其实施了前款规定的提供行为。

第四条　有证据证明网络服务提供者与他人以分工合作等方式共同提供作品、表演、录音录像制品，构成共同侵权行为的，人民法院应当判令其承担连带责任。网络服务提供者能够证明其仅提供自动接入、自动传输、信息存储空间、搜索、链接、文件分享技术等网络服务，主张其不构成共同侵权行为的，人民法院应予支持。

第五条　网络服务提供者以提供网页快照、缩略图等方式实质替代其他网络服务提供者向公众提供相关作品的，人民法院应当认定其构成提供行为。

前款规定的提供行为不影响相关作品的正常使用，且未不合理损害权利人对该作品的合法权益，网络服务提供者主张其未侵害信息网络传播权的，人民法院应予支持。

第六条　原告有初步证据证明网络服务提供者提供了相关作品、表演、录音录像制品，但网络服务提供者能够证明其仅提供网络服务，且无过错的，人民法院不应认定为构成侵权。

第七条　网络服务提供者在提供网络服务时教唆或者帮助网络用户实施侵害信息网络传播权行为的，人民法院应当判令其承担侵权责任。

网络服务提供者以言语、推介技术支持、奖励积分等方式诱导、鼓励网络用户实施侵害信息网络传播权行为的，人民法院应当认定其构成教唆侵权行为。

网络服务提供者明知或者应知网络用户利用网络服

务侵害信息网络传播权，未采取删除、屏蔽、断开链接等必要措施，或者提供技术支持等帮助行为的，人民法院应当认定其构成帮助侵权行为。

第八条　人民法院应当根据网络服务提供者的过错，确定其是否承担教唆、帮助侵权责任。网络服务提供者的过错包括对于网络用户侵害信息网络传播权行为的明知或者应知。

网络服务提供者未对网络用户侵害信息网络传播权的行为主动进行审查的，人民法院不应据此认定其具有过错。

网络服务提供者能够证明已采取合理、有效的技术措施，仍难以发现网络用户侵害信息网络传播权行为的，人民法院应当认定其不具有过错。

第九条　人民法院应当根据网络用户侵害信息网络传播权的具体事实是否明显，综合考虑以下因素，认定网络服务提供者是否构成应知：

（一）基于网络服务提供者提供服务的性质、方式及其引发侵权的可能性大小，应当具备的管理信息的能力；

（二）传播的作品、表演、录音录像制品的类型、知名度及侵权信息的明显程度；

（三）网络服务提供者是否主动对作品、表演、录音录像制品进行了选择、编辑、修改、推荐等；

（四）网络服务提供者是否积极采取了预防侵权的合理措施；

（五）网络服务提供者是否设置便捷程序接收侵权通知并及时对侵权通知作出合理的反应；

（六）网络服务提供者是否针对同一网络用户的重复侵权行为采取了相应的合理措施；

（七）其他相关因素。

第十条　网络服务提供者在提供网络服务时，对热播影视作品等以设置榜单、目录、索引、描述性段落、内容简介等方式进行推荐，且公众可以在其网页上直接以下载、浏览或者其他方式获得的，人民法院可以认定其应知网络用户侵害信息网络传播权。

第十一条　网络服务提供者从网络用户提供的作品、表演、录音录像制品中直接获得经济利益的，人民法院应当认定其对该网络用户侵害信息网络传播权的行为负有较高的注意义务。

网络服务提供者针对特定作品、表演、录音录像制品投放广告获取收益，或者获取与其传播的作品、表演、录音录像制品存在其他特定联系的经济利益，应当认定为前款规定的直接获得经济利益。网络服务提供者因提供

网络服务而收取一般性广告费、服务费等，不属于本款规定的情形。

第十二条　有下列情形之一的，人民法院可以根据案件具体情况，认定提供信息存储空间服务的网络服务提供者应知网络用户侵害信息网络传播权：

（一）将热播影视作品等置于首页或者其他主要页面等能够为网络服务提供者明显感知的位置的；

（二）对热播影视作品等的主题、内容主动进行选择、编辑、整理、推荐，或者为其设立专门的排行榜的；

（三）其他可以明显感知相关作品、表演、录音录像制品为未经许可提供，仍未采取合理措施的情形。

第十三条　网络服务提供者接到权利人以书信、传真、电子邮件等方式提交的通知及构成侵权的初步证据，未及时根据初步证据和服务类型采取必要措施的，人民法院应当认定其明知相关侵害信息网络传播权行为。

第十四条　人民法院认定网络服务提供者转送通知、采取必要措施是否及时，应当根据权利人提交通知的形式，通知的准确程度，采取措施的难易程度，网络服务的性质，所涉作品、表演、录音录像制品的类型、知名度、数量等因素综合判断。

第十五条　侵害信息网络传播权民事纠纷案件由侵权行为地或者被告住所地人民法院管辖。侵权行为地包括实施被诉侵权行为的网络服务器、计算机终端等设备所在地。侵权行为地和被告住所地均难以确定或者在境外的，原告发现侵权内容的计算机终端等设备所在地可以视为侵权行为地。

第十六条　本规定施行之日起，《最高人民法院关于审理涉及计算机网络著作权纠纷案件适用法律若干问题的解释》（法释〔2006〕11号）同时废止。

本规定施行之后尚未终审的侵害信息网络传播权民事纠纷案件，适用本规定。本规定施行前已经终审，当事人申请再审或者按照审判监督程序决定再审的，不适用本规定。

最高人民法院关于做好涉及网吧著作权纠纷案件审判工作的通知

·2010年11月25日
·法发〔2010〕50号

各省、自治区、直辖市高级人民法院，新疆维吾尔自治区高级人民法院生产建设兵团分院：

近年来，各级人民法院审理的网吧因提供影视作品

被诉侵权的相关案件大幅增加,出现了一些新情况和新问题,引起有关方面的高度关注。为解决当前审理涉及网吧著作权纠纷案件中存在的突出问题,依法妥善审理好此类案件,现就有关事项通知如下:

一、各级人民法院要认真研究分析当前涉及网吧著作权纠纷案件急剧上升的成因和现状,在此类案件的审理中,在积极支持当事人依法维权的同时,也要注意防止滥用权利情形的发生。要注意处理好依法保护与适度保护的关系,既要依法保护当事人的著作权,有效制止侵权行为,又要正确确定网吧经营者和相关影视作品提供者的责任承担,注意把握司法导向和利益平衡,积极促进信息传播和规范传播秩序,推动相关互联网文化产业健康发展。

二、要积极探索有效解决纠纷的途径,认真贯彻"调解优先,调判结合"的工作原则。在加强诉讼调解的同时,积极推动建立诉讼与非诉讼相衔接的矛盾纠纷解决机制,发挥行业主管部门和行业协会的作用,采取各种措施引导网吧经营者规范经营行为,以减少诉讼,维护社会和谐稳定。

三、网吧经营者未经许可,通过网吧自行提供他人享有著作权的影视作品,侵犯他人信息网络传播权等权利的,应当根据原告的诉讼请求判决其停止侵权和赔偿损失。赔偿数额的确定要合理和适度,要符合网吧经营活动的特点和实际,除应考虑涉案影视作品的市场影响、知名度、上映档期、合理的许可使用费外,还应重点考虑网吧的服务价格、规模、主观过错程度以及侵权行为的性质、持续时间、对侵权作品的点击或下载数量、当地经济文化发展状况等因素。

法律、行政法规对网吧经营者承担侵权责任的情形另有规定的,按其规定执行。

四、网吧经营者能证明涉案影视作品是从有经营资质的影视作品提供者合法取得,根据取得时的具体情形不知道也没有合理理由应当知道涉案影视作品侵犯他人信息网络传播权等权利的,不承担赔偿损失的民事责任。但网吧经营者经权利人通知后,未及时采取必要措施的,应对损害的扩大部分承担相应的民事责任。

五、网吧经营者请求追加涉案影视作品提供者为共同被告的,可根据案件的具体情况决定是否追加其参加诉讼。

本通知自下发之日起执行。执行中如有问题和新情况,请及时层报最高人民法院。

2. 网络游戏

游戏游艺设备管理办法

· 2019 年 11 月 6 日
· 文旅市场发〔2019〕129 号

第一章　总　则

第一条　为加强游戏游艺设备管理,规范娱乐市场秩序,促进行业健康发展,满足人民群众日益增长的美好生活需要,根据《娱乐场所管理条例》《娱乐场所管理办法》《国务院关于推广中国(上海)自由贸易试验区可复制改革试点经验的通知》等相关规定,制定本办法。

第二条　本办法所称游戏游艺设备,是指提供游戏游艺内容或者服务的专用电子、机械操作设备。

第三条　游戏游艺设备机型机种分为电子游戏设备(机)和游艺娱乐设备。

电子游戏设备(机)是指通过音视频系统和内容集成方式,主要为娱乐场所或者其他经营场所提供游戏内容服务,且游戏内容、形式等方面不适宜未成年人独立或者长时间使用的专用设备,如格斗类游戏游艺设备等。游艺娱乐设备是指除电子游戏设备(机)以外的其他游戏游艺设备。

除国家法定节假日外,娱乐场所以及其他经营场所设置的电子游戏设备(机)不得向未成年人提供。

第四条　鼓励企业充分挖掘中华优秀传统文化价值内涵,积极弘扬社会主义核心价值观,研发生产拥有自主知识产权、体现民族精神、内容健康向上,具有运动体验、技能训练、益智教育、亲子互动等功能的游戏游艺设备。

第五条　禁止面向国内市场生产、进口、销售、经营有下列情形之一的游戏游艺设备:

(一)含有《娱乐场所管理条例》第十三条规定的禁止内容的;

(二)存在安全隐患的;

(三)法律法规规定的其他禁止情形。

第六条　游戏游艺设备不得含有下列宣扬赌博内容:

(一)具有或者变相具有押分、退分、退币、退钢珠等功能的;

(二)捕鱼机等以设置倍率形式以小博大的;

(三)老虎机、转盘机、跑马机等由系统自动决定游戏结果的;

(四)含有其他宣扬赌博内容的。

第七条　面向国内市场生产、进口、销售、经营的游戏游艺设备的外观标识、游戏内容、操作说明等应当使用国家通用语言文字。

第八条　文化和旅游部负责制定全国游戏游艺设备管理政策并监督实施。省级文化和旅游行政部门负责对本辖区内生产或者进口的游戏游艺设备进行内容审核和机型机种分类。地方县级以上文化和旅游行政部门、文化市场综合执法机构负责对本辖区游戏游艺设备的监督管理。

第九条　省级以上文化和旅游行政部门应当结合实际，组建游戏游艺设备审核专家团队，为游戏游艺设备内容审核、机型机种分类等提供咨询、鉴定等服务。组织专家团队提供咨询、鉴定等服务，可以支付报酬。

第二章　内容审核

第十条　面向国内市场生产的游戏游艺设备，生产企业应当向所在地省级文化和旅游行政部门提出内容审核申请，并提交以下材料：

（一）游戏游艺设备内容审核申请表；

（二）企业营业执照复印件；

（三）游戏游艺设备内置音视频文件（包括全部背景音乐、歌曲及其名称列表和歌词的电子文本），涉及外文的还应当提供中外文对照文本；

（四）游戏游艺设备内容简介、操作说明文本（含返奖方式等）、后台管理操作说明文本以及展现完整游戏过程的操作演示视频；

（五）能够反映游戏游艺设备整体外观的图片和说明（正面、左右侧面、控制台、投币口、后台控制界面等至少各1张图片并做相应说明，图片为"JPG"格式，分辨率不低于1280×720像素）；

（六）游戏游艺设备及其内容的有关知识产权文件（包括但不限于计算机软件著作权登记证书、专利证书复印件）或者拥有相关知识产权的声明。

第十一条　面向国内市场销售进口游戏游艺设备前，进口单位应当向其所在地省级文化和旅游行政部门提出内容审核申请，提交本办法第十条规定的申请材料和进口该游戏游艺设备的独占性授权经营协议。

第十二条　省级文化和旅游行政部门收到申请时，发现申请材料不齐全或者不符合法定形式的，应当当场或者在五个工作日内一次性告知申请人需要补正的全部内容；申请材料齐全、符合法定形式的，应当当场受理，并自受理申请之日起二十个工作日内（不含专家审核、上级部门复核、异议处理、公示等时间）作出决定。

第十三条　省级文化和旅游行政部门应当自受理申请之日起五个工作日内，提出内容审核以及机型机种分类的初步意见。难以确定的，可以要求申请人提供设备进行实物审查。确有必要时，也可以咨询专家意见或者提交文化和旅游部复核。

第十四条　省级文化和旅游行政部门应当将通过初步审核的游戏游艺设备的基本信息、异议受理方式等，在其政府门户网站上向社会公示七日。基本信息包括生产企业或者进口单位的名称、统一社会信用代码、住所，游戏游艺设备的名称、型号、操作说明、外观图片、机型机种、生产地或者进口地、知识产权文件或者声明等。

任何单位或者个人对公示的游戏游艺设备有异议的，应当在公示期内向省级文化和旅游行政部门书面提交异议申请及相关证明材料。省级文化和旅游行政部门应当予以调查核实，并自收到异议申请之日起十五个工作日内作出答复。

第十五条　公示期满无异议或者经核实异议不属实的，省级文化和旅游行政部门应当及时向申请人出具游戏游艺设备内容核准单，发放"游戏游艺设备电子标识"；审核不予通过的，应当书面通知申请人并说明理由。

取得游戏游艺设备内容核准单后，游戏游艺设备生产企业、进口单位可以面向国内市场销售该游戏游艺设备。以销售、商业宣传为目的在公共场所展览展示的游戏游艺设备，应当取得游戏游艺设备内容核准单。

"游戏游艺设备电子标识"由全国文化市场技术监管与服务平台自动生成，内容包含游戏游艺设备基本信息以及审核机关名称、批准文号、批准时间和监督电话等信息。"游戏游艺设备电子标识"的标准由文化和旅游部统一制定。

第十六条　省级文化和旅游行政部门应当自出具内容核准单之日起三个工作日内，将游戏游艺设备基本信息及批准文号等在政府门户网站上向社会公布。

第十七条　游戏游艺设备内容或者机型机种等发生实质性变更，有下列情形之一的，应当重新向原审核机关提出内容审核申请：

（一）因升级或者改版等导致内容发生明显变化的；

（二）增加游戏项目的；

（三）改变主要功能键的；

（四）外观明显改变的；

（五）发生其他实质性变更的。

第十八条　面向娱乐场所或者其他经营场所销售游戏游艺设备前，生产企业或者进口单位应当在游戏游艺设备显著位置张贴"游戏游艺设备电子标识",并依照省级文化和旅游行政部门确定的机型机种类别,标注"游艺娱乐设备"或者"电子游戏设备(机)(除国家法定节假日外,不得向未成年人提供)"字样。

第三章　监督管理

第十九条　文化和旅游部指导中国文化娱乐行业协会制定游戏游艺设备内容自审规范。

游戏游艺设备生产企业和进口单位应当建立游戏游艺设备内容自审管理制度,配备专职内容审核人员,加强游戏游艺设备内容自审工作。

第二十条　在其他经营场所设置游戏游艺设备从事经营活动的,应当在游戏游艺设备显著位置标明经营者的真实名称、有效联系方式等信息,并在经营前向场所所在地县级文化和旅游行政部门备案。备案时应当一并提交游戏游艺设备的基本信息、数量、设置地址以及具体联系人员、联系方式等信息。备案事项发生变更的,应当重新备案。

在本办法施行前已设置游戏游艺设备的,应当自本办法施行之日起六十日内完成备案。

第二十一条　娱乐场所或者其他经营场所应当遵守有关安全生产的法律法规和国家标准或者行业标准。

利用游戏游艺设备进行有奖经营活动的,经营者应当向消费者提供来源合法、内容健康、安全无害的奖品,不得以假充真、以次充好,不得虚标价格。奖品目录等相关信息应报所在地县级文化和旅游行政部门备案。

第二十二条　游戏游艺设备以概率性方式提供实物奖励的,经营者应当在游戏游艺设备正面显著位置明示概率范围。

第二十三条　娱乐场所以及其他经营场所应当经营依法取得"游戏游艺设备电子标识"的游戏游艺设备,不得利用含有《娱乐场所管理条例》第十三条规定的禁止内容或者未经文化和旅游行政部门内容审核、擅自实质性变更内容的游戏游艺设备从事经营活动。

第二十四条　有下列情形之一的,省级文化和旅游行政部门应当依法撤销游戏游艺设备内容核准单,并按照有关规定将相关游戏游艺设备的生产企业或者进口单位及其主要负责人员列入文化市场黑名单或者重点关注名单,实施信用联合惩戒:

(一)隐瞒游戏游艺设备真实情况的;

(二)提供虚假材料的;

(三)伪造证明文件的;

(四)法律法规规定的其他情形。

第二十五条　文化和旅游行政部门工作人员在游戏游艺设备内容审核过程中滥用职权、玩忽职守、徇私舞弊的,应当依法依规追究责任。

文化和旅游部在事中事后监管过程中发现省级文化和旅游行政部门审核通过的游戏游艺设备存在内容等问题的,应当依法责令其撤销内容核准单。

第四章　法律责任

第二十六条　违反本办法第三条第三款规定,其他经营场所设置的电子游戏设备(机)在国家法定节假日外向未成年人提供的,县级以上文化和旅游行政部门或者文化市场综合执法机构应当参照《娱乐场所管理条例》第四十八条第(四)项规定对游戏游艺设备经营者予以处罚。

第二十七条　违反本办法第二十条、第二十二条规定的,县级以上文化和旅游行政部门或者文化市场综合执法机构应当责令改正,拒不改正的,应当将其经营者纳入重点监管对象;情节严重的,可以列入重点关注名单或者文化市场黑名单。

第二十八条　违反本办法第二十一条规定,其他经营场所未将奖品目录报所在地县级文化和旅游行政部门备案的,县级以上文化和旅游行政部门应当参照《娱乐场所管理办法》第三十条规定对游戏游艺设备经营者予以处罚。

第二十九条　违反本办法第二十三条规定,其他经营场所利用含有《娱乐场所管理条例》第十三条规定的禁止内容的游戏游艺设备从事经营活动的,县级以上文化和旅游行政部门或者文化市场综合执法机构应当参照《娱乐场所管理条例》第四十八条第(二)项规定对游戏游艺设备经营者予以处罚;其他经营场所利用未经文化和旅游行政部门内容审核或者擅自实质性变更内容的游戏游艺设备从事经营活动的,县级以上文化和旅游行政部门或者文化市场综合执法机构应当参照《娱乐场所管理办法》第三十条规定对游戏游艺设备经营者予以处罚。

第五章　附　则

第三十条　大型游乐设施设备及主要为家庭使用的游戏游艺设备管理按照相关法规规定执行。

第三十一条　本办法所称其他经营场所是指在无独立围护结构的场地内设置游戏游艺设备供消费者自娱自乐的分布式经营场所。

省级文化和旅游行政部门可以结合实际,制定适应儿童游艺娱乐场所、虚拟现实游艺娱乐场所、专营"抓娃娃机"等礼品类游艺娱乐场所发展的使用面积和消费者人均占有使用面积的最低标准。

第三十二条　省级文化和旅游行政部门应当指导县级以上地方文化和旅游行政部门，对在本办法施行前或者施行过渡期内在娱乐场所或者其他经营场所设置的、尚未张贴"游戏游艺设备电子标识"的游戏游艺设备实施分类标识管理。张贴的标识应当包括游戏游艺设备名称、机型机种、监督电话等信息。

在本办法施行前或者施行过渡期内，经省级文化和旅游行政部门审核通过、未发放"游戏游艺设备电子标识"且尚未面向国内销售的，应当结合实际向生产企业或者进口单位补发"游戏游艺设备电子标识"。

第三十三条　施行过渡期后，各地应当通过全国文化市场技术监管与服务平台开展游戏游艺设备内容审核、"游戏游艺设备电子标识"发放以及其他经营场所经营游戏游艺设备备案等工作。

第三十四条　本办法自2020年1月1日起施行，《文化部关于允许内外资企业从事游戏游艺设备生产和销售的通知》（文市函〔2015〕576号）同时废止。本办法所称施行过渡期为本办法施行之日起至2020年6月30日。本办法施行后，文化和旅游部不再统一公布游戏游艺设备信息。

附表：1. 游戏游艺设备内容审核申请表（样表）（略）
　　　2. 游戏游艺设备内容核准单（样表）（略）

文化部、商务部关于加强网络游戏虚拟货币管理工作的通知

· 2009年6月4日
· 文市发〔2009〕20号

各省、自治区、直辖市文化厅（局）、商务厅（局），新疆生产建设兵团文化局、商务局，北京市、天津市、上海市、重庆市、宁夏回族自治区文化市场行政执法总队：

近年来，随着网络游戏的迅速发展，网络游戏虚拟货币广泛应用于网络游戏经营服务之中。网络游戏虚拟货币在促进网络游戏产业发展的同时，也带来了新的经济和社会问题。主要体现在：一是用户权益缺乏保障；二是市场行为缺乏监管；三是网络游戏虚拟货币在使用中引发的纠纷不断。

为规范网络游戏市场经营秩序，根据《互联网文化管理暂行规定》《关于进一步加强网吧及网络游戏管理工作的通知》（文市发〔2007〕10号）和《关于规范网络游戏经营秩序查禁利用网络游戏赌博的通知》（公通字〔2007〕3号）等文件精神，经商中国人民银行等部门同意，现就加强网络游戏虚拟货币管理工作通知如下：

一、严格市场准入，加强主体管理

（一）本通知所称的网络游戏虚拟货币，是指由网络游戏运营企业发行，游戏用户使用法定货币按一定比例直接或间接购买，存在于游戏程序之外，以电磁记录方式存储于网络游戏运营企业提供的服务器内，并以特定数字单位表现的一种虚拟兑换工具。网络游戏虚拟货币用于兑换发行企业所提供的指定范围、指定时间内的网络游戏服务，表现为网络游戏的预付充值卡、预付金额或点数等形式，但不包括游戏活动中获得的游戏道具。

（二）文化行政部门要严格市场准入，加强对网络游戏虚拟货币发行主体和网络游戏虚拟货币交易服务提供主体的管理。从事"网络游戏虚拟货币发行服务"和"网络游戏虚拟货币交易服务"业务的，依据《国务院对确需保留的行政审批项目设定行政许可的决定》（国务院第412号令）和《互联网文化管理暂行规定》管理。凡提供上述两项服务的企业，须符合设立经营性互联网文化单位的有关条件，向企业所在地省级文化行政部门提出申请，省级文化行政部门初审后报文化部审批。"网络游戏虚拟货币发行企业"是指发行并提供虚拟货币使用服务的网络游戏运营企业。"网络游戏虚拟货币交易服务企业"是指为用户间交易网络游戏虚拟货币提供平台化服务的企业。同一企业不得同时经营以上两项业务。

（三）企业申请从事"网络游戏虚拟货币发行服务"业务的，除依法提交相关材料外，须在业务发展报告中提交虚拟货币表现形式、发行范围、单位购买价格、终止服务时的退还方式、用户购买方式（含现金、银行卡、网上支付等购买方式）、用户权益保障措施、技术安全保障措施等内容。

（四）从事"网络游戏虚拟货币交易服务"业务须符合商务主管部门关于电子商务（平台）服务的有关规定。此类企业在提出申请时，除依法提交的材料外，须在业务发展报告中提交服务（平台）模式、用户购买方式（含现金、银行卡、网上支付等购买方式）、用户权益保障措施、用户账号与实名银行账户绑定情况、技术安全保障措施等内容。

（五）已经从事网络游戏虚拟货币发行或交易服务的企业，应在本通知印发之日起3个月内，向文化行政部门申请相关经营业务。逾期未申请的，由文化行政部门

按照《互联网文化管理暂行规定》予以查处。文化行政部门批准文件抄送商务部和中国人民银行。

二、规范发行和交易行为,防范市场风险

(六)网络游戏运营企业应当依据自身的经营状况和产品营运情况,适量发行网络游戏虚拟货币。严禁以预付资金占用为目的的恶意发行行为。网络游戏运营企业发行虚拟货币总量等情况,须按季度报送企业所在地省级文化行政部门。

(七)除利用法定货币购买之外,网络游戏运营企业不得采用其它任何方式向用户提供网络游戏虚拟货币。在发行网络游戏虚拟货币时,网络游戏运营企业必须保存用户的充值记录。该记录保存期自用户充值之日起不少于180天。

(八)网络游戏虚拟货币的使用范围仅限于兑换发行企业自身所提供的虚拟服务,不得用以支付、购买实物产品或兑换其它企业的任何产品和服务。

(九)网络游戏运营企业应采取必要的措施和申诉处理程序措施保障用户的合法权益,并在企业向用户提供服务的网站上显著位置进行说明。

(十)用户在网络游戏虚拟货币的使用过程中出现纠纷的,应出示与所注册的身份信息相一致的个人有效身份证件。网络游戏运营企业在核实用户身份后,应提供虚拟货币充值和转移记录,按照申诉处理程序处理。用户合法权益受到侵害时,网络游戏运营企业应积极协助进行取证和协调解决。

(十一)网络游戏运营企业计划终止其产品和服务提供的,须提前60天予以公告。终止服务时,对于用户已经购买但尚未使用的虚拟货币,网络游戏运营企业必须以法定货币方式或用户接受的其它方式退还用户。网络游戏因停止服务接入、技术故障等网络游戏运营企业自身原因连续中断服务30天的,视为终止。

(十二)网络游戏运营企业不得变更网络游戏虚拟货币的单位购买价格,在新增虚拟货币发行种类时,需根据本通知第三条所列材料内容报文化行政部门备案。

(十三)网络游戏运营企业不支持网络游戏虚拟货币交易的,应采取技术措施禁止网络游戏虚拟货币在用户账户之间的转移功能。

(十四)网络游戏虚拟货币交易服务企业在提供网络游戏虚拟货币相关交易服务时,须规定出售方用户使用有效身份证件进行实名注册,并要求其绑定与实名注册信息一致的境内银行账户。网络游戏虚拟货币交易服务企业必须保留用户间的相关交易记录和账务记录,保

留期自交易行为发生之日起不少于180天。

(十五)网络游戏虚拟货币交易服务企业要建立违法交易责任追究制度和技术措施,严格甄别交易信息的真伪,禁止违法交易。在明知网络游戏虚拟货币为非法获取或接到举报并核实的,应及时删除虚假交易信息和终止提供交易服务。

(十六)网络游戏虚拟货币交易服务企业不得为未成年人提供交易服务。

(十七)网络游戏虚拟货币发行企业和交易服务企业应积极采取措施保护个人信息安全,在相关部门依法调查时,必须积极配合,并提供相关记录。

(十八)网络游戏运营企业提供用户间虚拟货币转移服务的,应采取技术措施保留转移记录,相关记录保存时间不少于180天。

三、加强市场监管,严厉打击利用虚拟货币从事赌博等违法犯罪行为

(十九)各地要按照公安部、文化部等部门《关于规范网络游戏经营秩序查禁利用网络游戏赌博的通知》(公通字〔2007〕3号)的要求,配合公安机关从严整治带有赌博色彩的网络游戏,严厉打击利用网络游戏虚拟货币从事赌博的违法犯罪行为。

(二十)网络游戏运营企业不得在用户直接投入现金或虚拟货币的前提下,采取抽签、押宝、随机抽取等偶然方式分配游戏道具或虚拟货币。

(二十一)网络游戏虚拟货币发行和交易服务企业应积极配合管理部门,采取技术手段打击"盗号"、"私服"、"外挂"等。

(二十二)对经文化部认定的网络游戏"私服"、"外挂"网站上提供网上支付服务的,由文化部通报中国人民银行。

四、加大执法力度,净化市场环境

(二十三)对未经许可,擅自从事网络游戏虚拟货币发行和交易服务的企业,由省级以上文化行政部门依据《互联网文化管理暂行规定》予以查处。

(二十四)对违反本通知要求的网络游戏虚拟货币发行和交易服务企业,由文化行政部门、商务主管部门通知其限期整改。逾期未整改的,由有关部门依法予以查处。

(二十五)建立网络游戏虚拟货币管理工作协调机制,加大对"盗号"、"私服"、"外挂"、非法获利、洗钱等违法行为的打击力度。各部门应定期沟通,协调配合,及时通报有关情况,在各自职责范围内做好网络游戏虚拟货币的管理工作。

（二十六）网络游戏运营企业所发行的网络游戏虚拟货币不得与游戏内道具名称重合。网络游戏内道具的管理规定由国务院文化行政部门会同有关部门另行制订。

特此通知。

新闻出版总署关于加强对进口网络游戏审批管理的通知

· 2009 年 7 月 1 日
· 新出厅字〔2009〕266 号

各省、自治区、直辖市新闻出版局，新疆生产建设兵团新闻出版局，解放军总政治部宣传新闻出版局，各游戏出版运营企业：

在党中央和国务院的正确领导下，网络游戏出版服务业经过多年的规范引导，取得了快速发展，总体情况是好的。但是，近一个时期也存在着一些不容忽视的问题：一些非法企业通过互联网大肆传播色情暴力等不良游戏作品；有的企业未经审批擅自出版运营进口网络游戏；有的境外机构打着技术输入的幌子，在相关展览、会议中大量推广、演示未经审批的境外游戏作品，造成不良社会影响；有的部门未经国务院授权，自设网络游戏前置审批和进口网络游戏审查，造成重复审批，干扰了正常的管理程序。为了进一步规范网络游戏出版服务的前置审批和对境外著作权人授权的网络游戏作品的审批和监督管理工作，规范与进口网络游戏相关的会展交易活动，现通知如下：

一、根据《国务院办公厅关于印发国家新闻出版总署（国家版权局）主要职责内设机构和人员编制规定的通知》（国办发〔2008〕90 号）（以下简称"三定方案"）的规定，新闻出版总署负责"对游戏出版物的网上出版发行进行前置审批"。任何企业在中国境内从事网络游戏出版运营服务，必须经新闻出版总署进行前置审批，取得具有网络游戏出版服务范围的互联网出版服务许可证。未经审批许可，擅自从事网络游戏出版运营服务的，一经发现，立即依法取缔。

二、根据国务院"三定方案"规定，新闻出版总署"负责对出版境外著作权人授权的互联网游戏作品进行审批"。任何境外著作权人授权的进口网络游戏作品，未经新闻出版总署审查批准，一律不得在境内提供出版运营服务。违者将依法予以取缔，停止运营。

三、新闻出版总署是惟一经国务院授权负责境外著作权人授权的进口网络游戏的审批部门，如发现有其他部门越权进行前置审查审批，违法行政，有关企业可依法向国务院监督部门举报或提起行政诉讼。

四、在境内举办各种游戏的会展交易节庆活动中，凡涉及境外游戏作品的展示、演示、交易、推广等内容的，必须按进口网络游戏审批规定，事先报新闻出版总署审查批准。违者将依法予以取缔，并追究主办、承办单位和相关企业的责任。

五、有关报纸、杂志及网络媒体，不得为上述违规行为和活动进行报道和宣传，同时要发挥舆论监督作用。

六、各地新闻出版行政部门要加强管理和监督，应根据本《通知》要求，对本地区相关企业和活动进行一次集中清理。对违反国家相关法律法规的行为，要坚决查处纠正，确保网络游戏出版服务业健康有序发展。

国家新闻出版署关于实施网络游戏精品出版工程的通知

· 2023 年 9 月 28 日
· 国新出发函〔2023〕230 号

各省、自治区、直辖市和新疆生产建设兵团新闻出版局：

为加强网络游戏正向引领，推动网络游戏弘扬真善美、传播正能量，促进游戏产业健康有序发展，国家新闻出版署决定组织实施网络游戏精品出版工程。现就有关事项通知如下。

一、总体要求

以习近平新时代中国特色社会主义思想为指导，深入学习贯彻党的二十大精神，坚持以人民为中心，坚持把社会效益放在首位，坚持精品化发展方向，发挥优秀作品引领示范作用，加强组织规划引导，推选一批价值导向正确、富有文化内涵、寓教于乐的网络游戏精品，让正能量成为网络游戏发展主基调。

二、重点方向

1. 传播社会主义核心价值观。以社会主义核心价值观为引领，把正确价值取向融入游戏主线剧情和玩法规则，弘扬真善美、贬斥假恶丑，抵制泛娱乐化等不良倾向，反对拜金主义、享乐主义、极端个人主义等畸形价值观。弘扬爱国主义、集体主义、社会主义精神，推出一批青少年题材游戏作品，注重道德养成、人格塑造、思维训练，传递向上向善的价值观，培养阳光刚健的审美取向，塑造可亲可敬的英雄形象。聚焦游戏本质，匡正算法规则，摒弃"氪金""氪肝"，以有爱有益有趣的玩法和故事，愉悦身心、温润心灵、启智增慧。

2. 传承中华优秀传统文化。着眼弘扬中华文化、提升文化内涵，推出一批传统文化题材游戏作品，生动诠释中华历史人文故事，深入挖掘中华优秀传统文化蕴含的思想观念、人文精神，增强文化自信和爱国情怀。围绕展现中华文化精神、体现中华审美风范，打造具有鲜明中国风格的优秀游戏作品。围绕普及推广传统文化知识，推出一批知识性趣味性俱佳的游戏作品，融入呈现传统节日、诗词曲艺、书法篆刻等传统文化元素，充分发挥以文化人的作用。

3. 展现新时代发展成就和风貌。着眼书写新时代、讴歌新时代，推出一批反映新时代发展成就的游戏作品，以场景嵌入、动画演示、建模推演等形式，综合运用光、电、声、影等手段，让人们在沉浸式体验中感知"发展中国""活力中国""绿色中国""大美中国"。围绕广大人民群众建功创业的火热实践，以普通人特别是年轻人视角，展现追梦圆梦的时代风貌，大力弘扬劳动精神、奋斗精神、奉献精神、创造精神、勤俭节约精神。围绕体育强国、健康中国建设，聚焦重大体育赛事活动，推出一批体育模拟类游戏作品，弘扬拼搏奋斗的体育精神，推广全民健身理念。围绕大力推进生态文明建设、加强生态环境保护的生动实践，推出一批环保题材游戏作品，展现天更蓝、山更绿、水更清的美丽中国。

4. 促进科技创新和新技术应用。跟进区块链、人工智能、5G 等方面最新技术，聚焦虚拟现实、感知交互、游戏引擎、动作捕捉、情景渲染等新一代信息技术前沿方向，推出一批在关键技术研发方面具有原创性、引领性、突破性的游戏作品。围绕传播科学知识、弘扬科学精神，推出一批科普科幻题材游戏作品，助力科技攻关，普及科技成果，培养科学思维，激发想象力创造力。充分挖掘游戏在飞行模拟、技能训练、心理治疗、教学拓展、软件编程、行为调整等方面作用，推出一批具有探索意义和实践价值的功能游戏作品。

5. 具有国际市场潜力。秉持构建人类命运共同体理念，体现融通中外的共同价值追求，构筑和平发展、合作共赢的游戏世界观，讲好文明交流互鉴、共生共存的故事，展现中华文明对人类文明的积极贡献，增进情感共鸣和价值认同。对标国际一流，推出一批在创作理念、玩法设计、美术音画等方面代表国际领先水平的游戏作品。已在国际上取得较大影响的游戏作品，以产品迭代和系列续作等方式，更好融入中华文明的精神标识和文化精髓，进一步提升文化含量、打造文化品牌，展现中华文化独特魅力。

三、工作要求

1. 加强组织规划。各地出版主管部门要增强责任感使命感，加强组织统筹，主动设置议题，有效调配资源，指导推动属地游戏企业做好相关工作。要围绕本通知确定的重点方向，结合工作实际和优势资源，采取自上而下和自下而上相结合的方式，进一步明确工作目标和方向，精心策划推进重点作品创作生产。

2. 注重基调格调。严格落实出版管理各项规定，牢牢把握正确方向，加强选题论证、内容把关，确保内容导向正确、基调格调健康向上。切实做好游戏防沉迷设置，有效接入国家新闻出版署网络游戏防沉迷实名验证系统，避免过度消费的游戏设定。涉及重大历史题材和现实题材的，要认真组织专家论证把关。

3. 突出质量标准。坚持质量第一，强化精品意识，做好创意研发、选题策划和生产制作，不断提升游戏作品的思想深度、文化内涵、艺术价值，打造一流的游戏表现和用户体验。坚持创新创造，积极运用新技术新手段，不断提升游戏内容的表现力吸引力。严格审校制度，规范使用语言文字，避免出现知识性常识性错误，游戏作品完成度须达到 90%以上。参选作品须由我国游戏企业自主研发，在同类作品中具有代表性创新性。

4. 精心打磨提升。坚持精修细磨、精益求精，加强专业指导，组织专家论证，全面提升网络游戏精品出版工程入选游戏作品质量水平。入选游戏作品应严格按照专家意见修改完善，修改到位前不得上线运营。各地出版主管部门申报游戏作品前，应组织专家论证把关，并提交专家评审论证意见。

5. 加强动态管理。各地出版主管部门须及时报告网络游戏精品出版工程入选游戏作品重要内容更新和版本变更情况，未经允许不得更改。持续跟踪作品上线后的反映效果，加强日常巡查，发现问题和舆情及时报告处理。国家新闻出版署将建立动态调整机制，对存在擅自增加内容、发布不良信息以及其他违规行为的网络游戏作品，取消入选资格并视情予以处罚。

四、申报事项

各地出版主管部门根据工作要求，做好参选游戏作品的审核、筛选和统一报送工作。严格按照《网络游戏精品出版工程申报说明》要求，如实规范填写参选游戏作品的申报材料。国家新闻出版署将按照严格标准、优中选优、成熟一批启动一批的原则，组织开展专家评审论证，并对入选游戏作品予以激励扶持。

附件：1. 网络游戏精品出版工程申报说明（略）

2. 网络游戏精品出版工程推荐表（略）

（六）文化市场监督执法

中华人民共和国行政处罚法

· 1996年3月17日第八届全国人民代表大会第四次会议通过
· 根据2009年8月27日第十一届全国人民代表大会常务委员会第十次会议《关于修改部分法律的决定》第一次修正
· 根据2017年9月1日第十二届全国人民代表大会常务委员会第二十九次会议《关于修改〈中华人民共和国法官法〉等八部法律的决定》第二次修正
· 2021年1月22日第十三届全国人民代表大会常务委员会第二十五次会议修订
· 2021年1月22日中华人民共和国主席令第70号公布
· 自2021年7月15日起施行

第一章　总　则

第一条　【立法目的】为了规范行政处罚的设定和实施，保障和监督行政机关有效实施行政管理，维护公共利益和社会秩序，保护公民、法人或者其他组织的合法权益，根据宪法，制定本法。

第二条　【行政处罚的定义】行政处罚是指行政机关依法对违反行政管理秩序的公民、法人或者其他组织，以减损权益或者增加义务的方式予以惩戒的行为。

第三条　【适用范围】行政处罚的设定和实施，适用本法。

第四条　【适用对象】公民、法人或者其他组织违反行政管理秩序的行为，应当给予行政处罚的，依照本法由法律、法规、规章规定，并由行政机关依照本法规定的程序实施。

第五条　【适用原则】行政处罚遵循公正、公开的原则。

设定和实施行政处罚必须以事实为依据，与违法行为的事实、性质、情节以及社会危害程度相当。

对违法行为给予行政处罚的规定必须公布；未经公布的，不得作为行政处罚的依据。

第六条　【适用目的】实施行政处罚，纠正违法行为，应当坚持处罚与教育相结合，教育公民、法人或者其他组织自觉守法。

第七条　【被处罚者权利】公民、法人或者其他组织对行政机关所给予的行政处罚，享有陈述权、申辩权；对行政处罚不服的，有权依法申请行政复议或者提起行政诉讼。

公民、法人或者其他组织因行政机关违法给予行政处罚受到损害的，有权依法提出赔偿要求。

第八条　【被处罚者承担的其他法律责任】公民、法人或者其他组织因违法行为受到行政处罚，其违法行为对他人造成损害的，应当依法承担民事责任。

违法行为构成犯罪，应当依法追究刑事责任的，不得以行政处罚代替刑事处罚。

第二章　行政处罚的种类和设定

第九条　【处罚的种类】行政处罚的种类：

（一）警告、通报批评；

（二）罚款、没收违法所得、没收非法财物；

（三）暂扣许可证件、降低资质等级、吊销许可证件；

（四）限制开展生产经营活动、责令停产停业、责令关闭、限制从业；

（五）行政拘留；

（六）法律、行政法规规定的其他行政处罚。

第十条　【法律对处罚的设定】法律可以设定各种行政处罚。

限制人身自由的行政处罚，只能由法律设定。

第十一条　【行政法规对处罚的设定】行政法规可以设定除限制人身自由以外的行政处罚。

法律对违法行为已经作出行政处罚规定，行政法规需要作出具体规定的，必须在法律规定的给予行政处罚的行为、种类和幅度的范围内规定。

法律对违法行为未作出行政处罚规定，行政法规为实施法律，可以补充设定行政处罚。拟补充设定行政处罚的，应当通过听证会、论证会等形式广泛听取意见，并向制定机关作出书面说明。行政法规报送备案时，应当说明补充设定行政处罚的情况。

第十二条　【地方性法规对处罚的设定】地方性法规可以设定除限制人身自由、吊销营业执照以外的行政处罚。

法律、行政法规对违法行为已经作出行政处罚规定，地方性法规需要作出具体规定的，必须在法律、行政法规规定的给予行政处罚的行为、种类和幅度的范围内规定。

法律、行政法规对违法行为未作出行政处罚规定，地方性法规为实施法律、行政法规，可以补充设定行政处罚。拟补充设定行政处罚的，应当通过听证会、论证会等形式广泛听取意见，并向制定机关作出书面说明。地方性法规报送备案时，应当说明补充设定行政处罚的情况。

第十三条　【国务院部门规章对处罚的设定】国务院部门规章可以在法律、行政法规规定的给予行政处罚的行为、种类和幅度的范围内作出具体规定。

尚未制定法律、行政法规的,国务院部门规章对违反行政管理秩序的行为,可以设定警告、通报批评或者一定数额罚款的行政处罚。罚款的限额由国务院规定。

第十四条 【**地方政府规章对处罚的设定**】地方政府规章可以在法律、法规规定的给予行政处罚的行为、种类和幅度的范围内作出具体规定。

尚未制定法律、法规的,地方政府规章对违反行政管理秩序的行为,可以设定警告、通报批评或者一定数额罚款的行政处罚。罚款的限额由省、自治区、直辖市人民代表大会常务委员会规定。

第十五条 【**对行政处罚定期评估**】国务院部门和省、自治区、直辖市人民政府及其有关部门应当定期组织评估行政处罚的实施情况和必要性,对不适当的行政处罚事项及种类、罚款数额等,应当提出修改或者废止的建议。

第十六条 【**其他规范性文件不得设定处罚**】除法律、法规、规章外,其他规范性文件不得设定行政处罚。

第三章 行政处罚的实施机关

第十七条 【**处罚的实施**】行政处罚由具有行政处罚权的行政机关在法定职权范围内实施。

第十八条 【**处罚的权限**】国家在城市管理、市场监管、生态环境、文化市场、交通运输、应急管理、农业等领域推行建立综合行政执法制度,相对集中行政处罚权。

国务院或者省、自治区、直辖市人民政府可以决定一个行政机关行使有关行政机关的行政处罚权。

限制人身自由的行政处罚权只能由公安机关和法律规定的其他机关行使。

第十九条 【**授权实施处罚**】法律、法规授权的具有管理公共事务职能的组织可以在法定授权范围内实施行政处罚。

第二十条 【**委托实施处罚**】行政机关依照法律、法规、规章的规定,可以在其法定权限内书面委托符合本法第二十一条规定条件的组织实施行政处罚。行政机关不得委托其他组织或者个人实施行政处罚。

委托书应当载明委托的具体事项、权限、期限等内容。委托行政机关和受委托组织应当将委托书向社会公布。

委托行政机关对受委托组织实施行政处罚的行为应当负责监督,并对该行为的后果承担法律责任。

受委托组织在委托范围内,以委托行政机关名义实施行政处罚;不得再委托其他组织或者个人实施行政处罚。

第二十一条 【**受托组织的条件**】受委托组织必须符合以下条件:

(一)依法成立并具有管理公共事务职能;

(二)有熟悉有关法律、法规、规章和业务并取得行政执法资格的工作人员;

(三)需要进行技术检查或者技术鉴定的,应当有条件组织进行相应的技术检查或者技术鉴定。

第四章 行政处罚的管辖和适用

第二十二条 【**地域管辖**】行政处罚由违法行为发生地的行政机关管辖。法律、行政法规、部门规章另有规定的,从其规定。

第二十三条 【**级别管辖**】行政处罚由县级以上地方人民政府具有行政处罚权的行政机关管辖。法律、行政法规另有规定的,从其规定。

第二十四条 【**行政处罚权的承接**】省、自治区、直辖市根据当地实际情况,可以决定将基层管理迫切需要的县级人民政府部门的行政处罚权交由能够有效承接的乡镇人民政府、街道办事处行使,并定期组织评估。决定应当公布。

承接行政处罚权的乡镇人民政府、街道办事处应当加强执法能力建设,按照规定范围、依照法定程序实施行政处罚。

有关地方人民政府及其部门应当加强组织协调、业务指导、执法监督,建立健全行政处罚协调配合机制,完善评议、考核制度。

第二十五条 【**共同管辖及指定管辖**】两个以上行政机关都有管辖权的,由最先立案的行政机关管辖。

对管辖发生争议的,应当协商解决,协商不成的,报请共同的上一级行政机关指定管辖;也可以直接由共同的上一级行政机关指定管辖。

第二十六条 【**行政协助**】行政机关因实施行政处罚的需要,可以向有关机关提出协助请求。协助事项属于被请求机关职权范围内的,应当依法予以协助。

第二十七条 【**刑事责任优先**】违法行为涉嫌犯罪的,行政机关应当及时将案件移送司法机关,依法追究刑事责任。对依法不需要追究刑事责任或者免予刑事处罚,但应当给予行政处罚的,司法机关应当及时将案件移送有关行政机关。

行政处罚实施机关与司法机关之间应当加强协调配合,建立健全案件移送制度,加强证据材料移交、接收衔接,完善案件处理信息通报机制。

第二十八条 【**责令改正与责令退赔**】行政机关实

施行政处罚时,应当责令当事人改正或者限期改正违法行为。

当事人有违法所得,除依法应当退赔的外,应当予以没收。违法所得是指实施违法行为所取得的款项。法律、行政法规、部门规章对违法所得的计算另有规定的,从其规定。

第二十九条　【一事不二罚】对当事人的同一个违法行为,不得给予两次以上罚款的行政处罚。同一个违法行为违反多个法律规范应当给予罚款处罚的,按照罚款数额高的规定处罚。

第三十条　【未成年人处罚的限制】不满十四周岁的未成年人有违法行为的,不予行政处罚,责令监护人加以管教;已满十四周岁不满十八周岁的未成年人有违法行为的,应当从轻或者减轻行政处罚。

第三十一条　【精神病人及限制性精神病人处罚的限制】精神病人、智力残疾人在不能辨认或者不能控制自己行为时有违法行为的,不予行政处罚,但应当责令其监护人严加看管和治疗。间歇性精神病人在精神正常时有违法行为的,应当给予行政处罚。尚未完全丧失辨认或者控制自己行为能力的精神病人、智力残疾人有违法行为的,可以从轻或者减轻行政处罚。

第三十二条　【从轻、减轻处罚的情形】当事人有下列情形之一,应当从轻或者减轻行政处罚:

(一)主动消除或者减轻违法行为危害后果的;

(二)受他人胁迫或者诱骗实施违法行为的;

(三)主动供述行政机关尚未掌握的违法行为的;

(四)配合行政机关查处违法行为有立功表现的;

(五)法律、法规、规章规定其他应当从轻或者减轻行政处罚的。

第三十三条　【不予行政处罚的条件】违法行为轻微并及时改正,没有造成危害后果的,不予行政处罚。初次违法且危害后果轻微并及时改正的,可以不予行政处罚。

当事人有证据足以证明没有主观过错的,不予行政处罚。法律、行政法规另有规定的,从其规定。

对当事人的违法行为依法不予行政处罚的,行政机关应当对当事人进行教育。

第三十四条　【行政处罚裁量基准】行政机关可以依法制定行政处罚裁量基准,规范行使行政处罚裁量权。行政处罚裁量基准应当向社会公布。

第三十五条　【刑罚的折抵】违法行为构成犯罪,人民法院判处拘役或者有期徒刑时,行政机关已经给予当事人行政拘留的,应当依法折抵相应刑期。

违法行为构成犯罪,人民法院判处罚金时,行政机关已经给予当事人罚款的,应当折抵相应罚金;行政机关尚未给予当事人罚款的,不再给予罚款。

第三十六条　【处罚的时效】违法行为在二年内未被发现的,不再给予行政处罚;涉及公民生命健康安全、金融安全且有危害后果的,上述期限延长至五年。法律另有规定的除外。

前款规定的期限,从违法行为发生之日起计算;违法行为有连续或者继续状态的,从行为终了之日起计算。

第三十七条　【法不溯及既往】实施行政处罚,适用违法行为发生时的法律、法规、规章的规定。但是,作出行政处罚决定时,法律、法规、规章已被修改或者废止,且新的规定处罚较轻或者不认为是违法的,适用新的规定。

第三十八条　【行政处罚无效】行政处罚没有依据或者实施主体不具有行政主体资格的,行政处罚无效。

违反法定程序构成重大且明显违法的,行政处罚无效。

第五章　行政处罚的决定
第一节　一般规定

第三十九条　【信息公示】行政处罚的实施机关、立案依据、实施程序和救济渠道等信息应当公示。

第四十条　【处罚的前提】公民、法人或者其他组织违反行政管理秩序的行为,依法应当给予行政处罚的,行政机关必须查明事实;违法事实不清、证据不足的,不得给予行政处罚。

第四十一条　【信息化手段的运用】行政机关依照法律、行政法规规定利用电子技术监控设备收集、固定违法事实的,应当经过法制和技术审核,确保电子技术监控设备符合标准、设置合理、标志明显,设置地点应当向社会公布。

电子技术监控设备记录违法事实应当真实、清晰、完整、准确。行政机关应当审核记录内容是否符合要求;未经审核或者经审核不符合要求的,不得作为行政处罚的证据。

行政机关应当及时告知当事人违法事实,并采取信息化手段或者其他措施,为当事人查询、陈述和申辩提供便利。不得限制或者变相限制当事人享有的陈述权、申辩权。

第四十二条　【执法人员要求】行政处罚应当由具有行政执法资格的执法人员实施。执法人员不得少于两人,法律另有规定的除外。

执法人员应当文明执法,尊重和保护当事人合法权益。

第四十三条　【回避】执法人员与案件有直接利害关系或者有其他关系可能影响公正执法的,应当回避。

当事人认为执法人员与案件有直接利害关系或者有其他关系可能影响公正执法的,有权申请回避。

当事人提出回避申请的,行政机关应当依法审查,由行政机关负责人决定。决定作出之前,不停止调查。

第四十四条　【告知义务】行政机关在作出行政处罚决定之前,应当告知当事人拟作出的行政处罚内容及事实、理由、依据,并告知当事人依法享有的陈述、申辩、要求听证等权利。

第四十五条　【当事人的陈述权和申辩权】当事人有权进行陈述和申辩。行政机关必须充分听取当事人的意见,对当事人提出的事实、理由和证据,应当进行复核;当事人提出的事实、理由或者证据成立的,行政机关应当采纳。

行政机关不得因当事人陈述、申辩而给予更重的处罚。

第四十六条　【证据】证据包括:

(一)书证;

(二)物证;

(三)视听资料;

(四)电子数据;

(五)证人证言;

(六)当事人的陈述;

(七)鉴定意见;

(八)勘验笔录、现场笔录。

证据必须经查证属实,方可作为认定案件事实的根据。

以非法手段取得的证据,不得作为认定案件事实的根据。

第四十七条　【执法全过程记录制度】行政机关应当依法以文字、音像等形式,对行政处罚的启动、调查取证、审核、决定、送达、执行等进行全过程记录,归档保存。

第四十八条　【行政处罚决定公示制度】具有一定社会影响的行政处罚决定应当依法公开。

公开的行政处罚决定被依法变更、撤销、确认违法或者确认无效的,行政机关应当在三日内撤回行政处罚决定信息并公开说明理由。

第四十九条　【应急处罚】发生重大传染病疫情等突发事件,为了控制、减轻和消除突发事件引起的社会危害,行政机关对违反突发事件应对措施的行为,依法快速、从重处罚。

第五十条　【保密义务】行政机关及其工作人员对实施行政处罚过程中知悉的国家秘密、商业秘密或者个人隐私,应当依法予以保密。

第二节　简易程序

第五十一条　【当场处罚的情形】违法事实确凿并有法定依据,对公民处以二百元以下、对法人或者其他组织处以三千元以下罚款或者警告的行政处罚的,可以当场作出行政处罚决定。法律另有规定的,从其规定。

第五十二条　【当场处罚的程序】执法人员当场作出行政处罚决定的,应当向当事人出示执法证件,填写预定格式、编有号码的行政处罚决定书,并当场交付当事人。当事人拒绝签收的,应当在行政处罚决定书上注明。

前款规定的行政处罚决定书应当载明当事人的违法行为,行政处罚的种类和依据、罚款数额、时间、地点,申请行政复议、提起行政诉讼的途径和期限以及行政机关名称,并由执法人员签名或者盖章。

执法人员当场作出的行政处罚决定,应当报所属行政机关备案。

第五十三条　【当场处罚的履行】对当场作出的行政处罚决定,当事人应当依照本法第六十七条至第六十九条的规定履行。

第三节　普通程序

第五十四条　【调查取证与立案】除本法第五十一条规定的可以当场作出的行政处罚外,行政机关发现公民、法人或者其他组织有依法应当给予行政处罚的行为的,必须全面、客观、公正地调查,收集有关证据;必要时,依照法律、法规的规定,可以进行检查。

符合立案标准的,行政机关应当及时立案。

第五十五条　【出示证件与协助调查】执法人员在调查或者进行检查时,应当主动向当事人或者有关人员出示执法证件。当事人或者有关人员有权要求执法人员出示执法证件。执法人员不出示执法证件的,当事人或者有关人员有权拒绝接受调查或者检查。

当事人或者有关人员应当如实回答询问,并协助调查或者检查,不得拒绝或者阻挠。询问或者检查应当制作笔录。

第五十六条　【证据的收集原则】行政机关在收集证据时,可以采取抽样取证的方法;在证据可能灭失或者以后难以取得的情况下,经行政机关负责人批准,可以先行登记保存,并应当在七日内及时作出处理决定,在此期间,当事人或者有关人员不得销毁或者转移证据。

第五十七条　【处罚决定】调查终结,行政机关负责人应当对调查结果进行审查,根据不同情况,分别作出如下决定:

(一)确有应受行政处罚的违法行为的,根据情节轻重及具体情况,作出行政处罚决定;

(二)违法行为轻微,依法可以不予行政处罚的,不予行政处罚;

(三)违法事实不能成立的,不予行政处罚;

(四)违法行为涉嫌犯罪的,移送司法机关。

对情节复杂或者重大违法行为给予行政处罚,行政机关负责人应当集体讨论决定。

第五十八条　【法制审核】有下列情形之一,在行政机关负责人作出行政处罚的决定之前,应当由从事行政处罚决定法制审核的人员进行法制审核;未经法制审核或者审核未通过的,不得作出决定:

(一)涉及重大公共利益的;

(二)直接关系当事人或者第三人重大权益,经过听证程序的;

(三)案件情况疑难复杂、涉及多个法律关系的;

(四)法律、法规规定应当进行法制审核的其他情形。

行政机关中初次从事行政处罚决定法制审核的人员,应当通过国家统一法律职业资格考试取得法律职业资格。

第五十九条　【行政处罚决定书的内容】行政机关依照本法第五十七条的规定给予行政处罚,应当制作行政处罚决定书。行政处罚决定书应当载明下列事项:

(一)当事人的姓名或者名称、地址;

(二)违反法律、法规、规章的事实和证据;

(三)行政处罚的种类和依据;

(四)行政处罚的履行方式和期限;

(五)申请行政复议、提起行政诉讼的途径和期限;

(六)作出行政处罚决定的行政机关名称和作出决定的日期。

行政处罚决定书必须盖有作出行政处罚决定的行政机关的印章。

第六十条　【决定期限】行政机关应当自行政处罚案件立案之日起九十日内作出行政处罚决定。法律、法规、规章另有规定的,从其规定。

第六十一条　【送达】行政处罚决定书应当在宣告后当场交付当事人;当事人不在场的,行政机关应当在七日内依照《中华人民共和国民事诉讼法》的有关规定,将行政处罚决定书送达当事人。

当事人同意并签订确认书的,行政机关可以采用传真、电子邮件等方式,将行政处罚决定书等送达当事人。

第六十二条　【处罚的成立条件】行政机关及其执法人员在作出行政处罚决定之前,未依照本法第四十四条、第四十五条的规定向当事人告知拟作出的行政处罚内容及事实、理由、依据,或者拒绝听取当事人的陈述、申辩,不得作出行政处罚决定;当事人明确放弃陈述或者申辩权利的除外。

第四节　听证程序

第六十三条　【听证权】行政机关拟作出下列行政处罚决定,应当告知当事人有要求听证的权利,当事人要求听证的,行政机关应当组织听证:

(一)较大数额罚款;

(二)没收较大数额违法所得、没收较大价值非法财物;

(三)降低资质等级、吊销许可证件;

(四)责令停产停业、责令关闭、限制从业;

(五)其他较重的行政处罚;

(六)法律、法规、规章规定的其他情形。

当事人不承担行政机关组织听证的费用。

第六十四条　【听证程序】听证应当依照以下程序组织:

(一)当事人要求听证的,应当在行政机关告知后五日内提出;

(二)行政机关应当在举行听证的七日前,通知当事人及有关人员听证的时间、地点;

(三)除涉及国家秘密、商业秘密或者个人隐私依法予以保密外,听证公开举行;

(四)听证由行政机关指定的非本案调查人员主持;当事人认为主持人与本案有直接利害关系的,有权申请回避;

(五)当事人可以亲自参加听证,也可以委托一至二人代理;

(六)当事人及其代理人无正当理由拒不出席听证或者未经许可中途退出听证的,视为放弃听证权利,行政机关终止听证;

(七)举行听证时,调查人员提出当事人违法的事实、证据和行政处罚建议,当事人进行申辩和质证;

（八）听证应当制作笔录。笔录应当交当事人或者其代理人核对无误后签字或者盖章。当事人或者其代理人拒绝签字或者盖章的，由听证主持人在笔录中注明。

第六十五条　【听证笔录】听证结束后，行政机关应当根据听证笔录，依照本法第五十七条的规定，作出决定。

第六章　行政处罚的执行

第六十六条　【履行义务及分期履行】行政处罚决定依法作出后，当事人应当在行政处罚决定书载明的期限内，予以履行。

当事人确有经济困难，需要延期或者分期缴纳罚款的，经当事人申请和行政机关批准，可以暂缓或者分期缴纳。

第六十七条　【罚缴分离原则】作出罚款决定的行政机关应当与收缴罚款的机构分离。

除依照本法第六十八条、第六十九条的规定当场收缴的罚款外，作出行政处罚决定的行政机关及其执法人员不得自行收缴罚款。

当事人应当自收到行政处罚决定书之日起十五日内，到指定的银行或者通过电子支付系统缴纳罚款。银行应当收受罚款，并将罚款直接上缴国库。

第六十八条　【当场收缴罚款范围】依照本法第五十一条的规定当场作出行政处罚决定，有下列情形之一，执法人员可以当场收缴罚款：

（一）依法给予一百元以下罚款的；

（二）不当场收缴事后难以执行的。

第六十九条　【边远地区当场收缴罚款】在边远、水上、交通不便地区，行政机关及其执法人员依照本法第五十一条、第五十七条的规定作出罚款决定后，当事人到指定的银行或者通过电子支付系统缴纳罚款确有困难，经当事人提出，行政机关及其执法人员可以当场收缴罚款。

第七十条　【罚款票据】行政机关及其执法人员当场收缴罚款的，必须向当事人出具国务院财政部门或者省、自治区、直辖市人民政府财政部门统一制发的专用票据；不出具财政部门统一制发的专用票据的，当事人有权拒绝缴纳罚款。

第七十一条　【罚款交纳期】执法人员当场收缴的罚款，应当自收缴罚款之日起二日内，交至行政机关；在水上当场收缴的罚款，应当自抵岸之日起二日内交至行政机关；行政机关应当在二日内将罚款缴付指定的银行。

第七十二条　【执行措施】当事人逾期不履行行政处罚决定的，作出行政处罚决定的行政机关可以采取下列措施：

（一）到期不缴纳罚款的，每日按罚款数额的百分之三加处罚款，加处罚款的数额不得超出罚款的数额；

（二）根据法律规定，将查封、扣押的财物拍卖、依法处理或者将冻结的存款、汇款划拨抵缴罚款；

（三）根据法律规定，采取其他行政强制执行方式；

（四）依照《中华人民共和国行政强制法》的规定申请人民法院强制执行。

行政机关批准延期、分期缴纳罚款的，申请人民法院强制执行的期限，自暂缓或者分期缴纳罚款期限结束之日起计算。

第七十三条　【不停止执行及暂缓执行】当事人对行政处罚决定不服，申请行政复议或者提起行政诉讼的，行政处罚不停止执行，法律另有规定的除外。

当事人对限制人身自由的行政处罚决定不服，申请行政复议或者提起行政诉讼的，可以向作出决定的机关提出暂缓执行申请。符合法律规定情形的，应当暂缓执行。

当事人申请行政复议或者提起行政诉讼的，加处罚款的数额在行政复议或者行政诉讼期间不予计算。

第七十四条　【没收的非法财物的处理】除依法应当予以销毁的物品外，依法没收的非法财物必须按照国家规定公开拍卖或者按照国家有关规定处理。

罚款、没收的违法所得或者没收非法财物拍卖的款项，必须全部上缴国库，任何行政机关或者个人不得以任何形式截留、私分或者变相私分。

罚款、没收的违法所得或者没收非法财物拍卖的款项，不得同作出行政处罚决定的行政机关及其工作人员的考核、考评直接或者变相挂钩。除依法应当退还、退赔的外，财政部门不得以任何形式向作出行政处罚决定的行政机关返还罚款、没收的违法所得或者没收非法财物拍卖的款项。

第七十五条　【监督检查】行政机关应当建立健全对行政处罚的监督制度。县级以上人民政府应当定期组织开展行政执法评议、考核，加强对行政处罚的监督检查，规范和保障行政处罚的实施。

行政机关实施行政处罚应当接受社会监督。公民、法人或者其他组织对行政机关实施行政处罚的行为，有权申诉或者检举；行政机关应当认真审查，发现有错误的，应当主动改正。

第七章　法律责任

第七十六条　【上级行政机关的监督】行政机关实施行政处罚，有下列情形之一，由上级行政机关或者有关

机关责令改正,对直接负责的主管人员和其他直接责任人员依法给予处分:

(一)没有法定的行政处罚依据的;

(二)擅自改变行政处罚种类、幅度的;

(三)违反法定的行政处罚程序的;

(四)违反本法第二十条关于委托处罚的规定的;

(五)执法人员未取得执法证件的。

行政机关对符合立案标准的案件不及时立案的,依照前款规定予以处理。

第七十七条 【当事人的拒绝处罚权及检举权】行政机关对当事人进行处罚不使用罚款、没收财物单据或者使用非法定部门制发的罚款、没收财物单据的,当事人有权拒绝,并有权予以检举,由上级行政机关或者有关机关对使用的非法单据予以收缴销毁,对直接负责的主管人员和其他直接责任人员依法给予处分。

第七十八条 【自行收缴罚款的处理】行政机关违反本法第六十七条的规定自行收缴罚款的,财政部门违反本法第七十四条的规定向行政机关返还罚款、没收的违法所得或者拍卖款项的,由上级行政机关或者有关机关责令改正,对直接负责的主管人员和其他直接责任人员依法给予处分。

第七十九条 【私分罚没财物的处理】行政机关截留、私分或者变相私分罚款、没收的违法所得或者财物的,由财政部门或者有关机关予以追缴,对直接负责的主管人员和其他直接责任人员依法给予处分;情节严重构成犯罪的,依法追究刑事责任。

执法人员利用职务上的便利,索取或者收受他人财物、将收缴罚款据为己有,构成犯罪的,依法追究刑事责任;情节轻微不构成犯罪的,依法给予处分。

第八十条 【行政机关的赔偿责任及对有关人员的处理】行政机关使用或者损毁查封、扣押的财物,对当事人造成损失的,应当依法予以赔偿,对直接负责的主管人员和其他直接责任人员依法给予处分。

第八十一条 【违法实行检查或执行措施的赔偿责任】行政机关违法实施检查措施或者执行措施,给公民人身或者财产造成损害、给法人或者其他组织造成损失的,应当依法予以赔偿,对直接负责的主管人员和其他直接责任人员依法给予处分;情节严重构成犯罪的,依法追究刑事责任。

第八十二条 【以行代刑的责任】行政机关对应当依法移交司法机关追究刑事责任的案件不移交,以行政处罚代替刑事处罚,由上级行政机关或者有关机关责令

改正,对直接负责的主管人员和其他直接责任人员依法给予处分;情节严重构成犯罪的,依法追究刑事责任。

第八十三条 【失职责任】行政机关对应当予以制止和处罚的违法行为不予制止、处罚,致使公民、法人或者其他组织的合法权益、公共利益和社会秩序遭受损害的,对直接负责的主管人员和其他直接责任人员依法给予处分;情节严重构成犯罪的,依法追究刑事责任。

第八章 附 则

第八十四条 【属地原则】外国人、无国籍人、外国组织在中华人民共和国领域内有违法行为,应当给予行政处罚的,适用本法,法律另有规定的除外。

第八十五条 【工作日】本法中"二日""三日""五日""七日"的规定是指工作日,不含法定节假日。

第八十六条 【施行日期】本法自 2021 年 7 月 15 日起施行。

中华人民共和国行政强制法

· 2011 年 6 月 30 日第十一届全国人民代表大会常务委员会第二十一次会议通过

· 2011 年 6 月 30 日中华人民共和国主席令第 49 号公布

· 自 2012 年 1 月 1 日起施行

第一章 总 则

第一条 【立法目的】为了规范行政强制的设定和实施,保障和监督行政机关依法履行职责,维护公共利益和社会秩序,保护公民、法人和其他组织的合法权益,根据宪法,制定本法。

第二条 【行政强制的定义】本法所称行政强制,包括行政强制措施和行政强制执行。

行政强制措施,是指行政机关在行政管理过程中,为制止违法行为、防止证据损毁、避免危害发生、控制危险扩大等情形,依法对公民的人身自由实施暂时性限制,或者对公民、法人或者其他组织的财物实施暂时性控制的行为。

行政强制执行,是指行政机关或者行政机关申请人民法院,对不履行行政决定的公民、法人或者其他组织,依法强制履行义务的行为。

第三条 【适用范围】行政强制的设定和实施,适用本法。

发生或者即将发生自然灾害、事故灾难、公共卫生事件或者社会安全事件等突发事件,行政机关采取应急措施或者临时措施,依照有关法律、行政法规的规定执行。

行政机关采取金融业审慎监管措施、进出境货物强制性技术监控措施，依照有关法律、行政法规的规定执行。

第四条　【合法性原则】行政强制的设定和实施，应当依照法定的权限、范围、条件和程序。

第五条　【适当原则】行政强制的设定和实施，应当适当。采用非强制手段可以达到行政管理目的的，不得设定和实施行政强制。

第六条　【教育与强制相结合原则】实施行政强制，应当坚持教育与强制相结合。

第七条　【不得利用行政强制谋利】行政机关及其工作人员不得利用行政强制权为单位或者个人谋取利益。

第八条　【相对人的权利与救济】公民、法人或者其他组织对行政机关实施行政强制，享有陈述权、申辩权；有权依法申请行政复议或者提起行政诉讼；因行政机关违法实施行政强制受到损害的，有权依法要求赔偿。

公民、法人或者其他组织因人民法院在强制执行中有违法行为或者扩大强制执行范围受到损害的，有权依法要求赔偿。

第二章　行政强制的种类和设定

第九条　【行政强制措施种类】行政强制措施的种类：

（一）限制公民人身自由；

（二）查封场所、设施或者财物；

（三）扣押财物；

（四）冻结存款、汇款；

（五）其他行政强制措施。

第十条　【行政强制措施设定权】行政强制措施由法律设定。

尚未制定法律，且属于国务院行政管理职权事项的，行政法规可以设定除本法第九条第一项、第四项和应当由法律规定的行政强制措施以外的其他行政强制措施。

尚未制定法律、行政法规，且属于地方性事务的，地方性法规可以设定本法第九条第二项、第三项的行政强制措施。

法律、法规以外的其他规范性文件不得设定行政强制措施。

第十一条　【行政强制措施设定的统一性】法律对行政强制措施的对象、条件、种类作了规定的，行政法规、地方性法规不得作出扩大规定。

法律中未设定行政强制措施的，行政法规、地方性法规不得设定行政强制措施。但是，法律规定特定事项由行政法规规定具体管理措施的，行政法规可以设定除本法第九条第一项、第四项和应当由法律规定的行政强制措施以外的其他行政强制措施。

第十二条　【行政强制执行方式】行政强制执行的方式：

（一）加处罚款或者滞纳金；

（二）划拨存款、汇款；

（三）拍卖或者依法处理查封、扣押的场所、设施或者财物；

（四）排除妨碍、恢复原状；

（五）代履行；

（六）其他强制执行方式。

第十三条　【行政强制执行设定权】行政强制执行由法律设定。

法律没有规定行政机关强制执行的，作出行政决定的行政机关应当申请人民法院强制执行。

第十四条　【听取社会意见、说明必要性及影响】起草法律草案、法规草案，拟设定行政强制的，起草单位应当采取听证会、论证会等形式听取意见，并向制定机关说明设定该行政强制的必要性、可能产生的影响以及听取和采纳意见的情况。

第十五条　【已设定的行政强制的评价制度】行政强制的设定机关应当定期对其设定的行政强制进行评价，并对不适当的行政强制及时予以修改或者废止。

行政强制的实施机关可以对已设定的行政强制的实施情况及存在的必要性适时进行评价，并将意见报告该行政强制的设定机关。

公民、法人或者其他组织可以向行政强制的设定机关和实施机关就行政强制的设定和实施提出意见和建议。有关机关应当认真研究论证，并以适当方式予以反馈。

第三章　行政强制措施实施程序
第一节　一般规定

第十六条　【实施行政强制措施的条件】行政机关履行行政管理职责，依照法律、法规的规定，实施行政强制措施。

违法行为情节显著轻微或者没有明显社会危害的，可以不采取行政强制措施。

第十七条　【行政强制措施的实施主体】行政强制措施由法律、法规规定的行政机关在法定职权范围内实施。行政强制措施权不得委托。

依据《中华人民共和国行政处罚法》的规定行使相对集中行政处罚权的行政机关，可以实施法律、法规规定的与行政处罚权有关的行政强制措施。

行政强制措施应当由行政机关具备资格的行政执法人员实施，其他人员不得实施。

第十八条 【一般程序】行政机关实施行政强制措施应当遵守下列规定：

（一）实施前须向行政机关负责人报告并经批准；

（二）由两名以上行政执法人员实施；

（三）出示执法身份证件；

（四）通知当事人到场；

（五）当场告知当事人采取行政强制措施的理由、依据以及当事人依法享有的权利、救济途径；

（六）听取当事人的陈述和申辩；

（七）制作现场笔录；

（八）现场笔录由当事人和行政执法人员签名或者盖章，当事人拒绝的，在笔录中予以注明；

（九）当事人不到场的，邀请见证人到场，由见证人和行政执法人员在现场笔录上签名或者盖章；

（十）法律、法规规定的其他程序。

第十九条 【情况紧急时的程序】情况紧急，需要当场实施行政强制措施的，行政执法人员应当在二十四小时内向行政机关负责人报告，并补办批准手续。行政机关负责人认为不应当采取行政强制措施的，应当立即解除。

第二十条 【限制人身自由行政强制措施的程序】依照法律规定实施限制公民人身自由的行政强制措施，除应当履行本法第十八条规定的程序外，还应当遵守下列规定：

（一）当场告知或者实施行政强制措施后立即通知当事人家属实施行政强制措施的行政机关、地点和期限；

（二）在紧急情况下当场实施行政强制措施的，在返回行政机关后，立即向行政机关负责人报告并补办批准手续；

（三）法律规定的其他程序。

实施限制人身自由的行政强制措施不得超过法定期限。实施行政强制措施的目的已经达到或者条件已经消失，应当立即解除。

第二十一条 【涉嫌犯罪案件的移送】违法行为涉嫌犯罪应当移送司法机关的，行政机关应当将查封、扣押、冻结的财物一并移送，并书面告知当事人。

第二节 查封、扣押

第二十二条 【查封、扣押实施主体】查封、扣押应

当由法律、法规规定的行政机关实施，其他任何行政机关或者组织不得实施。

第二十三条 【查封、扣押对象】查封、扣押限于涉案的场所、设施或者财物，不得查封、扣押与违法行为无关的场所、设施或者财物；不得查封、扣押公民个人及其所扶养家属的生活必需品。

当事人的场所、设施或者财物已被其他国家机关依法查封的，不得重复查封。

第二十四条 【查封、扣押实施程序】行政机关决定实施查封、扣押的，应当履行本法第十八条规定的程序，制作并当场交付查封、扣押决定书和清单。

查封、扣押决定书应当载明下列事项：

（一）当事人的姓名或者名称、地址；

（二）查封、扣押的理由、依据和期限；

（三）查封、扣押场所、设施或者财物的名称、数量等；

（四）申请行政复议或者提起行政诉讼的途径和期限；

（五）行政机关的名称、印章和日期。

查封、扣押清单一式二份，由当事人和行政机关分别保存。

第二十五条 【查封、扣押期限】查封、扣押的期限不得超过三十日；情况复杂的，经行政机关负责人批准，可以延长，但是延长期限不得超过三十日。法律、行政法规另有规定的除外。

延长查封、扣押的决定应当及时书面告知当事人，并说明理由。

对物品需要进行检测、检验、检疫或者技术鉴定的，查封、扣押的期间不包括检测、检验、检疫或者技术鉴定的期间。检测、检验、检疫或者技术鉴定的期间应当明确，并书面告知当事人。检测、检验、检疫或者技术鉴定的费用由行政机关承担。

第二十六条 【对查封、扣押财产的保管】对查封、扣押的场所、设施或者财物，行政机关应当妥善保管，不得使用或者损毁；造成损失的，应当承担赔偿责任。

对查封的场所、设施或者财物，行政机关可以委托第三人保管，第三人不得损毁或者擅自转移、处置。因第三人的原因造成的损失，行政机关先行赔付后，有权向第三人追偿。

因查封、扣押发生的保管费用由行政机关承担。

第二十七条 【查封、扣押后的处理】行政机关采取查封、扣押措施后，应当及时查清事实，在本法第二十五条规定的期限内作出处理决定。对违法事实清楚，依法

应当没收的非法财物予以没收;法律、行政法规规定应当销毁的,依法销毁;应当解除查封、扣押的,作出解除查封、扣押的决定。

第二十八条　【解除查封、扣押的情形】有下列情形之一的,行政机关应当及时作出解除查封、扣押决定:

(一)当事人没有违法行为;

(二)查封、扣押的场所、设施或者财物与违法行为无关;

(三)行政机关对违法行为已经作出处理决定,不再需要查封、扣押;

(四)查封、扣押期限已经届满;

(五)其他不再需要采取查封、扣押措施的情形。

解除查封、扣押应当立即退还财物;已将鲜活物品或者其他不易保管的财物拍卖或者变卖的,退还拍卖或者变卖所得款项。变卖价格明显低于市场价格,给当事人造成损失的,应当给予补偿。

第三节　冻　结

第二十九条　【冻结的实施主体、数额限制、不得重复冻结】冻结存款、汇款应当由法律规定的行政机关实施,不得委托给其他行政机关或者组织;其他任何行政机关或者组织不得冻结存款、汇款。

冻结存款、汇款的数额应当与违法行为涉及的金额相当;已被其他国家机关依法冻结的,不得重复冻结。

第三十条　【冻结的程序、金融机构的配合义务】行政机关依照法律规定决定实施冻结存款、汇款的,应当履行本法第十八条第一项、第二项、第三项、第七项规定的程序,并向金融机构交付冻结通知书。

金融机构接到行政机关依法作出的冻结通知书后,应当立即予以冻结,不得拖延,不得在冻结前向当事人泄露信息。

法律规定以外的行政机关或者组织要求冻结当事人存款、汇款的,金融机构应当拒绝。

第三十一条　【冻结决定书交付期限及内容】依照法律规定冻结存款、汇款的,作出决定的行政机关应当在三日内向当事人交付冻结决定书。冻结决定书应当载明下列事项:

(一)当事人的姓名或者名称、地址;

(二)冻结的理由、依据和期限;

(三)冻结的账号和数额;

(四)申请行政复议或者提起行政诉讼的途径和期限;

(五)行政机关的名称、印章和日期。

第三十二条　【冻结期限及其延长】自冻结存款、汇款之日起三十日内,行政机关应当作出处理决定或者作出解除冻结决定;情况复杂的,经行政机关负责人批准,可以延长,但是延长期限不得超过三十日。法律另有规定的除外。

延长冻结的决定应当及时书面告知当事人,并说明理由。

第三十三条　【解除冻结的情形】有下列情形之一的,行政机关应当及时作出解除冻结决定:

(一)当事人没有违法行为;

(二)冻结的存款、汇款与违法行为无关;

(三)行政机关对违法行为已经作出处理决定,不再需要冻结;

(四)冻结期限已经届满;

(五)其他不再需要采取冻结措施的情形。

行政机关作出解除冻结决定的,应当及时通知金融机构和当事人。金融机构接到通知后,应当立即解除冻结。

行政机关逾期未作出处理决定或者解除冻结决定的,金融机构应当自冻结期满之日起解除冻结。

第四章　行政机关强制执行程序

第一节　一般规定

第三十四条　【行政机关强制执行】行政机关依法作出行政决定后,当事人在行政机关决定的期限内不履行义务的,具有行政强制执行权的行政机关依照本章规定强制执行。

第三十五条　【催告】行政机关作出强制执行决定前,应当事先催告当事人履行义务。催告应当以书面形式作出,并载明下列事项:

(一)履行义务的期限;

(二)履行义务的方式;

(三)涉及金钱给付的,应当有明确的金额和给付方式;

(四)当事人依法享有的陈述权和申辩权。

第三十六条　【陈述、申辩权】当事人收到催告书后有权进行陈述和申辩。行政机关应当充分听取当事人的意见,对当事人提出的事实、理由和证据,应当进行记录、复核。当事人提出的事实、理由或者证据成立的,行政机关应当采纳。

第三十七条　【强制执行决定】经催告,当事人逾期仍不履行行政决定,且无正当理由的,行政机关可以作出强制执行决定。

强制执行决定应当以书面形式作出,并载明下列事项:

(一)当事人的姓名或者名称、地址;

(二)强制执行的理由和依据;

(三)强制执行的方式和时间;

(四)申请行政复议或者提起行政诉讼的途径和期限;

(五)行政机关的名称、印章和日期。

在催告期间,对有证据证明有转移或者隐匿财物迹象的,行政机关可以作出立即强制执行决定。

第三十八条 【催告书、行政强制决定书送达】催告书、行政强制执行决定书应当直接送达当事人。当事人拒绝接收或者无法直接送达当事人的,应当依照《中华人民共和国民事诉讼法》的有关规定送达。

第三十九条 【中止执行】有下列情形之一的,中止执行:

(一)当事人履行行政决定确有困难或者暂无履行能力的;

(二)第三人对执行标的主张权利,确有理由的;

(三)执行可能造成难以弥补的损失,且中止执行不损害公共利益的;

(四)行政机关认为需要中止执行的其他情形。

中止执行的情形消失后,行政机关应当恢复执行。对没有明显社会危害,当事人确无能力履行,中止执行满三年未恢复执行的,行政机关不再执行。

第四十条 【终结执行】有下列情形之一的,终结执行:

(一)公民死亡,无遗产可供执行,又无义务承受人的;

(二)法人或者其他组织终止,无财产可供执行,又无义务承受人的;

(三)执行标的灭失的;

(四)据以执行的行政决定被撤销的;

(五)行政机关认为需要终结执行的其他情形。

第四十一条 【执行回转】在执行中或者执行完毕后,据以执行的行政决定被撤销、变更,或者执行错误的,应当恢复原状或者退还财物;不能恢复原状或者退还财物的,依法给予赔偿。

第四十二条 【执行和解】实施行政强制执行,行政机关可以在不损害公共利益和他人合法权益的情况下,与当事人达成执行协议。执行协议可以约定分阶段履行;当事人采取补救措施的,可以减免加处的罚款或者滞纳金。

执行协议应当履行。当事人不履行执行协议的,行政机关应当恢复强制执行。

第四十三条 【文明执法】行政机关不得在夜间或者法定节假日实施行政强制执行。但是,情况紧急的除外。

行政机关不得对居民生活采取停止供水、供电、供热、供燃气等方式迫使当事人履行相关行政决定。

第四十四条 【强制拆除】对违法的建筑物、构筑物、设施等需要强制拆除的,应当由行政机关予以公告,限期当事人自行拆除。当事人在法定期限内不申请行政复议或者提起行政诉讼,又不拆除的,行政机关可以依法强制拆除。

第二节 金钱给付义务的执行

第四十五条 【加处罚款或滞纳金】行政机关依法作出金钱给付义务的行政决定,当事人逾期不履行的,行政机关可以依法加处罚款或者滞纳金。加处罚款或者滞纳金的标准应当告知当事人。

加处罚款或者滞纳金的数额不得超出金钱给付义务的数额。

第四十六条 【金钱给付义务的直接强制执行】行政机关依照本法第四十五条规定实施加处罚款或者滞纳金超过三十日,经催告当事人仍不履行的,具有行政强制执行权的行政机关可以强制执行。

行政机关实施强制执行前,需要采取查封、扣押、冻结措施的,依照本法第三章规定办理。

没有行政强制执行权的行政机关应当申请人民法院强制执行。但是,当事人在法定期限内不申请行政复议或者提起行政诉讼,经催告仍不履行的,在实施行政管理过程中已经采取查封、扣押措施的行政机关,可以将查封、扣押的财物依法拍卖抵缴罚款。

第四十七条 【划拨存款、汇款】划拨存款、汇款应当由法律规定的行政机关决定,并书面通知金融机构。金融机构接到行政机关依法作出划拨存款、汇款的决定后,应当立即划拨。

法律规定以外的行政机关或者组织要求划拨当事人存款、汇款的,金融机构应当拒绝。

第四十八条 【委托拍卖】依法拍卖财物,由行政机关委托拍卖机构依照《中华人民共和国拍卖法》的规定办理。

第四十九条 【划拨的存款、汇款的管理】划拨的存款、汇款以及拍卖和依法处理所得的款项应当上缴国库或者划入财政专户。任何行政机关或者个人不得以任何形式截留、私分或者变相私分。

第三节　代履行

第五十条　【代履行】行政机关依法作出要求当事人履行排除妨碍、恢复原状等义务的行政决定，当事人逾期不履行，经催告仍不履行，其后果已经或者将危害交通安全、造成环境污染或者破坏自然资源的，行政机关可以代履行，或者委托没有利害关系的第三人代履行。

第五十一条　【实施程序、费用、手段】代履行应当遵守下列规定：

（一）代履行前送达决定书，代履行决定书应当载明当事人的姓名或者名称、地址，代履行的理由和依据、方式和时间、标的、费用预算以及代履行人；

（二）代履行三日前，催告当事人履行，当事人履行的，停止代履行；

（三）代履行时，作出决定的行政机关应当派员到场监督；

（四）代履行完毕，行政机关到场监督的工作人员、代履行人和当事人或者见证人应当在执行文书上签名或者盖章。

代履行的费用按照成本合理确定，由当事人承担。但是，法律另有规定的除外。

代履行不得采用暴力、胁迫以及其他非法方式。

第五十二条　【立即实施代履行】需要立即清除道路、河道、航道或者公共场所的遗洒物、障碍物或者污染物，当事人不能清除的，行政机关可以决定立即实施代履行；当事人不在场的，行政机关应当在事后立即通知当事人，并依法作出处理。

第五章　申请人民法院强制执行

第五十三条　【非诉行政执行】当事人在法定期限内不申请行政复议或者提起行政诉讼，又不履行行政决定的，没有行政强制执行权的行政机关可以自期限届满之日起三个月内，依照本章规定申请人民法院强制执行。

第五十四条　【催告与执行管辖】行政机关申请人民法院强制执行前，应当催告当事人履行义务。催告书送达十日后当事人仍未履行义务的，行政机关可以向所在地有管辖权的人民法院申请强制执行；执行对象是不动产的，向不动产所在地有管辖权的人民法院申请强制执行。

第五十五条　【申请执行的材料】行政机关向人民法院申请强制执行，应当提供下列材料：

（一）强制执行申请书；

（二）行政决定书及作出决定的事实、理由和依据；

（三）当事人的意见及行政机关催告情况；

（四）申请强制执行标的的情况；

（五）法律、行政法规规定的其他材料。

强制执行申请书应当由行政机关负责人签名，加盖行政机关的印章，并注明日期。

第五十六条　【申请受理与救济】人民法院接到行政机关强制执行的申请，应当在五日内受理。

行政机关对人民法院不予受理的裁定有异议的，可以在十五日内向上一级人民法院申请复议，上一级人民法院应当自收到复议申请之日起十五日内作出是否受理的裁定。

第五十七条　【书面审查】人民法院对行政机关强制执行的申请进行书面审查，对符合本法第五十五条规定，且行政决定具备法定执行效力的，除本法第五十八条规定的情形外，人民法院应当自受理之日起七日内作出执行裁定。

第五十八条　【实质审查】人民法院发现有下列情形之一的，在作出裁定前可以听取被执行人和行政机关的意见：

（一）明显缺乏事实根据的；

（二）明显缺乏法律、法规依据的；

（三）其他明显违法并损害被执行人合法权益的。

人民法院应当自受理之日起三十日内作出是否执行的裁定。裁定不予执行的，应当说明理由，并在五日内将不予执行的裁定送达行政机关。

行政机关对人民法院不予执行的裁定有异议的，可以自收到裁定之日起十五日内向上一级人民法院申请复议，上一级人民法院应当自收到复议申请之日起三十日内作出是否执行的裁定。

第五十九条　【申请立即执行】因情况紧急，为保障公共安全，行政机关可以申请人民法院立即执行。经人民法院院长批准，人民法院应当自作出执行裁定之日起五日内执行。

第六十条　【执行费用】行政机关申请人民法院强制执行，不缴纳申请费。强制执行的费用由被执行人承担。

人民法院以划拨、拍卖方式强制执行的，可以在划拨、拍卖后将强制执行的费用扣除。

依法拍卖财物,由人民法院委托拍卖机构依照《中华人民共和国拍卖法》的规定办理。

划拨的存款、汇款以及拍卖和依法处理所得的款项应当上缴国库或者划入财政专户,不得以任何形式截留、私分或者变相私分。

第六章　法律责任

第六十一条　【实施行政强制违法责任】行政机关实施行政强制,有下列情形之一的,由上级行政机关或者有关部门责令改正,对直接负责的主管人员和其他直接责任人员依法给予处分:

(一)没有法律、法规依据的;

(二)改变行政强制对象、条件、方式的;

(三)违反法定程序实施行政强制的;

(四)违反本法规定,在夜间或者法定节假日实施行政强制执行的;

(五)对居民生活采取停止供水、供电、供热、供燃气等方式迫使当事人履行相关行政决定的;

(六)有其他违法实施行政强制情形的。

第六十二条　【违法查封、扣押、冻结的责任】违反本法规定,行政机关有下列情形之一的,由上级行政机关或者有关部门责令改正,对直接负责的主管人员和其他直接责任人员依法给予处分:

(一)扩大查封、扣押、冻结范围的;

(二)使用或者损毁查封、扣押场所、设施或者财物的;

(三)在查封、扣押法定期间不作出处理决定或者未依法及时解除查封、扣押的;

(四)在冻结存款、汇款法定期间不作出处理决定或者未依法及时解除冻结的。

第六十三条　【截留、私分或变相私分查封、扣押的财物、划拨的存款、汇款和拍卖、依法处理所得款项的法律责任】行政机关将查封、扣押的财物或者划拨的存款、汇款以及拍卖和依法处理所得的款项,截留、私分或者变相私分的,由财政部门或者有关部门予以追缴;对直接负责的主管人员和其他直接责任人员依法给予记大过、降级、撤职或者开除的处分。

行政机关工作人员利用职务上的便利,将查封、扣押的场所、设施或者财物据为己有的,由上级行政机关或者有关部门责令改正,依法给予记大过、降级、撤职或者开除的处分。

第六十四条　【利用行政强制权谋利的法律责任】行政机关及其工作人员利用行政强制权为单位或者个人谋取利益的,由上级行政机关或者有关部门责令改正,对直接负责的主管人员和其他直接责任人员依法给予处分。

第六十五条　【金融机构违反冻结、划拨规定的法律责任】违反本法规定,金融机构有下列行为之一的,由金融业监督管理机构责令改正,对直接负责的主管人员和其他直接责任人员依法给予处分:

(一)在冻结前向当事人泄露信息的;

(二)对应当立即冻结、划拨的存款、汇款不冻结或者不划拨,致使存款、汇款转移的;

(三)将不应当冻结、划拨的存款、汇款予以冻结或者划拨的;

(四)未及时解除冻结存款、汇款的。

第六十六条　【执行款项未划入规定账户的法律责任】违反本法规定,金融机构将款项划入国库或者财政专户以外的其他账户的,由金融业监督管理机构责令改正,并处以违法划拨款项二倍的罚款;对直接负责的主管人员和其他直接责任人员依法给予处分。

违反本法规定,行政机关、人民法院指令金融机构将款项划入国库或者财政专户以外的其他账户的,对直接负责的主管人员和其他直接责任人员依法给予处分。

第六十七条　【人民法院及其工作人员强制执行违法的责任】人民法院及其工作人员在强制执行中有违法行为或者扩大强制执行范围的,对直接负责的主管人员和其他直接责任人员依法给予处分。

第六十八条　【赔偿和刑事责任】违反本法规定,给公民、法人或者其他组织造成损失的,依法给予赔偿。

违反本法规定,构成犯罪的,依法追究刑事责任。

第七章　附　则

第六十九条　【期限的界定】本法中十日以内期限的规定是指工作日,不含法定节假日。

第七十条　【法律、行政法规授权的组织实施行政强制受本法调整】法律、行政法规授权的具有管理公共事务职能的组织在法定授权范围内,以自己的名义实施行政强制,适用本法有关行政机关的规定。

第七十一条　【施行时间】本法自2012年1月1日起施行。

中华人民共和国行政复议法

· 1999 年 4 月 29 日第九届全国人民代表大会常务委员会第九次会议通过

· 根据 2009 年 8 月 27 日第十一届全国人民代表大会常务委员会第十次会议《关于修改部分法律的决定》第一次修正

· 根据 2017 年 9 月 1 日第十二届全国人民代表大会常务委员会第二十九次会议《关于修改〈中华人民共和国法官法〉等八部法律的决定》第二次修正

· 2023 年 9 月 1 日第十四届全国人民代表大会常务委员会第五次会议修订

· 2023 年 9 月 1 日中华人民共和国主席令第 9 号公布

· 自 2024 年 1 月 1 日起施行

第一章 总 则

第一条 为了防止和纠正违法的或者不当的行政行为，保护公民、法人和其他组织的合法权益，监督和保障行政机关依法行使职权，发挥行政复议化解行政争议的主渠道作用，推进法治政府建设，根据宪法，制定本法。

第二条 公民、法人或者其他组织认为行政机关的行政行为侵犯其合法权益，向行政复议机关提出行政复议申请，行政复议机关办理行政复议案件，适用本法。

前款所称行政行为，包括法律、法规、规章授权的组织的行政行为。

第三条 行政复议工作坚持中国共产党的领导。

行政复议机关履行行政复议职责，应当遵循合法、公正、公开、高效、便民、为民的原则，坚持有错必纠，保障法律、法规的正确实施。

第四条 县级以上各级人民政府以及其他依照本法履行行政复议职责的行政机关是行政复议机关。

行政复议机关办理行政复议事项的机构是行政复议机构。行政复议机构同时组织办理行政复议机关的行政应诉事项。

行政复议机关应当加强行政复议工作，支持和保障行政复议机构依法履行职责。上级行政复议机构对下级行政复议机构的行政复议工作进行指导、监督。

国务院行政复议机构可以发布行政复议指导性案例。

第五条 行政复议机关办理行政复议案件，可以进行调解。

调解应当遵循合法、自愿的原则，不得损害国家利益、社会公共利益和他人合法权益，不得违反法律、法规的强制性规定。

第六条 国家建立专业化、职业化行政复议人员队伍。

行政复议机构中初次从事行政复议工作的人员，应当通过国家统一法律职业资格考试取得法律职业资格，并参加统一职前培训。

国务院行政复议机构应当会同有关部门制定行政复议人员工作规范，加强对行政复议人员的业务考核和管理。

第七条 行政复议机关应当确保行政复议机构的人员配备与所承担的工作任务相适应，提高行政复议人员专业素质，根据工作需要保障办案场所、装备等设施。县级以上各级人民政府应当将行政复议工作经费列入本级预算。

第八条 行政复议机关应当加强信息化建设，运用现代信息技术，方便公民、法人或者其他组织申请、参加行政复议，提高工作质量和效率。

第九条 对在行政复议工作中做出显著成绩的单位和个人，按照国家有关规定给予表彰和奖励。

第十条 公民、法人或者其他组织对行政复议决定不服的，可以依照《中华人民共和国行政诉讼法》的规定向人民法院提起行政诉讼，但是法律规定行政复议决定为最终裁决的除外。

第二章 行政复议申请
第一节 行政复议范围

第十一条 有下列情形之一的，公民、法人或者其他组织可以依照本法申请行政复议：

（一）对行政机关作出的行政处罚决定不服；

（二）对行政机关作出的行政强制措施、行政强制执行决定不服；

（三）申请行政许可，行政机关拒绝或者在法定期限内不予答复，或者对行政机关作出的有关行政许可的其他决定不服；

（四）对行政机关作出的确认自然资源的所有权或者使用权的决定不服；

（五）对行政机关作出的征收征用决定及其补偿决定不服；

（六）对行政机关作出的赔偿决定或者不予赔偿决定不服；

（七）对行政机关作出的不予受理工伤认定申请的决定或者工伤认定结论不服；

（八）认为行政机关侵犯其经营自主权或者农村土地承包经营权、农村土地经营权；

（九）认为行政机关滥用行政权力排除或者限制竞争；

（十）认为行政机关违法集资、摊派费用或者违法要求履行其他义务；

（十一）申请行政机关履行保护人身权利、财产权利、受教育权利等合法权益的法定职责，行政机关拒绝履行、未依法履行或者不予答复；

（十二）申请行政机关依法给付抚恤金、社会保险待遇或者最低生活保障等社会保障，行政机关没有依法给付；

（十三）认为行政机关不依法订立、不依法履行、未按照约定履行或者违法变更、解除政府特许经营协议、土地房屋征收补偿协议等行政协议；

（十四）认为行政机关在政府信息公开工作中侵犯其合法权益；

（十五）认为行政机关的其他行政行为侵犯其合法权益。

第十二条　下列事项不属于行政复议范围：

（一）国防、外交等国家行为；

（二）行政法规、规章或者行政机关制定、发布的具有普遍约束力的决定、命令等规范性文件；

（三）行政机关对行政机关工作人员的奖惩、任免等决定；

（四）行政机关对民事纠纷作出的调解。

第十三条　公民、法人或者其他组织认为行政机关的行政行为所依据的下列规范性文件不合法，在对行政行为申请行政复议时，可以一并向行政复议机关提出对该规范性文件的附带审查申请：

（一）国务院部门的规范性文件；

（二）县级以上地方各级人民政府及其工作部门的规范性文件；

（三）乡、镇人民政府的规范性文件；

（四）法律、法规、规章授权的组织的规范性文件。

前款所列规范性文件不含规章。规章的审查依照法律、行政法规办理。

第二节　行政复议参加人

第十四条　依照本法申请行政复议的公民、法人或者其他组织是申请人。

有权申请行政复议的公民死亡的，其近亲属可以申请行政复议。有权申请行政复议的法人或者其他组织终止的，其权利义务承受人可以申请行政复议。

有权申请行政复议的公民为无民事行为能力人或者限制民事行为能力人的，其法定代理人可以代为申请行政复议。

第十五条　同一行政复议案件申请人人数众多的，可以由申请人推选代表人参加行政复议。

代表人参加行政复议的行为对其所代表的申请人发生效力，但是代表人变更行政复议请求、撤回行政复议申请、承认第三人请求的，应当经被代表的申请人同意。

第十六条　申请人以外的同被申请行政复议的行政行为或者行政复议案件处理结果有利害关系的公民、法人或者其他组织，可以作为第三人申请参加行政复议，或者由行政复议机构通知其作为第三人参加行政复议。

第三人不参加行政复议，不影响行政复议案件的审理。

第十七条　申请人、第三人可以委托一至二名律师、基层法律服务工作者或者其他代理人代为参加行政复议。

申请人、第三人委托代理人的，应当向行政复议机构提交授权委托书、委托人及被委托人的身份证明文件。授权委托书应当载明委托事项、权限和期限。申请人、第三人变更或者解除代理人权限的，应当书面告知行政复议机构。

第十八条　符合法律援助条件的行政复议申请人申请法律援助的，法律援助机构应当依法为其提供法律援助。

第十九条　公民、法人或者其他组织对行政行为不服申请行政复议的，作出行政行为的行政机关或者法律、法规、规章授权的组织是被申请人。

两个以上行政机关以共同的名义作出同一行政行为的，共同作出行政行为的行政机关是被申请人。

行政机关委托的组织作出行政行为的，委托的行政机关是被申请人。

作出行政行为的行政机关被撤销或者职权变更的，继续行使其职权的行政机关是被申请人。

第三节　申请的提出

第二十条　公民、法人或者其他组织认为行政行为侵犯其合法权益的，可以自知道或者应当知道该行政行为之日起六十日内提出行政复议申请；但是法律规定的申请期限超过六十日的除外。

因不可抗力或者其他正当理由耽误法定申请期限的，申请期限自障碍消除之日起继续计算。

行政机关作出行政行为时，未告知公民、法人或者其他组织申请行政复议的权利、行政复议机关和申请期限的,申请期限自公民、法人或者其他组织知道或者应当知道申请行政复议的权利、行政复议机关和申请期限之日起计算,但是自知道或者应当知道行政行为内容之日起最长不得超过一年。

第二十一条　因不动产提出的行政复议申请自行政行为作出之日起超过二十年,其他行政复议申请自行政行为作出之日起超过五年的,行政复议机关不予受理。

第二十二条　申请人申请行政复议,可以书面申请;书面申请有困难的,也可以口头申请。

书面申请的,可以通过邮寄或者行政复议机关指定的互联网渠道等方式提交行政复议申请书,也可以当面提交行政复议申请书。行政机关通过互联网渠道送达行政行为决定书的,应当同时提供提交行政复议申请书的互联网渠道。

口头申请的,行政复议机关应当当场记录申请人的基本情况、行政复议请求、申请行政复议的主要事实、理由和时间。

申请人对两个以上行政行为不服的,应当分别申请行政复议。

第二十三条　有下列情形之一的,申请人应当先向行政复议机关申请行政复议,对行政复议决定不服的,可以再依法向人民法院提起行政诉讼:

(一)对当场作出的行政处罚决定不服;

(二)对行政机关作出的侵犯其已经依法取得的自然资源的所有权或者使用权的决定不服;

(三)认为行政机关存在本法第十一条规定的未履行法定职责情形;

(四)申请政府信息公开,行政机关不予公开;

(五)法律、行政法规规定应当先向行政复议机关申请行政复议的其他情形。

对前款规定的情形,行政机关在作出行政行为时应当告知公民、法人或者其他组织先向行政复议机关申请行政复议。

第四节　行政复议管辖

第二十四条　县级以上地方各级人民政府管辖下列行政复议案件:

(一)对本级人民政府工作部门作出的行政行为不服的;

(二)对下一级人民政府作出的行政行为不服的;

(三)对本级人民政府依法设立的派出机关作出的行政行为不服的;

(四)对本级人民政府或者其工作部门管理的法律、法规、规章授权的组织作出的行政行为不服的。

除前款规定外,省、自治区、直辖市人民政府同时管辖对本机关作出的行政行为不服的行政复议案件。

省、自治区人民政府依法设立的派出机关参照设区的市级人民政府的职责权限,管辖相关行政复议案件。

对县级以上地方各级人民政府工作部门依法设立的派出机构依照法律、法规、规章规定,以派出机构的名义作出的行政行为不服的行政复议案件,由本级人民政府管辖;其中,对直辖市、设区的市人民政府工作部门按照行政区划设立的派出机构作出的行政行为不服的,也可以由其所在地的人民政府管辖。

第二十五条　国务院部门管辖下列行政复议案件:

(一)对本部门作出的行政行为不服的;

(二)对本部门依法设立的派出机构依照法律、行政法规、部门规章规定,以派出机构的名义作出的行政行为不服的;

(三)对本部门管理的法律、行政法规、部门规章授权的组织作出的行政行为不服的。

第二十六条　对省、自治区、直辖市人民政府依照本法第二十四条第二款的规定、国务院部门依照本法第二十五条第一项的规定作出的行政复议决定不服的,可以向人民法院提起行政诉讼;也可以向国务院申请裁决,国务院依照本法的规定作出最终裁决。

第二十七条　对海关、金融、外汇管理等实行垂直领导的行政机关、税务和国家安全机关的行政行为不服的,向上一级主管部门申请行政复议。

第二十八条　对履行行政复议机构职责的地方人民政府司法行政部门的行政行为不服的,可以向本级人民政府申请行政复议,也可以向上一级司法行政部门申请行政复议。

第二十九条　公民、法人或者其他组织申请行政复议,行政复议机关已经依法受理的,在行政复议期间不得向人民法院提起行政诉讼。

公民、法人或者其他组织向人民法院提起行政诉讼,人民法院已经依法受理的,不得申请行政复议。

第三章　行政复议受理

第三十条　行政复议机关收到行政复议申请后,应当在五日内进行审查。对符合下列规定的,行政复议机关应当予以受理:

(一)有明确的申请人和符合本法规定的被申请人;

(二)申请人与被申请行政复议的行政行为有利害关系;

（三）有具体的行政复议请求和理由；

（四）在法定申请期限内提出；

（五）属于本法规定的行政复议范围；

（六）属于本机关的管辖范围；

（七）行政复议机关未受理过该申请人就同一行政行为提出的行政复议申请，并且人民法院未受理过该申请人就同一行政行为提起的行政诉讼。

对不符合前款规定的行政复议申请，行政复议机关应当在审查期限内决定不予受理并说明理由；不属于本机关管辖的，还应当在不予受理决定中告知申请人有管辖权的行政复议机关。

行政复议申请的审查期限届满，行政复议机关未作出不予受理决定的，审查期限届满之日起视为受理。

第三十一条　行政复议申请材料不齐全或者表述不清楚，无法判断行政复议申请是否符合本法第三十条第一款规定的，行政复议机关应当自收到申请之日起五日内书面通知申请人补正。补正通知应当一次性载明需要补正的事项。

申请人应当自收到补正通知之日起十日内提交补正材料。有正当理由不能按期补正的，行政复议机关可以延长合理的补正期限。无正当理由逾期不补正的，视为申请人放弃行政复议申请，并记录在案。

行政复议机关收到补正材料后，依照本法第三十条的规定处理。

第三十二条　对当场作出或者依据电子技术监控设备记录的违法事实作出的行政处罚决定不服申请行政复议的，可以通过作出行政处罚决定的行政机关提交行政复议申请。

行政机关收到行政复议申请后，应当及时处理；认为需要维持行政处罚决定的，应当自收到行政复议申请之日起五日内转送行政复议机关。

第三十三条　行政复议机关受理行政复议申请后，发现该行政复议申请不符合本法第三十条第一款规定的，应当决定驳回申请并说明理由。

第三十四条　法律、行政法规规定应当先向行政复议机关申请行政复议、对行政复议决定不服再向人民法院提起行政诉讼的，行政复议机关决定不予受理、驳回申请或者受理后超过行政复议期限不作答复的，公民、法人或者其他组织可以自收到决定书之日起或者行政复议期限届满之日起十五日内，依法向人民法院提起行政诉讼。

第三十五条　公民、法人或者其他组织依法提出行政复议申请，行政复议机关无正当理由不予受理、驳回申请或者受理后超过行政复议期限不作答复的，申请人有权向上级行政机关反映，上级行政机关应当责令其纠正；必要时，上级行政机关可以直接受理。

第四章　行政复议审理
第一节　一般规定

第三十六条　行政复议机关受理行政复议申请后，依照本法适用普通程序或者简易程序进行审理。行政复议机构应当指定行政复议人员负责办理行政复议案件。

行政复议人员对办理行政复议案件过程中知悉的国家秘密、商业秘密和个人隐私，应当予以保密。

第三十七条　行政复议机关依照法律、法规、规章审理行政复议案件。

行政复议机关审理民族自治地方的行政复议案件，同时依照该民族自治地方的自治条例和单行条例。

第三十八条　上级行政复议机关根据需要，可以审理下级行政复议机关管辖的行政复议案件。

下级行政复议机关对其管辖的行政复议案件，认为需要由上级行政复议机关审理的，可以报请上级行政复议机关决定。

第三十九条　行政复议期间有下列情形之一的，行政复议中止：

（一）作为申请人的公民死亡，其近亲属尚未确定是否参加行政复议；

（二）作为申请人的公民丧失参加行政复议的行为能力，尚未确定法定代理人参加行政复议；

（三）作为申请人的公民下落不明；

（四）作为申请人的法人或者其他组织终止，尚未确定权利义务承受人；

（五）申请人、被申请人因不可抗力或者其他正当理由，不能参加行政复议；

（六）依照本法规定进行调解、和解，申请人和被申请人同意中止；

（七）行政复议案件涉及的法律适用问题需要有权机关作出解释或者确认；

（八）行政复议案件审理需要以其他案件的审理结果为依据，而其他案件尚未审结；

（九）有本法第五十六条或者第五十七条规定的情形；

（十）需要中止行政复议的其他情形。

行政复议中止的原因消除后，应当及时恢复行政复议案件的审理。

行政复议机关中止、恢复行政复议案件的审理,应当书面告知当事人。

第四十条　行政复议期间,行政复议机关无正当理由中止行政复议的,上级行政机关应当责令其恢复审理。

第四十一条　行政复议期间有下列情形之一的,行政复议机关决定终止行政复议:

(一)申请人撤回行政复议申请,行政复议机构准予撤回;

(二)作为申请人的公民死亡,没有近亲属或者其近亲属放弃行政复议权利;

(三)作为申请人的法人或者其他组织终止,没有权利义务承受人或者其权利义务承受人放弃行政复议权利;

(四)申请人对行政拘留或者限制人身自由的行政强制措施不服申请行政复议后,因同一违法行为涉嫌犯罪,被采取刑事强制措施;

(五)依照本法第三十九条第一款第一项、第二项、第四项的规定中止行政复议满六十日,行政复议中止的原因仍未消除。

第四十二条　行政复议期间行政行为不停止执行;但是有下列情形之一的,应当停止执行:

(一)被申请人认为需要停止执行;

(二)行政复议机关认为需要停止执行;

(三)申请人、第三人申请停止执行,行政复议机关认为其要求合理,决定停止执行;

(四)法律、法规、规章规定停止执行的其他情形。

第二节　行政复议证据

第四十三条　行政复议证据包括:

(一)书证;

(二)物证;

(三)视听资料;

(四)电子数据;

(五)证人证言;

(六)当事人的陈述;

(七)鉴定意见;

(八)勘验笔录、现场笔录。

以上证据经行政复议机构审查属实,才能作为认定行政复议案件事实的根据。

第四十四条　被申请人对其作出的行政行为的合法性、适当性负有举证责任。

有下列情形之一的,申请人应当提供证据:

(一)认为被申请人不履行法定职责的,提供曾经要求被申请人履行法定职责的证据,但是被申请人应当依职权主动履行法定职责或者申请人因正当理由不能提供的除外;

(二)提出行政赔偿请求的,提供受行政行为侵害而造成损害的证据,但是因被申请人原因导致申请人无法举证的,由被申请人承担举证责任;

(三)法律、法规规定需要申请人提供证据的其他情形。

第四十五条　行政复议机关有权向有关单位和个人调查取证,查阅、复制、调取有关文件和资料,向有关人员进行询问。

调查取证时,行政复议人员不得少于两人,并应当出示行政复议工作证件。

被调查取证的单位和个人应当积极配合行政复议人员的工作,不得拒绝或者阻挠。

第四十六条　行政复议期间,被申请人不得自行向申请人和其他有关单位或者个人收集证据;自行收集的证据不作为认定行政行为合法性、适当性的依据。

行政复议期间,申请人或者第三人提出被申请行政复议的行政行为作出时没有提出的理由或者证据的,经行政复议机构同意,被申请人可以补充证据。

第四十七条　行政复议期间,申请人、第三人及其委托代理人可以按照规定查阅、复制被申请人提出的书面答复、作出行政行为的证据、依据和其他有关材料,除涉及国家秘密、商业秘密、个人隐私或者可能危及国家安全、公共安全、社会稳定的情形外,行政复议机构应当同意。

第三节　普通程序

第四十八条　行政复议机构应当自行政复议申请受理之日起七日内,将行政复议申请书副本或者行政复议申请笔录复印件发送被申请人。被申请人应当自收到行政复议申请书副本或者行政复议申请笔录复印件之日起十日内,提出书面答复,并提交作出行政行为的证据、依据和其他有关材料。

第四十九条　适用普通程序审理的行政复议案件,行政复议机构应当当面或者通过互联网、电话等方式听取当事人的意见,并将听取的意见记录在案。因当事人原因不能听取意见的,可以书面审理。

第五十条　审理重大、疑难、复杂的行政复议案件,行政复议机构应当组织听证。

行政复议机构认为有必要听证,或者申请人请求听证的,行政复议机构可以组织听证。

听证由一名行政复议人员任主持人,两名以上行政复议人员任听证员,一名记录员制作听证笔录。

第五十一条 行政复议机构组织听证的,应当于举行听证的五日前将听证的时间、地点和拟听证事项书面通知当事人。

申请人无正当理由拒不参加听证的,视为放弃听证权利。

被申请人的负责人应当参加听证。不能参加的,应当说明理由并委托相应的工作人员参加听证。

第五十二条 县级以上各级人民政府应当建立相关政府部门、专家、学者等参与的行政复议委员会,为办理行政复议案件提供咨询意见,并就行政复议工作中的重大事项和共性问题研究提出意见。行政复议委员会的组成和开展工作的具体办法,由国务院行政复议机构制定。

审理行政复议案件涉及下列情形之一的,行政复议机构应当提请行政复议委员会提出咨询意见:

(一)案情重大、疑难、复杂;

(二)专业性、技术性较强;

(三)本法第二十四条第二款规定的行政复议案件;

(四)行政复议机构认为有必要。

行政复议机构应当记录行政复议委员会的咨询意见。

第四节　简易程序

第五十三条 行政复议机关审理下列行政复议案件,认为事实清楚、权利义务关系明确、争议不大的,可以适用简易程序:

(一)被申请行政复议的行政行为是当场作出;

(二)被申请行政复议的行政行为是警告或者通报批评;

(三)案件涉及款额三千元以下;

(四)属于政府信息公开案件。

除前款规定以外的行政复议案件,当事人各方同意适用简易程序的,可以适用简易程序。

第五十四条 适用简易程序审理的行政复议案件,行政复议机构应当自受理行政复议申请之日起三日内,将行政复议申请书副本或者行政复议申请笔录复印件发送被申请人。被申请人应当自收到行政复议申请书副本或者行政复议申请笔录复印件之日起五日内,提出书面答复,并提交作出行政行为的证据、依据和其他有关材料。

适用简易程序审理的行政复议案件,可以书面审理。

第五十五条 适用简易程序审理的行政复议案件,行政复议机构认为不宜适用简易程序的,经行政复议机构的负责人批准,可以转为普通程序审理。

第五节　行政复议附带审查

第五十六条 申请人依照本法第十三条的规定提出对有关规范性文件的附带审查申请,行政复议机关有权处理的,应当在三十日内依法处理;无权处理的,应当在七日内转送有权处理的行政机关依法处理。

第五十七条 行政复议机关在对被申请人作出的行政行为进行审查时,认为其依据不合法,本机关有权处理的,应当在三十日内依法处理;无权处理的,应当在七日内转送有权处理的国家机关依法处理。

第五十八条 行政复议机关依照本法第五十六条、第五十七条的规定有权处理有关规范性文件或者依据的,行政复议机构应当自行政复议中止之日起三日内,书面通知规范性文件或者依据的制定机关就相关条款的合法性提出书面答复。制定机关应当自收到书面通知之日起十日内提交书面答复及相关材料。

行政复议机构认为必要时,可以要求规范性文件或者依据的制定机关当面说明理由,制定机关应当配合。

第五十九条 行政复议机关依照本法第五十六条、第五十七条的规定有权处理有关规范性文件或者依据,认为相关条款合法的,在行政复议决定书中一并告知;认为相关条款超越权限或者违反上位法的,决定停止该条款的执行,并责令制定机关予以纠正。

第六十条 依照本法第五十六条、第五十七条的规定接受转送的行政机关、国家机关应当自收到转送之日起六十日内,将处理意见回复转送的行政复议机关。

第五章　行政复议决定

第六十一条 行政复议机关依照本法审理行政复议案件,由行政复议机构对行政行为进行审查,提出意见,经行政复议机关的负责人同意或者集体讨论通过后,以行政复议机关的名义作出行政复议决定。

经过听证的行政复议案件,行政复议机关应当根据听证笔录、审查认定的事实和证据,依照本法作出行政复议决定。

提请行政复议委员会提出咨询意见的行政复议案件,行政复议机关应当将咨询意见作为作出行政复议决定的重要参考依据。

第六十二条 适用普通程序审理的行政复议案件,行政复议机关应当自受理申请之日起六十日内作出行政复议决定;但是法律规定的行政复议期限少于六十日的除外。情况复杂,不能在规定期限内作出行政复议决定的,经行政复议机构的负责人批准,可以适当延长,并书面告知当事人;但是延长期限最多不得超过三十日。

适用简易程序审理的行政复议案件,行政复议机关应当自受理申请之日起三十日内作出行政复议决定。

第六十三条　行政行为有下列情形之一的,行政复议机关决定变更该行政行为:

(一)事实清楚,证据确凿,适用依据正确,程序合法,但是内容不适当;

(二)事实清楚,证据确凿,程序合法,但是未正确适用依据;

(三)事实不清、证据不足,经行政复议机关查清事实和证据。

行政复议机关不得作出对申请人更为不利的变更决定,但是第三人提出相反请求的除外。

第六十四条　行政行为有下列情形之一的,行政复议机关决定撤销或者部分撤销该行政行为,并可以责令被申请人在一定期限内重新作出行政行为:

(一)主要事实不清、证据不足;

(二)违反法定程序;

(三)适用的依据不合法;

(四)超越职权或者滥用职权。

行政复议机关责令被申请人重新作出行政行为的,被申请人不得以同一事实和理由作出与被申请行政复议的行政行为相同或者基本相同的行政行为,但是行政复议机关以违反法定程序为由决定撤销或者部分撤销的除外。

第六十五条　行政行为有下列情形之一的,行政复议机关不撤销该行政行为,但是确认该行政行为违法:

(一)依法应当撤销,但是撤销会给国家利益、社会公共利益造成重大损害;

(二)程序轻微违法,但是对申请人权利不产生实际影响。

行政行为有下列情形之一,不需要撤销或者责令履行的,行政复议机关确认该行政行为违法:

(一)行政行为违法,但是不具有可撤销内容;

(二)被申请人改变原违法行政行为,申请人仍要求撤销或者确认该行政行为违法;

(三)被申请人不履行或者拖延履行法定职责,责令履行没有意义。

第六十六条　被申请人不履行法定职责的,行政复议机关决定被申请人在一定期限内履行。

第六十七条　行政行为有实施主体不具有行政主体资格或者没有依据等重大且明显违法情形,申请人申请

确认行政行为无效的,行政复议机关确认该行政行为无效。

第六十八条　行政行为认定事实清楚,证据确凿,适用依据正确,程序合法,内容适当的,行政复议机关决定维持该行政行为。

第六十九条　行政复议机关受理申请人认为被申请人不履行法定职责的行政复议申请后,发现被申请人没有相应法定职责或者在受理前已经履行法定职责的,决定驳回申请人的行政复议请求。

第七十条　被申请人不按照本法第四十八条、第五十四条的规定提出书面答复、提交作出行政行为的证据、依据和其他有关材料的,视为该行政行为没有证据、依据,行政复议机关决定撤销、部分撤销该行政行为,确认该行政行为违法、无效或者决定被申请人在一定期限内履行,但是行政行为涉及第三人合法权益,第三人提供证据的除外。

第七十一条　被申请人不依法订立、不依法履行、未按照约定履行或者违法变更、解除行政协议的,行政复议机关决定被申请人承担依法订立、继续履行、采取补救措施或者赔偿损失等责任。

被申请人变更、解除行政协议合法,但是未依法给予补偿或者补偿不合理的,行政复议机关决定被申请人依法给予合理补偿。

第七十二条　申请人在申请行政复议时一并提出行政赔偿请求,行政复议机关对依照《中华人民共和国国家赔偿法》的有关规定应当不予赔偿的,在作出行政复议决定时,应当同时决定驳回行政赔偿请求;对符合《中华人民共和国国家赔偿法》的有关规定应当给予赔偿的,在决定撤销或者部分撤销、变更行政行为或者确认行政行为违法、无效时,应当同时决定被申请人依法给予赔偿;确认行政行为违法的,还可以同时责令被申请人采取补救措施。

申请人在申请行政复议时没有提出行政赔偿请求的,行政复议机关在依法决定撤销或者部分撤销、变更罚款,撤销或者部分撤销违法集资、没收财物、征收征用、摊派费用以及对财产的查封、扣押、冻结等行政行为时,应当同时责令被申请人返还财产,解除对财产的查封、扣押、冻结措施,或者赔偿相应的价款。

第七十三条　当事人经调解达成协议的,行政复议机关应当制作行政复议调解书,经各方当事人签字或者签章,并加盖行政复议机关印章,即具有法律效力。

调解未达成协议或者调解书生效前一方反悔的,行政复议机关应当依法审查或者及时作出行政复议决定。

第七十四条　当事人在行政复议决定作出前可以自愿达成和解，和解内容不得损害国家利益、社会公共利益和他人合法权益，不得违反法律、法规的强制性规定。

当事人达成和解后，由申请人向行政复议机构撤回行政复议申请。行政复议机构准予撤回行政复议申请、行政复议机关决定终止行政复议的，申请人不得再以同一事实和理由提出行政复议申请。但是，申请人能够证明撤回行政复议申请违背其真实意愿的除外。

第七十五条　行政复议机关作出行政复议决定，应当制作行政复议决定书，并加盖行政复议机关印章。

行政复议决定书一经送达，即发生法律效力。

第七十六条　行政复议机关在办理行政复议案件过程中，发现被申请人或者其他下级行政机关的有关行政行为违法或者不当的，可以向其制发行政复议意见书。有关机关应当自收到行政复议意见书之日起六十日内，将纠正相关违法或者不当行政行为的情况报送行政复议机关。

第七十七条　被申请人应当履行行政复议决定书、调解书、意见书。

被申请人不履行或者无正当理由拖延履行行政复议决定书、调解书、意见书的，行政复议机关或者有关上级行政机关应当责令其限期履行，并可以约谈被申请人的有关负责人或者予以通报批评。

第七十八条　申请人、第三人逾期不起诉又不履行行政复议决定书、调解书的，或者不履行最终裁决的行政复议决定的，按照下列规定分别处理：

（一）维持行政行为的行政复议决定书，由作出行政行为的行政机关依法强制执行，或者申请人民法院强制执行；

（二）变更行政行为的行政复议决定书，由行政复议机关依法强制执行，或者申请人民法院强制执行；

（三）行政复议调解书，由行政复议机关依法强制执行，或者申请人民法院强制执行。

第七十九条　行政复议机关根据被申请行政复议的行政行为的公开情况，按照国家有关规定将行政复议决定书向社会公开。

县级以上地方各级人民政府办理以本级人民政府工作部门为被申请人的行政复议案件，应当将发生法律效力的行政复议决定书、意见书同时抄告被申请人的上一级主管部门。

第六章　法律责任

第八十条　行政复议机关不依照本法规定履行行政复议职责，对负有责任的领导人员和直接责任人员依法给予警告、记过、记大过的处分；经有权监督的机关督促仍不改正或者造成严重后果的，依法给予降级、撤职、开除的处分。

第八十一条　行政复议机关工作人员在行政复议活动中，徇私舞弊或者有其他渎职、失职行为的，依法给予警告、记过、记大过的处分；情节严重的，依法给予降级、撤职、开除的处分；构成犯罪的，依法追究刑事责任。

第八十二条　被申请人违反本法规定，不提出书面答复或者不提交作出行政行为的证据、依据和其他有关材料，或者阻挠、变相阻挠公民、法人或者其他组织依法申请行政复议的，对负有责任的领导人员和直接责任人员依法给予警告、记过、记大过的处分；进行报复陷害的，依法给予降级、撤职、开除的处分；构成犯罪的，依法追究刑事责任。

第八十三条　被申请人不履行或者无正当理由拖延履行行政复议决定书、调解书、意见书的，对负有责任的领导人员和直接责任人员依法给予警告、记过、记大过的处分；经责令履行仍拒不履行的，依法给予降级、撤职、开除的处分。

第八十四条　拒绝、阻挠行政复议人员调查取证，故意扰乱行政复议工作秩序的，依法给予处分、治安管理处罚；构成犯罪的，依法追究刑事责任。

第八十五条　行政机关及其工作人员违反本法规定的，行政复议机关可以向监察机关或者公职人员任免机关、单位移送有关人员违法的事实材料，接受移送的监察机关或者公职人员任免机关、单位应当依法处理。

第八十六条　行政复议机关在办理行政复议案件过程中，发现公职人员涉嫌贪污贿赂、失职渎职等职务违法或者职务犯罪的问题线索，应当依照有关规定移送监察机关，由监察机关依法调查处置。

第七章　附　则

第八十七条　行政复议机关受理行政复议申请，不得向申请人收取任何费用。

第八十八条　行政复议期间的计算和行政复议文书的送达，本法没有规定的，依照《中华人民共和国民事诉讼法》关于期间、送达的规定执行。

本法关于行政复议期间有关“三日”、“五日”、“七日”、“十日”的规定是指工作日，不含法定休假日。

第八十九条　外国人、无国籍人、外国组织在中华人民共和国境内申请行政复议，适用本法。

第九十条　本法自2024年1月1日起施行。

中华人民共和国行政诉讼法

- 1989 年 4 月 4 日第七届全国人民代表大会第二次会议通过
- 根据 2014 年 11 月 1 日第十二届全国人民代表大会常务委员会第十一次会议《关于修改〈中华人民共和国行政诉讼法〉的决定》第一次修正
- 根据 2017 年 6 月 27 日第十二届全国人民代表大会常务委员会第二十八次会议《关于修改〈中华人民共和国民事诉讼法〉和〈中华人民共和国行政诉讼法〉的决定》第二次修正

第一章　总　则

第一条　【立法目的】为保证人民法院公正、及时审理行政案件,解决行政争议,保护公民、法人和其他组织的合法权益,监督行政机关依法行使职权,根据宪法,制定本法。

第二条　【诉权】公民、法人或者其他组织认为行政机关和行政机关工作人员的行政行为侵犯其合法权益,有权依照本法向人民法院提起诉讼。

前款所称行政行为,包括法律、法规、规章授权的组织作出的行政行为。

第三条　【行政机关负责人出庭应诉】人民法院应当保障公民、法人和其他组织的起诉权利,对应当受理的行政案件依法受理。

行政机关及其工作人员不得干预、阻碍人民法院受理行政案件。

被诉行政机关负责人应当出庭应诉。不能出庭的,应当委托行政机关相应的工作人员出庭。

第四条　【独立行使审判权】人民法院依法对行政案件独立行使审判权,不受行政机关、社会团体和个人的干涉。

人民法院设行政审判庭,审理行政案件。

第五条　【以事实为根据,以法律为准绳原则】人民法院审理行政案件,以事实为根据,以法律为准绳。

第六条　【合法性审查原则】人民法院审理行政案件,对行政行为是否合法进行审查。

第七条　【合议、回避、公开审判和两审终审原则】人民法院审理行政案件,依法实行合议、回避、公开审判和两审终审制度。

第八条　【法律地位平等原则】当事人在行政诉讼中的法律地位平等。

第九条　【本民族语言文字原则】各民族公民都有用本民族语言、文字进行行政诉讼的权利。

在少数民族聚居或者多民族共同居住的地区,人民法院应当用当地民族通用的语言、文字进行审理和发布法律文书。

人民法院应当对不通晓当地民族通用的语言、文字的诉讼参与人提供翻译。

第十条　【辩论原则】当事人在行政诉讼中有权进行辩论。

第十一条　【法律监督原则】人民检察院有权对行政诉讼实行法律监督。

第二章　受案范围

第十二条　【行政诉讼受案范围】人民法院受理公民、法人或者其他组织提起的下列诉讼:

(一)对行政拘留、暂扣或者吊销许可证和执照、责令停产停业、没收违法所得、没收非法财物、罚款、警告等行政处罚不服的;

(二)对限制人身自由或者对财产的查封、扣押、冻结等行政强制措施和行政强制执行不服的;

(三)申请行政许可,行政机关拒绝或者在法定期限内不予答复,或者对行政机关作出的有关行政许可的其他决定不服的;

(四)对行政机关作出的关于确认土地、矿藏、水流、森林、山岭、草原、荒地、滩涂、海域等自然资源的所有权或者使用权的决定不服的;

(五)对征收、征用决定及其补偿决定不服的;

(六)申请行政机关履行保护人身权、财产权等合法权益的法定职责,行政机关拒绝履行或者不予答复的;

(七)认为行政机关侵犯其经营自主权或者农村土地承包经营权、农村土地经营权的;

(八)认为行政机关滥用行政权力排除或者限制竞争的;

(九)认为行政机关违法集资、摊派费用或者违法要求履行其他义务的;

(十)认为行政机关没有依法支付抚恤金、最低生活保障待遇或者社会保险待遇的;

(十一)认为行政机关不依法履行、未按照约定履行或者违法变更、解除政府特许经营协议、土地房屋征收补偿协议等协议的;

(十二)认为行政机关侵犯其他人身权、财产权等合法权益的。

除前款规定外,人民法院受理法律、法规规定可以提起诉讼的其他行政案件。

第十三条　【受案范围的排除】人民法院不受理公民、法人或者其他组织对下列事项提起的诉讼:

(一)国防、外交等国家行为;

(二)行政法规、规章或者行政机关制定、发布的具有普遍约束力的决定、命令;

(三)行政机关对行政机关工作人员的奖惩、任免等决定;

(四)法律规定由行政机关最终裁决的行政行为。

第三章　管　辖

第十四条　【基层人民法院管辖第一审行政案件】 基层人民法院管辖第一审行政案件。

第十五条　【中级人民法院管辖的第一审行政案件】 中级人民法院管辖下列第一审行政案件:

(一)对国务院部门或者县级以上地方人民政府所作的行政行为提起诉讼的案件;

(二)海关处理的案件;

(三)本辖区内重大、复杂的案件;

(四)其他法律规定由中级人民法院管辖的案件。

第十六条　【高级人民法院管辖的第一审行政案件】 高级人民法院管辖本辖区内重大、复杂的第一审行政案件。

第十七条　【最高人民法院管辖的第一审行政案件】 最高人民法院管辖全国范围内重大、复杂的第一审行政案件。

第十八条　【一般地域管辖和法院跨行政区域管辖】 行政案件由最初作出行政行为的行政机关所在地人民法院管辖。经复议的案件,也可以由复议机关所在地人民法院管辖。

经最高人民法院批准,高级人民法院可以根据审判工作的实际情况,确定若干人民法院跨行政区域管辖行政案件。

第十九条　【限制人身自由行政案件的管辖】 对限制人身自由的行政强制措施不服提起的诉讼,由被告所在地或者原告所在地人民法院管辖。

第二十条　【不动产行政案件的管辖】 因不动产提起的行政诉讼,由不动产所在地人民法院管辖。

第二十一条　【选择管辖】 两个以上人民法院都有管辖权的案件,原告可以选择其中一个人民法院提起诉讼。原告向两个以上有管辖权的人民法院提起诉讼的,由最先立案的人民法院管辖。

第二十二条　【移送管辖】 人民法院发现受理的案件不属于本院管辖的,应当移送有管辖权的人民法院,受移送的人民法院应当受理。受移送的人民法院认为受移送的案件按照规定不属于本院管辖的,应当报请上级人民法院指定管辖,不得再自行移送。

第二十三条　【指定管辖】 有管辖权的人民法院由于特殊原因不能行使管辖权的,由上级人民法院指定管辖。

人民法院对管辖权发生争议,由争议双方协商解决。协商不成的,报它们的共同上级人民法院指定管辖。

第二十四条　【管辖权转移】 上级人民法院有权审理下级人民法院管辖的第一审行政案件。

下级人民法院对其管辖的第一审行政案件,认为需要由上级人民法院审理或者指定管辖的,可以报请上级人民法院决定。

第四章　诉讼参加人

第二十五条　【原告资格】 行政行为的相对人以及其他与行政行为有利害关系的公民、法人或者其他组织,有权提起诉讼。

有权提起诉讼的公民死亡,其近亲属可以提起诉讼。

有权提起诉讼的法人或者其他组织终止,承受其权利的法人或者其他组织可以提起诉讼。

人民检察院在履行职责中发现生态环境和资源保护、食品药品安全、国有财产保护、国有土地使用权出让等领域负有监督管理职责的行政机关违法行使职权或者不作为,致使国家利益或者社会公共利益受到侵害的,应当向行政机关提出检察建议,督促其依法履行职责。行政机关不依法履行职责的,人民检察院依法向人民法院提起诉讼。

第二十六条　【被告资格】 公民、法人或者其他组织直接向人民法院提起诉讼的,作出行政行为的行政机关是被告。

经复议的案件,复议机关决定维持原行政行为的,作出原行政行为的行政机关和复议机关是共同被告;复议机关改变原行政行为的,复议机关是被告。

复议机关在法定期限内未作出复议决定,公民、法人或者其他组织起诉原行政行为的,作出原行政行为的行政机关是被告;起诉复议机关不作为的,复议机关是被告。

两个以上行政机关作出同一行政行为的,共同作出行政行为的行政机关是共同被告。

行政机关委托的组织所作的行政行为,委托的行政机关是被告。

行政机关被撤销或者职权变更的,继续行使其职权的行政机关是被告。

第二十七条　【共同诉讼】 当事人一方或者双方为二人以上,因同一行政行为发生的行政案件,或者因同类行政行为发生的行政案件、人民法院认为可以合并审理并经当事人同意的，为共同诉讼。

第二十八条　【代表人诉讼】当事人一方人数众多的共同诉讼，可以由当事人推选代表人进行诉讼。代表人的诉讼行为对其所代表的当事人发生效力，但代表人变更、放弃诉讼请求或者承认对方当事人的诉讼请求，应当经被代表的当事人同意。

第二十九条　【诉讼第三人】公民、法人或者其他组织同被诉行政行为有利害关系但没有提起诉讼，或者同案件处理结果有利害关系的，可以作为第三人申请参加诉讼，或者由人民法院通知参加诉讼。

人民法院判决第三人承担义务或者减损第三人权益的，第三人有权依法提起上诉。

第三十条　【法定代理人】没有诉讼行为能力的公民，由其法定代理人代为诉讼。法定代理人互相推诿代理责任的，由人民法院指定其中一人代为诉讼。

第三十一条　【委托代理人】当事人、法定代理人，可以委托一至二人作为诉讼代理人。

下列人员可以被委托为诉讼代理人：

（一）律师、基层法律服务工作者；

（二）当事人的近亲属或者工作人员；

（三）当事人所在社区、单位以及有关社会团体推荐的公民。

第三十二条　【当事人及诉讼代理人权利】代理诉讼的律师，有权按照规定查阅、复制本案有关材料，有权向有关组织和公民调查，收集与本案有关的证据。对涉及国家秘密、商业秘密和个人隐私的材料，应当依照法律规定保密。

当事人和其他诉讼代理人有权按照规定查阅、复制本案庭审材料，但涉及国家秘密、商业秘密和个人隐私的内容除外。

第五章　证　据

第三十三条　【证据种类】证据包括：

（一）书证；

（二）物证；

（三）视听资料；

（四）电子数据；

（五）证人证言；

（六）当事人的陈述；

（七）鉴定意见；

（八）勘验笔录、现场笔录。

以上证据经法庭审查属实，才能作为认定案件事实的根据。

第三十四条　【被告举证责任】被告对作出的行政行为负有举证责任，应当提供作出该行政行为的证据和所依据的规范性文件。

被告不提供或者无正当理由逾期提供证据，视为没有相应证据。但是，被诉行政行为涉及第三人合法权益，第三人提供证据的除外。

第三十五条　【行政机关收集证据的限制】在诉讼过程中，被告及其诉讼代理人不得自行向原告、第三人和证人收集证据。

第三十六条　【被告延期提供证据和补充证据】被告在作出行政行为时已经收集了证据，但因不可抗力等正当事由不能提供的，经人民法院准许，可以延期提供。

原告或者第三人提出了其在行政处理程序中没有提出的理由或者证据的，经人民法院准许，被告可以补充证据。

第三十七条　【原告可以提供证据】原告可以提供证明行政行为违法的证据。原告提供的证据不成立的，不免除被告的举证责任。

第三十八条　【原告举证责任】在起诉被告不履行法定职责的案件中，原告应当提供其向被告提出申请的证据。但有下列情形之一的除外：

（一）被告应当依职权主动履行法定职责的；

（二）原告因正当理由不能提供证据的。

在行政赔偿、补偿的案件中，原告应当对行政行为造成的损害提供证据。因被告的原因导致原告无法举证的，由被告承担举证责任。

第三十九条　【法院要求当事人提供或者补充证据】人民法院有权要求当事人提供或者补充证据。

第四十条　【法院调取证据】人民法院有权向有关行政机关以及其他组织、公民调取证据。但是，不得为证明行政行为的合法性调取被告作出行政行为时未收集的证据。

第四十一条　【申请法院调取证据】与本案有关的下列证据，原告或者第三人不能自行收集的，可以申请人民法院调取：

（一）由国家机关保存而须由人民法院调取的证据；

（二）涉及国家秘密、商业秘密和个人隐私的证据；

（三）确因客观原因不能自行收集的其他证据。

第四十二条　【证据保全】在证据可能灭失或者以后难以取得的情况下，诉讼参加人可以向人民法院申请保全证据，人民法院也可以主动采取保全措施。

第四十三条 【证据适用规则】证据应当在法庭上出示,并由当事人互相质证。对涉及国家秘密、商业秘密和个人隐私的证据,不得在公开开庭时出示。

人民法院应当按照法定程序,全面、客观地审查核实证据。对未采纳的证据应当在裁判文书中说明理由。

以非法手段取得的证据,不得作为认定案件事实的根据。

第六章 起诉和受理

第四十四条 【行政复议与行政诉讼的关系】对属于人民法院受案范围的行政案件,公民、法人或者其他组织可以先向行政机关申请复议,对复议决定不服的,再向人民法院提起诉讼;也可以直接向人民法院提起诉讼。

法律、法规规定应当先向行政机关申请复议,对复议决定不服再向人民法院提起诉讼的,依照法律、法规的规定。

第四十五条 【经行政复议的起诉期限】公民、法人或者其他组织不服复议决定的,可以在收到复议决定书之日起十五日内向人民法院提起诉讼。复议机关逾期不作决定的,申请人可以在复议期满之日起十五日内向人民法院提起诉讼。法律另有规定的除外。

第四十六条 【起诉期限】公民、法人或者其他组织直接向人民法院提起诉讼的,应当自知道或者应当知道作出行政行为之日起六个月内提出。法律另有规定的除外。

因不动产提起诉讼的案件自行政行为作出之日起超过二十年,其他案件自行政行为作出之日起超过五年提起诉讼的,人民法院不予受理。

第四十七条 【行政机关不履行法定职责的起诉期限】公民、法人或者其他组织申请行政机关履行保护其人身权、财产权等合法权益的法定职责,行政机关在接到申请之日起两个月内不履行的,公民、法人或者其他组织可以向人民法院提起诉讼。法律、法规对行政机关履行职责的期限另有规定的,从其规定。

公民、法人或者其他组织在紧急情况下请求行政机关履行保护其人身权、财产权等合法权益的法定职责,行政机关不履行的,提起诉讼不受前款规定期限的限制。

第四十八条 【起诉期限的扣除和延长】公民、法人或者其他组织因不可抗力或者其他不属于其自身的原因耽误起诉期限的,被耽误的时间不计算在起诉期限内。

公民、法人或者其他组织因前款规定以外的其他特殊情况耽误起诉期限的,在障碍消除后十日内,可以申请延长期限,是否准许由人民法院决定。

第四十九条 【起诉条件】提起诉讼应当符合下列条件:

(一)原告是符合本法第二十五条规定的公民、法人或者其他组织;

(二)有明确的被告;

(三)有具体的诉讼请求和事实根据;

(四)属于人民法院受案范围和受诉人民法院管辖。

第五十条 【起诉方式】起诉应当向人民法院递交起诉状,并按照被告人数提出副本。

书写起诉状确有困难的,可以口头起诉,由人民法院记入笔录,出具注明日期的书面凭证,并告知对方当事人。

第五十一条 【登记立案】人民法院在接到起诉状时对符合本法规定的起诉条件的,应当登记立案。

对当场不能判定是否符合本法规定的起诉条件的,应当接收起诉状,出具注明收到日期的书面凭证,并在七日内决定是否立案。不符合起诉条件的,作出不予立案的裁定。裁定书应当载明不予立案的理由。原告对裁定不服的,可以提起上诉。

起诉状内容欠缺或者有其他错误的,应当给予指导和释明,并一次性告知当事人需要补正的内容。不得未经指导和释明即以起诉不符合条件为由不接收起诉状。

对于不接收起诉状、接收起诉状后不出具书面凭证,以及不一次性告知当事人需要补正的起诉状内容的,当事人可以向上级人民法院投诉,上级人民法院应当责令改正,并对直接负责的主管人员和其他直接责任人员依法给予处分。

第五十二条 【法院不立案的救济】人民法院既不立案,又不作出不予立案裁定的,当事人可以向上一级人民法院起诉。上一级人民法院认为符合起诉条件的,应当立案、审理,也可以指定其他下级人民法院立案、审理。

第五十三条 【规范性文件的附带审查】公民、法人或者其他组织认为行政行为所依据的国务院部门和地方人民政府及其部门制定的规范性文件不合法,在对行政行为提起诉讼时,可以一并请求对该规范性文件进行审查。

前款规定的规范性文件不含规章。

第七章 审理和判决

第一节 一般规定

第五十四条 【公开审理原则】人民法院公开审理行政案件,但涉及国家秘密、个人隐私和法律另有规定的除外。

涉及商业秘密的案件,当事人申请不公开审理的,可以不公开审理。

第五十五条　【回避】当事人认为审判人员与本案有利害关系或者有其他关系可能影响公正审判,有权申请审判人员回避。

审判人员认为自己与本案有利害关系或者有其他关系,应当申请回避。

前两款规定,适用于书记员、翻译人员、鉴定人、勘验人。

院长担任审判长时的回避,由审判委员会决定;审判人员的回避,由院长决定;其他人员的回避,由审判长决定。当事人对决定不服的,可以申请复议一次。

第五十六条　【诉讼不停止执行】诉讼期间,不停止行政行为的执行。但有下列情形之一的,裁定停止执行:

(一)被告认为需要停止执行的;

(二)原告或者利害关系人申请停止执行,人民法院认为该行政行为的执行会造成难以弥补的损失,并且停止执行不损害国家利益、社会公共利益的;

(三)人民法院认为该行政行为的执行会给国家利益、社会公共利益造成重大损害的;

(四)法律、法规规定停止执行的。

当事人对停止执行或者不停止执行的裁定不服的,可以申请复议一次。

第五十七条　【先予执行】人民法院对起诉行政机关没有依法支付抚恤金、最低生活保障金和工伤、医疗社会保险金的案件,权利义务关系明确,不先予执行将严重影响原告生活的,可以根据原告的申请,裁定先予执行。

当事人对先予执行裁定不服的,可以申请复议一次。复议期间不停止裁定的执行。

第五十八条　【拒不到庭或中途退庭的法律后果】经人民法院传票传唤,原告无正当理由拒不到庭,或者未经法庭许可中途退庭的,可以按照撤诉处理;被告无正当理由拒不到庭,或者未经法庭许可中途退庭的,可以缺席判决。

第五十九条　【妨害行政诉讼强制措施】诉讼参与人或者其他人有下列行为之一的,人民法院可以根据情节轻重,予以训诫、责令具结悔过或者处一万元以下的罚款、十五日以下的拘留;构成犯罪的,依法追究刑事责任:

(一)有义务协助调查、执行的人,对人民法院的协助调查决定、协助执行通知书,无故推拖、拒绝或者妨碍调查、执行的;

(二)伪造、隐藏、毁灭证据或者提供虚假证明材料,

妨碍人民法院审理案件的;

(三)指使、贿买、胁迫他人作伪证或者威胁、阻止证人作证的;

(四)隐藏、转移、变卖、毁损已被查封、扣押、冻结的财产的;

(五)以欺骗、胁迫等非法手段使原告撤诉的;

(六)以暴力、威胁或者其他方法阻碍人民法院工作人员执行职务,或者以哄闹、冲击法庭等方法扰乱人民法院工作秩序的;

(七)对人民法院审判人员或者其他工作人员、诉讼参与人、协助调查和执行的人员恐吓、侮辱、诽谤、诬陷、殴打、围攻或者打击报复的。

人民法院对有前款规定的行为之一的单位,可以对其主要负责人或者直接责任人员依照前款规定予以罚款、拘留;构成犯罪的,依法追究刑事责任。

罚款、拘留须经人民法院院长批准。当事人不服的,可以向上一级人民法院申请复议一次。复议期间不停止执行。

第六十条　【调解】人民法院审理行政案件,不适用调解。但是,行政赔偿、补偿以及行政机关行使法律、法规规定的自由裁量权的案件可以调解。

调解应当遵循自愿、合法原则,不得损害国家利益、社会公共利益和他人合法权益。

第六十一条　【民事争议和行政争议交叉】在涉及行政许可、登记、征收、征用和行政机关对民事争议所作的裁决的行政诉讼中,当事人申请一并解决相关民事争议的,人民法院可以一并审理。

在行政诉讼中,人民法院认为行政案件的审理需以民事诉讼的裁判为依据的,可以裁定中止行政诉讼。

第六十二条　【撤诉】人民法院对行政案件宣告判决或者裁定前,原告申请撤诉的,或者被告改变其所作的行政行为,原告同意并申请撤诉的,是否准许,由人民法院裁定。

第六十三条　【撤诉】人民法院审理行政案件,以法律和行政法规、地方性法规为依据。地方性法规适用于本行政区域内发生的行政案件。

人民法院审理民族自治地方的行政案件,并以该民族自治地方的自治条例和单行条例为依据。

人民法院审理行政案件,参照规章。

第六十四条　【规范性文件审查和处理】人民法院在审理行政案件中,经审查认为本法第五十三条规定的规范性文件不合法的,不作为认定行政行为合法的依据,

并向制定机关提出处理建议。

第六十五条　【裁判文书公开】人民法院应当公开发生法律效力的判决书、裁定书,供公众查阅,但涉及国家秘密、商业秘密和个人隐私的内容除外。

第六十六条　【有关行政机关工作人员和被告的处理】人民法院在审理行政案件中,认为行政机关的主管人员、直接责任人员违法违纪的,应当将有关材料移送监察机关、该行政机关或者其上一级行政机关;认为有犯罪行为的,应当将有关材料移送公安、检察机关。

人民法院对被告经传票传唤无正当理由拒不到庭,或者未经法庭许可中途退庭的,可以将被告拒不到庭或者中途退庭的情况予以公告,并可以向监察机关或者被告的上一级行政机关提出依法给予其主要负责人或者直接责任人员处分的司法建议。

第二节　第一审普通程序

第六十七条　【发送起诉状和提出答辩状】人民法院应当在立案之日起五日内,将起诉状副本发送被告。被告应当在收到起诉状副本之日起十五日内向人民法院提交作出行政行为的证据和所依据的规范性文件,并提出答辩状。人民法院应当在收到答辩状之日起五日内,将答辩状副本发送原告。

被告不提出答辩状的,不影响人民法院审理。

第六十八条　【审判组织形式】人民法院审理行政案件,由审判员组成合议庭,或者由审判员、陪审员组成合议庭。合议庭的成员,应当是三人以上的单数。

第六十九条　【驳回原告诉讼请求判决】行政行为证据确凿,适用法律、法规正确,符合法定程序的,或者原告申请被告履行法定职责或者给付义务理由不成立的,人民法院判决驳回原告的诉讼请求。

第七十条　【撤销判决和重作判决】行政行为有下列情形之一的,人民法院判决撤销或者部分撤销,并可以判决被告重新作出行政行为:

(一)主要证据不足的;

(二)适用法律、法规错误的;

(三)违反法定程序的;

(四)超越职权的;

(五)滥用职权的;

(六)明显不当的。

第七十一条　【重作判决对被告的限制】人民法院判决被告重新作出行政行为的,被告不得以同一的事实和理由作出与原行政行为基本相同的行政行为。

第七十二条　【履行判决】人民法院经过审理,查明被告不履行法定职责的,判决被告在一定期限内履行。

第七十三条　【给付判决】人民法院经过审理,查明被告依法负有给付义务的,判决被告履行给付义务。

第七十四条　【确认违法判决】行政行为有下列情形之一的,人民法院判决确认违法,但不撤销行政行为:

(一)行政行为依法应当撤销,但撤销会给国家利益、社会公共利益造成重大损害的;

(二)行政行为程序轻微违法,但对原告权利不产生实际影响的。

行政行为有下列情形之一,不需要撤销或者判决履行的,人民法院判决确认违法:

(一)行政行为违法,但不具有可撤销内容的;

(二)被告改变原违法行政行为,原告仍要求确认原行政行为违法的;

(三)被告不履行或者拖延履行法定职责,判决履行没有意义的。

第七十五条　【确认无效判决】行政行为有实施主体不具有行政主体资格或者没有依据等重大且明显违法情形,原告申请确认行政行为无效的,人民法院判决确认无效。

第七十六条　【确认违法和无效判决的补充规定】人民法院判决确认违法或者无效的,可以同时判决责令被告采取补救措施;给原告造成损失的,依法判决被告承担赔偿责任。

第七十七条　【变更判决】行政处罚明显不当,或者其他行政行为涉及对款额的确定、认定确有错误的,人民法院可以判决变更。

人民法院判决变更,不得加重原告的义务或者减损原告的权益。但利害关系人同为原告,且诉讼请求相反的除外。

第七十八条　【行政协议履行及补偿判决】被告不依法履行、未按照约定履行或者违法变更、解除本法第十二条第一款第十一项规定的协议的,人民法院判决被告承担继续履行、采取补救措施或者赔偿损失等责任。

被告变更、解除本法第十二条第一款第十一项规定的协议合法,但未依法给予补偿的,人民法院判决给予补偿。

第七十九条　【复议决定和原行政行为一并裁判】复议机关与作出原行政行为的行政机关为共同被告的案件,人民法院应当对复议决定和原行政行为一并作出裁判。

第八十条　【公开宣判】人民法院对公开审理和不

公开审理的案件,一律公开宣告判决。

当庭宣判的,应当在十日内发送判决书;定期宣判的,宣判后立即发给判决书。

宣告判决时,必须告知当事人上诉权利、上诉期限和上诉的人民法院。

第八十一条　【第一审审限】人民法院应当在立案之日起六个月内作出第一审判决。有特殊情况需要延长的,由高级人民法院批准,高级人民法院审理第一审案件需要延长的,由最高人民法院批准。

第三节　简易程序

第八十二条　【简易程序适用情形】人民法院审理下列第一审行政案件,认为事实清楚、权利义务关系明确、争议不大的,可以适用简易程序:

(一)被诉行政行为是依法当场作出的;

(二)案件涉及款额二千元以下的;

(三)属于政府信息公开案件的。

除前款规定以外的第一审行政案件,当事人各方同意适用简易程序的,可以适用简易程序。

发回重审、按照审判监督程序再审的案件不适用简易程序。

第八十三条　【简易程序的审判组织形式和审限】适用简易程序审理的行政案件,由审判员一人独任审理,并应当在立案之日起四十五日内审结。

第八十四条　【简易程序与普通程序的转换】人民法院在审理过程中,发现案件不宜适用简易程序的,裁定转为普通程序。

第四节　第二审程序

第八十五条　【上诉】当事人不服人民法院第一审判决的,有权在判决书送达之日起十五日内向上一级人民法院提起上诉。当事人不服人民法院第一审裁定的,有权在裁定书送达之日起十日内向上一级人民法院提起上诉。逾期不提起上诉的,人民法院的第一审判决或者裁定发生法律效力。

第八十六条　【二审审理方式】人民法院对上诉案件,应当组成合议庭,开庭审理。经过阅卷、调查和询问当事人,对没有提出新的事实、证据或者理由,合议庭认为不需要开庭审理的,也可以不开庭审理。

第八十七条　【二审审查范围】人民法院审理上诉案件,应当对原审人民法院的判决、裁定和被诉行政行为进行全面审查。

第八十八条　【二审审限】人民法院审理上诉案件,应当在收到上诉状之日起三个月内作出终审判决。有特殊情况需要延长的,由高级人民法院批准,高级人民法院审理上诉案件需要延长的,由最高人民法院批准。

第八十九条　【二审裁判】人民法院审理上诉案件,按照下列情形,分别处理:

(一)原判决、裁定认定事实清楚,适用法律、法规正确的,判决或者裁定驳回上诉,维持原判决、裁定;

(二)原判决、裁定认定事实错误或者适用法律、法规错误的,依法改判、撤销或者变更;

(三)原判决认定基本事实不清、证据不足的,发回原审人民法院重审,或者查清事实后改判;

(四)原判决遗漏当事人或者违法缺席判决等严重违反法定程序的,裁定撤销原判决,发回原审人民法院重审。

原审人民法院对发回重审的案件作出判决后,当事人提起上诉的,第二审人民法院不得再次发回重审。

人民法院审理上诉案件,需要改变原审判决的,应当同时对被诉行政行为作出判决。

第五节　审判监督程序

第九十条　【当事人申请再审】当事人对已经发生法律效力的判决、裁定,认为确有错误的,可以向上一级人民法院申请再审,但判决、裁定不停止执行。

第九十一条　【再审事由】当事人的申请符合下列情形之一的,人民法院应当再审:

(一)不予立案或者驳回起诉确有错误的;

(二)有新的证据,足以推翻原判决、裁定的;

(三)原判决、裁定认定事实的主要证据不足、未经质证或者系伪造的;

(四)原判决、裁定适用法律、法规确有错误的;

(五)违反法律规定的诉讼程序,可能影响公正审判的;

(六)原判决、裁定遗漏诉讼请求的;

(七)据以作出原判决、裁定的法律文书被撤销或者变更的;

(八)审判人员在审理该案件时有贪污受贿、徇私舞弊、枉法裁判行为的。

第九十二条　【人民法院依职权再审】各级人民法院院长对本院已经发生法律效力的判决、裁定,发现有本法第九十一条规定情形之一,或者发现调解违反自愿原则或者调解书内容违法,认为需要再审的,应当提交审判委员会讨论决定。

最高人民法院对地方各级人民法院已经发生法律效

力的判决、裁定,上级人民法院对下级人民法院已经发生法律效力的判决、裁定,发现有本法第九十一条规定情形之一,或者发现调解违反自愿原则或者调解书内容违法的,有权提审或者指令下级人民法院再审。

第九十三条　【抗诉和检察建议】最高人民检察院对各级人民法院已经发生法律效力的判决、裁定,上级人民检察院对下级人民法院已经发生法律效力的判决、裁定,发现有本法第九十一条规定情形之一,或者发现调解书损害国家利益、社会公共利益的,应当提出抗诉。

地方各级人民检察院对同级人民法院已经发生法律效力的判决、裁定,发现有本法第九十一条规定情形之一,或者发现调解书损害国家利益、社会公共利益的,可以向同级人民法院提出检察建议,并报上级人民检察院备案;也可以提请上级人民检察院向同级人民法院提出抗诉。

各级人民检察院对审判监督程序以外的其他审判程序中审判人员的违法行为,有权向同级人民法院提出检察建议。

第八章　执　行

第九十四条　【生效裁判和调解书的执行】当事人必须履行人民法院发生法律效力的判决、裁定、调解书。

第九十五条　【申请强制执行和执行管辖】公民、法人或者其他组织拒绝履行判决、裁定、调解书的,行政机关或者第三人可以向第一审人民法院申请强制执行,或者由行政机关依法强制执行。

第九十六条　【对行政机关拒绝履行的执行措施】行政机关拒绝履行判决、裁定、调解书的,第一审人民法院可以采取下列措施:

(一)对应当归还的罚款或者应当给付的款额,通知银行从该行政机关的账户内划拨;

(二)在规定期限内不履行的,从期满之日起,对该行政机关负责人按日处五十元至一百元的罚款;

(三)将行政机关拒绝履行的情况予以公告;

(四)向监察机关或者该行政机关的上一级行政机关提出司法建议。接受司法建议的机关,根据有关规定进行处理,并将处理情况告知人民法院;

(五)拒不履行判决、裁定、调解书,社会影响恶劣的,可以对该行政机关直接负责的主管人员和其他直接责任人员予以拘留;情节严重,构成犯罪的,依法追究刑事责任。

第九十七条　【非诉执行】公民、法人或者其他组织对行政行为在法定期限内不提起诉讼又不履行的,行政机关可以申请人民法院强制执行,或者依法强制执行。

第九章　涉外行政诉讼

第九十八条　【涉外行政诉讼的法律适用原则】外国人、无国籍人、外国组织在中华人民共和国进行行政诉讼,适用本法。法律另有规定的除外。

第九十九条　【同等与对等原则】外国人、无国籍人、外国组织在中华人民共和国进行行政诉讼,同中华人民共和国公民、组织有同等的诉讼权利和义务。

外国法院对中华人民共和国公民、组织的行政诉讼权利加以限制的,人民法院对该国公民、组织的行政诉讼权利,实行对等原则。

第一百条　【中国律师代理】外国人、无国籍人、外国组织在中华人民共和国进行行政诉讼,委托律师代理诉讼的,应当委托中华人民共和国律师机构的律师。

第十章　附　则

第一百零一条　【适用民事诉讼法规定】人民法院审理行政案件,关于期间、送达、财产保全、开庭审理、调解、中止诉讼、终结诉讼、简易程序、执行等,以及人民检察院对行政案件受理、审理、裁判、执行的监督,本法没有规定的,适用《中华人民共和国民事诉讼法》的相关规定。

第一百零二条　【诉讼费用】人民法院审理行政案件,应当收取诉讼费用。诉讼费用由败诉方承担,双方都有责任的由双方分担。收取诉讼费用的具体办法另行规定。

第一百零三条　【施行日期】本法自 1990 年 10 月 1 日起施行。

中华人民共和国消防法

- 1998 年 4 月 29 日第九届全国人民代表大会常务委员会第二次会议通过
- 2008 年 10 月 28 日第十一届全国人民代表大会常务委员会第五次会议修订
- 根据 2019 年 4 月 23 日第十三届全国人民代表大会常务委员会第十次会议《关于修改〈中华人民共和国建筑法〉等八部法律的决定》第一次修正
- 根据 2021 年 4 月 29 日第十三届全国人民代表大会常务委员会第二十八次会议《关于修改〈中华人民共和国道路交通安全法〉等八部法律的决定》第二次修正

第一章　总　则

第一条　为了预防火灾和减少火灾危害,加强应急救援工作,保护人身、财产安全,维护公共安全,制定本法。

第二条　消防工作贯彻预防为主、防消结合的方针，按照政府统一领导、部门依法监管、单位全面负责、公民积极参与的原则，实行消防安全责任制，建立健全社会化的消防工作网络。

第三条　国务院领导全国的消防工作。地方各级人民政府负责本行政区域内的消防工作。

各级人民政府应当将消防工作纳入国民经济和社会发展计划，保障消防工作与经济社会发展相适应。

第四条　国务院应急管理部门对全国的消防工作实施监督管理。县级以上地方人民政府应急管理部门对本行政区域内的消防工作实施监督管理，并由本级人民政府消防救援机构负责实施。军事设施的消防工作，由其主管单位监督管理，消防救援机构协助；矿井地下部分、核电厂、海上石油天然气设施的消防工作，由其主管单位监督管理。

县级以上人民政府其他有关部门在各自的职责范围内，依照本法和其他相关法律、法规的规定做好消防工作。

法律、行政法规对森林、草原的消防工作另有规定的，从其规定。

第五条　任何单位和个人都有维护消防安全、保护消防设施、预防火灾、报告火警的义务。任何单位和成年人都有参加有组织的灭火工作的义务。

第六条　各级人民政府应当组织开展经常性的消防宣传教育，提高公民的消防安全意识。

机关、团体、企业、事业等单位，应当加强对本单位人员的消防宣传教育。

应急管理部门及消防救援机构应当加强消防法律、法规的宣传，并督促、指导、协助有关单位做好消防宣传教育工作。

教育、人力资源行政主管部门和学校、有关职业培训机构应当将消防知识纳入教育、教学、培训的内容。

新闻、广播、电视等有关单位，应当有针对性地面向社会进行消防宣传教育。

工会、共产主义青年团、妇女联合会等团体应当结合各自工作对象的特点，组织开展消防宣传教育。

村民委员会、居民委员会应当协助人民政府以及公安机关、应急管理等部门，加强消防宣传教育。

第七条　国家鼓励、支持消防科学研究和技术创新，推广使用先进的消防和应急救援技术、设备；鼓励、支持社会力量开展消防公益活动。

对在消防工作中有突出贡献的单位和个人，应当按照国家有关规定给予表彰和奖励。

第二章　火灾预防

第八条　地方各级人民政府应当将包括消防安全布局、消防站、消防供水、消防通信、消防车通道、消防装备等内容的消防规划纳入城乡规划，并负责组织实施。

城乡消防安全布局不符合消防安全要求的，应当调整、完善；公共消防设施、消防装备不足或者不适应实际需要的，应当增建、改建、配置或者进行技术改造。

第九条　建设工程的消防设计、施工必须符合国家工程建设消防技术标准。建设、设计、施工、工程监理等单位依法对建设工程的消防设计、施工质量负责。

第十条　对按照国家工程建设消防技术标准需要进行消防设计的建设工程，实行建设工程消防设计审查验收制度。

第十一条　国务院住房和城乡建设主管部门规定的特殊建设工程，建设单位应当将消防设计文件报送住房和城乡建设主管部门审查，住房和城乡建设主管部门依法对审查的结果负责。

前款规定以外的其他建设工程，建设单位申请领取施工许可证或者申请批准开工报告时应当提供满足施工需要的消防设计图纸及技术资料。

第十二条　特殊建设工程未经消防设计审查或者审查不合格的，建设单位、施工单位不得施工；其他建设工程，建设单位未提供满足施工需要的消防设计图纸及技术资料的，有关部门不得发放施工许可证或者批准开工报告。

第十三条　国务院住房和城乡建设主管部门规定应当申请消防验收的建设工程竣工，建设单位应当向住房和城乡建设主管部门申请消防验收。

前款规定以外的其他建设工程，建设单位在验收后应当报住房和城乡建设主管部门备案，住房和城乡建设主管部门应当进行抽查。

依法应当进行消防验收的建设工程，未经消防验收或者消防验收不合格的，禁止投入使用；其他建设工程经依法抽查不合格的，应当停止使用。

第十四条　建设工程消防设计审查、消防验收、备案和抽查的具体办法，由国务院住房和城乡建设主管部门规定。

第十五条　公众聚集场所投入使用、营业前消防安全检查实行告知承诺管理。公众聚集场所在投入使用、营业前，建设单位或者使用单位应当向场所所在地的县级以上地方人民政府消防救援机构申请消防安全检查，作出场所符合消防技术标准和管理规定的承诺，提交规定的材料,并对其承诺和材料的真实性负责。

消防救援机构对申请人提交的材料进行审查;申请材料齐全、符合法定形式的,应当予以许可。消防救援机构应当根据消防技术标准和管理规定,及时对作出承诺的公众聚集场所进行核查。

申请人选择不采用告知承诺方式办理的,消防救援机构应当自受理申请之日起十个工作日内,根据消防技术标准和管理规定,对该场所进行检查。经检查符合消防安全要求的,应当予以许可。

公众聚集场所未经消防救援机构许可的,不得投入使用、营业。消防安全检查的具体办法,由国务院应急管理部门制定。

第十六条　机关、团体、企业、事业等单位应当履行下列消防安全职责:

(一)落实消防安全责任制,制定本单位的消防安全制度、消防安全操作规程,制定灭火和应急疏散预案;

(二)按照国家标准、行业标准配置消防设施、器材,设置消防安全标志,并定期组织检验、维修,确保完好有效;

(三)对建筑消防设施每年至少进行一次全面检测,确保完好有效,检测记录应当完整准确,存档备查;

(四)保障疏散通道、安全出口、消防车通道畅通,保证防火防烟分区、防火间距符合消防技术标准;

(五)组织防火检查,及时消除火灾隐患;

(六)组织进行有针对性的消防演练;

(七)法律、法规规定的其他消防安全职责。

单位的主要负责人是本单位的消防安全责任人。

第十七条　县级以上地方人民政府消防救援机构应当将发生火灾可能性较大以及发生火灾可能造成重大的人身伤亡或者财产损失的单位,确定为本行政区域内的消防安全重点单位,并由应急管理部门报本级人民政府备案。

消防安全重点单位除应当履行本法第十六条规定的职责外,还应当履行下列消防安全职责:

(一)确定消防安全管理人,组织实施本单位的消防安全管理工作;

(二)建立消防档案,确定消防安全重点部位,设置防火标志,实行严格管理;

(三)实行每日防火巡查,并建立巡查记录;

(四)对职工进行岗前消防安全培训,定期组织消防安全培训和消防演练。

第十八条　同一建筑物由两个以上单位管理或者使用的,应当明确各方的消防安全责任,并确定责任人对共用的疏散通道、安全出口、建筑消防设施和消防车通道进行统一管理。

住宅区的物业服务企业应当对管理区域内的共用消防设施进行维护管理,提供消防安全防范服务。

第十九条　生产、储存、经营易燃易爆危险品的场所不得与居住场所设置在同一建筑物内,并应当与居住场所保持安全距离。

生产、储存、经营其他物品的场所与居住场所设置在同一建筑物内的,应当符合国家工程建设消防技术标准。

第二十条　举办大型群众性活动,承办人应当依法向公安机关申请安全许可,制定灭火和应急疏散预案并组织演练,明确消防安全责任分工,确定消防安全管理人员,保持消防设施和消防器材配置齐全、完好有效,保证疏散通道、安全出口、疏散指示标志、应急照明和消防车通道符合消防技术标准和管理规定。

第二十一条　禁止在具有火灾、爆炸危险的场所吸烟、使用明火。因施工等特殊情况需要使用明火作业的,应当按照规定事先办理审批手续,采取相应的消防安全措施;作业人员应当遵守消防安全规定。

进行电焊、气焊等具有火灾危险作业的人员和自动消防系统的操作人员,必须持证上岗,并遵守消防安全操作规程。

第二十二条　生产、储存、装卸易燃易爆危险品的工厂、仓库和专用车站、码头的设置,应当符合消防技术标准。易燃易爆气体和液体的充装站、供应站、调压站,应当设置在符合消防安全要求的位置,并符合防火防爆要求。

已经设置的生产、储存、装卸易燃易爆危险品的工厂、仓库和专用车站、码头,易燃易爆气体和液体的充装站、供应站、调压站,不再符合前款规定的,地方人民政府应当组织、协调有关部门、单位限期解决,消除安全隐患。

第二十三条　生产、储存、运输、销售、使用、销毁易燃易爆危险品,必须执行消防技术标准和管理规定。

进入生产、储存易燃易爆危险品的场所,必须执行消防安全规定。禁止非法携带易燃易爆危险品进入公共场所或者乘坐公共交通工具。

储存可燃物资仓库的管理,必须执行消防技术标准和管理规定。

第二十四条　消防产品必须符合国家标准;没有国家标准的,必须符合行业标准。禁止生产、销售或者使用不合格的消防产品以及国家明令淘汰的消防产品。

依法实行强制性产品认证的消防产品，由具有法定资质的认证机构按照国家标准、行业标准的强制性要求认证合格后，方可生产、销售、使用。实行强制性产品认证的消防产品目录，由国务院产品质量监督部门会同国务院应急管理部门制定并公布。

新研制的尚未制定国家标准、行业标准的消防产品，应当按照国务院产品质量监督部门会同国务院应急管理部门规定的办法，经技术鉴定符合消防安全要求的，方可生产、销售、使用。

依照本条规定经强制性产品认证合格或者技术鉴定合格的消防产品，国务院应急管理部门应当予以公布。

第二十五条　产品质量监督部门、工商行政管理部门、消防救援机构应当按照各自职责加强对消防产品质量的监督检查。

第二十六条　建筑构件、建筑材料和室内装修、装饰材料的防火性能必须符合国家标准；没有国家标准的，必须符合行业标准。

人员密集场所室内装修、装饰，应当按照消防技术标准的要求，使用不燃、难燃材料。

第二十七条　电器产品、燃气用具的产品标准，应当符合消防安全的要求。

电器产品、燃气用具的安装、使用及其线路、管路的设计、敷设、维护保养、检测，必须符合消防技术标准和管理规定。

第二十八条　任何单位、个人不得损坏、挪用或者擅自拆除、停用消防设施、器材，不得埋压、圈占、遮挡消火栓或者占用防火间距，不得占用、堵塞、封闭疏散通道、安全出口、消防车通道。人员密集场所的门窗不得设置影响逃生和灭火救援的障碍物。

第二十九条　负责公共消防设施维护管理的单位，应当保持消防供水、消防通信、消防车通道等公共消防设施的完好有效。在修建道路以及停电、停水、截断通信线路时有可能影响消防队灭火救援的，有关单位必须事先通知当地消防救援机构。

第三十条　地方各级人民政府应当加强对农村消防工作的领导，采取措施加强公共消防设施建设，组织建立和督促落实消防安全责任制。

第三十一条　在农业收获季节、森林和草原防火期间、重大节假日期间以及火灾多发季节，地方各级人民政府应当组织开展有针对性的消防宣传教育，采取防火措施，进行消防安全检查。

第三十二条　乡镇人民政府、城市街道办事处应当指导、支持和帮助村民委员会、居民委员会开展群众性的消防工作。村民委员会、居民委员会应当确定消防安全管理人，组织制定防火安全公约，进行防火安全检查。

第三十三条　国家鼓励、引导公众聚集场所和生产、储存、运输、销售易燃易爆危险品的企业投保火灾公众责任保险；鼓励保险公司承保火灾公众责任保险。

第三十四条　消防设施维护保养检测、消防安全评估等消防技术服务机构应当符合从业条件，执业人员应当依法获得相应的资格；依照法律、行政法规、国家标准、行业标准和执业准则，接受委托提供消防技术服务，并对服务质量负责。

第三章　消防组织

第三十五条　各级人民政府应当加强消防组织建设，根据经济社会发展的需要，建立多种形式的消防组织，加强消防技术人才培养，增强火灾预防、扑救和应急救援的能力。

第三十六条　县级以上地方人民政府应当按照国家规定建立国家综合性消防救援队、专职消防队，并按照国家标准配备消防装备，承担火灾扑救工作。

乡镇人民政府应当根据当地经济发展和消防工作的需要，建立专职消防队、志愿消防队，承担火灾扑救工作。

第三十七条　国家综合性消防救援队、专职消防队按照国家规定承担重大灾害事故和其他以抢救人员生命为主的应急救援工作。

第三十八条　国家综合性消防救援队、专职消防队应当充分发挥火灾扑救和应急救援专业力量的骨干作用；按照国家规定，组织实施专业技能训练，配备并维护保养装备器材，提高火灾扑救和应急救援的能力。

第三十九条　下列单位应当建立单位专职消防队，承担本单位的火灾扑救工作：

（一）大型核设施单位、大型发电厂、民用机场、主要港口；

（二）生产、储存易燃易爆危险品的大型企业；

（三）储备可燃的重要物资的大型仓库、基地；

（四）第一项、第二项、第三项规定以外的火灾危险性较大、距离国家综合性消防救援队较远的其他大型企业；

（五）距离国家综合性消防救援队较远、被列为全国重点文物保护单位的古建筑群的管理单位。

第四十条　专职消防队的建立，应当符合国家有关规定，并报当地消防救援机构验收。

专职消防队的队员依法享受社会保险和福利待遇。

第四十一条　机关、团体、企业、事业等单位以及村民委员会、居民委员会根据需要，建立志愿消防队等多种形式的消防组织，开展群众性自防自救工作。

第四十二条　消防救援机构应当对专职消防队、志愿消防队等消防组织进行业务指导；根据扑救火灾的需要，可以调动指挥专职消防队参加火灾扑救工作。

第四章　灭火救援

第四十三条　县级以上地方人民政府应当组织有关部门针对本行政区域内的火灾特点制定应急预案，建立应急反应和处置机制，为火灾扑救和应急救援工作提供人员、装备等保障。

第四十四条　任何人发现火灾都应当立即报警。任何单位、个人都应当无偿为报警提供便利，不得阻拦报警。严禁谎报火警。

人员密集场所发生火灾，该场所的现场工作人员应当立即组织、引导在场人员疏散。

任何单位发生火灾，必须立即组织力量扑救。邻近单位应当给予支援。

消防队接到火警，必须立即赶赴火灾现场，救助遇险人员，排除险情，扑灭火灾。

第四十五条　消防救援机构统一组织和指挥火灾现场扑救，应当优先保障遇险人员的生命安全。

火灾现场总指挥根据扑救火灾的需要，有权决定下列事项：

（一）使用各种水源；

（二）截断电力、可燃气体和可燃液体的输送，限制用火用电；

（三）划定警戒区，实行局部交通管制；

（四）利用临近建筑物和有关设施；

（五）为了抢救人员和重要物资，防止火势蔓延，拆除或者破损毗邻火灾现场的建筑物、构筑物或者设施等；

（六）调动供水、供电、供气、通信、医疗救护、交通运输、环境保护等有关单位协助灭火救援。

根据扑救火灾的紧急需要，有关地方人民政府应当组织人员、调集所需物资支援灭火。

第四十六条　国家综合性消防救援队、专职消防队参加火灾以外的其他重大灾害事故的应急救援工作，由县级以上人民政府统一领导。

第四十七条　消防车、消防艇前往执行火灾扑救或者应急救援任务，在确保安全的前提下，不受行驶速度、行驶路线、行驶方向和指挥信号的限制，其他车辆、船舶以及行人应当让行，不得穿插超越；收费公路、桥梁免收车辆通行费。交通管理指挥人员应当保证消防车、消防艇迅速通行。

赶赴火灾现场或者应急救援现场的消防人员和调集的消防装备、物资，需要铁路、水路或者航空运输的，有关单位应当优先运输。

第四十八条　消防车、消防艇以及消防器材、装备和设施，不得用于与消防和应急救援工作无关的事项。

第四十九条　国家综合性消防救援队、专职消防队扑救火灾、应急救援，不得收取任何费用。

单位专职消防队、志愿消防队参加扑救外单位火灾所损耗的燃料、灭火剂和器材、装备等，由火灾发生地的人民政府给予补偿。

第五十条　对因参加扑救火灾或者应急救援受伤、致残或者死亡的人员，按照国家有关规定给予医疗、抚恤。

第五十一条　消防救援机构有权根据需要封闭火灾现场，负责调查火灾原因，统计火灾损失。

火灾扑救后，发生火灾的单位和相关人员应当按照消防救援机构的要求保护现场，接受事故调查，如实提供与火灾有关的情况。

消防救援机构根据火灾现场勘验、调查情况和有关的检验、鉴定意见，及时制作火灾事故认定书，作为处理火灾事故的证据。

第五章　监督检查

第五十二条　地方各级人民政府应当落实消防工作责任制，对本级人民政府有关部门履行消防安全职责的情况进行监督检查。

县级以上地方人民政府有关部门应当根据本系统的特点，有针对性地开展消防安全检查，及时督促整改火灾隐患。

第五十三条　消防救援机构应当对机关、团体、企业、事业等单位遵守消防法律、法规的情况依法进行监督检查。公安派出所可以负责日常消防监督检查、开展消防宣传教育，具体办法由国务院公安部门规定。

消防救援机构、公安派出所的工作人员进行消防监督检查，应当出示证件。

第五十四条　消防救援机构在消防监督检查中发现火灾隐患的，应当通知有关单位或者个人立即采取措施消除隐患；不及时消除隐患可能严重威胁公共安全的，消防救援机构应当依照规定对危险部位或者场所采取临时查封措施。

第五十五条　消防救援机构在消防监督检查中发现

城乡消防安全布局、公共消防设施不符合消防安全要求，或者发现本地区存在影响公共安全的重大火灾隐患的，应当由应急管理部门书面报告本级人民政府。

接到报告的人民政府应当及时核实情况，组织或者责成有关部门、单位采取措施，予以整改。

第五十六条　住房和城乡建设主管部门、消防救援机构及其工作人员应当按照法定的职权和程序进行消防设计审查、消防验收、备案抽查和消防安全检查，做到公正、严格、文明、高效。

住房和城乡建设主管部门、消防救援机构及其工作人员进行消防设计审查、消防验收、备案抽查和消防安全检查等，不得收取费用，不得利用职务谋取利益；不得利用职务为用户、建设单位指定或者变相指定消防产品的品牌、销售单位或者消防技术服务机构、消防设施施工单位。

第五十七条　住房和城乡建设主管部门、消防救援机构及其工作人员执行职务，应当自觉接受社会和公民的监督。

任何单位和个人都有权对住房和城乡建设主管部门、消防救援机构及其工作人员在执法中的违法行为进行检举、控告。收到检举、控告的机关，应当按照职责及时查处。

第六章　法律责任

第五十八条　违反本法规定，有下列行为之一的，由住房和城乡建设主管部门、消防救援机构按照各自职权责令停止施工、停止使用或者停产停业，并处三万元以上三十万元以下罚款：

（一）依法应当进行消防设计审查的建设工程，未经依法审查或者审查不合格，擅自施工的；

（二）依法应当进行消防验收的建设工程，未经消防验收或者消防验收不合格，擅自投入使用的；

（三）本法第十三条规定的其他建设工程验收后经依法抽查不合格，不停止使用的；

（四）公众聚集场所未经消防救援机构许可，擅自投入使用、营业的，或者经核查发现场所使用、营业情况与承诺内容不符的。

核查发现公众聚集场所使用、营业情况与承诺内容不符，经责令限期改正，逾期不整改或者整改后仍达不到要求的，依法撤销相应许可。

建设单位未依照本法规定在验收后报住房和城乡建设主管部门备案的，由住房和城乡建设主管部门责令改正，处五千元以下罚款。

第五十九条　违反本法规定，有下列行为之一的，由住房和城乡建设主管部门责令改正或者停止施工，并处一万元以上十万元以下罚款：

（一）建设单位要求建筑设计单位或者建筑施工企业降低消防技术标准设计、施工的；

（二）建筑设计单位不按照消防技术标准强制性要求进行消防设计的；

（三）建筑施工企业不按照消防设计文件和消防技术标准施工，降低消防施工质量的；

（四）工程监理单位与建设单位或者建筑施工企业串通，弄虚作假，降低消防施工质量的。

第六十条　单位违反本法规定，有下列行为之一的，责令改正，处五千元以上五万元以下罚款：

（一）消防设施、器材或者消防安全标志的配置、设置不符合国家标准、行业标准，或者未保持完好有效的；

（二）损坏、挪用或者擅自拆除、停用消防设施、器材的；

（三）占用、堵塞、封闭疏散通道、安全出口或者有其他妨碍安全疏散行为的；

（四）埋压、圈占、遮挡消火栓或者占用防火间距的；

（五）占用、堵塞、封闭消防车通道，妨碍消防车通行的；

（六）人员密集场所在门窗上设置影响逃生和灭火救援的障碍物的；

（七）对火灾隐患经消防救援机构通知后不及时采取措施消除的。

个人有前款第二项、第三项、第四项、第五项行为之一的，处警告或者五百元以下罚款。

有本条第一款第三项、第四项、第五项、第六项行为，经责令改正拒不改正的，强制执行，所需费用由违法行为人承担。

第六十一条　生产、储存、经营易燃易爆危险品的场所与居住场所设置在同一建筑物内，或者未与居住场所保持安全距离的，责令停产停业，并处五千元以上五万元以下罚款。

生产、储存、经营其他物品的场所与居住场所设置在同一建筑物内，不符合消防技术标准的，依照前款规定处罚。

第六十二条　有下列行为之一的，依照《中华人民共和国治安管理处罚法》的规定处罚：

（一）违反有关消防技术标准和管理规定生产、储存、运输、销售、使用、销毁易燃易爆危险品的；

（二）非法携带易燃易爆危险品进入公共场所或者乘坐公共交通工具的；

（三）谎报火警的；

（四）阻碍消防车、消防艇执行任务的；

（五）阻碍消防救援机构的工作人员依法执行职务的。

第六十三条 违反本法规定，有下列行为之一的，处警告或者五百元以下罚款；情节严重的，处五日以下拘留：

（一）违反消防安全规定进入生产、储存易燃易爆危险品场所的；

（二）违反规定使用明火作业或者在具有火灾、爆炸危险的场所吸烟、使用明火的。

第六十四条 违反本法规定，有下列行为之一，尚不构成犯罪的，处十日以上十五日以下拘留，可以并处五百元以下罚款；情节较轻的，处警告或者五百元以下罚款：

（一）指使或者强令他人违反消防安全规定，冒险作业的；

（二）过失引起火灾的；

（三）在火灾发生后阻拦报警，或者负有报告职责的人员不及时报警的；

（四）扰乱火灾现场秩序，或者拒不执行火灾现场指挥员指挥，影响灭火救援的；

（五）故意破坏或者伪造火灾现场的；

（六）擅自拆封或者使用被消防救援机构查封的场所、部位的。

第六十五条 违反本法规定，生产、销售不合格的消防产品或者国家明令淘汰的消防产品的，由产品质量监督部门或者工商行政管理部门依照《中华人民共和国产品质量法》的规定从重处罚。

人员密集场所使用不合格的消防产品或者国家明令淘汰的消防产品的，责令限期改正；逾期不改正的，处五千元以上五万元以下罚款，并对其直接负责的主管人员和其他直接责任人员处五百元以上二千元以下罚款；情节严重的，责令停产停业。

消防救援机构对于本条第二款规定的情形，除依法对使用者予以处罚外，应当将发现不合格的消防产品和国家明令淘汰的消防产品的情况通报产品质量监督部门、工商行政管理部门。产品质量监督部门、工商行政管理部门应当对生产者、销售者依法及时查处。

第六十六条 电器产品、燃气用具的安装、使用及其线路、管路的设计、敷设、维护保养、检测不符合消防技术标准和管理规定的，责令限期改正；逾期不改正的，责令停止使用，可以并处一千元以上五千元以下罚款。

第六十七条 机关、团体、企业、事业等单位违反本法第十六条、第十七条、第十八条、第二十一条第二款规定的，责令限期改正；逾期不改正的，对其直接负责的主管人员和其他直接责任人员依法给予处分或者给予警告处罚。

第六十八条 人员密集场所发生火灾，该场所的现场工作人员不履行组织、引导在场人员疏散的义务，情节严重，尚不构成犯罪的，处五日以上十日以下拘留。

第六十九条 消防设施维护保养检测、消防安全评估等消防技术服务机构，不具备从业条件从事消防技术服务活动或者出具虚假文件的，由消防救援机构责令改正，处五万元以上十万元以下罚款，并对直接负责的主管人员和其他直接责任人员处一万元以上五万元以下罚款；不按照国家标准、行业标准开展消防技术服务活动的，责令改正，处五万元以下罚款，并对直接负责的主管人员和其他直接责任人员处一万元以下罚款；有违法所得的，并处没收违法所得；给他人造成损失的，依法承担赔偿责任；情节严重的，依法责令停止执业或者吊销相应资格；造成重大损失的，由相关部门吊销营业执照，并对有关责任人员采取终身市场禁入措施。

前款规定的机构出具失实文件，给他人造成损失的，依法承担赔偿责任；造成重大损失的，由消防救援机构依法责令停止执业或者吊销相应资格，由相关部门吊销营业执照，并对有关责任人员采取终身市场禁入措施。

第七十条 本法规定的行政处罚，除应当由公安机关依照《中华人民共和国治安管理处罚法》的有关规定决定的外，由住房和城乡建设主管部门、消防救援机构按照各自职权决定。

被责令停止施工、停止使用、停产停业的，应当在整改后向作出决定的部门或者机构报告，经检查合格，方可恢复施工、使用、生产、经营。

当事人逾期不执行停产停业、停止使用、停止施工决定的，由作出决定的部门或者机构强制执行。

责令停产停业，对经济和社会生活影响较大的，由住房和城乡建设主管部门或者应急管理部门报请本级人民政府依法决定。

第七十一条 住房和城乡建设主管部门、消防救援机构的工作人员滥用职权、玩忽职守、徇私舞弊，有下列行为之一，尚不构成犯罪的，依法给予处分：

（一）对不符合消防安全要求的消防设计文件、建设工程、场所准予审查合格、消防验收合格、消防安全检查合格的；

（二）无故拖延消防设计审查、消防验收、消防安全检查，不在法定期限内履行职责的；

（三）发现火灾隐患不及时通知有关单位或者个人整改的；

（四）利用职务为用户、建设单位指定或者变相指定消防产品的品牌、销售单位或者消防技术服务机构、消防设施施工单位的；

（五）将消防车、消防艇以及消防器材、装备和设施用于与消防和应急救援无关的事项的；

（六）其他滥用职权、玩忽职守、徇私舞弊的行为。

产品质量监督、工商行政管理等其他有关行政主管部门的工作人员在消防工作中滥用职权、玩忽职守、徇私舞弊，尚不构成犯罪的，依法给予处分。

第七十二条 违反本法规定，构成犯罪的，依法追究刑事责任。

第七章 附 则

第七十三条 本法下列用语的含义：

（一）消防设施，是指火灾自动报警系统、自动灭火系统、消火栓系统、防烟排烟系统以及应急广播和应急照明、安全疏散设施等。

（二）消防产品，是指专门用于火灾预防、灭火救援和火灾防护、避难、逃生的产品。

（三）公众聚集场所，是指宾馆、饭店、商场、集贸市场、客运车站候车室、客运码头候船厅、民用机场航站楼、体育场馆、会堂以及公共娱乐场所等。

（四）人员密集场所，是指公众聚集场所，医院的门诊楼、病房楼，学校的教学楼、图书馆、食堂和集体宿舍，养老院、福利院，托儿所、幼儿园，公共图书馆的阅览室，公共展览馆、博物馆的展示厅，劳动密集型企业的生产加工车间和员工集体宿舍，旅游、宗教活动场所等。

第七十四条 本法自 2009 年 5 月 1 日起施行。

行政执法机关移送涉嫌犯罪案件的规定

·2001 年 7 月 9 日中华人民共和国国务院令第 310 号公布
·根据 2020 年 8 月 7 日《国务院关于修改〈行政执法机关移送涉嫌犯罪案件的规定〉的决定》修订

第一条 为了保证行政执法机关向公安机关及时移送涉嫌犯罪案件，依法惩罚破坏社会主义市场经济秩序罪、妨害社会管理秩序罪以及其他罪，保障社会主义建设事业顺利进行，制定本规定。

第二条 本规定所称行政执法机关，是指依照法律、法规或者规章的规定，对破坏社会主义市场经济秩序、妨害社会管理秩序以及其他违法行为具有行政处罚权的行政机关，以及法律、法规授权的具有管理公共事务职能、在法定授权范围内实施行政处罚的组织。

第三条 行政执法机关在依法查处违法行为过程中，发现违法事实涉及的金额、违法事实的情节、违法事实造成的后果等，根据刑法关于破坏社会主义市场经济秩序罪、妨害社会管理秩序罪等罪的规定和最高人民法院、最高人民检察院关于破坏社会主义市场经济秩序罪、妨害社会管理秩序罪等罪的司法解释以及最高人民检察院、公安部关于经济犯罪案件的追诉标准等规定，涉嫌构成犯罪，依法需要追究刑事责任的，必须依照本规定向公安机关移送。

知识产权领域的违法案件，行政执法机关根据调查收集的证据和查明的案件事实，认为存在犯罪的合理嫌疑，需要公安机关采取措施进一步获取证据以判断是否达到刑事案件立案追诉标准的，应当向公安机关移送。

第四条 行政执法机关在查处违法行为过程中，必须妥善保存所收集的与违法行为有关的证据。

行政执法机关对查获的涉案物品，应当如实填写涉案物品清单，并按照国家有关规定予以处理。对易腐烂、变质等不宜或者不易保管的涉案物品，应当采取必要措施，留取证据；对需要进行检验、鉴定的涉案物品，应当由法定检验、鉴定机构进行检验、鉴定，并出具检验报告或者鉴定结论。

第五条 行政执法机关对应当向公安机关移送的涉嫌犯罪案件，应当立即指定 2 名或者 2 名以上行政执法人员组成专案组专门负责，核实情况后提出移送涉嫌犯罪案件的书面报告，报经本机关正职负责人或者主持工作的负责人审批。

行政执法机关正职负责人或者主持工作的负责人应当自接到报告之日起 3 日内作出批准移送或者不批准移送的决定。决定批准的，应当在 24 小时内向同级公安机关移送；决定不批准的，应当将不予批准的理由记录在案。

第六条 行政执法机关向公安机关移送涉嫌犯罪案件，应当附有下列材料：

（一）涉嫌犯罪案件移送书；

（二）涉嫌犯罪案件情况的调查报告；

（三）涉案物品清单；

（四）有关检验报告或者鉴定结论；

（五）其他有关涉嫌犯罪的材料。

第七条　公安机关对行政执法机关移送的涉嫌犯罪案件，应当在涉嫌犯罪案件移送书的回执上签字；其中，不属于本机关管辖的，应当在24小时内转送有管辖权的机关，并书面告知移送案件的行政执法机关。

第八条　公安机关应当自接受行政执法机关移送的涉嫌犯罪案件之日起3日内，依照刑法、刑事诉讼法以及最高人民法院、最高人民检察院关于立案标准和公安部关于公安机关办理刑事案件程序的规定，对所移送的案件进行审查。认为有犯罪事实，需要追究刑事责任，依法决定立案的，应当书面通知移送案件的行政执法机关；认为没有犯罪事实，或者犯罪事实显著轻微，不需要追究刑事责任，依法不予立案的，应当说明理由，并书面通知移送案件的行政执法机关，相应退回案卷材料。

第九条　行政执法机关接到公安机关不予立案的通知书后，认为依法应当由公安机关决定立案的，可以自接到不予立案通知书之日起3日内，提请作出不予立案决定的公安机关复议，也可以建议人民检察院依法进行立案监督。

作出不予立案决定的公安机关应当自收到行政执法机关提请复议的文件之日起3日内作出立案或者不予立案的决定，并书面通知移送案件的行政执法机关。移送案件的行政执法机关对公安机关不予立案的复议决定仍有异议的，应当自收到复议决定通知书之日起3日内建议人民检察院依法进行立案监督。

公安机关应当接受人民检察院依法进行的立案监督。

第十条　行政执法机关对公安机关决定不予立案的案件，应当依法作出处理；其中，依照有关法律、法规或者规章的规定应当给予行政处罚的，应当依法实施行政处罚。

第十一条　行政执法机关对应当向公安机关移送的涉嫌犯罪案件，不得以行政处罚代替移送。

行政执法机关向公安机关移送涉嫌犯罪案件前已经作出的警告，责令停产停业，暂扣或者吊销许可证、暂扣或者吊销执照的行政处罚决定，不停止执行。

依照行政处罚法的规定，行政执法机关向公安机关移送涉嫌犯罪案件前，已经依法给予当事人罚款的，人民法院判处罚金时，依法折抵相应罚金。

第十二条　行政执法机关对公安机关决定立案的案件，应当自接到立案通知书之日起3日内将涉案物品以及与案件有关的其他材料移交公安机关，并办结交接手续；法律、行政法规另有规定的，依照其规定。

第十三条　公安机关对发现的违法行为，经审查，没有犯罪事实，或者立案侦查后认为犯罪事实显著轻微，不需要追究刑事责任，但依法应当追究行政责任的，应当及时将案件移送同级行政执法机关，有关行政执法机关应当依法作出处理。

第十四条　行政执法机关移送涉嫌犯罪案件，应当接受人民检察院和监察机关依法实施的监督。

任何单位和个人对行政执法机关违反本规定，应当向公安机关移送涉嫌犯罪案件而不移送的，有权向人民检察院、监察机关或者上级行政执法机关举报。

第十五条　行政执法机关违反本规定，隐匿、私分、销毁涉案物品的，由本级或者上级人民政府，或者实行垂直管理的上级行政执法机关，对其正职负责人根据情节轻重，给予降级以上的处分；构成犯罪的，依法追究刑事责任。

对前款所列行为直接负责的主管人员和其他直接责任人员，比照前款的规定给予处分；构成犯罪的，依法追究刑事责任。

第十六条　行政执法机关违反本规定，逾期不将案件移送公安机关的，由本级或者上级人民政府，或者实行垂直管理的上级行政执法机关，责令限期移送，并对其正职负责人或者主持工作的负责人根据情节轻重，给予记过以上的处分；构成犯罪的，依法追究刑事责任。

行政执法机关违反本规定，对应当向公安机关移送的案件不移送，或者以行政处罚代替移送的，由本级或者上级人民政府，或者实行垂直管理的上级行政执法机关，责令改正，给予通报；拒不改正的，对其正职负责人或者主持工作的负责人给予记过以上的处分；构成犯罪的，依法追究刑事责任。

对本条第一款、第二款所列行为直接负责的主管人员和其他直接责任人员，分别比照前两款的规定给予处分；构成犯罪的，依法追究刑事责任。

第十七条　公安机关违反本规定，不接受行政执法机关移送的涉嫌犯罪案件，或者逾期不作出立案或者不予立案的决定的，除由人民检察院依法实施立案监督外，由本级或者上级人民政府责令改正，对其正职负责人根据情节轻重，给予记过以上的处分；构成犯罪的，依法追究刑事责任。

对前款所列行为直接负责的主管人员和其他直接责

任人员,比照前款的规定给予处分;构成犯罪的,依法追究刑事责任。

第十八条　有关机关存在本规定第十五条、第十六条、第十七条所列违法行为,需要由监察机关依法给予违法的公职人员政务处分的,该机关及其上级主管机关或者有关人民政府应当依照有关规定将相关案件线索移送监察机关处理。

第十九条　行政执法机关在依法查处违法行为过程中,发现公职人员有贪污贿赂、失职渎职或者利用职权侵犯公民人身权利和民主权利等违法行为,涉嫌构成职务犯罪的,应当依照刑法、刑事诉讼法、监察法等法律规定及时将案件线索移送监察机关或者人民检察院处理。

第二十条　本规定自公布之日起施行。

国务院办公厅关于文化市场综合行政执法有关事项的通知

· 2021 年 6 月 3 日
· 国办函〔2021〕62 号

各省、自治区、直辖市人民政府,国务院各部委、各直属机构:

《文化市场综合行政执法事项指导目录》(以下简称《指导目录》)是落实统一实行文化市场综合行政执法要求、明确文化市场综合行政执法职能的重要文件,2021年版《指导目录》已经国务院原则同意。根据深化党和国家机构改革有关部署,经国务院批准,现就有关事项通知如下:

一、《指导目录》实施要以习近平新时代中国特色社会主义思想为指导,全面贯彻党的十九大和十九届二中、三中、四中、五中全会精神,按照党中央、国务院决策部署,扎实推进文化市场综合行政执法改革,统筹配置行政执法职能和执法资源,切实解决多头多层重复执法问题,严格规范公正文明执法。

二、《指导目录》主要梳理规范文化市场综合行政执法领域依据法律、行政法规设定的行政处罚和行政强制事项,以及部门规章设定的警告、罚款的行政处罚事项,并将按程序进行动态调整。各省、自治区、直辖市可根据法律、行政法规、部门规章立改废释和地方立法等情况,进行补充、细化和完善,建立动态调整和长效管理机制。有关事项和目录按程序审核确认后,要在政府门户网站等载体上以适当方式公开,并接受社会监督。

三、切实加强对文化市场综合行政执法领域行政处罚和行政强制事项的源头治理。凡没有法律法规规章依据的执法事项一律取消。需要保留或新增的执法事项,要依法逐条逐项进行合法性、合理性和必要性审查。虽有法定依据但长期未发生且无实施必要的、交叉重复的执法事项,要大力清理,及时提出取消或调整的意见建议。需修改法律法规规章的,要按程序先修法再调整《指导目录》,先立后破,有序推进。

四、对列入《指导目录》的行政执法事项,要按照减少执法层级、推动执法力量下沉的要求,区分不同事项和不同管理体制,结合实际明晰第一责任主体,把查处违法行为的责任压实。坚持有权必有责、有责要担当、失责必追究,逐一厘清与行政执法权相对应的责任事项,明确责任主体、问责依据、追责情形和免责事由,健全问责机制。严禁以属地管理为名将执法责任转嫁给基层。对不按要求履职尽责的单位和个人,依纪依法追究责任。

五、按照公开透明高效原则和履职需要,编制统一的文化市场综合行政执法工作规程和操作手册,明确执法事项的工作程序、履职要求、办理时限、行为规范等,消除行政执法中的模糊条款,压减自由裁量权,促进同一事项相同情形同标准处罚、无差别执法。将文化市场综合行政执法事项纳入地方综合行政执法指挥调度平台统一管理,积极推行"互联网+统一指挥+综合执法",加强部门联动和协调配合,逐步实现行政执法行为、环节、结果等全过程网上留痕,强化对行政执法权运行的监督。

六、按照突出重点、务求实效原则,聚焦文化市场综合行政执法领域与市场主体、群众关系最密切的行政执法事项,着力解决反映强烈的突出问题,让市场主体、群众切实感受到改革成果。制定简明易懂的行政执法履职要求和相应的问责办法,加强宣传,让市场主体、群众看得懂、用得上,方便查询、使用和监督。结合形势任务和执法特点,探索形成可量化的综合行政执法履职评估办法,作为统筹使用和优化配置编制资源的重要依据。畅通举报受理、跟踪查询、结果反馈渠道,鼓励支持市场主体、群众和社会组织、新闻媒体对行政执法行为进行监督。

七、各地区、各部门要高度重视深化文化市场综合行政执法改革,全面落实清权、减权、制权、晒权等改革要求,统筹推进机构改革、职能转变和作风建设。要切实加强组织领导,落实工作责任,明确时间节点和要求,做细做实各项工作,确保改革举措落地生效。文化和旅游部要强化对地方文化和旅游部门的业务指导,推动完善执法程序、严格执法责任,加强执法监督,不断提高文化市场综合行政执法效能和依法行政水平。中央编办要会同司法部加强统筹协调和指导把关。

《指导目录》由文化和旅游部根据本通知精神印发。

国务院办公厅关于推行行政执法责任制的若干意见

· 2005 年 7 月 9 日
· 国办发〔2005〕37 号

行政执法责任制是规范和监督行政机关行政执法活动的一项重要制度。为贯彻落实《全面推进依法行政实施纲要》(国发〔2004〕10 号,以下简称《纲要》)有关规定,推动建立权责明确、行为规范、监督有效、保障有力的行政执法体制,全面推进依法行政,经国务院同意,现就推行行政执法责任制有关工作提出以下意见。

一、充分认识推行行政执法责任制的重要意义

党中央、国务院高度重视推行行政执法责任制工作。党的十五大、十六大和十六届三中、四中全会对推行行政执法责任制提出了明确要求,《国务院关于全面推进依法行政的决定》(国发〔1999〕23 号)和《纲要》就有关工作作出了具体规定。多年来,各地区、各有关部门认真贯彻落实党中央、国务院的要求,积极探索实行行政执法责任制,在加强行政执法管理、规范行政执法行为方面做了大量工作,取得了一定成效。但工作中也存在一些问题:有的地区和部门负责同志认识不到位,对这项工作不够重视;行政执法责任制不够健全,程序不够完善,评议考核机制不够科学,责任追究比较难落实,与相关制度不够衔接;组织实施缺乏必要的保障等。因此,迫切需要进一步健全和完善行政执法责任制。

行政执法是行政机关大量的经常性的活动,直接面向社会和公众,行政执法水平和质量的高低直接关系政府的形象。推行行政执法责任制,就是要强化执法责任,明确执法程序和执法标准,进一步规范和监督行政执法活动,提高行政执法水平,确保依法行政各项要求落到实处。地方各级人民政府和国务院各部门要以邓小平理论和"三个代表"重要思想为指导,树立和落实科学发展观,从立党为公、执政为民,建设法治政府,加强依法执政能力建设的高度,充分认识推行行政执法责任制的重要意义,采取有效措施,进一步做好这项工作。

二、依法界定执法职责

(一)梳理执法依据。

推行行政执法责任制首先要梳理清楚行政机关所执行的有关法律法规和规章以及国务院部门"三定"规定。

地方各级人民政府要组织好梳理执法依据的工作,对具有行政执法主体资格的部门(包括法律法规授予行政执法权的组织)执行的执法依据分类排序、列明目录,做到分类清晰、编排科学。要注意与《中华人民共和国行政处罚法》、《中华人民共和国行政许可法》等规范政府共同行为的法律规范相衔接。下级人民政府梳理所属部门的执法依据时,要注意与上级人民政府有关主管部门的执法依据相衔接,避免遗漏。地方各级人民政府要根据执法依据制定、修改和废止情况,及时调整所属各有关部门的执法依据,协调解决梳理执法依据中的问题。梳理完毕的执法依据,除下发相关执法部门外,要以适当方式向社会公布。

(二)分解执法职权。

地方各级人民政府中具有行政执法职能的部门要按照本级人民政府的统一部署和要求,根据执法机构和执法岗位的配置,将其法定职权分解到具体执法机构和执法岗位。有关部门不得擅自增加或者扩大本部门的行政执法权限。

分解行政执法部门内部不同执法机构和执法岗位的职权要科学合理,既要避免平行执法机构和执法岗位的职权交叉、重复,又要有利于促进相互之间的协调配合。不同层级的执法机构和执法岗位之间的职权要相互衔接,做到执法流程清楚、要求具体、期限明确。对各行政执法部门的执法人员,要结合其任职岗位的具体职权进行上岗培训;经考试考核合格具备行政执法资格的,方可按照有关规定发放行政执法证件。

(三)确定执法责任。

执法依据赋予行政执法部门的每一项行政执法职权,既是法定权力,也是必须履行的法定义务。行政执法部门任何违反法定义务的不作为和乱作为的行为,都必须承担相应的法律责任。要根据有权必有责的要求,在分解执法职权的基础上,确定不同部门及机构、岗位执法人员的具体执法责任。要根据行政执法部门和行政执法人员违反法定义务的不同情形,依法确定其应当承担责任的种类和内容。

地方各级人民政府可以采取适当形式明确所属行政执法部门的具体执法责任,行政执法部门应当采取适当形式明确各执法机构和执法岗位的具体执法责任。

国务院实行垂直管理和中央与地方双重管理的部门也要根据上述规定,做好依法界定执法职责的工作。

三、建立健全行政执法评议考核机制

行政执法评议考核是评价行政执法工作情况、检验

行政执法部门和行政执法人员是否正确行使执法职权和全面履行法定义务的重要机制，是推行行政执法责任制的重要环节。各地区、各有关部门要建立健全相关机制，认真做好行政执法评议考核工作。

（一）评议考核的基本要求。

行政执法评议考核应当严格遵守公开、公平、公正原则。在评议考核中，要公正对待、客观评价行政执法人员的行政执法行为。评议考核的标准、过程和结果要以适当方式在一定范围内公开。

（二）评议考核的主体。

地方各级人民政府负责对所属部门的行政执法工作进行评议考核，同时要加强对下级人民政府行政执法评议考核工作的监督和指导。国务院实行垂直管理的行政执法部门，由上级部门进行评议考核，并充分听取地方人民政府的评议意见。实行双重管理的部门按照管理职责分工分别由国务院部门和地方人民政府评议考核。各行政执法部门对所属行政执法机构和行政执法人员的行政执法工作进行评议考核。

（三）评议考核的内容。

评议考核的主要内容是行政执法部门和行政执法人员行使行政执法职权和履行法定义务的情况，包括行政执法的主体资格是否符合规定，行政执法行为是否符合执法权限，适用执法依据是否规范，行政执法程序是否合法，行政执法决定的内容是否合法、适当，行政执法决定的行政复议和行政诉讼结果，案卷质量情况等。评议考核主体要结合不同部门、不同岗位的具体情况和特点，制定评议考核方案，明确评议考核的具体标准。

（四）评议考核的方法。

行政执法评议考核可以采取组织考评、个人自我考评、互查互评相结合的方法，做到日常评议考核与年度评议考核的有机衔接。要高度重视通过案卷评查考核行政执法部门和行政执法人员的执法质量。要积极探索新的评议考核方法，利用现代信息管理手段，提高评议考核的公正性和准确性。

在行政执法评议考核中，要将行政执法部门内部评议与外部评议相结合。对行政执法部门或者行政执法人员进行评议，必须认真听取相关行政管理相对人的意见。外部评议情况要作为最终考核意见的重要根据。外部评议可以通过召开座谈会、发放执法评议卡、设立公众意见箱、开通执法评议专线电话、聘请监督评议员、举行民意测验等方式进行。行政执法评议考核原则上采取百分制的形式，考核的分值要在本级人民政府依法行政情况考核中占有适当比重。

各地区、各有关部门要把行政执法评议考核与对行政执法部门的目标考核、岗位责任制考核等结合起来，避免对行政执法活动进行重复评议考核。

四、认真落实行政执法责任

推行行政执法责任制的关键是要落实行政执法责任。对有违法或者不当行政执法行为的行政执法部门，可以根据造成后果的严重程度或者影响的恶劣程度等具体情况，给予限期整改、通报批评、取消评比先进的资格等处理；对有关行政执法人员，可以根据年度考核情况，或者根据过错形式、危害大小、情节轻重，给予批评教育、离岗培训、调离执法岗位、取消执法资格等处理。

对行政执法部门的行政执法行为在行政复议和行政诉讼中被认定违法和变更、撤销等比例较高的，对外部评议中群众满意程度较低或者对推行行政执法责任制消极应付、弄虚作假的，可以责令行政执法部门限期整改；情节严重的，可以给予通报批评或者取消评比先进的资格。

除依照本意见对有关行政执法部门和行政执法人员进行处理外，对实施违法或者不当的行政执法行为依法依纪应采取组织处理措施的，按照干部管理权限和规定程序办理；依法依纪应当追究政纪责任的，由任免机关、监察机关依法给予行政处分；涉嫌犯罪的，移送司法机关处理。

追究行政执法责任，必须做到实事求是、客观公正。在对责任人作出处理前，应当听取当事人的意见，保障其陈述和申辩的权利，确保不枉不纵。对行政执法部门的行政执法责任，由本级人民政府或者监察机关依法予以追究；对实行垂直管理的部门的行政执法责任，由上级部门或者监察机关依法予以追究；对实行双重管理的部门的行政执法责任，按有关管理职责规定予以追究。同时，要建立健全行政执法奖励机制，对行政执法绩效突出的行政执法部门和行政执法人员予以表彰，调动行政执法部门和行政执法人员提高行政执法质量和水平的积极性，形成有利于推动严格执法、公正执法、文明执法的良好环境。

五、加强推行行政执法责任制的组织领导

推行行政执法责任制，关系各级政府所属各行政执法部门和每个行政执法人员，工作环节多，涉及面广，专业性强，工作量大。各省、自治区、直辖市人民政府和国务院实行垂直管理、双重管理的部门要切实负起责任，加强对这项工作的组织领导，认真做好本地区、本部门（本系统）推行行政执法责任制的组织协调、跟踪检查、督促落实工作。要注意总结本地区、本部门（本系统）推行行政执法责任制的经验，认真研究工作中的问题。国务院其他部门要加强对本系统推行行政执法责任制工作的指导。要加强配套制度建设，实行省以下垂直管理的行政执法部门的行政执法责任制工作，由省级人民政府结合本地区的具体情况予以规定。有立法权的地方的人民政府，可以按照规定程序适时制定有关地方政府规章；没有立法权的可以根据需要制定有关规范性文件。要通过各层次的配套制度建设，建立科学合理、公平公正的激励和约束机制。

开展相对集中行政处罚权、综合行政执法试点的地区，要按照《国务院关于进一步推进相对集中行政处罚权工作的决定》（国发〔2002〕17号）和《国务院办公厅转发中央编办关于清理整顿行政执法队伍实行综合行政执法试点工作意见的通知》（国办发〔2002〕56号）的要求，结合本意见的规定，切实做好推行行政执法责任制的工作。

在推行行政执法责任制过程中，涉及行政执法主体、职权细化、确定行政执法责任等问题，按照《纲要》和《国务院办公厅关于贯彻落实全面推进依法行政实施纲要的实施意见》（国办发〔2004〕24号）的规定，应当由机构编制部门为主进行指导和协调的，由机构编制部门牵头办理。

法制办、中央编办、监察部、人事部等部门要根据《纲要》和国办发〔2004〕24号文件规定，加强对各地区、各有关部门工作的指导和督促检查，确保顺利推行行政执法责任制。

各地区、各有关部门要结合本地区、本部门的实际情况，认真研究落实本意见的要求，在2006年4月30日前，完成推行行政执法责任制的相关工作。有关推行行政执法责任制工作的重要情况和问题，要及时报告国务院。

文化市场综合行政执法管理办法

· 2011年12月19日文化部令第52号公布
· 自2012年2月1日起施行

第一章　总　　则

第一条　为规范文化市场综合行政执法行为，加强文化市场管理，维护文化市场秩序，保护公民、法人和其他组织的合法权益，促进文化市场健康发展，根据《中华人民共和国行政处罚法》、《中华人民共和国行政强制法》等国家有关法律、法规，制定本办法。

第二条　本办法所称文化市场综合行政执法是指文化市场综合行政执法机构（以下简称综合执法机构），依照国家有关法律、法规、规章的规定，对公民、法人或者其他组织的文化经营活动进行监督检查，并对违法行为进行处理的具体行政行为。

第三条　本办法所称综合执法机构包括：

（一）经法律、法规授权实施文化市场综合行政执法，对同级人民政府负责的执法机构；

（二）接受有关行政部门委托实施文化市场综合行政执法，接受委托机关的指导和监督，对委托机关负责的执法机构。

第四条　文化市场综合行政执法应当遵循公平、公正、公开的原则，建立权责明确、行为规范、监督有效、保障有力的行政执法运行机制。

第五条　文化部负责指导全国文化市场综合行政执法，建立统一完善的文化市场综合行政执法工作制度，建设全国文化市场技术监管体系，加强文化市场综合行政执法队伍的专业化、规范化、信息化建设，完善对文化市场综合行政执法工作的绩效考核。

各有关行政部门在各自职责权限范围内，指导综合执法机构依法开展执法业务。

各级综合执法机构依照职责分工负责本行政区域内的文化市场综合行政执法工作。

第二章　执法机构与执法人员

第六条　综合执法机构与各有关行政部门应当建立协作机制，及时掌握行政执法的依据、标准以及相关行政许可情况，定期通报市场动态和行政执法情况，提出政策或者工作建议。

第七条　文化市场综合行政执法人员（以下简称执法人员）应当具备以下条件：

（一）具有中华人民共和国国籍；

（二）年满十八周岁；

（三）遵纪守法、品行良好、身体健康；

（四）熟悉文化市场管理法律法规，掌握文化市场管理所需的业务知识和技能；

（五）无犯罪或者开除公职记录；

（六）法律法规规定的其他条件。

录用执法人员应当参照《中华人民共和国公务员法》的有关规定公开招考，择优录取。

第八条　执法人员经岗位培训和考试合格，取得《中华人民共和国文化市场综合行政执法证》或者各级人民政府核发的行政执法证后，方可从事行政执法工作。

综合执法机构应当每年对执法人员进行业务考核。对考核不合格的执法人员,应当暂扣执法证件。

第九条 综合执法机构应当有计划地对执法人员进行业务培训,鼓励和支持执法人员参加在职继续教育。

第十条 综合执法机构应当配备调查询问、证据保存等专用房间及交通、通讯、取证、检测等行政执法所必需的设施设备;为执法人员购买人身意外伤害保险。

第十一条 综合执法机构应当实行执法人员定期岗位轮换制度。执法人员在同一执法岗位上连续工作时间原则上不超过5年。

第十二条 各有关行政部门或者综合执法机构可按有关规定对工作成绩显著的综合执法机构和执法人员给予表彰、奖励。

第三章 执法程序

第十三条 综合执法机构应当建立健全12318文化市场举报体系,向社会公布举报方式,依法及时有效受理、办理举报,对举报有功人员可给予一定奖励。

对日常巡查或者定期检查中发现的违法行为,公民、法人及其他组织举报的违法行为,上级交办的、下级报请处理的或者有关部门移送的案件,应当及时处理。

第十四条 重大案件发生后12小时内,当地综合执法机构应当将案件情况向上级报告。上级综合执法机构或者委托机关应当对重大案件的查处进行督办。

第十五条 文化市场行政违法案件由违法行为发生地所在的县级以上有关行政部门或者综合执法机构管辖。法律、法规、规章另有规定的,从其规定。对管辖发生争议的,报请共同的上一级行政机关指定管辖。

发现受理的案件不属于自己管辖的,应当及时将案件移交给有管辖权的有关行政部门、综合执法机构;违法行为涉嫌构成犯罪的,应当移送司法机关依法处理。

第十六条 执法人员依法执行公务时,应当规范着装,佩戴执法标志。

第十七条 综合执法机构开展行政执法活动,应当严格按照法律、法规和本办法规定的程序进行,并依法制作执法文书。

第十八条 对于公民、法人或者其他组织违反文化市场管理法律法规的行为,依法应当给予行政处罚的,必须查明事实;违法事实不清的,不得给予行政处罚。

第十九条 在作出行政处罚之前,应当告知当事人作出行政处罚决定的事实、理由和依据,并告知当事人依法享有的权利。

执法人员应当充分听取当事人的陈述和申辩,并制作笔录,对当事人提出的事实、理由和证据进行复核,经复核成立的应当采纳。

第二十条 违法事实确凿并有法定依据,对公民处以50元以下、对法人或者其他组织处以1000元以下罚款或者警告的行政处罚的,可以当场作出处罚决定;执法人员应当填写预定格式、编有号码的行政处罚决定书,经签名或者盖章后,当场交付当事人。

执法人员应当自作出当场处罚决定之日起3日内向所属综合执法机构报告并备案。

第二十一条 除依法可以当场作出的行政处罚外,发现公民、法人或者其他组织有依法应当给予行政处罚的行为的,应当登记立案,客观公正地进行调查,收集有关证据,必要时可以依照法律、法规的有关规定进行检查。

证据包括书证、物证、证人证言、视听资料、当事人陈述、鉴定结论、勘验笔录和现场笔录或者其他有关证据。证据必须查证属实,才能作为认定事实的根据。

第二十二条 在调查或者执法检查时,执法人员不得少于2名,并应当向当事人或者有关人员出示执法证件。当事人及有关人员应当如实回答询问,并协助调查或者检查。执法人员应当制作调查询问或者现场检查笔录,经当事人或者有关人员核对无误后,由当事人或者有关人员签名或者盖章。当事人或者有关人员拒绝的,由2名以上执法人员在笔录上注明情况并签名。

执法人员与当事人有直接利害关系的,应当回避。

第二十三条 在调查或者执法检查中,发现正在发生的违法违规行为,情况紧急无法立案的,执法人员可以采取以下措施:

(一)对违法行为予以制止或者纠正;

(二)依据相关法律法规规定,对有关物品、工具进行查封或者扣押;

(三)收集、提取有关证据。

第二十四条 执法人员在收集证据时,可以采取抽样取证的方法;在证据可能灭失或者以后难以取得的情况下,经依法批准后,可以采取先行登记保存等措施。

对证据进行抽样取证或者登记保存,应当有当事人在场;当事人不在场或者拒绝到场的,可以请在场的其他人员见证并注明。

对抽样取证或者登记保存的物品应当开列清单,并依据情况分别制作抽样取证凭证或者证据登记保存清单,标明物品名称、数量、单价等事项,由执法人员、当事人签名或者盖章,交付当事人。当事人拒绝签名、盖章或者接收的,由2名以上执法人员在凭证或者清单上注明情况并签名。

登记保存物品时，在原地保存可能灭失或者妨害公共安全的，可以异地保存。

第二十五条 对先行登记保存的证据，应当在7日内作出下列处理决定：

（一）需要进行技术检验或者鉴定的，送交检验或者鉴定；

（二）依法不需要没收的物品，退还当事人；

（三）依法应当移交有关部门处理的，移交有关部门。

法律法规另有规定的，从其规定。

第二十六条 对情节复杂或者重大的案件作出责令停业整顿、吊销许可证或者较大数额罚款等行政处罚前，应当经过集体讨论后，再做决定。

第二十七条 拟作出责令停业整顿、吊销许可证、较大数额罚款等行政处罚决定的，应当告知当事人有听证的权利。当事人要求听证的，应当组织听证。

第二十八条 听证会应当按照以下程序进行：

（一）听证主持人宣布听证开始，宣布案由、听证纪律、当事人的权利和义务，宣布和核对听证参加人员名单；

（二）调查人员提出当事人违法的事实、证据、处罚依据和行政处罚的理由；

（三）当事人可以提出证据，进行陈述和申辩，对调查人员提出的证据进行质证；

（四）听证主持人向当事人、调查人员、证人等有关人员询问；

（五）当事人最后陈述；

（六）听证主持人宣布听证结束。

第二十九条 听证会应当制作笔录，交当事人核阅无误后签字或者盖章。

听证主持人应当依据听证情况作出书面报告，报告的主要内容为：案由，听证时间、地点，听证参加人姓名或者名称，申辩和质证的事项，证据鉴别和事实认定情况。

第三十条 行政处罚决定书应当在宣告后当场交付当事人，由当事人在送达回证上记明收到日期，签名或者盖章。

当事人不在场的，应当自作出行政处罚决定之日起7日内依照民事诉讼法的有关规定，将行政处罚决定书送达当事人。

第三十一条 作出责令停业整顿、吊销许可证等重大行政处罚的，应当自作出行政处罚决定之日起15日

内，报许可机关和上级综合执法机构备案，必要时可将处罚决定抄告有关部门。

第三十二条 依法没收的财物，必须按照国家有关规定公开拍卖或者处理。

依法应当予以销毁的物品，经综合执法机构负责人批准，由2名以上执法人员监督销毁，并制作销毁记录。

第三十三条 执法文书及有关材料，应当依照有关法律、法规、规章的规定，编目装订，立卷归档。

第四章　执法监督与责任追究

第三十四条 上级综合执法机构对下级综合执法机构及执法人员的执法行为实行执法监督。

综合执法机构接受同级人民政府及有关行政部门的执法监督。

第三十五条 执法监督的内容包括：

（一）执法主体；

（二）执法程序；

（三）法律、法规、规章的适用；

（四）履行法定职责的情况；

（五）罚没财物的处理；

（六）其他需要监督的内容。

第三十六条 执法监督的方式：

（一）受理对违法违规执法行为的申诉、控告和检举，并直接处理或者责成有关部门处理；

（二）对执法工作进行检查；

（三）调阅执法案卷和其他资料；

（四）在职权范围内采取的其他方式。

第三十七条 在执法过程中有下列情形之一的，应当予以纠正或者撤销行政处罚，损害当事人合法权益的，应当依法给予赔偿：

（一）执法主体不合法的；

（二）执法程序违法的；

（三）具体行政行为适用法律、法规、规章错误的；

（四）违法处置罚没或者扣押物的。

第三十八条 因第三十七条列举情形造成以下后果的，应当依法追究直接责任人和主要负责人的责任：

（一）人民法院撤销、变更行政处罚决定的；

（二）复议机关撤销、变更行政处罚决定的。

第三十九条 执法人员有下列情形之一，尚不构成犯罪的，应当依法给予行政处分，并收回其执法证件；情节严重，构成犯罪的，依法追究刑事责任：

（一）滥用职权，侵犯公民、法人及其他组织合法权益的；

（二）利用职权或者工作之便索取或者收受他人财物，或者支持、纵容、包庇文化市场违法经营活动的；

（三）伪造、篡改、隐匿和销毁证据的；

（四）玩忽职守、贻误工作的；

（五）泄露举报内容和执法行动安排的；

（六）其他违反法律、法规、规章的行为。

第四十条　执法人员在被暂扣执法证件期间，不得从事行政执法工作；执法人员被收回执法证件的，应当调离执法岗位，不得再从事行政执法工作。

第五章　附　则

第四十一条　《中华人民共和国文化市场综合行政执法证》是执法人员履行职责时的合法证件，由文化部统一制式，省级文化行政部门或者综合执法机构监制并核发。

各级人民政府核发的行政执法证，也是执法人员履行职责时的合法证件。

执法文书由文化部统一格式，省级文化行政部门或者综合执法机构监制。

第四十二条　本办法所称"较大数额罚款"是指对公民处以 1 万元以上、对法人或者其他组织处以 5 万元以上的罚款，法律、法规、规章另有规定的，从其规定。

第四十三条　本办法由文化部负责解释。

第四十四条　本办法自 2012 年 2 月 1 日起施行。2006 年 7 月 1 日文化部发布的《文化市场行政执法管理办法》同时废止。

文化市场综合行政执法人员行为规范

· 2012 年 5 月 23 日
· 办市发〔2012〕11 号

第一条　为规范文化市场综合行政执法行为，根据《中华人民共和国行政处罚法》《文化市场综合行政执法管理办法》等有关法律、法规和规章的规定，制定本规范。

第二条　各级文化行政部门和文化市场综合行政执法机构（以下简称执法部门）的文化市场综合行政执法人员（以下简称执法人员）开展执法检查、监督、处罚等公务时应当遵守本规范。

第三条　各级执法部门负责本规范的组织实施；执法部门主要负责人是组织实施本规范的第一责任人。

上级执法部门负责对下级执法部门执行本规范的情况进行指导、监督和考核。

第四条　执法人员开展执法检查时，应当向当事人主动出示文化部监制的《中华人民共和国文化市场综合行政执法证》或省级以上人民政府核发的执法资格证（以下统称执法证件），表明执法身份。

第五条　经初步调查核实，发现当事人不存在违法行为的，执法人员应当对其配合执法检查的行为表示谢意；发现当事人涉嫌存在违法行为的，应当责令当事人立即停止或改正违法行为，并对当事人进行法制教育。

第六条　执法人员不得通过引诱、欺诈、胁迫、暴力等违反法定程序的手段进行调查取证。

执法人员通过其他方式不能或难以收集了解文化市场管理信息，需要采取隐蔽拍摄、录制等特殊手段时，应当报请执法部门主要负责人同意。

第七条　执法人员应当穿着文化部统一样式的执法工作服，佩戴执法标志，并符合下列要求：

（一）配套着装，穿着整齐，保持执法工作服洁净、平整；

（二）执法胸牌佩戴在上衣左口袋上沿正中处；

（三）穿着黑色皮鞋或深棕色皮鞋；

（四）不得混穿不同季节的执法工作服，不得混穿执法工作服和便装，不得披衣、敞怀、卷裤腿、上翻衣领；

（五）男性执法人员不得留长发、大鬓角，不得蓄胡须、剃光头；女性执法人员不得披散长发，不得化浓妆，不得佩戴夸张的饰物。

第八条　执法人员应当妥善保管执法证件、执法工作服及执法胸牌，不得变卖或擅自拆改，不得转借他人使用；因工作调动、退休等原因离开文化市场综合行政执法工作岗位时，执法证件及执法胸牌应当上交。

第九条　执法人员应当举止端庄，态度和蔼。不得袖手、背手或将手插入衣袋，不得吸烟、吃东西，不得勾肩搭背、嬉笑打闹。不得推搡或手指当事人，不得踢、扔、敲、摔当事人的物品。

第十条　执法人员在接听举报电话或者接待群众来访时，应当使用普通话，注意音量适宜，文明礼貌。对属于职权范围内的举报，应当及时处理；对不属于职权范围内的举报，应当向对方说明理由。解答问题、办理咨询时应当符合政策法规，对于不清楚的问题不得随意发表意见。

第十一条　执法人员开展执法检查或者执行其他公务时应当使用文明规范用语，应当清晰、准确、得体表达执法检查或其他意图：

（一）亮明身份时：我们是×××（单位）执法人员，正

在执行公务,这是我们的证件,请您配合我们的工作;

(二)做完笔录时:请您看一下记录,如属实请您签字予以确认;

(三)回答咨询时:您所反映的问题需要调查核实,我们在×日内调查了解清楚后再答复您;您所反映的问题不属于我单位职责范围,此问题请向×××(单位)反映(或申诉),我们可以告诉您×××(单位)的地址和电话;

(四)执法过程中遇到抵触时:根据法律规定,你有如实回答询问、并协助调查(或者检查)的义务,请配合我们的工作,欢迎您对我们工作提出意见,我们愿意接受监督;

(五)告知权利义务时:根据法律规定,您有陈述和申辩的权利;根据法律规定,您有要求听证的权利;如果您对行政处罚(理)决定不服,有权在法定期限内提出行政复议或行政诉讼;

(六)结束执法时:谢谢您的配合;感谢您对我们工作的支持。

第十二条　除办理案件外,执法人员不得动用被暂扣或者作为证据登记保存的物品。

第十三条　执法人员应当严格遵守工作纪律、组织纪律和廉政纪律,应当严格按照法律法规规定的职责权限实施行政执法行为,不得推诿或者拒绝履行法定职责,不得滥用职权,不得越权执法,不得以权谋私。

第十四条　执法人员不得以各种名义索取、接受行政相对人(请托人、中间人)的宴请、礼品、礼金(含各种有价证券)以及其他消费性活动,不得向行政相对人借款、借物、赊账、推销产品、报销任何费用或者要求行政相对人为其提供服务。

第十五条　执法人员不得参与和职权有关的各种经营性活动,不得利用职权为配偶、子女及其他特定关系人从事经营性活动提供便利条件,不得在被管理单位兼职。

第十六条　执法人员不得弄虚作假,不得隐瞒、包庇、纵容违法行为,不得为行政相对人的违法行为开脱、说情。

第十七条　非因公务需要,执法人员不得在非办公场所接待行政相对人及其亲属,不得单独对当事人进行调查询问。

第十八条　违反本规范造成不良影响或者后果的,由纪检监察部门视情节轻重追究有关责任人的相关责任;触犯法律的,依法追究法律责任。

第十九条　本规范由文化部负责解释。

第二十条　本规范自印发之日起施行。

文化市场综合执法制式服装和标志管理规定(试行)

· 2021 年 5 月 21 日
· 办综执发〔2021〕90 号

第一章　总　则

第一条　为加强文化市场综合执法制式服装和标志的管理,严肃文化市场综合执法人员(以下简称"执法人员")仪容仪表和执法风纪,推动文化市场综合执法队伍规范化建设,依据《综合行政执法制式服装和标志管理办法》等规定,制定本规定。

第二条　本规定适用于穿着文化市场综合执法制式服装(以下简称"制式服装")的执法人员以及使用文化市场综合执法标志(以下简称"标志")的各级文化和旅游行政部门和文化市场综合执法机构(以下简称"执法部门")。

第三条　制式服装和标志管理坚持统一标准、分级负责、属地管理的原则。

第四条　文化和旅游部负责指导监督全国制式服装和标志管理工作。

省级文化和旅游行政部门负责辖区内制式服装和标志的招标采购,负责对本地区制式服装和标志管理工作进行监督检查。

市县两级执法部门负责本单位制式服装和标志的日常管理工作。

第二章　制式服装管理

第五条　按照规定配发制式服装的执法人员在履行行政执法职能时应当穿着制式服装,随身携带执法证件,并遵守下列规定:

(一)仪表端庄,举止文明,精神饱满,姿态良好;

(二)按统一规定的样式,内外配套着装,着春秋(冬)常服应当内着配套衬衣、系制式领带,不得与非制式服装混穿;着长袖(短袖)制式衬衣应当扣好衣扣,不得有卷袖口、披衣、敞怀、卷裤腿等有损风纪的着装行为,保持制式服装干净整洁;

(三)帽子佩戴应当庄重端正,不得斜戴、歪戴、反戴。不戴时,摆放或者挂置应当整齐井然;

(四)帽徽、肩章、胸徽、胸号、臂章、领带、腰带等应当佩戴齐全;

(五)除工作需要或者其他特殊情形外,执法人员应当穿着制式皮鞋。非工作需要,不得穿拖鞋、赤脚穿鞋或者赤脚;

(六)男性执法人员不得留长发、剃光头、蓄胡须,女

性执法人员不得戴外露饰物(耳环、项链等),不得化浓妆、染彩发、披肩散发;

(七)不得在公共场所以及其他禁止的场所吸烟、饮酒;不得嬉笑打闹、高声喧哗;

(八)不同种类制式服装之间不能混穿。

第六条　有下列情形之一的,执法人员不宜穿着制式服装:

(一)参加暗查、暗访工作的;

(二)非工作时间或者工作时间非因公外出的;

(三)女性怀孕后体型发生显著变化的;

(四)其他不宜穿着制式服装的情形。

第七条　有下列情形之一的,执法人员不得穿着制式服装:

(一)因退休等不再从事文化市场综合执法工作的;

(二)调离、轮岗,被开除、辞退,或者主动辞职等不再从事文化市场综合执法工作的;

(三)因违法违纪被处分且停止职务的;

(四)其他应当收回制式服装的情形。

出现前款第(一)项规定的情形,应当收回帽徽、臂章、肩章、胸徽、胸号、领带、腰带等。出现前款第(二)、(三)、(四)项规定的情形,应当收回制式服装、帽徽、臂章、肩章、胸徽、胸号、领带、腰带等。

第八条　执法人员应当妥善保管制式服装和标志。防止丢失、污损;如不慎丢失、污损,应当及时向所在单位报告。制式服装丢失、污损等影响正常执法工作的,按程序予以补发。因开展执法工作导致的,补发费用由单位负担;因个人原因导致的,补发费用由个人负担。

第九条　执法人员不得赠送、出租、出借、变卖制式服装。

第三章　标志管理

第十条　各级执法部门应当尊重和爱护标志,严格规范使用标志,禁止任何损害标志的行为。

第十一条　文化市场综合执法制式服装的帽徽、臂章、肩章、胸徽、胸号、领带、腰带等标志应当符合《综合行政执法制式服装和标志式样》规定,不得擅自更改。

第十二条　有下列情形的,各级执法部门应当按照《文化市场综合执法标志使用手册》规范使用标志:

(一)办公场所入口;

(二)机构名称牌匾;

(三)执法执勤车辆;

(四)举报受理室、调查询问室、证据保存室、技术监控室和罚没物品库房等执法专用房间门楣或者门牌;

(五)文化市场综合执法相关会议、培训、考试、练兵比武、法治宣传等各类活动,电子背板、活动手册首页及正文页眉等位置;

(六)其他应当使用标志的情形。

第十三条　有下列情形的,各级执法部门可以参照《文化市场综合执法标志使用手册》规范使用标志:

(一)办公楼外立面;

(二)移动执法装备包括手机、平板电脑、笔记本电脑、执法记录仪、打印机等;

(三)名签、笔记本、信笺、信封、水杯等定是办公用品;

(四)其他可以使用标志的情形。

第四章　监督检查

第十四条　各级执法部门要定期开展执法人员着装和仪容检查,确保执法人员着装统一规范,制式服装和标志管理纳入全国文化市场综合执法考评项目。

第十五条　执法人员违反本规定第五条、第六条规定,由所在单位批评教育,并纠正违规行为。

执法人员违反本规定第九条、第十一条规定,所在单位应当责令改正,依法依规严肃追究相关责任人责任。

第五章　附　则

第十六条　各地可以根据当地气候条件自行规定制式服装换季时间,确保着装统一。

第十七条　本规定由文化和旅游部负责解释。

第十八条　本规定自印发之日起施行。

附件:文化市场综合执法标志使用手册(略)

文化市场综合执法行政处罚裁量权适用办法

· 2021 年 2 月 9 日
· 文旅综执发〔2021〕11 号

第一条　为进一步规范文化市场综合执法行政处罚裁量权的适用和监督,保障文化和旅游行政部门和文化市场综合执法机构(以下合并简称"执法部门")合法、合理地行使行政处罚裁量权,保护公民、法人和其他组织的合法权益,根据《中华人民共和国行政处罚法》以及国务院有关规定,制定本办法。

第二条　本办法所称文化市场综合执法行政处罚裁量权(以下简称"行政处罚裁量权"),是指执法部门对文化市场综合执法领域发生的违法行为实施行政处罚时,在法律、法规、规章规定的处罚种类和幅度内,综合考量违法行为的事实、性质、情节和社会危害程度等因素,决定是否给予处罚、给予何种种类和幅度的处罚的权限。

第三条　执法部门行使行政处罚裁量权,适用本办法。法律、法规、规章另有规定的,从其规定。

第四条　行使行政处罚裁量权,应当以事实为依据,与违法行为的事实、性质、情节以及社会危害程度相当,与违法行为发生地的经济社会发展水平相适应。同一行政区域对违法行为相同、相近或者相似的案件,适用的法律依据、处罚种类、处罚幅度应当基本一致。

第五条　行使行政处罚裁量权,应当坚持处罚与教育相结合的原则,纠正违法行为,教育公民、法人或者其他组织自觉守法。

第六条　同一违法行为违反不同法律、法规、规章的,在适用法律、法规、规章时应当遵循上位法优先、特别法优先的原则。

第七条　文化和旅游部可以根据需要,针对特定的行政处罚事项制定裁量基准,规范统一裁量尺度。

第八条　法律、法规、规章对行政处罚事项规定有裁量空间的,省级执法部门应当根据本办法的规定,综合考虑裁量因素,制定本地区行政处罚裁量基准,供本地区执法部门实施行政处罚时参照执行。省级行政处罚裁量基准应当根据行政处罚裁量权依据的变动和执法工作实际,及时修订。

鼓励市县两级执法部门对省级行政处罚裁量基准进一步细化、量化。

各级执法部门应当在裁量基准正式印发后十五日内报上级执法部门和同级司法部门备案。

第九条　制定行政处罚裁量基准,应当参考既往行政处罚案例,对具备裁量基准条件的行政处罚事项的下列内容进行细化和量化:

(一)法律、法规、规章规定可以选择是否给予行政处罚的,应当明确是否处罚的具体适用情形;

(二)法律、法规、规章规定可以选择行政处罚种类的,应当明确适用不同处罚种类的具体适用情形;

(三)法律、法规、规章规定可以选择处罚幅度的,应当明确划分易于操作的裁量阶次,并对每一阶次行政处罚的具体适用情形及幅度等作出规定;

(四)法律、法规、规章规定可以单处或者并处行政处罚的,应当明确规定单处或者并处行政处罚的具体适用情形。

第十条　法律、法规、规章设定的处罚种类和罚款数额,在相应的幅度范围内分为从轻处罚、一般处罚、从重处罚。

除法律、法规、规章另有规定外,罚款处罚的数额按照以下标准确定:

(一)罚款为一定幅度的数额,应当在最高罚款数额与最低罚款数额之间合理划分三个区间,从轻处罚的数额应当介于最低区间范围,一般处罚应当介于中间区间范围,从重处罚应当介于最高区间范围;

(二)罚款为一定金额的倍数,应当在最高罚款倍数与最低罚款倍数之间合理划分三个区间,从轻处罚的倍数应当介于最低区间范围,一般处罚应当介于中间区间范围,从重处罚应当介于最高区间范围。

第十一条　同时具有两个以上从重情节且不具有从轻情节的,应当在违法行为对应的处罚幅度内按照最高档次实施行政处罚。

同时具有多种情节的,应当综合考虑违法行为的性质和主要情节,确定对应的处罚幅度实施行政处罚。

第十二条　有下列情形之一的,应当依法不予行政处罚:

(一)不满十四周岁的未成年人有违法行为的;

(二)精神病人、智力残疾人在不能辨认或者不能控制自己行为时有违法行为的;

(三)违法行为轻微并及时改正,没有造成危害后果的;

(四)当事人有证据足以证明没有主观过错的(法律、行政法规另有规定的,从其规定);

(五)法律、法规、规章规定的其他情形。

初次违法且危害后果轻微并及时改正的,可以不予行政处罚。

对当事人的违法行为依法不予行政处罚的,执法部门应当对当事人进行教育;有第一款第(一)项规定情形的,应当责令其监护人加以管教;有第一款第(二)项规定情形的,应当责令其监护人严加看管和治疗。

违法行为在二年内未被发现的,不再给予行政处罚,法律另有规定的除外。

第十三条　有下列情形之一的,应当依法从轻或者减轻处罚:

(一)已满十四周岁不满十八周岁的未成年人有违法行为的;

(二)主动消除或者减轻违法行为危害后果的;

(三)受他人胁迫或者诱骗实施违法行为的;

(四)主动供述执法部门尚未掌握的违法行为的;

(五)配合执法部门查处违法行为有立功表现的;

(六)法律、法规、规章规定的其他情形。

尚未完全丧失辨认或者控制自己行为能力的精神病人、智力残疾人有违法行为的,可以从轻或者减轻行政处罚。

第十四条　有下列情形之一的,应当依法从重处罚:

(一)危害国家文化安全和意识形态安全,严重扰乱市场经营秩序的;

(二)在共同实施的违法行为中起主要作用或者教唆、胁迫、诱骗他人实施违法行为的;

(三)经执法部门通过新闻媒体、发布公告等方式禁止或者告诫后,继续实施违法行为的;

(四)经执法部门责令改正违法行为后,继续实施同一违法行为的;

(五)因同种违法行为一年内受到三次及以上行政处罚的;

(六)隐匿、破坏、销毁、篡改有关证据,或者拒不配合、阻碍、以暴力威胁执法人员依法执行职务的;

(七)对证人、举报人或者执法人员打击报复的;

(八)违法行为引起群众强烈反映、引发群体性事件或者造成其他不良社会影响的;

(九)违反未成年人保护相关规定且情节严重的;

(十)扰乱公共秩序、妨害公共安全和社会管理,情节严重、尚未构成犯罪的;

(十一)法律、法规、规章规定的其他情形。

第十五条　违法行为不具有从轻或者减轻、从重情形的,应当给予一般处罚。

第十六条　案件调查终结后,承办案件的执法人员应当在充分考虑当事人的陈述和申辩后,对拟作出行政处罚的种类和幅度提出建议,并说明行使行政处罚裁量权的理由和依据;案件审核人员应当对行使行政处罚裁量权的情况提出审核意见,并逐级报批。

第十七条　从事法制审核工作的执法人员应当对行政处罚裁量权的行使进行合法性、合理性审核。

对情节复杂或者重大违法行为给予行政处罚的,还应当履行集体讨论程序,并在集体讨论笔录中说明理由和依据。

第十八条　行政处罚事先告知书和行政处罚决定书应当具体说明行使行政处罚裁量权的理由和依据。

第十九条　除法律、法规、规章另有规定外,执法部门应当自立案之日起九十日内作出行政处罚决定。

执法部门在作出行政处罚决定前,依法需要公告、鉴定、听证的,所需时间不计算在前款规定的期限内。

第二十条　各级执法部门应当建立文化市场综合执法行政处罚典型案例指导、案卷评查、评议考核等制度,规范本地区行政处罚裁量权的行使。

第二十一条　执法部门应当应用文化市场综合执法信息化管理平台对行政处罚裁量权的行使情况实施监督检查。

第二十二条　执法部门发现本部门行政处罚裁量权行使不当的,应当及时、主动改正。

上级执法部门应当对下级执法部门行使行政处罚裁量权的情况进行指导、监督,发现下级执法部门行政处罚裁量权行使不当的,应当责令其及时改正。

第二十三条　执法人员滥用行政处罚裁量权的,依法追究行政责任;涉嫌违纪、犯罪的,移交纪检监察机关、司法机关依法依规处理。

第二十四条　县级以上执法部门制定的行政处罚裁量权基准,应当及时向社会公开。

第二十五条　本办法由文化和旅游部负责解释。

第二十六条　本办法自 2021 年 7 月 15 日起施行。原文化部 2012 年 12 月 18 日发布的《文化市场行政处罚自由裁量权适用办法(试行)》同时废止。

文化市场综合执法培训师资管理办法

·2020 年 6 月 18 日
·办综执发〔2020〕68 号

第一条　为切实加强文化市场综合执法培训师资(以下简称"师资")队伍建设,提高师资管理的科学化、规范化、制度化水平,制定本办法。

第二条　本办法所称师资,是指通过文化和旅游部选聘程序,承担文化、文物、新闻出版、版权、广播电视、电影、旅游等文化市场综合执法领域培训教学、课题研究等工作的人员。

第三条　文化和旅游部负责师资选聘、培训、考核、监督等管理工作,建立文化市场综合执法培训师资库(以下简称"师资库"),颁发《文化市场综合执法培训师资聘书》,指导地方师资队伍建设,具体工作由文化和旅游部文化市场综合执法监督局承担。

第四条　师资分为特聘师资和专业师资。

特聘师资一般从中央党政机关、高等院校、科研机构的专家学者或者地方执法业务骨干中选聘,主要通过推荐途径产生。

专业师资一般从地方各级文化和旅游行政部门、文化市场综合执法机构中选聘,主要通过考试选拔方式产生。

第五条　文化和旅游部对师资实行动态管理,每届

师资聘期3年,期满自动解除聘用。申报师资应当具备以下基本条件:

(一)政治坚定,认真学习贯彻习近平新时代中国特色社会主义思想,增强"四个意识",坚定"四个自信",做到"两个维护";

(二)有3年以上文化市场综合执法工作经历(特聘师资可适当放宽),具有较强的专业理论素养和丰富的实践经验;

(三)大学本科(含)以上学历、中级(含)以上专业技术职称或者一级执法员(含)以上(三者满足其一即可);

(四)语言表达清晰,逻辑思维能力强,能使用普通话教学;

(五)身体健康,年龄不超过57周岁(特别优秀者可适当放宽);

(六)通过国家统一法律职业资格考试的人员,同等条件下优先选聘。

第六条 特聘师资选聘遵循以下程序:

文化和旅游部根据师资选聘工作需要,函请有关中央党政机关推荐特聘师资人选,经文化和旅游部确认后,候选人获聘特聘师资。

文化和旅游部结合培训业务需要,以及拟聘专家学者、执法业务骨干的研究成果、工作实绩等,拟定特聘师资候选人名单。经函请候选人所在单位书面确认后,候选人获聘特聘师资。

第七条 专业师资选聘遵循以下程序:

(一)申报。申报人应当如实填写《全国文化市场综合执法专业师资报名表》(见附件,以下简称《报名表》),经所在单位初审同意后,统一报送至所在地省级文化和旅游行政部门;

(二)审核。各省级文化和旅游行政部门按照本办法第五条规定,审核申报材料,结合执法工作开展情况,择优确定推荐名单,将《报名表》报送至文化和旅游部;

(三)考试。对各地推荐的人员,文化和旅游部进行材料复核,并组织统一考试。考试分笔试、试讲两部分,赋分比重分别为30%和70%,不同领域分别计分,择优入选师资库。

第八条 文化和旅游部组织的执法业务培训,优先从师资库中选用师资。

第九条 师资享有以下权利:

(一)优先参加文化和旅游部组织的执法业务培训、调研、交流等活动;

(二)提出教学研讨、培训组织、理论研究等方面的意见建议;

(三)同等条件下,优先承担文化市场综合执法规范化课件制作任务;

(四)所在单位为其参加文化和旅游部组织或者指派的相关教学活动提供便利;

(五)获取符合财务规定的劳动报酬。

第十条 师资应当履行以下职责:

(一)加强理论研究和执法实践,不断提升执法能力和业务水平;

(二)根据教学需求,认真备课,确保培训授课质量;

(三)及时报告与教学有关的工作动态;

(四)遵守中央八项规定精神等廉政纪律规定,遵守《文化市场综合行政执法人员行为规范》;

(五)完成临时交办的培训、调研、教研等任务。

第十一条 文化和旅游部定期组织师资开展业务培训、教学研讨等活动。

第十二条 师资每年从所在领域选取不同的研究方向,准备授课内容,并于每年1月31日前,将当年授课领域的研究方向和授课课件报送至文化和旅游部。文化和旅游部依托特聘师资组成审核团队,从意识形态、法规适用、案例引用、实践指导意义等方面进行把关,并将课件研究方向和质量作为授课师资推荐的重要依据。

第十三条 文化和旅游部对专业师资按年度进行考核,考核内容包括:

(一)政治思想,包括意识形态工作责任制的落实情况、工作态度和职业道德等;

(二)日常工作,以办案量或者所在单位年度考核档次为考核指标;

(三)培训授课,以培训场次和层级为考核指标;

(四)理论研究,包括理论文章、调研报告、课件制作等;

(五)其他,包括各种表彰奖励、资格认证和交办事务等。

年度考核细则由文化和旅游部文化市场综合执法监督局另行制定。

第十四条 文化和旅游部根据年度考核结果,对专业师资实施星级评价制度:90分以上(含90分)定为五星师资;80—89分定为四星师资;70—79分定为三星师资;60—69分定为二星师资;60分以下定为一星师资。

第十五条 文化和旅游部每年向各省级文化和旅游行政部门通报专业师资星级评价结果。

第十六条 师资库换届时,专业师资星级作为续聘的重要依据:

（一）连续 3 年考核获评五星的，获聘特聘师资；

（二）3 年内 2 次获评五星师资、1 次获评三星以上师资，或者 3 年内 1 次获评五星师资、2 次获评四星师资的，免试续聘专业师资；

（三）连续 3 年获评四星师资的，同等条件下优先续聘专业师资。

第十七条　有下列情形之一的，予以解聘或者换届时不予选聘：

（一）因工作变动无法承担教学工作的；

（二）连续 3 年被评为一星师资的；

（三）学历、职称、工作经历等事项，以及年度考核材料造假或者瞒报的；

（四）在履职过程中违反中央八项规定精神等廉政纪律规定，或者违反《文化市场综合行政执法人员行为规范》的；

（五）其他不宜继续担任师资情况的。

出现前款（二）、（三）、（四）、（五）规定的情形，文化和旅游部书面告知师资所在单位及省级文化和旅游行政部门，并收回师资聘书。

第十八条　地方各级文化和旅游行政部门可在本办法基础上，制定本地区师资管理办法。

第十九条　本办法自印发之日起施行，最终解释权归文化和旅游部。

附件：文化市场综合执法专业师资报名表

附件

文化市场综合执法专业师资报名表

姓　　名		性　　别		一寸照片
政治面貌		民　　族		
身份证号		是否通过法律职业资格考试		
手机号码		学　　历		
意向领域		电子邮箱		
是否曾入选部级师资	是□　否□	入选届别	第_____届	
是否曾入选省级师资	是□　否□	入选时间		
工作单位及职务				
试讲题目				
工作经历				
所获荣誉				
所在工作单位意见	盖章： 日期：	省级文化和旅游行政部门审核意见	盖章： 日期：	

注：意向领域指报名参评的领域，从文化、文物、新闻出版、版权、广播电视、电影、旅游中择其一。

文化部行政复议工作程序规定

· 2008 年 1 月 9 日文化部令第 44 号公布
· 自 2008 年 3 月 1 日起施行

第一章 总 则

第一条 为规范文化部行政复议工作程序,提高行政复议工作质量和效率,根据《中华人民共和国行政复议法》(以下简称《行政复议法》)、《中华人民共和国行政复议法实施条例》(以下简称《行政复议法实施条例》),结合文化部工作实际,制定本规定。

第二条 文化部处理行政复议案件,适用本规定。

第三条 公民、法人和其他组织对文化部和省、自治区、直辖市文化行政部门作出的具体行政行为不服,可以向文化部申请行政复议。

第四条 文化部政策法规司是文化部行政复议机构,具体办理行政复议案件,履行下列职责:

(一)审查行政复议申请,并决定是否受理;

(二)组织行政复议案件的审查处理,向有关组织和人员调查取证,查阅文件和资料;

(三)审查申请行政复议的具体行政行为是否合法与适当,拟订行政复议决定;

(四)处理或转送对《行政复议法》第七条所列有关规定的审查申请;

(五)办理因不服行政复议决定提起行政诉讼的应诉事项;

(六)依照《行政复议法》第二十六条、第二十七条的规定转送有关行政复议申请;

(七)办理《行政复议法》第二十九条规定的行政赔偿等事项;

(八)按照职责权限,督促行政复议申请的受理和行政复议决定的履行;

(九)办理行政复议、行政应诉案件统计和重大行政复议决定备案事项;

(十)办理或者组织办理未经行政复议直接提起行政诉讼的行政应诉事项;

(十一)研究行政复议工作中发现的问题,及时向有关机关提出改进建议;

(十二)定期组织对文化系统行政复议人员进行业务培训,提高行政复议人员的专业素质;

(十三)法律、行政法规规定的其他职责。

第五条 文化部有关司局根据行政复议案件的内容,指定专人,参与办理涉及本司局业务的行政复议案件。

第六条 文化部承担行政复议工作的机构、工作人员和涉及行政复议事项的司局应当在法定时限内履行职责。

第七条 文化部设立行政复议专项经费,制作启用行政复议专用章。

第二章 申请和受理

第八条 申请人申请行政复议,可以书面申请,也可以口头申请。申请人提出口头申请,行政复议机构工作人员应当依照《行政复议法实施条例》第十九条规定的事项,当场制作行政复议申请笔录交申请人核对或者向申请人宣读,并由申请人签字确认。

第九条 文化部办公厅统一接收行政复议申请,办公厅签收后应于当日转交政策法规司。

文化部其他司局收到行政复议申请,应于当日经办公厅签收后转交政策法规司。

第十条 政策法规司收到行政复议申请后,应当在5日内进行审查,行政复议申请不符合《行政复议法》和《行政复议法实施条例》规定的,政策法规司应当制作《行政复议申请不予受理决定书》,加盖行政复议专用章,告知申请人;行政复议申请符合《行政复议法》和《行政复议法实施条例》的规定,但不属于文化部受理范围的,政策法规司应当制作《行政复议告知书》,加盖行政复议专用章,告知申请人向有关行政机关申请复议。

除前款规定外,行政复议申请自政策法规司收到之日起即为受理。

第十一条 政策法规司可以就是否受理行政复议申请征求相关司局意见,相关司局应当在2日内提出书面答复。

第三章 审 查

第十二条 行政复议申请原则上采取书面审查的办法,但申请人提出要求或政策法规司认为有必要时,可以向有关组织和人员调查情况,听取申请人、被申请人或有关当事人的意见。

第十三条 对已受理的行政复议申请,政策法规司应当自收到行政复议申请之日起7日内,制作《提出答复通知书》,加盖行政复议专用章,连同《行政复议申请书》(副本)送达被申请人,被申请人应当自收到之日起10日内提出书面答复,并提交当初做出具体行政行为的证据、依据和其他有关材料。

被申请人是文化部的,由作出具体行政行为的司局按照《行政复议法》和《行政复议法实施条例》的规定提出书面答复和提供相关材料。

第十四条 政策法规司收到被申请人提交的答复材料后,应当按照《行政复议法》和《行政复议法实施条例》

规定的内容与方式,对案件进行全面审查。

行政复议申请材料不齐全或者表述不清楚的,政策法规司可以自收到该行政复议申请之日起5日内,将需要补正的事项和补正期限书面通知申请人。无正当理由逾期不补正的,视为申请人放弃行政复议申请,补正申请材料所用时间不计入行政复议审理期限。

第十五条　对于属于相关司局业务主管范围内的行政复议案件,需要相关司局协助审查的,政策法规司应将基本案情、案件受理情况、被申请人答辩情况等内容告知相关司局,相关司局应当在收到材料后7日内,提出书面处理建议。

文化部是被申请人的不适用前款规定。

第十六条　相关司局应当协助政策法规司审理属于本司局业务主管范围内的行政复议案件,参与办理因不服行政复议决定而提起的行政诉讼的应诉工作,参与办理《行政复议法》第二十九条规定的行政赔偿等事项。

第十七条　申请人在申请行政复议时,依据《行政复议法》第七条规定,一并对具体行政行为所依据的规定提出审查要求,文化部有权处理的,政策法规司应当会同相关司局提出处理建议,经部领导批准后,30日内依法处理。文化部无权处理的,政策法规司应当制作《规范性文件转送函》,加盖行政复议专用章,7日内转送有权处理的行政机关处理。处理期间,中止对具体行政行为的审查。

第十八条　政策法规司对被申请人的具体行政行为进行审查时,认为其依据不合法,文化部有权处理的,政策法规司应当会同相关司局提出处理建议,经部领导批准后,30日内依法处理。文化部无权处理的,政策法规司应当制作《行政复议转送函》,加盖行政复议专用章,在7日内转送有权处理的行政机关处理。处理期间,中止对具体行政行为的审查。

第十九条　行政复议期间有下列情形之一,影响行政复议案件审理的,行政复议中止:

(一)作为申请人的自然人死亡,其近亲属尚未确定是否参加行政复议的;

(二)作为申请人的自然人丧失参加行政复议的能力,尚未确定法定代理人参加行政复议的;

(三)作为申请人的法人或者其他组织中止,尚未确定权利义务承受人的;

(四)作为申请人的自然人下落不明或者被宣告失踪的;

(五)申请人、被申请人因不可抗力,不能参加行政复议的;

(六)案件涉及法律适用问题,需要有权机关作出解

释或者确认的;

(七)案件审理需要以其他案件的审理结果为依据,而其他案件尚未审结的;

(八)其他需要中止行政复议的情形。

第二十条　根据第十七条、第十八条、第十九条规定,中止对具体行政行为审查的,政策法规司应当制作《行政复议中止通知书》,加盖行政复议专用章,送达申请人、被申请人和有关当事人。

行政复议中止的原因消除后,政策法规司应当及时恢复行政复议案件的审理。

政策法规司中止、恢复行政复议案件的审理,应当告知有关当事人。

第二十一条　行政复议的和解和调解程序,分别按照《行政复议法实施条例》第四十条和第五十条的规定执行。

第四章　复议决定

第二十二条　文化部应当自收到行政复议申请之日起60日内作出行政复议决定,法律另有规定的除外。情况复杂,不能在规定期限内作出行政复议决定的,经部领导批准后,可以适当延长,但是延长期限最多不超过30日。

决定延长复议期限的,政策法规司应当拟定《行政复议案件复议期限延期通知书》,经部领导批准后,加盖部章,送达申请人、被申请人和有关当事人。

第二十三条　政策法规司应当对被申请人作出的具体行政行为提出处理意见,依法做出行政复议决定,拟定《行政复议决定书》,经部领导批准后,加盖部章,送达申请人、被申请人和有关当事人。

政策法规司可以就复议决定征求相关司局意见,相关司局应当在5日内提出反馈意见。

第二十四条　遇有疑难复杂、社会影响大或对处理意见有分歧的行政复议案件,复议决定应经部长办公会集体讨论,必要时也可进行听证。

第二十五条　申请人在行政复议决定作出前自愿撤回行政复议申请的,经政策法规司同意,可以撤回。撤回行政复议申请的,行政复议终止。

第二十六条　终止行政复议的,政策法规司应当制作《行政复议终止通知书》,加盖行政复议专用章,送达申请人、被申请人和有关当事人。

第五章　附　则

第二十七条　文化部行政复议工作中的行政复议文书应当使用国务院法制办印发的行政复议法律文书格式

文本,并统一编号。

第二十八条　文化部办公厅优先安排行政复议文书印制、盖章,确保行政复议文书在法定期限内送达当事人。

第二十九条　本规定关于行政复议期间的计算和行政复议文书的送达按照民事诉讼法的规定执行。

第三十条　本规定中有关"2日""5日""7日"的规定是指工作日,不含节假日。

第三十一条　本规定自2008年3月1日起施行。

文化市场重大案件管理办法

· 2012年7月30日
· 文市发〔2012〕23号

第一条　为加强文化市场重大案件管理,规范文化市场重大案件报告、督办和查处等工作,落实行政执法责任,强化行政执法监督,根据《行政处罚法》、《文化市场综合行政执法管理办法》等有关法律、法规和规章的规定,制定本办法。

第二条　本办法所称文化市场重大案件是指文化市场经营活动中发生的违法情节严重、社会影响恶劣、涉案财物数额较大、涉案人员或者地区较多,依法应当给予行政处罚或者刑事处罚的案件。

具有下列情形之一的,属文化市场重大案件:

(一)文化产品或者服务含有国家法律法规禁止内容,造成严重社会影响的;

(二)未经批准擅自从事文化市场经营活动,造成恶劣社会影响的;

(三)违法向未成年人提供文化产品或者服务,或者向未成年人提供违法文化产品或者服务,严重损害未成年人身心健康,造成恶劣社会影响的;

(四)非法经营数额在50万元以上或者违法所得数额在10万元以上的;

(五)依法移送司法机关,当事人被追究刑事责任的;

(六)其他社会广泛关注、影响特别恶劣的案件。

第三条　文化部负责全国文化市场重大案件的指导、监督和协调工作。

地市级以上文化行政部门或文化市场综合行政执法机构(以下合并简称执法部门)负责本辖区内文化市场重大案件的指导、监督、协调和查处工作。

第四条　文化市场重大案件报告、督办和查处工作应当坚持属地管理、分级负责、及时高效、客观公正的原则。

第五条　下级执法部门应当将本辖区内发生的文化市场重大案件向上级执法部门报告。

第六条　案件发生后,经初步调查核实,符合本办法第二条所列情形,属文化市场重大案件的,案发地执法部门应当在案发后12小时内向上级执法部门报告;符合本办法第二条第二款(一)项的文化市场重大案件,应当在案发后12小时内逐级报告至文化部。

案件调查处理取得重大进展或者办理终结的,下级执法部门应当及时向上级执法部门报告。

第七条　文化市场重大案件报告应当采取书面形式,并包括以下内容:

(一)案件名称、案件来源、案发时间、案发地点、涉案人员、涉案金额等基本情况;

(二)案件调查处理情况;

(三)其他需要报告的事项。

紧急情况下,可以首先采取电话、传真或者互联网等方式报告,并及时补交书面报告。

第八条　省级执法部门应当在每年12月15日之前向文化部报告本年度本辖区文化市场重大案件查处情况,具体包括下列内容:

(一)辖区内文化市场重大案件的总体分析报告,包括数量类别、基本特点和典型意义;

(二)各门类文化市场重大案件的规范名称、办案单位、办案人员、基本案情、处理结果或者进展情况;

(三)其他需要报告的内容。

第九条　文化市场重大案件涉及国家秘密的,应当按照国家有关保密法律法规规定的形式报告。

第十条　上级执法部门可以根据案件性质、涉案金额、复杂程度、查处难度以及社会影响等情况,对辖区内发生的文化市场重大案件进行督办。

对于涉案财物数额较大、涉案人员或者地区较多,案情特别复杂,查处确有难度的文化市场重大案件,下级执法部门可以报请上级执法部门进行督办。

第十一条　文化部对下列文化市场重大案件进行督办:

(一)党中央、国务院等上级部门交办的案件;

(二)文化部领导交办的案件;

(三)在全国或者省、自治区、直辖市范围内有重大影响的案件;

(四)违法情节特别严重、社会影响特别恶劣的案件;

(五)具有典型性、示范性的案件;

(六)文化部认为确有必要督办的其他案件。

各省、自治区、直辖市文化市场重大案件督办的范围和标准,由省级执法部门根据本地实际情况确定。

第十二条　对需要督办的文化市场重大案件,执法人员应当填写《文化市场重大案件督办立项审批表》,提出拟督办意见,经执法部门主要负责人或者指定的执法机构负责人审核同意后,向下级执法部门发出《文化市场重大案件督办通知书》,要求其在规定的期限内查清事实,并作出处理决定。

《文化市场重大案件督办通知书》应当包括督办案件的名称、来源、基本情况及督办部门、承办部门、督办要求等内容。

第十三条　督办案件涉及多个地区的,上级执法部门应当明确主办执法部门和协办执法部门,并按照各自管辖职责分别确定案件查处任务。

主办执法部门和协办执法部门应当密切协作,及时沟通。对主办单位请求协助的事项,协办执法部门应当依法开展调查取证,及时准确反馈情况,并提供相关证据材料。

第十四条　下级执法部门应当在收到《文化市场重大案件督办通知书》后5个工作日内制定案件查处方案,组织调查处理。

案件查处方案应当报送上级执法部门备案;上级执法部门要求下级执法部门在调查处理前报告查处方案的,下级执法部门应当按照要求报告,并在上级执法部门同意后执行。

案件督办前已经立案的,下级执法部门不得停止调查处理,但应当将案件查处方案及相关情况报告上级执法部门;上级执法部门发现其中存在问题要求改正或者调整的,下级执法部门应当及时改正或者调整。

第十五条　未经上级执法部门批准,下级执法部门不得将督办的文化市场重大案件转交其下级执法部门或者移送相关部门查处。

第十六条　对督办的文化市场重大案件,下级执法部门应当成立专案组或者指定专人办理,并在收到《文化市场重大案件督办通知书》后60日内依法作出处理决定。

案情特别复杂,无法在规定时间内作出处理决定的,下级执法部门在以书面形式请示上级执法部门同意后,可以适当延长案件查处时间。

第十七条　上级执法部门依法履行下列督办职责:

(一)对督办的文化市场重大案件查处工作进行指导、协调和监督;

(二)对落实督办要求不力或者案件查处进度不符合要求的进行催办;

(三)对督办的文化市场重大案件查处过程中发生的不当行为及时进行纠正;

(四)其他需要承担的督办职责。

第十八条　上级执法部门应当确定专门机构或者人员及时跟踪了解督办案件查处情况,加强对案件查处工作的指导、协调和监督,必要时可以派出专门人员前往案发地督促检查或者直接参与案件查处工作。

第十九条　下级执法部门未按照督办要求组织案件查处工作的,上级执法部门应当及时进行催办。

第二十条　督办的文化市场重大案件情况发生重大变化,确实不需要继续督办的,上级执法部门可以撤销督办,并说明理由。

第二十一条　除涉及国家秘密或者其他不应当公开的情形外,上级执法部门应当及时公布督办案件信息及查处情况。

第二十二条　对违反本办法的规定,有下列情形之一的,予以通报批评;情节严重的,依法追究主要负责人及直接责任人的责任。

(一)未按照规定时限报告的;

(二)故意推诿、拖延、瞒报、谎报的;

(三)案件久拖不决或者拒不落实督办要求的;

(四)违反相关保密规定的;

(五)其他造成严重后果的情形。

第二十三条　对在文化市场重大案件查处或者指导、协调、监督文化市场重大案件查处过程中表现突出的集体或者个人,上级执法部门应当依照相关规定给予表彰奖励。

第二十四条　上级执法部门对督办的文化市场重大案件,依照相关规定补助案件办理经费。

第二十五条　本办法由文化部负责解释。

第二十六条　本办法发布之日起实施,2008年8月22日发布的《文化市场重大案件管理办法》同时废止。

文化市场突发事件应急管理办法(试行)

·2012年8月14日
·文市发〔2012〕27号

第一章　总　则

第一条　为加强文化市场突发事件应急管理,有效预防和妥善处置文化市场突发事件,最大限度地减少危害和负面影响,根据《突发事件应对法》等有关法律、法规和规章的规定,制定本办法。

第二条　本办法所称文化市场突发事件是指在文化市场经营场所、经营活动、行政管理或者综合行政执法工作中发生的,造成或者可能造成重大社会影响或者严重社会危害,需要采取应急处置措施予以应对的事件。

第三条　文化市场突发事件包括下列情形:

(一)文化市场经营场所、经营活动中发生火灾、爆炸、坍塌、踩踏等安全事故或者重大治安事件的;

(二)文化产品或者服务含有国家法律法规禁止内容,造成严重社会影响的;

(三)文化市场经营、行政管理或者综合行政执法信息通过互联网等途径传播,引起社会公众广泛关注,造成严重负面影响的;

(四)以暴力、恐吓、胁迫等方式阻挠文化市场行政管理和综合行政执法工作,造成人员伤亡的;

(五)因不服从文化市场行政管理或者综合行政执法行为,造成群体性事件的;

(六)其他需要采取应急处置措施予以应对的突发事件。

第四条　文化市场突发事件应急管理应当遵循统一领导、综合协调,分类管理、分级负责,预防为主、以人为本,属地管理、协同配合的原则。

第五条　县级以上文化行政部门和文化市场综合行政执法机构(以下合并简称执法部门)按照法定职责对本行政区域内突发事件的应对工作负责;涉及两个以上行政区域的,由有关行政区域共同的上级执法部门负责,或者由各有关行政区域的上级执法部门共同负责。

法律、行政法规定由国务院有关部门对突发事件的应对工作负责的,从其规定。

第六条　各级执法部门应当单独或者联合成立文化市场突发事件应急工作领导小组,统一指挥文化市场突发事件应急管理工作。

文化市场突发事件应急工作领导小组应当建立信息、设备、人员、运输及通信等方面的应急工作保障机制。

文化市场突发事件应急工作领导小组组长由各级执法部门负责人担任。

文化市场突发事件应急工作领导小组下设办公室,具体负责日常工作。

第七条　各级执法部门应当根据本办法制定文化市场突发事件应急预案,明确文化市场突发事件应急处置的机构、人员、职责和分工等内容。

第八条　各级执法部门应当加强文化市场日常检查,对突发事件隐患和预警信息进行风险评估和预测,认为可能发生突发事件的,应当采取预防措施或者通报相关部门。

第九条　各级执法部门应当对负有突发事件应急责任的经营管理人员开展必要的应急培训和演练。

第二章　突发事件分级

第十条　根据造成或者可能造成的影响范围和社会危害程度等情况,将文化市场突发事件划分为特大突发事件(I级)、重大突发事件(II级)、较大突发事件(III级)、一般突发事件(IV级)四个等级。

第十一条　具有下列情形之一的,属于文化市场特大突发事件(I级):

(一)在文化市场经营场所或者经营活动中发生特大安全事故,导致或者可能导致30人以上死亡(含失踪),或者100人以上重伤,或者1000万元以上直接经济损失的;

(二)因不服从文化市场行政管理或者综合行政执法行为而造成群体性事件,一次参与人数达到300人以上,严重影响社会稳定的。

第十二条　具有下列情形之一的,属于文化市场重大突发事件(II级):

(一)在文化市场经营场所或者经营活动中发生重大安全事故,导致或者可能导致10人以上死亡(含失踪),或者50人以上重伤,或者500万元以上直接经济损失的;

(二)因不服从文化市场行政管理或者综合行政执法行为而造成群体性事件,一次参与人数在100人以上,严重影响社会稳定的;

(三)以暴力、恐吓、胁迫等方式阻挠文化市场行政管理或者综合行政执法工作,造成3人以上死亡或者10人以上重伤的。

第十三条　具有下列情形之一的,属于较大突发事件(III级):

(一)在文化市场经营场所或者经营活动中发生重大安全事故,导致或者可能导致3人以上死亡(含失踪),或者10人以上重伤,或者100万元以上直接经济损失的;

(二)因不服从文化市场行政管理或者综合行政执法行为而造成群体性事件,一次参与人数在50人以上,严重影响社会稳定的;

(三)以暴力、恐吓、胁迫等方式阻挠文化市场行政管理或者综合行政执法工作,造成1人以上死亡或者3人以上重伤的;

(四)文化市场经营、行政管理或者综合行政执法信息通过互联网等途径传播,引起公众广泛关注,在全国范围内造成严重负面影响的。

第十四条　具有下列情形之一的,属于一般突发事件(IV级):

（一）在文化市场经营场所或者经营活动中发生重大安全事故，导致或者可能导致1人以上死亡（含失踪），或者3人以上重伤，或者50万元以上直接经济损失的；

（二）因不服从文化市场行政管理或者综合行政执法行为而造成群体性事件，一次参与人数在3人以上，严重影响社会稳定的；

（三）以暴力、恐吓、胁迫等方式阻挠文化市场行政管理或者综合行政执法工作，导致1人以上重伤或者3人以上轻伤的；

（四）文化产品或者服务含有国家法律法规禁止内容，造成恶劣社会影响的；

（五）文化市场经营、行政管理或者综合行政执法信息通过互联网等途径传播，引起公众广泛关注，在本辖区内造成严重负面影响的；

（六）其他需要采取应急处置措施予以应对的突发事件。

第三章　信息报告与发布

第十五条　文化市场突发事件信息报告与发布应当做到统一、准确、及时。

第十六条　文化市场突发事件信息一般情况下实行分级报送，确有必要时可以越级上报。

文化市场突发事件发生后，事发地文化市场突发事件应急工作领导小组应当在2小时内向同级人民政府和上级文化市场突发事件应急工作领导小组报告，并通知相关部门协同处理。

事发地文化市场突发事件应急工作领导小组在采取应急处置措施4小时内，应当向同级人民政府和上级文化市场突发事件应急工作领导小组提交书面报告。

第十七条　I级突发事件发生后，应当逐级报告至文化部文化市场突发事件应急工作领导小组。

II级突发事件发生后，应当逐级报告至省级文化市场突发事件应急工作领导小组。

III级、IV级突发事件发生后，应当报告至地市级文化市场突发事件应急工作领导小组。

第十八条　文化市场突发事件信息报告应当包含突发事件发生的时间、地点、现场情况、伤亡人数、财产损失、发生原因、应对措施等内容。

报告内容涉及国家秘密的，应当依照国家有关保密法律法规办理。

第十九条　各级文化市场突发事件应急工作领导小组应当建立新闻发言人制度，确定一名工作人员，统一发布突发事件信息。

第四章　应急处置

第二十条　文化市场突发事件发生后，事发地文化市场突发事件应急工作领导小组应当立即启动应急预案，采取应急处置措施。

事发地人民政府或者上级文化市场突发事件应急工作领导小组已经开展应急处置工作的，事发地文化市场突发事件应急工作领导小组应当在其领导下，按照职责分工参与应急处置工作。

第二十一条　文化市场突发事件应急处置中，涉及其他部门权限的，事发地文化市场突发事件应急工作领导小组应当通报其他部门，并报告本级人民政府。

文化市场突发事件中的当事人涉嫌违反文化市场管理法规的，应当依法处理。

第二十二条　I级突发事件发生后，文化部文化市场突发事件应急工作领导小组应当派出工作组赶赴事发地协调、指导、监督应急处置工作。

II级突发事件发生后，省级文化市场突发事件应急工作领导小组应当派出工作组赶赴事发地协调、指导、监督应急处置工作。

III级突发事件发生后，地市级文化市场突发事件应急工作领导小组应当派出工作组赶赴事发地协调、指导、监督应急处置工作。

IV级突发事件发生后，县级文化市场突发事件应急工作领导小组负责人应当赶赴事发地协调、指导、监督应急处置工作。

第二十三条　文化市场突发事件引起的威胁或者危害得到控制或者消除后，事发地文化市场突发事件应急工作领导小组应当采取或者继续实施必要措施，防止发生次生、衍生事件或者重新引发突发事件。

第五章　事后评估与奖惩

第二十四条　文化市场突发事件应急处置工作结束后，事发地文化市场突发事件应急工作领导小组应当对突发事件及应急处置工作进行总结评估，制定改进措施。

第二十五条　对文化市场突发事件应急处置工作表现突出的集体或者个人，应当给予表彰奖励。

第二十六条　在文化市场突发事件应急处置过程中，有下列情形之一的，应当对负有直接责任的负责人或者工作人员依法给予处分；构成犯罪的，依法追究刑事责任：

（一）未按照规定采取预防措施导致发生突发事件，或者未采取必要防范措施导致发生次生、衍生事件的；

（二）迟报、谎报、瞒报、漏报突发事件信息，或者通

报、报告、公布虚假突发事件信息,造成严重后果的;

(三)未按照规定及时采取预警措施,导致损害发生的;

(四)未按照规定及时采取应急处置措施或者应急处置措施不当,造成严重后果的;

(五)不服从上级文化市场突发事件应急工作领导小组对突发事件应急处置工作的统一领导、协调、指导和监督的。

第六章　附　则

第二十七条　本办法所称"以上"包括本数。

第二十八条　本办法由文化部负责解释。

第二十九条　本办法自发布之日起实施。

文化市场突发事件应急预案(试行)

· 2012 年 8 月 14 日

· 文市发〔2012〕27 号

1　总　则

1.1　定义

文化市场突发事件是指在文化市场经营场所、经营活动、行政管理或者综合行政执法工作中发生的,造成或者可能造成重大社会影响或者严重社会危害的,需要采取应急处置措施予以应对的事件。

1.2　目的

为加强文化市场突发事件应急管理,有效预防和妥善处置文化市场突发事件,最大限度地减少危害和负面影响,依据《突发事件应对法》《国家突发公共事件总体应急预案》等法律、法规和规章的规定,制定本预案。

1.3　适用范围

根据文化市场突发事件的不同性质,本预案适用范围可以分为文化市场经营场所中发生的重大安全事故、文化市场经营活动中发生的突发事件、文化市场行政管理和综合行政执法中发生的造成重大社会影响的事件以及文化市场领域内发生的其他有较大影响的突发事件。具体分为以下情况:

1.3.1　文化市场经营场所、经营活动中发生火灾、爆炸、坍塌、踩踏等安全事故或者重大治安事件的;

1.3.2　文化产品或者服务含有国家法律法规禁止内容,造成严重社会影响的;

1.3.3　文化市场经营、行政管理或者综合行政执法信息通过互联网等途径传播,引起社会公众广泛关注,造成严重负面影响的;

1.3.4　以暴力、恐吓、胁迫等方式阻挠文化市场行政管理和综合行政执法工作,造成人员伤亡的;

1.3.5　因不服从文化市场行政管理或者综合行政执法行为,造成群体性事件的;

1.3.6　其他需要采取应急处置措施予以应对的突发事件。

2　工作原则

文化市场突发事件应急管理应当遵循以下原则:

2.1　统一领导、综合协调。在同级人民政府和上级文化市场突发事件应急工作领导小组指挥下,本级文化市场突发事件应急工作领导小组充分发挥职能作用,综合协调各项资源进行应对。

2.2　分类管理、分级负责。文化市场突发事件应急工作领导小组应当根据突发事件不同类别采取分类的管理方式,建立健全分类管理、分级负责的应急管理体制。

2.3　预防为主、以人为本。高度重视突发事件管理工作,常抓不懈,防患于未然。增强忧患意识,坚持预防与应急相结合,常态与非常态相结合,做好应对突发事件的各项准备工作。各级文化行政部门和综合行政执法机构(以下合并简称执法部门)应当把保障公众健康和生命财产安全作为首要任务,最大程度地减少突发事件及其造成的人员伤亡和危害。

2.4　属地管理、协同配合。加强以属地管理为主的突发事件应急处置队伍建设,在同级人民政府领导下,建立和公安、消防和医疗等相关部门联动协调机制,形成一套统一指挥、反应灵敏、功能齐全、协调有序、运转高效的应急管理运转体系。

3　突发事件等级划分

根据突发事件造成的社会危害程度和影响范围等情况,对文化市场突发事件进行等级划分。文化市场突发事件分为特大突发事件(Ⅰ级)、重大突发事件(Ⅱ级)、较大突发事件(Ⅲ级)、一般突发事件(Ⅳ级)四个等级。

3.1　特大突发事件(Ⅰ级):

3.1.1　在文化市场经营场所或者经营活动中发生特大安全事故,导致或者可能导致 30 人以上死亡(含失踪),或者 100 人以上重伤,或者 1000 万元以上直接经济损失的;

3.1.2　因不服从文化市场行政管理或者综合行政执法行为而造成群体性事件,一次参与人数达到 300 人以上,严重影响社会稳定的;

3.2　重大突发事件(Ⅱ级)

3.2.1　在文化市场经营场所或者经营活动中发生重大安全事故,导致或者可能导致 10 人以上死亡(含失

踪),或者 50 人以上重伤,或者 500 万元以上直接经济损失的;

3.2.2　因不服从文化市场行政管理或者综合行政执法行为而造成群体性事件,一次参与人数在 100 人以上,严重影响社会稳定的;

3.2.3　以暴力、恐吓、胁迫等方式阻挠文化市场行政管理或者综合行政执法工作,造成 3 人以上死亡或者 10 人以上重伤的。

3.3　较大突发事件(Ⅲ级):

3.3.1　在文化市场经营场所或者经营活动中发生重大安全事故,导致或者可能导致 3 人以上死亡(含失踪),或者 10 人以上重伤,或者 100 万元以上直接经济损失的;

3.3.2　因不服从文化市场行政管理或者综合行政执法行为而造成群体性事件,一次参与人数在 50 人以上,严重影响社会稳定的;

3.3.3　以暴力、恐吓、胁迫等方式阻挠文化市场行政管理或者综合行政执法工作,造成 1 人以上死亡或者 3 人以上重伤的;

3.3.4　文化市场经营、行政管理或者综合行政执法信息通过互联网等途径传播,引起公众广泛关注,在全国范围内造成严重负面影响的;

3.4　一般突发事件(Ⅳ级):

3.4.1　在文化市场经营场所或者经营活动中发生重大安全事故,导致或者可能导致 1 人以上死亡(含失踪),或者 3 人以上重伤,或者 50 万元以上直接经济损失的;

3.4.2　因不服从文化市场行政管理或者综合行政执法行为而造成群体性事件,一次参与人数在 3 人以上,严重影响社会稳定的;

3.4.3　以暴力、恐吓、胁迫等方式阻挠文化市场行政管理或者综合行政执法工作,导致 1 人以上重伤或者 3 人以上轻伤的;

3.4.4　文化产品或者服务含有国家法律法规禁止内容,造成恶劣社会影响的;

3.4.5　文化市场经营、行政管理或者综合行政执法信息通过互联网等途径传播,引起公众广泛关注,在本辖区范围内造成严重负面影响的;

3.4.6　其他需要采取应急处置措施予以应对的突发事件。

4　应急指挥机构的建立与职责

4.1　应急指挥机构的建立

各级执法部门单独或者联合成立文化市场突发事件应急工作领导小组,统一指挥文化市场突发事件应急处置工作。

文化市场突发事件应急工作领导小组组长由各级执法部门负责人担任,成员由执法部门的行政管理、综合执法、安全生产等相关处(科、队)室负责人组成。

文化市场突发事件应急工作领导小组下设办公室,负责日常值守、信息采集汇总和综合协调等工作。有条件的区域可成立专家组、后勤保障组等专业工作小组细化分工。

4.2　应急指挥机构职责

(1)文化市场突发事件应急工作领导小组负责指挥、组织、协调本系统有关部门参与应急响应行动,下达应急处置任务;

(2)与同级人民政府及相关部门进行联系与协调,及时向同级人民政府和上级行政主管部门报告、通报有关情况和信息;

(3)对外统一发布信息,研究解决突发事件中的重大问题,主动做好新闻媒体的信息沟通工作。

4.3　应急指挥机构办公室职责

(1)文化市场突发事件发生时,应及时收集情况,向领导小组汇报,并传达领导小组决定;

(2)在应急期间督促应急措施的落实和具体执行,与有关部门进行沟通、协调,确保信息传递的及时准确;组织协调应急工作有序开展,根据具体情况派员赴现场参与应急处置工作;收集相关情况,拟定与突发事件相关的文书,及时报送上级领导和相关部门;

(3)做好应急信息的发布,组织协调各方力量做好应急保障,妥善处理善后事宜;

(4)负责处理应急小组的日常事务,保证预防预警机制的正常运行。

5　预防预警机制

在本级文化市场突发事件应急工作领导小组的指导下,各级执法部门应当加强对文化市场经营场所、经营活动的日常检查,对检查过程中发现的安全隐患,及时通报相关部门。

5.1　预防机制

(1)各级文化市场突发事件应急工作领导小组应当建立必要的预警和快速反应机制,对各类文化市场经营场所、经营活动加强事前的监督检查。演练各种应急预案,磨合、协调运行机制;

(2)各级执法部门应当督促文化市场经营场所制定必要的日常安全保卫工作预案、安全责任制度,强化日常人力、物力、财力储备,提高应急处理能力;

(3)各级执法部门应当督促和指导大型文化市场经营活动的主体在活动举办之前制定相应的安全保卫工作

方案和应急预案,报当地政府登记备案;

(4)各级执法部门应当建立健全文化市场突发事件应急培训制度,对负有突发事件应急处置责任的文化市场经营管理人员开展必要的培训;

(5)各级执法部门应当定期对文化市场经营主体开展法律法规、安全生产及应急知识培训,组织必要的应急演练。

5.2　预警系统

文化市场突发事件应急工作领导小组应当注重安全信息的收集与上报,对突发事件隐患和预警信息进行风险评估和预测,认为可能发生突发事件的,应当采取必要的防范措施,同时向同级人民政府和上级文化市场突发事件应急工作领导小组报告,并通报相关部门。

各级执法部门应当督促文化市场经营场所、经营活动主体配备预警通讯和广播设备,对可能发生的突发事件进行预警。

6　应急处理

文化市场突发事件发生后,事发地文化市场突发事件应急工作领导小组应当立即启动应急预案,根据应急预案的相关规定予以处置。突发事件处理结束后,应急预案自动终止。事发地文化市场突发事件应急工作领导小组负责人应当及时赶赴事发现场,采取下列应急处置措施:

(1)迅速了解掌握事件性质、起因、发展程度等基本情况;

(2)通知公安、消防、医疗、国家安全、通信等相关部门;

(3)在2小时内向同级人民政府和上级文化市场突发事件应急工作领导小组上报;

(4)指导执法部门开展应急处置工作。

针对不同类型的突发事件,文化市场突发事件应急工作领导小组应当采取以下应急处置措施:

6.1.1　文化经营场所中发生的突发事件的处置方法

文化市场经营场所如娱乐场所、演出场所、网吧、影剧院等发生火灾、建筑物坍塌、大量有毒、有害气体泄漏、拥挤踩踏等重大安全事故;爆炸、恐怖袭击、恶性斗殴等重大刑事、治安案件发生的,事发地文化市场突发事件应急工作领导小组负责人赶赴现场确认后,第一时间报110、119、120;上级文化市场突发事件应急工作领导小组人员应当立即赶赴事发现场并对应急处置工作给予指导;在文化市场突发事件应急工作领导小组的指挥下,执法部门应当配合公安干警、消防和医务人员开展各项抢救救援工作,把损失降低到最小。

6.1.2　文化市场经营活动中发生的突发事件处置方法

(1)文化产品或者服务含有国家法律法规禁止内容,造成恶劣社会影响的突发事件发生时,事发地文化市场突发事件应急工作领导小组接报确认后,应当立即进行调查取证;需要联合执法的,及时通知公安机关协同处理;涉嫌构成犯罪的,依法将案件移送公安机关处理;

(2)文化市场经营设施、设备遭到破坏,造成恶劣社会影响的突发事件发生时,事发地文化市场突发事件应急工作领导小组接报确认后,第一时间派执法部门人员和相关专业人员赶赴现场,对遭受破坏的设施和设备进行必要的抢修和保护,并进行调查取证,尚不构成犯罪的,由执法部门依据相关法律法规进行处罚;涉嫌构成犯罪的,依法移送公安机关处理。

6.1.3　文化市场行政管理或者综合行政执法中发生的突发事件

(1)因不服从文化市场行政管理或者综合行政执法行为而造成群体性事件,或者以暴力、威胁等方式阻挠文化市场行政管理或者综合行政执法工作,导致人员伤亡或者造成恶劣社会影响的突发事件发生时,文化市场突发事件应急工作领导小组接报确认后,应当第一时间报110和120;同时,在文化市场突发事件应急工作领导小组的指挥下,执法部门应协助医务人员救治伤员,配合公安机关进行案件调查,配合当地有关部门宣传政策和法律法规,控制事态的进一步发展;

(2)文化市场经营、行政管理或者综合行政执法信息通过互联网等途径传播,造成严重负面影响,引起公众广泛关注的突发事件发生时,文化市场突发事件应急工作领导小组接报确认后,应当及时了解新闻来源,联系媒体了解事实,协调配合相关部门,及时在新闻媒体、政府相关网站中发布事情真实情况。

6.1.4　其他突发事件

其他文化市场突发事件发生时,事发地文化市场突发事件应急工作领导小组应当在同级人民政府和上级文化市场突发事件应急工作领导小组的指挥下,根据具体情况采取应急处置措施;需要相关部门协同处理的,应当及时通知并提供相应的配合与协助。

6.2　分级应对

县级执法部门对本行政区域内突发事件的应对工作负责;涉及两个以上行政区域的,由有关行政区域共同的上级执法部门负责,或者由各有关行政区域的上级执法部门共同负责。县级以上文化市场突发事件应急工作领导小组依法负责本辖区突发事件的协调、指导、监督和处置工作。

Ⅰ级突发事件发生后,文化部应急工作领导小组应当派出工作组赶赴事发地协调、指导、监督应急处置工作。

Ⅱ级突发事件发生后,省级应急工作领导小组应当派出工作组赶赴事发地协调、指导、监督应急处置工作。

Ⅲ级突发事件发生后,设区的市级应急工作领导小组应当派出工作组赶赴事发地协调、指导、监督应急处置工作。

Ⅳ级突发事件发生后,县级应急工作领导小组负责人应当赶赴事发地协调、指导、监督应急处置工作。

7　信息上报与公开

7.1　信息报送

7.1.1　基本原则

(1)统一。各级文化市场突发事件应急工作领导小组在报送信息时应当做到内容、形式、人员方面的统一,各级不应对信息截留、过滤。

(2)准确。报送信息应尽可能真实准确。

(3)及时。突发事件发生时,事发地文化市场突发事件应急工作领导小组接报后,应在第一时间采用电话报送方式向同级人民政府和上级文化市场突发事件应急工作领导小组报告。电话报送时间不应超过2小时。

7.1.2　报送内容

(1)事件发生的时间、地点和现场情况;

(2)事件的简要经过、伤亡人数和财产损失情况的估计;

(3)事件原因的初步分析;

(4)事件发生采取的措施、效果及下一步工作方案;

(5)其他需要报告的事项。

7.1.3　报送层级

(1)Ⅰ级突发事件发生后,应当逐级报告至文化部文化市场突发事件应急工作领导小组。

(2)Ⅱ级突发事件发生后,应当逐级报告至省级文化市场突发事件应急工作领导小组。

(3)Ⅲ级、Ⅳ级突发事件发生后,应当报告至地市级文化市场突发事件应急工作领导小组。

7.2　信息发布

7.2.1　发布原则

信息发布应按照有关规定向社会提供客观、准确、及时的信息,不得隐瞒和推迟。

7.2.2　发布主体

各级文化市场突发事件应急工作领导小组应当建立新闻发言人制度,确定一名工作人员,参与突发事件应急处置工作,统一对外发布突发事件信息。

7.2.3　发布时间

文化市场突发事件发生后,原则上应当在启动应急预案24小时内,经文化市场突发事件应急工作领导小组组长或副组长批准,由信息发布人员对外发布突发事件的相关信息,包括事件的基本情况、事件进展及下一步工作方案等基本信息。

突发事件处理期间,在文化市场突发事件应急工作领导小组授权下,信息发布人员应当及时发布相关信息。

7.2.4　发布内容

由信息发布人员披露突发事件的相关信息,包括基本情况、政府立场、政府所采取的措施及取得的效果,下一步工作方案以及提示公众应注意的事项等。

7.2.5　发布方式

信息发布人员可以通过接受采访、发布新闻稿、召开新闻发布会、情况介绍会、记者招待会以及网络互动、发表声明、谈话等方式及时发布新闻。

8　后期处理

8.1　后续措施

突发事件的威胁和危害得到控制或者消除后,在同级人民政府和上级文化市场突发事件应急工作领导小组的指导下,事发地文化市场突发事件应急工作领导小组应当采取或者继续实施必要措施,防止发生次生、衍生事件或者重新引发突发事件。

8.2　书面报告

突发事件应急处置工作结束后,事发地文化市场突发事件应急工作领导小组应当立即配合同级人民政府组织对突发事件造成的损失进行评估,查明突发事件的发生经过和原因,总结突发事件应急处置工作的经验教训,制定改进措施,并形成书面材料向同级人民政府和上级文化市场突发事件应急工作领导小组报告。

8.3　经验总结根据突发事件暴露出的有关问题,进一步修改和完善有关防范措施和处置预案,必要时提出修改或补充相关法律法规的意见。

8.4　奖励机制

对协调、指导、监督、参与文化市场突发事件应急处置工作表现突出的,文化市场突发事件应急工作领导小组应当依照相关规定给予表彰奖励。

8.5　责任追究

在文化市场突发事件应急处置过程中,有下列情形之一的,应当对负有直接责任的负责人或者工作人员依法给予处分,构成犯罪的,应当依法追究刑事责任:

(1)未按照规定采取预防措施导致发生突发事件,或者未采取必要防范措施导致发生次生、衍生事件的;

（2）迟报、谎报、瞒报、漏报突发事件信息，或者通报、报告、公布虚假突发事件信息，造成严重后果的；

（3）未按照规定及时采取预警措施，导致损害发生的；

（4）未按照规定及时采取应急处置措施或者应急处置措施不当，造成严重后果的；

（5）不服从上级文化市场突发事件应急工作领导小组对突发事件应急处置工作的统一领导、指挥和协调的。

文化部办公厅关于加强旅游市场文化经营活动监管的通知

· 2016 年 4 月 8 日
· 办市函〔2016〕135 号

各省、自治区、直辖市文化厅（局），新疆生产建设兵团文化广播电视局，西藏自治区、北京市、天津市、上海市、重庆市文化市场（综合）行政执法总队：

为贯彻落实《国务院办公厅关于加强旅游市场综合监管的通知》（国办发〔2016〕5 号，以下简称《通知》），加强旅游演出、娱乐场所文化经营活动监管，现就有关事项通知如下：

一、明确监管职责。《通知》明确，文化行政部门在旅游市场综合监管中，主要负责对旅游演出、娱乐场所文化经营活动等方面的投诉处理和案件查处等工作。各地要认真履行监管职责，主动作为，加强旅游市场文化经营主体准入管理和事中事后监管，制定监管责任清单并及时向社会公开，配合旅游行政主管部门净化旅游市场环境，保障旅游者合法权益。

二、协同加强信用监管。各地要与同级旅游行政主管部门建立联动机制，加强信息沟通，积极探索旅游市场文化经营主体的信用监管，建立守信激励和失信惩戒机制。认真落实文化产品黑名单和文化市场主体黑名单管理制度，将列入黑名单的旅游市场文化经营主体和含有禁止内容的文化旅游产品信息，及时报送文化部和同级旅游行政部门。

三、加大案件查处力度。各地要加强对旅游演出、娱乐场所等的日常巡查和随机抽查，及时处理游客投诉，加强案件办理。要加强对监管和执法工作的宣传，以案说法，主动开展执法服务，定期向企业和社会通报案件查办和投诉处理情况，督促行业依法依规经营。

本通知实施中遇到的重要情况和问题，要及时报告上级文化行政部门或者文化市场综合执法机构。

特此通知。

广告绝对化用语执法指南

· 2023 年 2 月 25 日国家市场监督管理总局公告 2023 年第 6 号公布
· 自公布之日起施行

为规范和加强广告绝对化用语监管执法，有效维护广告市场秩序，保护自然人、法人和其他组织的合法权益，依据《中华人民共和国广告法》（以下简称《广告法》）《中华人民共和国行政处罚法》等法律、法规、规章和国家有关规定，制定本指南。

一、本指南旨在为市场监管部门开展广告绝对化用语监管执法提供指引，供各地市场监管部门在工作中参考适用。

二、本指南所称广告绝对化用语，是指《广告法》第九条第三项规定的情形，包括"国家级""最高级""最佳"以及与其含义相同或者近似的其他用语。

三、市场监管部门对含有绝对化用语的商业广告开展监管执法，应当坚持过罚相当、公平公正、处罚和教育相结合、综合裁量的原则，实现政治效果、社会效果、法律效果相统一。

四、商品经营者（包括服务提供者，下同）在其经营场所、自设网站或者拥有合法使用权的其他媒介发布有关自身名称（姓名）、简称、标识、成立时间、经营范围等信息，且未直接或者间接推销商品（包括服务，下同）的，一般不视为广告。

前款规定的信息中使用绝对化用语，商品经营者无法证明其真实性，可能影响消费者知情权或者损害其他经营者合法权益的，依据其他法律、法规进行查处。

五、有下列情形之一的，广告中使用绝对化用语未指向商品经营者所推销的商品，不适用《广告法》关于绝对化用语的规定：

（一）仅表明商品经营者的服务态度或者经营理念、企业文化、主观愿望的；

（二）仅表达商品经营者目标追求的；

（三）绝对化用语指向的内容，与广告中推销的商品性能、质量无直接关联，且不会对消费者产生误导的其他情形。

六、有下列情形之一的，广告中使用的绝对化用语指向商品经营者所推销的商品，但不具有误导消费者或者贬低其他经营者的客观后果的，不适用《广告法》关于绝对化用语的规定：

（一）仅用于对同一品牌或同一企业商品进行自我比较的；

（二）仅用于宣传商品的使用方法、使用时间、保存期限等消费提示的；

（三）依据国家标准、行业标准、地方标准等认定的商品分级用语中含有绝对化用语并能够说明依据的；

（四）商品名称、规格型号、注册商标或者专利中含有绝对化用语，广告中使用商品名称、规格型号、注册商标或者专利来指代商品，以区分其他商品的；

（五）依据国家有关规定评定的奖项、称号中含有绝对化用语的；

（六）在限定具体时间、地域等条件的情况下，表述时空顺序客观情况或者宣传产品销量、销售额、市场占有率等事实信息的。

七、广告绝对化用语属于本指南第五条、第六条规定情形，但广告主无法证明其真实性的，依照《广告法》有关规定予以查处。

八、市场监管部门对广告绝对化用语实施行政处罚，应当依据《广告法》等法律、法规，结合广告内容、具体语境以及违法行为的事实、性质、情节、社会危害程度及当事人主观过错等实际情况，准确把握执法尺度，合理行使行政处罚裁量权。

九、除本指南第五条、第六条规定情形外，初次在广告中使用绝对化用语，危害后果轻微并及时改正的，可以不予行政处罚。

十、商品经营者在其经营场所、自设网站或者拥有合法使用权的其他媒介发布的广告中使用绝对化用语，持续时间短或者浏览人数少，没有造成危害后果并及时改正的，应当依法不予行政处罚；危害后果轻微的，可以依法从轻、减轻行政处罚。

其他依法从轻、减轻或者不予行政处罚的，应当符合《中华人民共和国行政处罚法》等法律、法规以及市场监管总局《关于规范市场监督管理行政处罚裁量权的指导意见》的规定。

十一、有下列情形之一的，一般不认为属于违法行为轻微或者社会危害性较小：

（一）医疗、医疗美容、药品、医疗器械、保健食品、特殊医学用途配方食品广告中出现与疗效、治愈率、有效率等相关的绝对化用语的；

（二）招商等有投资回报预期的商品广告中出现与投资收益率、投资安全性等相关的绝对化用语的；

（三）教育、培训广告中出现与教育、培训机构或者教育、培训效果相关的绝对化用语的。

十二、市场监管部门可以依照有关规定，制定广告绝对化用语轻微违法行为依法免予处罚清单并进行动态调整。

文物行政执法公示办法(试行)

· 2021 年 11 月 5 日
· 文物督发〔2021〕35 号

第一条　为提高文物行政执法工作的透明度，促进严格规范公正文明执法，根据《中华人民共和国文物保护法》《中华人民共和国行政处罚法》《中华人民共和国政府信息公开条例》《国务院办公厅关于全面推行行政执法公示制度执法全过程记录制度重大执法决定法制审核制度的指导意见》等规定，结合文物行政执法工作实际，制定本办法。

第二条　本办法适用于文物行政执法机关依法实施的行政执法公示工作。

本办法所称文物行政执法公示，是指文物行政执法机关通过采取一定载体和方式，在行政执法事前、事中和事后各个环节，依法将本机关的行政执法信息主动向社会公开的活动，以保障行政管理相对人和社会公众的知情权、参与权、表达权、监督权。

第三条　文物行政执法公示应当按照"谁执法谁公示"的原则，明确公示内容的采集、传递、审核、发布职责，及时、主动公开或者公示文物行政执法信息。

第四条　文物行政执法机关应当将本机关行政执法信息纳入同级人民政府行政执法信息统一公示平台，实现执法信息互联互通，可采用以下形式进行公示：

（一）政府网站及政务新媒体；

（二）新闻发布会以及电视、报刊、广播等途径；

（三）公示栏或者电子显示屏；

（四）其他公示方式。

第五条　文物行政执法机关应结合政府信息公开、权责清单公布、"双随机、一公开"监管等工作，事前公开以下事项：

（一）行政执法主体；

（二）行政执法人员姓名、执法证编号等基本信息；

（三）执法机关的职责、权限；

（四）随机抽查事项清单；

（五）行政执法的执法依据、执法程序；

（六）监督、投诉举报的方式和途径；

（七）行政管理相对人的救济途径、方式和期限等；

（八）其他应当公示的内容。

第六条　新颁布或者修改、废止的法律、法规、规章引起行政执法公示内容发生变化的，文物行政执法机关应当在有关法律、法规、规章生效或者废止后及时更新相关公示内容。

因执法职能调整引起行政执法公示内容发生变化的，文物行政执法机关应当在调整后及时更新相关公示内容。

第七条　文物行政执法机关应当编制并公开本机关文物行政执法流程，明确行政执法事项名称、办理流程、办理时限、监督方式、责任追究、救济渠道等内容。

第八条　文物行政执法机关应当加强执法工作着装管理，规范执法车辆标识，公布举报监督电话。

执法人员开展现场检查、调查取证、文书送达等执法活动时，应当出示执法证件，出具现场检查、责令改正、处罚决定等执法文书，告知行政管理相对人执法事项、执法依据、权利义务、救济途径等内容，做好告知说明工作。

第九条　文物行政执法机关在事后环节应当主动公开执法机关、执法对象、涉案文物、执法类别、执法结论等信息，以及法律、法规、规章或者规范性文件规定应当事后公开的其他行政执法信息。

第十条　文物行政处罚的执法决定信息应当在执法决定作出之日起7个工作日内公开。其他的文物行政执法信息，应当自信息形成或者变更之日起20个工作日内予以公开。

法律、法规、规章对公示期限另有规定的除外。

第十一条　文物行政执法机关可以采取信息摘要或者全文公开的方式公开行政执法决定。

采取信息摘要方式公开行政执法决定的，应当公开行政执法决定书的文号、案件名称、当事人姓氏或者名称、违法事实、法律依据、执法决定、执法主体名称、日期等。

文物行政执法决定书全文公开时，应当隐去下列信息：

（一）法定代表人、行政执法决定相对人（个人）以外的自然人名字；

（二）自然人的家庭住址、身份证号码、通讯方式、银行账号、动产或者不动产权属证书编号、财产状况等；

（三）法人或者其他组织的银行账号、动产或者不动产权属证书编号、财产状况等；

（四）法律、法规、规章规定应当隐去的其他信息。

第十二条　文物行政执法机关应当构建分工明确、职责明晰、便捷高效的行政执法公示运行机制，明确专门机构和人员负责公示内容的收集、整理、汇总、发布和更新工作。

第十三条　文物行政执法公示内容实行审核制，公示事项内容应当经本机关负责人批准后进行公示。

第十四条　文物行政执法机关发现公开的公示内容不准确的，应当主动更正。文物行政执法决定因行政复议、行政诉讼或者其他原因被变更、撤销或者被确认违法的，行政执法机关应当及时撤回原行政执法决定信息，重新作出行政执法决定信息的应当按照本办法规定予以公布。

公民、法人或者其他组织有证据证明主动公开的公示内容不准确的，可以以书面形式要求文物行政执法机关予以更正。文物行政执法机关应当在收到书面更正要求后15个工作日内，进行核实并作出处理。

第十五条　依法确定为国家秘密的行政执法信息，法律、行政法规禁止公示的行政执法信息，以及公开后可能危及国家安全、公共安全、经济安全、社会稳定的行政执法信息，不予公开。

文物行政执法机关不得公开涉及商业秘密、个人隐私的行政执法信息。但是，经权利人同意公开或者文物行政执法机关认为不公开可能对公共利益造成重大影响的可以公开。

第十六条　上级文物行政执法机关应当加强对下级文物行政执法机关行政执法公示工作的监督检查。

第十七条　文物行政执法机关及其工作人员有下列情形之一的，由上级主管部门或者有关部门责令改正；造成严重后果的，对负有责任的领导人员和直接责任人员，依法给予政务处分：

（一）应当公示而未按规定予以公示的；

（二）应当公示而未及时公示的；

（三）因玩忽职守、弄虚作假、隐瞒事实致使公示内容错误的；

（四）擅自公示未经审核或者审核未通过的公示内容的；

（五）其他违反本办法的行为。

第十八条　受委托实施文物行政执法的组织开展行政执法公示工作，适用本办法。

第十九条　本办法由国家文物局负责解释。

第二十条　本办法自公布之日起施行。

文物行政执法全过程记录办法（试行）

· 2021 年 11 月 5 日
· 文物督发〔2021〕35 号

第一条　为规范文物行政执法行为，保护公民、法人或者其他组织的合法权益，根据《中华人民共和国文物保护法》《中华人民共和国行政处罚法》《国务院办公厅关于全面推行行政执法公示制度执法全过程记录制度重大执法决定法制审核制度的指导意见》等规定,结合文物行政执法工作实际,制定本办法。

第二条　文物行政执法机关依据法律、法规、规章实施行政执法行为的全过程记录,适用本办法。

本办法所称文物行政执法全过程记录,是指文物行政执法机关及其所属文物行政执法人员通过文字、音像等记录形式,对行政执法的启动、调查取证、审核决定、送达执行等全过程进行记录,并全面系统归档保存的活动。

第三条　执法全过程记录应当坚持合法、客观、公正的原则,全面、准确、真实记录行政执法行为,全面系统归档保存,做到执法全过程留痕和可回溯管理。

第四条　文物行政执法机关应当根据文物行政执法需要配备执法记录设备,建立健全文物行政执法全过程记录信息收集、保存、管理和使用等工作制度,充分运用信息化手段,及时归集行政执法信息,提高行政执法记录的信息化水平,逐步实现文物行政执法信息实时全记录。执法记录设备和信息化等所需费用纳入文物行政执法等经费予以保障。

第五条　文物行政执法全过程记录包括文字记录和音像记录。

文字记录是指以行政执法文书、调查取证相关文书、鉴定意见、专家论证报告、听证报告、内部程序审批表、送达回证等纸质文件或者电子文件形式对行政执法活动进行全过程记录的方式。

音像记录是指通过照相机、录音机、摄像机、执法记录仪、视频监控等执法记录设备,实时对行政执法过程进行记录的方式。

第六条　依法启动文物行政执法程序的,应当记录案件来源和立案情况。

依法不启动文物行政执法程序的,应当记录不启动的原因、告知当事人或者向社会公示等有关情况。

第七条　调查取证、听证和告知环节应当记录下列事项:

(一)执法人员姓名、执法证件编号及执法证件出示的情况;

(二)涉案文物名称、级别、管理使用单位、安全直接责任人等基本信息;

(三)询问当事人或证人的,应当制作询问笔录,载明当事人或者有关人员的基本情况、询问的时间和地点以及询问内容;

(四)向有关单位和个人调取书证、物证的,应当制作证据登记清单,载明取证人、取证日期和证据出处等;

(五)现场检查(勘验)的,应当制作现场检查(勘验)

笔录,载明现场检查(勘验)的时间、地点、在场人、检查人、检查或勘验情况;

(六)检验、检测、鉴定、专家评审和公示等情况;

(七)抽样取证的,应当制作抽样取证记录,并出具抽样物品清单;

(八)采取证据先行登记保存措施的,应当记录证据先行登记保存的启动理由、具体标的、形式,出具先行登记保存证据决定或者先行登记保存清单;

(九)告知当事人陈述、申辩、申请回避、听证等权利,应当记录告知的方式和内容,并如实记录当事人陈述、申辩、申请回避、听证的情况;

(十)听证主持人、听证当事人相关信息、听证时间、地点及听证情况;

(十一)其他需要记录的情况。

第八条　决定环节应当记录下列事项:

(一)承办人的处理意见及事实理由、法律依据;

(二)承办机构的处理意见;

(三)重大文物行政执法决定的法制审核和重大文物行政执法决定的集体讨论情况;

(四)审批决定意见;

(五)其他需要记录的情况。

第九条　送达与执行环节应当记录下列事项:

(一)送达的时间、地点、方式及送达的情况;

(二)当事人履行行政执法决定的情况,其中对于依法应责令改正的,应当记录核查情况;

(三)告知当事人行政救济途径的情况;

(四)其他需要记录的情况。

第十条　送达行政执法文书,应当根据不同情况记录以下事项:

(一)直接送达的,由送达人、受送达人或者符合法定条件的签收人在送达回证上签名或者盖章;

(二)邮寄送达的,留存邮寄送达的付邮凭证和回执或者寄达查询记录;

(三)留置送达的,应当记录留置事由、留置地点和时间,由送达人和见证人签名或者盖章;

(四)公告送达的,留存书面公告并记公告送达的原因和经过以及公告方式和载体。

第十一条　归档管理环节应当记录案件的结案归档情况。

第十二条　文字记录能够全面有效记录行政执法行为的,可以不进行音像记录。

对现场执法、调查取证、证据保全、举行听证、留置送达和公告送达等容易引发争议的行政执法过程,应当进行音像记录。

对可能直接涉及人民群众生命健康、重大财产权益的现场执法活动和执法场所,文物行政执法机关应当进行全过程音像记录。

第十三条 全过程音像记录应当自行政执法行为开始起,至行政执法行为结束止,进行不间断记录,不得选择性记录。

第十四条 全过程音像记录应当准确记录以下内容:

(一)执法现场环境;

(二)执法行为开始和结束的时间;

(三)执法人员、当事人、第三人等现场有关人员情况;

(四)涉案文物、涉案场所、设施、设备和财物等;

(五)执法人员出示执法证件、调查取证、送达执法文书等执法过程情况;

(六)其他应当记录的内容。

第十五条 执法活动结束后,执法人员应当及时将执法音像资料导出保存。连续工作、异地执法办案或者在偏远、交通不便地区执法办案,确实无法及时移交资料的,应当在返回单位后二十四小时内移交。

第十六条 文物行政执法机关应当做好执法记录设备的维护、保养和管理,保证执法记录设备的正常使用。

执法记录设备录音录像过程中,因故障、损坏或者电量不足、存储空间不足、天气情况恶劣等原因中止记录的,应当进行记录说明。

第十七条 文物行政执法机关应当建立健全执法全过程记录资料的管理制度,明确专门人员负责文字记录和音像记录资料的归档、保存。

第十八条 有下列情形之一的,应当长期保存音像记录:

(一)当事人对现场执法有异议或者投诉、信访的;

(二)当事人逃避、拒绝、阻碍执法人员依法执行公务的;

(三)执法人员参与处置群体性事件、突发事件的;

(四)其他需要长期保存的。

第十九条 文字记录、音像记录涉及国家秘密、商业秘密、个人隐私的,按照国家保密等相关法律法规进行管理。

第二十条 文物行政执法机关应当定期对执法记录设备反映的执法人员队容风纪、文明执法情况进行抽检,对记录的案卷、音像资料进行检查,并建立检查台账。

第二十一条 文物行政执法机关应当加强数据统计分析,将执法记录信息运用到案卷评查、执法监督、评议考核、舆情应对、行政决策和社会信用体系建设等工作。

第二十二条 文物行政执法机关及其工作人员有下列情形之一的,由其所属文物行政执法机关、上级文物行政执法机关或者有关部门责令改正,对责任人员进行批评或者通报批评;情节严重的,对负有责任的领导人员和直接责任人员依法给予政务处分;涉嫌构成犯罪的,依法移送司法机关追究刑事责任:

(一)未履行或者未按要求履行执法全过程记录的;

(二)未按规定储存或者保护,致使执法记录信息损毁、灭失的;

(三)修改、删除或者故意损毁执法记录信息的;

(四)泄露执法记录信息的;

(五)其他违反执法记录管理规定的行为。

第二十三条 本办法所称重大财产权益,由各级文物行政执法机关参照本地重大案件、集体讨论案件、听证案件等标准,结合实际情况制定。

第二十四条 受委托实施文物行政执法的组织实施行政执法全过程记录,适用本办法。

第二十五条 本办法由国家文物局负责解释。

第二十六条 本办法自公布之日起施行。

重大文物行政执法决定法制审核办法(试行)

· 2021 年 11 月 5 日

· 文物督发〔2021〕35 号

第一条 为规范文物行政执法行为,保护公民、法人和其他组织的合法权益,加强对重大文物行政执法行为的监督,依据《中华人民共和国文物保护法》《中华人民共和国行政处罚法》《国务院办公厅关于全面推行行政执法公示制度执法全过程记录制度重大执法决定法制审核制度的指导意见》等规定,结合文物行政执法工作实际,制定本办法。

第二条 文物行政执法机关对重大文物行政执法决定进行法制审核,适用本办法。

第三条 文物行政执法机关作出重大执法决定之前,应当进行法制审核。未经审核或者审核未通过的,不得作出决定。

第四条 文物行政执法机关应当设立法制审核机构负责本机关的重大执法决定法制审核工作;没有法制审核机构的,文物行政执法机关应当配备专门的法制审核人员负责重大执法决定法制审核工作。

文物行政执法机关的法制审核机构应当与本机关具体负责文物行政执法工作的机构(以下简称执法承办机构)分开设置。

第五条　文物行政执法机关要充分发挥法律顾问、公职律师在法制审核工作中的作用,特别是针对基层存在的法制审核专业人员数量不足、分布不均等问题,探索建立健全本系统内法律顾问、公职律师统筹调用机制,实现法律专业人才资源共享。

第六条　本办法所称重大文物行政执法决定,是指符合以下情形之一的:

(一)涉及重大公共利益,可能引发社会风险,公众反映强烈、社会影响恶劣的;

(二)直接关系行政相对人或者第三人重大权益的;

(三)履行听证程序的;

(四)案件情况疑难复杂的、涉及多个法律关系的;

(五)法律、法规、规章或者规范性文件规定应当进行法制审核的其他情形。

第七条　文物行政执法机关应当根据法律、法规、规章规定,结合本机关执法职责、执法层级、涉及文物的级别及影响、涉案金额等因素,按照执法类别,编制重大文物行政执法决定法制审核事项清单。

第八条　执法承办机构应当在重大文物行政执法事项调查取证完毕提出处理意见后,送法制审核机构或者法制审核人员进行法制审核。通过法制审核后,提交本文物行政执法机关负责人集体讨论决定。

第九条　文物行政执法机关作出重大执法决定前,执法承办机构应当向法制审核机构或者法制审核人员,提供与拟作出执法决定相关的所有主体、事实、证据和程序等文件材料以及其他应当送审的文件材料。

第十条　法制审核机构和法制审核人员应当对拟作出的重大文物行政执法决定从以下方面进行审核:

(一)行政执法主体是否合法,行政执法人员是否具备执法资格;

(二)行政执法程序是否合法;

(三)案件事实是否清楚,证据是否合法充分;

(四)适用法律、法规、规章是否准确,裁量基准运用是否适当;

(五)执法是否超越执法机关法定权限;

(六)行政执法文书是否完备、规范;

(七)违法行为是否涉嫌犯罪,需要移送司法机关;

(八)其他应当审核的内容。

第十一条　法制审核机构和法制审核人员对拟作出的重大文物行政执法决定进行审核后,根据不同情况,出具书面审核意见:

(一)对于主体合法、案件事实清楚、证据确实充分、法律适用正确、程序合法、裁量基准运用适当、执法文书制作规范的,出具同意的审核意见;

(二)对事实不清、证据不足的,出具重新调查或者补充调查的审核意见;

(三)对定性不准、法律适用错误或者裁量基准运用不当的,出具修正的审核意见;

(四)对超越管辖权限或者滥用职权的,出具不予同意的审核意见;

(五)对违反法定程序的,出具纠正的审核意见。

第十二条　法制审核机构和法制审核人员应自收到送审材料之日起 10 个工作日内完成法制审核工作。案情复杂的,经文物行政执法机关负责人批准,可延长 5 个工作日。

第十三条　执法承办机构收到审核同意的法制审核意见的,应当将法制审核意见与相关材料一并报请文物行政执法机关负责人依法决定。

执法承办机构收到其他法制审核意见的,应当根据法制审核意见补充材料或者改正。

第十四条　上级文物行政执法机关可以通过案卷评查、执法督察等方式对下级文物行政执法机关重大执法决定法制审核工作进行指导和监督。

文物行政执法机关应当建立定期培训制度,提高法制审核人员的法律素养和业务能力。

第十五条　执法人员有下列情形之一的,由其所属行政执法机关、上级行政执法机关或者有关部门责令改正;情节严重的,对负有责任的领导人员和直接责任人员依法给予政务处分;构成犯罪的,依法移送司法机关追究刑事责任:

(一)应当提交法制审核而未提交的;

(二)因玩忽职守、弄虚作假、隐瞒事实,造成重大执法决定错误的;

(三)拒不采纳法制审核机构审核意见,情节严重的;

(四)其他不履行法制审核职责的行为。

第十六条　受委托实施文物行政执法的组织开展重大执法决定法制审核工作,适用本办法。

第十七条　本办法由国家文物局负责解释。

第十八条　本办法自公布之日起施行。

文物保护单位执法巡查办法

·2011 年 12 月 20 日

·文物督发〔2011〕21 号

第一条　为了规范文物保护单位执法巡查工作,推动各地文物行政部门、文物执法机构依法履行文物行政执法监管职责,提高监管效率与能力,及时发现、制止并依法查处文物违法行为,根据《中华人民共和国文物保护法》、《中华人民共和国文物保护法实施条例》等法律、法规制定本办法。

第二条 本办法所称文物保护单位执法巡查工作,是指各级文物行政部门、文物执法机构,对本行政区域内各级文物保护单位进行的日常性检查工作。

第三条 文物保护单位执法巡查工作按照属地管理、分级负责的原则实施。各地可根据实际情况,参照本办法制定相应的实施细则,开展文物保护单位执法巡查工作。

第四条 国家文物局负责对全国重点文物保护单位进行抽查;对各地开展的文物保护单位执法巡查工作进行督察。

第五条 各省、自治区、直辖市文物行政部门、文物执法机构负责对本行政区域内省级以上(含省级)的文物保护单位进行巡查、抽查;对本行政区域内各设区市、县(市、区)文物行政部门、文物执法机构开展的文物保护单位执法巡查工作进行督察。

第六条 各设区市的文物行政部门、文物执法机构重点负责对本行政区域内市级以上(含市级)文物保护单位进行巡查,每年对每个市级以上(含市级)文物保护单位至少巡查一次;对本行政区域内县级文物保护单位进行抽查;对本行政区域内县(市、区)文物行政部门、文物执法机构开展的文物保护单位执法巡查工作进行督察。

第七条 各县(市、区)文物行政部门、文物执法机构负责对本行政区域内各级文物保护单位进行巡查,每年对本行政区域内每处文物保护单位至少巡查一次。

第八条 文物保护单位的管理使用单位(人)或者产权单位(人)应当配合各级文物行政部门、文物执法机构开展执法巡查,不得拒绝、阻碍。

文物保护单位的管理使用单位(人)或者产权单位(人)应当定期对文物保护单位的保护管理状况开展自查,对发现的问题及时整改,对发现的违法行为及时向所在地文物行政部门、文物执法机构报告。

第九条 上级文物行政部门、文物执法机构对文物保护单位执法巡查工作进行督察的内容包括:

(一)该行政区域内文物保护单位执法巡查工作的总体情况;

(二)对下级文物行政部门、执法机构开展的文物保护单位执法巡查工作进行抽查、督察的情况;

(三)在文物保护单位执法巡查和有关抽查、督察工作中发现的问题及整改意见的落实情况。

第十条 上级文物行政部门、文物执法机构对文物保护单位执法巡查工作进行督察,可采取以下方法:

(一)查看文物保护单位执法巡查、督察的工作计划;

(二)查看文物保护单位执法巡查工作相关文件和措施;

(三)查看文物保护单位执法巡查的电子与纸质档案;

(四)查看文物保护单位执法巡查工作抽查、督察的材料;

(五)实地检查。

第十一条 文物行政部门、文物执法机构开展文物保护单位执法巡查,应当重点检查以下内容:

(一)文物保护单位是否划定保护范围和建设控制地带,是否作出标志说明,是否建立记录档案,是否设置专门机构或者专人负责管理;

(二)文物保护单位内及其保护范围、建设控制地带内是否发生违法建设行为;

(三)是否发生擅自迁移、拆除文物保护单位或者擅自修缮文物保护单位,明显改变文物原状的违法行为;

(四)是否发生擅自在原址重建已全部毁坏的文物保护单位,造成文物破坏的违法行为;

(五)是否发生施工单位未取得文物保护工程资质证书,擅自从事文物修缮、迁移、重建的违法行为;

(六)是否发生擅自改变国有文物保护单位的用途、转让或者抵押国有文物保护单位或者将国有文物保护单位作为企业资产经营的违法行为;

(七)是否发生将非国有文物保护单位转让或者抵押给外国人的违法行为;

(八)是否发生考古发掘单位未经批准擅自在文物保护单位内进行考古发掘的违法行为;

(九)是否发生未经批准擅自在文物保护单位开展经营性活动的违法行为;

(十)其他涉及文物保护单位的违法违规行为。

第十二条 开展文物保护单位执法巡查工作时,巡查人员应当做好以下工作:

(一)如实记录被巡查文物保护单位的名称、类别、级别、地址、管理机构、使用或者所有权人、所有权属,以及巡查时间、巡查人员、发现的情况和采取的相应措施等;

(二)对被巡查文物保护单位的外观全景、主要组成部分和重要构件、标志说明、保护范围与建设控制地带状况及发现的违法行为现场等进行摄影、摄像;

（三）查阅被巡查文物保护单位的监测措施、维护保养记录、记录档案、依法开展有关工作的审批文件及其他书面材料，必要时应当予以复制存档。

第十三条　巡查、督察工作结束后，文物行政部门、文物执法机构应当及时以书面形式向被检查单位反馈意见。反馈意见应当明确指出存在的问题、违反的相关规定，并提出整改要求。

第十四条　各级文物行政部门、文物执法机构应当及时查处巡查、督察中发现的违法行为，对涉嫌构成犯罪的依法移交司法机关。

第十五条　文物保护单位执法巡查工作结束后，巡查人员要将基本工作情况、发现的问题、采取的措施和有关建议书面报告所属文物行政部门或者文物执法机构。

第十六条　文物行政部门、文物执法机构应当及时将巡查记录、文字和影像资料等整理归档，建立电子与纸质档案。

巡查档案示范文本，由国家文物局制定。

第十七条　本办法自发布之日起施行。

文物安全与行政执法信息上报及公告办法

·2012 年 2 月 15 日
·文物督发〔2012〕1 号

第一条　为加强文物安全监管，推进文物行政执法，及时汇总和公告全国文物安全与行政执法工作以及文物案件情况，依据《中华人民共和国文物保护法》等法律、法规和文件，制订本办法。

第二条　本办法所称文物案件包括文物安全案件和文物行政违法案件。

国家文物局按本办法规定对文物案件进行公告。

第三条　县级以上文物行政部门按本办法规定上报文物安全与行政执法工作情况和文物案件信息，确保报送信息及时准确。

第四条　文物、博物馆单位应当在知道文物案件发生后 2 小时内，向主管的文物行政部门报告已掌握的案件情况。

有下列情形之一的，县级以上文物行政部门应当在接到报告 2 小时内，向同级人民政府和上级文物行政部门报告。省级文物行政部门应当在接到报告 2 小时内通过电话或者传真形式报告国家文物局督察司，并在 3 日内正式行文报国家文物局：

（一）世界文化遗产地、全国重点文物保护单位和省级文物保护单位发生的文物案件；

（二）核定、公布为三级以上风险单位的博物馆、纪念馆等文物收藏单位发生的文物案件；

（三）尚未核定公布为三级以上风险单位的博物馆、纪念馆和其他文物收藏单位发生的一级文物丢失或者损毁案件；

（四）其他重大文物案件。

第五条　文物安全案件报告主要包括以下内容：

（一）涉案文物、博物馆单位名称、级别、保护机构和保护管理现状；

（二）发案时间、地点、经过，文物损失和人员伤亡情况；

（三）涉案可移动文物名称、数量、级别和受损情况；

（四）案件原因分析及处理结果；

（五）案发现场和文物受损等图片资料；

（六）其他情况。

第六条　文物行政违法案件报告主要包括以下内容：

（一）涉案文物、博物馆单位名称、级别、保护机构和保护管理现状；

（二）违法相对人名称、违法性质；

（三）违法行为发生的时间、地点和违法事实；

（四）违法行为对文物造成的损失；

（五）违法行为的调查处理情况；

（六）案发现场、文物受损等图片资料；

（七）其他情况。

第七条　省级文物行政部门每半年向国家文物局报送《文物安全与行政执法工作情况统计表》《文物安全案件统计表》和《文物行政违法案件统计表》。上半年于当年 6 月 15 日前报送，下半年于当年 12 月 15 日前报送。

省级文物行政部门同时报送各项报表的书面和电子文本，电子文本通过国家文物局"文物安全与行政执法管理信息系统"报送。

第八条　国家文物局按以下形式实施公告：

（一）专项通报：不定期对重大文物案件处理情况进行通报。

（二）年中通报：每年 6 月 30 日前，通报上半年全国文物安全与行政执法工作情况。

（三）年度通报：每年 12 月 31 日前，通报本年度全国文物安全与行政执法工作情况。

第九条　国家文物局实施的专项通报、年中通报和年度通报印发各省级文物行政部门，印送全国文物安全工作部际联席会议各成员单位，并按有关规定进行信息公开。

第十条　对于下列行为，国家文物局进行通报批评，情

节严重的,向当地人民政府通报或者提出行政处理建议;

（一）不按本办法规定的时限、内容、形式和要求,报送文物案件和各项统计报表的;

（二）对国家文物局通报的文物案件负有调查处理责任的文物行政部门或者文物、博物馆单位,不按通报要求认真调查处理,不按时限要求报送调查处理结果的。

（三）对国家文物局督察、督办的文物安全与行政执法工作事项,无正当理由不予落实或者不及时报告落实结果的。

第十一条 省级文物行政部门根据本办法,制定本省行政区域内的文物安全与行政执法信息上报与公告办法。

第十二条 本办法自印发之日起施行。

附件:（略）

文化和旅游部、国家文物局关于加强文物市场行政执法工作的通知

· 2023 年 1 月 19 日
· 文物博发〔2023〕6 号

各省、自治区、直辖市文化和旅游厅（局）、文物局,新疆生产建设兵团文化体育广电和旅游局（文物局）:

为贯彻落实党的二十大精神和习近平总书记关于文物工作重要指示批示精神,按照中共中央办公厅、国务院办公厅《关于深化文化市场综合行政执法改革的指导意见》和中共中央宣传部、文化和旅游部、国家广播电视总局、国家文物局《关于进一步完善文化市场综合执法运行机制的通知》有关要求,现就加强文物市场行政执法工作通知如下:

一、提高思想认识,落实执法责任

文物市场行政执法是保护国家文物安全、遏制文物非法流通的有效手段,也是维护文物市场健康有序发展的重要保障。文化市场综合执法队伍统一行使文物市场行政执法职责,由相关文化和旅游行政部门负责管理,文物行政部门在职责范围内指导、监督文化市场综合执法队伍开展文物市场行政执法工作。各级文物行政部门、文化市场综合执法队伍要切实提高思想认识,深刻领悟"两个确立"的决定性意义,增强"四个意识"、坚定"四个自信"、做到"两个维护",充分认识文物市场行政执法工作的重要性,坚决贯彻中央部署,认真落实执法主体责任和监督责任,以昂扬的精神状态、务实的工作作风,加强文物市场行政执法工作,努力在新征程上开创文物工作新局面。

二、明确执法事项,加强日常监管

各级文物行政部门、文化市场综合执法队伍要坚持依法行政,不断提高行政执法效能,形成职责清晰、运行顺畅的执法工作机制。

（一）聚焦执法事项。文化市场综合执法队伍依法行使"对买卖国家禁止买卖的文物或者将禁止出境的文物转让、出租、质押抵给外国人的行政处罚"。要按照《文物拍卖管理办法》确定的"禁止买卖的文物"范围和《文物出境审核标准》确定的"禁止出境的文物"范围,聚焦执法事项,严格落实行政执法责任,有力打击文物违法经营活动。

（二）确定执法对象。文物市场行政执法对象为从事文物经营的主体,主要涵盖文物商店、文物拍卖企业、古玩旧货市场及其中商户、互联网文物经营平台及其中商户等。各级文化市场综合执法队伍既要加强对各类线下主体的监管,也要加强对通过互联网途径开展文物经营活动的监管,确保执法对象全覆盖。

（三）优化执法检查。各级文化市场综合执法队伍应制定执法检查计划,建立科学有效的日常巡查、随机抽查、专项检查及案源监测制度,及时办理信访、网络舆情等渠道的群众投诉举报,及时发现案件线索,依法开展执法工作。各级文物行政部门应加强源头监管,会同文化和旅游行政部门部署执法工作,及时向文化市场综合执法队伍分办、转办案件线索,做好具体执法业务指导工作。

三、提升业务能力,完善执法协作

各级文物行政部门、文化市场综合执法队伍要根据文物市场监管工作特点,加强行政执法能力建设,构建协同高效、部门联动的执法工作格局。

（一）加强能力建设。各级文物行政部门、文化市场综合执法队伍应充分发挥各自资源优势,在年度培训计划中设置相关专项,面向执法人员组织开展形式多样的文物鉴定、文物违法经营活动调查等相关业务培训。

（二）实现全程监管。各级文物行政部门、文化市场综合执法队伍之间要通过信息化平台等方式,建立健全文物市场领域行政许可、日常监管、执法检查、行政处罚等信息的互通共享机制,在工作会商会议制度框架下定期联合开展信息研判,做好事前审批与事中事后监管执法衔接工作,实现对文物市场的全程监管。文化市场综合执法队伍依法没收的文物,结案后无偿移交文物行政部门,由文物行政部门指定的国有文物收藏单位收藏。

（三）完善执法协作。各级文物行政部门、文化市场综合执法队伍要将完善执法协作机制作为提升执法效能的重要手段,根据文物市场案件特点,健全行政执法和刑

事司法衔接机制。各级文化市场综合执法队伍要按照相关法律法规规定,及时将执法过程中发现的未经许可擅自从事文物经营或者从事未经审核文物经营等案件,依法移送市场监管部门;对涉嫌构成刑事犯罪的案件,依法移送公安机关。同时,要及时做好市场监管、公安等部门移送的属于职责权限范围内的文物市场案件的接收查处工作。

四、加强执法督导,建立常态机制

文化和旅游部、国家文物局将有计划地组织开展专项督导,将文物市场违法违规举报办理和督办案件查处情况作为全国文化市场综合执法考评的重要参考,评选确定一批典型案例向全国推广。各级文物行政部门、文化市场综合执法队伍应针对本地文物市场现状开展联合研判,尽快找准突破口,抓好大、要案件查处,通过执法实践带动建立常态化文物市场执法机制。积极利用各类媒体做好文物市场行政执法案件宣传,普及依法经营、合法收藏理念,形成震慑违法经营活动的高压态势,营造良好的文物市场行政执法社会环境。

各地对文物市场行政执法实践中出现的问题和形成的经验做法,请及时向文化和旅游部、国家文物局报告。

特此通知。

文物消防安全检查规程(试行)

·2011 年 9 月 20 日
·文物督发〔2011〕17 号

第一章　总　则

第一条　为预防和减少文物、博物馆单位火灾危害,规范文物消防安全检查工作,提高消防安全管理水平,依据《中华人民共和国文物保护法》《中华人民共和国消防法》等相关法律、法规,制定本规程。

第二条　文物消防安全检查工作贯彻"预防为主、防消结合"的方针,坚持"从严管理、防患未然"的原则。

第三条　上级文物行政部门对下级文物行政部门实施消防安全督察、文物行政部门实施消防安全检查和文物、博物馆单位实施消防安全自查,适用本规程。

第四条　文物消防安全检查的范围包括:

(一)具有火灾危险性的文物保护单位和经县级人民政府文物行政部门登记并公布的其他不可移动文物;

(二)博物馆、纪念馆、陈列馆等文物收藏单位;

(三)文物库房、文物修复室、文物科技保护室等文物保管和科技保护场所;

(四)文物保护工程施工工地;

(五)其他文物、博物馆单位。

第五条　实施文物消防安全检查,要落实文物保护和消防安全管理的法律、法规、规章和行业标准,切实增强检查与消除火灾隐患能力、组织扑救初起火灾能力、组织人员疏散逃生能力、消防宣传教育培训能力、文物抢救能力。

第六条　各文物、博物馆单位的消防安全责任人和消防安全管理人负责组织和实施消防安全检查,督促和落实火灾隐患整改工作。

第七条　各级文物行政部门和文物、博物馆单位要配合当地公安机关消防机构确定本地区文物消防安全重点单位或者文物、博物馆单位的消防安全重点部位,按当地公安机关消防机构的要求做好文物消防安全工作。

第二章　检查内容

第八条　文物消防安全检查的基本内容包括:

(一)消防安全责任制和组织机构建设

1. 消防安全责任人和消防安全管理人履行消防安全职责情况;

2. 距离当地公安消防队较远的列为全国重点文物保护单位的大型古建筑群消防队伍建设情况,其他文博单位的兼职消防队伍建设情况;

3. 文物、博物馆单位消防安全责任制建立情况,消防安全责任书签订及安全责任落实情况。

(二)消防安全管理制度

1. 消防安全制度和保障消防安全的操作规程制订情况;

2. 确保消防安全管理制度和操作规程落实的保障措施情况;

3. 消防安全管理制度在具体工作中的实际执行情况。

(三)人员管理

1. 消防安全责任人、消防安全管理人、专兼职消防工作人员、消防控制室操作人员接受消防安全专门培训情况;

2. 工作人员对消防安全法规、消防安全知识、消防安全管理制度的掌握情况;

3. 工作人员对消防设施、设备、器材的操作技能情况;

4. 消防控制室操作人员持证上岗情况;

5. 消防安全工作人员值班情况。

(四)消防设施设备和消防车通道

1. 消防水源和消防给水设施建设情况;

2. 火灾报警、灭火等设施设备建设情况;

3. 灭火器材配置及有效情况;

4. 消防安全标志的设置情况;

5. 消防设施设备检测和日常维护保养情况；

6. 消防车通道设置情况。

（五）用火、用电、用油、用气管理

1. 是否存在违反规定用火、用电、用油、用气情况；

2. 用于文物保护必要的电器设备和电气线路是否规范安装敷设，是否采取有效阻燃措施；

3. 对电器设备和电气线路是否进行定期安全检查；

4. 是否存有易燃易爆物品及其管理情况。

（六）火灾隐患整改

1. 消防安全检查发现火灾隐患的记录；

2. 火灾隐患整改结果；

3.《文物火灾隐患整改情况记录表》内容和归档情况。

（七）周边防火环境

1. 文物、博物馆单位周边的企事业单位和人民群众生产生活可能引发文物火灾危害情况；

2. 对周边可能引发火灾危害的预防和应对措施情况；

3. 对周边企事业单位和人民群众文物防火宣传工作情况。

（八）防雷措施

1. 避雷设施安装和验收情况；

2. 避雷设施日常维护和检测情况。

（九）与公安机关消防机构联动

1. 文物、博物馆单位与当地公安机关消防机构就文物防火工作的联系、沟通情况；

2. 文物、博物馆单位与当地公安机关消防机构建立火灾扑救联动机制情况。

（十）灭火和应急疏散预案

1. 灭火和应急疏散预案制订情况；

2. 内容和程序是否科学、有效，具有可操作性；

3. 日常演练情况；

4. 现场演练是否符合程序并具有防火、灭火效能。

（十一）消防安全档案

1. 档案内容是否规范、完整；

2. 档案的更新情况；

3. 档案的保管情况。

（十二）文物、博物馆单位消防安全工作的其他情况

第九条 对古建筑（包括具有火灾危险性的近现代文物建筑）除按本规程第八条规定内容检查外，重点检查以下内容：

（一）古建筑殿屋内是否存在用于生产生活的用火、用电问题，在古建筑厢房、走廊、庭院等处确需用火、用电的，是否采取有效的防火安全措施；

（二）是否存在古建筑之间及毗连古建筑私搭乱建棚、房问题；

（三）是否存在古建筑本体上直接安装电源开关、电线，或者在古建筑内使用电气设备等问题；

（四）在古建筑附属设施上或者保护范围内架设电线、安装电气设备，是否对古建筑消防安全构成危害；

（五）非宗教活动场所的古建筑内是否存在燃灯、烧纸、焚香问题，指定为宗教活动场所的古建筑是否在指定地点内燃灯、烧纸、焚香，是否采取有效防火措施；

（六）保护范围内是否堆放柴草、木料等可燃易燃物品；

（七）古建筑与毗连的其他建筑之间防火分隔墙建设或者消防通道设置情况，坐落在森林区域或者位于郊野的古建筑周边是否有防火隔离带；

（八）古寺庙、道观、庙堂内悬挂的帐幔、伞盖等易燃物品防火处理情况；

（九）可能引发古建筑火灾的其他情况。

第十条 对博物馆（包括纪念馆、陈列馆）除按本规程第八条规定内容检查外，重点检查以下内容：

（一）新建博物馆在投入使用前其消防设施、设备经公安机关消防机构验收情况；

（二）内装与布展工程现场防火措施情况；

（三）展柜、展台、展墙等展具和装饰材料防火性能情况；

（四）展厅照明灯具、音响、闭路电视、电动模型、放映机等电器设备的使用与管理情况；

（五）用于陈列展览的电动图表、模型、沙盘、布景箱和装在壁板上的灯光箱、显示图表箱等设计、安装是否符合防火要求；

（六）可能引发博物馆火灾的其他情况。

第十一条 对文物保护工程施工工地除按本规程第八条规定内容检查外，重点检查以下内容：

（一）承建工程项目合同是否约定防火安全内容；

（二）施工方法和施工技术是否符合消防要求；

（三）施工现场用火作业、易燃可燃材料堆场、仓库、易燃废品集中站和生活区等区域划分是否符合防火要求；

（四）施工作业期间搭设的临时性建筑的防火措施；

（五）施工所需焊、割作业点、氧气瓶、乙炔瓶、易燃易爆物品的安全隔离措施；

（六）施工使用的焊灯、喷灯等明火作业安全管理情况；

（七）施工现场废料、垃圾等可燃物品清理情况；

（八）可能引发文物保护工程施工工地火灾的其他情况。

第十二条　对文物库房除按本规程第八条规定内容检查外，重点检查以下内容：

（一）存放文物的柜、箱、架、囊、匣等是否用非易燃材料制作或者作阻燃处理；

（二）是否存在易燃材料包装物同文物一起进入库房问题；

（三）除湿、照明、通讯等电器设备安全管理情况；

（四）可能引发文物库房火灾的其他情况。

第十三条　对文物修复室、文物科技保护室除按本规程第八条规定内容检查外，重点检查以下内容：

（一）文物修复和科技保护设施、设备的防火性能情况；

（二）用于文物修复或者科技保护的易燃易爆物品储存、保管是否符合安全要求；

（三）可能引发文物修复室、文物科技保护室火灾的其他情况。

第十四条　对已向社会开放的文物、博物馆单位，除分别检查本规程第九条、第十条规定内容外，还需重点检查以下内容：

（一）安全出口、疏散通道是否畅通；

（二）安全疏散指示标志是否醒目，应急照明灯是否完好；

（三）参观游览人员携带火种的检查和监管措施情况；

（四）保证参观人员和文物安全的其他消防安全措施情况。

第十五条　文物、博物馆单位自行组织扑灭的初起火灾，要认真检查火场，彻底扑灭和清除不易完全熄灭的物品，设专人在火灾现场值守，防止死灰复燃。

第三章　检查形式和方式

第十六条　文物、博物馆单位按本规程规定组织实施以下形式的消防安全自查：

（一）防火巡查：由消防安全工作人员对本单位消防安全重点部位防火工作进行每日巡查；

（二）定期检查：由消防安全管理人组织对本单位消防安全工作情况实施定期检查，至少每月检查一次；

（三）随机抽查：由消防安全管理人组织对本单位所属各部门和安全重点岗位实施随机抽查，检验各项防火制度和措施的落实情况；

（四）重要节日或重大活动前检查：国家法定节假日前，文物、博物馆单位举办重大活动前，气候干旱的火灾易发期、多发期，由消防安全管理人提前组织开展消防安

全重点检查。

第十七条　文物行政部门按本规程规定组织实施以下形式的消防安全检查：

（一）定期检查：对本辖区的文物、博物馆单位组织定期检查，市、县级文物行政部门至少每季度检查一次，省级文物行政部门至少每半年检查一次；

（二）重点抽查：对本辖区内文物、博物馆单位实施不定期抽查；

（三）专项督察：对辖区内文物消防安全管理存在严重问题或者文物火灾隐患突出的地区，集中实施消防安全专项督察。

第十八条　文物消防安全检查采取以下方式：

（一）现场排查：对文物、博物馆单位及其周边环境进行全面排查，查找可能引发文物火灾的安全隐患；

（二）查阅档案记录：查看文物、博物馆单位消防安全档案和各项消防安全工作记录，了解消防安全制度建设和安全管理情况；

（三）座谈、问询、问卷：举办座谈会，随机问询工作人员，发放调查问卷，了解消防安全组织机构和人员队伍建设情况；

（四）现场设置火情：检验文物、博物馆单位对初起火灾事故应急处置能力；

（五）观摩消防演练：检验消防安全预案的科学性和防范与扑救火灾效能；

（六）启动设施设备：检验消防设施、设备的性能；

（七）查看检测标识：检查消防设备、器材检测情况；

（八）其他方式。

第四章　检查程序

第十九条　文物、博物馆单位开展消防安全巡查，要将巡查情况记入《防火巡查记录表》，发现火灾隐患要及时处理，并向本单位消防安全责任人和消防安全管理人报告。

第二十条　文物、博物馆单位开展消防安全自查按以下程序进行：

（一）组织检查组：由具有消防安全管理经验和消防安全专业知识、技能的人员组成检查组；

（二）确定检查范围：消防安全检查范围既要全面，又要根据本单位防火工作实际突出检查的重点部位；

（三）现场检查：对文物、博物馆单位及周边环境进行全面检查，将检查情况填入《文物消防安全检查记录》，并由检查组人员签字；

（四）总结报告：检查结束后，对检查情况进行全面认

真总结,分析查找存在的问题和隐患,提出改进工作的意见和建议,报本单位消防安全责任人和消防安全管理人;

(五)记入档案:将《文物消防安全检查记录》、消防安全检查总结以及火灾隐患整改情况记入消防安全检查档案。

第二十一条　各级文物行政部门对文物、博物馆单位开展消防安全检查按以下程序进行:

(一)人员组织:由具有消防安全管理经验和消防安全专业知识、技能的人员组成消防安全检查组;

(二)制订检查实施方案:确定本辖区内被检查的文物、博物馆单位范围、重点单位、检查工作步骤和具体要求等;

(三)实地检查:对下级文物行政部门文物消防安全工作和辖区内文物、博物馆单位开展检查;

(四)当场反馈意见:检查组要现场向被检查的文物、博物馆单位反馈检查情况,提出具体的整改意见和要求;

(五)汇总检查结果:检查结束后,检查组要对检查结果进行归纳总结,形成书面检查报告,报组织消防安全检查的文物行政部门;

(六)反馈书面意见:组织消防安全检查的文物行政部门根据检查组的书面检查报告,向被检查地区文物行政部门下发书面意见。

第二十二条　各级文物行政部门和各文物、博物馆单位要建立消防安全检查档案,将消防安全检查情况登记入档。

第五章　火灾隐患整改

第二十三条　文物、博物馆单位要对消防安全自查中发现的安全隐患进行逐项登记,逐项整改。能当场整改的要立即整改;不能当场立即整改的,在火灾隐患未消除前,应当落实防范措施,确保隐患整改期间的消防安全。对本单位自身不能解决的重大火灾隐患,要提出解决方案并向其上级文物行政主管部门或者当地人民政府报告。

火灾隐患整改完毕,文物、博物馆单位应当填写《文物火灾隐患整改情况记录表》,由消防安全责任人和消防安全管理人签名后存档备查。

第二十四条　各级文物行政部门在检查中发现文物、博物馆单位存在火灾隐患的,要向被检查单位发《火灾隐患整改通知书》,提出具体的整改意见和要求;发现严重危害文物安全的重大火灾隐患的,要向当地人民政府通报;发现文物、博物馆单位对发生的火灾事故未按要求上报或者未依法处理的,要及时提出处理意见,并将处理情况向当地人民政府通报。

第二十五条　各级文物行政部门要对文物、博物馆单位存在的重大火灾隐患整改实施挂牌督办,发《重大文物火灾隐患整改挂牌督办单》。督办单包括火灾隐患内容、督办要求与期限、整改责任单位等内容。

文物行政部门挂牌督办的重大火灾隐患,要由专人负责跟踪督促整改。重大火灾隐患整改完毕经督办单位检验合格后,挂牌督办程序结束。火灾隐患挂牌督办整改情况存档备查。

第六章　责任追究

第二十六条　各级文物行政部门和文物、博物馆单位要建立文物消防安全责任制,明确消防安全管理职责和工作职责,实施责任追究。

第二十七条　文物、博物馆单位不按本规程规定认真实施消防安全自查的,或者对存在的火灾隐患不按要求整改的,由文物行政部门责令改正,并予以通报。

文物行政部门不按本规程要求开展文物消防安全检查的,或者对文物、博物馆单位火灾隐患整改督办不力的,由上级文物行政部门责令改正,并予以通报。

由于不认真实施文物消防安全检查,不按要求整改火灾隐患,对文物消防安全工作放任自流、玩忽职守,以致发生火灾事故造成文物损失的,依法追究法律责任。

第七章　附　则

第二十八条　本规程附表由各地文物行政部门和文物、博物馆单位在消防安全检查及管理工作中应用。

第二十九条　本规程自印发之日起试行。

附表:1.《防火巡查记录表》(略)

2.《文物消防安全检查记录》(略)

3.《文物火灾隐患整改通知单》(略)

4.《重大文物火灾隐患整改挂牌督办单》(略)

5.《文物火灾隐患整改情况记录表》(略)

二、旅　游

(一)综合

中华人民共和国旅游法

· 2013 年 4 月 25 日第十二届全国人民代表大会常务委员会第二次会议通过
· 根据 2016 年 11 月 7 日第十二届全国人民代表大会常务委员会第二十四次会议《关于修改〈中华人民共和国对外贸易法〉等十二部法律的决定》第一次修正
· 根据 2018 年 10 月 26 日第十三届全国人民代表大会常务委员会第六次会议《关于修改〈中华人民共和国野生动物保护法〉等十五部法律的决定》第二次修正

第一章　总　则

第一条　为保障旅游者和旅游经营者的合法权益,规范旅游市场秩序,保护和合理利用旅游资源,促进旅游业持续健康发展,制定本法。

第二条　在中华人民共和国境内的和在中华人民共和国境内组织到境外的游览、度假、休闲等形式的旅游活动以及为旅游活动提供相关服务的经营活动,适用本法。

第三条　国家发展旅游事业,完善旅游公共服务,依法保护旅游者在旅游活动中的权利。

第四条　旅游业发展应当遵循社会效益、经济效益和生态效益相统一的原则。国家鼓励各类市场主体在有效保护旅游资源的前提下,依法合理利用旅游资源。利用公共资源建设的游览场所应当体现公益性质。

第五条　国家倡导健康、文明、环保的旅游方式,支持和鼓励各类社会机构开展旅游公益宣传,对促进旅游业发展做出突出贡献的单位和个人给予奖励。

第六条　国家建立健全旅游服务标准和市场规则,禁止行业垄断和地区垄断。旅游经营者应当诚信经营,公平竞争,承担社会责任,为旅游者提供安全、健康、卫生、方便的旅游服务。

第七条　国务院建立健全旅游综合协调机制,对旅游业发展进行综合协调。

县级以上地方人民政府应当加强对旅游工作的组织和领导,明确相关部门或者机构,对本行政区域的旅游业发展和监督管理进行统筹协调。

第八条　依法成立的旅游行业组织,实行自律管理。

第二章　旅游者

第九条　旅游者有权自主选择旅游产品和服务,有权拒绝旅游经营者的强制交易行为。

旅游者有权知悉其购买的旅游产品和服务的真实情况。

旅游者有权要求旅游经营者按照约定提供产品和服务。

第十条　旅游者的人格尊严、民族风俗习惯和宗教信仰应当得到尊重。

第十一条　残疾人、老年人、未成年人等旅游者在旅游活动中依照法律、法规和有关规定享受便利和优惠。

第十二条　旅游者在人身、财产安全遇有危险时,有请求救助和保护的权利。

旅游者人身、财产受到侵害的,有依法获得赔偿的权利。

第十三条　旅游者在旅游活动中应当遵守社会公共秩序和社会公德,尊重当地的风俗习惯、文化传统和宗教信仰,爱护旅游资源,保护生态环境,遵守旅游文明行为规范。

第十四条　旅游者在旅游活动中或者在解决纠纷时,不得损害当地居民的合法权益,不得干扰他人的旅游活动,不得损害旅游经营者和旅游从业人员的合法权益。

第十五条　旅游者购买、接受旅游服务时,应当向旅游经营者如实告知与旅游活动相关的个人健康信息,遵守旅游活动中的安全警示规定。

旅游者对国家应对重大突发事件暂时限制旅游活动的措施以及有关部门、机构或者旅游经营者采取的安全防范和应急处置措施,应当予以配合。

旅游者违反安全警示规定,或者对国家应对重大突发事件暂时限制旅游活动的措施、安全防范和应急处置措施不予配合的,依法承担相应责任。

第十六条　出境旅游者不得在境外非法滞留,随团出境的旅游者不得擅自分团、脱团。

入境旅游者不得在境内非法滞留,随团入境的旅游者不得擅自分团、脱团。

第三章　旅游规划和促进

第十七条　国务院和县级以上地方人民政府应当将旅游业发展纳入国民经济和社会发展规划。

国务院和省、自治区、直辖市人民政府以及旅游资源丰富的设区的市和县级人民政府，应当按照国民经济和社会发展规划的要求，组织编制旅游发展规划。对跨行政区域且适宜进行整体利用的旅游资源进行利用时，应当由上级人民政府组织编制或者由相关地方人民政府协商编制统一的旅游发展规划。

第十八条　旅游发展规划应当包括旅游业发展的总体要求和发展目标，旅游资源保护和利用的要求和措施，以及旅游产品开发、旅游服务质量提升、旅游文化建设、旅游形象推广、旅游基础设施和公共服务设施建设的要求和促进措施等内容。

根据旅游发展规划，县级以上地方人民政府可以编制重点旅游资源开发利用的专项规划，对特定区域内的旅游项目、设施和服务功能配套提出专门要求。

第十九条　旅游发展规划应当与土地利用总体规划、城乡规划、环境保护规划以及其他自然资源和文物等人文资源的保护和利用规划相衔接。

第二十条　各级人民政府编制土地利用总体规划、城乡规划，应当充分考虑相关旅游项目、设施的空间布局和建设用地要求。规划和建设交通、通信、供水、供电、环保等基础设施和公共服务设施，应当兼顾旅游业发展的需要。

第二十一条　对自然资源和文物等人文资源进行旅游利用，必须严格遵守有关法律、法规的规定，符合资源、生态保护和文物安全的要求，尊重和维护当地传统文化和习俗，维护资源的区域整体性、文化代表性和地域特殊性，并考虑军事设施保护的需要。有关主管部门应当加强对资源保护和旅游利用状况的监督检查。

第二十二条　各级人民政府应当组织对本级政府编制的旅游发展规划的执行情况进行评估，并向社会公布。

第二十三条　国务院和县级以上地方人民政府应当制定并组织实施有利于旅游业持续健康发展的产业政策，推进旅游休闲体系建设，采取措施推动区域旅游合作，鼓励跨区域旅游线路和产品开发，促进旅游与工业、农业、商业、文化、卫生、体育、科教等领域的融合，扶持少数民族地区、革命老区、边远地区和贫困地区旅游业发展。

第二十四条　国务院和县级以上地方人民政府应当根据实际情况安排资金，加强旅游基础设施建设、旅游公

共服务和旅游形象推广。

第二十五条　国家制定并实施旅游形象推广战略。国务院旅游主管部门统筹组织国家旅游形象的境外推广工作，建立旅游形象推广机构和网络，开展旅游国际合作与交流。

县级以上地方人民政府统筹组织本地的旅游形象推广工作。

第二十六条　国务院旅游主管部门和县级以上地方人民政府应当根据需要建立旅游公共信息和咨询平台，无偿向旅游者提供旅游景区、线路、交通、气象、住宿、安全、医疗急救等必要信息和咨询服务。设区的市和县级人民政府有关部门应当根据需要在交通枢纽、商业中心和旅游者集中场所设置旅游咨询中心，在景区和通往主要景区的道路设置旅游指示标识。

旅游资源丰富的设区的市和县级人民政府可以根据本地的实际情况，建立旅游客运专线或者游客中转站，为旅游者在城市及周边旅游提供服务。

第二十七条　国家鼓励和支持发展旅游职业教育和培训，提高旅游从业人员素质。

第四章　旅游经营

第二十八条　设立旅行社，招徕、组织、接待旅游者，为其提供旅游服务，应当具备下列条件，取得旅游主管部门的许可，依法办理工商登记：

（一）有固定的经营场所；

（二）有必要的营业设施；

（三）有符合规定的注册资本；

（四）有必要的经营管理人员和导游；

（五）法律、行政法规规定的其他条件。

第二十九条　旅行社可以经营下列业务：

（一）境内旅游；

（二）出境旅游；

（三）边境旅游；

（四）入境旅游；

（五）其他旅游业务。

旅行社经营前款第二项和第三项业务，应当取得相应的业务经营许可，具体条件由国务院规定。

第三十条　旅行社不得出租、出借旅行社业务经营许可证，或者以其他形式非法转让旅行社业务经营许可。

第三十一条　旅行社应当按照规定交纳旅游服务质量保证金，用于旅游者权益损害赔偿和垫付旅游者人身安全遇有危险时紧急救助的费用。

第三十二条　旅行社为招徕、组织旅游者发布信息，

必须真实、准确，不得进行虚假宣传，误导旅游者。

第三十三条　旅行社及其从业人员组织、接待旅游者，不得安排参观或者参与违反我国法律、法规和社会公德的项目或者活动。

第三十四条　旅行社组织旅游活动应当向合格的供应商订购产品和服务。

第三十五条　旅行社不得以不合理的低价组织旅游活动，诱骗旅游者，并通过安排购物或者另行付费旅游项目获取回扣等不正当利益。

旅行社组织、接待旅游者，不得指定具体购物场所，不得安排另行付费旅游项目。但是，经双方协商一致或者旅游者要求，且不影响其他旅游者行程安排的除外。

发生违反前两款规定情形的，旅游者有权在旅游行程结束后三十日内，要求旅行社为其办理退货并先行垫付退货货款，或者退还另行付费旅游项目的费用。

第三十六条　旅行社组织团队出境旅游或者组织、接待团队入境旅游，应当按照规定安排领队或者导游全程陪同。

第三十七条　参加导游资格考试成绩合格，与旅行社订立劳动合同或者在相关旅游行业组织注册的人员，可以申请取得导游证。

第三十八条　旅行社应当与其聘用的导游依法订立劳动合同，支付劳动报酬，缴纳社会保险费用。

旅行社临时聘用导游为旅游者提供服务的，应当全额向导游支付本法第六十条第三款规定的导游服务费用。

旅行社安排导游为团队旅游提供服务的，不得要求导游垫付或者向导游收取任何费用。

第三十九条　从事领队业务，应当取得导游证，具有相应的学历、语言能力和旅游从业经历，并与委派其从事领队业务的取得出境旅游业务经营许可的旅行社订立劳动合同。

第四十条　导游和领队为旅游者提供服务必须接受旅行社委派，不得私自承揽导游和领队业务。

第四十一条　导游和领队从事业务活动，应当佩戴导游证，遵守职业道德，尊重旅游者的风俗习惯和宗教信仰，应当向旅游者告知和解释旅游文明行为规范，引导旅游者健康、文明旅游，劝阻旅游者违反社会公德的行为。

导游和领队应当严格执行旅游行程安排，不得擅自变更旅游行程或者中止服务活动，不得向旅游者索取小费，不得诱导、欺骗、强迫或者变相强迫旅游者购物或者参加另行付费旅游项目。

第四十二条　景区开放应当具备下列条件，并听取旅游主管部门的意见：

（一）有必要的旅游配套服务和辅助设施；

（二）有必要的安全设施及制度，经过安全风险评估，满足安全条件；

（三）有必要的环境保护设施和生态保护措施；

（四）法律、行政法规规定的其他条件。

第四十三条　利用公共资源建设的景区的门票以及景区内的游览场所、交通工具等另行收费项目，实行政府定价或者政府指导价，严格控制价格上涨。拟收费或者提高价格的，应当举行听证会，征求旅游者、经营者和有关方面的意见，论证其必要性、可行性。

利用公共资源建设的景区，不得通过增加另行收费项目等方式变相涨价；另行收费项目已收回投资成本的，应当相应降低价格或者取消收费。

公益性的城市公园、博物馆、纪念馆等，除重点文物保护单位和珍贵文物收藏单位外，应当逐步免费开放。

第四十四条　景区应当在醒目位置公示门票价格、另行收费项目的价格及团体收费价格。景区提高门票价格应当提前六个月公布。

将不同景区的门票或者同一景区内不同游览场所的门票合并出售的，合并后的价格不得高于各单项门票的价格之和，且旅游者有权选择购买其中的单项票。

景区内的核心游览项目因故暂停向旅游者开放或者停止提供服务的，应当公示并相应减少收费。

第四十五条　景区接待旅游者不得超过景区主管部门核定的最大承载量。景区应当公布景区主管部门核定的最大承载量，制定和实施旅游者流量控制方案，并可以采取门票预约等方式，对景区接待旅游者的数量进行控制。

旅游者数量可能达到最大承载量时，景区应当提前公告并同时向当地人民政府报告，景区和当地人民政府应当及时采取疏导、分流等措施。

第四十六条　城镇和乡村居民利用自有住宅或者其他条件依法从事旅游经营，其管理办法由省、自治区、直辖市制定。

第四十七条　经营高空、高速、水上、潜水、探险等高风险旅游项目，应当按照国家有关规定取得经营许可。

第四十八条　通过网络经营旅行社业务的，应当依法取得旅行社业务经营许可，并在其网站主页的显著位置标明其业务经营许可证信息。

发布旅游经营信息的网站，应当保证其信息真实、准确。

第四十九条　为旅游者提供交通、住宿、餐饮、娱乐等服务的经营者,应当符合法律、法规规定的要求,按照合同约定履行义务。

第五十条　旅游经营者应当保证其提供的商品和服务符合保障人身、财产安全的要求。

旅游经营者取得相关质量标准等级的,其设施和服务不得低于相应标准;未取得质量标准等级的,不得使用相关质量等级的称谓和标识。

第五十一条　旅游经营者销售、购买商品或者服务,不得给予或者收受贿赂。

第五十二条　旅游经营者对其在经营活动中知悉的旅游者个人信息,应当予以保密。

第五十三条　从事道路旅游客运的经营者应当遵守道路客运安全管理的各项制度,并在车辆显著位置明示道路旅游客运专用标识,在车厢内显著位置公示经营者和驾驶人信息、道路运输管理机构监督电话等事项。

第五十四条　景区、住宿经营者将其部分经营项目或者场地交由他人从事住宿、餐饮、购物、游览、娱乐、旅游交通等经营的,应当对实际经营者的经营行为给旅游者造成的损害承担连带责任。

第五十五条　旅游经营者组织、接待出入境旅游,发现旅游者从事违法活动或者有违反本法第十六条规定情形的,应当及时向公安机关、旅游主管部门或者我国驻外机构报告。

第五十六条　国家根据旅游活动的风险程度,对旅行社、住宿、旅游交通以及本法第四十七条规定的高风险旅游项目等经营者实施责任保险制度。

第五章　旅游服务合同

第五十七条　旅行社组织和安排旅游活动,应当与旅游者订立合同。

第五十八条　包价旅游合同应当采用书面形式,包括下列内容:

(一)旅行社、旅游者的基本信息;

(二)旅游行程安排;

(三)旅游团成团的最低人数;

(四)交通、住宿、餐饮等旅游服务安排和标准;

(五)游览、娱乐等项目的具体内容和时间;

(六)自由活动时间安排;

(七)旅游费用及其交纳的期限和方式;

(八)违约责任和解决纠纷的方式;

(九)法律、法规规定和双方约定的其他事项。

订立包价旅游合同时,旅行社应当向旅游者详细说明前款第二项至第八项所载内容。

第五十九条　旅行社应当在旅游行程开始前向旅游者提供旅游行程单。旅游行程单是包价旅游合同的组成部分。

第六十条　旅行社委托其他旅行社代理销售包价旅游产品并与旅游者订立包价旅游合同的,应当在包价旅游合同中载明委托社和代理社的基本信息。

旅行社依照本法规定将包价旅游合同中的接待业务委托给地接社履行的,应当在包价旅游合同中载明地接社的基本信息。

安排导游为旅游者提供服务的,应当在包价旅游合同中载明导游服务费用。

第六十一条　旅行社应当提示参加团队旅游的旅游者按照规定投保人身意外伤害保险。

第六十二条　订立包价旅游合同时,旅行社应当向旅游者告知下列事项:

(一)旅游者不适合参加旅游活动的情形;

(二)旅游活动中的安全注意事项;

(三)旅行社依法可以减免责任的信息;

(四)旅游者应当注意的旅游目的地相关法律、法规和风俗习惯、宗教禁忌,依照中国法律不宜参加的活动等;

(五)法律、法规规定的其他应当告知的事项。

在包价旅游合同履行中,遇有前款规定事项的,旅行社也应当告知旅游者。

第六十三条　旅行社招徕旅游者组团旅游,因未达到约定人数不能出团的,组团社可以解除合同。但是,境内旅游应当至少提前七日通知旅游者,出境旅游应当至少提前三十日通知旅游者。

因未达到约定人数不能出团的,组团社经征得旅游者书面同意,可以委托其他旅行社履行合同。组团社对旅游者承担责任,受委托的旅行社对组团社承担责任。旅游者不同意的,可以解除合同。

因未达到约定的成团人数解除合同的,组团社应当向旅游者退还已收取的全部费用。

第六十四条　旅游行程开始前,旅游者可以将包价旅游合同中自身的权利义务转让给第三人,旅行社没有正当理由的不得拒绝,因此增加的费用由旅游者和第三人承担。

第六十五条　旅游行程结束前,旅游者解除合同的,组团社应当在扣除必要的费用后,将余款退还旅游者。

第六十六条　旅游者有下列情形之一的,旅行社可以解除合同:

(一)患有传染病等疾病,可能危害其他旅游者健康和安全的；

（二）携带危害公共安全的物品且不同意交有关部门处理的；

（三）从事违法或者违反社会公德的活动的；

（四）从事严重影响其他旅游者权益的活动，且不听劝阻、不能制止的；

（五）法律规定的其他情形。

因前款规定情形解除合同的，组团社应当在扣除必要的费用后，将余款退还旅游者；给旅行社造成损失的，旅游者应当依法承担赔偿责任。

第六十七条　因不可抗力或者旅行社、履行辅助人已尽合理注意义务仍不能避免的事件，影响旅游行程的，按照下列情形处理：

（一）合同不能继续履行的，旅行社和旅游者均可以解除合同。合同不能完全履行的，旅行社经向旅游者作出说明，可以在合理范围内变更合同；旅游者不同意变更的，可以解除合同。

（二）合同解除的，组团社应当在扣除已向地接社或者履行辅助人支付且不可退还的费用后，将余款退还旅游者；合同变更的，因此增加的费用由旅游者承担，减少的费用退还旅游者。

（三）危及旅游者人身、财产安全的，旅行社应当采取相应的安全措施，因此支出的费用，由旅行社与旅游者分担。

（四）造成旅游者滞留的，旅行社应当采取相应的安置措施。因此增加的食宿费用，由旅游者承担；增加的返程费用，由旅行社与旅游者分担。

第六十八条　旅游行程中解除合同的，旅行社应当协助旅游者返回出发地或者旅游者指定的合理地点。由于旅行社或者履行辅助人的原因导致合同解除的，返程费用由旅行社承担。

第六十九条　旅行社应当按照包价旅游合同的约定履行义务，不得擅自变更旅游行程安排。

经旅游者同意，旅行社将包价旅游合同中的接待业务委托给其他具有相应资质的地接社履行的，应当与地接社订立书面委托合同，约定双方的权利和义务，向地接社提供与旅游者订立的包价旅游合同的副本，并向地接社支付不低于接待和服务成本的费用。地接社应当按照包价旅游合同和委托合同提供服务。

第七十条　旅行社不履行包价旅游合同义务或者履行合同义务不符合约定的，应当依法承担继续履行、采取补救措施或者赔偿损失等违约责任；造成旅游者人身损害、财产损失的，应当依法承担赔偿责任。旅行社具备履

行条件，经旅游者要求仍拒绝履行合同，造成旅游者人身损害、滞留等严重后果的，旅游者还可以要求旅行社支付旅游费用一倍以上三倍以下的赔偿金。

由于旅游者自身原因导致包价旅游合同不能履行或者不能按照约定履行，或者造成旅游者人身损害、财产损失的，旅行社不承担责任。

在旅游者自行安排活动期间，旅行社未尽到安全提示、救助义务的，应当对旅游者的人身损害、财产损失承担相应责任。

第七十一条　由于地接社、履行辅助人的原因导致违约的，由组团社承担责任；组团社承担责任后可以向地接社、履行辅助人追偿。

由于地接社、履行辅助人的原因造成旅游者人身损害、财产损失的，旅游者可以要求地接社、履行辅助人承担赔偿责任，也可以要求组团社承担赔偿责任；组团社承担责任后可以向地接社、履行辅助人追偿。但是，由于公共交通经营者的原因造成旅游者人身损害、财产损失的，由公共交通经营者依法承担赔偿责任，旅行社应当协助旅游者向公共交通经营者索赔。

第七十二条　旅游者在旅游活动中或者在解决纠纷时，损害旅行社、履行辅助人、旅游从业人员或者其他旅游者的合法权益的，依法承担赔偿责任。

第七十三条　旅行社根据旅游者的具体要求安排旅游行程，与旅游者订立包价旅游合同的，旅游者请求变更旅游行程安排，因此增加的费用由旅游者承担，减少的费用退还旅游者。

第七十四条　旅行社接受旅游者的委托，为其代订交通、住宿、餐饮、游览、娱乐等旅游服务，收取代办费用的，应当亲自处理委托事务。因旅行社的过错给旅游者造成损失的，旅行社应当承担赔偿责任。

旅行社接受旅游者的委托，为其提供旅游行程设计、旅游信息咨询等服务的，应当保证设计合理、可行，信息及时、准确。

第七十五条　住宿经营者应当按照旅游服务合同的约定为团队旅游者提供住宿服务。住宿经营者未能按照旅游服务合同提供服务的，应当为旅游者提供不低于原定标准的住宿服务，因此增加的费用由住宿经营者承担；但由于不可抗力、政府因公共利益需要采取措施造成不能提供服务的，住宿经营者应当协助安排旅游者住宿。

第六章　旅游安全

第七十六条　县级以上人民政府统一负责旅游安全工作。县级以上人民政府有关部门依照法律、法规履行

旅游安全监管职责。

第七十七条　国家建立旅游目的地安全风险提示制度。旅游目的地安全风险提示的级别划分和实施程序，由国务院旅游主管部门会同有关部门制定。

县级以上人民政府及其有关部门应当将旅游安全作为突发事件监测和评估的重要内容。

第七十八条　县级以上人民政府应当依法将旅游应急管理纳入政府应急管理体系，制定应急预案，建立旅游突发事件应对机制。

突发事件发生后，当地人民政府及其有关部门和机构应当采取措施开展救援，并协助旅游者返回出发地或者旅游者指定的合理地点。

第七十九条　旅游经营者应当严格执行安全生产管理和消防安全管理的法律、法规和国家标准、行业标准，具备相应的安全生产条件，制定旅游者安全保护制度和应急预案。

旅游经营者应当对直接为旅游者提供服务的从业人员开展经常性应急救助技能培训，对提供的产品和服务进行安全检验、监测和评估，采取必要措施防止危害发生。

旅游经营者组织、接待老年人、未成年人、残疾人等旅游者，应当采取相应的安全保障措施。

第八十条　旅游经营者应当就旅游活动中的下列事项，以明示的方式事先向旅游者作出说明或者警示：

（一）正确使用相关设施、设备的方法；

（二）必要的安全防范和应急措施；

（三）未向旅游者开放的经营、服务场所和设施、设备；

（四）不适宜参加相关活动的群体；

（五）可能危及旅游者人身、财产安全的其他情形。

第八十一条　突发事件或者旅游安全事故发生后，旅游经营者应当立即采取必要的救助和处置措施，依法履行报告义务，并对旅游者作出妥善安排。

第八十二条　旅游者在人身、财产安全遇有危险时，有权请求旅游经营者、当地政府和相关机构进行及时救助。

中国出境旅游者在境外陷于困境时，有权请求我国驻当地机构在其职责范围内给予协助和保护。

旅游者接受相关组织或者机构的救助后，应当支付应由个人承担的费用。

第七章　旅游监督管理

第八十三条　县级以上人民政府旅游主管部门和有关部门依照本法和有关法律、法规的规定，在各自职责范围内对旅游市场实施监督管理。

县级以上人民政府应当组织旅游主管部门、有关主管部门和市场监督管理、交通等执法部门对相关旅游经营行为实施监督检查。

第八十四条　旅游主管部门履行监督管理职责，不得违反法律、行政法规的规定向监督管理对象收取费用。

旅游主管部门及其工作人员不得参与任何形式的旅游经营活动。

第八十五条　县级以上人民政府旅游主管部门有权对下列事项实施监督检查：

（一）经营旅行社业务以及从事导游、领队服务是否取得经营、执业许可；

（二）旅行社的经营行为；

（三）导游和领队等旅游从业人员的服务行为；

（四）法律、法规规定的其他事项。

旅游主管部门依照前款规定实施监督检查，可以对涉嫌违法的合同、票据、账簿以及其他资料进行查阅、复制。

第八十六条　旅游主管部门和有关部门依法实施监督检查，其监督检查人员不得少于二人，并应当出示合法证件。监督检查人员少于二人或者未出示合法证件的，被检查单位和个人有权拒绝。

监督检查人员对在监督检查中知悉的被检查单位的商业秘密和个人信息应当依法保密。

第八十七条　对依法实施的监督检查，有关单位和个人应当配合，如实说明情况并提供文件、资料，不得拒绝、阻碍和隐瞒。

第八十八条　县级以上人民政府旅游主管部门和有关部门，在履行监督检查职责中或者在处理举报、投诉时，发现违反本法规定行为的，应当依法及时作出处理；对不属于本部门职责范围的事项，应当及时书面通知并移交有关部门查处。

第八十九条　县级以上地方人民政府建立旅游违法行为查处信息的共享机制，对需要跨部门、跨地区联合查处的违法行为，应当进行督办。

旅游主管部门和有关部门应当按照各自职责，及时向社会公布监督检查的情况。

第九十条　依法成立的旅游行业组织依照法律、行政法规和章程的规定，制定行业经营规范和服务标准，对其会员的经营行为和服务质量进行自律管理，组织开展职业道德教育和业务培训，提高从业人员素质。

第八章　旅游纠纷处理

第九十一条　县级以上人民政府应当指定或者设立统一的旅游投诉受理机构。受理机构接到投诉,应当及时进行处理或者移交有关部门处理,并告知投诉者。

第九十二条　旅游者与旅游经营者发生纠纷,可以通过下列途径解决:

(一)双方协商;

(二)向消费者协会、旅游投诉受理机构或者有关调解组织申请调解;

(三)根据与旅游经营者达成的仲裁协议提请仲裁机构仲裁;

(四)向人民法院提起诉讼。

第九十三条　消费者协会、旅游投诉受理机构和有关调解组织在双方自愿的基础上,依法对旅游者与旅游经营者之间的纠纷进行调解。

第九十四条　旅游者与旅游经营者发生纠纷,旅游者一方人数众多并有共同请求的,可以推选代表人参加协商、调解、仲裁、诉讼活动。

第九章　法律责任

第九十五条　违反本法规定,未经许可经营旅行社业务的,由旅游主管部门或者市场监督管理部门责令改正,没收违法所得,并处一万元以上十万元以下罚款;违法所得十万元以上的,并处违法所得一倍以上五倍以下罚款;对有关责任人员,处二千元以上二万元以下罚款。

旅行社违反本法规定,未经许可经营本法第二十九条第一款第二项、第三项业务,或者出租、出借旅行社业务经营许可证,或者以其他方式非法转让旅行社业务经营许可的,除依照前款规定处罚外,并责令停业整顿;情节严重的,吊销旅行社业务经营许可证;对直接负责的主管人员,处二千元以上二万元以下罚款。

第九十六条　旅行社违反本法规定,有下列行为之一的,由旅游主管部门责令改正,没收违法所得,并处五千元以上五万元以下罚款;情节严重的,责令停业整顿或者吊销旅行社业务经营许可证;对直接负责的主管人员和其他直接责任人员,处二千元以上二万元以下罚款:

(一)未按照规定为出境或者入境团队旅游安排领队或者导游全程陪同的;

(二)安排未取得导游证的人员提供导游服务或者安排不具备领队条件的人员提供领队服务的;

(三)未向临时聘用的导游支付导游服务费用的;

(四)要求导游垫付或者向导游收取费用的。

第九十七条　旅行社违反本法规定,有下列行为之一的,由旅游主管部门或者有关部门责令改正,没收违法所得,并处五千元以上五万元以下罚款;违法所得五万元以上的,并处违法所得一倍以上五倍以下罚款;情节严重的,责令停业整顿或者吊销旅行社业务经营许可证;对直接负责的主管人员和其他直接责任人员,处二千元以上二万元以下罚款:

(一)进行虚假宣传,误导旅游者的;

(二)向不合格的供应商订购产品和服务的;

(三)未按照规定投保旅行社责任保险的。

第九十八条　旅行社违反本法第三十五条规定的,由旅游主管部门责令改正,没收违法所得,责令停业整顿,并处三万元以上三十万元以下罚款;违法所得三十万元以上的,并处违法所得一倍以上五倍以下罚款;情节严重的,吊销旅行社业务经营许可证;对直接负责的主管人员和其他直接责任人员,没收违法所得,处二千元以上二万元以下罚款,并暂扣或者吊销导游证。

第九十九条　旅行社未履行本法第五十五条规定的报告义务的,由旅游主管部门处五千元以上五万元以下罚款;情节严重的,责令停业整顿或者吊销旅行社业务经营许可证;对直接负责的主管人员和其他直接责任人员,处二千元以上二万元以下罚款,并暂扣或者吊销导游证。

第一百条　旅行社违反本法规定,有下列行为之一的,由旅游主管部门责令改正,处三万元以上三十万元以下罚款,并责令停业整顿;造成旅游者滞留等严重后果的,吊销旅行社业务经营许可证;对直接负责的主管人员和其他直接责任人员,处二千元以上二万元以下罚款,并暂扣或者吊销导游证:

(一)在旅游行程中擅自变更旅游行程安排,严重损害旅游者权益的;

(二)拒绝履行合同的;

(三)未征得旅游者书面同意,委托其他旅行社履行包价旅游合同的。

第一百零一条　旅行社违反本法规定,安排旅游者参观或者参与违反我国法律、法规和社会公德的项目或者活动的,由旅游主管部门责令改正,没收违法所得,责令停业整顿,并处二万元以上二十万元以下罚款;情节严重的,吊销旅行社业务经营许可证;对直接负责的主管人员和其他直接责任人员,处二千元以上二万元以下罚款,并暂扣或者吊销导游证。

第一百零二条　违反本法规定,未取得导游证或者不具备领队条件而从事导游、领队活动的,由旅游主管部门责令改正，没收违法所得，并处一千元以上一万元以下罚款，予以公告。

导游、领队违反本法规定，私自承揽业务的，由旅游主管部门责令改正，没收违法所得，处一千元以上一万元以下罚款，并暂扣或者吊销导游证。

导游、领队违反本法规定，向旅游者索取小费的，由旅游主管部门责令退还，处一千元以上一万元以下罚款；情节严重的，并暂扣或者吊销导游证。

第一百零三条　违反本法规定被吊销导游证的导游、领队和受到吊销旅行社业务经营许可证处罚的旅行社的有关管理人员，自处罚之日起未逾三年的，不得重新申请导游证或者从事旅行社业务。

第一百零四条　旅游经营者违反本法规定，给予或者收受贿赂的，由市场监督管理部门依照有关法律、法规的规定处罚；情节严重的，并由旅游主管部门吊销旅行社业务经营许可证。

第一百零五条　景区不符合本法规定的开放条件而接待旅游者的，由景区主管部门责令停业整顿直至符合开放条件，并处二万元以上二十万元以下罚款。

景区在旅游者数量可能达到最大承载量时，未依照本法规定公告或者未向当地人民政府报告，未及时采取疏导、分流等措施，或者超过最大承载量接待旅游者的，由景区主管部门责令改正，情节严重的，责令停业整顿一个月至六个月。

第一百零六条　景区违反本法规定，擅自提高门票或者另行收费项目的价格，或者有其他价格违法行为的，由有关主管部门依照有关法律、法规的规定处罚。

第一百零七条　旅游经营者违反有关安全生产管理和消防安全管理的法律、法规或者国家标准、行业标准的，由有关主管部门依照有关法律、法规的规定处罚。

第一百零八条　对违反本法规定的旅游经营者及其从业人员，旅游主管部门和有关部门应当记入信用档案，向社会公布。

第一百零九条　旅游主管部门和有关部门的工作人员在履行监督管理职责中，滥用职权、玩忽职守、徇私舞弊，尚不构成犯罪的，依法给予处分。

第一百一十条　违反本法规定，构成犯罪的，依法追究刑事责任。

第十章　附　则

第一百一十一条　本法下列用语的含义：

（一）旅游经营者，是指旅行社、景区以及为旅游者提供交通、住宿、餐饮、购物、娱乐等服务的经营者。

（二）景区，是指为旅游者提供游览服务、有明确的管理界限的场所或者区域。

（三）包价旅游合同，是指旅行社预先安排行程，提供或者通过履行辅助人提供交通、住宿、餐饮、游览、导游或者领队等两项以上旅游服务，旅游者以总价支付旅游费用的合同。

（四）组团社，是指与旅游者订立包价旅游合同的旅行社。

（五）地接社，是指接受组团社委托，在目的地接待旅游者的旅行社。

（六）履行辅助人，是指与旅行社存在合同关系，协助其履行包价旅游合同义务，实际提供相关服务的法人或者自然人。

第一百一十二条　本法自 2013 年 10 月 1 日起施行。

国务院办公厅关于进一步激发文化和旅游消费潜力的意见

·2019 年 8 月 12 日
·国办发〔2019〕41 号

为贯彻落实《中共中央　国务院关于完善促进消费体制机制进一步激发居民消费潜力的若干意见》，提升文化和旅游消费质量水平，增强居民消费意愿，以高质量文化和旅游供给增强人民群众的获得感、幸福感，经国务院同意，现提出以下意见：

一、总体目标

以习近平新时代中国特色社会主义思想为指导，顺应文化和旅游消费提质转型升级新趋势，深化文化和旅游领域供给侧结构性改革，从供需两端发力，不断激发文化和旅游消费潜力。努力使我国文化和旅游消费设施更加完善，消费结构更加合理，消费环境更加优化，文化和旅游产品、服务供给更加丰富。推动全国居民文化和旅游消费规模保持快速增长态势，对经济增长的带动作用持续增强。

二、主要任务

（一）推出消费惠民措施。继续推动国有景区门票降价。各地可结合实际情况，制定实施景区门票减免、景区淡季免费开放、演出门票打折等政策，举办文化和旅游消费季、消费月，举办数字文旅消费体验等活动。在依法合规的前提下鼓励发行文化和旅游消费联名银行卡并给予特惠商户折扣、消费分期等用户权益。拓展文化和旅游消费信贷业务,以规范发展为前提创新消费信贷抵质押模式,开发不同首付比例、期限和还款方式的信贷产品。(文化和旅游部、发展改革委、财政部、人民银行、银保监会和地方各级人民政府负责。以下均需地方各级人民政府负责,不再列出)

(二)提高消费便捷程度。推动实施移动支付便民示范工程,提高文化和旅游消费场所银行卡使用便捷度,推广移动互联网新兴支付方式。鼓励把文化消费嵌入各类消费场所,依托社区生活综合服务中心、城乡便民消费服务中心等打造群众身边的文化消费网点。鼓励依法依规对传统演出场所和博物馆进行设施改造提升,合理配套餐饮区、观众休息区、文创产品展示售卖区、书店等,营造更优质的消费环境。引导演出、文化娱乐、景区景点等场所广泛应用互联网售票、二维码验票。提升文化和旅游消费场所宽带移动通信网络覆盖水平,在具备条件且用户需求较强的地方,优先部署第五代移动通信(5G)网络。优化旅游交通服务,科学规划线路、站点设置,提供智能化出行信息服务。到2022年,实现全国文化和旅游消费场所除现金支付外,都能支持银行卡或移动支付,互联网售票和4G/5G网络覆盖率超过90%,文化和旅游消费便捷程度明显提高。(文化和旅游部、工业和信息化部、交通运输部、商务部、人民银行、文物局负责)

(三)提升入境旅游环境。整合已有资源,提升入境旅游统一宣介平台(含APP、小程序等移动端)水平。鼓励各地开发一批适应外国游客需求的旅游线路、目的地、旅游演艺及特色商品并在宣介平台上推荐。提升景区景点、餐饮住宿、购物娱乐、机场车站等场所多语种服务水平。鼓励银行业金融机构依法依规在文化和旅游消费集中区域设立分支机构。完善入境游客移动支付解决方案,提高游客消费便利性。研究出台以北京2022年冬奥会、冬残奥会为契机促进入境旅游的政策措施。确保入境旅游环境得到明显改善,入境消费规模保持持续扩大态势。(文化和旅游部、人民银行、银保监会、北京冬奥组委负责)

(四)推进消费试点示范。总结推广引导城乡居民扩大文化消费试点工作的经验模式,新确定一批国家文化和旅游消费试点城市(以下简称试点城市)。在试点城市基础上,择优确定国家文化和旅游消费示范城市(以下简称示范城市)并动态考核。推动试点城市、示范城市建设国际消费中心城市。鼓励建设集文创商店、特色书店、小剧场、文化娱乐场所等多种业态的消费集聚地。到2022年,建设30个示范城市、100个试点城市,示范城

市居民人均文化娱乐支出占消费支出比例超过6%,旅游收入增速保持两位数以上增长,进一步发挥示范引领作用。(文化和旅游部、发展改革委、财政部负责)

(五)着力丰富产品供给。鼓励打造中小型、主题性、特色类的文化旅游演艺产品。促进演艺、娱乐、动漫、创意设计、网络文化、工艺美术等行业创新发展,引导文化和旅游场所增加参与式、体验式消费项目,鼓励发展与自驾游、休闲度假相适应的租赁式公寓、汽车租赁等服务。积极拓展文化消费广度和深度,注重利用新技术发掘中华文化宝贵资源,为广大人民群众提供更加丰富多样的广播电视消费产品。规范旅游民宿市场,推动星级旅游民宿品牌化发展。提升国家级文化产业示范园区和国家文化产业示范基地的供给能力。鼓励文创产品开发与经营,拓宽文创产品展示和销售渠道。积极发展休闲农业,大力发展乡村旅游,实施休闲农业和乡村旅游精品工程,培育一批美丽休闲乡村,推出一批休闲农业示范县和乡村旅游重点村。推进国家全域旅游示范区建设,着力开发商务会展旅游、海洋海岛旅游、自驾车旅居车旅游、体育旅游、森林旅游、康养旅游等产品。支持红色旅游创新、融合发展。打造一批具有文旅特色的高品位休闲街区和度假产品。到2022年,培育30个以上旅游演艺精品项目,扩大文化和旅游有效供给。(文化和旅游部、发展改革委、农业农村部、广电总局、林草局负责)

(六)推动旅游景区提质扩容。支持各地加大对旅游景区的公共服务设施资金投入,保障景区游览安全,推动景区设施设备更新换代、产品创新和项目升级,加大对管理服务人员的培训力度。打造一批高品质旅游景区、重点线路和特色旅游目的地,为人民群众提供更多出游选择。合理调整景区布局,优化游览线路和方式,扩展游览空间。推进“互联网+旅游”,强化智慧景区建设,实现实时监测、科学引导、智慧服务。推广景区门票预约制度,合理确定并严格执行最高日接待游客人数规模。到2022年,5A级国有景区全面实行门票预约制度。(文化和旅游部、发展改革委负责)

(七)发展假日和夜间经济。落实带薪休假制度,鼓励单位与职工结合工作安排和个人需要分段灵活安排带薪年休假、错峰休假。把握节假日及高峰期旅游消费集中的规律特征,优化景区与周边高速公路的衔接,督促各地在节假日期间加强高速公路和景区道路交通管理、增加公共交通运力、及时发布景区拥堵预警信息。大力发展夜间文旅经济。鼓励有条件的旅游景区在保证安全、避免扰民的情况下开展夜间游览服务。丰富夜间文化演出市场,优化文化和旅游场所的夜间餐饮、购物、演艺等

服务,鼓励建设24小时书店。到2022年,建设200个以上国家级夜间文旅消费集聚区,夜间文旅消费规模持续扩大。(文化和旅游部、发展改革委、公安部、交通运输部、商务部负责)

(八)促进产业融合发展。支持邮轮游艇旅游、非物质文化遗产主题旅游等业态发展。促进文化、旅游与现代技术相互融合,发展基于5G、超高清、增强现实、虚拟现实、人工智能等技术的新一代沉浸式体验型文化和旅游消费内容。丰富网络音乐、网络动漫、网络表演、数字艺术展示等数字内容及可穿戴设备、智能家居等产品,提升文化、旅游产品开发和服务设计的数字化水平。发挥展会拉动文化和旅游消费的作用,支持文化企业和旅游企业通过展会进行产品展示、信息推广。引导文化企业和旅游企业创新商业模式和营销方式。到2022年,建设30个国家文化产业和旅游产业融合发展示范区,产业融合水平进一步提升,新型文化和旅游消费业态不断丰富。(文化和旅游部、发展改革委、交通运输部、商务部、广电总局负责)

(九)严格市场监管执法。加大文化和旅游市场监管力度,严厉打击违法违规经营行为,加强对文化和旅游市场的安全管理,强化对文化娱乐和旅游设施的质量安全监管。进一步完善市场主体和从业人员信用记录并逐步纳入全国信用信息共享平台和国家企业信用信息公示系统,对列入文化市场黑名单和旅游市场黑名单的市场主体和从业人员实施联合惩戒。到2022年,文化和旅游市场秩序得到进一步规范,产品和服务质量进一步提高,消费者权益得到更好保护。(文化和旅游部、应急部、市场监管总局负责)

三、保障措施

(十)强化政策保障。用好各类资金支持各地文化和旅游基础设施建设,并重点对试点城市、示范城市予以支持。充分发挥财政资金引导作用,鼓励地方开展文化和旅游消费试点示范,增加优质消费供给。支持有条件的地区发展支线航空、通用航空服务。鼓励各地利用老旧厂房开设文化和旅游消费场所,落实土地支持政策,完善用水用电用气等方面的优惠政策。探索开展旅游景区经营权、门票收入权质押以及旅游企业建设用地使用权抵押、林权抵押等贷款业务。促进交通一卡通互联互通。引导保险业金融机构根据文化和旅游行业特点开发种类丰富的保险产品。(文化和旅游部、发展改革委、财政部、自然资源部、住房城乡建设部、交通运输部、银保监会、民航局负责)

(十一)加强组织领导。发挥完善促进消费体制机制部际联席会议作用,加强对促进文化和旅游消费工作的统筹协调和督促落实。文化和旅游部负责对本意见落实情况进行跟踪分析评估,指导各地建立文化和旅游消费数据监测体系,加强大数据技术应用,整合共享数据资源,加强趋势分析研判,为促进文化和旅游消费提供决策依据。各地要根据本意见的要求,将促进文化和旅游消费作为重要工作任务,结合本地区实际,开展文化和旅游消费数据监测分析,不断完善促进文化和旅游消费政策。(文化和旅游部负责)

国务院办公厅关于促进全域旅游发展的指导意见

·2018年3月9日
·国办发〔2018〕15号

旅游是发展经济、增加就业和满足人民日益增长的美好生活需要的有效手段,旅游业是提高人民生活水平的重要产业。近年来,我国旅游经济快速增长,产业格局日趋完善,市场规模品质同步提升,旅游业已成为国民经济的战略性支柱产业。但是,随着大众旅游时代到来,我国旅游有效供给不足、市场秩序不规范、体制机制不完善等问题日益凸显。发展全域旅游,将一定区域作为完整旅游目的地,以旅游业为优势产业,统一规划布局、优化公共服务、推进产业融合、加强综合管理、实施系统营销,有利于不断提升旅游业现代化、集约化、品质化、国际化水平,更好满足旅游消费需求。为指导各地促进全域旅游发展,经国务院同意,现提出以下意见。

一、总体要求

(一)指导思想。

全面贯彻党的十九大精神,以习近平新时代中国特色社会主义思想为指导,认真落实党中央、国务院决策部署,统筹推进"五位一体"总体布局和协调推进"四个全面"战略布局,牢固树立和贯彻落实新发展理念,加快旅游供给侧结构性改革,着力推动旅游业从门票经济向产业经济转变,从粗放低效方式向精细高效方式转变,从封闭的旅游自循环向开放的"旅游+"转变,从企业单打独享向社会共建共享转变,从景区内部管理向全面依法治理转变,从部门行为向政府统筹推进转变,从单一景点景区建设向综合目的地服务转变。

(二)基本原则。

统筹协调,融合发展。把促进全域旅游发展作为推动经济社会发展的重要抓手,从区域发展全局出发,统一规划,整合资源,凝聚全域旅游发展新合力。大力推进

"旅游+",促进产业融合、产城融合,全面增强旅游发展新功能,使发展成果惠及各方,构建全域旅游共建共享新格局。

因地制宜,绿色发展。注重产品、设施与项目的特色,不搞一个模式,防止千城一面、千村一面、千景一面,推行各具特色、差异化推进的全域旅游发展新方式。牢固树立绿水青山就是金山银山理念,坚持保护优先,合理有序开发,防止破坏环境,摒弃盲目开发,实现经济效益、社会效益、生态效益相互促进、共同提升。

改革创新,示范引导。突出目标导向和问题导向,努力破除制约旅游发展的瓶颈与障碍,不断完善全域旅游发展的体制机制、政策措施、产业体系。开展全域旅游示范区创建工作,打造全域旅游发展典型,形成可借鉴可推广的经验,树立全域旅游发展新标杆。

(三)主要目标。

旅游发展全域化。推进全域统筹规划、全域合理布局、全域服务提升、全域系统营销,构建良好自然生态环境、人文社会环境和放心旅游消费环境,实现全域宜居宜业宜游。

旅游供给品质化。加大旅游产业融合开放力度,提升科技水平、文化内涵、绿色含量,增加创意产品、体验产品、定制产品,发展融合新业态,提供更多精细化、差异化旅游产品和更加舒心、放心的旅游服务,增加有效供给。

旅游治理规范化。加强组织领导,增强全社会参与意识,建立各部门联动、全社会参与的旅游综合协调机制。坚持依法治旅,创新管理机制,提升治理效能,形成综合产业综合抓的局面。

旅游效益最大化。把旅游业作为经济社会发展的重要支撑,发挥旅游"一业兴百业"的带动作用,促进传统产业提档升级,孵化一批新产业、新业态,不断提高旅游对经济和就业的综合贡献水平。

二、推进融合发展,创新产品供给

(四)推动旅游与城镇化、工业化和商贸业融合发展。建设美丽宜居村庄、旅游小镇、风情县城以及城市绿道、慢行系统,支持旅游综合体、主题功能区、中央游憩区等建设。依托风景名胜区、历史文化名城名镇名村、特色景观旅游名镇、传统村落,探索名胜名城名镇名村"四名一体"全域旅游发展模式。利用工业园区、工业展示区、工业历史遗迹等开展工业旅游,发展旅游用品、户外休闲用品和旅游装备制造业。积极发展商务会展旅游,完善城市商业区旅游服务功能,开发具有自主知识产权和鲜明地方特色的时尚性、实用性、便携性旅游商品,增加旅游购物收入。

(五)推动旅游与农业、林业、水利融合发展。大力发展观光农业、休闲农业,培育田园艺术景观、阳台农艺等创意农业,鼓励发展具备旅游功能的定制农业、会展农业、众筹农业、家庭农场、家庭牧场等新型农业业态,打造一二三产业融合发展的美丽休闲乡村。积极建设森林公园、湿地公园、沙漠公园、海洋公园,发展"森林人家"、"森林小镇"。科学合理利用水域和水利工程,发展观光、游憩、休闲度假等水利旅游。

(六)推动旅游与交通、环保、国土、海洋、气象融合发展。加快建设自驾车房车旅游营地,推广精品自驾游线路,打造旅游风景道和铁路遗产、大型交通工程等特色交通旅游产品,积极发展邮轮游艇旅游、低空旅游。开发建设生态旅游区、天然氧吧、地质公园、矿山公园、气象公园以及山地旅游、海洋海岛旅游等产品,大力开发避暑避寒旅游产品,推动建设一批避暑避寒度假目的地。

(七)推动旅游与科技、教育、文化、卫生、体育融合发展。充分利用科技工程、科普场馆、科研设施等发展科技旅游。以弘扬社会主义核心价值观为主线发展红色旅游,积极开发爱国主义和革命传统教育、国情教育等研学旅游产品。科学利用传统村落、文物遗迹及博物馆、纪念馆、美术馆、艺术馆、世界文化遗产、非物质文化遗产展示馆等文化场所开展文化、文物旅游,推动剧场、演艺、游乐、动漫等产业与旅游业融合开展文化体验旅游。加快开发高端医疗、中医药特色、康复疗养、休闲养生等健康旅游。大力发展冰雪运动、山地户外运动、水上运动、汽车摩托车运动、航空运动、健身气功养生等体育旅游,将城市大型商场、有条件景区、开发区闲置空间、体育场馆、运动休闲特色小镇、连片美丽乡村打造成体育旅游综合体。

(八)提升旅游产品品质。深入挖掘历史文化、地域特色文化、民族民俗文化、传统农耕文化等,实施中国传统工艺振兴计划,提升传统工艺产品品质和旅游产品文化含量。积极利用新能源、新材料和新科技装备,提高旅游产品科技含量。推广资源循环利用、生态修复、无害化处理等生态技术,加强环境综合治理,提高旅游开发生态含量。

(九)培育壮大市场主体。大力推进旅游领域大众创业、万众创新,开展旅游创客行动,建设旅游创客示范基地,加强政策引导和专业培训,促进旅游领域创业和就业。鼓励各类市场主体通过资源整合、改革重组、收购兼并、线上线下融合等投资旅游业,促进旅游投资主体多元化。培育和引进有竞争力的旅游骨干企业和大型旅游集团,促进规模化、品牌化、网络化经营。落实中小旅游企业扶持政策,引导其向专业、精品、特色、创新方向发展,形成以旅游骨干企业为龙头、大中小旅游企业协调发展的格局。

三、加强旅游服务,提升满意指数

(十)以标准化提升服务品质。完善服务标准,加强涉旅行业从业人员培训,规范服务礼仪与服务流程,增强服务意识与服务能力,塑造规范专业、热情主动的旅游服务形象。

(十一)以品牌化提高满意度。按照个性化需求,实施旅游服务质量标杆引领计划和服务承诺制度,建立优质旅游服务商名录,推出优质旅游服务品牌,开展以游客评价为主的旅游目的地评价,不断提高游客满意度。

(十二)推进服务智能化。涉旅场所实现免费 WiFi、通信信号、视频监控全覆盖,主要旅游消费场所实现在线预订、网上支付,主要旅游区实现智能导览、电子讲解、实时信息推送,开发建设咨询、导览、导游、导购、导航和分享评价等智能化旅游服务系统。

(十三)推行旅游志愿服务。建立旅游志愿服务工作站,制定管理激励制度,开展志愿服务公益行动,提供文明引导、游览讲解、信息咨询和应急救援等服务,打造旅游志愿服务品牌。

(十四)提升导游服务质量。加强导游队伍建设和权益保护,指导督促用人单位依法与导游签订劳动合同,落实导游薪酬和社会保险制度,明确用人单位与导游的权利义务,构建和谐稳定的劳动关系,为持续提升导游服务质量奠定坚实基础。全面开展导游培训,组织导游服务技能竞赛,建设导游服务网络平台,切实提高导游服务水平。

四、加强基础配套,提升公共服务

(十五)扎实推进"厕所革命"。加强规划引导、科学布局和配套设施建设,提高城乡公厕管理维护水平,因地制宜推进农村"厕所革命"。加大中央预算内资金、旅游发展基金和地方各级政府投资对"厕所革命"的支持力度,加强厕所技术攻关和科技支撑,全面开展文明用厕宣传教育。在重要旅游活动场所设置第三卫生间,做到主要旅游景区、旅游线路以及客运列车、车站等场所厕所数量充足、干净卫生、实用免费、管理有效。

(十六)构建畅达便捷交通网络。完善综合交通运输体系,加快新建或改建支线机场和通用机场,优化旅游旺季以及通重点客源地与目的地的航班配置。改善公路通达条件,提高旅游景区可进入性,推进干线公路与重要景区连接,强化旅游客运、城市公交对旅游景区、景点的服务保障,推进城市绿道、骑行专线、登山步道、慢行系

统、交通驿站等旅游休闲设施建设,打造具有通达、游憩、体验、运动、健身、文化、教育等复合功能的主题旅游线路。鼓励在国省干线公路和通景区公路沿线增设观景台、自驾车房车营地和公路服务区等设施,推动高速公路服务区向集交通、旅游、生态等服务于一体的复合型服务场所转型升级。

(十七)完善集散咨询服务体系。继续建设提升景区服务中心,加快建设全域旅游集散中心,在商业街区、交通枢纽、景点景区等游客集聚区设立旅游咨询服务中心,有效提供景区、线路、交通、气象、海洋、安全、医疗急救等信息与服务。

(十八)规范完善旅游引导标识系统。建立位置科学、布局合理、指向清晰的旅游引导标识体系,重点涉旅场所规范使用符合国家标准的公共信息图形符号。

五、加强环境保护,推进共建共享

(十九)加强资源环境保护。强化对自然生态、田园风光、传统村落、历史文化、民族文化等资源的保护,依法保护名胜名城名镇名村的真实性和完整性,严格规划建设管控,保持传统村镇原有肌理,延续传统空间格局,注重文化挖掘和传承,构筑具有地域特征、民族特色的城乡建筑风貌。倡导绿色旅游消费,实施旅游能效提升计划,降低资源消耗,推广使用节水节能产品和技术,推进节水节能型景区、酒店和旅游村镇建设。

(二十)推进全域环境整治。积极开展主要旅游线路沿线风貌集中整治,在路边、水边、山边、村边开展净化、绿化、美化行动,在重点旅游村镇实行改厨、改厕、改客房、整理院落和垃圾污水无害化、生态化处理,全面优化旅游环境。

(二十一)强化旅游安全保障。组织开展旅游风险评估,加强旅游安全制度建设,按照职责分工强化各有关部门安全监管责任。强化安全警示、宣传、引导,完善各项应急预案,定期组织开展应急培训和应急演练,建立政府救助与商业救援相结合的旅游救援体系。加强景点景区最大承载量警示,重点时段游客量调控和应急管理工作,提高景区灾害风险管理能力,强化对客运索道、大型游乐设施、玻璃栈道等设施设备和旅游客运、旅游道路、旅游节庆活动等重点领域及环节的监管,落实旅行社、饭店、景区安全规范。完善旅游保险产品,扩大旅游保险覆盖面,提高保险理赔服务水平。

(二十二)大力推进旅游扶贫和旅游富民。大力实施乡村旅游扶贫富民工程,通过资源整合积极发展旅游产业,健全完善"景区带村、能人带户"的旅游扶贫模式。通过民宿改造提升、安排就业、定点采购、输送客源、培训

指导以及建立农副土特产品销售区、乡村旅游后备箱基地等方式,增加贫困村集体收入和建档立卡贫困人口人均收入。加强对深度贫困地区旅游资源普查,完善旅游扶贫规划,指导和帮助深度贫困地区设计、推广跨区域自驾游等精品旅游线路,提高旅游扶贫的精准性,真正让贫困地区、贫困人口受益。

(二十三)营造良好社会环境。树立"处处都是旅游环境,人人都是旅游形象"理念,面向目的地居民开展旅游知识宣传教育,强化居民旅游参与意识、形象意识和责任意识。加强旅游惠民便民服务,推动博物馆、纪念馆、全国爱国主义教育示范基地、美术馆、公共图书馆、文化馆、科技馆等免费开放。加强对老年人、残疾人等特殊群体的旅游服务。

六、实施系统营销,塑造品牌形象

(二十四)制定营销规划。把营销工作纳入全域旅游发展大局,坚持以需求为导向,树立系统营销和全面营销理念,明确市场开发和营销战略,加强市场推广部门与生产供给部门的协调沟通,实现产品开发与市场开发无缝对接。制定客源市场开发规划和工作计划,切实做好入境旅游营销。

(二十五)丰富营销内容。进一步提高景点景区、饭店宾馆等旅游宣传推广水平,深入挖掘和展示地区特色,做好商贸活动、科技产业、文化节庆、体育赛事、特色企业、知名院校、城乡社区、乡风民俗、优良生态等旅游宣传推介,提升旅游整体吸引力。

(二十六)实施品牌战略。着力塑造特色鲜明的旅游目的地形象,打造主题突出、传播广泛、社会认可度高的旅游目的地品牌,建立多层次、全产业链的品牌体系,提升区域内各类旅游品牌影响力。

(二十七)完善营销机制。建立政府、行业、媒体、公众等共同参与的整体营销机制,整合利用各类宣传营销资源和渠道,建立推广联盟等合作平台,形成上下结合、横向联动、多方参与的全域旅游营销格局。

(二十八)创新营销方式。有效运用高层营销、网络营销、公众营销、节庆营销等多种方式,借助大数据分析加强市场调研,充分运用现代新媒体、新技术和新手段,提高营销精准度。

七、加强规划工作,实施科学发展

(二十九)加强旅游规划统筹协调。将旅游发展作为重要内容纳入经济社会发展规划和城乡建设、土地利用、海洋主体功能区和海洋功能区划、基础设施建设、生态环境保护等相关规划中,由当地人民政府编制旅游发展规划并依法开展环境影响评价。

(三十)完善旅游规划体系。编制旅游产品指导目录,制定旅游公共服务、营销推广、市场治理、人力资源开发等专项规划或行动方案,形成层次分明、相互衔接、规范有效的规划体系。

(三十一)做好旅游规划实施工作。全域旅游发展总体规划、重要专项规划及重点项目规划应制定实施分工方案与细则,建立规划评估与实施督导机制,提升旅游规划实施效果。

八、创新体制机制,完善治理体系

(三十二)推进旅游管理体制改革。加强旅游业发展统筹协调和部门联动,各级旅游部门要切实承担起旅游资源整合与开发、旅游规划与产业促进、旅游监督管理与综合执法、旅游营销推广与形象提升、旅游公共服务与资金管理、旅游数据统计与综合考核等职责。发挥旅游行业协会自律作用,完善旅游监管服务平台,健全旅游诚信体系。

(三十三)加强旅游综合执法。建立健全旅游部门与相关部门联合执法机制,强化涉旅领域执法检查。加强旅游执法领域行政执法与刑事执法衔接,促进旅游部门与有关监管部门协调配合,形成工作合力。加强旅游质监执法工作,组织开展旅游执法人员培训,提高旅游执法专业化和人性化水平。

(三十四)创新旅游协调参与机制。强化全域旅游组织领导,加强部门联动,建立健全旅游联席会议、旅游投融资、旅游标准化建设和考核激励等工作机制。

(三十五)加强旅游投诉举报处理。建立统一受理旅游投诉举报机制,积极运用"12301"智慧旅游服务平台、"12345"政府服务热线以及手机 APP、微信公众号、咨询中心等多种手段,形成线上线下联动、高效便捷畅通的旅游投诉举报受理、处理、反馈机制,做到及时公正,规范有效。

(三十六)推进文明旅游。加强文明旅游宣传引导,全面推行文明旅游公约,树立文明旅游典型,建立旅游不文明行为记录制度和部门间信息通报机制,促进文明旅游工作制度化、常态化。

九、强化政策支持,认真组织实施

(三十七)加大财政金融支持力度。通过现有资金渠道,加大旅游基础设施和公共服务设施建设投入力度,鼓励地方统筹相关资金支持全域旅游发展。创新旅游投融资机制,鼓励有条件的地方设立旅游产业促进基金并实行市场化运作,充分依托已有平台促进旅游资源资产交易,促进旅游资源市场化配置,加强监管、防范风险,积极引导私募股权、创业投资基金等投资各类旅游项目。

（三十八）强化旅游用地用海保障。将旅游发展所需用地纳入土地利用总体规划、城乡规划统筹安排，年度土地利用计划适当向旅游领域倾斜，适度扩大旅游产业用地供给，优先保障旅游重点项目和乡村旅游扶贫项目用地。鼓励通过开展城乡建设用地增减挂钩和工矿废弃地复垦利用试点的方式建设旅游项目。农村集体经济组织可依法使用建设用地自办或以土地使用权入股、联营等方式开办旅游企业。城乡居民可以利用自有住宅依法从事民宿等旅游经营。在不改变用地主体、规划条件的前提下，市场主体利用旧厂房、仓库提供符合全域旅游发展需要的旅游休闲服务的，可执行在五年内继续按原用途和土地权利类型使用土地的过渡期政策。在符合管控要求的前提下，合理有序安排旅游产业用海需求。

（三十九）加强旅游人才保障。实施"人才强旅、科教兴旅"战略，将旅游人才队伍建设纳入重点人才支持计划。大力发展旅游职业教育，深化校企合作，加快培养适应全域旅游发展要求的技术技能人才，有条件的县市应积极推进涉旅行业全员培训。鼓励规划、建筑、设计、艺术等各类专业人才通过到基层挂职等方式帮扶指导旅游发展。

（四十）加强旅游专业支持。推进旅游基础理论、应用研究和学科体系建设，优化专业设置。推动旅游科研单位、旅游规划单位与国土、交通、住建等相关规划研究机构服务全域旅游建设。强化全域旅游宣传教育，营造全社会支持旅游业发展的环境氛围。增强科学技术对旅游产业发展的支撑作用，加快推进旅游业现代化、信息化建设。

各地区、各部门要充分认识发展全域旅游的重大意义，统一思想、勇于创新、积极作为、狠抓落实，确保全域旅游发展工作取得实效。国务院旅游行政部门要组织开展好全域旅游示范区创建工作，会同有关部门对全域旅游发展情况进行监督检查和跟踪评估，重要情况及时报告国务院。

关于推进旅游公共服务高质量发展的指导意见

·2024 年 6 月 19 日
·文旅公共发〔2024〕41 号

旅游公共服务是推动现代旅游业发展的重要内容，关系到广大游客切身利益。为贯彻落实《中华人民共和国旅游法》和国务院印发的《"十四五"旅游业发展规划》，持续推进旅游公共服务高质量发展，提出如下意见。

一、总体要求

以习近平新时代中国特色社会主义思想为指导，全面贯彻落实党的二十大精神，深入学习贯彻习近平文化思想，以习近平总书记关于旅游发展的重要论述和重要指示精神为根本遵循，践行以人民为中心的发展理念，围绕国家重大发展战略，以重大项目为抓手，聚焦重点地区、重点环节、重点时段，集中力量解决旅游公共服务领域的短板和弱项，稳步提升保障能力，完善供给体系，持续提高旅游公共服务水平，为旅游业高质量发展提供有力支撑，不断满足人民日益增长的美好生活需要。

利用 3 到 5 年时间，基本建成结构完备、标准健全、运行顺畅、优质高效、与旅游业高质量发展相匹配的旅游公共服务体系，旅游公共服务有效供给明显扩大，服务效能明显提升，对薄弱领域、高峰时段和特殊人群的服务保障能力明显增强，人民群众对旅游公共服务的满意度明显提高。

二、主要任务

（一）优化旅游公共信息服务

1. 优化线下旅游服务中心布局。推动实施旅游咨询服务拓展工程。制定旅游服务中心相关标准，进一步明确旅游服务中心定位，完善信息咨询、宣传展示、投诉、便民等服务功能。以提升和改造既有设施为主，打造一批互动性强、体验感好、主客共享的新型旅游服务中心。积极推动旅游服务中心和旅游集散中心一体化建设，重点推动旅游信息服务进机场、车站、码头、高速公路服务区。鼓励有条件的地区在酒店大堂、便利店、租车点等设置旅游信息咨询点。

2. 加强线上旅游公共信息服务。推动实施智慧旅游公共服务平台建设工程。支持旅游目的地政府建设内容全面、信息准确、更新及时、便于查询的智慧旅游公共服务平台，鼓励在政府门户网站、官方公众号、小程序中设置旅游信息咨询专栏。推动各地充分运用人工智能技术，积极探索旅游公共信息智能问答服务。

3. 加强旅游公共信息服务资源整合。加强省市县之间旅游公共信息服务纵向联动，健全信息采集、上传、发布机制。推动文化和旅游与交通运输、气象、体育、水利、能源、应急管理、消防、市场监管等跨部门、跨行业的公共信息数据共享，强化旅游交通路况、景区客流预警、气象预报预警、灾害预警、重要节庆赛事、旅游经营单位及从业人员信用状况和服务质量等重要旅游公共信息的发布，提前预报，及时预警，科学引导群众错峰出游。

（二）完善旅游公共交通服务

4. 加强旅游交通基础设施建设。推动各地将干线公路与A级旅游景区、旅游度假区、红色旅游景点、乡村旅游重点村镇、美丽休闲乡村、夜间文化和旅游消费集聚区、丙级以上旅游民宿之间的连接道路建设纳入交通建设规划，支持有条件的地区形成连接主要旅游区(点)的旅游交通环线。推动各地建设一批各具特色、功能完备的自行车道、步道等旅游绿道。支持旅游航道建设。推动打造一批旅游公路。实施国家旅游风景道工程，制定国家旅游风景道标准，在保障安全通行的前提下推出一批配套服务好、道路风景美、文化特色鲜明的国家旅游风景道。实施旅游标识标牌建设工程。结合周边旅游资源，按照相关标准规范要求，因地制宜在交通基础设施中设置相应旅游引导标识标牌，切实提升标识标牌的规范性、辨识度和文化内涵，支持各地探索智能化旅游标识建设。鼓励在高速公路或城市快速路设置4A级及以上旅游景区旅游指引标志，在普通省干线公路、农村公路、城市道路设置3A级及以上旅游景区旅游指引标志。

5. 提升旅游交通公共服务设施建设和管理水平。推动实施旅游集散中心改造提升工程。依托机场、高铁站、大型客运码头、汽车客运站等交通枢纽，新建、改造一批旅游集散中心，完善旅游集散中心游客换乘、旅游客运专线、接驳接送、联程联运、客运专班、汽车租赁、票务代理、信息咨询、文化展示等功能。拓展跨区域旅游集散服务。促进旅游集散中心线上线下业务融合发展。鼓励各地建设一批服务于旅游区(点)的旅游停车场，加大生态停车场和立体停车场建设力度，完善停车场充电桩等新能源服务设施，探索推广智能化停车服务。推动各地在旅游高峰期，面向游客自驾车和旅游大巴增设更多临时停靠点。拓展高速公路服务区文化和旅游公共服务功能，形成一批特色主题服务区。推动有条件的国省干线公路在保障道路交通安全通畅的前提下，增设旅游驿站、观景台、自驾车旅居车营地、厕所等服务设施。

6. 优化旅游交通运输服务。优化配置重点旅游城市列车班次，增开重点旅游城市和旅游目的地旅游专列，增加旅游城市与主要客源地之间航线航班，增加旅游旺季航班配置，鼓励有条件的地方增开重要旅游区(点)直通车和旅游公交专线，在旅游景点增设公交站点。完善自驾车旅游服务体系。积极推动旅游交通联程联运。支持重点旅游城市开通具有当地文化特色、体验感强的旅游观光巴士线路。支持国内水路旅游客运精品航线的建设和发展。加强交通管理和智慧交通技术运用，缓解旅游高峰期拥堵问题。

(三)强化旅游应急救援服务

7. 加强旅游应急救援机制建设。推动各地将旅游应急管理纳入政府应急管理体系，健全部门联动的旅游安全应急救援机制，落实旅游经营单位安全主体责任，制定旅游应急预案，建立旅游突发事件应对机制，强化预警与应急响应联动。强化旅游重点领域和关键环节的安全管理。

8. 优化旅游应急救援设施设备布局。推动旅游区(点)配置应急救援报警装置，完善安全设施设备配备，加强消防车道、自动喷水灭火系统、消火栓、消防水源等消防设施建设改造。推动在游客集中的旅游区(点)设置医疗救助站、急救点，有条件的地方配备急救箱、自动体外除颤仪(AED)、应急救护一体机等急救设备设施。推动高原缺氧地区旅游区(点)、宾馆酒店配备供氧设施设备。指导A级旅游景区就近与县级以上综合医院建立定向协作救援机制，提高院前医疗急救能力。

9. 增强旅游应急救援的社会参与。引导各地用好旅行社责任保险的应急救援服务功能，鼓励游客购买附加救援服务的旅游意外险。支持各地广泛开展旅游安全宣传教育，将旅游安全与应急知识教育纳入旅游职业教育和旅游从业人员在职培训内容，提高旅游从业人员安全意识和应急救助技能。

(四)加强旅游惠民便民服务

10. 开展形式多样的旅游惠民便民活动。鼓励各地积极探索实施旅游消费惠民举措，有效释放旅游消费潜力。鼓励各地联合举办旅游消费促进活动，通过联合发行旅游消费一卡通等方式，促进游客跨区域流动。广泛开展旅游知识公益教育，推动旅游知识教育进校园、进社区。完善旅游投诉受理机制，提高游客投诉处理效率。优化旅游纠纷调解机制，保护游客切身利益。制定旅游志愿服务管理办法，加快建立旅游志愿服务管理和激励机制，引导各地常态化开展旅游志愿服务。

11. 推动旅游惠民便民设施建设改造。加强适应老年人、未成年人、孕婴、残疾人等群体需求的旅游公共服务设施建设改造。完善智慧旅游适老化服务。推动旅游区(点)配备无障碍旅游设施。引导相关城市及旅游目的地发展儿童友好旅游公共服务。推动实施旅游厕所质量提升工程。全面贯彻落实旅游厕所国家标准。重点加强中西部欠发达地区，以及高寒、高海拔、缺水、缺电地区旅游厕所建设。加强移动厕所配备，有效缓解旅游高峰期"如厕难"问题。鼓励有条件的旅游活动场所开展智慧旅游厕所建设，持续推动旅游厕所电子地图标注工作。推动实施旅游景区环境综合整治工程。结合乡村振兴、城市更新、农村人居环境整治提升等重点工作，对旅游景区及周边环境进行全面整治。

12. 提升入境旅游公共服务水平。加强入境游客较为集中区域的旅游服务中心外语咨询服务，提供必要的中外文旅游地图、旅游指南等免费旅游宣传材料，完善旅游服务中心"i"标识设置。鼓励重点旅游城市面向入境游客提供外文版线上信息咨询服务。在重点旅游城市公共场所以及 A 级旅游景区、旅游度假区等开展外语标识牌规范化建设行动。推动入境游客较多的景区开发多语种预约界面，将护照等纳入有效预约证件，并保留必要的人工服务窗口。优化入境旅游支付环境，加强相关软硬件设施配备，畅通移动支付、银行卡、现金等支付渠道，提升入境游客线上线下购买文化和旅游产品与服务的支付体验。推动入境游客快速通关、住宿登记、交通出行、电信业务、生活消费、景点预约等事务办理便利化。

（五）促进公共文化服务和旅游公共服务融合发展

13. 促进文化和旅游公共服务设施功能融合。鼓励有条件的地方推动公共图书馆、文化馆（站）、基层综合性文化服务中心和旅游服务中心一体化建设。推动将阅读、非遗展示、艺术表演等文化服务融入旅游服务中心、旅游集散中心等旅游公共服务场所。推动在游客比例较高的文化设施中，增加旅游信息咨询、旅游地图、旅游指南等旅游公共服务内容。鼓励地方在保护的前提下，依法合理利用文物建筑，丰富其旅游公共服务功能。在文物保护单位和历史文化名城（街区、村镇）的保护范围及建设控制地带建设旅游公共服务设施应符合相关保护要求。

14. 丰富旅游场所公共文化服务内容。推动实施公共文化服务进旅游场所工程。积极开展乡村文化旅游节庆活动。推动广场舞、村晚、村超、"村 BA"、艺术节庆、群众歌咏等文化体育活动，民间文化艺术、群星奖作品、文化讲座、美术展览、优秀剧目等优质文化资源进景区等旅游场所。在游客较为集中的旅游街区设置表演点位，积极开展街头艺术表演等文化活动。搭建各类民间文化艺术团体与旅游经营场所的沟通桥梁，进一步丰富旅游场所的文化内涵。

15. 增强公共文化场所旅游吸引力。推动博物馆、美术馆、公共图书馆、文化馆、纪念馆、剧院、非物质文化遗产展示场所、考古遗址公园等完善旅游服务配套设施，提升旅游公共服务水平，培育主客共享的美好生活新空间。在确保文物安全的前提下，支持有条件的公共文化场所创建 A 级旅游景区，鼓励文博单位在旅游旺季科学调整开放时段。

三、组织保障

用好旅游发展基金等既有专项资金，引导社会力量加大投入，加强资金保障。推动将旅游公共服务设施用地纳入国土空间规划统筹考虑，在年度土地供应中合理安排旅游服务中心、集散中心、旅游停车场、公共营地等旅游公共服务设施新增建设用地，支持农村集体建设用地依法依规用于旅游公共服务设施建设。实施城乡旅游公共服务标准化建设工程。制定实施城市旅游公共服务、乡村旅游公共服务标准，引导全国重点旅游城市、全国乡村旅游重点村镇贯彻落实标准要求，充分发挥其引领和带动作用，为推进旅游公共服务高质量发展提供实践示范和制度建设经验。

在线旅游经营服务管理暂行规定

- 2020 年 8 月 20 日文化和旅游部令第 4 号公布
- 自 2020 年 10 月 1 日起施行

第一章 总　则

第一条 为保障旅游者合法权益，规范在线旅游市场秩序，促进在线旅游行业可持续发展，依据《中华人民共和国旅游法》《中华人民共和国消费者权益保护法》《中华人民共和国网络安全法》《中华人民共和国电子商务法》《旅行社条例》等相关法律、行政法规，制定本规定。

第二条 在中华人民共和国境内提供在线旅游经营服务，适用本规定。

本规定所称在线旅游经营服务，是指通过互联网等信息网络为旅游者提供包价旅游服务或者交通、住宿、餐饮、游览、娱乐等单项旅游服务的经营活动。

第三条 本规定所称在线旅游经营者，是指从事在线旅游经营服务的自然人、法人和非法人组织，包括在线旅游平台经营者、平台内经营者以及通过自建网站、其他网络服务提供旅游服务的经营者。

本规定所称平台经营者，是指为在线旅游经营服务交易双方或者多方提供网络经营场所、交易撮合、信息发布等服务的法人或者非法人组织。

本规定所称平台内经营者，是指通过平台经营者提供旅游服务的在线旅游经营者。

第四条 在线旅游经营者提供在线旅游经营服务，应当遵守社会主义核心价值观的要求，坚守人身财产安全、信息内容安全、网络安全等底线，诚信经营、公平竞争，承担产品和服务质量责任，接受政府和社会的监督。

第五条 文化和旅游部按照职责依法负责全国在线旅游经营服务的指导、协调、监管工作。县级以上地方文化和旅游主管部门按照职责分工负责本辖区内在线旅游经营服务的监督管理工作。

第六条　各级文化和旅游主管部门应当积极协调相关部门在财政、税收、金融、保险等方面支持在线旅游行业发展，保障在线旅游经营者公平参与市场竞争，充分发挥在线旅游经营者在旅游目的地推广、旅游公共服务体系建设、旅游大数据应用、景区门票预约和流量控制等方面的积极作用，推动旅游业高质量发展。

第二章　运　营

第七条　在线旅游经营者应当依法建立旅游者安全保护制度，制定应急预案，结合有关政府部门发布的安全风险提示等信息进行风险监测和安全评估，及时排查安全隐患，做好旅游安全宣传与引导、风险提示与防范、应急救助与处置等工作。

第八条　在线旅游经营者发现法律、行政法规禁止发布或者传输的信息，应当立即停止传输该信息，采取消除等处置措施防止信息扩散，保存有关记录并向主管部门报告。

平台经营者应当对上传至平台的文字、图片、音视频等信息内容加强审核，确保平台信息内容安全。

第九条　在线旅游经营者应当按照《中华人民共和国网络安全法》等相关法律规定，贯彻网络安全等级保护制度，落实网络安全管理和技术措施，制定网络安全应急预案，并定期组织开展演练，确保在线旅游经营服务正常开展。

第十条　在线旅游经营者经营旅行社业务的，应当依法取得旅行社业务经营许可。

第十一条　平台经营者应当对平台内经营者的身份、地址、联系方式、行政许可、质量标准等级、信用等级等信息进行真实性核验、登记，建立登记档案，并定期核验更新。

平台经营者应当督促平台内经营者对其旅游辅助服务者的相关信息进行真实性核验、登记。

第十二条　在线旅游经营者应当提供真实、准确的旅游服务信息，不得进行虚假宣传；未取得质量标准、信用等级的，不得使用相关称谓和标识。平台经营者应当以显著方式区分标记自营业务和平台内经营者开展的业务。

在线旅游经营者为旅游者提供交通、住宿、游览等订预服务的，应当建立公开、透明、可查询的预订渠道，促成相关预订服务依约履行。

第十三条　在线旅游经营者应当保障旅游者的正当评价权，不得擅自屏蔽、删除旅游者对其产品和服务的评价，不得误导、引诱、替代或者强制旅游者做出评价，对旅游者做出的评价应当保存并向社会公开。在线旅游经营者删除法律、法规禁止发布或者传输的评价信息的，应当在后台记录和保存。

第十四条　在线旅游经营者应当保护旅游者个人信息等数据安全，在收集旅游者信息时事先明示收集旅游者个人信息的目的、方式和范围，并经旅游者同意。

在线旅游经营者在签订包价旅游合同或者出境旅游产品代订合同时，应当提示旅游者提供紧急联络人信息。

第十五条　在线旅游经营者不得滥用大数据分析等技术手段，基于旅游者消费记录、旅游偏好等设置不公平的交易条件，侵犯旅游者合法权益。

第十六条　在线旅游经营者为旅游者提供包价旅游服务的，应当依法与旅游者签订合同，并在全国旅游监管服务平台填报合同有关信息。

第十七条　经营旅行社业务的在线旅游经营者应当投保旅行社责任险。

在线旅游经营者应当提示旅游者投保人身意外伤害保险。销售出境旅游产品时，应当为有购买境外旅游目的地保险需求的旅游者提供必要协助。

第十八条　在线旅游经营者应当协助文化和旅游主管部门对不合理低价游进行管理，不得为其提供交易机会。

第十九条　平台经营者应当对平台内经营者服务情况、旅游合同履行情况以及投诉处理情况等产品和服务信息、交易信息依法进行记录、保存，进行动态管理。

第二十条　社交网络平台、移动应用商店等信息网络提供者知道或者应当知道他人利用其服务从事违法违规在线旅游经营服务，或者侵害旅游者合法权益的，应当采取删除、屏蔽、断开链接等必要措施。

第二十一条　平台经营者应当在首页显著位置公示全国旅游投诉渠道。

平台内经营者与旅游者发生旅游纠纷的，平台经营者应当积极协助旅游者维护合法权益。鼓励平台经营者先行赔付。

第二十二条　平台经营者发现以下情况，应当立即采取必要的救助和处置措施，并依法及时向县级以上文化和旅游主管部门报告：

（一）提供的旅游产品或者服务存在缺陷，危及旅游者人身、财产安全的；

（二）经营服务过程中发生突发事件或者旅游安全事故的；

（三）平台内经营者未经许可经营旅行社业务的；

（四）出现法律、法规禁止交易的产品或者服务的；

（五）其他应当报告的事项。

第三章　监督检查

第二十三条　各级文化和旅游主管部门应当建立日常检查、定期检查以及与相关部门联合检查的监督管理制度，依法对在线旅游经营服务实施监督检查，查处违法违规行为。

在监督检查过程中，县级以上文化和旅游主管部门要求在线旅游经营者提供相关数据信息的，在线旅游经营者应当予以配合。县级以上文化和旅游主管部门应当采取必要措施保护数据信息的安全。

第二十四条　县级以上文化和旅游主管部门对有不诚信经营、侵害旅游者评价权、滥用技术手段设置不公平交易条件等违法违规经营行为的在线旅游经营者，可以通过约谈等行政指导方式予以提醒、警示、制止，并责令其限期整改。

第二十五条　在线旅游经营服务违法行为由实施违法行为的经营者住所地县级以上文化和旅游主管部门管辖。不能确定经营者住所地的，由经营者注册登记地或者备案地、旅游合同履行地县级以上文化和旅游主管部门管辖。

受理在线旅游经营服务相关投诉，参照前款处理。

第二十六条　县级以上文化和旅游主管部门依法建立在线旅游行业信用档案，将在线旅游经营者市场主体登记、行政许可、抽查检查、列入经营异常名录或者严重违法失信企业名单、行政处罚等信息依法列入信用记录，适时通过全国旅游监管服务平台或者本部门官方网站公示，并与相关部门建立信用档案信息共享机制，依法对严重违法失信者实施联合惩戒措施。

第二十七条　支持在线旅游经营者成立行业组织，并按照本组织章程依法制定行业经营规范和服务标准，加强行业自律，推动行业诚信建设和服务质量评价，监督、引导本行业经营者公平参与市场竞争。

第四章　法律责任

第二十八条　平台经营者知道或者应当知道平台内经营者不符合保障旅游者人身、财产安全要求或者有其他侵害旅游者合法权益行为，未及时采取必要措施的，依法与该平台内经营者承担连带责任。

平台经营者未对平台内经营者资质进行审核，或者未对旅游者尽到安全提示或保障义务，造成旅游者合法权益损害的，依法承担相应责任。

第二十九条　旅游者有下列情形之一的，依法承担相关责任：

（一）在旅游活动中从事违法违规活动的；

（二）未按要求提供与旅游活动相关的个人健康信息的；

（三）不听从在线旅游经营者的告知、警示，参加不适合自身条件的旅游活动，导致出现人身财产损害的；

（四）对国家应对重大突发事件暂时限制旅游活动的措施、安全防范和应急处置措施不予配合的。

第三十条　因不可抗力或者第三人造成旅游者损害的，在线旅游经营者应当及时进行救助。在线旅游经营者未及时进行救助造成旅游者损害的，依法承担相应责任。旅游者接受救助后，依法支付应当由个人承担的费用。

第三十一条　在线旅游经营者违反本规定第八条第一款规定，由县级以上文化和旅游主管部门依照《中华人民共和国网络安全法》第六十八条有关规定处理。

第三十二条　在线旅游经营者违反本规定第十条规定，未依法取得旅行社业务经营许可开展相关业务的，由县级以上文化和旅游主管部门依照《中华人民共和国旅游法》第九十五条的规定处理。

在线旅游经营者违反本规定第十七条第一款规定，未依法投保旅行社责任保险的，由县级以上文化和旅游主管部门依照《中华人民共和国旅游法》第九十七条有关规定处理。

第三十三条　平台经营者有下列情形之一的，由县级以上文化和旅游主管部门依照《中华人民共和国电子商务法》第八十条的规定处理：

（一）违反本规定第十一条第一款规定，不依法履行核验、登记义务的；

（二）违反本规定第二十二条规定，不依法对违法情形采取必要处置措施或者未报告的；

（三）违反本规定第十九条规定，不依法履行商品和服务信息、交易信息保存义务的。

第三十四条　在线旅游经营者违反本规定第十二条第一款有关规定，未取得质量标准、信用等级使用相关称谓和标识的，由县级以上文化和旅游主管部门责令改正，给予警告，可并处三万元以下罚款。

第三十五条　违反本规定第十六条规定，未在全国旅游监管服务平台填报包价旅游合同有关信息的，由县级以上文化和旅游主管部门责令改正，给予警告；拒不改正的，处一万元以下罚款。

第三十六条　在线旅游经营者违反本规定第十八条规定，为以不合理低价组织的旅游活动提供交易机会的，由县级以上文化和旅游主管部门责令改正，给予警告，可并处三万元以下罚款。

第三十七条　法律、行政法规对违反本规定行为另有规定的,依照其规定。县级以上地方文化和旅游主管部门在监督检查过程中发现在线旅游经营者有违反《中华人民共和国电子商务法》《中华人民共和国消费者权益保护法》《中华人民共和国网络安全法》等法律、行政法规、部门规章的行为,不属于本部门管辖的,应当及时将相关线索依法移送有关部门。

第五章　附　则

第三十八条　本规定自2020年10月1日起施行。

国家全域旅游示范区验收、认定和 管理实施办法(试行)

- 2020年4月8日
- 办资源发〔2020〕30号

第一章　总　则

第一条　为深入贯彻党的十九大精神,统筹推进"五位一体"总体布局和协调推进"四个全面"战略布局,牢固树立和贯彻落实新发展理念,认真落实党中央、国务院关于全域旅游的部署安排,不断深化旅游供给侧结构性改革,加快推进旅游业转型升级,大力促进旅游优质发展,切实加强对国家全域旅游示范区(以下简称示范区)工作的管理,依据《国务院办公厅关于促进全域旅游发展的指导意见》(国办发〔2018〕15号)、《全域旅游示范区创建工作导则》等有关文件要求,制定本办法。

第二条　本办法所指的示范区是指将一定行政区划作为完整旅游目的地,以旅游业为优势产业,统一规划布局,创新体制机制,优化公共服务,推进融合发展,提升服务品质,实施整体营销,具有较强示范作用,发展经验具备复制推广价值,且经文化和旅游部认定的区域。

第三条　示范区聚焦旅游业发展不平衡不充分矛盾,以旅游发展全域化、旅游供给品质化、旅游治理规范化和旅游效益最大化为目标,坚持改革创新,强化统筹推进,突出创建特色,充分发挥旅游关联度高、带动性强的独特优势,不断提高旅游对促进经济社会发展的重要作用。

第四条　示范区验收、认定和管理工作,遵循"注重实效、突出示范,严格标准、统一认定,有进有出、动态管理"的原则,坚持公开、公平、公正,通过竞争性选拔择优认定。

第二章　职责及分工

第五条　文化和旅游部统筹国家全域旅游示范区创建单位(以下简称创建单位)的验收、审核、认定、复核和监督管理等工作。

第六条　省级文化和旅游行政部门牵头负责本地区县级和地级创建单位的验收和监督管理等工作。

第七条　各级创建单位的人民政府负责组织开展创建、申请验收,及时做好总结、整改等相关工作。

第三章　验　收

第八条　文化和旅游部制定《国家全域旅游示范区验收标准(试行)》(以下简称《标准》)。《标准》基本项目总分1000分,创新项目加分200分,共计1200分。通过省级文化和旅游行政部门初审验收的最低得分为1000分。

第九条　文化和旅游部根据各地创建工作开展情况,启动创建单位验收工作。省级文化和旅游行政部门制定本辖区验收实施方案,报文化和旅游部备案后组织开展验收工作。验收以县级创建单位为基本单位。

第十条　县级创建单位开展创建满一年后方可向省级文化和旅游行政部门提出验收申请。地级创建单位,其辖区内70%以上的县级创建单位通过验收后,方可向省级文化和旅游行政部门提出验收申请。省级创建单位,其辖区内70%以上的地级创建单位通过验收后,省级人民政府可以向文化和旅游部提出认定申请。

第十一条　省级文化和旅游行政部门依据《标准》,对县级、地级创建单位组织初审验收,根据得分结果确定申请认定的单位,并形成初审验收报告。

第十二条　验收包括暗访、明查、会议审核三种方式。暗访由验收组自行安排检查行程和路线,重点对创建单位的产业融合、产品体系、公共服务体系、旅游环境等《标准》要求的内容进行检查。明查和会议审核由验收组通过听取汇报、查阅资料、现场观察、提问交谈等方式,重点对创建单位的体制机制、政策措施、旅游规划等《标准》要求的内容进行检查。

第四章　认　定

第十三条　示范区认定工作注重中央统筹与地方主导相结合,示范优先与兼顾公平相结合,充分考虑不同地域经济发展水平差异,调动各地开展示范区创建的积极性。

第十四条　省级文化和旅游行政部门负责向文化和旅游部提交县级、地级创建单位的认定申请、初审验收报告、验收打分及检查项目说明材料、创建单位专题汇报文字材料及全域旅游产业运行情况、创建工作视频。

第十五条　文化和旅游部以省级文化和旅游行政部门上报的县级、地级创建单位的初审验收报告等材料为认定参考依据,组织召开专家评审会对照以下8个方面进行会议评审。

1. 体制机制。建立党政统筹、部门联动的全域旅游领导协调机制,旅游综合管理体制改革成效显著,运行有效。旅游治理体系和治理能力现代化水平高,具有良好的旅游业持续健康发展的法制环境。

2. 政策保障。旅游业作为地方经济社会发展战略性支柱产业定位明确,在经济社会发展规划和城乡建设、土地利用、基础设施建设、生态环境保护等相关规划,以及综合性支持政策、重大项目建设等方面得到具体体现并取得实效。

3. 公共服务。旅游公共服务体系健全,厕所、停车场、旅游集散中心、咨询服务中心、智慧旅游平台、安全救援、自驾游、自助游等设施完善,运行有效。

4. 供给体系。旅游供给要素齐全,布局合理,结构良好,假日高峰弹性供给组织调控有效。旅游业带动性强,与文化等相关产业深度融合发展,业态丰富,形成观光、休闲、度假业态协调发展的产业结构,综合效益显著。具有不少于 1 个国家 5A 级旅游景区,或国家级旅游度假区,或国家级生态旅游示范区;或具有 2 个以上国家 4A 级旅游景区;或具有 2 个以上省级旅游度假区;或具有 1 个国家 4A 级旅游景区和 1 个省级旅游度假区。

5. 秩序与安全。旅游综合监管制度体系完善,市场监管能力强,投诉处理机制健全,建立旅游领域社会信用体系,市场秩序良好,游客满意度高,近三年没有发生重大旅游安全生产责任事故或重大旅游投诉、旅游负面舆情、旅游市场失信等市场秩序问题。

6. 资源与环境。旅游资源环境保护机制完善,实施效果良好,近三年未发生重大生态环境破坏事件。旅游创业就业和旅游扶贫富民取得积极成效。

7. 品牌影响。旅游目的地品牌体系完整,特色鲜明,识别度、知名度高,市场感召力强。

8. 创新示范。大力推进改革创新,积极破除全域旅游发展的瓶颈和障碍,具有解决地方旅游业长期发展问题的突破性、实质性措施,或在全国产生重要影响的发展全域旅游的示范性创新举措。

第十六条　文化和旅游部对通过会议评审的县级、地级创建单位,根据工作需要委托第三方机构进行现场检查,综合会议评审和现场检查结果确定公示名单,进行不少于 5 个工作日的公示。公示阶段无重大异议或重大

投诉的通过公示;若出现重大异议或重大投诉等情况,文化和旅游部调查核实后做出相应处理。

第十七条　文化和旅游部对提出认定申请的省级创建单位组织召开专家评审会,对照体制机制、政策保障、公共服务、供给体系、秩序与安全、资源与环境、品牌影响、创新示范等 8 个方面进行会议评审。对通过会议评审的省级创建单位进行不少于 5 个工作日的公示。公示阶段无重大异议或重大投诉的通过公示;若出现重大异议或重大投诉等情况,文化和旅游部调查核实后做出相应处理。

第十八条　对通过公示的创建单位,文化和旅游部认定为"国家全域旅游示范区"。

第十九条　被认定为示范区的单位要按照高质量发展要求,不断深化改革,加快创新驱动,持续推进全域旅游向纵深发展。

第二十条　未通过认定的创建单位要根据文化和旅游部反馈的意见制定整改方案,落实整改措施。

第五章　监督管理

第二十一条　文化和旅游部建立国家全域旅游产业运行监测平台,对示范区和创建单位旅游产业运行情况进行动态监管。示范区和创建单位应按照要求报送本地区旅游接待人次、过夜接待人次、旅游收入、投诉处理等数据,以及重大旅游基础设施、公共服务设施、旅游经营项目等信息。

第二十二条　文化和旅游部建立"有进有出"的管理机制,统筹示范区的复核工作,原则上每 3 至 5 年完成对示范区的复核工作。省级文化和旅游行政部门对所辖区内已命名的示范区要进行日常检查,并参与复核工作。

第二十三条　文化和旅游部对于复核不达标或发生重大旅游违法案件、重大旅游安全责任事故、严重损害消费者权益事件、严重破坏生态环境行为和严重负面舆论事件的国家全域旅游示范区,视问题的严重程度,予以警告、严重警告或撤销命名处理。

第六章　附　则

第二十四条　本办法由文化和旅游部负责解释。各省、自治区、直辖市,新疆生产建设兵团可参照此办法,制定符合本地实际的全域旅游示范区工作管理相关规定。

第二十五条　本办法自发布之日起施行。

国家全域旅游示范区验收标准(试行)

· 2020 年 4 月 8 日

序号	验收指标及分值 (总分 1200 分。 其中,基本项 1000 分, 创新项加分 200 分)	总体要求	评分标准
1	体制机制 (90 分)	建立适应全域旅游发展的统筹协调、综合管理、行业自律等体制机制,现代旅游治理能力显著提升。	1. 领导体制:建立全域旅游组织领导机制,把旅游工作纳入政府年度考核指标体系。(20 分)
			2. 协调机制:建立部门联动、共同参与的旅游综合协调机制,形成工作合力。(25 分)
			3. 综合管理机制:建立旅游综合管理机构,健全社会综合治理体系。(20 分)
			4. 统计制度:健全现代旅游统计制度与统计体系,渠道畅通,数据完整,报送及时。(15 分)
			5. 行业自律机制:建立各类旅游行业协会,会员覆盖率高,自律规章制度健全,行业自律效果良好。(10 分)
2	政策保障 (140 分)	旅游业在地方经济社会发展战略中具有重要地位,旅游规划与相关规划实现有机衔接,全域旅游发展支持政策配套齐全。	1. 产业定位:旅游业被确立为主导产业,地方党委或政府出台促进全域旅游发展的综合性政策文件和实施方案,相关部门出台专项支持政策文件。(20 分)
			2. 规划编制:由所在地人民政府编制全域旅游规划和相应专项规划,制定工作实施方案等配套文件,建立规划督查、评估机制。(20 分)
			3. 多规融合:旅游规划与相关规划深度融合,国土空间等规划满足旅游发展需求。(20 分)
			4. 财政金融支持政策:设立旅游发展专项资金,统筹各部门资金支持全域旅游发展,出台贷款贴息政策,实施旅游发展奖励补助政策,制定开发性金融融资方案或政策。(30 分)
			5. 土地保障政策:保障旅游发展用地新增建设用地指标,在年度用地计划中优先支持旅游项目用地。有效运用城乡建设用地增减挂钩政策,促进土地要素有序流动和合理配置,构建旅游用地保障新渠道。(30 分)
			6. 人才政策:设立旅游专家智库,建立多层次的人才引进和旅游培训机制,实施旅游人才奖励政策。(20 分)

续表

3	公共服务 (230分)	旅游公共服务体系健全,各类设施运行有效。	1. 外部交通:可进入性强,交通方式快捷多样,外部综合交通网络体系完善。(20分)
			2. 公路服务区:功能齐全,规模适中,服务规范,风格协调。(15分)
			3. 旅游集散中心:位置合理,规模适中,功能完善,形成多层级旅游集散网络。(20分)
			4. 内部交通:内部交通体系健全,各类道路符合相应等级公路标准,城市和乡村旅游交通配套体系完善。(30分)
			5. 停车场:与生态环境协调,与游客流量基本平衡,配套设施完善。(15分)
			6. 旅游交通服务:城市观光交通、旅游专线公交、旅游客运班车等交通工具形式多样,运力充足,弹性供给能力强。(20分)
			7. 旅游标识系统:旅游引导标识等系统完善,设置合理科学,符合相关标准。(25分)
			8. 游客服务中心:咨询服务中心和游客服务点设置科学合理,运行有效,服务质量好。(20分)
			9. 旅游厕所:"厕所革命"覆盖城乡全域,厕所分布合理,管理规范,比例适当,免费开放。(30分)
			10. 智慧旅游:智慧旅游设施体系完善、功能齐全、覆盖范围大、服务到位。(35分)
4	供给体系 (240分)	旅游供给要素齐全,旅游业态丰富,旅游产品结构合理,旅游功能布局科学。	1. 旅游吸引物:具有品牌突出、数量充足的旅游吸引物。城乡建有功能完善、业态丰富、设施配套的旅游功能区。(50分)
			2. 旅游餐饮:餐饮服务便捷多样,有特色餐饮街区、快餐和特色小吃等业态,地方餐饮(店)品牌突出,管理规范。(35分)
			3. 旅游住宿:星级饭店、文化主题旅游饭店、民宿等各类住宿设施齐全,管理规范。(35分)
			4. 旅游娱乐:举办富有地方文化特色的旅游演艺、休闲娱乐和节事节庆活动。(35分)
			5. 旅游购物:地方旅游商品特色鲜明、知名度高,旅游购物场所经营规范。(35分)
			6. 融合产业:大力实施"旅游+"战略,实现多业态融合发展。(50分)

续表

5	秩序与安全 （140分）	旅游综合监管体系完善，市场秩序良好，游客满意度高。	1. 服务质量：实施旅游服务质量提升计划，宣传、贯彻和实施各类旅游服务标准。（20分）。
			2. 市场管理：完善旅游市场综合监管机制，整合组建承担旅游行政执法职责的文化市场综合执法队伍，建立旅游领域社会信用体系，制定信用惩戒机制，市场秩序良好。（25分）
			3. 投诉处理：旅游投诉举报渠道健全畅通有效，投诉处理制度健全，处理规范公正，反馈及时有效。（20分）
			4. 文明旅游：定期开展旅游文明宣传和警示教育活动，推行旅游文明公约，树立文明旅游典型，妥善处置、及时上报旅游不文明行为事件。（20分）
			5. 旅游志愿者服务：完善旅游志愿服务体系，设立志愿服务工作站点，开展旅游志愿者公益行动。（15分）
			6. 安全制度：建立旅游安全联合监管机制，制定旅游安全应急预案，定期开展安全演练。（12分）
			7. 风险管控：有各类安全风险提示、安全生产监督管控措施。（18分）
			8. 旅游救援：救援系统运行有效，旅游保险制度健全。（10分）
6	资源与环境 （100分）	旅游资源环境保护机制完善，实施效果良好。旅游创业就业和旅游扶贫富民取得一定成效，具有发展旅游的良好社会环境。	1. 资源环境质量：制定自然生态资源、文化资源保护措施和方案。（24分）
			2. 城乡建设水平：整体风貌具有鲜明的地方特色，城乡建设保护措施完善。（16分）
			3. 全域环境整治：旅游区、旅游廊道、旅游村镇周边洁化绿化美化，"三改一整"等工程推进有力，污水和垃圾处理成效显著。（20分）
			4. 社会环境优化：广泛开展全域旅游宣传教育，实施旅游惠民政策，旅游扶贫富民方式多样，主客共享的社会氛围良好。（40分）
7	品牌影响 （60分）	实施全域旅游整体营销，品牌体系完整、特色鲜明。	1. 营销保障：设立旅游营销专项资金，制定旅游市场开发奖励办法。（15分）
			2. 品牌战略：实施品牌营销战略，品牌体系完整，形象清晰，知名度和美誉度高。（15分）
			3. 营销机制：建立多主体、多部门参与的宣传营销联动机制，形成全域旅游营销格局。（10分）
			4. 营销方式：采取多种方式开展品牌营销，创新全域旅游营销方式。（10分）
			5. 营销成效：市场规模持续扩大，游客数量稳定增长。（10分）

8	创新示范 (200分)	创新改革力度大,有效解决制约旅游业发展瓶颈,形成较强的示范带动作用。	1. 体制机制创新:具有示范意义的旅游领导机制创新(6分)、协调机制创新(6分)、市场机制创新(6分)、旅游配套机制创新(6分);旅游综合管理体制改革创新(6分);旅游治理能力创新(6分);旅游引领多规融合创新(8分);规划实施与管理创新(6分)。(小计50分)
			2. 政策措施创新:全域旅游政策举措创新(6分);财政金融支持政策创新(6分);旅游投融资举措创新(6分);旅游土地供给举措创新(6分);人才政策举措创新(6分)。(小计30分)
			3. 业态融合创新:旅游发展模式创新(10分);产业融合业态创新(10分);旅游经营模式创新(10分)。(小计30分)
			4. 公共服务创新:旅游交通建设创新(8分);旅游交通服务方式创新(8分);旅游咨询服务创新(8分);"厕所革命"创新(8分);环境卫生整治创新(8分)。(小计40分)
			5. 科技与服务创新:智慧服务创新(10分);非标准化旅游服务创新(10分)。(小计20分)
			6. 环境保护创新:旅游环境保护创新(8分)。
			7. 扶贫富民创新:旅游扶贫富民方式创新(8分);旅游创业就业方式创新(4分)。(小计12分)
			8. 营销推广创新:营销方式创新(10分)。
9	扣分事项	不予审核项	1. 重大安全事故:近三年发生重大旅游安全生产责任事故的。
			2. 重大市场秩序问题:近三年发生重大旅游投诉、旅游负面舆情、旅游市场失信等市场秩序问题的。
			3. 重大生态环境破坏:近三年发生重大生态环境破坏事件的。
			4. 旅游厕所:"厕所革命"不达标。
		主要扣分项	1. 安全生产事故:近三年发生旅游安全生产责任事故,处理不及时,造成不良影响的,扣35分。
			2. 市场秩序问题:近三年发生旅游投诉、旅游负面舆情、旅游市场失信等市场秩序问题,处理不及时,造成不良影响的,扣30分。
			3. 生态环境破坏:近三年发生生态环境破坏事件,处理不及时,造成不良影响的,扣35分。

国家旅游科技示范园区管理办法(暂行)

·2021年11月19日
·文旅科教发〔2021〕119号

第一章 总 则

第一条 为贯彻落实国家创新驱动发展战略,促进旅游和科技融合发展,推动国家旅游科技示范园区(以下简称"示范园区")建设,规范示范园区评定和管理工作,制定本办法。

第二条 本办法所称示范园区,是以拓展旅游产品、丰富旅游业态、优化旅游服务、提升游客体验和满意度为目标,面向旅游业开展科技研发或应用,有明确的地理边界和独立管理机构的科技园区、产业园区、旅游景区、特色小镇等区域。

第三条 示范园区按照公开、公平、公正的程序择优评定,遵循自主创建、注重实效、突出示范、动态调整的原则进行管理。

第二章 管理职责

第四条 文化和旅游部负责统筹示范园区的管理工作,主要职责为:

(一)规划示范园区发展方向、布局、领域,制定示范园区的评定和管理要求、评定指标等相关规定;

(二)组织实施示范园区的申报、评定、考核和监督等工作;

(三)制定示范园区的扶持、发展政策,协调推动有关举措的实施。

第五条 省级文化和旅游主管部门负责统筹本行政区域内示范园区的建设管理工作,主要职责为:

(一)负责本行政区域内示范园区的申报单位推荐,对申报材料进行审核;

(二)掌握本行政区域内旅游和科技融合发展的动态,制定促进示范园区培育和发展的地方扶持政策;

(三)协助文化和旅游部开展示范园区的申报、评定、监督和考核工作,对已认定的示范园区进行日常管理。

第六条 示范园区的主要职责为:

(一)围绕旅游业高质量发展,开展科技研发或应用、装备生产或升级、标准制定或试点等工作;按照可借鉴、可复制的要求,在不同方向、不同领域、不同区域进行引领示范与交流合作。

(二)参加文化和旅游部、省级文化和旅游主管部门组织的重大活动,落实其有关示范园区的各项政策,配合

监督与考核工作。

(三)制定示范园区运行发展的组织、经费、安全等具体管理规定,完善组织系统和制度设计,实行重大事项报告制度、信息报送制度等,建立相关管理机构。

第三章 申报条件与评定程序

第七条 申请示范园区,应当具备以下条件:

(一)主业突出,特色鲜明,具有旅游和科技融合发展的良好基础,在全国范围内具有引领性和示范性;

(二)有持续的旅游科技研发、应用投入和良好的发展潜力;

(三)近3年内未发生重大网络安全事件、突发环境事件或安全、消防、卫生等重大责任事故;

第八条 申报示范园区,应当经省级文化和旅游主管部门向文化和旅游部提交下列材料:

(一)国家旅游科技示范园区申报表;

(二)省级文化和旅游主管部门出具的推荐函;

(三)文化和旅游部要求的其他材料。

第九条 文化和旅游部按照下列程序组织评定示范园区:

(一)对申报材料完整性、合规性进行全面审核;

(二)组织专家组对申报材料进行评审;

(三)组织专家组通过现场答辩、实地考察等方式进行现场评审;

(四)专家组向文化和旅游部提出综合评定意见。

第十条 文化和旅游部应当根据评定情况择优确定公示名单,在文化和旅游部政府门户网站公示5个工作日后,对公示无异议或异议不成立的,发布公告予以认定。

第四章 监督与考核

第十一条 示范园区应当于每年2月底前将上年度发展情况和本年度工作计划经省级文化和旅游主管部门报送文化和旅游部。

第十二条 文化和旅游部、省级文化和旅游主管部门应当加强对示范园区的日常监督,必要时可视示范园区的建设和发展情况开展不定期抽查。

第十三条 文化和旅游部应当每3年对示范园区进行一次考核。考核结果分为通过考核、限期整改、撤销认定三种。限期整改的期限不超过1年。

第十四条 示范园区有下列情形之一,由文化和旅游部撤销示范园区认定:

(一)申报时通过提供虚假材料或采取其他不正当手段取得示范园区认定的;

（二）提供违背社会主义核心价值观的产品或服务，对社会造成严重不良影响的；

（三）因管理失当造成重大负面影响，未按期整改落实的；

（四）发生重大网络安全事件、突发环境事件或安全、消防、卫生等重大责任事故，负有主要责任的；

（五）考核未通过，限期整改仍未通过的；

（六）有其他严重违法违规行为的。

第五章　服务与支持

第十五条　文化和旅游部支持示范园区内符合条件的项目申报相关文化和旅游产业发展专项资金及科技发展专项资金，支持示范园区申报国家各级科技计划项目，支持示范园区与高等学校、科研院所、文化和旅游企事业单位等开展产学研合作。

第十六条　文化和旅游部、省级文化和旅游主管部门积极推动地方政府研究制定本行政区内支持措施，为示范园区发展营造良好的政策环境。

第十七条　各级文化和旅游主管部门支持示范园区内符合条件的优秀人才按照有关规定申报相关人才计划项目，参加各级文化和旅游主管部门组织的各类培训活动。

第十八条　各级文化和旅游主管部门为示范园区旅游和科技融合发展创造有利条件，提供多种形式的支持与服务，不断提升示范园区的建设和发展水平。

第六章　附　则

第十九条　本办法由文化和旅游部负责解释，自发布之日起施行。

文化和旅游部办公厅关于进一步加强旅游厕所建设管理的通知

·2023 年 6 月 13 日
·办公共发〔2023〕112 号

各省、自治区、直辖市文化和旅游厅（局），新疆生产建设兵团文化体育广电和旅游局：

为深入贯彻习近平总书记关于厕所革命的重要指示精神，全面落实国务院印发的《"十四五"旅游业发展规划》要求，推动贯彻实施《旅游厕所质量要求与评定》（GB/T 18973－2022）国家标准（以下简称"旅游厕所2022 版国家标准"），巩固和深化旅游厕所革命成果，不断提升旅游厕所管理和服务水平，基本实现"干净无味、安全方便、节能环保、环境友好"建设目标，带动旅游公共服务高质量发展，现就进一步加强旅游厕所建设管理有关工作通知如下：

一、全面推进旅游厕所标准化建设

（一）组织开展形式多样、线上线下相结合的旅游厕所2022 版国家标准宣传推广和学习培训活动，培训对象须覆盖所有旅游厕所主管部门和业主单位，3A 及以上等级旅游景区相关管理人员应列为重点培训对象。

（二）制定本省（区、市）标准达标评定工作计划，明确评定工作管理办法、评定流程和评定细则，按计划有序推进旅游厕所达标评定工作。严明评定工作纪律，确保评定工作公平公正公开，禁止以任何理由向参评单位收取费用。

（三）到"十四五"末，旅游厕所2022 版国家标准实施率原则上应达到90% 以上（中西部欠发达地区完成此目标存在困难的，应至少确保辖区内4A、5A 级旅游景区、国家级旅游度假区旅游厕所达标率达90% 以上，其他旅游厕所达标率达70% 以上）。2021 年以来按照旅游厕所2016 版国家标准完成验收并评为3A 级旅游厕所的，原则上无需重新评定，可直接确定为2022 版国家标准的Ⅰ类厕所。

二、不断完善旅游厕所基础设施建设

（四）根据各地旅游业发展规划，加强对旅游厕所新建、改扩建工作的指导，严格按照国家标准规划厕所布局、厕所类别、厕位数量等。合理利用地方文化和旅游资源特色，充分体现旅游厕所设计感、美观性和文化内涵。

（五）科学配置男女厕位比例，大力加强无障碍厕位和家庭卫生间建设，3A 及以上等级旅游景区以及国家级、省级旅游度假区实现家庭卫生间全覆盖。加强家庭卫生间功能和适用人群介绍和宣传，引导游客正确使用家庭卫生间，不断提升旅游厕所人性化水平。

（六）加强微水冲、无水冲、生物降解、新材料、新能源等技术运用，结合地方实际推动解决"高寒、高海拔、缺水、缺电"地区旅游厕所建设难题，帮助其尽快补齐短板。

（七）坚持经济实用原则，对为吸引眼球标新立异、贪大求洋建设超豪华厕所等错误做法，要及时予以制止和纠正。

三、切实加强旅游厕所管理机制创新

（八）完善旅游厕所管理制度体系，制定出台符合自身工作实际的《旅游厕所管理办法》，明确任务分工，落实管理责任。

（九）切实加强旅游厕所日常管理维护，总结推广可操作、易执行的厕所清洁管理制度和工作流程。

（十）持续探索旅游厕所社会化、市场化管理路径，总结推广"以商管厕、以商养厕"模式，鼓励引进专业化、集团化公司参与旅游厕所管理养护。鼓励拓展延伸厕所功能，提供多样化旅游公共服务和便民惠民服务。鼓励更多的政府机关、企事业单位厕所向游客免费开放，持续巩固和扩展"厕所开放联盟"。

四、持续推进旅游厕所数字化建设

（十一）加强"全国旅游厕所管理系统"使用和管理，及时在系统内更新厕所信息并定期开展核查，确保旅游厕所基础信息准确无误。因各种原因拆除的厕所，以及省内分工明确不再归文化和旅游系统管理的厕所，须及时在系统内予以删除。

（十二）持续推进旅游厕所电子地图标注工作，切实解决游客"找厕难"问题，各省（区、市）旅游厕所电子地图标注率应达到95%以上。

（十三）全面推进"一厕一码"在线评价反馈平台建设，每个厕所均需将"全国旅游厕所管理系统"分配的"二维码"张贴在显著位置，加大宣传力度，引导游客扫码评价。

（十四）提倡有条件的景区或相关单位开展智慧旅游厕所建设，用现代信息化技术提升旅游厕所管理和服务水平。

五、着力破解旅游高峰期厕所管理难题

（十五）指导各地将加强旅游厕所配置作为旅游高峰期应急预案的重要内容，制定旅游高峰期旅游厕所管理和服务专项工作方案。

（十六）根据客流预测数据测算厕位缺口，提前购置或租赁移动厕所，结合自身实际加强潮汐厕位、男女通用厕间、男女可互换厕位等设施建设，加强景区出入口及热门景点、观景平台等瞬时人流集中区域厕位配置，推动更好解决旅游高峰期厕位不足、男女厕位比例不均衡等问题。

（十七）增加旅游高峰期厕所保洁人员数量及保洁频次。增加志愿者和引导员数量，利用移动智能终端等多样化旅游公共服务信息平台，做好如厕人员引导和分流，避免如厕人员过于集中、排队时间过长等现象出现，切实提升旅游高峰期游客如厕体验。

各级文化和旅游行政部门要推动将旅游厕所建设纳入当地政府重要议事日程，充分发挥公共财政资金引导作用，通过政府购买服务、特许经营、承包经营等形式，建立健全社会资本投入机制，重点加强欠发达地区、农村地区等旅游厕所建设资金保障。要建立常态化旅游厕所督

察检查制度，引导各地积极开展日常巡查、交叉检查、第三方暗访等。要加强宣传引导，定期组织开展旅游厕所建设管理先进典型评选和交流展示活动，总结推广成功经验，促进各地互学互鉴。结合世界厕所日、中国旅游日等主题活动，创新宣传方式，开展形式多样的厕所文明宣传，普及如厕卫生知识，培育文明如厕理念，强化厕所革命意识，推动形成积极健康的文明新风尚。

特此通知。

（二）旅行社管理

旅行社条例

· 2009 年 2 月 20 日中华人民共和国国务院令第 550 号公布
· 根据 2016 年 2 月 6 日《国务院关于修改部分行政法规的决定》第一次修订
· 根据 2017 年 3 月 1 日《国务院关于修改和废止部分行政法规的决定》第二次修订
· 根据 2020 年 11 月 29 日《国务院关于修改和废止部分行政法规的决定》第三次修订

第一章　总　则

第一条　为了加强对旅行社的管理，保障旅游者和旅行社的合法权益，维护旅游市场秩序，促进旅游业的健康发展，制定本条例。

第二条　本条例适用于中华人民共和国境内旅行社的设立及经营活动。

本条例所称旅行社，是指从事招徕、组织、接待旅游者等活动，为旅游者提供相关旅游服务，开展国内旅游业务、入境旅游业务或者出境旅游业务的企业法人。

第三条　国务院旅游行政主管部门负责全国旅行社的监督管理工作。

县级以上地方人民政府管理旅游工作的部门按照职责负责本行政区域内旅行社的监督管理工作。

县级以上各级人民政府工商、价格、商务、外汇等有关部门，应当按照职责分工，依法对旅行社进行监督管理。

第四条　旅行社在经营活动中应当遵循自愿、平等、公平、诚信的原则，提高服务质量，维护旅游者的合法权益。

第五条　旅行社行业组织应当按照章程为旅行社提供服务，发挥协调和自律作用，引导旅行社合法、公平竞争和诚信经营。

第二章　旅行社的设立

第六条　申请经营国内旅游业务和入境旅游业务

的,应当取得企业法人资格,并且注册资本不少于30万元。

第七条　申请经营国内旅游业务和入境旅游业务的,应当向所在地省、自治区、直辖市旅游行政管理部门或者其委托的设区的市级旅游行政管理部门提出申请,并提交符合本条例第六条规定的相关证明文件。受理申请的旅游行政管理部门应当自受理申请之日起20个工作日内作出许可或者不予许可的决定。予以许可的,向申请人颁发旅行社业务经营许可证;不予许可的,书面通知申请人并说明理由。

第八条　旅行社取得经营许可满两年,且未因侵害旅游者合法权益受到行政机关罚款以上处罚的,可以申请经营出境旅游业务。

第九条　申请经营出境旅游业务的,应当向国务院旅游行政主管部门或者其委托的省、自治区、直辖市旅游行政管理部门提出申请,受理申请的旅游行政管理部门应当自受理申请之日起20个工作日内作出许可或者不予许可的决定。予以许可的,向申请人换发旅行社业务经营许可证;不予许可的,书面通知申请人并说明理由。

第十条　旅行社设立分社的,应当向分社所在地的工商行政管理部门办理设立登记,并自设立登记之日起3个工作日内向分社所在地的旅游行政管理部门备案。

旅行社分社的设立不受地域限制。分社的经营范围不得超出设立分社的旅行社的经营范围。

第十一条　旅行社设立专门招徕旅游者、提供旅游咨询的服务网点(以下简称旅行社服务网点)应当依法向工商行政管理部门办理设立登记手续,并向所在地的旅游行政管理部门备案。

旅行社服务网点应当接受旅行社的统一管理,不得从事招徕、咨询以外的活动。

第十二条　旅行社变更名称、经营场所、法定代表人等登记事项或者终止经营的,应当到工商行政管理部门办理相应的变更登记或者注销登记,并在登记办理完毕之日起10个工作日内,向原许可的旅游行政管理部门备案,换领或者交回旅行社业务经营许可证。

第十三条　旅行社应当自取得旅行社业务经营许可证之日起3个工作日内,在国务院旅游行政主管部门指定的银行开设专门的质量保证金账户,存入质量保证金,或者向作出许可的旅游行政管理部门提交依法取得的担保额度不低于相应质量保证金数额的银行担保。

经营国内旅游业务和入境旅游业务的旅行社,应当存入质量保证金20万元;经营出境旅游业务的旅行社,

应当增存质量保证金120万元。

质量保证金的利息属于旅行社所有。

第十四条　旅行社每设立一个经营国内旅游业务和入境旅游业务的分社,应当向其质量保证金账户增存5万元;每设立一个经营出境旅游业务的分社,应当向其质量保证金账户增存30万元。

第十五条　有下列情形之一的,旅游行政管理部门可以使用旅行社的质量保证金:

(一)旅行社违反旅游合同约定,侵害旅游者合法权益,经旅游行政管理部门查证属实的;

(二)旅行社因解散、破产或者其他原因造成旅游者预交旅游费用损失的。

第十六条　人民法院判决、裁定及其他生效法律文书认定旅行社损害旅游者合法权益,旅行社拒绝或者无力赔偿的,人民法院可以从旅行社的质量保证金账户上划拨赔偿款。

第十七条　旅行社自交纳或者补足质量保证金之日起三年内未因侵害旅游者合法权益受到行政机关罚款以上处罚的,旅游行政管理部门应当将旅行社质量保证金的交存数额降低50%,并向社会公告。旅行社可凭省、自治区、直辖市旅游行政管理部门出具的凭证减少其质量保证金。

第十八条　旅行社在旅游行政管理部门使用质量保证金赔偿旅游者的损失,或者依法减少质量保证金后,因侵害旅游者合法权益受到行政机关罚款以上处罚的,应当在收到旅游行政管理部门补交质量保证金的通知之日起5个工作日内补足质量保证金。

第十九条　旅行社不再从事旅游业务的,凭旅游行政管理部门出具的凭证,向银行取回质量保证金。

第二十条　质量保证金存缴、使用的具体管理办法由国务院旅游行政主管部门和国务院财政部门会同有关部门另行制定。

第三章　外商投资旅行社

第二十一条　外商投资旅行社适用本章规定;本章没有规定的,适用本条例其他有关规定。

第二十二条　外商投资企业申请经营旅行社业务,应当向所在地省、自治区、直辖市旅游行政管理部门提出申请,并提交符合本条例第六条规定条件的相关证明文件。省、自治区、直辖市旅游行政管理部门应当自受理申请之日起30个工作日内审查完毕。予以许可的,颁发旅行社业务经营许可证;不予许可的,书面通知申请人并说明理由。

设立外商投资旅行社,还应当遵守有关外商投资的法律、法规。

第二十三条　外商投资旅行社不得经营中国内地居民出国旅游业务以及赴香港特别行政区、澳门特别行政区和台湾地区旅游的业务,但是国务院决定或者我国签署的自由贸易协定和内地与香港、澳门关于建立更紧密经贸关系的安排另有规定的除外。

第四章　旅行社经营

第二十四条　旅行社向旅游者提供的旅游服务信息必须真实可靠,不得作虚假宣传。

第二十五条　经营出境旅游业务的旅行社不得组织旅游者到国务院旅游行政主管部门公布的中国公民出境旅游目的地之外的国家和地区旅游。

第二十六条　旅行社为旅游者安排或者介绍的旅游活动不得含有违反有关法律、法规规定的内容。

第二十七条　旅行社不得以低于旅游成本的报价招徕旅游者。未经旅游者同意,旅行社不得在旅游合同约定之外提供其他有偿服务。

第二十八条　旅行社为旅游者提供服务,应当与旅游者签订旅游合同并载明下列事项:

(一)旅行社的名称及其经营范围、地址、联系电话和旅行社业务经营许可证编号;

(二)旅行社经办人的姓名、联系电话;

(三)签约地点和日期;

(四)旅游行程的出发地、途经地和目的地;

(五)旅游行程中交通、住宿、餐饮服务安排及其标准;

(六)旅行社统一安排的游览项目的具体内容及时间;

(七)旅游者自由活动的时间和次数;

(八)旅游者应当交纳的旅游费用及交纳方式;

(九)旅行社安排的购物次数、停留时间及购物场所的名称;

(十)需要旅游者另行付费的游览项目及价格;

(十一)解除或者变更合同的条件和提前通知的期限;

(十二)违反合同的纠纷解决机制及应当承担的责任;

(十三)旅游服务监督、投诉电话;

(十四)双方协商一致的其他内容。

第二十九条　旅行社在与旅游者签订旅游合同时,应当对旅游合同的具体内容作出真实、准确、完整的说明。

旅行社和旅游者签订的旅游合同约定不明确或者对格式条款的理解发生争议的,应当按照通常理解予以解释;对格式条款有两种以上解释的,应当作出有利于旅游者的解释;格式条款和非格式条款不一致的,应当采用非格式条款。

第三十条　旅行社组织中国内地居民出境旅游的,应当为旅游团队安排领队全程陪同。

第三十一条　旅行社为接待旅游者委派的导游人员,应当持有国家规定的导游证。

取得出境旅游业务经营许可的旅行社为组织旅游者出境旅游委派的领队,应当取得导游证,具有相应的学历、语言能力和旅游从业经历,并与委派其从事领队业务的旅行社订立劳动合同。旅行社应当将本单位领队名单报所在地设区的市级旅游行政管理部门备案。

第三十二条　旅行社聘用导游人员、领队人员应当依法签订劳动合同,并向其支付不低于当地最低工资标准的报酬。

第三十三条　旅行社及其委派的导游人员和领队人员不得有下列行为:

(一)拒绝履行旅游合同约定的义务;

(二)非因不可抗力改变旅游合同安排的行程;

(三)欺骗、胁迫旅游者购物或者参加需要另行付费的游览项目。

第三十四条　旅行社不得要求导游人员和领队人员接待不支付接待和服务费用或者支付的费用低于接待和服务成本的旅游团队,不得要求导游人员和领队人员承担接待旅游团队的相关费用。

第三十五条　旅行社违反旅游合同约定,造成旅游者合法权益受到损害的,应当采取必要的补救措施,并及时报告旅游行政管理部门。

第三十六条　旅行社需要对旅游业务作出委托的,应当委托给具有相应资质的旅行社,征得旅游者的同意,并与接受委托的旅行社就接待旅游者的事宜签订委托合同,确定接待旅游者的各项服务安排及其标准,约定双方的权利、义务。

第三十七条　旅行社将旅游业务委托给其他旅行社的,应当向接受委托的旅行社支付不低于接待和服务成本的费用;接受委托的旅行社不得接待不支付或者不足额支付接待和服务费用的旅游团队。

接受委托的旅行社违约,造成旅游者合法权益受到损害的,作出委托的旅行社应当承担相应的赔偿责任。作出委托的旅行社赔偿后,可以向接受委托的旅行社追偿。

接受委托的旅行社故意或者重大过失造成旅游者合法权益损害的,应当承担连带责任。

第三十八条 旅行社应当投保旅行社责任险。旅行社责任险的具体方案由国务院旅游行政主管部门会同国务院保险监督管理机构另行制定。

第三十九条 旅行社对可能危及旅游者人身、财产安全的事项,应当向旅游者作出真实的说明和明确的警示,并采取防止危害发生的必要措施。

发生危及旅游者人身安全的情形的,旅行社及其委派的导游人员、领队人员应当采取必要的处置措施并及时报告旅游行政管理部门;在境外发生的,还应当及时报告中华人民共和国驻该国使领馆、相关驻外机构、当地警方。

第四十条 旅游者在境外滞留不归的,旅行社委派的领队人员应当及时向旅行社和中华人民共和国驻该国使领馆、相关驻外机构报告。旅行社接到报告后应当及时向旅游行政管理部门和公安机关报告,并协助提供非法滞留者的信息。

旅行社接待入境旅游发生旅游者非法滞留我国境内的,应当及时向旅游行政管理部门、公安机关和外事部门报告,并协助提供非法滞留者的信息。

第五章　监督检查

第四十一条 旅游、工商、价格、商务、外汇等有关部门应当依法加强对旅行社的监督管理,发现违法行为,应当及时予以处理。

第四十二条 旅游、工商、价格等行政管理部门应当及时向社会公告监督检查的情况。公告的内容包括旅行社业务经营许可证的颁发、变更、吊销、注销情况,旅行社的违法经营行为以及旅行社的诚信记录、旅游者投诉信息等。

第四十三条 旅行社损害旅游者合法权益的,旅游者可以向旅游行政管理部门、工商行政管理部门、价格主管部门、商务主管部门或者外汇管理部门投诉,接到投诉的部门应当按照其职责权限及时调查处理,并将调查处理的有关情况告知旅游者。

第四十四条 旅行社及其分社应当接受旅游行政管理部门对其旅游合同、服务质量、旅游安全、财务账簿等情况的监督检查,并按照国家有关规定向旅游行政管理部门报送经营和财务信息等统计资料。

第四十五条 旅游、工商、价格、商务、外汇等有关部门工作人员不得接受旅行社的任何馈赠,不得参加由旅行社支付费用的购物活动或者游览项目,不得通过旅行社为自己、亲友或者其他个人、组织牟取私利。

第六章　法律责任

第四十六条 违反本条例的规定,有下列情形之一的,由旅游行政管理部门或者工商行政管理部门责令改正,没收违法所得,违法所得10万元以上的,并处违法所得1倍以上5倍以下的罚款;违法所得不足10万元或者没有违法所得的,并处10万元以上50万元以下的罚款:

(一)未取得相应的旅行社业务经营许可,经营国内旅游业务、入境旅游业务、出境旅游业务的;

(二)分社超出设立分社的旅行社的经营范围经营旅游业务的;

(三)旅行社服务网点从事招徕、咨询以外的旅行社业务经营活动的。

第四十七条 旅行社转让、出租、出借旅行社业务经营许可证的,由旅游行政管理部门责令停业整顿1个月至3个月,并没收违法所得;情节严重的,吊销旅行社业务经营许可证。受让或者租借旅行社业务经营许可证的,由旅游行政管理部门责令停止非法经营,没收违法所得,并处10万元以上50万元以下的罚款。

第四十八条 违反本条例的规定,旅行社未在规定期限内向其质量保证金账户存入、增存、补足质量保证金或者提交相应的银行担保的,由旅游行政管理部门责令改正;拒不改正的,吊销旅行社业务经营许可证。

第四十九条 违反本条例的规定,旅行社不投保旅行社责任险的,由旅游行政管理部门责令改正;拒不改正的,吊销旅行社业务经营许可证。

第五十条 违反本条例的规定,旅行社有下列情形之一的,由旅游行政管理部门责令改正;拒不改正的,处1万元以下的罚款:

(一)变更名称、经营场所、法定代表人等登记事项或者终止经营,未在规定期限内向原许可的旅游行政管理部门备案,换领或者交回旅行社业务经营许可证的;

(二)设立分社未在规定期限内向分社所在地旅游行政管理部门备案的;

(三)不按照国家有关规定向旅游行政管理部门报送经营和财务信息等统计资料的。

第五十一条 违反本条例的规定,外商投资旅行社经营中国内地居民出国旅游业务以及赴香港特别行政区、澳门特别行政区和台湾地区旅游业务,或者经营出境旅游业务的旅行社组织旅游者到国务院旅游行政主管部门公布的中国公民出境旅游目的地之外的国家和地区旅游的,由旅游行政管理部门责令改正,没收违法所得,违法所得10万元以上的,并处违法所得1倍以上5倍以下的罚款;违法所得不足 10 万元或者没有违法所得的,并处 10 万元以上 50 万元以下的罚款;情节严重的,吊销旅行社业务经营许可证。

第五十二条　违反本条例的规定,旅行社为旅游者安排或者介绍的旅游活动含有违反有关法律、法规规定的内容的,由旅游行政管理部门责令改正,没收违法所得,并处 2 万元以上 10 万元以下的罚款;情节严重的,吊销旅行社业务经营许可证。

第五十三条　违反本条例的规定,旅行社向旅游者提供的旅游服务信息含有虚假内容或者作虚假宣传的,由工商行政管理部门依法给予处罚。

违反本条例的规定,旅行社以低于旅游成本的报价招徕旅游者的,由价格主管部门依法给予处罚。

第五十四条　违反本条例的规定,旅行社未经旅游者同意在旅游合同约定之外提供其他有偿服务的,由旅游行政管理部门责令改正,处 1 万元以上 5 万元以下的罚款。

第五十五条　违反本条例的规定,旅行社有下列情形之一的,由旅游行政管理部门责令改正,处 2 万元以上 10 万元以下的罚款;情节严重的,责令停业整顿 1 个月至 3 个月:

(一)未与旅游者签订旅游合同;

(二)与旅游者签订的旅游合同未载明本条例第二十八条规定的事项;

(三)未取得旅游者同意,将旅游业务委托给其他旅行社;

(四)将旅游业务委托给不具有相应资质的旅行社;

(五)未与接受委托的旅行社就接待旅游者的事宜签订委托合同。

第五十六条　违反本条例的规定,旅行社组织中国内地居民出境旅游,不为旅游团队安排领队全程陪同的,由旅游行政管理部门责令改正,处 1 万元以上 5 万元以下的罚款;拒不改正的,责令停业整顿 1 个月至 3 个月。

第五十七条　违反本条例的规定,旅行社委派的导游人员未持有国家规定的导游证或者委派的领队人员不具备规定的领队条件的,由旅游行政管理部门责令改正,对旅行社处 2 万元以上 10 万元以下的罚款。

第五十八条　违反本条例的规定,旅行社不向其聘用的导游人员、领队人员支付报酬,或者所支付的报酬低于当地最低工资标准的,按照《中华人民共和国劳动合同法》的有关规定处理。

第五十九条　违反本条例的规定,有下列情形之一

的,对旅行社,由旅游行政管理部门或者工商行政管理部门责令改正,处 10 万元以上 50 万元以下的罚款;对导游人员、领队人员,由旅游行政管理部门责令改正,处 1 万元以上 5 万元以下的罚款;情节严重的,吊销旅行社业务经营许可证、导游证:

(一)拒不履行旅游合同约定的义务的;

(二)非因不可抗力改变旅游合同安排的行程的;

(三)欺骗、胁迫旅游者购物或者参加需要另行付费的游览项目的。

第六十条　违反本条例的规定,旅行社要求导游人员和领队人员接待不支付接待和服务费用、支付的费用低于接待和服务成本的旅游团队,或者要求导游人员和领队人员承担接待旅游团队的相关费用的,由旅游行政管理部门责令改正,处 2 万元以上 10 万元以下的罚款。

第六十一条　旅行社违反旅游合同约定,造成旅游者合法权益受到损害,不采取必要的补救措施的,由旅游行政管理部门或者工商行政管理部门责令改正,处 1 万元以上 5 万元以下的罚款;情节严重的,由旅游行政管理部门吊销旅行社业务经营许可证。

第六十二条　违反本条例的规定,有下列情形之一的,由旅游行政管理部门责令改正,停业整顿 1 个月至 3 个月;情节严重的,吊销旅行社业务经营许可证:

(一)旅行社不向接受委托的旅行社支付接待和服务费用的;

(二)旅行社向接受委托的旅行社支付的费用低于接待和服务成本的;

(三)接受委托的旅行社接待不支付或者不足额支付接待和服务费用的旅游团队的。

第六十三条　违反本条例的规定,旅行社及其委派的导游人员、领队人员有下列情形之一的,由旅游行政管理部门责令改正,对旅行社处 2 万元以上 10 万元以下的罚款;对导游人员、领队人员处 4000 元以上 2 万元以下的罚款;情节严重的,责令旅行社停业整顿 1 个月至 3 个月,或者吊销旅行社业务经营许可证、导游证:

(一)发生危及旅游者人身安全的情形,未采取必要的处置措施并及时报告的;

(二)旅行社组织出境旅游的旅游者非法滞留境外,旅行社未及时报告并协助提供非法滞留者信息的;

(三)旅行社接待入境旅游的旅游者非法滞留境内,旅行社未及时报告并协助提供非法滞留者信息的。

第六十四条　因妨害国(边)境管理受到刑事处罚的,在刑罚执行完毕之日起五年内不得从事旅行社业务

经营活动;旅行社被吊销旅行社业务经营许可的,其主要负责人在旅行社业务经营许可被吊销之日起五年内不得担任任何旅行社的主要负责人。

第六十五条　旅行社违反本条例的规定,损害旅游者合法权益的,应当承担相应的民事责任;构成犯罪的,依法追究刑事责任。

第六十六条　违反本条例的规定,旅游行政管理部门或者其他有关部门及其工作人员有下列情形之一的,对直接负责的主管人员和其他直接责任人员依法给予处分:

(一)发现违法行为不及时予以处理的;

(二)未及时公告对旅行社的监督检查情况的;

(三)未及时处理旅游者投诉并将调查处理的有关情况告知旅游者的;

(四)接受旅行社的馈赠的;

(五)参加由旅行社支付费用的购物活动或者游览项目的;

(六)通过旅行社为自己、亲友或者其他个人、组织牟取私利的。

第七章　附　则

第六十七条　香港特别行政区、澳门特别行政区和台湾地区的投资者在内地投资设立的旅行社,参照适用本条例。

第六十八条　本条例自 2009 年 5 月 1 日起施行。1996 年 10 月 15 日国务院发布的《旅行社管理条例》同时废止。

旅行社条例实施细则

·2009 年 4 月 2 日国家旅游局令第 30 号公布
·根据 2016 年 12 月 6 日《国家旅游局关于修改〈旅行社条例实施细则〉和废止〈出境旅游领队人员管理办法〉的决定》修改

第一章　总　则

第一条　根据《旅行社条例》(以下简称《条例》),制定本实施细则。

第二条　《条例》第二条所称招徕、组织、接待旅游者提供的相关旅游服务,主要包括:

(一)安排交通服务;

(二)安排住宿服务;

(三)安排餐饮服务;

(四)安排观光游览、休闲度假等服务;

(五)导游、领队服务;

(六)旅游咨询、旅游活动设计服务。

旅行社还可以接受委托,提供下列旅游服务:

(一)接受旅游者的委托,代订交通客票、代订住宿和代办出境、入境、签证手续等;

(二)接受机关、事业单位和社会团体的委托,为其差旅、考察、会议、展览等公务活动,代办交通、住宿、餐饮、会务等事务;

(三)接受企业委托,为其各类商务活动、奖励旅游等,代办交通、住宿、餐饮、会务、观光游览、休闲度假等事务;

(四)其他旅游服务。

前款所列出境、签证手续等服务,应当由具备出境旅游业务经营权的旅行社代办。

第三条　《条例》第二条所称国内旅游业务,是指旅行社招徕、组织和接待中国内地居民在境内旅游的业务。

《条例》第二条所称入境旅游业务,是指旅行社招徕、组织、接待外国旅游者来我国旅游,香港特别行政区、澳门特别行政区旅游者来内地旅游,台湾地区居民来大陆旅游,以及招徕、组织、接待在中国内地的外国人,在内地的香港特别行政区、澳门特别行政区居民和在大陆的台湾地区居民在境内旅游的业务。

《条例》第二条所称出境旅游业务,是指旅行社招徕、组织、接待中国内地居民出国旅游,赴香港特别行政区、澳门特别行政区和台湾地区旅游,以及招徕、组织、接待在中国内地的外国人、在内地的香港特别行政区、澳门特别行政区居民和在大陆的台湾地区居民出境旅游的业务。

第四条　对旅行社及其分支机构的监督管理,县级以上旅游行政管理部门应当按照《条例》、本细则的规定和职责,实行分级管理和属地管理。

第五条　鼓励旅行社实行服务质量等级制度;鼓励旅行社向专业化、网络化、品牌化发展。

第二章　旅行社的设立与变更

第六条　旅行社的经营场所应当符合下列要求:

(一)申请者拥有产权的营业用房,或者申请者租用的、租期不少于 1 年的营业用房;

(二)营业用房应当满足申请者业务经营的需要。

第七条　旅行社的营业设施应当至少包括下列设施、设备:

(一)2 部以上的直线固定电话;

(二)传真机、复印机;

（三）具备与旅游行政管理部门及其他旅游经营者联网条件的计算机。

第八条 申请设立旅行社，经营国内旅游业务和入境旅游业务的，应当向省、自治区、直辖市旅游行政管理部门（简称省级旅游行政管理部门，下同）提交下列文件：

（一）设立申请书。内容包括申请设立的旅行社的中英文名称及英文缩写，设立地址，企业形式，出资人、出资额和出资方式，申请人、受理申请部门的全称、申请书名称和申请的时间；

（二）法定代表人履历表及身份证明；

（三）企业章程；

（四）经营场所的证明；

（五）营业设施、设备的证明或者说明；

（六）工商行政管理部门出具的《企业法人营业执照》。

旅游行政管理部门应当根据《条例》第六条规定的最低注册资本限额要求，通过查看企业章程、在企业信用信息公示系统查询等方式，对旅行社认缴的出资额进行审查。

旅行社经营国内旅游业务和入境旅游业务的，《企业法人营业执照》的经营范围不得包括边境旅游业务、出境旅游业务；包括相关业务的，旅游行政管理部门应当告知申请人变更经营范围；申请人不予变更的，依法不予受理行政许可申请。

省级旅游行政管理部门可以委托设区的市（含州、盟，下同）级旅游行政管理部门，受理当事人的申请并作出许可或者不予许可的决定。

第九条 受理申请的旅游行政管理部门可以对申请人的经营场所、营业设施、设备进行现场检查，或者委托下级旅游行政管理部门检查。

第十条 旅行社申请经营出境旅游业务的，应当向国务院旅游行政主管部门提交经营旅行社业务满两年、且连续两年未因侵害旅游者合法权益受到行政机关罚款以上处罚的承诺书和经工商行政管理部门变更经营范围的《企业法人营业执照》。

旅行社取得出境旅游经营业务许可的，由国务院旅游行政主管部门换发旅行社业务经营许可证。

国务院旅游行政主管部门可以委托省级旅游行政管理部门受理旅行社经营出境旅游业务的申请，并作出许可或者不予许可的决定。

旅行社申请经营边境旅游业务的，适用《边境旅游暂

行管理办法》的规定。

旅行社申请经营赴台湾地区旅游业务的，适用《大陆居民赴台湾地区旅游管理办法》的规定。

第十一条 旅行社因业务经营需要，可以向原许可的旅游行政管理部门申请核发旅行社业务经营许可证副本。

旅行社业务经营许可证及副本，由国务院旅游行政主管部门制定统一样式，国务院旅游行政主管部门和省级旅游行政管理部门分别印制。

旅行社业务经营许可证及副本损毁或者遗失的，旅行社应当向原许可的旅游行政管理部门申请换发或者补发。

申请补发旅行社业务经营许可证及副本的，旅行社应当通过本省、自治区、直辖市范围内公开发行的报刊，或者省级以上旅游行政管理部门网站，刊登损毁或者遗失作废声明。

第十二条 旅行社名称、经营场所、出资人、法定代表人等登记事项变更的，应当在办理变更登记后，持已变更的《企业法人营业执照》向原许可的旅游行政管理部门备案。

旅行社终止经营的，应当在办理注销手续后，持工商行政管理部门出具的注销文件，向原许可的旅游行政管理部门备案。

外商投资旅行社的，适用《条例》第三章的规定。未经批准，旅行社不得引进外商投资。

第十三条 国务院旅游行政主管部门指定的作为旅行社存入质量保证金的商业银行，应当提交具有下列内容的书面承诺：

（一）同意与存入质量保证金的旅行社签订符合本实施细则第十五条规定的协议；

（二）当县级以上旅游行政管理部门或者人民法院依据《条例》规定，划拨质量保证金后3个工作日内，将划拨情况及其数额，通知旅行社所在地的省级旅游行政管理部门，并提供县级以上旅游行政管理部门出具的划拨文件或者人民法院生效法律文书的复印件；

（三）非因《条例》规定的情形，出现质量保证金减少时，承担补足义务。

旅行社应当在国务院旅游行政主管部门指定银行的范围内，选择存入质量保证金的银行。

第十四条 旅行社在银行存入质量保证金的，应当设立独立账户，存期由旅行社确定，但不得少于1年。账户存期届满1个月前，旅行社应当办理续存手续或者提

交银行担保。

第十五条 旅行社存入、续存、增存质量保证金后7个工作日内，应当向作出许可的旅游行政管理部门提交存入、续存、增存质量保证金的证明文件，以及旅行社与银行达成的使用质量保证金的协议。

前款协议应当包含下列内容：

（一）旅行社与银行双方同意依照《条例》规定使用质量保证金；

（二）旅行社与银行双方承诺，除依照县级以上旅游行政管理部门出具的划拨质量保证金，或者省级以上旅游行政管理部门出具的降低、退还质量保证金的文件，以及人民法院作出的认定旅行社损害旅游者合法权益的生效法律文书外，任何单位和个人不得动用质量保证金。

第十六条 旅行社符合《条例》第十七条降低质量保证金数额规定条件的，原许可的旅游行政管理部门应当根据旅行社的要求，在10个工作日内向其出具降低质量保证金数额的文件。

第十七条 旅行社按照《条例》第十八条规定补足质量保证金后7个工作日内，应当向原许可的旅游行政管理部门提交补足的证明文件。

第三章 旅行社的分支机构

第十八条 旅行社分社（简称分社，下同）及旅行社服务网点（简称服务网点，下同），不具有法人资格，以设立分社、服务网点的旅行社（简称设立社，下同）的名义从事《条例》规定的经营活动，其经营活动的责任和后果，由设立社承担。

第十九条 设立社向分社所在地工商行政管理部门办理分社设立登记后，应当持下列文件向分社所在地与工商登记同级的旅游行政管理部门备案：

（一）分社的《营业执照》；

（二）分社经理的履历表和身份证明；

（三）增存质量保证金的证明文件。

没有同级的旅游行政管理部门的，向上一级旅游行政管理部门备案。

第二十条 分社的经营场所、营业设施、设备，应当符合本实施细则第六条、第七条规定的要求。

分社的名称中应当包含设立社名称、分社所在地地名和"分社"或者"分公司"字样。

第二十一条 服务网点是指旅行社设立的，为旅行社招徕旅游者，并以旅行社的名义与旅游者签订旅游合同的门市部等机构。

设立社可以在其所在地的省、自治区、直辖市行政区划内设立服务网点；设立社在其所在地的省、自治区、直辖市行政区划外设立分社的，可以在该分社所在地设区的市的行政区划内设立服务网点。分社不得设立服务网点。

设立社不得在前款规定的区域范围外，设立服务网点。

第二十二条 服务网点应当设在方便旅游者认识和出入的公众场所。

服务网点的名称、标牌应当包括设立社名称、服务网点所在地地名等，不得含有使消费者误解为是旅行社或者分社的内容，也不得作易使消费者误解的简称。

服务网点应当在设立社的经营范围内，招徕旅游者、提供旅游咨询服务。

第二十三条 设立社向服务网点所在地工商行政管理部门办理服务网点设立登记后，应当在3个工作日内，持下列文件向服务网点所在地与工商登记同级的旅游行政管理部门备案：

（一）服务网点的《营业执照》；

（二）服务网点经理的履历表和身份证明。

没有同级的旅游行政管理部门的，向上一级旅游行政管理部门备案。

第二十四条 分社、服务网点备案后，受理备案的旅游行政管理部门应当向旅行社颁发《旅行社分社备案登记证明》或者《旅行社服务网点备案登记证明》。

第二十五条 设立社应当与分社、服务网点的员工，订立劳动合同。

设立社应当加强对分社和服务网点的管理，对分社实行统一的人事、财务、招徕、接待制度规范，对服务网点实行统一管理、统一财务、统一招徕和统一咨询服务规范。

第四章 旅行社经营规范

第二十六条 旅行社及其分社、服务网点，应当将《旅行社业务经营许可证》、《旅行社分社备案登记证明》或者《旅行社服务网点备案登记证明》，与营业执照一起，悬挂在经营场所的显要位置。

第二十七条 旅行社业务经营许可证不得转让、出租或者出借。

旅行社的下列行为属于转让、出租或者出借旅行社业务经营许可证的行为：

（一）除招徕旅游者和符合本实施细则第四十条第一款规定的接待旅游者的情形外，准许或者默许其他企业、团体或者个人，以自己的名义从事旅行社业务经营活动的；

(二)准许其他企业、团体或者个人,以部门或者个人承包、挂靠的形式经营旅行社业务的。

第二十八条　旅行社设立的办事处、代表处或者联络处等办事机构,不得从事旅行社业务经营活动。

第二十九条　旅行社以互联网形式经营旅行社业务的,除符合法律、法规规定外,其网站首页应当载明旅行社的名称、法定代表人、许可证编号和业务经营范围,以及原许可的旅游行政管理部门的投诉电话。

第三十条　《条例》第二十六条规定的旅行社不得安排的活动,主要包括:

(一)含有损害国家利益和民族尊严内容的;

(二)含有民族、种族、宗教歧视内容的;

(三)含有淫秽、赌博、涉毒内容的;

(四)其他含有违反法律、法规规定内容的。

第三十一条　旅行社为组织旅游者出境旅游委派的领队,应当具备下列条件:

(一)取得导游证;

(二)具有大专以上学历;

(三)取得相关语言水平测试等级证书或通过外语语种导游资格考试,但为赴港澳台地区旅游委派的领队除外;

(四)具有两年以上旅行社业务经营、管理或者导游等相关从业经历;

(五)与委派其从事领队业务的取得出境旅游业务经营许可的旅行社订立劳动合同。

赴台旅游领队还应当符合《大陆居民赴台湾地区旅游管理办法》规定的要求。

第三十二条　旅行社应当将本单位领队信息及变更情况,报所在地设区的市级旅游行政管理部门备案。领队备案信息包括:身份信息、导游证号、学历、语种、语言等级(外语导游)、从业经历、所在旅行社、旅行社社会保险登记证号等。

第三十三条　领队从事领队业务,应当接受与其订立劳动合同的取得出境旅游业务许可的旅行社委派,并携带导游证、佩戴导游身份标识。

第三十四条　领队应当协助旅游者办理出入境手续,协调、监督境外地接社及从业人员履行合同,维护旅游者的合法权益。

第三十五条　不具备领队条件的,不得从事领队业务。

领队不得委托他人代为提供领队服务。

第三十六条　旅行社委派的领队,应当掌握相关旅游目的地国家(地区)语言或者英语。

第三十七条　《条例》第三十四条所规定的旅行社不得要求导游人员和领队人员承担接待旅游团队的相关费用,主要包括:

(一)垫付旅游接待费用;

(二)为接待旅游团队向旅行社支付费用;

(三)其他不合理费用。

第三十八条　旅行社招徕、组织、接待旅游者,其选择的交通、住宿、餐饮、景区等企业,应当符合具有合法经营资格和接待服务能力的要求。

第三十九条　在签订旅游合同时,旅行社不得要求旅游者必须参加旅行社安排的购物活动或者需要旅游者另行付费的旅游项目。

同一旅游团队中,旅行社不得由于下列因素,提出与其他旅游者不同的合同事项:

(一)旅游者拒绝参加旅行社安排的购物活动或者需要旅游者另行付费的旅游项目的;

(二)旅游者存在的年龄或者职业上的差异。但旅行社提供了与其他旅游者相比更多的服务,或者旅游者主动要求的除外。

第四十条　旅行社需要将在旅游目的地接待旅游者的业务作出委托的,应当按照《条例》第三十六条的规定,委托给旅游目的地的旅行社并签订委托接待合同。

旅行社对接待旅游者的业务作出委托的,应当按照《条例》第三十六条的规定,将旅游目的地接受委托的旅行社的名称、地址、联系人和联系电话,告知旅游者。

第四十一条　旅游行程开始前,当发生约定的解除旅游合同的情形时,经征得旅游者的同意,旅行社可以将旅游者推荐给其他旅行社组织、接待,并由旅游者与被推荐的旅行社签订旅游合同。

未经旅游者同意的,旅行社不得将旅游者转交给其他旅行社组织、接待。

第四十二条　旅行社及其委派的导游人员和领队人员的下列行为,属于擅自改变旅游合同安排行程:

(一)减少游览项目或者缩短游览时间的;

(二)增加或者变更旅游项目的;

(三)增加购物次数或者延长购物时间的;

(四)其他擅自改变旅游合同安排的行为。

第四十三条　在旅游行程中,当发生不可抗力、危及旅游者人身、财产安全,或者非旅行社责任造成的意外情形,旅行社不得不调整或者变更旅游合同约定的行程安排时,应当在事前向旅游者作出说明;确因客观情况无法在事前说明的,应当在事后作出说明。

第四十四条 在旅游行程中,旅游者有权拒绝参加旅行社在旅游合同之外安排的购物活动或者需要旅游者另行付费的旅游项目。

旅行社及其委派的导游人员和领队人员不得因旅游者拒绝参加旅行社安排的购物活动或者需要旅游者另行付费的旅游项目等情形,以任何借口、理由,拒绝继续履行合同、提供服务,或者以拒绝继续履行合同、提供服务相威胁。

第四十五条 旅行社及其委派的导游人员、领队人员,应当对其提供的服务可能危及旅游者人身、财物安全的事项,向旅游者作出真实的说明和明确的警示。

在旅游行程中的自由活动时间,旅游者应当选择自己能够控制风险的活动项目,并在自己能够控制风险的范围内活动。

第四十六条 为减少自然灾害等意外风险给旅游者带来的损害,旅行社在招徕、接待旅游者时,可以提示旅游者购买旅游意外保险。

鼓励旅行社依法取得保险代理资格,并接受保险公司的委托,为旅游者提供购买人身意外伤害保险的服务。

第四十七条 发生出境旅游者非法滞留境外或者入境旅游者非法滞留境内的,旅行社应当立即向所在地县级以上旅游行政管理部门、公安机关和外事部门报告。

第四十八条 在旅游行程中,旅行社及其委派的导游人员、领队人员应当提示旅游者遵守文明旅游公约和礼仪。

第四十九条 旅行社及其委派的导游人员、领队人员在经营、服务中享有下列权利:

(一)要求旅游者如实提供旅游所必需的个人信息,按时提交相关证明文件;

(二)要求旅游者遵守旅游合同约定的旅游行程安排,妥善保管随身物品;

(三)出现突发公共事件或者其他危急情形,以及旅行社因违反旅游合同约定采取补救措施时,要求旅游者配合处理防止扩大损失,以将损失降低到最低程度;

(四)拒绝旅游者提出的超出旅游合同约定的不合理要求;

(五)制止旅游者违背旅游目的地的法律、风俗习惯的言行。

第五十条 旅行社应当妥善保存《条例》规定的招徕、组织、接待旅游者的各类合同及相关文件、资料,以备县级以上旅游行政管理部门核查。

前款所称的合同及文件、资料的保存期,应当不少于两年。

旅行社不得向其他经营者或者个人,泄露旅游者因签订旅游合同提供的个人信息;超过保存期限的旅游者个人信息资料,应当妥善销毁。

第五章 监督检查

第五十一条 根据《条例》和本实施细则规定,受理旅行社申请或者备案的旅游行政管理部门,可以要求申请人或者旅行社,对申请设立旅行社、办理《条例》规定的备案时提交的证明文件、材料的原件,提供复印件并盖章确认,交由旅游行政管理部门留存。

第五十二条 县级以上旅游行政管理部门对旅行社及其分支机构实施监督检查时,可以进入其经营场所,查阅招徕、组织、接待旅游者的各类合同、相关文件、资料,以及财务账簿、交易记录和业务单据等材料,旅行社及其分支机构应当给予配合。

县级以上旅游行政管理部门对旅行社及其分支机构监督检查时,应当由两名以上持有旅游行政执法证件的执法人员进行。

不符合前款规定要求的,旅行社及其分支机构有权拒绝检查。

第五十三条 旅行社应当按年度将下列经营和财务信息等统计资料,在次年4月15日前,报送原许可的旅游行政管理部门:

(一)旅行社的基本情况,包括企业形式、出资人、员工人数、部门设置、分支机构、网络体系等;

(二)旅行社的经营情况,包括营业收入、利税等;

(三)旅行社组织接待情况,包括国内旅游、入境旅游、出境旅游的组织、接待人数等;

(四)旅行社安全、质量、信誉情况,包括投保旅行社责任保险、认证认可和奖惩等。

对前款资料中涉及旅行社商业秘密的内容,旅游行政管理部门应当予以保密。

第五十四条 《条例》第十七条、第四十二条规定的各项公告,县级以上旅游行政管理部门应当通过本部门或者上级旅游行政管理部门的政府网站向社会发布。

质量保证金缴数额降低、旅行社业务经营许可证的颁发、变更和注销的,国务院旅游行政主管部门或者省级旅游行政管理部门应当在作出许可决定或者备案后20个工作日内向社会公告。

旅行社违法经营或者被吊销旅行社业务经营许可证的,由作出行政处罚决定的旅游行政管理部门,在处罚生效后 10 个工作日内向社会公告。

旅游者对旅行社的投诉信息，由处理投诉的旅游行政管理部门每季度向社会公告。

第五十五条　因下列情形之一，给旅游者的合法权益造成损害的，旅游者有权向县级以上旅游行政管理部门投诉：

（一）旅行社违反《条例》和本实施细则规定的；

（二）旅行社提供的服务，未达到旅游合同约定的服务标准或者档次的；

（三）旅行社破产或者其他原因造成旅游者预交旅游费用损失的。

划拨旅行社质量保证金的决定，应当由旅行社或者其分社所在地处理旅游者投诉的县级以上旅游行政管理部门作出。

第五十六条　县级以上旅游行政管理部门，可以在其法定权限内，委托符合法定条件的同级旅游质监执法机构实施监督检查。

第六章　法律责任

第五十七条　违反本实施细则第十二条第三款、第二十三条、第二十六条的规定，擅自引进外商投资、设立服务网点未在规定期限内备案，或者旅行社及其分社、服务网点未悬挂旅行社业务经营许可证、备案登记证明的，由县级以上旅游行政管理部门责令改正，可以处 1 万元以下的罚款。

第五十八条　违反本实施细则第二十二条第三款、第二十八条的规定，服务网点超出设立社经营范围招徕旅游者、提供旅游咨询服务，或者旅行社的办事处、联络处、代表处等从事旅行社业务经营活动的，由县级以上旅游行政管理部门依照《条例》第四十六条的规定处罚。

第五十九条　违反本实施细则第三十五条第二款的规定，领队委托他人代为提供领队服务，由县级以上旅游行政管理部门责令改正，可以处 1 万元以下的罚款。

第六十条　违反本实施细则第三十八条的规定，旅行社为接待旅游者选择的交通、住宿、餐饮、景区等企业，不具有合法经营资格或者接待服务能力的，由县级以上旅游行政管理部门责令改正，没收违法所得，处违法所得 3 倍以下但最高不超过 3 万元的罚款，没有违法所得的，处 1 万元以下的罚款。

第六十一条　违反本实施细则第三十九条的规定，要求旅游者必须参加旅行社安排的购物活动、需要旅游者另行付费的旅游项目，或者对同一旅游团队的旅游者提出与其他旅游者不同合同事项的，由县级以上旅游行

政管理部门责令改正，处 1 万元以下的罚款。

第六十二条　违反本实施细则第四十条第二款的规定，旅行社未将旅游目的地接待旅行社的情况告知旅游者的，由县级以上旅游行政管理部门依照《条例》第五十五条的规定处罚。

第六十三条　违反本实施细则第四十一条第二款的规定，旅行社未经旅游者的同意，将旅游者转交给其他旅行社组织、接待的，由县级以上旅游行政管理部门依照《条例》第五十五条的规定处罚。

第六十四条　违反本实施细则第四十四条第二款的规定，旅行社及其导游人员和领队人员拒绝继续履行合同、提供服务，或者以拒绝继续履行合同、提供服务相威胁的，由县级以上旅游行政管理部门依照《条例》第五十九条的规定处罚。

第六十五条　违反本实施细则第五十条的规定，未妥善保存各类旅游合同及相关文件、资料，保存期不够两年，或者泄露旅游者个人信息的，由县级以上旅游行政管理部门责令改正，没收违法所得，处违法所得 3 倍以下但最高不超过 3 万元的罚款；没有违法所得的，处 1 万元以下的罚款。

第六十六条　对旅行社作出停业整顿行政处罚的，旅行社在停业整顿期间，不得招徕旅游者、签订旅游合同；停业整顿期间，不影响已签订的旅游合同的履行。

第七章　附　则

第六十七条　本实施细则由国务院旅游行政主管部门负责解释。

第六十八条　本实施细则自 2009 年 5 月 3 日起施行。2001 年 12 月 27 日国家旅游局公布的《旅行社管理条例实施细则》同时废止。

文化和旅游部关于加强政策扶持进一步支持旅行社发展的通知

·2021 年 6 月 1 日
·文旅市场发〔2021〕60 号

各省、自治区、直辖市文化和旅游厅（局），新疆生产建设兵团文化体育广电和旅游局：

旅行社是旅游业发展的重要市场主体，是连接旅游供给和需求的重要纽带，在畅通旅游市场循环、扩大旅游消费、促进人文交流和社会文明等方面发挥着重要作用。为贯彻落实党中央、国务院对受新冠肺炎疫情持续影响

行业企业加大扶持力度的决策部署,支持旅行社积极应对经营困难,有效降低经营成本,推动旅行社经营全面恢复和高质量发展,现就有关事项通知如下:

一、优化市场环境

按照国务院深入推进"放管服"改革工作要求,落实《优化营商环境条例》关于"推广以金融机构保函替代现金缴纳涉企保证金"的规定,创新旅游服务质量保证金(以下简称"保证金")交纳方式,减轻企业现金流压力。加大政策和资金支持,拓展旅行社发展空间。

(一)推进保证金改革

1. 各地文化和旅游行政部门要积极与当地人民银行分支机构、银保监局建立工作协调机制,鼓励开发保证金履约保证保险产品,旅行社投保后可持保单向银行申请保证金担保。

2. 有条件的地区可积极开展保险直接替代现金或银行保函交纳保证金试点工作。试点前,应将工作方案报文化和旅游部市场管理司备案。

3. 支持旅行社根据自身经营条件,从存款、直接取得银行担保、凭保险保单取得银行担保方式中灵活选用一种方式交纳保证金,试点地区还可直接使用保险交纳保证金。

(二)激发市场主体活力

1. 鼓励各地设立旅行社转型升级资金,加强旅行社服务质量评价,建立和完善促进旅行社高质量发展的激励机制。

2. 鼓励各级国家机关、企事业单位、社会团体进行的党建活动和公务活动,委托旅行社代理安排交通、住宿、餐饮、会务等事项。

二、抓好金融政策落实

各地文化和旅游行政部门要积极落实《文化和旅游部 中国人民银行 中国银行保险监督管理委员会关于抓好金融政策落实 进一步支持演出企业和旅行社等市场主体纾困发展的通知》(文旅产业发〔2021〕41号)要求,联合当地人民银行分支机构、银保监局、相关金融单位,抓好金融政策落实,着力纾解旅行社面临的阶段性困难。

(一)加大金融支持

1. 继续运用再贷款、再贴现、普惠小微企业贷款延期还本付息和信用贷款支持政策等,加大对符合条件的小微企业类旅行社的支持力度。

2. 对符合续贷条件的旅行社,鼓励金融机构在市场化、法治化原则下按正常续贷业务办理,不得盲目惜贷、抽贷、断贷、压贷。

3. 畅通银企对接渠道,引导旅行社主动向银行提供经营管理、资产负债、财务收支、税费缴纳等关键信息。鼓励金融机构创新授信调查方式,引导扩大对旅行社的信用贷款支持,推广随借随还贷款。

(二)建立健全融资配套服务长效机制

1. 适度拓展文化和旅游相关产业发展基金的运用范围,探索为旅行社提供融资增信、风险分担、贴息奖补、应急周转等融资配套服务。加大政府性融资担保、再担保机构对旅行社的融资增信力度。

2. 鼓励金融机构与各地融资担保机构加强合作,建立健全常态化金融机制,支持面临短期经营困难但发展前景良好的旅行社纾困发展。

(三)支持各地文化金融服务中心发挥积极作用

1. 鼓励有条件的地区设立文化和旅游企业纾困基金。鼓励银行业金融机构依托现有的首贷续贷服务中心,集中受理中小微企业类旅行社的首贷、续贷申请。

2. 支持各地有序探索优化首贷续贷服务中心模式,帮助银行业金融机构挖掘识别旅行社有效融资需求,提高首贷、续贷业务量。

三、指导用好普惠性纾困政策

各地文化和旅游行政部门要加强与人力资源社会保障、财政、税务等部门的沟通协调,指导旅行社进一步用好各类普惠性纾困政策,增强企业发展信心。

(一)税收减免有关政策

1. 对于符合增值税小规模纳税人条件、月销售额15万元以下(含本数)的旅行社,可根据《财政部 税务总局关于明确增值税小规模纳税人免征增值税政策的公告》(财政部 税务总局公告2021年第11号)有关规定,享受免征增值税。

2. 对于符合小型微利企业条件的旅行社,年应纳税所得额不超过100万元部分,可根据《财政部 税务总局关于实施小微企业和个体工商户所得税优惠政策的公告》(财政部 税务总局公告2021年第12号),在《财政部 税务总局关于实施小微企业普惠性税收减免政策的通知》(财税〔2019〕13号)规定的优惠政策基础上,享受再减半征收企业所得税。

(二)社保及稳岗就业有关政策

1. 根据《中华人民共和国社会保险法》《实施〈中华人民共和国社会保险法〉若干规定》(人力资源社会保障部令第13号),指导发展困难、符合条件的旅行社按照规定办理社会保险费延期缴费。同时,指导旅行社申请享受阶段性降低失业保险、工伤保险费率政策。

2. 根据《人力资源社会保障部 财政部关于实施企业稳岗扩岗专项支持计划的通知》(人社部发〔2020〕30号),协调人力资源社会保障、财政部门将旅行社纳入专项支持计划,指导旅行社按照通知要求开展以工代训并申请企业职业培训补贴。

3. 根据《人力资源社会保障部 财政部关于充分发挥职业技能提升行动专账资金效能 扎实推进职业技能提升行动的通知》(人社部函〔2021〕14号),协调人力资源社会保障、财政部门将旅行社、导游行业培训纳入职业技能提升行动专账资金保障范畴,加大培训补贴直补企业工作力度,抓好扩就业稳就业工作。

(三)住房公积金政策

根据《住房公积金管理条例》规定,指导经营困难的旅行社按照规定申请降低住房公积金缴存比例或者缓缴,待经济效益好转后再提高缴存比例或者补缴缓缴金额。

四、工作要求

(一)提高政治站位。各地文化和旅游行政部门要深刻认识加强政策扶持、支持旅行社发展的重要意义,结合党史学习教育将支持旅行社应对阶段性困难、促进高质量发展作为"我为群众办实事"的具体举措。充分利用文化和旅游部政府门户网站"文化和旅游企业政策信息服务"专栏,及时跟进了解相关政策动态,广泛宣传普及,确保政策传导到位。

(二)形成工作方案。各地文化和旅游行政部门要对保证金改革工作形成专门工作方案,做好过渡衔接,明确专人负责,确保保证金改革工作顺利进行,要建立工作台账,指导督促旅行社在全国旅游监管服务平台及时完成保证金信息变更和备案工作。试点过程中,要积极稳妥开展相关工作,及时总结,形成可复制可推广的经验。

(三)建立协调机制。各地要建立健全工作协调机制,抓实抓细金融政策落实,用好用足各项帮扶政策。充分发挥政府部门组织协调优势,摸清企业需求,为金融机构支持企业纾困发展提供便利。持续跟踪落实成效,主动研究解决突出问题,认真梳理有关情况建议,及时总结经验做法。相关工作开展中遇到的重大情况,应及时报告文化和旅游部市场管理司。

特此通知。

国家旅游局关于规范旅行社经营行为维护游客合法权益的通知

· 2017年9月5日
· 旅发〔2017〕130号

各省、自治区、直辖市旅游发展委员会、旅游局:

近期,部分地区接连发生"旅行社收取游客出境游保证金不能按约退还、售卖旅游套餐不能履约、发行旅游单用途预付卡不能履约"等情况引发的旅游投诉和群体性事件,严重侵害游客合法权益,扰乱旅游市场秩序。为维护广大游客合法利益,防范市场风险,现就有关事项通知如下:

一、严控经营旅游套餐产品带来的市场风险

《旅游法》《旅行社条例》设立旅游服务质量保证金制度,明确旅行社缴纳一定数额质量保证金,用于旅行社造成游客预交旅游费用损失等情况下的赔偿。当前,部分旅行社捆绑销售两条线路(含)以上旅游套餐产品的行为,存在履约期限过长、游客预交费用数额过大等问题,极易产生资金风险,旅行社所缴纳的旅游服务质量保证金不足以赔偿可能造成的游客损失。为防范旅行社经营旅游套餐产品带来的市场风险,禁止旅行社一次性收取两条及两条以上旅游线路(即两个及以上包价旅游产品)的旅游费用。各地旅游主管部门要全面排查旅行社捆绑销售两条线路(含)以上的旅游套餐产品问题,防范旅行社资金链断裂、游客预付旅游费用损失等引发群体性事件。

二、严查收取出境游保证金中的违规行为

按照《国家旅游局关于规范出境游保证金有关事宜的通知》(旅发〔2015〕281号)要求,出境社收取出境游保证金,必须采取银行参与的资金托管方式,不得以现金或现金转账方式直接收取保证金,不得要求游客将出境游保证金直接存入旅行社的企业账户或其工作人员的个人账户,更不得将收取的出境游保证金挪作他用。各地旅游主管部门要对出境社收取出境游保证金的情况进行监督检查,规范出境游保证金的收取、托管行为。

三、严厉打击预付卡违规经营行为

各地旅游主管部门要按照中国人民银行等9部委联合印发的《关于开展联合整治预付卡违规经营专项行动的通知》(银发〔2017〕189号)要求,配合相关部门加强行业内单用途预付卡业务监管工作,采取有效措施,排查旅行社单用途预付卡发行及履约情况,严禁擅自将单用途预付卡转为多用途预付卡。

各地旅游主管部门发现旅行社存在上述三项违法违规行为的，应当责令其限期整改；发现旅行社存在非法集资、合同诈骗等违法行为的，要及时将相关情况和线索通报、移送金融主管部门及公安机关。

四、引导游客理性消费，共同防范市场风险

各地旅游主管部门要从践行"游客为本、服务至诚"的行业核心价值观出发，积极维护游客的合法权益，适时发布消费警示，提醒广大游客防范消费风险。加强对游客宣传引导，大力倡导理性消费，审慎选择旅游促销产品，抵制虚假游说诱惑，共同防范市场风险。

旅行社责任保险管理办法

· 2010 年 11 月 25 日国家旅游局、中国保险监督管理委员会令第 35 号公布
· 自 2011 年 2 月 1 日起施行

第一章 总 则

第一条 为保障旅游者的合法权益，根据《中华人民共和国保险法》和《旅行社条例》，制定本办法。

第二条 在中华人民共和国境内依法设立的旅行社，应当依照《旅行社条例》和本办法的规定，投保旅行社责任保险。

本办法所称旅行社责任保险，是指以旅行社因其组织的旅游活动对旅游者和受其委派并为旅游者提供服务的导游或者领队人员依法应当承担的赔偿责任为保险标的的保险。

第三条 投保旅行社责任保险的旅行社和承保旅行社责任保险的保险公司，应当遵守本办法。

第二章 投 保

第四条 旅行社责任保险的保险责任，应当包括旅行社在组织旅游活动中依法对旅游者的人身伤亡、财产损失承担的赔偿责任和依法对受旅行社委派并为旅游者提供服务的导游或者领队人员的人身伤亡承担的赔偿责任。

具体包括下列情形：

（一）因旅行社疏忽或过失应当承担赔偿责任的；

（二）因发生意外事故旅行社应当承担赔偿责任的；

（三）国家旅游局会同中国保险监督管理委员会（以下简称中国保监会）规定的其他情形。

第五条 中国保监会及其派出机构依法对旅行社责任保险的保险条款和保险费率进行管理。

第六条 旅行社责任保险的保险费率应当遵循市场化原则，并与旅行社经营风险相匹配。

第七条 旅行社投保旅行社责任保险的，应当与保险公司依法订立书面旅行社责任保险合同（以下简称保险合同）。

第八条 旅行社与保险公司订立保险合同时，双方应当依照《中华人民共和国保险法》的有关规定履行告知和说明义务。

第九条 订立保险合同时，保险公司不得强制旅行社投保其他商业保险。

第十条 保险合同成立后，旅行社按照约定交付保险费。保险公司应当及时向旅行社签发保险单或者其他保险凭证，并在保险单或者其他保险凭证中载明当事人双方约定的合同内容，同时按照约定的时间开始承担保险责任。

第十一条 保险合同成立后，除符合《中华人民共和国保险法》规定的情形外，保险公司不得解除保险合同。

第十二条 保险合同成立后，旅行社要解除保险合同的，应当同时订立新的保险合同，并书面通知所在地县级以上旅游行政管理部门，但因旅行社业务经营许可证被依法吊销或注销而解除合同的除外。

第十三条 保险合同解除的，保险公司应当收回保险单，并书面通知旅行社所在地县级以上旅游行政管理部门。

第十四条 旅行社的名称、法定代表人或者业务经营范围等重要事项变更时，应当及时通知保险公司。必要时应当依法办理保险合同变更手续。

第十五条 旅行社责任保险的保险期间为 1 年。

第十六条 旅行社应当在保险合同期满前及时续保。

第十七条 旅行社投保旅行社责任保险，可以依法自主投保，也可以有组织统一投保。

第三章 赔 偿

第十八条 旅行社在组织旅游活动中发生本办法第四条所列情形的，保险公司依法根据保险合同约定，在旅行社责任保险责任限额内予以赔偿。

责任限额可以根据旅行社业务经营范围、经营规模、风险管控能力、当地经济社会发展水平和旅行社自身需要，由旅行社与保险公司协商确定，但每人人身伤亡责任限额不得低于 20 万元人民币。

第十九条 旅行社组织的旅游活动中发生保险事故，旅行社或者受害的旅游者、导游、领队人员通知保险公司的，保险公司应当及时告知具体的赔偿程序等有关事项。

第二十条　保险事故发生后,旅行社按照保险合同请求保险公司赔偿保险金时,应当向保险公司提供其所能提供的与确认保险事故的性质、原因、损失程度等有关的证明和资料。

保险公司按照保险合同的约定,认为有关的证明和资料不完整的,应当及时一次性通知旅行社补充提供。

旅行社对旅游者、导游或者领队人员应负的赔偿责任确定的,根据旅行社的请求,保险公司应当直接向受害的旅游者、导游或者领队人员赔偿保险金。旅行社怠于请求的,受害的旅游者、导游或者领队人员有权就其应获赔偿部分直接向保险公司请求赔偿保险金。

第二十一条　保险公司收到赔偿保险金的请求和相关证明、资料后,应当及时做出核定;情形复杂的,应当在30日内作出核定,但合同另有约定的除外。保险公司应当将核定结果通知旅行社以及受害的旅游者、导游、领队人员;对属于保险责任的,在与旅行社达成赔偿保险金的协议后10日内,履行赔偿保险金义务。

第二十二条　因抢救受伤人员需要保险公司先行赔偿保险金用于支付抢救费用的,保险公司在接到旅行社或者受害的旅游者、导游、领队人员通知后,经核对属于保险责任的,可以在责任限额内先向医疗机构支付必要的费用。

第二十三条　因第三者损害而造成保险事故的,保险公司自直接赔偿保险金或者先行支付抢救费用之日起,在赔偿、支付金额范围内代位行使对第三者请求赔偿的权利。旅行社以及受害的旅游者、导游或者领队人员应当向保险公司提供必要的文件和所知道的有关情况。

第二十四条　旅行社与保险公司对赔偿有争议的,可以按照双方的约定申请仲裁,或者依法向人民法院提起诉讼。

第二十五条　保险公司的工作人员对当事人的个人隐私应当保密。

第四章　监督检查

第二十六条　县级以上旅游行政管理部门依法对旅行社投保旅行社责任保险情况实施监督检查。

第二十七条　中国保监会及其派出机构依法对保险公司开展旅行社责任保险业务实施监督管理。

第五章　罚　则

第二十八条　违反本办法第十二条、第十六条、第十八条的规定,旅行社解除保险合同但未同时订立新的保险合同,保险合同期满前未及时续保,或者人身伤亡责任限额低于20万元人民币的,由县级以上旅游行政管理部门依照《旅行社条例》第四十九条的规定处罚。

第二十九条　保险公司经营旅行社责任保险,违反有关保险条款和保险费率管理规定的,由中国保监会或者其派出机构依照《中华人民共和国保险法》和中国保监会的有关规定予以处罚。

第三十条　保险公司拒绝或者妨碍依法检查监督的,由中国保监会或者其派出机构依照《中华人民共和国保险法》的有关规定予以处罚。

第六章　附　则

第三十一条　本办法由国家旅游局和中国保监会负责解释。

第三十二条　本办法自2011年2月1日起施行。国家旅游局2001年5月15日发布的《旅行社投保旅行社责任保险规定》同时废止。

旅行社服务质量赔偿标准

·2011年4月12日
·旅办发〔2011〕44号

第一条　为了维护旅游者的合法权益,根据《旅行社条例》及有关法律、法规,制定本赔偿标准。

第二条　旅行社不履行合同或者履行合同不符合约定的服务质量标准,旅游者和旅行社对赔偿标准未做出合同约定的,旅游行政管理部门或者旅游质监执法机构在处理相关旅游投诉时,参照适用本赔偿标准。

第三条　由于不可抗力等不可归责于旅行社的客观原因或旅游者个人原因,造成旅游者经济损失的,旅行社不承担赔偿责任。

第四条　旅行社与旅游者订立合同或收取旅游者预付旅游费用后,因旅行社原因不能成行的,旅行社应在合理期限内通知旅游者,否则按下列标准承担赔偿责任:

(一)国内旅游应提前7日(不含7日)通知旅游者,否则应向旅游者全额退还预付旅游费用,并按下述标准向旅游者支付违约金:出发前7日(含7日)至4日,支付旅游费用总额10%的违约金;出发前3日至1日,支付旅游费用总额15%的违约金;出发当日,支付旅游费用总额20%的违约金。

(二)出境旅游(含赴台游)应提前30日(不含30日)通知旅游者,否则应向旅游者全额退还预付旅游费用,并按下述标准向旅游者支付违约金:出发前30日至

15 日,支付旅游费用总额 2% 的违约金;出发前 14 日至 7 日,支付旅游费用总额 5% 的违约金;出发前 6 日至 4 日,支付旅游费用总额 10% 的违约金;出发前 3 日至 1 日,支付旅游费用总额 15% 的违约金;出发当日,支付旅游费用总额 20% 的违约金。

第五条 旅行社未经旅游者同意,擅自将旅游者转团、拼团的,旅行社应向旅游者支付旅游费用总额 25% 的违约金。解除合同的,还应向未随团出行的旅游者全额退还预付旅游费用,向已随团出行的旅游者退还未实际发生的旅游费用。

第六条 在同一旅游行程中,旅行社提供相同服务,因旅游者的年龄、职业等差异增收费用的,旅行社应返还增收的费用。

第七条 因旅行社原因造成旅游者未能乘坐预定的公共交通工具的,旅行社应赔偿旅游者的直接经济损失,并支付直接经济损失 20% 的违约金。

第八条 旅行社安排的旅游活动及服务档次与合同不符,造成旅游者经济损失的,旅行社应退还旅游者合同金额与实际花费的差额,并支付同额违约金。

第九条 导游或领队未按照国家或旅游行业对旅游者服务标准提供导游或者领队服务,影响旅游服务质量的,旅行社应向旅游者支付旅游费用总额 1% 至 5% 的违约金,本赔偿标准另有规定的除外。

第十条 旅行社及导游或领队违反旅行社与旅游者的合同约定,损害旅游者合法权益的,旅行社按下述标准承担赔偿责任:

(一)擅自缩短游览时间、遗漏旅游景点、减少旅游服务项目的,旅行社应赔偿未完成约定旅游服务项目等合理费用,并支付同额违约金。遗漏无门票景点的,每遗漏一处旅行社向旅游者支付旅游费用总额 5% 的违约金。

(二)未经旅游者签字确认,擅自安排合同约定以外的用餐、娱乐、医疗保健、参观等另行付费项目的,旅行社应承担另行付费项目的费用。

(三)未经旅游者签字确认,擅自违反合同约定增加购物次数、延长停留时间的,每次向旅游者支付旅游费用总额 10% 的违约金。

(四)强迫或者变相强迫旅游者购物的,每次向旅游者支付旅游费用总额 20% 的违约金。

(五)旅游者在合同约定的购物场所所购物品系假冒伪劣商品的,旅行社应负责挽回或赔偿旅游者的直接经济损失。

(六)私自兜售商品,旅行社应全额退还旅游者购物价款。

第十一条 旅行社违反合同约定,中止对旅游者提供住宿、用餐、交通等旅游服务的,应当负担旅游者在被中止旅游服务期间所订的同等级别的住宿、用餐、交通等必要费用,并向旅游者支付旅游费用总额 30% 的违约金。

第十二条 本标准自发布之日起实施。

旅游服务质量保证金存取管理办法

· 2013 年 9 月 26 日
· 旅办发〔2013〕170 号

第一章 总 则

第一条 为规范对旅游服务质量保证金的管理,根据《中华人民共和国旅游法》、《中华人民共和国商业银行法》、《中华人民共和国担保法》、《中华人民共和国合同法》和《旅行社条例》的规定,制定本办法。

第二条 旅游服务质量保证金(以下简称"保证金")是指根据《中华人民共和国旅游法》及《旅行社条例》的规定,由旅行社在指定银行缴存或由银行担保提供的一定数额用于旅游服务质量赔偿支付和团队旅游者人身安全遇有危险时紧急救助费用垫付的资金。

第三条 依据《旅行社条例》第十三条第一款的规定,为旅行社开设保证金专用账户或提供保证金担保业务的银行,由国家旅游局指定。国家旅游局本着公平、公开、公正的原则,指定符合法律、法规和本办法规定并提出书面申请的中国境内(不含港澳台地区)商业银行作为保证金的存储银行。

第四条 旅行社须在国家旅游局指定的范围内,选择一家银行(含其银行分支机构)存储保证金。保证金实行专户管理,专款专用。银行为旅行社开设保证金专用账户。当专用账户资金额度不足时,旅行社可对不足部分申请银行担保,但担保条件须符合银行要求。

第五条 银行本着服务客户的原则受理旅行社的保证金存储业务,按期办理保证金的存款、取款和支付手续,不得为不符合担保条件的旅行社提供担保。

第六条 旅行社要按照《旅行社条例》的规定,到指定银行办理存款、取款和支付手续。

第二章 存 款

第七条 旅行社需要存缴保证金时,须持《营业执照》副本、《旅行社业务经营许可证》副本到银行办理存款手续。存缴保证金的旅行社须与银行签订《旅游服务质量保证金存款协议书》(附件1),并将复印件送许可的旅游行政主管部门备案。

第八条　为最大限度提高资金效益、简化续存手续,银行按照不少于一年定期、到期自动结息转存方式管理保证金,中途提取部分改按活期结算利息。利息收入全部归旅行社所有。

第九条　为防止保证金存单质押,银行应在存单上注明"专用存款不得质押"字样。

第十条　银行提出保证金担保的,由银行向许可的旅游行政主管部门出具《旅游服务质量保证金银行担保函》(附件2)。银行担保期限不得少于一年。担保期限届满前3个工作日,应续办担保手续。

第三章　取　款

第十一条　旅行社因解散或破产清算、业务变更或撤减分社减交、三年内未因侵害旅游者合法权益受到行政机关罚款以上处罚而降低保证金数额50%等原因,需要支取保证金时,须向许可的旅游行政主管部门提出,许可的旅游行政主管部门审核出具《旅游服务质量保证金取款通知书》(附件3)。银行根据《旅游服务质量保证金取款通知书》,将相应数额的保证金退还给旅行社。

第十二条　发生《旅行社条例》第十五条规定的情形,银行应根据旅游行政主管部门出具的《旅游服务质量保证金取款通知书》及《旅游行政主管部门划拨旅游服务质量保证金决定书》,经与旅游行政主管部门核实无误后,在5个工作日内将保证金以现金或转账方式直接向旅游者支付。

第十三条　发生《旅行社条例》第十六条规定的情形,银行根据人民法院判决、裁定及其他生效法律文书执行。

第十四条　发生《旅游法》第三十一条规定的旅游者人身安全遇有危险时紧急救助费用垫付的情形,旅行社提出申请的(申请书样式见附件4),旅游行政主管部门应立即予以审核;旅游行政主管部门决定垫付的,需按实际所需确定垫付额度。申请额度和决定垫付额度均应在保证金账户现有额度内。

银行根据旅游行政主管部门出具的《旅游服务质量保证金取款通知书》及《关于使用旅游服务质量保证金垫付旅游者人身安全遇有危险时紧急救助费用的决定书》(附件5)后24小时内,经与旅游行政主管部门核实无误后,将保证金以现金或转账方式直接向《旅游服务质量保证金取款通知书》中确定的单位或账户提供。

第十五条　提供保证金担保的银行,因发生《旅行社条例》第十五条、第十六条规定的情形,在收到《旅游服务质量保证金取款通知书》及《旅游行政主管部门划拨旅游服务质量保证金决定书》或人民法院判决、裁定及其他生效法律文书5个工作日内履行担保责任;因发生《旅游法》第三十一条旅游者人身安全遇有危险时紧急救助费用垫付的情形,在收到《旅游服务质量保证金取款通知书》及《关于使用旅游服务质量保证金垫付旅游者人身安全遇有危险时紧急救助费用的决定书》24小时内履行担保责任。

第四章　附　则

第十六条　银行应及时和定期通报保证金情况信息,具体通报内容和方式如下:

(一)当旅游行政主管部门、人民法院依法划拨保证金后3个工作日内,将划拨单位、划拨数额、划拨依据文书等情况,通报给旅行社和许可的旅游行政主管部门。

(二)银行应每季度将保证金存款对账单一式两份,发给旅行社和许可的旅游行政主管部门。

第十七条　本办法自发布之日起实行。

旅行社责任保险投保信息报送和检查暂行办法

· 2013 年 10 月 30 日
· 旅办发〔2013〕185 号

第一条　为加强对旅行社投保旅行社责任保险情况的监督,规范旅游行政管理部门的相关检查工作,维护旅游者的合法权益,根据《中华人民共和国旅游法》、《旅行社条例》、《旅行社条例实施细则》、《旅行社责任保险管理办法》,制定本办法。

第二条　旅行社应将投保旅行社责任保险的相关信息资料通过国家旅游局指定的网上填报系统,向原许可的旅游行政管理部门报送。报送内容应包括承保公司名称、投保产品在保险监督管理部门的批准或备案文号、保险期间、保费、每次事故责任限额及年度累计责任限额、每次事故每个人身伤亡责任限额等。

第三条　已设立的旅行社应在其购买的旅行社责任保险合同生效或承保公司、保险额度等基本信息发生变化之日起3个工作日内完成报送工作。新设立的旅行社应当在进行工商登记之日起10个工作日内完成投保信息报送工作。

第四条　国家旅游局对全国旅行社投保旅行社责任保险的情况进行监督检查,县级以上地方旅游行政管理部门对本地区旅行社投保旅行社责任保险的相关情况进行监督检查,检查可以采取通过网上填报系统进行检查和现场抽查等形式。

检查的主要内容包括:

(一)旅行社责任保险的投保和信息资料报送情况;

(二)报送的信息资料的真实性和完整性;

(三)旅行社责任保险的责任范围、责任限额和其他约定内容的合法性;

(四)旅行社责任保险的有效期。

第五条　县级以上旅游行政管理部门应当通过当地政务网站或媒体,将检查结果及时予以公告。

第六条　旅行社未投保旅行社责任保险,解除保险合同但未同时订立新的保险合同,保险合同期满前未及时续保,或者人身伤亡责任限额低于 20 万元人民币的,由旅游行政管理部门依照《旅行社条例》第四十九条的规定处罚。

旅行社未报送投保信息资料或报送的信息资料不真实、不完整的,由旅游行政管理部门依照《旅行社条例》第五十条的规定处罚。

第七条　各省、自治区、直辖市旅游行政管理部门应当于每年的 3 月底前将上年度检查工作报告提交国家旅游局。

检查工作报告应当包括以下内容:

1、本地旅行社上一年度投保旅行社责任保险的整体情况及存在的主要问题;

2、本地组织实施检查的工作情况;

3、检查、抽查结果和处罚情况。对予以处罚的旅行社,应当注明名称、许可证编号、处罚原因、处罚方式及处罚依据等。

4、对旅行社责任保险工作的意见和建议。

第八条　国家旅游局于每年 6 月底前对各地上年度检查情况予以通报。

第九条　本规定自发布之日起施行。

(三)导游人员管理

导游人员管理条例

· 1999 年 5 月 14 日中华人民共和国国务院令第 263 号发布

· 根据 2017 年 10 月 7 日《国务院关于修改部分行政法规的决定》修订

第一条　为了规范导游活动,保障旅游者和导游人员的合法权益,促进旅游业的健康发展,制定本条例。

第二条　本条例所称导游人员,是指依照本条例的规定取得导游证,接受旅行社委派,为旅游者提供向导、讲解及相关旅游服务的人员。

第三条　国家实行全国统一的导游人员资格考试制度。

具有高级中学、中等专业学校或者以上学历,身体健康,具有适应导游需要的基本知识和语言表达能力的中华人民共和国公民,可以参加导游人员资格考试;经考试合格的,由国务院旅游行政部门或者国务院旅游行政部门委托省、自治区、直辖市人民政府旅游行政部门颁发导游人员资格证书。

第四条　在中华人民共和国境内从事导游活动,必须取得导游证。

取得导游人员资格证书的,经与旅行社订立劳动合同或者在相关旅游行业组织注册,方可持所订立的劳动合同或者登记证明材料,向省、自治区、直辖市人民政府旅游行政部门申请领取导游证。

导游证的样式规格,由国务院旅游行政部门规定。

第五条　有下列情形之一的,不得颁发导游证:

(一)无民事行为能力或者限制民事行为能力的;

(二)患有传染性疾病的;

(三)受过刑事处罚的,过失犯罪的除外;

(四)被吊销导游证的。

第六条　省、自治区、直辖市人民政府旅游行政部门应当自收到申请领取导游证之日起 15 日内,颁发导游证;发现有本条例第五条规定情形,不予颁发导游证的,应当书面通知申请人。

第七条　导游人员应当不断提高自身业务素质和职业技能。

国家对导游人员实行等级考核制度。导游人员等级考核标准和考核办法,由国务院旅游行政部门制定。

第八条　导游人员进行导游活动时,应当佩戴导游证。

导游证的有效期限为 3 年。导游证持有人需要在有效期满后继续从事导游活动的,应当在有效期限届满 3 个月前,向省、自治区、直辖市人民政府旅游行政部门申请办理换发导游证手续。

第九条　导游人员进行导游活动,必须经旅行社委派。

导游人员不得私自承揽或者以其他任何方式直接承揽导游业务,进行导游活动。

第十条　导游人员进行导游活动时,其人格尊严应当受到尊重,其人身安全不受侵犯。

导游人员有权拒绝旅游者提出的侮辱其人格尊严或

者违反其职业道德的不合理要求。

第十一条　导游人员进行导游活动时,应当自觉维护国家利益和民族尊严,不得有损害国家利益和民族尊严的言行。

第十二条　导游人员进行导游活动时,应当遵守职业道德,着装整洁,礼貌待人,尊重旅游者的宗教信仰、民族风俗和生活习惯。

导游人员进行导游活动时,应当向旅游者讲解旅游地点的人文和自然情况,介绍风土人情和习俗;但是,不得迎合个别旅游者的低级趣味,在讲解、介绍中掺杂庸俗下流的内容。

第十三条　导游人员应当严格按照旅行社确定的接待计划,安排旅游者的旅行、游览活动,不得擅自增加、减少旅游项目或者中止导游活动。

导游人员在引导旅游者旅行、游览过程中,遇有可能危及旅游者人身安全的紧急情形时,经征得多数旅游者的同意,可以调整或者变更接待计划,但是应当立即报告旅行社。

第十四条　导游人员在引导旅游者旅行、游览过程中,应当就可能发生危及旅游者人身、财物安全的情况,向旅游者作出真实说明和明确警示,并按照旅行社的要求采取防止危害发生的措施。

第十五条　导游人员进行导游活动,不得向旅游者兜售物品或者购买旅游者的物品,不得以明示或者暗示的方式向旅游者索要小费。

第十六条　导游人员进行导游活动,不得欺骗、胁迫旅游者消费或者与经营者串通欺骗、胁迫旅游者消费。

第十七条　旅游者对导游人员违反本条例规定的行为,有权向旅游行政部门投诉。

第十八条　无导游证进行导游活动的,由旅游行政部门责令改正并予以公告,处 1000 元以上 3 万元以下的罚款;有违法所得的,并处没收违法所得。

第十九条　导游人员未经旅行社委派,私自承揽或者以其他任何方式直接承揽导游业务,进行导游活动的,由旅游行政部门责令改正,处 1000 元以上 3 万元以下的罚款;有违法所得的,并处没收违法所得;情节严重的,由省、自治区、直辖市人民政府旅游行政部门吊销导游证并予以公告。

第二十条　导游人员进行导游活动时,有损害国家利益和民族尊严的言行的,由旅游行政部门责令改正;情节严重的,由省、自治区、直辖市人民政府旅游行政部门吊销导游证并予以公告;对该导游人员所在的旅行社给

予警告直至责令停业整顿。

第二十一条　导游人员进行导游活动时未佩戴导游证的,由旅游行政部门责令改正;拒不改正的,处 500 元以下的罚款。

第二十二条　导游人员有下列情形之一的,由旅游行政部门责令改正,暂扣导游证 3 至 6 个月;情节严重的,由省、自治区、直辖市人民政府旅游行政部门吊销导游证并予以公告:

(一)擅自增加或者减少旅游项目的;

(二)擅自变更接待计划的;

(三)擅自中止导游活动的。

第二十三条　导游人员进行导游活动,向旅游者兜售物品或者购买旅游者的物品的,或者以明示或者暗示的方式向旅游者索要小费的,由旅游行政部门责令改正,处 1000 元以上 3 万元以下的罚款;有违法所得的,并处没收违法所得;情节严重的,由省、自治区、直辖市人民政府旅游行政部门吊销导游证并予以公告;对委派该导游人员的旅行社给予警告直至责令停业整顿。

第二十四条　导游人员进行导游活动,欺骗、胁迫旅游者消费或者与经营者串通欺骗、胁迫旅游者消费的,由旅游行政部门责令改正,处 1000 元以上 3 万元以下的罚款;有违法所得的,并处没收违法所得;情节严重的,由省、自治区、直辖市人民政府旅游行政部门吊销导游证并予以公告;对委派该导游人员的旅行社给予警告直至责令停业整顿;构成犯罪的,依法追究刑事责任。

第二十五条　旅游行政部门工作人员玩忽职守、滥用职权、徇私舞弊,构成犯罪的,依法追究刑事责任;尚不构成犯罪的,依法给予行政处分。

第二十六条　景点景区的导游人员管理办法,由省、自治区、直辖市人民政府参照本条例制定。

第二十七条　本条例自 1999 年 10 月 1 日起施行。1987 年 11 月 14 日国务院批准、1987 年 12 月 1 日国家旅游局发布的《导游人员管理暂行规定》同时废止。

导游管理办法

· 2017 年 11 月 1 日国家旅游局令第 44 号公布
· 自 2018 年 1 月 1 日起施行

第一章　总　则

第一条　为规范导游执业行为,提升导游服务质量,保障导游合法权益,促进导游行业健康发展,依据《中华人民共和国旅游法》《导游人员管理条例》和《旅行社条

例》等法律法规,制定本办法。

第二条 导游执业的许可、管理、保障与激励,适用本办法。

第三条 国家对导游执业实行许可制度。从事导游执业活动的人员,应当取得导游人员资格证和导游证。

国家旅游局建立导游等级考核制度、导游服务星级评价制度和全国旅游监管服务信息系统,各级旅游主管部门运用标准化、信息化手段对导游实施动态监管和服务。

第四条 旅游行业组织应当依法维护导游合法权益,促进导游职业发展,加强导游行业自律。

旅行社等用人单位应当加强对导游的管理和培训,保障导游合法权益,提升导游服务质量。

导游应当恪守职业道德,提升服务水平,自觉维护导游行业形象。

第五条 支持和鼓励各类社会机构积极弘扬导游行业先进典型,优化导游执业环境,促进导游行业健康稳定发展。

第二章 导游执业许可

第六条 经导游人员资格考试合格的人员,方可取得导游人员资格证。

国家旅游局负责制定全国导游资格考试政策、标准,组织导游资格统一考试,以及对地方各级旅游主管部门导游资格考试实施工作进行监督管理。

省、自治区、直辖市旅游主管部门负责组织、实施本行政区域内导游资格考试具体工作。

全国导游资格考试管理的具体办法,由国家旅游局另行制定。

第七条 取得导游人员资格证,并与旅行社订立劳动合同或者在旅游行业组织注册的人员,可以通过全国旅游监管服务信息系统向所在地旅游主管部门申请取得导游证。

导游证采用电子证件形式,由国家旅游局制定格式标准,由各级旅游主管部门通过全国旅游监管服务信息系统实施管理。电子导游证以电子数据形式保存于导游个人移动电话等移动终端设备中。

第八条 在旅游行业组织注册并申请取得导游证的人员,应当向所在地旅游行业组织提交下列材料:

(一)身份证;

(二)导游人员资格证;

(三)本人近期照片;

(四)注册申请。

旅游行业组织在接受申请人取得导游证的注册时,

不得收取注册费;旅游行业组织收取会员会费的,应当符合《社会团体登记条例》等法律法规的规定,不得以导游证注册费的名义收取会费。

第九条 导游通过与旅行社订立劳动合同取得导游证的,劳动合同的期限应当在1个月以上。

第十条 申请取得导游证,申请人应当通过全国旅游监管服务信息系统填写申请信息,并提交下列申请材料:

(一)身份证的扫描件或者数码照片等电子版;

(二)未患有传染性疾病的承诺;

(三)无过失犯罪以外的犯罪记录的承诺;

(四)与经常执业地区的旅行社订立劳动合同或者在经常执业地区的旅游行业组织注册的确认信息。

前款第(四)项规定的信息,旅行社或者旅游行业组织应当自申请人提交申请之日起5个工作日内确认。

第十一条 所在地旅游主管部门对申请人提出的取得导游证的申请,应当依法出具受理或者不予受理的书面凭证。需补正相关材料的,应当自收到申请材料之日起5个工作日内一次性告知申请人需要补正的全部内容;逾期不告知的,收到材料之日起即为受理。

所在地旅游主管部门应当自受理申请之日起10个工作日内,作出准予核发或者不予核发导游证的决定。不予核发的,应当书面告知申请人理由。

第十二条 具有下列情形的,不予核发导游证:

(一)无民事行为能力或者限制民事行为能力的;

(二)患有甲类、乙类以及其他可能危害旅游者人身健康安全的传染性疾病的;

(三)受过刑事处罚的,过失犯罪的除外;

(四)被吊销导游证之日起未逾3年的。

第十三条 导游证的有效期为3年。导游需要在导游证有效期届满后继续执业的,应当在有效期限届满前3个月内,通过全国旅游监管服务信息系统向所在地旅游主管部门提出申请,并提交本办法第十条第(二)项至第(四)项规定的材料。

旅行社或者旅游行业组织应当自导游提交申请之日起3个工作日内确认信息。所在地旅游主管部门应当自旅行社或者旅游行业组织核实信息之日起5个工作日内予以审核,并对符合条件的导游变更导游证信息。

第十四条 导游与旅行社订立的劳动合同解除、终止或者在旅游行业组织取消注册的,导游及旅行社或者旅游行业组织应当自解除、终止合同或者取消注册之日起5个工作日内,通过全国旅游监管服务信息系统将信息变更情况报告旅游主管部门。

第十五条　导游应当自下列情形发生之日起 10 个工作日内,通过全国旅游监管服务信息系统提交相应材料,申请变更导游证信息:

(一)姓名、身份证号、导游等级和语种等信息发生变化的;

(二)与旅行社订立的劳动合同解除、终止或者在旅游行业组织取消注册后,在 3 个月内与其他旅行社订立劳动合同或者在其他旅游行业组织注册的;

(三)经常执业地区发生变化的;

(四)其他导游身份信息发生变化的。

旅行社或者旅游行业组织应当自收到申请之日起 3 个工作日内对信息变更情况进行核实。所在地旅游主管部门应当自旅行社或者旅游行业组织核实信息之日起 5 个工作日内予以审核确认。

第十六条　有下列情形之一的,所在地旅游主管部门应当撤销导游证:

(一)对不具备申请资格或者不符合法定条件的申请人核发导游证的;

(二)申请人以欺骗、贿赂等不正当手段取得导游证的;

(三)依法可以撤销导游证的其他情形。

第十七条　有下列情形之一的,所在地旅游主管部门应当注销导游证:

(一)导游死亡的;

(二)导游证有效期届满未申请换发导游证的;

(三)导游证依法被撤销、吊销的;

(四)导游与旅行社订立的劳动合同解除、终止或者在旅游行业组织取消注册后,超过 3 个月未与其他旅行社订立劳动合同或者未在其他旅游行业组织注册的;

(五)取得导游证后出现本办法第十二条第(一)项至第(三)项情形的;

(六)依法应当注销导游证的其他情形。

导游证被注销后,导游符合法定执业条件需要继续执业的,应当依法重新申请取得导游证。

第十八条　导游的经常执业地区应当与其订立劳动合同的旅行社(含旅行社分社)或者注册的旅游行业组织所在地的省级行政区域一致。

导游证申请人的经常执业地区在旅行社分社所在地的,可以由旅行社分社所在地旅游主管部门负责导游证办理相关工作。

第三章　导游执业管理

第十九条　导游为旅游者提供服务应当接受旅行社委派,但另有规定的除外。

第二十条　导游在执业过程中应当携带电子导游证、佩戴导游身份标识,并开启导游执业相关应用软件。

旅游者有权要求导游展示电子导游证和导游身份标识。

第二十一条　导游身份标识中的导游信息发生变化,导游应当自导游信息发生变化之日起 10 个工作日内,向所在地旅游主管部门申请更换导游身份标识。旅游主管部门应当自收到申请之日起 5 个工作日内予以确认更换。

导游身份标识丢失或者因磨损影响使用的,导游可以向所在地旅游主管部门申请重新领取,旅游主管部门应当自收到申请之日起 10 个工作日内予以发放或者更换。

第二十二条　导游在执业过程中应当履行下列职责:

(一)自觉维护国家利益和民族尊严;

(二)遵守职业道德,维护职业形象,文明诚信服务;

(三)按照旅游合同提供导游服务,讲解自然和人文资源知识、风俗习惯、宗教禁忌、法律法规和有关注意事项;

(四)尊重旅游者的人格尊严、宗教信仰、民族风俗和生活习惯;

(五)向旅游者告知和解释文明行为规范、不文明行为可能产生的后果,引导旅游者健康、文明旅游,劝阻旅游者违反法律法规、社会公德、文明礼仪规范的行为;

(六)对可能危及旅游者人身、财产安全的事项,向旅游者作出真实的说明和明确的警示,并采取防止危害发生的必要措施。

第二十三条　导游在执业过程中不得有下列行为:

(一)安排旅游者参观或者参与涉及色情、赌博、毒品等违反我国法律法规和社会公德的项目或者活动;

(二)擅自变更旅游行程或者拒绝履行旅游合同;

(三)擅自安排购物活动或者另行付费旅游项目;

(四)以隐瞒事实、提供虚假情况等方式,诱骗旅游者违背自己的真实意愿,参加购物活动或者另行付费旅游项目;

(五)以殴打、弃置、限制活动自由、恐吓、侮辱、咒骂等方式,强迫或者变相强迫旅游者参加购物活动、另行付费等消费项目;

(六)获取购物场所、另行付费旅游项目等相关经营者以回扣、佣金、人头费或者奖励费等名义给予的不正当利益;

（七）推荐或者安排不合格的经营场所；

（八）向旅游者兜售物品；

（九）向旅游者索取小费；

（十）未经旅行社同意委托他人代为提供导游服务；

（十一）法律法规规定的其他行为。

第二十四条　旅游突发事件发生后，导游应当立即采取下列必要的处置措施：

（一）向本单位负责人报告，情况紧急或者发生重大、特别重大旅游突发事件时，可以直接向发生地、旅行社所在地县级以上旅游主管部门、安全生产监督管理部门和负有安全生产监督管理职责的其他相关部门报告；

（二）救助或者协助救助受困旅游者；

（三）根据旅行社、旅游主管部门及有关机构的要求，采取调整或者中止行程、停止带团前往风险区域、撤离风险区域等避险措施。

第二十五条　具备领队条件的导游从事领队业务的，应当符合《旅行社条例实施细则》等法律、法规和规章的规定。

旅行社应当按要求将本单位具备领队条件的领队信息及变更情况，通过全国旅游监管服务信息系统报旅游主管部门备案。

第四章　导游执业保障与激励

第二十六条　导游在执业过程中，其人格尊严受到尊重，人身安全不受侵犯，合法权益受到保障。导游有权拒绝旅行社和旅游者的下列要求：

（一）侮辱其人格尊严的要求；

（二）违反其职业道德的要求；

（三）不符合我国民族风俗习惯的要求；

（四）可能危害其人身安全的要求；

（五）其他违反法律、法规和规章规定的要求。

旅行社等用人单位应当维护导游执业安全、提供必要的职业安全卫生条件，并为女性导游提供执业便利、实行特殊劳动保护。

第二十七条　旅行社有下列行为的，导游有权向劳动行政部门投诉举报、申请仲裁或者向人民法院提起诉讼：

（一）不依法与聘用的导游订立劳动合同的；

（二）不依法向聘用的导游支付劳动报酬、导游服务费用或者缴纳社会保险费用的；

（三）要求导游缴纳自身社会保险费用的；

（四）支付导游的报酬低于当地最低工资标准的。

旅行社要求导游接待以不合理低价组织的旅游团队或者承担接待旅游团队的相关费用的，导游有权向旅游主管部门投诉举报。

鼓励景区对持有导游证从事执业活动或者与执业相关活动的导游免除门票。

第二十八条　旅行社应当与通过其取得导游证的导游订立不少于1个月期限的劳动合同，并支付基本工资、带团补贴等劳动报酬，缴纳社会保险费用。

旅行社临时聘用在旅游行业组织注册的导游为旅游者提供服务的，应当依照旅游和劳动相关法律、法规的规定足额支付导游服务费用；旅行社临时聘用的导游与其他单位不具有劳动关系或者人事关系的，旅行社应当与其订立劳动合同。

第二十九条　旅行社应当提供设置"导游专座"的旅游客运车辆，安排的旅游者与导游总人数不得超过旅游客运车辆核定乘员数。

导游应当在旅游车辆"导游专座"就坐，避免在高速公路或者危险路段站立讲解。

第三十条　导游服务星级评价是对导游服务水平的综合评价，星级评价指标由技能水平、学习培训经历、从业年限、奖惩情况、执业经历和社会评价等构成。导游服务星级根据星级评价指标通过全国旅游监管服务信息系统自动生成，并根据导游执业情况每年度更新一次。

旅游主管部门、旅游行业组织和旅行社等单位应当通过全国旅游监管服务信息系统，及时、真实地备注各自获取的导游奖惩情况等信息。

第三十一条　各级旅游主管部门应当积极组织开展导游培训，培训内容应当包括政策法规、安全生产、突发事件应对和文明服务等，培训方式可以包括培训班、专题讲座和网络在线培训等，每年累计培训时间不得少于24小时。培训不得向参加人员收取费用。

旅游行业组织和旅行社等应当对导游进行包括安全生产、岗位技能、文明服务和文明引导等内容的岗前培训和执业培训。

导游应当参加旅游主管部门、旅游行业组织和旅行社开展的有关政策法规、安全生产、突发事件应对和文明服务内容的培训；鼓励导游积极参加其他培训，提高服务水平。

第五章　罚　则

第三十二条　导游违反本办法有关规定的，依照下列规定处理：

（一）违反本办法第十九条规定的，依据《旅游法》第一百零二条第二款的规定处罚；

（二）违反本办法第二十条第一款规定的，依据《导游人员管理条例》第二十一条的规定处罚；

（三）违反本办法第二十二条第（一）项规定的，依据《导游人员管理条例》第二十条的规定处罚；

（四）违反本办法第二十三条第（一）项规定的，依据《旅游法》第一百零一条的规定处罚；

（五）违反本办法第二十三条第（二）项规定的，依据《旅游法》第一百条的规定处罚；

（六）违反本办法第二十三条第（三）项至第（六）项规定的，依据《旅游法》第九十八条的规定处罚；

（七）违反本办法第二十三条第（七）项规定的，依据《旅游法》第九十七条第（二）项的规定处罚；

（八）违反本办法第二十三条第（八）项规定的，依据《导游人员管理条例》第二十三条的规定处罚；

（九）违反本办法第二十三条第（九）项规定的，依据《旅游法》第一百零二条第三款的规定处罚。

违反本办法第三条第一款规定，未取得导游证从事导游活动的，依据《旅游法》第一百零二条第一款的规定处罚。

第三十三条　违反本办法规定，导游有下列行为的，由县级以上旅游主管部门责令改正，并可以处 1000 元以下罚款；情节严重的，可以处 1000 元以上 5000 元以下罚款：

（一）未按期报告信息变更情况的；

（二）未申请变更导游证信息的；

（三）未更换导游身份标识的；

（四）不依照本办法第二十四条规定采取相应措施的；

（五）未按规定参加旅游主管部门组织的培训的；

（六）向负责监督检查的旅游主管部门隐瞒有关情况、提供虚假材料或者拒绝提供反映其活动情况的真实材料的；

（七）在导游服务星级评价中提供虚假材料。

旅行社或者旅游行业组织有前款第（一）项和第（七）项规定行为的，依照前款规定处罚。

第三十四条　导游执业许可申请人隐瞒有关情况或者提供虚假材料申请取得导游人员资格证、导游证的，县级以上旅游主管部门不予受理或者不予许可，并给予警告；申请人在一年内不得再次申请该导游执业许可。

导游以欺骗、贿赂等不正当手段取得导游人员资格证、导游证的，除依法撤销相关证件外，可以由所在地旅游主管部门处 1000 元以上 5000 元以下罚款；申请人在三年内不得再次申请导游执业许可。

第三十五条　导游涂改、倒卖、出租、出借导游人员资格证、导游证，以其他形式非法转让导游执业许可，或者擅自委托他人代为提供导游服务的，由县级以上旅游主管部门责令改正，并可以处 2000 元以上 1 万元以下罚款。

第三十六条　违反本办法第二十五条第二款规定，旅行社不按要求报备领队信息及变更情况，或者备案的领队不具备领队条件的，由县级以上旅游主管部门责令改正，并可以删除全国旅游监管服务信息系统中不具备领队条件的领队信息；拒不改正的，可以处 5000 元以下罚款。

旅游行业组织、旅行社为导游证申请人申请取得导游证隐瞒有关情况或者提供虚假材料的，由县级以上旅游主管部门责令改正，并可以处 5000 元以下罚款。

第三十七条　对导游违反本办法规定的行为，县级以上旅游主管部门应当依照旅游经营服务不良信息管理有关规定，纳入旅游经营服务不良信息管理；构成犯罪的，依法移送公安机关追究其刑事责任。

第三十八条　旅游主管部门及其工作人员在履行导游执业许可、管理职责中，滥用职权、玩忽职守、徇私舞弊的，由有关部门责令改正，对直接负责的主管人员和其他直接责任人员依法给予处分。

第六章　附　则

第三十九条　本办法下列用语的含义：

（一）所在地旅游主管部门，是指旅行社（含旅行社分社）、旅游行业组织所在地的省、自治区、直辖市旅游主管部门或者其委托的设区的市级旅游主管部门、县级旅游主管部门；

（二）旅游行业组织，是指依照《社会团体登记管理条例》成立的导游协会，以及在旅游协会、旅行社协会等旅游行业社会团体内设立的导游分会或者导游工作部门，具体由所在地旅游主管部门确定；

（三）经常执业地区，是指导游连续执业或者 3 个月内累计执业达到 30 日的省级行政区域；

（四）导游身份标识，是指标识有导游姓名、证件号码等导游基本信息，以便于旅游者和执法人员识别身份的工作标牌，具体标准由国家旅游局制定。

第四十条　本办法自 2018 年 1 月 1 日起施行。

导游人员等级考核评定管理办法(试行)

· 2005 年 6 月 3 日国家旅游局令第 22 号公布
· 自 2005 年 7 月 3 日起施行

第一条　为加强导游队伍建设,不断提高导游人员的业务素质,根据《导游人员管理条例》,制定本办法。

第二条　导游人员等级考核评定工作,遵循自愿申报、逐级晋升、动态管理的原则。

第三条　凡通过全国导游人员资格考试并取得导游员资格证书,符合全国导游人员等级考核评定委员会规定报考条件的导游人员,均可申请参加相应的等级考核评定。

第四条　国家旅游局负责导游人员等级考核评定标准、实施细则的制定工作,负责对导游人员等级考核评定工作进行监督检查。

第五条　国家旅游局组织设立全国导游人员等级考核评定委员会。

第六条　全国导游人员等级考核评定委员会组织实施全国导游人员等级考核评定工作。省、自治区、直辖市和新疆生产建设兵团旅游行政管理部门组织设立导游人员等级考核证实办公室,在全国导游人员等级考核评定委员会的授权和指导下开展相应的工作。

第七条　导游人员等级分为初级、中级、高级、特级四个等级。导游员申报等级时,由低到高,逐级递升,经考核评定合格者,颁发相应的导游员等级证书。

第八条　导游人员等级考核评定工作,按照"申请、受理、考核评定、告知、发证"的程序进行。

中级导游员的考核采取笔试方式。其中,中文导游人员考试科目为"导游知识专题"和"汉语言文学知识";外语导游人员考试科目为"导游知识专题"和"外语"。高级导游员的考核采取笔试方式,考试科目为"导游案例分析"和"导游词创作"。特级导游员的考核采取论文答辩方式。

第九条　参加省部级以上单位组织的导游技能大赛获得最佳名次的导游人员,报全国导游人员等级考核评定委员会批准后,可晋升一级导游人员等级。一人多次获奖只能晋升一次,晋升的最高等级为高级。

第十条　旅行社和导游管理服务机构应当采取有效措施,鼓励导游人员积极参加导游人员等级考核评定。

第十一条　参与导游人员等级考核评定的命题和考核员必须是经全国导游人员等级考核评定委员会进行资格认定。命题员和考核员接受全国导游人员等级考核评定委员会的委派,承担导游人员等级考核评定相关工作。

第十二条　参与考核评定的命题员和考核员不得徇私舞弊。全国导游人员等级考核评定委员会要加强对考核人员的监督管理,对有违规行为的要从严处理,撤销其资格。

第十三条　导游员等级证书由全国导游人员等级考核评定委员会统一印制。

第十四条　导游人员获得导游人员资格证书和中级、高级、特级导游员证书后,可通过省、自治区、直辖市和新疆生产建设兵团旅游行政管理部门申请办理相应等级的导游证。

第十五条　导游人员等级考核评定的收费标准按照国家有关部门审批的标准执行。

第十六条　本办法由国家旅游局负责解释。

第十七条　本办法由 2005 年 7 月 3 日起施行。原有政策、规定与本办法不符的,以本办法为准。

国家旅游局、人力资源社会保障部、中华全国总工会关于进一步加强导游劳动权益保障的指导意见

· 2015 年 7 月 29 日
· 旅发〔2015〕164 号

各省、自治区、直辖市旅游委、局,人力资源社会保障厅(局),总工会,中国财贸轻纺烟草工会,新疆生产建设兵团旅游局、人力资源社会保障局、工会:

导游是我国旅游从业人员队伍的重要组成部分,多年来,为展示旅游形象、传播先进文化、促进中外交流、推动旅游业发展做出了积极贡献。为贯彻党的十八届四中全会精神,落实旅游法和劳动合同法等法律及《国务院关于促进旅游业改革发展的若干意见》(国发〔2014〕31 号,以下简称《若干意见》)的要求,维护和保障导游合法劳动权益,促进导游队伍平稳健康发展,现提出如下指导意见:

一、总体要求

(一)指导思想

以党的十八届四中全会精神为指导,以深入贯彻落实旅游法和《若干意见》为契机,以依法保障导游劳动权益为出发点,以广大游客更加满意为落脚点,以推动旅游业健康可持续发展为目标,坚持依法治旅、依法兴旅,坚持以人为本、科学发展,坚持社会公平正义,着力排除阻碍劳动者参与发展、分享发展成果的障碍,努力实现导游体面劳动、全面发展,营造健康有序、公平竞争的旅游行业发展环境。

（二）工作目标

以保障导游合法劳动报酬权益为核心，建立公开、公平、合理的导游薪酬制度；构建法律关系清晰、管理责任明确、权利义务对等、收入与服务质量挂钩、基本保障健全的导游劳动权益保障体系；营造良好的就业环境，实现导游体面劳动，促进劳动关系和谐；不断提高导游服务水平，优化队伍结构，培养一支爱岗敬业、诚实守信、服务至诚、形象健康的导游队伍，为从源头和基础上彻底解决影响旅游市场秩序的深层次问题提供条件。

（三）基本原则

1. 平稳有序，加快推进

导游劳动权益保障工作关系到旅游企业、从业者的切身利益。既要充分认识该项工作的必要性和紧迫性，也要充分认识该项工作的复杂性和艰巨性，既要积极破除阻碍旅游市场健康持续发展的不合理的导游用工管理模式，多措并举，加快推进，又要做到科学合理，平稳有序，力求实效。

2. 兼顾利益，实现共赢

切实保障导游的合法劳动权益，是旅行社应尽的法定义务，旅行社的健康有序发展也将为导游提供更多的就业机会和发展前景。必须兼顾各方利益，着眼于构建和谐劳动关系，真正实现共赢。

3. 加强协作，创新模式

开展导游劳动权益保障工作不仅需要旅游主管部门、人力资源社会保障部门和工会组织紧密合作，还需要发挥行业组织、用人单位及导游的主动性、积极性和创造性，大胆创新，突破难点，制定切实有效的配套方案和实施细则，探索有效的工作方法，扎实开展工作。

二、主要工作

（四）理顺旅行社与导游的关系

旅行社应依照劳动法、劳动合同法等法律法规规定，依法承担相应的责任。旅行社应当与其聘用的未与其他用人单位建立劳动关系或人事关系的导游签订劳动合同，且劳动合同期限应在 1 个月以上。劳动合同应明确双方基本信息、合同期限、工作内容、工作时间与劳动报酬、社会保险、休息休假、劳动保护与劳动条件等内容。临时聘用的导游，应是与其他用人单位建立劳动关系或人事关系，并获得原用人单位同意的人员。临时聘用时，旅行社可与其签订劳务协议，明确双方的权利、义务。

（五）依法保障导游合法劳动报酬和社会保险权益

1. 依法保障导游的劳动报酬权益

旅行社应建立和完善劳动报酬分配办法，合理确定基本工资、带团补贴、奖金等，按照旅游法、劳动合同法等相关法律法规规定及劳动合同约定，按月足额向导游支付劳动报酬。旅行社临时聘用导游的，应按照旅游法及劳务协议约定，按时足额向其支付导游服务费用。

2. 建立导游优质服务奖励制度

旅行社要尽快建立健全针对导游的职业技能、专业素质、游客评价、从业贡献为主要测评内容的导游绩效奖励制度，探索建立基于游客自愿支付的对导游优质服务的奖励机制。

3. 依法保障导游的社会保险权益

旅行社应依法参加各项社会保险，按规定为与其签订劳动合同的导游办理相关社会保险手续，足额缴纳各项社会保险费。

（六）加强导游执业的劳动保护和职业培训

旅行社应为导游提供必要的职业安全卫生条件，对女性导游实行特殊劳动保护，就反映强烈的"导游专座"、住宿待遇等问题，积极采取改进措施，降低导游的劳动风险，保障导游安全执业和体面劳动；依法投保旅行社责任保险，鼓励投保导游执业综合保险等补充保险，妥善处置导游因公伤亡事故；建立健全导游职业培训制度，加大投入，做好导游岗前培训和在职培训，支持导游参加提升素质的学习实践，不断提高导游的素质和能力。

（七）开展导游劳动报酬集体协商和指导性标准制定工作

各地要依法开展以协商确定导游劳动报酬为重点的集体协商试点工作。试点城市应按照相关规定，建立协商对话机制，确定协商主体，按程序选派代表进行集体协商；签订的集体合同经当地人力资源社会保障部门审查后生效。试点城市要依据现有法律法规，结合本地区经济社会发展水平、旅游市场状况、导游供求等实际状况，制定本地区导游劳动报酬的指导性标准，定期公布、调整。暂未进行集体协商试点的地区，要结合本地区实际情况，积极推动建立导游劳动报酬的指导性标准。

三、工作要求

（八）加强组织领导和协同推进

各地旅游主管部门、人力资源社会保障部门和工会组织要将保障导游劳动权益作为贯彻落实旅游法和《若干意见》的重要措施，高度重视，紧密配合，抓紧抓实。旅游主管部门要组织成立专门领导与工作机构，指定专人负责，主动联系人力资源社会保障部门和工会组织，建立沟通协调机制，共同研究，克服困难，改革创新。同时，要主动加强媒体宣传，加强舆论引导和舆情分析，营造良好的舆论环境。

（九）积极发挥导游行业组织和行业工会的作用

各地旅游主管部门要尽快推动同步建立健全导游行业组织和工会组织，充分发挥导游行业组织联系政府、服务会员、促进行业自律的作用，强化对会员的行为引导、规范约束、权益保护，组织实施导游注册、职业培训、先进典型宣传推广、咨询与援助等工作。工会组织要全面履行职能，维护导游合法权益，推动构建和谐劳动关系。

（十）督促用人单位落实主体责任

各地旅游主管部门、人力资源社会保障部门和工会组织要指导督促旅行社严格按照旅游法、劳动合同法等法律法规的相关规定，与导游签订规范的劳动合同，保障导游的合法劳动权益。对不与导游签订劳动合同、不按时支付劳动报酬、不按时足额缴纳社会保险费的用人单位，要依法依规严肃查处。旅游主管部门要引导旅行社健全导游服务管理机构，建立健全导游培训、管理制度，加强导游典型事迹宣传，建立游客对导游服务的评价和优质服务奖励制度，不断提升旅游服务质量，促进导游队伍健康发展。

（十一）努力提高导游人员素质，增强维权能力

各地要加强对导游的宣传教育培训，加强相关法律法规和标准的贯彻落实，健全导游诚信体系，建立淘汰退出机制。要积极强化导游维护自身劳动权益的意识，鼓励导游积极加入导游行业组织和工会组织，对用人单位的违法行为及时向有关部门举报投诉。要引导导游积极践行社会主义核心价值观，自觉将"游客为本、服务至诚"的行业核心价值观作为职业行为导向，努力提高自身素质，不断提升专业技能和服务水平。要激励导游增强职业自信心和自豪感，自觉维护导游队伍良好形象，热爱旅游、服务旅游、奉献旅游，成为诚实守信、乐于奉献、积极向上、奋发有为的优秀导游。

（四）旅游景点管理

中华人民共和国自然保护区条例

· 1994 年 10 月 9 日中华人民共和国国务院令第 167 号发布
· 根据 2011 年 1 月 8 日《国务院关于废止和修改部分行政法规的决定》第一次修订
· 根据 2017 年 10 月 7 日《国务院关于修改部分行政法规的决定》第二次修订

第一章　总　则

第一条　为了加强自然保护区的建设和管理，保护自然环境和自然资源，制定本条例。

第二条　本条例所称自然保护区，是指对有代表性的自然生态系统、珍稀濒危野生动植物物种的天然集中分布区、有特殊意义的自然遗迹等保护对象所在的陆地、陆地水体或者海域，依法划出一定面积予以特殊保护和管理的区域。

第三条　凡在中华人民共和国领域和中华人民共和国管辖的其他海域内建设和管理自然保护区，必须遵守本条例。

第四条　国家采取有利于发展自然保护区的经济、技术政策和措施，将自然保护区的发展规划纳入国民经济和社会发展计划。

第五条　建设和管理自然保护区，应当妥善处理与当地经济建设和居民生产、生活的关系。

第六条　自然保护区管理机构或者其行政主管部门可以接受国内外组织和个人的捐赠，用于自然保护区的建设和管理。

第七条　县级以上人民政府应当加强对自然保护区工作的领导。

一切单位和个人都有保护自然保护区内自然环境和自然资源的义务，并有权对破坏、侵占自然保护区的单位和个人进行检举、控告。

第八条　国家对自然保护区实行综合管理与分部门管理相结合的管理体制。

国务院环境保护行政主管部门负责全国自然保护区的综合管理。

国务院林业、农业、地质矿产、水利、海洋等有关行政主管部门在各自的职责范围内，主管有关的自然保护区。

县级以上地方人民政府负责自然保护区管理的部门的设置和职责，由省、自治区、直辖市人民政府根据当地具体情况确定。

第九条　对建设、管理自然保护区以及在有关的科学研究中做出显著成绩的单位和个人，由人民政府给予奖励。

第二章　自然保护区的建设

第十条　凡具有下列条件之一的，应当建立自然保护区：

（一）典型的自然地理区域、有代表性的自然生态系统区域以及已经遭受破坏但经保护能够恢复的同类自然生态系统区域；

（二）珍稀、濒危野生动植物物种的天然集中分布区域；

（三）具有特殊保护价值的海域、海岸、岛屿、湿地、

内陆水域、森林、草原和荒漠；

（四）具有重大科学文化价值的地质构造、著名溶洞、化石分布区、冰川、火山、温泉等自然遗迹；

（五）经国务院或者省、自治区、直辖市人民政府批准，需要予以特殊保护的其他自然区域。

第十一条　自然保护区分为国家级自然保护区和地方级自然保护区。

在国内外有典型意义、在科学上有重大国际影响或者有特殊科学研究价值的自然保护区，列为国家级自然保护区。

除列为国家级自然保护区的外，其他具有典型意义或者重要科学研究价值的自然保护区列为地方级自然保护区。地方级自然保护区可以分级管理，具体办法由国务院有关自然保护区行政主管部门或者省、自治区、直辖市人民政府根据实际情况规定，报国务院环境保护行政主管部门备案。

第十二条　国家级自然保护区的建立，由自然保护区所在的省、自治区、直辖市人民政府或者国务院有关自然保护区行政主管部门提出申请，经国家级自然保护区评审委员会评审后，由国务院环境保护行政主管部门进行协调并提出审批建议，报国务院批准。

地方级自然保护区的建立，由自然保护区所在的县、自治县、市、自治州人民政府或者省、自治区、直辖市人民政府有关自然保护区行政主管部门提出申请，经地方级自然保护区评审委员会评审后，由省、自治区、直辖市人民政府环境保护行政主管部门进行协调并提出审批建议，报省、自治区、直辖市人民政府批准，并报国务院环境保护行政主管部门和国务院有关自然保护区行政主管部门备案。

跨两个以上行政区域的自然保护区的建立，由有关行政区域的人民政府协商一致后提出申请，并按照前两款规定的程序审批。

建立海上自然保护区，须经国务院批准。

第十三条　申请建立自然保护区，应当按照国家有关规定填报建立自然保护区申报书。

第十四条　自然保护区的范围和界线由批准建立自然保护区的人民政府确定，并标明区界，予以公告。

确定自然保护区的范围和界线，应当兼顾保护对象的完整性和适度性，以及当地经济建设和居民生产、生活的需要。

第十五条　自然保护区的撤销及其性质、范围、界线的调整或者改变，应当经原批准建立自然保护区的人民政府批准。

任何单位和个人，不得擅自移动自然保护区的界标。

第十六条　自然保护区按照下列方法命名：

国家级自然保护区：自然保护区所在地地名加"国家级自然保护区"。

地方级自然保护区：自然保护区所在地地名加"地方级自然保护区"。

有特殊保护对象的自然保护区，可以在自然保护区所在地地名后加特殊保护对象的名称。

第十七条　国务院环境保护行政主管部门应当会同国务院有关自然保护区行政主管部门，在对全国自然环境和自然资源状况进行调查和评价的基础上，拟订国家自然保护区发展规划，经国务院计划部门综合平衡后，报国务院批准实施。

自然保护区管理机构或者该自然保护区行政主管部门应当组织编制自然保护区的建设规划，按照规定的程序纳入国家的、地方的或者部门的投资计划，并组织实施。

第十八条　自然保护区可以分为核心区、缓冲区和实验区。

自然保护区内保存完好的天然状态的生态系统以及珍稀、濒危动植物的集中分布地，应当划为核心区，禁止任何单位和个人进入；除依照本条例第二十七条的规定经批准外，也不允许进入从事科学研究活动。

核心区外围可以划定一定面积的缓冲区，只准进入从事科学研究观测活动。

缓冲区外围划为实验区，可以进入从事科学试验、教学实习、参观考察、旅游以及驯化、繁殖珍稀、濒危野生动植物等活动。

原批准建立自然保护区的人民政府认为必要时，可以在自然保护区的外围划定一定面积的外围保护地带。

第三章　自然保护区的管理

第十九条　全国自然保护区管理的技术规范和标准，由国务院环境保护行政主管部门组织国务院有关自然保护区行政主管部门制定。

国务院有关自然保护区行政主管部门可以按照职责分工，制定有关类型自然保护区管理的技术规范，报国务院环境保护行政主管部门备案。

第二十条　县级以上人民政府环境保护行政主管部门有权对本行政区域内各类自然保护区的管理进行监督检查；县级以上人民政府有关自然保护区行政主管部门有权对其主管的自然保护区的管理进行监督检查。被检查的单位应当如实反映情况，提供必要的资料。检查者应当为被检查的单位保守技术秘密和业务秘密。

第二十一条　国家级自然保护区,由其所在地的省、自治区、直辖市人民政府有关自然保护区行政主管部门或者国务院有关自然保护区行政主管部门管理。地方级自然保护区,由其所在地的县级以上地方人民政府有关自然保护区行政主管部门管理。

有关自然保护区行政主管部门应当在自然保护区内设立专门的管理机构,配备专业技术人员,负责自然保护区的具体管理工作。

第二十二条　自然保护区管理机构的主要职责是:

(一)贯彻执行国家有关自然保护的法律、法规和方针、政策;

(二)制定自然保护区的各项管理制度,统一管理自然保护区;

(三)调查自然资源并建立档案,组织环境监测,保护自然保护区内的自然环境和自然资源;

(四)组织或者协助有关部门开展自然保护区的科学研究工作;

(五)进行自然保护的宣传教育;

(六)在不影响保护自然保护区的自然环境和自然资源的前提下,组织开展参观、旅游等活动。

第二十三条　管理自然保护区所需经费,由自然保护区所在地的县级以上地方人民政府安排。国家对国家级自然保护区的管理,给予适当的资金补助。

第二十四条　自然保护区所在地的公安机关,可以根据需要在自然保护区设置公安派出机构,维护自然保护区内的治安秩序。

第二十五条　在自然保护区内的单位、居民和经批准进入自然保护区的人员,必须遵守自然保护区的各项管理制度,接受自然保护区管理机构的管理。

第二十六条　禁止在自然保护区内进行砍伐、放牧、狩猎、捕捞、采药、开垦、烧荒、开矿、采石、挖沙等活动;但是,法律、行政法规另有规定的除外。

第二十七条　禁止任何人进入自然保护区的核心区。因科学研究的需要,必须进入核心区从事科学研究观测、调查活动的,应当事先向自然保护区管理机构提交申请和活动计划,并经自然保护区管理机构批准;其中,进入国家级自然保护区核心区的,应当经省、自治区、直辖市人民政府有关自然保护区行政主管部门批准。

自然保护区核心区内原有居民确有必要迁出的,由自然保护区所在地的地方人民政府予以妥善安置。

第二十八条　禁止在自然保护区的缓冲区开展旅游和生产经营活动。因教学科研的目的,需要进入自然保护区的缓冲区从事非破坏性的科学研究、教学实习和标本采集活动的,应当事先向自然保护区管理机构提交申请和活动计划,经自然保护区管理机构批准。

从事前款活动的单位和个人,应当将其活动成果的副本提交自然保护区管理机构。

第二十九条　在自然保护区的实验区内开展参观、旅游活动的,由自然保护区管理机构编制方案,方案应当符合自然保护区管理目标。

在自然保护区组织参观、旅游活动的,应当严格按照前款规定的方案进行,并加强管理;进入自然保护区参观、旅游的单位和个人,应当服从自然保护区管理机构的管理。

严禁开设与自然保护区保护方向不一致的参观、旅游项目。

第三十条　自然保护区的内部未分区的,依照本条例有关核心区和缓冲区的规定管理。

第三十一条　外国人进入自然保护区,应当事先向自然保护区管理机构提交活动计划,并经自然保护区管理机构批准;其中,进入国家级自然保护区的,应当经省、自治区、直辖市环境保护、海洋、渔业等有关自然保护区行政主管部门按照各自职责批准。

进入自然保护区的外国人,应当遵守有关自然保护区的法律、法规和规定,未经批准,不得在自然保护区内从事采集标本等活动。

第三十二条　在自然保护区的核心区和缓冲区内,不得建设任何生产设施。在自然保护区的实验区内,不得建设污染环境、破坏资源或者景观的生产设施;建设其他项目,其污染物排放不得超过国家和地方规定的污染物排放标准。在自然保护区的实验区内已经建成的设施,其污染物排放超过国家和地方规定的排放标准的,应当限期治理;造成损害的,必须采取补救措施。

在自然保护区的外围保护地带建设的项目,不得损害自然保护区内的环境质量;已造成损害的,应当限期治理。

限期治理决定由法律、法规规定的机关作出,被限期治理的企业事业单位必须按期完成治理任务。

第三十三条　因发生事故或者其他突然性事件,造成或者可能造成自然保护区污染或者破坏的单位和个人,必须立即采取措施处理,及时通报可能受到危害的单位和居民,并向自然保护区管理机构、当地环境保护行政主管部门和自然保护区行政主管部门报告,接受调查处理。

第四章　法律责任

第三十四条　违反本条例规定,有下列行为之一的单位和个人,由自然保护区管理机构责令其改正,并可以根据不同情节处以 100 元以上 5000 元以下的罚款:

(一)擅自移动或者破坏自然保护区界标的;

(二)未经批准进入自然保护区或者在自然保护区内不服从管理机构管理的;

(三)经批准在自然保护区的缓冲区内从事科学研究、教学实习和标本采集的单位和个人,不向自然保护区管理机构提交活动成果副本的。

第三十五条　违反本条例规定,在自然保护区进行砍伐、放牧、狩猎、捕捞、采药、开垦、烧荒、开矿、采石、挖沙等活动的单位和个人,除可以依照有关法律、行政法规规定给予处罚的以外,由县级以上人民政府有关自然保护区行政主管部门或者其授权的自然保护区管理机构没收违法所得,责令停止违法行为,限期恢复原状或者采取其他补救措施;对自然保护区造成破坏的,可以处以 300 元以上 1 万元以下的罚款。

第三十六条　自然保护区管理机构违反本条例规定,拒绝环境保护行政主管部门或者有关自然保护区行政主管部门监督检查,或者在被检查时弄虚作假的,由县级以上人民政府环境保护行政主管部门或者有关自然保护区行政主管部门给予 300 元以上 3000 元以下的罚款。

第三十七条　自然保护区管理机构违反本条例规定,有下列行为之一的,由县级以上人民政府有关自然保护区行政主管部门责令限期改正;对直接责任人员,由其所在单位或者上级机关给予行政处分:

(一)开展参观、旅游活动未编制方案或者编制的方案不符合自然保护区管理目标的;

(二)开设与自然保护区保护方向不一致的参观、旅游项目的;

(三)不按照编制的方案开展参观、旅游活动的;

(四)违法批准人员进入自然保护区的核心区,或者违法批准外国人进入自然保护区的;

(五)有其他滥用职权、玩忽职守、徇私舞弊行为的。

第三十八条　违反本条例规定,给自然保护区造成损失的,由县级以上人民政府有关自然保护区行政主管部门责令赔偿损失。

第三十九条　妨碍自然保护区管理人员执行公务的,由公安机关依照《中华人民共和国治安管理处罚法》的规定给予处罚;情节严重,构成犯罪的,依法追究刑事责任。

第四十条　违反本条例规定,造成自然保护区重大污染或者破坏事故,导致公私财产重大损失或者人身伤亡的严重后果,构成犯罪的,对直接负责的主管人员和其他直接责任人员依法追究刑事责任。

第四十一条　自然保护区管理人员滥用职权、玩忽职守、徇私舞弊,构成犯罪的,依法追究刑事责任;情节轻微,尚不构成犯罪的,由其所在单位或者上级机关给予行政处分。

第五章　附　则

第四十二条　国务院有关自然保护区行政主管部门可以根据本条例,制定有关类型自然保护区的管理办法。

第四十三条　各省、自治区、直辖市人民政府可以根据本条例,制定实施办法。

第四十四条　本条例自 1994 年 12 月 1 日起施行。

风景名胜区条例

· 2006 年 9 月 19 日中华人民共和国国务院令第 474 号公布
· 根据 2016 年 2 月 6 日《国务院关于修改部分行政法规的决定》修订

第一章　总　则

第一条　为了加强对风景名胜区的管理,有效保护和合理利用风景名胜资源,制定本条例。

第二条　风景名胜区的设立、规划、保护、利用和管理,适用本条例。

本条例所称风景名胜区,是指具有观赏、文化或者科学价值,自然景观、人文景观比较集中,环境优美,可供人们游览或者进行科学、文化活动的区域。

第三条　国家对风景名胜区实行科学规划、统一管理、严格保护、永续利用的原则。

第四条　风景名胜区所在地县级以上地方人民政府设置的风景名胜区管理机构,负责风景名胜区的保护、利用和统一管理工作。

第五条　国务院建设主管部门负责全国风景名胜区的监督管理工作。国务院其他有关部门按照国务院规定的职责分工,负责风景名胜区的有关监督管理工作。

省、自治区人民政府建设主管部门和直辖市人民政府风景名胜区主管部门,负责本行政区域内风景名胜区的监督管理工作。省、自治区、直辖市人民政府其他有关部门按照规定的职责分工,负责风景名胜区的有关监督管理工作。

第六条　任何单位和个人都有保护风景名胜资源的义务,并有权制止、检举破坏风景名胜资源的行为。

第二章　设　立

第七条　设立风景名胜区,应当有利于保护和合理利用风景名胜资源。

新设立的风景名胜区与自然保护区不得重合或者交叉;已设立的风景名胜区与自然保护区重合或者交叉的,风景名胜区规划与自然保护区规划应当相协调。

第八条　风景名胜区划分为国家级风景名胜区和省级风景名胜区。

自然景观和人文景观能够反映重要自然变化过程和重大历史文化发展过程,基本处于自然状态或者保持历史原貌,具有国家代表性的,可以申请设立国家级风景名胜区;具有区域代表性的,可以申请设立省级风景名胜区。

第九条　申请设立风景名胜区应当提交包含下列内容的有关材料:

(一)风景名胜资源的基本状况;

(二)拟设立风景名胜区的范围以及核心景区的范围;

(三)拟设立风景名胜区的性质和保护目标;

(四)拟设立风景名胜区的游览条件;

(五)与拟设立风景名胜区内的土地、森林等自然资源和房屋等财产的所有权人、使用权人协商的内容和结果。

第十条　设立国家级风景名胜区,由省、自治区、直辖市人民政府提出申请,国务院建设主管部门会同国务院环境保护主管部门、林业主管部门、文物主管部门等有关部门组织论证,提出审查意见,报国务院批准公布。

设立省级风景名胜区,由县级人民政府提出申请,省、自治区人民政府建设主管部门或者直辖市人民政府风景名胜区主管部门,会同其他有关部门组织论证,提出审查意见,报省、自治区、直辖市人民政府批准公布。

第十一条　风景名胜区内的土地、森林等自然资源和房屋等财产的所有权人、使用权人的合法权益受法律保护。

申请设立风景名胜区的人民政府应当在报请审批前,与风景名胜区内的土地、森林等自然资源和房屋等财产的所有权人、使用权人充分协商。

因设立风景名胜区对风景名胜区内的土地、森林等自然资源和房屋等财产的所有权人、使用权人造成损失的,应当依法给予补偿。

第三章　规　划

第十二条　风景名胜区规划分为总体规划和详细规划。

第十三条　风景名胜区总体规划的编制,应当体现人与自然和谐相处、区域协调发展和经济社会全面进步的要求,坚持保护优先、开发服从保护的原则,突出风景名胜资源的自然特性、文化内涵和地方特色。

风景名胜区总体规划应当包括下列内容:

(一)风景资源评价;

(二)生态资源保护措施、重大建设项目布局、开发利用强度;

(三)风景名胜区的功能结构和空间布局;

(四)禁止开发和限制开发的范围;

(五)风景名胜区的游客容量;

(六)有关专项规划。

第十四条　风景名胜区应当自设立之日起2年内编制完成总体规划。总体规划的规划期一般为20年。

第十五条　风景名胜区详细规划应当根据核心景区和其他景区的不同要求编制,确定基础设施、旅游设施、文化设施等建设项目的选址、布局与规模,并明确建设用地范围和规划设计条件。

风景名胜区详细规划,应当符合风景名胜区总体规划。

第十六条　国家级风景名胜区规划由省、自治区人民政府建设主管部门或者直辖市人民政府风景名胜区主管部门组织编制。

省级风景名胜区规划由县级人民政府组织编制。

第十七条　编制风景名胜区规划,应当采用招标等公平竞争的方式选择具有相应资质等级的单位承担。

风景名胜区规划应当按照经审定的风景名胜区范围、性质和保护目标,依照国家有关法律、法规和技术规范编制。

第十八条　编制风景名胜区规划,应当广泛征求有关部门、公众和专家的意见;必要时,应当进行听证。

风景名胜区规划报送审批的材料应当包括社会各界的意见以及意见采纳的情况和未予采纳的理由。

第十九条　国家级风景名胜区的总体规划,由省、自治区、直辖市人民政府审查后,报国务院审批。

国家级风景名胜区的详细规划,由省、自治区人民政府建设主管部门或者直辖市人民政府风景名胜区主管部门报国务院建设主管部门审批。

第二十条　省级风景名胜区的总体规划,由省、自治区、直辖市人民政府审批,报国务院建设主管部门备案。

省级风景名胜区的详细规划,由省、自治区人民政府建设主管部门或者直辖市人民政府风景名胜区主管部门审批。

第二十一条　风景名胜区规划经批准后,应当向社会公布,任何组织和个人有权查阅。

风景名胜区内的单位和个人应当遵守经批准的风景名胜区规划,服从规划管理。

风景名胜区规划未经批准的,不得在风景名胜区内进行各类建设活动。

第二十二条　经批准的风景名胜区规划不得擅自修改。确需对风景名胜区总体规划中的风景名胜区范围、性质、保护目标、生态资源保护措施、重大建设项目布局、开发利用强度以及风景名胜区的功能结构、空间布局、游客容量进行修改的,应当报原审批机关批准;对其他内容进行修改的,应当报原审批机关备案。

风景名胜区详细规划确需修改的,应当报原审批机关批准。

政府或者政府部门修改风景名胜区规划对公民、法人或者其他组织造成财产损失的,应当依法给予补偿。

第二十三条　风景名胜区总体规划的规划期届满前2年,规划的组织编制机关应当组织专家对规划进行评估,作出是否重新编制规划的决定。在新规划批准前,原规划继续有效。

第四章　保　护

第二十四条　风景名胜区内的景观和自然环境,应当根据可持续发展的原则,严格保护,不得破坏或者随意改变。

风景名胜区管理机构应当建立健全风景名胜资源保护的各项管理制度。

风景名胜区内的居民和游览者应当保护风景名胜区的景物、水体、林草植被、野生动物和各项设施。

第二十五条　风景名胜区管理机构应当对风景名胜区内的重要景观进行调查、鉴定,并制定相应的保护措施。

第二十六条　在风景名胜区内禁止进行下列活动:

(一)开山、采石、开矿、开荒、修坟立碑等破坏景观、植被和地形地貌的活动;

(二)修建储存爆炸性、易燃性、放射性、毒害性、腐蚀性物品的设施;

(三)在景物或者设施上刻划、涂污;

(四)乱扔垃圾。

第二十七条　禁止违反风景名胜区规划,在风景名胜区内设立各类开发区和在核心景区内建设宾馆、招待所、培训中心、疗养院以及与风景名胜资源保护无关的其他建筑物;已经建设的,应当按照风景名胜区规划,逐步迁出。

第二十八条　在风景名胜区内从事本条例第二十六条、第二十七条禁止范围以外的建设活动,应当经风景名胜区管理机构审核后,依照有关法律、法规的规定办理审批手续。

在国家级风景名胜区内修建缆车、索道等重大建设工程,项目的选址方案应当报省、自治区人民政府建设主管部门和直辖市人民政府风景名胜区主管部门核准。

第二十九条　在风景名胜区内进行下列活动,应当经风景名胜区管理机构审核后,依照有关法律、法规的规定报有关主管部门批准:

(一)设置、张贴商业广告;

(二)举办大型游乐等活动;

(三)改变水资源、水环境自然状态的活动;

(四)其他影响生态和景观的活动。

第三十条　风景名胜区内的建设项目应当符合风景名胜区规划,并与景观相协调,不得破坏景观、污染环境、妨碍游览。

在风景名胜区内进行建设活动的,建设单位、施工单位应当制定污染防治和水土保持方案,并采取有效措施,保护好周围景物、水体、林草植被、野生动物资源和地形地貌。

第三十一条　国家建立风景名胜区管理信息系统,对风景名胜区规划实施和资源保护情况进行动态监测。

国家级风景名胜区所在地的风景名胜区管理机构应当每年向国务院建设主管部门报送风景名胜区规划实施和土地、森林等自然资源保护的情况;国务院建设主管部门应当将土地、森林等自然资源保护的情况,及时抄送国务院有关部门。

第五章　利用和管理

第三十二条　风景名胜区管理机构应当根据风景名胜区的特点,保护民族民间传统文化,开展健康有益的游览观光和文化娱乐活动,普及历史文化和科学知识。

第三十三条　风景名胜区管理机构应当根据风景名胜区规划,合理利用风景名胜资源,改善交通、服务设施和游览条件。

风景名胜区管理机构应当在风景名胜区内设置风景名胜区标志和路标、安全警示等标牌。

第三十四条　风景名胜区内宗教活动场所的管理,依照国家有关宗教活动场所管理的规定执行。

风景名胜区内涉及自然资源保护、利用、管理和文物保护以及自然保护区管理的,还应当执行国家有关法律、法规的规定。

第三十五条　国务院建设主管部门应当对国家级风景名胜区的规划实施情况、资源保护状况进行监督检查和评估。对发现的问题,应当及时纠正、处理。

第三十六条　风景名胜区管理机构应当建立健全安全保障制度,加强安全管理,保障游览安全,并督促风景名胜区内的经营单位接受有关部门依据法律、法规进行的监督检查。

禁止超过允许容量接纳游客和在没有安全保障的区域开展游览活动。

第三十七条　进入风景名胜区的门票,由风景名胜区管理机构负责出售。门票价格依照有关价格的法律、法规的规定执行。

风景名胜区内的交通、服务等项目,应当由风景名胜区管理机构依照有关法律、法规和风景名胜区规划,采用招标等公平竞争的方式确定经营者。

风景名胜区管理机构应当与经营者签订合同,依法确定各自的权利义务。经营者应当缴纳风景名胜资源有偿使用费。

第三十八条　风景名胜区的门票收入和风景名胜资源有偿使用费,实行收支两条线管理。

风景名胜区的门票收入和风景名胜资源有偿使用费应当专门用于风景名胜资源的保护和管理以及风景名胜区内财产的所有权人、使用权人损失的补偿。具体管理办法,由国务院财政部门、价格主管部门会同国务院建设主管部门等有关部门制定。

第三十九条　风景名胜区管理机构不得从事以营利为目的的经营活动,不得将规划、管理和监督等行政管理职能委托给企业或者个人行使。

风景名胜区管理机构的工作人员,不得在风景名胜区内的企业兼职。

第六章　法律责任

第四十条　违反本条例的规定,有下列行为之一的,由风景名胜区管理机构责令停止违法行为、恢复原状或者限期拆除,没收违法所得,并处50万元以上100万元以下的罚款:

(一)在风景名胜区内进行开山、采石、开矿等破坏景观、植被、地形地貌的活动的;

(二)在风景名胜区内修建储存爆炸性、易燃性、放射性、毒害性、腐蚀性物品的设施的;

(三)在核心景区内建设宾馆、招待所、培训中心、疗养院以及与风景名胜资源保护无关的其他建筑物的。

县级以上地方人民政府及其有关主管部门批准实施

本条第一款规定的行为的,对直接负责的主管人员和其他直接责任人员依法给予降级或者撤职的处分;构成犯罪的,依法追究刑事责任。

第四十一条　违反本条例的规定,在风景名胜区内从事禁止范围以外的建设活动,未经风景名胜区管理机构审核的,由风景名胜区管理机构责令停止建设、限期拆除,对个人处2万元以上5万元以下的罚款,对单位处20万元以上50万元以下的罚款。

第四十二条　违反本条例的规定,在国家级风景名胜区内修建缆车、索道等重大建设工程,项目的选址方案未经省、自治区人民政府建设主管部门和直辖市人民政府风景名胜区主管部门核准,县级以上地方人民政府有关部门核发选址意见书的,对直接负责的主管人员和其他直接责任人员依法给予处分;构成犯罪的,依法追究刑事责任。

第四十三条　违反本条例的规定,个人在风景名胜区内进行开荒、修坟立碑等破坏景观、植被、地形地貌的活动的,由风景名胜区管理机构责令停止违法行为、限期恢复原状或者采取其他补救措施,没收违法所得,并处1000元以上1万元以下的罚款。

第四十四条　违反本条例的规定,在景物、设施上刻划、涂污或者在风景名胜区内乱扔垃圾的,由风景名胜区管理机构责令恢复原状或者采取其他补救措施,处50元的罚款;刻划、涂污或者以其他方式故意损坏国家保护的文物、名胜古迹的,按照治安管理处罚法的有关规定予以处罚;构成犯罪的,依法追究刑事责任。

第四十五条　违反本条例的规定,未经风景名胜区管理机构审核,在风景名胜区内进行下列活动的,由风景名胜区管理机构责令停止违法行为、限期恢复原状或者采取其他补救措施,没收违法所得,并处5万元以上10万元以下的罚款;情节严重的,并处10万元以上20万元以下的罚款:

(一)设置、张贴商业广告的;

(二)举办大型游乐等活动的;

(三)改变水资源、水环境自然状态的活动的;

(四)其他影响生态和景观的活动。

第四十六条　违反本条例的规定,施工单位在施工过程中,对周围景物、水体、林草植被、野生动物资源和地形地貌造成破坏的,由风景名胜区管理机构责令停止违法行为、限期恢复原状或者采取其他补救措施,并处2万元以上10万元以下的罚款;逾期未恢复原状或者采取有效措施的,由风景名胜区管理机构责令停止施工。

第四十七条　违反本条例的规定,国务院建设主管部门、县级以上地方人民政府及其有关主管部门有下列行为之一的,对直接负责的主管人员和其他直接责任人员依法给予处分;构成犯罪的,依法追究刑事责任:

(一)违反风景名胜区规划在风景名胜区内设立各类开发区的;

(二)风景名胜区自设立之日起未在2年内编制完成风景名胜区总体规划的;

(三)选择不具有相应资质等级的单位编制风景名胜区规划的;

(四)风景名胜区规划批准前批准在风景名胜区内进行建设活动的;

(五)擅自修改风景名胜区规划的;

(六)不依法履行监督管理职责的其他行为。

第四十八条　违反本条例的规定,风景名胜区管理机构有下列行为之一的,由设立该风景名胜区管理机构的县级以上地方人民政府责令改正;情节严重的,对直接负责的主管人员和其他直接责任人员给予降级或者撤职的处分;构成犯罪的,依法追究刑事责任:

(一)超过允许容量接纳游客或者在没有安全保障的区域开展游览活动的;

(二)未设置风景名胜区标志和路标、安全警示等标牌的;

(三)从事以营利为目的的经营活动的;

(四)将规划、管理和监督等行政管理职能委托给企业或者个人行使的;

(五)允许风景名胜区管理机构的工作人员在风景名胜区内的企业兼职的;

(六)审核同意在风景名胜区内进行不符合风景名胜区规划的建设活动的;

(七)发现违法行为不予查处的。

第四十九条　本条例第四十条第一款、第四十一条、第四十三条、第四十四条、第四十五条、第四十六条规定的违法行为,依照有关法律、行政法规的规定,有关部门已经予以处罚的,风景名胜区管理机构不再处罚。

第五十条　本条例第四十条第一款、第四十一条、第四十三条、第四十四条、第四十五条、第四十六条规定的违法行为,侵害国家、集体或者个人的财产的,有关单位或者个人应当依法承担民事责任。

第五十一条　依照本条例的规定,责令限期拆除在风景名胜区内违法建设的建筑物、构筑物或者其他设施的,有关单位或者个人必须立即停止建设活动,自行拆除;对继续进行建设的,作出责令限期拆除决定的机关有权制止。有关单位或者个人对责令限期拆除决定不服的,可以在接到责令限期拆除决定之日起15日内,向人民法院起诉;期满不起诉又不自行拆除的,由作出责令限期拆除决定的机关依法申请人民法院强制执行,费用由违法者承担。

第七章　附　则

第五十二条　本条例自2006年12月1日起施行。1985年6月7日国务院发布的《风景名胜区管理暂行条例》同时废止。

国家级风景名胜区规划编制审批办法

·2015年9月14日住房和城乡建设部令第26号公布
·自2015年12月1日起施行

第一条　为了规范国家级风景名胜区规划的编制和审批,根据《中华人民共和国城乡规划法》《风景名胜区条例》等法律、行政法规,制定本办法。

第二条　国家级风景名胜区规划的编制和审批,适用本办法。

第三条　经批准的国家级风景名胜区规划是国家级风景名胜区保护、利用和管理的依据。风景名胜区管理机构以及县级以上地方人民政府住房城乡建设主管部门不得违反国家级风景名胜区规划审批各类建设活动。

国家级风景名胜区规划未经批准的,不得在国家级风景名胜区内进行建设活动。

第四条　编制国家级风景名胜区规划,应当坚持保护优先、开发服从保护的原则,突出风景名胜资源的自然特性、文化内涵和地方特色,实现风景名胜资源的永续利用。

第五条　国家级风景名胜区规划分为总体规划和详细规划。

第六条　省、自治区人民政府住房城乡建设主管部门和直辖市人民政府风景名胜区主管部门(以下简称风景名胜区规划组织编制机关),负责组织国家级风景名胜区所在地市、县人民政府和风景名胜区管理机构等开展国家级风景名胜区规划编制工作。

第七条　编制国家级风景名胜区总体规划应当由具有甲级资质的城乡规划编制单位承担。

编制国家级风景名胜区详细规划应当由同时具有乙级以上城乡规划编制单位资质和风景园林工程设计专项

资质的单位承担。

第八条 编制国家级风景名胜区规划应当遵守国家有关技术规范和标准,采用符合国家有关规定的基础资料。

第九条 编制国家级风景名胜区总体规划,应当进行科学论证,并广泛征求有关部门、专家和公众意见;必要时,可以举行听证。

第十条 国家级风景名胜区总体规划应当包括下列内容:

(一)界定风景名胜区和核心景区的范围边界,根据需要划定外围保护地带;

(二)明确风景名胜资源的类型和特色,评价资源价值和等级;

(三)确定风景名胜区的性质和定位;

(四)提出风景名胜区保护与发展目标,确定风景名胜区的游客容量、建设用地控制规模、旅游床位控制规模等;

(五)确定功能分区,提出基础设施、游览服务、风景游赏、居民点的空间布局;

(六)划定分级保护范围,提出分级保护规定;明确禁止建设和限制建设的范围,提出开发利用强度控制要求;提出重要风景名胜资源专项保护措施和生态环境保护控制要求;

(七)确定重大建设项目布局;提出建设行为引导控制和景观风貌管控要求;确定需要编制详细规划的区域,提出详细规划编制应当遵从的重要控制指标或者要求;

(八)编制游赏、设施、居民点协调、相关规划协调等专项规划。

第十一条 国家级风景名胜区总体规划应当自国家级风景名胜区批准设立之日起2年内编制完成。总体规划的规划期一般为20年。

第十二条 编制国家级风景名胜区详细规划应当符合国家级风景名胜区总体规划。总体规划确定的主要入口区、游览服务设施相对集中区等涉及较多建设活动的区域应当编制详细规划。

国家级风景名胜区详细规划应当包括下列内容:

(一)明确规划范围和规划区域的定位,分析总体规划相关要求;

(二)确定规划目标,提出发展控制规模;

(三)评价规划范围的资源、环境和用地条件,确定规划布局和建设用地的范围边界;

(四)提出建设用地范围内各地块的建筑限高、建筑密度、容积率、绿地率、给排水与水环境等控制指标及建筑形式、体量、风貌、色彩等设计要求;明确重要项目选址、布局、规模、高度等建设控制要求,对重要建(构)筑物的景观视线影响进行分析,提出设计方案引导措施;

(五)编制综合设施、游赏组织、居民点建设引导、土地利用协调等专项规划。

第十三条 编制国家级风景名胜区规划,不得在核心景区内安排下列项目、设施或者建筑物:

(一)索道、缆车、铁路、水库、高等级公路等重大建设工程项目;

(二)宾馆、招待所、培训中心、疗养院等住宿疗养设施;

(三)大型文化、体育和游乐设施;

(四)其他与核心景区资源、生态和景观保护无关的项目、设施或者建筑物。

第十四条 国家级风景名胜区规划成果应当包括规划文本、规划图纸、规划说明书、基础资料汇编、遥感影像图,以书面和电子文件两种形式表达。

征求意见及意见采纳的情况、专题论证材料、专家评审意见、公示情况等,应当纳入基础资料汇编。

第十五条 编制国家级风景名胜区总体规划,确需对经审定的风景名胜区范围进行较大调整或者安排索道、缆车等重大建设工程项目的,风景名胜区规划组织编制机关应当组织专家进行专题论证,形成专题论证材料。

第十六条 国家级风景名胜区规划编制完成后,风景名胜区规划组织编制机关应当组织专家进行评审。评审专家应当包括3名以上国务院住房城乡建设主管部门的风景园林专家委员会成员。

第十七条 国家级风景名胜区规划报送审批前,风景名胜区规划组织编制机关和风景名胜区管理机构应当依法将规划草案予以公示;公示时间不得少于30日。

第十八条 国家级风景名胜区总体规划由省、自治区、直辖市人民政府报国务院审批。

国家级风景名胜区详细规划由风景名胜区规划组织编制机关报国务院住房城乡建设主管部门审批。

第十九条 国家级风景名胜区总体规划审批前,国务院住房城乡建设主管部门应当按照国务院要求,组织专家对规划进行审查,征求国务院有关部门意见后,提出审查意见报国务院。

第二十条 风景名胜区规划组织编制机关和风景名胜区管理机构应当将经批准的国家级风景名胜区规划及时向社会公布,并为公众查阅提供便利。法律、行政法规规定不得公开的内容除外。

第二十一条 经批准的国家级风景名胜区规划不得擅自修改。确需对经批准的国家级风景名胜区总体规划中的风景名胜区范围、性质、保护目标、生态资源保护措施、重大建设项目布局、开发利用强度以及风景名胜区的功能结构、空间布局、游客容量进行修改的，应当报原审批机关批准；对其他内容进行修改的，应当报原审批机关备案。

国家级风景名胜区详细规划确需修改的，应当报原审批机关批准。

第二十二条 编制城市、镇规划，规划范围与国家级风景名胜区存在交叉或者重合的，应当将国家级风景名胜区总体规划中的保护要求纳入城市、镇规划。编制乡规划和村庄规划，规划范围与国家级风景名胜区存在交叉或者重合的，应当符合国家级风景名胜区总体规划。

国家级风景名胜区外围保护地带内的城乡建设和发展，应当与国家级风景名胜区总体规划的要求相协调。

第二十三条 任何单位和个人都应当遵守经批准的国家级风景名胜区规划，服从规划管理，并有权就涉及其利害关系的建设活动是否符合国家级风景名胜区规划的要求向风景名胜区管理机构查询。

任何单位和个人都有权向风景名胜区管理机构举报或者控告违反国家级风景名胜区规划的行为。

第二十四条 风景名胜区规划组织编制机关应当至少每5年组织专家对规划实施情况进行一次评估。评估报告应当及时报国务院住房城乡建设主管部门。

国家级风景名胜区总体规划的规划期届满前2年，风景名胜区规划组织编制机关应当对规划进行评估，作出是否重新编制规划的决定。在新规划批准前，原规划继续有效。

第二十五条 违反本办法规定，风景名胜区规划组织编制机关或者风景名胜区管理机构有下列行为之一的，由上级地方人民政府或者主管部门责令改正，并依法对直接负责的主管人员和其他直接责任人员给予处分：

（一）未组织编制国家级风景名胜区规划的；

（二）未按照法定程序组织编制国家级风景名胜区规划的；

（三）批准设立之日起2年内未编制完成国家级风景名胜区总体规划的；

（四）擅自修改国家级风景名胜区规划的；

（五）未将批准的国家级风景名胜区规划予以公布的。

第二十六条 违反本办法规定，风景名胜区管理机构以及县级以上地方人民政府住房城乡建设主管部门违反国家级风景名胜区规划批准建设活动的，应当依法对直接负责的主管人员和其他直接责任人员给予处分。

第二十七条 本办法自2015年12月1日起施行。

国家级自然保护区监督检查办法

· 2006年10月18日国家环保总局令第36号公布
· 根据2017年12月20日《环境保护部关于修改部分规章的决定》第一次修正
· 根据2019年8月22日《生态环境部关于废止、修改部分规章的决定》第二次修正
· 根据2021年12月13日《生态环境部关于修改部分部门规章的决定》第三次修正

第一条 为加强对国家级自然保护区的监督管理，提高国家级自然保护区的建设和管理水平，根据《中华人民共和国环境保护法》、《中华人民共和国自然保护区条例》以及其他有关规定，制定本办法。

第二条 本办法适用于国务院环境保护行政主管部门组织的对全国各类国家级自然保护区的监督检查。

第三条 国务院环境保护行政主管部门在依照法律法规和本办法的规定履行监督检查职责时，有权采取下列措施：

（一）进入国家级自然保护区进行实地检查；

（二）要求国家级自然保护区管理机构汇报建设和管理情况；

（三）查阅或者复制有关资料、凭证；

（四）向有关单位和人员调查了解相关情况；

（五）法律、法规规定有权采取的其他措施。

监督检查人员在履行监督检查职责时，应当严格遵守国家有关法律法规规定的程序，出示证件，并为被检查单位保守技术和业务秘密。

第四条 有关单位或者人员对依法进行的监督检查应当给予支持与配合，如实反映情况，提供有关资料，不得拒绝或者妨碍监督检查工作。

第五条 任何单位和个人都有权对污染或者破坏国家级自然保护区的单位、个人以及不履行或者不依法履行国家级自然保护区监督管理职责的机构进行检举或者控告。

第六条 国务院环境保护行政主管部门应当向社会公开国家级自然保护区监督检查的有关情况，接受社会监督。

第七条　国务院环境保护行政主管部门组织对国家级自然保护区的建设和管理状况进行定期评估。

国务院环境保护行政主管部门组织成立国家级自然保护区评估委员会，对国家级自然保护区的建设和管理状况进行定期评估，并根据评估结果提出整改建议。

对每个国家级自然保护区的建设和管理状况的定期评估，每五年不少于一次。

第八条　国家级自然保护区定期评估的内容应当包括：

（一）管护设施状况；

（二）面积和功能分区适宜性、范围、界线和土地权属；

（三）管理规章、规划的制定及其实施情况；

（四）资源本底、保护及利用情况；

（五）科研、监测、档案和标本情况；

（六）自然保护区内建设项目管理情况；

（七）旅游和其他人类活动情况；

（八）与周边社区的关系状况；

（九）宣传教育、培训、交流与合作情况；

（十）管理经费情况；

（十一）其他应当评估的内容。

国家级自然保护区定期评估标准由国务院环境保护行政主管部门另行制定。

第九条　国务院环境保护行政主管部门组织国家级自然保护区定期评估时，应当在评估开始 20 个工作日前通知拟被评估的国家级自然保护区管理机构及其行政主管部门。

第十条　国家级自然保护区评估结果分为优、良、中和差四个等级。

国务院环境保护行政主管部门应当及时将评估结果和整改建议向被评估的国家级自然保护区管理机构反馈，并抄送该自然保护区行政主管部门及所在地省级人民政府。

被评估的国家级自然保护区管理机构对评估结果有异议的，可以向国务院环境保护行政主管部门申请复核；国务院环境保护行政主管部门应当及时进行审查核实。

第十一条　国家级自然保护区定期评估结果由国务院环境保护行政主管部门统一发布。

第十二条　国务院环境保护行政主管部门对国家级自然保护区进行执法检查。

执法检查分为定期检查、专项检查、抽查和专案调查等。

第十三条　国家级自然保护区执法检查的内容应当包括：

（一）国家级自然保护区的设立、范围和功能区的调整以及名称的更改是否符合有关规定；

（二）国家级自然保护区内是否存在违法砍伐、放牧、狩猎、捕捞、采药、开垦、烧荒、开矿、采石、挖沙、影视拍摄以及其他法律法规禁止的活动；

（三）国家级自然保护区内是否存在违法的建设项目，排污单位的污染物排放是否符合环境保护法律、法规及自然保护区管理的有关规定，超标排污单位限期治理的情况；

（四）国家级自然保护区内是否存在破坏、侵占、非法转让自然保护区的土地或者其他自然资源的行为；

（五）在国家级自然保护区的实验区开展参观、旅游活动的，自然保护区管理机构是否编制方案，编制的方案是否符合自然保护区管理目标；国家级自然保护区的参观、旅游活动是否按照编制的方案进行；

（六）国家级自然保护区建设是否符合建设规划（总体规划）要求，相关基础设施、设备是否符合国家有关标准和技术规范；

（七）国家级自然保护区管理机构是否依法履行职责；

（八）国家级自然保护区的建设和管理经费的使用是否符合国家有关规定；

（九）法律法规规定的应当实施监督检查的其他内容。

第十四条　对在定期评估或者执法检查中发现的违反国家级自然保护区建设和管理规定的国家级自然保护区管理机构，除依照本办法第十九条的规定处理外，国务院环境保护行政主管部门应当责令限期整改，并可酌情予以通报。

对于整改不合格且保护对象受到严重破坏，不再符合国家级自然保护区条件的国家级自然保护区，国务院环境保护行政主管部门应当向国家级自然保护区评审委员会提出对该国家级自然保护区予以降级的建议，经评审通过并报国务院批准后，给予降级处理。

第十五条　因有关行政机关或者国家级自然保护区管理机构滥用职权、玩忽职守、徇私舞弊，导致该国家级自然保护区被降级的，对其直接负责的主管人员和其他直接责任人员，国务院环境保护行政主管部门可以向其上级机关或者有关监察机关提出行政处分建议。

第十六条　被降级的国家级自然保护区，五年之内不得再次申报设立国家级自然保护区。

第十七条　国务院环境保护行政主管部门应当及时向社会公布对国家级自然保护区执法检查的结果、被责令整改的国家级自然保护区名单及其整改情况和被降级的国家级自然保护区名单。

第十八条　县级以上地方人民政府及其有关行政主管部门，违反有关规定，有下列行为之一的，对直接负责的主管人员和其他直接责任人员，国务院环境保护行政主管部门可以向其上级机关或者有关监察机关提出行政处分建议：

（一）未经批准，擅自撤销国家级自然保护区或者擅自调整、改变国家级自然保护区的范围、界限、功能区划的；

（二）违法批准在国家级自然保护区内建设污染或者破坏生态环境的项目的；

（三）违法批准在国家级自然保护区内开展旅游或者开采矿产资源的；

（四）对本辖区内发生的违反环境保护法律法规中有关国家级自然保护区管理规定的行为，不予制止或者不予查处的；

（五）制定或者采取与环境保护法律法规中有关国家级自然保护区管理规定相抵触的规定或者措施，经指出仍不改正的；

（六）干预或者限制环境保护行政主管部门依法对国家级自然保护区实施监督检查的；

（七）其他违反国家级自然保护区管理规定的行为。

第十九条　国家级自然保护区管理机构违反有关规定，有下列行为之一的，国务院环境保护行政主管部门应当责令限期改正；对直接负责的主管人员和其他直接责任人员，可以向设立该管理机构的自然保护区行政主管部门或者有关监察机关提出行政处分建议：

（一）擅自调整、改变自然保护区的范围、界限和功能区划的；

（二）开展参观、旅游活动未编制方案或者编制的方案不符合自然保护区管理目标的；

（三）开设与自然保护区保护方向不一致的参观、旅游项目的；

（四）不按照编制的方案开展参观、旅游活动的；

（五）对国家级自然保护区内发生的违反环境保护法律法规中有关国家级自然保护区管理规定的行为，不予制止或者不予查处的；

（六）阻挠或者妨碍监督检查人员依法履行职责的；

（七）挪用、滥用国家级自然保护区建设和管理经费的；

（八）对监督检查人员、检举和控告人员进行打击报复的；

（九）其他不依法履行自然保护区建设和管理职责的行为。

第二十条　国家级自然保护区管理机构拒绝国务院环境保护行政主管部门对国家级自然保护区的监督检查，或者在监督检查中弄虚作假的，由国务院环境保护行政主管部门依照《自然保护区条例》的有关规定给予处罚。

第二十一条　省级人民政府环境保护行政主管部门对本行政区域内地方级自然保护区的监督检查，可以参照本办法执行。

县级以上地方人民政府环境保护行政主管部门对本行政区域内的国家级自然保护区的执法检查内容，可以参照本办法执行；在执法检查中发现国家级自然保护区管理机构有违反国家级自然保护区建设和管理规定行为的，可以将有关情况逐级上报国务院环境保护行政主管部门，由国务院环境保护行政主管部门经核实后依照本办法的有关规定处理。

第二十二条　本办法自 2006 年 12 月 1 日起施行。

国家级旅游度假区管理办法

· 2019 年 12 月 20 日
· 文旅资源发〔2019〕143 号

第一条　为了规范国家级旅游度假区的认定和管理，促进旅游度假区高质量发展，满足人民日益增长的旅游度假休闲需求，制定本办法。

第二条　本办法所称旅游度假区，是指为旅游者提供度假休闲服务、有明确的空间边界和独立管理机构的区域。

本办法所称国家级旅游度假区，是指符合国家标准《旅游度假区等级划分》（GB/T26358）相关要求，经文化和旅游部认定的旅游度假区。

第三条　国家级旅游度假区的认定和管理坚持以习近平新时代中国特色社会主义思想为指导，以人民为中心，弘扬社会主义核心价值观，提升度假休闲旅游发展水平，推动旅游业转型升级。

第四条　国家级旅游度假区的认定和管理坚持公开、公平、公正，遵循自愿申报、规范认定、动态管理和示范引领的原则。

第五条 国家级旅游度假区的认定和管理由文化和旅游部按照本办法和国家标准《旅游度假区等级划分》（GB/T26358）及相关细则组织实施，具体工作由文化和旅游部资源开发司承担。

省级文化和旅游行政部门负责本辖区内国家级旅游度假区的初审推荐和日常管理，以及省级旅游度假区的认定和管理。

第六条 鼓励旅游度假区按照本办法和国家标准《旅游度假区等级划分》（GB/T26358）及相关细则要求，积极开展国家级旅游度假区的建设和申报工作。

第七条 申报国家级旅游度假区，应当具备下列条件：

（一）符合国家标准《旅游度假区等级划分》（GB/T26358）及相关细则要求；

（二）符合社会主义核心价值观要求；

（三）度假设施相对集聚，经营状况良好；

（四）旅游公共信息服务体系健全；

（五）游客综合满意度较高；

（六）在全国具有较高的知名度和品牌影响力；

（七）土地使用符合法律法规有关规定；

（八）主要经营主体近3年无严重违法违规等行为记录；

（九）近3年未发生重大旅游安全责任事故；

（十）被认定为省级旅游度假区1年以上。

第八条 申报国家级旅游度假区，应当经省级文化和旅游行政部门向文化和旅游部提交下列材料：

（一）省级文化和旅游行政部门推荐文件；

（二）国家级旅游度假区认定申请报告书，包括旅游度假区基本信息（含名称、管理机构、空间范围、面积、总览图等）、度假设施分布和经营状况、旅游公共信息服务体系、游客综合满意度、知名度和品牌影响力等内容；

（三）旅游度假区总体规划、自评报告及相关说明材料（含文字、图片和视频）；

（四）县级以上自然资源部门关于土地使用符合法律法规有关规定的相关材料；

（五）近3年无严重违法违规等行为记录和未发生重大旅游安全责任事故的承诺书；

（六）文化和旅游部要求的其他材料。

第九条 文化和旅游部按照下列程序组织认定国家级旅游度假区：

（一）对申报材料进行审核；

（二）组织专家评审组按照旅游度假区等级基础评价评分细则，对通过材料审核的旅游度假区进行基础评价；

（三）组织专家或者第三方机构按照旅游度假区等级综合评分细则，对通过基础评价的旅游度假区以暗访的形式进行现场检查；

（四）对通过现场检查的旅游度假区进行审议，根据需要可以安排答辩环节，确定公示名单；

（五）对确定的公示名单，在文化和旅游部政府门户网站公示5个工作日；

（六）对公示无异议或者异议不成立的，发布认定公告。

第十条 国家级旅游度假区等级标识、标牌样式由文化和旅游部统一设计。

国家级旅游度假区可以根据文化和旅游部统一设计的等级标识、标牌样式，自行制作简洁醒目、庄重大方、具有自身特点的等级标牌。

国家级旅游度假区应当将等级标牌置于度假区内醒目位置，并在宣传推广中正确使用其等级标识、标牌。

未被认定或者被取消国家级旅游度假区等级的，不得使用相关称谓和等级标识、标牌。

第十一条 国家级旅游度假区变更名称、管理机构或者调整空间边界的，应当自变更或者调整之日起2个月内，经省级文化和旅游行政部门报文化和旅游部备案。

第十二条 文化和旅游部建立有进有出的动态管理机制，采取重点复核与随机抽查相结合、明查与暗访相结合，或者委托第三方机构开展社会调查、游客意见反馈等方式，对国家级旅游度假区进行管理和复核。原则上每3年进行1次全面复核。

第十三条 国家级旅游度假区有下列情形之一的，文化和旅游部给予通报批评处理，并要求限期整改：

（一）经检查或者复核，部分达不到国家标准《旅游度假区等级划分》（GB/T26358）及相关细则要求的；

（二）旅游公共信息服务体系不健全的；

（三）游客投诉较多或者旅游市场秩序混乱，且未及时有效处理的；

（四）因管理失当，造成严重不良社会影响的；

（五）发生较大旅游安全责任事故的；

（六）变更名称、管理机构或者调整空间边界未及时备案的；

（七）文化和旅游部认定的其他情形。

第十四条 国家级旅游度假区有下列情形之一的，

文化和旅游部给予取消等级处理：

（一）经检查或者复核，与国家标准《旅游度假区等级划分》（GB/T26358）及相关细则要求差距较大的；

（二）存在严重违背社会主义核心价值观行为的；

（三）资源环境遭到严重破坏的；

（四）发生重大旅游安全责任事故的；

（五）发生重大违法违规行为的；

（六）申报过程中弄虚作假的；

（七）文化和旅游部认定的其他情形。

第十五条　国家级旅游度假区受到通报批评处理的，应当及时认真进行整改，整改期限原则上不超过 1 年。整改期限届满后，经省级文化和旅游行政部门报文化和旅游部检查验收。通过检查验收的，下达整改合格通知；未通过检查验收的，文化和旅游部给予取消等级处理。

第十六条　国家级旅游度假区受到取消等级处理的，自取消等级之日起 3 年内不得申报国家级旅游度假区。

第十七条　文化和旅游部通过多种渠道和方式，对国家级旅游度假区加强旅游基础设施建设、旅游公共服务、品牌建设和形象推广等予以支持。

第十八条　鼓励地方各级文化和旅游行政部门协调相关部门，在土地使用、金融支持、人才引进、宣传推广等方面，对国家级旅游度假区提供支持与服务，为旅游度假区建设和发展营造良好环境。

第十九条　省级文化和旅游行政部门可以结合本地区实际，参照本办法，制定省级旅游度假区管理办法。

第二十条　本办法由文化和旅游部负责解释。

第二十一条　本办法自发布之日起施行。《国家旅游局办公室关于下发〈旅游度假区等级管理办法〉的通知》（旅办发〔2015〕81 号）同时废止。

旅游景区质量等级管理办法

· 2012 年 4 月 16 日
· 旅办发〔2012〕166 号

第一章　总　则

第一条　为了加强旅游景区质量等级的评定和管理，提升旅游景区服务质量和管理水平，树立旅游景区行业良好形象，促进旅游业可持续发展，依据国家有关法律、法规和中华人民共和国国家标准《旅游景区质量等级的划分与评定》及相关评定细则，特制定本办法。

第二条　本办法所称的旅游景区，是指可接待旅游者，具有观赏游憩、文化娱乐等功能，具备相应旅游服务设施并提供相应旅游服务，且具有相对完整管理系统的游览区。

旅游景区质量等级的申请、评定、管理和责任处理适用本办法。

第三条　凡在中华人民共和国境内正式开业一年以上的旅游景区，均可申请质量等级。旅游景区质量等级划分为 5 个等级，从低到高依次为 1A、2A、3A、4A、5A。

第四条　旅游景区质量等级管理工作，遵循自愿申报、分级评定、动态管理、以人为本、持续发展的原则。

第五条　国务院旅游行政主管部门负责旅游景区质量等级评定标准、评定细则等的编制和修订工作，负责对全国旅游景区质量等级评定标准的实施进行管理和监督。

各省、自治区、直辖市人民政府旅游行政主管部门负责对本行政区域内旅游景区质量等级评定标准的实施进行管理和监督。

第二章　评定机构与证书标牌

第六条　国务院旅游行政主管部门组织设立全国旅游景区质量等级评定委员会，负责全国旅游景区质量等级评定工作的组织和实施，授权并督导省级及以下旅游景区质量等级评定机构开展评定工作。

各省、自治区、直辖市人民政府旅游行政主管部门组织设立本地区旅游景区质量等级评定委员会，按照全国旅游景区质量等级评定委员会授权，负责本行政区域内旅游景区质量等级评定工作的组织和实施。

第七条　省级旅游景区质量等级评定委员会及时向全国旅游景区质量等级评定委员会报备各级评定委员会及其办公室成员组成与变动。

第八条　省级旅游景区质量等级评定委员会须全面掌握本地区各级旅游景区新增及变动情况，实现动态管理，每年分别于 6 月底和 12 月底将本地区各级旅游景区名称和数量报全国旅游景区质量等级评定委员会备案。

第九条　省级及以下旅游景区质量等级评定委员会出现玩忽职守，未按要求开展工作的，上级评定机构可以撤销其已获得的评定权限。

第十条　旅游景区质量等级的标牌、证书由全国旅游景区质量等级评定委员会统一制作，由相应评定机构颁发。旅游景区在对外宣传资料中应正确标明其等级。旅游景区质量等级标牌，须置于旅游景区主要入口显著位置。

第十一条　旅游景区可根据需要自行制作庄重醒目、简洁大方的质量等级标志,标志在外形、材质、颜色等方面要与景区特点相一致。

第三章　申请与评定

第十二条　3A 级及以下等级旅游景区由全国旅游景区质量等级评定委员会授权各省级旅游景区质量等级评定委员会负责评定,省级旅游景区评定委员会可向条件成熟的地市级旅游景区评定委员会再行授权。

4A 级旅游景区由省级旅游景区质量等级评定委员会推荐,全国旅游景区质量等级评定委员会组织评定。

5A 级旅游景区从 4A 级旅游景区中产生。被公告为 4A 级三年以上的旅游景区可申报 5A 级旅游景区。5A 级旅游景区由省级旅游景区质量等级评定委员会推荐,全国旅游景区质量等级评定委员会组织评定。

第十三条　申报 3A 级及以下等级的旅游景区,由所在地旅游景区评定机构逐级提交评定申请报告、《旅游景区质量等级评定报告书》和创建资料,创建资料包括景区创建工作汇报、服务质量和环境质量具体达标说明和图片、景区资源价值和市场价值具体达标说明和图片。省级或经授权的地市级旅游景区评定机构组织评定,对达标景区直接对外公告,颁发证书和标牌,并报全国旅游景区质量等级评定委员会备案。

第十四条　申报 4A 级的旅游景区,由所在地旅游景区评定机构逐级提交申请申请报告、《旅游景区质量等级评定报告书》和创建资料,省级旅游景区评定机构组织初评。初评合格的景区,由省级旅游景区评定机构向全国旅游景区质量等级评定委员会提交推荐意见,全国旅游景区质量等级评定委员会通过明查、暗访等方式进行检查,对达标景区对外公告,颁发证书和标牌。

第十五条　申报 5A 级的旅游景区,由所在地旅游景区评定机构逐级提交申请报告、《旅游景区质量等级评定报告书》和创建资料(含电子版),省级旅游景区评定机构组织初评。初评合格的景区,由省级旅游景区评定机构向全国旅游景区质量等级评定委员会提交推荐意见。

第十六条　全国旅游景区质量等级评定委员会对申报 5A 级旅游景区的评定程序如下:

(一)资料审核。全国旅游景区质量等级评定委员会依据景区评定标准和细则规定,对景区申报资料进行全面审核,审核内容包括景区名称、范围、管理机构、规章制度及发展状况等。通过审核的景区,进入景观评估程序,未通过审核的景区,一年后方可再次申请重审。

(二)景观价值评价。全国旅游景区质量等级评定委员会组建由相关方面专家组成的评议组,听取申报景区的陈述,采取差额投票方式,对景区资源吸引力和市场影响力进行评价,评价内容包括景区观赏游憩价值、历史文化科学价值、知名度、美誉度与市场辐射力等。通过景观评价的景区,进入现场检查环节,未通过景观评价的景区,两年后方可再次申请重审。

(三)现场检查。全国旅游景区质量等级评定委员会组织国家级检查员成立评定小组,采取暗访方式对景区服务质量与环境质量进行现场检查,检查内容包括景区交通等基础服务设施,安全、卫生等公共服务设施,导游导览、购物等游览服务设施,电子商务等网络服务体系,对历史文化、自然环境保护状况,引导游客文明旅游等方面。现场检查达标的景区,进入社会公示程序,未达标的景区,一年后方可再次申请现场检查。

(四)社会公示。全国旅游景区质量等级评定委员会对达到标准的申报景区,在中国旅游网上进行七个工作日的社会公示。公示阶段无重大异议或重大投诉的旅游景区通过公示,若出现重大异议或重大投诉的情况,将由全国旅游景区质量等级评定委员会进行核实和调查,做出相应决定。

(五)发布公告。经公示无重大异议或重大投诉的景区,由全国旅游景区质量等级评定委员会发布质量等级认定公告,颁发证书和标牌。

第十七条　各质量等级旅游景区必须按照国家统计部门和旅游行政主管部门要求,履行《旅游统计调查制度》,按时报送旅游景区各项相关统计数据和信息,确保数据的真实性和准确性。

第四章　检查员

第十八条　旅游景区质量等级评定现场工作由具有相应资格的检查员担负。旅游景区质量等级评定检查员分为国家级检查员和地方级检查员。

第十九条　旅游景区质量等级评定检查员需熟练掌握国家标准及相关细则要求,熟悉景区建设管理知识,业务水平高,实践经验丰富,严格遵守评定工作规范(见附录),工作责任心强。

第二十条　旅游景区质量等级评定检查员由旅游景区研究、管理的专业人员,旅游景区协会成员单位的有关人员,景区评定机构的相关人员组成。

第二十一条　旅游景区质量等级评定检查员采取分级培训聘任的方式。国家级检查员由全国旅游景区质量等级评定委员会培训,经国务院旅游行政主管部门批准后聘任并颁发证书,地方级检查员由省级旅游景区质量等级评定委员会聘任并颁发证书。

第二十二条　旅游景区质量等级评定国家级与地方级检查员每三年进行一次审核。对于出现重大工作失误、未按工作规范开展工作、未承担相应工作职责以及由于各种原因不再适宜担负旅游景区评定工作的检查员，不予通过审核，并取消旅游景区检查员资格。

第五章　管理与监督

第二十三条　各级旅游景区质量等级评定机构对所评旅游景区要进行监督检查和复核。监督检查采取重点抽查、定期明查和不定期暗访以及社会调查、听取游客意见反馈等方式进行。

第二十四条　全国旅游景区质量等级评定委员会负责建立全国旅游景区动态监测与游客评价系统和景区信息管理系统，系统收集信息和游客评价意见，作为对旅游景区监督检查和复核依据之一。

第二十五条　对游客好评率较低、社会反响较差、发生重大安全事故、被游客进行重大投诉经调查情况属实及未按时报送数据信息或填报虚假信息的景区，视情节给予相应处理。

第二十六条　4A级及以下等级景区复核工作主要由省级质量等级评定委员会组织和实施，复核分为年度复核与五年期满的评定性复核，年度复核采取抽查的方式，复核比例不低于10％。5A级旅游景区复核工作由全国旅游景区质量等级评定委员会负责，每年复核比例不低于10％。经复核达不到要求的，视情节给予相应处理。

第二十七条　对景区处理方式包括签发警告通知书、通报批评、降低或取消等级。

旅游景区接到警告通知书、通报批评、降低或取消等级的通知后，须认真整改，并在规定期限内将整改情况上报相应的等级评定机构。

第二十八条　旅游景区被处以签发警告通知书和通报批评处理后，整改期满仍未达标的，将给予降低或取消等级处理。凡被降低、取消质量等级的旅游景区，自降低或取消等级之日起一年内不得重新申请等级。

第二十九条　旅游景区质量等级评定委员会签发警告通知书、通报批评、降低或取消等级的处理权限如下：

1、省、自治区、直辖市旅游景区质量等级评定委员会有权对达不到标准规定的3A级及以下等级旅游景区签发警告通知书、通报批评、降低或取消等级，并报全国旅游景区质量等级评定委员会备案。

2、省、自治区、直辖市旅游景区质量等级评定委员会有权对达不到标准规定的4A级旅游景区签发警告通知书、通报批评，并报全国旅游景区质量等级评定委员会备案。如需对4A级旅游景区作出降低或取消等级的处理，须报全国旅游景区质量等级评定委员会审批，由全国旅游景区质量等级评定委员会对外公告。

3、全国旅游景区质量等级评定委员会对达不到标准规定的5A级旅游景区作出相应处理。

4、全国旅游景区质量等级评定委员会有权对达不到标准规定的各级旅游景区，作出签发警告通知书、通报批评、降低或取消等级通知的处理。

第六章　附　则

第三十条　本办法由国家旅游局负责解释。

第三十一条　本办法自二○一二年五月一日起施行。

附录一： 国家A级旅游景区现场检查(明查)工作规范(略)

附录二： 国家A级旅游景区现场检查(暗访)工作规范(略)

旅游资源保护暂行办法

·2007年9月4日
·旅办发〔2007〕131号

第一条　为了加强对旅游资源和生态环境的保护，促进旅游业的健康协调可持续发展，建设资源节约型和环境友好型社会，特制定本办法。

第二条　本办法所称旅游资源是指自然界和人类社会凡能对旅游者产生吸引力，可以为旅游业合理利用，并可产生经济效益、社会效益和生态效益的各种事物和因素。

包括已开发的各类自然遗产、文化遗产、地质、森林、风景名胜、水利、文物、城市公园、科教、工农业、湿地、海岛、海洋等各类旅游资源，也包括未开发的具有旅游利用价值的各种物质和非物质资源。

第三条　旅游资源保护坚持严格保护、开发服从保护的原则，实现协调监管、合理利用、科学发展的目标。

第四条　国务院旅游行政管理部门负责全国旅游资源的普查、分类、定级、公告及相关保护工作，各地旅游行政管理部门负责本地区的旅游资源的普查、分类、定级、公告及相关保护工作。

第五条　旅游资源普查是旅游资源保护的基础，县级以上旅游行政管理部门应依据本办法和《旅游资源分类、调查与评价》等国家标准做好本地区的旅游资源普查工作，向社会公布，并适时补充、更新相关信息，作为开展旅游资源保护、制定旅游产业发展规划的基础数据库。

第六条　各级旅游行政管理部门应与同级人民政府的环保、建设、土地、林业、文化、水利等部门密切合作，承担推进本地区旅游资源保护工作的责任。

第七条　各级旅游行政管理部门应加强对旅游资源保护的宣传工作，不断增强旅游经营者、民众和游客的旅游资源保护意识。

旅行社、旅游景区、导游人员应担负起教育游客在旅游活动中保护旅游资源的职责。

第八条　任何社会团体和个人都有权利和义务依法从事旅游资源保护工作。

对于发现的旅游资源破坏事件，任何团体和个人都有义务及时向当地旅游部门举报。

第九条　各级旅游行政管理部门应确保旅游资源普查工作的资金。

第十条　鼓励社会团体、个人通过捐赠等方式依法设立旅游资源保护基金，专门用于旅游资源保护，任何单位和个人不得侵占、挪用。

海外社会团体、个人通过捐赠等方式在我国设立旅游资源保护基金，依照我国相关法律、法规等规定办理。

第十一条　各级旅游行政管理部门可以根据需要设立本地的"旅游资源保护监督员"和"旅游资源保护公益宣传大使"。监督员和公益宣传大使名单应向社会公布，并报相应旅游行政管理部门备案。若有变动，及时向社会公布并报告备案。

第十二条　各级旅游行政管理部门应对在本地旅游资源保护工作中作出突出贡献的集体和个人进行大力宣传和鼓励。

第十三条　设立旅游资源保护咨询专家组，建立旅游资源保护专家咨询报告制度。

专家组由各级旅游行政管理部门负责组建，并向社会公布。所聘专家应包括涉及旅游资源各种类型各方面的专家。

专家组为旅游资源保护工作提供咨询、建议、发表评论。并在每个五年规划的末期，提交本时期的《旅游资源保护报告》，由各级旅游行政管理部门向社会发布。

第十四条　各级旅游行政管理部门应协调处理好旅游资源保护和旅游发展之间的关系。单独编制旅游资源保护规划，并将旅游资源保护规划的主要内容纳入本地

的旅游业发展规划。

旅游资源保护规划的编制应选择具有相应资质的旅游规划编制单位承担。

第十五条　依据国家有关法律法规的规定，依法从事旅游资源开发活动的单位或个人，在取得有关部门的立项和建设许可后，应及时到旅游资源所在地的旅游行政管理部门备案。

当地旅游行政管理部门有责任向备案的旅游资源开发单位或个人，提供本地的旅游业发展基本情况、发展预期等相关信息，并做好企业发展的有关业务指导工作。

第十六条　各级旅游行政管理部门应建立辖区内的旅游资源开发情况资料库，收集、登记旅游资源开发建设单位、建设规模、运营情况等信息，并将可以公开的信息及时向社会公布。

第十七条　开展旅游资源的招商开发活动，应提供全面和可信的项目立项、土地审批、资源保护等方面的信息，严禁虚假宣传，旅游行政管理部门应加强相关监督检查。

第十八条　依法从事旅游资源开发活动的单位和个人，应提前制定专项的旅游资源开发保护方案。方案包括旅游资源开发过中的保护措施和建成后景区的旅游资源保护措施。并报当地旅游行政管理部门备案。

第十九条　旅游景区从事旅游接待活动，应在旅游资源保护允许容量范围内开展，并制定相应的旅游高峰安全运行预案，及时向社会公布游客流量占景区最大接待容量的信息，合理疏导游客。

第二十条　严禁任何单位和个人在未经开发的旅游资源区域开展旅游经营活动。

在以上区域开展科学研究、体育运动、探险等非赢利活动，应提前向所在地旅游行政管理部门报告备案，包括活动目的、人数、停留天数、相应联系方式及预采取的旅游资源保护措施等内容。

第二十一条　建立旅游资源保护情况通报制度。各级旅游行政管理部门对于本地区发生的重大破坏旅游资源事件应及时报告同级人民政府和上级旅游行政管理部门。经过批准后，及时向社会通报旅游资源破坏事件的相关情况，正确引导舆论，接受社会各界监督。

第二十二条　对于破坏旅游资源的行为，由资源所在地旅游行政管理部门对行为主体予以教育、批评、责令其停止违法行为，并根据法律、法规，协同有关部门做出相应处罚。

第二十三条　对于各级旅游行政管理部门对辖区内

旅游资源保护未履行监督职责或监督不力，造成严重后果的，由上一级旅游行政管理部门予以通报批评。

第二十四条　本办法由国家旅游局负责解释。

第二十五条　本办法自发布之日起实施。

文化和旅游部办公厅关于进一步提升暑期旅游景区开放管理水平的通知

· 2023 年 7 月 24 日

· 办资源发〔2023〕138 号

各省、自治区、直辖市文化和旅游厅（局），新疆生产建设兵团文化体育广电和旅游局：

进入暑期和旅游旺季，一些热门旅游景区出现预约难等问题，影响了游客体验，景区服务与人民群众对旅游景区高质量发展的期待还存在差距。为切实提升暑期旅游景区开放管理水平，更好满足人民群众旅游需求，现就有关事项通知如下：

一、优化预约管理

坚持以人民为中心的发展理念，推动旅游景区及时应对市场需求变化，优化预约措施，实施科学管理，不搞"一刀切"，实现原则性和灵活性相统一，最大限度满足广大游客参观游览需求。要积极采用新技术、新手段，畅通预约渠道，简化预约程序，合理设置在线预约时间，提高预约操作便捷性。针对中小学生、老年人、残障人士等特殊群体，要保留线下购票渠道，不断提升旅游便利化服务水平。

二、强化弹性供给

指导旅游景区结合暑期旅游特点，因地制宜强化弹性供给，有效满足游客需求。要提前做好应对，引导旅游景区提前开园，延长开放时间，符合条件的旅游景区要增加夜间游览项目，丰富游览内容，提升景区容量。要积极整合资源，在旅游景区及周边增设备用停车场，增加临时性停车位，解决"停车难"问题。推动旅游景区增加旅游交通车辆，增派现场管理人员，增设智慧导览设施，切实解决暑期旺季服务供给不足的问题。

三、推动产品创新

进一步挖掘潜力，创新旅游供给，及时推出新产品新场景，发布旅游消费指南。充分利用城市休闲街区、乡村民宿等，拓展旅游活动空间。充分利用古迹遗址、工业遗产、红色基地等各类资源，丰富旅游产品，创新旅游体验。要强化消费引领，引导休闲、度假、研学等多元旅游消费，减轻传统观光旅游景区压力。

四、提升服务质量

引导旅游景区提升服务意识，不断增强人性化服务理念，提高精细化服务水平。指导旅游景区加强现场服务，耐心细致做好游客咨询，及时回应游客需求。要加强服务保障，备足防暑降温设施和物品，做好特殊天气的游客关怀。畅通游客沟通渠道，及时妥善处理游客投诉。

五、实施错峰调控

各地文化和旅游行政部门要加强与宣传、交通等部门的协作，强化工作联动，提升区域综合调控能力。加强交通疏导，根据需要协调相关部门采取交通管控等措施分散客流，避免游客在旅游景区周边聚集滞留。加强信息发布，及时公布旅游景区游客接待信息，引导游客提前规划行程，错峰出行。加强区域统筹，整合区域旅游产品，增设旅游线路，实现区域游客分流，缓解热门旅游景区的接待压力。

六、规范市场秩序

各地文化和旅游行政部门要联合公安、市场监管、网信等部门，加大对"黄牛"、第三方平台违规囤票、倒票等行为的打击力度，同时完善旅游景区门票分销系统，有效防止"黄牛"挤占票源。加强旅游市场秩序监管，严查欺客宰客等行为，维护景区游览秩序，净化旅游消费环境。会同发展改革等部门加强价格监管，严格查处价格违法行为，保障游客权益。

七、严守安全底线

进一步压实旅游景区安全责任，推动旅游景区提高安全生产的主动性、科学性和针对性，严防安全事故发生。指导旅游景区强化汛期防范措施，加强地质灾害风险区安全防范。要加强旅游景区内设施设备管理，坚决防止"带病运行"。做好人员密集区域的秩序管理，严防出现因人员拥挤造成人员踩踏等伤亡事故。要密切关注天气变化，有针对性做好恶劣天气应对预案，切实保障游客安全。

八、强化宣传引导

通过多种渠道发布旅游提示，提醒游客增强安全意识，谨慎参与高风险项目，引导游客安全出行，文明旅游。积极宣传优化预约和便利预约的新举措，做好沟通解释工作，争取游客的理解和支持。要建立健全舆情处置和反馈机制，及时回应网民关切，为景区开放管理营造良好的舆论氛围。

特此通知。

（五）旅游住宿管理

旅馆业治安管理办法

· 1987 年 9 月 23 日国务院批准
· 1987 年 11 月 10 日公安部发布
· 根据 2011 年 1 月 8 日《国务院关于废止和修改部分行政法规的决定》第一次修订
· 根据 2020 年 11 月 29 日《国务院关于修改和废止部分行政法规的决定》第二次修订
· 根据 2022 年 3 月 29 日《国务院关于修改和废止部分行政法规的决定》第三次修订

第一条 为了保障旅馆业的正常经营和旅客的生命财物安全，维护社会治安，制定本办法。

第二条 凡经营接待旅客住宿的旅馆、饭店、宾馆、招待所、客货栈、车马店、浴池等（以下统称旅馆），不论是国营、集体经营，还是合伙经营、个体经营、外商投资经营，不论是专营还是兼营，不论是常年经营，还是季节性经营，都必须遵守本办法。

第三条 开办旅馆，要具备必要的防盗等安全设施。

第四条 申请开办旅馆，应取得市场监管部门核发的营业执照，向当地公安机关申领特种行业许可证后，方准开业。

经批准开业的旅馆，如有歇业、转业、合并、迁移、改变名称等情况，应当在市场监管部门办理变更登记后 3 日内，向当地的县、市公安局、公安分局备案。

第五条 经营旅馆，必须遵守国家的法律，建立各项安全管理制度，设置治安保卫组织或者指定安全保卫人员。

第六条 旅馆接待旅客住宿必须登记。登记时，应当查验旅客的身份证件，按规定的项目如实登记。

接待境外旅客住宿，还应当在 24 小时内向当地公安机关报送住宿登记表。

第七条 旅馆应当设置旅客财物保管箱、柜或者保管室、保险柜，指定专人负责保管工作。对旅客寄存的财物，要建立登记、领取和交接制度。

第八条 旅馆对旅客遗留的物品，应当妥为保管，设法归还原主或揭示招领；经招领 3 个月后无人认领的，要登记造册，送当地公安机关按拾遗物品处理。对违禁物品和可疑物品，应当及时报告公安机关处理。

第九条 旅馆工作人员发现违法犯罪分子，行迹可疑的人员和被公安机关通缉的罪犯，应当立即向当地公安机关报告，不得知情不报或隐瞒包庇。

第十条 在旅馆内开办舞厅、音乐茶座等娱乐、服务场所的，除执行本办法有关规定外，还应当按照国家和当地政府的有关规定管理。

第十一条 严禁旅客将易燃、易爆、剧毒、腐蚀性和放射性等危险物品带入旅馆。

第十二条 旅馆内，严禁卖淫、嫖宿、赌博、吸毒、传播淫秽物品等违法犯罪活动。

第十三条 旅馆内，不得酗酒滋事、大声喧哗，影响他人休息，旅客不得私自留客住宿或者转让床位。

第十四条 公安机关对旅馆治安管理的职责是，指导、监督旅馆建立各项安全管理制度和落实安全防范措施，协助旅馆对工作人员进行安全业务知识的培训，依法惩办侵犯旅馆和旅客合法权益的违法犯罪分子。

公安人员到旅馆执行公务时，应当出示证件，严格依法办事，要文明礼貌待人，维护旅馆的正常经营和旅客的合法权益。旅馆工作人员和旅客应当予以协助。

第十五条 违反本办法第四条规定开办旅馆的，公安机关可以酌情给予警告或者处以 200 元以下罚款；未经登记，私自开业的，公安机关应当协助工商行政管理部门依法处理。

第十六条 旅馆工作人员违反本办法第九条规定的，公安机关可以酌情给予警告或者处以 200 元以下罚款；情节严重构成犯罪的，依法追究刑事责任。

旅馆负责人参与违法犯罪活动，其所经营的旅馆已成为犯罪活动场所的，公安机关除依法追究其责任外，对该旅馆还应当会同工商行政管理部门依法处理。

第十七条 违反本办法第六、十一、十二条规定的，依照《中华人民共和国治安管理处罚法》有关条款的规定，处罚有关人员；发生重大事故、造成严重后果构成犯罪的，依法追究刑事责任。

第十八条 当事人对公安机关的行政处罚决定不服的，按照《中华人民共和国治安管理处罚法》第一百零二条的规定办理。

第十九条 省、自治区、直辖市公安厅（局）可根据本办法制定实施细则，报请当地人民政府批准后施行，并报公安部备案。

第二十条 本办法自公布之日起施行。1951 年 8 月 15 日公布的《城市旅栈业暂行管理规则》同时废止。

文化和旅游部、公安部关于加强电竞酒店管理中未成年人保护工作的通知

· 2023 年 8 月 3 日
· 文旅市场发〔2023〕82 号

各省、自治区、直辖市文化和旅游厅（局）、公安厅（局），新疆生产建设兵团文化体育广电和旅游局、公安局：

　　近年来，电竞酒店行业快速发展，在满足群众需求、扩大消费等方面起到了积极作用，同时也存在接待未成年人等引发社会关注的问题。为认真贯彻落实《中华人民共和国未成年人保护法》有关规定，根据最有利于未成年人原则，切实加强电竞酒店管理中未成年人保护工作，促进行业健康有序发展，现就有关事项通知如下。

一、提高政治站位，充分认识加强电竞酒店管理中未成年人保护工作的重要意义

　　（一）提高政治站位。党中央、国务院历来高度重视未成年人保护工作，习近平总书记和有关中央领导同志多次对未成年人保护工作作出重要指示批示。加强未成年人保护工作，促进未成年人健康成长，是贯彻落实党中央、国务院决策部署并回应社会关切的重要举措，是各级政府管理部门肩负的重要职责。

　　（二）强化责任担当。各级文化和旅游行政部门、公安机关应当提高政治站位，主动担当作为，坚持问题导向，不断创新监管方式，既要坚决管住电竞酒店违规接待未成年人问题，又要秉持容错审慎原则，合理引导电竞酒店行业健康有序发展，做到守土有责、守土尽责。

二、加强底线管理，严禁电竞酒店违规接待未成年人

　　（三）明确业态属性。本通知所称的电竞酒店是指通过设置电竞房向消费者提供电子竞技娱乐服务的新型住宿业态，包括所有客房均为电竞房的专业电竞酒店和利用部分客房开设电竞房区域的非专业电竞酒店。电竞酒店每间电竞房的床位数不得超过 6 张，计算机数量和入住人员不得超过床位数。

　　（四）严禁电竞酒店违规接待未成年人。专业电竞酒店和非专业电竞酒店的电竞房区域，属于不适宜未成年人活动的场所。电竞酒店经营者应当遵守《中华人民共和国未成年人保护法》等有关法律法规，不得允许未成年人进入专业电竞酒店和非专业电竞酒店的电竞房区域。

三、强化主体责任，严格落实未成年人保护规定

　　（五）设置禁入标志。专业电竞酒店经营者应当在酒店入口处的显著位置悬挂未成年人禁入标志；非专业电竞酒店经营者应当在相近楼层集中设置电竞房并划定电竞房区域，在电竞房区域入口处的显著位置悬挂未成年人禁入标志。电竞酒店经营者应当在前台显著位置和客房管理系统明示电竞房区域分布图。鼓励非专业电竞酒店经营者对电竞房区域进行物理隔离、电梯控制，防止未成年人擅自进入。

　　（六）履行告知义务。电竞酒店经营者应当在消费者预定、入住等环节明确告知其电竞房区域不接待未成年人；通过电子商务平台等开展客房预定的，应当以显著方式提示消费者电竞房区域不接待未成年人。电子商务平台经营者应当核验电竞酒店提示信息。

　　（七）落实"五必须"规定。电竞酒店非电竞房区域接待未成年人入住时，经营者应当严格落实"五必须"规定：必须查验入住未成年人身份并如实登记；必须询问未成年人父母或者其他监护人的联系方式并记录备案；必须询问同住人员身份关系等情况并记录备案；必须加强安全巡查和访客管理，预防对未成年人的不法侵害；必须立即向公安机关报告可疑情况，并及时联系未成年人的父母或其他监护人，并同时采取相应安全保护措施。

　　（八）实施网络安全技术措施。电竞酒店经营者应当依法制定信息网络安全管理制度和应急处置预案，实施互联网安全保护技术措施。电竞酒店经营者应当设置禁止未成年人登录计算机、消费时长提示等功能，并通过网络技术措施服务提供者向文化和旅游行政部门提供电竞房分布、设置禁止未成年人登录功能以及阻断登录情况等可查询信息。

　　（九）实施图像采集技术措施。电竞酒店经营者应当按照有关规定，在大厅、前台、通道、电竞房区域主要出入口等公共区域内的合理位置安装图像采集设备并设置采集区域提示标识，加强检查值守，发现有未成年人违规进入电竞房区域的，要及时劝阻并联系其父母或者其他监护人。图像采集信息应当依法留存，不得不当披露、传播，并在文化和旅游行政部门等部门检查电竞房时提供查询。

　　（十）建立日常巡查制度。电竞酒店经营者应当建立日常巡查制度，发现有未成年人违规进入、未实名登记擅自进入等违法行为的，应当立即制止并分别向所在地县级文化和旅游行政部门、公安机关报告。文化和旅游行政部门、公安机关等有关部门有权依法对辖区内电竞酒店的电竞房实施监督检查，电竞酒店经营者应当配合，不得拒绝、阻挠。

四、加强协同监管,形成未成年人保护合力

(十一)建立协同监管机制。地方各级文化和旅游行政部门、公安机关应当会同相关部门,建立电竞酒店未成年人保护协同监管机制,加强信息通报、线索移送、执法联动等工作,引导督促经营者严格落实实名登记、设置未成年人禁入标志、禁止违规接待未成年人等要求,依法查处违规经营行为。公安机关在工作中发现电竞酒店经营者违规接待未成年人的,及时通报文化和旅游行政部门依法查处;文化和旅游行政部门在工作中发现电竞酒店经营者未落实实名登记及"五必须"规定的,及时通报公安机关依法查处。

(十二)严格文化和旅游市场行政处罚。电竞酒店经营者违规接待未成年人或者未设置未成年人禁入标志的,由文化和旅游行政部门依照《中华人民共和国未成年人保护法》第一百二十三条予以处罚。

(十三)严格治安管理行政处罚。电竞酒店非电竞房区域接待未成年人入住,或者接待未成年人和成年人共同入住时,未询问父母或者其他监护人的联系方式、入住人员的身份关系等有关情况的,由公安机关依照《中华人民共和国未成年人保护法》第一百二十二条予以处罚。电竞酒店未取得特种行业许可证,擅自经营旅馆业的,由公安机关依照《中华人民共和国治安管理处罚法》第五十四条予以处罚,并对非法经营行为予以取缔。

(十四)加强行业自律。电竞酒店有关行业协会应当加强行业自律,制定行业规范,开展培训教育,探索开展本领域的信用评价、服务等级评定工作,引导经营者严格落实《中华人民共和国未成年人保护法》有关规定。

(十五)加强社会监督。社会公众可以依法向文化和旅游行政部门、公安机关反映电竞酒店违规接待未成年人等情况;鼓励和支持电竞酒店入住人员向文化和旅游行政部门、公安机关举报电竞酒店违规接待未成年人等线索。

各省级文化和旅游行政部门应当会同公安机关部署开展电竞酒店摸底排查工作,摸清辖区内电竞酒店的企业名称、类型、住所、电竞房数量、计算机台数等情况,并于 2023 年 10 月 31 日前分别报送文化和旅游部、公安部。

特此通知。

国家发展和改革委员会、国家旅游局、国家工商行政管理总局关于规范酒店客房市场价格的意见

- 2010 年 9 月 25 日
- 发改价格〔2010〕2243 号

各省、自治区、直辖市发展改革委、物价局、旅游局(委)、工商局:

随着旅游及服务产业市场化改革的不断深入,我国酒店行业得到较快发展,价格秩序总体比较规范,价格水平相对稳定。但是,在部分地区、部分时段少数经营者利用区位优势地位,在重大节假日、大型活动、旅游重点接待地区,对酒店客房价格相互串通、跟风提价、哄抬价格,扰乱了正常的市场价格秩序,损害了广大消费者的合法权益,不利于酒店业的健康发展。为规范酒店客房价格秩序,加强酒店客房价格监管,营造良好的旅游消费环境,促进旅游等服务业健康发展,依据《价格法》等有关法律法规,现就规范酒店客房市场价格提出以下意见:

一、提高规范酒店客房市场价格重要性的认识

近年来,随着社会经济的快速发展,人民生活水平显著提高,居民消费结构逐渐由生存型转变为改善型、发展型乃至享受型,外出旅行群体迅速扩大,旅游等服务业发展迅速,酒店客房价格日益成为与广大消费者密切相关的民生价格。部分酒店客房价格的不合理上涨,逐渐成为影响消费者放心消费的因素之一。特别是重大节假日和大型活动期间,以及以旅游接待为主的重点旅游目的地,酒店客房价格的异常波动,对整个市场价格秩序的不良示范影响不断扩大。对此,各级价格、旅游、工商等行政主管部门要提高认识,从构建和谐社会的高度,充分认识保持当前酒店客房价格合理稳定的重要性,按照职能分工,相互协调、共同配合,切实加强酒店客房价格监管,维护正常的市场价格秩序和消费者合法权益,促进酒店服务业可持续发展。

二、规范酒店客房市场价格的重点

(一)重大节假日和大型活动期间的酒店客房价格。重大节假日和大型活动期间是人们出行和活动集中、酒店客房需求明显上升的特殊时期,对旅游及相关产业的发展具有较大的拉动作用,同时也是酒店客房价格易出现不合理上涨的敏感时期。各地各有关部门要重视和加强酒店客房价格的监测分析,密切关注酒店客房价格动态,及时发现苗头性、倾向性问题,有预见性、针对性地采取应对措施,切实履行政府监管职责,确保酒店客房价格

水平的合理稳定。

（二）旅游接待重点地区的酒店客房价格。旅游接待重点地区是人们旅行出游的重要目的地，特别是在接待能力有限地区的旅游旺季，酒店客房价格的过度上涨，对游客消费心理有较大的负面影响，在一定程度上制约、限制了扩大旅游消费。各旅游接待重点地区的价格主管部门要站在维护公平价格和消费者利益的高度，加强对以接待游客为主、特别是接待能力有限和旅游旺季酒店客房价格的监管，确保广大游客敢于消费、放心消费。

三、规范酒店客房市场价格行为的措施

（一）建立酒店客房价格监测和信息发布制度。各级政府价格主管部门在重大节假日和大型活动前，要重点监测旅游热点区域和大型活动场所周边地区的酒店客房价格情况，及时掌握价格变动情况，主动发布重点酒店客房门市价格、实际住房率等相关信息，引导酒店经营企业合理定价和消费者合理消费。

（二）制定酒店客房价格异常波动应急机制。各省、自治区、直辖市政府价格主管部门应当加强对酒店客房价格的调控和引导，制定有效的监管机制，在酒店客房价格出现异常波动、大幅上涨时，应当及时启动应急预案。特别是旅游热点区域和大型活动场所周边地区，可根据《价格法》的规定，对酒店客房价格实施最高限价等临时价格干预措施，保证酒店客房价格的基本稳定。酒店经营企业应当确定合理的酒店客房价格水平，进入销售旺季后应当保持酒店客房价格的合理浮动，维持酒店客房价格总体稳定。旅行社、订房中心等经营单位应当共同维护酒店客房价格市场秩序，不得对预订客房任意加价销售。

（三）落实酒店客房价格明码标价规定。酒店经营企业要严格执行国家规定的商品和服务收费明码标价规定，在收费场所的醒目位置标示客房结算起止时间及各类客房价格，以降价、打折、特价等价格手段促销的，应当标明促销价格，提高酒店客房价格的透明度，以便于消费者的知晓和监督。降价销售商品和提供服务必须使用降价标价签、价目表，如实标明降价原因以及原价和现价，以区别于以正常价格销售商品和提供服务。经营者应当保留降价前记录或核定价格的有关资料，以便查证。

（四）加大事前监管力度。各级政府价格主管部门要进一步提高主动服务市场、规范市场价格行为意识，对重大节假日和大型活动可能引发价格上涨的地区，要主动介入、提前应对，可采取市场巡查、政策提醒、发送告诫书、价格调查、向社会公告政策法规和具体的调控监管措

施等，从源头上加强监管，防范于未然。

（五）发挥舆论的引导和监督作用。各级政府价格主管部门在实施市场价格监管中，要充分借助媒体的力量，积极发挥舆论的引导和监督作用。对认真遵守价格法规政策诚实守信的经营者进行大力宣传，对投诉纠纷较多、屡查屡犯、性质恶劣的典型案件要公开曝光，形成强大的舆论压力，促进经营者规范价格行为，诚信经营。

（六）完善价格举报快速反应机制。各地要充分发挥 12358 价格投诉举报电话的监督作用，及时主动处理价格举报案件。在重大节假日和大型活动期间，要实行专人 24 小时值班制度，认真受理群众的投诉工作，增强快速反应和快速处置能力，查处价格违法行为，做到有报必查，切实维护消费者合法利益。

（七）促进经营者自律规范。酒店、旅行社等旅游经营企业应当从维护企业形象，有利于旅游和服务业长远发展出发，不断提高服务水平和服务质量，自觉承担维护市场价格秩序、保护消费者利益的社会责任，加强价格自律，积极配合政府有关部门维护市场正常价格秩序，保持酒店客房价格的合理稳定，自觉接受价格、旅游、工商等部门的监督检查。各地区相关行业协会应当在业务主管部门的指导下，倡导行业自律，提升行业服务水平。

四、明确有关部门工作责任

（一）做好旅游消费市场价格监管工作。各级政府价格主管部门要采取日常巡查和组织专项检查等形式，严厉查处酒店、旅行社和订房中心等经营企业和单位炒卖酒店客房和哄抬酒店客房价格的行为，以及串通涨价、价格欺诈及违反临时价格干预措施等违法违规行为，维护正常的市场价格秩序。

（二）做好酒店服务质量监管工作。各级旅游主管部门要加强旅游市场的监测分析，定期发布酒店客房入住率、旅游出行客流量等信息。重大节假日和大型活动期间应做到实时监测，并及时发布信息，引导市场消费。要重点规范酒店的服务设施与标准，进一步提高酒店客房的服务质量和服务水平。

（三）做好旅游消费市场秩序监管工作。各级工商行政管理部门要加强各类宾馆酒店等经营企业经营行为的检查，进一步加大执法力度，做好旅行社、订房中心等经营单位依法登记注册工作。依法重点打击和查处无照经营等违法经营行为。

各省、自治区、直辖市价格、旅游、工商行政主管部门要结合当地实际制定本地区酒店客房价格监管办法，并上报国家相关部门。

（六）旅游出入境管理

中华人民共和国出境入境管理法

- 2012 年 6 月 30 日第十一届全国人民代表大会常务委员会第二十七次会议通过
- 2012 年 6 月 30 日中华人民共和国主席令第 57 号公布
- 自 2013 年 7 月 1 日起施行

第一章　总　则

第一条　为了规范出境入境管理，维护中华人民共和国的主权、安全和社会秩序，促进对外交往和对外开放，制定本法。

第二条　中国公民出境入境、外国人入境出境、外国人在中国境内停留居留的管理，以及交通运输工具出境入境的边防检查，适用本法。

第三条　国家保护中国公民出境入境合法权益。

在中国境内的外国人的合法权益受法律保护。在中国境内的外国人应当遵守中国法律，不得危害中国国家安全、损害社会公共利益、破坏社会公共秩序。

第四条　公安部、外交部按照各自职责负责有关出境入境事务的管理。

中华人民共和国驻外使馆、领馆或者外交部委托的其他驻外机构（以下称驻外签证机关）负责在境外签发外国人入境签证。出入境边防检查机关负责实施出境入境边防检查。县级以上地方人民政府公安机关及其出入境管理机构负责外国人停留居留管理。

公安部、外交部可以在各自职责范围内委托县级以上地方人民政府公安机关出入境管理机构、县级以上地方人民政府外事部门受理外国人入境、停留居留申请。

公安部、外交部在出境入境事务管理中，应当加强沟通配合，并与国务院有关部门密切合作，按照各自职责分工，依法行使职权，承担责任。

第五条　国家建立统一的出境入境管理信息平台，实现有关管理部门信息共享。

第六条　国家在对外开放的口岸设立出入境边防检查机关。

中国公民、外国人以及交通运输工具应当从对外开放的口岸出境入境，特殊情况下，可以从国务院或者国务院授权的部门批准的地点出境入境。出境入境人员和交通运输工具应当接受出境入境边防检查。

出入境边防检查机关负责对口岸限定区域实施管理。根据维护国家安全和出境入境管理秩序的需要，出入境边防检查机关可以对出境入境人员携带的物品实施边防检查。必要时，出入境边防检查机关可以对出境入境交通运输工具载运的货物实施边防检查，但是应当通知海关。

第七条　经国务院批准，公安部、外交部根据出境入境管理的需要，可以对留存出境入境人员的指纹等人体生物识别信息作出规定。

外国政府对中国公民签发签证、出境入境管理有特别规定的，中国政府可以根据情况采取相应的对等措施。

第八条　履行出境入境管理职责的部门和机构应当切实采取措施，不断提升服务和管理水平，公正执法，便民高效，维护安全、便捷的出境入境秩序。

第二章　中国公民出境入境

第九条　中国公民出境入境，应当依法申请办理护照或者其他旅行证件。

中国公民前往其他国家或者地区，还需要取得前往国签证或者其他入境许可证明。但是，中国政府与其他国家政府签订互免签证协议或者公安部、外交部另有规定的除外。

中国公民以海员身份出境入境和在国外船舶上从事工作的，应当依法申请办理海员证。

第十条　中国公民往来内地与香港特别行政区、澳门特别行政区，中国公民往来大陆与台湾地区，应当依法申请办理通行证件，并遵守本法有关规定。具体管理办法由国务院规定。

第十一条　中国公民出境入境，应当向出入境边防检查机关交验本人的护照或者其他旅行证件等出境入境证件，履行规定的手续，经查验准许，方可出境入境。

具备条件的口岸，出入境边防检查机关应当为中国公民出境入境提供专用通道等便利措施。

第十二条　中国公民有下列情形之一的，不准出境：

（一）未持有效出境入境证件或者拒绝、逃避接受边防检查的；

（二）被判处刑罚尚未执行完毕或者属于刑事案件被告人、犯罪嫌疑人的；

（三）有未了结的民事案件，人民法院决定不准出境的；

（四）因妨害国（边）境管理受到刑事处罚或者因非法出境、非法居留、非法就业被其他国家或者地区遣返，未满不准出境规定年限的；

（五）可能危害国家安全和利益，国务院有关主管部门决定不准出境的；

（六）法律、行政法规规定不准出境的其他情形。

第十三条　定居国外的中国公民要求回国定居的，应当在入境前向中华人民共和国驻外使馆、领馆或者外交部委托的其他驻外机构提出申请，也可以由本人或者经由国内亲属向拟定居地的县级以上地方人民政府侨务部门提出申请。

第十四条　定居国外的中国公民在中国境内办理金融、教育、医疗、交通、电信、社会保险、财产登记等事务需要提供身份证明的，可以凭本人的护照证明其身份。

第三章　外国人入境出境
第一节　签　证

第十五条　外国人入境，应当向驻外签证机关申请办理签证，但是本法另有规定的除外。

第十六条　签证分为外交签证、礼遇签证、公务签证、普通签证。

对因外交、公务事由入境的外国人，签发外交、公务签证；对因身份特殊需要给予礼遇的外国人，签发礼遇签证。外交签证、礼遇签证、公务签证的签发范围和签发办法由外交部规定。

对因工作、学习、探亲、旅游、商务活动、人才引进等非外交、公务事由入境的外国人，签发相应类别的普通签证。普通签证的类别和签发办法由国务院规定。

第十七条　签证的登记项目包括：签证种类，持有人姓名、性别、出生日期、入境次数、入境有效期、停留期限，签发日期、地点，护照或者其他国际旅行证件号码等。

第十八条　外国人申请办理签证，应当向驻外签证机关提交本人的护照或者其他国际旅行证件，以及申请事由的相关材料，按照驻外签证机关的要求办理相关手续、接受面谈。

第十九条　外国人申请办理签证需要提供中国境内的单位或者个人出具的邀请函件的，申请人应当按照驻外签证机关的要求提供。出具邀请函件的单位或者个人应当对邀请内容的真实性负责。

第二十条　出于人道原因需要紧急入境，应邀入境从事紧急商务、工程抢修或者具有其他紧急入境需要并持有有关主管部门同意在口岸申办签证的证明材料的外国人，可以在国务院批准办理口岸签证业务的口岸，向公安部委托的口岸签证机关（以下简称口岸签证机关）申请办理口岸签证。

旅行社按照国家有关规定组织入境旅游的，可以向口岸签证机关申请办理团体旅游签证。

外国人向口岸签证机关申请办理签证，应当提交本人的护照或者其他国际旅行证件，以及申请事由的相关材料，按照口岸签证机关的要求办理相关手续，并从申请签证的口岸入境。

口岸签证机关签发的签证一次入境有效，签证注明的停留期限不得超过三十日。

第二十一条　外国人有下列情形之一的，不予签发签证：

（一）被处驱逐出境或者被决定遣送出境，未满不准入境规定年限的；

（二）患有严重精神障碍、传染性肺结核病或者有可能对公共卫生造成重大危害的其他传染病的；

（三）可能危害中国国家安全和利益、破坏社会公共秩序或者从事其他违法犯罪活动的；

（四）在申请签证过程中弄虚作假或者不能保障在中国境内期间所需费用的；

（五）不能提交签证机关要求提交的相关材料的；

（六）签证机关认为不宜签发签证的其他情形。

对不予签发签证的，签证机关可以不说明理由。

第二十二条　外国人有下列情形之一的，可以免办签证：

（一）根据中国政府与其他国家政府签订的互免签证协议，属于免办签证人员的；

（二）持有效的外国人居留证件的；

（三）持联程客票搭乘国际航行的航空器、船舶、列车从中国过境前往第三国或者地区，在中国境内停留不超过二十四小时且不离开口岸，或者在国务院批准的特定区域内停留不超过规定时限的；

（四）国务院规定的可以免办签证的其他情形。

第二十三条　有下列情形之一的外国人需要临时入境的，应当向出入境边防检查机关申请办理临时入境手续：

（一）外国船员及其随行家属登陆港口所在城市的；

（二）本法第二十二条第三项规定的人员需要离开口岸的；

（三）因不可抗力或者其他紧急原因需要临时入境的。

临时入境的期限不得超过十五日。

对申请办理临时入境手续的外国人，出入境边防检查机关可以要求外国人本人、载运其入境的交通运输工具的负责人或者交通运输工具出境入境业务代理单位提供必要的保证措施。

第二节　入境出境

第二十四条　外国人入境，应当向出入境边防检查机关交验本人的护照或者其他国际旅行证件、签证或者其他入境许可证明,履行规定的手续,经查验准许,方可入境。

第二十五条 外国人有下列情形之一的,不准入境:

(一)未持有效出入境证件或者拒绝、逃避接受边防检查的;

(二)具有本法第二十一条第一款第一至第四项规定情形的;

(三)入境后可能从事与签证种类不符的活动的;

(四)法律、行政法规规定不准入境的其他情形。

对不准入境的,出入境边防检查机关可以不说明理由。

第二十六条 对未被准许入境的外国人,出入境边防检查机关应当责令其返回;对拒不返回的,强制其返回。外国人等待返回期间,不得离开限定的区域。

第二十七条 外国人出境,应当向出入境边防检查机关交验本人的护照或者其他国际旅行证件等出境入境证件,履行规定的手续,经查验准许,方可出境。

第二十八条 外国人有下列情形之一的,不准出境:

(一)被判处刑罚尚未执行完毕或者属于刑事案件被告人、犯罪嫌疑人的,但是按照中国与外国签订的有关协议,移管被判刑人的除外;

(二)有未了结的民事案件,人民法院决定不准出境的;

(三)拖欠劳动者的劳动报酬,经国务院有关部门或者省、自治区、直辖市人民政府决定不准出境的;

(四)法律、行政法规规定不准出境的其他情形。

第四章　外国人停留居留
第一节　停留居留

第二十九条 外国人所持签证注明的停留期限不超过一百八十日的,持证人凭签证并按照签证注明的停留期限在中国境内停留。

需要延长签证停留期限的,应当在签证注明的停留期限届满七日前向停留地县级以上地方人民政府公安机关出入境管理机构申请,按照要求提交申请事由的相关材料。经审查,延期理由合理、充分的,准予延长停留期限;不予延长停留期限的,应当按期离境。

延长签证停留期限,累计不得超过签证原注明的停留期限。

第三十条 外国人所持签证注明入境后需要办理居留证件的,应当自入境之日起三十日内,向拟居留地县级以上地方人民政府公安机关出入境管理机构申请办理外国人居留证件。

申请办理外国人居留证件,应当提交本人的护照或者其他国际旅行证件,以及申请事由的相关材料,并留存指纹等人体生物识别信息。公安机关出入境管理机构应当自收到申请材料之日起十五日内进行审查并作出审查决定,根据居留事由签发相应类别和期限的外国人居留证件。

外国人工作类居留证件的有效期最短为九十日,最长为五年;非工作类居留证件的有效期最短为一百八十日,最长为五年。

第三十一条 外国人有下列情形之一的,不予签发外国人居留证件:

(一)所持签证类别属于不应办理外国人居留证件的;

(二)在申请过程中弄虚作假的;

(三)不能按照规定提供相关证明材料的;

(四)违反中国有关法律、行政法规,不适合在中国境内居留的;

(五)签发机关认为不宜签发外国人居留证件的其他情形。

符合国家规定的专门人才、投资者或者出于人道等原因确需由停留变更为居留的外国人,经设区的市级以上地方人民政府公安机关出入境管理机构批准可以办理外国人居留证件。

第三十二条 在中国境内居留的外国人申请延长居留期限的,应当在居留证件有效期限届满三十日前向居留地县级以上地方人民政府公安机关出入境管理机构提出申请,按照要求提交申请事由的相关材料。经审查,延期理由合理、充分的,准予延长居留期限;不予延长居留期限的,应当按期离境。

第三十三条 外国人居留证件的登记项目包括:持有人姓名、性别、出生日期、居留事由、居留期限,签发日期、地点,护照或者其他国际旅行证件号码等。

外国人居留证件登记事项发生变更的,持证件人应当自登记事项发生变更之日起十日内向居留地县级以上地方人民政府公安机关出入境管理机构申请办理变更。

第三十四条 免办签证入境的外国人需要超过免签期限在中国境内停留的,外国船员及其随行家属在中国境内停留需要离开港口所在城市,或者具有需要办理外国人停留证件其他情形的,应当按照规定办理外国人停留证件。

外国人停留证件的有效期最长为一百八十日。

第三十五条 外国人入境后,所持的普通签证、停留居留证件损毁、遗失、被盗抢或者有符合国家规定的事由需要换发、补发的,应当按照规定向停留居留地县级以上地方人民政府公安机关出入境管理机构提出申请。

第三十六条 公安机关出入境管理机构作出的不予办理普通签证延期、换发、补发,不予办理外国人停留居留证件,不予延长居留期限的决定为最终决定。

第三十七条 外国人在中国境内停留居留,不得从事与停留居留事由不相符的活动,并应当在规定的停留居留期限届满前离境。

第三十八条 年满十六周岁的外国人在中国境内停留居留,应当随身携带本人的护照或者其他国际旅行证件,或者外国人停留居留证件,接受公安机关的查验。

在中国境内居留的外国人,应当在规定的时间内到居留地县级以上地方人民政府公安机关交验外国人居留证件。

第三十九条 外国人在中国境内旅馆住宿的,旅馆应当按照旅馆业治安管理的有关规定为其办理住宿登记,并向所在地公安机关报送外国人住宿登记信息。

外国人在旅馆以外的其他住所居住或者住宿的,应当在入住后二十四小时内由本人或者留宿人,向居住地的公安机关办理登记。

第四十条 在中国境内出生的外国婴儿,其父母或者代理人应当在婴儿出生六十日内,持该婴儿的出生证明到父母停留居留地县级以上地方人民政府公安机关出入境管理机构为其办理停留或者居留登记。

外国人在中国境内死亡的,其家属、监护人或者代理人,应当按照规定,持该外国人的死亡证明向县级以上地方人民政府公安机关出入境管理机构申报,注销外国人停留居留证件。

第四十一条 外国人在中国境内工作,应当按照规定取得工作许可和工作类居留证件。任何单位和个人不得聘用未取得工作许可和工作类居留证件的外国人。

外国人在中国境内工作管理办法由国务院规定。

第四十二条 国务院人力资源社会保障主管部门、外国专家主管部门会同国务院有关部门根据经济社会发展需要和人力资源供求状况制定并定期调整外国人在中国境内工作指导目录。

国务院教育主管部门会同国务院有关部门建立外国留学生勤工助学管理制度,对外国留学生勤工助学的岗位范围和时限作出规定。

第四十三条 外国人有下列行为之一的,属于非法就业:

(一)未按照规定取得工作许可和工作类居留证件在中国境内工作的;

(二)超出工作许可限定范围在中国境内工作的;

(三)外国留学生违反勤工助学管理规定,超出规定的岗位范围或者时限在中国境内工作的。

第四十四条 根据维护国家安全、公共安全的需要,公安机关、国家安全机关可以限制外国人、外国机构在某些地区设立居住或者办公场所;对已经设立的,可以限期迁离。

未经批准,外国人不得进入限制外国人进入的区域。

第四十五条 聘用外国人工作或者招收外国留学生的单位,应当按照规定向所在地公安机关报告有关信息。

公民、法人或者其他组织发现外国人有非法入境、非法居留、非法就业情形的,应当及时向所在地公安机关报告。

第四十六条 申请难民地位的外国人,在难民地位甄别期间,可以凭公安机关签发的临时身份证明在中国境内停留;被认定为难民的外国人,可以凭公安机关签发的难民身份证件在中国境内停留居留。

第二节 永久居留

第四十七条 对中国经济社会发展作出突出贡献或者符合其他在中国境内永久居留条件的外国人,经本人申请和公安部批准,取得永久居留资格。

外国人在中国境内永久居留的审批管理办法由公安部、外交部会同国务院有关部门规定。

第四十八条 取得永久居留资格的外国人,凭永久居留证件在中国境内居留和工作,凭本人的护照和永久居留证件出境入境。

第四十九条 外国人有下列情形之一的,由公安部决定取消其在中国境内永久居留资格:

(一)对中国国家安全和利益造成危害的;

(二)被处驱逐出境的;

(三)弄虚作假骗取在中国境内永久居留资格的;

(四)在中国境内居留未达到规定时限的;

(五)不适宜在中国境内永久居留的其他情形。

第五章 交通运输工具出境入境边防检查

第五十条 出境入境交通运输工具离开、抵达口岸时,应当接受边防检查。对交通运输工具的入境边防检查,在其最先抵达的口岸进行;对交通运输工具的出境边防检查，在其最后离开的口岸进行。特殊情况下，可以在有关主管机关指定的地点进行。

出境的交通运输工具自出境检查后至出境前，入境的交通运输工具自入境后至入境检查前，未经出入境边防检查机关按照规定程序许可，不得上下人员、装卸货物或者物品。

第五十一条　交通运输工具负责人或者交通运输工具出境入境业务代理单位应当按照规定提前向出入境边防检查机关报告入境、出境的交通运输工具抵达、离开口岸的时间和停留地点，如实申报员工、旅客、货物或者物品等信息。

第五十二条　交通运输工具负责人、交通运输工具出境入境业务代理单位应当配合出境入境边防检查，发现违反本法规定行为的，应当立即报告并协助调查处理。

入境交通运输工具载运不准入境人员的，交通运输工具负责人应当负责载离。

第五十三条　出入境边防检查机关按照规定对处于下列情形之一的出境入境交通运输工具进行监护：

（一）出境的交通运输工具在出境边防检查开始后至出境前、入境的交通运输工具在入境后至入境边防检查完成前；

（二）外国船舶在中国内河航行期间；

（三）有必要进行监护的其他情形。

第五十四条　因装卸物品、维修作业、参观访问等事由需要上下外国船舶的人员，应当向出入境边防检查机关申请办理登轮证件。

中国船舶与外国船舶或者外国船舶之间需要搭靠作业的，应当由船长或者交通运输工具出境入境业务代理单位向出入境边防检查机关申请办理船舶搭靠手续。

第五十五条　外国船舶、航空器在中国境内应当按照规定的路线、航线行驶。

出境入境的船舶、航空器不得驶入对外开放口岸以外地区。因不可预见的紧急情况或者不可抗力驶入的，应当立即向就近的出入境边防检查机关或者当地公安机关报告，并接受监护和管理。

第五十六条　交通运输工具有下列情形之一的，不准出境入境；已经驶离口岸的，可以责令返回：

（一）离开、抵达口岸时，未经查验准许擅自出境入境的；

（二）未经批准擅自改变出境入境口岸的；

（三）涉嫌载有不准出境入境人员，需要查验核实的；

（四）涉嫌载有危害国家安全、利益和社会公共秩序的物品，需要查验核实的；

（五）拒绝接受出入境边防检查机关管理的其他情形。

前款所列情形消失后，出入境边防检查机关对有关交通运输工具应当立即放行。

第五十七条　从事交通运输工具出境入境业务代理的单位，应当向出入境边防检查机关备案。从事业务代理的人员，由所在单位向出入境边防检查机关办理备案手续。

第六章　调查和遣返

第五十八条　本章规定的当场盘问、继续盘问、拘留审查、限制活动范围、遣送出境措施，由县级以上地方人民政府公安机关或者出入境边防检查机关实施。

第五十九条　对涉嫌违反出境入境管理的人员，可以当场盘问；经当场盘问，有下列情形之一的，可以依法继续盘问：

（一）有非法出境入境嫌疑的；

（二）有协助他人非法出境入境嫌疑的；

（三）外国人有非法居留、非法就业嫌疑的；

（四）有危害国家安全和利益，破坏社会公共秩序或者从事其他违法犯罪活动嫌疑的。

当场盘问和继续盘问应当依据《中华人民共和国人民警察法》规定的程序进行。

县级以上地方人民政府公安机关或者出入境边防检查机关需要传唤涉嫌违反出境入境管理的人员的，依照《中华人民共和国治安管理处罚法》的有关规定执行。

第六十条　外国人有本法第五十九条第一款规定情形之一的，经当场盘问或者继续盘问后仍不能排除嫌疑，需要作进一步调查的，可以拘留审查。

实施拘留审查，应当出示拘留审查决定书，并在二十四小时内进行询问。发现不应当拘留审查的，应当立即解除拘留审查。

拘留审查的期限不得超过三十日；案情复杂的，经上一级地方人民政府公安机关或者出入境边防检查机关批准可以延长至六十日。对国籍、身份不明的外国人，拘留审查期限自查清其国籍、身份之日起计算。

第六十一条　外国人有下列情形之一的，不适用拘留审查，可以限制其活动范围：

（一）患有严重疾病的；

（二）怀孕或者哺乳自己不满一周岁婴儿的；

（三）未满十六周岁或者已满七十周岁的；

（四）不宜适用拘留审查的其他情形。

被限制活动范围的外国人，应当按照要求接受审查，未经公安机关批准，不得离开限定的区域。限制活动范围的期限不得超过六十日。对国籍、身份不明的外国人，限制活动范围期限自查清其国籍、身份之日起计算。

第六十二条　外国人有下列情形之一的，可以遣送出境：

（一）被处限期出境，未在规定期限内离境的；

（二）有不准入境情形的；

（三）非法居留、非法就业的；

（四）违反本法或者其他法律、行政法规需要遣送出境的。

其他境外人员有前款所列情形之一的，可以依法遣送出境。

被遣送出境的人员，自被遣送出境之日起一至五年内不准入境。

第六十三条　被拘留审查或者被决定遣送出境但不能立即执行的人员，应当羁押在拘留所或者遣返场所。

第六十四条　外国人对依照本法规定对其实施的继续盘问、拘留审查、限制活动范围、遣送出境措施不服的，可以依法申请行政复议，该行政复议决定为最终决定。

其他境外人员对依照本法规定对其实施的遣送出境措施不服，申请行政复议的，适用前款规定。

第六十五条　对依法决定不准出境或者不准入境的人员，决定机关应当按照规定及时通知出入境边防检查机关；不准出境、入境情形消失的，决定机关应当及时撤销不准出境、入境决定，并通知出入境边防检查机关。

第六十六条　根据维护国家安全和出境入境管理秩序的需要，必要时，出入境边防检查机关可以对出境入境的人员进行人身检查。人身检查应当由两名与受检查人同性别的边防检查人员进行。

第六十七条　签证、外国人停留居留证件等出境入境证件发生损毁、遗失、被盗抢或者签发后发现持证人不符合签发条件等情形的，由签发机关宣布该出境入境证件作废。

伪造、变造、骗取或者被证件签发机关宣布作废的出境入境证件无效。

公安机关可以对前款规定的或被他人冒用的出境入境证件予以注销或者收缴。

第六十八条　对用于组织、运送、协助他人非法出境入境的交通运输工具，以及需要作为办案证据的物品，公安机关可以扣押。

对查获的违禁物品，涉及国家秘密的文件、资料以及用于实施违反出境入境管理活动的工具等，公安机关应当予以扣押，并依照相关法律、行政法规规定处理。

第六十九条　出境入境证件的真伪由签发机关、出入境边防检查机关或者公安机关出入境管理机构认定。

第七章　法律责任

第七十条　本章规定的行政处罚，除本章另有规定外，由县级以上地方人民政府公安机关或者出入境边防检查机关决定；其中警告或者五千元以下罚款，可以由县级以上地方人民政府公安机关出入境管理机构决定。

第七十一条　有下列行为之一的，处一千元以上五千元以下罚款；情节严重的，处五日以上十日以下拘留，可以并处二千元以上一万元以下罚款：

（一）持用伪造、变造、骗取的出境入境证件出境入境的；

（二）冒用他人出境入境证件出境入境的；

（三）逃避出境入境边防检查的；

（四）以其他方式非法出境入境的。

第七十二条　协助他人非法出境入境的，处二千元以上一万元以下罚款；情节严重的，处十日以上十五日以下拘留，并处五千元以上二万元以下罚款，有违法所得的，没收违法所得。

单位有前款行为的，处一万元以上五万元以下罚款，有违法所得的，没收违法所得，并对其直接负责的主管人员和其他直接责任人员依照前款规定予以处罚。

第七十三条　弄虚作假骗取签证、停留居留证件等出境入境证件的，处二千元以上五千元以下罚款；情节严重的，处十日以上十五日以下拘留，并处五千元以上二万元以下罚款。

单位有前款行为的，处一万元以上五万元以下罚款，并对其直接负责的主管人员和其他直接责任人员依照前款规定予以处罚。

第七十四条　违反本法规定，为外国人出具邀请函件或者其他申请材料的，处五千元以上一万元以下罚款，有违法所得的，没收违法所得，并责令其承担所邀请外国人的出境费用。

单位有前款行为的，处一万元以上五万元以下罚款，有违法所得的，没收违法所得，并责令其承担所邀请外国人的出境费用，对其直接负责的主管人员和其他直接责任人员依照前款规定予以处罚。

第七十五条　中国公民出境后非法前往其他国家或者地区被遣返的，出入境边防检查机关应当收缴其出境入境证件,出境入境证件签发机关自其被遣返之日起六个月至三年以内不予签发出境入境证件。

第七十六条 有下列情形之一的,给予警告,可以并处二千元以下罚款:

(一)外国人拒不接受公安机关查验其出境入境证件的;

(二)外国人拒不交验居留证件的;

(三)未按照规定办理外国人出生登记、死亡申报的;

(四)外国人居留证件登记事项发生变更,未按照规定办理变更的;

(五)在中国境内的外国人冒用他人出境入境证件的;

(六)未按照本法第三十九条第二款规定办理登记的。

旅馆未按照规定办理外国人住宿登记的,依照《中华人民共和国治安管理处罚法》的有关规定予以处罚;未按照规定向公安机关报送外国人住宿登记信息的,给予警告;情节严重的,处一千元以上五千元以下罚款。

第七十七条 外国人未经批准,擅自进入限制外国人进入的区域,责令立即离开;情节严重的,处五日以上十日以下拘留。对外国人非法获取的文字记录、音像资料、电子数据和其他物品,予以收缴或者销毁,所用工具予以收缴。

外国人、外国机构违反本法规定,拒不执行公安机关、国家安全机关限期迁离决定的,给予警告并强制迁离;情节严重的,对有关责任人员处五日以上十五日以下拘留。

第七十八条 外国人非法居留的,给予警告;情节严重的,处每非法居留一日五百元,总额不超过一万元的罚款或者五日以上十五日以下拘留。

因监护人或者其他负有监护责任的人未尽到监护义务,致使未满十六周岁的外国人非法居留的,对监护人或者其他负有监护责任的人给予警告,可以并处一千元以下罚款。

第七十九条 容留、藏匿非法入境、非法居留的外国人,协助非法入境、非法居留的外国人逃避检查,或者为非法居留的外国人违法提供出境入境证件的,处二千元以上一万元以下罚款;情节严重的,处五日以上十五日以下拘留,并处五千元以上二万元以下罚款,有违法所得的,没收违法所得。

单位有前款行为的,处一万元以上五万元以下罚款,有违法所得的,没收违法所得,并对其直接负责的主管人员和其他直接责任人员依照前款规定予以处罚。

第八十条 外国人非法就业的,处五千元以上二万元以下罚款;情节严重的,处五日以上十五日以下拘留,并处五千元以上二万元以下罚款。

介绍外国人非法就业的,对个人处每非法介绍一人五千元,总额不超过五万元的罚款;对单位处每非法介绍一人五千元,总额不超过十万元的罚款;有违法所得的,没收违法所得。

非法聘用外国人的,处每非法聘用一人一万元,总额不超过十万元的罚款;有违法所得的,没收违法所得。

第八十一条 外国人从事与停留居留事由不相符的活动,或者有其他违反中国法律、法规规定,不适宜在中国境内继续停留居留情形的,可以处限期出境。

外国人违反本法规定,情节严重,尚不构成犯罪的,公安部可以处驱逐出境。公安部的处罚决定为最终决定。

被驱逐出境的外国人,自被驱逐出境之日起十年内不准入境。

第八十二条 有下列情形之一的,给予警告,可以并处二千元以下罚款:

(一)扰乱口岸限定区域管理秩序的;

(二)外国船员及其随行家属未办理临时入境手续登陆的;

(三)未办理登轮证件上下外国船舶的。

违反前款第一项规定,情节严重的,可以并处五日以上十日以下拘留。

第八十三条 交通运输工具有下列情形之一的,对其负责人处五千元以上五万元以下罚款:

(一)未经查验准许擅自出境入境或者未经批准擅自改变出境入境口岸的;

(二)未按照规定如实申报员工、旅客、货物或者物品等信息,或者拒绝协助出境入境边防检查的;

(三)违反出境入境边防检查规定上下人员、装卸货物或者物品的。

出境入境交通运输工具载运不准出境入境人员出境入境的,处每载运一人五千元以上一万元以下罚款。交通运输工具负责人证明其已经采取合理预防措施的,可以减轻或者免予处罚。

第八十四条 交通运输工具有下列情形之一的,对其负责人处二千元以上二万元以下罚款:

(一)中国或者外国船舶未经批准擅自搭靠外国船舶的;

（二）外国船舶、航空器在中国境内未按照规定的路线、航线行驶的；

（三）出境入境的船舶、航空器违反规定驶入对外开放口岸以外地区的。

第八十五条　履行出境入境管理职责的工作人员，有下列行为之一的，依法给予处分：

（一）违反法律、行政法规，为不符合规定条件的外国人签发签证、外国人停留居留证件等出境入境证件的；

（二）违反法律、行政法规，审核验放不符合规定条件的人员或者交通运输工具出入境的；

（三）泄露在出境入境管理工作中知悉的个人信息，侵害当事人合法权益的；

（四）不按照规定将依法收取的费用、收缴的罚款及没收的违法所得、非法财物上缴国库的；

（五）私分、侵占、挪用罚没、扣押的款物或者收取的费用的；

（六）滥用职权、玩忽职守、徇私舞弊，不依法履行法定职责的其他行为。

第八十六条　对违反出境入境管理行为处五百元以下罚款的，出入境边防检查机关可以当场作出处罚决定。

第八十七条　对违反出境入境管理行为处罚款的，被处罚人应当自收到处罚决定书之日起十五日内，到指定的银行缴纳罚款。被处罚人在所在地没有固定住所，不当场收缴罚款事后难以执行或者在口岸向指定银行缴纳罚款确有困难的，可以当场收缴。

第八十八条　违反本法规定，构成犯罪的，依法追究刑事责任。

第八章　附　则

第八十九条　本法下列用语的含义：

出境，是指由中国内地前往其他国家或者地区，由中国内地前往香港特别行政区、澳门特别行政区，由中国大陆前往台湾地区。

入境，是指由其他国家或者地区进入中国内地，由香港特别行政区、澳门特别行政区进入中国内地，由台湾地区进入中国大陆。

外国人，是指不具有中国国籍的人。

第九十条　经国务院批准，同毗邻国家接壤的省、自治区可以根据中国与有关国家签订的边界管理协定制定地方性法规、地方政府规章，对两国边境接壤地区的居民往来作出规定。

第九十一条　外国驻中国的外交代表机构、领事机构成员以及享有特权和豁免的其他外国人，其入境出境

及停留居留管理，其他法律另有规定的，依照其规定。

第九十二条　外国人申请办理签证、外国人停留居留证件等出境入境证件或者申请办理证件延期、变更的，应当按照规定缴纳签证费、证件费。

第九十三条　本法自 2013 年 7 月 1 日起施行。《中华人民共和国外国人入境出境管理法》和《中华人民共和国公民出境入境管理法》同时废止。

中华人民共和国护照法

· 2006 年 4 月 29 日第十届全国人民代表大会常务委员会第二十一次会议通过
· 2006 年 4 月 29 日中华人民共和国主席令第 50 号公布
· 自 2007 年 1 月 1 日起施行

第一条　为了规范中华人民共和国护照的申请、签发和管理，保障中华人民共和国公民出入中华人民共和国国境的权益，促进对外交往，制定本法。

第二条　中华人民共和国护照是中华人民共和国公民出入国境和在国外证明国籍和身份的证件。

任何组织或者个人不得伪造、变造、转让、故意损毁或者非法扣押护照。

第三条　护照分为普通护照、外交护照和公务护照。

护照由外交部通过外交途径向外国政府推介。

第四条　普通护照由公安部出入境管理机构或者公安部委托的县级以上地方人民政府公安机关出入境管理机构以及中华人民共和国驻外使馆、领馆和外交部委托的其他驻外机构签发。

外交护照由外交部签发。

公务护照由外交部、中华人民共和国驻外使馆、领馆或者外交部委托的其他驻外机构以及外交部委托的省、自治区、直辖市和设区的市人民政府外事部门签发。

第五条　公民因前往外国定居、探亲、学习、就业、旅行、从事商务活动等非公务原因出国的，由本人向户籍所在地的县级以上地方人民政府公安机关出入境管理机构申请普通护照。

第六条　公民申请普通护照，应当提交本人的居民身份证、户口簿、近期免冠照片以及申请事由的相关材料。国家工作人员因本法第五条规定的原因出境申请普通护照的，还应当按照国家有关规定提交相关证明文件。

公安机关出入境管理机构应当自收到申请材料之日起十五日内签发普通护照；对不符合规定不予签发的，应当书面说明理由，并告知申请人享有依法申请行政复议

或者提起行政诉讼的权利。

在偏远地区或者交通不便的地区或者因特殊情况，不能按期签发护照的，经护照签发机关负责人批准，签发时间可以延长至三十日。

公民因合理紧急事由请求加急办理的，公安机关出入境管理机构应当及时办理。

第七条　普通护照的登记项目包括：护照持有人的姓名、性别、出生日期、出生地，护照的签发日期、有效期、签发地点和签发机关。

普通护照的有效期为：护照持有人未满十六周岁的五年，十六周岁以上的十年。

普通护照的具体签发办法，由公安部规定。

第八条　外交官员、领事官员及其随行配偶、未成年子女和外交信使持用外交护照。

在中华人民共和国驻外使馆、领馆或者联合国、联合国专门机构以及其他政府间国际组织中工作的中国政府派出的职员及其随行配偶、未成年子女持用公务护照。

前两款规定之外的公民出国执行公务的，由其工作单位依照本法第四条第二款、第三款的规定向外交部门提出申请，由外交部门根据需要签发外交护照或者公务护照。

第九条　外交护照、公务护照的登记项目包括：护照持有人的姓名、性别、出生日期、出生地，护照的签发日期、有效期和签发机关。

外交护照、公务护照的签发范围、签发办法、有效期以及公务护照的具体类别，由外交部规定。

第十条　护照持有人所持护照的登记事项发生变更时，应当持相关证明材料，向护照签发机关申请护照变更加注。

第十一条　有下列情形之一的，护照持有人可以按照规定申请换发或者补发护照：

（一）护照有效期即将届满的；

（二）护照签证页即将使用完毕的；

（三）护照损毁不能使用的；

（四）护照遗失或者被盗的；

（五）有正当理由需要换发或者补发护照的其他情形。

护照持有人申请换发或者补发普通护照，在国内，由本人向户籍所在地的县级以上地方人民政府公安机关出入境管理机构提出；在国外，由本人向中华人民共和国驻外使馆、领馆或者外交部委托的其他驻外机构提出。定居国外的中国公民回国后申请换发或者补发普通护照

的，由本人向暂住地的县级以上地方人民政府公安机关出入境管理机构提出。

外交护照、公务护照的换发或者补发，按照外交部的有关规定办理。

第十二条　护照具备视读与机读两种功能。

护照的防伪性能参照国际技术标准制定。

护照签发机关及其工作人员对因制作、签发护照而知悉的公民个人信息，应当予以保密。

第十三条　申请人有下列情形之一的，护照签发机关不予签发护照：

（一）不具有中华人民共和国国籍的；

（二）无法证明身份的；

（三）在申请过程中弄虚作假的；

（四）被判处刑罚正在服刑的；

（五）人民法院通知有未了结的民事案件不能出境的；

（六）属于刑事案件被告人或者犯罪嫌疑人的；

（七）国务院有关主管部门认为出境后将对国家安全造成危害或者对国家利益造成重大损失的。

第十四条　申请人有下列情形之一的，护照签发机关自其刑罚执行完毕或者被遣返回国之日起六个月至三年以内不予签发护照：

（一）因妨害国（边）境管理受到刑事处罚的；

（二）因非法出境、非法居留、非法就业被遣返回国的。

第十五条　人民法院、人民检察院、公安机关、国家安全机关、行政监察机关因办理案件需要，可以依法扣押案件当事人的护照。

案件当事人拒不交出护照的，前款规定的国家机关可以提请护照签发机关宣布案件当事人的护照作废。

第十六条　护照持有人丧失中华人民共和国国籍，或者护照遗失、被盗等情形，由护照签发机关宣布该护照作废。

伪造、变造、骗取或者被签发机关宣布作废的护照无效。

第十七条　弄虚作假骗取护照的，由护照签发机关收缴护照或者宣布护照作废；由公安机关处二千元以上五千元以下罚款；构成犯罪的，依法追究刑事责任。

第十八条　为他人提供伪造、变造的护照，或者出售护照的，依法追究刑事责任；尚不够刑事处罚的，由公安机关没收违法所得，处十日以上十五日以下拘留，并处二千元以上五千元以下罚款；非法护照及其印制设备由公

安机关收缴。

第十九条　持用伪造或者变造的护照或者冒用他人护照出国(边)境的,由公安机关依照出境入境管理的法律规定予以处罚;非法护照由公安机关收缴。

第二十条　护照签发机关工作人员在办理护照过程中有下列行为之一的,依法给予行政处分;构成犯罪的,依法追究刑事责任:

(一)应当受理而不予受理的;

(二)无正当理由不在法定期限内签发的;

(三)超出国家规定标准收取费用的;

(四)向申请人索取或者收受贿赂的;

(五)泄露因制作、签发护照而知悉的公民个人信息,侵害公民合法权益的;

(六)滥用职权、玩忽职守、徇私舞弊的其他行为。

第二十一条　普通护照由公安部规定式样并监制;外交护照、公务护照由外交部规定式样并监制。

第二十二条　护照签发机关可以收取护照的工本费、加注费。收取的工本费和加注费上缴国库。

护照工本费和加注费的标准由国务院价格行政部门会同国务院财政部门规定、公布。

第二十三条　短期出国的公民在国外发生护照遗失、被盗或者损毁不能使用等情形,应当向中华人民共和国驻外使馆、领馆或者外交部委托的其他驻外机构申请中华人民共和国旅行证。

第二十四条　公民从事边境贸易、边境旅游服务或者参加边境旅游等情形,可以向公安部委托的县级以上地方人民政府公安机关出入境管理机构申请中华人民共和国出入境通行证。

第二十五条　公民以海员身份出入国境和在国外船舶上从事工作的,应当向交通部委托的海事管理机构申请中华人民共和国海员证。

第二十六条　本法自 2007 年 1 月 1 日起施行。本法施行前签发的护照在有效期内继续有效。

中国公民出国旅游管理办法

· 2002 年 5 月 27 日中华人民共和国国务院令第 354 号公布

· 根据 2017 年 3 月 1 日《国务院关于修改和废止部分行政法规的决定》修订

第一条　为了规范旅行社组织中国公民出国旅游活动,保障出国旅游者和出国旅游经营者的合法权益,制定本办法。

第二条　出国旅游的目的地国家,由国务院旅游行政部门会同国务院有关部门提出,报国务院批准后,由国务院旅游行政部门公布。

任何单位和个人不得组织中国公民到国务院旅游行政部门公布的出国旅游的目的地国家以外的国家旅游;组织中国公民到国务院旅游行政部门公布的出国旅游的目的地国家以外的国家进行涉及体育活动、文化活动等临时性专项旅游的,须经国务院旅游行政部门批准。

第三条　旅行社经营出国旅游业务,应当具备下列条件:

(一)取得国际旅行社资格满 1 年;

(二)经营入境旅游业务有突出业绩;

(三)经营期间无重大违法行为和重大服务质量问题。

第四条　申请经营出国旅游业务的旅行社,应当向省、自治区、直辖市旅游行政部门提出申请。省、自治区、直辖市旅游行政部门应当自受理申请之日起 30 个工作日内,依据本办法第三条规定的条件对申请审查完毕,经审查同意的,报国务院旅游行政部门批准;经审查不同意的,应当书面通知申请人并说明理由。

国务院旅游行政部门批准旅行社经营出国旅游业务,应当符合旅游业发展规划及合理布局的要求。

未经国务院旅游行政部门批准取得出国旅游业务经营资格的,任何单位和个人不得擅自经营或者以商务、考察、培训等方式变相经营出国旅游业务。

第五条　国务院旅游行政部门应当将取得出国旅游业务经营资格的旅行社(以下简称组团社)名单予以公布,并通报国务院有关部门。

第六条　国务院旅游行政部门根据上年度全国入境旅游的业绩、出国旅游目的地的增加情况和出国旅游的发展趋势,在每年的 2 月底以前确定本年度组织出国旅游的人数安排总量,并下达省、自治区、直辖市旅游行政部门。

省、自治区、直辖市旅游行政部门根据本行政区域内各组团社上年度经营入境旅游的业绩、经营能力、服务质量,按照公平、公正、公开的原则,在每年的 3 月底以前核定各组团社本年度组织出国旅游的人数安排。

国务院旅游行政部门应当对省、自治区、直辖市旅游行政部门核定组团社年度出国旅游人数安排及组团社组织公民出国旅游的情况进行监督。

第七条　国务院旅游行政部门统一印制《中国公民出国旅游团队名单表》(以下简称《名单表》),在下达本年度出国旅游人数安排时编号发放给省、自治区、直辖市旅游行政部门，由省、自治区、直辖市旅游行政部门核发给组团社。

组团社应当按照核定的出国旅游人数安排组织出国旅游团队，填写《名单表》。旅游者及领队首次出境或者再次出境，均应当填写在《名单表》中，经审核后的《名单表》不得增添人员。

第八条　《名单表》一式四联，分为：出境边防检查专用联、入境边防检查专用联、旅游行政部门审验专用联、旅行社自留专用联。

组团社应当按照有关规定，在旅游团队出境、入境时及旅游团队入境后，将《名单表》分别交有关部门查验、留存。

出国旅游兑换外汇，由旅游者个人按照国家有关规定办理。

第九条　旅游者持有有效普通护照的，可以直接到组团社办理出国旅游手续；没有有效普通护照的，应当依照《中华人民共和国公民出境入境管理法》的有关规定办理护照后再办理出国旅游手续。

组团社应当为旅游者办理前往国签证等出境手续。

第十条　组团社应当为旅游团队安排专职领队。

领队在带团时，应当遵守本办法及国务院旅游行政部门的有关规定。

第十一条　旅游团队应当从国家开放口岸整团出入境。

旅游团队出入境时，应当接受边防检查站对护照、签证、《名单表》的查验。经国务院有关部门批准，旅游团队可以到旅游目的地国家按照该国有关规定办理签证或者免签证。

旅游团队出境前已确定分团入境的，组团社应当事先向出入境边防检查总站或者省级公安边防部门备案。

旅游团队出境后因不可抗力或者其他特殊原因确需分团入境的，领队应当及时通知组团社，组团社应当立即向有关出入境边防检查总站或者省级公安边防部门备案。

第十二条　组团社应当维护旅游者的合法权益。

组团社向旅游者提供的出国旅游服务信息必须真实可靠，不得作虚假宣传，报价不得低于成本。

第十三条　组团社经营出国旅游业务，应当与旅游者订立书面旅游合同。

旅游合同应当包括旅游起止时间、行程路线、价格、食宿、交通以及违约责任等内容。旅游合同由组团社和

旅游者各持一份。

第十四条　组团社应当按照旅游合同约定的条件，为旅游者提供服务。

组团社应当保证所提供的服务符合保障旅游者人身、财产安全的要求；对可能危及旅游者人身安全的情况，应当向旅游者作出真实说明和明确警示，并采取有效措施，防止危害的发生。

第十五条　组团社组织旅游者出国旅游，应当选择在目的地国家依法设立并具有良好信誉的旅行社（以下简称境外接待社），并与之订立书面合同后，方可委托其承担接待工作。

第十六条　组团社及其旅游团队领队应当要求境外接待社按照约定的团队活动计划安排旅游活动，并要求其不得组织旅游者参与涉及色情、赌博、毒品内容的活动或者危险性活动，不得擅自改变行程、减少旅游项目，不得强迫或者变相强迫旅游者参加额外付费项目。

境外接待社违反组团社及其旅游团队领队根据前款规定提出的要求时，组团社及其旅游团队领队应当予以制止。

第十七条　旅游团队领队应当向旅游者介绍旅游目的地国家的相关法律、风俗习惯以及其他有关注意事项，并尊重旅游者的人格尊严、宗教信仰、民族风俗和生活习惯。

第十八条　旅游团队领队在带领旅游者旅行、游览过程中，应当就可能危及旅游者人身安全的情况，向旅游者作出真实说明和明确警示，并按照组团社的要求采取有效措施，防止危害的发生。

第十九条　旅游团队在境外遇到特殊困难和安全问题时，领队应当及时向组团社和中国驻所在国家使领馆报告；组团社应当及时向旅游行政部门和公安机关报告。

第二十条　旅游团队领队不得与境外接待社、导游及为旅游者提供商品或者服务的其他经营者串通欺骗、胁迫旅游者消费，不得向境外接待社、导游及其他为旅游者提供商品或者服务的经营者索要回扣、提成或者收受其财物。

第二十一条　旅游者应当遵守旅游目的地国家的法律，尊重当地的风俗习惯，并服从旅游团队领队的统一管理。

第二十二条　严禁旅游者在境外滞留不归。

旅游者在境外滞留不归的，旅游团队领队应当及时向组团社和中国驻所在国家使领馆报告，组团社应当及时向公安机关和旅游行政部门报告。有关部门处理有关事项时，组团社有义务予以协助。

第二十三条　旅游者对组团社或者旅游团队领队违反本办法规定的行为,有权向旅游行政部门投诉。

第二十四条　因组团社或者其委托的境外接待社违约,使旅游者合法权益受到损害的,组团社应当依法对旅游者承担赔偿责任。

第二十五条　组团社有下列情形之一的,旅游行政部门可以暂停其经营出国旅游业务;情节严重的,取消其出国旅游业务经营资格:

(一)入境旅游业绩下降的;

(二)因自身原因,在1年内未能正常开展出国旅游业务的;

(三)因出国旅游服务质量问题被投诉并经查实的;

(四)有逃汇、非法套汇行为的;

(五)以旅游名义弄虚作假,骗取护照、签证等出入境证件或者送他人出境的;

(六)国务院旅游行政部门认定的影响中国公民出国旅游秩序的其他行为。

第二十六条　任何单位和个人违反本办法第四条的规定,未经批准擅自经营或者以商务、考察、培训等方式变相经营出国旅游业务的,由旅游行政部门责令停止非法经营,没收违法所得,并处违法所得2倍以上5倍以下的罚款。

第二十七条　组团社违反本办法第十条的规定,不为旅游团队安排专职领队的,由旅游行政部门责令改正,并处5000元以上2万元以下的罚款,可以暂停其出国旅游业务经营资格;多次不安排专职领队的,并取消其出国旅游业务经营资格。

第二十八条　组团社违反本办法第十二条的规定,向旅游者提供虚假服务信息或者低于成本报价的,由工商行政管理部门依照《中华人民共和国消费者权益保护法》、《中华人民共和国反不正当竞争法》的有关规定给予处罚。

第二十九条　组团社或者旅游团队领队违反本办法第十四条第二款、第十八条的规定,对可能危及人身安全的情况未向旅游者作出真实说明和明确警示,或者未采取防止危害发生的措施的,由旅游行政部门责令改正,给予警告;情节严重的,对组团社暂停其出国旅游业务经营资格,并处5000元以上2万元以下的罚款,对旅游团队领队可以暂扣直至吊销其导游证;造成人身伤亡事故的,依法追究刑事责任,并承担赔偿责任。

第三十条　组团社或者旅游团队领队违反本办法第十六条的规定,未要求境外接待社不得组织旅游者参与涉及色情、赌博、毒品内容的活动或者危险性活动,未要求其不得擅自改变行程、减少旅游项目、强迫或者变相强迫旅游者参加额外付费项目,或者在境外接待社违反前述要求时未制止的,由旅游行政部门对组团社处组织该旅游团队所收取费用2倍以上5倍以下的罚款,并暂停其出国旅游业务经营资格,对旅游团队领队暂扣其导游证;造成恶劣影响的,对组团社取消其出国旅游业务经营资格,对旅游团队领队吊销其导游证。

第三十一条　旅游团队领队违反本办法第二十条的规定,与境外接待社、导游及为旅游者提供商品或者服务的其他经营者串通欺骗、胁迫旅游者消费或者向境外接待社、导游和其他为旅游者提供商品或者服务的经营者索要回扣、提成或者收受其财物的,由旅游行政部门责令改正,没收索要的回扣、提成或者收受的财物,并处索要的回扣、提成或者收受的财物价值2倍以上5倍以下的罚款;情节严重的,并吊销其导游证。

第三十二条　违反本办法第二十二条的规定,旅游者在境外滞留不归,旅游团队领队不及时向组团社和中国驻所在国家使领馆报告,或者组团社不及时向有关部门报告的,由旅游行政部门给予警告,对旅游团队领队可以暂扣其导游证,对组团社可以暂停其出国旅游业务经营资格。

旅游者因滞留不归被遣返回国的,由公安机关吊销其护照。

第三十三条　本办法自2002年7月1日起施行。国务院1997年3月17日批准,国家旅游局、公安部1997年7月1日发布的《中国公民自费出国旅游管理暂行办法》同时废止。

大陆居民赴台湾地区旅游管理办法

·2006年4月16日国家旅游局、公安部、国务院台湾事务办公室令第26号公布
·根据2011年6月20日《国家旅游局、公安部、国务院台湾事务办公室关于修改〈大陆居民赴台湾地区旅游管理办法〉的决定》第一次修改
·根据2017年4月13日《国家旅游局、公安部、国务院台湾事务办公室关于修改〈大陆居民赴台湾地区旅游管理办法〉的决定》第二次修改

第一条　为规范大陆居民赴台湾地区旅游,根据《旅游法》、《旅行社条例》和《中国公民往来台湾地区管理办法》,制定本办法。

第二条　大陆居民赴台湾地区旅游(以下简称赴台旅游),可采取团队旅游或者个人旅游两种形式。

大陆居民赴台团队旅游应当由指定经营大陆居民赴台旅游业务的旅行社(以下简称组团社)组织,以团队形式整团往返。旅游团成员在台湾期间应当集体活动。

大陆居民赴台个人旅游可自行前往台湾地区,在台湾期间可自行活动。

第三条　组团社由国家旅游局会同有关部门,从取得出境旅游业务经营许可并提出经营赴台旅游业务申请的旅行社范围内指定,但国家另有规定的除外。组团社名单由海峡两岸旅游交流协会公布。

除被指定的组团社外,任何单位和个人不得经营大陆居民赴台旅游业务。

第四条　台湾地区接待大陆居民赴台旅游的旅行社(以下简称地接社),经大陆有关部门会同国家旅游局确认后,由海峡两岸旅游交流协会公布。

第五条　大陆居民赴台团队旅游实行配额管理。配额由国家旅游局会同有关部门确认后下达给组团社。

第六条　组团社在开展组织大陆居民赴台旅游业务前,应当与地接社签订合同、建立合作关系。

大陆居民赴台旅游团队出发前,组团社应当向国家旅游局旅游团队管理和服务信息平台提供符合规定的赴台旅游团队信息。旅游团队信息实行一团一登记。

第七条　组团社应当为每个团队委派领队,并要求地接社派导游全程陪同。

赴台旅游领队应当具备法律、法规规定的领队条件,经省级旅游主管部门培训,由国家旅游局指定。

第八条　大陆居民赴台旅游期间,不得从事或者参与涉及赌博、色情、毒品等内容及有损两岸关系的活动。

组团社不得组织旅游团成员参与涉款活动,并应当要求地接社不得引导或者组织旅游团成员参与涉款活动。

第九条　组团社应当要求地接社严格按照合同规定的团队日程安排活动;未经双方旅行社及旅游团成员同意,不得变更日程。

第十条　大陆居民赴台旅游应当持有效的《大陆居民往来台湾通行证》,并根据其采取的旅游形式,办理团队旅游签注或者个人旅游签注。

第十一条　大陆居民赴台旅游应当按照有关规定向公安机关出入境管理部门申请办理《大陆居民往来台湾通行证》及相应签注。

第十二条　赴台旅游团队应当凭《大陆居民赴台湾地区旅游团队名单表》,从大陆对外开放口岸整团出入境。

第十三条　旅游团出境前已确定分团入境大陆的,组团社应当事先向有关出入境边防检查总站或者省级公安边防部门备案。

旅游团成员因紧急情况不能随团入境大陆或者不能按期返回大陆的,组团社应当及时向有关出入境边防检查总站或者省级公安边防部门报告。

第十四条　赴台旅游的大陆居民应当按期返回,不得非法滞留。当发生旅游团成员非法滞留时,组团社应当及时向公安机关及旅游主管部门报告,并协助做好有关滞留者的遣返和审查工作。

第十五条　对在台湾地区非法滞留情节严重者,公安机关出入境管理部门自其被遣返回大陆之日起,六个月至三年以内不批准其再次出境。

第十六条　违反本办法规定,未被指定经营大陆居民赴台旅游业务,或者旅行社及从业人员有违反本办法规定行为的,由旅游主管部门根据《旅游法》和《旅行社条例》等规定予以处罚。有关单位和个人违反其他法律、法规规定的,由有关部门依法予以处理。

第十七条　本办法由国家旅游局、公安部、国务院台湾事务办公室负责解释。

第十八条　本办法自发布之日起施行。

大陆居民赴台湾地区旅游领队人员管理办法

· 2006 年 4 月 16 日国家旅游局、公安部、国务院台湾事务办公室令第 26 号公布
· 根据 2011 年 6 月 20 日国家旅游局、公安部、国务院台湾事务办公室令第 37 号公布、自公布之日起施行的《国家旅游局、公安部、国务院台湾事务办公室关于修改〈大陆居民赴台湾地区旅游管理办法〉的决定》第一次修改
· 根据 2017 年 4 月 13 日国家旅游局、公安部、国务院台湾事务办公室令第 43 号公布、自公布之日起施行的《国家旅游局 公安部 国务院台湾事务办公室关于修改〈大陆居民赴台湾地区旅游管理办法〉的决定》第二次修改

第一条　为规范大陆居民赴台湾地区旅游,根据《旅游法》、《旅行社条例》和《中国公民往来台湾地区管理办法》,制定本办法。

第二条　大陆居民赴台湾地区旅游(以下简称赴台旅游),可采取团队旅游或者个人旅游两种形式。

大陆居民赴台团队旅游应当由指定经营大陆居民赴

台旅游业务的旅行社（以下简称组团社）组织，以团队形式整团往返。旅游团成员在台湾期间应当集体活动。

大陆居民赴台个人旅游可自行前往台湾地区，在台湾期间可自行活动。

第三条　组团社由国家旅游局会同有关部门，从取得出境旅游业务经营许可并提出经营赴台旅游业务申请的旅行社范围内指定，但国家另有规定的除外。组团社名单由海峡两岸旅游交流协会公布。

除被指定的组团社外，任何单位和个人不得经营大陆居民赴台旅游业务。

第四条　台湾地区接待大陆居民赴台旅游的旅行社（以下简称地接社），经大陆有关部门会同国家旅游局确认后，由海峡两岸旅游交流协会公布。

第五条　大陆居民赴台团队旅游实行配额管理。配额由国家旅游局会同有关部门确认后下达给组团社。

第六条　组团社在开展组织大陆居民赴台旅游业务前，应当与地接社签订合同、建立合作关系。

大陆居民赴台旅游团队出发前，组团社应当向国家旅游局旅游团队管理和服务信息平台提供符合规定的赴台旅游团队信息。旅游团队信息实行一团一登记。

第七条　组团社应当为每个团队委派领队，并要求地接社派导游全程陪同。

赴台旅游领队应当具备法律、法规规定的领队条件，经省级旅游主管部门培训，由国家旅游局指定。

第八条　大陆居民赴台旅游期间，不得从事或者参与涉及赌博、色情、毒品等内容及有损两岸关系的活动。

组团社不得组织旅游团成员参与前款活动，并应当要求地接社不得引导或者组织旅游团成员参与前款活动。

第九条　组团社应当要求地接社严格按照合同规定的团队日程安排活动；未经双方旅行社及旅游团成员同意，不得变更日程。

第十条　大陆居民赴台旅游应当持有效的《大陆居民往来台湾通行证》，并根据其采取的旅游形式，办理团队旅游签注或者个人旅游签注。

第十一条　大陆居民赴台旅游应当按照有关规定向公安机关出入境管理部门申请办理《大陆居民往来台湾通行证》及相应签注。

第十二条　赴台旅游团队应当凭《大陆居民赴台湾地区旅游团队名单表》，从大陆对外开放口岸整团出入境。

第十三条　旅游团出境前已确定分团入境大陆的，组团社应当事先向有关出入境边防检查总站或者省级公

安边防部门备案。

旅游团成员因紧急情况不能随团入境大陆或者不能按期返回大陆的，组团社应当及时向有关出入境边防检查总站或者省级公安边防部门报告。

第十四条　赴台旅游的大陆居民应当按期返回，不得非法滞留。当发生旅游团成员非法滞留时，组团社应当及时向公安机关及旅游主管部门报告，并协助做好有关滞留者的遣返和审查工作。

第十五条　对在台湾地区非法滞留情节严重者，公安机关出入境管理部门自其被遣返回大陆之日起，六个月至三年以内不批准其再次出境。

第十六条　违反本办法规定，未经指定经营大陆居民赴台旅游业务，或者旅行社及从业人员有违反本办法规定行为的，由旅游主管部门根据《旅游法》和《旅行社条例》等规定予以处罚。有关单位和个人违反其他法律、法规规定的，由有关部门依法予以处理。

第十七条　本办法由国家旅游局、公安部、国务院台湾事务办公室负责解释。

第十八条　本办法自发布之日起施行。

国家旅游局关于进一步加强出境旅游团队管理有关事项的通知

·2011 年 2 月 18 日

各省、自治区、直辖市和新疆生产建设兵团旅游局（委）：

2011 年春节期间，部分出境旅游团队的游客在赴港、澳、台地区旅游期间，先后发生了多起纠纷，甚至肢体冲突，造成恶劣影响，引发社会广泛关注。为了遏制此类不文明、不和谐的事件发生，现就有关事项通知如下：

一、认真执行行前说明会制度。各出境游组团社要认真履行出境旅游团队行前说明会制度，认真介绍境外旅游目的地有关情况和法律规定，说明出境旅游须注意的事项，提示游客自觉遵守《中国公民出境旅游文明指南》。

二、切实维护旅游者合法权益。各出境游组团社要确保旅游服务质量，切实维护旅游者的合法权益。同时要积极引导旅游者自觉遵守目的地的法律法规，依法维护自身合法权益。

三、做好出境游团队全程管理。各出境游组团社要抓住关键环节，认真做好出境游团队的全程管理。一是要强化合同管理，出境游组团社必须与境外地接社签订规范、完备的合同，必须与游客签订旅游合同，明确旅行社的权利义务，也要明确游客应承担的责任。二是要加

强对出境游领队的管理,要求领队发挥好组织、协调、引导旅游团队的作用,及时处理好遇到的问题。三是要及时跟踪掌握团队行程情况,遇有突发事件及时协调处理。

四、大力规范旅游市场秩序。各级旅游行政管理部门要按照今年全国旅游监管工作会议的布置和要求,抓住当前旅游市场出现的突出问题,以典型案例为突破口,下大力气整治“零负团费”、“挂靠承包”、强迫或变相强迫消费等经营行为,规范旅游企业经营,促进旅游市场健康发展。

五、加强文明旅游宣传引导。各级旅游行政管理部门和旅游企业要采取多种方式,多种途径,结合实际,贴近游客,开展文明旅游宣传活动,要积极组织“品质旅游,伴你远行”旅游公益宣传,正确引导游客追求品质旅游,做出境旅游的文明使者。

特此通知。

中外合资经营旅行社试点经营出境旅游业务监管暂行办法

· 2010 年 8 月 29 日国家旅游局令第 33 号公布
· 自公布之日起施行

第一条　为了进一步加快旅游业的对外开放,加强国际旅游合作,引进国际先进的旅行社经营模式,促进我国旅行社业的转型升级,提高国际竞争能力,根据《旅行社条例》和国务院《关于加快发展旅游业的意见》,制定本办法。

第二条　国家在试点的基础上,逐步对外商投资旅行社开放经营中国内地居民出境旅游业务。

第三条　中外合资经营旅行社试点经营出境旅游业务应当遵守本办法。

第四条　本办法所称的中外合资经营旅行社试点经营出境旅游业务,是指取得试点资格的中外合资经营旅行社,从事招徕、组织、接待中国内地居民出国旅游和赴香港、澳门特别行政区旅游的经营活动;大陆居民赴台湾地区旅游的除外。

第五条　国家严格控制试点经营出境旅游业务的中外合资经营旅行社的数量。具体数量由国务院旅游行政主管部门决定。

第六条　中外合资经营旅行社申请试点经营出境旅游业务的,应当符合《旅行社条例》第八条规定的条件,并向国务院旅游行政主管部门提出申请,并提交符合《旅行社条例》第八条规定条件的相关证明文件。

第七条　试点经营出境旅游业务的中外合资经营旅行社,由国务院旅游行政主管部门在申请人中选择确定,并向申请人颁发《外商投资旅行社业务经营许可审定意见书》。

第八条　申请人持《外商投资旅行社业务经营许可审定意见书》以及投资各方签订的合同、章程向商务主管部门提出变更经营范围的申请。商务主管部门应当依照有关法律、法规的规定,作出批准或者不予批准的决定。予以批准的,换发《外商投资企业批准证书》,并通知申请人向国务院旅游行政主管部门换领《旅行社业务经营许可证》;不予批准的,应当书面通知申请人并说明理由。

申请人持换领的《旅行社业务经营许可证》和《外商投资企业批准证书》,向工商行政管理机关办理企业经营范围变更登记。

第九条　取得试点经营出境旅游业务资格的中外合资经营旅行社(以下简称试点旅行社),应当自换领《旅行社业务经营许可证》之日起 3 个工作日内,增存质量保证金 120 万元人民币,并向国务院旅游行政主管部门提交相关证明文件。

第十条　试点旅行社在经营出境旅游业务后三年内,应当每半年向国务院旅游行政主管部门提交下列经营情况和资料:

(一)组织、接待出境旅游者的组团数量和人次;

(二)出境旅游业务经营额;

(三)取得的经验和效果。

第十一条　本办法施行后三年内,国务院旅游行政主管部门应当按年度对试点经营出境旅游业务的效果进行评估,并可根据评估结果,对试点经营出境旅游业务及试点旅行社的数量作出调整。

第十二条　试点旅行社经营出境旅游业务,其经营活动应当遵守《旅行社条例》、《中国公民出国旅游管理办法》等法律、法规和规章。

第十三条　旅游行政管理部门和其他有关行政管理部门,按照《旅行社条例》、《中国公民出国旅游管理办法》,以及国家有关法律、法规和规章对试点旅行社实施监督管理。

第十四条　试点旅行社违反本办法规定的,由旅游行政管理部门和其他有关行政管理部门,按照《旅行社条例》、《中国公民出国旅游管理办法》,以及国家有关的法律、法规和规章的规定进行处罚。

第十五条　本办法自公布之日起施行。

关于禁止出境旅游团队参与境外赌博活动的规定

· 2005 年 6 月 1 日
· 旅管理发〔2005〕135 号

近年来,各类赌博违法犯罪活动日益突出,社会危害日趋严重,境外赌场对我呈合围之势,少数人借出境旅游、边境旅游赴境外参赌也时有发生,为了坚决防止通过旅游渠道进行赌博等违法犯罪活动,确保我国公民出境旅游的健康发展,现就禁止出境旅游团队参与境外赌博活动(下称"禁赌")规定如下。

一、严禁利用旅游渠道组织或参与境外赌博活动是国家旅游局整顿和规范出境旅游市场秩序的一项重要工作。各级旅游行政管理部门要从提高党的执政能力和构建社会主义和谐社会的高度,充分认识"禁赌"工作的重要性和必要性,切实按照有关要求,抓好"禁赌"的各项工作。

二、各级旅游行政管理部门要严格按照《中国公民出国旅游管理办法》的规定,加强对出境游组团社的业务监管。

1、要督促出境游组团社严格遵守国家旅游局关于不得组织、诱导游客参与赌博活动的有关规定。

2、要严禁组团社在宣传招徕中以明示或暗示的方式介绍境外赌场和赌博内容。明令组团社在组织赴有赌场的出境游目的地国家和地区旅游时,不得在团队行程中安排到赌场参赌的内容。

3、要开展积极有效的教育培训工作,切实提高组团社法人及领队人员的防赌意识和能力,加强督导检查,严处领队人员为一己私利组织诱导游客赴境外参与赌博的行为。

三、开展边境旅游的省级旅游行政管理部门要切实按照《边境旅游暂行管理办法》的规定,负起边境旅游管理的有关职责。

1、要严格加强对边境游线路的管理,禁止擅自增加边境游线路。

2、要明令边境游组团社不得组织游客前往对方边境地区的赌场参与赌博,切实把好对参团人员的审核关,对于涉嫌赴境外赌博人员,要建立档案,一经发现,要坚决不予办理参团手续。

3、要向游客明示边境游的有关规定,引导游客自觉抵制赌博活动。

四、各出境游、边境游组团社要严格按照《中国公民出国旅游管理办法》和《边境旅游暂行管理办法》的有关规定开展出境、边境旅游业务。

1、要严格规范出境、边境旅游业务流程,加强领队人员的教育,加强办理出入境证件和手续的管理。

2、要组织好出境、边境旅游团的行前说明会,明确告诫游客在境外游览时不得参与赌博活动的有关规定。

3、随团领队人员要自觉监督当地地接社和导游不得向游客介绍、推荐赌博活动,对游客参与赌博的行为要坚决予以劝阻,组团社应及时将有关情况向公安机关举报。

五、各级旅游行政管理部门和旅游企业要严格落实"禁赌"工作责任制。要逐级建立"禁赌"工作责任人制度,层层抓落实。对于违反有关规定,组织、诱导中国公民在出境游或边境游中参与赌博活动的组团社,一经查实,相关旅游行政管理部门要提出处理意见上报,国家旅游局将依法予以严肃处理,直至取消其组团社资格;对于那些督促不严、执行不力的部门和企业,国家旅游局将在全行业进行通报并追究有关责任人的责任。

六、各级旅游行政管理部门和旅游企业要加强领导,确保"禁赌"工作取得成效。要切实把思想统一到国务院关于开展集中打击赌博违法犯罪活动的专项部署上来,下大力气抓好,切实落实各项监管措施,加大对游客的宣传、教育力度,研究、探索长效机制。

出境旅游组团社签证专办员卡使用管理规定

· 2020 年 3 月 5 日
· 文旅国际发〔2020〕8 号

第一条　为规范出境旅游组团社向出境旅游目的地国家和地区驻华使领馆送办出境团体旅游签证工作,加强对出境旅游组团社签证专办员卡的管理,进一步便利出境旅游组团社开展出境旅游业务,根据《旅行社条例》《中国公民出国旅游管理办法》及有关法律法规,制定本规定。

第二条　本规定所称签证专办员卡,是指依据我国与有关国家和地区签署的双边旅游协议,为便于出境旅游组团社向出境旅游目的地国家和地区驻华使领馆申请办理出境旅游团体签证,由文化和旅游部国际交流与合作局印制,用于向各驻华使领馆证明出境旅游组团社团体旅游签证办理人员(以下称"签证专办员")身份的证件。

我国境内取得出境旅游业务经营许可的旅行社,可以申请办理签证专办员卡。

第三条　文化和旅游部建立出境旅游组团社签证专办员管理服务系统(以下称"管理系统")。

出境旅游组团社通过管理系统办理签证专办员卡的申领、换发、补领和取消等业务。

省级文化和旅游行政部门通过管理系统对本地区签证专办员卡有关的业务信息进行核验上报。

文化和旅游部通过管理系统对全国签证专办员卡有关的业务信息进行最终核验。

第四条　出境旅游组团社应当建立严格的签证专办员卡和签证专办员管理制度,承担本社签证专办员卡和签证专办员管理的主体责任。

第五条　出境旅游组团社申领新的签证专办员卡,应当通过管理系统提交有关信息材料。省级文化和旅游行政部门对相关信息材料进行核验后上报。文化和旅游部负责相关信息的最终核验工作,并于每月底统一制发全国当月申领的签证专办员卡。签证专办员卡有效期为3年。

第六条　有下列情形之一的,出境旅游组团社可以通过管理系统申请换发或者补领签证专办员卡:

(一)有效期届满需要续期的;

(二)有效期内因正常损耗影响正常使用的;

(三)有效期内签证专办员卡遗失的。

因前款第一项、第二项原因换发的,出境旅游组团社应当将原签证专办员卡通过省级文化和旅游行政部门上交文化和旅游部销毁。有效期届满需要续期的,出境旅游组团社应当在到期前2个月内申请。逾期未申请换发的,原签证专办员卡自动失效作废;签证专办员卡失效后再次申请换发新卡的,自文化和旅游部收到省级文化和旅游部门递交的材料之日起,6个月后予以办理。

因前款第三项原因补领的,出境旅游组团社应当通过省级文化和旅游行政部门向文化和旅游部提交载有遗失声明的报纸等材料。遗失声明应当在本地区市级以上正式发行的报纸上刊登,并明示旅行社名称、旅行社业务经营许可证号,遗失证件的签证专办员姓名及证件号码。

第七条　新申领签证专办员卡已届满1年的,出境旅游组团社可在其有效期内,通过管理系统申请取消签证专办员卡,并将旧卡通过省级文化和旅游行政部门交还文化和旅游部销毁。

第八条　签证专办员卡应当专社专人专用,即签证专办员卡仅供本人为本单位组织的出境旅游团组申办团体旅游签证使用,不得用于为其他单位、个人办理签证或者为其他目的进入外国驻华使领馆。

第九条　签证专办员进入出境旅游目的地国家和地区驻华使领馆前,应主动出示签证专办员卡,服从使领馆警卫和工作人员的管理。

第十条　因签证专办员的不当行为引起涉外纠纷的,出境旅游组团社要对当事人进行批评教育,责令改正。

第十一条　签证专办员有下列情形之一的,由省级文化和旅游行政部门收回签证专办员卡并交还文化和旅游

部销毁。文化和旅游部将相关不良信息记入管理系统:

(一)因签证专办员的严重不当行为,驻华使领馆向文化和旅游部作出有效投诉的;

(二)将签证专办员卡借予他人使用的;

(三)签证专办员离职时拒不向出境旅游组团社交还签证专办员卡的。

第十二条　出境旅游组团社或者签证专办员利用签证专办员卡以旅游名义弄虚作假,骗取签证送他人出境的,由省级文化和旅游行政部门收回该社签证专办员卡并交还文化和旅游部销毁。文化和旅游行政部门将依法暂停其经营出境旅游业务或者取消其出境旅游业务经营资格。

第十三条　出境旅游组团社及有关单位和个人,伪造、变造签证专办员卡的,文化和旅游行政部门将依法依规作出严肃处理。

第十四条　本规定自2020年4月1日起施行。原国家旅游局办公室2010年印发的《关于启用出境旅游组团社签证专办员互联网审批管理系统及更换签证专办员卡的通知》(旅办发〔2010〕62号)同时废止。

(七)旅游交通安全管理

中华人民共和国民用航空法

- 1995年10月30日第八届全国人民代表大会常务委员会第十六次会议通过
- 根据2009年8月27日第十一届全国人民代表大会常务委员会第十次会议《关于修改部分法律的决定》第一次修正
- 根据2015年4月24日第十二届全国人民代表大会常务委员会第十四次会议《关于修改〈中华人民共和国计量法〉等五部法律的决定》第二次修正
- 根据2016年11月7日第十二届全国人民代表大会常务委员会第二十四次会议《关于修改〈中华人民共和国对外贸易法〉等十二部法律的决定》第三次修正
- 根据2017年11月4日第十二届全国人民代表大会常务委员会第三十次会议《关于修改〈中华人民共和国会计法〉等十一部法律的决定》第四次修正
- 根据2018年12月29日第十三届全国人民代表大会常务委员会第七次会议《关于修改〈中华人民共和国劳动法〉等七部法律的决定》第五次修正
- 根据2021年4月29日第十三届全国人民代表大会常务委员会第二十八次会议《关于修改〈中华人民共和国道路交通安全法〉等八部法律的决定》第六次修正

第一章　总　则

第一条　为了维护国家的领空主权和民用航空权

利,保障民用航空活动安全和有秩序地进行,保护民用航空活动当事人各方的合法权益,促进民用航空事业的发展,制定本法。

第二条　中华人民共和国的领陆和领水之上的空域为中华人民共和国领空。中华人民共和国对领空享有完全的、排他的主权。

第三条　国务院民用航空主管部门对全国民用航空活动实施统一监督管理;根据法律和国务院的决定,在本部门的权限内,发布有关民用航空活动的规定、决定。

国务院民用航空主管部门设立的地区民用航空管理机构依照国务院民用航空主管部门的授权,监督管理各该地区的民用航空活动。

第四条　国家扶持民用航空事业的发展,鼓励和支持发展民用航空的科学研究和教育事业,提高民用航空科学技术水平。

国家扶持民用航空器制造业的发展,为民用航空活动提供安全、先进、经济、适用的民用航空器。

第二章　民用航空器国籍

第五条　本法所称民用航空器,是指除用于执行军事、海关、警察飞行任务外的航空器。

第六条　经中华人民共和国国务院民用航空主管部门依法进行国籍登记的民用航空器,具有中华人民共和国国籍,由国务院民用航空主管部门发给国籍登记证书。

国务院民用航空主管部门设立中华人民共和国民用航空器国籍登记簿,统一记载民用航空器的国籍登记事项。

第七条　下列民用航空器应当进行中华人民共和国国籍登记:

(一)中华人民共和国国家机构的民用航空器;

(二)依照中华人民共和国法律设立的企业法人的民用航空器;企业法人的注册资本中有外商出资的,其机构设置、人员组成和中方投资人的出资比例,应当符合行政法规的规定;

(三)国务院民用航空主管部门准予登记的其他民用航空器。

自境外租赁的民用航空器,承租人符合前款规定,该民用航空器的机组人员由承租人配备的,可以申请登记中华人民共和国国籍,但是必须先予注销该民用航空器原国籍登记。

第八条　依法取得中华人民共和国国籍的民用航空器,应当标明规定的国籍标志和登记标志。

第九条　民用航空器不得具有双重国籍。未注销外国国籍的民用航空器不得在中华人民共和国申请国籍登记。

第三章　民用航空器权利

第一节　一般规定

第十条　本章规定的对民用航空器的权利,包括对民用航空器构架、发动机、螺旋桨、无线电设备和其他一切了在民用航空器上使用的,无论安装于其上或者暂时拆离的物品的权利。

第十一条　民用航空器权利人应当就下列权利分别向国务院民用航空主管部门办理权利登记:

(一)民用航空器所有权;

(二)通过购买行为取得并占有民用航空器的权利;

(三)根据租赁期限为六个月以上的租赁合同占有民用航空器的权利;

(四)民用航空器抵押权。

第十二条　国务院民用航空主管部门设立民用航空器权利登记簿。同一民用航空器的权利登记事项应当记载于同一权利登记簿中。

民用航空器权利登记事项,可以供公众查询、复制或者摘录。

第十三条　除民用航空器经依法强制拍卖外,在已经登记的民用航空器权利得到补偿或者民用航空器权利人同意之前,民用航空器的国籍登记或者权利登记不得转移至国外。

第二节　民用航空器所有权和抵押权

第十四条　民用航空器所有权的取得、转让和消灭,应当向国务院民用航空主管部门登记;未经登记的,不得对抗第三人。

民用航空器所有权的转让,应当签订书面合同。

第十五条　国家所有的民用航空器,由国家授予法人经营管理或者使用的,本法有关民用航空器所有人的规定适用于该法人。

第十六条　设定民用航空器抵押权,由抵押权人和抵押人共同向国务院民用航空主管部门办理抵押权登记;未经登记的,不得对抗第三人。

第十七条　民用航空器抵押权设定后,未经抵押权人同意,抵押人不得将被抵押民用航空器转让他人。

第三节　民用航空器优先权

第十八条　民用航空器优先权,是指债权人依照本法第十九条规定,向民用航空器所有人、承租人提出赔偿请求,对产生该赔偿请求的民用航空器具有优先受偿的权利。

第十九条　下列各项债权具有民用航空器优先权:

（一）援救该民用航空器的报酬；

（二）保管维护该民用航空器的必需费用。

前款规定的各项债权，后发生的先受偿。

第二十条　本法第十九条规定的民用航空器优先权，其债权人应当自援救或者保管维护工作终了之日起三个月内，就其债权向国务院民用航空主管部门登记。

第二十一条　为了债权人的共同利益，在执行人民法院判决以及拍卖过程中产生的费用，应当从民用航空器拍卖所得价款中先行拨付。

第二十二条　民用航空器优先权先于民用航空器抵押权受偿。

第二十三条　本法第十九条规定的债权转移的，其民用航空器优先权随之转移。

第二十四条　民用航空器优先权应当通过人民法院扣押产生优先权的民用航空器行使。

第二十五条　民用航空器优先权自援救或者保管维护工作终了之日起满三个月时终止；但是，债权人就其债权已经依照本法第二十条规定登记，并具有下列情形之一的除外：

（一）债权人、债务人已经就此项债权的金额达成协议；

（二）有关此项债权的诉讼已经开始。

民用航空器优先权不因民用航空器所有权的转让而消灭；但是，民用航空器经依法强制拍卖的除外。

第四节　民用航空器租赁

第二十六条　民用航空器租赁合同，包括融资租赁合同和其他租赁合同，应当以书面形式订立。

第二十七条　民用航空器的融资租赁，是指出租人按照承租人对供货方和民用航空器的选择，购得民用航空器，出租给承租人使用，由承租人定期交纳租金。

第二十八条　融资租赁期间，出租人依法享有民用航空器所有权，承租人依法享有民用航空器的占有、使用、收益权。

第二十九条　融资租赁期间，出租人不得干扰承租人依法占有、使用民用航空器；承租人应当适当地保管民用航空器，使之处于原交付时的状态，但是合理损耗和经出租人同意的对民用航空器的改变除外。

第三十条　融资租赁期满，承租人应当将符合本法第二十九条规定状态的民用航空器退还出租人；但是，承租人依照合同行使购买民用航空器的权利或者为继续租赁而占有民用航空器的除外。

第三十一条　民用航空器融资租赁中的供货方，不

就同一损害同时对出租人和承租人承担责任。

第三十二条　融资租赁期间，经出租人同意，在不损害第三人利益的情况下，承租人可以转让其对民用航空器的占有权或者租赁合同约定的其他权利。

第三十三条　民用航空器的融资租赁和租赁期限为六个月以上的其他租赁，承租人应当就其对民用航空器的占有权向国务院民用航空主管部门办理登记；未经登记的，不得对抗第三人。

第四章　民用航空器适航管理

第三十四条　设计民用航空器及其发动机、螺旋桨和民用航空器上设备，应当向国务院民用航空主管部门申请领取型号合格证书。经审查合格的，发给型号合格证书。

第三十五条　生产、维修民用航空器及其发动机、螺旋桨和民用航空器上设备，应当向国务院民用航空主管部门申请领取生产许可证书、维修许可证书。经审查合格的，发给相应的证书。

第三十六条　外国制造人生产的任何型号的民用航空器及其发动机、螺旋桨和民用航空器上设备，首次进口中国的，该外国制造人应当向国务院民用航空主管部门申请领取型号认可证书。经审查合格的，发给型号认可证书。

已取得外国颁发的型号合格证书的民用航空器及其发动机、螺旋桨和民用航空器上设备，首次在中国境内生产的，该型号合格证书的持有人应当向国务院民用航空主管部门申请领取型号认可证书。经审查合格的，发给型号认可证书。

第三十七条　具有中华人民共和国国籍的民用航空器，应当持有国务院民用航空主管部门颁发的适航证书，方可飞行。

出口民用航空器及其发动机、螺旋桨和民用航空器上设备，制造人应当向国务院民用航空主管部门申请领取出口适航证书。经审查合格的，发给出口适航证书。

租用的外国民用航空器，应当经国务院民用航空主管部门对其原国籍登记国发给的适航证书审查认可或者另发适航证书，方可飞行。

民用航空器适航管理规定，由国务院制定。

第三十八条　民用航空器的所有人或者承租人应当按照适航证书规定的使用范围使用民用航空器，做好民用航空器的维修保养工作，保证民用航空器处于适航状态。

第五章　航空人员

第一节　一般规定

第三十九条　本法所称航空人员，是指下列从事民

用航空活动的空勤人员和地面人员：

（一）空勤人员，包括驾驶员、飞行机械人员、乘务员；

（二）地面人员，包括民用航空器维修人员、空中交通管制员、飞行签派员、航空电台通信员。

第四十条　航空人员应当接受专门训练，经考核合格，取得国务院民用航空主管部门颁发的执照，方可担任其执照载明的工作。

空勤人员和空中交通管制员在取得执照前，还应当接受国务院民用航空主管部门认可的体格检查单位的检查，并取得国务院民用航空主管部门颁发的体格检查合格证书。

第四十一条　空勤人员在执行飞行任务时，应当随身携带执照和体格检查合格证书，并接受国务院民用航空主管部门的查验。

第四十二条　航空人员应当接受国务院民用航空主管部门定期或者不定期的检查和考核；经检查、考核合格的，方可继续担任其执照载明的工作。

空勤人员还应当参加定期的紧急程序训练。

空勤人员间断飞行的时间超过国务院民用航空主管部门规定时限的，应当经过检查和考核；乘务员以外的空勤人员还应当经过带飞。经检查、考核、带飞合格的，方可继续担任其执照载明的工作。

第二节　机　组

第四十三条　民用航空器机组由机长和其他空勤人员组成。机长应当由具有独立驾驶该型号民用航空器的技术和经验的驾驶员担任。

机组的组成和人员数额，应当符合国务院民用航空主管部门的规定。

第四十四条　民用航空器的操作由机长负责，机长应当严格履行职责，保护民用航空器及其所载人员和财产的安全。

机长在其职权范围内发布的命令，民用航空器所载人员都应当执行。

第四十五条　飞行前，机长应当对民用航空器实施必要的检查；未经检查，不得起飞。

机长发现民用航空器、机场、气象条件等不符合规定，不能保证飞行安全的，有权拒绝起飞。

第四十六条　飞行中，对于任何破坏民用航空器、扰乱民用航空器内秩序、危害民用航空器所载人员或者财产安全以及其他危及飞行安全的行为，在保证安全的前提下，机长有权采取必要的适当措施。

飞行中，遇到特殊情况时，为保证民用航空器及其所载人员的安全，机长有权对民用航空器作出处置。

第四十七条　机长发现机组人员不适宜执行飞行任务的，为保证飞行安全，有权提出调整。

第四十八条　民用航空器遇险时，机长有权采取一切必要措施，并指挥机组人员和航空器上其他人员采取抢救措施。在必须撤离遇险民用航空器的紧急情况下，机长必须采取措施，首先组织旅客安全离开民用航空器；未经机长允许，机组人员不得擅自离开民用航空器；机长应当最后离开民用航空器。

第四十九条　民用航空器发生事故，机长应当直接或者通过空中交通管制单位，如实将事故情况及时报告国务院民用航空主管部门。

第五十条　机长收到船舶或者其他航空器的遇险信号，或者发现遇险的船舶、航空器及其人员，应当将遇险情况及时报告就近的空中交通管制单位并给予可能的合理的援助。

第五十一条　飞行中，机长因故不能履行职务的，由仅次于机长职务的驾驶员代理机长；在下一个经停地起飞前，民用航空器所有人或者承租人应当指派新机长接任。

第五十二条　只有一名驾驶员，不需配备其他空勤人员的民用航空器，本节对机长的规定，适用于该驾驶员。

第六章　民用机场

第五十三条　本法所称民用机场，是指专供民用航空器起飞、降落、滑行、停放以及进行其他活动使用的划定区域，包括附属的建筑物、装置和设施。

本法所称民用机场不包括临时机场。

军民合用机场由国务院、中央军事委员会另行制定管理办法。

第五十四条　民用机场的建设和使用应当统筹安排、合理布局，提高机场的使用效率。

全国民用机场的布局和建设规划，由国务院民用航空主管部门会同国务院其他有关部门制定，并按照国家规定的程序，经批准后组织实施。

省、自治区、直辖市人民政府应当根据全国民用机场的布局和建设规划，制定本行政区域内的民用机场建设规划，并按照国家规定的程序报经批准后，将其纳入本级国民经济和社会发展规划。

第五十五条　民用机场建设规划应当与城市建设规划相协调。

第五十六条 新建、改建和扩建民用机场,应当符合依法制定的民用机场布局和建设规划,符合民用机场标准,并按照国家规定报经有关主管机关批准并实施。

不符合依法制定的民用机场布局和建设规划的民用机场建设项目,不得批准。

第五十七条 新建、扩建民用机场,应当由民用机场所在地县级以上地方人民政府发布公告。

前款规定的公告应当在当地主要报纸上刊登,并在拟新建、扩建机场周围地区张贴。

第五十八条 禁止在依法划定的民用机场范围内和按照国家规定划定的机场净空保护区域内从事下列活动:

(一)修建可能在空中排放大量烟雾、粉尘、火焰、废气而影响飞行安全的建筑物或者设施;

(二)修建靶场、强烈爆炸物仓库等影响飞行安全的建筑物或者设施;

(三)修建不符合机场净空要求的建筑物或者设施;

(四)设置影响机场目视助航设施使用的灯光、标志或者物体;

(五)种植影响飞行安全或者影响机场助航设施使用的植物;

(六)饲养、放飞影响飞行安全的鸟类动物和其他物体;

(七)修建影响机场电磁环境的建筑物或者设施。

禁止在依法划定的民用机场范围内放养牲畜。

第五十九条 民用机场新建、扩建的公告发布前,在依法划定的民用机场范围内和按照国家规定划定的机场净空保护区域内存在的可能影响飞行安全的建筑物、构筑物、树木、灯光和其他障碍物体,应当在规定的期限内清除;对由此造成的损失,应当给予补偿或者依法采取其他补救措施。

第六十条 民用机场新建、扩建的公告发布后,任何单位和个人违反本法和有关行政法规的规定,在依法划定的民用机场范围内和按照国家规定划定的机场净空保护区域内修建、种植或者设置影响飞行安全的建筑物、构筑物、树木、灯光和其他障碍物体的,由机场所在地县级以上地方人民政府责令清除;由此造成的损失,由修建、种植或者设置该障碍物体的人承担。

第六十一条 在民用机场及其按照国家规定划定的净空保护区域以外,对可能影响飞行安全的高大建筑物或者设施,应当按照国家有关规定设置飞行障碍灯和标志,并使其保持正常状态。

第六十二条 国务院民用航空主管部门规定的对公众开放的民用机场应当取得机场使用许可证,方可开放使用。其他民用机场应当按照国务院民用航空主管部门的规定进行备案。

申请取得机场使用许可证,应当具备下列条件,并按照国家规定经验收合格:

(一)具备与其运营业务相适应的飞行区、航站区、工作区以及服务设施和人员;

(二)具备能够保障飞行安全的空中交通管制、通信导航、气象等设施和人员;

(三)具备符合国家规定的安全保卫条件;

(四)具备处理特殊情况的应急计划以及相应的设施和人员;

(五)具备国务院民用航空主管部门规定的其他条件。

国际机场还应当具备国际通航条件,设立海关和其他口岸检查机关。

第六十三条 民用机场使用许可证由机场管理机构向国务院民用航空主管部门申请,经国务院民用航空主管部门审查批准后颁发。

第六十四条 设立国际机场,由机场所在地省级人民政府报请国务院审查批准。

国际机场的开放使用,由国务院民用航空主管部门对外公告;国际机场资料由国务院民用航空主管部门统一对外提供。

第六十五条 民用机场应当按照国务院民用航空主管部门的规定,采取措施,保证机场内人员和财产的安全。

第六十六条 供运输旅客或者货物的民用航空器使用的民用机场,应当按照国务院民用航空主管部门规定的标准,设置必要设施,为旅客和货物托运人、收货人提供良好服务。

第六十七条 民用机场管理机构应当依照环境保护法律、行政法规的规定,做好机场环境保护工作。

第六十八条 民用航空器使用民用机场及其助航设施的,应当缴纳使用费、服务费;使用费、服务费的收费标准,由国务院民用航空主管部门制定。

第六十九条 民用机场废弃或者改作他用,民用机场管理机构应当依照国家规定办理报批手续。

第七章 空中航行

第一节 空域管理

第七十条 国家对空域实行统一管理。

第七十一条 划分空域,应当兼顾民用航空和国防安全的需要以及公众的利益,使空域得到合理、充分、有效的利用。

第七十二条 空域管理的具体办法,由国务院、中央军事委员会制定。

第二节 飞行管理

第七十三条 在一个划定的管制空域内,由一个空中交通管制单位负责该空域内的航空器的空中交通管制。

第七十四条 民用航空器在管制空域内进行飞行活动,应当取得空中交通管制单位的许可。

第七十五条 民用航空器应当按照空中交通管制单位指定的航路和飞行高度飞行;因故确需偏离指定的航路或者改变飞行高度飞行的,应当取得空中交通管制单位的许可。

第七十六条 在中华人民共和国境内飞行的航空器,必须遵守统一的飞行规则。

进行目视飞行的民用航空器,应当遵守目视飞行规则,并与其他航空器、地面障碍物体保持安全距离。

进行仪表飞行的民用航空器,应当遵守仪表飞行规则。

飞行规则由国务院、中央军事委员会制定。

第七十七条 民用航空器机组人员的飞行时间、执勤时间不得超过国务院民用航空主管部门规定的时限。

民用航空器机组人员受到酒类饮料、麻醉剂或者其他药物的影响,损及工作能力的,不得执行飞行任务。

第七十八条 民用航空器除按照国家规定经特别批准外,不得飞入禁区;除遵守规定的限制条件外,不得飞入限制区。

前款规定的禁区和限制区,依照国家规定划定。

第七十九条 民用航空器不得飞越城市上空;但是,有下列情形之一的除外:

(一)起飞、降落或者指定的航路所必需的;

(二)飞行高度足以使该航空器在发生紧急情况时离开城市上空,而不致危及地面上的人员、财产安全的;

(三)按照国家规定的程序获得批准的。

第八十条 飞行中,民用航空器不得投掷物品;但是,有下列情形之一的除外:

(一)飞行安全所必需的;

(二)执行救助任务或者符合社会公共利益的其他飞行任务所必需的。

第八十一条 民用航空器未经批准不得飞出中华人民共和国领空。

对未经批准正在飞离中华人民共和国领空的民用航空器,有关部门有权根据具体情况采取必要措施,予以制止。

第三节 飞行保障

第八十二条 空中交通管制单位应当为飞行中的民用航空器提供空中交通服务,包括空中交通管制服务、飞行情报服务和告警服务。

提供空中交通管制服务,旨在防止民用航空器同航空器、民用航空器同障碍物体相撞,维持并加速空中交通的有秩序的活动。

提供飞行情报服务,旨在提供有助于安全和有效地实施飞行的情报和建议。

提供告警服务,旨在当民用航空器需要搜寻援救时,通知有关部门,并根据要求协助该有关部门进行搜寻援救。

第八十三条 空中交通管制单位发现民用航空器偏离指定航路、迷失航向时,应当迅速采取一切必要措施,使其回归航路。

第八十四条 航路上应当设置必要的导航、通信、气象和地面监视设备。

第八十五条 航路上影响飞行安全的自然障碍物体,应当在航图上标明;航路上影响飞行安全的人工障碍物体,应当设置飞行障碍灯和标志,并使其保持正常状态。

第八十六条 在距离航路边界三十公里以内的地带,禁止修建靶场和其他可能影响飞行安全的设施;但是,平射轻武器靶场除外。

在前款规定地带以外修建固定的或者临时性对空发射场,应当按照国家规定获得批准;对空发射场的发射方向,不得与航路交叉。

第八十七条 任何可能影响飞行安全的活动,应当依法获得批准,并采取确保飞行安全的必要措施,方可进行。

第八十八条 国务院民用航空主管部门应当依法对民用航空无线电台和分配给民用航空系统使用的专用频率实施管理。

任何单位或者个人使用的无线电台和其他仪器、装置,不得妨碍民用航空无线电专用频率的正常使用。对民用航空无线电专用频率造成有害干扰的,有关单位或者个人应当迅速排除干扰;未排除干扰前,应当停止使用该无线电台或者其他仪器、装置。

第八十九条　邮电通信企业应当对民用航空电信传递优先提供服务。

国家气象机构应当对民用航空气象机构提供必要的气象资料。

第四节　飞行必备文件

第九十条　从事飞行的民用航空器,应当携带下列文件:

(一)民用航空器国籍登记证书;

(二)民用航空器适航证书;

(三)机组人员相应的执照;

(四)民用航空器航行记录簿;

(五)装有无线电设备的民用航空器,其无线电台执照;

(六)载有旅客的民用航空器,其所载旅客姓名及其出发地点和目的地点的清单;

(七)载有货物的民用航空器,其所载货物的舱单和明细的申报单;

(八)根据飞行任务应当携带的其他文件。

民用航空器未按规定携带前款所列文件的,国务院民用航空主管部门或者其授权的地区民用航空管理机构可以禁止该民用航空器起飞。

第八章　公共航空运输企业

第九十一条　公共航空运输企业,是指以营利为目的,使用民用航空器运送旅客、行李、邮件或者货物的企业法人。

第九十二条　企业从事公共航空运输,应当向国务院民用航空主管部门申请领取经营许可证。

第九十三条　取得公共航空运输经营许可,应当具备下列条件:

(一)有符合国家规定的适应保证飞行安全要求的民用航空器;

(二)有必需的依法取得执照的航空人员;

(三)有不少于国务院规定的最低限额的注册资本;

(四)法律、行政法规规定的其他条件。

第九十四条　公共航空运输企业的组织形式、组织机构适用公司法的规定。

本法施行前设立的公共航空运输企业,其组织形式、组织机构不完全符合公司法规定的,可以继续沿用原有的规定,适用前款规定的日期由国务院规定。

第九十五条　公共航空运输企业应当以保证飞行安全和航班正常,提供良好服务为准则,采取有效措施,提高运输服务质量。

公共航空运输企业应当教育和要求本企业职工严格履行职责,以文明礼貌、热情周到的服务态度,认真做好旅客和货物运输的各项服务工作。

旅客运输航班延误的,应当在机场内及时通告有关情况。

第九十六条　公共航空运输企业申请经营定期航班运输(以下简称航班运输)的航线,暂停、终止经营航线,应当报经国务院民用航空主管部门批准。

公共航空运输企业经营航班运输,应当公布班期时刻。

第九十七条　公共航空运输企业的营业收费项目,由国务院民用航空主管部门确定。

国内航空运输的运价管理办法,由国务院民用航空主管部门会同国务院物价主管部门制定,报国务院批准后执行。

国际航空运输运价的制定按照中华人民共和国政府与外国政府签订的协定、协议的规定执行;没有协定、协议的,参照国际航空运输市场价格确定。

第九十八条　公共航空运输企业从事不定期运输,应当经国务院民用航空主管部门批准,并不得影响航班运输的正常经营。

第九十九条　公共航空运输企业应当依照国务院制定的公共航空运输安全保卫规定,制定安全保卫方案,并报国务院民用航空主管部门备案。

第一百条　公共航空运输企业不得运输法律、行政法规规定的禁运物品。

公共航空运输企业未经国务院民用航空主管部门批准,不得运输作战军火、作战物资。

禁止旅客随身携带法律、行政法规规定的禁运物品乘坐民用航空器。

第一百零一条　公共航空运输企业运输危险品,应当遵守国家有关规定。

禁止以非危险品品名托运危险品。

禁止旅客随身携带危险品乘坐民用航空器。除因执行公务并按照国家规定经过批准外,禁止旅客携带枪支、管制刀具乘坐民用航空器。禁止违反国务院民用航空主管部门的规定将危险品作为行李托运。

危险品品名由国务院民用航空主管部门规定并公布。

第一百零二条　公共航空运输企业不得运输拒绝接受安全检查的旅客,不得违反国家规定运输未经安全检查的行李。

公共航空运输企业必须按照国务院民用航空主管部门的规定，对承运的货物进行安全检查或者采取其他保证安全的措施。

第一百零三条　公共航空运输企业从事国际航空运输的民用航空器及其所载人员、行李、货物应当接受边防、海关等主管部门的检查；但是，检查时应当避免不必要的延误。

第一百零四条　公共航空运输企业应当依照有关法律、行政法规的规定优先运输邮件。

第一百零五条　公共航空运输企业应当投保地面第三人责任险。

第九章　公共航空运输

第一节　一般规定

第一百零六条　本章适用于公共航空运输企业使用民用航空器经营的旅客、行李或者货物的运输，包括公共航空运输企业使用民用航空器办理的免费运输。

本章不适用于使用民用航空器办理的邮件运输。

对多式联运方式的运输，本章规定适用于其中的航空运输部分。

第一百零七条　本法所称国内航空运输，是指根据当事人订立的航空运输合同，运输的出发地点、约定的经停地点和目的地点均在中华人民共和国境内的运输。

本法所称国际航空运输，是指根据当事人订立的航空运输合同，无论运输有无间断或者有无转运，运输的出发地点、目的地点或者约定的经停地点之一不在中华人民共和国境内的运输。

第一百零八条　航空运输合同各方认为几个连续的航空运输承运人办理的运输是一项单一业务活动的，无论其形式是以一个合同订立或者数个合同订立，应当视为一项不可分割的运输。

第二节　运输凭证

第一百零九条　承运人运送旅客，应当出具客票。旅客乘坐民用航空器，应当交验有效客票。

第一百一十条　客票应当包括的内容由国务院民用航空主管部门规定，至少应当包括以下内容：

（一）出发地点和目的地点；

（二）出发地点和目的地点均在中华人民共和国境内，而在境外有一个或者数个约定的经停地点的，至少注明一个经停地点；

（三）旅客航程的最终目的地点、出发地点或者约定的经停地点之一不在中华人民共和国境内，依照所适用的国际航空运输公约的规定，应当在客票上声明此项运输适用该公约的，客票上应当载有该项声明。

第一百一十一条　客票是航空旅客运输合同订立和运输合同条件的初步证据。

旅客未能出示客票、客票不符合规定或者客票遗失，不影响运输合同的存在或者有效。

在国内航空运输中，承运人同意旅客不经其出票而乘坐民用航空器的，承运人无权援用本法第一百二十八条有关赔偿责任限制的规定。

在国际航空运输中，承运人同意旅客不经其出票而乘坐民用航空器的，或者客票上未依照本法第一百一十条第（三）项的规定声明的，承运人无权援用本法第一百二十九条有关赔偿责任限制的规定。

第一百一十二条　承运人载运托运行李时，行李票可以包含在客票之内或者与客票相结合。除本法第一百一十条的规定外，行李票还应当包括下列内容：

（一）托运行李的件数和重量；

（二）需要声明托运行李在目的地点交付时的利益的，注明声明金额。

行李票是行李托运和运输合同条件的初步证据。

旅客未能出示行李票、行李票不符合规定或者行李票遗失，不影响运输合同的存在或者有效。

在国内航空运输中，承运人载运托运行李而不出具行李票的，承运人无权援用本法第一百二十八条有关赔偿责任限制的规定。

在国际航空运输中，承运人载运托运行李而不出具行李票的，或者行李票上未依照本法第一百一十条第（三）项的规定声明的，承运人无权援用本法第一百二十九条有关赔偿责任限制的规定。

第一百一十三条　承运人有权要求托运人填写航空货运单，托运人有权要求承运人接受该航空货运单。托运人未能出示航空货运单、航空货运单不符合规定或者航空货运单遗失，不影响运输合同的存在或者有效。

第一百一十四条　托运人应当填写航空货运单正本一式三份，连同货物交给承运人。

航空货运单第一份注明"交承运人"，由托运人签字、盖章；第二份注明"交收货人"，由托运人和承运人签字、盖章；第三份由承运人在接受货物后签字、盖章，交给托运人。

承运人根据托运人的请求填写航空货运单的，在没有相反证据的情况下，应当视为代托运人填写。

第一百一十五条　航空货运单应当包括的内容由国务院民用航空主管部门规定,至少应当包括以下内容:

(一)出发地点和目的地点;

(二)出发地点和目的地点均在中华人民共和国境内,而在境外有一个或者数个约定的经停地点的,至少注明一个经停地点;

(三)货物运输的最终目的地点、出发地点或者约定的经停地点之一不在中华人民共和国境内,依照所适用的国际航空运输公约的规定,应当在货运单上声明此项运输适用该公约的,货运单上应当载有该项声明。

第一百一十六条　在国内航空运输中,承运人同意未经填具航空货运单而载运货物的,承运人无权援用本法第一百二十八条有关赔偿责任限制的规定。

在国际航空运输中,承运人同意未经填具航空货运单而载运货物的,或者航空货运单上未依照本法第一百一十五条第(三)项的规定声明的,承运人无权援用本法第一百二十九条有关赔偿责任限制的规定。

第一百一十七条　托运人应当对航空货运单上所填关于货物的说明和声明的正确性负责。

因航空货运单上所填的说明和声明不符合规定、不正确或者不完全,给承运人或者承运人对之负责的其他人造成损失的,托运人应当承担赔偿责任。

第一百一十八条　航空货运单是航空货物运输合同订立和运输条件以及承运人接受货物的初步证据。

航空货运单上关于货物的重量、尺寸、包装和包装件数的说明具有初步证据的效力。除经过承运人和托运人当面查对并在航空货运单上注明经过查对或者书写关于货物的外表情况的说明外,航空货运单上关于货物的数量、体积和情况的说明不能构成不利于承运人的证据。

第一百一十九条　托运人在履行航空货物运输合同规定的义务的条件下,有权在出发地机场或者目的地机场将货物提回,或者在途中经停时中止运输,或者在目的地点或者途中要求将货物交给非航空货运单上指定的收货人,或者要求将货物运回出发地机场;但是,托运人不得因行使此种权利而使承运人或者其他托运人遭受损失,并应当偿付由此产生的费用。

托运人的指示不能执行的,承运人应当立即通知托运人。

承运人按照托运人的指示处理货物,没有要求托运人出示其所收执的航空货运单,给该航空货运单的合法持有人造成损失的,承运人应当承担责任,但是不妨碍承运人向托运人追偿。

收货人的权利依照本法第一百二十条规定开始时,托运人的权利即告终止;但是,收货人拒绝接受航空货运单或者货物,或者承运人无法同收货人联系的,托运人恢复其对货物的处置权。

第一百二十条　除本法第一百一十九条所列情形外,收货人于货物到达目的地点,并在缴付应付款项和履行航空货运单上所列运输条件后,有权要求承运人移交航空货运单并交付货物。

除另有约定外,承运人应当在货物到达后立即通知收货人。

承运人承认货物已经遗失,或者货物在应当到达之日起七日后仍未到达的,收货人有权向承运人行使航空货物运输合同所赋予的权利。

第一百二十一条　托运人和收货人在履行航空货物运输合同规定的义务的条件下,无论为本人或者他人的利益,可以以本人的名义分别行使本法第一百一十九条和第一百二十条所赋予的权利。

第一百二十二条　本法第一百一十九条、第一百二十条和第一百二十一条的规定,不影响托运人同收货人之间的相互关系,也不影响从托运人或者收货人获得权利的第三人之间的关系。

任何与本法第一百一十九条、第一百二十条和第一百二十一条规定不同的合同条款,应当在航空货运单上载明。

第一百二十三条　托运人应当提供必需的资料和文件,以便在货物交付收货人前完成法律、行政法规规定的有关手续;因没有此种资料、文件,或者此种资料、文件不充足或者不符合规定造成的损失,除由于承运人或者其受雇人、代理人的过错造成的外,托运人应当对承运人承担责任。

除法律、行政法规另有规定外,承运人没有对前款规定的资料或者文件进行检查的义务。

第三节　承运人的责任

第一百二十四条　因发生在民用航空器上或者在旅客上、下民用航空器过程中的事件,造成旅客人身伤亡的,承运人应当承担责任;但是,旅客的人身伤亡完全是由于旅客本人的健康状况造成的,承运人不承担责任。

第一百二十五条　因发生在民用航空器上或者在旅客上、下民用航空器过程中的事件,造成旅客随身携带物品毁灭、遗失或者损坏的,承运人应当承担责任。因发生在航空运输期间的事件,造成旅客的托运行李毁灭、遗失或者损坏的,承运人应当承担责任。

旅客随身携带物品或者托运行李的毁灭、遗失或者损坏完全是由于行李本身的自然属性、质量或者缺陷造成的，承运人不承担责任。

本章所称行李，包括托运行李和旅客随身携带的物品。

因发生在航空运输期间的事件，造成货物毁灭、遗失或者损坏的，承运人应当承担责任；但是，承运人证明货物的毁灭、遗失或者损坏完全是由于下列原因之一造成的，不承担责任：

（一）货物本身的自然属性、质量或者缺陷；

（二）承运人或者其受雇人、代理人以外的人包装货物的，货物包装不良；

（三）战争或者武装冲突；

（四）政府有关部门实施的与货物入境、出境或者过境有关的行为。

本条所称航空运输期间，是指在机场内、民用航空器上或者机场外降落的任何地点，托运行李、货物处于承运人掌管之下的全部期间。

航空运输期间，不包括机场外的任何陆路运输、海上运输、内河运输过程；但是，此种陆路运输、海上运输、内河运输是为了履行航空运输合同而装载、交付或者转运，在没有相反证据的情况下，所发生的损失视为在航空运输期间发生的损失。

第一百二十六条　旅客、行李或者货物在航空运输中因延误造成的损失，承运人应当承担责任；但是，承运人证明本人或者其受雇人、代理人为了避免损失的发生，已经采取一切必要措施或者不可能采取此种措施的，不承担责任。

第一百二十七条　在旅客、行李运输中，经承运人证明，损失是由索赔人的过错造成或者促成的，应当根据造成或者促成此种损失的过错的程度，相应免除或者减轻承运人的责任。旅客以外的其他人就旅客死亡或者受伤提出赔偿请求时，经承运人证明，死亡或者受伤是旅客本人的过错造成或者促成的，同样应当根据造成或者促成此种损失的过错的程度，相应免除或者减轻承运人的责任。

在货物运输中，经承运人证明，损失是由索赔人或者代行权利人的过错造成或者促成的，应当根据造成或者促成此种损失的过错的程度，相应免除或者减轻承运人的责任。

第一百二十八条　国内航空运输承运人的赔偿责任限额由国务院民用航空主管部门制定，报国务院批准后公布执行。

旅客或者托运人在交运托运行李或者货物时，特别声明在目的地点交付时的利益，并在必要时支付附加费的，除承运人证明旅客或者托运人声明的金额高于托运行李或者货物在目的地点交付时的实际利益外，承运人应当在声明金额范围内承担责任；本法第一百二十九条的其他规定，除赔偿责任限额外，适用于国内航空运输。

第一百二十九条　国际航空运输承运人的赔偿责任限额按照下列规定执行：

（一）对每名旅客的赔偿责任限额为16600计算单位；但是，旅客可以同承运人书面约定高于本项规定的赔偿责任限额。

（二）对托运行李或者货物的赔偿责任限额，每公斤为17计算单位。旅客或者托运人在交运托运行李或者货物时，特别声明在目的地点交付时的利益，并在必要时支付附加费的，除承运人证明旅客或者托运人声明的金额高于托运行李或者货物在目的地点交付时的实际利益外，承运人应当在声明金额范围内承担责任。

托运行李或者货物的一部分或者托运行李、货物中的任何物件毁灭、遗失、损坏或者延误的，用以确定承运人赔偿责任限额的重量，仅为该一包件或者数包件的总重量；但是，因托运行李或者货物的一部分或者托运行李、货物中的任何物件的毁灭、遗失、损坏或者延误，影响同一份行李票或者同一份航空货运单所列其他包件的价值的，确定承运人的赔偿责任限额时，此种包件的总重量也应当考虑在内。

（三）对每名旅客随身携带的物品的赔偿责任限额为332计算单位。

第一百三十条　任何旨在免除本法规定的承运人责任或者降低本法规定的赔偿责任限额的条款，均属无效；但是，此种条款的无效，不影响整个航空运输合同的效力。

第一百三十一条　有关航空运输中发生的损失的诉讼，不论其根据如何，只能依照本法规定的条件和赔偿责任限额提出，但是不妨碍谁有权提起诉讼以及他们各自的权利。

第一百三十二条　经证明，航空运输中的损失是由于承运人或者其受雇人、代理人的故意或者明知可能造成损失而轻率地作为或者不作为造成的，承运人无权援用本法第一百二十八条、第一百二十九条有关赔偿责任限制的规定；证明承运人的受雇人、代理人有此种作为或者不作为的,还应当证明该受雇人、代理人是在受雇、代理范围内行事。

第一百三十三条 就航空运输中的损失向承运人的受雇人、代理人提起诉讼时,该受雇人、代理人证明他是在受雇、代理范围内行事的,有权援用本法第一百二十八条、第一百二十九条有关赔偿责任限制的规定。

在前款规定情形下,承运人及其受雇人、代理人的赔偿总额不得超过法定的赔偿责任限额。

经证明,航空运输中的损失是由于承运人的受雇人、代理人的故意或者明知可能造成损失而轻率地作为或者不作为造成的,不适用本条第一款和第二款的规定。

第一百三十四条 旅客或者收货人收受托运行李或者货物而未提出异议,为托运行李或者货物已经完好交付并与运输凭证相符的初步证据。

托运行李或者货物发生损失的,旅客或者收货人应当在发现损失后向承运人提出异议。托运行李发生损失的,至迟应当自收到托运行李之日起七日内提出;货物发生损失的,至迟应当自收到货物之日起十四日内提出。托运行李或者货物发生延误的,至迟应当自托运行李或者货物交付旅客或者收货人处置之日起二十一日内提出。

任何异议均应当在前款规定的期间内写在运输凭证上或者另以书面提出。

除承运人有欺诈行为外,旅客或者收货人未在本条第二款规定的期间内提出异议的,不能向承运人提出索赔诉讼。

第一百三十五条 航空运输的诉讼时效期间为二年,自民用航空器到达目的地点、应当到达目的地点或者运输终止之日起计算。

第一百三十六条 由几个航空承运人办理的连续运输,接受旅客、行李或者货物的每一个承运人应当受本法规定的约束,并就其根据合同办理的运输区段作为运输合同的订约一方。

对前款规定的连续运输,除合同明文约定第一承运人应当对全程运输承担责任外,旅客或者其继承人只能对发生事故或者延误的运输区段的承运人提起诉讼。

托运行李或者货物的毁灭、遗失、损坏或者延误,旅客或者托运人有权对第一承运人提起诉讼,旅客或者收货人有权对最后承运人提起诉讼,旅客、托运人和收货人均可以对发生毁灭、遗失、损坏或者延误的运输区段的承运人提起诉讼。上述承运人应当对旅客、托运人或者收货人承担连带责任。

第四节　实际承运人履行航空运输的特别规定

第一百三十七条 本节所称缔约承运人,是指以本人名义与旅客或者托运人,或者与旅客或者托运人的代理人,订立本章调整的航空运输合同的人。

本节所称实际承运人,是指根据缔约承运人的授权,履行前款全部或者部分运输的人,不是指本章规定的连续承运人;在没有相反证明时,此种授权被认为是存在的。

第一百三十八条 除本节另有规定外,缔约承运人和实际承运人都应当受本章规定的约束。缔约承运人应当对合同约定的全部运输负责。实际承运人应当对其履行的运输负责。

第一百三十九条 实际承运人的作为和不作为,实际承运人的受雇人、代理人在受雇、代理范围内的作为和不作为,关系到实际承运人履行的运输的,应当视为缔约承运人的作为和不作为。

缔约承运人的作为和不作为,缔约承运人的受雇人、代理人在受雇、代理范围内的作为和不作为,关系到实际承运人履行的运输的,应当视为实际承运人的作为和不作为;但是,实际承运人承担的责任不因此种作为或者不作为而超过法定的赔偿责任限额。

任何有关缔约承运人承担本章未规定的义务或者放弃本章赋予的权利的特别协议,或者任何有关依照本法第一百二十八条、第一百二十九条规定所作的在目的地点交付时利益的特别声明,除经实际承运人同意外,均不得影响实际承运人。

第一百四十条 依照本章规定提出的索赔或者发出的指示,无论是向缔约承运人还是向实际承运人提出或者发出的,具有同等效力;但是,本法第一百一十九条规定的指示,只在向缔约承运人发出时,方有效。

第一百四十一条 实际承运人的受雇人、代理人或者缔约承运人的受雇人、代理人,证明他是在受雇、代理范围内行事的,就实际承运人履行的运输而言,有权援用本法第一百二十八条、第一百二十九条有关赔偿责任限制的规定,但是依照本法规定不得援用赔偿责任限制规定的除外。

第一百四十二条 对于实际承运人履行的运输,实际承运人、缔约承运人以及他们的在受雇、代理范围内行事的受雇人、代理人的赔偿总额不得超过依照本法得以从缔约承运人或者实际承运人获得赔偿的最高数额;但是,其中任何人都不承担超过对他适用的赔偿责任限额。

第一百四十三条　对实际承运人履行的运输提起的诉讼,可以分别对实际承运人或者缔约承运人提起,也可以同时对实际承运人和缔约承运人提起;被提起诉讼的承运人有权要求另一承运人参加应诉。

第一百四十四条　除本法第一百四十三条规定外,本节规定不影响实际承运人和缔约承运人之间的权利、义务。

第十章　通用航空

第一百四十五条　通用航空,是指使用民用航空器从事公共航空运输以外的民用航空活动,包括从事工业、农业、林业、渔业和建筑业的作业飞行以及医疗卫生、抢险救灾、气象探测、海洋监测、科学实验、教育训练、文化体育等方面的飞行活动。

第一百四十六条　从事通用航空活动,应当具备下列条件:

(一)有与所从事的通用航空活动相适应,符合保证飞行安全要求的民用航空器;

(二)有必需的依法取得执照的航空人员;

(三)符合法律、行政法规规定的其他条件。

从事经营性通用航空,限于企业法人。

第一百四十七条　从事非经营性通用航空的,应当向国务院民用航空主管部门备案。

从事经营性通用航空的,应当向国务院民用航空主管部门申请领取通用航空经营许可证。

第一百四十八条　通用航空企业从事经营性通用航空活动,应当与用户订立书面合同,但是紧急情况下的救护或者救灾飞行除外。

第一百四十九条　组织实施作业飞行时,应当采取有效措施,保证飞行安全,保护环境和生态平衡,防止对环境、居民、作物或者牲畜等造成损害。

第一百五十条　从事通用航空活动的,应当投保地面第三人责任险。

第十一章　搜寻援救和事故调查

第一百五十一条　民用航空器遇到紧急情况时,应当发送信号,并向空中交通管制单位报告,提出援救请求;空中交通管制单位应当立即通知搜寻援救协调中心。民用航空器在海上遇到紧急情况时,还应当向船舶和国家海上搜寻援救组织发送信号。

第一百五十二条　发现民用航空器遇到紧急情况或者收听到民用航空器遇到紧急情况的信号的单位或者个人,应当立即通知有关的搜寻援救协调中心、海上搜寻援救组织或者当地人民政府。

第一百五十三条　收到通知的搜寻援救协调中心、地方人民政府和海上搜寻援救组织,应当立即组织搜寻援救。

收到通知的搜寻援救协调中心,应当设法将已经采取的搜寻援救措施通知遇到紧急情况的民用航空器。

搜寻援救民用航空器的具体办法,由国务院规定。

第一百五十四条　执行搜寻援救任务的单位或者个人,应当尽力抢救民用航空器所载人员,按照规定对民用航空器采取抢救措施并保护现场,保存证据。

第一百五十五条　民用航空器事故的当事人以及有关人员在接受调查时,应当如实提供现场情况和与事故有关的情节。

第一百五十六条　民用航空器事故调查的组织和程序,由国务院规定。

第十二章　对地面第三人损害的赔偿责任

第一百五十七条　因飞行中的民用航空器或者从飞行中的民用航空器上落下的人或者物,造成地面(包括水面,下同)上的人身伤亡或者财产损害的,受害人有权获得赔偿;但是,所受损害并非造成损害的事故的直接后果,或者所受损害仅是民用航空器依照国家有关的空中交通规则在空中通过造成的,受害人无权要求赔偿。

前款所称飞行中,是指自民用航空器为实际起飞而使用动力时起至着陆冲程终了时止;就轻于空气的民用航空器而言,飞行中是指自其离开地面时起至其重新着地时止。

第一百五十八条　本法第一百五十七条规定的赔偿责任,由民用航空器的经营人承担。

前款所称经营人,是指损害发生时使用民用航空器的人。民用航空器的使用权已经直接或者间接地授予他人,本人保留对该民用航空器的航行控制权的,本人仍被视为经营人。

经营人的受雇人、代理人在受雇、代理过程中使用民用航空器,无论是否在其受雇、代理范围内行事,均视为经营人使用民用航空器。

民用航空器登记的所有人应当被视为经营人,并承担经营人的责任;除非在判定其责任的诉讼中,所有人证明经营人是他人,并在法律程序许可的范围内采取适当措施使该人成为诉讼当事人之一。

第一百五十九条　未经对民用航空器有航行控制权的人同意而使用民用航空器,对地面第三人造成损害的,有航行控制权的人除证明本人已经适当注意防止此种使用外,应当与该非法使用人承担连带责任。

第一百六十条 损害是武装冲突或者骚乱的直接后果,依照本章规定应当承担责任的人不承担责任。

依照本章规定应当承担责任的人对民用航空器的使用权业经国家机关依法剥夺的,不承担责任。

第一百六十一条 依照本章规定应当承担责任的人证明损害是完全由于受害人或者其受雇人、代理人的过错造成的,免除其赔偿责任;应当承担责任的人证明损害是部分由于受害人或者其受雇人、代理人的过错造成的,相应减轻其赔偿责任。但是,损害是由于受害人的受雇人、代理人的过错造成时,受害人证明其受雇人、代理人的行为超出其所授权的范围的,不免除或者不减轻应当承担责任的人的赔偿责任。

一人对另一人的死亡或者伤害提起诉讼,请求赔偿时,损害是该另一人或者其受雇人、代理人的过错造成的,适用前款规定。

第一百六十二条 两个以上的民用航空器在飞行中相撞或者相扰,造成本法第一百五十七条规定的应当赔偿的损害,或者两个以上的民用航空器共同造成此种损害的,各有关民用航空器均应当被认为已经造成此种损害,各有关民用航空器的经营人均应当承担责任。

第一百六十三条 本法第一百五十八条第四款和第一百五十九条规定的人,享有依照本章规定经营人所能援用的抗辩权。

第一百六十四条 除本章有明确规定外,经营人、所有人和本法第一百五十九条规定的应当承担责任的人,以及他们的受雇人、代理人,对于飞行中的民用航空器或者从飞行中的民用航空器上落下的人或者物造成的地面上的损害不承担责任,但是故意造成此种损害的人除外。

第一百六十五条 本章不妨碍依照本章规定应当对损害承担责任的人向他人追偿的权利。

第一百六十六条 民用航空器的经营人应当投保地面第三人责任险或者取得相应的责任担保。

第一百六十七条 保险人和担保人除享有与经营人相同的抗辩权,以及对伪造证件进行抗辩的权利外,对依照本章规定提出的赔偿请求只能进行下列抗辩:

(一)损害发生在保险或者担保终止有效后;然而保险或者担保在飞行中期满的,该项保险或者担保在飞行计划中所载下一次降落前继续有效,但是不得超过二十四小时;

(二)损害发生在保险或者担保所指定的地区范围外,除非飞行超出该范围是由于不可抗力、援助他人所必

需,或者驾驶、航行或者领航上的差错造成的。

前款关于保险或者担保继续有效的规定,只在对受害人有利时适用。

第一百六十八条 仅在下列情形下,受害人可以直接对保险人或者担保人提起诉讼,但是不妨碍受害人根据有关保险合同或者担保合同的法律规定提起直接诉讼的权利:

(一)根据本法第一百六十七条第(一)项、第(二)项规定,保险或者担保继续有效的;

(二)经营人破产的。

除本法第一百六十七条第一款规定的抗辩权,保险人或者担保人对受害人依照本章规定提起的直接诉讼不得以保险或者担保的无效或者追溯力终止为由进行抗辩。

第一百六十九条 依照本法第一百六十六条规定提供的保险或者担保,应当被专门指定优先支付本章规定的赔偿。

第一百七十条 保险人应当支付给经营人的款项,在本章规定的第三人的赔偿请求未满足前,不受经营人的债权人的扣留和处理。

第一百七十一条 地面第三人损害赔偿的诉讼时效期间为二年,自损害发生之日起计算;但是,在任何情况下,时效期间不得超过自损害发生之日起三年。

第一百七十二条 本章规定不适用于下列损害:

(一)对飞行中的民用航空器或者对该航空器上的人或者物造成的损害;

(二)为受害人同经营人或者同发生损害时对民用航空器有使用权的人订立的合同所约束,或者为适用两方之间的劳动合同的法律有关职工赔偿的规定所约束的损害;

(三)核损害。

第十三章　对外国民用航空器的特别规定

第一百七十三条 外国人经营的外国民用航空器,在中华人民共和国境内从事民用航空活动,适用本章规定;本章没有规定的,适用本法其他有关规定。

第一百七十四条 外国民用航空器根据其国籍登记国政府与中华人民共和国政府签订的协定、协议的规定,或者经中华人民共和国国务院民用航空主管部门批准或者接受,方可飞入、飞出中华人民共和国领空和在中华人民共和国境内飞行、降落。

对不符合前款规定,擅自飞入、飞出中华人民共和国领空的外国民用航空器,中华人民共和国有关机关有权

采取必要措施,令其在指定的机场降落;对虽然符合前款规定,但是有合理的根据认为需要对其进行检查的,有关机关有权令其在指定的机场降落。

第一百七十五条　外国民用航空器飞入中华人民共和国领空,其经营人应当提供有关证明书,证明其已经投保地面第三人责任险或者已经取得相应的责任担保;其经营人未提供有关证明书的,中华人民共和国国务院民用航空主管部门有权拒绝其飞入中华人民共和国领空。

第一百七十六条　外国民用航空器的经营人经其本国政府指定,并取得中华人民共和国国务院民用航空主管部门颁发的经营许可证,方可经营中华人民共和国政府与该外国政府签订的协定、协议规定的国际航班运输;外国民用航空器的经营人经其本国政府批准,并获得中华人民共和国国务院民用航空主管部门批准,方可经营中华人民共和国境内一地和境外一地之间的不定期航空运输。

前款规定的外国民用航空器经营人,应当依照中华人民共和国法律、行政法规的规定,制定相应的安全保卫方案,报中华人民共和国国务院民用航空主管部门备案。

第一百七十七条　外国民用航空器的经营人,不得经营中华人民共和国境内两点之间的航空运输。

第一百七十八条　外国民用航空器,应当按照中华人民共和国国务院民用航空主管部门批准的班期时刻或者飞行计划飞行;变更班期时刻或者飞行计划的,其经营人应当获得中华人民共和国国务院民用航空主管部门的批准;因故变更或者取消飞行的,其经营人应当及时报告中华人民共和国国务院民用航空主管部门。

第一百七十九条　外国民用航空器应当在中华人民共和国国务院民用航空主管部门指定的设关机场起飞或者降落。

第一百八十条　中华人民共和国国务院民用航空主管部门和其他主管机关,有权在外国民用航空器降落或者飞出时查验本法第九十条规定的文件。

外国民用航空器及其所载人员、行李、货物,应当接受中华人民共和国有关主管机关依法实施的入境出境、海关、检疫等检查。

实施前两款规定的查验、检查,应当避免不必要的延误。

第一百八十一条　外国民用航空器国籍登记国发给或者核准的民用航空器适航证书、机组人员合格证书和执照,中华人民共和国政府承认其有效;但是,发给或者核准此项证书或者执照的要求,应当等于或者高于国际民用航空组织制定的最低标准。

第一百八十二条　外国民用航空器在中华人民共和国搜寻援救区内遇险,其所有人或者国籍登记国参加搜寻援救工作,应当经中华人民共和国国务院民用航空主管部门批准或者按照两国政府协议进行。

第一百八十三条　外国民用航空器在中华人民共和国境内发生事故,其国籍登记国和其他有关国家可以指派观察员参加事故调查。事故调查报告和调查结果,由中华人民共和国国务院民用航空主管部门告知该外国民用航空器的国籍登记国和其他有关国家。

第十四章　涉外关系的法律适用

第一百八十四条　中华人民共和国缔结或者参加的国际条约同本法有不同规定的,适用国际条约的规定;但是,中华人民共和国声明保留的条款除外。

中华人民共和国法律和中华人民共和国缔结或者参加的国际条约没有规定的,可以适用国际惯例。

第一百八十五条　民用航空器所有权的取得、转让和消灭,适用民用航空器国籍登记国法律。

第一百八十六条　民用航空器抵押权适用民用航空器国籍登记国法律。

第一百八十七条　民用航空器优先权适用受理案件的法院所在地法律。

第一百八十八条　民用航空运输合同当事人可以选择合同适用的法律,但是法律另有规定的除外;合同当事人没有选择的,适用与合同有最密切联系的国家的法律。

第一百八十九条　民用航空器对地面第三人的损害赔偿,适用侵权行为地法律。

民用航空器在公海上空对水面第三人的损害赔偿,适用受理案件的法院所在地法律。

第一百九十条　依照本章规定适用外国法律或者国际惯例,不得违背中华人民共和国的社会公共利益。

第十五章　法律责任

第一百九十一条　以暴力、胁迫或者其他方法劫持航空器的,依照刑法有关规定追究刑事责任。

第一百九十二条　对飞行中的民用航空器上的人员使用暴力,危及飞行安全的,依照刑法有关规定追究刑事责任。

第一百九十三条　违反本法规定,隐匿携带炸药、雷管或者其他危险品乘坐民用航空器,或者以非危险品品名托运危险品的,依照刑法有关规定追究刑事责任。

企业事业单位犯前款罪的,判处罚金,并对直接负责的主管人员和其他直接责任人员依照前款规定追究刑事责任。

隐匿携带枪支子弹、管制刀具乘坐民用航空器的，依照刑法有关规定追究刑事责任。

第一百九十四条 公共航空运输企业违反本法第一百零一条的规定运输危险品的，由国务院民用航空主管部门没收违法所得，可以并处违法所得一倍以下的罚款。

公共航空运输企业有前款行为，导致发生重大事故的，没收违法所得，判处罚金；并对直接负责的主管人员和其他直接责任人员依照刑法有关规定追究刑事责任。

第一百九十五条 故意在使用中的民用航空器上放置危险品或者唆使他人放置危险品，足以毁坏该民用航空器，危及飞行安全的，依照刑法有关规定追究刑事责任。

第一百九十六条 故意传递虚假情报，扰乱正常飞行秩序，使公私财产遭受重大损失的，依照刑法有关规定追究刑事责任。

第一百九十七条 盗窃或者故意损毁、移动使用中的航行设施，危及飞行安全，足以使民用航空器发生坠落、毁坏危险的，依照刑法有关规定追究刑事责任。

第一百九十八条 聚众扰乱民用机场秩序的，依照刑法有关规定追究刑事责任。

第一百九十九条 航空人员玩忽职守，或者违反规章制度，导致发生重大飞行事故，造成严重后果的，依照刑法有关规定追究刑事责任。

第二百条 违反本法规定，尚不够刑事处罚，应当给予治安管理处罚的，依照治安管理处罚法的规定处罚。

第二百零一条 违反本法第三十七条的规定，民用航空器无适航证书而飞行，或者租用的外国民用航空器未经国务院民用航空主管部门对其原国籍登记国发给的适航证书审查认可或者另发适航证书而飞行的，由国务院民用航空主管部门责令停止飞行，没收违法所得，可以并处违法所得一倍以上五倍以下的罚款；没有违法所得的，处以十万元以上一百万元以下的罚款。

适航证书失效或者超过适航证书规定范围飞行的，依照前款规定处罚。

第二百零二条 违反本法第三十四条、第三十六条第二款的规定，将未取得型号合格证书、型号认可证书的民用航空器及其发动机、螺旋桨或者民用航空器上的设备投入生产的，由国务院民用航空主管部门责令停止生产，没收违法所得，可以并处违法所得一倍以下的罚款；没有违法所得的，处以五万元以上五十万元以下的罚款。

第二百零三条 违反本法第三十五条的规定，未取得生产许可证书、维修许可证书而从事生产、维修活动的，违反本法第九十二条、第一百四十七条第二款的规定，未取得公共航空运输经营许可证或者通用航空经营许可证而从事公共航空运输或者从事经营性通用航空的，国务院民用航空主管部门可以责令停止生产、维修或者经营活动。

第二百零四条 已取得本法第三十五条规定的生产许可证书、维修许可证书的企业，因生产、维修的质量问题造成严重事故的，国务院民用航空主管部门可以吊销其生产许可证书或者维修许可证书。

第二百零五条 违反本法第四十条的规定，未取得航空人员执照、体格检查合格证书而从事相应的民用航空活动的，由国务院民用航空主管部门责令停止民用航空活动，在国务院民用航空主管部门规定的限期内不得申领有关执照和证书，对其所在单位处以二十万元以下的罚款。

第二百零六条 有下列违法情形之一的，由国务院民用航空主管部门对民用航空器的机长给予警告或者吊扣执照一个月至六个月的处罚，情节较重的，可以给予吊销执照的处罚：

（一）机长违反本法第四十五条第一款的规定，未对民用航空器实施检查而起飞的；

（二）民用航空器违反本法第七十五条的规定，未按照空中交通管制单位指定的航路和飞行高度飞行，或者违反本法第七十九条的规定飞越城市上空的。

第二百零七条 违反本法第七十四条的规定，民用航空器未经空中交通管制单位许可进行飞行活动的，由国务院民用航空主管部门责令停止飞行，对该民用航空器所有人或者承租人处以一万元以上十万元以下的罚款；对该民用航空器的机长给予警告或者吊扣执照一个月至六个月的处罚，情节较重的，可以给予吊销执照的处罚。

第二百零八条 民用航空器的机长或者机组其他人员有下列行为之一的，由国务院民用航空主管部门给予警告或者吊扣执照一个月至六个月的处罚；有第（二）项或者第（三）项所列行为的，可以给予吊销执照的处罚：

（一）在执行飞行任务时，不按照本法第四十一条的规定携带执照和体格检查合格证书的；

（二）民用航空器遇险时，违反本法第四十八条的规定离开民用航空器的；

（三）违反本法第七十七条第二款的规定执行飞行任务的。

第二百零九条　违反本法第八十条的规定,民用航空器在飞行中投掷物品的,由国务院民用航空主管部门给予警告,可以对直接责任人员处以二千元以上二万元以下的罚款。

第二百一十条　违反本法第六十二条的规定,未取得机场使用许可证开放使用民用机场的,由国务院民用航空主管部门责令停止开放使用;没收违法所得,可以并处违法所得一倍以下的罚款。

第二百一十一条　公共航空运输企业、通用航空企业违反本法规定,情节较重的,除依照本法规定处罚外,国务院民用航空主管部门可以吊销其经营许可证。

从事非经营性通用航空未向国务院民用航空主管部门备案的,由国务院民用航空主管部门责令改正;逾期未改正的,处三万元以下罚款。

第二百一十二条　国务院民用航空主管部门和地区民用航空管理机构的工作人员,玩忽职守、滥用职权、徇私舞弊,构成犯罪的,依法追究刑事责任;尚不构成犯罪的,依法给予行政处分。

第十六章　附　则

第二百一十三条　本法所称计算单位,是指国际货币基金组织规定的特别提款权;其人民币数额为法院判决之日、仲裁机构裁决之日或者当事人协议之日,按照国家外汇主管机关规定的国际货币基金组织的特别提款权对人民币的换算办法计算得出的人民币数额。

第二百一十四条　国务院、中央军事委员会对无人驾驶航空器的管理另有规定的,从其规定。

第二百一十五条　本法自 1996 年 3 月 1 日起施行。

中华人民共和国铁路法

· 1990 年 9 月 7 日第七届全国人民代表大会常务委员会第十五次会议通过
· 根据 2009 年 8 月 27 日第十一届全国人民代表大会常务委员会第十次会议《关于修改部分法律的决定》第一次修正
· 根据 2015 年 4 月 24 日第十二届全国人民代表大会常务委员会第十四次会议《关于修改〈中华人民共和国义务教育法〉等五部法律的决定》第二次修正

第一章　总　则

第一条　为了保障铁路运输和铁路建设的顺利进行,适应社会主义现代化建设和人民生活的需要,制定本法。

第二条　本法所称铁路,包括国家铁路、地方铁路、专用铁路和铁路专用线。

国家铁路是指由国务院铁路主管部门管理的铁路。

地方铁路是指由地方人民政府管理的铁路。

专用铁路是指由企业或者其他单位管理,专为本企业或者本单位内部提供运输服务的铁路。

铁路专用线是指由企业或者其他单位管理的与国家铁路或者其他铁路线路接轨的岔线。

第三条　国务院铁路主管部门主管全国铁路工作,对国家铁路实行高度集中、统一指挥的运输管理体制,对地方铁路、专用铁路和铁路专用线进行指导、协调、监督和帮助。

国家铁路运输企业行使法律、行政法规授予的行政管理职能。

第四条　国家重点发展国家铁路,大力扶持地方铁路的发展。

第五条　铁路运输企业必须坚持社会主义经营方向和为人民服务的宗旨,改善经营管理,切实改进路风,提高运输服务质量。

第六条　公民有爱护铁路设施的义务。禁止任何人破坏铁路设施,扰乱铁路运输的正常秩序。

第七条　铁路沿线各级地方人民政府应当协助铁路运输企业保证铁路运输安全畅通,车站、列车秩序良好,铁路设施完好和铁路建设顺利进行。

第八条　国家铁路的技术管理规程,由国务院铁路主管部门制定,地方铁路、专用铁路的技术管理办法,参照国家铁路的技术管理规程制定。

第九条　国家鼓励铁路科学技术研究,提高铁路科学技术水平。对在铁路科学技术研究中有显著成绩的单位和个人给予奖励。

第二章　铁路运输营业

第十条　铁路运输企业应当保证旅客和货物运输的安全,做到列车正点到达。

第十一条　铁路运输合同是明确铁路运输企业与旅客、托运人之间权利义务关系的协议。

旅客车票、行李票、包裹票和货物运单是合同或者合同的组成部分。

第十二条　铁路运输企业应当保证旅客按车票载明的日期、车次乘车,并到达目的站。因铁路运输企业的责任造成旅客不能按车票载明的日期、车次乘车的,铁路运输企业应当按照旅客的要求,退还全部票款或者安排改乘到达相同目的站的其他列车。

第十三条　铁路运输企业应当采取有效措施做好旅客运输服务工作,做到文明礼貌、热情周到,保持车站和车厢内的清洁卫生,提供饮用开水,做好列车上的饮食供应工作。

铁路运输企业应当采取措施,防止对铁路沿线环境的污染。

第十四条 旅客乘车应当持有效车票。对无票乘车或者持失效车票乘车的,应当补收票款,并按照规定加收票款;拒不交付的,铁路运输企业可以责令下车。

第十五条 国家铁路和地方铁路根据发展生产、搞活流通的原则,安排货物运输计划。

对抢险救灾物资和国家规定需要优先运输的其他物资,应予优先运输。

地方铁路运输的物资需要经由国家铁路运输的,其运输计划应当纳入国家铁路的运输计划。

第十六条 铁路运输企业应当按照合同约定的期限或者国务院铁路主管部门规定的期限,将货物、包裹、行李运到目的站;逾期运到的,铁路运输企业应当支付违约金。

铁路运输企业逾期三十日仍未将货物、包裹、行李交付收货人或者旅客的,托运人、收货人或者旅客有权按货物、包裹、行李灭失向铁路运输企业要求赔偿。

第十七条 铁路运输企业应当对承运的货物、包裹、行李自接受承运时起到交付时止发生的灭失、短少、变质、污染或者损坏,承担赔偿责任:

(一)托运人或者旅客根据自愿申请办理保价运输的,按照实际损失赔偿,但最高不超过保价额。

(二)未按保价运输承运的,按照实际损失赔偿,但最高不超过国务院铁路主管部门规定的赔偿限额;如果损失是由于铁路运输企业的故意或者重大过失造成的,不适用赔偿限额的规定,按照实际损失赔偿。

托运人或者旅客根据自愿可以向保险公司办理货物运输保险,保险公司按照保险合同的约定承担赔偿责任。

托运人或者旅客根据自愿,可以办理保价运输,也可以办理货物运输保险;还可以既不办理保价运输,也不办理货物运输保险。不得以任何方式强迫办理保价运输或者货物运输保险。

第十八条 由于下列原因造成的货物、包裹、行李损失的,铁路运输企业不承担赔偿责任:

(一)不可抗力。

(二)货物或者包裹、行李中的物品本身的自然属性,或者合理损耗。

(三)托运人、收货人或者旅客的过错。

第十九条 托运人应当如实填报托运单,铁路运输企业有权对填报的货物和包裹的品名、重量、数量进行检查。经检查,申报与实际不符的,检查费用由托运人承担;申报与实际相符的,检查费用由铁路运输企业承担,因检查对货物和包裹中的物品造成的损坏由铁路运输企业赔偿。

托运人因申报不实而少交的运费和其他费用应当补交,铁路运输企业按照国务院铁路主管部门的规定加收运费和其他费用。

第二十条 托运货物需要包装的,托运人应当按照国家包装标准或者行业包装标准包装;没有国家包装标准或者行业包装标准的,应当妥善包装,使货物在运输途中不因包装原因而受损坏。

铁路运输企业对承运的容易腐烂变质的货物和活动物,应当按照国务院铁路主管部门的规定和合同的约定,采取有效的保护措施。

第二十一条 货物、包裹、行李到站后,收货人或者旅客应当按照国务院铁路主管部门规定的期限及时领取,并支付托运人未付或者少付的运费和其他费用;逾期领取的,收货人或者旅客应当按照规定交付保管费。

第二十二条 自铁路运输企业发出领取货物通知之日起满三十日仍无人领取的货物,或者收货人书面通知铁路运输企业拒绝领取的货物,铁路运输企业应当通知托运人,托运人自接到通知之日起满三十日未作答复的,由铁路运输企业变卖;所得价款在扣除保管等费用后尚有余款的,应当退还托运人,无法退还、自变卖之日起一百八十日内托运人又未领回的,上缴国库。

自铁路运输企业发出领取通知之日起满九十日仍无人领取的包裹或者到站后满九十日仍无人领取的行李,铁路运输企业应当公告,公告满九十日仍无人领取的,可以变卖;所得价款在扣除保管等费用后尚有余款的,托运人、收货人或者旅客可以自变卖之日起一百八十日内领回,逾期不领回的,上缴国库。

对危险物品和规定限制运输的物品,应当移交公安机关或者有关部门处理,不得自行变卖。

对不宜长期保存的物品,可以按照国务院铁路主管部门的规定缩短处理期限。

第二十三条 因旅客、托运人或者收货人的责任给铁路运输企业造成财产损失的,由旅客、托运人或者收货人承担赔偿责任。

第二十四条 国家鼓励专用铁路兼办公共旅客、货物运输营业;提倡铁路专用线与有关单位按照协议共用。

专用铁路兼办公共旅客、货物运输营业的,应当报经省、自治区、直辖市人民政府批准。

专用铁路兼办公共旅客、货物运输营业的，适用本法关于铁路运输企业的规定。

第二十五条　铁路的旅客票价率和货物、行李的运价率实行政府指导价或者政府定价，竞争性领域实行市场调节价。政府指导价、政府定价的定价权限和具体适用范围以中央政府和地方政府的定价目录为依据。铁路旅客、货物运输杂费的收费项目和收费标准，以及铁路包裹运价率由铁路运输企业自主制定。

第二十六条　铁路的旅客票价，货物、包裹、行李的运价，旅客和货物运输杂费的收费项目和收费标准，必须公告；未公告的不得实施。

第二十七条　国家铁路、地方铁路和专用铁路印制使用的旅客、货物运输票证，禁止伪造和变造。

禁止倒卖旅客车票和其他铁路运输票证。

第二十八条　托运、承运货物、包裹、行李，必须遵守国家关于禁止或者限制运输物品的规定。

第二十九条　铁路运输企业与公路、航空或者水上运输企业相互间实行国内旅客、货物联运，依照国家有关规定办理；国家没有规定，依照有关各方的协议办理。

第三十条　国家铁路、地方铁路参加国际联运，必须经国务院批准。

第三十一条　铁路军事运输依照国家有关规定办理。

第三十二条　发生铁路运输合同争议的，铁路运输企业和托运人、收货人或者旅客可以通过调解解决；不愿意调解解决或者调解不成的，可以依据合同中的仲裁条款或者事后达成的书面仲裁协议，向国家规定的仲裁机构申请仲裁。

当事人一方在规定的期限内不履行仲裁机构的仲裁决定的，另一方可以申请人民法院强制执行。

当事人没有在合同中订立仲裁条款，事后又没有达成书面仲裁协议的，可以向人民法院起诉。

第三章　铁路建设

第三十三条　铁路发展规划应当依据国民经济和社会发展以及国防建设的需要制定，并与其他方式的交通运输发展规划相协调。

第三十四条　地方铁路、专用铁路、铁路专用线的建设计划必须符合全国铁路发展规划，并征得国务院铁路主管部门或者国务院铁路主管部门授权的机构的同意。

第三十五条　在城市规划区范围内，铁路的线路、车站、枢纽以及其他有关设施的规划，应当纳入所在城市的总体规划。

铁路建设用地规划，应当纳入土地利用总体规划。为远期扩建、新建铁路需要的土地，由县级以上人民政府在土地利用总体规划中安排。

第三十六条　铁路建设用地，依照有关法律、行政法规的规定办理。

有关地方人民政府应当支持铁路建设，协助铁路运输企业做好铁路建设征收土地工作和拆迁安置工作。

第三十七条　已经取得使用权的铁路建设用地，应当依照批准的用途使用，不得擅自改作他用；其他单位或者个人不得侵占。

侵占铁路建设用地的，由县级以上地方人民政府土地管理部门责令停止侵占、赔偿损失。

第三十八条　铁路的标准轨距为1435毫米。新建国家铁路必须采用标准轨距。

窄轨铁路的轨距为762毫米或者1000毫米。

新建和改建铁路的其他技术要求应当符合国家标准或者行业标准。

第三十九条　铁路建成后，必须依照国家基本建设程序的规定，经验收合格，方能交付正式运行。

第四十条　铁路与道路交叉处，应当优先考虑设置立体交叉；未设立体交叉的，可以根据国家有关规定设置平交道口或者人行过道。在城市规划区内设置平交道口或者人行过道，由铁路运输企业或者建有专用铁路、铁路专用线的企业或者其他单位和城市规划主管部门共同决定。

拆除已经设置的平交道口或者人行过道，由铁路运输企业或者建有专用铁路、铁路专用线的企业或者其他单位和当地人民政府商定。

第四十一条　修建跨越河流的铁路桥梁，应当符合国家规定的防洪、通航和水流的要求。

第四章　铁路安全与保护

第四十二条　铁路运输企业必须加强对铁路的管理和保护，定期检查、维修铁路运输设施，保证铁路运输设施完好，保障旅客和货物运输安全。

第四十三条　铁路公安机关和地方公安机关分工负责共同维护铁路治安秩序。车站和列车内的治安秩序，由铁路公安机关负责维护；铁路沿线的治安秩序，由地方公安机关和铁路公安机关共同负责维护，以地方公安机关为主。

第四十四条　电力主管部门应当保证铁路牵引用电以及铁路运营用电中重要负荷的电力供应。铁路运营用电中重要负荷的供应范围由国务院铁路主管部门和国务院电力主管部门商定。

第四十五条　铁路线路两侧地界以外的山坡地由当地人民政府作为水土保持的重点进行整治。铁路隧道顶上的山坡地由铁路运输企业协助当地人民政府进行整治。铁路地界以内的山坡地由铁路运输企业进行整治。

第四十六条　在铁路线路和铁路桥梁、涵洞两侧一定距离内，修建山塘、水库、堤坝，开挖河道、干渠，采石挖砂，打井取水，影响铁路路基稳定或者危害铁路桥梁、涵洞安全的，由县级以上地方人民政府责令停止建设或者采挖、打井等活动，限期恢复原状或者责令采取必要的安全防护措施。

在铁路线路上架设电力、通讯线路，埋置电缆、管道设施，穿凿通过铁路路基的地下坑道，必须经铁路运输企业同意，并采取安全防护措施。

在铁路弯道内侧、平交道口和人行过道附近，不得修建妨碍行车瞭望的建筑物和种植妨碍行车瞭望的树木。修建妨碍行车瞭望的建筑物的，由县级以上地方人民政府责令限期拆除。种植妨碍行车瞭望的树木的，由县级以上地方人民政府责令有关单位或者个人限期迁移或者修剪、砍伐。

违反前三款的规定，给铁路运输企业造成损失的单位或者个人，应当赔偿损失。

第四十七条　禁止擅自在铁路线路上铺设平交道口和人行过道。

平交道口和人行过道必须按照规定设置必要的标志和防护设施。

行人和车辆通过铁路平交道口和人行过道时，必须遵守有关通行的规定。

第四十八条　运输危险品必须按照国务院铁路主管部门的规定办理，禁止以非危险品品名托运危险品。

禁止旅客携带危险品进站上车。铁路公安人员和国务院铁路主管部门规定的铁路职工，有权对旅客携带的物品进行运输安全检查。实施运输安全检查的铁路职工应当佩戴执勤标志。

危险品的品名由国务院铁路主管部门规定并公布。

第四十九条　对损毁、移动铁路信号装置及其他行车设施或者在铁路线路上放置障碍物的，铁路职工有权制止，可以扭送公安机关处理。

第五十条　禁止偷乘货车、攀附行进中的列车或者击打列车。对偷乘货车、攀附行进中的列车或者击打列车的，铁路职工有权制止。

第五十一条　禁止在铁路线路上行走、坐卧。对在铁路线路上行走、坐卧的，铁路职工有权制止。

第五十二条　禁止在铁路线路两侧二十米以内或者铁路防护林地内放牧。对在铁路线路两侧二十米以内或者铁路防护林地内放牧的，铁路职工有权制止。

第五十三条　对聚众拦截列车或者聚众冲击铁路行车调度机构的，铁路职工有权制止；不听制止的，公安人员现场负责人有权命令解散；拒不解散的，公安人员现场负责人有权依照国家有关规定决定采取必要手段强行驱散，并对拒不服从的人员强行带离现场或者予以拘留。

第五十四条　对哄抢铁路运输物资的，铁路职工有权制止，可以扭送公安机关处理；现场公安人员可以予以拘留。

第五十五条　在列车内，寻衅滋事，扰乱公共秩序，危害旅客人身、财产安全的，铁路职工有权制止，铁路公安人员可以予以拘留。

第五十六条　在车站和旅客列车内，发生法律规定需要检疫的传染病时，由铁路卫生检疫机构进行检疫；根据铁路卫生检疫机构的请求，地方卫生检疫机构应予协助。

货物运输的检疫，依照国家规定办理。

第五十七条　发生铁路交通事故，铁路运输企业应当依照国务院和国务院有关主管部门关于事故调查处理的规定办理，并及时恢复正常行车，任何单位和个人不得阻碍铁路线路开通和列车运行。

第五十八条　因铁路行车事故及其他铁路运营事故造成人身伤亡的，铁路运输企业应当承担赔偿责任；如果人身伤亡是因不可抗力或者由于受害人自身的原因造成的，铁路运输企业不承担赔偿责任。

违章通过平交道口或者人行过道，或者在铁路线路上行走、坐卧造成的人身伤亡，属于受害人自身的原因造成的人身伤亡。

第五十九条　国家铁路的重要桥梁和隧道，由中国人民武装警察部队负责守卫。

第五章　法律责任

第六十条　违反本法规定，携带危险品进站上车或者以非危险品品名托运危险品，导致发生重大事故的，依照刑法有关规定追究刑事责任。企业事业单位、国家机关、社会团体犯本款罪的，处以罚金，对其主管人员和直接责任人员依法追究刑事责任。

携带炸药、雷管或者非法携带枪支子弹、管制刀具进站上车的，依照刑法有关规定追究刑事责任。

第六十一条　故意损毁、移动铁路行车信号装置或者在铁路线路上放置足以使列车倾覆的障碍物的,依照刑法有关规定追究刑事责任。

第六十二条 盗窃铁路线路上行车设施的零件、部件或者铁路线路上的器材,危及行车安全的,依照刑法有关规定追究刑事责任。

第六十三条 聚众拦截列车、冲击铁路行车调度机构不听制止的,对首要分子和骨干分子依照刑法有关规定追究刑事责任。

第六十四条 聚众哄抢铁路运输物资的,对首要分子和骨干分子依照刑法有关规定追究刑事责任。

铁路职工与其他人员勾结犯前款罪的,从重处罚。

第六十五条 在列车内,抢劫旅客财物,伤害旅客的,依照刑法有关规定从重处罚。

在列车内,寻衅滋事,侮辱妇女,情节恶劣的,依照刑法有关规定追究刑事责任;敲诈勒索旅客财物的,依照刑法有关规定追究刑事责任。

第六十六条 倒卖旅客车票,构成犯罪的,依照刑法有关规定追究刑事责任。铁路职工倒卖旅客车票或者与其他人员勾结倒卖旅客车票的,依照刑法有关规定追究刑事责任。

第六十七条 违反本法规定,尚不够刑事处罚,应当给予治安管理处罚的,依照治安管理处罚法的规定处罚。

第六十八条 擅自在铁路线路上铺设平交道口、人行过道的,由铁路公安机关或者地方公安机关责令限期拆除,可以并处罚款。

第六十九条 铁路运输企业违反本法规定,多收运费、票款或者旅客、货物运输杂费的,必须将多收的费用退还付款人,无法退还的上缴国库。将多收的费用据为己有或者侵吞私分的,依照刑法有关规定追究刑事责任。

第七十条 铁路职工利用职务之便走私的,或者与其他人员勾结走私的,依照刑法有关规定追究刑事责任。

第七十一条 铁路职工玩忽职守、违反规章制度造成铁路运营事故的,滥用职权、利用办理运输业务之便谋取私利的,给予行政处分;情节严重、构成犯罪的,依照刑法有关规定追究刑事责任。

第六章 附 则

第七十二条 本法所称国家铁路运输企业是指铁路局和铁路分局。

第七十三条 国务院根据本法制定实施条例。

第七十四条 本法自1991年5月1日起施行。

中华人民共和国公路法

- 1997年7月3日第八届全国人民代表大会常务委员会第二十六次会议通过
- 根据1999年10月31日第九届全国人民代表大会常务委员会第十二次会议《关于修改〈中华人民共和国公路法〉的决定》第一次修正
- 根据2004年8月28日第十届全国人民代表大会常务委员会第十一次会议《关于修改〈中华人民共和国公路法〉的决定》第二次修正
- 根据2009年8月27日第十一届全国人民代表大会常务委员会第十次会议《关于修改部分法律的决定》第三次修正
- 根据2016年11月7日第十二届全国人民代表大会常务委员会第二十四次会议《关于修改〈中华人民共和国对外贸易法〉等十二部法律的决定》第四次修正
- 根据2017年11月4日第十二届全国人民代表大会常务委员会第三十次会议《关于修改〈中华人民共和国会计法〉等十一部法律的决定》第五次修正

第一章 总 则

第一条 为了加强公路的建设和管理,促进公路事业的发展,适应社会主义现代化建设和人民生活的需要,制定本法。

第二条 在中华人民共和国境内从事公路的规划、建设、养护、经营、使用和管理,适用本法。

本法所称公路,包括公路桥梁、公路隧道和公路渡口。

第三条 公路的发展应当遵循全面规划、合理布局、确保质量、保障畅通、保护环境、建设改造与养护并重的原则。

第四条 各级人民政府应当采取有力措施,扶持、促进公路建设。公路建设应当纳入国民经济和社会发展计划。

国家鼓励、引导国内外经济组织依法投资建设、经营公路。

第五条 国家帮助和扶持少数民族地区、边远地区和贫困地区发展公路建设。

第六条 公路按其在公路路网中的地位分为国道、省道、县道和乡道,并按技术等级分为高速公路、一级公路、二级公路、三级公路和四级公路。具体划分标准由国务院交通主管部门规定。

新建公路应当符合技术等级的要求。原有不符合最低技术等级要求的等外公路,应当采取措施,逐步改造为符合技术等级要求的公路。

第七条 公路受国家保护,任何单位和个人不得破坏、损坏或者非法占用公路、公路用地及公路附属设施。

任何单位和个人都有爱护公路、公路用地及公路附属设施的义务，有权检举和控告破坏、损坏公路、公路用地、公路附属设施和影响公路安全的行为。

第八条 国务院交通主管部门主管全国公路工作。

县级以上地方人民政府交通主管部门主管本行政区域内的公路工作；但是，县级以上地方人民政府交通主管部门对国道、省道的管理、监督职责，由省、自治区、直辖市人民政府确定。

乡、民族乡、镇人民政府负责本行政区域内的乡道的建设和养护工作。

县级以上地方人民政府交通主管部门可以决定由公路管理机构依照本法规定行使公路行政管理职责。

第九条 禁止任何单位和个人在公路上非法设卡、收费、罚款和拦截车辆。

第十条 国家鼓励公路工作方面的科学技术研究，对在公路科学技术研究和应用方面作出显著成绩的单位和个人给予奖励。

第十一条 本法对专用公路有规定的，适用于专用公路。

专用公路是指由企业或者其他单位建设、养护、管理，专为或者主要为本企业或者本单位提供运输服务的道路。

第二章 公路规划

第十二条 公路规划应当根据国民经济和社会发展以及国防建设的需要编制，与城市建设发展规划和其他方式的交通运输发展规划相协调。

第十三条 公路建设用地规划应当符合土地利用总体规划，当年建设用地应当纳入年度建设用地计划。

第十四条 国道规划由国务院交通主管部门会同国务院有关部门并商国道沿线省、自治区、直辖市人民政府编制，报国务院批准。

省道规划由省、自治区、直辖市人民政府交通主管部门会同同级有关部门并商省道沿线下一级人民政府编制，报省、自治区、直辖市人民政府批准，并报国务院交通主管部门备案。

县道规划由县级人民政府交通主管部门会同同级有关部门编制，经本级人民政府审定后，报上一级人民政府批准。

乡道规划由县级人民政府交通主管部门协助乡、民族乡、镇人民政府编制，报县级人民政府批准。

依照第三款、第四款规定批准的县道、乡道规划，应

当报批准机关的上一级人民政府交通主管部门备案。

省道规划应当与国道规划相协调。县道规划应当与省道规划相协调。乡道规划应当与县道规划相协调。

第十五条 专用公路规划由专用公路的主管单位编制，经其上级主管部门审定后，报县级以上人民政府交通主管部门审核。

专用公路规划应当与公路规划相协调。县级以上人民政府交通主管部门发现专用公路规划与国道、省道、县道、乡道规划有不协调的地方，应当提出修改意见，专用公路主管部门和单位应当作出相应的修改。

第十六条 国道规划的局部调整由原编制机关决定。国道规划需要作重大修改的，由原编制机关提出修改方案，报国务院批准。

经批准的省道、县道、乡道公路规划需要修改的，由原编制机关提出修改方案，报原批准机关批准。

第十七条 国道的命名和编号，由国务院交通主管部门确定；省道、县道、乡道的命名和编号，由省、自治区、直辖市人民政府交通主管部门按照国务院交通主管部门的有关规定确定。

第十八条 规划和新建村镇、开发区，应当与公路保持规定的距离并避免在公路两侧对应进行，防止造成公路街道化，影响公路的运行安全与畅通。

第十九条 国家鼓励专用公路用于社会公共运输。专用公路主要用于社会公共运输时，由专用公路的主管单位申请，或者由有关方面申请，专用公路的主管单位同意，并经省、自治区、直辖市人民政府交通主管部门批准，可以改划为省道、县道或者乡道。

第三章 公路建设

第二十条 县级以上人民政府交通主管部门应当依据职责维护公路建设秩序，加强对公路建设的监督管理。

第二十一条 筹集公路建设资金，除各级人民政府的财政拨款，包括依法征税筹集的公路建设专项资金转为的财政拨款外，可以依法向国内外金融机构或者外国政府贷款。

国家鼓励国内外经济组织对公路建设进行投资。开发、经营公路的公司可以依照法律、行政法规的规定发行股票、公司债券筹集资金。

依照本法规定出让公路收费权的收入必须用于公路建设。

向企业和个人集资建设公路，必须根据需要与可能，坚持自愿原则，不得强行摊派，并符合国务院的有关规定。

公路建设资金还可以采取符合法律或者国务院规定的其他方式筹集。

第二十二条　公路建设应当按照国家规定的基本建设程序和有关规定进行。

第二十三条　公路建设项目应当按照国家有关规定实行法人负责制度、招标投标制度和工程监理制度。

第二十四条　公路建设单位应当根据公路建设工程的特点和技术要求，选择具有相应资格的勘查设计单位、施工单位和工程监理单位，并依照有关法律、法规、规章的规定和公路工程技术标准的要求，分别签订合同，明确双方的权利义务。

承担公路建设项目的可行性研究单位、勘查设计单位、施工单位和工程监理单位，必须持有国家规定的资质证书。

第二十五条　公路建设项目的施工，须按国务院交通主管部门的规定报请县级以上地方人民政府交通主管部门批准。

第二十六条　公路建设必须符合公路工程技术标准。

承担公路建设项目的设计单位、施工单位和工程监理单位，应当按照国家有关规定建立健全质量保证体系，落实岗位责任制，并依照有关法律、法规、规章以及公路工程技术标准的要求和合同约定进行设计、施工和监理，保证公路工程质量。

第二十七条　公路建设使用土地依照有关法律、行政法规的规定办理。

公路建设应当贯彻切实保护耕地、节约用地的原则。

第二十八条　公路建设需要使用国有荒山、荒地或者需要在国有荒山、荒地、河滩、滩涂上挖砂、采石、取土的，依照有关法律、行政法规的规定办理后，任何单位和个人不得阻挠或者非法收取费用。

第二十九条　地方各级人民政府对公路建设依法使用土地和搬迁居民，应当给予支持和协助。

第三十条　公路建设项目的设计和施工，应当符合依法保护环境、保护文物古迹和防止水土流失的要求。

公路规划中贯彻国防要求的公路建设项目，应当严格按照规划进行建设，以保证国防交通的需要。

第三十一条　因建设公路影响铁路、水利、电力、邮电设施和其他设施正常使用时，公路建设单位应当事先征得有关部门的同意；因公路建设对有关设施造成损坏的，公路建设单位应当按照不低于该设施原有的技术标准予以修复，或者给予相应的经济补偿。

第三十二条　改建公路时，施工单位应当在施工路段两端设置明显的施工标志、安全标志。需要车辆绕行的，应当在绕行路口设置标志；不能绕行的，必须修建临时道路，保证车辆和行人通行。

第三十三条　公路建设项目和公路修复项目竣工后，应当按照国家有关规定进行验收；未经验收或者验收不合格的，不得交付使用。

建成的公路，应当按照国务院交通主管部门的规定设置明显的标志、标线。

第三十四条　县级以上地方人民政府应当确定公路两侧边沟（截水沟、坡脚护坡道，下同）外缘起不少于一米的公路用地。

第四章　公路养护

第三十五条　公路管理机构应当按照国务院交通主管部门规定的技术规范和操作规程对公路进行养护，保证公路经常处于良好的技术状态。

第三十六条　国家采用依法征税的办法筹集公路养护资金，具体实施办法和步骤由国务院规定。

依法征税筹集的公路养护资金，必须专项用于公路的养护和改建。

第三十七条　县、乡级人民政府对公路养护需要的挖砂、采石、取土以及取水，应当给予支持和协助。

第三十八条　县、乡级人民政府应当在农村义务工的范围内，按照国家有关规定组织公路两侧的农村居民履行为公路建设和养护提供劳务的义务。

第三十九条　为保障公路养护人员的人身安全，公路养护人员进行养护作业时，应当穿着统一的安全标志服；利用车辆进行养护作业时，应当在公路作业车辆上设置明显的作业标志。

公路养护车辆进行作业时，在不影响过往车辆通行的前提下，其行驶路线和方向不受公路标志、标线限制；过往车辆对公路养护车辆和人员应当注意避让。

公路养护工程施工影响车辆、行人通行时，施工单位应当依照本法第三十二条的规定办理。

第四十条　因严重自然灾害致使国道、省道交通中断，公路管理机构应当及时修复；公路管理机构难以及时修复时，县级以上地方人民政府应当及时组织当地机关、团体、企业事业单位、城乡居民进行抢修，并可以请求当地驻军支援，尽快恢复交通。

第四十一条　公路用地范围内的山坡、荒地，由公路管理机构负责水土保持。

第四十二条　公路绿化工作，由公路管理机构按照公路工程技术标准组织实施。

公路用地上的树木，不得任意砍伐；需要更新砍伐的，应当经县级以上地方人民政府交通主管部门同意后，依照《中华人民共和国森林法》的规定办理审批手续，并完成更新补种任务。

第五章　路政管理

第四十三条　各级地方人民政府应当采取措施，加强对公路的保护。

县级以上地方人民政府交通主管部门应当认真履行职责，依法做好公路保护工作，并努力采用科学的管理方法和先进的技术手段，提高公路管理水平，逐步完善公路服务设施，保障公路的完好、安全和畅通。

第四十四条　任何单位和个人不得擅自占用、挖掘公路。

因修建铁路、机场、电站、通信设施、水利工程和进行其他建设工程需要占用、挖掘公路或者使公路改线的，建设单位应当事先征得有关交通主管部门的同意；影响交通安全的，还须征得有关公安机关的同意。占用、挖掘公路或者使公路改线的，建设单位应当按照不低于该段公路原有的技术标准予以修复、改建或者给予相应的经济补偿。

第四十五条　跨越、穿越公路修建桥梁、渡槽或者架设、埋设管线等设施的，以及在公路用地范围内架设、埋设管线、电缆等设施的，应当事先经有关交通主管部门同意，影响交通安全的，还须征得有关公安机关的同意；所修建、架设或者埋设的设施应当符合公路工程技术标准的要求。对公路造成损坏的，应当按照损坏程度给予补偿。

第四十六条　任何单位和个人不得在公路上及公路用地范围内摆摊设点、堆放物品、倾倒垃圾、设置障碍、挖沟引水、利用公路边沟排放污物或者进行其他损坏、污染公路和影响公路畅通的活动。

第四十七条　在大中型公路桥梁和渡口周围二百米、公路隧道上方和洞口外一百米范围内，以及在公路两侧一定距离内，不得挖砂、采石、取土、倾倒废弃物，不得进行爆破作业及其他危及公路、公路桥梁、公路隧道、公路渡口安全的活动。

在前款范围内因抢险、防汛需要修筑堤坝、压缩或者拓宽河床的，应当事先报经省、自治区、直辖市人民政府交通主管部门会同水行政主管部门批准，并采取有效的保护有关的公路、公路桥梁、公路隧道、公路渡口安全的措施。

第四十八条　铁轮车、履带车和其他可能损害公路路面的机具，不得在公路上行驶。

农业机械因当地田间作业需要在公路上短距离行驶或者军用车辆执行任务需要在公路上行驶的，可以不受前款限制，但是应当采取安全保护措施。对公路造成损坏的，应当按照损坏程度给予补偿。

第四十九条　在公路上行驶的车辆的轴载质量应当符合公路工程技术标准要求。

第五十条　超过公路、公路桥梁、公路隧道或者汽车渡船的限载、限高、限宽、限长标准的车辆，不得在有限定标准的公路、公路桥梁上或者公路隧道内行驶，不得使用汽车渡船。超过公路或者公路桥梁限载标准确需行驶的，必须经县级以上地方人民政府交通主管部门批准，并按要求采取有效的防护措施；运载不可解体的超限物品的，应当按照指定的时间、路线、时速行驶，并悬挂明显标志。

运输单位不能按照前款规定采取防护措施的，由交通主管部门帮助其采取防护措施，所需费用由运输单位承担。

第五十一条　机动车制造厂和其他单位不得将公路作为检验机动车制动性能的试车场地。

第五十二条　任何单位和个人不得损坏、擅自移动、涂改公路附属设施。

前款公路附属设施，是指为保护、养护公路和保障公路安全畅通所设置的公路防护、排水、养护、管理、服务、交通安全、渡运、监控、通信、收费等设施、设备以及专用建筑物、构筑物等。

第五十三条　造成公路损坏的，责任者应当及时报告公路管理机构，并接受公路管理机构的现场调查。

第五十四条　任何单位和个人未经县级以上地方人民政府交通主管部门批准，不得在公路用地范围内设置公路标志以外的其他标志。

第五十五条　在公路上增设平面交叉道口，必须按照国家有关规定经过批准，并按照国家规定的技术标准建设。

第五十六条　除公路防护、养护需要的以外，禁止在公路两侧的建筑控制区内修建建筑物和地面构筑物；需要在建筑控制区内埋设管线、电缆等设施的，应当事先经县级以上地方人民政府交通主管部门批准。

前款规定的建筑控制区的范围，由县级以上地方人民政府按照保障公路运行安全和节约用地的原则，依照国务院的规定划定。

建筑控制区范围经县级以上地方人民政府依照前款规定划定后，由县级以上地方人民政府交通主管部门设置标桩、界桩。任何单位和个人不得损坏、擅自挪动该标桩、界桩。

第五十七条 除本法第四十七条第二款的规定外，本章规定由交通主管部门行使的路政管理职责，可以依照本法第八条第四款的规定，由公路管理机构行使。

第六章 收费公路

第五十八条 国家允许依法设立收费公路，同时对收费公路的数量进行控制。

除本法第五十九条规定可以收取车辆通行费的公路外，禁止任何公路收取车辆通行费。

第五十九条 符合国务院交通主管部门规定的技术等级和规模的下列公路，可以依法收取车辆通行费：

（一）由县级以上地方人民政府交通主管部门利用贷款或者向企业、个人集资建成的公路；

（二）由国内外经济组织依法受让前项收费公路收费权的公路；

（三）由国内外经济组织依法投资建成的公路。

第六十条 县级以上地方人民政府交通主管部门利用贷款或者集资建成的收费公路的收费期限，按照收费偿还贷款、集资款的原则，由省、自治区、直辖市人民政府依照国务院交通主管部门的规定确定。

有偿转让公路收费权的公路，收费权转让后，由受让方收费经营。收费权的转让期限由出让、受让双方约定，最长不得超过国务院规定的年限。

国内外经济组织投资建设公路，必须按照国家有关规定办理审批手续；公路建成后，由投资者收费经营。收费经营期限按照收回投资并有合理回报的原则，由有关交通主管部门与投资者约定并按照国家有关规定办理审批手续，但最长不得超过国务院规定的年限。

第六十一条 本法第五十九条第一款第一项规定的公路中的国道收费权的转让，应当在转让协议签订之日起三十个工作日内报国务院交通主管部门备案；国道以外的其他公路收费权的转让，应当在转让协议签订之日起三十个工作日内报省、自治区、直辖市人民政府备案。

前款规定的公路收费权出让的最低成交价，以国有资产评估机构评估的价值为依据确定。

第六十二条 受让公路收费权和投资建设公路的国内外经济组织应当依法成立开发、经营公路的企业（以下简称公路经营企业）。

第六十三条 收费公路车辆通行费的收费标准，由公路收费单位提出方案，报省、自治区、直辖市人民政府交通主管部门会同同级物价行政主管部门审查批准。

第六十四条 收费公路设置车辆通行费的收费站，应当报经省、自治区、直辖市人民政府审查批准。跨省、自治区、直辖市的收费公路设置车辆通行费的收费站，由有关省、自治区、直辖市人民政府协商确定；协商不成的，由国务院交通主管部门决定。同一收费公路由不同的交通主管部门组织建设或者由不同的公路经营企业经营的，应当按照"统一收费、按比例分成"的原则，统筹规划，合理设置收费站。

两个收费站之间的距离，不得小于国务院交通主管部门规定的标准。

第六十五条 有偿转让公路收费权的公路，转让收费权合同约定的期限届满，收费权由出让方收回。

由国内外经济组织依照本法规定投资建成并经营的收费公路，约定的经营期限届满，该公路由国家无偿收回，由有关交通主管部门管理。

第六十六条 依照本法第五十九条规定受让收费权或者由国内外经济组织投资建成经营的公路的养护工作，由各该公路经营企业负责。各该公路经营企业在经营期间应当按照国务院交通主管部门规定的技术规范和操作规程做好公路的养护工作。在受让收费权的期限届满，或者经营期限届满时，公路应当处于良好的技术状态。

前款规定的公路的绿化和公路用地范围内的水土保持工作，由各该公路经营企业负责。

第一款规定的公路的路政管理，适用本法第五章的规定。该公路路政管理的职责由县级以上地方人民政府交通主管部门或者公路管理机构的派出机构、人员行使。

第六十七条 在收费公路上从事本法第四十四条第二款、第四十五条、第四十八条、第五十条所列活动的，除依照各该条的规定办理外，给公路经营企业造成损失的，应当给予相应的补偿。

第六十八条 收费公路的具体管理办法，由国务院依照本法制定。

第七章 监督检查

第六十九条 交通主管部门、公路管理机构依法对有关公路的法律、法规执行情况进行监督检查。

第七十条 交通主管部门、公路管理机构负有管理和保护公路的责任，有权检查、制止各种侵占、损坏公路、公路用地、公路附属设施及其他违反本法规定的行为。

第七十一条 公路监督检查人员依法在公路、建筑控制区、车辆停放场所、车辆所属单位等进行监督检查时，任何单位和个人不得阻挠。

公路经营者、使用者和其他有关单位、个人，应当接受公路监督检查人员依法实施的监督检查，并为其提供方便。

公路监督检查人员执行公务，应当佩戴标志，持证上岗。

第七十二条 交通主管部门、公路管理机构应当加强对所属公路监督检查人员的管理和教育，要求公路监督检查人员熟悉国家有关法律和规定，公正廉洁，热情服务，秉公执法，对公路监督检查人员的执法行为应当加强监督检查，对其违法行为应当及时纠正，依法处理。

第七十三条 用于公路监督检查的专用车辆，应当设置统一的标志和示警灯。

第八章 法律责任

第七十四条 违反法律或者国务院有关规定，擅自在公路上设卡、收费的，由交通主管部门责令停止违法行为，没收违法所得，可以处违法所得三倍以下的罚款，没有违法所得的，可以处二万元以下的罚款；对负有直接责任的主管人员和其他直接责任人员，依法给予行政处分。

第七十五条 违反本法第二十五条规定，未经有关交通主管部门批准擅自施工的，交通主管部门可以责令停止施工，并可以处五万元以下的罚款。

第七十六条 有下列违法行为之一的，由交通主管部门责令停止违法行为，可以处三万元以下的罚款：

（一）违反本法第四十四条第一款规定，擅自占用、挖掘公路的；

（二）违反本法第四十五条规定，未经同意或者未按照公路工程技术标准的要求修建桥梁、渡槽或者架设、埋设管线、电缆等设施的；

（三）违反本法第四十七条规定，从事危及公路安全的作业的；

（四）违反本法第四十八条规定，铁轮车、履带车和其他可能损害路面的机具擅自在公路上行驶的；

（五）违反本法第五十条规定，车辆超限使用汽车渡船或者在公路上擅自超限行驶的；

（六）违反本法第五十二条、第五十六条规定，损坏、移动、涂改公路附属设施或者损坏、挪动建筑控制区的标桩、界桩，可能危及公路安全的。

第七十七条 违反本法第四十六条的规定，造成公路路面损坏、污染或者影响公路畅通的，或者违反本法第五十一条规定，将公路作为试车场地的，由交通主管部门责令停止违法行为，可以处五千元以下的罚款。

第七十八条 违反本法第五十三条规定，造成公路损坏，未报告的，由交通主管部门处一千元以下的罚款。

第七十九条 违反本法第五十四条规定，在公路用地范围内设置公路标志以外的其他标志的，由交通主管部门责令限期拆除，可以处二万元以下的罚款；逾期不拆除的，由交通主管部门拆除，有关费用由设置者负担。

第八十条 违反本法第五十五条规定，未经批准在公路上增设平面交叉道口的，由交通主管部门责令恢复原状，处五万元以下的罚款。

第八十一条 违反本法第五十六条规定，在公路建筑控制区内修建建筑物、地面构筑物或者擅自埋设管线、电缆等设施的，由交通主管部门责令限期拆除，并可以处五万元以下的罚款。逾期不拆除的，由交通主管部门拆除，有关费用由建筑者、构筑者承担。

第八十二条 除本法第七十四条、第七十五条的规定外，本章规定由交通主管部门行使的行政处罚权和行政措施，可以依照本法第八条第四款的规定由公路管理机构行使。

第八十三条 阻碍公路建设或者公路抢修，致使公路建设或者抢修不能正常进行，尚未造成严重损失的，依照《中华人民共和国治安管理处罚法》的规定处罚。

损毁公路或者擅自移动公路标志，可能影响交通安全，尚不够刑事处罚的，适用《中华人民共和国道路交通安全法》第九十九条的处罚规定。

拒绝、阻碍公路监督检查人员依法执行职务未使用暴力、威胁方法的，依照《中华人民共和国治安管理处罚法》的规定处罚。

第八十四条 违反本法有关规定，构成犯罪的，依法追究刑事责任。

第八十五条 违反本法有关规定，对公路造成损害的，应当依法承担民事责任。

对公路造成较大损害的车辆，必须立即停车，保护现场，报告公路管理机构，接受公路管理机构的调查、处理后方得驶离。

第八十六条 交通主管部门、公路管理机构的工作人员玩忽职守、徇私舞弊、滥用职权，构成犯罪的，依法追究刑事责任；尚不构成犯罪的，依法给予行政处分。

第九章 附 则

第八十七条 本法自1998年1月1日起施行。

旅游安全管理办法

· 2016 年 9 月 27 日国家旅游局令第 41 号公布
· 自 2016 年 12 月 1 日起施行

第一章 总 则

第一条 为了加强旅游安全管理,提高应对旅游突发事件的能力,保障旅游者的人身、财产安全,促进旅游业持续健康发展,根据《中华人民共和国旅游法》、《中华人民共和国安全生产法》、《中华人民共和国突发事件应对法》、《旅行社条例》和《安全生产事故报告和调查处理条例》等法律、行政法规,制定本办法。

第二条 旅游经营者的安全生产、旅游主管部门的安全监督管理,以及旅游突发事件的应对,应当遵守有关法律、法规和本办法的规定。

本办法所称旅游经营者,是指旅行社及地方性法规规定旅游主管部门负有行业监管职责的景区和饭店等单位。

第三条 各级旅游主管部门应当在同级人民政府的领导和上级旅游主管部门及有关部门的指导下,在职责范围内,依法对旅游安全工作进行指导、防范、监管、培训、统计分析和应急处理。

第四条 旅游经营者应当承担旅游安全的主体责任,加强安全管理,建立、健全安全管理制度,关注安全风险预警和提示,妥善应对旅游突发事件。

旅游从业人员应当严格遵守本单位的安全管理制度,接受安全生产教育和培训,增强旅游突发事件防范和应急处理能力。

第五条 旅游主管部门、旅游经营者及其从业人员应当依法履行旅游突发事件报告义务。

第二章 经营安全

第六条 旅游经营者应当遵守下列要求:

(一)服务场所、服务项目和设施设备符合有关安全法律、法规和强制性标准的要求;

(二)配备必要的安全和救援人员、设施设备;

(三)建立安全管理制度和责任体系;

(四)保证安全工作的资金投入。

第七条 旅游经营者应当定期检查本单位安全措施的落实情况,及时排除安全隐患;对可能发生的旅游突发事件及采取安全防范措施的情况,应当按照规定及时向所在地人民政府或者人民政府有关部门报告。

第八条 旅游经营者应当对其提供的产品和服务进行风险监测和安全评估,依法履行安全风险提示义务,必

要时应当采取暂停服务、调整活动内容等措施。

经营高风险旅游项目或者向老年人、未成年人、残疾人提供旅游服务的,应当根据需要采取相应的安全保护措施。

第九条 旅游经营者应当对从业人员进行安全生产教育和培训,保证从业人员掌握必要的安全生产知识、规章制度、操作规程、岗位技能和应急处理措施,知悉自身在安全生产方面的权利和义务。

旅游经营者建立安全生产教育和培训档案,如实记录安全生产教育和培训的时间、内容、参加人员以及考核结果等情况。

未经安全生产教育和培训合格的旅游从业人员,不得上岗作业;特种作业人员必须按照国家有关规定经专门的安全作业培训,取得相应资格。

第十条 旅游经营者应当主动询问与旅游活动相关的个人健康信息,要求旅游者按照明示的安全规程,使用旅游设施和接受服务,并要求旅游者对旅游经营者采取的安全防范措施予以配合。

第十一条 旅行社组织和接待旅游者,应当合理安排旅游行程,向合格的供应商订购产品和服务。

旅行社及其从业人员发现履行辅助人提供的服务不符合法律、法规规定或者存在安全隐患的,应当予以制止或者更换。

第十二条 旅行社组织出境旅游,应当制作安全信息卡。

安全信息卡应当包括旅游者姓名、出境证件号码和国籍,以及紧急情况下的联系人、联系方式等信息,使用中文和目的地官方语言(或者英文)填写。

旅行社应当将安全信息卡交由旅游者随身携带,并告知其自行填写血型、过敏药物和重大疾病等信息。

第十三条 旅游经营者应当依法制定旅游突发事件应急预案,与所在地县级以上地方人民政府及其相关部门的应急预案相衔接,并定期组织演练。

第十四条 旅游突发事件发生后,旅游经营者及其现场人员应当采取合理、必要的措施救助受害旅游者,控制事态发展,防止损害扩大。

旅游经营者应当按照履行统一领导职责或者组织处置突发事件的人民政府的要求,配合其采取的应急处置措施,并参加所在地人民政府组织的应急救援和善后处置工作。

旅游突发事件发生在境外的,旅行社及其领队应当在中国驻当地使领馆或者政府派出机构的指导下,全力

做好突发事件应对处置工作。

第十五条 旅游突发事件发生后,旅游经营者的现场人员应当立即向本单位负责人报告,单位负责人接到报告后,应当于1小时内向发生地县级旅游主管部门、安全生产监督管理部门和负有安全生产监督管理职责的其他相关部门报告;旅行社负责人应当同时向单位所在地县级以上地方旅游主管部门报告。

情况紧急或者发生重大、特别重大旅游突发事件时,现场有关人员可直接向发生地、旅行社所在地县级以上旅游主管部门、安全生产监督管理部门和负有安全生产监督管理职责的其他相关部门报告。

旅游突发事件发生在境外的,旅游团队的领队应当立即向当地警方、中国驻当地使领馆或者政府派出机构,以及旅行社负责人报告。旅行社负责人应当在接到领队报告后1小时内,向单位所在地县级以上地方旅游主管部门报告。

第三章 风险提示

第十六条 国家建立旅游目的地安全风险(以下简称风险)提示制度。

根据可能对旅游者造成的危害程度、紧急程度和发展态势,风险提示级别分为一级(特别严重)、二级(严重)、三级(较重)和四级(一般),分别用红色、橙色、黄色和蓝色标示。

风险提示级别的划分标准,由国家旅游局会同外交、卫生、公安、国土、交通、气象、地震和海洋等有关部门制定或者确定。

第十七条 风险提示信息,应当包括风险类别、提示级别、可能影响的区域、起始时间、注意事项、应采取的措施和发布机关等内容。

一级、二级风险的结束时间能够与风险提示信息内容同时发布的,应当同时发布;无法同时发布的,待风险消失后通过原渠道补充发布。

三级、四级风险提示可以不发布风险结束时间,待风险消失后自然结束。

第十八条 风险提示发布后,旅行社应当根据风险级别采取下列措施:

(一)四级风险的,加强对旅游者的提示;

(二)三级风险的,采取必要的安全防范措施;

(三)二级风险的,停止组团或者带团前往风险区域;已在风险区域的,调整或者中止行程;

(四)一级风险的,停止组团或者带团前往风险区域,组织已在风险区域的旅游者撤离。

其他旅游经营者应当根据风险提示的级别,加强对旅游者的风险提示,采取相应的安全防范措施,妥善安置旅游者,并根据政府或者有关部门的要求,暂停或者关闭易受风险危害的旅游项目或者场所。

第十九条 风险提示发布后,旅游者应当关注相关风险,加强个人安全防范,并配合国家应对风险暂时限制旅游活动的措施,以及有关部门、机构或者旅游经营者采取的安全防范和应急处置措施。

第二十条 国家旅游局负责发布境外旅游目的地国家(地区),以及风险区域范围覆盖全国或者跨省级行政区域的风险提示。发布一级风险提示的,需经国务院批准;发布境外旅游目的地国家(地区)风险提示的,需经外交部门同意。

地方各级旅游主管部门应当及时转发上级旅游主管部门发布的风险提示,并负责发布前款规定之外涉及本辖区的风险提示。

第二十一条 风险提示信息应当通过官方网站、手机短信及公众易查阅的媒体渠道对外发布。一级、二级风险提示应同时通报有关媒体。

第四章 安全管理

第二十二条 旅游主管部门应当加强下列旅游安全日常管理工作:

(一)督促旅游经营者贯彻执行安全和应急管理的有关法律、法规,并引导其实施相关国家标准、行业标准或者地方标准,提高其安全经营和突发事件应对能力;

(二)指导旅游经营者组织开展从业人员的安全及应急管理培训,并通过新闻媒体等多种渠道,组织开展旅游安全及应急知识的宣传普及活动;

(三)统计分析本行政区域内发生旅游安全事故的情况;

(四)法律、法规规定的其他旅游安全管理工作。

旅游主管部门应当加强对星级饭店和A级景区旅游安全和应急管理工作的指导。

第二十三条 地方各级旅游主管部门应当根据有关法律、法规的规定,制定、修订本地区或者本部门旅游突发事件应急预案,并报上一级旅游主管部门备案,必要时组织应急演练。

第二十四条 地方各级旅游主管部门应当在当地人民政府的领导下,依法对景区符合安全开放条件进行指导,核定或者配合相关景区主管部门核定景区最大承载量,引导景区采取门票预约等方式控制景区流量;在旅游者数量可能达到最大承载量时,配合当地人民政府采取疏导、分流等措施。

第二十五条　旅游突发事件发生后，发生地县级以上旅游主管部门应当根据同级人民政府的要求和有关规定，启动旅游突发事件应急预案，并采取下列一项或者多项措施：

（一）组织或者协同、配合相关部门开展对旅游者的救助及善后处置，防止次生、衍生事件；

（二）协调医疗、救援和保险等机构对旅游者进行救助及善后处置；

（三）按照同级人民政府的要求，统一、准确、及时发布有关事态发展和应急处置工作的信息，并公布咨询电话。

第二十六条　旅游突发事件发生后，发生地县级以上旅游主管部门应当根据同级人民政府的要求和有关规定，参与旅游突发事件的调查，配合相关部门依法对应当承担事件责任的旅游经营者及其责任人进行处理。

第二十七条　各级旅游主管部门应当建立旅游突发事件报告制度。

第二十八条　旅游主管部门在接到旅游经营者依据本办法第十五条规定的报告后，应当向同级人民政府和上级旅游主管部门报告。一般旅游突发事件上报至设区的市级旅游主管部门；较大旅游突发事件逐级上报至省级旅游主管部门；重大和特别重大旅游突发事件逐级上报至国家旅游局。向上级旅游主管部门报告旅游突发事件，应当包括下列内容：

（一）事件发生的时间、地点、信息来源；

（二）简要经过、伤亡人数、影响范围；

（三）事件涉及的旅游经营者、其他有关单位的名称；

（四）事件发生原因及发展趋势的初步判断；

（五）采取的应急措施及处置情况；

（六）需要支持协助的事项；

（七）报告人姓名、单位及联系电话。

前款所列内容暂时无法确定的，应当先报告已知情况；报告后出现新情况的，应当及时补报、续报。

第二十九条　各级旅游主管部门应当建立旅游突发事件信息通报制度。旅游突发事件发生后，旅游主管部门应当及时将有关信息通报相关行业主管部门。

第三十条　旅游突发事件处置结束后，发生地旅游主管部门应当及时查明突发事件的发生经过和原因，总结突发事件应急处置工作的经验教训，制定改进措施，并在30日内按照下列程序提交总结报告：

（一）一般旅游突发事件向设区的市级旅游主管部门提交；

（二）较大旅游突发事件逐级向省级旅游主管部门提交；

（三）重大和特别重大旅游突发事件逐级向国家旅游局提交。

旅游团队在境外遇到突发事件的，由组团社所在地旅游主管部门提交总结报告。

第三十一条　省级旅游主管部门应当于每月5日前，将本地区上月发生的较大旅游突发事件报国家旅游局备案，内容应当包括突发事件发生的时间、地点、原因及事件类型和伤亡人数等。

第三十二条　县级以上地方各级旅游主管部门应当定期统计分析本行政区域内发生旅游突发事件的情况，并于每年1月底前将上一年度相关情况逐级报国家旅游局。

第五章　罚　则

第三十三条　旅游经营者及其主要负责人、旅游从业人员违反法律、法规有关安全生产和突发事件应对规定的，依照相关法律、法规处理。

第三十四条　旅行社违反本办法第十一条第二款的规定，未制止履行辅助人的非法、不安全服务行为，或者未更换履行辅助人的，由旅游主管部门给予警告，可并处2000元以下罚款；情节严重的，处2000元以上10000元以下罚款。

第三十五条　旅行社违反本办法第十二条的规定，不按要求制作安全信息卡，未将安全信息卡交由旅游者，或者未告知旅游者相关信息的，由旅游主管部门给予警告，可并处2000元以下罚款；情节严重的，处2000元以上10000元以下罚款。

第三十六条　旅行社违反本办法第十八条规定，不采取相应措施的，由旅游主管部门处2000元以下罚款；情节严重的，处2000元以上10000元以下罚款。

第三十七条　按照旅游业国家标准、行业标准评定的旅游经营者违反本办法规定的，由旅游主管部门建议评定组织依据相关标准作出处理。

第三十八条　旅游主管部门及其工作人员违反相关法律、法规及本办法规定，玩忽职守，未履行安全管理职责的，由有关部门责令改正，对直接负责的主管人员和其他直接责任人员依法给予处分。

第六章　附　则

第三十九条　本办法所称旅游突发事件，是指突然发生,造成或者可能造成旅游者人身伤亡、财产损失,需要采取应急处置措施予以应对的自然灾害、事故灾难、公共卫生事件和社会安全事件。

根据旅游突发事件的性质、危害程度、可控性以及造成或者可能造成的影响,旅游突发事件一般分为特别重大、重大、较大和一般四级。

第四十条 本办法所称特别重大旅游突发事件,是指下列情形:

(一)造成或者可能造成人员死亡(含失踪)30人以上或者重伤100人以上;

(二)旅游者500人以上滞留超过24小时,并对当地生产生活秩序造成严重影响;

(三)其他在境内外产生特别重大影响,并对旅游者人身、财产安全造成特别重大威胁的事件。

第四十一条 本办法所称重大旅游突发事件,是指下列情形:

(一)造成或者可能造成人员死亡(含失踪)10人以上、30人以下或者重伤50人以上、100人以下;

(二)旅游者200人以上滞留超过24小时,对当地生产生活秩序造成较严重影响;

(三)其他在境内外产生重大影响,并对旅游者人身、财产安全造成重大威胁的事件。

第四十二条 本办法所称较大旅游突发事件,是指下列情形:

(一)造成或者可能造成人员死亡(含失踪)3人以上10人以下或者重伤10人以上、50人以下;

(二)旅游者50人以上、200人以下滞留超过24小时,并对当地生产生活秩序造成较大影响;

(三)其他在境内外产生较大影响,并对旅游者人身、财产安全造成较大威胁的事件。

第四十三条 本办法所称一般旅游突发事件,是指下列情形:

(一)造成或者可能造成人员死亡(含失踪)3人以下或者重伤10人以下;

(二)旅游者50人以下滞留超过24小时,并对当地生产生活秩序造成一定影响;

(三)其他在境内外产生一定影响,并对旅游者人身、财产安全造成一定威胁的事件。

第四十四条 本办法所称的"以上"包括本数;除第三十四条、第三十五条、第三十六条的规定外,所称的"以下"不包括本数。

第四十五条 本办法自2016年12月1日起施行。

国家旅游局1990年2月20日发布的《旅游安全管理暂行办法》同时废止。

中华人民共和国民用航空安全保卫条例

·1996年7月6日中华人民共和国国务院令第201号发布
·根据2011年1月8日《国务院关于废止和修改部分行政法规的决定》修订

第一章 总 则

第一条 为了防止对民用航空活动的非法干扰,维护民用航空秩序,保障民用航空安全,制定本条例。

第二条 本条例适用于在中华人民共和国领域内的一切民用航空活动以及与民用航空活动有关的单位和个人。

在中华人民共和国领域外从事民用航空活动的具有中华人民共和国国籍的民用航空器适用本条例;但是,中华人民共和国缔结或者参加的国际条约另有规定的除外。

第三条 民用航空安全保卫工作实行统一管理、分工负责的原则。

民用航空公安机关(以下简称民航公安机关)负责对民用航空安全保卫工作实施统一管理、检查和监督。

第四条 有关地方人民政府与民用航空单位应当密切配合,共同维护民用航空安全。

第五条 旅客、货物托运人和收货人以及其他进入机场的人员,应当遵守民用航空安全管理的法律、法规和规章。

第六条 民用机场经营人和民用航空器经营人应当履行下列职责:

(一)制定本单位民用航空安全保卫方案,并报国务院民用航空主管部门备案;

(二)严格实行有关民用航空安全保卫的措施;

(三)定期进行民用航空安全保卫训练,及时消除危及民用航空安全的隐患。

与中华人民共和国通航的外国民用航空企业,应当向国务院民用航空主管部门报送民用航空安全保卫方案。

第七条 公民有权向民航公安机关举报预谋劫持、破坏民用航空器或者其他危害民用航空安全的行为。

第八条 对维护民用航空安全做出突出贡献的单位或者个人,由有关人民政府或者国务院民用航空主管部门给予奖励。

第二章　民用机场的安全保卫

第九条　民用机场(包括军民合用机场中的民用部分,下同)的新建、改建或者扩建,应当符合国务院民用航空主管部门关于民用机场安全保卫设施建设的规定。

第十条　民用机场开放使用,应当具备下列安全保卫条件:

(一)设有机场控制区并配备专职警卫人员;

(二)设有符合标准的防护围栏和巡逻通道;

(三)设有安全保卫机构并配备相应的人员和装备;

(四)设有安全检查机构并配备与机场运输量相适应的人员和检查设备;

(五)设有专职消防组织并按照机场消防等级配备人员和设备;

(六)订有应急处置方案并配备必要的应急援救设备。

第十一条　机场控制区应当根据安全保卫的需要,划定为候机隔离区、行李分检装卸区、航空器活动区和维修区、货物存放区等,并分别设置安全防护设施和明显标志。

第十二条　机场控制区应当有严密的安全保卫措施,实行封闭式分区管理。具体管理办法由国务院民用航空主管部门制定。

第十三条　人员与车辆进入机场控制区,必须佩带机场控制区通行证并接受警卫人员的检查。

机场控制区通行证,由民航公安机关按照国务院民用航空主管部门的有关规定制发和管理。

第十四条　在航空器活动区和维修区内的人员、车辆必须按照规定路线行进,车辆、设备必须在指定位置停放,一切人员、车辆必须避让航空器。

第十五条　停放在机场的民用航空器必须有专人警卫;各有关部门及其工作人员必须严格执行航空器警卫交接制度。

第十六条　机场内禁止下列行为:

(一)攀(钻)越、损毁机场防护围栏及其他安全防护设施;

(二)在机场控制区内狩猎、放牧、晾晒谷物、教练驾驶车辆;

(三)无机场控制区通行证进入机场控制区;

(四)随意穿越航空器跑道、滑行道;

(五)强行登、占航空器;

(六)谎报险情,制造混乱;

(七)扰乱机场秩序的其他行为。

第三章　民用航空营运的安全保卫

第十七条　承运人及其代理人出售客票,必须符合国务院民用航空主管部门的有关规定;对不符合规定的,不得售予客票。

第十八条　承运人办理承运手续时,必须核对乘机人和行李。

第十九条　旅客登机时,承运人必须核对旅客人数。

对已经办理登机手续而未登机的旅客的行李,不得装入或者留在航空器内。

旅客在航空器飞行中途中止旅行时,必须将其行李卸下。

第二十条　承运人对承运的行李、货物,在地面存储和运输期间,必须有专人监管。

第二十一条　配制、装载供应品的单位对装入航空器的供应品,必须保证其安全性。

第二十二条　航空器在飞行中的安全保卫工作由机长统一负责。

航空安全员在机长领导下,承担安全保卫的具体工作。

机长、航空安全员和机组其他成员,应当严格履行职责,保护民用航空器及其所载人员和财产的安全。

第二十三条　机长在执行职务时,可以行使下列权力:

(一)在航空器起飞前,发现有关方面对航空器未采取本条例规定的安全措施的,拒绝起飞;

(二)在航空器飞行中,对扰乱航空器内秩序,干扰机组人员正常工作而不听劝阻的人,采取必要的管束措施;

(三)在航空器飞行中,对劫持、破坏航空器或者其他危及安全的行为,采取必要的措施;

(四)在航空器飞行中遇到特殊情况时,对航空器的处置作最后决定。

第二十四条　禁止下列扰乱民用航空营运秩序的行为:

(一)倒卖购票证件、客票和航空运输企业的有效订座凭证;

(二)冒用他人身份证件购票、登机;

(三)利用客票交运或者捎带非旅客本人的行李物品;

(四)将未经安全检查或者采取其他安全措施的物品装入航空器。

第二十五条　航空器内禁止下列行为:

(一)在禁烟区吸烟;

(二)抢占座位、行李舱(架);

(三)打架、酗酒、寻衅滋事;

(四)盗窃、故意损坏或者擅自移动救生物品和设备;

(五)危及飞行安全和扰乱航空器内秩序的其他行为。

第四章　安全检查

第二十六条　乘坐民用航空器的旅客和其他人员及其携带的行李物品,必须接受安全检查;但是,国务院规定免检的除外。

拒绝接受安全检查的,不准登机,损失自行承担。

第二十七条　安全检查人员应当查验旅客客票、身份证件和登机牌,使用仪器或者手工对旅客及其行李物品进行安全检查,必要时可以从严检查。

已经安全检查的旅客应当在候机隔离区等待登机。

第二十八条　进入候机隔离区的工作人员(包括机组人员)及其携带的物品,应当接受安全检查。

接送旅客的人员和其他人员不得进入候机隔离区。

第二十九条　外交邮袋免受安全检查。外交信使及其随身携带的其他物品应当接受安全检查;但是,中华人民共和国缔结或者参加的国际条约另有规定的除外。

第三十条　空运的货物必须经过安全检查或者对其采取的其他安全措施。

货物托运人不得伪报品名托运或者在货物中夹带危险物品。

第三十一条　航空邮件必须经过安全检查。发现可疑邮件时,安全检查部门应当会同邮政部门开包查验处理。

第三十二条　除国务院另有规定的外,乘坐民用航空器的,禁止随身携带或者交运下列物品:

(一)枪支、弹药、军械、警械;

(二)管制刀具;

(三)易燃、易爆、有毒、腐蚀性、放射性物品;

(四)国家规定的其他禁运物品。

第三十三条　除本条例第三十二条规定的物品外,其他可以用于危害航空安全的物品,旅客不得随身携带,但是可以作为行李交运或者按照国务院民用航空主管部门的有关规定由机组人员带到目的地后交还。

对含有易燃物质的生活用品实行限量携带。限量携带的物品及其数量,由国务院民用航空主管部门规定。

第五章　罚　则

第三十四条　违反本条例第十四条的规定或者有本条例第十六条、第二十四条第一项、第二十五条所列行为,构成违反治安管理行为的,由民航公安机关依照《中华人民共和国治安管理处罚法》有关规定予以处罚;有本条例第二十四条第二项所列行为的,由民航公安机关依照《中华人民共和国居民身份证法》有关规定予以处罚。

第三十五条　违反本条例的有关规定,由民航公安机关按照下列规定予以处罚:

(一)有本条例第二十四条第四项所列行为的,可以处以警告或者3000元以下的罚款;

(二)有本条例第二十四条第三项所列行为的,可以处以警告、没收非法所得或者5000元以下罚款;

(三)违反本条例第三十条第二款、第三十二条的规定,尚未构成犯罪的,可以处以5000元以下罚款、没收或者扣留非法携带的物品。

第三十六条　违反本条例的规定,有下列情形之一的,民用航空主管部门可以对有关单位处以警告、停业整顿或者5万元以下的罚款;民航公安机关可以对直接责任人员处以警告或者500元以下的罚款:

(一)违反本条例第十五条的规定,造成航空器失控的;

(二)违反本条例第十七条的规定,出售客票的;

(三)违反本条例第十八条的规定,承运人办理承运手续时,不核对乘机人和行李的;

(四)违反本条例第十九条的规定的;

(五)违反本条例第二十条、第二十一条、第三十条第一款、第三十一条的规定,对收运、装入航空器的物品不采取安全措施的。

第三十七条　违反本条例的有关规定,构成犯罪的,依法追究刑事责任。

第三十八条　违反本条例规定的,除依照本章的规定予以处罚外,给单位或者个人造成财产损失的,应当依法承担赔偿责任。

第六章　附　则

第三十九条　本条例下列用语的含义:

"机场控制区",是指根据安全需要在机场内划定的进出受到限制的区域。

"候机隔离区",是指根据安全需要在候机楼(室)内划定的供已经安全检查的出港旅客等待登机的区域及登机通道、摆渡车。

"航空器活动区",是指机场内用于航空器起飞、着陆以及与此有关的地面活动区域,包括跑道、滑行道、联络道、客机坪。

第四十条 本条例自发布之日起施行。

铁路安全管理条例

· 2013 年 7 月 24 日国务院第 18 次常务会议通过
· 2013 年 8 月 17 日中华人民共和国国务院令第 639 号公布
· 自 2014 年 1 月 1 日起施行

第一章　总　则

第一条 为了加强铁路安全管理,保障铁路运输安全和畅通,保护人身安全和财产安全,制定本条例。

第二条 铁路安全管理坚持安全第一、预防为主、综合治理的方针。

第三条 国务院铁路行业监督管理部门负责全国铁路安全监督管理工作,国务院铁路行业监督管理部门设立的铁路监督管理机构负责辖区内的铁路安全监督管理工作。国务院铁路行业监督管理部门和铁路监督管理机构统称铁路监管部门。

国务院有关部门依照法律和国务院规定的职责,负责铁路安全管理的有关工作。

第四条 铁路沿线地方各级人民政府和县级以上地方人民政府有关部门应当按照各自职责,加强保障铁路安全的教育,落实护路联防责任制,防范和制止危害铁路安全的行为,协调和处理保障铁路安全的有关事项,做好保障铁路安全的有关工作。

第五条 从事铁路建设、运输、设备制造维修的单位应当加强安全管理,建立健全安全生产管理制度,落实企业安全生产主体责任,设置安全管理机构或者配备安全管理人员,执行保障生产安全和产品质量安全的国家标准、行业标准,加强对从业人员的安全教育培训,保证安全生产所必需的资金投入。

铁路建设、运输、设备制造维修单位的工作人员应当严格执行规章制度,实行标准化作业,保证铁路安全。

第六条 铁路监管部门、铁路运输企业等单位应当按照国家有关规定制定突发事件应急预案,并组织应急演练。

第七条 禁止扰乱铁路建设、运输秩序。禁止损坏或者非法占用铁路设施设备、铁路标志和铁路用地。

任何单位或者个人发现损坏或者非法占用铁路设施设备、铁路标志、铁路用地以及其他影响铁路安全的行为,有权报告铁路运输企业,或者向铁路监管部门、公安机关或者其他有关部门举报。接到报告的铁路运输企业、接到举报的部门应当根据各自职责及时处理。

对维护铁路安全作出突出贡献的单位或者个人,按照国家有关规定给予表彰奖励。

第二章　铁路建设质量安全

第八条 铁路建设工程的勘察、设计、施工、监理以及建设物资、设备的采购,应当依法进行招标。

第九条 从事铁路建设工程勘察、设计、施工、监理活动的单位应当依法取得相应资质,并在其资质等级许可的范围内从事铁路工程建设活动。

第十条 铁路建设单位应当选择具备相应资质等级的勘察、设计、施工、监理单位进行工程建设,并对建设工程的质量安全进行监督检查,制作检查记录留存备查。

第十一条 铁路建设工程的勘察、设计、施工、监理应当遵守法律、行政法规关于建设工程质量和安全管理的规定,执行国家标准、行业标准和技术规范。

铁路建设工程的勘察、设计、施工单位依法对勘察、设计、施工的质量负责,监理单位依法对施工质量承担监理责任。

高速铁路和地质构造复杂的铁路建设工程实行工程地质勘察监理制度。

第十二条 铁路建设工程的安全设施应当与主体工程同时设计、同时施工、同时投入使用。安全设施投资应当纳入建设项目概算。

第十三条 铁路建设工程使用的材料、构件、设备等产品,应当符合有关产品质量的强制性国家标准、行业标准。

第十四条 铁路建设工程的建设工期,应当根据工程地质条件、技术复杂程度等因素,按照国家标准、行业标准和技术规范合理确定、调整。

任何单位和个人不得违反前款规定要求铁路建设、设计、施工单位压缩建设工期。

第十五条 铁路建设工程竣工,应当按照国家有关规定组织验收,并由铁路运输企业进行运营安全评估。经验收、评估合格,符合运营安全要求的,方可投入运营。

第十六条 在铁路线路及其邻近区域进行铁路建设工程施工,应当执行铁路营业线施工安全管理规定。铁路建设单位应当会同相关铁路运输企业和工程设计、施工单位制定安全施工方案,按照方案进行施工。施工完毕应当及时清理现场,不得影响铁路运营安全。

第十七条 新建、改建设计开行时速 120 公里以上列车的铁路或者设计运输量达到国务院铁路行业监督管理部门规定的较大运输量标准的铁路，需要与道路交叉的，应当设置立体交叉设施。

新建、改建高速公路、一级公路或者城市道路中的快速路，需要与铁路交叉的，应当设置立体交叉设施，并优先选择下穿铁路的方案。

已建成的属于前两款规定情形的铁路、道路为平面交叉的，应当逐步改造为立体交叉。

新建、改建高速铁路需要与普通铁路、道路、渡槽、管线等设施交叉的，应当优先选择高速铁路上跨方案。

第十八条　设置铁路与道路立体交叉设施及其附属安全设施所需费用的承担，按照下列原则确定：

（一）新建、改建铁路与既有道路交叉的，由铁路方承担建设费用；道路方要求超过既有道路建设标准建设所增加的费用，由道路方承担；

（二）新建、改建道路与既有铁路交叉的，由道路方承担建设费用；铁路方要求超过既有铁路线路建设标准建设所增加的费用，由铁路方承担；

（三）同步建设的铁路和道路需要设置立体交叉设施以及既有铁路道口改造为立体交叉的，由铁路方和道路方按照公平合理的原则分担建设费用。

第十九条　铁路与道路立体交叉设施及其附属安全设施竣工验收合格后，应当按照国家有关规定移交有关单位管理、维护。

第二十条　专用铁路、铁路专用线需要与公用铁路网接轨的，应当符合国家有关铁路建设、运输的安全管理规定。

第三章　铁路专用设备质量安全

第二十一条　设计、制造、维修或者进口新型铁路机车车辆，应当符合国家标准、行业标准，并分别向国务院铁路行业监督管理部门申请领取型号合格证、制造许可证、维修许可证或者进口许可证，具体办法由国务院铁路行业监督管理部门制定。

铁路机车车辆的制造、维修、使用单位应当遵守有关产品质量的法律、行政法规以及国家其他有关规定，确保投入使用的机车车辆符合安全运营要求。

第二十二条　生产铁路道岔及其转辙设备、铁路信号控制软件和控制设备、铁路通信设备、铁路牵引供电设备的企业，应当符合下列条件并经国务院铁路行业监督管理部门依法审查批准：

（一）有按照国家标准、行业标准检测、检验合格的专业生产设备；

（二）有相应的专业技术人员；

（三）有完善的产品质量保证体系和安全管理制度；

（四）法律、行政法规规定的其他条件。

第二十三条　铁路机车车辆以外的直接影响铁路运输安全的铁路专用设备，依法应当进行产品认证的，经认证合格方可出厂、销售、进口、使用。

第二十四条　用于危险化学品和放射性物品运输的铁路罐车、专用车辆以及其他容器的生产和检测、检验，依照有关法律、行政法规的规定执行。

第二十五条　用于铁路运输的安全检测、监控、防护设施设备，集装箱和集装化用具等运输器具，专用装卸机械、索具、篷布、装载加固材料或者装置，以及运输包装、货物装载加固等，应当符合国家标准、行业标准和技术规范。

第二十六条　铁路机车车辆以及其他铁路专用设备存在缺陷，即由于设计、制造、标识等原因导致同一批次、型号或者类别的铁路专用设备普遍存在不符合保障人身、财产安全的国家标准、行业标准的情形或者其他危及人身、财产安全的不合理危险的，应当立即停止生产、销售、进口、使用；设备制造者应当召回缺陷产品，采取措施消除缺陷。具体办法由国务院铁路行业监督管理部门制定。

第四章　铁路线路安全

第二十七条　铁路线路两侧应当设立铁路线路安全保护区。铁路线路安全保护区的范围，从铁路线路路堤坡脚、路堑坡顶或者铁路桥梁（含铁路、道路两用桥，下同）外侧起向外的距离分别为：

（一）城市市区高速铁路为 10 米，其他铁路为 8 米；

（二）城市郊区居民居住区高速铁路为 12 米，其他铁路为 10 米；

（三）村镇居民居住区高速铁路为 15 米，其他铁路为 12 米；

（四）其他地区高速铁路为 20 米，其他铁路为 15 米。

前款规定距离不能满足铁路运输安全保护需要的，由铁路建设单位或者铁路运输企业提出方案，铁路监督管理机构或者县级以上地方人民政府依照本条第三款规定程序划定。

在铁路用地范围内划定铁路线路安全保护区的，由铁路监督管理机构组织铁路建设单位或者铁路运输企业划定并公告。在铁路用地范围外划定铁路线路安全保护区的，由县级以上地方人民政府根据保障铁路运输安全和节约用地的原则，组织有关铁路监督管理机构、县级以上地方人民政府国土资源等部门划定并公告。

铁路线路安全保护区与公路建筑控制区、河道管理范围、水利工程管理和保护范围、航道保护范围或者石油、电力以及其他重要设施保护区重叠的，由县级以上地方人民政府组织有关部门依照法律、行政法规的规定协商划定并公告。

新建、改建铁路的铁路线路安全保护区范围，应当自铁路建设工程初步设计批准之日起30日内，由县级以上地方人民政府依照本条例的规定划定并公告。铁路建设单位或者铁路运输企业应当根据工程竣工资料进行勘界，绘制铁路线路安全保护区平面图，并根据平面图设立标桩。

第二十八条　设计开行时速120公里以上列车的铁路应当实行全封闭管理。铁路建设单位或者铁路运输企业应当按照国务院铁路行业监督管理部门的规定在铁路用地范围内设置封闭设施和警示标志。

第二十九条　禁止在铁路线路安全保护区内烧荒、放养牲畜、种植影响铁路线路安全和行车瞭望的树木等植物。

禁止向铁路线路安全保护区排污、倾倒垃圾以及其他危害铁路安全的物质。

第三十条　在铁路线路安全保护区内建造建筑物、构筑物等设施，取土、挖砂、挖沟、采空作业或者堆放、悬挂物品，应当征得铁路运输企业同意并签订安全协议，遵守保证铁路安全的国家标准、行业标准和施工安全规范，采取措施防止影响铁路运输安全。铁路运输企业应当派员对施工现场实行安全监督。

第三十一条　铁路线路安全保护区内既有的建筑物、构筑物危及铁路运输安全的，应当采取必要的安全防护措施；采取安全防护措施后仍不能保证安全的，依照有关法律的规定拆除。

拆除铁路线路安全保护区内的建筑物、构筑物，清理铁路线路安全保护区内的植物，或者对他人在铁路线路安全保护区内已依法取得的采矿权等合法权利予以限制，给他人造成损失的，应当依法给予补偿或者采取必要的补救措施。但是，拆除非法建设的建筑物、构筑物的除外。

第三十二条　在铁路线路安全保护区及其邻近区域建造或者设置的建筑物、构筑物、设备等，不得进入国家规定的铁路建筑限界。

第三十三条　在铁路线路两侧建造、设立生产、加工、储存或者销售易燃、易爆或者放射性物品等危险物品的场所、仓库，应当符合国家标准、行业标准规定的安全防护距离。

第三十四条　在铁路线路两侧从事采矿、采石或者爆破作业，应当遵守有关采矿和民用爆破的法律法规，符合国家标准、行业标准和铁路安全保护要求。

在铁路线路路堤坡脚、路堑坡顶、铁路桥梁外侧起向外各1000米范围内，以及在铁路隧道上方中心线两侧各1000米范围内，确需从事露天采矿、采石或者爆破作业的，应当与铁路运输企业协商一致，依照有关法律法规的规定报县级以上地方人民政府有关部门批准，采取安全防护措施后方可进行。

第三十五条　高速铁路线路路堤坡脚、路堑坡顶或者铁路桥梁外侧起向外各200米范围内禁止抽取地下水。

在前款规定范围外，高速铁路线路经过的区域属于地面沉降区域，抽取地下水危及高速铁路安全的，应当设置地下水禁止开采区或者限制开采区，具体范围由铁路监督管理机构会同县级以上地方人民政府水行政主管部门提出方案，报省、自治区、直辖市人民政府批准并公告。

第三十六条　在电气化铁路附近从事排放粉尘、烟尘及腐蚀性气体的生产活动，超过国家规定的排放标准，危及铁路运输安全的，由县级以上地方人民政府有关部门依法责令整改，消除安全隐患。

第三十七条　任何单位和个人不得擅自在铁路桥梁跨越处河道上下游各1000米范围内围垦造田、拦河筑坝、架设浮桥或者修建其他影响铁路桥梁安全的设施。

因特殊原因确需在前款规定的范围内进行围垦造田、拦河筑坝、架设浮桥等活动的，应当进行安全论证，负责审批的机关在批准前应当征求有关铁路运输企业的意见。

第三十八条　禁止在铁路桥梁跨越处河道上下游的下列范围内采砂、淘金：

（一）跨河桥长500米以上的铁路桥梁，河道上游500米，下游3000米；

（二）跨河桥长100米以上不足500米的铁路桥梁，河道上游500米，下游2000米；

（三）跨河桥长不足100米的铁路桥梁，河道上游500米，下游1000米。

有关部门依法在铁路桥梁跨越处河道上下游划定的禁采范围大于前款规定的禁采范围的，按照划定的禁采范围执行。

县级以上地方人民政府水行政主管部门、国土资源主管部门应当按照各自职责划定禁采区域、设置禁采标志，制止非法采砂、淘金行为。

第三十九条 在铁路桥梁跨越处河道上下游各 500 米范围内进行疏浚作业，应当进行安全技术评价，有关河道、航道管理部门应当征求铁路运输企业的意见，确认安全或者采取安全技术措施后，方可批准进行疏浚作业。但是，依法进行河道、航道日常养护、疏浚作业的除外。

第四十条 铁路、道路两用桥由所在地铁路运输企业和道路管理部门或者道路经营企业定期检查、共同维护，保证桥梁处于安全的技术状态。

铁路、道路两用桥的墩、梁等共用部分的检测、维修由铁路运输企业和道路管理部门或者道路经营企业共同负责，所需费用按照公平合理的原则分担。

第四十一条 铁路的重要桥梁和隧道按照国家有关规定由中国人民武装警察部队负责守卫。

第四十二条 船舶通过铁路桥梁应当符合桥梁的通航净空高度并遵守航行规则。

桥区航标中的桥梁航标、桥柱标、桥梁水尺标由铁路运输企业负责设置、维护，水面航标由铁路运输企业设置，航道管理部门负责维护。

第四十三条 下穿铁路桥梁、涵洞的道路应当按照国家标准设置车辆通过限高、限宽标志和限高防护架。城市道路的限高、限宽标志由当地人民政府指定的部门设置并维护，公路的限高、限宽标志由公路管理部门设置并维护。限高防护架在铁路桥梁、涵洞、道路建设时设置，由铁路运输企业负责维护。

机动车通过下穿铁路桥梁、涵洞的道路，应当遵守限高、限宽规定。

下穿铁路涵洞的管理单位负责涵洞的日常管理、维护，防止淤塞、积水。

第四十四条 铁路线路安全保护区内的道路和铁路线路路堑上的道路、跨越铁路线路的道路桥梁，应当按照国家有关规定设置防止车辆以及其他物体进入、坠入铁路线路的安全防护设施和警示标志，并由道路管理部门或者道路经营企业维护、管理。

第四十五条 架设、铺设铁路信号和通信线路、杆塔应当符合国家标准、行业标准和铁路安全防护要求。铁路运输企业、为铁路运输提供服务的电信企业应当加强对铁路信号和通信线路、杆塔的维护和管理。

第四十六条 设置或者拓宽铁路道口、铁路人行过道，应当征得铁路运输企业的同意。

第四十七条 铁路与道路交叉的无人看守道口应当按照国家标准设置警示标志；有人看守道口应当设置移动栏杆、列车接近报警装置、警示灯、警示标志、铁路道口路段标线等安全防护设施。

道口移动栏杆、列车接近报警装置、警示灯等安全防护设施由铁路运输企业设置、维护；警示标志、铁路道口路段标线由铁路道口所在地的道路管理部门设置、维护。

第四十八条 机动车或者非机动车在铁路道口内发生故障或者装载物掉落的，应当立即将故障车辆或者掉落的装载物移至铁路道口停止线以外或者铁路线路最外侧钢轨 5 米以外的安全地点。无法立即移至安全地点的，应当立即报告铁路道口看守人员；在无人看守道口，应当立即在道口两端采取措施拦停列车，并就近通知铁路车站或者公安机关。

第四十九条 履带车辆等可能损坏铁路设施设备的车辆、物体通过铁路道口，应当提前通知铁路道口管理单位，在其协助、指导下通过，并采取相应的安全防护措施。

第五十条 在下列地点，铁路运输企业应当按照国家标准、行业标准设置易于识别的警示、保护标志：

（一）铁路桥梁、隧道的两端；

（二）铁路信号、通信光（电）缆的埋设、铺设地点；

（三）电气化铁路接触网、自动闭塞供电线路和电力贯通线路等电力设施附近易发生危险的地点。

第五十一条 禁止毁坏铁路线路、站台等设施设备和铁路路基、护坡、排水沟、防护林木、护坡草坪、铁路线路封闭网及其他铁路防护设施。

第五十二条 禁止实施下列危及铁路通信、信号设施安全的行为：

（一）在埋有地下光（电）缆设施的地面上方进行钻探，堆放重物、垃圾，焚烧物品，倾倒腐蚀性物质；

（二）在地下光（电）缆两侧各 1 米的范围内建造、搭建建筑物、构筑物等设施；

（三）在地下光（电）缆两侧各 1 米的范围内挖砂、取土；

（四）在过河光（电）缆两侧各 100 米的范围内挖砂、抛锚或者进行其他危及光（电）缆安全的作业。

第五十三条 禁止实施下列危害电气化铁路设施的行为：

（一）向电气化铁路接触网抛掷物品；

（二）在铁路电力线路导线两侧各 500 米的范围内升放风筝、气球等低空飘浮物体；

（三）攀登铁路电力线路杆塔或者在杆塔上架设、安装其他设施设备；

（四）在铁路电力线路杆塔、拉线周围20米范围内取土、打桩、钻探或者倾倒有害化学物品；

（五）触碰电气化铁路接触网。

第五十四条　县级以上各级人民政府及其有关部门、铁路运输企业应当依照地质灾害防治法律法规的规定，加强铁路沿线地质灾害的预防、治理和应急处理等工作。

第五十五条　铁路运输企业应当对铁路线路、铁路防护设施和警示标志进行经常性巡查和维护；对巡查中发现的安全问题应当立即处理，不能立即处理的应当及时报告铁路监督管理机构。巡查和处理情况应当记录留存。

第五章　铁路运营安全

第五十六条　铁路运输企业应当依照法律、行政法规和国务院铁路行业监督管理部门的规定，制定铁路运输安全管理制度，完善相关作业程序，保障铁路旅客和货物运输安全。

第五十七条　铁路机车车辆的驾驶人员应当参加国务院铁路行业监督管理部门组织的考试，考试合格方可上岗。具体办法由国务院铁路行业监督管理部门制定。

第五十八条　铁路运输企业应当加强铁路专业技术岗位和主要行车工种岗位从业人员的业务培训和安全培训，提高从业人员的业务技能和安全意识。

第五十九条　铁路运输企业应当加强运输过程中的安全防护，使用的运输工具、装载加固设备以及其他专用设施设备应当符合国家标准、行业标准和安全要求。

第六十条　铁路运输企业应当建立健全铁路设施设备的检查防护制度，加强对铁路设施设备的日常维护检修，确保铁路设施设备性能完好和安全运行。

铁路运输企业的从业人员应当按照操作规程使用、管理铁路设施设备。

第六十一条　在法定假日和传统节日等铁路运输高峰期或者恶劣气象条件下，铁路运输企业应当采取必要的安全应急管理措施，加强铁路运输安全检查，确保运输安全。

第六十二条　铁路运输企业应当在列车、车站等场所公告旅客、列车工作人员以及其他进站人员遵守的安全管理规定。

第六十三条　公安机关应当按照职责分工，维护车站、列车等铁路场所和铁路沿线的治安秩序。

第六十四条　铁路运输企业应当按照国务院铁路行业监督管理部门的规定实施火车票实名购买、查验制度。

实施火车票实名购买、查验制度的，旅客应当凭有效身份证件购票乘车；对车票所记载身份信息与所持身份证件或者真实身份不符的持票人，铁路运输企业有权拒绝其进站乘车。

铁路运输企业应当采取有效措施为旅客实名购票、乘车提供便利，并加强对旅客身份信息的保护。铁路运输企业工作人员不得窃取、泄露旅客身份信息。

第六十五条　铁路运输企业应当依照法律、行政法规和国务院铁路行业监督管理部门的规定，对旅客及其随身携带、托运的行李物品进行安全检查。

从事安全检查的工作人员应当佩戴安全检查标志，依法履行安全检查职责，并有权拒绝不接受安全检查的旅客进站乘车和托运行李物品。

第六十六条　旅客应当接受并配合铁路运输企业在车站、列车实施的安全检查，不得违法携带、夹带管制器具，不得违法携带、托运烟花爆竹、枪支弹药等危险物品或者其他违禁物品。

禁止或者限制携带的物品种类及其数量由国务院铁路行业监督管理部门会同公安机关规定，并在车站、列车等场所公布。

第六十七条　铁路运输托运人托运货物、行李、包裹，不得有下列行为：

（一）匿报、谎报货物品名、性质、重量；

（二）在普通货物中夹带危险货物，或者在危险货物中夹带禁止配装的货物；

（三）装车、装箱超过规定重量。

第六十八条　铁路运输企业应当对承运的货物进行安全检查，并不得有下列行为：

（一）在非危险货物办理站办理危险货物承运手续；

（二）承运未接受安全检查的货物；

（三）承运不符合安全规定、可能危害铁路运输安全的货物。

第六十九条　运输危险货物应当依照法律法规和国家其他有关规定使用专用的设施设备，托运人应当配备必要的押运人员和应急处理器材、设备以及防护用品，并使危险货物始终处于押运人员的监管之下；危险货物发生被盗、丢失、泄漏等情况，应当按照国家有关规定及时报告。

第七十条　办理危险货物运输业务的工作人员和装卸人员、押运人员，应当掌握危险货物的性质、危害特性、包装容器的使用特性和发生意外的应急措施。

第七十一条　铁路运输企业和托运人应当按照操作

规程包装、装卸、运输危险货物,防止危险货物泄漏、爆炸。

第七十二条　铁路运输企业和托运人应当依照法律法规和国家其他有关规定包装、装载、押运特殊药品,防止特殊药品在运输过程中被盗、被劫或者发生丢失。

第七十三条　铁路管理信息系统及其设施的建设和使用,应当符合法律法规和国家其他有关规定的安全技术要求。

铁路运输企业应当建立网络与信息安全应急保障体系,并配备相应的专业技术人员负责网络和信息系统的安全管理工作。

第七十四条　禁止使用无线电台(站)以及其他仪器、装置干扰铁路运营指挥调度无线电频率的正常使用。

铁路运营指挥调度无线电频率受到干扰,铁路运输企业应当立即采取排查措施并报告无线电管理机构、铁路监管部门;无线电管理机构、铁路监管部门应当依法排除干扰。

第七十五条　电力企业应当依法保障铁路运输所需电力的持续供应,并保证供电质量。

铁路运输企业应当加强用电安全管理,合理配置供电电源和应急自备电源。

遇有特殊情况影响铁路电力供应的,电力企业和铁路运输企业应当按照各自职责及时组织抢修,尽快恢复正常供电。

第七十六条　铁路运输企业应当加强铁路运营食品安全管理,遵守有关食品安全管理的法律法规和国家其他有关规定,保证食品安全。

第七十七条　禁止实施下列危害铁路安全的行为:

(一)非法拦截列车、阻断铁路运输;

(二)扰乱铁路运输指挥调度机构以及车站、列车的正常秩序;

(三)在铁路线路上放置、遗弃障碍物;

(四)击打列车;

(五)擅自移动铁路线路上的机车车辆,或者擅自开启列车车门、违规操纵列车紧急制动设备;

(六)拆盗、损毁或者擅自移动铁路设施设备、机车车辆配件、标桩、防护设施和安全标志;

(七)在铁路线路上行走、坐卧或者在未设道口、人行过道的铁路线路上通过;

(八)擅自进入铁路线路封闭区域或者在未设置行人通道的铁路桥梁、隧道通行;

(九)擅自开启、关闭列车的货车阀、盖或者破坏施封状态;

(十)擅自开启列车中的集装箱箱门,破坏箱体、阀、盖或者施封状态;

(十一)擅自松动、拆解、移动列车中的货物装载加固材料、装置和设备;

(十二)钻车、扒车、跳车;

(十三)从列车上抛扔杂物;

(十四)在动车组列车上吸烟或者在其他列车的禁烟区域吸烟;

(十五)强行登乘或者以拒绝下车等方式强占列车;

(十六)冲击、堵塞、占用进出站通道或者候车区、站台。

第六章　监督检查

第七十八条　铁路监管部门应当对从事铁路建设、运输、设备制造维修的企业执行本条例的情况实施监督检查,依法查处违反本条例规定的行为,依法组织或者参与铁路安全事故的调查处理。

铁路监管部门应当建立企业违法行为记录和公告制度,对违反本条例被依法追究法律责任的从事铁路建设、运输、设备制造维修的企业予以公布。

第七十九条　铁路监管部门应当加强对铁路运输高峰期和恶劣气象条件下运输安全的监督管理,加强对铁路运输的关键环节、重要设施设备的安全状况以及铁路运输突发事件应急预案的建立和落实情况的监督检查。

第八十条　铁路监管部门和县级以上人民政府安全生产监督管理部门应当建立信息通报制度和运输安全生产协调机制。发现重大安全隐患,铁路运输企业难以自行排除的,应当及时向铁路监管部门和有关地方人民政府报告。地方人民政府获悉铁路沿线有危及铁路运输安全的重要情况,应当及时通报有关的铁路运输企业和铁路监管部门。

第八十一条　铁路监管部门发现安全隐患,应当责令有关单位立即排除。重大安全隐患排除前或者排除过程中无法保证安全的,应当责令从危险区域内撤出人员、设备,停止作业;重大安全隐患排除后方可恢复作业。

第八十二条　实施铁路安全监督检查的人员执行监督检查任务时,应当佩戴标志或者出示证件。任何单位和个人不得阻碍、干扰安全监督检查人员依法履行安全检查职责。

第七章　法律责任

第八十三条　铁路建设单位和铁路建设的勘察、设计、施工、监理单位违反本条例关于铁路建设质量安全管理的规定的，由铁路监管部门依照有关工程建设、招标投标管理的法律、行政法规的规定处罚。

第八十四条　铁路建设单位未对高速铁路和地质构造复杂的铁路建设工程实行工程地质勘察监理，或者在铁路线路及其邻近区域进行铁路建设工程施工不执行铁路营业线施工安全管理规定，影响铁路运营安全的，由铁路监管部门责令改正，处 10 万元以上 50 万元以下的罚款。

第八十五条　依法应当进行产品认证的铁路专用设备未经认证合格，擅自出厂、销售、进口、使用的，依照《中华人民共和国认证认可条例》的规定处罚。

第八十六条　铁路机车车辆以及其他专用设备制造者未按规定召回缺陷产品，采取措施消除缺陷的，由国务院铁路行业监督管理部门责令改正；拒不改正的，处缺陷产品货值金额 1% 以上 10% 以下的罚款；情节严重的，由国务院铁路行业监督管理部门吊销相应的许可证件。

第八十七条　有下列情形之一的，由铁路监督管理机构责令改正，处 2 万元以上 10 万元以下的罚款：

（一）用于铁路运输的安全检测、监控、防护设施设备，集装箱和集装化用具等运器具、专用装卸机械、索具、篷布、装载加固材料或者装置、运输包装、货物装载加固等，不符合国家标准、行业标准和技术规范；

（二）不按照国家有关规定和标准设置、维护铁路封闭设施、安全防护设施；

（三）架设、铺设铁路信号和通信线路、杆塔不符合国家标准、行业标准和铁路安全防护要求，或者未对铁路信号和通信线路、杆塔进行维护和管理；

（四）运输危险货物不依照法律法规和国家其他有关规定使用专用的设施设备。

第八十八条　在铁路线路安全保护区内烧荒、放养牲畜、种植影响铁路线路安全和行车瞭望的树木等植物，或者向铁路线路安全保护区排污、倾倒垃圾以及其他危害铁路安全的物质的，由铁路监督管理机构责令改正，对单位可以处 5 万元以下的罚款，对个人可以处 2000 元以下的罚款。

第八十九条　未经铁路运输企业同意或者未签订安全协议，在铁路线路安全保护区内建造建筑物、构筑物等设施，取土、挖砂、挖沟、采空作业或者堆放、悬挂物品，或者违反保证铁路安全的国家标准、行业标准和施工安全规范，影响铁路运输安全的，由铁路监督管理机构责令改正，可以处 10 万元以下的罚款。

铁路运输企业未派员对铁路线路安全保护区内施工现场进行安全监督的，由铁路监督管理机构责令改正，可以处 3 万元以下的罚款。

第九十条　在铁路线路安全保护区及其邻近区域建造或者设置的建筑物、构筑物、设备等进入国家规定的铁路建筑限界，或者在铁路线路两侧建造、设立生产、加工、储存或者销售易燃、易爆或者放射性物品等危险物品的场所、仓库不符合国家标准、行业标准规定的安全防护距离的，由铁路监督管理机构责令改正，对单位处 5 万元以上 20 万元以下的罚款，对个人处 1 万元以上 5 万元以下的罚款。

第九十一条　有下列行为之一的，分别由铁路沿线所在地县级以上地方人民政府水行政主管部门、国土资源主管部门或者无线电管理机构等依照有关水资源管理、矿产资源管理、无线电管理等法律、行政法规的规定处罚：

（一）未经批准在铁路线路两侧各 1000 米范围内从事露天采矿、采石或者爆破作业；

（二）在地下水禁止开采区或者限制开采区抽取地下水；

（三）在铁路桥梁跨越处河道上下游各 1000 米范围内围垦造田、拦河筑坝、架设浮桥或者修建其他影响铁路桥梁安全的设施；

（四）在铁路桥梁跨越处河道上下游禁止采砂、淘金的范围内采砂、淘金；

（五）干扰铁路运营指挥调度无线电频率正常使用。

第九十二条　铁路运输企业、道路管理部门或者道路经营企业未履行铁路、道路两用桥检查、维护职责的，由铁路监督管理机构或者上级道路管理部门责令改正；拒不改正的，由铁路监督管理机构或者上级道路管理部门指定其他单位进行养护和维修，养护和维修费用由拒不履行义务的铁路运输企业、道路管理部门或者道路经营企业承担。

第九十三条　机动车通过下穿铁路桥梁、涵洞的道路未遵守限高、限宽规定的，由公安机关依照道路交通安全管理法律、行政法规的规定处罚。

第九十四条　违反本条例第四十八条、第四十九条关于铁路道口安全管理的规定的，由铁路监督管理机构责令改正，处 1000 元以上 5000 元以下的罚款。

第九十五条　违反本条例第五十一条、第五十二条、第五十三条、第七十七条规定的，由公安机关责令改正，对单位处 1 万元以上 5 万元以下的罚款，对个人处 500

元以上 2000 元以下的罚款。

第九十六条 铁路运输托运人托运货物、行李、包裹时匿报、谎报货物品名、性质、重量，或者装车、装箱超过规定重量的，由铁路监督管理机构责令改正，可以处 2000 元以下的罚款；情节较重的，处 2000 元以上 2 万元以下的罚款；将危险化学品谎报或者匿报为普通货物托运的，处 10 万元以上 20 万元以下的罚款。

铁路运输托运人在普通货物中夹带危险货物，或者在危险货物中夹带禁止配装的货物的，由铁路监督管理机构责令改正，处 3 万元以上 20 万元以下的罚款。

第九十七条 铁路运输托运人运输危险货物未配备必要的应急处理器材、设备、防护用品，或者未按照操作规程包装、装卸、运输危险货物的，由铁路监督管理机构责令改正，处 1 万元以上 5 万元以下的罚款。

第九十八条 铁路运输托运人运输危险货物不按照规定配备必要的押运人员，或者发生危险货物被盗、丢失、泄漏等情况不按照规定及时报告的，由公安机关责令改正，处 1 万元以上 5 万元以下的罚款。

第九十九条 旅客违法携带、夹带管制器具或者违法携带、托运烟花爆竹、枪支弹药等危险物品或者其他违禁物品的，由公安机关依法给予治安管理处罚。

第一百条 铁路运输企业有下列情形之一的，由铁路监管部门责令改正，处 2 万元以上 10 万元以下的罚款：

（一）在非危险货物办理站办理危险货物承运手续；

（二）承运未接受安全检查的货物；

（三）承运不符合安全规定、可能危害铁路运输安全的货物；

（四）未按照操作规程包装、装卸、运输危险货物。

第一百零一条 铁路监管部门及其工作人员应当严格按照本条例规定的处罚种类和幅度，根据违法行为的性质和具体情节行使行政处罚权，具体办法由国务院铁路行业监督管理部门制定。

第一百零二条 铁路运输企业工作人员窃取、泄露旅客身份信息的，由公安机关依法处罚。

第一百零三条 从事铁路建设、运输、设备制造维修的单位违反本条例规定，对直接负责的主管人员和其他直接责任人员依法给予处分。

第一百零四条 铁路监管部门及其工作人员不依照本条例规定履行职责的，对负有责任的领导人员和直接责任人员依法给予处分。

第一百零五条 违反本条例规定，给铁路运输企业或者其他单位、个人财产造成损失的，依法承担民事责任。

违反本条例规定，构成违反治安管理行为的，由公安机关依法给予治安管理处罚；构成犯罪的，依法追究刑事责任。

第八章　附　则

第一百零六条 专用铁路、铁路专用线的安全管理参照本条例的规定执行。

第一百零七条 本条例所称高速铁路，是指设计开行时速 250 公里以上（含预留），并且初期运营时速 200 公里以上的客运列车专线铁路。

第一百零八条 本条例自 2014 年 1 月 1 日起施行。2004 年 12 月 27 日国务院公布的《铁路运输安全保护条例》同时废止。

公路安全保护条例

· 2011 年 2 月 16 日国务院第 144 次常务会议通过
· 2011 年 3 月 7 日中华人民共和国国务院令第 593 号公布
· 自 2011 年 7 月 1 日起施行

第一章　总　则

第一条 为了加强公路保护，保障公路完好、安全和畅通，根据《中华人民共和国公路法》，制定本条例。

第二条 各级人民政府应当加强对公路保护工作的领导，依法履行公路保护职责。

第三条 国务院交通运输主管部门主管全国公路保护工作。

县级以上地方人民政府交通运输主管部门主管本行政区域的公路保护工作；但是，县级以上地方人民政府交通运输主管部门对国道、省道的保护职责，由省、自治区、直辖市人民政府确定。

公路管理机构依照本条例的规定具体负责公路保护的监督管理工作。

第四条 县级以上各级人民政府发展改革、工业和信息化、公安、工商、质检等部门按照职责分工，依法开展公路保护的相关工作。

第五条 县级以上各级人民政府应当将政府及其有关部门从事公路管理、养护所需经费以及公路管理机构行使公路行政管理职能所需经费纳入本级人民政府财政预算。但是，专用公路的公路保护经费除外。

第六条 县级以上各级人民政府交通运输主管部门应当综合考虑国家有关车辆技术标准、公路使用状况等因素,逐步提高公路建设、管理和养护水平,努力满足国民经济和社会发展以及人民群众生产、生活需要。

第七条　县级以上各级人民政府交通运输主管部门应当依照《中华人民共和国突发事件应对法》的规定,制定地震、泥石流、雨雪冰冻灾害等损毁公路的突发事件(以下简称公路突发事件)应急预案,报本级人民政府批准后实施。

公路管理机构、公路经营企业应当根据交通运输主管部门制定的公路突发事件应急预案,组建应急队伍,并定期组织应急演练。

第八条　国家建立健全公路突发事件应急物资储备保障制度,完善应急物资储备、调配体系,确保发生公路突发事件时能够满足应急处置工作的需要。

第九条　任何单位和个人不得破坏、损坏、非法占用或者非法利用公路、公路用地和公路附属设施。

第二章　公路线路

第十条　公路管理机构应当建立健全公路管理档案,对公路、公路用地和公路附属设施调查核实、登记造册。

第十一条　县级以上地方人民政府应当根据保障公路运行安全和节约用地的原则以及公路发展的需要,组织交通运输、国土资源等部门划定公路建筑控制区的范围。

公路建筑控制区的范围,从公路用地外缘起向外的距离标准为:

(一)国道不少于 20 米;

(二)省道不少于 15 米;

(三)县道不少于 10 米;

(四)乡道不少于 5 米。

属于高速公路的,公路建筑控制区的范围从公路用地外缘起向外的距离标准不少于 30 米。

公路弯道内侧、互通立交以及平面交叉道口的建筑控制区范围根据安全视距等要求确定。

第十二条　新建、改建公路的建筑控制区的范围,应当自公路初步设计批准之日起 30 日内,由公路沿线县级以上地方人民政府依照本条例划定并公告。

公路建筑控制区与铁路线路安全保护区、航道保护范围、河道管理范围或者水工程管理和保护范围重叠的,经公路管理机构和铁路管理机构、航道管理机构、水行政主管部门或者流域管理机构协商后划定。

第十三条　在公路建筑控制区内,除公路保护需要外,禁止修建建筑物和地面构筑物;公路建筑控制区划定

前已经合法修建的不得扩建,因公路建设或者保障公路运行安全等原因需要拆除的应当依法给予补偿。

在公路建筑控制区外修建的建筑物、地面构筑物以及其他设施不得遮挡公路标志,不得妨碍安全视距。

第十四条　新建村镇、开发区、学校和货物集散地、大型商业网点、农贸市场等公共场所,与公路建筑控制区边界外缘的距离应当符合下列标准,并尽可能在公路一侧建设:

(一)国道、省道不少于 50 米;

(二)县道、乡道不少于 20 米。

第十五条　新建、改建公路与既有城市道路、铁路、通信等线路交叉或者新建、改建城市道路、铁路、通信等线路与既有公路交叉的,建设费用由新建、改建单位承担;城市道路、铁路、通信等线路的管理部门、单位或者公路管理机构要求提高既有建设标准而增加的费用,由提出要求的部门或者单位承担。

需要改变既有公路与城市道路、铁路、通信等线路交叉方式的,按照公平合理的原则分担建设费用。

第十六条　禁止将公路作为检验车辆制动性能的试车场地。

禁止在公路、公路用地范围内摆摊设点、堆放物品、倾倒垃圾、设置障碍、挖沟引水、打场晒粮、种植作物、放养牲畜、采石、取土、采空作业、焚烧物品、利用公路边沟排放污物或者进行其他损坏、污染公路和影响公路畅通的行为。

第十七条　禁止在下列范围内从事采矿、采石、取土、爆破作业等危及公路、公路桥梁、公路隧道、公路渡口安全的活动:

(一)国道、省道、县道的公路用地外缘起向外 100 米,乡道的公路用地外缘起向外 50 米;

(二)公路渡口和中型以上公路桥梁周围 200 米;

(三)公路隧道上方和洞口外 100 米。

在前款规定的范围内,因抢险、防汛需要修筑堤坝、压缩或者拓宽河床的,应当经省、自治区、直辖市人民政府交通运输主管部门会同水行政主管部门或者流域管理机构批准,并采取安全防护措施方可进行。

第十八条　除按照国家有关规定设立的为车辆补充燃料的场所、设施外,禁止在下列范围内设立生产、储存、销售易燃、易爆、剧毒、放射性等危险物品的场所、设施:

(一)公路用地外缘起向外 100 米;

(二)公路渡口和中型以上公路桥梁周围 200 米;

(三)公路隧道上方和洞口外 100 米。

第十九条　禁止擅自在中型以上公路桥梁跨越的河道上下游各 1000 米范围内抽取地下水、架设浮桥以及修建其他危及公路桥梁安全的设施。

在前款规定的范围内,确需进行抽取地下水、架设浮桥等活动的,应当经水行政主管部门、流域管理机构等有关单位会同公路管理机构批准,并采取安全防护措施方可进行。

第二十条　禁止在公路桥梁跨越的河道上下游的下列范围内采砂:

(一)特大型公路桥梁跨越的河道上游 500 米,下游 3000 米;

(二)大型公路桥梁跨越的河道上游 500 米,下游 2000 米;

(三)中小型公路桥梁跨越的河道上游 500 米,下游 1000 米。

第二十一条　在公路桥梁跨越的河道上下游各 500 米范围内依法进行疏浚作业的,应当符合公路桥梁安全要求,经公路管理机构确认安全方可作业。

第二十二条　禁止利用公路桥梁进行牵拉、吊装等危及公路桥梁安全的施工作业。

禁止利用公路桥梁(含桥下空间)、公路隧道、涵洞堆放物品,搭建设施以及铺设高压电线和输送易燃、易爆或者其他有毒有害气体、液体的管道。

第二十三条　公路桥梁跨越航道的,建设单位应当按照国家有关规定设置桥梁航标、桥柱标、桥梁水尺标,并按照国家标准、行业标准设置桥区水上航标和桥墩防撞装置。桥区水上航标由航标管理机构负责维护。

通过公路桥梁的船舶应当符合公路桥梁通航净空要求,严格遵守航行规则,不得在公路桥梁下停泊或者系缆。

第二十四条　重要的公路桥梁和公路隧道按照《中华人民共和国人民武装警察法》和国务院、中央军委的有关规定由中国人民武装警察部队守护。

第二十五条　禁止损坏、擅自移动、涂改、遮挡公路附属设施或者利用公路附属设施架设管道、悬挂物品。

第二十六条　禁止破坏公路、公路用地范围内的绿化物。需要更新采伐护路林的,应当向公路管理机构提出申请,经批准方可更新采伐,并及时补种;不能及时补种的,应当交纳补种所需费用,由公路管理机构代为补种。

第二十七条　进行下列涉路施工活动,建设单位应当向公路管理机构提出申请:

(一)因修建铁路、机场、供电、水利、通信等建设工程需要占用、挖掘公路、公路用地或者使公路改线;

(二)跨越、穿越公路修建桥梁、渡槽或者架设、埋设管道、电缆等设施;

(三)在公路用地范围内架设、埋设管道、电缆等设施;

(四)利用公路桥梁、公路隧道、涵洞铺设电缆等设施;

(五)利用跨越公路的设施悬挂非公路标志;

(六)在公路上增设或者改造平面交叉道口;

(七)在公路建筑控制区内埋设管道、电缆等设施。

第二十八条　申请进行涉路施工活动的建设单位应当向公路管理机构提交下列材料:

(一)符合有关技术标准、规范要求的设计和施工方案;

(二)保障公路、公路附属设施质量和安全的技术评价报告;

(三)处置施工险情和意外事故的应急方案。

公路管理机构应当自受理申请之日起 20 日内作出许可或者不予许可的决定;影响交通安全的,应当征得公安机关交通管理部门的同意;涉及经营性公路的,应当征求公路经营企业的意见;不予许可的,公路管理机构应当书面通知申请人并说明理由。

第二十九条　建设单位应当按照许可的设计和施工方案进行施工作业,并落实保障公路、公路附属设施质量和安全的防护措施。

涉路施工完毕,公路管理机构应当对公路、公路附属设施是否达到规定的技术标准以及施工是否符合保障公路、公路附属设施质量和安全的要求进行验收;影响交通安全的,还应当经公安机关交通管理部门验收。

涉路工程设施的所有人、管理人应当加强维护和管理,确保工程设施不影响公路的完好、安全和畅通。

第三章　公路通行

第三十条　车辆的外廓尺寸、轴荷和总质量应当符合国家有关车辆外廓尺寸、轴荷、质量限值等机动车安全技术标准,不符合标准的不得生产、销售。

第三十一条　公安机关交通管理部门办理车辆登记,应当当场查验,对不符合机动车国家安全技术标准的车辆不予登记。

第三十二条　运输不可解体物品需要改装车辆的,应当由具有相应资质的车辆生产企业按照规定的车型和技术参数进行改装。

第三十三条　超过公路、公路桥梁、公路隧道限载、限高、限宽、限长标准的车辆，不得在公路、公路桥梁或者公路隧道行驶；超过汽车渡船限载、限高、限宽、限长标准的车辆，不得使用汽车渡船。

公路、公路桥梁、公路隧道限载、限高、限宽、限长标准调整的，公路管理机构、公路经营企业应当及时变更限载、限高、限宽、限长标志；需要绕行的，还应当标明绕行路线。

第三十四条　县级人民政府交通运输主管部门或者乡级人民政府可以根据保护乡道、村道的需要，在乡道、村道的出入口设置必要的限高、限宽设施，但是不得影响消防和卫生急救等应急通行需要，不得向通行车辆收费。

第三十五条　车辆载运不可解体物品，车货总体的外廓尺寸或者总质量超过公路、公路桥梁、公路隧道的限载、限高、限宽、限长标准，确需在公路、公路桥梁、公路隧道行驶的，从事运输的单位和个人应当向公路管理机构申请公路超限运输许可。

第三十六条　申请公路超限运输许可按照下列规定办理：

（一）跨省、自治区、直辖市进行超限运输的，向公路沿线各省、自治区、直辖市公路管理机构提出申请，由起运地省、自治区、直辖市公路管理机构统一受理，并协调公路沿线各省、自治区、直辖市公路管理机构对超限运输申请进行审批，必要时可以由国务院交通运输主管部门统一协调处理；

（二）在省、自治区范围内跨设区的市进行超限运输，或者在直辖市范围内跨区、县进行超限运输的，向省、自治区、直辖市公路管理机构提出申请，由省、自治区、直辖市公路管理机构受理并审批；

（三）在设区的市范围内跨区、县进行超限运输的，向设区的市公路管理机构提出申请，由设区的市公路管理机构受理并审批；

（四）在区、县范围内进行超限运输的，向区、县公路管理机构提出申请，由区、县公路管理机构受理并审批。

公路超限运输影响交通安全的，公路管理机构在审批超限运输申请时，应当征求公安机关交通管理部门意见。

第三十七条　公路管理机构审批超限运输申请，应当根据实际情况勘测通行路线，需要采取加固、改造措施的，可以与申请人签订有关协议，制定相应的加固、改造方案。

公路管理机构应当根据其制定的加固、改造方案，对通行的公路桥梁、涵洞等设施进行加固、改造；必要时应当对超限运输车辆进行监管。

第三十八条　公路管理机构批准超限运输申请的，应当为超限运输车辆配发国务院交通运输主管部门规定式样的超限运输车辆通行证。

经批准进行超限运输的车辆，应当随车携带超限运输车辆通行证，按照指定的时间、路线和速度行驶，并悬挂明显标志。

禁止租借、转让超限运输车辆通行证。禁止使用伪造、变造的超限运输车辆通行证。

第三十九条　经省、自治区、直辖市人民政府批准，有关交通运输主管部门可以设立固定超限检测站点，配备必要的设备和人员。

固定超限检测站点应当规范执法，并公布监督电话。公路管理机构应当加强对固定超限检测站点的管理。

第四十条　公路管理机构在监督检查中发现车辆超过公路、公路桥梁、公路隧道或者汽车渡船的限载、限高、限宽、限长标准的，应当就近引导至固定超限检测站点进行处理。

车辆应当按照超限检测指示标志或者公路管理机构监督检查人员的指挥接受超限检测，不得故意堵塞固定超限检测站点通行车道、强行通过固定超限检测站点或者以其他方式扰乱超限检测秩序，不得采取短途驳载等方式逃避超限检测。

禁止通过引路绕行等方式为不符合国家有关载运标准的车辆逃避超限检测提供便利。

第四十一条　煤炭、水泥等货物集散地以及货运站等场所的经营人、管理人应当采取有效措施，防止不符合国家有关载运标准的车辆出场（站）。

道路运输管理机构应当加强对煤炭、水泥等货物集散地以及货运站等场所的监督检查，制止不符合国家有关载运标准的车辆出场（站）。

任何单位和个人不得指使、强令车辆驾驶人超限运输货物，不得阻碍道路运输管理机构依法进行监督检查。

第四十二条　载运易燃、易爆、剧毒、放射性等危险物品的车辆，应当符合国家有关安全管理规定，并避免通过特大型公路桥梁或者特长公路隧道；确需通过特大型公路桥梁或者特长公路隧道的，负责审批易燃、易爆、剧毒、放射性等危险物品运输许可的机关应当提前将行驶时间、路线通知特大型公路桥梁或者特长公路隧道的管理单位，并对在特大型公路桥梁或者特长公路隧道行驶的车辆进行现场监管。

第四十三条　车辆应当规范装载,装载物不得触地拖行。车辆装载物易掉落、遗洒或者飘散的,应当采取厢式密闭等有效防护措施方可在公路上行驶。

公路上行驶车辆的装载物掉落、遗洒或者飘散的,车辆驾驶人、押运人员应当及时采取措施处理;无法处理的,应当在掉落、遗洒或者飘散物来车方向适当距离外设置警示标志,并迅速报告公路管理机构或者公安机关交通管理部门。其他人员发现公路上有影响交通安全的障碍物的,也应当及时报告公路管理机构或者公安机关交通管理部门。公安机关交通管理部门应当责令改正车辆装载物掉落、遗洒、飘散等违法行为;公路管理机构、公路经营企业应当及时清除掉落、遗洒、飘散在公路上的障碍物。

车辆装载物掉落、遗洒、飘散后,车辆驾驶人、押运人员未及时采取措施处理,造成他人人身、财产损害的,道路运输企业、车辆驾驶人应当依法承担赔偿责任。

第四章　公路养护

第四十四条　公路管理机构、公路经营企业应当加强公路养护,保证公路经常处于良好技术状态。

前款所称良好技术状态,是指公路自身的物理状态符合有关技术标准的要求,包括路面平整,路肩、边坡平顺,有关设施完好。

第四十五条　公路养护应当按照国务院交通运输主管部门规定的技术规范和操作规程实施作业。

第四十六条　从事公路养护作业的单位应当具备下列资质条件:

（一）有一定数量的符合要求的技术人员;

（二）有与公路养护作业相适应的技术设备;

（三）有与公路养护作业相适应的作业经历;

（四）国务院交通运输主管部门规定的其他条件。

公路养护作业单位资质管理办法由国务院交通运输主管部门另行制定。

第四十七条　公路管理机构、公路经营企业应当按照国务院交通运输主管部门的规定对公路进行巡查,并制作巡查记录;发现公路坍塌、坑槽、隆起等损毁的,应当及时设置警示标志,并采取措施修复。

公安机关交通管理部门发现公路坍塌、坑槽、隆起等损毁,危及交通安全的,应当及时采取措施,疏导交通,并通知公路管理机构或者公路经营企业。

其他人员发现公路坍塌、坑槽、隆起等损毁的,应当及时向公路管理机构、公安机关交通管理部门报告。

第四十八条　公路管理机构、公路经营企业应当定期对公路、公路桥梁、公路隧道进行检测和评定,保证其技术状态符合有关技术标准;对经检测发现不符合车辆通行安全要求的,应当进行维修,及时向社会公告,并通知公安机关交通管理部门。

第四十九条　公路管理机构、公路经营企业应当定期检查公路隧道的排水、通风、照明、监控、报警、消防、救助等设施,保持设施处于完好状态。

第五十条　公路管理机构应当统筹安排公路养护作业计划,避免集中进行公路养护作业造成交通堵塞。

在省、自治区、直辖市交界区域进行公路养护作业,可能造成交通堵塞的,有关公路管理机构、公安机关交通管理部门应当事先书面通报相邻的省、自治区、直辖市公路管理机构、公安机关交通管理部门,共同制定疏导预案,确定分流路线。

第五十一条　公路养护作业需要封闭公路的,或者占用半幅公路进行作业,作业路段长度在2公里以上,并且作业期限超过30日的,除紧急情况外,公路养护作业单位应当在作业开始之日前5日向社会公告,明确绕行路线,并在绕行处设置标志;不能绕行的,应当修建临时道路。

第五十二条　公路养护作业人员作业时,应当穿着统一的安全标志服。公路养护车辆、机械设备作业时,应当设置明显的作业标志,开启危险报警闪光灯。

第五十三条　发生公路突发事件影响通行的,公路管理机构、公路经营企业应当及时修复公路、恢复通行。设区的市级以上人民政府交通运输主管部门应当根据修复公路、恢复通行的需要,及时调集抢修力量,统筹安排有关作业计划,下达路网调度指令,配合有关部门组织绕行、分流。

设区的市级以上公路管理机构应当按照国务院交通运输主管部门的规定收集、汇总公路损毁、公路交通流量等信息,开展公路突发事件的监测、预报和预警工作,并利用多种方式及时向社会发布有关公路运行信息。

第五十四条　中国人民武装警察交通部队按照国家有关规定承担公路、公路桥梁、公路隧道等设施的抢修任务。

第五十五条　公路永久性停止使用的,应当按照国务院交通运输主管部门规定的程序核准后作报废处理,并向社会公告。

公路报废后的土地使用管理依照有关土地管理的法律、行政法规执行。

第五章　法律责任

第五十六条　违反本条例的规定,有下列情形之一

的,由公路管理机构责令限期拆除,可以处5万元以下的罚款。逾期不拆除的,由公路管理机构拆除,有关费用由违法行为人承担:

(一)在公路建筑控制区内修建、扩建建筑物、地面构筑物或者未经许可埋设管道、电缆等设施的;

(二)在公路建筑控制区外修建的建筑物、地面构筑物以及其他设施遮挡公路标志或者妨碍安全视距的。

第五十七条 违反本条例第十八条、第十九条、第二十三条规定的,由安全生产监督管理部门、水行政主管部门、流域管理机构、海事管理机构等有关单位依法处理。

第五十八条 违反本条例第二十条规定的,由水行政主管部门或者流域管理机构责令改正,可以处3万元以下的罚款。

第五十九条 违反本条例第二十二条规定的,由公路管理机构责令改正,处2万元以上10万元以下的罚款。

第六十条 违反本条例的规定,有下列行为之一的,由公路管理机构责令改正,可以处3万元以下的罚款:

(一)损坏、擅自移动、涂改、遮挡公路附属设施或者利用公路附属设施架设管道、悬挂物品,可能危及公路安全的;

(二)涉路工程设施影响公路完好、安全和畅通的。

第六十一条 违反本条例的规定,未经批准更新采伐护路林的,由公路管理机构责令补种,没收违法所得,并处采伐林木价值3倍以上5倍以下的罚款。

第六十二条 违反本条例的规定,未经许可进行本条例第二十七条第一项至第五项规定的涉路施工活动的,由公路管理机构责令改正,可以处3万元以下的罚款;未经许可进行本条例第二十七条第六项规定的涉路施工活动的,由公路管理机构责令改正,处5万元以下的罚款。

第六十三条 违反本条例的规定,非法生产、销售外廓尺寸、轴荷、总质量不符合国家有关车辆外廓尺寸、轴荷、质量限值等机动车安全技术标准的车辆的,依照《中华人民共和国道路交通安全法》的有关规定处罚。

具有国家规定资质的车辆生产企业未按照规定车型和技术参数改装车辆的,由原发证机关责令改正,处4万元以上20万元以下的罚款;拒不改正的,吊销其资质证书。

第六十四条 违反本条例的规定,在公路上行驶的车辆,车货总体的外廓尺寸、轴荷或者总质量超过公路、公路桥梁、公路隧道、汽车渡船限定标准的,由公路管理

机构责令改正,可以处3万元以下的罚款。

第六十五条 违反本条例的规定,经批准进行超限运输的车辆,未按照指定时间、路线和速度行驶的,由公路管理机构或者公安机关交通管理部门责令改正;拒不改正的,公路管理机构或者公安机关交通管理部门可以扣留车辆。

未随车携带超限运输车辆通行证的,由公路管理机构扣留车辆,责令车辆驾驶人提供超限运输车辆通行证或者相应的证明。

租借、转让超限运输车辆通行证的,由公路管理机构没收超限运输车辆通行证,处1000元以上5000元以下的罚款。使用伪造、变造的超限运输车辆通行证的,由公路管理机构没收伪造、变造的超限运输车辆通行证,处3万元以下的罚款。

第六十六条 对1年内违法超限运输超过3次的货运车辆,由道路运输管理机构吊销其车辆营运证;对1年内违法超限运输超过3次的货运车辆驾驶人,由道路运输管理机构责令其停止从事营业性运输;道路运输企业1年内违法超限运输的货运车辆超过本单位货运车辆总数10%的,由道路运输管理机构责令道路运输企业停业整顿;情节严重的,吊销其道路运输经营许可证,并向社会公告。

第六十七条 违反本条例的规定,有下列行为之一的,由公路管理机构强制拖离或者扣留车辆,处3万元以下的罚款:

(一)采取故意堵塞固定超限检测站点通行车道、强行通过固定超限检测站点等方式扰乱超限检测秩序的;

(二)采取短途驳载等方式逃避超限检测的。

第六十八条 违反本条例的规定,指使、强令车辆驾驶人超限运输货物的,由道路运输管理机构责令改正,处3万元以下的罚款。

第六十九条 车辆装载物触地拖行、掉落、遗洒或者飘散,造成公路路面损坏、污染的,由公路管理机构责令改正,处5000元以下的罚款。

第七十条 违反本条例的规定,公路养护作业单位未按照国务院交通运输主管部门规定的技术规范和操作规程进行公路养护作业的,由公路管理机构责令改正,处1万元以上5万元以下的罚款;拒不改正的,吊销其资质证书。

第七十一条 造成公路、公路附属设施损坏的单位和个人应当立即报告公路管理机构,接受公路管理机构的现场调查处理;危及交通安全的,还应当设置警示标志

或者采取其他安全防护措施,并迅速报告公安机关交通管理部门。

发生交通事故造成公路、公路附属设施损坏的,公安机关交通管理部门在处理交通事故时应当及时通知有关公路管理机构到场调查处理。

第七十二条 造成公路、公路附属设施损坏,拒不接受公路管理机构现场调查处理的,公路管理机构可以扣留车辆、工具。

公路管理机构扣留车辆、工具的,应当当场出具凭证,并告知当事人在规定期限内到公路管理机构接受处理。逾期不接受处理,并且经公告3个月仍不来接受处理的,对扣留的车辆、工具,由公路管理机构依法处理。

公路管理机构对被扣留的车辆、工具应当妥善保管,不得使用。

第七十三条 违反本条例的规定,公路管理机构工作人员有下列行为之一的,依法给予处分:

(一)违法实施行政许可的;

(二)违反规定拦截、检查正常行驶的车辆的;

(三)未及时采取措施处理公路坍塌、坑槽、隆起等损毁的;

(四)违法扣留车辆、工具或者使用依法扣留的车辆、工具的;

(五)有其他玩忽职守、徇私舞弊、滥用职权行为的。

公路管理机构有前款所列行为之一的,对负有直接责任的主管人员和其他直接责任人员依法给予处分。

第七十四条 违反本条例的规定,构成违反治安管理行为的,由公安机关依法给予治安管理处罚;构成犯罪的,依法追究刑事责任。

第六章 附 则

第七十五条 村道的管理和养护工作,由乡级人民政府参照本条例的规定执行。

专用公路的保护不适用本条例。

第七十六条 军事运输使用公路按照国务院、中央军事委员会的有关规定执行。

第七十七条 本条例自2011年7月1日起施行。1987年10月13日国务院发布的《中华人民共和国公路管理条例》同时废止。

城市道路管理条例

· 1996年6月4日中华人民共和国国务院令第198号发布
· 根据2011年1月8日《国务院关于废止和修改部分行政法规的决定》第一次修订
· 根据2017年3月1日《国务院关于修改和废止部分行政法规的决定》第二次修订
· 根据2019年3月24日《国务院关于修改部分行政法规的决定》第三次修订

第一章 总 则

第一条 为了加强城市道路管理,保障城市道路完好,充分发挥城市道路功能,促进城市经济和社会发展,制定本条例。

第二条 本条例所称城市道路,是指城市供车辆、行人通行的,具备一定技术条件的道路、桥梁及其附属设施。

第三条 本条例适用于城市道路规划、建设、养护、维修和路政管理。

第四条 城市道路管理实行统一规划、配套建设、协调发展和建设、养护、管理并重的原则。

第五条 国家鼓励和支持城市道路科学技术研究,推广先进技术,提高城市道路管理的科学技术水平。

第六条 国务院建设行政主管部门主管全国城市道路管理工作。

省、自治区人民政府城市建设行政主管部门主管本行政区域内的城市道路管理工作。

县级以上城市人民政府市政工程行政主管部门主管本行政区域内的城市道路管理工作。

第二章 规划和建设

第七条 县级以上城市人民政府应当组织市政工程、城市规划、公安交通等部门,根据城市总体规划编制城市道路发展规划。

市政工程行政主管部门应当根据城市道路发展规划,制定城市道路年度建设计划,经城市人民政府批准后实施。

第八条 城市道路建设资金可以按照国家有关规定,采取政府投资、集资、国内外贷款、国有土地有偿使用收入、发行债券等多种渠道筹集。

第九条 城市道路的建设应当符合城市道路技术规范。

第十条 政府投资建设城市道路的,应当根据城市道路发展规划和年度建设计划,由市政工程行政主管部门组织建设。

单位投资建设城市道路的,应当符合城市道路发展规划。

城市住宅小区、开发区内的道路建设,应当分别纳入住宅小区、开发区的开发建设计划配套建设。

第十一条　国家鼓励国内外企业及其他组织以及个人按照城市道路发展规划,投资建设城市道路。

第十二条　城市供水、排水、燃气、热力、供电、通信、消防等依附于城市道路的各种管线、杆线等设施的建设计划,应当与城市道路发展规划和年度建设计划相协调,坚持先地下、后地上的施工原则,与城市道路同步建设。

第十三条　新建的城市道路与铁路干线相交的,应当根据需要在城市规划中预留立体交通设施的建设位置。

城市道路与铁路相交的道口建设应当符合国家有关技术规范,并根据需要逐步建设立体交通设施。建设立体交通设施所需投资,按照国家规定由有关部门协商确定。

第十四条　建设跨越江河的桥梁和隧道,应当符合国家规定的防洪、通航标准和其他有关技术规范。

第十五条　县级以上城市人民政府应当有计划地按照城市道路技术规范改建、拓宽城市道路和公路的结合部,公路行政主管部门可以按照国家有关规定在资金上给予补助。

第十六条　承担城市道路设计、施工的单位,应当具有相应的资质等级,并按照资质等级承担相应的城市道路的设计、施工任务。

第十七条　城市道路的设计、施工,应当严格执行国家和地方规定的城市道路设计、施工的技术规范。

城市道路施工,实行工程质量监督制度。

城市道路工程竣工,经验收合格后,方可交付使用;未经验收或者验收不合格的,不得交付使用。

第十八条　城市道路实行工程质量保修制度。城市道路的保修期为1年,自交付使用之日起计算。保修期内出现工程质量问题,由有关责任单位负责保修。

第十九条　市政工程行政主管部门对利用贷款或者集资建设的大型桥梁、隧道等,可以在一定期限内向过往车辆(军用车辆除外)收取通行费,用于偿还贷款或者集资款,不得挪作他用。

收取通行费的范围和期限,由省、自治区、直辖市人民政府规定。

第三章　养护和维修

第二十条　市政工程行政主管部门对其组织建设和管理的城市道路,按照城市道路的等级、数量及养护和维修的定额,逐年核定养护、维修经费,统一安排养护、维修资金。

第二十一条　承担城市道路养护、维修的单位,应当严格执行城市道路养护、维修的技术规范,定期对城市道路进行养护、维修,确保养护、维修工程的质量。

市政工程行政主管部门负责对养护、维修工程的质量进行监督检查,保障城市道路完好。

第二十二条　市政工程行政主管部门组织建设和管理的道路,由其委托的城市道路养护、维修单位负责养护、维修。单位投资建设和管理的道路,由投资建设的单位或者其委托的单位负责养护、维修。城市住宅小区、开发区内的道路,由建设单位或者其委托的单位负责养护、维修。

第二十三条　设在城市道路上的各类管线的检查井、箱盖或者城市道路附属设施,应当符合城市道路养护规范。因缺损影响交通和安全时,有关产权单位应当及时补缺或者修复。

第二十四条　城市道路的养护、维修工程应当按照规定的期限修复竣工,并在养护、维修工程施工现场设置明显标志和安全防围设施,保障行人和交通车辆安全。

第二十五条　城市道路养护、维修的专用车辆应当使用统一标志;执行任务时,在保证交通安全畅通的情况下,不受行驶路线和行驶方向的限制。

第四章　路政管理

第二十六条　市政工程行政主管部门执行路政管理的人员执行公务,应当按照有关规定佩戴标志,持证上岗。

第二十七条　城市道路范围内禁止下列行为:

(一)擅自占用或者挖掘城市道路;

(二)履带车、铁轮车或者超重、超高、超长车辆擅自在城市道路上行驶;

(三)机动车在桥梁或者非指定的城市道路上试刹车;

(四)擅自在城市道路上建设建筑物、构筑物;

(五)在桥梁上架设压力在4公斤/平方厘米(0.4兆帕)以上的煤气管道、10千伏以上的高压电力线和其他易燃易爆管线;

(六)擅自在桥梁或者路灯设施上设置广告牌或者其他挂浮物;

(七)其他损害、侵占城市道路的行为。

第二十八条　履带车、铁轮车或者超重、超高、超长车辆需要在城市道路上行驶的,事先须征得市政工程行政主管部门同意,并按照公安交通管理部门指定的时间、路线行驶。

军用车辆执行任务需要在城市道路上行驶的,可以不受前款限制,但是应当按照规定采取安全保护措施。

第二十九条　依附于城市道路建设各种管线、杆线等设施的,应当经市政工程行政主管部门批准,方可建设。

第三十条　未经市政工程行政主管部门和公安交通管理部门批准,任何单位或者个人不得占用或者挖掘城市道路。

第三十一条　因特殊情况需要临时占用城市道路的,须经市政工程行政主管部门和公安交通管理部门批准,方可按照规定占用。

经批准临时占用城市道路的,不得损坏城市道路;占用期满后,应当及时清理占用现场,恢复城市道路原状;损坏城市道路的,应当修复或者给予赔偿。

第三十二条　城市人民政府应当严格控制占用城市道路作为集贸市场。

第三十三条　因工程建设需要挖掘城市道路的,应当提交城市规划部门批准签发的文件和有关设计文件,经市政工程行政主管部门和公安交通管理部门批准,方可按照规定挖掘。

新建、扩建、改建的城市道路交付使用后5年内、大修的城市道路竣工后3年内不得挖掘;因特殊情况需要挖掘的,须经县级以上城市人民政府批准。

第三十四条　埋设在城市道路下的管线发生故障需要紧急抢修的,可以先行破路抢修,并同时通知市政工程行政主管部门和公安交通管理部门,在24小时内按照规定补办批准手续。

第三十五条　经批准挖掘城市道路的,应当在施工现场设置明显标志和安全防围设施;竣工后,应当及时清理现场,通知市政工程行政主管部门检查验收。

第三十六条　经批准占用或者挖掘城市道路的,应当按照批准的位置、面积、期限占用或者挖掘。需要移动位置、扩大面积、延长时间的,应当提前办理变更审批手续。

第三十七条　占用或者挖掘由市政工程行政主管部门管理的城市道路的,应当向市政工程行政主管部门交纳城市道路占用费或者城市道路挖掘修复费。

城市道路占用费的收费标准,由省、自治区人民政府的建设行政主管部门、直辖市人民政府的市政工程行政主管部门拟订,报同级财政、物价主管部门核定;城市道路挖掘修复费的收费标准,由省、自治区人民政府的建设行政主管部门、直辖市人民政府的市政工程行政主管部门制定,报同级财政、物价主管部门备案。

第三十八条　根据城市建设或者其他特殊需要,市政工程行政主管部门可以对临时占用城市道路的单位或者个人决定缩小占用面积、缩短占用时间或者停止占用,并根据具体情况退还部分城市道路占用费。

第五章　罚　则

第三十九条　违反本条例的规定,有下列行为之一的,由市政工程行政主管部门责令停止设计、施工,限期改正,可以并处3万元以下的罚款;已经取得设计、施工资格证书,情节严重的,提请原发证机关吊销设计、施工资格证书:

(一)未取得设计、施工资格或者未按照资质等级承担城市道路的设计、施工任务的;

(二)未按照城市道路设计、施工技术规范设计、施工的;

(三)未按照设计图纸施工或者擅自修改图纸的。

第四十条　违反本条例第十七条规定,擅自使用未经验收或者验收不合格的城市道路的,由市政工程行政主管部门责令限期改正,给予警告,可以并处工程造价2%以下的罚款。

第四十一条　承担城市道路养护、维修的单位违反本条例的规定,未定期对城市道路进行养护、维修或者未按照规定的期限修复竣工,并拒绝接受市政工程行政主管部门监督、检查的,由市政工程行政主管部门责令限期改正,给予警告;对负有直接责任的主管人员和其他直接责任人员,依法给予行政处分。

第四十二条　违反本条例第二十七条规定,或者有下列行为之一的,由市政工程行政主管部门或者其他有关部门责令限期改正,可以处以2万元以下的罚款;造成损失的,应当依法承担赔偿责任:

(一)未对设在城市道路上的各种管线的检查井、箱盖或者城市道路附属设施的缺损及时补缺或者修复的;

(二)未在城市道路施工现场设置明显标志和安全防围设施的;

(三)占用城市道路期满或者挖掘城市道路后,不及时清理现场的;

(四)依附于城市道路建设各种管线、杆线等设施,不按照规定办理批准手续的;

(五)紧急抢修埋设在城市道路下的管线,不按照规定补办批准手续的；

（六）未按照批准的位置、面积、期限占用或者挖掘城市道路，或者需要移动位置、扩大面积、延长时间，未提前办理变更审批手续的。

第四十三条 违反本条例，构成犯罪的，由司法机关依法追究刑事责任；尚不构成犯罪，应当给予治安管理处罚的，依照治安管理处罚法的规定给予处罚。

第四十四条 市政工程行政主管部门人员玩忽职守、滥用职权、徇私舞弊，构成犯罪的，依法追究刑事责任；尚不构成犯罪的，依法给予行政处分。

第六章 附 则

第四十五条 本条例自 1996 年 10 月 1 日起施行。

国内水路运输管理条例

· 2012 年 10 月 13 日中华人民共和国国务院令第 625 号公布
· 根据 2016 年 2 月 6 日《国务院关于修改部分行政法规的决定》第一次修订
· 根据 2017 年 3 月 1 日《国务院关于修改和废止部分行政法规的决定》第二次修订
· 根据 2023 年 7 月 20 日《国务院关于修改和废止部分行政法规的决定》第三次修订

第一章 总 则

第一条 为了规范国内水路运输经营行为，维护国内水路运输市场秩序，保障国内水路运输安全，促进国内水路运输业健康发展，制定本条例。

第二条 经营国内水路运输以及水路运输辅助业务，应当遵守本条例。

本条例所称国内水路运输（以下简称水路运输），是指始发港、挂靠港和目的港均在中华人民共和国管辖的通航水域内的经营性旅客运输和货物运输。

本条例所称水路运输辅助业务，是指直接为水路运输提供服务的船舶管理、船舶代理、水路旅客运输代理和水路货物运输代理等经营活动。

第三条 国家鼓励和保护水路运输市场的公平竞争，禁止垄断和不正当竞争行为。

国家运用经济、技术政策等措施，支持和鼓励水路运输经营者实行规模化、集约化经营，促进水路运输行业结构调整；支持和鼓励水路运输经营者采用先进适用的水路运输设备和技术，保障运输安全，促进节约能源，减少污染物排放。

国家保护水路运输经营者、旅客和货主的合法权益。

第四条 国务院交通运输主管部门主管全国水路运输管理工作。

县级以上地方人民政府交通运输主管部门主管本行政区域的水路运输管理工作。县级以上地方人民政府负责水路运输管理的部门或者机构（以下统称负责水路运输管理的部门）承担本条例规定的水路运输管理工作。

第五条 经营水路运输及其辅助业务，应当遵守法律、法规，诚实守信。

国务院交通运输主管部门和负责水路运输管理的部门应当依法对水路运输市场实施监督管理，对水路运输及其辅助业务的违法经营活动实施处罚，并建立经营者诚信管理制度，及时向社会公告监督检查情况。

第二章 水路运输经营者

第六条 申请经营水路运输业务，除本条例第七条规定的情形外，申请人应当符合下列条件：

（一）取得企业法人资格；

（二）有符合本条例第十三条规定的船舶，并且自有船舶运力符合国务院交通运输主管部门的规定；

（三）有明确的经营范围，其中申请经营水路旅客班轮运输业务的，还应当有可行的航线营运计划；

（四）有与其申请的经营范围和船舶运力相适应的海务、机务管理人员；

（五）与其直接订立劳动合同的高级船员占全部船员的比例符合国务院交通运输主管部门的规定；

（六）有健全的安全管理制度；

（七）法律、行政法规规定的其他条件。

第七条 个人可以申请经营内河普通货物运输业务。

申请经营内河普通货物运输业务的个人，应当有符合本条例第十三条规定且船舶吨位不超过国务院交通运输主管部门规定的自有船舶，并应当符合本条例第六条第六项、第七项规定的条件。

第八条 经营水路运输业务，应当按照国务院交通运输主管部门的规定，经国务院交通运输主管部门或者设区的市级以上地方人民政府负责水路运输管理的部门批准。

申请经营水路运输业务，应当向前款规定的负责审批的部门提交申请书和证明申请人符合本条例第六条或者第七条规定条件的相关材料。

负责审批的部门应当自受理申请之日起 30 个工作日内审查完毕，作出准予许可或者不予许可的决定。予以许可的，发给水路运输业务经营许可证件，并为申请人投入运营的船舶配发船舶营运证件;不予许可的,应当书面通知申请人并说明理由。

第九条 各级交通运输主管部门应当做好水路运输市场统计和调查分析工作,定期向社会公布水路运输市场运力供需状况。

第十条 为保障水路运输安全,维护水路运输市场的公平竞争秩序,国务院交通运输主管部门可以根据水路运输市场监测情况,决定在特定的旅客班轮运输和散装液体危险货物运输航线、水域暂停新增运力许可。

采取前款规定的运力调控措施,应当符合公开、公平、公正的原则,在开始实施的 60 日前向社会公告,说明采取措施的理由以及采取措施的范围、期限等事项。

第十一条 外国的企业、其他经济组织和个人不得经营水路运输业务,也不得以租用中国籍船舶或者舱位等方式变相经营水路运输业务。

香港特别行政区、澳门特别行政区和台湾地区的企业、其他经济组织以及个人参照适用前款规定,国务院另有规定的除外。

第十二条 依照本条例取得许可的水路运输经营者终止经营的,应当自终止经营之日起 15 个工作日内向原许可机关办理注销许可手续,交回水路运输业务经营许可证件。

第十三条 水路运输经营者投入运营的船舶应当符合下列条件:

(一)与经营者的经营范围相适应;

(二)取得有效的船舶登记证书和检验证书;

(三)符合国务院交通运输主管部门关于船型技术标准和船龄的要求;

(四)法律、行政法规规定的其他条件。

第十四条 水路运输经营者新增船舶投入运营的,应当凭水路运输业务经营许可证件、船舶登记证书和检验证书向国务院交通运输主管部门或者设区的市级以上地方人民政府负责水路运输管理的部门领取船舶营运证件。

从事水路运输经营的船舶应当随船携带船舶营运证件。

海事管理机构在现场监督检查时,发现从事水路运输的船舶不能提供有效的船舶营运证件的,应当通知有关主管部门依法处理。

第十五条 国家根据保障运输安全、保护水环境、节约能源、提高航道和通航设施利用效率的需求,制定并实施新的船型技术标准时,对正在使用的不符合新标准但

符合原有标准且未达到规定报废船龄的船舶,可以采取资金补贴等措施,引导、鼓励水路运输经营者进行更新、改造;需要强制提前报废的,应当对船舶所有人给予补偿。具体办法由国务院交通运输主管部门会同国务院财政部门制定。

第十六条 水路运输经营者不得使用外国籍船舶经营水路运输业务。但是,在国内没有能够满足所申请运输要求的中国籍船舶,并且船舶停靠的港口或者水域为对外开放的港口或者水域的情况下,经国务院交通运输主管部门许可,水路运输经营者可以在国务院交通运输主管部门规定的期限或者航次内,临时使用外国籍船舶运输。

在香港特别行政区、澳门特别行政区、台湾地区进行船籍登记的船舶,参照适用本条例关于外国籍船舶的规定,国务院另有规定的除外。

第三章 水路运输经营活动

第十七条 水路运输经营者应当在依法取得许可的经营范围内从事水路运输经营。

第十八条 水路运输经营者应当使用符合本条例规定条件、配备合格船员的船舶,并保证船舶处于适航状态。

水路运输经营者应当按照船舶核定载客定额或者载重量载运旅客、货物,不得超载或者使用货船载运旅客。

第十九条 水路运输经营者应当依照法律、行政法规和国务院交通运输主管部门关于水路旅客、货物运输的规定、质量标准以及合同的约定,为旅客、货主提供安全、便捷、优质的服务,保证旅客、货物运输安全。

水路旅客运输业务经营者应当为其客运船舶投保承运人责任保险或者取得相应的财务担保。

第二十条 水路运输经营者运输危险货物,应当遵守法律、行政法规以及国务院交通运输主管部门关于危险货物运输的规定,使用依法取得危险货物适装证书的船舶,按照规定的安全技术规范进行配载和运输,保证运输安全。

第二十一条 旅客班轮运输业务经营者应当自取得班轮航线经营许可之日起 60 日内开航,并在开航 15 日前公布所使用的船舶、班期、班次、运价等信息。

旅客班轮运输应当按照公布的班期、班次运行;变更班期、班次、运价的,应当在 15 日前向社会公布;停止经营部分或者全部班轮航线的,应当在 30 日前向社会公布并报原许可机关备案。

第二十二条 货物班轮运输业务经营者应当在班轮

航线开航的 7 日前,公布所使用的船舶以及班期、班次和运价。

货物班轮运输应当按照公布的班期、班次运行;变更班期、班次、运价或者停止经营部分或者全部班轮航线的,应当在 7 日前向社会公布。

第二十三条　水路运输经营者应当依照法律、行政法规和国家有关规定,优先运送处置突发事件所需的物资、设备、工具、应急救援人员和受到突发事件危害的人员,重点保障紧急、重要的军事运输。

出现关系国计民生的紧急运输需求时,国务院交通运输主管部门按照国务院的部署,可以要求水路运输经营者优先运需要紧急运输的物资。水路运输经营者应当按照要求及时运输。

第二十四条　水路运输经营者应当按照统计法律、行政法规的规定报送统计信息。

第四章　水路运输辅助业务

第二十五条　运输船舶的所有人、经营人可以委托船舶管理业务经营者为其提供船舶海务、机务管理等服务。

第二十六条　申请经营船舶管理业务,申请人应当符合下列条件:

(一)取得企业法人资格;

(二)有健全的安全管理制度;

(三)有与其申请管理的船舶运力相适应的海务、机务管理人员;

(四)法律、行政法规规定的其他条件。

第二十七条　经营船舶管理业务,应当经设区的市级以上地方人民政府负责水路运输管理的部门批准。

申请经营船舶管理业务,应当向前款规定的部门提交申请书和证明申请人符合本条例第二十六条规定条件的相关材料。

受理申请的部门应当自受理申请之日起 30 个工作日内审查完毕,作出准予许可或者不予许可的决定。予以许可的,发给船舶管理业务经营许可证件,并向国务院交通运输主管部门备案;不予许可的,应当书面通知申请人并说明理由。

第二十八条　船舶管理业务经营者接受委托提供船舶管理服务,应当与委托人订立书面合同,并将合同报所在地海事管理机构备案。

船舶管理业务经营者应当按照国家有关规定和合同约定履行有关船舶安全和防止污染的管理义务。

第二十九条　水路运输经营者可以委托船舶代理、水路旅客运输代理、水路货物运输代理业务的经营者,代办船舶进出港手续等港口业务,代为签订运输合同,代办旅客、货物承揽业务以及其他水路运输代理业务。

第三十条　船舶代理、水路旅客运输代理业务的经营者应当自企业设立登记之日起 15 个工作日内,向所在地设区的市级人民政府负责水路运输管理的部门备案。

第三十一条　船舶代理、水路旅客运输代理、水路货物运输代理业务的经营者接受委托提供代理服务,应当与委托人订立书面合同,按照国家有关规定和合同约定办理代理业务,不得强行代理,不得为未依法取得水路运输业务经营许可或者超越许可范围的经营者办理代理业务。

第三十二条　本条例第十二条、第十七条的规定适用于船舶管理业务经营者。本条例第十一条、第二十四条的规定适用于船舶管理、船舶代理、水路旅客运输代理和水路货物运输代理业务经营活动。

国务院交通运输主管部门应当依照本条例的规定制定水路运输辅助业务的具体管理办法。

第五章　法律责任

第三十三条　未经许可擅自经营或者超越许可范围经营水路运输业务或者国内船舶管理业务的,由负责水路运输管理的部门责令停止经营,没收违法所得,并处违法所得 1 倍以上 5 倍以下的罚款;没有违法所得或者违法所得不足 3 万元的,处 3 万元以上 15 万元以下的罚款。

第三十四条　水路运输经营者使用未取得船舶营运证件的船舶从事水路运输的,由负责水路运输管理的部门责令该船停止经营,没收违法所得,并处违法所得 1 倍以上 5 倍以下的罚款;没有违法所得或者违法所得不足 2 万元的,处 2 万元以上 10 万元以下的罚款。

第三十五条　水路运输经营者未经国务院交通运输主管部门许可或者超越许可范围使用外国籍船舶经营水路运输业务,或者外国的企业、其他经济组织和个人经营或者以租用中国籍船舶或者舱位等方式变相经营水路运输业务的,由负责水路运输管理的部门责令停止经营,没收违法所得,并处违法所得 1 倍以上 5 倍以下的罚款;没有违法所得或者违法所得不足 20 万元的,处 20 万元以上 100 万元以下的罚款。

第三十六条　以欺骗或者贿赂等不正当手段取得本条例规定的行政许可的,由原许可机关撤销许可,处 2 万元以上 20 万元以下的罚款;有违法所得的,没收违法所得;国务院交通运输主管部门或者负责水路运输管理的部门自撤销许可之日起 3 年内不受理其对该项许可的申请。

第三十七条　出租、出借、倒卖本条例规定的行政许可证件或者以其他方式非法转让本条例规定的行政许可的,由负责水路运输管理的部门责令改正,没收违法所得,并处违法所得 1 倍以上 5 倍以下的罚款;没有违法所得或者违法所得不足 3 万元的,处 3 万元以上 15 万元以下的罚款;情节严重的,由原许可机关吊销相应的许可证件。

伪造、变造、涂改本条例规定的行政许可证件的,由负责水路运输管理的部门没收伪造、变造、涂改的许可证件,处 3 万元以上 15 万元以下的罚款;有违法所得的,没收违法所得。

第三十八条　水路运输经营者有下列情形之一的,由海事管理机构依法予以处罚:

(一)未按照规定配备船员或者未使船舶处于适航状态;

(二)超越船舶核定载客定额或者核定载重量载运旅客或者货物;

(三)使用货船载运旅客;

(四)使用未取得危险货物适装证书的船舶运输危险货物。

第三十九条　水路旅客运输业务经营者未为其经营的客运船舶投保承运人责任保险或者取得相应的财务担保的,由负责水路运输管理的部门责令限期改正,处 2 万元以上 10 万元以下的罚款;逾期不改正的,由原许可机关吊销该客运船舶的船舶营运许可证件。

第四十条　班轮运输业务经营者未提前向社会公布所使用的船舶、班期、班次和运价或者其变更信息的,由负责水路运输管理的部门责令改正,处 2000 元以上 2 万元以下的罚款。

第四十一条　旅客班轮运输业务经营者自取得班轮航线经营许可之日起 60 日内未开航的,由负责水路运输管理的部门责令改正;拒不改正的,由原许可机关撤销该项经营许可。

第四十二条　水路运输、船舶管理业务经营者取得许可后,不再具备本条例规定的许可条件的,由负责水路运输管理的部门责令限期整改;在规定期限内整改仍不合格的,由原许可机关撤销其经营许可。

第四十三条　负责水路运输管理的国家工作人员在水路运输管理活动中滥用职权、玩忽职守、徇私舞弊,不依法履行职责的,依法给予处分。

第四十四条　违反本条例规定,构成违反治安管理行为的,依法给予治安管理处罚;构成犯罪的,依法追究刑事责任。

第六章　附　则

第四十五条　载客 12 人以下的客运船舶以及乡、镇客运渡船运输的管理办法,由省、自治区、直辖市人民政府另行制定。

第四十六条　本条例自 2013 年 1 月 1 日起施行。1987 年 5 月 12 日国务院发布的《中华人民共和国水路运输管理条例》同时废止。

(八)旅游市场监督

旅游行政处罚办法

· 2013 年 5 月 12 日国家旅游局令第 38 号公布
· 自 2013 年 10 月 1 日起施行

第一章　总　则

第一条　为规范旅游行政处罚行为,维护旅游市场秩序,保护旅游者、旅游经营者和旅游从业人员的合法权益,根据《中华人民共和国行政处罚法》、《中华人民共和国行政强制法》、《中华人民共和国旅游法》及有关法律、法规,制定本办法。

第二条　旅游行政处罚的实施和监督,应当遵守《中华人民共和国行政处罚法》、《中华人民共和国行政强制法》、《中华人民共和国旅游法》及有关法律、法规和本办法的规定。

第三条　实施旅游行政处罚,应当遵循合法合理、公正公开、处罚与教育相结合的原则。

第四条　旅游行政处罚的种类包括:

(一)警告;

(二)罚款;

(三)没收违法所得;

(四)暂停或者取消出国(境)旅游业务经营资格;

(五)责令停业整顿;

(六)暂扣或者吊销导游证、领队证;

(七)吊销旅行社业务经营许可证;

(八)法律、行政法规规定的其他种类。

第五条　县级以上人民政府组织旅游主管部门、有关主管部门和工商行政管理、产品质量监督、交通等执法部门对相关旅游经营行为实施监督检查。

县级以上旅游主管部门应当在同级人民政府的组织和领导下,加强与相关部门的执法协作和联合检查。

县级以上地方旅游主管部门应当逐步建立跨地区协同执法机制,加强执法协作,共享旅游违法行为查处信息,配合、协助其他地区旅游主管部门依法对本地区旅游经营者和从业人员实施的行政处罚。

第六条　对在行政处罚中获取的涉及相对人商业秘密或者个人隐私的内容,旅游主管部门及其执法人员应当予以保密。

第七条　除涉及国家秘密、商业秘密和个人隐私外,行政处罚结果应当向社会公开。

第二章　旅游行政处罚的实施主体与管辖

第八条　县级以上旅游主管部门应当在法定职权范围内实施行政处罚。

法律、法规授权从事旅游执法的机构,应当在法定授权范围内以自己的名义实施行政处罚,并对该行为的后果独立承担法律责任。

第九条　旅游主管部门可以在其法定职权范围内委托符合法定条件的旅游质监执法机构实施行政处罚,并对该行为的后果承担法律责任。受委托机构在委托范围内,以作出委托的旅游主管部门的名义实施行政处罚。

旅游主管部门委托实施行政处罚的,应当与受委托机构签订书面委托书,载明受委托机构名称、委托的依据、事项、权限和责任等内容,报上一级旅游主管部门备案,并将受委托机构名称、委托权限和事项向社会公示。

委托实施行政处罚,可以设定委托期限。

第十条　县级以上旅游主管部门应当加强行政执法队伍建设,强化对执法人员的教育和培训,全面提高执法人员素质。

国家旅游局执法人员应当取得本局颁发的行政执法证件;县级以上地方旅游主管部门的执法人员应当取得县级以上地方人民政府颁发的行政执法证件。

第十一条　旅游行政处罚由违法行为发生地的县级以上地方旅游主管部门管辖。

旅行社组织境内旅游,旅游主管部门在查处地接社的违法行为时,发现组团社有其他违法行为的,应当将有关材料或其副本送组团社所在地县级以上地方旅游主管部门。旅行社组织出境旅游违法行为的处罚,由组团社所在地县级以上地方旅游主管部门管辖。

第十二条　国家旅游局负责查处在全国范围内有重大影响的案件。

省、自治区、直辖市旅游主管部门负责查处本地区内重大、复杂的案件。

设区的市级和县级旅游主管部门的管辖权限,由省、自治区、直辖市旅游主管部门确定。

吊销旅行社业务经营许可证、导游证、领队证或者取消出国(境)旅游业务经营资格的行政处罚,由设区的市级以上旅游主管部门作出。

第十三条　旅游主管部门发现已立案的案件不属于自己管辖的,应当在10日内移送有管辖权的旅游主管部门或者其他部门处理。接受移送的旅游主管部门认为案件不属于本部门管辖的,应当报上级旅游主管部门指定管辖,不得再自行移送。

违法行为构成犯罪的,应当按照《行政执法机关移送涉嫌犯罪案件的规定》,将案件移送司法机关,不得以行政处罚代替刑事处罚。

第十四条　两个以上旅游主管部门都有管辖权的行政处罚案件,由最先立案的旅游主管部门管辖,或者由相关旅游主管部门协商;协商不成的,报共同的上级旅游主管部门指定管辖。

第十五条　上级旅游主管部门有权查处下级旅游主管部门管辖的案件,也可以把自己管辖的案件移交下级旅游主管部门查处。

下级旅游主管部门对其管辖的案件,认为需要由上级旅游主管部门查处的,可以报请上级旅游主管部门决定。

第三章　旅游行政处罚的适用

第十六条　国家旅游局逐步建立、完善旅游行政裁量权指导标准。各级旅游主管部门行使旅游行政处罚裁量权应当综合考虑下列情节:

(一)违法行为的具体方式、手段、程度或者次数;
(二)违法行为危害的对象或者所造成的危害后果;
(三)当事人改正违法行为的态度、措施和效果;
(四)当事人的主观过错程度。

旅游主管部门实施处罚时,对性质相同、情节相近、危害后果基本相当、违法主体类同的违法行为,处罚种类及处罚幅度应当基本一致。

第十七条　当事人的同一违法行为同时违反两个以上法律、法规或者规章规定的,效力高的优先适用。

法律、法规、规章规定两种以上处罚可以单处或者并处的,可以选择适用;规定应当并处的,不得选择适用。

对当事人的同一违法行为,不得给予两次以上罚款的行政处罚。

第十八条　违法行为轻微并及时纠正,且没有造成危害后果的,不予处罚。违法行为在2年内未被发现的,不再给予行政处罚,但法律另有规定的除外。

第十九条 有下列情形之一的,应当从轻或者减轻处罚:

(一)主动消除或者减轻违法行为危害后果的;

(二)受他人胁迫实施违法行为的;

(三)配合行政机关查处违法行为有立功表现的;

(四)其他依法应当从轻或者减轻处罚的情形。

第二十条 执法人员在现场检查中发现违法行为或者实施行政处罚时,应当责令当事人立即改正违法行为。不能立即改正的,应当责令限期改正,限期改正期限一般不得超过 15 日,改正期间当事人应当停止相关违法行为。

责令改正应当以书面形式作出,可以一并列入行政处罚决定书。单独出具责令改正通知书的,应当说明违法行为的事实,以及责令改正的依据、期限、要求。

第四章 旅游行政处罚的一般程序
第一节 立案和调查

第二十一条 旅游主管部门在监督检查、接到举报、处理投诉或者接受移送、交办的案件,发现当事人的行为涉嫌违反旅游法律、法规、规章时,对符合下列条件的,应当在 7 个工作日内立案:

(一)对该行为可能作出行政处罚的;

(二)属于本部门管辖的;

(三)违法行为未过追责时效的。

立案应当经案件承办机构或者旅游主管部门负责人批准。

案件情况复杂的,经承办机构负责人批准,立案时间可以延长至 14 个工作日内。

第二十二条 旅游主管部门对不符合立案条件的,不予立案;立案后发现不符合立案条件的,应当撤销立案。

对实名投诉、举报不予立案或者撤销立案的,应当告知投诉人、举报人,并说明理由。

第二十三条 在现场检查中发现旅游违法行为时,认为证据以后难以取得的,可以先行调查取证,并在 10 日内决定是否立案和补办立案手续。

第二十四条 对已经立案的案件,案件承办机构应当指定两名以上的执法人员承办,及时组织调查取证。

第二十五条 执法人员有下列情形之一的,应当自行回避,当事人及其代理人也有权申请其回避:

(一)是本案当事人或者其近亲属的;

(二)本人或者其近亲属与本案有直接利害关系的;

(三)与当事人有其他关系,可能影响公正执法的。

第二十六条 需要委托其他旅游主管部门协助调查取证的,应当出具书面委托调查函。受委托的旅游主管部门应当予以协助;有正当理由确实无法协助的,应当及时函告。

第二十七条 执法人员在调查、检查时,有权采取下列措施:

(一)进入有关场所进行检查、勘验、先行登记保存证据、录音、拍照、录像;

(二)询问当事人及有关人员,要求其说明相关事项和提供有关材料;

(三)查阅、复制经营记录和其他有关材料。

第二十八条 执法人员在调查、检查时,应当遵守下列规定:

(一)不得少于两人;

(二)佩戴执法标志,并向当事人或者有关人员出示执法证件;

(三)全面、客观、及时、公正地调查违法事实、违法情节和危害后果等情况;

(四)询问当事人时,应当告知其依法享有的权利;

(五)依法收集与案件有关的证据,不得以诱导、欺骗等违法手段获取证据;

(六)如实记录当事人、证人或者其他有关人员的陈述;

(七)除必要情况外,应当避免延误团队旅游行程。

第二十九条 旅游行政处罚的证据包括当事人的陈述和辩解、证人证言、现场笔录、勘验笔录、询问笔录、听证笔录、鉴定意见、视听资料、电子数据和书证、物证等。

据以认定事实的证据,应当合法取得,并经查证属实。

旅游主管部门办理移送或者指定管辖的案件,应当对原案件办理部门依法取得的证据进行核实。

第三十条 执法人员现场检查、勘验时,应当通知当事人到场,可以采取拍照、录像或者其他方式记录现场情况,并制作笔录,载明时间、地点和事件等内容。无法找到当事人、当事人拒绝到场或者在笔录上签名、盖章的,应当注明原因。有其亲属、所在单位人员或者基层组织人员等其他人在现场的,可由其他人签名。

第三十一条 执法人员询问当事人和有关人员时,应当单独进行,并制作询问笔录,由执法人员、被询问人、陈述人、谈话人签名或者盖章。一份询问笔录只能对应一个被询问人、陈述人或者谈话人。

第三十二条　执法人员应当收集、调取与案件有关的书证、物证、视听资料和电子数据等原始凭证作为证据,调取原始证据确有困难的,可以提取相应的复印件、复制件、照片、节录本或者录像。

书证应当经核对与原件无误,注明出证日期和证据出处,由证据提供人和执法人员签名或者盖章;证据提供人拒绝签名或者盖章的,应当注明原因。

第三十三条　在证据可能灭失或者以后难以取得的情况下,经旅游主管部门负责人批准,执法人员可以采取先行登记保存措施,并移转保存。执法人员难以保存或者无须移转的,可以就地保存。

情况紧急的,执法人员可以先采取登记保存措施,再报请旅游主管部门负责人批准。

先行登记保存有关证据,应当当场出具先行登记保存证据决定书,载明先行登记保存证据的名称、单位、数量以及保存地点、时间、要求等内容,送达当事人。

第三十四条　对于先行登记保存的证据,应当在7日内采取下列措施:

(一)及时采取记录、复制、拍照、录像、公证等证据保全措施;

(二)需要鉴定的,送交鉴定。

旅游主管部门应当在期限届满前,解除先行登记保存措施。已移转保存的,应当返还当事人。

第三十五条　有下列情形之一的,可以终结调查:

(一)违法事实清楚、证据充分的;

(二)违法事实不成立的;

(三)作为当事人的自然人死亡的;

(四)作为当事人的法人或者其他组织终止,无法人或者其他组织承受其权利义务,又无其他关系人可以追查的;

(五)其他依法应当终结调查的情形。

调查终结后,对违法行为应当给予处罚的,执法人员应当提出行政处罚建议,并报案件承办机构或者旅游主管部门负责人批准;不予处罚或者免予处罚的,报案件承办机构或者旅游主管部门负责人批准后,终止案件。

第二节　告知和听证

第三十六条　旅游主管部门在作出行政处罚决定前,应当以书面形式告知当事人作出行政处罚决定的事实、理由、依据和当事人依法享有的陈述、申辩权利。

旅游主管部门可以就违法行为的性质、情节、危害后果、主观过错等因素,以及选择的处罚种类、幅度等情况,向当事人作出说明。

第三十七条　旅游主管部门应当充分听取当事人的陈述和申辩并制作笔录,对当事人提出的事实、理由和证据,应当进行复核。当事人提出的事实、理由或者证据成立的,应当予以采纳;不能成立而不予采纳的,应当向当事人说明理由。

旅游主管部门不得因当事人申辩而加重处罚。

第三十八条　旅游主管部门作出较大数额罚款、没收较大数额违法所得、取消出国(境)旅游业务经营资格、责令停业整顿、吊销旅行社业务经营许可证、导游证或者领队证等行政处罚决定前,应当以书面形式告知当事人有申请听证的权利。

听证告知的内容应当包括:提出听证申请的期限,未如期提出申请的法律后果,以及受理听证申请的旅游主管部门名称、地址等内容。

第一款所称较大数额,对公民为1万元人民币以上、对法人或者其他组织为5万元人民币以上;地方人民代表大会及其常务委员会或者地方人民政府另有规定的,从其规定。

第三十九条　听证应当遵循公开、公正和效率的原则,保障当事人的合法权益。

除涉及国家秘密、商业秘密或者个人隐私的外,应当公开听证。

第四十条　当事人要求听证的,应当在收到行政处罚听证告知书后3日内,向听证部门提出申请。

旅游主管部门接到申请后,应当在30日内举行听证,并在听证7日前,将举行听证的时间、地点、主持人,以及当事人可以申请听证回避、公开、延期、委托代理人、提供证据等事项,书面通知当事人。

申请人不是本案当事人,当事人未在规定期限内提出申请,或者有其他不符合听证条件的情形,旅游主管部门可以不举行听证,但应当向申请人说明理由。

第四十一条　同一旅游行政处罚案件的两个以上当事人分别提出听证申请的,可以合并举行听证;部分当事人提出听证申请的,可以只对该部分当事人的有关情况进行听证。

第四十二条　当事人应当按期参加听证,未按期参加听证且未事先说明理由的,视为放弃听证权利。

当事人有正当理由要求延期的,经听证承办机构负责人批准可以延期一次,并通知听证参加人。延期不得超过15日。

第四十三条　听证应当由旅游主管部门负责法制工作的机构承办。听证由一名主持人和若干名听证员组织,也可以由主持人一人组织。听证主持人、听证员、书记员应当由旅游主管部门负责人指定的非本案调查人员担任。

涉及专业知识的听证案件,可以邀请有关专家担任听证员。

听证参加人由案件调查人员、当事人和与本案处理结果有直接利害关系的第三人及其委托代理人等组成。公开举行的听证,公民、法人或者其他组织可以申请参加旁听。

当事人认为听证主持人、听证员或者书记员与本案有直接利害关系的,有权向旅游主管部门提出回避申请。

第四十四条 当事人在听证中有下列权利:

(一)对案件事实、适用法律及有关情况进行陈述和申辩;

(二)对案件调查人员提出的证据进行质证并提出新的证据;

(三)核对听证笔录,依法查阅案卷相关证据材料。

当事人、案件调查人员、第三人、有关证人举证、质证应当客观、真实,如实陈述案件事实和回答主持人的提问,遵守听证纪律。

听证主持人有权对参加人不当的辩论内容予以制止,维护正常的听证程序。听证参加人和旁听人员违反听证纪律的,听证主持人可以予以警告,情节特别严重的,可以责令其退出会场。

第四十五条 组织听证应当按下列程序进行:

(一)听证主持人询问核实案件调查人员、听证当事人、第三人的身份,宣布听证的目的、会场纪律、注意事项、当事人的权利和义务,介绍听证主持人、听证员和书记员,询问当事人、第三人是否申请回避,宣布听证开始;

(二)调查人员就当事人的违法事实进行陈述,并向听证主持人提交有关证据、处罚依据;

(三)当事人就案件的事实进行陈述和辩解,提交有关证据;

(四)第三人陈述事实,并就其要求提出理由,提交证据;

(五)调查人员、当事人、第三人对相关证据进行质证,听证主持人对重要的事实及证据予以核实;

(六)调查人员、当事人、第三人就与本案相关的事实、处罚理由和依据进行辩论;

(七)调查人员、当事人、第三人作最后陈述;

(八)主持人宣布听证结束。

听证过程应当制作笔录,案件调查人员、当事人、第三人应当在听证结束后核对听证笔录,确认无误后签名或者盖章。

第四十六条 听证主持人认为听证过程中提出的新的事实、理由、依据有待进一步调查核实或者鉴定的,可以中止听证并通知听证参加人。经调查核实或者作出鉴定意见后,应当恢复听证。

第四十七条 有下列情形之一的,终止听证:

(一)申请人撤回听证申请的;

(二)申请人无正当理由不参加听证会、在听证中擅自退场,或者严重违反听证纪律被听证主持人责令退场的;

(三)应当终止听证的其他情形。

听证举行过程中终止听证的,应当记入听证笔录。

第四十八条 听证结束后,听证主持人应当向旅游主管部门提交听证报告,并对拟作出的行政处罚决定,依照下列情形提出意见:

(一)违法事实清楚、证据充分、适用法律、法规、规章正确,过罚相当的,建议作出处罚;

(二)违法事实清楚、证据充分,但适用法律、法规、规章错误或者处罚显失公正的,建议重新作出处罚;

(三)违法事实不清、证据不足,或者由于违反法定程序可能影响案件公正处理的,建议另行指定执法人员重新调查。

听证会结束后,行政处罚决定作出前,执法人员发现新的违法事实,对当事人可能加重处罚的,应当按照本办法第三十六条、第四十条的规定,重新履行处罚决定告知和听证告知程序。

第四十九条 旅游主管部门组织听证所需费用,列入本部门行政经费,不得向当事人收取任何费用。

第三节 审查和决定

第五十条 案件调查终结并依法告知、听证后,需要作出行政处罚的,执法人员应当填写行政处罚审批表,经案件承办机构负责人同意后,报旅游主管部门负责人批准。

旅游主管部门应当对调查结果进行审查,根据下列情况,分别作出处理:

(一)确有应受行政处罚的违法行为的,根据情节轻重及具体情况,作出行政处罚决定;

(二)违法行为轻微,依法可以不予行政处罚的,不予行政处罚;

(三)违法事实不能成立的,不得给予行政处罚;

(四)违法行为已构成犯罪的,移送司法机关。

对情节复杂的案件或者因重大违法行为给予公民3

万元以上罚款、法人或者其他组织 20 万元以上罚款，取消出国（境）旅游业务经营资格，责令停业整顿，吊销旅行社业务经营许可证、导游证、领队证等行政处罚的，旅游主管部门负责人应当集体讨论决定。地方人民代表大会及其常务委员会或者地方人民政府对集体讨论的情形另有规定的，从其规定。

第五十一条　决定给予行政处罚的，应当制作行政处罚决定书。旅游行政处罚决定书应当载明下列内容：

（一）当事人的姓名或者名称、证照号码、地址、联系方式等基本情况；

（二）违反法律、法规或者规章的事实和证据；

（三）行政处罚的种类和依据；

（四）行政处罚的履行方式和期限；

（五）逾期不缴纳罚款的后果；

（六）不服行政处罚决定，申请行政复议或者提起行政诉讼的途径和期限；

（七）作出行政处罚决定的旅游主管部门名称和作出决定的日期，并加盖部门印章。

第五十二条　旅游行政处罚案件应当自立案之日起的 3 个月内作出决定；案情复杂或者重大的，经旅游主管部门负责人批准可以延长，但不得超过 3 个月。

案件办理过程中组织听证、鉴定证据、送达文书，以及请示法律适用或者解释的时间，不计入期限。

第五十三条　旅游行政处罚文书应当送达当事人，并符合下列要求：

（一）有送达回证并直接送交受送达人，由受送达人在送达回证上载明收到的日期，并签名或者盖章；

（二）受送达人是个人的，本人不在交他的同住成年家属签收，并在送达回证上载明与受送达人的关系；

（三）受送达人或者他的同住成年家属拒绝接收的，送达人可以邀请有关基层组织的代表或者有关人员到场，说明情况，在送达回证上载明拒收的事由和日期，由送达人、见证人签名或者盖章，把文书留置受送达人的住所或者收发部门，也可以把文书留在受送达人的住所，并采用拍照、录像等方式记录送达过程；

（四）受送达人是法人或者其他组织的，应当由法人的法定代表人、其他组织的主要负责人或者该法人、组织办公室、收发室等负责收件的人签收或者盖章，拒绝签收或者盖章的，适用第（三）项留置送达的规定；

（五）经受送达人同意，可以采用传真、电子邮件等能够确认其收悉的方式送达行政处罚决定书以外的文书；

（六）受送达人有代理人或者指定代收人的，可以送交代理人或者代收人签收并载明受当事人委托的情况；

（七）直接送达确有困难的，可以用挂号信邮寄送达，也可以委托当地旅游主管部门代为送达，代收机关收到文书后，应当立即送交受送达人签收。

受送达人下落不明，或者以前款规定的方式无法送达的，可以在受送达人原住所地张贴公告，或者通过报刊、旅游部门网站公告送达，执法人员应当在送达文书上注明原因和经过。自公告发布之日起经过 60 日，即视为送达。

第五十四条　旅游行政处罚决定书应当在宣告后当场交付当事人；当事人不在场的，旅游主管部门应当按照本办法第五十三条的规定，在 7 日内送达当事人，并根据需要抄送与案件有关的单位和个人。

第五十五条　在案件处理过程中，当事人委托代理人的，应当提交授权委托书，载明委托人及其代理人的基本信息、委托事项及权限、代理权的起止日期、委托日期和委托人签名或者盖章。

第五十六条　违法行为发生地的旅游主管部门对非本部门许可的旅游经营者作出行政处罚的，应当依法将被处罚人的违法事实、处理结果告知原许可的旅游主管部门。取消出国（境）旅游业务经营资格或者吊销旅行社业务经营许可证、导游证、领队证的，原许可的旅游主管部门应当注销或者换发许可证件。

第五章　旅游行政处罚的简易程序

第五十七条　违法事实清楚、证据确凿并有法定依据，对公民处以 50 元以下、对法人或者其他组织处以 1000 元以下罚款或者警告的旅游行政处罚，可以适用本章简易程序，当场作出行政处罚决定。

第五十八条　当场作出旅游行政处罚决定时，执法人员应当制作笔录，并遵守下列规定：

（一）不得少于两人，并向当事人出示行政执法证件；

（二）向当事人说明违法的事实、处罚的理由和依据以及拟给予的行政处罚；

（三）询问当事人对违法事实、处罚依据是否有异议，并告知当事人有陈述、申辩的权利，听取当事人的陈述和申辩；

（四）责令当事人改正违法行为，并填写预定格式、编有号码、盖有旅游主管部门印章的行政处罚决定书，由执法人员和当事人签名或者盖章，并将行政处罚决定书当场交付当事人；

（五）依法当场收缴罚款的，应当向当事人出具省、自治区、直辖市财政部门统一制发的罚款收据。

当场作出行政处罚决定的，执法人员应当在决定之日起3日内向旅游主管部门报告；当场收缴的罚款应当在规定时限内存入指定的银行。

第五十九条　当场处罚决定书应当载明第五十一条规定的内容和作出处罚的地点。

第六章　旅游行政处罚的执行

第六十条　当事人应当在行政处罚决定书确定的期限内，履行处罚决定；被处以罚款的，应当自收到行政处罚决定书之日起15日内，向指定的银行缴纳罚款。

申请行政复议或者提起行政诉讼的，不停止行政处罚决定的执行，但有下列情形的除外：

（一）处罚机关认为需要停止执行的；

（二）行政复议机关认为需要停止执行的；

（三）申请人申请停止执行，行政复议机关认为其要求合理决定停止执行，或者人民法院认为执行会造成难以弥补的损失，并且停止执行不损害社会性公共利益，裁定停止执行的；

（四）法律、法规规定的其他情形。

第六十一条　当事人逾期不履行处罚决定的，作出处罚决定的旅游主管部门可以采取下列措施：

（一）到期不缴纳罚款的，每日按罚款数额的百分之三加处罚款，但加处罚款的数额不得超出罚款额；

（二）向旅游主管部门所在地有管辖权的人民法院申请强制执行。

第六十二条　申请人民法院强制执行应当在下列期限内提出：

（一）行政处罚决定书送达后，当事人未申请行政复议或者提起行政诉讼的，在处罚决定书送达之日起3个月后起算的3个月内；

（二）复议决定书送达后当事人未提起行政诉讼的，在复议决定书送达之日起15日后起算的3个月内；

（三）人民法院对当事人提起行政诉讼作出的判决、裁定生效之日起3个月内。

第六十三条　旅游主管部门申请人民法院强制执行前，应当催告当事人履行义务。催告应当以书面形式作出，并载明下列事项：

（一）履行义务的期限；

（二）履行义务的方式；

（三）涉及金钱给付的，应当有明确的金额和给付方式；

（四）当事人依法享有的陈述权和申辩权。

旅游主管部门应当充分听取当事人的意见，对当事人提出的事实、理由和证据，应当进行记录、复核。当事人提出的事实、理由或者证据成立的，应当采纳。

催告书送达10日后当事人仍未履行义务的，可以申请强制执行。

第六十四条　旅游主管部门向人民法院申请强制执行，应当提供下列材料：

（一）强制执行申请书；

（二）处罚决定书及作出决定的事实、理由和依据；

（三）旅游主管部门的催告及当事人的陈述或申辩情况；

（四）申请强制执行标的情况；

（五）法律、行政法规规定的其他材料。

强制执行申请书应当由旅游主管部门负责人签名，加盖旅游主管部门的印章，并注明日期。

第六十五条　当事人确有经济困难，需要延期或者分期缴纳罚款的，应当在行政处罚决定书确定的缴纳期限届满前，向作出行政处罚决定的旅游主管部门提出延期或者分期缴纳的书面申请。

批准当事人延期或者分期缴纳罚款的，应当制作同意延期（分期）缴纳罚款通知书，送达当事人，并告知当事人缴纳罚款时，应当向收缴机构出示。

延期、分期缴纳罚款的，最长不得超过6个月，或者最后一期缴纳时间不得晚于申请人民法院强制执行的最后期限。

第六十六条　旅游主管部门和执法人员应当严格执行罚缴分离的规定，不得非法自行收缴罚款。

罚没款及没收物品的变价款，应当全部上缴国库，任何单位和个人不得截留、私分或者变相私分。

第七章　旅游行政处罚的结案和归档

第六十七条　有下列情形之一的，应当结案：

（一）行政处罚决定由当事人履行完毕的；

（二）行政处罚决定依法强制执行完毕的；

（三）不予处罚或者免予处罚等无须执行的；

（四）行政处罚决定被依法撤销的；

（五）旅游主管部门认为可以结案的其他情形。

第六十八条　结案的旅游行政处罚案件，应当制作结案报告，报案件承办机构负责人批准。结案报告应当包括案由、案源、立案时间、当事人基本情况、主要案情、案件办理情况、复议和诉讼情况、执行情况、承办人结案意见等内容。

第六十九条　旅游行政处罚案件结案后 15 日内,案件承办人员应当将案件材料立卷,并符合下列要求:

(一)一案一卷;

(二)与案件相关的各类文书应当齐全,手续完备;

(三)书写文书用签字笔或者钢笔;

(四)案卷装订应当规范有序,符合文档要求。

第七十条　案卷材料可以分为正卷、副卷。主要文书、外部程序的材料立正卷;请示报告与批示、集体讨论材料、涉密文件等内部程序的材料立副卷。

第七十一条　立卷完成后应当立即将案卷统一归档。案卷保管及查阅,按档案管理有关规定执行,任何单位、个人不得非法修改、增加、抽取案卷材料。

第八章　旅游行政处罚的监督

第七十二条　各级旅游主管部门应当加强行政处罚监督工作。

各级旅游主管部门负责对本部门和受其委托的旅游质监执法机构实施的行政处罚行为,进行督促、检查和纠正;上级旅游主管部门负责对下级旅游主管部门及其委托的旅游质监执法机构实施的行政处罚行为,进行督促、检查和纠正。

各级旅游主管部门法制工作机构,应当在本级旅游主管部门的组织、领导下,具体实施、协调和指导行政处罚工作。

各级旅游主管部门应当设立法制工作机构或者配备行政执法监督检查人员。

第七十三条　旅游行政处罚监督的主要内容包括:

(一)旅游行政执法主体资格是否符合规定;

(二)执法人员及其执法证件是否合法、有效;

(三)行政检查和行政处罚行为是否符合权限;

(四)对违法行为查处是否及时;

(五)适用的行政处罚依据是否准确、规范;

(六)行政处罚的种类和幅度是否合法、适当;

(七)行政处罚程序是否合法;

(八)行政处罚文书使用是否规范;

(九)重大行政处罚备案情况。

第七十四条　对旅游行政处罚的监督,可以采取定期或者不定期方式,通过案卷评查和现场检查等形式进行;处理对行政处罚行为的投诉、举报时,可以进行调查、查询,调阅旅游行政处罚案卷和其他有关材料。

第七十五条　各级旅游主管部门及其委托的旅游质监执法机构不履行法定职责,或者实施的行政处罚行为违反法律、法规和本办法规定、处罚不当的,应当主动纠正。

上级旅游主管部门在行政处罚监督中,发现下级旅游主管部门有不履行法定职责、处罚不当或者实施的行政处罚行为违反法律、法规和本办法规定等情形的,应当责令其纠正。

第七十六条　重大旅游行政处罚案件实行备案制度。

县级以上地方旅游主管部门作出的行政处罚决定,符合本办法第三十八条第一款规定的听证条件的,应当自结案之日起 15 日内,将行政处罚决定书的副本,报上一级旅游主管部门备案。

第七十七条　旅游行政处罚实行工作报告制度。

县级以上地方旅游主管部门应当分别于当年 7 月和翌年 1 月,汇总本地区旅游行政处罚案件,并对旅游行政处罚工作的基本情况、存在的问题以及改进建议,提出工作报告,报上一级旅游主管部门。

省、自治区、直辖市旅游主管部门应当在当年 8 月 31 日和翌年 2 月 28 日前,将工作总结和案件汇总情况报国家旅游局。

第七十八条　承担行政复议职责的旅游主管部门应当认真履行行政复议职责,依照有关规定配备专职行政复议人员,依法对违法的行政处罚决定予以撤销、变更或者确认,保障法律、法规的正确实施和对行政处罚工作的监督。

第七十九条　各级旅游主管部门应当建立健全对案件承办机构和执法人员旅游行政处罚工作的投诉、举报制度,并公布投诉、举报电话。受理投诉、举报的机构应当按照信访、纪检等有关规定对投诉、举报内容核查处理或者责成有关机构核查处理,并将处理结果通知投诉、举报人。受理举报、投诉的部门应当为举报、投诉人保密。

第八十条　各级旅游主管部门可以采取组织考评、个人自我考评和互查互评相结合,案卷评查和听取行政相对人意见相结合,日常评议考核和年度评议考核相结合的方法,对本部门案件承办机构和执法人员的行政处罚工作进行评议考核。

第八十一条　对在行政处罚工作中做出显著成绩和贡献的单位和个人,旅游主管部门可以依照国家或者地方的有关规定给予表彰和奖励。

旅游行政执法人员有下列行为之一的,由任免机关、监察机关依法给予行政处分;构成犯罪的,依法追究刑事责任:

(一)不依法履行行政执法职责的;

(二)滥用职权、徇私舞弊的;

(三)其他失职、渎职的行为。

第九章　附　则

第八十二条　本办法有关期间的规定,除第二十一条的规定外,均按自然日计算。期间开始之日,不计算在内。期间届满的最后一日是节假日的,以节假日后的第一日为期间届满的日期。行政处罚文书在期满前邮寄的,视为在有效期内。

第八十三条　本办法所称的"以上"包括本数或者本级,所称的"以下"不包括本数。

第八十四条　省、自治区、直辖市人民政府决定旅游行政处罚权由其他部门集中行使的,其旅游行政处罚的实施参照适用本办法。

第八十五条　本办法自 2013 年 10 月 1 日起施行。

旅游行政许可办法

·2018 年 3 月 9 日国家旅游局令第 46 号公布
·自 2018 年 5 月 1 日起施行

第一章　总　则

第一条　为了规范旅游行政许可行为,保护公民、法人和其他组织的合法权益,保障和监督旅游主管部门有效实施行政管理,根据《行政许可法》及有关法律、行政法规,结合旅游工作实际,制定本办法。

第二条　本办法所称旅游行政许可,是指旅游主管部门及具有旅游行政许可权的其他行政机关根据公民、法人或者其他组织的申请,经依法审查,准予其从事特定活动的行为。

第三条　旅游行政许可的设定、实施和监督检查,应当遵守《行政许可法》《旅游法》及有关法律、法规和本办法的规定。

旅游主管部门对其他机关或者对其直接管理的事业单位的人事、财务、外事等事项的审批,不适用本办法。

第四条　实施旅游行政许可,应当依照法定的权限、范围、条件和程序,遵循公开、公平、公正的原则。

旅游主管部门应当按照国家有关规定将行政许可事项向社会公布,未经公布不得实施相关行政许可。行政许可的实施和结果,除涉及国家秘密、商业秘密或者个人隐私的外,应当公开。

符合法定条件、标准的,申请人有依法取得旅游行政许可的平等权利,旅游主管部门不得歧视。

第五条　实施旅游行政许可,应当遵循便民、高效的原则,以行政许可标准化建设为指引,运用标准化原理、方法和技术,提高办事效率,提供优质服务。

国家旅游局负责建立完善旅游行政许可全国网上审批平台,逐步推动旅游行政许可事项的网上办理和审批。地方各级旅游主管部门应当逐步将本部门旅游行政许可事项纳入或者接入全国网上审批平台统一实施。

实施行政许可的旅游主管部门应当编制旅游行政许可服务指南,建立和实施旅游行政许可信息公开制、一次性告知制、首问责任制、顶岗补位制、服务承诺制、责任追究制和文明服务制等服务制度和规范。

第六条　旅游行政规章、规范性文件及其他文件一律不得设定行政许可。

旅游行政规章可以在上位法设定的行政许可事项范围内,对实施该行政许可作出具体规定,但不得增设行政许可;对行政许可条件作出的具体规定,不得增设违反上位法的其他条件。

第七条　公民、法人或者其他组织对旅游主管部门实施行政许可,享有陈述权、申辩权;有权依法申请行政复议或者提起行政诉讼;其合法权益因旅游主管部门违法实施行政许可受到损害的,有权依法要求赔偿。

第八条　旅游行政许可决定依法作出即具有法律效力,非经法定程序不得改变。

旅游行政许可所依据的法律、法规、规章修改或者废止,或者准予行政许可所依据的客观情况发生重大变化的,为了公共利益的需要,旅游主管部门可以依法变更或者撤回经生效的行政许可。由此给公民、法人或者其他组织造成财产损失的,应当依法给予补偿。

第二章　实施机关

第九条　旅游行政许可由旅游主管部门或者具有旅游行政许可权的其他行政机关在其法定职权范围内实施。

旅游主管部门内设机构和派出机构不得以自己的名义实施行政许可。

第十条　旅游主管部门可以在其法定职权范围内委托具有权限的下级旅游主管部门实施行政许可,并应当将受委托的旅游主管部门和委托实施的旅游行政许可事项予以公告。

委托的旅游主管部门对委托行为的后果,依法承担法律责任。

受委托的旅游主管部门在委托范围内,以委托的旅游主管部门名义实施行政许可,不得转委托。

第十一条　旅游主管部门应当确定具体承担旅游行政许可办理工作的内设机构(以下简称承办机构)。承办机构的主要职责包括:

（一）受理、审查旅游行政许可申请，并向旅游主管部门提出许可决定建议；

（二）组织旅游行政许可听证工作；

（三）送达旅游行政许可决定和证件；

（四）旅游行政许可的信息统计、信息公开工作；

（五）旅游行政许可档案管理工作；

（六）提供旅游行政许可业务咨询服务；

（七）依法对被许可人从事旅游行政许可事项的活动进行监督检查。

承办机构需要其他业务机构协助办理的，相关业务机构应当积极配合。

第三章　申请与受理

第十二条　从事依法需要取得旅游行政许可活动的，应当向行政机关提出申请。申请书需要采用格式文本的，旅游主管部门应当免费提供申请书格式文本和常见错误实例。申请书格式文本中不得包含与申请行政许可事项没有直接关系的内容。

申请人依法委托代理人提出行政许可申请的，应当提交申请人、代理人的身份证明文件和授权委托书。授权委托书应当载明授权委托事项和授权范围。

第十三条　旅游主管部门应当将旅游行政许可事项、依据、申请条件、数量限制、办理流程、办结期限及申请材料目录和申请书示范文本等，在办公场所或者受理场所及政务网站公示，方便申请人索取使用、获取信息。

申请人要求对公示内容予以说明、解释的，承办机构应当说明、解释，提供准确、可靠的信息。

第十四条　旅游主管部门应当设置一个固定场所作为旅游行政许可业务办理窗口，配备政治素质高、业务能力强、熟悉掌握旅游行政许可业务工作的受理人员，统一受理申请、提供咨询和送达决定，并在办公区域显著位置设立指示标志，引导申请人到受理窗口办理许可业务。

旅游行政许可事项纳入行政服务大厅集中受理的，按照相关规定和要求执行。

第十五条　申请人申请行政许可，应当如实向旅游主管部门提交有关材料和反映真实情况，并对其申请材料实质内容的真实性负责。旅游主管部门不得要求申请人提交与其申请的行政许可事项无关的材料。

第十六条　受理申请时，旅游行政许可受理人员应当审查下列事项：

（一）申请事项是否属于本部门行政许可受理范围；

（二）申请人或者代理人提交的身份证件和授权委托书是否合法有效，授权事项及范围是否明确；

（三）申请材料中是否明确附有申请人签名或者盖章；

（四）申请人提交的材料是否符合所申请事项的各项受理要求。

第十七条　对申请人提出的行政许可申请，旅游主管部门应当根据下列情况分别作出处理：

（一）申请事项依法不需要取得行政许可的，应当即时告知申请人不受理，并向申请人出具《行政许可申请不予受理通知书》，说明理由和依据；

（二）申请事项依法不属于本部门职权范围的，应当即时作出不予受理的决定，并向申请人出具《行政许可申请不予受理通知书》，告知申请人向有关行政机关申请；

（三）申请材料存在文字、计算等可以当场更正的错误的，应当允许申请人当场更正，并告知其在修改处签名或者盖章确认；

（四）申请材料不齐全或者不符合法定形式的，应当当场或者在 5 日内一次性告知申请人需要补正的全部内容，并向申请人出具《行政许可申请补正材料通知书》。逾期不告知的，自收到申请材料之日起即为受理；

（五）申请人未在规定的期限内提交补正材料，或者提交的材料仍不符合要求但拒绝再补正的，应当作出不予受理的决定，并向申请人出具《行政许可申请不予受理通知书》，说明理由和依据；

（六）申请事项属于本部门职权范围，申请材料齐全、符合法定形式或者申请人依照本部门要求提交全部补正材料的，应当受理行政许可申请，并向申请人出具符合行政许可受理单制度要求的《行政许可申请受理通知书》。

旅游主管部门出具前款规定的相关书面凭证，应当加盖单位印章或者行政许可专用印章，并注明日期。

第四章　审查与决定

第十八条　旅游主管部门应当根据申请人提交的申请材料，对其是否具备许可条件、是否存在不予许可的情形等进行书面审查；依法需要对申请材料的实质内容进行核实的，应当指派两名以上工作人员进行现场核查。

核查人员在现场核查或者询问时，应当出示证件，并制作现场核查笔录或者询问笔录。现场核查笔录、询问笔录应当如实记载核查的时间、地点、参加人和内容，经被核查人、被询问人核对无误后签名或者盖章，并由核查人员签字。当事人或者有关人员应当如实回答询问，并协助核查。

第十九条　旅游主管部门对行政许可申请进行审查时，发现该行政许可事项直接关系他人重大利益的，应当告知该利害关系人。申请人、利害关系人有权进行陈述和申辩。

行政许可办理工作人员对申请人、利害关系人的口头陈述和申辩，应当制作陈述、申辩笔录；经复核，申请人、利害关系人提出的事实、理由成立的，应当采纳。

第二十条　申请人在作出行政许可决定前自愿撤回行政许可申请的，旅游主管部门应当准许。

申请人撤回申请的，应当以书面形式提出，并返还旅游主管部门已出具的相关书面凭证。对纸质申请材料，旅游主管部门应当留存复制件，并将原件退回。

第二十一条　有下列情形之一的，旅游主管部门应当作出中止审查的决定，并通知申请人：

（一）申请人因涉嫌侵害旅游者合法权益等违法违规行为被行政机关调查，或者被司法机关侦查，尚未结案，对其行政许可事项影响重大的；

（二）申请人被依法采取限制业务活动、责令停业整顿、指定其他机构托管、接管等措施，尚未解除的；

（三）对有关法律、法规、规章的规定，需要进一步明确具体含义，请求有关机关作出解释的；

（四）申请人主动要求中止审查，理由正当的。

法律、法规、规章对前款情形另有规定的，从其规定。

行政许可中止的原因消除后，应当及时恢复审查。中止审查的时间不计算在法定期限内。

第二十二条　有下列情形之一的，旅游主管部门应当作出终止审查的决定，并通知申请人：

（一）申请人自愿撤回申请的；

（二）作为申请人的自然人死亡或者丧失行为能力的；

（三）作为申请人的法人或者其他组织终止的。

第二十三条　旅游主管部门对行政许可申请进行审查后，能够当场作出决定的，应当当场作出书面行政许可决定；不能当场作出决定的，应当在法定期限内按照规定程序作出行政许可决定。

第二十四条　申请人的申请符合法定条件、标准的，旅游主管部门应当依法作出准予行政许可的书面决定；不符合法定条件、标准的，旅游主管部门应当依法作出不予行政许可的书面决定，说明理由，并告知申请人享有依法申请行政复议或者提起行政诉讼的权利。

行政许可书面决定应当载明作出决定的时间，并加盖单位印章或者行政许可专用印章。

第二十五条　旅游主管部门作出准予行政许可的决定，需要颁发行政许可证件的，应当在法定期限内向申请人颁发加盖单位印章或者行政许可专用印章的行政许可证件。

行政许可证件一般应当载明证件名称、发证机关名称、被许可人名称、行政许可事项、证件编号、发证日期和证件有效期等事项。

第二十六条　旅游主管部门可以采取下列方式送达行政许可决定以及其他行政许可文书：

（一）受送达人到旅游主管部门办公场所或者受理场所直接领取，在送达回证上注明收到日期，并签名或者盖章；

（二）邮寄送达的，申请书载明的联系地址为送达地址，受送达人及其代收人应当在邮件回执上签名或者盖章，回执上注明的收件日期为送达日期；

（三）受送达人拒绝接收行政许可文书的，送达人可以邀请有关基层组织或者所在单位的代表到场，说明情况，在送达回证上记明拒收事由和日期，由送达人、见证人签名或者盖章，把许可文书留在受送达人的住所；也可以把许可文书留在受送达人的住所，并采用拍照、录像等方式记录送达过程，即视为送达；

（四）直接送达有困难的，可以委托当地旅游主管部门送达；

（五）无法采取上述方式送达的，可以在公告栏、受送达人住所地张贴公告，也可以在报刊上刊登公告。自公告发布之日起60日后，即视为送达。

第二十七条　旅游主管部门作出的准予行政许可决定，应当按照《政府信息公开条例》的规定予以公开，并允许公众查阅。

第二十八条　旅游主管部门应当在颁发行政许可证件之日起30日内，逐级向上级旅游主管部门备案被许可人名称、行政许可事项、证件编号、发证日期和证件有效期等事项或者共享相关信息。

第五章　听证

第二十九条　法律、法规、规章规定实施旅游行政许可应当听证的事项，或者旅游主管部门认为需要听证的其他涉及公共利益的重大行政许可事项，旅游主管部门应当向社会公告，并举行听证。

第三十条　旅游行政许可直接涉及申请人与他人之间重大利益关系的，旅游主管部门应当在作出行政许可决定前发出《行政许可听证告知书》，告知申请人、利害关系人有要求听证的权利。

第三十一条　申请人、利害关系人要求听证的，应当在收到旅游主管部门《行政许可听证告知书》之日起5日内提交申请听证的书面材料；逾期不提交的，视为放弃听证权利。

第三十二条　旅游主管部门应当在接到申请人、利害关系人申请听证的书面材料后 20 日内组织听证,并在举行听证的 7 日前,发出《行政许可听证通知书》,将听证的事项、时间、地点通知申请人、利害关系人,必要时予以公告。

第三十三条　听证主持人由旅游主管部门从审查该行政许可申请的工作人员以外的人员中指定,申请人、利害关系人认为主持人与该行政许可事项有直接利害关系的,有权申请回避。

第三十四条　行政许可审查工作人员应当在举行听证 5 日前,向听证主持人提交行政许可审查意见的证据、理由等全部材料。申请人、利害关系人也可以提出证据。

第三十五条　听证会按照下列程序公开进行:

(一)主持人宣布会场纪律;

(二)核对听证参加人姓名、年龄、身份,告知听证参加人权利、义务;

(三)行政许可审查工作人员提出审查意见的证据、理由;

(四)申请人、利害关系人进行申辩和质证;

(五)行政许可审查工作人员与申请人、利害关系人就争议事实进行辩论;

(六)行政许可审查工作人员与申请人、利害关系人作最后陈述;

(七)主持人宣布听证会中止、延期或者结束。

第三十六条　对于申请人、利害关系人或者其委托的代理人无正当理由不出席听证、未经听证主持人许可中途退出或者放弃申辩和质证权利退出听证的,听证主持人可以宣布听证取消或者终止。

第三十七条　听证记录员应当将听证的全部活动制作笔录,由听证主持人和记录员签名。

听证笔录应当经听证参加人确认无误或者补正后,当场签名或者盖章。听证参加人拒绝签名或者盖章的,由听证主持人记明情况,在听证笔录中予以载明。

第三十八条　旅游主管部门应当根据听证笔录,作出行政许可决定。对听证笔录中未认证、记载的事实依据,或者听证结束后申请人提交的证据,旅游主管部门不予采信。

第六章　档案管理

第三十九条　旅游主管部门应当按照档案管理法律、法规和标准要求,建立科学的管理制度,配备必要的设施设备,指定专门的人员,采用先进技术,加强旅游行政许可档案管理。

第四十条　旅游行政许可档案管理内容主要包括下列材料:

(一)申请人依法提交的各项申请材料;

(二)旅游主管部门实施许可过程中直接形成的材料;

(三)法律、法规规定需要管理的其他材料。

材料形式应当包括文字、图标、声像等不同形式的记录。

第四十一条　承办机构应当对档案材料进行分类、编号、排列、登记、装订,及时整理立卷,并定期移交本部门档案管理机构归档。

档案交接、保管、借阅、查阅、复制等,应当遵守有关规定,严格履行签收、登记、审批手续。涉及国家秘密的,还应当依照《保密法》及其实施条例的规定办理。

第四十二条　旅游主管部门应当明确有关许可档案的保管期限。保管期限到期时,经鉴定档案无保存价值的,可按有关规定销毁。

第七章　监督检查

第四十三条　旅游主管部门应当建立健全旅游行政许可监督检查制度,采取定期或者不定期抽查等方式,对许可实施情况进行监督检查,及时纠正行政许可实施中的违法行为。

旅游主管部门应当制定旅游行政许可实施评价方案,明确评价主体、方式、指标和程序,并组织开展评价,依据评估结果持续提高许可工作质量。

第四十四条　旅游主管部门应当依法对被许可人从事旅游行政许可事项的活动进行监督检查,并将监督检查的情况和处理结果予以记录,由监督检查人员签字后归档。公众有权查阅监督检查记录。

第四十五条　有《行政许可法》规定的撤销、注销情形的,旅游主管部门应当依法作出撤销决定、办理注销手续。

第四十六条　旅游主管部门及其工作人员在实施行政许可、监督检查过程中滥用职权、玩忽职守、徇私舞弊的,由有权机关依法给予行政处分;构成犯罪的,依法追究刑事责任。

第四十七条　行政许可申请人、被许可人有违反《行政许可法》《旅游法》及有关法律、法规和本办法规定行为的,旅游主管部门应当依法给予处理;构成犯罪的,依法追究刑事责任。

公民、法人或者其他组织未经行政许可,擅自从事依法应当取得旅游行政许可的活动的,旅游主管部门应当依法采取措施予以制止,并依法给予行政处罚;构成犯罪的,依法追究刑事责任。

第八章　附　则

第四十八条　本办法规定的期限以工作日计算,但第二十六条和第二十八条规定的期限除外。

第四十九条　法规、规章对旅游主管部门实施旅游行政许可有特别规定的,按照有关规定执行。

省、自治区、直辖市人民政府决定旅游行政许可权由其他部门集中行使的,其旅游行政许可的实施参照适用本办法。

第五十条　本办法自 2018 年 5 月 1 日起施行。2006 年 11 月 7 日国家旅游局发布的《国家旅游局行政许可实施暂行办法》同时废止。

国务院办公厅关于加强旅游市场综合监管的通知

· 2016 年 2 月 4 日
· 国办发〔2016〕5 号

为全面贯彻党的十八大和十八届二中、三中、四中、五中全会精神,按照党中央、国务院决策部署,加快建立权责明确、执法有力、行为规范、保障有效的旅游市场综合监管机制,进一步解决扰乱旅游市场秩序、侵害旅游者权益等突出问题,经国务院同意,现就加强旅游市场综合监管有关事项通知如下:

一、依法落实旅游市场监管责任

(一)强化政府的领导责任。国务院旅游工作部际联席会议下设旅游市场综合监管工作小组,由国家旅游局牵头负责统筹旅游市场综合监管的指导、协调、监督等工作。地方各级人民政府要建立健全旅游综合协调、旅游案件联合查办、旅游投诉统一受理等综合监管机制,统筹旅游市场秩序整治工作。要进一步落实游客不文明行为记录制度,大力营造诚信经营、公平竞争、文明有序的旅游市场环境,加快形成全国一盘棋的旅游市场综合监管格局。

(二)明确各相关部门的监管责任。按照"属地管理、部门联动、行业自律、各司其职、齐抓共管"的原则,建立旅游行政主管部门对旅游市场执法、投诉受理工作的有效协调机制,明确各相关部门责任。各有关部门配合旅游行政主管部门,做好相关行业指导、协调和督促检查工作。

(三)落实旅游企业的主体责任。各旅游企业要依照法律法规主动规范经营服务行为。旅行社要坚决抵制"不合理低价游"、强迫消费等违法行为。在线旅游企业要遵守公平竞争规则。购物店要自觉抵制商业贿赂。饭店、景区、交通、餐饮等企业要保障旅游者出游安全,提高服务品质。各市场主体要积极践行旅游行业"游客为本、服务至诚"的核心价值观,在旅游服务工作中诚实守信、礼貌待客,共同维护旅游市场秩序,让旅游者体验到优质服务。

(四)发挥社会公众的监督作用。要充分发挥"12301"等旅游服务热线和旅游投诉举报网络平台作用,鼓励社会各界积极提供各类违法违规行为线索。发挥旅游服务质量社会监督员和旅游志愿者的监督作用,提醒旅游者遵守旅游文明行为公约和行为指南,自觉抵制参加"不合理低价游"。要充分发挥旅游行业协会的自律作用,引导旅游经营者注重质量和诚信。强化媒体的舆论监督,支持媒体曝光扰乱旅游市场秩序的典型事件。

二、创新旅游市场综合监管机制

(五)制定旅游市场综合监管责任清单。各地区、各有关部门要尽快制定旅游市场综合监管责任清单,通过政府公告、政府网站、公开通报等方式,向社会公开旅游部门及相关部门职能、法律依据、实施主体、执法权限、监督方式等事项,加强部门间对旅游市场违法违规行为的信息沟通,强化联合执法协调监管的相关工作机制,提升综合监管效率和治理效果。

旅游部门:依法承担规范旅游市场秩序、监督管理服务质量、维护旅游消费者和经营者合法权益的责任;负责牵头组织对旅游市场秩序的整治工作;负责对组织"不合理低价游"、强迫和变相强迫消费、违反旅游合同等违法违规行为的监督和查处;负责联合相关部门组织查处"黑社"、"黑导"等非法经营行为;主动配合参与打击涉及旅游行业的"黑车"、"黑店"等非法经营行为;负责对涉及其他职能部门职责的投诉及案件进行转办等。

公安部门:依法严厉打击在旅游景区、旅游交通站点等侵害旅游者权益的违法犯罪团伙,及时查处强迫消费、敲诈勒索等违法犯罪行为等。

工商部门:依法查处旅游市场中的虚假广告、虚假或者引人误解的宣传、销售假冒伪劣商品、利用合同格式条款侵害消费者合法权益、垄断行为(价格垄断行为除外)、商业贿赂等不正当竞争行为及其他违法违规行为等。

交通运输部门:负责道路、水路运输市场监管,依法查处违法违规行为;负责对交通运输部门在管养公路沿线范围内依法设置的景区、景点指示牌被遮挡的投诉处理等。

文化部门:负责对旅游演出、娱乐场所文化经营活动等方面的投诉处理和案件查处等。

税务部门:依法承担组织实施法律法规规定的税、费征收管理责任,力争税款应收尽收;依照法定职权和程序对从事旅游市场经营的纳税人偷逃税款、虚开发票等税收违法行为严厉查处,涉嫌犯罪的依法移送司法机关处理等。

质检部门:依法对旅游场所大型游乐设施、客运索道等特种设备实施安全监察,对涉及特种设备安全的投诉举报及违法违规行为进行调查处理等。

价格主管部门:负责旅游市场价格行为监管,严肃查处旅游行业经营者不执行政府定价和政府指导价、不按规定明码标价、欺诈宰客、低价倾销,以及达成垄断协议、滥用市场支配地位等问题。充分发挥“12358”价格举报系统的作用,依法受理游客对价格违法行为的投诉举报,切实保护消费者合法权益,整顿规范旅游市场价格秩序等。

商务部门:发挥打击侵犯知识产权和制售假冒伪劣商品工作领导小组办公室的职能作用,协调有关成员单位,针对旅游纪念品市场侵权假冒问题,加大市场监管力度,维护消费者合法权益等。

通信主管部门:依法对电信和互联网等信息通信服务实行监管,承担互联网行业管理责任;督促电信企业和旅游互联网企业落实网络与信息安全管理责任,配合开展在线旅游网络环境和信息治理,配合处理网上虚假旅游广告信息等。

网信部门(互联网信息办公室):依法清理网上虚假旅游信息,查处发布各类误导、欺诈消费者等虚假旅游信息的违法违规网站和账号等。

民航部门:依法承担航空运输和通用航空市场监管责任;依法查处民用航空企业侵害航空消费者权益的行为,维护旅游者机票退改签的合法权益;配合旅游部门共同治理旅游不文明行为等。

(六)完善旅游法律规范体系。及时修订《旅行社条例》、《导游人员管理条例》、《中国公民出国旅游管理办法》等法规、规章和规范性文件。完善《中华人民共和国旅游法》配套制度,针对在线旅游、邮轮旅游、露营地旅游等新情况,出台具有针对性的管理规范。探索建立综合监管机构法律顾问、第三方评价等制度。

(七)健全完善旅游市场监管标准。全面推进旅游业国家标准、行业标准和地方标准的制定修订工作,尽快编制《全国旅游标准化发展规划(2016-2020年)》,建立涵盖旅游要素各领域的旅游标准体系。加快旅游新业态、新产品管理服务标准的制定,使标准化工作适应旅游监管的新要求。持续推进旅游标准化试点工作,全面提升旅游企业和从业人员的管理和服务水平。探索建立旅游标准化管理与旅游市场准入、退出相结合的制度。

(八)推进旅游市场监管随机抽查。各有关部门在各自职责范围内,规范相关市场秩序执法检查工作,提高监管效能。要配合旅游部门建立旅游市场主体分类名录库和旅游市场主体异常对象名录库,将行业市场秩序监管与各部门诚信体系建设、全国旅游市场秩序综合水平指数等工作结合起来,及时公布相关市场秩序监管情况。综合运用行政处罚、信用惩戒等措施,加大对违法失信行为的惩处力度,强化随机抽查威慑力,引导相关市场主体自觉守法。

(九)建立健全旅游诚信体系。加快建立旅游行业失信惩戒制度,建立旅游信用信息公示制度,将旅游经营服务不良信息记录与企业信用信息公示系统对接,将旅游行政主管部门对旅游企业作出的行政许可准予、变更、延续信息和行政处罚信息在企业信用信息公示系统上公示,定期公布违法违规旅游经营者和从业人员旅游经营服务不良信息记录;依托全国统一的信用信息共享交换平台,加强信息互通,建立失信企业协同监管和联合惩戒机制,使旅游失信行为人付出巨大代价。

(十)推进综合监管体制改革试点。要根据深化行政管理体制改革的精神,创新执法形式和管理机制,加快理顺旅游执法机构与政府职能部门职责关系,在2016年底前将旅游市场执法列入综合行政执法体制改革试点。

(十一)加强执法与司法相衔接。加强相关部门间的执法协作,建立旅游市场执法机构与公安机关案情通报机制,及时查处侵害旅游者权益的违法犯罪行为。主动引导旅游者通过司法、人民调解等途径解决纠纷,提升旅游者依法维权、理性消费的能力。

三、全面提高旅游市场综合监管水平

(十二)加强《中华人民共和国旅游法》普法工作。各地区、各有关部门应加强《中华人民共和国旅游法》等法律法规普法宣传教育,加强对旅游市场综合监管人员的法律法规和执法程序培训,加大对旅游从业人员的依法经营培训力度,使其准确把握法律法规主要内容,牢固树立依法兴旅、依法治旅的观念和意识,提醒广大旅游者理性消费、文明出游。

(十三)加强对旅游市场综合监管的监督。各地区、各有关部门要将旅游市场秩序整治和服务质量提升工作纳入政府质量工作考核。对接到旅游投诉举报查处不及时、不依法对旅游违法行为实施处罚的,对涉嫌犯罪案件不移送的,以及在履行监督管理职责中滥用职权、玩忽职守、徇私舞弊的,要依法依纪追究有关单位和人员的责

任;构成犯罪的,依法追究刑事责任。

（十四）严格规范旅游执法行为。各地区、各有关部门要建立健全旅游市场综合监管的长效机制,对重大处罚决定建立合法性审查机制,对旅游执法裁量权要有基准制度,进一步细化、量化行政裁量标准,合理规范裁量种类、幅度。对影响旅游市场秩序的重大事件要实行督办问责制度。

四、提高旅游市场综合监管保障能力

（十五）健全旅游市场综合监管协调机构。建立健全旅游执法机构,强化旅游质监执法队伍建设,承担全面受理旅游投诉、开展旅游服务质量现场检查和旅游行政执法工作。国家旅游局负责指定机构统一受理全国旅游投诉工作,向社会公开投诉电话,承担向有关部门或地方政府转办、跟踪、协调、督办旅游投诉处理情况的职责。各级政府要在2016年底前建立或指定统一的旅游投诉受理机构,实现机构到位、职能到位、编制到位、人员到位,根治旅游投诉渠道不畅通、互相推诿、拖延扯皮等问题。

（十六）加强旅游市场综合监管基础保障。各级政府要积极做好执法经费保障工作。利用旅游大数据开展旅游市场舆情监测分析工作,提升统计分析旅游投诉举报案件数据的水平。建立旅游市场综合监管过程记录制度,切实做到严格执法、科学执法、文明执法。

（十七）提升旅游市场综合监管能力。地方各级人民政府要加强对基层旅游市场综合监管人员的培训。所有旅游市场综合执法人员须经执法资格培训考试合格后方可执证上岗,全面提高执法能力和水平。

各地区、各有关部门要充分认识进一步加强旅游市场综合监管的重要意义,切实强化组织领导,积极抓好工作落实。国家旅游局要会同有关部门加强对本通知落实情况的监督检查,重大情况及时向国务院报告。

文化和旅游部办公厅关于进一步规范旅游市场秩序的通知

·2023年4月10日
·文旅发电〔2023〕119号

各省、自治区、直辖市文化和旅游厅（局）,新疆生产建设兵团文化体育广电和旅游局:

目前,旅游市场整体运行平稳有序,逐步呈现复苏发展的良好势头。但"不合理低价游"、导游辱骂游客、强迫购物等现象有所抬头,严重干扰正常市场秩序,严重影响旅游业整体形象。在旅游市场恢复发展的关键时期,亟需加强市场秩序综合治理,保障游客合法权益,有效增强市场预期。为规范旅游市场秩序,促进旅行社高质量发展,现将有关事项通知如下:

一、统一思想,充分认识深化市场秩序治理的重要意义

市场秩序关乎旅游业的生命力,与旅游企业和从业人员切身利益密切相关,对增强旅游消费信心、维护目的地政府形象至关重要。各地要统一思想,充分认识到当前及今后一段时间是推动行业高质量发展的起步阶段和关键时期,良好的市场秩序是旅游业高质量发展的基础。各地要按照2023年全国文化和旅游市场管理工作会议部署,扎实开展旅游市场秩序整治,集中打击高频违法经营行为,坚决遏制"不合理低价游"苗头和市场乱象扩散势头,着力提升旅游服务质量,为游客营造好放心、安心、舒心的出行环境。

二、突出重点,严厉打击干扰市场秩序的违法违规行为

（一）规范旅行社经营行为

旅行社是推动旅游业高质量发展的重要市场主体,规范旅行社经营是旅游市场治理的关键环节。旅行社要严格落实"一团一报"制度,遵守入出境团队旅游政策,对不按照要求填报的,按照《旅行社条例》相关规定予以处罚。旅行社要与游客规范签订旅游合同,推广应用电子合同,不得擅自变更行程。旅行社要使用合格供应商,选择当地居民惯常消费场所,所售商品应质价相符,畅通退货渠道。组团社要切实承担旅游安全保障责任,受组团社委托的旅行社要做好宣传、招徕等环节的代理事项,明确委托代理关系和责任承担,避免推诿扯皮,损害游客权益。在地接过程中发生欺骗强迫购物等现象的,一并查处、追究组团社责任。

（二）提升导游服务质量

导游是旅游服务链条中与游客接触最为密切的环节,导游服务水平直接影响游客消费体验和旅游消费环境。各地要按照《加强导游队伍建设和管理工作行动方案（2021—2023年）》要求,严格规范导游执业行为,净化导游执业环境。要求旅行社等用人单位加强内部管理,依法向导游支付劳动报酬,不得收取押金、管理费等不合理费用。要加强导游业务培训,提升导游综合素质与服务质量,树牢"诚信为本、服务至诚"理念,规范提供导游服务。

（三）严厉打击"不合理低价游"等市场乱象

"不合理低价游"是影响旅游市场秩序的顽疾和毒瘤,严重制约行业高质量发展。各地要对"不合理低价游"等市场乱象保持露头就打的高压态势,开展旅游市场秩序整治,重点打击"不合理低价游",导游强迫或变相强迫购物、兜售物品,未经许可经营旅行社业务等行为。要查处一批严重扰乱市场秩序的违法违规行为,发布一批整治旅游市场秩序的典型案例,曝光一批影响行业形象的旅游企业和从业人员。文化和旅游部将对重点案件挂账督办,对市场秩序治理不力的地区开展现场督查督办。

（四）丰富行业监管手段

各地要推进旅行社信用监管,集中有限监管资源,重点监管失信企业和高风险企业。依法对符合条件的失信主体"应认定尽认定",增强信用监管震慑力。综合运用行政约谈、行政指导、游客满意度调查等手段,加强对旅行社经营和导游执业行为的事中监管力度。要用好全国旅游监管服务平台功能,发挥电子合同在"不合理低价游"治理中的监测和预警作用,通过全国导游之家 APP 记录执业轨迹,对擅自变更旅游行程等行为强化事中监管。

（五）妥善处理涉旅纠纷舆情

各地要加强舆论风险研判,针对游客和社会反映强烈的导游辱骂游客、欺诈强迫购物乃至中途甩团等问题,依法依规从严从快处理,强化舆论正向引导。要建立舆情监测和迅速响应机制,畅通举报投诉渠道,提升处理效率。对处理不及时、引发舆情关注或群体事件行为的,要严肃追究责任。

三、强化保障,确保市场秩序治理各项工作落到实处

（一）加强组织领导

旅游市场秩序治理情况将纳入当年政府质量工作考核。各地要强化责任担当,对照重点工作,加强组织领导,确保各项要求不折不扣落到实处。各地要按照属地管理原则,压实企业主体责任,建立工作机制,制定实施方案,明确责任人和部门,常态化、制度化、长效化规范旅游市场秩序。

（二）推动部门协同

各地文化和旅游部门要与市场监管、公安、交通等部门积极协作,形成工作合力,建立健全联合会商、联合约谈、执法协作等协同监管工作机制。

（三）加强宣传引导

各地要充分发挥行业协会作用,鼓励地方旅游行业协会公布旅游产品参考价格,主动提升服务品质。引导游客警惕明显低于正常价格的旅游产品,自觉抵制"不合理低价游",提倡安全、文明、理性消费。

特此通知。

国家旅游局关于打击旅游活动中欺骗、强制购物行为的意见

· 2015 年 9 月 29 日
· 旅发〔2015〕217 号

各省、自治区、直辖市旅游委、局,新疆生产建设兵团旅游局:

购物是旅游活动的重要组成部分,是规范旅游市场秩序的关键环节。"欺骗、强制旅游购物"已严重损害旅游者权益,深为人民群众诟病。为进一步明确旅行社及从业人员、购物场所和旅游者的责任和义务,大力整治"欺骗、强制旅游购物",现提出以下意见。

一、"欺骗、强制旅游购物"行为的认定

有以下行为之一,可被认定为"欺骗、强制旅游购物":一是旅行社未经旅游者书面同意,安排购物的;二是旅行社、导游领队对旅游者进行人身威胁、恐吓等行为强迫旅游者购物的;三是旅行社、导游领队安排的购物场所属于非法营业或者未向社会公众开放的;四是旅行社、导游领队安排的购物场所销售商品掺杂、掺假,以假充真、以次充好,以不合格产品冒充合格产品的;五是旅行社、导游领队明知或者应知安排的购物场所的经营者有严重损害旅游者权益记录的;六是旅行社、导游领队收取购物场所经营者回扣等不正当利益的;七是购物场所经营者存在《消费者权益保护法》第五十六条规定情形的;八是法律、法规规定的旅行社、导游领队及购物场所经营者通过安排购物损害旅游者合法权益的其他行为。

二、对"欺骗、强制旅游购物"违法行为的处罚处理标准

各级旅游部门按以下标准依法对"欺骗、强制旅游购物"违法行为进行处罚处理:

（一）对旅行社的处罚处理:一是没收违法所得,责令停业整顿三个月,情节严重的,吊销旅行社业务经营许可证;二是处三十万元罚款,违法所得三十万元以上的,处违法所得五倍罚款;三是列入旅游经营服务不良信息,并转入旅游经营服务信用档案,向社会公布。

（二）对旅行社相关责任人的处罚处理:一是对直接负责主管人员和其他直接责任人员,没收违法所得,处二万元罚款;二是被吊销旅行社业务经营许可证的旅行社法人代表和主要管理人员,自处罚之日起未逾三年的,不得从事旅行社业务;三是列入旅游经营服务不良信息,并转入旅游经营服务信用档案,向社会予以公布。

（三）对导游、领队的处罚处理:一是没收违法所得,

处二万罚款,并吊销导游证、领队证;二是被吊销导游证、领队证的导游、领队,自处罚之日起未逾三年的,不得重新申请导游证、领队证;三是列入旅游经营服务不良信息,并转入旅游经营服务信用档案,向社会予以公布。

(四)对购物场所及其经营者的处理:一是列入旅游经营服务不良信息,并转入旅游经营服务信用档案,向社会予以公布;二是要求旅行社及其从业人员不得带旅游者进入被列入旅游经营服务信用档案名单的购物场所;三是依法移送公安、工商等相关部门。

三、工作要求

(一)各地要督促旅行社诚信经营、提升品质,加强部门和分支机构及导游领队的管理,审慎选择购物场所,并与其签订合同,明确产品服务质量及责任,抵制"欺骗、强制旅游购物"行为,使用国家旅游局与国家工商总局制定的合同范本,载明旅游购物场所的基本信息,提示可能存在的消费风险。

(二)各地要加大对导游领队的培训教育,引导广大导游领队用辛勤劳动、诚实劳动创造美好生活,自觉提高自身素质和服务水平,主动举报旅行社、购物场所的"欺骗、强制旅游购物"行为。

(三)各地要通过媒体合作,加大对旅游者的宣传教育,引导旅游者理性消费、理性维权,与旅行社签订正规的旅游合同,拒绝签订旅行社提供的虚假旅游合同,主动索要团费和购物发票,积极举报旅行社、导游领队、购物场所经营者的违法违规行为。

(四)各级旅游部门要严格执行意见要求,要针对问题多发的旅游市场,加大对"欺骗、强制旅游购物"的打击力度,主动协调公安、工商、商务等部门,加强联合执法,共同净化旅游购物环境,推动旅游业可持续发展。

(九)旅游纠纷解决

旅游投诉处理办法

· 2010 年 5 月 5 日国家旅游局令第 32 号公布
· 自 2010 年 7 月 1 日起施行

第一章　总　则

第一条　为了维护旅游者和旅游经营者的合法权益,依法公正处理旅游投诉,依据《中华人民共和国消费者权益保护法》、《旅行社条例》、《导游人员管理条例》和《中国公民出国旅游管理办法》等法律、法规,制定本办法。

第二条　本办法所称旅游投诉,是指旅游者认为旅游经营者损害其合法权益,请求旅游行政管理部门、旅游质量监督管理机构或者旅游执法机构(以下统称"旅游投诉处理机构"),对双方发生的民事争议进行处理的行为。

第三条　旅游投诉处理机构应当在其职责范围内处理旅游投诉。

地方各级旅游行政主管部门应当在本级人民政府的领导下,建立、健全相关行政管理部门共同处理旅游投诉的工作机制。

第四条　旅游投诉处理机构在处理旅游投诉中,发现被投诉人或者其从业人员有违法或犯罪行为的,应当按照法律、法规和规章的规定,作出行政处罚、向有关行政管理部门提出行政处罚建议或者移送司法机关。

第二章　管　辖

第五条　旅游投诉由旅游合同签订地或者被投诉人所在地县级以上地方旅游投诉处理机构管辖。

需要立即制止、纠正被投诉人的损害行为的,应当由损害行为发生地旅游投诉处理机构管辖。

第六条　上级旅游投诉处理机构有权处理下级旅游投诉处理机构管辖的投诉案件。

第七条　发生管辖争议的,旅游投诉处理机构可以协商确定,或者报请共同的上级旅游投诉处理机构指定管辖。

第三章　受　理

第八条　投诉人可以就下列事项向旅游投诉处理机构投诉:

(一)认为旅游经营者违反合同约定的;

(二)因旅游经营者的责任致使投诉人人身、财产受到损害的;

(三)因不可抗力、意外事故致使旅游合同不能履行或者不能完全履行,投诉人与被投诉人发生争议的;

(四)其他损害旅游者合法权益的。

第九条　下列情形不予受理:

(一)人民法院、仲裁机构、其他行政管理部门或者社会调解机构已经受理或者处理的;

(二)旅游投诉处理机构已经作出处理,且没有新情况、新理由的;

(三)不属于旅游投诉处理机构职责范围或者管辖范围的;

(四)超过旅游合同结束之日 90 天的;

(五)不符合本办法第十条规定的旅游投诉条件的;

(六)本办法规定情形之外的其他经济纠纷。

属于前款第(三)项规定的情形的,旅游投诉处理机构应当及时告知投诉人向有管辖权的旅游投诉处理机构或者有关行政管理部门投诉。

第十条　旅游投诉应当符合下列条件:

(一)投诉人与投诉事项有直接利害关系;

(二)有明确的被投诉人、具体的投诉请求、事实和理由。

第十一条　旅游投诉一般应当采取书面形式,一式两份,并载明下列事项:

(一)投诉人的姓名、性别、国籍、通讯地址、邮政编码、联系电话及投诉日期;

(二)被投诉人的名称、所在地;

(三)投诉的要求、理由及相关的事实根据。

第十二条　投诉事项比较简单的,投诉人可以口头投诉,由旅游投诉处理机构进行记录或者登记,并告知被投诉人;对于不符合受理条件的投诉,旅游投诉处理机构可以口头告知投诉人不予受理及其理由,并进行记录或者登记。

第十三条　投诉人委托代理人进行投诉活动的,应当向旅游投诉处理机构提交授权委托书,并载明委托权限。

第十四条　投诉人4人以上,以同一事由投诉同一被投诉人的,为共同投诉。

共同投诉可以由投诉人推选1至3名代表进行投诉。代表人参加旅游投诉处理机构处理投诉过程的行为,对全体投诉人发生效力,但代表人变更、放弃投诉请求或者进行和解,应当经全体投诉人同意。

第十五条　旅游投诉处理机构接到投诉,应当在5个工作日内作出以下处理:

(一)投诉符合本办法的,予以受理;

(二)投诉不符合本办法的,应当向投诉人送达《旅游投诉不予受理通知书》,告知不予受理的理由;

(三)依照有关法律、法规和本办法规定,本机构无管辖权的,应当以《旅游投诉转办通知书》或者《旅游投诉转办函》,将投诉材料转交有管辖权的旅游投诉处理机构或者其他有关行政管理部门,并书面告知投诉人。

第四章　处　理

第十六条　旅游投诉处理机构处理旅游投诉,除本办法另有规定外,实行调解制度。

旅游投诉处理机构应当在查明事实的基础上,遵循自愿、合法的原则进行调解,促使投诉人与被投诉人相互谅解,达成协议。

第十七条　旅游投诉处理机构处理旅游投诉,应当立案办理,填写《旅游投诉立案表》,并附有关投诉材料,在受理投诉之日起5个工作日内,将《旅游投诉受理通知书》和投诉书副本送达被投诉人。

对于事实清楚、应当即时制止或者纠正被投诉人损害行为的,可以不填写《旅游投诉立案表》和向被投诉人送达《旅游投诉受理通知书》,但应当对处理情况进行记录存档。

第十八条　被投诉人应当在接到通知之日起10日内作出书面答复,提出答辩的事实、理由和证据。

第十九条　投诉人和被投诉人应当对自己的投诉或者答辩提供证据。

第二十条　旅游投诉处理机构应当对双方当事人提出的事实、理由及证据进行审查。

旅游投诉处理机构认为有必要收集新的证据,可以根据有关法律、法规的规定,自行收集或者召集有关当事人进行调查。

第二十一条　需要委托其他旅游投诉处理机构协助调查、取证的,应当出具《旅游投诉调查取证委托书》,受委托的旅游投诉处理机构应当予以协助。

第二十二条　对专门性事项需要鉴定或者检测的,可以由当事人双方约定的鉴定或者检测部门鉴定。没有约定的,当事人一方可以自行向法定鉴定或者检测机构申请鉴定或者检测。

鉴定、检测费用按双方约定承担。没有约定的,由鉴定、检测申请方先行承担;达成调解协议后,按调解协议承担。

鉴定、检测的时间不计入投诉处理时间。

第二十三条　在投诉处理过程中,投诉人与被投诉人自行和解的,应当将和解结果告知旅游投诉处理机构;旅游投诉处理机构在核实后应当予以记录并由双方当事人、投诉处理人员签名或者盖章。

第二十四条　旅游投诉处理机构受理投诉后,应当积极安排当事人双方进行调解,提出调解方案,促成双方达成调解协议。

第二十五条　旅游投诉处理机构应当在受理旅游投诉之日起60日内,作出以下处理:

(一)双方达成调解协议的,应当制作《旅游投诉调解书》,载明投诉请求、查明的事实、处理过程和调解结果,由当事人双方签字并加盖旅游投诉处理机构印章;

(二)调解不成的,终止调解,旅游投诉处理机构应当向双方当事人出具《旅游投诉终止调解书》。

调解不成的，或者调解书生效后没有执行的，投诉人可以按照国家法律、法规的规定，向仲裁机构申请仲裁或者向人民法院提起诉讼。

第二十六条　在下列情形下，经旅游投诉处理机构调解，投诉人与旅行社不能达成调解协议的，旅游投诉处理机构应当做出划拨旅行社质量保证金赔偿的决定，或向旅游行政管理部门提出划拨旅行社质量保证金的建议：

（一）旅行社因解散、破产或者其他原因造成旅游者预交旅游费用损失的；

（二）因旅行社中止履行旅游合同义务、造成旅游者滞留，而实际发生了交通、食宿或返程等必要及合理费用的。

第二十七条　旅游投诉处理机构应当每季度公布旅游者的投诉信息。

第二十八条　旅游投诉处理机构应当使用统一规范的旅游投诉处理信息系统。

第二十九条　旅游投诉处理机构应当为受理的投诉制作档案并妥善保管相关资料。

第三十条　本办法中有关文书式样，由国家旅游局统一制定。

第五章　附　则

第三十一条　本办法由国家旅游局负责解释。

第三十二条　本办法自 2010 年 7 月 1 日起施行。《旅行社质量保证金暂行规定》、《旅行社质量保证金暂行规定实施细则》、《旅行社质量保证金赔偿暂行办法》同时废止。

最高人民法院关于审理旅游纠纷案件适用法律若干问题的规定

· 2010 年 9 月 13 日最高人民法院审判委员会第 1496 次会议通过
· 根据 2020 年 12 月 23 日最高人民法院审判委员会第 1823 次会议通过的《最高人民法院关于修改〈最高人民法院关于在民事审判工作中适用《中华人民共和国工会法》若干问题的解释〉等二十七件民事类司法解释的决定》修正
· 2020 年 12 月 29 日最高人民法院公告公布
· 该修正自 2021 年 1 月 1 日起施行
· 法释〔2020〕17 号

为正确审理旅游纠纷案件，依法保护当事人合法权益，根据《中华人民共和国民法典》《中华人民共和国消费者权益保护法》《中华人民共和国旅游法》《中华人民共和国民事诉讼法》等有关法律规定，结合民事审判实践，制定本规定。

第一条　本规定所称的旅游纠纷，是指旅游者与旅游经营者、旅游辅助服务者之间因旅游发生的合同纠纷或者侵权纠纷。

"旅游经营者"是指以自己的名义经营旅游业务，向公众提供旅游服务的人。

"旅游辅助服务者"是指与旅游经营者存在合同关系，协助旅游经营者履行旅游合同义务，实际提供交通、游览、住宿、餐饮、娱乐等旅游服务的人。

旅游者在自行旅游过程中与旅游景点经营者因旅游发生的纠纷，参照适用本规定。

第二条　以单位、家庭等集体形式与旅游经营者订立旅游合同，在履行过程中发生纠纷，除集体以合同一方当事人名义起诉外，旅游者个人提起旅游合同纠纷诉讼的，人民法院应予受理。

第三条　因旅游经营者方面的同一原因造成旅游者人身损害、财产损失，旅游者选择请求旅游经营者承担违约责任或者侵权责任的，人民法院应当根据当事人选择的案由进行审理。

第四条　因旅游辅助服务者的原因导致旅游经营者违约，旅游者仅起诉旅游经营者的，人民法院可以将旅游辅助服务者追加为第三人。

第五条　旅游经营者已投保责任险，旅游者因保险责任事故仅起诉旅游经营者的，人民法院可以应当事人的请求将保险公司列为第三人。

第六条　旅游经营者以格式条款、通知、声明、店堂告示等方式作出排除或者限制旅游者权利、减轻或者免除旅游经营者责任、加重旅游者责任等对旅游者不公平、不合理的规定，旅游者依据消费者权益保护法第二十六条的规定请求认定该内容无效的，人民法院应予支持。

第七条　旅游经营者、旅游辅助服务者未尽到安全保障义务，造成旅游者人身损害、财产损失，旅游者请求旅游经营者、旅游辅助服务者承担责任的，人民法院应予支持。

因第三人的行为造成旅游者人身损害、财产损失，由第三人承担责任；旅游经营者、旅游辅助服务者未尽安全保障义务，旅游者请求其承担相应补充责任的，人民法院应予支持。

第八条　旅游经营者、旅游辅助服务者对可能危及旅游者人身、财产安全的旅游项目未履行告知、警示义务，造成旅游者人身损害、财产损失，旅游者请求旅游经营者、旅游辅助服务者承担责任的，人民法院应予支持。

旅游者未按旅游经营者、旅游辅助服务者的要求提供与旅游活动相关的个人健康信息并履行如实告知义务，或者不听从旅游经营者、旅游辅助服务者的告知、警示，参加不适合自身条件的旅游活动，导致旅游过程中出现人身损害、财产损失，旅游者请求旅游经营者、旅游辅助服务者承担责任的，人民法院不予支持。

第九条　旅游经营者、旅游辅助服务者以非法收集、存储、使用、加工、传输、买卖、提供、公开等方式处理旅游者个人信息，旅游者请求其承担相应责任的，人民法院应予支持。

第十条　旅游经营者将旅游业务转让给其他旅游经营者，旅游者不同意转让，请求解除旅游合同、追究旅游经营者违约责任的，人民法院应予支持。

旅游经营者擅自将其旅游业务转让给其他旅游经营者，旅游者在旅游过程中遭受损害，请求与其签订旅游合同的旅游经营者和实际提供旅游服务的旅游经营者承担连带责任的，人民法院应予支持。

第十一条　除合同性质不宜转让或者合同另有约定之外，在旅游行程开始前的合理期间内，旅游者将其在旅游合同中的权利义务转让给第三人，请求确认转让合同效力的，人民法院应予支持。

因前款所述原因，旅游经营者请求旅游者、第三人给付增加的费用或者旅游者请求旅游经营者退还减少的费用的，人民法院应予支持。

第十二条　旅游行程开始前或者进行中，因旅游者单方解除合同，旅游者请求旅游经营者退还尚未实际发生的费用，或者旅游经营者请求旅游者支付合理费用的，人民法院应予支持。

第十三条　签订旅游合同的旅游经营者将其部分旅游业务委托旅游目的地的旅游经营者，因受托方未尽旅游合同义务，旅游者在旅游过程中受到损害，要求作出委托的旅游经营者承担赔偿责任的，人民法院应予支持。

旅游经营者委托除前款规定以外的人从事旅游业务，发生旅游纠纷，旅游者起诉旅游经营者的，人民法院应予受理。

第十四条　旅游经营者准许他人挂靠其名下从事旅游业务，造成旅游者人身损害、财产损失，旅游者依据民法典第一千一百六十八条的规定请求旅游经营者与挂靠人承担连带责任的，人民法院应予支持。

第十五条　旅游经营者违反合同约定，有擅自改变旅游行程、遗漏旅游景点、减少旅游服务项目、降低旅游

服务标准等行为，旅游者请求旅游经营者赔偿未完成约定旅游服务项目等合理费用的，人民法院应予支持。

旅游经营者提供服务时有欺诈行为，旅游者依据消费者权益保护法第五十五条第一款规定请求旅游经营者承担惩罚性赔偿责任的，人民法院应予支持。

第十六条　因飞机、火车、班轮、城际客运班车等公共客运交通工具延误，导致合同不能按照约定履行，旅游者请求旅游经营者退还未实际发生的费用的，人民法院应予支持。合同另有约定的除外。

第十七条　旅游者在自行安排活动期间遭受人身损害、财产损失，旅游经营者未尽到必要的提示义务、救助义务，旅游者请求旅游经营者承担相应责任的，人民法院应予支持。

前款规定的自行安排活动期间，包括旅游经营者安排的在旅游行程中独立的自由活动期间、旅游者不参加旅游行程的活动期间以及旅游者经导游或者领队同意暂时离队的个人活动期间等。

第十八条　旅游者在旅游行程中未经导游或者领队许可，故意脱离团队，遭受人身损害、财产损失，请求旅游经营者赔偿损失的，人民法院不予支持。

第十九条　旅游经营者或者旅游辅助服务者为旅游者代管的行李物品损毁、灭失，旅游者请求赔偿损失的，人民法院应予支持，但下列情形除外：

（一）损失是由于旅游者未听从旅游经营者或者旅游辅助服务者的事先声明或者提示，未将现金、有价证券、贵重物品由其随身携带而造成的；

（二）损失是由于不可抗力造成的；

（三）损失是由于旅游者的过错造成的；

（四）损失是由于物品的自然属性造成的。

第二十条　旅游者要求旅游经营者返还下列费用的，人民法院应予支持：

（一）因拒绝旅游经营者安排的购物活动或者另行付费的项目被增收的费用；

（二）在同一旅游行程中，旅游经营者提供相同服务，因旅游者的年龄、职业等差异而增收的费用。

第二十一条　旅游经营者因过错致其代办的手续、证件存在瑕疵，或者未尽妥善保管义务而遗失、毁损，旅游者请求旅游经营者补办或者协助补办相关手续、证件并承担相应费用的，人民法院应予支持。

因上述行为影响旅游行程，旅游者请求旅游经营者退还尚未发生的费用、赔偿损失的，人民法院应予支持。

第二十二条　旅游经营者事先设计，并以确定的总

价提供交通、住宿、游览等一项或者多项服务,不提供导游和领队服务,由旅游者自行安排游览行程的旅游过程中,旅游经营者提供的服务不符合合同约定,侵害旅游者合法权益,旅游者请求旅游经营者承担相应责任的,人民法院应予支持。

第二十三条　本规定施行前已经终审,本规定施行后当事人申请再审或者按照审判监督程序决定再审的案件,不适用本规定。

· 典型案例

最高人民法院发布 5 件人民法院依法审理旅游纠纷典型案例①

（2024 年 9 月 30 日）

案例一:张某与峨眉山管委会健康权纠纷案

【基本案情】

2017 年 8 月,张某听闻峨眉山的猴子活泼可爱,与人亲近,专程来到峨眉山景区观猴,不顾游客应与猴子保持安全距离的警示要求,进入猴子聚集区逗猴、喂猴,不慎被猴子抓伤。在接受峨眉山风景名胜区管理委员会(以下简称"峨眉山管委会")工作人员救护后,张某拨打四川省峨眉山市人民法院旅游环保法庭(以下简称"峨眉山旅游环保法庭")的旅游纠纷热线电话,要求峨眉山管委会对其进行赔偿。峨眉山旅游环保法庭工作人员接到电话后迅速到达现场,向双方当事人释法说理,开展调解工作。

【调解结果】

峨眉山旅游环保法庭认为,根据《中华人民共和国侵权法》第 37 条(现《中华人民共和国民法典》第 1198 条)规定,公共场所的经营者、管理者负有安全保障义务,未尽到安全保障义务造成他人损害的,应当承担侵权责任。同时,安全保障义务应当控制在合理限度范围内。案涉景区内的野生猴子可以与游客较为自由地接触,景区在游客人身、财产安全方面应当承担更高程度的保障义务。峨眉山管委会虽然设置了栏杆、警示标语等,但并未完全尽到安全保障义务。张某未遵守景区关于保持安全距离的警示要求,进入猴子聚集区逗猴、喂猴,也未完全尽到相应注意义务。同时考虑到张某仅需接种疫苗,不构成伤残等级,由峨眉山管委会补偿张某疫苗费用 1000 元。

【典型意义】

本案是释法明理诉前化解旅游纠纷的典型案例。景区经营者、管理者对景区内可能发生的危险和损害应当有充分的预见性,全面履行通知、排查、告知、提醒、注意等义务,保障游客的人身或财产安全免受侵害,否则应当承担相应责任。游客作为自身安全注意义务的第一责任人,进入景区后应当自觉遵守安全管理制度,文明旅游、安全旅游,不主动挑逗、攻击或伤害景区内的野生动物,避免发生意外,否则亦应当承担相应责任。在妥善化解该案纠纷后,峨眉山旅游环保法庭依法延伸司法职能,推动峨眉山管委会进一步完善安全保障措施,制定《峨眉山景区陆生野生动物保护管理暨致害补偿暂行办法》,并充分运用联席会议等机制,加强与峨眉山管委会常态化协同配合。经过共同努力,峨眉山风景名胜区连续五年实现野生动物伤人纠纷"零起诉",真正实现了"无讼"5A 级景区的要求。

案例二:朱某欣诉某旅游公司违反安全保障义务责任纠纷案

【基本案情】

2020 年 5 月 31 日,朱某欣向某旅游公司购买门票,并于当日参加"摇摆桥"项目。在该项目进行过程中,某旅游公司的工作人员摇晃桥面,朱某欣从摆桥上摔落、受伤。经医院诊断,朱某欣左肱骨髁上髁间粉碎性骨折,共住院 13 天。经鉴定,朱某欣的损伤及目前后遗症评定为九级伤残。朱某欣向人民法院起诉,请求判令某旅游公司赔偿医疗费等经济损失。

【裁判结果】

福建省东山县人民法院一审认为,案涉"摇摆桥"项目具有危险性,某旅游公司作为"摇摆桥"的经营管理者,对项目参与者负有更高程度的安全保障义务;项目参与者也应当充分评估案涉项目的危险性,对自身安全负有更高程度的注意义务。某旅游公司虽然设置了提示该项目危险性的警示牌,并采取了裹置软质橡胶等防摔伤、撞伤等保护措施,但仍未对参与者提供充分有效的安全保障,且某旅游公司工作人员存在过度摇晃桥面情形,应当承担主要责任。朱某欣作为完全民事行为能力人,未对自身安全尽

---

① 案例来源:人民法院依法审理旅游纠纷典型案例,中华人民共和国最高人民法院,载 https://www.court.gov.cn/zixun/xiangqing/444371.html,最后访问日期 2024 年 12 月 27 日。

到必要的注意义务,对事故发生也存在一定过错,应当承担次要责任。综合考虑,酌定某旅游公司对案涉事故承担80%的责任,朱某欣对案涉事故承担20%的责任,判决某旅游公司赔偿朱某欣经济损失共计299754.34元。宣判后,朱某欣、某旅游公司均提出上诉。二审维持原判。

【典型意义】

本案是旅游经营者因未完全尽到安全保障义务而根据其过错程度承担责任的典型案例。案涉"摇摆桥"系多人站在吊桥上来回摇晃桥体而达到娱乐效果的游乐设施,出现摔倒、碰撞的可能性较高,具有一定危险性,其经营者负有更高的安全保障义务和审慎注意义务,应当承担更高的风险告知责任与危险防范救助责任。人民法院坚持"治已病"和"防未病"两手抓,在案件审理中依法厘清相关主体的责任边界,在判决生效后及时向旅游经营者发出司法建议,引导其及时增配安保人员,完善项目风险说明和安全保护措施,有效降低事故发生风险。本案是法治护航旅游业高质量发展的生动司法实践,对于引导旅游经营者强化安全保障义务、旅游者提升自身安全意识,具有借鉴意义。

案例三:胡某某诉某旅游公司旅游合同纠纷案

【基本案情】

2019年9月19日,胡某某到某旅游公司试营业的某市胡杨林游玩时,租赁景区内的沙滩摩托车骑行,但某旅游公司工作人员未告知胡某某禁行路线等安全事项。胡某某在驾驶沙滩摩托车过程中,从断崖处摔落、受伤。胡某某向人民法院起诉,请求判令某旅游公司赔偿医疗费、护理费等费用。

【裁判结果】

青海省格尔木市人民法院一审认为,对于具有一定危险性的旅游项目,旅游经营者应当详尽地向游客告知注意事项及可能存在的危险,使游客对该旅游项目特别是可能发生的危险有全面了解。在胡某某骑行前,某旅游公司工作人员未详尽告知安全注意事项,未明确骑行路线,致使胡某某对该项目的潜在危险和安全注意事项未能充分了解,最终坠崖受伤,某旅游公司应当承担全部责任。判决某旅游公司赔偿胡某某各项损失288231.2元。宣判后,某旅游公司提出上诉。二审维持原判。

【典型意义】

本案是旅游经营者因未尽到安全保障义务而承担全部责任的典型案例。旅游景区提供的项目服务应当符合保障旅游者人身、财产安全的要求,在项目服务过程中应以明示方式详细告知游客安全须知,并及时排查风险隐患,确保尽到安全保障义务。特别是对于高风险旅游项

目,旅游经营者应当承担更高的安全保障义务。本案对于旅游经营者强化安全风险意识、依法全面履行安全保障义务,促进文旅项目持续健康发展,具有警示意义。

案例四:江某卫等诉某旅游公司经营场所、公共场所的经营者、管理者责任纠纷案

【基本案情】

2022年8月20日,江某卫及其妻徐某仙携家属一行多人至浙江省江山市某景区溯溪郊游,但未购买门票。活动中,徐某仙坠崖身亡,坠亡地点不在景区游览线路范围内。江某卫、徐某仙的亲属认为,江某卫、徐某仙一行在某旅游公司开发经营的景区开展户外活动,由于景区管理不善、设施常年失修、警示标志缺失,导致意外事故发生,且无法得到及时救治,向人民法院起诉,请求判令旅游公司承担赔偿责任。

【裁判结果】

浙江省江山市人民法院一审认为,徐某仙一行未购票私自进入景区,未与经营、管理事发景区的旅游公司形成旅游服务合同关系。从公安机关勘验记录以及现场查勘情况看,徐某仙的坠亡地点位于溪谷险要、人迹罕至之处,无可通行道路或野路,远离景区正常游览范围。旅游公司不存在景区设施维护不到位、未设立禁止区域情形。溯溪系风险性较高的户外活动,活动参与者自身应当充分认识、预判并妥善管控风险。故判决驳回原告的诉讼请求。该判决已生效。

【典型意义】

本案系旅游经营者已尽到安全保障义务而不承担责任的典型案例。近年来,溯溪、跳潭、瀑降、漂流等小众野外运动热度飙升,但由于活动区域、形式的特殊性,此类户外活动往往具有较高风险,如果在没有充分准备、缺乏安全保护的情况下盲目"打卡"所谓网红线路尤其是野生线路,容易酿成险情。本案中,人民法院严格公正适用法律规定,依法判决已尽到安全保障义务的公共区域管理者不承担赔偿责任,有助于引导户外活动参与者树牢"个人是自身安全注意义务的第一责任人"的价值理念,强化自我保护意识;同时对于明晰安全保障责任边界,促进景区加强管理,具有积极意义。

案例五:广西壮族自治区桂林市人民检察院诉晋某等三人生态破坏民事公益诉讼案

【基本案情】

2021年10月5日,晋某约宋某琳、吕某琪前往国家5A级景区漓江风景名胜区核心景区内的大面山山顶露

营。当晚,三人使用了燃气炉并燃放仙女棒玩耍。随后,晋某站到观景平台的阶梯处点燃其携带的"铁棉花"(钢丝棉烟花)挥舞给宋某琳、吕某琪观看,造成火星飞溅,引燃地面植被,致失火烧毁景区内重点公益林 1.1255 公顷。经委托,桂林市某林业设计院作出《植被恢复方案》,植被修复工程总投资为 140224.64 元,评估费用 30000 元。经鉴定,此次失火造成的生态环境受到损害至修复完成期间服务功能丧失导致的损失约为 38721.5 元,鉴定费用 2000元。广西壮族自治区桂林市人民检察院提起生态破坏民事公益诉讼,请求判令晋某等三人连带承担上述费用。

【裁判结果】

广西壮族自治区桂林市中级人民法院一审认为,晋某等三人具备完全民事行为能力,其在国家 5A 级景区漓江风景名胜区核心景区内的大面山山顶露营时违规野外用火导致失火烧毁森林重点公益林,对生态环境资源造成损害,侵害了社会公共利益,应对生态环境修复及生态环境受到损害至修复完成期间服务功能丧失导致的损失承担民事责任。晋某等三人具有违规野外用火的共同意思联络,其间未相互提醒、制止,进而引发山火,应当承担连带责任。综合考虑三人的主观过错程度、损害原因力大小等因素,认定晋某的过错明显大于吕某琪、宋某琳,应当承担主要责任。判决晋某等三人对各项损失和费用 210946.14元共同承担连带清偿责任;在内部责任份额中晋某承担60%,吕某琪、宋某琳各承担 20%。宣判后,晋某等三人均提出上诉。二审维持原判。

【典型意义】

本案系游客因造成生态环境破坏而承担民事责任的典型案例。旅游者在景区游玩时应当自觉保护景区的自然资源和生态环境,杜绝违规野外用火等可能造成生态环境受损的危险行为。与一般景区相比,国家重点风景名胜区承载着更大的生态环境功能价值,旅游者负有更高的生态环境保护义务。本案晋某等三人造成失火的行为尚不构成犯罪,未被刑事追诉,但不影响其依法承担民事责任。人民法院依法支持检察机关提起的民事公益诉讼,判令晋某等三人承担相应的修复、赔偿责任,有效保护了生态环境、自然资源和公共利益。同时,在依法认定三人承担连带责任基础上,对其内部责任作进一步划分,既有利于一次性解决纠纷,亦可引导同行旅游者履行相互提醒、规劝等注意义务,提升生态环境保护自觉性。

三、人大代表、政协委员建议提案答复

文化和旅游部对十四届全国人大一次会议第 1951 号建议的答复

——关于加强对非遗传承人培育和激励政策的建议

· 2023 年 8 月 24 日

· 文旅非遗函〔2023〕307 号

您提出的《关于加强对非遗传承人培育和激励政策的建议》收悉,经商教育部,现答复如下:

非物质文化遗产(以下简称"非遗")是中华优秀传统文化的重要组成部分。保护好、传承好、弘扬好非遗,对于延续历史文脉、坚定文化自信、推动文明交流互鉴、建设社会主义文化强国具有重要意义。党的十八大以来,习近平总书记对非遗保护工作作出系列重要指示批示,强调党中央支持扶持非遗,要着力培养好传承人,一代代接下来、传下去,让非遗绽放更加迷人的光彩。您提出的关于加强对非遗传承人培育和激励的建议,对于进一步完善非遗代表性传承人名录体系,加强非遗传承后续人才队伍建设,具有重要参考价值。

一、关于完善非遗传承人评价机制

代表性传承人是非遗的重要承载者和传递者,掌握着非遗的丰富知识和精湛技艺,是非遗活态传承的代表性人物。2019 年,我部出台了《国家级非物质文化遗产代表性传承人认定与管理办法》(文化和旅游部令第 3 号,以下简称《办法》),从指导思想、工作原则、认定条件和程序、传承活动开展、动态管理等方面作出了规定。《办法》从传承义务、支持措施、表彰奖励、评估工作、取消资格等方面,建立了比较完备的国家级非遗代表性传承人评价机制。文化和旅游部门采取提供必要的传承场所、必要的经费资助等措施支持国家级非遗代表性传承人开展授徒、传艺、交流活动;对作出突出贡献的国家级非遗代表性传承人予以表彰和奖励;每年组织开展传承义务履行和传习补助经费使用情况评估工作,评估结果作为享有国家级非遗代表性传承人资格、给予传习补助的主要依据;对违反有关规定或者自愿放弃的,按程序取消国家级非遗代表性传承人资格,并予以公布。

我部根据《中华人民共和国非物质文化遗产法》和《办法》有关规定,积极推动非遗代表性传承人认定工作。分 5 批认定了 3068 名国家级非遗代表性传承人,各省(区、市)公布了 22000 多名省级代表性传承人,大部分市、县也都认定了本级非遗代表性传承人,形成了以国家级、省级代表性传承人为龙头,地市级、县级传承人为骨干,一般传承人为基础,梯次合理的非遗传承人群队伍。根据《办法》规定,每年组织开展国家级非遗代表性传承人传承活动评估工作,对评估优秀的予以表扬并适当增加传承补助费,对评估不合格的不再安排下一年度的传承补助费。对认定为取消资格的,按照程序取消国家级非遗代表性传承人资格,并予以公布。

下一步,我部将继续贯彻落实《办法》有关要求,进一步加强国家级非遗代表性传承人认定与管理工作,指导各地建立健全本级非遗代表性传承人管理规定,完善传承人评价机制,激励和规范代表性传承人开展传承活动,将非遗一代代接下来、传下去。

二、关于出台非遗传承人培育计划和激励政策

近年来,各级财政不断加大对非遗保护的经费支持力度,中央和多数地方都安排专项资金支持传承人开展传承活动。中央财政按照每人每年 2 万元的标准,对国家级非遗代表性传承人开展授徒、传艺、交流等传承活动予以补助,充分调动传承人的积极性。全国绝大多数省(区、市)也安排了专门经费支持省级代表性传承人开展传承活动。为加强对生活条件较为困难的代表性传承人的服务,《办法》提出,对无经济收入来源、生活确有困难的国家级非遗代表性传承人,文化和旅游部门应协调有关部门积极创造条件,并鼓励社会组织和个人提供资助,保障其基本生活需要。我部还每年举办国家级非遗代表性传承人研修班,增进同行之间的交流互鉴,提高传承实践能力。

教育部积极推动非遗与高等教育、职业教育相结合,夯实非遗保护传承基础,培养新时代的非遗传承人和研究性人才。一是优化学科专业结构,支持有条件的高校依法自主设立非遗保护、陶瓷艺术设计、曲艺、武术与民族传统体育等相关本科专业,在新版《职业教育专业目录(2021 年)》中专门设置民族音乐与舞蹈、民族服饰与装

饰等中职专业,民族表演艺术、民族美术等高职专业,戏曲表演、工艺美术等高职本科专业。二是加强专业和课程建设。实施一流本科专业建设"双万计划",认定北京体育大学、西北民族大学等高校的武术与民族传统体育、舞蹈学等专业为国家级一流专业建设点。实施一流本科课程建设"双万计划",认定东华大学、江西科技师范大学等高校的"非遗研培与社会实践""民间传统手工艺——非遗植物染"等相关课程为国家级一流本科课程。三是实施建设新文科研究与改革实践项目。支持中国矿业大学"非遗传承背景下新文科大学生创新创业教育研究与实践"、四川师范大学"设计领域非遗融创拔尖人才培养模式改革"等相关项目建设。四是推进产学合作协同育人。支持南京大学、湖南大学等高校与相关企业合作开展"非遗文化新媒体创意实务""'VR+非遗'虚拟文化遗产游戏设计课程建设"等相关产学合作项目建设。

下一步,我部将积极与教育部沟通合作,加大对非遗代表性传承人支持力度,完善国家、省、市、县四级非遗代表性传承人名录体系,支持高校依法自主设置非遗相关专业,推进非遗专业和课程建设,为非遗传承人搭建各种交流合作平台,创新传承人培养方式,不断壮大非遗传承人才队伍。

感谢您对文化和旅游工作的关心与支持!

文化和旅游部对十四届全国人大一次会议第0639号建议的答复
——关于培养壮大非遗传承人才队伍的建议

· 2023 年 8 月 24 日
· 文旅非遗函〔2023〕308 号

您提出的《关于培养壮大非遗传承人才队伍的建议》收悉,经商教育部,现答复如下:

非物质文化遗产(以下简称"非遗")是中华优秀传统文化的重要组成部分。保护好、传承好、弘扬好非遗,对于延续历史文脉、坚定文化自信、推动文明交流互鉴、建设社会主义文化强国具有重要意义。党的十八大以来,习近平总书记对非遗保护工作作出系列重要指示批示,强调党中央支持扶持非遗,要着力培养好传承人,一代代接下来、传下去,让非遗绽放更加迷人的光彩。您提出的关于培养壮大非遗传承人才队伍的建议,对于进一步完善非遗代表性传承人名录体系,加强非遗传承后续人才队伍建设,具有重要参考价值。

一、关于持续加大非遗传承人评审力度

代表性传承人是非遗的重要承载者和传递者,掌握着非遗的丰富知识和精湛技艺,是非遗活态传承的代表性人物。2019 年,我部出台了《国家级非物质文化遗产代表性传承人认定与管理办法》(文化和旅游部令第 3 号,以下简称《办法》),从指导思想、工作原则、认定条件和程序、传承活动开展、动态管理等方面作出了规定。我部根据《中华人民共和国非物质文化遗产法》和《办法》有关规定,积极推动非遗代表性传承人认定工作。分 5 批认定了 3068 名国家级非遗代表性传承人,各省(区、市)公布了 22000 多名省级代表性传承人,大部分市、县也都认定了本级非遗代表性传承人,形成了以国家级、省级代表性传承人为龙头,地市级、县级传承人为骨干,一般传承人为基础,梯次合理的非遗传承人群队伍。根据《办法》规定,每年组织开展国家级非遗代表性传承人传承活动评估工作,对评估优秀的予以表扬并适当增加传承补助费,对评估不合格的不再安排下一年度的传承补助费。对认定为取消资格的,按照程序取消国家级非遗代表性传承人资格,并予以公布。

目前,我部正在开展第六批国家级非遗代表性传承人认定工作。在认定工作中,将推荐申报人选的年龄结构作为重要因素进行考虑,着力解决部分国家级非遗代表性项目中国家级非遗代表性传承人空缺、队伍老化等问题,进一步优化国家级非遗代表性传承人队伍年龄结构。

二、关于创新非遗传承人培养方式和建立常态教育机制

我部高度重视非遗传承人培养工作,不断创新传承人培养方式,鼓励支持年轻人学习、掌握相关技能,成为后继人才。2021 年,我部印发《"十四五"非物质文化遗产保护规划》,提出实施中国非遗传承人研培计划,促进传统传承方式和现代教育相结合。支持传承人设立非遗传承所和工作室。加强传承队伍建设,拓宽人才培养渠道,建设宏大的传承队伍。

近年来,我部会同教育部等实施了中国非物质文化遗产传承人研修培训计划(以下简称"研培计划"),以帮助非遗传承人群"强基础、拓眼界、增学养"为目标,委托专业院校开展针对性教育培训活动,为非遗传承提供大学的学术和教学资源支持。截至 2022 年底,全国各参与院校共计举办各类研培班 1100 余期,培训传承人 4 万余人次,涉及织染刺绣、服饰制作、陶瓷烧造、编织扎制、金属加工、漆器髹饰等项目,加上各地延伸培训,研培计划

总覆盖人数超 10 万人次。通过实施研培计划,非遗传承人群文化自信和传承发展能力明显提高,一批优秀学员成为了各地非遗保护传承的领军人物和中坚力量,呈现出"培训一人,带动一片"的良好局面。

教育部积极推动非遗与高等教育相结合,夯实非遗保护传承基础,培养新时代的非遗传承人和研究性人才。一是优化学科专业结构,支持有条件的高校依法自主设立非遗保护、陶瓷艺术设计、曲艺、武术与民族传统体育等相关本科专业,在新版《职业教育专业目录(2021 年)》中专门设置民族音乐与舞蹈、民族服饰与装饰等中职专业,民族表演艺术、民族美术等高职专业,戏曲表演、工艺美术等高职本科专业。二是加强专业和课程建设。实施一流本科专业建设"双万计划",认定北京体育大学、西北民族大学等高校的武术与民族传统体育、舞蹈学等专业为国家级一流专业建设点。实施一流本科课程建设"双万计划",认定东华大学、江西科技师范大学等高校的"非遗研培与社会实践""民间传统手工艺——非遗植物染"等相关课程为国家级一流本科课程。三是实施建设新文科研究与改革实践项目。支持中国矿业大学"非遗传承背景下新文科大学生创新创业教育研究与实践"、四川师范大学"设计领域非遗融创拔尖人才培养模式改革"等相关项目建设。四是推进产学合作协同育人。支持南京大学、湖南大学等高校与相关企业合作开展"非遗文化新媒体创意实务""'VR+非遗'虚拟文化遗产游戏设计课程建设"等相关产学合作项目建设。

三、关于健全帮扶非遗传承人的政策措施

近年来,各级财政不断加大对非遗保护的经费支持力度,中央和多数地方都安排专项资金支持传承人开展传承活动。中央财政按照每人每年 2 万元的标准,对国家级非遗代表性传承人开展授徒、传艺、交流等传承活动予以补助,充分调动传承人的积极性。全国绝大多数省(区、市)也安排了专门经费支持省级代表性传承人开展传承活动。为加强对生活条件较为困难的代表性传承人的服务,《办法》提出,对无经济收入来源、生活确有困难的国家级非遗代表性传承人,文化和旅游部门应协调有关部门积极创造条件,并鼓励社会组织和个人提供资助,保障其基本生活需要。我部还每年举办国家级非遗代表性传承人研修班,增进同行之间的交流互鉴,提高传承实践能力。

我部会同其他部门积极创造条件、搭建平台,为非遗传承人在产品设计、品牌建设、市场营销等方面提供帮助。支持各地依托市场潜力大、带动就业强的传统工艺

项目,组织系列技能培训、展示展销活动,持续推进非遗工坊建设。各地累计建设非遗工坊 2500 余家,其中 1400 余家位于脱贫地区,覆盖了 950 余个县,包括 450 余个脱贫县和 85 个国家乡村振兴重点帮扶县。支持阿里巴巴、京东等电商平台,在"文化和自然遗产日"前后举办"非遗购物节",以巩固脱贫攻坚成果、助力乡村振兴为目标,帮助传承人实现手艺价值,推动非遗融入现代生活。2023 年,活动参与非遗店铺涉及非遗项目 4000 余项,覆盖 334 个脱贫县、65 个国家乡村振兴重点帮扶县。6 月10 日至 13 日,各电商平台超 3.3 万家非遗店铺成交单数约 1300 万单,销售额约 9 亿元。

下一步,我部将积极与教育部沟通合作,加大对非遗代表性传承人支持力度,完善国家、省、市、县四级非遗代表性传承人名录体系,支持高校依法自主设置非遗相关专业,推进非遗专业和课程建设,为非遗传承人搭建各种交流合作平台,创新传承人培养方式,不断壮大非遗传承人才队伍。

感谢您对文化和旅游工作的关心与支持!

文化和旅游部对十四届全国人大一次会议第 0501 号建议的答复
——关于加强导游队伍建设管理 推动文旅产业高质量发展的建议

· 2023 年 7 月 6 日
· 文旅市场函〔2023〕156 号

您提出的《关于加强导游队伍建设管理 推动文旅产业高质量发展的建议》收悉。经认真研究,现答复如下:

一、关于增强导游职业认同感

导游是推动文化和旅游业高质量发展的重要力量,增强导游职业认同感对于强化行业自尊自律、提升职业形象和服务质量具有积极意义。近年来,文化和旅游部通过举办全国导游大赛、组织评选表彰、培育行业典型、加大正向宣传等方式,在增进导游职业认同方面开展了一系列工作。一是举办第四届全国导游大赛并通过央视播出,为塑造导游职业新形象、展示行业新风采搭建平台。二是协调相关部门支持数十名导游获评"全国青年岗位能手""全国巾帼建功标兵"称号和"五一劳动奖章"。三是实施"金牌导游"培养项目,培养"金牌导游"837 名;时隔 23 年重启特级导游考评,评出特级导游 16 名,配合做好宣传报道,持续发挥典型示范作用。四是开展优秀导游代表走进校园、走进课堂开展宣讲活动,在弘

扬行业正能量的同时,强化对行业的思想引领。2023年,文化和旅游部将继续联合全国总工会、共青团中央、全国妇联举办第五届全国导游大赛,积极扩大赛事影响,发挥好以赛促培、以赛代训、共同提高作用,进一步增强导游职业认同感。

二、关于建立委托导游管理机制的建议

根据《中华人民共和国旅游法》《导游人员管理条例》《导游管理办法》等法律法规规章的规定,国家实行统一的导游职业准入许可制度,通过全国导游资格考试取得导游资格证书后,可与旅行社签订劳动合同或在旅游行业组织注册取得导游证。2016年,原国家旅游局发布了《关于深化导游体制改革 加强导游队伍建设的意见》,推动导游管理向法制化、市场化转变。2018年,《导游管理办法》发布实施,对于规范行业管理,促进行业健康发展发挥了积极作用。2021年,文化和旅游部印发了《加强导游队伍建设和管理工作行动方案(2021—2023年)》,就健全管理体系研究提出了具体任务。目前,文化和旅游部正就推动创新"导游+网约车"服务等相关举措落地进行调研,着力抓好方案落实工作。

三、关于制定系统化行业培训方案

培训是加强行业管理的有效手段。为提升导游服务质量,文化和旅游部聚焦导游行业实际,自2019年起开始实施导游专业素养研培计划,先后在北京、四川、上海、吉林、福建、安徽、陕西、湖北、广西、贵州、宁夏、河南等12个省(区、市)举办专题培训班,设置基础课程、拓展课程、实践课程三大板块,涵盖政策与法律法规、导游专业知识和能力以及相关内容,共培训各类导游1800余人次。2021年,对标导游专业素养研培课程体系,全面升级导游在线培训平台。印发《2022年导游专业素养研培要点》,分九个专题明确29项培训重点,指导各地规范培训内容,提升培训质量。目前,文化和旅游部已启动2023年旅行社和导游线上培训工作,向各地印发了相关工作方案,更新发布了《2023年旅行社转型升级培训要点》和《2023年导游专业能力提升培训要点》。下一步,文化和旅游部将继续加强行业培训管理,建立导游培训档案,定期更新发布培训要点,依托全国旅游监管服务平台为广大导游提供更加优质的培训服务,提升行业专业化水平,提高旅游服务质量。

四、关于建立合理薪酬制度

根据《中华人民共和国旅游法》《旅行社条例》有关规定,旅行社安排导游为旅游者提供服务的,应当在包价旅游合同中载明导游服务费用;旅行社聘用导游的,应当依法签订劳动合同,并向其支付不低于当地最低工资的劳动报酬。2015年,原国家旅游局会同人力资源社会保障部、全国总工会印发了《关于进一步加强导游劳动权益保障的指导意见》,就理顺旅行社与导游关系、依法保障导游合法劳动报酬和社会保障权益、加强导游执业的劳动保护和职业培训、开展导游劳动报酬集体协商和指导性标准制定工作作出了具体要求,并在吉林延吉、湖北宜昌、福建厦门部署开展了相关试点工作。文化和旅游部高度重视导游劳动权益保障,下一步将结合《加强导游队伍建设和管理工作行动方案(2021—2023年)》收官,及时总结各地好的经验做法,协调有关部门继续加强导游劳动权益保障工作。

五、关于完善导游语种配置

全国旅游监管服务平台数据显示,在现有约65万持证导游中,中文导游占比约93%,英语导游占比约6%,其他语种导游占比约1%,确实存在外语类导游,特别是小语种导游欠缺的问题。下一步,文化和旅游部将加强对外语类导游的人才培养和储备,积极与相关部门沟通,优化外语类导游人才供给,为入出境旅游市场发展提供好人才支撑。

感谢您对文化和旅游工作的关心与支持!

文化和旅游部对十四届全国人大一次会议第3718号建议的答复
——关于改革旅行社质量保证金制度的建议

· 2023年9月15日
· 文旅市场函〔2023〕454号

您提出的《关于改革旅行社质量保证金制度的建议》收悉,经认真研究,现答复如下:

一、基本情况

为保护游客生命安全和其他合法权益,《中华人民共和国旅游法》《旅行社条例》规定了旅游服务质量保证金(以下简称"保证金")制度,用于游客权益损害赔偿以及垫付紧急救助费用。旅行社设立时须在指定银行开设专门的保证金账户,存入保证金,或提供银行担保,相应保证金利息属于旅行社所有。经营国内旅游业务和入境旅游业务的旅行社存入20万元保证金,经营出境旅游业务的旅行社存入140万元保证金。人民法院认定旅行社损害游客合法权益,旅行社拒绝或者无力赔偿的,可以从旅行社的保证金账户上划拨赔偿款。旅行社自交纳或者补足保证金之日起三年内未因侵害游客合法权益受到行政

机关罚款以上处罚的,保证金数额降低50%。

保证金制度设立以来,在维护旅游市场秩序、降低预付费用损失风险方面发挥了重要作用,有效保障了游客人身财产安全。

二、优化措施

为贯彻落实党中央、国务院对受新冠疫情持续影响行业企业加大扶持力度的决策部署,文化和旅游部自2020年起连续调整保证金政策,支持旅行社纾困解难。目前,旅行社可全额暂退或暂缓交纳保证金,补足保证金期限至2024年3月31日,保证金政策的调整为旅行社企业释放现金流超过96亿元,对有效支持旅行社应对阶段性经营困难发挥了积极作用。

文化和旅游部按照国务院"放管服"改革总体部署,结合旅游业发展形势,积极稳妥、循序渐进推进保证金改革工作,减轻企业现金流压力。2021年6月,发布《文化和旅游部关于加强政策扶持进一步支持旅行社发展的通知》,落实《优化营商环境条例》有关规定,创新保证金交纳方式,要求各地文化和旅游行政部门积极与当地人民银行分支机构、银保监局建立工作协调机制,鼓励开发保证金履约保证保险产品,旅行社投保后可持保单向银行申请保证金担保;有条件的地区可积极开展保险直接替代现金或银行保函交纳保证金试点工作;支持旅行社根据自身经营条件,从存款、直接取得银行担保、凭保险保单取得银行担保方式中灵活选用一种方式交纳保证金,试点地区还可直接使用保险交纳保证金。目前已陆续批复同意海南、山西、山东、河北、江西、陕西、青海、上海、浙江、安徽、北京、天津、湖南、甘肃等14省(市)开展保证金试点工作。

三、下一步工作计划

一是修订保证金交纳相关法律法规。结合旅游业发展形势和国务院"放管服"改革总体部署,计划在旅游市场秩序逐步规范的情况下,适时征求各方意见,修改《中华人民共和国旅游法》《旅行社条例》有关规定,改革保证金交纳制度,妥善解决旅游纠纷,维护双方合法权益。发挥旅行社协会在保证金管理工作中的作用,在法律支撑、资金监管、配套措施等方面加强研究,引导和支持协会充分发挥行业自律作用。

二是总结保证金试点经验。及时跟踪试点进度,总结推广各地探索出的好的经验和做法,组织宣传报道,进一步扩大试点成果,推动试点工作更好开展,取得更好的实效。

三是扎实推进保证金改革。按照积极稳妥、循序渐进的原则,适时在全国范围内推行保险替代现金交纳保证金,在确保游客和旅行社相关权益的基础上,有效减轻企业现金流压力。

感谢您对文化和旅游工作的关心与支持!

文化和旅游部对十四届全国人大一次会议第6194号建议的答复
——关于加大对公共文化基础设施建设支持力度的建议

· 2023年9月5日
· 文旅财函〔2023〕376号

您提出的《关于加大对公共文化基础设施建设支持力度的建议》收悉,经商青海省人民政府,现答复如下:

公共文化设施是完善公共文化服务网络、提升公共文化服务水平、推进城乡公共文化服务一体建设的重要载体,是保障人民群众文化权益、不断提升群众获得感和幸福感的重要基础。一直以来,文化和旅游部高度重视公共文化设施特别是中西部地区公共文化设施建设工作。

在资金投入方面,积极补助地方公共文化设施建设项目。"十五"期间,投入4.8亿元补助1086个县级公共图书馆、文化馆建设项目,在全国范围内基本实现"县县有图书馆、文化馆"的建设目标。"十一五"期间,实施《全国"十一五"乡镇综合文化站建设规划》,投入39.48亿元补助全国2.67万个乡镇综合文化站建设项目,在全国范围内实现"乡乡有文化站"的建设目标。"十二五"期间,重点对地市级公共文化设施建设进行支持,投入31.94亿元对211个地市级公共图书馆、文化馆和博物馆建设项目进行了支持补助。"十三五"期间,实施文化和旅游提升工程,安排中央预算内投资10.53亿元,补助140个国家级非物质文化遗产保护利用设施建设项目。

在标准引领方面,近年来,我部相继组织编制了《公共图书馆建设标准》《文化馆建设标准》《乡镇综合文化站建设标准》《公共美术馆建设标准》等建设标准,利用服务人口数量这个核心数据,对应明确了设施布局、建设规模和内部功能结构比例等内容,对于加强和规范各类文化设施建设、争取各级政府投入发挥了积极作用。

在提升服务能力方面,我部持续推动"三馆一站"免费开放、智慧图书馆体系建设、公共文化云建设等文化惠民项目提质增效。"十四五"以来,中央财政投入3.8亿元,支持青海实施上述惠民项目。青海省也投入财政资金 3 亿元,支持西宁市、海东市实施了公共数字文化建设和地方公共图书馆、文化馆等公共文化服务机构设施维修与设备购置项目。

在拓展服务空间方面,积极指导各地开展图书馆文化馆总分馆制和公共文化新空间建设工作。截至目前,青海省有 28 个县(市、区)建成了图书馆总分馆制,带动图书馆分馆和基层服务点 234 个;27 个县(市、区)建成了文化馆总分馆制,带动文化馆分馆和基层服务点 199 个,有效发挥了总分馆体系的辐射带动作用。西宁市以"图书馆+"模式打造了 10 家"阳光书吧",西宁市城西区打造了 9 家"五峰书院"城市书房,让群众在家门口就能享受到便捷、高效、普惠的公共文化阅读服务。

关于您提出的"支持西宁、海东两市实施县级图书馆、文化馆基础设施建设项目"建议,目前,青海省正在组织对西宁、海东属地县级公共图书馆、文化馆、乡镇(街道)综合文化站,村(社区)文化服务中心进行摸底,共征集梳理"两馆一站一中心"提档升级项目共 95 个。下一步,我部将会同青海省积极推进以下工作:一是指导相关县区文化和旅游部门做好项目储备,积极争取切块下达的中央支持地方公共文化服务体系建设项目补助资金,对基础设施条件较差、设备陈旧紧缺、服务功能受到制约的"两馆一站一中心"开展基础设施维修改造,并对业务设备配置予以支持。二是指导有关县区文化和旅游部门积极通过同级发展改革部门申报,因地制宜采取规划新建、原址扩建以及调整置换等方式,推动公共文化设施达标升级。三是继续推进公共图书馆文化馆总分馆制建设,推动公共文化服务社会化发展和公共文化新空间建设,更好发挥中央财政转移支付资金和地方共担资金使用效益,进一步提高公共文化设施服务效能、创新服务方式。

感谢您对文化和旅游工作的关心与支持!

文化和旅游部对十四届全国人大一次会议第 5562 号建议的答复
——关于非遗文化助力乡村振兴的建议

· 2023 年 8 月 15 日
· 文旅非遗函〔2023〕258 号

您提出的《关于非遗文化助力乡村振兴的建议》收悉,经商国家乡村振兴局,现答复如下:

习近平总书记高度重视非物质文化遗产(以下简称"非遗")保护和乡村振兴,强调要搞好非遗传承,推动巩固拓展脱贫攻坚成果同乡村全面振兴有效衔接。文化和旅游部深入贯彻落实习近平总书记关于非遗保护和乡村振兴的重要指示批示精神,会同人力资源社会保障部、国家乡村振兴局以非遗工坊建设为抓手,依托中国非遗传承人研修培训计划和中国传统工艺振兴计划,支持各地开展非遗助力乡村振兴工作,在非遗保护传承、带动群众就业增收、培育乡风文明、促进生态宜居等方面取得实际成效。

一、关于支持乡村地区非遗保护传承人才培养

2015 年以来,我部会同相关部门以传统工艺为重点实施中国非遗传承人研修培训计划,组织包括乡村振兴带头人在内的非遗传承人到专业院校中学习知识、研讨技艺、开展交流合作,帮助他们提升技艺。截至 2022 年底,全国各参与院校累计举办各类研培班 1200 余期,培训传承人 4.2 万余人次,其中大部分学员来自乡村。学员们通过学习开拓了眼界,提升了技能,增长了学养,提高了文化自信和传承发展后劲。一批优秀学员返乡创办企业、合作社,带动当地更多群众依托非遗项目共同学习生产,参与乡村建设,成为非遗保护传承领军人物和中坚力量,呈现"培训一人,带动一片"良好局面。

下一步,文化和旅游部将深入实施中国非遗传承人研修培训计划,继续加强对乡村地区非遗传承人和从业者的培训扶持,帮助其提升可持续发展能力。

二、关于加强乡村地区非遗保护传承

文化和旅游部高度重视乡村地区非遗保护传承。目前,我国已建立国家、省、市、县四级非遗代表性项目名录体系,共认定非遗代表性项目 10 万余项,其中国家级非遗代表性项目 1557 项,大部分位于乡村地区。文化和旅游部认定 3068 名国家级非遗代表性传承人,各省(区、市)公布 22197 名省级非遗代表性传承人。目前,中央财政按照每人每年 2 万元标准,对国家级非遗代表性传承人开展授徒、传艺、交流等传承活动予以补助,绝大多数省(区、市)安排了专门经费支持各级非遗代表性传承人开展传承活动。

2007 年以来,我部共设立 23 个国家级文化生态保护(实验)区,大部分位于乡村地区,涉及 17 个省(区、市),并通过国家非遗保护资金累积安排经费 17.4 亿元。全国 23 个省(区、市)设立 200 多个省级文化生态保护区,覆盖广大乡村地区。2018 年,文化和旅游部出台《国家级文化生态保护区管理办法》,大力推动国家级文化生态保护区建设与脱贫攻坚、乡村振兴等国家重大战略相衔接,要求列出传统村落等重点区域保护清单,制定落实保

护办法和行动计划，保持传统村落等重点区域和重要场所历史风貌。

文化和旅游部积极采取系列措施推动传统村落整体保护，维护培育良好文化生态，延续发展生机活力。住房城乡建设部等部门分6批将8155个具有重要保护价值的村落列入中国传统村落名录，形成世界上规模最大、内容和价值丰富、保护完整、活态传承的农耕文明遗产保护群。2021年5月，文化和旅游部印发《"十四五"非物质文化遗产保护规划》，把加强中国传统村落非遗保护作为非遗区域性整体保护重要内容。

下一步，文化和旅游部将会同相关部门，强化政策引领，加大资金支持，加大乡村地区非遗保护传承力度，助力乡村全面振兴。

三、关于巩固脱贫攻坚成果助力乡村振兴

文化和旅游部会同人力资源社会保障部、国家乡村振兴局印发《关于持续推进非遗工坊建设助力乡村振兴的通知》，发挥非遗特别是传统工艺资源优势，支持各地依托富有特色、具备一定群众基础和市场前景的非遗资源建设非遗工坊，共同开展非遗助力乡村振兴工作。截至2022年底，支持各地设立非遗工坊2500余家。通过开展技能培训、举办"非遗购物节"等展销活动，带动群众就业增收，助力当地培育富有特色的乡村文化产业，增强可持续发展活力。近年来，乡村地区群众积极参与非遗助力乡村振兴，广大留守妇女、老人、闲散劳动力通过掌握技艺技能，融入现代生活，提升文化自信，促进了生活习俗、思维观念和行为方式转变，乡风文明和乡村环境改善，既"鼓了口袋"也"富了脑袋"。贵州、青海、四川、西藏等地民族地区的各族群众在参与非遗助力乡村振兴中，共同参加培训、共同生产劳动、相互交流帮助，像石榴籽一样紧紧抱在一起，共同建设民族团结一家亲的和谐家园。

国家乡村振兴局高度重视乡村文化建设，积极配合有关部门加快农村精神文明建设，强化农民思想宣传教育，丰富农民文化生活，推进农村移风易俗，提升农民文明素养和精神风貌。2022年，国家乡村振兴局在全国开展乡村特色文化艺术典型案例征集，按照文化创意类、文化演出类、工艺美术类、数字产业类、文旅融合类、创新发展类和其他类型等7个类别遴选典型案例146个，并发挥中国文化艺术发展促进会作用，积极开展推介活动。2023年，国家乡村振兴局启动开展第二批典型案例征集，传承弘扬优秀农耕文化。

此外，文化和旅游部、国家乡村振兴局等部门联合印发《关于推动文化产业赋能乡村振兴的意见》《关于开展全国文化产业赋能乡村振兴试点工作的通知》，指导各地合理利用乡村文化资源，促进文化创意、农耕体验、科普教育等农文旅融合新业态发展，赋能乡村振兴。

下一步，文化和旅游部将会同相关部门持续推进非遗助力乡村振兴工作，支持建设非遗工坊，加大农耕文明挖掘保护力度，加强重要农业文化遗产保护，加强宣传教育引导，促进乡村地区可持续发展，助力乡村全面振兴。

感谢您对文化和旅游工作的关心与支持！

文化和旅游部关于政协十四届全国委员会第一次会议第02052号（文体宣传类129号）提案答复的函
——关于完善《非物质文化遗产法》配套制度体系的提案

· 2023年8月15日
· 文旅非遗函〔2023〕260号

致公党中央提出的《关于完善〈非物质文化遗产法〉配套制度体系的提案》收悉，经认真研究，现答复如下：

非物质文化遗产（以下简称"非遗"）是中华优秀传统文化的重要组成部分。为弘扬中华民族优秀传统文化，加强非遗保护传承工作，2011年2月25日，《中华人民共和国非物质文化遗产法》经第十一届全国人民代表大会常务委员会第十九次会议通过，自同年6月1日起施行。作为文化领域重要法律，该法首次确立了非遗在国家社会生活中的法律地位，为非遗保护提供了法律依据，为非遗保护政策的长期实施和有效执行提供了坚实的法律保障。

一、关于完善非物质文化遗产法配套制度建设

《中华人民共和国非物质文化遗产法》实施以来，我部不断推进完善非遗配套政策法规制度建设。2021年，中共中央办公厅、国务院办公厅印发《关于进一步加强非物质文化遗产保护工作的意见》，从健全非遗保护传承体系、提高非遗保护传承水平、加大非遗传播普及力度等方面提出了任务要求。我部先后出台《国家级非物质文化遗产保护与管理暂行办法》《国家级文化生态保护区管理办法》《国家级非物质文化遗产代表性传承人认定与管理办法》，对非遗代表性项目、代表性传承人的认定与管理，以及国家级文化生态保护区的建设管理等作出具体规定。联合财政部印发《国家级非物质文化遗产保护资金管理办法》，对保护资金支出范围、中央对地方补助

资金分配与管理、资金使用情况监督等进行了规范。31个省(区、市)均陆续出台了非遗保护法规,很多地方还出台了非遗保护的单行法规。涉及非遗保护相关的行政事项,适用《中华人民共和国行政复议法》《中华人民共和国行政诉讼法》相关规定,可通过行政复议、行政诉讼等方式寻求救济,也可通过信访途径,主张合法权益。

二、关于妥当界定非遗权利主体,构建非遗知识产权制度

近年来,我部积极协调推进非遗领域知识产权工作,支持非遗保护单位、非遗代表性传承人与相关企业依法主张知识产权等权利,保障合法权益。《中华人民共和国非物质文化遗产法》规定,"使用非物质文化遗产涉及知识产权的,适用有关法律、行政法规的规定"。例如,在使用非遗中涉及表演者的权利,以及商业秘密等知识产权,可以适用著作权法、反不正当竞争法等法律予以保护。2021年9月,中共中央、国务院印发《知识产权强国建设纲要(2021—2035年)》,提出"加强非物质文化遗产的搜集整理和转化利用"。2021年10月,国务院印发《"十四五"国家知识产权保护和运用规划》,提出"建立与非物质文化遗产相关的知识产权保护制度"。2021年8月,中共中央办公厅、国务院办公厅印发《关于进一步加强非物质文化遗产保护工作的意见》,提出"综合运用著作权、商标权、专利权、地理标志等多种手段,加强非物质文化遗产知识产权保护"。2021年6月,文化和旅游部印发《"十四五"非物质文化遗产保护规划》,提出"加强非遗知识产权保护的研究和探索"。2022年6月,文化和旅游部、国家知识产权局等10部委联合印发《关于推动传统工艺高质量传承发展的通知》,提出"加强传统工艺相关知识产权保护,综合运用著作权、商标权、专利权、地理标志等多种手段,保护创新成果,培育知名品牌"。同时,我部积极推动非遗领域知识产权研究,委托中央民族大学开展"非遗领域知识产权典型案例汇编及专项研究"课题,形成非遗领域知识产权典型案例汇编,对非遗知识产权保护存在的问题、难题进行深入分析,并提出针对性的对策建议。

三、关于建立非遗损害赔偿机制及价值评估制度

根据《中华人民共和国非物质文化遗产法》,我国按照民间文学、传统音乐、传统舞蹈、传统戏剧、曲艺、传统体育、游艺和杂技、传统美术、传统技艺、传统医药、民俗10大门类,公布了3610项国家级非遗代表性项目,认定了3068名国家级非遗代表性传承人。各地依法依规公布了省、市、县等各级非遗代表性项目10万余项。非遗

内涵丰富,涉及人民群众生产生活的方方面面,具有活态性、传承性、流变性等特点,既涉及有形资产也涉及无形资产,可通过现行资产评估相关准则对利用非遗形成的资产进行价值评估。针对歪曲、贬损、滥用等损害非遗的行为,可根据《中华人民共和国民法典》等相关规定,依法依规处置,并进行损害赔偿。

四、关于完善非遗权利救济途径

《中华人民共和国非物质文化遗产法》从非遗调查、项目名录建设、非遗传承传播等方面,规定了各级人民政府及文化主管部门的责任和义务,并提出了相关监督措施。例如第三十八条规定"文化主管部门和其他有关部门的工作人员在非物质文化遗产保护、保存工作中玩忽职守、滥用职权、徇私舞弊的,依法给予处分。"建立公益诉讼制度是完善非遗权利救济的重要方式。2021年6月,中共中央发布《关于加强新时代检察机关法律监督工作的意见》,提出要探索办理文物和文化遗产保护等领域公益损害案件,总结实践经验,完善相关立法。2022年2月,最高人民检察院出台《关于全面加强知识产权检察工作的意见》,提出稳步开展知识产权领域公益诉讼;聚焦传统文化、民间文艺、传统知识保护,积极稳妥办理文物和文化遗产公益损害案件。

下一步,我部将继续推进贯彻落实《中华人民共和国非物质文化遗产法》,加强非遗知识产权、权利救济等方面的研究,进一步完善配套政策法规制度,为提高非遗系统性保护水平提供坚实法律保障。

感谢致公党中央对文化和旅游工作的关心与支持!

文化和旅游部关于政协十四届全国委员会第一次会议第 03271 号(文体宣传类 221 号)提案答复的函
—— 关于完善国家级文化生态保护区建设的提案

· 2023 年 8 月 8 日
· 文旅非遗函〔2023〕242 号

你们提出的《关于完善国家级文化生态保护区建设的提案》收悉,经认真研究,现答复如下:

国家级文化生态保护区是指以保护非物质文化遗产(以下简称"非遗")为核心,对历史文化积淀丰厚、存续状态良好、具有重要价值和鲜明特色的文化形态进行整体性保护,并经文化和旅游部同意设立的特定区域。文化和旅游部自 2007 以来,共设立了 23 个国家级文化生态保护(实验)区,涉及 17 个省(区、市)。目前有 16 个

国家级文化生态保护实验区通过验收（其中2个部分区域未通过验收），正式公布为国家级文化生态保护区。您提出的关于完善国家级文化生态保护区的提案，对于推动非遗区域性整体保护，维护和培育良好的文化生态，进一步提高国家级文化生态保护区建设管理水平，具有重要参考价值。

一、关于健全非遗保护传承工作机构

工作机构建设是非遗保护传承和国家级文化生态保护区建设管理的重要内容。2021年8月，中共中央办公厅、国务院办公厅印发《关于进一步加强非物质文化遗产保护工作的意见》，提出各级党委和政府要依法明确非遗管理职能部门，统筹使用编制资源，使非遗保护工作力量与其承担的职责和任务相适应。《国家级文化生态保护区管理办法》（文化和旅游部令第1号）第三十一条规定，国家级文化生态保护区建设管理机构应当加强工作机构和队伍建设，配备一定数量专职工作人员。

近年来，我部根据中央有关要求和非遗保护事业发展需要，积极推动非遗保护工作机构和国家级文化生态保护区工作机构建设工作。目前，全国各省（区、市）均挂牌成立了省级非遗保护中心，配备了一定数量的专职工作人员。大部分市县也结合各地具体情况，成立了本级非遗保护中心。23个国家级文化生态保护（实验）区所在区域的地方人民政府均明确了有关工作机构和主要职能。其中大部分已成立专门工作机构，配置了编制资源。比如，河南省平顶山市成立了说唱文化（宝丰）生态发展中心，作为市政府直属单位，负责统筹、指导、协调、推进说唱文化（宝丰）生态保护实验区建设工作。广西壮族自治区河池市成立了河池铜鼓文化生态保护区管理中心，作为公益一类事业单位，配备16名财政全额拨款事业编制人员，专职负责铜鼓文化（河池）保护实验区建设工作。

二、关于加大政策资金支持力度

为加强非遗保护传承工作，中央财政设立了国家非遗保护资金，已累计投入105.12亿元，并安排14.17亿元用于实施国家级非遗保护利用设施建设项目。2023年，共安排国家非遗保护资金中央对地方转移支付8.26亿元，重点用于国家级文化生态保护区建设，以及入选联合国教科文组织非遗名录名册项目的履约保护，并对国家级非遗代表性项目保护传承、国家级非遗代表性传承人传承活动、中国非遗传承人研修培训计划、代表性传承人记录等工作予以支持。

国家级文化生态保护区建设补助资金是国家非遗保护资金支出的重要方面。2008年以来，我部已通过国家非遗保护资金安排经费17.4亿元，支持国家级文化生态保护区建设工作。同时，我部还积极推动省级文化和旅游行政部门提供配套经费，国家级文化生态保护区所在地人民政府将本级建设经费列入当地公共财政经常性支出预算，并鼓励社会资金参与国家级文化生态保护区建设，为非遗整体保护工作提供财力保障。

三、关于加大保护与开发力度

我部积极支持国家级文化生态保护区建设单位采取各种措施，对具有重要价值和鲜明特色的文化形态进行整体保护，在有效保护的基础上对文化资源合理开发利用。一是加强非遗调查记录，建立完善非遗档案和数据库，妥善保存非遗珍贵实物资料。二是开展非遗代表性项目存续状况评测和保护绩效评估，制定落实各项分类保护政策措施。三是加强对非遗代表性传承人的培养和支持，为其开展传承活动创造条件、提供支持，资助传承人开展授徒传艺、教学、交流等活动。四是建设综合性非遗馆，构建非遗传承体验设施体系。五是积极挖掘区域内传统工艺项目资源，加强传统工艺相关技能培训，带动就业，推动传统工艺振兴。六是依托区域内独具特色的文化生态资源，开展文化观光游、文化体验游、文化休闲游等多种形式的旅游活动，促进文化和旅游融合发展。

四、关于加强对非遗代表性传承人的支持和培养

代表性传承人是非遗的重要承载者和传递者，掌握着非遗的丰富知识和精湛技艺，是非遗活态传承的代表性人物。国家历来重视对非遗代表性传承人的支持扶持。2019年，我部出台了《国家级非物质文化遗产代表性传承人认定与管理办法》（文化和旅游部令第3号），在指导思想和工作原则、认定条件和程序、开展传承活动、实施动态管理等方面作出了规定。中央财政按照每人每年2万元的标准，对国家级非遗代表性传承人开展授徒、传艺、交流等传承活动予以补助，充分调动传承人的积极性。全国绝大多数省（区、市）也安排了专门经费支持省级代表性传承人开展传承活动。每年举办国家级非遗代表性传承人研修班，增进同行之间的交流互鉴，提高传承实践能力。每年组织开展国家级非遗代表性传承人传承活动评估工作，对评估优秀的予以表扬并适当增加传承补助费，对评估不合格的不再安排下一年度的传承补助费。对认定为取消资格的，按照程序取消并予以公布。

我部会同教育部、人力资源社会保障实施了"中国非物质文化遗产传承人群研修研习培训计划"，委托专业院校开展针对性教育培训活动，为非遗传承提供大学的学术和教学资源支持。截至 2022 年底，全国各参与院校共计举办各类研培班 1100 余期，培训传承人 4 万余人次，涉及织染刺绣、服饰制作、陶瓷烧造、编织扎制、金属加工、漆器髤饰等项目，加上各地延伸培训，研培计划总覆盖人数超 10 万人次。

下一步，我部将根据《国家级文化生态保护区管理办法》，进一步加强国家级文化生态保护区建设和管理工作，推动建设单位落实主体责任，加强经费支持和绩效管理，开展总体规划和建设成效评估，促进实现"遗产丰富、氛围浓厚、特色鲜明、民众受益"的建设目标。

感谢你们对文化和旅游工作的关心与支持！

文化和旅游部关于政协十四届全国委员会第一次会议第 04710 号（文体宣传类 347 号）提案答复的函
——关于加强国粹艺术在新时代新征程上传承与发展的提案

· 2023 年 8 月 16 日
· 文旅艺函〔2023〕274 号

您提出的《关于加强国粹艺术在新时代新征程上传承与发展的提案》收悉，经商教育部，现答复如下：

戏曲是中华优秀传统文化的重要组成部分。党中央、国务院高度重视戏曲传承发展。文化和旅游部贯彻落实党中央、国务院关于弘扬中华优秀传统文化、促进戏曲传承发展的各项决策部署，实施系列举措，推动戏曲高质量传承发展。

一、积极探索戏曲艺术数字化发展举措。2022 年，中共中央办公厅、国务院办公厅印发了《关于推进实施国家文化数字化战略的意见》，文化和旅游部探索统筹利用文化领域已建或在建数字化工程和数据库所形成的成果，关联形成相关数据库。原文化部于 2015 年至 2017 年组织开展全国戏曲剧种普查，其成果一方面转化为《全国戏曲剧种普查报告》出版，另一方面以数据库形式纳入我部数字强国建设相关项目规划。2019 年起，我部推动《中国戏曲剧种全集》编撰工作，为 350 个剧种（含木偶剧、皮影戏 2 种戏剧形态）各撰写 1 册书，以文字、图片、音视频等形式记录、整理和留存戏曲艺术资料。"十三五"期间，文化和旅游部在中央宣传部指导下，组织实施中国京剧像音像工程，通过现代科技手段，录制 381 部经典京剧剧目，高质量留存当代京剧艺术家的代表性剧目

和表演艺术。"十四五"期间，组织实施中国戏曲像音像工程，将录制范围由京剧拓展为其他戏曲剧种，至今已录制 100 余部优秀戏曲作品。文化和旅游部举办的各类戏曲节庆和展演展示活动，均采取线上与线下结合、演出与演播并举的方式，加强数字技术运用，创新数字化传播，发展数字化戏曲消费新场景。2021 年起，文化和旅游部连续三年支持国家京剧院携手中国移动咪咕，在春节期间将经典京剧 IP《龙凤呈祥》搬到线上，成功利用数字技术实现国粹"破圈"传播。

二、不断加强戏曲职业教育专业建设和人才培养。2022 年，文化和旅游部、教育部联合印发《关于促进新时代文化艺术职业教育高质量发展的指导意见》，在优化培养体系、提升培养质量、深化产教融合等方面提出系列指导意见。教育部会同有关部门积极优化戏曲相关专业布局，发布《职业教育专业目录（2021 年）》，在中高职专业目录中设置多个戏曲相关专业；立足戏曲师徒传承规律，深入开展戏曲相关领域现代学徒制人才培养模式改革试点；印发《关于职业院校专业人才培养方案制定与实施工作的指导意见》，将戏曲等课程列为中高等职业学校必修课或限定选修课。文化和旅游部持续做好"中国京剧优秀青年演员研究生班"招录和培养工作，举办戏曲专业专兼职教师培训，为京剧、昆曲、评剧、河北梆子等戏曲剧种集中培养青年骨干。

三、实施系列创作工程，搭建各类展演展示平台，引导扶持优秀戏曲创作。文化和旅游部持续实施剧本扶持工程、新时代现实题材创作工程、历史题材创作工程、全国舞台艺术优秀节目创作扶持计划等新时代系列创作工程，扶持和引导戏曲工作者创作生产更多思想精深、艺术精湛、制作精良的优秀戏曲作品。持续举办中国艺术节、中国京剧艺术节、中国昆剧艺术节、中国越剧艺术节、中国（安庆）黄梅戏艺术节、戏曲百戏（昆山）盛典等艺术节庆活动，举办全国戏曲（南方片、北方片）会演、中国秦腔优秀剧目会演、全国采茶戏汇演、黄河流域戏曲演出季、全国地方戏精粹展演等展演展示活动，发挥各级平台的引导示范作用，满足人民群众多样化精神文化需求。

四、坚持内宣与外宣相结合的传播格局，加强戏曲艺术的海外传播。文化和旅游部指导海外中国文化中心、驻外旅游办事处积极发挥平台作用，通过举办讲座、演出、培训等方式进行戏曲传播和推广，其中，仅巴黎中国文化中心创办的巴黎中国传统戏曲节，迄今已推动京剧、昆曲、粤剧等 30 余个剧种登上巴黎舞台。中国文化网英文版及海外社交媒体矩阵通过开设戏曲知识百科专题、

设立"中国的世界非物质文化遗产"专栏、报道戏曲演出活动、开展经典戏曲剧目线上直播等多种形式广泛传播中国戏曲。文化和旅游部还征集、制作戏曲讲座、纪录片、视频、展览等数字内容,如《京剧练习生》系列视频、在线中华文化讲堂《京剧艺术赏析》、MV《新乐府·粤剧-迷粤》等,将其提供给驻外使领馆、海外中国文化中心和驻外旅游办事处,配合重要活动、节庆、会议等进行戏曲推广。

您提出的推进实施戏曲艺术数字化措施、加强戏曲职业教育体系建设、创作更多优秀剧目、加强戏曲艺术海外传播等方面相关建议,对我们很有启发意义。针对您提出的建议,我部将开展以下工作:

一是加强数字化理念和技术在戏曲领域的应用。进一步挖掘数字化戏曲资源,推动全国戏曲剧种普查成果的数字化转化利用;继续做好中国戏曲像音像的录制工作,创新和拓展该项成果在媒体平台、互联网移动端的传播;在举办的戏曲节庆活动和展演展示平台中用好数字媒体技术,大力发展线上线下结合、演出演播一体的数字化创作演出格局;积极支持戏曲院团和工作者借助数字技术和互联网平台开展内容生产与传播活动。

二是建设和完善戏曲职业教育体系。文化和旅游部将持续推进相关政策贯彻落实;优化资源共享,支持相关院校、院团的艺术家、学者,合力发挥戏曲名家专业优势和传承示范带动作用,促进戏曲职业教育科学化发展;推动戏曲产教融合,支持戏曲职业院校与相关企事业单位开展深度合作,优化"订单式"人才培养模式。教育部将会同有关部门,继续优化戏曲相关专业布局结构,推进专业升级与数字化改造;加强教学标准建设,引导职业学校依据国家标准,修订相关专业人才培养方案,加强相关专业内涵建设,提高人才培养质量。

三是大力引导和扶持优秀戏曲作品的创作演出。坚持以人民为中心的创作导向,探索创建一批艺术创作(采风)基地,为戏曲工作者深入生活、扎根人民创造条件,推动更多群众喜闻乐见的作品竞相涌现。坚持以演出为中心环节,继续优化国家级节庆展演展示平台,完善评奖机制,实施传统经典和精品剧目传承排演、经典折子戏排演等相关项目,促进更多时代经典和精品力作不断传承上演。坚持传统戏、现代戏和新编历史剧"三并举"的戏曲剧目政策,进一步完善剧目创作生产机制,加强对戏曲剧本创作的指导,促进戏曲创演质量提升。

四是进一步推动戏曲海外传播。文化和旅游部将继续运用数字技术,丰富传播手段,创新传播方式,提升国家级节庆展演展示活动的传播力影响力,发展数字化戏曲演播新场景、新业态;配合重要活动、节庆等,加强戏曲艺术对外交流;积极支持新媒体传播平台加大与戏曲合作力度,展示和推介重要演出、优秀院团和优秀作品,有侧重地对重点项目进行流量引流;鼓励和支持戏曲院团和戏曲从业者发挥主观能动性,通过互联网传播满足海内外观众审美需求的优质戏曲内容。

感谢您对文化和旅游工作的关心与支持!

图书在版编目（CIP）数据

中华人民共和国文化和旅游法律法规全书：含规章
及相关政策：2025 年版 / 中国法治出版社编. -- 北京：
中国法治出版社，2025.1. --（法律法规全书）.
ISBN 978-7-5216-4899-7

Ⅰ. D922.296.9

中国国家版本馆 CIP 数据核字第 2024GF5724 号

策划编辑：袁笋冰　　　　　　　责任编辑：王林林　　　　　　　封面设计：李　宁

中华人民共和国文化和旅游法律法规全书：含规章及相关政策：2025 年版
ZHONGHUA RENMIN GONGHEGUO WENHUA HE LÜYOU FALÜ FAGUI QUANSHU：HAN GUIZHANG
JI XIANGGUAN ZHENGCE：2025 NIAN BAN

经销/新华书店
印刷/三河市紫恒印装有限公司
开本/787 毫米×960 毫米　16 开　　　　　　印张/ 45　字数/ 1300 千
版次/2025 年 1 月第 1 版　　　　　　　　　2025 年 1 月第 1 次印刷

中国法治出版社出版
书号 ISBN 978-7-5216-4899-7　　　　　　　　　　　　定价：98.00 元

北京市西城区西便门西里甲 16 号西便门办公区
邮政编码：100053　　　　　　　　　　　　　　传真：010-63141600
网址：http://www.zgfzs.com　　　　　　　　　编辑部电话：010-63141672
市场营销部电话：010-63141612　　　　　　　印务部电话：010-63141606

（如有印装质量问题，请与本社印务部联系。）